ATLANTE STRADALE · STRASSENAT

ITALIA

1:250 000

INHALTSVERZEICHNIS	CONTENTS	SOMMARIO

	Kartenübersicht	Motorway tables	Quadro d'unione
1-198	Strassenkarten	Road maps	Cartografia stradale
199-200	Strassenentfernungen	Road distances	Distanze chilometriche
201-283	Namenverzeichnis	Names index	Indice dei nomi

ISTITUTO GEOGRAFICO
DeAGOSTINI

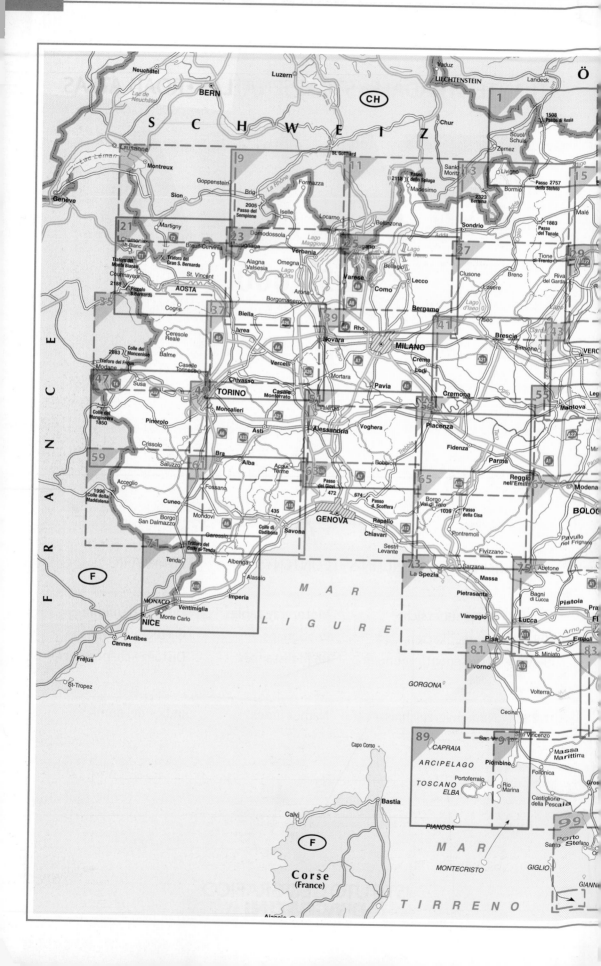

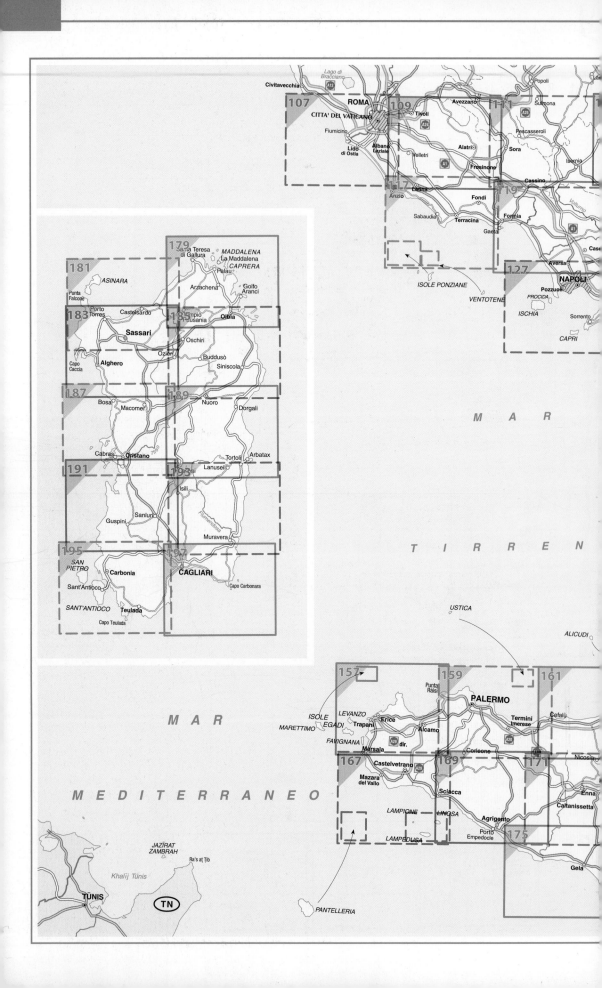

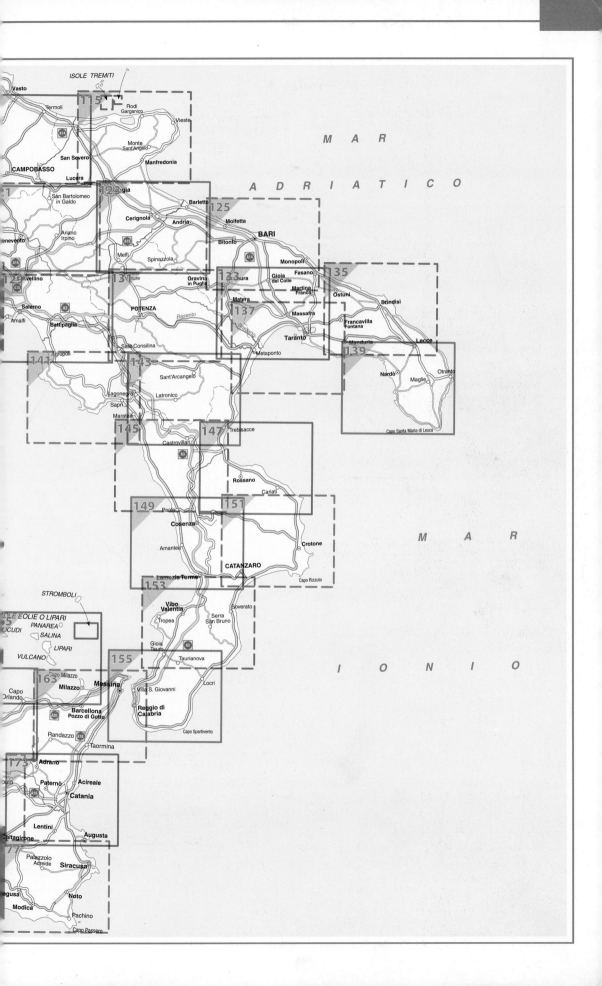

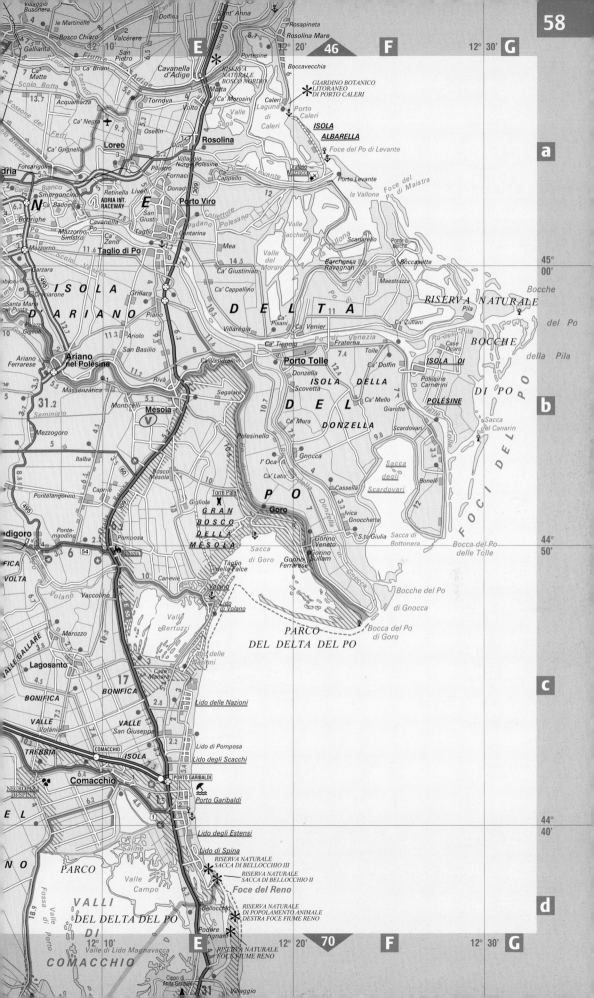

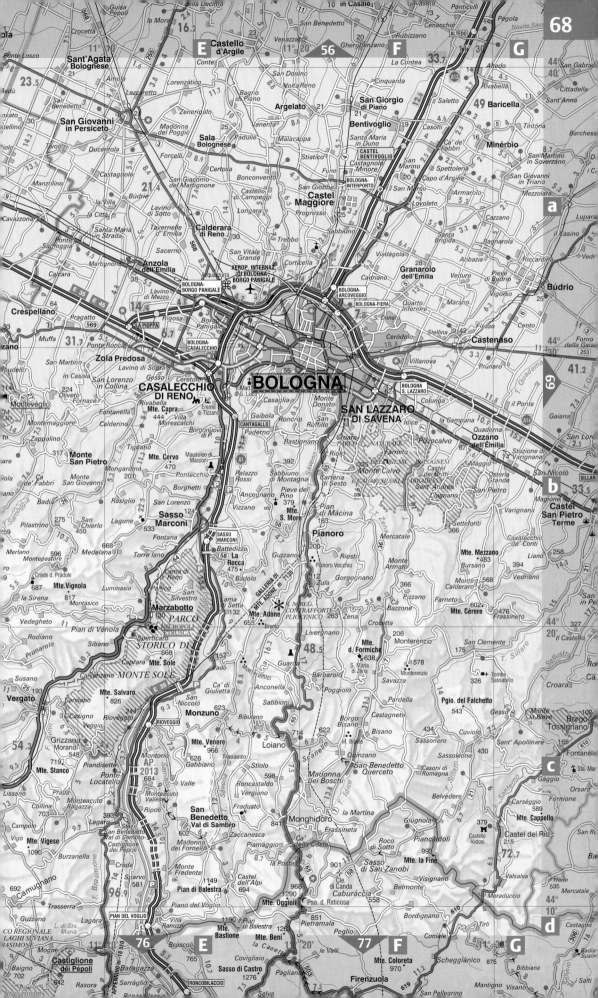

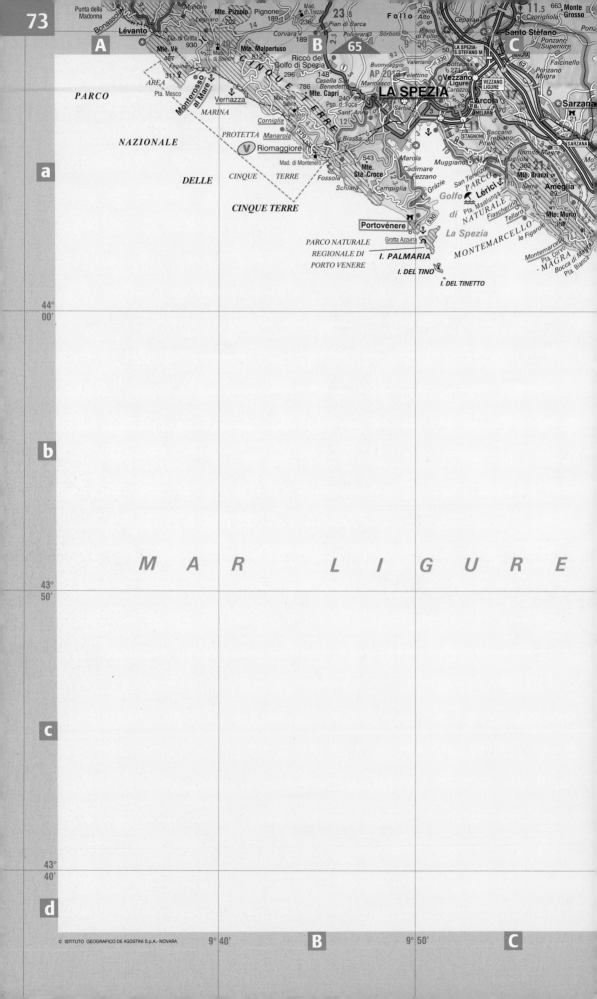

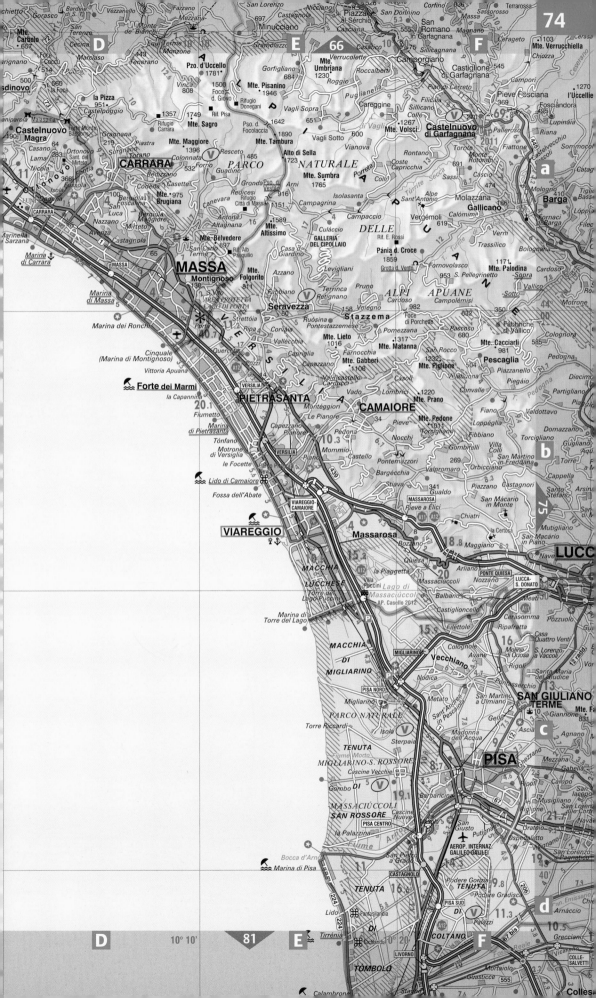

D · 13° 00' · E · 13° 10' · F · 13° 20'

a

M A R

A D R I A T I C O

44° 00'

b

E SAN BARTOLO
Marina

🞯 **PESARO** 🏄

11
PESARO CENTRO AP. CASELLO
2011
Béttola
Muraglia
11.5
Marinella
Santa
Veneranda
Trebbiantico
Roncosambaccio
delora
Rondello
AP. CASELLO
2011
Novilara
FANO
NORD
Sant'Andrea
8.5
Fenile
43° 50'
Santa Maria
d'Arzilla
Terme
Centinarola
Madonna del Ponte
Carignano
Eremo
di Mte. Giove
Rosciano
AEROP.
NAZ. DI FANO
Metaurilia
Mte. d. Forche
FANO
Torrette di Fano
200
Cuccurano
16
Magliano
Carrara
Bellocchi
OASI STAGNO
URBANI
delle
Sante
Ponte Murello
7.4
Sant'Angelo
Camminate
22.6
Lucrezia
Pilone
57.6
Marotta
Cartoceto
San Costanzo
150
28.8
la Croce
10
Mondolfo
MAROTTA
MONDOLFO
Calcinelli
73 bis
8.4
144
METAURO
Cesano
27.5
Stacciola
5.2
Villanova
Cerasa
Almagià
San Sebastiano
de Cento Croci
Borgáccio
197
San Giorgio
di Pésaro
Ponte del Rio
5.8
Montemaggiore
al Metauro
201
Piagge
Fraz. di Monte Porzio
Prov. di Pesaro
🞯 **SENIGALLIA** 🏄
Castello
di Poggio
424
Scapezzano
ntebello
Villa
Rúpoli
Orciano
di Pésaro
Castelvécchio
161
Francavilla
Borgo
Galluzzo
SENIGALLIA
AP. 2011
Gabriella
Vergineto
264
Monterado
la Croce
Roncitelli
San Bartolo
Monte Porzio
105
9.3
Cannella
la Fornace
43° 40'
13
125
147
Sant'Angelo
Marzocca
Mondávio
San Filippo
Castel
Colonna
5.3
Vallone
Montignano
AP. CASELLO
2010
MARINA DI
MONTEMARCIANO
Marina di
Montemarciano
280
Ripe
143
Vasari
Rocca
319
Barchi
203
Brugnetto
4.2
Bettolelle
10
Veneranda
92
Priora
Fiume
Torre San Marco
San Michele
Passo di Ripe
San
Silvestro
Montemarciano
3.7
D · Sant'Andrea
di Suasa · 13° 00' · E · **87** · 13° 10' · F · ESINO · 13° 20'
419
Rosa
SUASA
Burello
Casine
7.5
Fso. Triponzio
Brugnaletto
Gabella
Alberici
Rocca
vécchio
San
Vincenzo
Pianello
Sta. Maria Apparve
Malviano
Cassiano
AEROP. INTERNAZIONALE DI
ANCONA-FALCONARA
Montalfóglio
Castelleone
di Suasa
Ostra
Vétere
Ostra
Sant'Amico
Santa Lucia
Castelferretti
22

c

A 10° 10' B 74 C D

a

b

c

d

LIVORNO

Torre della Meloria

Torre d. Marzocco

Calambrone

Lido di
Tirrénia

Fantasilandia

Cittàlandia

Staz. di
Tombolo

LIVORNO

TOMBOLO

TENUTA

DI

COLTANO

PISA SUD
DI

Palazzi

Podere Gradisca

Hodere Gorizia TENUTA

Arnàccio

Chiesanova

La Fonte

Cant. Emissario

Grecciano

Colm

Canale

Reale

Vicarello

COLLE-
SALVETTI

Lavoria

Valtriano

Cenaia

Cena
Vecc

Lat

Lava

Collesalvetti
40

Siberia
Ceppaiano

Mortaiolo

Guasticce

555

Villa
Cheloni

Núgola

Aiáccio

11.6

69

Botteghino

Sorbo

Torretta

91

Tripalle

Faùglia

Cres
Vicchio

Cres

Siberia

Acciaiolo

Tremoleto

San
Sant'Er

PARCO NAT.
PROV. DEI MONTI
LIVORNESI

270

Poggio
Corbolone

Castel
Anselmo

132

112

Luciana
San
Régolo

Laura

Lorenzana

127

Case Paglia

36

San

Salviano

17.8

Mte.
la Pòggia

384

Limoncino

52

Pariana
San Martino

Pòio. Lecceta

340

462

Crocino

Parrana
San Giusto

144

Staz.
di Orciano

Pieve
Vecchia

Sanatorio

Valle
Benedetta

10.5

14

Poggio
Caprone

334

Colognole
Marmigliaio

Pieve
Vecchia

Orciano Pisano

Ardenza

Antignano

15.5

Torre d. Boccale

Calafúria

Villa del Romito

Quercianella

Montenero

193

Mte. Nero

313

RIS. NAT.
CALAFURIA

309

Gorgo

90

Nibbiaia

275

Gabbro

204

206

122

Orciano Pisano

7.2

Pieve
Santa Luce

152

Pieve
Santa Luce

225

Santa Luci

Pástina

SAVALANO OVEST

28.3

Paltrático

354

Chiappino

165

C.
Colombáie
Lago di
Santa Luce

176

Castelnuovo
di Misericórdia

378

Mte.
Pelato

185

RIS. NAT.
PROV.
LAGO DI
SANTA LUCE

Fortullino

E 80

FINE EST

**ROSIGNANO
MARITTIMO**

18.7

13

Valdiperga

Castelli
Marittim

Castiglioncello

ROSIGNANO-
CECINA

150

Terrìccio

Ri

Caletta

Rosignano
Solvay

Villággio
Aniene

Colle Mezzane

San Giuseppe

4.3

4.3

San Pietro
in Palazzi

68

Bastia 4h
Golfo Aranci 6h 30'
Olbia 6h -7h
Gorgona 1h 30'
Capraia 3h 30'
Palermo 19h
Malta (via Palermo) 34h

Vada

M A R

RISERVA

T I R R E N O

NATURALE

SECCHE DI VADA

Cécina

Marina
di Cécina

Acqua
il Parco

la Califor

TÓMBOLO

DI CÉCINA

Stazione
Bibbona-
Casale

N

Marina
di Bibbona

Forte di
Bibbona

Cre

il Palone

10

Villa
le Sabine

Marina di
Castagneto Carducci

Cavallino Matto

Staz. di Castagneto Carducci

Villa Margherita

7.3

8

C. Rossa

Inset map:

a

9° 54'

*ARCIPELAGO
TOSCANO*

Livorno 1h 30'

ISOLA DI GORGONA
(Frazione di Livorno)

Torre Nuova

43°
10'

43°
26'

43°
26'

Gorgona Scalo

*PARCO NAZIONALE
DELL' ARCIPELAGO TOSCANO*

Capraia 1h 30'

9° 54'

B 10° 20' C 10° 30' D

San Vincenzo

Riva degli
Etruschi

43°
30'

43°
20'

43°
10'

B 10° 20' C 10° 30' D

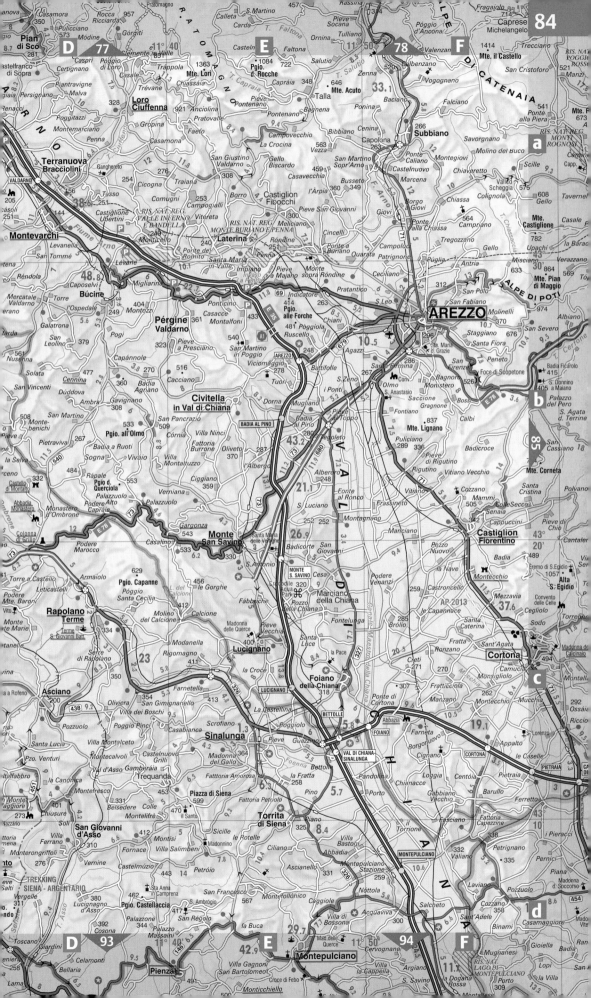

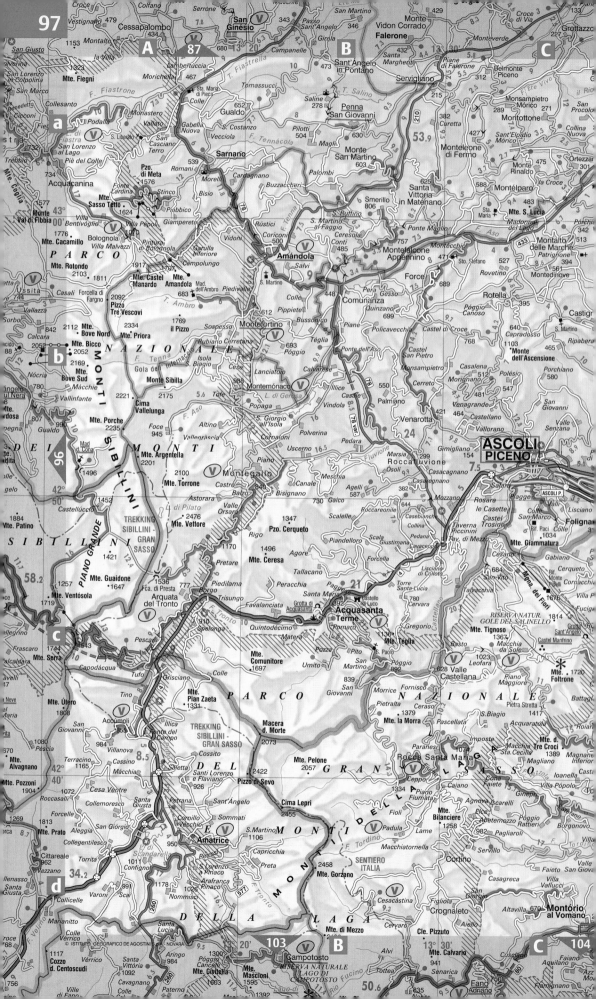

MAR

ADRIATICO

COSTA DEI TRABOCCHI

14° 20' 14° 30' 14° 40'

42° 30'

42° 20'

42° 10'

Hvar 3h 15'
Split 6h

ancavilla al Mare

Stazione di Tollo-
Canosa Sannita

16.3

Lido Riccio
Punta di Ferruccio

Miglianico
Sconchiglio

Savini

Aquilano

Tollo

Villa
San Tommaso

Villa
San Nicola

Ortona

ORTONA

Collesecco

Casino
Vezzani

Cimitero Canadese
Pta. di Acquabella

8.4

Crécchio

Villa
Grande

Villa
San Leonardo

Villa
Torre

Villa
Rogatti

S. Apollinare

Villa
Cáldari

Marina di San Vito

San Vito Chietino

Canosa Sannita

Guastaméroli

Mancini

Frisa

Tréglio

LANCIANO

Puncichitti
Rocca
S.Giovanni

10.1

Pta. d. Cavallúccio

La Penna

Santa
Giusta

35.9

Villa
Martelli

Scorciosa

S. Giovanni in Vénere

Fossacésia Marina

Ariello

Sant'Armato

Spaccarelli

LANCIANO

Villa
Stanazzo

Santa Maria
Imbaro

Fossacésia

2.2

Nasuti

Trastulli

Castel
Frentano

Villa
Andreoli

VAL DI SANGRO

Cimitero
Britannico

Torino di Sangro Marina

le Morgie

Crocetta

La Croce di
Sant'Eusanio

San Rocco

Villa Elce

Castello
di Sette

Mozzagrogna

Fattore

Lido di
Casalbordino

Sant'Eusánio
del Sangro

Colle
Bianco

363

21

San Egidio

SANGRO

Torino
di Sangro

98.8

E55

15.3

28.9

RIS. NAT. DI
PUNTA ADERCI

Pta. della Penna

Sta. Maria
d. Penna

Rizzacorno

Sant'Onofrio

154

Pagliéta

Villalfonsina

Sant. Mad.
dei Miracoli

Miracoli

Pagliarelli

Verratti

RIS. NAT.
LAGO DI
SERRANELLA

22.5

Ranco

Casalbordino

CASALBORDINO-
VASTO NORD

Incoronata

Aquilano
del Vasto

Guarenna
Nuova

Ponte
d'Aventino

Selva

Piazzano-
Piana La Fara

Monte Marcone

San Luca

Mte. Calvo

Masseria
Spaventa

San Barbato

Pollutri

San
Lorenzo

Casa
Genova

Golfo
di

Vasto

Cásoli

7.7

Sant'Angelo

Altino

Colli

Perano

Archi
Stazione

Rucconi

Pili

Mad. d.
Buon Consiglio

Scerni

Casa
d'Ercole

Monteodorisio

Sant'Antonio

VASTO

Vasto

Capriglia

Atessa

San Amico

San Marco

Cle.
S. Giovanni

Cle. Sántilli

San
Giácomo

Masseria
Menna

Sant'Onofrio

Cupello

6.5
San Salvo Mari

calegna

S. Pasquale
Vallaspra

Mte.
Granaro

Masseria
Colantónio

Peschiola

Colle
Mengucci

San Salvo

MONTE
DI BISA

Tornaréccio

Torricchio

Casalánguida

Piano
dell'Ospedale

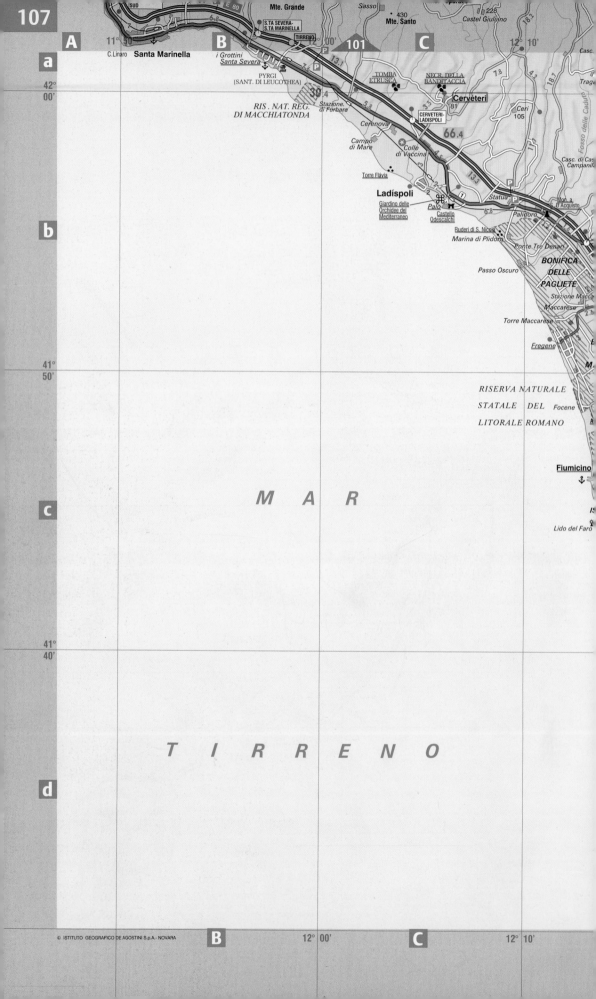

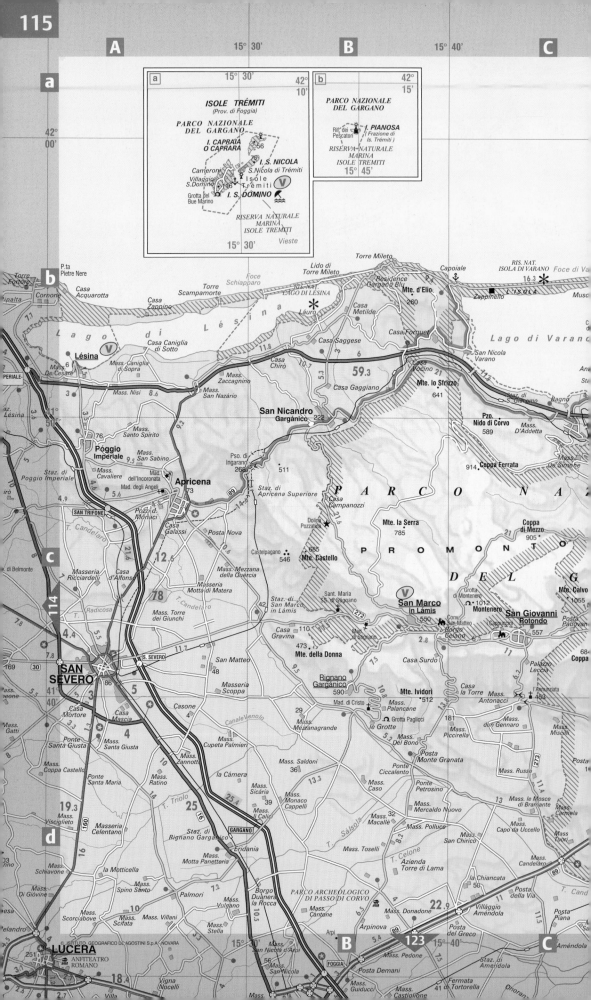

Cimitero Militare
Americano
RISERVA NATURALE
VILLA BORGHESE
LATINA
109

Capo d'Anzio
ANZIO
NETTUNO
Acciarella
B
C

RISERVA NATURALE
TOR CALDARA

Borgo
Santa Maria
Colangeli
Corrèto Alto
Borgo
San Michele
Casal
Traiano
Bocca
di Fiume

Borgo Sabotino-
Foce Verde
Borgo
Isonzo
Borgo Pasubio

la Banca
Lido di Latina
Gommalandia
Pontinia

Torre Astura
Torre di
Foce Verde
Lido
Capo Portiere
L. di
Fogliano

Fogliano
Borgo Grappa

a
Torre di Fogliano
Lago dei
Monaci
Borgo
San Donato

54
Bella Farnia
RIS. NAT. LESTRA
DELLA COSCIA

41°
20'
RIS. NAT. PISCIN
DELLE BAGNAT
Capo d'Omo
RIS. NAT. PISC
DELLA GATT

PARCO
Lido di Campolace
Sabaudia

NAZIONALE
L. di
Sabáudia

VILLA DI
DOMIZIANO
RIS. ROV

b
DEL CIRCEO
Emissario Romano
Torre Paola
Grotta d. Maga Circe
Picco di
Semaforo
Monte Circeo
Faro di Torre Cervia

M A R

c

---

a   13° 00'   ISOLA
                                                        ZANNONE

PARCO NAZIONALE
DEL CIRCEO
Mte.
Pellegrino

ISOLE PONZIANE
(Prov. di Latina)

SCOGLIO ROSSO

Pta.
Tramontana
il Porto
S. Silverio
ISOLA
PALMAROLA
ISOLA DI GAVI
la Piana
Pta.
dell'Incenso
Terracina 2h 30'
Formia 1h 30'-2h 30'
40°
55'

Cala di Féola
Pta. di Féola
Le Forna
Capo Bosco

Pta. Vardella
Campo Inglese
Santa Maria
Mte. Core
201

FARAGLIONI
DI MEZZOGIORNO

ISOLA DI PONZA
i Conti
Grotte di Pilato

280
10
Ponza
Mte. Guàrdia
LE FORMICHE

Pta. della Guardia

d

12° 50'   13° 00'

40°   ISOLE PONZIANE
50'   (Prov. di Latina)
           AREA MARINA PROTETTA
           ISOLA DI VENTOTÉNE
VILLA   E S. STEFANO
ROMANA
ISOLA DI   Ventotène
VENTOTÉNE 18
           RIS. NAT.   ISOLA
139   I. VENTOTÈNE SANTO STEFANO
Pta. dell'Arco   E I. S. STEFANO
Mte.   Ponza 1h 10'
dell'Arco Ischia 50'-1h
           Formia 1h 30'
b   13° 00'

B   12° 50'   C   13° 00'

A 13° 50' **B** 14° 00' **C**

a

40°
50'

Magic World
Licola Mare
Mte. Ruscello
137
POZZ.- ARCO F.
Mgna
CAMP
CUMA
Mte. Cuma
80
POZZUOL
VIA CAMI
Toiano
CUMA
Camal Averno
ANT. CAMPANA
Lido
di Nápoli
P.S. DI BÁIA
L. del Fusaro
Fusaro
Báia
POZZUC
Torregáveta
Cast. di Báia
ARCO
**Monte
di Prócida**
Cappella
Bácoli
DEI
66
Miseno
CAM
Spiaggia di
Miliscola
C. Miseno
FLEG

Canale di Prócida

b

Ventotene 50'

Pta. Cornácchia
Lacco Ameno
Casamicciola
Terme
15'
C. Bove
Prócida
Montevergine
43
Lido di
Prócida
27
ISOLA D'ISCHIA
Chiáia
Maio
**Ischia
Porto**
Marina di
Chiaiolella
I. DI PROCIDA
Forio
I. VIVARA
30'
Pta. Solchiaro
1h
Monterone
Ischia
RIS. NAT. STATALE
I. DI VIVARA
45'
Mte. Epomeo
788
Fraiano
Spiaggia di Citara
Fontana
Sant'Antuono
Ischia Ponte
Cuotto
Piedimonte
Pta. Imperatore
10.7
210
Panza
366
Serrara-
Barano d'Ischia
Sant'Angelo
Lido
dei Maronti
Testáccio
Pta. S. Pancrázio
Pta.
S. Angelo

PARCO MARINO
REGNO DI NETTUNO

Bocca Gran

40°
40'

Favignana (I. Eolie) 6h 15'
Trapani 7h 05'
Ustica 4h
Stromboli 5h
Catania 10h 30'
Palermo 10h 15'-10h 30'
Cagliari 16h 15'-17h
Golfo Aranci 13h 30'

c

40°
30'

M A R

d

13° 50' **B** 14° 00' **C**

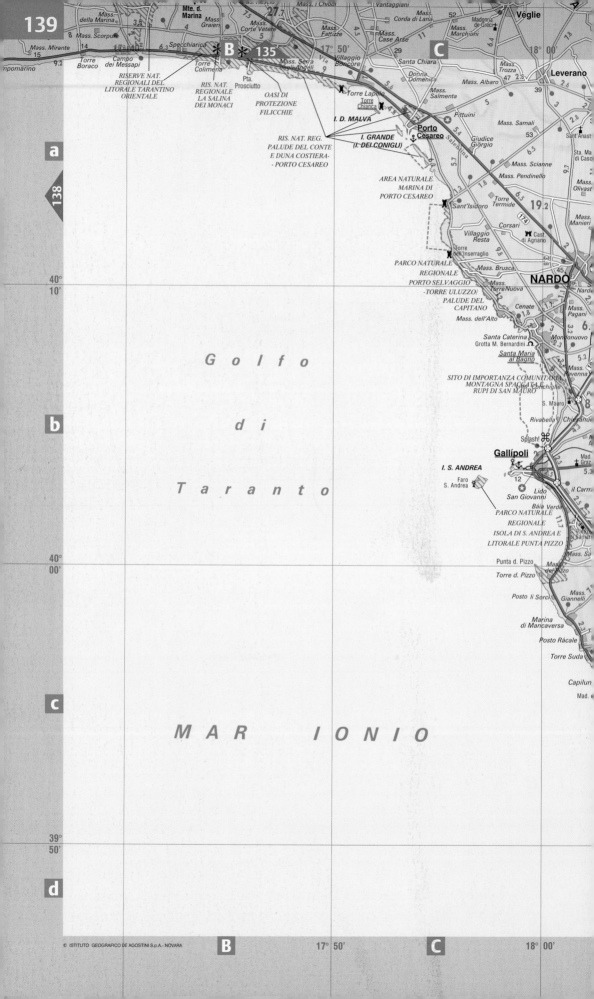

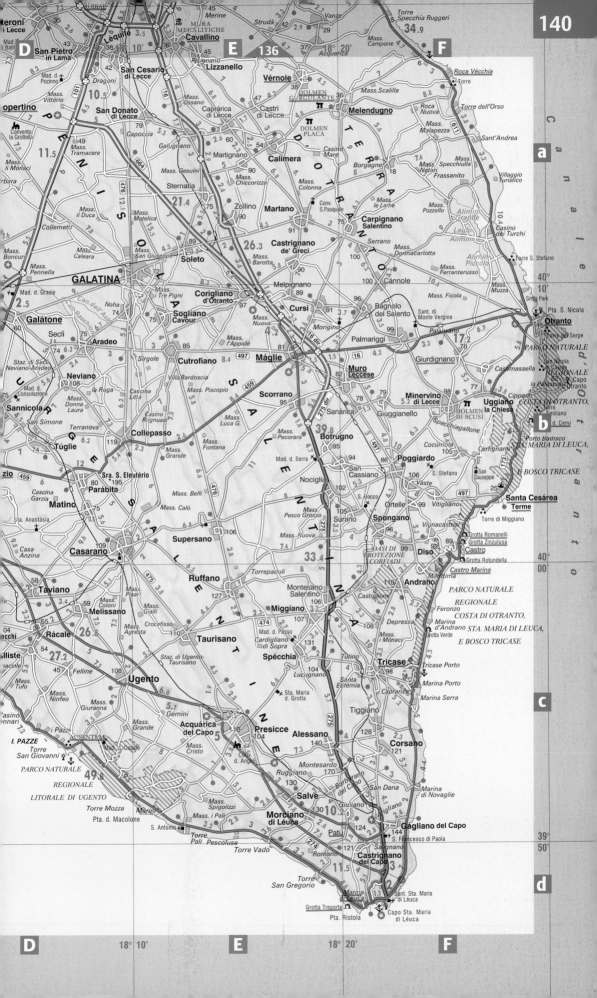

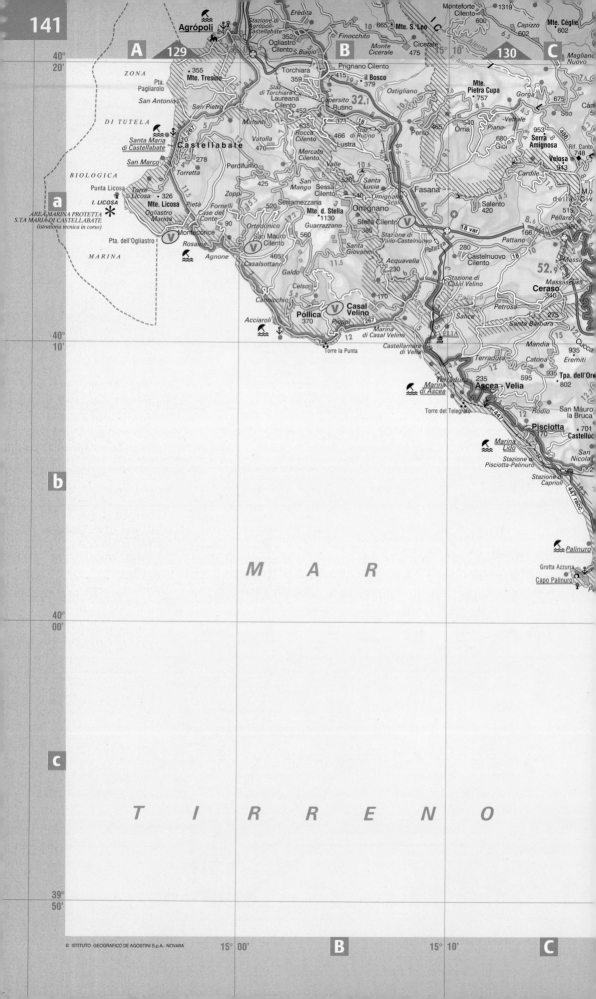

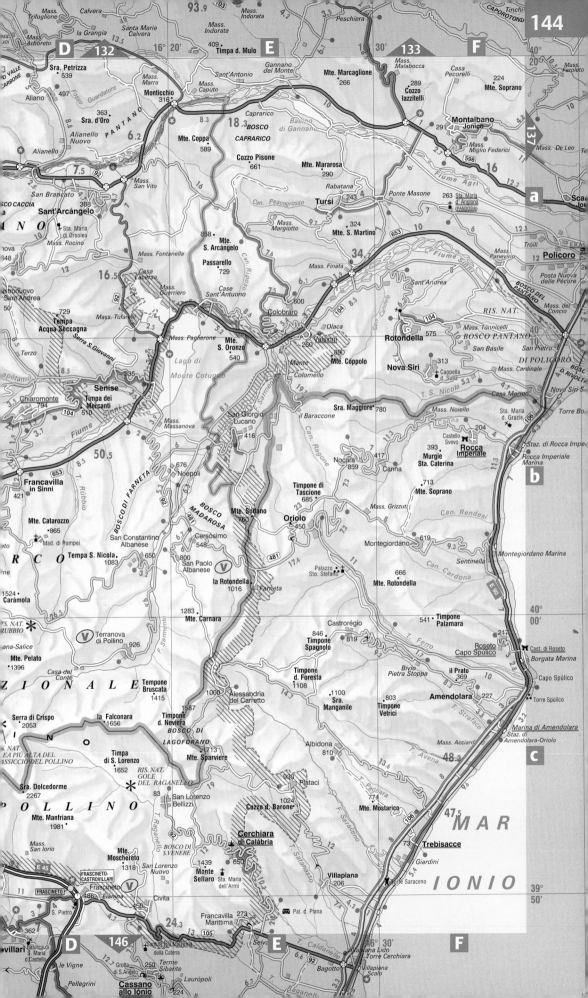

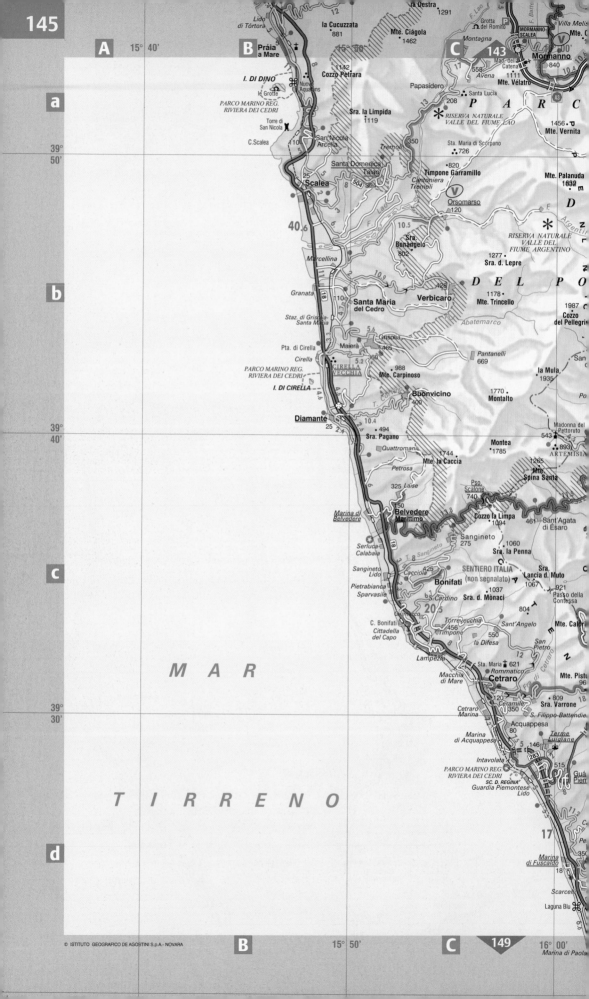

A   15° 40'   B   Práia a Mare   15° 50'   C   143

a

Lido di Tórtora
la Cucuzzata
881
Mte. Ciágola
1462
F. Lao
Grotta del Romito
Villa Melis
MORMANNO SCALEA
Mte. C
Montagna
840
Mormanno

I. DI DINO
le Grotte
Nuova Aquafans
Cozzo Petrara
1142
PARCO MARINO REG.
RIVIERA DEI CEDRI
Torre di San Nicola
C. Scalea
San Nicola Arcella
208
Papasidero
Santa Lucia
558
Avena
1111
Mte. Vélatro
RISERVA NATURALE
VALLE DEL FIUME LAO
1456
Mte. Vernita
Mad. della Catena
A3
P A R C
C

39° 50'

Sra. la Limpida
1119
Tremoli
350
Sta. Maria di Scorpano
726

Scalea
40.6
25
504 304
Santa Domenica Talao
Cantoniera Tremoli
Timpone Garramillo
820
Mte. Palanuda
1632
Orsomarso
120
V

b

Marcellina
Sra. Bonàngelo
802
RISERVA NATURALE
VALLE DEL FIUME ARGENTINO
D
Argentino

Granata
18
110
10.9
Santa Maria del Cedro
428
Verbicaro
Mte. Trincello
1178
1277
Sra. d. Lepre
1987
Cozzo del Pellegri
D E L   P O

39° 40'

Staz. di Grisolia-Santa Maria
5.6
Grisolia
Maierà
465
Abatemarco
Pantanelli
669
la Mula
1935
San

Pta. di Cirella
Cirella
5.2
360
988
Mte. Carpinoso
Buonvicino
400
1770
Montalto
CIRELLA VECCHIA
PARCO MARINO REG.
RIVIERA DEI CEDRI
I. DI CIRELLA
4.5

Diamante
10.4
25   2.4
Sra. Pagano
494
Madonna del Pettoruto
543
893
ARTEMISIA

c

Quattromani
1744
Mte. la Caccia
Petrosa
Montea
1785
1265
Mte. Spina Santa

325   Laise
Pso. Scalone
740

Marina di Belvedere
50
Belvedere Maríttimo
18
Cozzo la Limpa
1094
461
Sant'Agata di Esaro

Serluca Calabala
Sanginето
Sangineto
275
Sra. la Penna
1060

Sangineto Lido
8
Cacciola
425
Bonifati
SENTIERO ITALIA
(non segnalato)
1037
Sra. d. Mónaci
804
Sra. Lancia d. Muto
1067
921
Passo della Contessa
Mte. Calor

Pietrabianca
Sparvasile
20.5

Orimacco
C. Bonifati
Cittadella del Capo
S. Cardino
Torrevecchia
456
Timpone
550
la Difesa
Sant'Angelo
San Pietro
12

M A R

Lampêzia
Macchia di Mare
Sta. Maria
621
Rommatico
Cetraro
Mte. Pistu
96

39° 30'

T I R R E N O

Cetraro Marina
120
Ceramile
350
Sra. Varrone
809
S. Filippo-Battendie
18

Marina di Acquappesa
Acquappesa
80
Terme Luigiane
146

Intavolata
283
515
Guá Pien

PARCO MARINO REG.
RIVIERA DEI CEDRI
SC. D. REGINA
Guardia Piemontese Lido

17

d

Marina di Fuscaldo
350
18

Scarcell

Laguna Blu

MAR IONIO

16° 50'   D   17° 00'   E   17° 10'   F

a

39° 50'

b

39° 40'

c

antano
artuci
Mirto
Mirto 5
Castello
S. Giácomo-
Marinella 3
Staz. Calopezzati
230
rosia 4
217
Calopezzati 106
Camigliano
Staz. di
Colle 5.5
Pietrapáola
Sant'Elia Vecchiarello
448 Marina di
12 Pietrapáola
365 3.5 Staz. di
Cozzo Cipodero 12.6 Mandatoriccio-Campana
6. San Cataldo
400 Cariati Marina
Pietrapáola S. Morello Cariati 18
375 50 Tramonti Pta. Fiume Nicà
Mte. Acquaviva E 90 7
Mandatoriccio 624 429 Torre Policaretto
561 Cle. d. Rose 108 ter
11.2 Terravécchia
Cozzo Granato 472 53
878 8.8 Serra di Scannole Casino
370 317 Sorvito Cassia
Scala Coeli 352 Cozzo di 2.5
Sra. Ceraso Caposerra Torretta
798 3.4 4.7 Mad. di
2.8 380 Manipúglia
liero Campana Crúcoli
612 19 50 Madonna
Cozzo Cerzullo Mte. Lelo 269 Cappella di Mare
532 530 Mte. 27
22.8 Caciocavallo TEMPIO DI
Cozzo di Timpa 13.6 6.1 APOLLO ALÈO
Piano 938 Calamacca Melognara Cantoniera 10.6 5 Pta. Alice
Guerra 374 351 Ciró
77.3 Cantoniera Ciró Marina
151 16° 50' D 17° 00' E 17° 10' F
77.3 784 Mte. Mennola 2 Torrenuova
Sra. Eloisa Umbriático 236 Torre Nuova
Mte. 492
Mazzagullo 3.5 6.5 Sta. Anastasia
696 Perticaro T. Lipuda
Cantoniera

d

39° 30'

39°

A 15° 50' B 145 16° 00' C

a

39° 20'

b

39° 10'

c

M A R

39° 00'

T I R R E N O

d

B 16° 00' 153 C

Scarcelli
Laguna Blu
Cozzo Cervello
1389
Parantoro
San Miceli
Madonna
del Carmine
Rifugio
Forestale
952
Marina
di Paola
Páola
94
Sant.
S. Francesco
Mte. Luta
1231
Bucita
107
18
Pollella
Cantoniera
Crocetta
973
San Lúcido
Mte. 1100
Martinella
.56
34.5
1157
Falconara
Albanese
SENTIERO IT
(non segnala
602
Pietralor
Torremezzo
di Falconara
Staz. di Torremezzo
di Falconara
Pietraf
Santamonica
Abbazia di
Sta. Domenica
12
10
Fiumefreddo
Bruzio
San
Biase
220
Terre
Donniche
Serrone
Longobardi
Marina
325
Coz.
Longobardi
Tarifi Croce
S. Bárbara
Salice
Regastili
Annunziata
Marina
di Belmonte
26
Greci
Belmonte
Cálabro
Vadi
San Pie
in Aman
SCOGLI ISCA
11.1
OASI BLU
DEGLI SCOGLI
DI ISCA
374
Amantea
50
13.5
Mte. Pelle
SCOGLI CÓRECA
18
Serra D'Aiello
Còreca
373
Cámpora
San Giovanni
18 dir.
Villaggio
del Golfo
Staz. di Nocera
Terinese
Marina di
Nocera Terinese
Falerna
Marina
Staz.

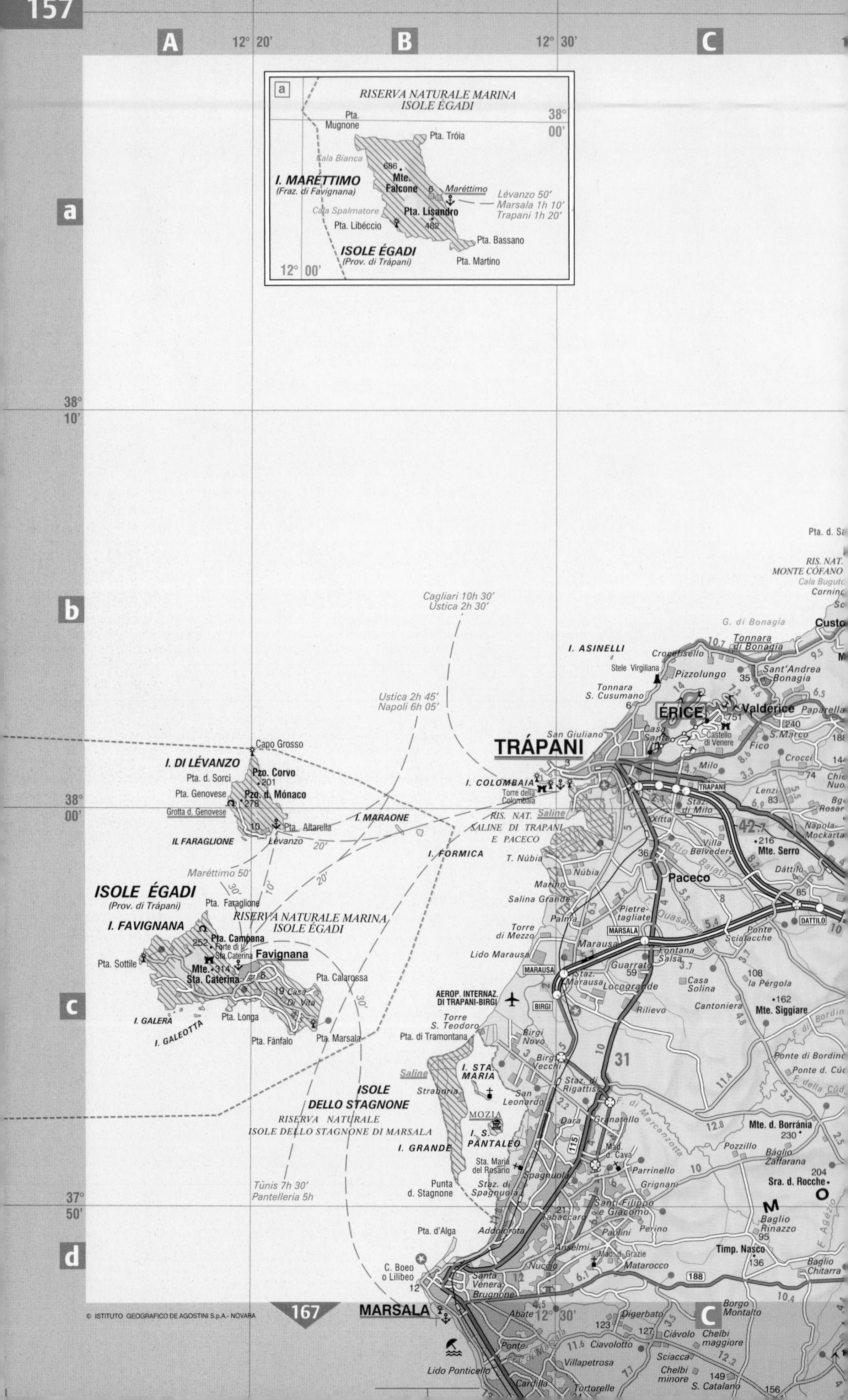

A   12° 20'   B   12° 30'   C

RISERVA NATURALE MARINA
ISOLE ÉGADI

38°
00'

Pta.
Mugnone
Pta. Tróia

Cala Bianca

686
Mte.
Falcone   Maréttimo

I. MARÉTTIMO
(Fraz. di Favignana)   *Lévanzo 50'*
Marsala 1h 10'
Trapani 1h 20'

Cala Spalmatore   Pta. Lisandro
482

Pta. Libéccio

ISOLE ÉGADI   Pta. Bassano
(Prov. di Trápani)   Pta. Martino

12°
00'

a

38°
10'

b

Cagliari 10h 30'
Ustica 2h 30'

RIS. NAT.
MONTE CÓFANO
Cala Bugute...
Cornin...

Pta. d. Sa...

Ustica 2h 45'
Napoli 6h 05'

G. di Bonagia

I. ASINELLI   Crocefisello   Tonnara   Custo...
di Bonagia   10.7   9.5

Stele Virgiliana   Pizzolungo   Sant'Andrea   M...
Bonagia   6.5
Tonnara   35
S. Cusumano   14   ...
6
Capo Grosso   ÉRICE   751   Valdérice   Paparella...
240   S. Marco   188...

I. DI LÉVANZO   Casa   Castello   Fico   Crocci...
Pta. d. Sorci   Pzo. Corvo   San Giuliano   Santa   di Venere   74   Chie...
201   3   Milo   Nuo...
Pta. Genovese   Pzo. d. Mónaco   *I. COLOMBAIA*   TRÁPANI   Lenzi   Bg...
Grotta d. Genovese   278   Torre della   4.7   3.3   6.9   83   Rosar...
Colombaia   Xitta   42.7
I. MARAONE   RIS. NAT. *Saline*   Staz.   Nápola-   ...
10   Pta. Altarella   SALINE DI TRAPANI   di Milo   Mockatta...
IL FARAGLIONE   Lévanzo   20'   E PACECO   216
Mte. Serro
I. FORMICA   T. Núbia   36.9   Rio Baiata   Dáttilo

Maréttimo 50'   Núbia   85
20'   Marino   Paceco
Pta. Faraglione   Palma   Pietre-   Ponte   DÁTTILO
30'   10'   Salina Grande   tagliate   Sciacche   5.4
ISOLE ÉGADI   Marausa   MARSALA   59   Fontana   3.7
(Prov. di Trápani)   Torre   Guarrati   Salsa   108
di Mezzo   Fontana   la Pérgola
I. FAVIGNANA   *RISERVA NATURALE MARINA*   Lido Marausa   59   162
ISOLE ÉGADI   MARAUSA   Casa   Mte. Siggiare
Pta. Campana   Staz.   Solina   Bordin...
252   Forte di   Marausa   Locogrande   Cantoniera   Ponte di Bordino
Pta. Sottile   Sta. Caterina   *Favignana*   Rilievo   Ponte d. Cúc...
Mte.   314   AEROP. INTERNAZ.   Birgi
STA. Caterina   DI TRAPANI-BIRGI   Novo   31   F. di...
19 Casa   Pta. Calarossa   BIRGI   12.8
I. GALERA   Di Vita   Torre   Birgi   Mte. d. Borrània
Pta. Longa   S. Teodoro   Vecchi   230
I. GALEOTTA   Pta. Marsala   Pta. di Tramontana   Staz. di   Pozzillo
Pta. Fánfalo   Rigattisi   Báglio
Saline   *I. STA*   San   115   Zaffarana
MARIA   Leonardo   204
ISOLE   Straboria   Dara   Granatello   Sra. d. Rocche
DELLO STAGNONE   MOZIA   Mad.   O
RISERVA NATURALE   *I. S.*   d. Cava   Parrinello   Báglio
ISOLE DELLO STAGNONE DI MARSALA   *PANTALEO*   Grignani   10   Rinazzo
I. GRANDE   Sta. Maria   Santi Filippo   95
del Rosario   Spagnuola   e Giacomo   Timp. Nasco
Túnis 7h 30'   Staz. di   Paolini   Perino   136
Pantelleria 5h   Punta   Spagnuola   21   Báglio
d. Stagnone   Tabaccaro   Matarocco   Chitarra
Pta. d'Alga   Addolorata   Mad. d. Grazie   188   10.4
Anselmi   Borgo
d   Nucci   12   Montalto
C. Boeo   Santa   12°30'
o Lilibeo   Vénera   Matarocco
12   Brugnano   Digerbato   Chelbi   C
MARSALA   123   127   Ciávolo   maggiore
Ponte   Ciavolotto   Villapetrosa   Sciacca   149
Lido Ponticello   11.5   7.7   Chelbi   S. Catalano   156
Cardilla   minore
Tortorelle

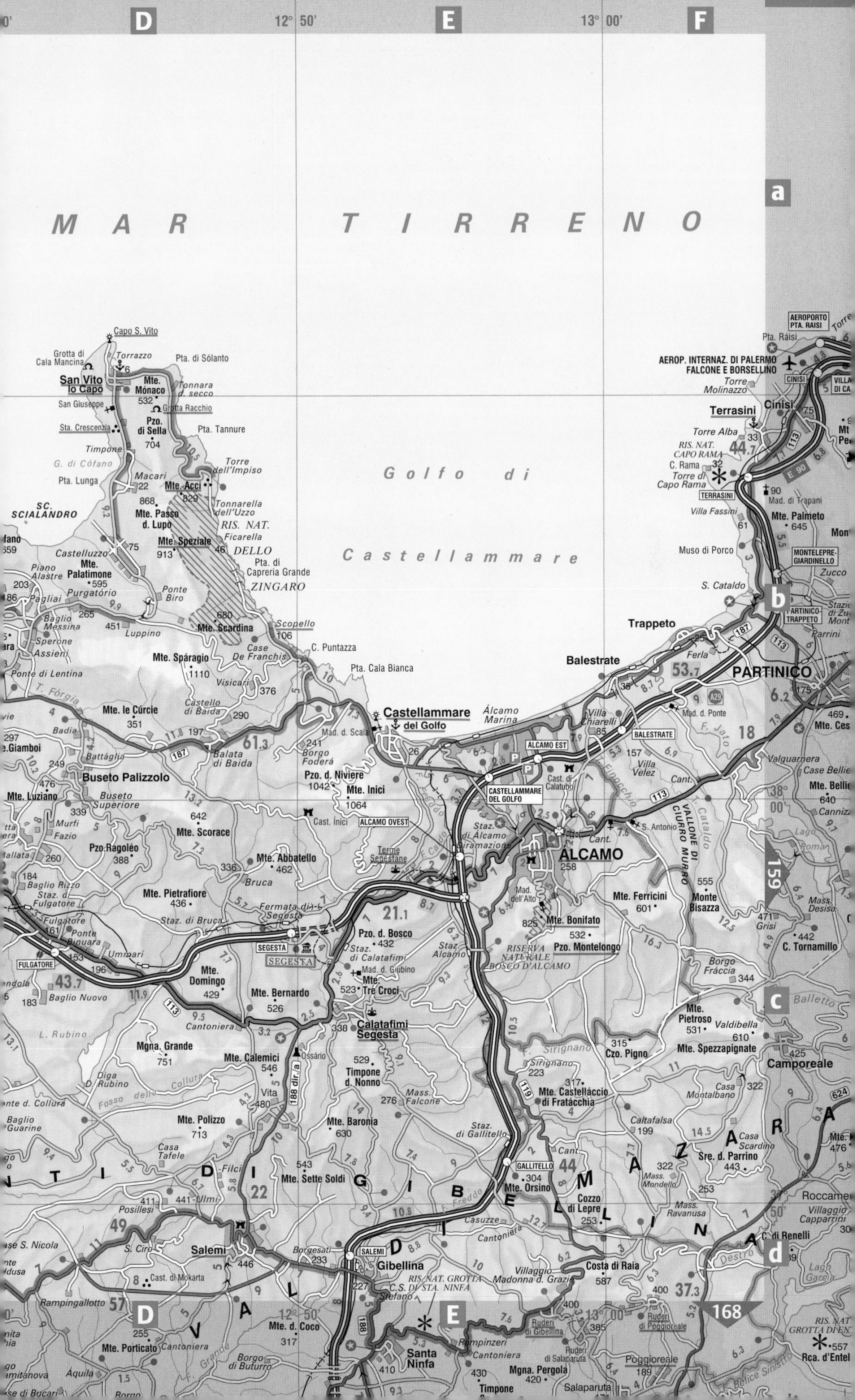

MAR TIRRENO

Golfo di

Castellammare

D 12° 50' **E** 13° 00' **F**

Capo S. Vito
Grotta di
Cala Mancina
Torrazzo
San Vito
lo Capo
San Giuseppe
Mte. Mónaco
532
Sta. Crescenzia
Pzo. di Sella
704
Timpone
G. di Cófano
Pta. Lunga
Macari
Mte. Acci
868
Mte. Passo
d. Lupo
Mte. Speziale
913

Pta. di Sólanto
Tonnara
d. secco
Grotta Racchio
Pta. Tannure

Torre
dell'Impiso
Tonnarella
dell'Uzzo
RIS. NAT.
Ficarella
DELLO
Pta. di
Capreria Grande
ZINGARO

SC.
SCIALANDRO

Castelluzzo'
Mte.
Palatimone
595
Purgatório
Ponte
Biro

Baglio
Messina
265
Sperone
Assieni
Ponte di Lentina
Mte. S. Scardina
106

Mte. Spáragio
1110
Visicari
376
Case
De Franchis
Scopello
C. Puntazza
Pta. Cala Bianca

Castellammare
del Golfo
Álcamo
Marina

Torre Alba
RIS. NAT.
CAPO RAMA
C. Rama
Torre di
Capo Rama
Muso di Porco
S. Cataldo

AEROPORTO
PTA. RAISI
Pta. Ráisi
AEROP. INTERNAZ. DI PALERMO
FALCONE E BORSELLINO
Torre
Molinazzo
Cinisi
Terrasini
44.7
90
TERRASINI
Mad. di Trapani
Villa Fassini
Mte. Palmeto
645
MONTELEPRE-
GIARDINELLO
Zucco

Trappeto
ARTINICO
TRAPPETO

Mte. le Cúrcie
351
Castello
di Baida
290
Mte. Luziano
Buseto Palizzolo
Battáglia
249
Mte. Scorace
642

Baglio
Rizzo
Staz. di
Fulgatore
Fulgatore
Ummari
Staz. di Bruca
FULGATORE
43.7
Baglio Nuovo
L. Rubino
Mgna. Grande
751
Diga
D. Rubino
Mte. Polizzo
713
Casa
Tafele
S. Ciro
Posillesi
49
Salemi
446
Cast. di Mokarta

Mte. Pietrafiore
436
Mte. Abbatello
462
Bruca
Mte.
Domingo
429
Mte. Bernardo
526
Calatafimi
Segesta
Vita
480
Mte. Calemici
546
Mte. Sette Soldi
Filci
22
Mte. Baronia
630
543
Borgesati
233
SALEMI
Gibellina
227

Balestrate
BALESTRATE
53.7
Mad. d. Ponte
Villa
Chiarelli
85
Villa
Velez
Cast. di
Calatubo
Staz.
di Álcamo
Diramazione
S. Antonio
ÁLCAMO
258
ALCAMO OVEST
ALCAMO EST
CASTELLAMMARE
DEL GOLFO
Mad. d. Scala
Borgo
Foderà
Pzo. d. Niviere
1042
Mte. Inici
1064
Cast. Inici
241
Terme
Segestane
Pzo. d. Bosco
432
Staz.
di Calatafimi
Mad. d. Giubino
Mte.
Tre Croci
523
Staz.
Álcamo
Mad.
dell'Alto
Mte. Ferricini
601
Mte. Bonifato
825
Pzo. Montelongo
RISERVA
NATURALE
BOSCO D'ALCAMO
Monte
Bisazza
555
Mte.
Pietroso
531
Mte. Spezzapignate
Valdibella
Camporeale
Mte.
Castelláccio
di Fratacchia
304
Cozzo
Pigno
Sirignano
223
315
Caltafalsa
199
Casa
Montalbano
Sre. d. Parrino
443
Mte. Orsino
Cozzo
di Lepre
253
GALLITELLO
44
Mass.
Mondello
322
Mass.
Ravanusa

Staz.
di Gallitello
Timpone
d. Nonno
529
Mass.
Falcone
276
Casuzze
Costa di Raia
587
Villaggio
Madonna d. Grazie
RIS. NAT. GROTTA
C.S. DI STA. NINFA
Stefano

PARTINICO
Mte. Ces
6.2
18
Mte. Belli
640
C. Tornamillo
442
Borgo
Fráccia
344
425
322
C. di Renelli
Villaggio
Capparini
624
Mte.
476

V A L L E D I G I B E L L I N A

Mte. d. Coco
317
Santa
Ninfa
410
Rampinzeri
Ruderi
di Salaparuta
Timpone
420
Mgna. Pergola
Salaparuta
189
Ruderi
di Poggioreale
Poggioreale
385
400
37.3
RIS. NAT.
GROTTA DI EN
557
Rca. d'Entel

159

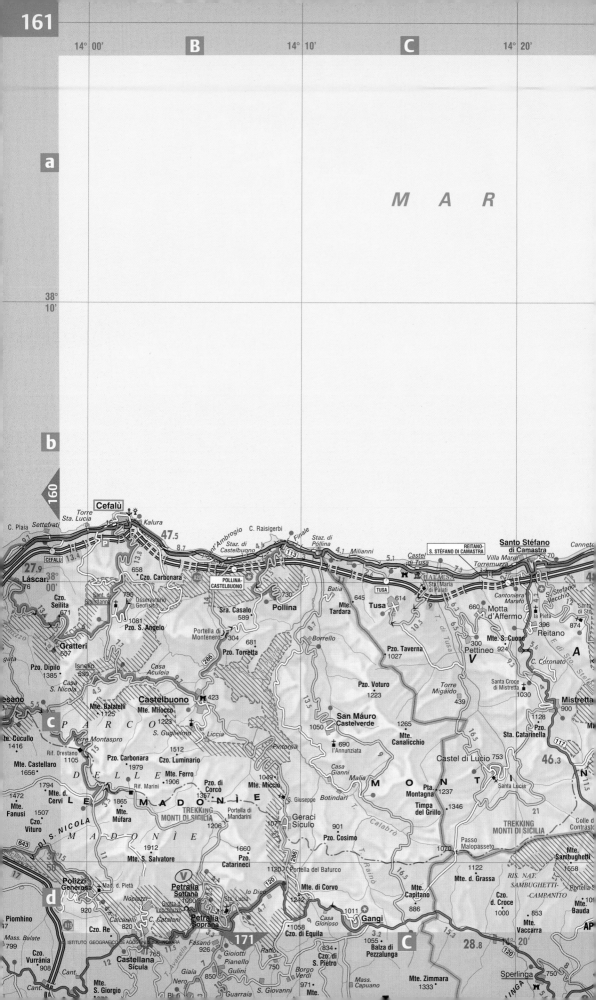

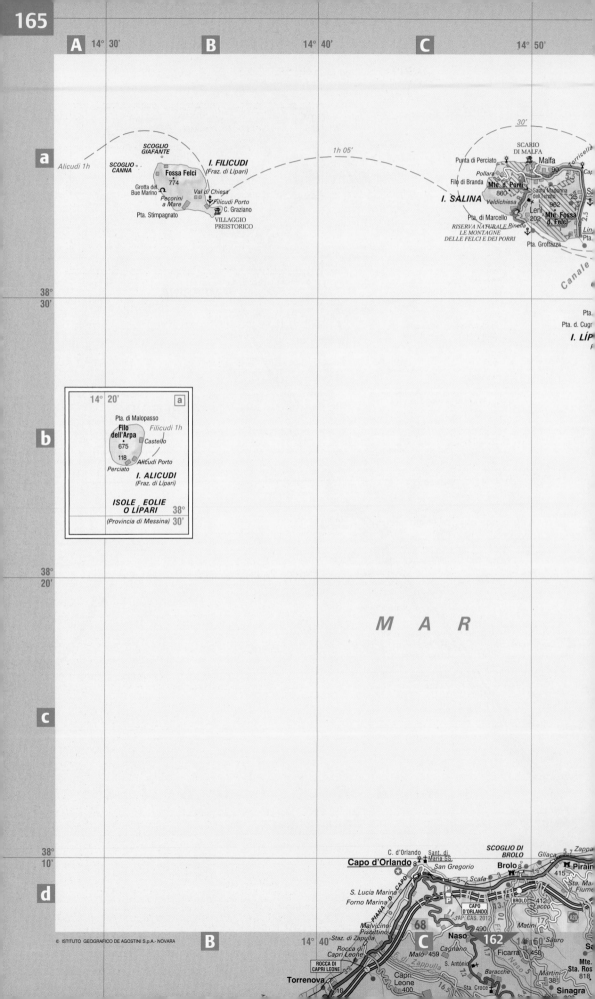

A 14° 30' B 14° 40' C 14° 50'

a

Alicudi 1h

SCOGLIO
GIAFANTE

SCOGLIO
CANNA

Fossa Felci
774

I. FILICUDI
(Fraz. di Lípari)

Grotta del
Bue Marino

Pecorini
a Mare

Val di Chiesa

Filicudi Porto

C. Graziano

Pta. Stimpagnato

VILLAGGIO
PREISTORICO

1h 05'

30'

SCARIO
DI MALFA

Punta di Perciato

Pollara

Filo di Branda

Malfa

90

Cap

Mte. d. Porri
860

Santa Madonna
del Terzito

25

S

I. SALINA

Leni
202

Mte. Fossa
d. Felci

962

Valdichiesa

Pta. di Marcello

Rinella

Lin

Pta.

*RISERVA NATURALE
LE MONTAGNE
DELLE FELCI E DEI PORRI*

Pta. Grottazza

2,5

Canale

Torricella

38°
30'

Pta.

Pta. d. Cugr

I. LÍP

P

b

14° 20'

a

Pta. di Malopasso

**Filo
dell'Arpa**

675

118

Perciato

Castello

Filicudi 1h

Alicudi Porto

I. ALICUDI
(Fraz. di Lípari)

**ISOLE   EOLIE
O LÍPARI**

(Provincia di Messina)

38°

30'

38°
20'

M A R

c

38°
10'

d

C. d'Orlando

Sant. di
Maria SS.

SCOGLIO DI
BROLO

Gliaca

5,7 Zappa

Capo d'Orlando

San Gregorio

Brolo

Pirain

415

S. Lucia Marina

Scafa

Sta. Ma
d. Fiume

Forno Marina

P

P

412

BROLO

Lacco

A20

Malvicino-
Piscittino

CAPO
D'ORLANDO
AP. CAS. 2012

Matini

68

Staz. di Zapulla

14° 40'

C

Naso

Cagnano

162

Sauro

S

Rocca di
Capri Leone

Malò 459

Ficarra

450

ROCCA DI
CAPRI LEONE

Capri
Leone
400

S. Antóni

Baracche

Mte.
Sta. Ros
818

Torrenova

d. Zappulla

S. Croce

Martini

381

Sinagra

B

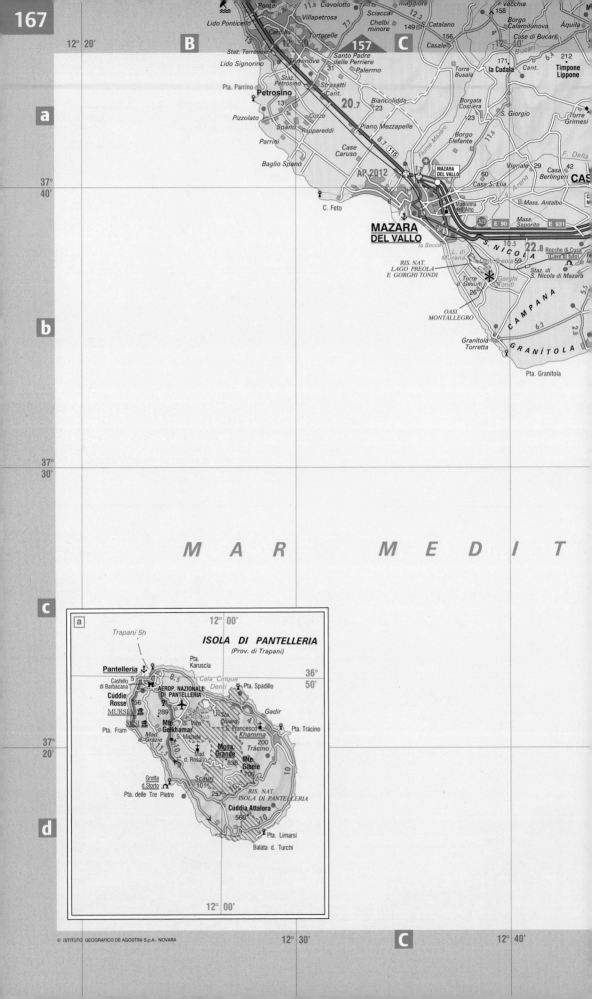

D   9° 30'   E   9° 40'   F   9° 50'   G

a

41°
20'

M A R

b

PARCO   NAZIONALE

I. MADDALENA
Porto
Massimo
DELL' ARCIPELAGO
Pta.Galera
Villaggio
Piras
160
GIARDINELLI   Becco di Vela
DE LA MADDALENA
Tomba di Garibaldi
Mte. Teialone
212
ISOLE
MONACI
Case
di Garibaldi
V
I. CAPRERA
RISERVA NATURALE
Cala ISOLA DI CAPRERA
Stagnali   Portese
lico   39 Pta. Rossa
d'Orso I. PORCO   I. PECORA

T I R R E N O

41°
10'

Pta. Rossa
Saline
Pta. Saline
I. DEI
CAPPUCCINI   I. D. BISCE
C. Ferro
PARCO   NAZIONALE
Pta. Battistone   46 Mte. Calagrano
Baia   Liscia   Cala Grano
Sardinia   di Vacca
Aquadream   Pitrizza
154   Pto. Cervo
DELL' ARCIPELAGO
Poltu Quatu   Liscia   Porto Cervo
Cala   di Vacca
Bitta   G. Pero   I.LE DI LI NIBANI
DE LA MADDALENA
Mte. Moro   Mte. Zoppu
422   139
Abbiadori   Piccolo Pevero   Pto. Liccia
197   Pevero   Pta. Capaccia
Pta. Baignoni   Romazzino
Cala di   Piccolo Romazzino   I. MORTÓRIO
Mulino di   Volpe
Arzachena   Capriccioli
30.2   Cala   I.LE LE CAMERE
Petra Ruja   I. SOFFI

c

S. Michele
166   San
Pántaleo
Cant.   Aglientina
Saraghinu   Portisco   Golfo di Congianus
A   di Cugnana
Cugnana   Pta. d. Volpe
Verde   Pta. d. Canigione
Punta Cugnana   Cala Sabina
650   Porto
Cugnana   Rotondo
Casagliana   Mte.   93
Canareddu   Fermata
11.5   199   Marana   Cala Sabina
Staz.   Fra. Marinella
Rudalza   Golfo
Pta. de   N. S. de   Aranci
Mti. Plebi   473   su Monte   2
su Asprò   Turrita   Cala   • 340 C. Figari
Mti. sa Curi   Sassari   139
Pta.   439   I. DI FIGAROLO
sa Turrita
Mte. Zapparottu   416   Pta. d. Casette
245   19   Golfo
125   Nodu Pianu   di
COMPLESSO NURAGICO   Pittolongu   Ólbia
DI CABU ABBAS   13.7
Torre sa Istrana   72   Pozzo Sacro
39   di Sa Testa
Santa   Pta. Ruja
Mariedda   OLBIA   I. D. BOCCA   C. Ceraso
7.8   15   Ia Bianca   li Cuncheddi
27 Mte. Telti   Porto Quattu   Lido
233   Padrogiano   del Sole   Porto Legnaiolo
274   e Saline   li Cuncheddi
Mte.   219
AEROPORTO INT. DI   Maladromi   Costa Romantica
OLBIA-COSTA SMERALDA   Porto Istana
Mte. Piscolvei   Costa   Costa
90   Corallina   Porto S. Paolo
22.5   Pta. Piccinno   S. Paolo
320   Porto
Loiri • Porto San Paolo   Dorata
Enas   Loiri   Porto
100   28.6   Taverna
Monte Rúju   Vaccileddi   108
Case   316   Bianca   Cima di
Trudda 67   50   Mte. Petrosu
Zapalli   Monte Petrosu
canale

Berchiddeddu
296   Sta. Giusta
Andria   389
Púddu   Pta.   Pta. Altora
250   Zarababbo   340
Sa Costanza   276 Mte. Almuttu   Punta Aldia
Mte. di Salvanori   Nuragheddu   Stagno di
S. Teodoro

Livorno 6h 30'
Civitavecchia 5h 15'-7h
Napoli 13h 30'

41°
00'

Livorno 6h-7h
Genova 9h 30'-13h 30'
Piombino 4h 30'-7h
Civitavecchia 4h 45'-7h

Arbatax 4h

Pta. Timone
Cala di Levante
Pta.
Castelláccio   AREA MARINA PROTETTA
510

d

Riserva Integrale
Pta.
Cannone   I. TAVOLARA
565   TAVOLARA-
I. MOLAROTTO
CAPO CODA CAVALLO
Pta. la Guárdia
155
I. MOLARA
P. Molara
C. Coda Cavallo

Porto Brandinchi
Marina di Iu Impostu
Pta. Sabbatino

D   9° 30'   186   E   131 D.C.N.   9° 40'   F   9° 50'   G

A   B   8° 20'   C   8° 30'

41° 10'

a

Pta. Caprara
o dello Scorno
Riserva Integrale
Cala Arena
C. Molla
**Punta d.
Scomúnica**
408
*Elighe
Mannu*
• 184
Pta. Sabina
Case Bianche
391
**Pta. Maestra
Serre**
Cala d'Oliva
*Porto Mannu
d. Reale*
*Campu Perdu
la Reale*
Piano Mannu
Ossario
Austro Quarico
• 318
I. ASINARA
Trabuccato
Pta. Trabuccato
Pta. Marcutza
195
Pta. Tumbarino
Rada d. Reale
241
Tumbarino
PARCO NAZIONALE
*Cala Scombro
di dentro*
I. SCOMBRO
*Cala Scombro
di fuori*
DELL' ASINARA
**Pta.
Maestra Fornelli**
265
Fornelli
41° 00'
Riserva Integrale
Pta. Salippi
Santa Maria
Pta. Barbarossa
I. PIANA
Torre
d. Finanza
C. del Falcone
*Torre
Pelosa*
Rada d. Fornelli
SPIAGGIA DELLA PELOSA
a
Pta. Negra

G o l

d e l l ' A

Barcelona 36h 45'
Marseille 15h
Genova 10h-12h
Civitavecchia 7h 45'
Propriano 4h
Ajaccio 3h 30'

b

Torre Falcone • 190
• 141
Mte. d. Crocetta
Le Vele
Stintino
Pta. Scoglietti
*Cuile
S. Lorenzo*
Pischina Salidda
C. Cóscia di Donna
Cala di Capotagliato
Pta. de Su Torrione
Tonnara Saline
75
*Stagno di
Casaraccio*
Torre delle Saline
Coda della Carasanta
*Stagno
delle Saline*
SPIAGGIA DELLE SALINE
Cuile Novo
I. D. PORRI
Nodigheddu
*Stagno
di Pilo*
Pta. Rumasinu
• 122
Cabu Aspru
• 30
Issi
NUR.
MINCIAREDDA
Porto Tórres
S. Gavino a Mare
*Cappella
Balai*
40° 50'
*Pozzo S. Nicola
(Casteddu)*
12
*Zona
di Gennano*
*Platamona
Lido*
19.6
**SC.
BUSINCO**
14,5
Stagno di Platamona
Pta. de lu Nibaru
Lampianu
Scala Erre
3.5
Mte. Elva
Cantoniera
Lipedriazzi
2.5
25
3.4
251
3.5
Rosário
NUR.
MARGONE
NECK DI
SU CRUCIFISSU
MANNE
Menhir
20.9
S. Michele
93
Ottava
Mte. Sta. Giusta
Biancareddu
Cant. Balona
Pian
de Sórres
S. Giovanni
22
19
C. Mannu
Pta. Padedda
Canáglia
• 222
la Pedráia
240
**Mte.
Pozzo d'Ussi**
135
Mte. Alvaro
342
NUR.
SPERANZA
la Crucca
62
*Truncu
Reale*
10.7
Viziliu
li Punti
c
Pta. Agliastroni
248
238
Pta. Ferru
**Pta.
Pedru Ghisu**
• 305
**Pta. de Sa
Janna Isttrinta**
338
Campanedda
li Punti
PARCO GEOMINERARIO
**Pta. de
lu Pisanu**
Mte. Rosso
*Case
S. Giórgio*
22.3
NURAGHE
MACCIADOSA
• 79
S. Gavino
**Pta. de
lu Pisanu**
Palmadula
7,8
*Donna
Ricca*
NUR.
BAZZINITTA
11.3
*Porto
Palmas*
5.2
la Corte
Case
Deroma
Monteforte
Case
Saccheddu
Mte. Minudo
103
**Mte.
Forte**
464
Cantoniera
Joanne Abbas
• 142
Mte. Nurra
11
23.2
*Capo
dell'Argentiera*
Argentiera
Pte.
Zunchino
*Bancali
la Landrigga*
C. Venturi
23.5
Fermata
S. Giorgio
**Pta.
lu Caparoni**
445
Torre Negra
Pte. Crabolu
su Pirastru
Tottubella
Fermata
Arcone
134
STORICO ED AMBIENTALE
Torre Bantine Sale
Porto Ferro
Monte Zirra
215
291
35.4
Mte. Palmas
C. Ferru Ezzu
40° 40'
DELLA SARDEGNA
7
*Sta. Maria
la Palma*
NUR.
BONASSAI
Mte. Mattone
Mte. Rosso
236
Mte. Pedralonga
149
21.3
Mte. Tumba
Cala del Turco
*Villa
Assunta*
S. Marco
Li Piari
68
Olmedo
• 219
Mte. Su Suerzo
NUR. LABIOLU
Uri
206

© ISTITUTO GEOGRAFICO DE AGOSTINI S.p.A.- NOVARA

*T. del
Porticciolo*
Cala Viola
Puntetta
d. Ghisciera
230
**Pta.
Ghisciera Mala**
17.5
11,4
NECROPOLI
ANGHELU RUJU
6.1
C. Pulpazos
NURAGHE
PALMAVERA
**Mte.
Miale Ispina**
267
Cantoniera
Scala Cavalli
Pta. Cristallo
Mte. Dòglia
436
AEROPORTO INT. DI
ALGHERO FERTILIA
13
NECROPOLI
DI SANTU
PEDRU
150
AREA MARINA

8° 10'

a

39° 50'

b

M A R

D I

c

S A R D E G N A

39° 40'

39° 30'

d

STAGNO DI MISTRAS
San Giovanni di Sinis THARROS
56
Capo S. Marco

Golfo

di

s'E
ZON
S'ENA

Oristano

ZONA UMIDA
PESCHIERA DI
CORRU S'ITTIRI -
STAGNO DI
S. GIOVANNI E MARCEDÒ

Capo d. Frasca
Pta. Corru
Mannu
Torre Nuova
Torre
Vecchia di
Marcedd

Pta. de s'Achivoni
Sant' António
di Santadi
Stagno
Marceo

Pistis

Torre di
Flumentórgiu
Case
Puxeddu
Torre dei Corsari
Porto Palma
PAR

Mte. s'Olioni Mannu
402
R. de sa Murta
sa
Mte. Perdosu
345
Ge

Colonia M.na
Fontanazza
Montevecchio
Marina
Cala Campu Sali
Marina di Arbus

GEOMINE

Portu Maga
Pta.
is Genr
44

338
Pta. Nuracciolu

R. Piscinas
Arc

Piscinas
Pta. Perdalba
274 R
Miniere
Ingurtosu
Pta.

Naracáuli 98
5,8
273
134
Pta.
su Pinnoni
5,
498
Gennamari
Car
Bido
STO

Conca sa Figu
444
Pta. Mumollonis
499
7,8
126
Pta.

C. Pécora
Mte. Cidrò
2,5

R. Mannu 7
Flúminin
58
Portixeddu
Sta. Lucia 501
Mte. Argentu
15,5
13,7
San Nicoló
Sorg. S. Salvatore
R. Is A
Buggerru
51
Candiázzus
651
Grotta de
su Mannau
Mte.
Conca s'Omu
616
Pranu Sartu
Serra Trigus
52.3
TEMPIO
DI ANTAS
Malfidano
Grugua
Sant'Angelo
Cala Domestica
403
Mte. Palma
Scalittas
694
Mte. Scrocca
Arcu
549
Genna Boga
Acquaresi
C. Fratelli

Mte. Guardianu
537
Montecani
Masua
Lago
Montepon
661
SCOGLIO
PAN DI ZUCCHERO
Mte. S. Pietro 8° 30

PAN DI ZUCCHERO
E FARAGLIONI
DI MASUA
Porto
Bando
Porto Nébida
Nébida
San Marco
Mte. Scorra
2,7
Montepo

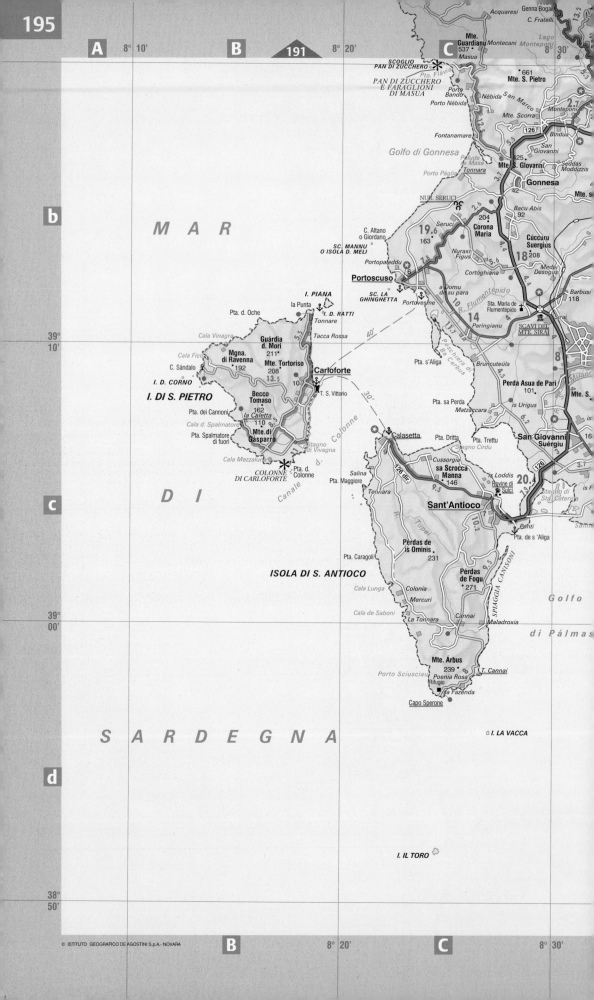

Mte. Roald
Sarrabesu

398
Cantoniera
T. sa Picocca
Torre delle Saline
176
Mte. Idda
San Priamo
Villaggio Colostrai
Stagno dei Colostrai
194
9° 40'
F
9° 50'
39°
20'

Cannas
9° 30'
E
Costa Pruna

Stagno d. Feraxi

Bruncu
Meurreddu
591

420
Mte. Ciuru
Portu de s' Illixi

Pta. su
Accu Malu
1016

l'Annunziata
NUR. FIGU NIEDDA
Mte. Ferru
299

Capoferrato
C. Ferrato

023
Carrisa
Pto. Pirastu

Mte. tte Fratelli

Olia Speciosa
125
7.5

Piscina Rei

aserma ecchia

Pta. Moitzus
319
Sabadi
Mte. Nai
239
Monte Nai

COSTA REI

811
Mte. Arbu

Masone Pardu

Castiadas
167
23.5

Pta. di Sta. Giusta

ta. Sant'Elena
700

C. Genn'e Spiria
732
12.5

NUR. FIGU NIEDDA

e. Nieddu

Mte. Minniminni

C. Santu Perdu
C. di Marina

Bruncu
Mont Arbu
697

Cala Sinzias
Cala di Sinzias

Mte. Macioni
336

Aarroccu
Santa
Barbara
Cala Pira
39°
10'

Mte. Maria
589 Tanca su Cordolino

I. I VARIGLIONI

nas
11
NUR. GIARDONE

Villasimius

is Prezzas

I. SERPENTARA

Campulongo
41
is Traias
Pta. Moléntis
Riserva Integrale

Vill. Capo Boi
is Simius

Porto
sa Ruxi
Golfo di
Carbonara
Notteri

Porto Giunco

AREA MARINA PROTETTA

C. Boi

Pta. S. Stefano
Porto su Forru

CAPO CARBONARA

S. Stefano
Cala Caterina

Pta. Sta. Caterina
Capo Carbonara

I. D. CAVOLI

M   A   R
39°
00'

T   I   R   R   E   N   O
d

38°
50'

b

c

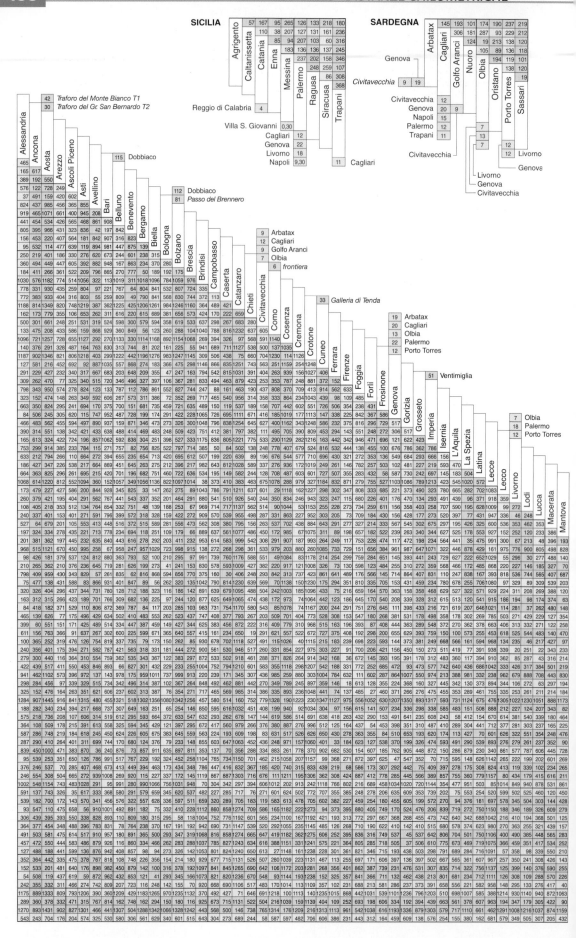

Die Entfernungen sind auf den kürzesten oder schnellsten Routen berechnet und sind nur als ungefähre Angaben zu verstehen.	Distances (in kilometres) are calculated by the shortest or quickest route and should be considered to be approximate	Le distanze sono calcolate sui percorsi più veloci o più brevi e sono da ritenersi indicative
25 42 — Straßenentfernungen (km)	Road distances (km)	Distanze stradali (km)
25 Gall. di Tenda — Grenzübergang und Straßenentfernungen	Frontier crossing and road distances	Passaggi di frontiera e distanze stradali
25 Olbia Messina — Verladhäfen der Fähren und mittlere Fahrzeit der Überfahrt (h)	Sailing ports for ferries and crossing average time (h)	Porti d'imbarco dei traghetti e tempi medi di percorrenza (in ore)

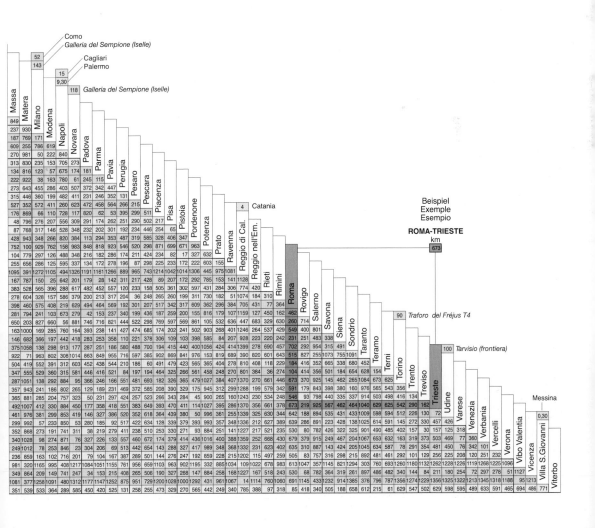

NAMENVERZEICHNIS

INDEX DES NOMS - INDICE DEI NOMI

 D   **GB**   **I**

Erläuterungen des Suchsystems

Der Index enthält die in den Karten 1:250 000 vorhandenen Namen nach internationaler alphabetischer Reihenfolge. Die Buchstaben nach der Seitennummer weisen auf das Gitterfeld, wo der Name aufzufinden ist. Falls es mehr als zwei Buchstaben gibt, soll man die Namen in nächster Nähe des von ihnen bestimmten geographischer Kartennetzes suchen. Die in den Nebenkarten enthaltenen Namen werden von der Abkürzung ins. gefolgt; z.B.: Ustica [PA] 159 ins.a. Zur Einfachheit sind alle in zwei nebeneinanderen Seiten enthaltenen Namen auf die Seite mit ungerader Zahl bezogen. Die Ortsnamen und die Gleichnamigkeiten werden von dem zugehörigen Provinz-, Region- oder Staatskennzeichen gefolgt. Die Zusatzbezeichnungen der physischen Namen werden nachgestellt und der Eigenname bei der Alphabetisierung berücksichtigt.

How to use the index

The index lists in international alphabetic order the names contained in the maps 1:250 000. The letters following the page number indicate the grid square where the name is traceable. If the letters are more than two, the names shall be sought in immediate vicinity of the geographic reticulate located by them. Names contained in the insets are followed by the abbreviation ins.; ex.: Ustica [PA] 159 ins.a. For easiness all names contained in two adjoining pages are referred to the odd number page. The names of the inhabited places and the cases of homonymy are followed by the abbreviation showing the Province, the Region or the State to which belong. The physical names have the generic part postponed to the proper noun.

Avvertenze per la ricerca

L'indice elenca in ordine alfabetico internazionale i nomi contenuti nelle carte alla scala 1:250 000. Le lettere che seguono il numero di pagina indicano la porzione di reticolato in cui il nome compare sulla carta. Se le lettere sono più di due, i nomi vanno ricercati nelle immediate vicinanze del reticolato geografico da esse individuato. I nomi riferiti ad un inserto compreso in una tavola sono accompagnati dalla dicitura ins.; es.: Ustica [PA] 159 ins.a. Per semplicità tutti i nomi contenuti in due pagine affiancate sono riferiti alla pagina di numero dispari. I nomi dei centri abitati e i casi di omonimia sono seguiti dalla sigla indicante la Provincia, la Regione o lo Stato di appartenenza. I nomi fisici hanno la parte generica posposta al nome proprio.

Im Index vorhandene Kennzeichen

Abbreviations contained in the index

Sigle presenti nell'indice

AG	Agrigento	FM	Fermo	PR	Parma	VT	Viterbo
AL	Alessandria	FR	Frosinone	PT	Pistoia	VV	Vibo Valentia
AN	Ancona	GE	Genova	PU	Pesaro e Urbino		
AO	Aosta	GO	Gorizia	PV	Pavia	Abr.	Abruzzo
AP	Ascoli Piceno	GR	Grosseto	PZ	Potenza	Bas.	Basilicata
AQ	L'Aquila	IM	Imperia	RA	Ravenna	Cal.	Calabria
AR	Arezzo	IS	Isernia	RC	Reggio di Calabria	Camp.	Campania
AT	Asti	KR	Crotone	RE	Reggio nell'Emilia	Em. Rom.	Emilia
AV	Avellino	LC	Lecco	RG	Ragusa		Romagna
BA	Bari	LE	Lecce	RI	Rieti	Fr. V. G.	Friuli-Venezia
BG	Bergamo	LI	Livorno	RN	Rimini		Giulia
BI	Biella	LO	Lodi	RO	Rovigo	Laz.	Lazio
BL	Belluno	LT	Latina	ROMA		Lig.	Liguria
BN	Benevento	LU	Lucca	SA	Salerno	Lomb.	Lombardia
BO	Bologna	MB	Monza e Brianza	SI	Siena	Mol.	Molise
BR	Brindisi	MC	Macerata	SO	Sondrio	Piem.	Piemonte
BS	Brescia	ME	Messina	SP	La Spezia	Pugl.	Puglia
BT	Barletta-Andria-Trani	MI	Milano	SR	Siracusa	Sard.	Sardegna
BZ	Bolzano	MN	Mantova	SS	Sassari	Sic.	Sicilia
CA	Cagliari	MO	Modena	SV	Savona	Tosc.	Toscana
CB	Campobasso	MS	Massa-Carrara	TA	Taranto	Tr. A. A.	Trentino-Alto
CE	Caserta	MT	Matera	TE	Teramo		Adige
CH	Chieti	NA	Napoli	TN	Trento	Umbr.	Umbria
CI	Carbonia-Iglesias	NO	Novara	TO	Torino	Ven.	Veneto
CL	Caltanissetta	NU	Nuoro	TP	Trapani		
CN	Cuneo	OG	Ogliastra	TR	Terni	A	Österreich
CO	Como	OR	Oristano	TS	Trieste	Eur.	Europe
CR	Cremona	OT	Olbia-Tempio	TV	Treviso	Fr.	France
CS	Cosenza	PA	Palermo	UD	Udine	It.	Italia
CT	Catania	PC	Piacenza	VA	Varese	PMC	Monaco
CZ	Catanzaro	PD	Padova	VB	Verbano-Cusio-Ossola	RSM	San Marino
EN	Enna	PE	Pescara	VC	Vercelli	SCV	Città del
FC	Forlì-Cesena	PG	Perugia	VE	Venezia		Vaticano
FE	Ferrara	PI	Pisa	VI	Vicenza	SLO	Slovenija
FG	Foggia	PN	Pordenone	VR	Verona	Svizz.	Svizzera/
FI	Firenze	PO	Prato	VS	Medio Campidano		Schweiz/Suisse

A

Abaltana, Punta– 179 Bd
Ábano Terme [PD] 45 Abc
Abasse [AL] 61 Ga
Abate [TP] 157 Bd
Abate, Colle– 111 Bd
Abate Alonia, Lago di– →
Rèndina, Lago del– 123 Bc
Abatemarco [SA] 141 Db
Abatemarco, Fiume– 145 Cb
Abazia [AL] 49 Fc
Abbadesse [RA] 69 Cb
Abbadia [AN] 87 Eb
Abbadia [SI] 83 Ed
Abbadía [TE] 97 DEbc
Abbadia [TR] 93 Ec
Abbadia [VT] 99 Eb
Abbadia Alpina [TO] 47 Eb
Abbadia Cerreto [LO] 39 Fc
Abbadia di Fiastra, Riserva
Naturale– 87 Dc
Abbadia di Stura [TO] 37 Ad
Abbadia Isola [SI] 83 Bb
Abbadia Lariana [LC] 25 Eb
Abbadia San Salvatore [SI]
93 Cb
Abbadórgiu, Punta s'– 189 Ec
Abbagadda, Nuraghe– 189 Bd
Abbalata, Monte– 185 Cb
Abbandonato, L'– [GR] 93 Ac
Abba Salida, Nuraghe
s'– 185 Bb
Abbasanta [OR] 187 Ec
Abbasanta, Altopiano di–
187 Ec
Abbattéggio [PE] 105 Cc
Abbazia [BG] 27 Ac
Abbazia [BO] 67 Fa
Abbazia Acqualunga 39 Ad
Abbazia di Acqualunga [PV]
51 Ba
Abbazia di Monteveglio,
Parco dell'– 67 Db
Abbiadori [OT] 179 Ec
Abbiategrasso [MI] 39 Bb
Abbiate Guazzone [VA] 25 Bc
Abbióccolo, Torrente– 27 Dc
Abéllio, Monte– 71 Cb
Aberstückl / Sonvigo [BZ]
3 Bc
Abetaia [BO] 67 Cc
Abetemozzo [TE] 97 Cd
Abeti, Monte degli– 63 Fb
Abetina di Laurenzana,
Riserva Naturale di– 131 Cd
Abetina di Rosello, Riserva
Naturale– 111 Fb
Abeto [FI] 77 Ca
Abeto [PG] 95 Fc
Abetone [PT] 75 BCa
Abetone, Colle– 103 Dab
Abetone, Orto Botanico
Forestale dell'– 75 Ca
Abetone, Riserva Naturale–
75 Ca
Abfaltersbach [A] 5 Dc
Abialzu, Rio– 183 Dc
Abile, Punta de s'– 189 Cc
Abini, Nuraghe– 189 Bc
Abisso, Rocca dell'– 59 Fd
Áboca [AR] 85 Aa
Abriès [Fr.] 47 Cc
Abriola [PZ] 131 Bcd
Abruzzo, Lazio e Molise,
Parco Nazionale d'– 111 Bd
Acája [LE] 135 Fd
Acate [RG] 177 Adc
Acate o Dirillo, Fiume–
177 Bb
Accadia [FG] 121 Ebc
Accária Rosaria [CZ] 149 DEd
Áccas, Nuraghe– 187 Dc
Acceglio [CN] 59 Cb
Accéllica, Monte– 129 Cb
Accesa, Lago dell'– 91 Db
Accettori, Punta s'– 193 Ec1
Accettura [MT] 131 Cd
Acci, Monte– 157 Db
Acciaioli [RI] 81 Ca
Acciano [AQ] 103 Fcd
Acciarella [LT] 117 Ba
Acciaríno [RC] 155 Ab
Acciaroli [SA] 141 Bab

Accodulazzo, Nuraghe–
193 Cb
Acconía [CZ] 153 Db
Accorneri [AT] 49 Fb
Accorradròxiu, Punta s'–
191 Dc
Accu Malu, Punta su– 197 Db
Accúmoli [RI] 97 Ac
Acera [PG] 95 Dc
Acerentia → Cerentia 151 Cb
Acerenza [PZ] 131 Cb
Acerenza, Lago di– 131 Cb
Acereto / Ahornach [BZ] 3 Fb
Acerno [SA] 129 Db
Acero, Monte– 119 Fb
Acerra [NA] 119 Fd
Acetella, Monte– 95 Dd
Acetoni, Colle– 103 Cc
Achomitzer Berg (Acomizza,
Monte–) 19 DEa
Aci Bonaccorsi [CT] 173 Db
Aci Castello [CT] 173 Db
Aci Catena [CT] 173 Db
Acilia [ROMA] 107 DEc
Aci Plátani [CT] 173 Db
Acireale [CT] 173 DEb
Aci San Filippo [CT] 173 Db
Aci Santa Lucia [CT] 173 Db
Aci Sant'Antonio [CT] 173 Db
Aci Trezza [CT] 173 DEb
Acomizza, Monte–
(Achomitzer Berg) 19 DEa
Acone, Torrente– 155 Db
Acone Sant'Eustáchio [FI]
77 Abc
Acqua, Cima dell'– /
Wasserkopf Spitz 3 Gb
Acqua, I'– [PO] 75 Ea
Acqua, Píz da I'– 1 Ad
Acqua Azzurra– 133 Cd
Acquabianca [SV] 63 Aab
Acqua Bianca, Pizzo– 163 Cb
Acqua Bianca, Torrente–
121 Dd
Acquabona [BL] 17 BCab
Acquabona [RE] 65 Eb
Acquabuona [GE] 63 Aab
Acquacadda [CI] 195 Eb
Acquacalda [ME] 165 Dab
Acquacalda [RC] 155 Bb
Acqua Calda, Torrente–
121 Aa
Acqua Callenti, Rio s'–
193 Dd
Acquacanina [MC] 95 FGab
Acqua Chiara, Canale–
117 Fa
Acqua Claudia, Stabilimento–
101 Cd
Acquadalto [FI] 77 Ba
Ácqua dei Corsari [PA]
159 Cd
Acqua di Lupo [MT] 131 Eb
Acqua di Masi [SV] 63 Eb
Acqua di Sopra [GE] 63 Eb
Acquafan 143 Ac
Acquafantasy 133 FGb
Acquaficara [ME] 163 Cb
Acquafolies 133 Gd
Acquafondata [FR] 111 Cd
Acquaformosa [CS] 145 Db
Acqua Fraggia, Lago– 11 Eb
Acquafredda [BS] 41 Ec
Acquafredda [CZ] 149 Dd
Acquafredda [GE] 63 CDab
Acquafredda [PZ] 141 EFb
Acquafredda [SV] 61 Eb
Acqua il Parco 81 Dc
Acquaiolo [BG] 27 Bc
Acquajoss 69 Ba
Acqualagna [PU] 85 DEa
Acqualoreto [TR] 95 Bc
Acqualunga [BS] 41 Bc
Acqualunga Badona [CR]
41 Bc
Acquamarza [VE] 45 Cd
Acquanegra Cremonese [CR]
41 Bcd
Acquanegra sul Chiese [MN]
41 Ecd
Acquapartita [FC] 77 Fb
Acquapendente [VT] 93 Dc
Acquappesa [CS] 145 Cd
Acquapuzza, Monte– 109 Cd
Acquaratola [TE] 97 Cc
Acquaresi [CI] 191 Cd
Acquaria [MO] 67 Bc

Acquárica [LE] 139 Ea
Acquárica del Capo [LE]
139 Ec
Acquarium 69 Fc
Acquaro [RC] 155 Cb
Acquaro [VV] 153 Dc
Acquaro, Monte– 103 Fc
Acquarola [FC] 77 Fa
Acquarola [SA] 129 Bb
Acquarone [ME] 155 Ab
Acquarossa, Zona
Archeologica di– 101 Bb
Acquasanta [AN] 87 BCa
Acquasanta [GE] 63 Bb
Acquasanta [PA] 159 Cb
Acquasanta, Grotta di– 97 Bc
Acquasanta, Monte– 171 Cb
Acquasanta Terme [AP] 97 Bc
Acqua Seccagna, Tempa–
143 Dab
Acquaséria [CO] 25 Da
Acquasparta [TR] 95 Cc
Acquate [LC] 25 Eb
Acquato, Lago– 99 Db
Acquatona, Burrone– 5 Dd
Acquavella [SA] 141 Ba
Acquaviva [PU] 85 DEa
Acquaviva [ROMA] 101 Fcd
Acquaviva [RSM] 79 Ab
Acquaviva [SI] 83 Fd
Acquaviva, Monte– 105 Cd
Acquaviva, Torrente– 131 Eb
Acquaviva Collecroce [CB]
113 Cb
Acquaviva delle Fonti [BA]
125 Cc
Acquaviva d'Isérnia [IS]
111 Dcd
Acquaviva Picena [AP] 97 Db
Acquaviva Plátani [CL]
169 Bcb
Acquazzurra 67 Ea
Acque Albule, Stabilimento
delle– 109 Ab
Acque Alte, Canale delle–
109 Bd
Acquedolci [ME] 161 Eb
Acquerino [PT] 75 Dab
Acquerino Cantagallo,
Riserva Naturale– 75 Eb
Acquético [IM] 71 Ea
Acquevive [IS] 111 Fd
Acqui Terme [AL] 49 Fc
Acquosi [MC] 87 Bc
Acri [CS] 145 Fd
Acuto [FR] 109 Dc
Acuto, Monte– [AL] 61 Fa
Acuto, Monte– [AR] 83 Ea
Acuto, Monte– [AV] 121 Db
Acuto, Monte– [CE] 119 Ea
Acuto, Monte– [It.] 95 Ea
Acuto, Monte– [MC] 87 Cc
Acuto, Monte– [MO] 67 ABc
Acuto, Monte– [MO] 67 Bb
Acuto, Monte– [MS] 65 DEb
Acuto, Monte– [MT] 133 Bc
Acuto, Monte– [OT] 185 Bb
Acuto, Monte– [PG] 85 Bc
Acuto, Monte– [PU] 85 Ca
Acuto, Monte– [PU] 85 DEb
Acuto, Monte– [SV] 71 Ga
Adamello [BS] 13 Dd
Adamello [It.] 13 Ed
Adamello, Parco dell'– 13 Dc
Adamello–Brenta, Parco
Naturale– 15 Ac
Adami [CZ] 149 Dc
Adda, Fiume– 41 Acd
Adda, Sorgenti del'– 1 Bd
Adda Morta, Riserva
Naturale– 41 Ac
Adda Nord, Parco dell'–
25 Ed
Adda Sud, Parco dell'– 39 Fc
Addáura, Grotta– 159 Ca
Addolorata [ME] 163 Ca
Addolorata [TP] 157 Bd
Addori, Nuraghe– 191 Fb
Adegliacco [UD] 19 Cd
Adelano [MS] 65 Bb
Adelasia, Riserva Naturalistica
dell'– 61 Fb
Adelboden [Svizz.] 7 Dc
Adélfia [BA] 125 Dbc
Ádige, Fiume– / Etsch 57 Ea

Ádige, Foce dell'– 45 Dc
Adone, Monte– 67 Eb
Adorno [RC] 155 Bb
Adrano [CT] 173 Bab
Adranone, Scavi di– 169 Aa
Adret [TO] 35 DEd
Ádria [RO] 57 Da
Adria International Raceway
57 Da
Adriana, Villa– 109 Ab
Adriano, Villa di– 109 Bc
Adro [BS] 27 Ad
Aduento, Monte– 7 Ec1
Afens / Avenes [BZ] 3 Cb
Afers / Éores [BZ] 3 DEcd
Affi [VR] 43 Aa
Affilani, Monti– 109 Cb
Affile [ROMA] 109 Cb
Affrica o Formica di
Montecristo,
Scoglio d'– 89 ins.CDa
Afing / Avigna [BZ] 15 CBa
Afingerbach / Avigna, Rio
d'– 3 Cc
Afra, Torrente– 85 Ba
Afragola [NA] 119 Ed
Africano, Museo e Villaggio–
25 Gd
Áfrico [RC] 155 Dc
Áfrico [RC] 155 Cc
Áfrico Nuovo [RC] 155 DEc
Afrile [PG] 95 Da
Aga, Monte– 27 Aa
Agággio [IM] 71 Db
Agarina [VB] 9 Ec
Agaggio, Lago– 9 Dc
Ágaro, Monte– 15 Ed
Agazzano [PC] 51 FGb
Agazzi [AR] 83 Eb
Agazzino [PC] 51 FGa
Agazzi–Polioti [VV] 153 Dbc
Agelli [AP] 97 Bc
Agello [MC] 87 Bc
Agello [PG] 93 Fa
Agenzia [VE] 31 FGd
Agérola [NA] 127 Fc
Agézio, Fiume– 157 Cd
Aggi [PG] 85 Ed
Ággia, Torrente– 85 Ab
Aggio [GE] 63 CDb
Ággius [OT] 179 Bd
Aghere [EN] 17 Ad
Agira [EN] 171 Fb
Agliana [PT] 75 DEb
Agliano Terme [AT] 49 Ec
Agliasco [CN] 47 Ec
Agliastro, Scoglio– 153 Bd
Agliate [MB] 25 Cc
Agliati [PI] 81 Ea
Agliena, Torrente– 83 Aa
Aglientina [OT] 179 Dc
Aglientu [OT] 179 Bc
Aglietti [BI] 23 Dd
Aglio [PC] 51 Fc
Agna [AR] 77 Cc
Agna [PD] 45 Bcd
Agnella [MN] 43 Cd
Agna, Torrente– 75 Eb
Agnadello [CR] 39 Fb
Agnana Cálabra [RC] 155 Eb
Agnano [PI] 75 Ac
Agnano Terme [NA] 127 Db
Agnata [OT] 179 Bc
Agneda [SO] 13 Ad
Agnedo [TN] 29 DEa
Agnel, Cime de l'– 71 Ba
Agnel, Lago– 35 Db
Agnella [MN] 43 Cd
Agnellasca, Torrente– 63 Da
Agnellengo [NO] 23 Fd
Agnelleria, Monte– 171 Bcc
Agnellezze, Monte– [BL]
17 Bc
Agnellezze, Monte– [Ven.]
31 Ca
Agnellino [MN] 55 Eab
Agnellino, Bric– 61 DEc
Agnello, Monte– 15 Ec
Agnello, Pizzo dell'– 171 Bbc
Agnena, Canale– 119 Dc
Agner, Monte– 17 Ac
Agneto [AL] 51 Dd
Agnino [MS] 65 Cc

Agno, Torrente– 29 Dd
Agnolo [MN] 55 DEab
Agnona [VC] 23 Dd
Agnone [IS] 111 Fc
Agnone [SA] 141 Ba
Agnone Bagni [SR] 173 Dd
Agnósine [BS] 27 CDd
Agnova [TE] 97 Cd
Agnu, Nuraghe– 179 Cd
Ago, I'– [SP] 65 ABc
Agogna, Torrente– 39 Ad
Agogna Morta 39 Ac
Agognate [NO] 37 Fb
Agoiolo [CR] 53 Fab
Agolla [MC] 87 Ad
Agolo, Monte– 27 Bc
Agoraie di Sopra e Moggetto,
Riserva Naturale– 63 Fb
Ágordo [BL] 17 Bc
Agore [AP] 97 Bc
Agosta [ROMA] 109 Cb
Agostinassi [CN] 49 Bc
Agosto [CS] 149 Db
Agra [VA] 23 Ga
Agrano [VB] 23 Eb
Agrate [NO] 23 Fc
Agrate Brianza [MB] 25 Ed
Agrate Contúrbia [NO] 23 Fcd
Agreit / Aiarai [BZ] 3 Fd
Agresto, Monte d'– 131 Cd
Agri, Fiume– 143 Fa
Agriano [PG] 95 Fa
Agrifoglio [CS] 149 Dc
Agrigento [AG] 169 Dd
Agró, Fiumara d'– 163 Dc
Agromastelli [RC] 153 Ed
Agrone [TN] 27 Eb
Agroniettes, Guglia– 21 Cb
Agrons [UD] 17 Gb
Agrópoli [SA] 129 CDd
Agudo, Monte– 17 Da
Agugia, Scoglio dell'– 63 Bb
Agugiáia, Monte– 63 Fb
Agugliano [AN] 87 Da
Agugliaro [VI] 43 Fc
Aguiaro [RO] 57 Cab
Aguinum 111 Bd
Agumes, Montoni di– 1 Dd
Águmes / Agums [BZ] 1 Dd
Aggio / Águmes [BZ] 1 Dd
Agums / Águmes [BZ] 1 Dd
Aguscello [FE] 57 Ac
Aguzzo [TR] 101 Eb
Aguzzo, Monte– [MC] 95 Fab
Aguzzo, Monte– [PR] 65 Db
Aguzzo, Monte– [ROMA]
101 Dd
Aguzzo, Monte– [ROMA]
109 Ba
Aguzzo, Pizzo– 71 Fb
Ahornach / Acereto [BZ] 3 Fb
Ahr / Aurino, Torrente– 3 Fb
Ahrntal / Valle Aurina [BZ]
3 Fab
Aia, Torrente I'– 101 Eb
Aiáccio [LI] 81 Ca
Aia dei Diavoli 81 Fc
Aiale [PG] 85 Db
Aiale [SI] 93 CDb
Aiarai / Agreit [BZ] 3 Fd
Aiárnola, Monte– 5 Cd
Aicúrzio [MB] 25 Ed
Aidomaggiore [OR] 187 EFbc
Aidone [EN] 171 Ec
Áie [AT] 49 Fc
Áie di Cósola [AL] 51 DEc
Aielli [AQ] 103 Ed
Aiello [SA] 129 Bb
Aiello [TE] 97 Cd
Aiello, Rocca d'– [MC] 87 Bc
Aiello del Friuli [UD] 33 Db
Aiello del Sabato [AV] 129 Ba
Aieta [CS] 143 Ac
Aiga, Nuraghe– 187 Ec
Aigle [Svizz.] 7 Cbc
Aigovo [IM] 71 Db
Aiguilles [Fr.] 47 Cc
Ailano [CE] 119 Ea
Ailoche [BI] 23 Dc
Aime [Fr.] 35 Aa
Aimoni [CN] 61 Cd
Ainana [TO] 47 Fb

Ainet [A] 5 Eb
Ainu, Porto– [OT] 185 Fb
Aiola [RE] 53 Fc
Aiola, I'– [PI] 81 Db
Aiola, Monte– 77 Bb
Aiona, Monte– 63 Fb
Aione di Sopra [PR] 53 Cc
Aip, Creta di– (Trogkofel)
19 Ca
Airale [CN] 59 Fb
Airali [CN] 47 Gc
Airali [TO] 49 Ba
Airali [TO] 47 Ec
Airali [TO] 47 Ebc
Airali [TO] 47 Ec
Airali [TO] 37 Bd
Airasca [TO] 47 Fb
Airáudi [TO] 47 Fc
Airola [BN] 121 Ac
Airole [IM] 71 Cb
Airuno [LC] 25 Ec
Aisone [CN] 59 Ec
Akrai 177 Bb
Ala [TN] 29 Bc
Alà, Altopiano di– 185 Cb
Alà, Monti di– 185 Cc
Ala, Torrente– 29 Bc
Alabro, Rio– 109 Dc
Alaca, Torrente– 153 Ec
Alà dei Sardi [OT] 185 Cc
Ala di Stura [TO] 35 Ec
Alagna [PV] 39 Bcd
Alagna Valsésia [VC] 23 Bb
Alago di Sopra / Ober Alach
[BZ] 15 Bab
Alanno [PE] 105 Bc
Alano di Piave [BL] 31 Ab
Alássio [SV] 71 FGab
Alatri [FR] 109 Cbc
Alba [CN] 49 Dc
Alba [TN] 15 Fb
Alba, Torre– [PA] 157 Fb
Alba Adriática [TE] 97 Ec
Albacina [AN] 87 Bb
Alba Fucens 103 Dd
Albagiara [OR] 191 Fb
Albairate [MI] 39 Bb
Albana [UD] 33 Da
Albanella [SA] 129 Dd
Albaneto [RI] 103 Ba
Albani, Colli– 109 Ac
Albano, Lago– 107 Gc
Albano, Monte– [CT] 173 Ca
Albano, Monte– [It.] 65 Gcd
Albano, Monte– [Tosc.] 75 Dc
Albano, Torrente– 11 Dd
Albano di Lucánia [PZ]
131 Dc
Albano Laziale [ROMA]
107 Fc
Albano Modenese [MO]
55 Cc
Albano Sant'Alessandro
[BG] 25 Gc
Albano Vercellese [VC] 37 Eb
Albarasca [AL] 51 Cc
Albaré [VR] 43 Aa
Albarea [FE] 57 Bc
Albaredo [TN] 29 Bb
Albaredo [TV] 31 Bd
Albaredo [VI] 29 Db
Albaredo Arnaboldi [PV]
39 Dd
Albaredo d'Adige [VR] 43 Dc
Albaredo per San Marco
[SO] 11 Fd
Albarella, Isola– 57 Fa
Albarelli [MO] 67 Cc
Albareto [MO] 55 Cc
Albareto [PC] 51 Fb
Albareto [PR] 65 Bb
Albareto [PR] 53 Eb
Albareto, Monte– 51 Eb
Albaretto [CN] 59 DEb
Albaretto della Torre [CN]
49 Dd
Albaría [VR] 43 Cd
Albaro [VR] 43 Dc
Albarola [PC] 53 Ab
Albarozza, Carmo– 71 Db
Albate [CO] 25 Cc
Albavilla [CO] 25 Cc
Albazzano [PR] 65 Ea
Albe [AQ] 103 Dd
Albegna, Fiume– 99 Ca
Albeins / Albes [BZ] 3 Dcd
Álben, Monte– 25 Gb
Albenga [SV] 71 Ga

Albera [CR] 41 Ab
Albera Lígure [AL] 51 Dc
Alberazzi [RO] 55 FGab
Alberese [GR] 91 Ecd
Albereto [RA] 69 Cc
Albereto [RN] 79 Bb
Alberetti [TO] 47 EFc
Alberghi [VI] 29 Fb
Albergian, Monte– 47 Cab
Albergo [PC] 53 Bc
Alberi, l'– [AR] 83 Eb
Alberi [FI] 81 Fa
Alberi [PR] 53 Ec
Alberici [AN] 87 Ca
Alberino [BO] 57 Ad
Albero [VR] 43 Cc
Albero, Cima d'– 17 Cc
Albero, Colle dell'– 111 Fb
Albero, Monte– 173 CDab
Alberobello [BA] 133 Fb
Alberona [FG] 121 Da
Alberone [FE] 55 Ec
Alberone [FE] 57 Bb
Alberone [MN] 55 Ab
Alberone [PV] 39 Fd
Alberone, Torrente– 19 Ec
Alberoni [VE] 45 Db
Alberoro [AR] 83 Eb
Albes / Albeins [BZ] 3 Dcd
Albese con Cassano [CO] 25 CDc
Albèttone [VI] 43 Fb
Albi [CZ] 151 Bc
Albiano [AR] 83 Fb
Albiano [AR] 85 Aa
Albiano [LU] 75 Dd
Albiano [PO] 75 Eb
Albiano [TN] 15 Cd
Albiano d'Ivrea [TO] 37 Bb
Albiate [MB] 25 Dd
Albidona [CS] 143 Ec
Albignano [MI] 39 Eb
Albignásego [PD] 45 Bbc
Albina [TV] 31 DEb
Albinático [PT] 75 Cc
Albìnea [RE] 55 Ad
Albínia [GR] 99 Cab
Albino [BG] 25 Gc
Albiolo [CO] 25 Bc
Albiolo, Punta di– 13 Ec
Albiona, Pizzo d'– 9 Dc
Albions [BZ] 3 Dd
Albisano [VR] 27 Fd
Albisola Superiore [SV] 61 Fb
Albissola Marina [SV] 61 Fc
Albizzate [VA] 23 Gc
Albo [VB] 23 Eb
Albo, Monte– 185 Ec
Albogásio [CO] 25 Ca
Albogno [VB] 9 Ed
Álbola [SI] 83 Cab
Albola [TN] 29 Ab
Albone [PC] 53 Bb
Albonese [PV] 39 Ac
Albónico [CO] 11 Ec
Albori [SA] 129 Bbc
Albosággia [SO] 13 Ad
Albospino, Torre di– 171 Fc
Albrage, Monte– 59 Ca
Albuccione [ROMA] 107 FGb
Albucciu, Nuraghe– 179 Dc
Albugnano [AT] 37 Bd
Alburchia, Monte– 171 Da
Alburni, Monti– 129 Ec
Alburno, Monte– 129 Ec
Albuzzano [PV] 39 Dc
Àlcamo [TP] 157 Ec
Àlcamo Marina [TP] 157 Eb
Alcántara, Fiume– 163 Cc
Alcántara, Parco Fluviale dell'– 163 Cc
Alcara li Fusi [ME] 161 Fbc
Álcheda [PN] 17 Ec
Alcovia [CT] 173 Bc
Aldein / Aldino [BZ] 15 CDb
Aldeno [TN] 29 Bb
Aldia Bianca [OT] 179 Fd
Aldino / Aldein [BZ] 15 CDb
Aldiula, Punta di la– 179 Bc
Aleggia [RI] 97 Ad
Alento Fiume– [CH] 105 Db
Alento, Fiume– [SA] 141 Ba
Aleri, Nuraghe– 193 Eb
Áles [OR] 191 Eb
Alessandria [AL] 51 Ab

Alessandria del Carretto [CS] 143 Ec
Alessándria della Rocca [AG] 169 Cb
Alessano [LE] 139 Ec
Alessi, Torrente– 153 Eb
Aléssio [FC] 77 Fb
Alesso [UD] 19 Bc
Alézio [LE] 139 Db
Alfano [SA] 141 Dab
Alfedena [AQ] 111 Dc
Alfeo [CR] 41 Dd
Alfeo, Monte– 51 Ed
Alfero [FC] 77 Fdc
Alfi [MC] 95 Fa
Alfianello [BS] 41 Cc
Alfiano Natta [AL] 49 Ea
Alfiano Nuovo [CR] 41 Cc
Alfiano Vecchio [CR] 41 Cc
Alfonsine [RA] 69 Dab
Alfonsine, Riserva Naturale di– 69 Da
Alghero [SS] 183 Bc
Alghero Fertilia, Aeroporto Internazionale di– 183 Bc
Algua [BG] 25 Gc
Algund / Lagundo [BZ] 3 Ac
Alí [ME] 163 Db
Ália [PA] 159 Ed
Alianello [MT] 143 Da
Alianello Nuovo [MT] 143 Da
Aliano [MT] 143 Da
Álica [PI] 81 Ea
Alice [AL] 51 Bcd
Álice Bel Colle [AL] 49 Fc
Álice Castello [VC] 37 Cb
Álice Superiore [TO] 37 Ab
Alicudi, Isola– 165 ins.a
Alicudi Porto [ME] 165 ins.a
Alidurri, Punta– 189 Eb
Aliena [PG] 95 Fc
Alife [CE] 119 Eb
Aliforni [MC] 87 Bc
Alimena [PA] 171 Ca
Alímini, Laghi– 139 Fa
Alímini Grande 139 Fa
Alímini Piccolo 139 Fb
Aliminusa [PA] 159 Ec
Alimuri [NA] 127 Ec
Alinos, Rio sos– 185 Fd
Alí Terme [ME] 163 Dbc
Aliz / Allitz [BZ] 1 Ed
Àllai [OR] 187 Fd
Allaro, Fiumara– 153 Ed
Allasu, Bruncu– 189 Cd
Álleghe [BL] 17 Bb
Álleghe, Lago d'– 17 Bb
Allégnidis [UD] 19 Ab
Allegrezze [GE] 63 Fa
Allein [AO] 21 Dc
Alleri [PA] 171 CDab
Allerona [TR] 93 Dc
alle Sale [VB] 23 Fb
Alliésaz [AO] 21 Gc
Allevè [TO] 47 Cab
Alli, Fiume– 151 Bc
Alliste [LE] 139 Dc
Allitz / Aliz [BZ] 1 Ed
Allivellatori [TO] 47 Fab
Alliz, Punta d'– / Litznar–Spitze 1 DEcd
Allocchi, Galleria degli– 77 Ba
Allos [Fr.] 59 Ac
Allume [ME] 163 Dbc
Allumiere [ROMA] 101 Ad
Alluvioni Cambió [AL] 51 Bab
Alma [CN] 61 Bb
Alma, Fiume– 91 Db
Almádis [PN] 19 Ac
Almagiá [PU] 79 Ec
Almana, Punta– 27 Bc
Almanno [CO] 25 Cb
Almazzago [TN] 15 Ac
Almè [BG] 25 Fc
Almellina [CN] 61 Ac
Almenno San Bartolomeo [BG] 25 Fc
Almenno San Salvatore [BG] 25 Fc
Almese [TO] 35 Fd
Almisano [VI] 43 Eb
Alnè [TV] 31 Bb
Alnicco [UD] 19 Bd
Aloisa, Foce– 123 Ea
Alone [BS] 27 Cc
Alonte [VI] 43 Eb

Alp, Tête de l'– 59 Cb
Alpago 17 Dd
Alpáos [BL] 17 Dcd
Alpe [GE] 63 Da
Alpe [GE] 63 Gb
Alpe [PR] 63 Gb
Alpe, Monte– [Lig.] 63 Gc
Alpe, Monte– [SV] 61 Dd
Alpe, Monte d'– 51 Ec
Alpe Arera [BG] 25 Gb
Alpe Caldenno [SO] 11 Gc
Alpe Campiáscio [SO] 13 Bc
Alpe Campo [SO] 13 Cb
Alpe Campo [VB] 9 Cd
Alpe Chéggio [VB] 9 Cd
Alpe Colombino [TO] 47 Ea
Alpe d'Arguel [TO] 35 Cd
Alpe dei Cavalli, Lago– 9 Cd
Alpe della Luna, Riserva Naturale Regionale– 77 Dc
Alpe Devero [VB] 9 Dc
Alpe di Mera [VC] 23 Cc
Alpe di Siusi / Seiser Alm [BZ] 15 EFa
Alpe Erba [CO] 11 Dd
Alpe Fiorentini [VI] 29 Cb
Alpe Gera, Lago di– 13 Ac
Alpepiana [GE] 63 Fa
Alperolo [PV] 39 Dc
Alpesígora 67 Ac
Alpe Sólcio [VB] 9 Dc
Alpet, Monte– 61 Cc
Alpetta, Punta dell'– / Alpler Spitze 3 Fc
Alpette [TO] 35 Gb
Alpe Vago [SO] 13 Bb
Alpe Veglia [SO] 9 Dc
Alpe Veglia e Alpe Dévero, Parco Naturale dell'– 9 Cc
Alpi 13 Bb
Alpi, Monte– 143 Bb
Alpiano Superiore [VB] 9 Ec
Alpi Apuane, Parco Naturale delle– 73 Ea
Alpicella [GE] 63 Fab
Alpicella [PR] 65 Da
Alpicella [SV] 61 Gb
Alpicella, Monte– 65 BCc
Alpignano [TO] 35 FGd
Alpi Marittime, Parco Naturale delle– 59 Fc
Alpini, Monumento degli– 13 Ab
Alpinia, Giardino– 23 Fb
Alpino [VB] 23 Fb
Alpi Orobie Bergamasche, Parco delle– 27 Ab
Alpi Orobie Valtellinesi, Parco delle– 13 Ad
Alpler Spitze / Alpetta, Punta dell'– 3 Fc
Alpo [VR] 43 Bb
Alpone, Torrente– 43 Db
Alsack / Alsago [BZ] 1 Dc
Alsago / Alsack [BZ] 1 Dc
Alseno [PC] 53 Cb
Alsério [CO] 25 Dc
Alsério, Lago di– 25 Dc
al Solivo [BS] 13 CDc
Alta, Alpe– 13 Ec
Alta, Cima– [TE] 103 Eab
Alta, Cima– [TN] 29 Bb
Alta, Croda– 17 CDa
Alta, Croda– / Hohe-Wand–Spitze 3 Dab
Alta, Punta– / Hochleiten–Spitze 1 Dd
Alta, Rocca– 59 Gc
Alta, Serra– 149 Dc
Alta, Timpa– 143 Cb
Altaccio, Monte– 77 CDb
Altacroce, Monte– (Hochkreuz–Spitze) 5 Bb
Altacroce, Monte– / Hohe-Kreuz–Spitze 3 Bb
Altagnana [MS] 73 DEa
Alta Guardia, Monte– 27 Db
Altamura [BA] 133 Bb
Alta Murgia, Parco Nazionale dell'– 123 EFcd
Altana [UD] 19 Ed
Altana, Rio– [Sard.] 185 Dd
Altana, Rio– [SS] 181 Fd
Altare [SV] 61 Eb
Altare, Monte– 147 Bd
Altare, Scogli dell'– 27 Ed
Altarello [CT] 173 Ea

Alta Sant'Egídio 83 Fc
Altaura [PD] 43 Ecd
Alta Valle del Tevere–Monte Nero, Riserva Naturale Regionale– 77 Dc
Alta Valle Pésio e Tánaro, Parco Naturale– 61 Bc
Alta Valsésia, Parco Naturale– [VC] 23 Bb
Alta Valsésia, Parco Naturale– [VC] 23 CDb
Altavilla [TE] 97 Cd
Altavilla Irpina [AV] 121 Bc
Altavilla Milícia [PA] 159 Db
Altavilla Monferrato [AL] 49 Fab
Altavilla Silentina [SA] 129 Dc
Altavilla Vicentina [VI] 43 Eab
Alte, Serre– 131 Ed
Alte Ceccato [VI] 43 Eb
Altedo [BO] 55 Fd
Altei, Pala d'– 17 Ed
Altenburg / Castelvecchio [BZ] 15 Cb
Altesano [TO] 35 Gd
Altesina, Monte– 171 Dab
Altesino [SI] 83 Cd
Alteta [FM] 87 Ed
Alti, Poggi– 93 Ac
Altidona [FM] 97 Da
Altiera, Rocca– 111 Cc
Altilia [CB] 121 Aa
Altilia [CS] 149 Dc
Altilia [KR] 151 Db
Altino [AP] 97 Ab
Altino [CH] 105 Dd
Altino [VE] 45 Dc
Altipiani di Arcinazzo [FR] 109 Dbc
Altissima, l'– (Hohe Wilde) 1 Gc
Altíssimo [VI] 29 Cd
Altissimo, Monte– 27 BCb
Altíssimo, Monte– [LU] 73 Ea
Altíssimo, Monte– [TN] 27 Fb
Altívole [TV] 31 Ac
Alto [CN] 71 Fa
Alto, Col– 17 Ed
Alto, Coll'– 31 Db
Alto, Dosso– 27 Dc
Alto, Monte– [AQ] 109 Eb
Alto, Monte– [BG] 27 Bb
Alto, Monte– [BL] 17 Bc
Alto, Monte– [FR] 109 CDd
Alto, Monte– [GR] 91 Ea
Alto, Monte– [IM] 71 Cb
Alto, Monte– [IS] 111 Ede
Alto, Monte– [LT] 117 Ea
Alto, Monte– [LU] 65 Fc
Alto, Monte– [MS] 65 DEc
Alto, Monte– [PR] 65 ABb
Alto, Monte– [SV] 61 Ec
Alto, Monte– [Tr.A.A.] 15 BCc
Alto, Monte– / Hochalt 1 Ec
Alto, Pizzo– [Lomb.] 11 Ed
Alto, Pizzo– [SO] 11 Ed
Alto Appennino Modenese, Parco dell'– 67 Bd
Alto del Flumendosa, Lago– 189 Dd
Alto di Pelsa, Monte– 17 Bb
Alto di Sella 73 Ea
Altoé [PC] 53 ABb
Altofonte [PA] 159 Bb
Alto Garda Bresciano, Parco Regionale del'– 27 Fc
Altoggio [NO] 9 Ec
Altolía [ME] 163 Db
Altomena [FI] 77 Ac
Alto Merse, Riserva Naturale– 83 Bc
Altomonte [CS] 145 Db
Altone, Torrente– 95 Dc
Altopáscio [LU] 75 BCc
Altopiano di Cariadeghe, Monumento Naturale– 27 Dd
Altore, Monte– 177 Cab
Alto Rotondi, Monte– 121 Abc
Altosa, Torrente– 111 Fb
Altrei / Anterivo [BZ] 15 Dc
Altrocanto [TR] 101 Db
Altuino, Monte– 109 Cb
Alture [UD] 33 Cc
Alvagnano, Monte– 95 Fc

Alvano [AV] 121 Ed
Alvano, Pizzo d'– 129 Aab
Alvari [GE] 63 Eb
Alvarizzu [OT] 181 Fc
Alvi [TE] 103 Da
Aviano [MC] 87 Fc
Alviano [TR] 95 Ad
Alviano, Lago di– 93 Fd
Alvignanello [CE] 119 Fb
Alvignano [CE] 119 Eb
Alvisópoli [VE] 33 Ac
Alvito [FR] 111 Bc
Alvo, Torrente– 131 Cb
Ándalo [TN] 15 Bcd
Ándalo Valtellino [SO] 11 Ed
Andezeno [TO] 49 Ca
Andolla, Pizzo d'– 9 Cd
Andonno [CN] 59 Fc
Andora [SV] 71 Fb
Andorno Cacciorna [BI] 23 Cd
Andorno Micca [BI] 23 Cd
Andrano [LE] 139 Fc
Andrate [TO] 37 Ba
Andraz [BL] 17 Ab
Andrazza [UD] 17 Eb
Andréis [PN] 17 Ec
Andreotta [CS] 149 Db
Andretta [AV] 121 Ed
Ándria [BT] 123 Fb
Andriano / Andriano [BZ] 15 Cab
Andriano / Andrian [BZ] 15 Cab
Andría Puddu [OT] 185 DEb
Ándrich [BL] 17 Ab
Anduins [PN] 19 Ac
Anei, Nuraghe– 191 Fb
Anela [SS] 185 Bd
Aneta [PN] 65 Db
Aneva, Torrente– 67 Dca
Anfiteatro Romano 101 Cc
Anfo [BS] 27 Dc
Anfora, Canale– 33 Cc
Ángeli [AN] 87 Ea
Ángeli [AN] 87 Bb
Angeli, Monte degli– 115 Dc
Angeli, Pizzo degli– 161 Ec
Angélica [PI] 75 Cc
Angelina, l'– [MO] 55 Dd
Angellara [SA] 141 Ca
Angeloni [ROMA] 109 Bc
Angera [VA] 23 Fc
Angern [A] 1 Gb
Anghében [TN] 29 Bc
Ánghelu Rúiu, Necrópoli– 183 Bc
Anghiari [AR] 85 Aa
Angiari [VR] 43 Dc
Angiolino, Cima dell'– 35 Fc
Angítola, Lago dell'– 153 Db
Angítola, Piana dell'– 153 Db
Angizia 109 Bc
Anglona 181 Ed
Angoletta [BL] 17 Bc
Ángoli [CZ] 149 Ed
Angolo Terme [BS] 27 Bb
Angone [BS] 27 Cb
Angoris [GO] 33 Db
Angri [SA] 127 Fb
Angrogna [TO] 47 Dc
Angrogna, Torrente– 47 Ec
Anguillara Sabázia [ROMA] 101 Cd
Anguillara Véneta [PD] 45 Bd
Angúria, L'– [LE] 139 Dbc
Aniene, Fiume– 109 Bd
Aniene, Sorgenti dell'– 109 Db
Anime, Cima delle– / Hint Seelenkogl 1 Gc
Anita [FE] 57 Dd
Anita Garibaldi, Cippo di– 69 Da
Anitra, Laghi dell'– 111 Eb
Anitrella [FR] 109 Fd
Ankaran [SLO] 33 Fd
Annea, Torrente– 145 Ed
Annicco [CR] 41 Bc
Annifo [PG] 95 DEa
Annone, Lago di– 25 Ec
Annone di Brianza [LC] 25 Ec
Annone Véneto [VE] 31 EFc
Annunziata [AT] 49 DEc
Annunziata [CN] 61 Bc

Annunziata [CS] 149 Cbc
Annunziata [NA] 127 Dc
Annunziata [SA] 129 Bb
Annunziata, Convento dell'- 95 Cb
Annunziata, Fiumara- 155 Bc
Annunziata, l'- [AQ] 111 Cb
Annunziata, l'- [CA] 197 DEb
Annunziata, l'- [CE] 119 Fc
Annunziata, l'- [KR] 151 DEd
Annunziata, l'- [RG] 177 Cc
Annunziata, Monte dell'- 161 Ed
Annunziata, Parco dell'- 105 Dc
Annunziatella, l'- [ROMA] 107 Fc
Anóia [RC] 153 Cd
Anóia Inferiore [RC] 153 Cd
Anóia Superiore [RC] 153 Cd
Anqua [SI] 81 Fc
Anras [A] 5 Dc
Ansedónia [GR] 99 Cb
Anselmi [AL] 49 Da
Anselmi [TP] 157 Cd
Ansiei, Fiume- 5 Bd
Ansina [AR] 85 Ab
Ansogne [BL] 17 Db
Ansón [VR] 43 Dc
Antagnod [AO] 21 Gc
Ántas, Rio- 191 Cd
Ántas, Tempio di- 191 Dd
Antea [BG] 25 Gb
Antegnate [BG] 41 Ab
Antelao, Monte- 17 Cb
Antella [FI] 75 Fc
Antenna, Monte- 155 Cc
Antenna, Pizzo- 161 Fc
Antennamare 163 Db
Anterivo / Altrei [BZ] 15 Dc
Antermóia / Untermoi [BZ] 3 Ec
Anterselva, Lago d'- / Antholzersee 5 Ab
Anterselva di Mezzo / Antholz-Mittertal [BZ] 5 Abc
Anterselva di Sopra / Antholz Obertal [BZ] 5 Ab
Anterselva di Sotto / Antholz Niedertal [BZ] 5 Ac
Antésica [PR] 65 Ea
Antessio [SP] 65 Bc
Antey-Saint-André [AO] 21 Fc
Antholzersee / Anterselva, Lago d'- 5 Ab
Antholz-Mittertal / Anterselva di Mezzo [BZ] 5 Abc
Antholz Niedertal / Anterselva di Sotto [BZ] 5 Ac
Antholz Obertal / Anterselva di Sopra [BZ] 5 Ab
Antiche Città di Fregellae e Fabrateria Nova e del Lago di San Giovanni Incárico, Riserva Naturale- 109 Fd
Antichissima Città di Sutri, Parco Regionale dell'- 101 Cc
Antico [MC] 95 Fa
Antico [RN] 77 Fbc
Antícoli Corrado [ROMA] 109 Cab
Antigine, Pizzo d'- 23 Cab
Antignano [AT] 49 Db
Antignano [LI] 81 Bb
Antília, Monte- 141 Dab
Antillo [ME] 163 Cc
Antillone [VB] 9 Eb
Antiogu Oi, Monte- 197 Db
Antirata [PG] 85 Bb
Antognano [LU] 65 Ec
Antognano [PC] 53 Bc
Antognano [PR] 53 Ec
Antognasco, Torrente- 13 Ac
Antognola [PG] 85 BCc
Antognola [PR] 65 Eab
Ántola, Monte- 63 DEa
Ántola, Parco Naturale dell'- 63 Ea
Antolini, Villa- [MC] 87 Db
Antona [MS] 73 Ea
Antonimina [RC] 155 Db
Antonimina Terme 155 Eb
Antoninello, Monte- 155 Db
Antoroto, Monte- 61 Cc
Antráccoli [LU] 75 Bc
Antria [AR] 83 Fab
Antria [PG] 85 Bd
Antrodoco [RI] 103 Bb
Antrodoco, Gole di- 103 Bb
Antrogna [VB] 23 Dab
Antrona, Lago di- 23 Ca
Antronapiana [VB] 9 Cd
Antrona Schieranco [VB] 9 Cd
Antrosano [AQ] 103 Dd
Antullo, Pozzo d'- 109 Ec
Antunceddu, Nuraghe d'- 179 Cc
Anversa degli Abruzzi [AQ] 111 Bb
Anza [VB] 23 Cb
Anza, Torrente- 9 Dd
Anzano [TV] 31 Cb
Anzano del Parco [CO] 25 Dc
Anzano di Púglia [FG] 121 Ec
Anzasco [TO] 37 Cb
Anzaven [BL] 31 Ba
Anzeddu, Monte- 191 Dd
Anzi [PZ] 131 Cc
Anzi, Fiume d'- 131 Cd
Anzio [ROMA] 117 Aa
Anzo [SP] 63 Gc
Ánzola [PR] 63 Gab
Anzola dell'Emilia [BO] 67 DEa
Anzola d'Ossola [VB] 23 Eb
Anzolla [PR] 65 Eab
Anzos, Rio- 181 Fd
Anzù [BL] 31 Aab
Áola, Corno d'- 13 DEc
Aonedis [UD] 19 Ad
Aosta / Aoste [AO] 21 Dc
Aoste / Aosta [AO] 21 Dc
Aouilletta, Punta- 21 Cc
Apa, Pizzo dell'- 169 Db
Apagni [PG] 95 Eb
Apécchio [PU] 85 Ca
Ápia, l'- [AR] 83 Ea
Ápice [BN] 121 Cc
Ápice Vecchio [BN] 121 Cc
Apiro [MC] 87 Bb
Apoléggia [RI] 101 FGab
Apollinara [CS] 145 Fb
Apollo Aléo, Tempio di- 147 Ed
Apollosa [BN] 121 Bc
Apóscipo, Torrente- 155 Cc
Appalto [AR] 83 Fc
Apparizione [CN] 49 Bd
Apparizione [GE] 63 Cb
Appecano [TR] 95 Cd
Appendini [TO] 49 Bb
Appendini [TO] 47 Fb
Appennini 95 Fb
Appenninia [AQ] 111 Cb
Appennino [MC] 95 Fb
Appennino, Galleria dell'- 75 Fa
Appennino Calabro 149 Eb
Appennino Lucano 143 Cd
Appennino Lucano-Val d'Agri-Lagonegrese, Parco Nazionale dell'- 131 Bd
Appennino Monti Simbruini, Parco Naturale dell'- 109 Db
Appennino Tosco-Emiliano, Parco Nazionale dell'- 65 Fc
Appia Antica, Parco Regionale Suburbano dell'- 107 Fb
Appiano Gentile [CO] 25 Bc
Appiano sulla Strada del Vino / Eppan an der Weinstrasse [BZ] 15 Cb
Appignano [MC] 87 CDbc
Appignano [TE] 105 Ba
Appignano del Tronto [AP] 97 CDb
Appio, Castel d'- 71 Cc
Appiolo, Monte- 117 Fa
Áppiu, Nuraghe- 183 Cd
Aprica [SO] 13 Bd
Apricale [IM] 71 Cb
Apricena [FG] 115 Ac
Apriglianello [KR] 151 Ec
Aprigliano [CS] 149 Db
Aprília [LT] 107 Fd
Aprilia Marittima [UD] 33 Bc
Apsa, Torrente- 79 Bc
Apsella [PU] 79 Cc
Apuane, Alpi- 73 Ea
Ápulo, Villaggio- 125 Dd
Aquafan Oltremare 79 Bb
Aquafollie 33 Ad
Aqualand del Vasto 105 Gd
Aqualandia 45 Fb
Aquara [SA] 129 Ed
Aquaria Park 69 Fc
Aquiglio, Corno d'- 29 Acd
Áquila [TP] 167 Da
Áquila, Pizzo dell'- 169 CDc
Áquila, Poggio dell'- 77 Ec
Áquila di Arróscia [IM] 71 Fa
Aquilaia, Monte- 93 Abc
Aquilano [CH] 105 DEb
Aquilano [TE] 103 Ea
Aquiléa [LU] 75 Bb
Aquiléia [UD] 33 Dc
Aquilente, Piano d'- 103 Bc
Aquilini [BS] 27 Bd
Aquilínia [TS] 33 Fd
Aquilone, Colle- 111 Cd
Aquilónia [AV] 123 Ad
Aquilónia Vecchia 123 Ad
Aquino [FR] 111 Bde
Aquino [PA] 159 Bb
Ara [NO] 23 Ec
Ara [UD] 19 BCd
Arabba [BL] 17 Ab
Aradeo [LE] 139 Db
Arafranca Pinaco [RI] 97 Ad
Aragno [AQ] 103 Db
Aragno, Monte d'- 103 Db
Aragona [AG] 169 Dc
Aragona, Montagna d'- 169 Dc
Arai, Rio- 193 Bc
Aralalta, Monte- 25 Fb
Aramengo [AT] 37 Cd
Áramo [PT] 75 Cb
Arancia [ME] 163 Bb
Aráncio, Lago- 167 Fb
Aranco [VC] 23 Dc
Aranghía, Torrente- 155 Dd
Arapetrianni [RI] 103 Bc
Aras, Nuraghe- 193 Bb
Arasí [RC] 155 Bc
Arasule [NU] 189 BCc
Aratato, Monte- 171 CDc
Aratena [OT] 179 Dd
Aratrice, l'- [GR] 91 Fb
Aratu, Rio- 189 Cc
Araxisi, Rio- 189 Bd
Arazecca, Monte- 111 Dc
Arba [PN] 17 Fd
Árbatax [OG] 189 Fd
Arbaz [AO] 21 Gc
Arbella, Punta d'- 35 Gb
Arbéron, Ouille d'- 35 Dc
Arbi [CN] 61 Db
Árbia, Torrente- 83 Cc
Arbizzano [VR] 43 Bb
Arbo, Monte- 189 Dd
Arboério [VC] 23 Db
Arbogna, Torrente- 39 Ac
Àrbola, Punta d'- 9 Db
Arbora [NO] 23 Fc
Arboréa [OR] 191 Db
Arboréa [OR] 191 Eb
Arborea [TO] 37 Cc
Arbório [VC] 37 Eab
Arbu, Monte- [CA] 197 Db
Arbu, Monte- [NU] 189 Cc
Arbu, Monte- [OG] 193 Eb
Arburese 191 Dc
Árbus [VS] 191 Dc
Arbus, Cúccuru- 191 Ed
Arcade [TV] 31 Cc
Arcagna [LO] 39 Ebc
Arcando [TO] 35 Gab
Arcángel [TO] 35 Cc
Arcangelo, Villaggio d'- 115 Ec
Arcano Inferiore [UD] 19 Bd
Arcano Superiore [UD] 19 Bd
Arcanzo, Cima d'- 11 Fc
Arcavacata [CS] 149 Dab
Arce [FR] 109 Fd
Arcè [VR] 43 Bb
Arcello [PC] 51 Fb
Arcene [BG] 25 Fd
Arcesaz [AO] 21 Gc
Arceto [RE] 55 Bd
Arcévia [AN] 87 Aab
Archeopark 27 Cb
Archi [CH] 105 Ed
Archi [RC] 155 Ac
Archirafi, Torre- [CT] 173 Ea
Archittu, s'- [OR] 187 Cc
Archittu, s'- [OR] 187 Cc
Arci, Monte- 191 Eb
Arciano, Monte- 121 Ad
Arcibessi, Monte- 177 Cb
Arcidosso [GR] 93 Bb
Arciera [BL] 17 Cb
Arcigliano [PT] 75 CDb
Arcille [GR] 91 Fc
Arcimis, Monte- 173 Dab
Arcinazzo, Altipiano di- 109 Db
Arcinazzo Romano [ROMA] 109 Cb
Arcione, Castel- 107 Gb
Arcipelago de la Maddalena, Parco Nazionale dell'- [It.] 179 Db
Arcipelago de la Maddalena, Parco Nazionale dell'- [It.] 179 Ec
Arcipelago Toscano, Parco Nazionale dell'- 89 Db
Arcisate [VA] 25 Bb
Arcivocale, Cozzo- 159 Bc
Arco [TN] 29 Ab
Arco, Monte dell'- 117 ins.b
Árcola [PN] 17 DEc
Arcola [SP] 73 Ca
Árcole [VR] 43 Db
Arconate [MI] 39 Ba
Arcore [MB] 25 Dd
Arcosu, Monte- 195 Fb
Arcuentu, Monte- 191 Dc
Arcuerí, Monte- 193 Db
Arcugnano [VI] 43 Fab
Arcuméggia [VA] 23 Gb
Arcuri [CS] 149 Ec
Arda, Torrente- 53 Ca
Árdali [OG] 189 Ec
Árdara [SS] 183 Ec
Ardaúli [OR] 187 Fc
Ardea [ROMA] 107 Fd
Ardena [VA] 25 Bb
Ardenno [SO] 11 Fcd
Ardenza [LI] 81 Bab
Ardes, Masseria d'- [FG] 113 Ed
Ardésio [BG] 27 Ab
Ardez [Svizz.] 1 Bc
Ardiano [FC] 77 Fa
Ardivestra, Torrente- 51 Eb
Ardo, Torrente- 17 Cc
Ardola [PR] 53 Dab
Árdole San Marino [CR] 41 Cd
Ardore [RC] 155 DEb
Ardore Marina [RC] 155 Ebc
Aré [TO] 37 Bc
Are [VI] 43 Fc
Area di Augusta Bagiennorum, Riserva Naturale dell'- 61 Ca
Area più alta del Massiccio del Pollino, Riserva Naturale- 143 Dc
Areddula, Balza di- 171 Ca
Aréglio [VC] 37 Cb
Arena [VV] 153 Dc
Arena, Fiume- 167 Cb
Arenabianca [SA] 141 Fa
Arena Po [PV] 39 Ed
Arenas [CI] 191 Dd
Arénas, is- 187 Cc
Arenella [PA] 159 Cb
Arenella, Monte- 153 Dd
Arente, Fiume- 145 Ed
Arenzano [GE] 63 ABb
Arenzano Pineta [GE] 63 ABb
Arera, Pizzo- 27 Ab
Arese [MI] 25 Cd
Arezzo [AR] 83 Fb
Arezzo [PG] 95 Cc
Arezzo, Monte- 109 Eab
Arezzo, Villa- [RG] 177 Bc
Argatone, Monte- 111 Bb
Argegno [CO] 25 Cb
Argelato [BO] 55 EFd
Argenta [FE] 57 Bd
Argenta, Bonifica di- 57 Cd
Argentario, Monte- 99 Bb
Argentaro, Monte- 87 Bc
Argentarola, Isola- 99 Bb
Argentea, Monte- 63 Ab
Argentella, Monte- 97 Abc
Argentera [CN] 59 Cb
Argentera [ME] 163 Bbc
Argentera [TO] 37 Ac
Argentera, Cima Sud- 59 Ecd
Argentiera [SS] 183 Ab
Argentiera [TO] 47 Cb
Argentière [Fr.] 21 Bb
Argentière, Aiguille d'- 21 Cb
Argentigli, Torre- 95 Fc
Argentina, Torrente- 71 Eb
Argentino, Fiume- 145 Cb
Arghena, Monte- 17 Dc
Argiano [SI] 93 Da
Argiano [SI] 93 Ab
Argignano [AN] 87 Ac
Árgine [PV] 39 Cd
Árgine [RE] 55 Ac
Árgine del Lupo [FE] 55 Fb
Arginello [MN] 55 Ab
Arginello [RO] 57 BCb
Arginemele, Cozzo- 171 Eb
Árgine Valle [RO] 55 FGb
Arginotto [MN] 55 Bab
Argnod-Eclou [AO] 21 Ec
Arguello [CN] 61 Da
Argusto [CZ] 153 Ebc
Ari [CH] 105 Dc
Aria, Monte- 165 Db
Aria, Monte d'- [AQ] 109 Eab
Aria, Monte d'- [MC] 87 Bc
Ariadello e della Valle dei Navigli, Parco di- 41 Bc
Ária dell'Orso 119 Fa
Aria del Vento 155 Db
Aria di Lupi [CS] 149 CDc
Ariamácina, Lago di- 151 Bb
Ariana [PR] 53 Fb
Arianiello [AV] 121 Cd
Ariano [SA] 129 Dc
Ariano [VR] 43 Abc
Ariano, Colle- 151 Bc
Ariano, Isola d'- 57 Eb
Ariano Ferrarese [FE] 57 Db
Ariano Irpino [AV] 121 Dc
Ariano nel Polésine [RO] 57 Db
Arias [BS] 27 Fc
Ariccia [ROMA] 107 FGc
Arielli [CH] 105 Dc
Arienzo [CE] 119 Fc
Arietta [CZ] 151 Cc
Arigau, Nuraghe- 191 Ec
Arigliano [LE] 139 Fc
Arigna [SO] 13 Ad
Arignano [TO] 49 Ca
Áriis [UD] 33 Bb
Arile, Monte- 95 Ecd
Arina [BL] 29 Fa
Aringo [AQ] 103 Ca
Ariniccia Gallinaro [FR] 111 Bc
Arino [VE] 45 Cb
Ario, Monte- 27 Cc
Ariola [VV] 153 Dc
Ariolo [RO] 57 DEb
Arioso, Monte- 131 Bcd
Aríschia [AQ] 103 Cb
Aritzo [NU] 189 Cd
Arixi [CA] 193 BCc
Arizzano [VB] 23 Fb
Arlena di Castro [VT] 99 Fb
Arlésega [PD] 45 Ab
Árlia [MS] 65 Dc
Arliano [FI] 75 Gb
Arliano [LU] 73 Fb
Arlier [AO] 21 Fc
Arlongo [CN] 47 Ecd
Arluno [MI] 39 Bab
Arma [SV] 61 Fc
Arma di Tággia [IM] 71 Eb
Armaiolo [SI] 83 Dc
Armarolo [BO] 55 Fd
Armásio [PN] 17 Ec
Arme, Cima d'- 103 Aab
Armea, Torrente- 71 Db
Armélio, Monte- 51 Fc
Arméndola [PD] 29 Ed
Armeno [NO] 23 Ec
Armentarola [BZ] 17 Aa
Armento [PZ] 143 Ca
Armenzano [PG] 95 Da
Armetta, Monte- 61 Cd
Armi, Monte dell'- 129 Gbc
Armi, Pizzo d'- 163 Db
Armidda, Monte- 189 Dd
Arminio [VA] 23 Gb
Armio [VA] 11 Ad
Armisa, Torrente- 13 Bd
Armizzo, Torrente- 159 Fc
Armizzone, Monte- 143 Bb
Armo [BS] 27 Ec
Armo [IM] 71 Ea
Armo [RC] 155 Bc
Armúngia [CA] 193 Dc
Arna, Poggio d'- 93 Bab
Arnáccio [PI] 73 Fd
Arnad [AO] 21 Gd
Arnad-le-Vieux [AO] 21 Gd
Arnano [MC] 95 Fa
Arnara [FR] 109 Ed
Arnara, Fosso di- 109 Ed
Arnasco [SV] 71 Fa
Arnate [VA] 23 Gd
Arnbach [A] 5 Cc
Arnesano [LE] 135 Ed
Arnese, Monte- (Ornischeck) 5 Cc
Arni [LU] 73 Ea
Arno, Bocca d'- 73 Ec
Arno, Capo d'- 77 Cb
Arno, Fiume- 75 Dc
Arno, Lago d'- 27 Da
Arno, Rio- 103 Eb
Arnò, Torrente- 13 Fd
Arnoga [SO] 13 Cb
Arnoldstein [A] 19 Fa
Arnone [CE] 119 Dc
Arnouvaz [AO] 21 Cb
Arola [NA] 127 Ec
Arola [PC] 51 FGb
Arola [PR] 53 Ecd
Arola [VB] 23 Ec
Arolla [Svizz.] 7 Ed
Arolo [VA] 23 Fb
Arona [NO] 23 Fc
Arone, Torrente- 85 Ec
Arósio [CO] 25 Dc
Arotte [CN] 61 Cc
Arp, Testa d'- 21 Bc
Arpaia [BN] 121 Ac
Arpaise [BN] 121 Bc
Arpescella, Bec- 63 Ba
Arpesina [PV] 51 Db
Arpi 115 Bd
Arpicella [AL] 51 Cb
Arpino [FR] 111 Ad
Arpinova [FG] 115 Bd
Arpiola [MS] 65 Cc
Arpone, Monte- 35 Fc
Arpy, Lago d'- 21 Cc
Arpy, Testa d'- 21 Cc
Arquà Petrarca [PD] 43 Gc
Arquà Polésine [RO] 57 Bab
Arquata del Tronto [AP] 97 Ac
Arquata Scrívia [AL] 51 Cc
Arquino [SO] 13 Ac
Arras, Nuraghe- 193 Db
Arre [PD] 45 Bc
Arrennégula, Nuraghe- 189 Db
Arrestino, Monte- 109 Bd
Arriali, Rio s'- 195 Db
Arricelli, Rocca- 193 Dd
Arro [BI] 37 Cb
Arróbio [AT] 49 Fb
Arrone [TR] 95 Dd
Arrone, Fiume- 107 Db
Arrone, Torrente- [VT] 99 Fb
Arrone, Torrente- [VT] 99 Fb
Arroscia, Torrente- 71 Fa
Arrúbiu, Monte- 193 Dd
Arrúbiu, Nuraghe- 193 Cb
Arrundili, Monte- 197 CDb
Arrus, Rio is- 191 Cd
Arsa, Fosso- 99 Ea
Arsago Séprio [VA] 23 Gc
Ársego [PD] 45 Ba
Arsicci [AR] 77 Ec
Arsiè [BL] 29 Fb
Arsiè [BL] 17 Ccd
Arsiero [VI] 29 CDc
Arsina [LU] 75 Ab
Ársio [TN] 15 Bb
Arsita [TE] 103 Fab
Arso, Monte- 173 Cab
Ársoli [ROMA] 109 Ca
Arson [BL] 17 Ad
Arsone, Monte- 65 Ba
Artalle [AO] 21 Cd
Artallo [IM] 71 Fb
Artanavaz, Torrente- 21 Cc
Artaneddu, Punta- 185 Dc
Arta Terme [UD] 19 Bb
Artegna [UD] 19 Bc
Artemisia 145 Cc
Artemisio, Monte- 109 Ac
Artén [BL] 31 Aab
Artena [ROMA] 109 Bc
Artent, Monte- 31 Bb

Artesina [CN] 61 Bc
Artignago [BS] 27 Cd
Artimino [PO] 75 Ec
Artò [VB] 23 Ec
Artogna, Torrente– 23 Bc
Artogne [BS] 27 BCb
Artora, Nuraghe– 185 Fc
Arunzo, Monte– 109 Dab
Arutas, Is– 187 Cd
Arvello [PG] 95 DEa
Arvénis, Monte– 19 Ab
Arvier [AO] 21 CDc
Arvieux [Fr.] 47 Bc
Arvigo [Svizz.] 11 Cc
Arvo, Fiume– 151 Bb
Arvo, Lago– 149 Eb
Arvogno [VB] 9 Ecd
Arvu, Nuraghe– 189 Db
Arzachena [OT] 179 Dc
Arzago d'Adda [BG] 39 Fb
Árzana [OG] 189 DEd
Arzanadolu, Monte– 189 Cd
Arzano [NA] 119 Ed
Arzelato [MS] 65 BCb
Arzello [AL] 49 Fd
Árzene [PN] 31 FGab
Arzéngio [MS] 65 Cb
Arzeno Superiore [GE] 63 Fb
Arzenutto [PN] 33 Aab
Arzercavalli [PD] 45 Ec
Arzerè [PD] 29 Bd
Arzerello [PD] 45 Cc
Árzeri [TV] 31 Ec
Arzignano [VI] 43 Dab
Arzilla, Torrente– 79 Db
Arzino, Torrente– 19 Ac
Arzkersee / Quáira, Lago di– 1 Fd
Arzo [SO] 11 Fd
Arzo [VB] 23 Eb
Arzona [VV] 153 Cc
Asa, Torrente– 129 Cc
Ascagnano [PG] 85 Cc
Ascéa–Velia [SA] 141 Cb
Ascensione, Monte dell'– 97 Cb
Aschi Alto [AQ] 111 Bb
Áschio [MC] 95 Fb
Aschl / Eschio [BZ] 3 Bd
Ascianello [SI] 83 Ed
Asciano [PI] 75 Ac
Asciano [SI] 83 Ec
Ascoli Piceno [AP] 97 Cbc
Ascoli Satriano [FG] 123 Bb
Ascona [GE] 63 Fa
Ascona [Svizz.] 9 Gd
Ascrea [RI] 103 Bc
Asei [BI] 23 Dd
Aselogna [VR] 43 Dd
Aserei, Monte– 51 Fc
Aserile [RO] 57 Ca
Asia [BO] 55 Ec
Asiago [VI] 29 Db
Asigliano Véneto [VI] 43 Ec
Asigliano Vercellese [VC] 37 Ec
Ásina, Torrente– 91 Eb
Asinara, Isola– 181 Bb
Asinara, Parco Nazionale dell'– 181 Bb
Asinaro, Fiume– 177 Ec
Asinelli, Isola– 157 Cb
Asioli [RE] 55 Bc
Asmonte [MI] 39 Bab
Asnago [CO] 25 Cc
Asnas, Cima dell'– 23 Cc
Asnenga [BG] 25 Gd
Aso [FM] 97 Cab
Aso, Fiume– 97 Da
Asola [MC] 87 Ec
Ásola [MN] 41 Ec
Ásola, Torrente– 87 Eab
Asolone, Monte– 29 Fb
Asoru, Nuraghe– 193 Ed
Asparetto [VR] 43 Dc
Aspes [BS] 41 Db
Áspice [CR] 41 Cc
Aspicella, Colle– 103 Ed
Aspidarzu, Punta de s'– 185 Ad
Áspio, Fiume– 87 Da
Áspio Terme [AN] 87 DEa
Aspra [PA] 159 Cb
Aspra, Monte– 95 Ed
Aspro, Monte l'– 95 Ec

Asproli [PG] 95 Bc
Aspromonte, Parco Nazionale dell'– 155 Cc
Aspromonte, Piani d'– 155 Bb
Aspru, Nuraghe s'– 185 Bd
Assa, Torrente– 29 Db
Assago [MI] 39 Cb
Assai, Oasi– 189 Bc
Asseggiano [VE] 45 Db
Assémini [CA] 197 Bb
Assenza [VR] 27 Fc
Assergi [AQ] 103 Db
Assergi, Lago d'– 103 Eb
Assiano [MI] 39 Cb
Assieni [TP] 157 Db
Assino, Torrente– 85 Cb
Assisi [PG] 95 Ca
Asso [CO] 25 Db
Asso, Canale dell'– 139 Db
Asso, Castel d'– 101 Bb
Asso, Torrente– 93 Ba
Ássolo [OR] 191 Fb
Assoro [EN] 171 Eb
Ast / Lasta di Dentro [BZ] 3 Ec
Asta [RE] 65 Fc
Asta, Cima d'– 15 Ecd
Asta, Giogo d'– / Astjoch 3 Ec
Asta Soprana 59 Ec
Aste [TN] 29 Bc
Aste [TN] 29 CDc
Asten / Laste [BZ] 3 Cc
Astfeld / Campolasta [BZ] 3 BCd
Asti [AT] 49 Eb
Astia 195 Db
Ástico, Torrente– 29 Cc
Astignano [PE] 105 Cb
Astorara [AP] 97 Ac
Astore [MN] 41 Fb
Astrio [BS] 27 Cb
Astrone, Torrente– 93 Dc
Astura, Fiume– 117 Ba
Asuai [NU] 189 Ccd
Asuni [OR] 187 Fc
Asusa, Nuraghe– 193 Bb
Ateleta [AQ] 111 Eb
Atella [PZ] 131 Aa
Atella, Fiumara d'– 123 Bd
Atella, Toppa– 131 Bb
Átena Lucana [SA] 131 Ad
Atenea, Rupe– 169 Dd
Aterno, Fiume– 103 Fd
Aterrana [AV] 129 Bb
Atessa [CH] 105 Ed
Atina [FR] 111 Bd
Atlantica 69 Fc
Ató, Punta d'– 155 Cc
Atrani [SA] 129 Ac
Atri [PG] 95 Fc
Atri [TE] 97 Ed
Atripalda [AV] 121 Bd
Attíggio [AN] 85 Fc
Attigliano [TR] 101 Cab
Áttimis [UD] 19 Cc
Attu, Conca d'– 185 Db
Atzara [NU] 189 Bd
Atzara, Nuraghe– 187 Ec
Atzwang / Campodazzo [BZ] 15 DEab
Auai Auai, Acquaparco– 69 Eb
Auditore [PU] 79 Bc
Auduni [CE] 119 Fb
Auer / Ora [BZ] 15 Cb
Auf der Platten / Plat, Monte– 3 Fb
Aufhofen / Villa Santa Caterina [BZ] 3 Fc
Augusta [SR] 173 Ed
Augusta, Porto di– 173 Ed
Augusta Bagiennorum 61 Ca
Aulella, Torrente– 65 Cc
Auletta [SA] 129 Fc
Aulla [MS] 65 Cc
Áuna di Sopra / Oberinn [BZ] 15 Da
Áuna di Sotto / Unterinn [BZ] 15 Dab
Áune [BL] 15 Fd
Aunede [BL] 17 Cb

Áupa [UD] 19 Cab
Áupa, Torrente– 19 Cb
Aupa di Sopra [UD] 19 BCb
Aupa di Sotto [UD] 19 Cb
Aurano [NA] 127 Fb
Aurano [VB] 23 Fab
Aurava [PN] 33 Aa
Aurélia [ROMA] 99 Fd
Aurigo [IM] 71 Eb
Aurino, Torrente– / Ahr 3 Fb
Aurisina [TS] 33 Ec
Auro [BS] 27 Cc
Áuro, Torrente– 77 Fc
Aurogna [CO] 11 Ecd
Auron [Fr.] 59 Cc
Aurona, Punta d'– 9 Cc
Auronzo di Cadore [BL] 17 Da
Aurora [CT] 173 Dc
Aurora [TO] 37 Ad
Aurora, Terme– 185 Bd
Aurunci, Monti– 119 Bb
Áusa, Fiume– 33 Cc
Áusa, Torrente– 79 Bb
Áusa–Corno [UD] 33 Cc
Ausente, Torrente– 119 Bb
Auséntum 139 Dc
Ausone [VB] 9 Dc
Ausoni, Monti– 117 Fa
Ausónia [FR] 119 Ba
Außerer Berg / Fuori, Monte di– 3 Ad
Ausser Pichl / Colle di Fuori [BZ] 5 Bc
Außersulden / Solda di Fuori [BZ] 1 Dd
Aussois [Fr.] 35 Bc
Aústis [NU] 189 Bc
Austro–Ungarico, Ossario– 181 Bb
Áuta, Cime dell'– 17 Ab
Autagne [TO] 47 Bb
Autaret, Tête de l'– 59 Dc
Aúto, Monte– 161 Ecd
Autone, Monte– 117 Ea
Autore, Monte– 109 Cc
Auzzo, Poggio– 81 Fc
Avacelli [AN] 87 Ab
Aváglio [PT] 75 Cb
Aváglio [UD] 19 Ab
Avane [FI] 75 Dc
Avane [PI] 73 Fc
Avanella, Torrente– 161 Bd
Avasínis [UD] 19 Bc
Avatanei [TO] 49 Bb
Aváusa [UD] 17 Fab
Avče [SLO] 19 Fd
Ave [BG] 27 Ab
Avedo, Rio di– 13 Cb
Avéggio [GE] 63 Eb
Avegno [GE] 63 DEb
Ave Gratia–Plena [BN] 119 Fc
Avelengo / Hafling [BZ] 3 Bd
Avella [AV] 121 Ad
Avella, Fiume– 105 Dd
Avella, Monti d'– 121 Bd
Avellino [AV] 129 Ba
Avena [AR] 77 Cc
Avena [CS] 143 Bc
Avena, Monte– 29 Fa
Avena, Torrente– 143 Fc
Avenale [AN] 85 Fb
Avenale [MC] 87 Cbc
Avéndita [PG] 95 Fc
Avenes / Afens [BZ] 3 Cb
Aveno [GE] 63 Eb
Aveno [LC] 11 Ed
Aventino, Fiume– 105 Dd
Avenza [MS] 73 Da
Aver, Becca d'– 21 Fc
Aver, Monte– 59 Dc
Averara [BG] 25 Ga
Averau, Monte– 17 Bab
Averno, Lago di– 127 Cb
Avero [SO] 11 Eb
Aversa [CE] 119 Ed
Aversana [SA] 129 Cc
Avesa [VR] 43 Bb
Aveto, Parco Naturale dell'– 63 Fb
Aveto, Torrente– 51 Fc
Avetrana [TA] 135 Cd
Avetta [TO] 37 Cb
Avezzano [AQ] 109 Ea
Avezzano [CE] 119 Cb
Aviano [PN] 17 Ed

Aviano Castello [PN] 31 Ea
Aviatico [BG] 25 Gc
Aviazione, Parco Tematico dell'– 79 Ab
Avic, Monte– 21 Fcd
Avidi [NU] 185 Fc
Avigliana [TO] 35 Fd
Avigliano [PZ] 131 Bb
Avigliano Umbro [TR] 95 Bd
Avigna, Rio d'– / Afingerbach 3 Cd
Avigna / Afing [BZ] 15 CDa
Avilla [UD] 19 Bc
Avini [NA] 127 Eb
Avino, Lago d'– 9 Cc
Avio [TN] 29 Ac
Avio, Lago dell'– 13 Dc
Avio, Monte– 13 Dc
Aviolo, Lago d'– 13 Dc
Aviolo, Monte– 13 Dc
Avise [AO] 21 Cc
Avisio [TN] 15 Dc
Avisio, Foci dell'– 15 Bd
Avisio, Torrente– 15 Cd
Ávola [SR] 177 Ec
Avolasca [AL] 51 Cc
Avolásio [BG] 25 Fb
Avoriaz [Fr.] 7 Ac
Avosacco [UD] 19 Bb
Avoscan [BL] 17 Bb
Avosso [GE] 63 Eb
Avostánis, Cima– (Blaustein) 5 Gd
Avril, Monte– 21 DEb
Avuglione [TO] 49 Ca
Aventura, Parco– 19 Db
Avvocata, Monte dell'– 129 ABc
Avvoltoio, Cozzo– 171 Ba
Avzè, Monte– 61 Gb
Axa [ROMA] 107 Ec
Axia, Necrópoli d'– 101 Bb
Ayala, Villa– 129 Eb
Ayas [AO] 21 Gc
Ayasse, Torrente– 21 Gd
Ayer [Svizz.] 7 Fc
Aymavilles [AO] 21 Cc
Azaria [TO] 21 Fd
Azaro [GE] 63 Fc
Azéglio [TO] 37 Cb
Azoglio [BI] 23 Dc
Azzago [VR] 43 Ca
Azzagulta [OT] 181 Fc
Azzanello [CR] 41 Bc
Azzanello [PN] 31 Ec
Azzani [OT] 185 Eb
Azzano [CO] 25 Db
Azzano [CR] 39 Fb
Azzano [LU] 73 Eab
Azzano [PC] 51 Fb
Azzano [PG] 95 Dc
Azzano [UD] 33 Da
Azzano [VR] 43 Bb
Azzano d'Asti [AT] 49 Eb
Azzano Décimo [PN] 31 Fb
Azzano Mella [BS] 41 Cb
Azzano San Páolo [BG] 25 Gd
Azzarina, Monte– 185 Bb
Azzarini, Monte– 25 Fa
Azzate [VA] 23 Gc
Azzida [UD] 19 Dd
Azzinano–Morelli [TE] 103 Ea
Ázzio [VA] 23 Gb
Azziriolo, Fiume– 159 Cc
Azzone [BG] 27 Bb
Azzonica [BG] 25 Fc
Azzurra, Grotta– [NA] 127 Dc
Azzurra, Grotta– [SA] 141 Cb
Azzurra, Grotta– [SP] 73 Ca
Azzurro [CT] 173 Dc

B

Baba 19 Db
Babano [TO] 47 Fc
Babbaccio [LT] 109 Bd
Babbu Mannu [NU] 185 Dd
Baby Snow Park 21 Gc
Bacano [BA] 125 Ec
Baccagnano [RA] 69 Ccd
Baccaiano [FI] 75 Ed
Baccanella [PI] 81 Ea
Baccano [ROMA] 101 Dd
Baccano [SP] 73 Ca
Baccarato [EN] 171 Ec
Baccarecce [RI] 103 Bc

Bacchereto [PO] 75 Dc
Bacchetta, Cima della– 27 Cab
Bacchetti [PC] 51 Gc
Bacchi [VR] 43 Da
Bacchiglione, Fiume– 43 Dc
Bacchileddu, Nuraghe– 181 Dc
Baccinello [GR] 93 Ac
Bacciolino [FC] 77 Fab
Baccu Arródas [CA] 193 Ed
Baccu Mandara 197 Db
Bacedasco [PC] 53 Cb
Bacedasco, Terme di– 53 Cb
Baceno [VB] 9 Cc
Ba Cerbus, Peschiera di– 195 Cb
Baciano [AR] 83 Fa
Bacino, il– 91 Fd
Bácoli [NA] 127 Cb
Bacu Abis [CI] 195 Cb
Bacugno [RI] 103 Ba
Bacugno, Monte– 95 Cc
Bacu Scovas 193 DEcd
Badacca, Colle– 161 Ec
Badagnano [PC] 53 Bb
Badaiuz [UD] 19 BCb
Bad Altprags / Bagni di Bráies Vécchia [BZ] 5 Ac
Badalucco [IM] 71 Eb
Badana, Lago– 63 Ba
Badani [SV] 61 Fb
Bad Bergfall / Bagno di Pervalle [BZ] 3 Fc
Bad Bleiberg [A] 19 Fa
Badde Manna, Rio de– 185 Bb
Badde Orca [OR] 187 Cb
Badde Sálighes [NU] 183 Fd
Badde Suelzu [OT] 185 Cb
Badde Urbara [OR] 187 Dbc
Bad Dreikirchen / Tre Chiese [BZ] 3 CDd
Badesi [OT] 181 Fc
Badesi Mare [OT] 181 Fc
Badessa, Monti della– 135 Bb
Badesse [PV] 51 Da
Badesse [SI] 83 Bb
Badetto [BS] 27 Cab
Bad Froi / Bagni Froi [BZ] 3 Dd
Badi [BO] 75 DEa
Badía [AR] 83 Fc
Badia [BO] 67 Db
Badia [BS] 27 Bd
Badia [GE] 63 Aa
Badia [ME] 163 Cbc
Badía [PG] 93 DEa
Badia [PG] 85 BCc
Badia [PZ] 131 Bb
Badía [TP] 157 Db
Badía [VV] 153 Cc
Badía, la– [FR] 109 Dd
Badía / Abtei [BZ] 3 Fd
Badía Agnano [AR] 83 Db
Badía Agnano [FI] 77 Bb
Badía al Pino [AR] 83 Eb
Badía a Passignano [FI] 83 Ba
Badía a Rípoli [FI] 75 Fc
Badía a Ruoti [AR] 83 Db
Badía a Séttimo [FI] 75 Ec
Badía a Taona [PT] 75 Dab
Badía Calavena [VR] 43 CDa
Badía Cantignano [LU] 75 Bc
Badiáccia a Montemuro [SI] 83 Ca
Badía Coltibuono [SI] 83 Cab
Badía di Dulzago [NO] 23 Fd
Badía di Susinana [FI] 77 Ba
Badía Pavese [PV] 39 Ed
Badía Petróia [PG] 85 Bb
Badía Polésine [RO] 43 Ed
Badía Pratáglia [AR] 77 Dc
Badía Pratáglia, Riserva Naturale– 77 Dc
Badía Tedalda [AR] 77 Fc
Badia Tega [AR] 77 Cd
Badiavecchia [ME] 163 Bbc
Badiazza [ME] 155 Ab
Badicorte [AR] 83 Ec
Badicroce [AR] 83 Fb
Badile [MI] 39 Cbc
Badile, il– 23 Cc
Badile, Pallone del– 23 Cb
Badile Camuno, Pizzo– 27 Dab

Badiola [GR] 91 Dc
Badiola [PG] 95 Aa
Bad Maistatt / Bagni di Piandimáia (ex) [BZ] 5 Bc
Bad Moos / Bagni di San Giuseppe [BZ] 5 Cc
Badó, Bric– 61 DEc
Badoere [TV] 31 Bd
Badolato [CZ] 153 Fc
Badolato Marina [CZ] 153 Fc
Badolo [BO] 67 Eb
Badoni [PC] 53 Ac
Bad Rahmwald / Bagni di Selva [BZ] 3 EFc
Bad Ratzes / Bagni di Rázzes [BZ] 15 Ea
Bad Salomonsbrunn / Bagni di Salomone [BZ] 5 Ac
Bad Salt / Bagni di Salto [BZ] 1 Fd
Bad Schörgau / Bagni Serga [BZ] 3 BCd
Bad Süß / Bagno Dolce [BZ] 15 Da
Badu Alzolas, Rio– 185 Cc
Badu Andría [OT] 185 Db
Badu Crabolu, Rio– 183 Dd
Badu de Mola, Rio– 187 Db
Badu Ebbas, Rio– 185 Ab
Badu Mesina, Rio– 179 Bd
Bad Untermoi / Bagni di Antermóia [BZ] 3 EFc
Badu Rúiu, Rio– 183 Dc
Baeri, Torre– 169 Ec
Baffadi [RA] 69 Ac
Bafia [ME] 163 Cb
Bagaggiolo [TV] 31 Dd
Bagaladi [RC] 155 Bc
Baganza, Torrente– 65 Da
Baganzola [PR] 53 Eb
Bagazzano [MO] 55 CDa
Baggero, Oasi di– 25 Cc
Baggi [PA] 159 EFd
Baggi [VI] 29 Fc
Bággio [MI] 39 Cb
Bággio [PT] 75 Db
Baggiovara [MO] 55 Ca
Bagheria [PA] 159 Cb
Baghetti [PT] 53 Cd
Baglio Chitarra [TP] 157 Cd
Baglio Guarine [TP] 157 CDc
Báglio le Gambine [TP] 157 CDd
Baglio Messina [TP] 157 CDb
Baglio Nuovo [TP] 157 Dc
Baglio Rinazzo [TP] 157 Cd
Baglio Rizzo [TP] 157 Dc
Baglio Spanó [TP] 167 Cab
Báglio Zaffarana [TP] 157 Ccd
Bagnà, Punta– 35 Bd
Bagnacavallo [RA] 69 Cb
Bagnáia [LI] 89 Ec
Bagnáia [PG] 95 Aa
Bagnáia [VT] 101 BCb
Bagnana [CO] 25 Db
Bagnara [BN] 121 Bc
Bagnara [CE] 119 Cc
Bagnara [CR] 41 Cd
Bagnara [PG] 85 EFd
Bagnara [SR] 173 Ccd
Bagnara [VE] 33 Abc
Bagnara Cálabra [RC] 155 Bb
Bagnara di Romagna [RA] 69 Bb
Bagnária [PV] 51 Dc
Bagnária Arsa [UD] 33 Cb
Bagnarola [BO] 67 Fa
Bagnarola [FC] 69 Fd
Bagnarola [PN] 33 Ab
Bagnasco [AT] 49 Dab
Bagnasco [CN] 61 Dc
Bagnática [BG] 25 Gd
Bagnaturo [AQ] 105 Bd
Bagnena [AR] 83 Ea
Bagni [NA] 127 Bb
Bagni [PN] 19 Ac
Bagni [TA] 133 Fd
Bagni [TN] 15 Ab
Bagni [TP] 93 Ec
Bagni Contursi [SA] 129 Eb
Bagni del Másino [SO] 11 Fc
Bagni di Antermóia [BZ] 3 EFc
Bagni di Bórmio [SO] 13 Db
Bagni di Bráies Vécchia / Bad Altprags [BZ] 5 Ac

Bagni di Cantúccio / Winkelbad [BZ] 3 Fb
Bagni di Cefalà Diana e Chiarastella, Riserva Naturale- 159 Cc
Bagni di Cravéggia [VB] 9 Fc
Bagni di Crodo [VB] 9 Dc
Bagni di Crodo [VB] 9 Dc
Bagni di Gogna [BL] 17 Dab
Bagni di Lavinia Bianca / Weißlahnbad [BZ] 15 Eb
Bagni di Lucca [LU] 75 Bab
Bagni di Lusnizza [UD] 19 Db
Bagni di Mezzo / Mitterbad [BZ] 1 Gd
Bagni di Mommialla [FI] 81 Fb
Bagni di Mondragone [CE] 119 Cbc
Bagni di Petriolo [SI] 91 Fa
Bagni di Piandimáia (ex) / Bad Maistatt [BZ] 5 Bc
Bagni di Pozzano [NA] 127 Eb
Bagni di Rabbi [TN] 13 Fb
Bagni di Rázzes / Bad Ratzes [BZ] 15 Ea
Bagni di Répole [KR] 151 Cb
Bagni di Salomone / Bad Salomonsbrunn [BZ] 5 Ac
Bagni di Salto / Bad Salt [BZ] 1 Ed
Bagni di San Giuseppe / Bad Moos [BZ] 5 Cc
Bagni di San Martino [SS] 183 Eb
Bagni di Selva / Bad Rahmwald [BZ] 3 EFc
Bagni di Sgúmes / Schgumshof [BZ] 1 Dd
Bagni di Stigliano [ROMA] 101 Bd
Bagni di Tivoli [ROMA] 109 Ab
Bagni di Valgrande [BL] 5 Cd
Bagni di Vicarello [ROMA] 101 Ccd
Bagni di Vinadio [CN] 59 Dc
Bagni di Viterbo [VT] 101 Bb
Bagni Froi / Bad Froi [BZ] 3 Dd
Bagnile [FC] 69 Ec
Bagni-Minerali [MC] 155 Eb
Bagni Nuovi [SO] 13 Db
Bagni Oddini [NU] 189 Bb
Bagni San Cataldo [PZ] 131 ABb
Bagni San Filippo [SI] 93 Cb
Bagni Serga / Bad Schörgau [BZ] 3 BCd
Bagni Stravignano [PG] 95 Da
Bagni Vecchi [SO] 13 Db
Bagno [AQ] 103 Cc
Bagno [FC] 77 Da
Bagno [FG] 115 Cbc
Bagno [RE] 55 Bd
Bagno, Rio- 95 Bc
Bagno, Torrente del- 93 Eb
Bagno al Morbo [PI] 81 Fc
Bagno a Ripoli [FI] 75 Fc
Bagno Busseto 101 Db
Bagno dell'Acqua 167 ins.a
Bagno di Cética [AR] 77 Bc
Bagno di Gavorrano [GR] 91 Db
Bagno di Pervalle / Bad Bergfall [BZ] 3 Fc
Bagno di Piano [BO] 55 Ed
Bagno di Romagna [FC] 77 Dc
Bagno Dolce / Bad Süß [BZ] 15 Da
Bagnola [MC] 87 Db
Bagno la Perla [PI] 81 Fc
Bagnoletto [PD] 45 Bc
Bagnoli [BN] 119 Fc
Bagnoli [NA] 127 Db
Bagnoli [PD] 45 Bb
Bagnoli della Rosandra [TS] 33 Gd
Bagnoli del Trigno [IS] 111 Fc
Bagnoli di Sopra [PD] 45 Bc
Bagnoli Irpino [AV] 129 Db
Bagnolo [AR] 85 Ac
Bagnolo [FC] 69 Ccd
Bagnolo [FI] 75 Fc
Bagnolo [GR] 93 Bbc
Bagnolo [GR] 91 Fa

Bagnolo [PC] 53 Cb
Bagnolo [PO] 75 Eb
Bagnolo [TV] 31 Cb
Bagnolo [VI] 43 Ebc
Bagnolo [VR] 43 Ac
Bagnolo [VR] 43 Cc
Bagnolo [VT] 101 Bb
Bagnolo, Monte- 135 Bd
Bagnolo, Terme del- 81 Ed
Bagnolo Cremasco [CR] 39 Fbc
Bagnolo del Salento [LE] 139 EFb
Bagnolo di Po [RO] 55 Fab
Bagnolo in Piano [RE] 55 ABc
Bagnolo Mella [BS] 41 Cdb
Bagnolo Piemonte [CN] 47 Ec
Bagnolo San Vito [MN] 43 Bd
Bagnolo Scuole [FC] 69 Dc
Bagnone [MS] 65 Cc
Bágnore [GR] 93 Bbc
Bagnoregio [VT] 93 Ed
Bagnoro [AR] 83 Fb
Bagno Roselle [GR] 91 Ec
Bagno Vignoni [SI] 93 Bab
Bagoligolo, Monte- 27 Db
Bagolino [BS] 27 Dc
Bagotto [CS] 147 Ab
Bai, Torrente- 91 Eb
Báia [CE] 119 Eb
Báia [MO] 55 Eb
Báia [NA] 127 Cb
Báia, Parco Sommerso di- 127 Cb
Baia Azzurra [CE] 119 Cc
Báia delle Zágare [FG] 115 Ec
Báia Domízia [CE] 119 Bb
Baia Domizia Sud [CE] 119 Bb
Báia e Latina [CE] 119 Eb
Baia Felice [CE] 119 BCc
Baiaffo, Monte- 53 Db
Baiana [AL] 61 Ga
Baiano [AV] 121 Ad
Baiardo [IM] 71 Db
Baiata, Rio- 157 Cc
Báia Verde [LE] 139 Ec
Baiedo [LC] 25 Eb
Baigno [BO] 75 Ea
Baima [TO] 35 Gc
Baiolu, Nuraghe- 183 Eb
Báiro [TO] 37 Ab
Baiso [RE] 67 Aab
Baite [MN] 41 Fc
Baitone, Corno- 13 Dcd
Baitone, Lago- 13 Dd
Baitoni [TN] 27 Ec
Baja Sardinia [OT] 179 Dc
Balaiana, Nuraghe- 179 Cc
Balangero [TO] 35 FGc
Balata di Báida [TP] 157 Dbc
Balatelle, Monte- 159 Cc
Balatelli, Monte- 161 Bc
Balatro [FI] 75 Fc
Balbano [LU] 73 Fc
Balbi [CN] 49 Fc
Balbiano [MI] 39 Eb
Balbo [TO] 49 Ab
Balboutet [TO] 35 CDd
Balconcello [MN] 43 Ad
Balconevisi [PI] 81 Ea
Baldami [PG] 93 Fab
Baldaria [VR] 43 Ec
Baldeumene, Monte- 185 BCc
Baldichieri d'Asti [AT] 49 Db
Baldignano [AR] 85 Aa
Baldissero Canavese [TO] 37 Ab
Baldissero d'Alba [CN] 49 Cc
Baldissero Torinese [TO] 49 Ba
Baldo, Monte- [It.] 29 Ac
Baldo, Monte- [VI] 29 Eb
Baldu, Rio di- 179 Cc
Balduina [PD] 43 Fd
Balestra, Pian di- 67 Ec
Balestrate [PA] 157 Fb
Balestrino [SV] 71 FGa
Baligioni, Monte- 179 Bd
Balignano [FC] 77 Fa
Balistreri, Punta- 179 Cd
Ballabio [LC] 25 Eb
Ballabio Inferiore [LC] 25 Eb
Ballabio Superiore [LC] 25 Eb
Ballano, Lago- 65 Db

Ballao [CA] 193 Dc
Ballata [TP] 157 Dc
Balletto [PA] 159 Ac
Balletto, Rio di- 157 Fc
Ballino [BS] 41 Fb
Ballino [TN] 27 Fb
Ballò [VE] 45 Cb
Ballone, Poggio- 91 Db
Ballu, Monte su- 189 Bc
Balma [TO] 35 Ed
Balma [TO] 47 Dab
Balma [VC] 23 Bb
Balme, Cima delle- 23 Cc
Balmúccia [VC] 23 Cc
Balocco [VC] 37 Db
Balossa Bigli [PV] 39 Bd
Balsorano [AQ] 109 Cc
Balsorano Nuovo [AQ] 109 Cc
Balsorano Vecchio [AQ] 109 Fc
Balvano [PZ] 129 FGc
Balza di Ciotto 111 ABc
Balzarine [AT] 25 Cc
Balza Soletta 171 CDa
Balzata [CS] 149 Ebc
Balze [FC] 77 Ec
Balze, Le- 81 Fb
Balzi [CE] 119 Fc
Balzi Rossi 71 Cc
Balzo [AP] 97 Ac
Bálzola [AL] 37 Ec
Bammina, Monte- 163 Bb
Bánari [SS] 183 Ec
Bancali [SS] 183 Cb
Banchetta, Monte- 47 Cc
Banchette [TO] 37 Bb
Banco [TN] 15 Bb
Báncole [MN] 41 Fb
Bande [MN] 41 Fb
Banderuola, Pizzo- 13 Bc
Bandita [AL] 61 Ga
Bandita [LI] 91 Bab
Bandita, Monte la- 95 Fbc
Banditaccia, Necrópoli della- 107 Cb
Bandita Cilleni [PG] 85 Ed
Banditella [AL] 99 Ca
Banditelle [LI] 91 Bab
Bandito [CN] 49 Bc
Bando [FE] 57 Cd
Bando [PN] 33 Ab
Banengo [AT] 37 Cd
Banna [TO] 49 Cb
Banna, Torrente- 49 Bb
Banne [TS] 33 Fcd
Bannia [PN] 31 Fb
Bannio Anzino [VB] 23 Cb
Bannone [PR] 53 Fc
Bano, Monte- 63 Dab
Banzano [AV] 129 Bab
Banzena [AR] 77 CDc
Banzi [PZ] 131 CDa
Banzola [PR] 53 Dc
Banzola [PR] 53 Cc
Banzolo [PC] 53 Acd
Banzullo, Parco Naturale del- 131 Da
Banzuolo [MN] 53 Gb
Baone [PD] 43 Gc
Barabana [BO] 69 Aa
Barabò [VR] 43 Cc
Baracca, Monumento a- 31 Cc
Baracchella II [CS] 149 Eb
Baracco [CN] 61 Bc
Baraccone [CE] 119 Da
Baraccone, Bric- 61 Eb
Baraccone, Monte- 61 EFc
Barádili [OR] 191 Fb
Baragazza [BO] 75 Fa
Baragge, Riserva Naturale delle- 23 Ed
Baraggia [NO] 23 Fd
Baraggia [NO] 23 Ec
Barággia [NO] 23 Ecd
Baraggione [NO] 23 Fd
Baragiano [PZ] 131 Ab
Baragiano, Scalo di- [PZ] 131 Ab
Baralla, Poggio- 77 CDc
Baranci, Croda dei- / Birkenkofel 5 Bc

Baranello [CB] 113 Bd
Barano [AQ] 103 Cc
Barano d'Ischia [NA] 127 Bb
Baranzate [MI] 39 Ca
Baranzuolo [GE] 63 EFb
Barasso [VA] 23 Gb
Barate [MI] 39 Cb
Barátili San Pietro [OR] 187 Dd
Baratta, Serra di- 163 Abc
Baratte [TO] 35 Ed
Baratti [LI] 91 Bb
Baratti e Populonia, Parco Archeologico di- 91 Bb
Barattina [VC] 23 Db
Baratz, Lago- 183 Bb
Barazzetto [UD] 33 Ba
Barba [BN] 121 Bc
Barba [PT] 75 Db
Barba ai Monti [LE] 135 Ed
Barbagelata [GE] 63 Eb
Barbágia Belví 189 Cd
Barbágia Ollolai 189 Dc
Barbágia Seúlo 193 Cb
Barbaía [TO] 35 Gc
Barbano [VI] 43 Gb
Barbanti [PU] 85 Ea
Bárbara [AN] 87 Ba
Barbarano [BS] 27 Ed
Barbarano, Torrente- 27 Ed
Barbarano del Capo [LE] 139 Ec
Barbarano Romano [VT] 101 Bc
Barbarano Vicentino [VI] 43 Fb
Barbarasco [MS] 65 Cc
Barbaresco [CN] 49 Dc
Barbaría, Monte- 31 Bb
Barbaricina [PI] 73 EFc
Barbariga [BS] 41 Cb
Barbariga [PD] 43 Ed
Barbarigo, Torrente- 171 Bb
Barbarolo [BO] 67 EFc
Barbaso [AT] 49 Ca
Barbasso [MN] 43 Bd
Barbassolo [MN] 43 Bd
Barbata [BG] 41 Ab
Barbata, Foppa- 25 Gb
Barbato, Monte- 121 Ca
Barbavara [PV] 39 Abc
Barbeano [PN] 33 Aa
Barbei [CN] 61 Db
Barbellino, Lago Inferiore del- 13 Bd
Barbellino, Lago Superiore del- 13 Bd
Barberi [PE] 105 Cb
Barberino, Parco del- 27 Cb
Barberino di Mugello [FI] 75 Fab
Barberino Val d'Elsa [FI] 83 ABa
Barbeston, Monte- 21 Fc
Barbè Superiore [VB] 23 FGab
Barbi [SI] 93 Bab
Barbialla [FI] 81 Fa
Barbian / Barbiano [BZ] 3 CDd
Barbiana [FI] 77 Ab
Barbianello [PV] 39 Dd
Barbiano [AR] 77 Bc
Barbiano [RA] 69 Cb
Barbiano / Barbian [BZ] 3 CDd
Barbigarezza [PR] 65 ABb
Barbisanello [TV] 31 Cb
Barbisano [TV] 31 Cb
Barbischio [SI] 83 Cb
Barbona [MO] 67 Bb
Barbona [PD] 43 Gd
Barbona, Monte- 75 Bb
Barbotto [FC] 77 Fb
Barbúglio [RO] 43 Fd
Barbusi [CI] 195 CDb
Barbusté [AO] 21 Fc
Barbuzzera [CR] 39 Fb
Barca [AL] 51 CDb
Barca [SI] 83 Cbc
Barca [TO] 37 Ad
Barca, Monte- 65 Fc
Barca, Rio- 183 Bc
Barcanello [AL] 51 Bc
Barcara [AT] 49 Eb
Barcarola [VI] 29 Db

Barcellona Pozzo di Gotto [ME] 163 Cb
Barcelonnette [Fr.] 59 Ab
Bar Cenisio [TO] 35 Cc
Barche [AO] 21 Fc
Barche [PD] 29 EFd
Barche [TV] 31 Bb
Barche di Castiglione [MN] 41 Eb
Barchessa [BO] 57 Ad
Barchessa [PD] 43 Fd
Barchessa Ravagnan [RO] 57 Fab
Barchi [MN] 41 Ec
Barchi [PC] 51 Ed
Barchi [PC] 51 Ed
Barchi [PU] 79 Dcd
Barchi Breo [CN] 61 Cd
Bárcis [PN] 17 Ec
Bárcis, Lago di- 17 Ec
Barco [BS] 41 Bb
Barco [FI] 75 Ga
Barco [LC] 25 Eb
Barco [PN] 31 EFc
Barco [RE] 53 Fc
Barco [TN] 29 Cab
Barco [VR] 43 Cb
Barco, Cima del- 85 Dc
Barco, Villa- [RG] 177 Cc
Bárcola [TS] 33 Fcd
Barcon [TV] 31 Bc
Barcuzzi [BS] 41 Eb
Bard [AO] 21 Fc
Bardalone [PT] 75 Da
Bardaro, Serra- 171 Bc
Bardassano [TO] 37 Bd
Bardella [AT] 49 Ca
Bardelle [MN] 55 Ca
Bardello [VA] 23 Gb
Bardi [PR] 53 Bd
Bárdia, Monte- 189 Eb
Bardies [RI] 31 Ba
Bardine di San Terenzo [MS] 65 Dcd
Bardineto [SV] 61 Dc
Bardino [SV] 61 Ec
Bardino Nuovo [SV] 61 Ec
Bardino Vecchio [SV] 61 Ec
Bardolino [VR] 43 Aa
Bardone [PR] 65 Da
Bardonécchia [TO] 35 Bd
Bardonetto [TO] 35 Fb
Bardoney [AO] 21 Ed
Barega [CI] 195 Db
Bareggio [MI] 39 Ca
Barengo [NO] 23 Fd
Barengo [TO] 37 Bb
Baresi [BG] 25 Gb
Baressa [OR] 191 Fb
Baresus, Nuraghe de is- 193 Ec
Barete [AQ] 103 Cb
Bareto [FC] 77 Fc
Barga [LU] 75 Aa
Bargagli [GE] 63 Db
Barge [CN] 47 Ec
Bargécchia [LU] 73 Eb
Barghe [BS] 27 Dcd
Bargi [BO] 75 Ea
Bargino [FI] 83 Ba
Bargnana [BS] 41 Cab
Bargnano [BS] 41 Cb
Bargni [PU] 79 CDc
Bargone [GE] 63 Fc
Bari [BA] 125 CDb
Bari, Terra di- 125 Db
Bariano [BG] 41 Aab
Baricella [BO] 55 Gd
Baricella, Torrente- 105 Bca
Baricetta [RO] 57 Ca
Barifreddo, Monte- 47 Cb
Barigadu 187 Dc
Barigazzi [PR] 65 Ba
Barigazzo [MO] 67 Ac
Barigazzo, Monte- 65 Ba
Bari "Karol Wojtyla", Aeroporto Internazionale di- 125 Cb
Barile [PT] 75 Db
Barile [PZ] 123 BCd
Barina [PD] 29 Fd
Barisano [FC] 69 Dc
Bari Sardo [OG] 193 Eb
Barisciano [AQ] 103 Cc
Barisciano, Lago di- 103 Cc
Barisoni [OG] 193 Ec

Barisonzo [PV] 51 Db
Barlassina [MB] 25 Cd
Barletta [BT] 123 Fb
Barme [AO] 21 Gd
Barna [CO] 25 Da
Barna, Cima di- 11 Dc
Barnes, Torrente- 15 Ab
Barni [CO] 25 Db
Baroli [CN] 49 Cc
Barolo [CN] 49 Cd
Barona [PV] 39 Dc
Baróncia [MC] 87 Cd
Baroncino [SA] 129 Cc
Barone [RC] 153 Ed
Barone, Cozzo del- 143 Ec
Barone, Monte- 23 CDc
Barone Canavese [TO] 37 Bb
Baroni [TO] 35 Cd
Baronía [ME] 163 Ca
Baronìa, Monte- 157 DEc
Baronie 185 Fc
Baroni Mazzaschi [PC] 53 Cc
Baronissi [SA] 129 Bb
Barosi [AL] 61 Fa
Barp [BL] 17 BCd
Barquedo [NO] 23 Fc
Barra [CN] 47 Ed
Barra [NA] 127 Db
Barrabisa [OT] 179 Cc
Barracù, Monte- 169 Ba
Barrafranca [EN] 171 Dc
Barrali [CA] 193 Bcd
Barramanco, Pizzo- 163 Cc
Barrea [AQ] 111 Cc
Barrea, Lago di- 111 Cc
Barretta, Grotta di- 141 Da
Barrettini, Isola- 179 Db
Barriano Contra [LC] 25 Ec
Barricate, le- 59 Cb
Barriera del Bosco [CT] 173 Db
Barriera Noce [CL] 171 Cb
Barritteri [RC] 155 Cb
Barro, Monte- 25 Eb
Barrua Susu [CI] 195 Ec
Bartoli [CT] 173 Dc
Baruccana [MB] 25 Dd
Barúccio [AN] 85 Eb
Baruchella [RO] 55 Fa
Baruffini [SO] 13 Cc
Barullo [AR] 83 Fc
Barumeli, Castello- 191 Eb
Barúmini [VS] 193 Bc
Barussa, Nuraghe- 195 Dd
Barvi, Fiumara- 155 Db
Barza [VA] 23 Fc
Barzago [LC] 25 Dc
Barzana [BG] 25 Fc
Barzaniga [CR] 41 Bc
Barzanó [LC] 25 Dc
Barzesto [BG] 27 Bab
Bárzio [LC] 25 Eb
Barzizza [BG] 27 Ac
Bárzola [VA] 23 Fc
Basagliapenta [UD] 33 Bb
Basaldella [PN] 17 Fd
Basaldella [UD] 33 Cab
Basalghelle [TV] 31 DEc
Basalti Colonnari di Guspini 191 Dc
Basaluzzo [AL] 51 Bc
Bascapé [PV] 39 Dc
Baschi [TR] 93 Fcd
Bascianella [TE] 103 Fa
Basciano [SI] 83 Bb
Basciano [TE] 97 Dd
Bascio [RN] 77 Fc
Basedo [PN] 31 Fb
Baséglia-Gáio [PN] 19 Ad
Basei, Punta- 35 Dc
Baséleghe, Porto di- 33 Ad
Baselga [TN] 15 Bb
Baselga del Bondone [TN] 15 Bd
Baselga di Pinè [TN] 15 Cd
Basélica [PV] 39 Dc
Basélica Bologna [PV] 39 Cc
Basélicaduce [PC] 53 Cb
Basélice [BN] 121 Ca
Basella [BG] 25 Gd
Basentello, Torrente- 131 Fc
Basento, Fiume- 133 Cd
Basiago [AQ] 64 Dc
Basiano [MI] 25 Ed
Basiasco [LO] 39 Fc
Basicò [ME] 163 Bb
Basíglio [MI] 39 CDc

Basile [BA] 125 Fc
Basiliano [UD] 33 Bab
Basilicagoiano [PR] 53 Fc
Basilicanova [PR] 53 EFc
Basilicò, Monte– [CS] 147 Cd
Basilicò, Monte– [RC] 155 Bbc
Basiluzzo, Isola– 165 Ea
Baslan / Basling [BZ] 3 Ad
Basling / Baslan [BZ] 3 Ad
Basódino, Monte– 9 Eb
Basoia [PN] 17 Ec
Basovizza [TS] 33 Gd
Bassacutena [OT] 179 Cc
Bassacutena, Rio– 179 Cc
Bassa di Mai [PR] 53 Db
Bassano [AN] 87 Ac
Bassano [VA] 9 Gd
Bassano Bresciano [BS] 41 Cc
Bassano del Grappa [VI] 29 Fc
Bassano in Teverina [VT] 101 Cb
Bassano Romano [VT] 101 Cc
Bassiano [LT] 109 Cd
Bassignana [AL] 51 Bab
Basso [CS] 149 Db
Bássola [NO] 23 Eb
Basso Merse, Riserva Naturale– 83 Cd
Bassone [MS] 65 Cb
Bassone, Oasi del– 25 Cc
Bassura [CN] 59 Dab
Bassura, Monte– 59 Cb
Bastarda, Colle– 149 Ec
Bastardo [PG] 95 Cb
Bastelli [PR] 53 Db
Bastía [AN] 85 Ebc
Bastía [BL] 17 Cd
Bastía [MN] 55 Da
Bastía [PD] 43 Fb
Bastía [SV] 71 Ga
Bastía [VC] 37 Db
Bastía [VC] 23 Dc
Bastía, la– 75 Cab
Bastía, Monte– 63 Db
Bastía Mondoví [CN] 61 Cb
Bastianello [ME] 163 Cc
Bastía Nuova [FG] 121 Fc
Bastía Umbra [PG] 95 Ca
Bastida de' Dossi [PV] 51 Ca
Bastida Pancarana [PV] 39 Cd
Bastiglia [MO] 55 Cc
Bastíola [PG] 95 Ca
Bastíola, Monte– 85 Bc
Bastione [ME] 163 Cab
Bastione, Monte– 67 Ed
Bastita [CN] 61 Ab
Basto [TE] 97 Cc
Bastonaca [RG] 177 Bbc
Bastrémoli [SP] 65 Bd
Batana [ME] 161 Fbc
Batia [PA] 161 Cbc
Batignano [GR] 91 EFb
Battáglia [LO] 39 Fc
Battáglia [SA] 141 Eb
Battáglia [TE] 97 Cc
Battáglia [TP] 157 Dbc
Battáglia, Canale della– 45 Ac
Battáglia, Lago della– 21 Gc
Battáglia, Monte– 69 Ac
Battáglia Terme [PD] 45 Ac
Battaglione [CR] 41 Cd
Battagliosi [AL] 51 Ad
Battedizzo [BO] 67 Eb
Battel 23 Cab
Battendiero, Fiume– 143 Cc
Batticane, Torrente– 159 Bd
Battiferro [TR] 95 Dd
Battifolle [AR] 83 Eb
Battifolle, Monte– 75 BCb
Battifollo [CN] 61 CDb
Battipáglia [SA] 129 CDc
Battisti, Rifugio– 65 Fc
Battuda [PV] 39 Cc
Battuello [MI] 39 Bb
Bau [VS] 191 Ccd
Baucca [PG] 85 Bb
Baucina [PA] 159 Dc
Bauda, Monte– 161 Dd
Bauducchi [TO] 49 Bb
Bau 'e Mándara, Lago– 189 Dd
Bau 'e Mela, Lago– 189 Dd

Bauernkohlern / Col di Villa [BZ] 15 Db
Bau 'e Tanca, Nuraghe– 189 Dc
Bau Ischios, Rio– 187 Fc
Bauladu [OR] 187 DEc
Baunei [OG] 189 EFc
Bau Pressius, Lago di– 195 Eb
Baura [FE] 57 Bbc
Bau sa Mela [CA] 193 Bb
Bauso [ME] 163 Da
Bausone [TO] 49 Ca
Baussetti, Monte– 61 Cc
Bavantore [AL] 51 Cc
Bavantorino [AL] 51 Cc
Bavareto [ME] 163 Cc
Bávari [GE] 63 CDb
Bavária [TV] 31 Cc
Bavarione, Monte– 23 Fa
Bavaroi [TV] 31 Db
Bavastrelli [GE] 63 DEa
Bavastri [GE] 63 DEa
Baveno [VB] 23 Fb
Baver [TV] 31 Db
Bazena [BS] 27 Db
Bazza [MN] 43 Bcd
Bazzana [AT] 49 Fc
Bazzano [AQ] 103 Dc
Bazzano [BO] 67 Dab
Bazzano [PR] 65 Fa
Bazzano Inferiore [PG] 95 Dc
Bazzano Superiore [PG] 95 Dc
Bazzinitta, Nuraghe– 183 Bb
Beano [UD] 33 Bb
Beato Giolo, Grotta del– 95 Eb
Beaulard [TO] 47 Ba
Beaulieu-sur-Mer [Fr.] 71 Bc
Beaume [TO] 47 Ba
Beauregard, Lago di– 21 Cd
Beausoleil [Fr.] 71 Bc
Bébbio [RE] 67 Ab
Beber [VI] 29 Cc
Beccacivetta [VR] 43 Bbc
Beccara [BI] 23 Dd
Beccarini, Azienda– [FG] 123 Ca
Beccazzittu, Monte– 179 Bcd
Becchei, Col– 3 Gd
Becco, Cima del– 61 Ad
Becco, Croda del– / Seekofel 3 Gcd
Becco, Monte– 63 Db
Becco d'Ovaga 23 Cc
Becceto [CN] 47 Ed
Bechit, Monte– 23 Bd
Bédero Valcuvia [VA] 23 Gb
Bédero Valtraváglia [VA] 23 Gb
Bedizzano [MS] 73 Da
Bedizzole [BS] 41 Eab
Bedóglio [SO] 13 Ac
Bedogno [RE] 65 Fa
Bédole [TN] 13 Ec
Bedolina [SO] 11 Eb
Bedollo [TN] 15 Ccd
Bedónia [PR] 65 Aab
Bedretto [Svizz.] 9 Fab
Bedulita [BG] 25 Fc
Beduzzo [PR] 65 DEa
Bèe [VB] 23 Fb
Beffi [AQ] 103 Fc
Begato [GE] 63 Cb
Begosso [VR] 43 Ed
Begozzo [MN] 55 Bb
Beguda [CN] 59 Fb
Béigua, Monte– 61 Gb
Beigua, Parco Naturale del– 63 Bb
Beinasco [TO] 47 Gab
Beinette [CN] 61 Ab
Beivars [UD] 19 Cd
Bel, Col– 15 Fb
Belagaio, Riserva Naturale– 91 Fa
Belbo, Torrente– 49 Fb
Belbrolo [MN] 43 Ac
Belcastro [CZ] 151 Cc
Bel Colle / Schönbichl 3 Gb
Belfé [TO] 35 Ec
Belfiore [VE] 31 Fc
Belfiore [VR] 43 Dcd
Belfiore [VR] 43 Db
Belfiore, Cima– 65 Ec
Belforte [MN] 41 Fd

Belforte [PG] 95 Eb
Belforte [PR] 65 Cab
Belforte [SI] 83 Ac
Belforte all'Isauro [PU] 77 Gc
Belforte del Chienti [MC] 87 Ccd
Belforte Monferrato [AL] 51 ABd
Belgioioso [PV] 39 Dd
Belgirate [VB] 23 Fb
Belgrado [UD] 33 Ab
Bélice, Fiume– 167 Eb
Bélice destro, Fiume– 157 Fd
Bélice sinistro, Fiume– 157 Fd
Bélici, Torrente– 171 Bb
Bella [CZ] 149 Dd
Bella [PZ] 129 Gb
Bella Comba, Lago di– 21 Bd
Belladonna [CZ] 151 Bd
Bella Farnia [LT] 117 Ca
Bellágio [CO] 25 Db
Bellaguarda [MN] 55 Ab
Bellaguarda [MN] 43 Ad
Bellamonte [TN] 15 Ec
Bellano [LC] 25 Da
Bellante [TE] 97 Cc
Bellántone [RC] 153 Ccd
Bellapietra, Torrente– 169 Bc
Bellária [MO] 55 Bd
Bellária [MO] 67 Ca
Bellária [PU] 85 Da
Bellária [RN] 69 Fd
Bellária [SI] 93 Ba
Bellária-Igea Marina [RN] 69 Fd
Bellariva [FG] 115 Db
Bellariva [RN] 79 Ba
Bellaromana [LE] 135 DEd
Bellásola [PR] 65 Db
Bellavalle [PT] 75 Da
Bellavarda, Monte– 35 Fb
Bellaveduta [FG] 123 Dc
Bellavista [GR] 91 Fd
Bellavista [GR] 91 Ba
Belle Combe, Guglia di– 21 Cbc
Belledo [LC] 25 Eb
Belleface, Monte– 21 Bc
Bellegra [ROMA] 109 Cb
Bellelli [SA] 129 Cd
Bellena [PR] 53 Eb
Belliemi, Monte– 159 Abc
Bellino [CN] 59 CDa
Bellino, Rio– 61 Bc
Bellinzago Lombardo [MI] 39 Ea
Bellinzago Novarese [NO] 23 Fd
Bellinzona [Svizz.] 11 Cc
Bellísio Solfare [PU] 85 Eab
Bellissimi [IM] 71 Eb
Bellizzi [SA] 129 Cc
Bellizzi Irpino [AV] 129 Ba
Bello, Monte– [PR] 65 Aa
Bello, Monte– [PU] 85 Ea
Belloca [PU] 79 Cc
Bellocca, Monte– 29 Bd
Bellocchi [PU] 79 Dc
Bellocchio [FE] 57 Ed
Bellocozzo [RG] 177 Cc
Bellombra [RO] 57 Dab
Bellona [CE] 119 Ebc
Bellori [VR] 29 Bd
Belloro, Cima di– 27 Ab
Bellosguardo [SA] 129 Ed
Belloti [BL] 15 Fd
Belluno [BL] 17 Cd
Belluno Veronese [VR] 29 Ac
Belluri [CS] 145 Db
Bellusco [MB] 25 Ed
Bellussi [TV] 31 Dc
Belmonte [FI] 67 Fc
Belmonte Cálabro [CS] 149 Cc
Belmonte Castello [FR] 111 Bd
Belmonte del Sánnio [IS] 111 Fc
Belmonte in Sabina [RI] 103 Ac
Belmonte Mezzagno [PA] 159 Cb
Belmonte Piceno [FM] 97 Ca
Belnome [PC] 51 Ed
Belpasso [CT] 173 Cb

Belpiano / Schöneben [BZ] 1 Cc
Belpo, Monte– 27 Fd
Bel Pra, Cima– 17 Cb
Belprato [BS] 27 Dc
Belprato / Schönau [BZ] 3 Ab
Belricetto [RA] 69 Cab
Belsedere [SI] 83 Dc
Belsito [CS] 149 Dbc
Beltiglio [BN] 121 Bc
Belu, Fiume– 191 Cc
Belvedere [AN] 85 EFc
Belvedere [BO] 67 Fc
Belvedere [CO] 25 Cb
Belvedere [CR] 41 Cc
Belvedere [GR] 81 Gd
Belvedere [LI] 81 Cc
Belvedere [MN] 41 Fd
Belvedere [MN] 43 Ac
Belvedere [PA] 159 Bd
Belvedere [PG] 95 Bd
Belvedere [PG] 85 Dc
Belvedere [PN] 33 Ac
Belvedere [PU] 79 Cc
Belvedere [SR] 177 Fb
Belvedere [TN] 29 Eab
Belvedere [TN] 29 Cb
Belvedere [TN] 15 BCb
Belvedere [TN] 93 Db
Belvedere [UD] 33 Dc
Belvedere [VI] 43 Fb
Belvedere, Monte– [AO] 21 Bc
Belvedere, Monte– [Em.Rom.] 67 Cc
Belvedere, Monte– [MS] 73 DEa
Belvedere, Monte– [RI] 103 Ab
Belvedere, Monte– [ROMA] 109 Cd
Belvedere di Spinello [KR] 151 Db
Belvedere Fogliense [PU] 79 Cc
Belvedere Langhe [CN] 61 Cab
Belvedere Maríttimo [CS] 145 Cc
Belvedere Ostrense [AN] 87 Ba
Belveglio [AT] 49 Eb
Belverde, Grotta di– 93 Db
Belvi [NU] 189 Cd
Belviso, Lago di– 13 Bd
Bema [SO] 11 Fd
Benábbio [LU] 75 Bb
Benaco → Garda, Lago di– 27 Ed
Benano [TR] 93 Dc
Benate, Fosso– 173 Cc
Beneceto [PR] 53 Fc
Benedello [MO] 67 Cc
Benedetto, Lago– 13 Cc
Bene Lário [CO] 25 Da
Benenti [CN] 61 Ca
Benestare [RC] 155 Ee
Benetutti [SS] 185 BCd
Bene Vagienna [CN] 61 Bab
Benevello [CN] 49 Dd
Benevento [BN] 121 Bc
Bengodi [BS] 41 Ea
Bengodi [GR] 99 Ba
Beni, Monte– 67 Ed
Benna [BI] 37 Cab
Benna, Monte– 27 Eab
Benne [TO] 35 Gc
Benne [TO] 47 Fb
Benne Alte [TO] 47 FGc
Benot [TO] 47 Eab
Bentivóglio [BO] 55 Fd
Benvignante [FE] 57 Bc
Benzi [AL] 49 Fd
Benzone, Lago di– 189 Bc
Béolo [PD] 45 Bd
Berba, Bric– 61 Fc
Berbenno [BG] 25 Fc
Berbenno di Valtellina [SO] 11 Gcd
Berceto [PR] 65 Cab
Bérchida, Rio– 185 Fd
Berchidda [OT] 185 BCb
Berchiddeddu [OT] 185 Db
Berchiotto [TO] 35 Gb
Bercía, Colle di– 59 FGc
Bérdia Nuova [RG] 175 Fc

Beregazzo [CO] 25 Bc
Beregazzo con Figliaro [CO] 25 Bc
Bereguardo [PV] 39 Cc
Bereguardo, Naviglio di– 39 Bb
Berenzi [MN] 41 Ec
Berg / Monte [BZ] 15 Cb
Berga [AL] 51 Dd
Bergamasco [AL] 49 Fb
Bergamo [BG] 25 Gc
Bergantino [RO] 55 Ea
Bergassana [SP] 65 ABc
Bergeggi [SV] 61 Fc
Bergeggi, Isola di– 61 Fc
Bergeggi, Riserva Naturale di– 61 Fc
Bergere [CN] 61 Ca
Bergeretti [TO] 47 EFa
Bérgiola Foscalina [MS] 73 Da
Bérgiola Maggiore [MS] 73 Da
Bergkastel Spitze (Castello, Cima–) 1 Dbc
Bergóglio [CN] 49 BCc
Bergolo [CN] 61 Ea
Bergoncino [VI] 43 Fc
Bérgoro [VA] 25 Bc
Bergotto [PR] 65 Cab
Berguarina [RO] 55 Fab
Bergullo [BO] 69 Bc
Berici, Monti– 43 Fc
Berlasco [PC] 39 Ed
Berlasco [PC] 51 Fa
Berleta [FC] 77 Ea
Berlínghera, Monte– 11 Ec
Berlinghetto [BS] 41 Cab
Berlingo [BS] 41 Cab
Berlini [PR] 53 Bd
Bernadona [PR] 53 Bd
Bernagallo [RC] 153 De
Bernalda [MT] 133 Cd
Bernardi [TN] 15 Dd
Bernardini M., Grotta– 139 Cb
Bernardo, Monte– 157 Dc
Bernardo, Serra di– 143 Cc
Bernaréggio [MB] 25 Ed
Bernate [CO] 25 Cc
Bernate [VA] 23 Gc
Bernate Ticino [MI] 39 Ab
Bernaude, Roche– 47 Aa
Bernezzo [CN] 59 Fb
Bernina 13 Ab
Bernina, Pizzo– 13 Ab
Bernolda [RE] 55 Bb
Bernuffi [VI] 43 Ea
Beróide [PG] 95 Dc
Berra [FE] 57 Cb
Berre, Nuraghe– 187 Fb
Berretta, Col della– 29 Fb
Berri [CN] 49 Cd
Berri [SV] 61 EFb
Berriaz [AO] 21 FGc
Berriolo [SV] 61 Dd
Berro, Pizzo– 11 Fc
Berroni [AL] 49 Fa
Berruíles [OT] 185 Fb
Bersani [PC] 53 Bc
Bersano [PC] 53 CDb
Bersézio [CN] 59 Cb
Bersia [CN] 59 Eab
Bersone [TN] 27 Eb
Bertassi [PC] 53 Ad
Bertassi [TO] 35 Fd
Berteri [CN] 49 Cb
Bertésina [VI] 43 Ea
Bertesseno [TO] 35 Fc
Bertiaga, Monte– 29 Ec
Bertigaro [GE] 63 Fb
Bertigo [VI] 29 Eb
Bertinoro [FC] 77 Ea
Bertiolo [UD] 33 Bb
Bertipáglia [PD] 45 Bc
Bertocchi [MO] 67 Cc
Bertoldi [TN] 15 Dd
Bertolini Soprani [CN] 61 Bb
Bertolini Sottani [CN] 61 Bb
Bertolotti [SV] 61 Ed
Berton, Bric– 61 Gab
Bertone [PC] 51 Ed
Bertone, Parco delle– 43 Ac
Bertonaria [TV] 31 Bd
Bertónico [LO] 39 FGc
Bertonio [VB] 9 Dc

Bertorella [PR] 65 Bb
Bertrand, Mont– 71 Da
Bertuccia [SR] 173 Dcd
Bertuzzi, Valle– 57 Cc
Berzana [RE] 65 Fb
Berzano di San Pietro [AT] 37 Bd
Berzano di Tortona [AL] 51 Cb
Berzi [IM] 71 Db
Berzin [AO] 21 Fc
Berzo [BS] 13 Cd
Berzo Demo [BS] 13 Cd
Berzo Inferiore [BS] 27 Cb
Berzola [PR] 65 Ea
Berzonno [NO] 23 Ec
Berzo San Fermo [BG] 27 Ac
Bes [BL] 17 BCd
Besagno [TN] 29 Ac
Besana in Brianza [MB] 25 Dc
Besanigo [RN] 79 Bb
Besano [VA] 25 Bb
Besate [MI] 39 Bc
Besco [RE] 55 Ad
Bés–Cornapiana, Riserva Naturale– 29 Ac
Besenello [TN] 29 Bb
Besenzone [PC] 53 Cb
Besimáuda, Monte– 61 Ac
Besmorello [CN] 59 Dc
Besnate [VA] 23 Gc
Bésolo [AT] 37 Cd
Besozzo [VA] 23 Fb
Besózzola [PR] 53 Cc
Bessa, Riserva Naturale della– 37 Cb
Bessanese, Úia– 35 Dc
Bessans [Fr.] 35 Cc
Bessen [TO] 47 Cb
Béssica [TV] 31 Ac
Béssimo [BS] 27 Bb
Bessude [SS] 183 Cc
Bestagno [IM] 71 Fb
Bestazzo [MI] 39 Cb
Betlemme [TO] 37 Bc
Bettaforça, Monte– 23 Ab
Bettale [TO] 37 Bc
Bette [SO] 11 Ec
Bettegno [BS] 41 Cc
Bettenesco [CR] 41 Ccd
Betti, Dosso– 27 Cc
Bettola [BS] 41 Eb
Béttola [MI] 39 Db
Béttola [MI] 39 Dc
Béttola [MI] 25 Fd
Béttola [PC] 53 Ac
Béttola [PU] 79 Db
Béttola [RE] 65 Ga
Béttola [VB] 33 Eab
Béttola [VC] 23 Db
Béttole di Tortona [AL] 51 BCc
Bettolelle [AN] 79 EFd
Bettolina, Punta– 23 Ab
Bettolle [SI] 83 Ec
Bettona [PG] 95 Bab
Bettuno [BG] 27 Ab
Béura–Cardezza [VB] 9 Dd
Bevadoro [PD] 45 Aab
Bevagna [PG] 95 Cb
Bevano, Bocca– 69 Eb
Bevano, Torrente– 69 Eb
Bevazzana [VE] 33 Bcd
Bévera 71 Bb
Bevera [IM] 71 Cb
Beverare [RO] 45 Bd
Beverata [MN] 41 Ec
Beverate [LC] 25 Ec
Beverino [SP] 65 Bc
Beverone [SP] 65 Bc
Bevia [TN] 15 Ab
Bevilácqua [FE] 55 Ec
Bevilácqua [VR] 43 Ec
Bévole [TO] 37 Bb
Bevorchiáns [UD] 19 BCb
Bex [Svizz.] 7 Cc
Bezzecca [TN] 27 Fb
Bezzetti [MI] 39 Bc
Bezzo [SV] 71 Fa
Bia, Nuraghe– 193 Bc
Biacesa di Ledro [TN] 27 Fb

Biácis [UD] 19 Dd
Biádene [TV] 31 Bc
Biagasco [AL] 51 Db
Biagi [MC] 87 BCc
Biagioni [BO] 75 Da
Biana [PC] 53 Ac
Bianca [ROMA] 101 Ad
Bianca, Cima- 21 Fb
Bianca, Costa- / Weiße R. 1 Ec
Bianca, la- 179 Ed
Bianca, Punta- [AO] 21 CDd
Bianca, Punta- [OT] 181 Fc
Biancacamícia [SI] 93 Ca
Biancade [TV] 31 Dd
Bianca Grande, Cima- / Hohe Weiße 1 Gc
Biancanigi [PV] 51 Db
Biancanigo [RA] 69 Bc
Biancano [CE] 119 Fc
Biancareddu [SS] 181 Bd
Biancavilla [CT] 173 Cb
Bianche [CN] 61 Cc
Bianche di Telves, Cime- / Telfer Weißen 3 Bb
Bianchi [AT] 49 Cb
Bianchi [CN] 47 Ed
Bianchi [CS] 149 Ec
Bianchi [PR] 65 Ba
Bianco [BI] 23 Cd
Bianco [RC] 155 Dc
Bianco, Canale- 43 Dd
Bianco, Corno- 23 Bb
Bianco, Corno- / Sarntaler Weißhorn 3 Cc
Bianco, Corno- / Weißhorn 15 Db
Bianco, Fiume- 129 Fc
Bianco, Lago- [BL] 5 Bd
Bianco, Lago- [BS] 13 Db
Bianco, Monte- [Eur.] 21 Bc
Bianco, Monte- [FR] 111 Cd
Bianco, Monte- (Blanc, Mont-) 21 Bc
Bianco, Pizzo- 23 Bb
Biancolidda [TP] 167 Ca
Bianconese [PR] 53 Eb
Biancu, Monte- 179 Cd
Biandrate [NO] 37 Eb
Biandronno [VA] 23 Gc
Biandronno, Lago di- 23 Gc
Bianzano [BG] 27 Ac
Bianzè [VC] 37 Cc
Bianzone [SO] 13 Bc
Bia sa Pira, Bruncu- 193 Dd
Biasca [Svizz.] 11 Bb
Biassa [SP] 73 Ba
Biassono [MB] 25 Dd
Biauzzo [UD] 33 Ab
Biaxi [OT] 185 Eb
Biazza [VR] 27 Fc
Biazzo [RG] 177 Bc
Biban [TV] 31 Cc
Bibano [TV] 31 Db
Bibbia, Villa- [SR] 177 Eb
Bibbiana [FI] 77 Ba
Bibbiano [AR] 83 Ea
Bibbiano [FI] 77 Ac
Bibbiano [RE] 53 Fd
Bibbiano [SI] 83 Ab
Bibbiano [SI] 83 Cd
Bibbiena [AR] 77 Cc
Bibbinello, Necrópoli di- 177 Db
Bibbona [LI] 81 Dc
Bibbona, Riserva Naturale- 81 Dc
Bibele, Monte- 67 Fc
Bibiana [TO] 47 Ec
Bibiano [SI] 83 Bb
Bibione [VE] 33 Bd
Bibione Pineda [VE] 33 Bd
Bíbola [MS] 65 Cc
Bibulano [BO] 67 Ec
Bíccari [FG] 121 DEa
Bicchiere [PT] 75 Ca
Bicco, Monte- 95 Gb
Bichl / Colle [BZ] 3 Bb
Bicinicco [UD] 33 Cb
Bicocca [NO] 37 Fb
Bicocca [TO] 47 Fb
Biddè, Nuraghe- 185 Cc
Biddemi, Cava- 177 Bc
Biddiriscóttai, Grottone di- 189 Fb
Bidella, Nuraghe- 187 Ed
Bidente, Fiume- 77 Da
Bidente di Corniolo, Fiume- 77 Db
Bidiene, Rio- 187 Fb
Bidighinzu, Lago- 183 Dc
Bidissáriu, Rio- 189 Bd
Bidoni [OR] 187 Fc
Bidonie, Monte- 185 Ed
Biedano, Fosso- 101 Ac
Biegno [VA] 11 Ad
Biela, Pizzo- 9 Eb
Bielciuken [AO] 23 Bc
Biella [BI] 23 Cd
Bielmonte [BI] 23 Ccd
Biena, Torrente- 83 Cc
Bienate [MI] 25 Ad
Bienno [BS] 27 Cb
Bieno [TN] 15 Ed
Biéntina [PI] 75 Bc
Biestro [SV] 61 Eb
Biferno, Fiume- 113 Db
Biffi, Canale- 29 Ac
Biforco [AR] 77 Dc
Biforco [FI] 77 Ba
Bigarello [MN] 43 Bc
Bigiardi [TO] 35 Ed
Biglini [CN] 49 Cc
Bíglio [MS] 65 Cb
Bignasco [Svizz.] 9 Fb
Bignone, Monte- [IM] 71 Db
Bignone, Monte- [SV] 71 Ga
Bigolino [TV] 31 Bb
Bigotti [PC] 53 Ac
Bilanciere, Monte- 97 Cd
Bilancino, Lago di- 75 Fb
Bilegno [PC] 51 Fb
Bileo, Cozzo- 159 Cc
Bilgalavo [OT] 185 Fb
Bilgalzu [OT] 185 Bb
Bilianu Saldu [OT] 179 Dc
Bilioso, Torrente- 131 Fc
Billiemme [VC] 37 Ec
Bimmisca, Villa- [SR] 177 Ed
Binaghe, Monte- 65 Cb
Binago [CO] 25 Bc
Binami [PG] 83 Fd
Binanuova [CR] 41 CDc
Binasco [MI] 39 Cc
Bindo [LC] 25 Eab
Bindua [CI] 195 Cb
Binetto [BA] 125 Cbc
Binio [TN] 13 Fd
Bino, Lago- 51 Gd
Binzago [BS] 27 Cd
Binzago [MB] 25 CDd
Bio [TO] 35 Fc
Biódola [LI] 89 Dc
Bióglio [BI] 23 Cd
Biois, Torrente- 17 Ab
Bioley [TO] 21 Gd
Biolla [BI] 23 Dc
Bionaz [AO] 21 Ebc
Bionde di Visegna [VR] 43 Cc
Biondo, Serra di- 169 Bb
Bione [BS] 27 Ccd
Bionnassay, Aiguille de- 21 Ac
Bionzo [AT] 49 Ec
Bioula, Punta- 21 CDd
Birago [MB] 25 Ccd
Birándola [RA] 69 Cc
Birbesi [MN] 41 Fc
Birchabruck / Ponte Nova [BZ] 15 Db
Birgi Novo [TP] 157 Bc
Birgi Vecchi [TP] 157 Bc
Biriu, Nuraghe- 191 Fb
Birkenkofel / Baranci, Croda dei- 5 Bc
Birnbaum [A] 5 Fc
Biro, Ponte- [TP] 157 Db
Bironico [Svizz.] 11 Bd
Bírori [NU] 187 Eb
Birrone, Monte- 59 Ea
Birša (Versa, Torrente-) 33 Eb
Bisáccia [AV] 121 Fc
Bisáccia Nuova [AV] 121 Fc
Bisacquino [PA] 169 Ba
Bisagna, Cozzo- 159 Bd
Bisano [BO] 67 Fc
Bisbino, Monte- 25 Cb
Biscáccia [GE] 63 Bb
Bisce, Isola delle- 179 Eb
Bisceglie [BT] 125 Ba
Biscina [PG] 85 Dc
Biscúbio, Torrente- 85 Ca
Bisdónio [TO] 35 Gb
Bisegna [AQ] 111 Bb
Biselli [PG] 95 Ec
Biselli, Stretta di- 95 Ec
Bisenti [TE] 103 Fa
Bisentina, Isola- 93 Dd
Bisentrate [MI] 39 Eab
Bisenzio 99 Ga
Bisénzio [BS] 27 Dc
Bisenzio, Fiume- 75 Eb
Biserno [FC] 77 Cb
Bisignano [AP] 97 Bbc
Bisignano [CS] 145 Ec
Bisio [AL] 51 Bc
Bisio [MC] 97 Aab
Bismantova, Pietra- 65 Fb
Bisnate [LO] 39 Eb
Bisogno [VB] 9 Dd
Bissalacqua, Monte- 163 Ac
Bissicoro, Monte- 189 Ec
Bissina, Lago di- 13 Ed
Bissone [PV] 39 Ed
Bistagno [AL] 49 Fcd
Bistrigna [GO] 33 Dc
Bisúschio [VA] 25 Bb
Bitetto [BA] 125 Cb
Bíthia 195 Fd
Bitonto [BA] 125 Cb
Bitritto [BA] 125 Cb
Bitti [NU] 185 Dd
Bivai [BL] 17 Bd
Bívera, Monte- 17 Eb
Biverone [VE] 31 Fc
Biviere di Cesarò, Lago- 161 Fc
Bivigliano [FI] 75 Fb
Bivio [Svizz.] 11 Fb
Bivio Mortola [CE] 119 Ca
Bivona [AG] 167 Eb
Bivona [AG] 169 Cb
Bivona [VV] 153 Cb
Bivongi [RC] 153 Ed
Bizzarone [CO] 25 Bb
Bizzolano [MN] 41 Ed
Bizzozzero [VA] 25 Bc
Bizzuno [RA] 69 Cb
Blacca, Corna- 27 Dc
Blanc, Mont- (Bianco, Monte-) 21 Bc
Blanc Giuir 35 Eab
Blanche, Tête- 21 Fb
Blanchen, Gran Becca- 21 Eb
Blandri [SV] 61 EFb
Blatten [Svizz.] 9 Ab
Blatten [Svizz.] 9 Bb
Blaustein (Avostánis, Cima-) 5 Gd
Blavy [AO] 21 Ec
Bleggio Inferiore [TN] 29 Aa
Bleggio Superiore [TN] 29 Aab
Blegni [CN] 61 Ea
Blello [BG] 25 Fc
Blera [VT] 101 Bc
Blesaccia, Vetta- 1 Ad
Blese, Corno di- 11 Eb
Blesságlia [VE] 31 Fc
Blessagno [CO] 25 Cb
Blessano [UD] 33 Ba
Bleu, Lago- [AO] 21 Fb
Bleu, Lago- [CN] 47 Cd
Blévio [CO] 25 Cb
Blinnenhorn 9 Db
Blufi [PA] 171 Ca
Blumau / Prato all'Isarco [BZ] 15 Db
Blumone, Cornone di- 27 Db
Blussega, Dosso- 27 Cb
Bo, Cima di- 23 Cc
Boara [FE] 57 Bb
Boara [VR] 43 Ec
Boara Pisani [PD] 45 Ad
Boara Polésine [RO] 45 Ad
Boarezzo [VA] 25 Bb
Boário [BG] 27 Ab
Boário Terme [BS] 27 Cb
Boasi [GE] 63 Db
Boazzolo, Cima- 27 Db
Bobbiano [PC] 51 Fb
Bobbiate [VA] 23 Gc
Bóbbio [PC] 51 Fc
Bóbbio, Terme di- 51 Fc
Bóbbio Péllice [TO] 47 Dc
Bóbbolo, Monte- 153 Ec
Boca [NO] 23 Ec
Bocale [RC] 155 Acd
Bocca, Isola della- 179 Ed
Bocca, la- 167 Cb
Bocca Callalta [TV] 31 Dc
Bocca Chiarano, Serra- 111 Cc
Bocca Chiávica [MN] 55 Aa
Boccadasse [GE] 63 Cb
Boccadifalco [PA] 159 Bb
Bocca di Fiume [LT] 117 Da
Bocca di Ganda [MN] 55 Ba
Bocca di Magra [SP] 73 Ca
Bocca di Piazza [CS] 149 Ebc
Bocca di Scala, Monte- 65 Fc
Bocca di Sério [CR] 41 Ac
Bocca di Strada [TV] 31 Cb
Boccaleone [FE] 57 Bd
Bocca Nuova 113 Fb
Bocca Piccola 127 Dc
Boccardi [MN] 41 Fc
Boccasette [RO] 57 Fab
Boccassuolo [MO] 67 Ac
Boccavecchia [RO] 45 Dd
Boccea [ROMA] 107 Db
Boccetta [TR] 93 Ecd
Bocche, Cima- 15 Fb
Bocche di Po, Riserva Naturale- 57 Fb
Boccheggiano [GR] 91 Ea
Bocchere [MN] 41 Fc
Bocchigliero [CS] 147 Cd
Bocchignano [RI] 101 Fc
Bóccia al Mauro [NA] 127 Eb
Bocciarda, Monte- 47 DEab
Bocciolaro [VC] 23 Db
Boccioleto [VC] 23 Cb
Bocco [GE] 63 Eb
Bocco, Monte- 65 Db
Boccolo dei Tassi [PR] 53 ABcd
Boccolo Noce [PC] 53 Acd
Boccon [PD] 43 Fc
Bocconi [FC] 77 Cab
Boccório [VC] 23 Cb
Bocenago [TN] 13 Fd
Boceto [PR] 53 Db
Boceto [PR] 65 Bb
Bodeina [TO] 47 Dc
Bodelacchi [AL] 49 Fab
Bodengo [SO] 11 Dc
Bodigoi [UD] 33 DEa
Bódio [VA] 23 Gc
Bódio Lomnago [VA] 23 Gc
Bo di Valsésia, Monte- 23 Cc
Bodrello, Monte- 27 Cb
Boé, Piz- 15 Fab
Boério, Corno di- 13 Db
Bóes, Nuraghe- 185 Cd
Boésimo [RA] 77 Ca
Boffalora [PV] 51 Eab
Boffalora [SO] 11 Eb
Boffalora d'Adda [LO] 39 Fbc
Boffalora sopra Ticino [MI] 39 Bb
Boglelio, Monte- 51 Ec
Bogli [PC] 51 Ed
Bogliaco [BS] 27 Ecd
Bogliano [TO] 35 Fc
Bogliasco [GE] 63 Db
Boglietto [AT] 49 Ec
Boglio [CN] 61 Db
Bogliona, Torrente- 49 Fc
Boglioni [RE] 67 Ba
Bogna, Torrente- 9 Dd
Bognanco [VB] 9 Dd
Bognassi [PV] 51 Ec
Bogno [Svizz.] 11 Cd
Bogogno [NO] 23 Fcd
Bogolese [PR] 53 Fb
Boiago [TV] 31 BCd
Bóio [PR] 53 Cd
Boissano [SV] 61 Ed
Bóite, Torrente- 17 Db
Bojano [CB] 113 Ae
Bojon [VE] 45 Cb
Bolago [BL] 17 BCd
Bolano [SP] 65 Cc
Bolbeno [TN] 27 Fab
Bolca [VR] 29 Cd
Boldara [VE] 31 FGc
Boldeniga [BS] 41 Cb
Boleto [VB] 23 Ec
Boletto, Monte- 25 Cb
Bólgare [BG] 25 Gd
Bólgheri [LI] 81 Dc
Bólgheri, Rifugio Faunistico di- 81 Dc
Bolla [AT] 49 Eab
Bolladello [VA] 25 Bc
Bolladore [SO] 13 Cc
Bollate [MI] 25 Cd
Bollengo [TO] 37 Bb
Bollone [BS] 27 Ec
Bolo Fiorentino [ME] 161 Fd
Bologna [BO] 67 Eb
Bologna Borgo Panigale, Aeroporto Internazionale di- 67 Ea
Bolognana [LU] 75 Aa
Bolognano [PE] 105 Bc
Bolognano [TN] 29 Ab
Bolognetta [PA] 159 Cc
Bolognina [BO] 55 Dc
Bolognola [MC] 97 Ab
Bolótana [NU] 187 Fb
Bolsena [VT] 93 Dd
Bolsena, Lago di- (Vulsino) 93 Dd
Boltiere [BG] 25 Fd
Bolza, Monte- 103 Fb
Bolzaneto [GE] 63 Cb
Bolzano [BL] 17 BCd
Bolzano [UD] 33 Db
Bolzano, Aeroporto Internazionale di- 15 Cb
Bolzano / Bozen [BZ] 15 Dab
Bolzano Novarese [NO] 23 Ec
Bolzano Vicentino [VI] 29 Ed
Bolzone [CR] 39 Fc
Bomarzo [VT] 101 Cb
Bomba [CH] 111 Fa
Bomba, Lago di- 111 Ea
Bombaconi [RC] 155 Eb
Bombarde, Spiaggia delle- 183 Bc
Bombardore [PV] 39 Cd
Bombiana [BO] 67 Cc
Bombile [RC] 155 DEb
Bomerano [NA] 127 Fc
Bominaco [AQ] 103 Ec
Bompensiere [CL] 169 Ec
Bompensiero [BS] 41 Bbc
Bompietro [PA] 171 Ca
Bomporto [MO] 55 Dc
Bonacina [LC] 25 Eb
Bonaldo [VR] 43 DEbc
Bonamico, Fiumara- 155 Dc
Bonángelo, Serra- 145 Cb
Bonárcado [OR] 187 Dc
Bonassai, Nuraghe- 183 Cb
Bonassola [SP] 65 Ac
Bonate Sopra [BG] 25 Fc
Bonate Sotto [BG] 25 Fd
Bonaudi [TO] 37 Ac
Bonavicina-Borgo [VR] 43 Dc
Bonavigo [VR] 43 Dc
Boncellino [RA] 69 Cb
Bonconvento [BO] 55 Ed
Bonda, Rio- 71 Db
Bondanello [MN] 55 Cb
Bondegno [BS] 27 Dc
Bondeno [FE] 55 Fb
Bondeno [MN] 55 Cb
Bondeno [SO] 11 Eb
Bondione [BG] 27 Bab
Bondo [TN] 27 EFb
Bondolo [RE] 65 Fb
Bondone [SO] 13 Bd
Bondone [TN] 27 Ec
Bondone [TN] 15 Bd
Bondone [TN] 27 Eb
Bondo Petello [BG] 25 Gc
Bonea [BN] 121 Ac
Bonefro [CB] 113 Dc
Bonéggio [PG] 95 Ba
Bonelli [RO] 57 Fb
Bonemerse [CR] 41 Cd
Bonetto, Monte- 63 CDab
Bonferraro [VR] 43 Cc
Bongiardo [CT] 173 Dab
Bongiovanni [CN] 49 Dc
Bongiovanni [CN] 61 Bb
Bongiovanni [CT] 173 ABc
Boni [BO] 75 Da
Bonicozzo [PA] 161 Bd
Bonifacio, Bocche di- 179 Cb
Bonifati [CS] 145 Cc
Bonifati Marina [CS] 145 Cc
Bonifato, Monte- 157 Ec
Bonina [AL] 49 Fa
Boniprati, Palù di- 27 Eb
Bonisolo [TV] 31 Cd
Bonito [AV] 121 Cc
Bonizzo [MN] 55 DEa
Bonnánaro [SS] 183 Ec
Bonne [AO] 21 Cd
Bonneval-sur-Arc [Fr.] 35 Db
Bono [SS] 185 Bd
Bonom, Cima del- 23 Cc
Bonomo, Rocca del- 61 Fb
Bonorva [SS] 183 Ed
Bonu, Nuraghe- 193 Eb
Bonvicino [CN] 61 Dab
Bonze, Cima di- 21 Gd
Bonzicco [UD] 33 Aa
Bôr, Zuc dal- 19 Cb
Bora [FC] 77 EFa
Bora [RE] 65 Eb
Boracifero, Lago- 81 Ed
Borágine, Monte- 95 Fd
Boragni [SV] 61 EFc
Boratella [FC] 77 Eab
Borbera, Torrente- 51 Cc
Borbiago [VE] 45 Cb
Borbona [RI] 103 Bab
Bórbore [CN] 49 CDc
Borbore, Torrente- 49 Dc
Borboruso [CS] 149 DEc
Borca [VB] 23 Cb
Borca di Cadore [BL] 17 Cb
Borche [TO] 35 Gc
Bordala [TN] 29 Ab
Bordano [UD] 19 Bc
Bordella [TO] 47 Ec
Bordiana [TN] 15 Bb
Bordighera [IM] 71 Cc
Bordignana [PV] 37 Fcd
Bordignano [FI] 67 Fcd
Bordino, Fiume di- 157 Cc
Bordogna [BG] 25 Gb
Bordolano [CR] 41 Bc
Bordolona [TN] 15 Ab
Bordonaro [ME] 155 Ab
Bordonchio [RN] 79 Aa
Bordoni [AT] 49 Eb
Bordugo [PD] 31 Bd
Bore [PR] 53 Bc
Boreano [PZ] 123 Dc
Boreca, Torrente- 63 Ea
Borella [FC] 69 Fc
Borello [CN] 61 BCc
Borello [FC] 77 EFa
Borello [IM] 71 Db
Borello [RA] 69 Bb
Borello, Torrente- 77 Ea
Boretto [RE] 53 Gb
Borgáccio [PU] 79 Dc
Borgagne [LE] 139 Fa
Borgallo, Galleria del- 65 Bb
Borgallo, Monte- → Cucco, Monte- 65 Bb
Borganzo [IM] 71 Fb
Borgarello [PV] 39 Cc
Borgaretto [TO] 49 Aab
Borgaria [TR] 101 Db
Bórgaro Torinese [TO] 37 Ad
Borgata Costiera [TP] 167 Ca
Borgata Danna [CN] 47 Ed
Borgata Marina [CH] 105 Fc
Borgata Marina [CS] 143 Fc
Borgata Pirastera [OR] 189 Bd
Borgata Sestrière [TO] 47 Cb
Borgata Soprana [CN] 61 Cb
Borgata Sottana [CN] 61 Cb
Borgatello [SI] 83 Ab
Borgazzo [RE] 55 Bc
Borgesati [TP] 157 Dd
Borgetto [CN] 59 FGb
Borgetto [PA] 159 Ab
Borghesana [VR] 43 CDd
Borghese [PR] 53 Db
Borghetti [BO] 67 Eb
Borghetto [AN] 87 Ca
Borghetto [AN] 87 Da
Borghetto [MC] 87 Cb
Borghetto [PC] 53 Ba
Borghetto [PD] 31 Ad
Borghetto [PG] 85 Ec
Borghetto [PG] 85 Ac
Borghetto [PR] 53 Fc
Borghetto [PR] 53 Eb
Borghetto [PR] 53 Dc
Borghetto [PT] 75 CDb
Borghetto [TN] 29 Ac
Borghetto [VT] 101 Dc
Borghetto [VT] 93 Dd
Borghetto, Palù di- 29 Ac
Borghetto 1° [RA] 69 Ec
Borghetto 2° [RA] 69 Ec
Borghetto d'Arróscia [IM] 71 Ea
Borghetto di Borbera [AL] 51 Cc
Borghetto di Fenigli [PU] 85 Ea

Borghetto di Traversara [RA] 69 Db
Borghetto di Vara [SP] 65 Bc
Borghetto Lodigiano [LO] 39 Fc
Borghetto San Nicolò [IM] 71 CDc
Borghetto Santo Spirito [SV] 71 Ga
Borghi [FC] 77 FGab
Borghi [SV] 61 Fc
Borghi [TV] 31 Bc
Bórgia [CZ] 153 Fb
Borgiallo [TO] 37 Ab
Borgiano [MC] 87 Cd
Bórgio [SV] 61 Ecd
Bórgio Verezzi [SV] 61 Ecd
Borgnano [GO] 33 Db
Borgo [AP] 97 Ac
Borgo [CE] 119 CDb
Borgo [CN] 61 Cb
Borgo [CN] 61 Cb
Borgo [CN] 47 DEc
Borgo [FE] 57 Bb
Borgo [MC] 95 Eab
Borgo [PG] 95 Fb
Borgo [RO] 57 CDb
Borgo a Buggiano [PT] 75 Cb
Borgo Adorno [AL] 51 Dc
Borgo a Giovi [AR] 83 Fa
Borgo alla Collina [AR] 77 Cc
Borgo a Mozzano [LU] 75 Bb
Borgo Ángelo Rizza [SR] 173 CDd
Borgo Áppio [CE] 119 Dc
Borgo Àquila [TP] 167 Da
Borgo Baccarato [EN] 171 Ec
Borgo Bagni [AL] 49 Fcd
Borgo Bainsizza [LT] 109 Ade
Borgo Bianchi [TV] 31 Dc
Borgo Bisano [BO] 67 Fc
Borgo Bonsignore [AG] 169 Bc
Borgo Braemi [EN] 171 Cd
Borgo Calamitanova [TP] 157 CDd
Borgo Callea [AG] 169 Eb
Borgo Capanne [BO] 75 Da
Borgo Caríge [GR] 99 Db
Borgo Carso [LT] 109 Bd
Borgo Cascino [EN] 171 Dbc
Borgo Castelletto [MN] 43 Bd
Borgo Celano [FG] 115 BCc
Borgo Cerreto [PG] 95 Ec
Borgo Cervaro [FG] 123 Ba
Borgo Chiusini [UD] 19 Bb
Borgo Cornalese [TO] 49 Bb
Borgo Cortili [FE] 57 Ad
Borgo d'Ale [VC] 37 Cb
Borgo delle Anime [RA] 69 Db
Borgo di Buturro [TP] 157 Dd
Borgo di Fontane [TV] 31 Cc
Borgo di Ranzo [IM] 71 Fa
Borgo di Ronta [FC] 69 Ec
Borgo di Stecchi [RA] 69 CDb
Borgo di Terzo [BG] 27 Ac
Borgo Domitio 119 Cd
Borgo d'Oneglia [IM] 71 Fb
Borgo Duanera la Rocca [FG] 115 Bd
Borgo Elefante [TP] 167 Cab
Borgo Ema [Em.Rom.] 53 Fc
Borgo Faiti [LT] 117 Ca
Borgo Fazio [TP] 157 CDcd
Borgo Flora [LT] 109 Bd
Borgo Foderà [TP] 157 Dbc
Borgo Fonterosa [FG] 123 Ca
Borgo Fórnari [GE] 51 Cd
Borgoforte [MN] 55 Ba
Borgoforte [PD] 45 Bd
Borgo Fráccia [PA] 157 Fc
Borgo Franchetto [CT] 173 Bc
Borgofranco d'Ivrea [TO] 37 Bab
Borgofranco sul Po [MN] 55 Ea
Borgofreddo [MN] 53 Fb
Borgo Fusara [RA] 69 Db
Borgo Gallitano [CL] 171 Cd
Borgo Galluzzo [AN] 79 Fc
Borgo Giganti [RA] 69 Da
Borgo Giglione [PG] 85 Bc
Borgognone, Monte- 65 Cb
Borgo Grappa [LE] 135 Fd
Borgo Grappa [LT] 117 Ca
Borgo Greco [PA] 159 Bb
Borgo Grotta Gigante [TS] 33 Fc
Borgo Guardiola [TP] 167 Db
Borgo Hermada [LT] 117 Eb
Borgo Inchiusa [TP] 167 Eb
Borgo Isonzo [LT] 117 Ca
Borgo Lampértico [VI] 29 Dc
Borgolavezzaro [NO] 39 Ac
Borgo le Taverne [AV] 121 Ed
Borgo Lezzine [FE] 55 Eb
Borgo Libertà [FG] 123 Cb
Borgomale [CN] 49 Dd
Borgomanero [NO] 23 Ec
Borgo Marighella [FE] 57 ABc
Borgomaro [IM] 71 Eb
Borgomasino [TO] 37 Bb
Borgo Massano [PU] 79 BCc
Borgo Mezzanone [FG] 123 Ca
Borgo Milletari [EN] 171 Dab
Borgo Mola [FE] 57 Bb
Borgo Montalto [TP] 157 Cd
Borgo Montello [LT] 109 Ad
Borgo Montenero [LT] 117 Db
Borgo Morfia [ME] 163 Bc
Borgonato [BS] 27 Bd
Borgone [VB] 23 Cb
Borgone Susa [TO] 35 Ed
Borgonovo [PC] 41 Bd
Borgonovo [TE] 97 Cd
Borgonovo Ligure [GE] 63 Fb
Borgonovo Val Tidone [PC] 51 Fab
Borgonuovo [AR] 83 Fc
Borgonuovo [CN] 49 Cc
Borgo Nuovo [CN] 49 Cc
Borgonuovo [CN] 49 Dc
Borgonuovo [LC] 11 Ed
Borgonuovo [LU] 75 Bbc
Borgonuovo [RE] 67 ABb
Borgonuovo [SO] 11 Eb
Borgonuovo [TO] 49 Cb
Borgo Nuovo [TO] 35 Bd
Borgo Nuovo [VE] 45 Dc
Borgonuovo di Pontecchio [BO] 67 Eb
Borgo Ottomila [AQ] 109 Fab
Borgo Pace [PU] 77 Fd
Borgo Paglia [FC] 77 Fa
Borgo Paglia [FC] 77 Fab
Borgo Panigale [BO] 67 Eab
Borgo Parténope [CS] 149 Db
Borgo Pasubio [LT] 117 Da
Borgo Petilia [CL] 171 Cb
Borgo Piano Torre [ME] 163 Bc
Borgo Piave [LE] 135 Fd
Borgo Piave [LT] 109 Be
Borgo Picciano [MT] 131 Fb
Borgo Picciano II [MT] 133 Bb
Borgo Pietro Lupo [CT] 171 Fd
Borgo Pieve Sestina [FC] 69 Ecd
Borgo Pipa [RA] 69 Ec
Borgo Podgora [LT] 109 Bd
Borgo Poncarale [BS] 41 Db
Borgo Ponte [CN] 61 CDc
Borgo Ponte [UD] 19 Cc
Borgo Priolo [PV] 51 Db
Borgo Quìnzio [RI] 101 Fcd
Borgoratto Alessandrino [AL] 49 Gb
Borgoratto Mormorolo [PV] 51 Eb
Borgo Redentore [VI] 29 Dd
Borgo Regalmici [PA] 169 Ea
Borgorégio [TO] 37 Cc
Borgo Revel [TO] 37 Cc
Borgoricco [PD] 45 Bab
Borgo Ripe [MC] 87 Dd
Borgo Rívola [RA] 69 ABc
Borgo Roma [TV] 31 Dc
Borgo Roma [VR] 43 Cb
Borgo Rosariello [TP] 157 Cbc
Borgorose [RI] 103 Cc
Borgo Ruffini [AN] 87 Da
Borgo Sabotino [LT] 117 Ba
Borgo Salanc [UD] 19 Bb
Borgo Salvatore Giuliano [ME] 161 Fd
Borgo San Cesareo [SA] 129 Dc
Borgo San Dalmazzo [CN] 59 Fb
Borgo San Donato [LT] 117 Ca
Borgo San Felice [VI] 43 Fa
Borgo San Giacomo [BS] 41 Bbc
Borgo San Giovanni [LO] 39 Ec
Borgo San Giovanni [MC] 87 Cd
Borgo San Giovanni [MC] 95 Fb
Borgo San Giovanni [ME] 163 Bc
Borgo San Giovanni [VE] 45 Dc
Borgo San Giusto [FG] 121 Fa
Borgo San Lorenzo [BI] 37 Ca
Borgo San Lorenzo [FI] 75 Gb
Borgo San Marco [PD] 43 Ec
Borgo San Martino [AL] 37 Fd
Borgo San Mauro [UD] 33 Da
Borgo San Michele [LT] 117 Ca
Borgo San Pietro [RI] 103 Bc
Borgo San Pietro [RI] 103 Ab
Borgo San Pietro Martire [RO] 57 Bab
Borgo San Siro [PV] 39 Bc
Borgo Sant'Ágata [IM] 71 Fb
Borgo Santa Maria [LT] 117 Ba
Borgo Santa Maria [MC] 87 Ccd
Borgo Santa Maria [PU] 79 Cb
Borgo Santa Maura [RO] 57 Bb
Borgo Sant'Antonio [CN] 59 Fa
Borgo Sant'Antonio [MC] 95 Fb
Borgo Sant'Antonio Abate [CE] 119 DEb
Borgo Santa Rita [ROMA] 107 Ed
Borgosatollo [BS] 41 Db
Borgo Schiró [PA] 159 Bc
Borgo Segézia [FG] 123 Ba
Borgosésia [VC] 23 Dc
Borgo Sisa [RA] 69 Dc
Borgo Spin [RO] 45 Cd
Borgostecchi [FC] 77 Fb
Borgo Tánaro [AT] 49 Eb
Borgo Tavérnola [FG] 123 Ca
Borgo Ticino [NO] 23 Fc
Borgo Ticino [PV] 39 Ccd
Borgo Tomba [FE] 57 Bc
Borgo Tossignano [BO] 69 Ac
Borgo Trebbo [FE] 57 Bd
Borgo Tufico [AN] 87 Bbc
Borgo Val di Taro [PR] 65 Bb
Borgo Valeriani [FE] 57 Acd
Borgo Valsugana [TN] 29 Da
Borgo Velino [RI] 103 Bb
Borgo Venezia [VR] 43 Cb
Borgo Venúsio [MT] 133 Bb
Borgo Vercelli [VC] 37 Eb
Borgo Verdi [PA] 161 Bd
Borgo Villa [TV] 31 Db
Borgo Vódice [LT] 117 Dab
Borgo Zurini [UD] 19 BCc
Borla [PC] 53 BCc
Borlasca [GE] 51 Cd
Borlezza, Fiume- 27 Bb
Bórmida [CN] 61 Db
Bórmida [SV] 61 Ec
Bórmida [SV] 61 Eb
Bórmida, Fiume- 49 Gb
Bórmida di Mállare, Fiume- 61 Ec
Bórmida di Millésimo, Fiume- 61 Ea
Bórmida di Pàllare, Fiume- 61 Ec
Bórmida di Spigno, Fiume- 61 Eb
Bórmio [SO] 13 Db
Bormio 3000 13 Db
Bornago [MI] 25 Ed
Bornago [NO] 23 Gd
Bornasco [PV] 39 Dc
Bornate [VC] 23 Dc
Bornato [BS] 27 Bd
Bórnio [RO] 43 FGd
Borno [BS] 27 Cb
Borno [TO] 35 Eb
Boro [VI] 29 Dd
Boroneddu [OR] 187 Fc
Bórore [NU] 187 Eb
Borra, la- [PI] 75 Bc
Borrello [CH] 111 Eb
Borrello [CT] 173 Cb
Borrello Alto [PA] 161 BCc
Borrenza, Torrente- 131 Dd
Borretti [CN] 49 Bc
Borri [FI] 75 Gd
Borriana [BI] 37 Cab
Borro [AR] 83 Ea
Borrodai, Monte- 185 Cd
Borro de' Carfini 83 Bb
Borromee, Isole- 23 Fb
Borron, Pizzo- 13 Cb
Borroni [PG] 95 Db
Borsano [VA] 25 Bd
Borsea [RE] 65 Fa
Borsea [RO] 57 Ba
Borselli [FI] 77 Bc
Borsellino [AG] 169 Dcd
Borsigliana [LU] 65 Ec
Borso del Grappa [TV] 29 Fc
Borsoi [BL] 17 Dd
Borsone [MN] 55 Cab
Borta Melone, Monte- 189 Bc
Bortigali [NU] 187 Eb
Bortigiádas [OT] 179 Bd
Bortignoni [VI] 29 Fc
Borutta [SS] 183 Ec
Borzago [TN] 13 Fd
Borzano [RE] 65 Fab
Borzano [RE] 55 Ad
Bórzoli [GE] 63 Cb
Borzonasca [GE] 63 Fb
Borzone [GE] 63 Fb
Bosa [OR] 187 Cb
Bosagro [AV] 129 Aa
Bosa Marina [OR] 187 Cb
Bosaro [RO] 57 Bb
Boscasso, Bec- 49 Dd
Boschetiello 129 DEb
Boschetta [RE] 55 Bc
Boschetto [CR] 41 Cd
Boschetto [CT] 173 Cab
Boschetto [LT] 109 Bc
Boschetto [NO] 9 Dd
Boschetto [PG] 85 Ec
Boschetto [PR] 65 Ea
Boschetto [PR] 65 ABb
Boschetto [PV] 39 Cc
Boschetto [TO] 37 Bc
Boschetto della Cascina Campagna, Riserva Naturale- 41 Bb
Boschi [BO] 75 Da
Boschi [BO] 55 Gc
Boschi [PC] 53 Ca
Boschi [PC] 63 Fa
Boschi [PR] 65 Da
Boschi [RE] 55 Bc
Boschi [TO] 35 Gc
Boschi [VR] 43 Cc
Boschi [VR] 43 Cd
Boschi del Giovetto di Palline, Riserva Naturale- 27 Cb
Boschi di Bardone [PR] 65 Da
Boschi di Carrega, Parco dei- 53 Ec
Boschietto [TO] 35 Fc
Boschietto [TO] 35 Fa
Boschietto [TO] 35 Fb
Boschi Sant'Anna [VR] 43 Ec
Bosco [CL] 171 Bc
Bosco [NA] 127 Fa
Bosco [PD] 45 Ab
Bosco [PG] 85 Cd
Bosco [PR] 65 Db
Bosco [PV] 39 Fd
Bosco [SA] 141 Db
Bosco [SV] 61 Dc
Bosco [Svizz.] 9 Ec
Bosco [TN] 15 BCd
Bosco [TO] 35 Gab
Bosco [TV] 31 Bb
Bosco [VI] 29 Db
Bosco [VR] 29 Bd
Bosco [VR] 43 CDc
Bosco, Monte del- 171 Ec
Bosco, Pizzo- 159 Ec
Bosco, Rifugio del- 121 Ca
Bosco, Serra del- 171 Eab
Bosco, Villa- [SR] 177 Fb
Bosco Basso, Garzaia del- 37 Fd
Bosco Bruciato, Costa- 53 Ac
Bosco Chiaro [VE] 45 Cd
Bosco Chiesanuova [VR] 29 Bd
Bosco d'Alcamo, Riserva Naturale- 157 Ec
Bosco de l'Isola, Riserva Naturale- 41 Bb
Bosco della Favara e Bosco Granza, Riserva Naturale- 159 Ec
Bosco della Ficuzza, Rocca Busambra, Bosco del Cappelliere, Gorgo del Drago, Riserva Naturale- 159 Cc
Bosco della Frattona, Riserva Naturale- 69 Bb
Bosco della Marisca, Riserva Naturale- 41 Bb
Bosco delle Sorti della Partecipanza di Trino, Parco Naturale- 37 Dc
Bosco del Sassetto, Monumento Naturale- [VT] 93 Dc
Bosco del Vaj, Riserva Naturale del- 37 Bc
Bosco del Vescovo [PD] 45 Bab
Bosco di Barco, Riserva Naturale- 41 Bb
Bosco di Bordighi, Riserva Naturale- 13 Ad
Bosco di Cerano, Riserva Naturale Regionale- 135 Ec
Bosco di Malabotta, Riserva Naturale- 163 Bb
Bosco di Nanto [VI] 43 Fb
Bosco di Rossano [MS] 65 Bc
Bosco di San Pietro, Riserva Naturale- 177 Bb
Bosco di San Silvestro, Oasi del- 119 Fc
Bosco di Sant'Agnese, Riserva Naturale- 83 Bb
Bosco di Sant'Antonio, Riserva Naturale- 111 Db
Bosco di Santa Teresa e Lucci, Riserva Naturale Regionale- 135 Dc
Bosco di Scardavilla, Riserva Naturale- 77 Ea
Bosco di Sotto [PR] 53 DEb
Bosco di Tretto [VI] 29 Cc
Bosco ex Parmigiano [CR] 41 Cd
Bosco Fontana [MN] 43 Ac
Bosco Fontana, Riserva Naturale- 43 Ac
Bosco Foresta Umbra, Riserva Naturale- 115 Dc
Bosco Incoronata, Parco Naturale Regionale- 123 Aab
Boscomare [IM] 71 Eb
Bosco Marengo [AL] 51 ABc
Bosco Mesola [FE] 57 Eb
Bosco Montalto, Riserva Naturale Regionale- 77 Ec
Boscona [SI] 83 Ab
Boscone, Serra- 131 Ec
Boscone Cusani [PC] 39 Fd
Bosconero [TO] 37 Ac
Bosco Nordio, Riserva Naturale- 57 Ea
Bosco Pantano di Policoro, Riserva Naturale- 143 Fb
Boscoreale [NA] 127 Eb
Boscoriva di Sotto / Unter Reinswald [BZ] 3 Cc
Bosco Ronchetti, Riserva Naturale- 53 Da
Bosco Solivo, Riserva Naturale- 23 Fc
Bosco Tenso, Oasi- 23 Eb
Bosco Tondo [FI] 81 Fab
Bosco Tosca [PC] 39 Ed
Boscotrecase [NA] 127 Eb
Bosco Valentino [LO] 41 Ac
Bosco Valtravàglia [VA] 23 Gb
Bose [TO] 35 Gb
Bosentino [TN] 29 Cab
Bosi [CN] 49 DEc
Bósia [CN] 49 Dd
Bósio [AL] 51 Bd
Bosisio Parini [LC] 25 Dc
Bosmenso [PV] 51 Ec
Bosnasco [PV] 51 Ea
Bosonasco [PC] 51 Fb
Bosplans [PN] 17 Ec
Bossea [CN] 61 Bc
Bossea, Grotta- 61 Cc
Bossea, Monte- 63 Fb
Bossi [AR] 83 Fb
Bossi [SI] 83 Cb
Bóssico [BG] 27 Bc
Bósso, Fiume- 85 Da
Bossola [BI] 23 Bd
Bossola, Cima di- 37 Ab
Bossola, Monte- 51 Dd
Bossolaschetto [CN] 61 Da
Bossolasco [CN] 61 Da
Bossona, Villa di- [SI] 83 Ed
Botinàccio [FI] 75 DEc
Botindari [PA] 161 Cc
Botri [LU] 75 Ba
Botricello [CZ] 151 CDd
Botricello Superiore [CZ] 151 Dd
Botro ai Marmi [LI] 91 Ba
Botrugno [LE] 139 Eb
Botta [BG] 25 Fc
Botta [VE] 45 Cd
Botta, Scolo- 57 Da
Bottagna [SP] 65 Cd
Bottaiano [CR] 41 Ab
Bottanuco [BG] 25 Fd
Bottardo [PV] 39 Dd
Bottarello, Pizzo- 9 Cd
Bottarone [PV] 39 Cd
Bottarone [PV] 39 Dd
Bottazzella [IS] 111 Dd
Botte [VT] 101 Bc
Botte Donato, Monte- 149 Eb
Bottega [BO] 55 DEc
Botteghe [RE] 55 Gd
Botteghelle [CT] 177 Bb
Botteghelle [ME] 163 Dc
Botteghino [PI] 81 Ca
Bottegone [PT] 75 Db
Bottenicco [UD] 19 Dd
Bottero [CN] 61 Ca
Botti [AL] 49 Fc
Botti Barbarighe [RO] 45 Cd
Botticino [BS] 41 Da
Botticino [FE] 57 Bc
Botticino Mattina [BS] 41 Da
Botticino Sera [BS] 41 Dab
Bóttidda [SS] 185 Bd
Bottignana [MS] 65 DEc
Bottini [TO] 35 Gc
Bottino, Pizzo- 163 Db
Bottione [PR] 65 Ca
Botto [TR] 93 Ec
Bottonasco [CN] 59 Fb
Bottonera, Sacca di- 57 Fc
Bottrighe [RO] 57 Dab
Botzer / il Capro 3 Bb
Boucher, Roc del- 47 Cb
Bouchet, Bric- 47 Dc
Boulliagna, Monte- 59 Cab
Bourcet [TO] 47 Db
Bourg-Saint-Maurice [Fr.] 21 Ad
Bourg-Saint Pierre [Svizz.] 21 Db
Bousiéyas [Fr.] 59 Bc
Bousset, Torrente- 59 Fc
Bousson [TO] 47 Bb
Bova [FE] 57 Bc
Bova [RC] 155 Ccd
Bovalino [RC] 155 DEbc
Bovalino Marina [RC] 155 DEc
Bovalino Superiore [RC] 155 DEbc
Bova Marina [RC] 155 Cd
Bovara [PG] 95 Db
Bovaria [VR] 43 Dab
Bove, Capo- 127 Cb
Bove, Monte- 103 Cd
Bovec [SLO] 19 Eb
Bovecchio [FI] 75 Fb
Bovéglio [LU] 75 Bb
Bóvegno [BS] 27 Cc
Bove Nord, Monte- 97 Ab
Boves [CN] 59 Gc
Bove Sud, Monte- 97 Ab
Bovezzo [BS] 27 Cd
Boville [ROMA] 107 Fc
Boville Érnica [FR] 109 Ed
Bovina [RO] 45 Bd
Bovino [FG] 121 Eb
Bovino [FI] 77 Bb
Bovisio Masciago [MB] 25 CDd

Bovo [VR] 43 Cb
Bovolenta [PD] 45 Bc
Bovolone [VR] 43 Cc
Bozen / Bolzano [BZ] 15 Dab
Bozzana [TN] 15 Ab
Bozzano [LU] 73 EFb
Bózzole [AL] 51 Aa
Bózzolo [MN] 41 Ed
Bozzolo [SP] 65 Bc
Bra [CN] 49 BCc
Brabaisu, Rio– 193 Dd
Bracalli [PT] 75 Dc
Bracca [BG] 25 Gc
Bracca, Fonte– 25 Gc
Braccagni [GR] 91 Eb
Braccano [MC] 87 Bc
Bracchiello [TO] 35 Fc
Brácchio [VB] 23 Eb
Bráccia [SO] 13 Ac
Bracciano [FC] 77 EFa
Bracciano [ROMA] 101 BCd
Bracciano, Lago di–
 (Sabatino) 101 Cd
Bracciano e Martignano,
 Parco Naturale Regionale
 Complesso Lacuale di–
 101 Cd
Braccio d'Arpino [FR] 109 Fd
Bracco [GE] 63 FGc
Bracco, Monte– 47 FEc
Bracconi, Rio– 193 Ec
Bracelli [SP] 65 Bc
Bracigliano [SA] 129 Bb
Brádano, Fiume– 133 Cd
Brádano, Torrente– 123 Bd
Braemi, Torrente– 171 Dc
Braga [VR] 27 Fd
Bragarezza [BL] 17 Cb
Bragioli [CN] 61 Db
Braglia [RE] 65 Fb
Braglia [RO] 57 Db
Bragno [SV] 61 Eb
Braia [MS] 65 BCb
Braia [PR] 65 Dab
Braia [TO] 37 Cd
Bráida [MO] 67 Ba
Bráida Bottari [PN] 33 Ab
Braidacurti [PN] 31 Fb
Bráidi [ME] 163 Bb
Bráies, Lago di– / Pragser
 Wildsee 5 Ac
Bráies / Prags [BZ] 5 Ac
Braila [TN] 29 Ab
Brallo [PV] 51 Ec
Brallo di Pregola [PV] 51 Ec
Bram, Monte– 59 Eb
Bramairate [AT] 49 Db
Bramans [Fr.] 35 Bc
Brana [PT] 75 Db
Branca [PG] 85 DEc
Brancaccio [PA] 159 Cb
Brancáglia [VR] 43 Dd
Branchetto [VR] 29 Bcd
Brancialino [AR] 85 Aa
Branciglia [RE] 65 Fb
Brancón [VR] 43 Cd
Brancorsi [LI] 81 Dd
Brancot, Monte– 19 Bc
Brándico [BS] 41 Db
Brandinatu, Rio– 197 Cb
Brandini [CN] 49 Cd
Brandizzo [TO] 37 Bc
Brándola [MO] 67 Bb
Branduzzo [PV] 51 Da
Braniatogghiu [OT] 179 Cc
Branica 33 Fb
Branik [SLO] 33 Fbc
Branzi [BG] 25 Gab
Branzi, Monte– 73 Ca
Branzola [CN] 61 Bb
Branzoll / Bronzolo [BZ]
 15 Db
Branzone [PR] 65 Ca
Braone [BS] 27 Cb
Braoulé, Mont– 21 Fb
Brarola [VC] 37 Fc
Brasimone, Lago– 75 Ea
Brasimone, Torrente– 67 Dc
Brassé [CN] 47 FGc

Brassi [TO] 49 ABb
Brattiró [VV] 153 Bc
Bratto [MS] 65 BCb
Bratto-Dorga [BG] 27 Bb
Braulins [UD] 19 Bc
Bravi [PC] 53 Bc
Brazzacco [UD] 19 Bd
Brazzano [GO] 33 Db
Brazzolo [FE] 57 Cbc
Bré [PR] 53 Db
Brebbia [VA] 23 Fc
Breccia [CO] 25 Cc
Brecciarola [CH] 105 Cc
Brecciosa, la– 111 ABc
Breccioso, Monte– 111 Ab
Breda [CR] 41 Bc
Breda Azzolini [CR] 53 Fa
Breda Cisoni [MN] 53 Gab
Breda de' Bugni [CR] 41 Bcd
Breda di Piave [TV] 31 Cc
Breda Libera [BS] 41 Cbc
Brede [MN] 55 Ca
Bréfaro [PZ] 143 Abc
Bregaceto, Monte– 63 Fb
Bregagnina [MN] 53 Gb
Bregagno, Monte– 11 Dd
Bregano [VA] 23 Gb
Breganze [VI] 29 Ec
Breginj [SLO] 19 Dc
Bréglia [CO] 25 Da
Bregnano [CO] 25 Cc
Bregne [PV] 51 Db
Brégoro [VA] 25 Bc
Breguzzo [TN] 27 Fab
Breia [VC] 23 Dc
Breien / Brie [BZ] 15 Db
Breil sur Roya [Fr.] 71 Cb
Breiteben / Pianlargo [BZ]
 3 Bc
Brembana [BZ] 3 CDb
Brembate [BG] 25 Fd
Brembate di Sopra [BG] 25 Fc
Brembilla [BG] 25 Fc
Brembilla, Torrente– 25 Fc
Brémbio [LO] 39 Fc
Brembo, Fiume– 25 Fc
Breme [PV] 37 Fd
Bréndola [VI] 43 Eb
Brengon [AO] 21 Fc
Brenna [CO] 25 Dc
Brenna [SI] 83 Bc
Brenner / Brénnero [BZ]
 3 Cab
Brennerbad [BZ] 3 CDb
Brénnero / Brenner [BZ]
 3 Cab
Brenno Uséria [VA] 25 Bb
Breno [BS] 27 Cb
Breno [PC] 51 Fab
Breno [TO] 35 Bb
Brenta [TN] 29 Cab
Brenta [VA] 23 Gb
Brenta, Cima– 15 Acd
Brenta, Fiume– 45 Cb
Brenta, Foce del– 45 Dc
Brenta, Gruppo di– 15 Ad
Brenta, Taglio di– 45 Cc
Brenta, Valle di– 45 Bc
Brenta dell'Abbà [PD] 45 Cc
Brentanella [TV] 31 Ad
Brentelle di Sopra [PD] 45 Bb
Brentelle di Sotto [PD] 45 Ab
Brentino [VR] 29 Ad
Brentino Belluno [VR] 29 Ad
Brento [BO] 67 Eb
Brento [TN] 29 Ab
Brenton [VR] 43 Dab
Brentoni, Monte– 17 Eab
Brentonico [TN] 29 Ac
Brenva, Ghiacciaio della–
 21 Bc
Brenzéglio [CO] 11 Dd
Brenzone [VR] 27 Fc
Breolungi [CN] 61 Bb
Breónio [VR] 29 Ad
Brescello [PE] 53 FGb
Brescia [BS] 41 Da
Bresciadega [SO] 11 Fc
Brésega [PD] 43 Fc
Brésimo [TN] 15 Ab
Bresparola [RO] 57 Bb
Bressa [UD] 33 Ba
Bressana [PV] 39 Cd
Bressana Bottarone [PV]
 39 Cd

Bressane [RO] 55 Gab
Bressanone / Brixen [BZ]
 3 Dc
Bressanvido [VI] 29 Ed
Bresso [MI] 39 Da
Brestovica pri Komnu [SLO]
 33 Ec
Brestrettola, Torrente– 9 Dd
Breuil–Cervinia [AO] 21 Fb
Brevettola, Torrente– 9 Dd
Brévia [LO] 41 Bd
Brez [TN] 15 Bb
Brezza [CE] 119 Dc
Brezzo [VA] 23 Gb
Brezzo di Bédero [VA] 23 Gb
Briáglia [CN] 61 Cb
Briallo [NO] 23 Ec
Brian [VE] 31 Fd
Briana [VE] 45 Ca
Brianco [BI] 37 Cb
Briançon [Fr.] 47 Ab
Briano [CE] 119 Ec
Brianza 25 Dc
Briasco, Monte– 23 Ec
Briatico 153 Cb
Briático [VV] 153 Cb
Briavacca [MI] 39 Db
Bribano [BL] 17 Bd
Bricciana [FI] 77 Ab
Briccioso [IS] 111 Ec
Bricco [AT] 37 Cd
Bricco [SV] 61 Fc
Bricco Bosetto [AT] 49 Cc
Bricco di Néive [CN] 49 Dc
Bricco Favole [CN] 49 Bcd
Bric di Zumaglia e Monte
 Prevè, Area Attrezzata–
 23 Cd
Bricherásio [TO] 47 Bc
Brícoli [FI] 75 Ec
Bric Tana, Parco Naturale
 di– 61 Eb
Brie, Rio– / Brieserbach
 15 Eb
Brie / Breien [BZ] 15 Db
Brienno [CO] 25 Cb
Brienza [PZ] 131 Ad
Brieserbach / Brie, Rio–
 15 Eb
Brig (Brig-Glis) [Svizz.] 9 Cb
Briga [ME] 163 Db
Briga Alta [CN] 61 Bd
Briga Marina [ME] 163 Db
Briga Novarese [NO] 23 Ec
Brig-Glis (Brig) [Svizz.] 9 Cb
Brigha, Monte– 156 Cd
Brignano [SA] 129 Bb
Brignano–Frascata [AL]
 51 Dc
Brignano Gera d'Adda [BG]
 39 Fa
Brignole [GE] 63 Fa
Brigò [RO] 55 Gb
Brillante [TO] 49 Ab
Bríndisi [BR] 135 Dc
Brindisi–Casale, Aeroporto
 Internazionale di– 135 Db
Bríndisi Montagna [PZ]
 131 Cc
Brintazzi [AL] 51 DEc
Brinzio [VA] 23 Gb
Briona [NO] 37 Ea
Brione [BS] 27 Bd
Brione [TN] 27 Eb
Brione [TO] 35 Fd
Brione Verzasca [Svizz.]
 11 Ac
Brióni [TV] 31 Ac
Briosco [MB] 25 Dc
Brische [TV] 31 Ec
Brischis [UD] 19 Dd
Brisighella [RA] 69 Bc
Brisino [VB] 23 Fb
Brissago [Svizz.] 9 Gd
Brissago Valtraváglia [VA]
 23 Gb
Brissogne [AO] 21 Ec
Bríttoli [PE] 105 Bc
Brivadi [VV] 153 Bc
Brivio [LC] 25 Ec
Brixen / Bressanone [BZ]
 3 Dc
Brizzolara [GE] 63 Fb
Brocan, Lago– 59 Ec
Broccas, Monte sas– 185 Cd

Brocco [FR] 111 Ac
Broccostella [FR] 111 Ac
Brodena [BS] 41 Fb
Brogliano [VI] 29 CDd
Broglie [VR] 41 Fb
Broglio [Svizz.] 9 FGb
Broglio [VR] 41 Fb
Brognaturo [VV] 153 Dc
Brogno [CO] 25 Db
Brognoligo [VR] 43 Dab
Broletto [RE] 55 Ad
Brólio [AR] 83 EFc
Brollo [FI] 83 Ca
Brolo [ME] 161 Fb
Brolo [VB] 23 Eb
Brolo, Scoglio di– 161 Fb
Brombolo, Col– 31 Dab
Brómia [GE] 63 Dab
Brondello [CN] 47 Fd
Brondoleto [MC] 87 Bc
Bróndolo [VE] 45 Dc
Broni [PV] 39 Dd
Bronte [CT] 161 Fd
Bronzo [PU] 79 Bc
Brónzola [PD] 45 Bab
Bronzolo / Branzoll [BZ]
 15 Cb
Bronzone, Monte– 27 Ac
Brossasco [CN] 59 Fa
Brosso [TO] 37 Aab
Brovello–Carpugnino [VB]
 23 Fb
Brovida [SV] 61 Eb
Broz [BL] 17 Dd
Brózolo [TO] 37 Cd
Brozzi [FI] 75 Ec
Brozzo [BS] 27 Cc
Bruca [TP] 157 Dc
Bruca, Monte– 19 Cc
Brucciano [SI] 83 Bc
Brucianesi [FI] 75 Ec
Bruciata, la– 23 Bc
Bruciati [AT] 49 EFc
Bruciati, Corni– 11 Gc
Bruciato [RN] 79 Ab
Brúcoli [SR] 173 DEd
Bruera [TO] 47 Fb
Brufa [PG] 95 Ba
Bruffione, Monte– 27 Db
Brugaro [VC] 23 Db
Bruggi [AL] 51 Ec
Brughério [MB] 25 Ed
Brugiana, Monte– 73 Da
Brúgine [PD] 45 Bc
Brugna [AL] 51 Cb
Brugnato [SP] 65 Bc
Brugnera [PN] 31 Eb
Brugneto [PC] 51 Fcd
Brugneto [RE] 55 Bb
Brugneto, Lago del– 63 Ea
Brugnello [AN] 79 Ed
Brugnol, Monte– 15 Ad
Brugnola [PR] 65 Ba
Brugnolo [CR] 53 Fa
Brugnone [TP] 157 Bd
Brugnoni [GE] 63 Eb
Brugnoni [PC] 51 Fc
Bruil [AO] 21 Cd
Bruino [TO] 47 Fab
Brumano [BG] 25 Fb
Bruma [PG] 95 Dc
Bruna, Fiume– 91 Dc
Bruna, Rocca– 63 EFa
Brunate [CO] 25 Cb
Bruncu de Madili, Nuraghe–
 191 Fb
Bruncu sa Cruxi, Nuraghe–
 191 Fc
Bruncuteúla [CI] 195 Cbc
Brunèch, Sella– 15 Fc
Bruneck / Brúnico [BZ] 3 Fc
Brunella [NU] 185 Eb
Brunelli [PR] 65 Bab
Brunello [VA] 23 Gc
Brunetta [PG] 85 Cc
Brunette, Monte– 95 Db
Brunico / Bruneck [BZ] 3 Fc
Bruno [AT] 49 Fc
Bruno, Lago– 63 Ba
Bruno, Timpone– 149 Eb
Brunstriedel / Regola Brusada
 5 Ac
Bruntino [BG] 25 Fc
Brusa, Monte– 65 Fb
Brusadaz [BL] 17 Bb
Brusà des Planes [TO] 47 Cb
Brusadure [PD] 45 Bc
Brusago [TN] 15 Cc

Brusaporto [BG] 25 Gcd
Brusaschetto [AL] 37 Dc
Brusasco [TO] 37 Cd
Brusatasso [MN] 55 Bb
Bruscata [CS] 147 Ab
Bruscata, Tempone– 143 Dc
Bruschi [PR] 65 Ca
Brusciana [FI] 75 Dc
Brusciano [NA] 119 Fd
Brusciano [RI] 103 BCc
Brusciól, Monte– 65 Cb
Brúscoli [FI] 75 Fa
Brusimpiano [VA] 25 Bb
Brusino [TN] 29 Ab
Brusio [Svizz.] 13 Bc
Brusnengo [BI] 23 Dd
Bruso [VE] 45 Ccd
Brutto, Monte– 149 Ec
Brutto Passo, Monte– 17 EFb
Bruverello, Monte– 155 Db
Bruzeta, Monte– 51 Bd
Bruzolo [TO] 35 Ed
Bruzzano Vecchio [RC]
 155 Dc
Bruzzano Zeffirio [RC] 155 Dc
Bruzzelle [LO] 41 Ad
Bruzzetti [PC] 53 Ac
Bruzzi [PC] 53 Ac
Bubano [BO] 69 Bb
Bubbiano [MI] 39 Cc
Búbbio [AT] 49 Ecd
Bubegno [CO] 11 Cd
Bubudello, Serra di– 171 Dc
Bucari, Torrente– 167 Da
Buccheri [SR] 177 CDb
Bucchi, Villaggio– [KR]
 151 Eb
Bucchiánico [CH] 105 Dc
Bucciana, Monte– 75 Eab
Bucciano [PI] 81 Ea
Buccinasco [MI] 39 Cb
Buccino [SA] 129 Fc
Buceto, Monte– 93 Ac
Bucholz / Pochi [BZ] 15 Cc
Buciaga, Cima– 13 Ed
Búcine [AR] 83 Db
Bucita [CS] 149 Cbc
Bucito [PZ] 131 Aa
Buco, Molino del– [AR]
 77 Dc
Buco del Frate, Monumento
 Naturale– 27 Dd
Buco del Signore [RE] 55 Acd
Buda [BO] 69 Bab
Buda [PG] 95 Fd
Buda, Serra di– 145 EFcd
Buddittogliu [OT] 185 Eb
Buddusò [OT] 185 Cc
Buddusò, Altopiano di–
 185 Dc
Budelli, Isola– 179 Db
Búdino [PG] 95 Cb
Budóia [PN] 31 Ea
Budoni [OT] 185 Fb
Budrialto, Monte– 77 Ca
Búdrie [BO] 67 DEa
Búdrio [BO] 67 Eb
Búdrio [RE] 55 Bc
Budrione [MO] 55 BCc
Bueggio [BG] 27 Bb
Bue Marino, Costa del–
 189 Fc
Bue Marino, Grotta del– [FG]
 115 ins.a
Bue Marino, Grotta del– [ME]
 165 Ba
Bue Marino, Grotta del– [NU]
 189 Eb
Bueriis [UD] 19 BCc
Búfala, Monte della– 109 Cd
Bufalória [MT] 137 Ac
Bufalotta [ROMA] 107 Fab
Buffa [TO] 47 Eab
Buffalora [BS] 41 Dab
Buggerru [CI] 191 Cd
Buggiana [FC] 77 Db
Buggiano [PG] 95 Ebc
Buggiano [PT] 75 Dc
Bugiallo [CO] 11 Ec
Bugliaga [VB] 9 Dc

Bugnara [AQ] 111 BCab
Bugnate [NO] 23 Ec
Bugnins [UD] 33 Ab
Bugno [MN] 55 Ab
Bugo [MN] 55 Ab
Buguggiate [VA] 23 Gc
Búia [UD] 19 Bc
Buiano [AR] 77 Cc
Buillet [AO] 21 Dc
Buio, Monte– 63 Da
Buisson [AO] 21 Fc
Bulciago [LC] 25 Dc
Bulciano [AR] 77 DEc
Bulgaria [FC] 77 Fa
Bulgarno [FC] 77 Fa
Bulgarograsso [CO] 25 Cc
Bulgheria, Monte– 141 Db
Bulgorello [CO] 25 Cc
Buliciano [SI] 83 Ab
Bulla, Costa della– 51 Fb
Bulla / Pufels [BZ] 15 Ea
Bulláccia, Monte– / Puflatsch
 15 Ea
Bulliana–Vico [BI] 23 CDcd
Bullicame 101 Bb
Bullone [SS] 181 Fd
Bultei [SS] 185 Bd
Bulzi [SS] 181 Gcd
Bundschen / Ponticino [BZ]
 3 BCd
Búnnari, Lago– 183 Db
Buonabitácolo [SA] 141 Ea
Buonacompra [FE] 55 Ec
Buonacquisto [TR] 101 Fa
Buonalbergo [BN] 121 Cb
Buonanotte [TO] 47 Eb
Buonconvento [SI] 83 Cd
Buonfornello [PA] 159 Ec
Buongiovanni, Molino– [CT]
 177 Bb
Buon Signore [ME] 163 Da
Buonviaggio [SP] 73 Ba
Buonvicino [CS] 145 Cb
Burago di Mólgora [MB]
 25 Ed
Burana [FE] 55 EFb
Burana, Canale di– 55 Eb
Burano [CO] 11 Ec
Burano [VE] 45 Eb
Burano, Fiume– 85 Ea
Burano, Lago di– 99 Db
Burano, Monte– 95 Da
Burano, Serra di– 85 Db
Burcei [CA] 193 CDd
Burchio [FI] 77 Bb
Búrchio [RO] 57 CDab
Burcina [BI] 23 Cd
Burdini [TO] 47 Fab
Bure [VR] 43 Bb
Burello [AN] 87 Ba
Burello, Monte– 163 Bb
Burena [CO] 11 Cd
Buretto [CN] 61 Ba
Burfarant 47 Dc
Burgeis / Burgúsio [BZ] 1 Dc
Búrghidu, Nuraghe– 183 Fb
Búrgio [AG] 169 Bb
Búrgio [SR] 177 Ed
Burgio, Serra di– 177 Cbc
Búrgos [SS] 185 Ad
Burgstall / Postal [BZ] 3 Bd
Burgugliarito [SR] 173 Dd
Burgúsio / Burgeis [BZ] 1 Dc
Buriane [BO] 57 Ad
Buriano [GR] 91 Db
Buriano [PI] 81 Eb
Buriasco [TO] 47 Fb
Búrio [AT] 49 Ec
Burligo [BG] 25 Fc
Burolo [TO] 37 Bb
Buronzo [VC] 37 Db
Bursano [BO] 67 Fb
Burzanella [BO] 67 Dc
Busa [PD] 85 Ab
Busachi [OR] 187 Fc
Busalla [GE] 63 Ca
Busambra, Rocca– 159 Ccd
Busana [RE] 65 Eb
Busano [TO] 35 Gc
Busática [MS] 65 Cc
Busazza, Cima– 13 Ec
Busca [CN] 59 Fab
Busca [PV] 39 Dd
Buscaiolo [PV] 37 Fc
Buscate [MI] 39 Aa
Buscemi [SR] 177 Db
Busche [BL] 31 Aa

Busche [PG] 85 Ec
Busci [AQ] 103 Ca
Busco [AR] 85 Ac
Busco [TV] 31 DEc
Buscoldo [MN] 43 Ad
Buse, Cima delle- 15 Dc
Buseto Palizzolo [TP] 157 Dbc
Buseto Superiore [TP] 157 Dbc
Busi [PR] 65 Ca
Busiago [PD] 31 Ad
Businco, Scoglio- 181 Bd
Busin inferiore, Lago- 9 Eb
Busin superiore, Lago- 9 Eb
Busnago [MB] 25 Ed
Buso [RO] 57 Ba
Buso, Porto- 33 Cc
Busona [SI] 83 Bb
Busonengo [VC] 37 Eb
Busovecchio [RO] 57 Ba
Bussáia, Monte- 59 Fc
Bussana [IM] 71 Eb
Bussana Vecchia 71 Eb
Bussento, Fiume- 141 Eb
Bussento, Grotta del- 141 Eb
Bussento, Grotta Inferiore del- 141 Eb
Bússero [MI] 39 Ea
Busseto [AR] 83 Ea
Busseto [MS] 65 Dc
Busseto [PC] 51 Fb
Busseto [PR] 53 Db
Bussi [AQ] 103 DEd
Bussi [TO] 47 FGc
Bussi sul Tirino [PE] 103 Fc
Busso [CB] 113 Bd
Bússola, Corno- 21 Gc
Bussolengo [VR] 43 Bb
Bussoleno [TO] 35 Dd
Bussolino [TO] 37 Bd
Bussoni [TO] 35 Eb
Bussonico [FM] 97 Bb
Busta [TV] 31 Bc
Bustighera [MI] 39 DEb
Busto Arsízio [VA] 25 Bd
Busto Garolfo [MI] 39 Ba
But, Torrente- 19 Ba
Butera [CL] 175 Eab
Buthier di Valpelline, Torrente- 21 Eb
Buti [PI] 75 Bc
Butiotti [TO] 35 Gc
Butramo, Fiumara di- 155 Cc
Buttapietra [VR] 43 Cc
Butterfly Arc 45 Ac
Buttigliera Alta [TO] 35 Fd
Buttigliera d'Asti [AT] 49 Cab
Buttogno [VB] 9 Ed
Búttrio [UD] 33 Cab
Bùttule, Torrente- 183 Fc
Buturo [CZ] 151 Bc
Buzzaccheri [FM] 97 Bab
Buzzó [PR] 65 Bb
Buzzoletto [MN] 53 Gb
By [AO] 21 Db
By, Grande Tête de- 21 Db

C

Ca [PC] 51 Ed
Ca' Badoer [RO] 57 Da
Cabanette [AL] 51 Ab
Cabanne [GE] 63 EFab
Ca' Basse [PC] 51 Fa
Ca' Bazzone [BO] 67 Fb
Cábbia [AQ] 103 Cb
Cábbia, Monte- 103 BCb
Cabbia, Monte- 103 Cb
Cabella Lígure [AL] 51 Dcd
Cabelle [MO] 67 Cab
Cabelli [FC] 77 CDb
Cabernardi [AN] 85 Fab
Cà Bertacchi [RE] 67 Aa
Cábia [UD] 19 Bb
Ca' Bianca [MO] 55 Ec
Ca' Bianca [PD] 45 Ad
Ca' Bianca [VE] 45 Dc
Cabianca, Monte- 27 Aab
Cabiate [CO] 25 CDc
Cabie [FE] 57 Bb
Cabosa [PC] 51 Ed
Cábras [OR] 187 Dd
Ca' Bregonzi [RO] 45 Bd
Ca' Briani [VE] 45 Cd
Cabriolo [PR] 53 Db
Cabu Ábbas, Complesso nuragico di- 179 Ed
Caburáccia [FI] 67 Fcd
Cacamillo, Monte- 97 Ab
Ca' Cappellino [RO] 57 Eb
Ca' Cappello [RO] 57 Ea
Cáccamo [MC] 87 Cd
Cáccamo [PA] 159 DEc
Cácchiamo [EN] 171 Dab
Cacchiano [SI] 83 Cb
Cáccia, Monte- 123 Fc
Cáccia, Monte la- 145 Cc
Cacciamponi [AN] 85 Fb
Cacciana [NO] 23 Fd
Cacciano [AN] 85 Ec
Cacciano [AR] 83 DEb
Cacciano [BN] 121 Ac
Cacciarasca [PR] 65 ABb
Cacciarli, Monte- 73 Fb
Cacciatore, Cima del- 19 DEb
Cacciola [CS] 145 Cc
Cacciola [RE] 55 Bd
Caccione, Monte- 169 Eb
Caccivio [CO] 25 Cc
Caccume, Monte- 109 Dd
Caccuri [KR] 151 Cb
Ca' Corniani [VE] 33 Ad
Ca' Cottoni [VE] 31 Fd
Cadágnolo [MO] 67 Ac
Ca' d'Andrea [CR] 41 Dd
Cadarese [VB] 9 Ec
Cáddaris, Nuraghe- 187 Fb
Caddo [VB] 9 Dd
Cadè [MN] 43 Bd
Cade [PV] 51 Db
Cadè [RE] 53 FGc
Ca' de' Bonavogli [CR] 41 Dd
Ca' de' Caggi [CR] 41 Dd
Ca' de' Caroli [RE] 67 ABa
Ca' de' Comaschi [PC] 51 Fb
Cadecoppi [MO] 55 Dc
Ca' de' Fabbri [BO] 55 Fd
Ca' de' Fabbri [BO] 67 Db
Cadegliano [VA] 25 Bb
Cadegliano-Viconago [VA] 25 Bb
Ca' degli Oppi [VR] 43 Cc
Ca' dei Folli [LO] 39 Fc
Ca' dei Gatti [CR] 53 Da
Ca' dei Quattro [MO] 67 Ac
Cadelbosco di Sopra [RE] 55 Ac
Cadelbosco di Sotto [RE] 55 Ac
Ca' del Ferro [VR] 43 Dc
Ca' del Fosso [PV] 51 Eb
Ca' della Costa [BO] 67 Ec
Ca' del Lago [VR] 43 Dc
Cadelle, Monte- 25 Ga
Ca' del Matto [PV] 51 Eb
Cadelmonte [PC] 51 Fc
Ca' del Vescovo [UD] 33 Cc
Cà de' Mari [CR] 41 Cd
Ca' de' Mazzi [LO] 39 Fc
Cadenabbia [CO] 25 Db
Cadeo [PC] 53 Bb
Ca' de Pazzi [RE] 65 Ga
Cadero [VA] 9 Gd
Caderzone [TN] 13 Fd
Ca' de' Soresini [CR] 41 Dd
Cadi, Cima- 13 Cc
Ca' di Biss [MI] 39 Bb
Cadibona [SV] 61 Fb
Ca' di Dávid [VR] 43 Bb
Ca' di Giulietta [BO] 67 Ec
Cadignano [BS] 41 Cbc
Cadignano [MO] 67 Bc
Cadilana [LO] 39 Fc
Ca' di Lugo [RA] 69 Cb
Ca' di Macici [VR] 43 Cb
Cadimarco [BS] 41 DEc
Cadimare [SP] 73 Ba
Cadin, Cima- 17 Db
Cadin, Cima- 13 Bd
Cadin, Monte- [BL] 5 Ad
Cadin, Monte- [UD] 19 Cc
Cadin di Sotto [BL] 17 Ba
Cádine [TN] 15 Bd
Cadini, Cima- 5 Bd
Cadini, Cima- (Napfspitz) 3 Ga
Cadini, Gruppo dei- 5 Bd
Cadini, Punta- 13 Eb
Cadino, Rio- 15 Dc
Cadipietra / Steinhaus [BZ] 3 Fb
Cadiróggio [RE] 67 Ba
Ca' di Sola [MO] 67 Ca
Ca' di Velaneto, Monte- 65 Eb
Cádola [BL] 17 Cd
Ca' Dolfin [RO] 57 Fb
Ca' Dolfin [VI] 29 Fc
Cadolora [MN] 55 Bb
Cadóneghe [PD] 45 Bb
Cadorago [CO] 25 Cc
Cadore 17 Cb
Cadrezzate [VA] 23 Fc
Cádria [BS] 27 Ec
Cádria, Monte- 27 EFb
Cadriano [BO] 67 Fa
Caduta [GR] 93 Aa
Caduta, Fosso della- 107 Db
Cadutella, Fosso della- 99 Fb
Ca' Emo [RO] 45 Bd
Caerano di San Marco [TV] 31 Bc
Cafággio [LI] 91 Ba
Cafággio [PO] 75 Ebc
Cafaggiolo [FI] 75 Fb
Ca' Falier [TV] 31 Ac
Cafasse [TO] 35 FGc
Caffaráccia [PR] 65 Ba
Cáffaro, Fiume- 27 Db
Cafórnia, Monte- 103 Dd
Cafragna [PR] 53 DEc
Ca' Gallo [PU] 79 Bc
Ca' Gamba [VE] 45 FGab
Caggiano [SA] 129 Fc
Cággiole [SI] 83 Ed
Ca' Giare [VE] 45 Cb
Caginia, Serra di- → Vito, Serra di- 161 Fd
Ca' Giustinian [RO] 57 Eab
Cagli [PU] 85 Da
Cagliari [CA] 197 Bb
Cagliari-Elmas, Aeroporto Internazionale- 197 Bb
Cáglio [CO] 25 Db
Cagna [BI] 37 Dab
Cagnano [ME] 161 Fb
Cagnano [PG] 85 Ab
Cagnano [SI] 83 Bb
Cagnano [VI] 43 Ec
Cagnano Amiterno [AQ] 103 Cb
Cagnano Varano [FG] 115 Cc
Cagnàtico [BS] 27 Dd
Cágnero, Monte- 85 Ca
Cagno [CO] 25 Bc
Cagno [CS] 151 Bb
Cagnò [TN] 15 Bb
Cagno, Monte- [AQ] 103 Dc
Cagno, Monte- [RI] 103 Bb
Cágnola [PD] 45 Bc
Cagnon, Cima- 15 Dd
Ca' Grignella [VE] 57 Da
Caianello [CE] 119 Db
Caiano [AR] 77 Bc
Caiano [FI] 77 Bb
Caiano [TE] 97 Ccd
Caiazzano [SA] 141 Ea
Caiazzo [CE] 119 Fb
Caicambiucci [PG] 85 Db
Cailina [BS] 27 BCd
CAI Lissone, Rifugio- 13 Dd
Caimbanca [FE] 57 Dc
Cáina, Monte- 29 Fc
Caina, Torrente- 93 Fa
Caines / Kuens [BZ] 3 ABc
Caino [BS] 27 Cd
Cáio, Monte- 65 Db
Caioletto [RN] 77 EFc
Caionvico [BS] 41 Dab
Cáira [FR] 111 Bd
Cairano [AV] 129 Fa
Cairasca, Torrente- 9 Dc
Cairate [VA] 25 Bc
Cáire [CN] 49 Bc
Cairi, Rocca di- 59 Db
Cairo [PU] 79 CDc
Cáiro, Monte- 111 Bd
Cáiro Lomellina [PV] 51 Ba
Cáiro Montenotte [SV] 61 Eb
Caiti [RE] 65 EFb
Caivano [NA] 119 Ed
Calabernardo [SR] 177 Ec
Ca' Labia [VE] 45 Cd
Calabre, Punta- 35 Db
Calabretto [RC] 155 Cb
Calabricata [CZ] 151 Cd
Calabrina [FC] 69 Ecd
Calabritto [AV] 129 Eb
Calabritto [CE] 119 Cab
Calabrò [VV] 153 Cc
Cálabro, Torrente- 153 Bd
Calabrò, Torrente- 161 Cc
Cala Caterina [CA] 197 DEc
Cala d'Oliva [SS] 181 Bb
Calafarina, Grotta- 177 Ed
Calafúria [LI] 81 Bb
Calafúria, Riserva Naturale- 81 Cb
Calággio, Monte- 121 EFc
Calággio, Torrente- 121 Ec
Cala Gonone [NU] 189 Eb
Cala Grano [OT] 179 Ec
Caláita, Lago di- 15 Fc
Cala Liberotto [NU] 185 Fd
Calalzo di Cadore [BL] 17 Db
Calamacca, Cozzo di- 147 Cd
Cala Mancina, Grotta di- 157 Da
Calamandrana [AT] 49 EFc
Calambrone [PI] 81 Ba
Calamecca [PT] 75 Cb
Calamigna, Monti di- 159 Dc
Calamita Vecchia [TP] 157 CDd
Calamònaci [AG] 169 Bbc
Calamone, Lago- 65 Eb
Cala Mosca [CA] 197 Bb
Cala Murisca, Villaggio- [OG] 189 Fd
Calanchi di Atri, Riserva Naturale- 105 Ba
Calandrella, Pizzo- 169 Ca
Calandrone [MI] 39 Eb
Calangiánus [OT] 179 Cd
Calanna [RC] 155 Bb
Calaone [PD] 43 FGc
Cala Piccola [GR] 99 Bb
Calasca [VB] 23 CDab
Calasca-Castiglione [VB] 23 Dab
Calascibetta [EN] 171 Db
Caláscio [AQ] 103 Fc
Calasetta [CI] 195 Cc
Cala Sinzias [CA] 197 Eb
Calassiti [FR] 111 Ad
Calatabiano [CT] 163 Cd
Calatafimi-Segesta [TP] 157 Ec
Calatamauro, Castello- 169 Aa
Ca' Latis [RO] 57 EFb
Calaverde [CA] 195 Fd
Calavino [TN] 29 Aa
Calavorno [LU] 75 Ba
Calazzotto [CH] 105 Dd
Calbenzano [AR] 83 Fa
Calbi [AR] 83 Fb
Cálboli [FC] 77 Da
Calcara [BO] 67 Da
Calcara [MC] 95 Fb
Calcarelli [PA] 161 Bd
Calcariola [RI] 103 Abc
Calcata [VT] 101 Dc
Calceranica al Lago [TN] 29 Cab
Calchésio [CN] 59 DEa
Calci [PI] 75 Bc
Calciano [MT] 131 DEc
Calcina [MC] 95 Ea
Calcináia [FI] 75 Fd
Calcinàia [PI] 75 Bc
Calcináio, Monte- 93 Cb
Calcinara [GE] 63 Db
Calcinara [PC] 51 Fab
Calcinara [PZ] 143 Cb
Calcinaro [VR] 43 Cc
Calcinate [BG] 25 Gd
Calcinate del Pesce [VA] 23 Gc
Calcinatello [BS] 41 Eb
Calcinato [BS] 41 Eb
Calcinelli [PU] 79 Dc
Calcinera, Monte- 51 Db
Calcinere [CN] 47 Ec
Calciniera, Monte- 163 BCcd
Calcino, Torrente- 31 Ab
Calcio [BG] 41 Bab
Calcione [AR] 83 DEc
Cálco [LC] 25 Ec
Calco Inferiore [VC] 23 Dc
Calcroci [VE] 45 Cb
Calda [PZ] 143 Bb
Caldana [GR] 91 Db
Caldana [LI] 91 Ba
Caldana [VA] 23 Gb
Caldane [CN] 59 Da
Caldanelle, Torrente- 147 Ab
Caldara, Monti della- 169 Fd
Caldara di Manziana, Monumento Naturale- 101 Bd
Caldaro, Lago di- / Kalterer See 15 Cb
Caldarola [MC] 87 Cd
Caldarosa, Monte- 131 Cd
Caldaro sulla Strada del Vino / Kaltern an der Weinstrasse [BZ] 15 Cb
Caldasio [AL] 49 Fd
Caldenno, Monte- 11 Gc
Calderà [ME] 163 Cab
Calderano [TV] 31 Db
Calderara [IM] 71 Ea
Calderara di Reno [BO] 67 Ea
Calderari [EN] 171 Eb
Calderaro [CT] 171 Fc
Calderino [BO] 67 Eb
Caldes [TN] 15 Ab
Caldierino [VR] 43 Cb
Caldiero [VR] 43 Db
Caldine [FI] 75 Fc
Caldirola [AL] 51 Dc
Caldo, Fiume- 157 Ec
Caldogno [VI] 29 Dd
Caldognola, Torrente- 95 Da
Caldonazzo [TN] 29 Cb
Caldonazzo, Lago di- 29 Ca
Caldopiano [CS] 145 Dd
Calea [TO] 37 Aab
Caléipo [BL] 17 Cd
Calemici, Monte- 157 Dc
Calendasco [PC] 39 Fd
Calendini [CS] 149 Db
Calenzano [FI] 75 Dc
Calenzano [FI] 75 EFb
Calenzano [PC] 51 Fc
Calenzone, Monte- 51 Eb
Caléppio [MI] 39 Eb
Caleri [RO] 45 Dd
Caleri, Laguna di- 45 Dd
Caleri, Porto- 45 Dd
Calerno [RE] 53 Fc
Calessani [TV] 31 Cc
Calestano [PR] 65 Da
Caletta [LI] 81 Cb
Caletta, la- 89 Dc
Calghera [PV] 51 Eb
Cálice [PR] 63 Ga
Calice / Kalch [BZ] 3 Cb
Cálice al Cornoviglio [SP] 65 BCc
Cálice Lígure [SV] 61 Ec
Caligi, Monte- 75 Ca
Caligiana [PG] 85 Bcd
Calignano [PV] 39 Dc
Calimera [LE] 139 Ea
Calimera [VV] 153 Cc
Calino [BS] 27 Bd
Calisese [FC] 77 Fa
Cálisio, Monte- 15 Bd
Calistri [BO] 75 Da
Calitri [AV] 129 Fa
Calizzano [SV] 61 Dc
Callabiana [BI] 23 Cd
Calle [MT] 131 Db
Callea, Monte- 155 Bc
Calleta [AR] 77 Cd
Callianetto [AT] 49 Eb
Calliano [AT] 49 Eab
Calliano [TN] 29 Bb
Calliera [MN] 41 Fc
Callieri [CN] 59 Dc
Cállora, Torrente- 119 Fa
Calmasino [VR] 43 Aab
Calmazzo [PU] 79 Ccd
Calnova Fiorentina [VE] 31 Ed
Caló [MB] 25 Dc
Calofaro, Pizzo- 159 Dc
Calogna [NO] 23 Fb
Calogno, Torrente- 161 Dd
Calolziocorte [LC] 25 Ec
Calómini [LU] 73 Fa
Calone, Nuraghe- 189 Bb
Calopezzati [CS] 147 Cc
Calopinace, Fiumara- 155 Bc
Calore [AV] 121 Cc
Calore, Fiume- [Camp.] 129 Dc
Calore, Fiume- [Camp.] 121 Cc
Calore, Fiume- [Camp.] 131 Ad
Calória, Monte- 145 Dc
Calosso [AT] 49 Ec
Calóveto [CS] 147 Ccd
Calozzo [CO] 11 Dd
Calsazio [TO] 35 Gb
Caltabellotta [AG] 169 Bb
Caltafalsa [PA] 157 Fc
Caltafaraci, Monte- 169 Dd
Caltagirone [CT] 171 Fd
Caltagirone o dei Margi, Fiume- 173 Ad
Caltana [VE] 45 Cb
Caltanissetta [CL] 171 Cc
Caltavuturo [PA] 159 Fd
Caltignaga [NO] 37 Fab
Calto [RO] 55 EFb
Caltrano [VI] 29 Dc
Caltron [TN] 15 Bb
Caludranza, Monte- 19 Dd
Caluri [VR] 43 Bb
Calusco d'Adda [BG] 25 Ec
Caluso [TO] 37 Bc
Calvagese della Riviera [BS] 41 Ea
Calvana, Monte- 75 Gb
Calvana, Monti della- 75 Fb
Calvánico [SA] 129 Bb
Calvarese [AP] 97 Bb
Cálvari [GE] 63 Eb
Cálvari [GE] 63 Db
Calvarina, Monte- 43 Dab
Calvario, Il- [AG] 169 Cd
Calvário, Monte- [AQ] 111 Db
Calvário, Monte- [CL] 171 Bc
Calvário, Monte- [EN] 173 Bb
Calvário, Monte- [TE] 103 Da
Calvaruso [ME] 163 Da
Calvatone [CR] 41 Ed
Calvecchia [VE] 31 Ed
Calvello [PZ] 131 BCd
Calvello, Colle- 109 Dd
Calvello, Monte- [AV] 129 Db
Calvello, Monte- [AV] 121 Cb
Calvello, Monte- [BN] 121 Ab
Calvello, Monte- [IS] 119 Da
Calvello, Serra di- 131 Bd
Calvelluzzo, Monte- 131 Bd
Calvene [VI] 29 DEc
Calvenzano [BG] 39 Fb
Calvenzano [BO] 67 Dc
Calvenzano [LO] 39 Ec
Calvera [MT] 131 Ed
Calvera [PZ] 143 Cb
Calveseglio [CO] 25 Da
Calvetro [RE] 55 Bc
Calvi [BN] 121 Cc
Calvi [SV] 61 Ec
Calvi, Monte- [BO] 75 Ea
Calvi, Monte- [LI] 91 Ba
Cálvia, Monte- 185 Ac
Calvi dell'Úmbria [TR] 101 Eb
Calvignano [PV] 51 DEb
Calvignasco [MI] 39 Cc
Calvillano [PU] 77 FGc
Calvilli, Monte- 117 Fa
Calvi Risorta [CE] 119 Db
Calvisano [BS] 41 DEbc
Calvisi [CE] 119 Fb
Calvisio [SV] 61 Fc
Calvi Vécchia [CE] 119 Db
Calvizzano [NA] 119 Ed
Calvo [IM] 71 Cb
Calvo, Monte- [AQ] 103 Cb
Calvo, Monte- [FG] 115 Cc
Calvo, Monte- [FR] 119 Ba
Calvo, Monte- [GR] 93 Bc
Calvo, Monte- [Laz.] 117 EFa
Calvo, Monte- [ROMA] 109 Cb
Calvo, Monte- [SA] 129 Db
Calvo, Monte- [SI] 83 Cb
Calvo di Fondi, Monte- 117 Fb
Calzaferro [BS] 13 Cd
Calzolaro [PG] 85 Bbc
Calzoni [VR] 43 Bb
Camagna [TO] 35 Gc
Camagna Monferrato [AL] 49 Fab
Camaiore [LU] 73 Eb
Camairago [LO] 41 Ac
Camáldoli [AR] 77 Cc
Camáldoli [GE] 63 CDb
Camáldoli [NA] 127 Da
Camáldoli [ROMA] 109 Ac

Camáldoli [SA] 129 DEc
Camáldoli, Alveo dei– 127 Ca
Camáldoli, Riserva Naturale–
77 Cc
Camáldoli della Torre [NA]
127 Eb
Camaló [TV] 31 BCc
Camandona [BI] 23 Cd
Camarano [AN] 85 Fb
Camarda [AQ] 103 Db
Camarda, Monte– 103 Ec
Camarina 175 Fc
Camarina, Necrópoli– 175 Fc
Camaro [ME] 155 Ab
Camarza [GE] 51 Cd
Camasco [VC] 23 Db
Camastra [AG] 169 Ed
Camatta [MN] 55 Ca
Camatte [MN] 55 Bab
Ca' Matte [FE] 57 Bb
Ca' Matte [VE] 45 Cd
Camazzole [PD] 29 Fd
Cambariere [RC] 155 ABcd
Cambiago [MI] 25 Ed
Cambiano [FI] 81 Fa
Cambiano [TO] 49 Bb
Cambiasca [VB] 23 Fb
Cambiò [PV] 51 Ba
Cámbio [RO] 45 Bd
Cámbio, Monte di– 103 Bab
Camboni, Rio– 195 Eb
Cambrelle [TR] 35 Fb
Cambrembo [BG] 25 Ga
Cambrigar [VR] 29 Ac
Cambroso [PD] 45 Cc
Camburzano [BI] 23 Cd
Camedo [Svizz.] 9 Fd
Camellino [AR] 151 Cc
Ca' Mello [RO] 57 Fb
Camemi [RG] 177 Bd
Cámera [TE] 97 Dc
Camera di Ciccotti [TA]
133 Dc
Camerana [CN] 61 Db
Camerano [AN] 87 Ea
Camerano [AT] 49 Dab
Camerano [RN] 77 Ga
Camerano Casasco [AT]
49 Dab
Camerata [PG] 95 Bc
Camerata Cornello [BG]
25 Fb
Camerata Nuova [ROMA]
109 Cab
Camerata Picena [AN] 87 CDa
Camere, Isole le– 179 Ec
Cámeri [NO] 37 Fab
Cameriano [NO] 39 Ab
Camerino [MC] 87 Bd
Camerlona [RA] 69 Db
Camerona [NO] 39 Ab
Cameroni [FG] 115 ins.a
Camerota [SA] 141 Db
Ca' Micci [PU] 79 Ab
Camícia, Monte– 103 Fb
Camigliano [CE] 119 Eb
Camigliano [CS] 147 Ec
Camigliano [SI] 93 Aab
Camigliatello Silano [CS]
149 Eb
Camigliati [CS] 149 Eb
Camignone [BS] 27 Bd
Camin [PD] 45 Bb
Caminata [PC] 51 Eb
Caminata [PC] 53 Ec
Caminata / Kematen [BZ]
3 Db
Caminata Boselli [PC] 51 Fc
Caminata di Tures / Kematen
in Taufers [BZ] 3 Fb
Caminetto [UD] 33 Cab
Camini [RC] 153 Ed
Caminia [CZ] 153 Fb
Caminino [GR] 91 Eb
Camino [AL] 37 Dcd
Camino [CE] 119 Ca
Camino [TV] 31 Dc
Camino [UD] 33 Cab
Camino, Monte– 119 Ca
Camino, Pizzo– [Lomb.]
27 BCb
Camino, Pizzo– [VB] 23 Db
Camino al Tagliamento [UD]
33 Ab
Camisa [CA] 197 Eb
Camisano [CR] 41 Ab

Camisano Vicentino [VI]
45 Aab
Camitrici [EN] 171 Dc
Cammarata [AG] 169 Db
Cammarata, Monte– 169 Db
Cammauta, Monte– 169 Bb
Cammedda, Punta– 191 Dd
Camminata [CR] 53 Fab
Camminata [PC] 53 ABb
Camminate [PU] 79 Ec
Cámmoro [PG] 95 Dd
Camnago [MB] 25 Ccd
Camnago [VA] 25 Bc
Camo [CN] 49 Ec
Camoggiano [FI] 75 Fb
Camogli [GE] 63 Db
Camoia [AV] 121 Ed
Camolato, Pizzo– 161 EFc
Ca' Molin [PD] 45 Bc
Camone [GR] 93 Ab
Ca' Montagna [VR] 27 Fd
Ca' Mora [RO] 57 Eb
Ca' Morosini [RO] 43 Fd
Ca' Morosini [RO] 45 Dd
Camosci, Cima dei– / Gamser
3 Cd
Camoscie, Pizzo– 11 Eb
Camoscio, Corno del– 23 Bb
Campaccio [LU] 73 Ea
Campaccio, Monte– [FI]
77 Bb
Campaccio, Monte– [SO]
13 Bab
Campággio, Pizzo– 13 Ad
Campagna [BS] 41 Db
Campagna [BS] 41 Eb
Campagna [MI] 39 Fc
Campagna [PN] 17 Fd
Campagna [SA] 129 Dbc
Campagna [VC] 37 Cc
Campagna di Roma 107 Gc
Campagnalta [PD] 31 Acd
Campagna Lúpia [VE] 45 Cbc
Campagnano [VA] 23 Ga
Campagnano di Roma
[ROMA] 101 Dd
Campagnari–Laghi [VI] 29 Fc
Campagnático [GR] 91 Fb
Campagnella [CZ] 151 Bd
Campagnola [BI] 37 Cb
Campagnola [BS] 41 Eb
Campagnola [CE] 119 Db
Campagnola [CR] 41 Cc
Campagnola [NO] 23 Fc
Campagnola [PD] 45 Cc
Campagnola Cremasca [CR]
39 FGb
Campagnola Emilia [RE]
55 Bc
Campagnole [CN] 47 Fd
Campagnolo [BS] 41 Eb
Campagnolo [CR] 41 Ac
Campagrina [LU] 73 Ea
Campaiana [LU] 65 Fc
Campalano [VR] 43 Ccd
Campaldino, Piano di– 77 Cc
Campale [AL] 51 Ad
Campalestro [PV] 39 Acd
Campalto [VE] 45 Db
Campalto [VR] 43 Cb
Campana [AQ] 103 Ec
Campana [CS] 147 Cd
Campana [FI] 83 Ba
Campana [SI] 83 Cc
Campana [VI] 29 Cc
Campana [VI] 29 CDb
Campana, Cozzo– [CL]
171 Bb
Campana, Cozzo– [EN]
171 Eb
Campana, Punta– 157 Ac
Campana, Sasso– 13 Cb
Campanarello [AV] 121 Cc
Campanari [AN] 87 Eb
Campanaro, Monte– 163 Cd
Campane, Poggio delle–
77 Fc
Campanedda [SS] 181 BCd
Campanella [VI] 29 Eb
Campanella [VI] 29 Cd
Campanella, Monte– 169 Ec
Campanelle [MC] 97 Ba
Campanelli [BT] 123 Ec
Camparada [MB] 25 Ed
Camparient, Monte– 23 Cc
Campazzo [BS] 41 Cc

Campazzo [PR] 53 Db
Campe [VR] 29 Bd
Campea [TV] 31 Bb
Campeda, Altopiano della–
183 Ed
Campedei [BL] 31 BCab
Campedelle, Monte– 5 Bd
Campedello [PR] 53 Eb
Campégine [RE] 53 Gc
Campegli [GE] 63 Fc
Campeglia [VB] 9 Dd
Campéglio [UD] 19 CDd
Campel [BL] 17 Bd
Campelli [RO] 45 Cd
Campéllio, Monte– 27 Da
Campello [SO] 13 Bc
Campello [VB] 23 Db
Campello Alto [PG] 95 Dc
Campello sul Clitunno [PG]
95 Dc
Campertogno [VC] 23 Cc
Campese [VI] 29 Fc
Campestri [FI] 77 Ab
Campestrin [TN] 15 Fb
Campetto [CN] 61 Db
Campi [AR] 77 CDc
Campi [PG] 95 Bb
Campi [PR] 65 Bb
Campi [SI] 83 Cb
Campi [TN] 27 Fb
Campi Bisenzio [FI] 75 Ec
Campidano 191 Ec
Campiello [VB] 9 Dc
Campi Flegrei, Parco
Regionale dei– 127 Cb
Campiglia [SP] 73 Ba
Campiglia Cervo [BI] 23 Ccd
Campiglia dei Bérici [VI]
43 Fc
Campiglia dei Foci [SI] 83 Ab
Campiglia d'Órcia [SI]
93 BCb
Campiglia Maríttima [LI]
91 Ba
Campiglia Soana [TO] 35 Ga
Campiglio [MO] 67 Cb
Campiglio, Rifugio– 23 Ga
Campiglione [TO] 47 Ec
Campiglione–Fenile [TO]
47 Ec
Campigna [FC] 77 Cb
Campigno [FI] 77 Bab
Campigno, Torrente– 77 Ba
Campigo [TV] 31 Ad
Campigolett, Cima del–
29 BCb
Campill / Longiarù [BZ] 3 EFd
Campino [VB] 23 Fb
Campinola [SA] 129 Ab
Campioli [VB] 23 Dc
Campiolo [UD] 19 BCb
Campione [BS] 27 Fc
Campione [MN] 43 Ad
Campione, Monte– 27 Cc
Campione, Torrente– 27 Fc
Campione d'Italia [CO] 25 Bb
Campionna, Isola– 195 Ecd
Campi Resi [PU] 79 Bc
Campi Salentina [LE]
135 DEd
Campisia [AG] 169 Db
Campitello [BL] 17 DEa
Campitello [MN] 41 Fd
Campitello [PG] 85 DEb
Campitello [TR] 95 Cd
Campitello / Kampidell
[BZ] 3 Bd
Campitello di Fassa [TN]
15 Fb
Campitello Matese [CB]
119 Fa
Campi Vecchio [PG] 95 Fbc
Campli [TE] 97 Dc
Campliccioli, Lago di– 23 Ca
Campo [BL] 17 Bd
Campo [BL] 31 Ab
Campo [CE] 119 Ca
Campo [PI] 75 Ac
Campo [SO] 11 FGd
Campo [SO] 11 Ec
Campo [TO] 37 Ab
Campo, Cima di–
(Turnerkamp) 3 Eb

Campo, Cima di– /
Kampele–Spitze 3 Dc
Campo, Cime di– 13 Db
Campo, Corno di– 13 Bb
Campo, Lago di– 27 Da
Campo, Monte– [BG] 27 Db
Campo, Monte– [IS] 111 Eb
Campo, Monte– / Gampberg
3 Ccd
Campo, Valle– 57 Ed
Campo Aperto [CB] 113 Bde
Campobasso [CB] 113 Bd
Campobello di Licata [AG]
171 Bd
Campobello di Mazara [TP]
167 Db
Campobernardo [TV] 31 Ec
Campobrün, Riserva
Naturale– 29 Bc
Campo Cálabro [RC] 155 ABb
Campo Carlo Magno [TN]
15 Ac
Campocatino [FR] 109 DEc
Campocavallo [AN] 87 Db
Campo Cavallo / Roßkofl 5 Ac
Campo Cervaro [TV] 31 Db
Campochiaro [CB] 121 Aa
Campochiesa [SV] 71 Ga
Campocologno [Svizz.] 13 Bc
Campocroce [TV] 31 Cd
Campocroce [VE] 45 Cb
Campodalbero [VI] 29 BCd
Campodársego [PD] 45 Bab
Campo d'Avanti, Cima–
29 BCcd
Campodazzo / Atzwang [BZ]
15 DEab
Campo dei Fiori 23 Gb
Campo dei Fiori, Parco
Regionale– 23 Gb
Campo dei Messapi [TA]
139 ABa
Campo del Carro [TO] 35 Dd
Campo della Pietra [TO]
35 Eb
Campodenno [TN] 15 Bc
Campo di Carne [LT] 107 Fd
Campodiégoli [AN] 85 Ec
Campo di Fano [AQ] 105 Bd
Campo di Giove [AQ]
111 Dab
Campo di Luserna [TN] 29 Cb
Campo di Mare [ROMA]
107 Cb
Campodimele [LT] 117 Ga
Campodipietra [CB] 113 Cd
Campo di Pietra [TV] 31 Ec
Campo di Trens / Freienfeld
[BZ] 3 Cb
Campodivivo [LT] 119 Bb
Campodolcino [SO] 11 Bb
Campodólio [MO] 67 Bb
Campodónico [AN] 85 Fc
Campodónico [GE] 63 Eb
Campodorato [CZ] 149 Cc
Campodoro [PD] 45 Ab
Campo Felice, Piano di–
103 Dc
Campofelice di Fitàlia [PA]
159 Ccd
Campofelice di Roccella [PA]
159 Fc
Campoferro [PV] 51 Dab
Campofilone [FM] 97 Da
Campofiorito [PA] 169 Ba
Campo Fiscalino /
Fischleinboden [BZ] 5 BCd
Campofontana [VR] 29 Bd
Campofórmido [UD] 33 BCab
Campoforogna [RI] 103 Ab
Campofranco [CL] 169 Ebc
Campogalliano [MO] 55 Bc
Campogialli [AR] 83 DEa
Campogrande [ME] 163 Bb
Campo Imperatore 103 Eb
Campo Imperatore, Orto
Botanico di– 103 Eb
Campolano [RI] 103 Dc
Campolaro [BS] 27 Db
Campolarzo [MC] 87 Bd
Campo la Salza [TO] 47 Db
Campolasta / Astfeld [BZ]
3 BCd
Campolattaro [BN] 121 Bb
Campo Lémini [ROMA]
107 Fd
Campolémisi [LU] 73 Fab

Campoleone [LT] 107 Fcd
Campoleone Scalo [LT]
107 Fd
Cámpoli [RC] 153 Ed
Cámpoli, Prato di– 109 Ec
Cámpoli Appennino [FR]
111 ABc
Cámpoli del Monte Taburno
[BN] 121 Ac
Campolieto [CB] 113 Cd
Campo Ligure [GE] 63 Ba
Campolino, Riserva Naturale–
75 Ca
Campo Lomaso [TN] 29 Aa
Campolongo [BL] 17 Ea
Campolongo [KR] 151 DEd
Campolongo [TV] 31 Cb
Campolongo [UD] 33 Dbc
Campolongo [VE] 31 Dd
Campolongo [VI] 43 Eb
Campolongo Maggiore [VE]
45 Cc
Campolongo sul Brenta
[VI] 29 Fc
Campolongo Tapogliano
[UD] 33 Db
Campoluci [AR] 83 Eab
Campolungo [FE] 57 Cc
Campolungo [FM] 97 Ab
Campolungo [RE] 65 Fb
Campolungo, Piano di–
145 Db
Campo Lupino, Monte–
109 Ede
Campomaggiore [PZ] 131 Dc
Campomaggiore Vecchio
131 Dc
Campománfoli [SA] 129 Bb
Campomarino [CB] 113 Eb
Campomarino [TA] 137 Fc
Campo Marino [VT] 93 Dc
Campomezzavia [VI] 29 Eb
Campomigliáio [FI] 75 Fb
Campomolino [CN] 59 Eb
Campomolino [TV] 31 DEb
Campomolle [UD] 33 Bc
Campomolon, Monte– 29 Cb
Campomorone [GE] 63 Cab
Campomorto [PV] 39 Dc
Campomulo [VI] 29 Eb
Campon [BL] 17 Dd
Campon [GE] 63 Fb
Campone [PN] 17 Fc
Campo nell'Elba [LI] 89 Dc
Camponocécchio [AN] 87 Ab
Camponogara [VE] 45 Cb
Camponuovo [SV] 61 Eb
Camponuovo [SV] 61 DEb
Campopalazzi [SI] 83 BCd
Campo Pisano [CI] 195 Db
Cámpora [NA] 127 Fc
Cámpora [PR] 65 Eab
Cámpora [SA] 141 Ca
Camporághena [MS] 65 DEc
Camporanda–Villa [LU]
65 EFc
Cámpora San Giovanni [CS]
149 Cc
Camporbiano [FI] 81 Fb
Cámpore [BI] 23 CDd
Campore [PR] 53 Cc
Cámpore [SP] 63 Gb
Camporeale [PA] 157 Fc
Camporeggiano [PG] 85 Cc
Camporgiano [LU] 65 Ed
Cámpori [LU] 73 Fa
Campori [MO] 55 Cb
Camporinaldo [PV] 39 Ecd
Camporóppolo [PG] 95 Dc
Camporosso [IM] 71 Cc
Camporosso in Valcanale
[UD] 19 DEab
Campo Rotondo 109 Db
Camporotondo [AQ] 109 Db
Camporotondo [OT] 179 Cc
Camporotondo di Fiastrone
[MC] 87 Cc
Camporotondo Etneo [CT]
173 Cb
Camporovere [VI] 29 Db
Camporsino / Kammerschien
[BZ] 3 Eb
Camposampiero [PD] 31 Ad

Campo San Martino [PD]
45 Aa
Camposano [NA] 121 Ad
Campo San Pietro [BL] 31 Ba
Camposanto [MO] 55 Dc
Camposasco [GE] 63 Eb
Camposauro 121 Abc
Camposecco, Lago di– 9 Cd
Camposecco, Monte–
109 Cab
Camposervoli [SI] 93 Db
Camposilvano [TN] 29 Ab
Camposilvano [VR] 29 Bd
Camposonaldo [FC] 77 Db
Campo Soriano, Monumento
Naturale– 117 Ea
Campospinoso [PV] 39 Db
Campo Staffi [FR] 109 Dcb
Campotamaso [VI] 29 Cd
Campo Telese [CS] 143 Cc
Campo Tizzoro [PT] 75 Dab
Campotosto [AQ] 103 Da
Campotosto, Lago di– 103 Da
Campotto [FE] 69 Ba
Campottone [MC] 85 Fc
Campo Túres / Sand in
Taufers [BZ] 3 Fb
Campováglio [OT] 179 Cc
Campovalano [TE] 97 CDc
Campovecchio [AR] 83 Ea
Campoverardo [VE] 45 Cc
Campoverde [LT] 109 Ad
Campo Verde, Corno
di– 29 Db
Campovico [SO] 11 Fd
Campremoldo Sopra [PC]
51 Gab
Campremoldo Sotto [PC]
51 Ga
Campretto [PD] 31 Ad
Campriano [AR] 83 Fa
Campriano [PI] 81 Fa
Campriano [SI] 83 Dc
Campsirago [LC] 25 Ec
Campudúlimu [SS] 181 Fd
Campulongo [CA] 197 DEc
Campu Perdu [SS] 181 Bb
Campu Spina, Punta– 191 Dd
Camucia [AR] 83 Fc
Camughera, Cima– 9 CDd
Camugliano [PI] 81 Da
Camugnano [BO] 67 Dd
Camulara, Monte– 51 Gd
Camulera, Monte– 61 Dc
Camurana [MO] 55 Db
Can [BL] 17 Ad
Cana [GR] 93 Ac
Canacede [BL] 17 Ad
Canadello [PC] 51 FGd
Canáglia [SS] 181 Bd
Canai [BL] 31 Ba
Canal [BL] 31 Ab
Canala, la– [AQ] 111 Bc
Canala, la– [MT] 133 Bd
Canala, la– [RA] 69 Eb
Canalara [FR] 111 Bd
Canalazzo [MO] 55 Dc
Canal di Grivò [UD] 19 CDd
Canale [AP] 97 Bc
Canale [AV] 129 Bab
Canale [CN] 49 Cc
Canale [CN] 61 Ab
Canale [GE] 63 Ea
Canale [RO] 57 Ca
Canale [VR] 29 Ad
Canale, Monte– [RN] 77 Fc
Canale, Monte– [SO] 13 Ac
Canale, Pizzo– 163 Cc
Canale d'Ágordo [BL] 17 Ab
Canale di Bonífica a destra
del Reno 69 Ea
Canale Monterano [ROMA]
101 Dd
Canale Nuovo [TR] 93 Ec
Canáles, Lago sos– 185 Cc
Canáles, Rio– 187 Fc
Canaletto [MO] 55 Cc
Canaletto [MO] 55 Dc
Canale Vecchio [TR] 93 Ec
Canali, Torrente– 17 Ac
Canalicchio [CT] 173 Db
Canalicchio [PG] 95 Bb
Canalicchio, Monte– 161 Cc
Canalicchio, Pizzo di– 169 Bb
Canalnuovo [RO] 57 Cb
Canal San Bovo [TN] 15 Fd
Canapile [CN] 49 Bc

Canarazzo [PV] 39 Cc
Canárgius, Canale is– 195 Fc
Canaro [RO] 57 ABb
Canaváccio [PU] 79 Cc
Canavera [PV] 51 Eb
Canavera Alta [CN] 49 Bd
Canaveri [CN] 61 BCb
Canavese 37 Ab
Canazei [TN] 15 Fb
Cancano, Lago di– 13 Ca
Cancano, Monte– 13 Bc
Cancellade [BL] 17 Eb
Cancellara [PZ] 131 Cb
Cancelli [AN] 85 Ec
Cancelli [FI] 77 Bc
Cancelliera [ROMA] 107 Fc
Cancellieri, Villa– [RG]
 177 Bb
Cancello [CE] 119 CDc
Cancello [FR] 111 Bd
Cancello [NA] 119 Fd
Cancello [VR] 43 Cab
Cancello ed Arnone [CE]
 119 Dc
Cancellone di Sopra [GR]
 91 Fc
Cancervo, Monte– 25 Fb
Cancia [BL] 17 Cb
Canciano, Pizzo di– 13 Bc
Canda [RO] 55 Fa
Candáglia, Monte– 17 Dd
Candalino [CO] 25 Db
Candeglia [PT] 75 Db
Candela [FG] 123 Bc
Candela, Canale– 143 Fa
Candela, Pizzo della–
 171 Bbc
Candela, Serra– 163 Ac
Candelara [PU] 79 Dbc
Candelaro, Masseria– [FG]
 115 Cd
Candelaro, Torrente– 115 Cd
Candelattu, Punta– 185 Cb
Candeli [FI] 75 Fc
Candelo [BI] 23 Cd
Candelozzo, Monte– 63 Db
Candelù [TV] 31 Dc
Candeo, Nuraghe– 191 Fb
Cándia [AN] 87 Da
Cándia, Lago di– 37 Bc
Cándia Canavese [TO] 37 Bb
Cándia Lomellina [PV] 37 Fc
Candiana [PD] 45 Bc
Candiano, Naviglio– 69 Da
Candiàzzus [CI] 191 Cd
Cándida [AV] 121 Cd
Candide [BL] 5 Cd
Candídoni [RC] 153 Ccd
Candigliano, Fiume– 85 Ea
Candiolo [TO] 49 Ab
Candóglia [VB] 23 Eb
Candole [TV] 31 Dc
Candoleo [Cal.] 151 Dd
Candore, Tempa– 143 Ca
Cané [BL] 17 BCd
Cané [BS] 13 Dc
Cane, Monte– 171 Cc
Canébola [UD] 19 Dcd
Canedole [MN] 43 Bc
Ca' Negra [RO] 45 CDd
Canegrate [MI] 25 Bd
Canelli [AT] 49 Ec
Canepina [VT] 101 Cb
Canesano [PR] 65 Da
Caneso [PR] 63 Gab
Canestraccio, Fosso– 99 Fb
Canete [SO] 11 Fc
Canéto [PR] 65 Eb
Canétolo [PR] 65 Db
Canetra [RI] 103 Bb
Cáneva [PN] 31 Db
Caneva di Tolmezzo [UD]
 19 Bb
Canevara [MS] 73 DEa
Canevare [MO] 67 Bc
Canevaworld Resort 43 Ab
Caneviè [FE] 57 Ec
Canevino [PV] 51 Eb
Canezza [TN] 15 Cd
Canfáito, Monte– 87 Bc
Canfedin 15 Bd
Canfittori [PT] 75 Cb
Canfriolo [PD] 29 Fd
Cangelásio [PR] 53 Cc
Cángia [RA] 69 Cc
Cangiális, Nuraghe is–
 193 Cb

Cangialoso, Pizzo– 169 Ba
Canicatti [AG] 169 EFcd
Canicattini Bagni [SR] 177 Eb
Canicossa [MN] 55 Aa
Caniezza [TV] 31 Ab
Cániga [SS] 183 CDb
Canigliari [ME] 163 Cc
Canino [VT] 99 Fb
Caniparola [MS] 73 Ca
Caníscio [TO] 35 Gb
Canisoni, Spiaggia– 195 Cc
Canistro [AQ] 109 Eb
Canistro Inferiore [AQ]
 109 Eb
Canistro Superiore [AQ]
 109 Eb
Canizzano [TV] 31 BCd
Canna [CS] 143 Fb
Canna, Bruncu sa– 193 Db
Canna, Scoglio– 165 Ba
Canna, Torrente– 143 Fb
Cannai [CI] 195 Cc
Cannaiola [PG] 95 Db
Cannalonga [SA] 141 Ca
Cannalza, Rio– 181 Fd
Cannara [PG] 95 Cab
Cannarella, Monte– 171 Db
Cannarzu, Nuraghe– 183 Eb
Cannas, Conca– 191 Eb
Cannas, Rio– 193 Dd
Cannas, Rio is– 197 Bb
Cannatello [AG] 175 Aa
Cannavà [RC] 153 Bd
Cannavali [CS] 149 Dc
Cannavì, Monte– 155 Bc
Cannavò [RC] 155 Bc
Canne 123 Eb
Canne, Fiume delle– 169 Cd
Cannéggia [MC] 85 Fd
Cannella [AN] 79 EFc
Cannella, Pizzo– 161 Fc
Cannero, Castelli di– 23 Ga
Cánnero Riviera [VB] 23 Ga
Canneti di Dormelletto,
 Riserva Naturale dei– 23 Fc
Canneto [ME] 161 Dbc
Canneto [ME] 165 Db
Canneto [PC] 51 Gb
Canneto [PG] 85 Bcd
Canneto [PI] 81 Ec
Canneto [PI] 75 Dcd
Canneto [RI] 101 Fc
Cannétolo [PR] 53 Db
Canneto Pavese [PV] 51 Ea
Canneto sull'Óglio [MN]
 41 Ed
Cannícchio [SA] 141 Ba
Cannigione [OT] 179 Dc
Cannigonis [CI] 195 Dc
Cannisoni, Rio– 193 Cc
Cannistra [ME] 163 Cb
Cannitello [RC] 155 Ab
Cannizzaro [CT] 173 Db
Cannizzo [PA] 159 Ac
Cannobino, Torrente– 9 Fc
Cannóbio [VB] 9 Gd
Cánnole [LE] 139 EFab
Cannuzzo [RA] 69 Ec
Canocchielle [PZ] 143 CDc
Ca' Noghera [VE] 45 Eab
Canolo [RC] 155 Eb
Canolo [RE] 55 Bc
Canolo Nuova [RC] 155 Db
Canónica [FI] 81 Ga
Canónica [MB] 25 Dd
Canónica [PG] 95 Bc
Canónica [RN] 77 Ga
Canónica [TR] 93 Ec
Canónica a Cerreto [SI] 83 Cb
Canónica d'Adda [BG] 25 Fd
Canosa, Grotta– 105 Ccd
Canosa di Puglia [BT] 123 Eb
Canosa Sannita [CH] 105 Dc
Canóssio [CN] 59 Db
Canossa [MS] 65 Cc
Canossa [RE] 65 Fa
Canossa [RE] 65 Fa
Canossi San Giovanni [SV]
 71 Fb
Canova [FI] 77 Bd
Canova [LC] 25 Ec
Canova [MS] 65 Dc
Canova [PV] 39 CDd
Canova [RE] 65 Eb
Canova [TO] 35 Gc
Canova [VI] 43 Ea
Canova / Neuhaus [BZ] 5 Aa

Canovai, Rifugio– [RC]
 155 Cc
Canove [CN] 49 Dc
Canove [VI] 29 Db
Canove [VR] 43 DEc
Cansano [AQ] 111 Cab
Cansero [CR] 41 Dd
Cantagallina [PG] 93 DEa
Cantagallo [PO] 75 Eab
Cantagrillo [PT] 75 Db
Cantalena [AR] 83 Fc
Cantalice [RI] 103 Ab
Cantalupa [TO] 47 Eb
Cantalupo [AL] 49 Gb
Cantalupo [GE] 63 Bb
Cantalupo [IM] 71 Fb
Cantalupo [MI] 25 Bd
Cantalupo [PG] 95 Cb
Cantalupo [SV] 61 Gb
Cantalupo in Sabina [RI]
 101 Ec
Cantalupo Lígure [AL] 51 Dc
Cantalupo nel Sánnio [IS]
 111 Fd
Cantalupo Sélice [BO] 69 Bb
Cantarana [AT] 49 Db
Cantarana [CN] 61 Cd
Cantarana [VE] 45 Cc
Cantarelli dei Boschi [CN]
 49 BCc
Cantari, Monti– 109 Db
Cantavenna [AL] 37 Dcd
Cantello [BG] 25 Fb
Cantello [VA] 25 Bc
Canterano [ROMA] 109 Cb
Canterno, Lago di– 109 Dc
Canti, i– 25 Fb
Cantia [AN] 85 Fbc
Cantiano [PU] 85 Db
Cantiere, Monte– 67 Ac
Cantina [BN] 119 Fc
Cantinella [CS] 147 Abc
Canto [BG] 25 Fc
Canto [PE] 105 Cb
Canto, Monte– 25 Ec
Canto Alto 25 Ec
Cantogno [TO] 47 Fc
Cantogno, Torrente– 47 Fc
Cantóira [TO] 35 Fc
Canton [RO] 57 Da
Canton [VR] 43 Dbc
Cantonazzo [RO] 45 Ad
Cantone [BO] 55 Ec
Cantone [FE] 57 Cb
Cantone [MO] 55 Bd
Cantone [MO] 55 Bc
Cantone [PC] 51 Fb
Cantone [PG] 85 Ba
Cantone [RE] 55 Ac
Cantone [RE] 53 Gd
Cantone [RE] 53 Fc
Cantone [TR] 93 Ec
Cantone, Monte– / Matscher
 Winkel Kogel s 3b
Cantoni [CR] 53 Ea
Cantoni [TV] 31 Ac
Canton Santo [PR] 53 Db
Cantrina [BS] 41 Eab
Cantù [CO] 25 Cc
Canuggione [NO] 23 Ec
Canússio [UD] 33 Bc
Canza [VB] 9 Eb
Canzano [TE] 97 Dd
Canzatessa [AQ] 103 CDb
Canzo [CO] 25 Db
Canzo, Corni di– 25 Db
Ca' Oddo [PD] 45 Ac
Caolana, Monte– 17 DEd
Caonada [TV] 31 Bc
Caorame, Torrente– 31 Aa
Caorera [BL] 31 Ab
Caoria [TN] 15 EFc
Cáorle [VE] 33 Ad
Cáorle, Laguna di– 33 Ad
Caorso [PC] 53 Ca
Capáccio [SA] 129 Dd
Capáccio Scalo [SA] 129 CDd
Capacciotti, Lago di– 123 Cc
Capáccio Vecchio 129 Dd
Capaci [PA] 159 Bab
Capáia / Kapaiern [BZ] 5 Bc
Capálbio [GR] 99 Db
Capalle [FI] 75 Ec
Capannáccia [OT] 179 Cbc
Capanne [GR] 93 Bc
Capanne [GR] 91 Dab
Capanne [MS] 73 DEab

Capanne [PG] 95 Aa
Capanne [PG] 85 ABa
Capanne [PI] 75 Ccd
Capanne, Monte– 89 CDc
Capanne, Monte delle– /
 Hitterberg 3 Ac
Capanne, Poggio– 83 Dc
Capanne di Carrega [AL]
 51 Ed
Capanne di Cósola [AL]
 51 DEc
Capanne di Marcarolo, Parco
 Naturale delle– 63 Ba
Capanne di Sillano [LU]
 65 Ec
Capanne di Sivíglioli [LU]
 75 BCa
Capanne di Sotto [PT] 75 Cab
Capanelle [GR] 91 Fb
Capannelle, Ippódromo
 delle– 107 Fc
Capanne Marcarolo [AL]
 63 Ba
Capanno Garibaldi 69 Eb
Capánnole [AR] 83 Db
Capánnoli [PI] 81 DEa
Capannone [PT] 75 Cc
Capannori [LU] 75 Bc
Capannúccia [PI] 75 Fc
Capávoli [PI] 81 Da
Cap–d'Ail [Fr.] 71 Bc
Capecchio, Fosso– 99 Gb
Capella [CR] 53 Fab
Capena [ROMA] 101 Ed
Ca' Percivalle [PV] 51 Db
Capergnanica [CR] 39 Fc
Caperino, Montagna del–
 131 Dd
Capestrano [AQ] 103 Fc
Capestrino [IS] 111 Ec
Capezzano [LU] 73 Eb
Capezzano [SA] 129 Bb
Capezzano Pianore [LU]
 73 Eb
Capezzone, Cima– 23 Db
Capiago Intimiano [CO]
 25 Cc
Capillane, Cozzo– 147 Bd
Capilungo [LE] 139 Dc
Capin di Ponente (Kapinbcrg)
 19 Ea
Cápio, Monte– 23 Db
Ca' Pirami [VE] 31 Ed
Ca' Pisani [RO] 57 Ed
Capistrano [VV] 153 Db
Capistrello [AQ] 109 Eb
Capitana [CA] 197 Cb
Capitana, Nuraghe– 197 Cb
Capitanata 123 Bb
Capitano, Monte– 161 Cd
Capitello [FE] 57 Bb
Capitello [PD] 45 Bc
Capitello [RO] 57 Aa
Capitello [RO] 57 Ab
Capitello [SA] 141 Eb
Capitello [VI] 29 Ed
Capitello [VR] 43 Cc
Capitello [VR] 43 Dc
Capitignano [AQ] 103 Cab
Capitignano [SA] 129 Cb
Capitolo [SV] 71 Fa
Capitone [BN] 119 Fc
Capitone [TR] 101 Da
Capizzi [ME] 161 Dcd
Capizzo [SA] 129 Ed
Capizzone [BG] 25 Fc
Caplone, Monte– 27 Ec
Capo, Piana del– 161 Fb
Capobianco [VT] 101 Ba
Capo Boi, Villaggio– [CA]
 197 Dc
Capobosco [RO] 57 Bab
Capo Caccia–Isola Piana,
 Area Marina Protetta–
 183 Ac
Capo Calvanico [SA] 129 Bb
Capo Carbonara, Area Marina
 Protetta– 197 Ec
Capocavallo [PG] 85 Bd
Capoccia [LE] 139 DEa
Capocolle [FC] 69 DEcd
Capo Comino [NU] 185 Cc
Capo Contessa [PG] 85 Bc
Capo d'Ácero, Monte–
 105 Bd
Capodácqua [AP] 97 Ac
Capodacqua [AQ] 103 Fc

Capodácqua [PG] 95 Dab
Capo d'Ácqua [PG] 85 Ecd
Capodarco [FM] 87 Fc
Capo d'Árgine [BO] 55 Fd
Capo d'Árgine [VE] 31 Dd
Capodarso, Monte– 171 Dcd
Capodichino [NA] 127 Da
Capo di Fiume, Sorgente–
 111 Db
Capodimonte [BS] 41 Db
Capodimonte [NA] 127 Da
Capodimonte [VT] 101 Aa
Capo di Ponte [BS] 27 CDab
Capo di Rio [MC] 87 Cb
Capo di Serre, Monte–
 103 Fb
Capo di Sopra [TV] 31 Db
Capodistria / Koper [SLO]
 33 Fd
Capo d'Omo [LT] 117 Cb
Capo d'Orlando [ME] 161 Fb
Capodríse [CE] 119 Ec
Capo Gallo–Isola delle
 Femmine, Area Marina
 Protetta– 159 Ba
Capoiale [FG] 115 BCb
Capolago [VA] 23 Gc
Capolapiaggia [MC] 87 Bd
Capo la Serra, Monte– 129 FGc
Capolavello 143 Ba
Capolcastro [PD] 45 Acd
Capolegrotte [CH] 105 Dd
Capoleprata [FR] 109 Ed
Capolíveri [LI] 89 Ec
Capolona [AR] 83 Fa
Capo Mulini [CT] 173 DEb
Caponago [MB] 25 Ed
Capo Pássero, Isola di–
 177 Ed
Capo Piccolo, Villaggio– [KR]
 151 Ed
Capoponte [PR] 65 Ea
Capo Portiere [LT] 117 Ca
Caposa [CS] 151 Bb
Caporotondo 133 Bd
Caposele [AV] 129 Eb
Caposelva [PU] 51 DEc
Caposelvi [AR] 83 Db
Caposile [VE] 31 Ed
Caposotto [MN] 55 Eb
Capostrada [PT] 75 Db
Capoterra [CA] 195 Fb
Capoterra [CA] 195 Fc
Capovalle [BG] 25 Gb
Capovalle [BS] 27 DEc
Capovento, Torre– 117 Fb
Capovilla [VI] 29 DEd
Capo Volturno, Sorgente–
 111 Dd
Cappa [TO] 37 Cd
Cappa, Isola della– 99 ins.a
Cappáddcia [AQ] 109 Dab
Cappella [AV] 121 Bd
Cappella [KR] 147 Ed
Cappella [LU] 75 Ab
Cappella [NA] 127 Cb
Cappella [TN] 29 Cb
Cappella [VE] 31 Bd
Cappella, Monte– 119 Da
Cappella, Villa la– [SI] 93 Ca
Cappella Cantone [CR] 41 Bc
Cappella del Bosco [TO]
 47 Fc
Cappella de' Picenardi [CR]
 41 Dd
Cappella Maggiore [TV]
 31 CDb
Cappella Moreri [TO] 47 Ebc
Cappellano [SR] 177 DEb
Cappellano, Monte– 153 Cd
Cappella Nuova [NA] 127 Cb
Cappellazzo [CN] 49 Bd
Cappellazzo [VI] 29 Cc

Cappellazzo, il– 143 Cc
Cappelle [AQ] 109 Ea
Cappelle [CE] 119 Cb
Cappelle [CR] 41 Bc
Cappelle [LU] 75 Ba
Cappelle sul Tavo [PE]
 105 Cb
Cappelletta [MN] 43 Ad
Cappelletta [VE] 31 Bd
Cappelletta Stoffi [MO] 55 Cb
Cappelli [CN] 49 Bb
Cappelli [CN] 49 Cc
Cappellina, Serra– 143 Cc
Cappello [CN] 61 Cc
Cappellone, Monte– 103 Eb
Cappiella [CB] 113 Ad
Cappone [TN] 15 Cc
Cappucciata, Monte– 103 Fc
Cappuccini [PG] 95 Cb
Cappuccini [PG] 85 Bd
Cappuccini [PG] 85 Dbc
Cappuccini [PU] 79 Cc
Cappuccini [TR] 101 Da
Cappuccini [VC] 37 Ec
Cappuccini [VT] 99 Fa
Cappuccini, Isola dei–
 179 Dc
Cappuccini Vecchi [TR]
 101 Eab
Cappúccio, Toppa– 131 Ec
Capra, Cima della– /
 Härtlaner Spitze 3 Cc
Capra, Corna di– 13 Bc
Capra, Monte– 67 Eb
Capra, Monte della– 171 Db
Capracotta [IS] 111 Eb
Capráda [VT] 93 Ed
Capradosso [AP] 97 Cb
Capradosso [RI] 103 Bc
Caprafico [TE] 97 Dd
Capraglia [AL] 51 Ba
Capráia [AR] 83 Ea
Capráia [FI] 75 Dc
Capráia, Isola di– 89 Ba
Capráia, Torrente– 83 Ea
Capráia e Límite [FI] 75 Dc
Capráia Isola [LI] 89 Ba
Capráia o Caprara, Isola–
 115 ins.a
Capralba [CR] 39 Fb
Capránica [PG] 95 Da
Capránica [VT] 101 Cc
Capránica Prenestina [ROMA]
 109 Bb
Capránica Scalo [VT]
 101 BCc
Caprara [BO] 67 DEc
Caprara [RE] 53 Fc
Caprara, Grotta– 105 Cd
Caprara, Isola– → Capráia,
 Isola– 115 ins.a
Caprara d'Abruzzo [PE]
 105 Cb
Caprárica [LE] 139 Fc
Caprárica di Lecce [LE]
 139 Ea
Caprarico [MT] 143 Ea
Capraro, Monte– 111 Ec
Caprarola [VT] 101 Cc
Capráuna [CN] 71 Ea
Caprazzino–Strada [PU]
 79 Ac
Caprecano [SA] 129 Bb
Capreno [GE] 63 Dc
Caprera, Isola– 179 Db
Caprese Michelangelo [AR]
 77 Dd
Caprezzo [VB] 23 Ga
Capri [Camp.] 127 Dc
Capri [NA] 127 Dc
Capri, Isola di– 127 Dc
Capri, Monte– 73 Ba
Capriana [TN] 15 Cc
Capriano [MB] 25 Dc
Capriano del Colle [BS]
 41 Cb
Capriata d'Orba [AL] 51 Bc
Capriate San Gervasio [BG]
 25 Fd
Capriati a Volturno [CE]
 119 Da
Capricchia [RI] 97 Bd
Capriccioli [OT] 179 Ec
Cáprie [TO] 35 Fd
Caprieto [GE] 51 Dd
Capriggine, Torrente– 81 Fb
Capríglia [CH] 105 Dd

Caprìglia [LU] 73 Eb
Capriglia [MC] 87 Ac
Caprìglia [MC] 95 Fab
Caprìglia [SA] 129 Bb
Caprìglia Irpina [AV] 121 Bd
Caprìglio [AT] 49 Cab
Caprìglio [PR] 65 Eb
Caprìgliola [MS] 65 Ccd
Caprignana [LU] 65 Ec
Caprile [AR] 77 Ec
Caprile [BG] 25 Fab
Caprile [BI] 23 Dc
Caprile [BL] 17 Bb
Caprile [FE] 57 DEb
Caprile [FR] 111 ABd
Caprile [GE] 63 Ea
Caprile [NA] 127 Fb
Caprile [PC] 51 Fb
Caprile [PG] 85 Eb
Caprile [PU] 85 Eb
Caprile [RE] 65 Eb
Caprile / Gfrill [BZ] 15 Ba
Capri Leone [ME] 161 Fb
Caprili [GE] 63 Ea
Caprinale [SO] 13 Bd
Caprino [CO] 25 Bb
Caprino Bergamasco [BG]
25 Ec
Caprino Veronese [VR] 27 Fd
Càprio [MS] 65 Cb
Caprioli [SA] 141 Cb
Capriolo [BS] 27 Ad
Capriolu [OT] 179 Cc
Capriolu, Bruncu- 189 Cd
Caprionero, Lago- 111 Dd
Capriuleddu [OT] 179 Cc
Ca' Priuli [PD] 43 Fd
Capriva del Friuli [GO]
33 DEb
Caprizi [UD] 17 Fb
Capro [PG] 95 Cb
Caprolace, Lago di- 117 Ca
Caprona [PI] 75 Bc
Caprone / Kapron [BZ] 1 Dc
Capsano [TE] 103 Fab
Capua [CE] 119 Ec
Capugnano [BO] 67 Cd
Capurso [BA] 125 Db
Caputo, Masseria- [MT]
143 DEa
Carabiddicchia, Fontana-
167 Da
Carabollace, Torrente- 167 Fb
Caraceto [BI] 23 Dd
Caraffa del Bianco [RC]
155 Dc
Caraffa di Catanzaro [CZ]
149 Ed
Ca' Raffaello [AR] 77 Fc
Caraglio [CN] 59 Fb
Caragna [SV] 61 Dc
Caragnetta [SV] 61 Dc
Ca' Rainati [TV] 31 Ac
Carale [VB] 23 Da
Caralte [BL] 17 Db
Caramagna Piemonte [CN]
49 Bc
Caramanico Terme [PE]
105 Cd
Caramelli [CN] 61 Db
Caramello, Villa- [PC] 51 Fa
Carameto, Monte- 53 Bc
Caramito, Monte- 129 Ecd
Carámola, Monte- 143 Dbc
Carámolo, Monte- 145 Db
Carana, Rio- 179 Bd
Carangiaro, Monte- 171 Dbc
Carani [CE] 119 Cb
Caranna [BR] 133 Gb
Carano [CE] 119 Cb
Carano [LT] 109 Ad
Carano [TN] 15 Dc
Caranza [SP] 65 Ab
Caranzano [AL] 49 Gc
Carapelle [FG] 123 Ca
Carapelle, Torrente- 123 Da
Carapelle Calvísio [AQ]
103 Fc
Carapello, Fiume- 121 Ba
Carapellotto, Torrente-
121 Fb
Carapelotto, Canale- 123 Da
Carasco [GE] 63 EFb
Carassai [AP] 97 CDab
Carate Brianza [MB] 25 Dcd
Carate Ùrio [CO] 25 Cb
Caratta [PC] 53 Ab
Caravàggio [BG] 39 Fab
Caravate [VA] 23 Fb
Caravini [VC] 37 Cc
Caravino [TO] 37 Bb
Caravita [NA] 127 DEa
Caravius, Monte is- 195 Ec
Caravónica [IM] 71 Eb
Carbai, Nuraghe- 189 Cb
Carbognano [VT] 101 Cc
Carboj, Fiume- 167 Fb
Carbolo, Monte- 65 CDd
Carbona [PN] 33 Ab
Carbonara [CE] 119 Db
Carbonara [PD] 43 Fb
Carbonara [PD] 45 Ad
Carbonara [PG] 85 Ecd
Carbonara, Cozzo- 161 Bbc
Carbonara, Pizzo- 161 Bc
Carbonara al Ticino [PV]
39 Cd
Carbonara di Bari [BA]
125 Db
Carbonara di Nola [NA]
127 Fa
Carbonara di Po [MN] 55 Ea
Carbonara Scrivia [AL] 51 Cb
Carbonare [TN] 29 Cb
Carbonarola [MN] 55 Ea
Carbonate [CO] 25 Bc
Carbone [PZ] 143 Cb
Carbone [RC] 155 Eb
Carbone, Fosso- 143 Cb
Carbonè, Monte- 59 Fcd
Carbonera [TV] 31 Ccd
Carbonera [VE] 45 DEb
Carbonere Nuove [TV] 31 Ec
Carboneri [AT] 49 Da
Carboneri [TO] 47 Dc
Carbonesca [PG] 85 Dc
Carbonia [CI] 195 CDbc
Carbonifera [LI] 91 Cb
Carbonile [FI] 77 Bb
Carbonile [FI] 77 Ac
Carbonin / Schluderbach
[BZ] 5 Bd
Carbuta [SV] 61 Ec
Carcaci [EN] 173 Bab
Cárcaci, Monte- 169 Ca
Carcano [CO] 25 Dc
Cárcare [SV] 61 Eb
Carcatora, Monte- 87 Cc
Carcegna [NO] 23 Ec
Cárceri [AQ] 111 DEb
Cárceri [PD] 43 Fc
Cárcheri [FI] 75 Ec
Carchitti [ROMA] 109 Ac
Carciato [TN] 15 Ac
Carcilupo [PA] 159 Dd
Carcina [BS] 27 Cd
Carcóforo [VC] 23 Cb
Carda [AR] 83 Ea
Carda [ME] 163 Dab
Cardagnano [MC] 97 Aab
Cardana [VA] 23 Fb
Cardano [CO] 25 Dab
Cardano [TR] 101 Eab
Cardano / Kardaun [BZ]
15 Db
Cardano al Campo [VA]
23 Gd
Cardaxius, Rio- 193 Cc
Cardazzo [PV] 51 Fa
Cardè [CN] 47 Fc
Cardé, Monte- 171 Bc
Cardedu [OG] 193 Eb
Cardedu, Nuraghe- 193 Eb
Cardella [PU] 85 Da
Cardellia, Monte- 159 Bd
Cardeto [RC] 155 Bc
Cardetole [FI] 75 Fb
Cardeto Sud [RC] 155 Bc
Cardezza [VB] 9 Dd
Cardiga, Monte- 193 Dc
Cardigliano di Sopra [LE]
139 Ec
Cardile [SA] 141 Ca
Cardilla [TP] 167 Ba
Cardillo [PA] 159 Bab
Cardillo, Serra- 145 Fc
Cardinala [MN] 43 Cd
Cardinale [CZ] 153 Ec
Cardine, Monte- 11 Eb
Cardinello, Monte- 11 Dc
Cardini [CN] 61 Cc
Carditello [CE] 119 DEc
Cardito [FR] 111 Cd
Cardito [NA] 119 Ed
Cardona [AL] 49 Ea
Cardona, Canale- 143 Fb
Cardoneto, Monte- 151 Bb
Cardosa, Monte- 95 Fb
Cardoso [LU] 73 Eab
Cardoso [LU] 75 Aab
Carè Alto, Monte- 13 Ed
Caredia–Lacco [RC] 155 Bd
Carega [VC] 23 Dc
Carega, Gruppo del- 29 Bc
Careggi [FI] 75 Fc
Caréggine [LU] 73 Ea
Carella [CO] 25 Dc
Carella, Monte- 111 Cd
Carelli [TA] 133 Fd
Carello Inferiore [CS] 151 Cb
Carema [TO] 23 Ad
Carena [Svizz.] 11 Ccd
Carena, Monte- 27 Db
Carene [BI] 23 Cd
Carengo [VC] 37 Ec
Carenno [LC] 25 Ec
Careno [CO] 25 Cb
Careno [PR] 53 Cc
Carentino [AL] 49 Fb
Careri [RC] 155 Dbc
Careri, Fiumara- 155 Dc
Caresana [TS] 33 Fd
Caresana [VC] 37 Fc
Caresanablot [VC] 37 Eb
Careser, Lago del- 13 Fb
Carestello [PG] 85 Dc
Caretto [TO] 37 Ab
Carezza, Lago di- 15 Eb
Carezza al Lago / Karersee
[BZ] 15 Eb
Carezzano [AL] 51 Cc
Carezzano Maggiore [AL]
51 Cc
Carfagnoi [BL] 17 BCd
Carfizzi [KR] 151 Db
Cargalla [MS] 65 Cb
Cargédolo [MO] 65 Gc
Cargeghe [SS] 183 Dbc
Cargnacco [UD] 33 Cab
Caría [VV] 153 Bc
Cariati [CS] 147 Dcd
Cariati Marina [CS] 147 Dcd
Caricatore [CN] 59 Eb
Caricatore, Pietra del- 153 Ec
Cariè [PG] 95 Da
Cariello Nuovo [BA] 125 Dc
Carifano–Mastro Alessio
[FG] 121 Ec
Carife [AV] 121 Ec
Caríge Alta [GR] 99 Db
Caríglio [CS] 145 Dd
Carignano [FG] 113 Fe
Carignano [MS] 65 Cd
Carignano [PR] 53 Ec
Carignano [PU] 79 Dc
Carignano [TO] 49 ABb
Carimate [CO] 25 Cc
Carinaro [CE] 119 Ed
Carini [PA] 159 Bb
Carini [PC] 53 Bc
Carinola [CE] 119 Cb
Carinola, Lago di- 119 Cc
Carinola, Piana di- 119 Cb
Carisasca [PC] 51 Ec
Cariseto [PC] 51 Fd
Carísio [VC] 37 Db
Carisolo [TN] 13 Fcd
Carità [TV] 31 Cc
Cariusi, Monte- 141 Ea
Carlantino [FG] 113 Dd
Carlazzo [CO] 25 Ca
Carlentini [SR] 173 CDd
Carletti [IM] 71 Cc
Carleveri [CN] 61 Bb
Carlino [UD] 33 Cc
Carlino, Rio- / Karlinbach
1 Dc
Carloforte [CI] 195 Bc
Carlomagno, Monte- 151 Bb
Carlona [AL] 51 Bc
Carlo Pisacane, Cippo-
141 Ea
Carlópoli [CZ] 149 Ec
Carmagnola [TO] 49 Bb
Carmegn [BL] 17 Bd
Carmiano [LE] 135 Ed
Carmiano [PC] 53 Ab
Carmignanello [PO] 75 Eb
Carmignano [FE] 57 Cb
Carmignano [PD] 43 Fd
Carmignano [PO] 75 DEc
Carmignano di Brenta [PD]
29 Fd
Cármine [AR] 85 Aa
Carmine [CN] 61 Bb
Cármine [PV] 51 Eb
Cármine [RC] 155 Ac
Cármine [VB] 23 Ga
Cármine, il- [KR] 151 Ec
Cármine, il- [LE] 139 CDb
Carmito [SR] 173 Ccd
Carmo, Monte- [AL] 51 Ed
Carmo, Monte- [SV] 61 Ec
Carmosina, Foce- 123 Ea
Carnago [VA] 25 Bc
Carnaiola [TR] 93 Eb
Carnale [SA] 129 Fd
Carnalèz [TN] 15 Bb
Carnara, Monte- 143 Ebc
Carnate [MB] 25 Ed
Carné, Parco- 69 Bc
Carnella, Monte- 63 Fb
Carnello [FR] 111 Ac
Carnera, Cima- 23 Bb
Carnevalone, Monte- 77 Ba
Cárnia [Fr.V.G.] 19 Bb
Cárnia [UD] 19 Bb
Carniana [RE] 65 Fb
Carníglia [PR] 65 Ab
Carnino [CN] 61 Bd
Carnizza, Monte- 19 Dcd
Carnola [RE] 65 Fb
Carnovale [SV] 61 Eb
Caróbbio [MN] 55 Db
Caróbbio [MN] 55 Bab
Caróbbio [PR] 65 Dab
Caróbbio degli Angeli [BG]
27 Acd
Carola, Garzaia della- 39 Dc
Carolei [CS] 149 Db
Carona [BG] 25 Gab
Carona [SO] 13 Bd
Carone, Monte- 27 Fb
Cároni [VV] 153 Bc
Caronía [ME] 161 Dbc
Caronía, Torrente di- 161 Db
Caronie → Nébrodi, Monti-
161 Ec
Caroniti [VV] 153 Bc
Caronno Pertusella [VA]
25 Cd
Caronno Varesino [VA] 25 Bc
Caronte [CZ] 63 Da
Caronte, Terme- 149 Dd
Carosino [TA] 133 Gd
Carossi [AT] 49 DEc
Carotte [VI] 29 Cb
Carovigno [BR] 135 Bb
Carovilli [IS] 111 Ec
Carozzo [SP] 73 Ca
Carpacco [UD] 19 Ad
Carpadasco [PR] 53 Ccd
Cárpana [PR] 65 Ba
Carpanè [VI] 29 EFb
Carpanedo [PD] 45 Bc
Carpaneto [PR] 65 Eab
Carpaneto Piacentino [PC]
53 Bb
Carpani [LI] 89 Dc
Carpanzano [CS] 149 Dc
Carpasina, Torrente- 71 Eb
Carpásio [IM] 71 Eb
Carpe [SV] 61 DEd
Carpe, Torrente- 151 Db
Carpegna [PU] 77 Fc
Carpegna, Monte- 77 Fc
Carpellone, Cima del- 95 Ed
Carpen [BL] 31 Ab
Cárpena [FC] 69 Dc
Carpenara [GE] 63 Bb
Carpenaro [SV] 61 Fb
Carpenedo [TV] 31 Bc
Carpenedo [VE] 45 Dab
Carpenedolo [BS] 41 Eb
Carpeneto [AL] 51 Ac
Carpeneto [GE] 63 Ea
Carpeneto [UD] 33 BCb
Carpeneto [VC] 37 Dc
Carpenetta [CN] 49 Ac
Carpenzago [MI] 39 Bb
Carpésica [TV] 31 Cb
Carpi [MO] 55 Cc
Carpi [VR] 43 Ed
Carpiano [MI] 39 Dc
Carpignago [PV] 39 Cc
Carpignalle [FI] 83 Ba
Carpignano [AV] 121 Dc
Carpignano [MC] 87 Cc
Carpignano Salentino [LE]
139 Ea
Carpignano Sésia [NO] 37 Ea
Carpina, Torrente- 85 Cb
Carpine [FR] 109 Ed
Carpinella, Torrente- 85 Cb
Carpinello [FC] 69 Dc
Carpineta [BO] 67 Dcd
Carpineta [FC] 77 Fa
Carpineta [PT] 75 Ea
Carpineta, Monte- 129 Eb
Carpineti [RE] 65 FGb
Carpineto [SA] 129 Bb
Carpineto [SV] 61 FGb
Carpineto, Costa di- 159 Bbc
Carpineto, Monte- 143 Aa
Carpineto della Nora [PE]
105 Bc
Carpineto Romano [ROMA]
109 Cd
Carpineto Sinello [CH]
113 Bab
Cárpini [PG] 85 Cb
Carpino [FG] 115 CDbc
Carpinone [IS] 111 Ed
Carpinone, Lago di- 111 Fd
Carpinoso, Monte- 145 Cb
Carpinteri [SR] 177 Dc
Carpugnino [NO] 23 Fb
Carrabba [CT] 173 Ea
Carrabusu, Rio- 187 Eb
Carracanedda, Punta- 185 Cb
Carradore, Punta- 189 Bd
Carráia [FI] 75 EFb
Carráia [LU] 75 Bc
Carráia [PG] 93 Ea
Carráie [RA] 69 DEc
Carrara [MS] 73 Da
Carrara [PU] 79 Dc
Carrara San Giórgio [PD]
45 Ac
Carrara Santo Stéfano [PD]
45 Bc
Carraria [UD] 19 Dd
Carré [AO] 21 Cd
Carrè [VI] 29 Dc
Carrega Ligure [AL] 51 DEd
Carretto [SV] 61 Eb
Carriero, Serra- 131 Bab
Carrito [AQ] 111 Bab
Carrito, Galleria di- 111 Ba
Carro [SP] 65 Ac
Carrobbioli [RE] 55 Bb
Carróbio [MN] 41 Fd
Carródano [SP] 65 Ac
Carródano Inferiore [SP]
65 Ac
Carródano Superiore [SP]
65 Ac
Carrone [TO] 37 Bb
Carrósio [AL] 51 BCcd
Carrù [CN] 61 Cb
Carruba [CT] 173 Eab
Carruba Nuova [PA] 167 Fa
Carrubba [EN] 171 Fb
Carruozzo, Monte- 129 Fb
Carséggio [BO] 67 FGc
Carsi [GE] 63 Da
Carsia, Torrente- 91 Db
Carso (Kras) 33 Fc
Carsóli [AQ] 103 Bd
Carsuga [PG] 85 Aab
Carsulae 95 Cd
Carsulae, Parco Archeologico
di- 95 Cd
Cart [BL] 31 Aa
Cartabubbo [AG] 167 Fb
Cártari [IM] 71 Ea
Cartasegna [AL] 51 DEd
Cartería di Sesto [BO] 67 EFb
Cartiera [CN] 61 Ccd
Cartigliano [VI] 29 EFc
Cartignano [CN] 59 Eb
Cartoceto [PU] 85 Ea
Cartoceto [PU] 79 Dc
Cartósio [AL] 61 Fa
Cartucceddu, Punta- 193 Eb
Cartura [PD] 45 Bc
Carturo [PD] 29 Fd
Carú [RE] 65 Fb
Carubbo [CT] 171 Fbc
Carugate [MI] 25 Ed
Carugo [CO] 25 Dc
Carunchina, Colle- 113 Bb
Carúnchio [CH] 113 Bb
Caruso, Colle- 113 Bd
Caruso, Monte- [CE] 119 Eb
Caruso, Monte- [FR] 109 Ee
Caruso, Monte- [IS] 111 Ede
Caruso, Monte- [PZ] 131 Bb
Caruso, Monte- [PZ] 131 Ba
Carvacco [UD] 19 Bc
Carvarino, Monte- 131 Ac
Carve [BL] 31 Ba
Carviano [BO] 67 Dc
Carvico [BG] 25 Ec
Carza, Torrente- 75 Fb
Carzaghetto [MN] 41 Dcd
Carzago Riviera [BS] 41 Eab
Carzano [BS] 27 Bc
Carzano [TN] 15 Dd
Carzeto [PR] 53 DEb
Casà [GE] 63 Da
Casa, Monte- 3 Cc
Casa, Pizzo di- 159 Ccd
Casabasciana [LU] 75 Bab
Ca' Sabbioni [VE] 45 Db
Casabella [BZ] 1 Dc
Casabianca [AT] 49 DEb
Casabianca [FM] 87 Fc
Casabianca [SI] 83 DEc
Casabianca [TO] 37 Bc
Casabona [IS] 111 DEc
Casabona [KR] 151 Db
Casaburi [SA] 141 Cb
Casacagnano [AP] 97 Bbc
Casacalenda [CB] 113 CDc
Casacanditella [CH] 105 Dc
Casacastalda [PG] 85 Dc
Casacce [AR] 83 Eb
Casacce [PG] 85 Eb
Casacce [PG] 85 Dc
Casacce [SO] 13 Acd
Casáccia [ROMA] 107 Da
Casáccia [VC] 23 Cc
Casaccie [BS] 41 Cc
Casacco, Colle- 113 Ac
Casa Colombi [PV] 51 Eab
Casacorba [TV] 31 Bd
Casa del Bosco [BI] 23 Dd
Casa del Conte [PZ] 143 Dc
Casa del Marchese [PV]
51 Eb
Casa Fiori [PV] 51 Eb
Casagiove [CE] 119 Ec
Caságlia [BO] 67 Eb
Caságlia [BS] 41 Cab
Caságlia [FE] 55 Gb
Caságlia [FI] 77 Ba
Caságlia [PG] 95 Ba
Caságlia [PI] 81 DEbc
Caságlia [SI] 83 Ab
Casagliana [OT] 179 Dcd
Casagreca [TE] 97 Cd
Casalabate [LE] 135 Ecd
Casalalta [PG] 95 Bb
Casalánguida [CH] 105 Fd
Casaláttico [FR] 111 Bd
Casalbagliano [AL] 49 Gb
Casalbellotto [CR] 53 Fb
Casalbeltrame [NO] 37 Eb
Casalbergo [VR] 43 Cc
Casalbordino [CH] 105 Fd
Casálbore [AV] 121 Cb
Casalborgone [TO] 37 Bd
Casal Borsetti [RA] 69 Ea
Casalbuono [SA] 141 Fa
Casalbusone [AL] 51 Dd
Casalbuttano [CR] 41 Bc
Casalbuttano ed Uniti [CR]
41 Bc
Casalcassinese [FR] 111 Cd
Casal Cermelli [AL] 51 Ab
Casalciprano [CB] 113 Bd
Casal di Príncipe [CE] 119 Dc
Casaldonato [PC] 51 Fd
Casaldrino [PC] 51 Fc
Casalduni [BN] 121 Bb
Casale [AP] 97 Bb
Casale [AQ] 111 Bab
Casale [AR] 83 Da
Casale [AR] 83 Fab
Casale [BI] 37 Ba
Casale [BO] 75 Da
Casale [CB] 111 Fcd
Casale [CE] 119 Db
Casale [CE] 119 Cb
Casale [FC] 77 Fa
Casale [FC] 69 Bcd
Casale [FI] 77 Bb
Casale [MC] 95 Fa
Casale [ME] 163 Bb
Casale [MN] 41 Fd
Casale [MN] 43 Bd

Casale [PG] 95 Cb
Casale [PG] 95 Db
Casale [PI] 75 Ccd
Casale [PO] 75 Eb
Casale [PR] 53 Fb
Casale [PR] 53 Ec
Casale [PR] 63 Gb
Casale [RA] 69 Bc
Casale [RE] 65 Fb
Casale [SA] 129 Eb
Casale [SA] 129 Bb
Casale [SP] 65 Bc
Casale [TO] 37 Bc
Casale [TP] 167 Ca
Casale [VI] 29 Dc
Casale [VI] 43 Fa
Casale, Monte– 131 Ed
Casale, Serra– 177 Cb
Casale, Villa– [SI] 83 Cc
Casale, Villa Romana del–
171 Dc
Casale Abbruciato [ROMA]
107 Fc
Casale Battista [ROMA]
109 Aab
Casalecchio [RE] 65 Fb
Casalécchio, Monte– 95 Bc
Casalécchio dei Conti [BO]
67 Gb
Casalécchio di Reno [BO]
67 Eb
Casale Cerqueto [ROMA]
107 Fc
Casale Corte Cerro [VB]
23 Eb
Casale Cremasco [CR] 41 Ab
Casale Cremasco–Vidolasco
[CR] 41 Ab
Casale dei Molini [CN]
61 Bab
Casale della Mandria [ROMA]
107 Gd
Casale delle Palme [LT]
109 Bd
Casale di Pari [GR] 91 Fa
Casale di Scodósia [PD]
43 Ec
Casale Fiammingo [ROMA]
109 Aad
Casaléggio [GE] 63 Fa
Casaléggio Boiro [AL] 51 Bd
Casaléggio Novara [NO]
37 Fb
Casale Litta [VA] 23 Gc
Casale–Loreto [UD] 33 Ab
Casale Marittimo [PI] 81 Dc
Casale Masé [CH] 111 Eb
Casale Monferrato [AL] 37 Ed
Casalena [AP] 97 Cb
Casaleno [TE] 97 Dc
Casale Nuovo [ROMA]
101 EFd
Casaleone [VR] 43 Dcd
Casale San Nicola [TE]
103 Eb
Casale Soprano [CN] 61 Cab
Casale Staffora [PV] 51 Ec
Casale sul Sile [TV] 31 Cd
Casaleto [PR] 65 Aa
Casaletto [MN] 53 Gb
Casaletto [VT] 101 Bc
Casaletto Ceredáno [CR]
39 Fc
Casaletto di Sopra [CR] 41 Ab
Casaletto di Sotto [CR] 53 Ea
Casaletto di Sotto [ROMA]
107 Dab
Casaletto Lodigiano [LO]
39 Ec
Casaletto Spartano [SA]
141 Eb
Casaletto Vaprio [CR] 39 Fb
Casalfiumanese [BO] 69 Ac
Casalgiate [NO] 37 Fb
Casalgiordano [PA] 171 CDa
Casalgrande [RE] 67 Ba
Casalgrasso [CN] 49 Ac
Casalguidi [PT] 75 Eb
Casali [CH] 111 Fc
Casali [FI] 75 Fa
Casali [FR] 119 Ba
Casali [MC] 95 FGb
Casali [PC] 53 Bc
Casali d'Aschi [AQ] 111 Bb
Casali Franceschinis [UD]
33 Bc
Casaliggio [PC] 51 Gb

Casalina [MS] 65 Cb
Casalina [PG] 95 Bb
Casalincontrada [CH] 105 Cc
Casaline [AQ] 103 Cb
Casalini [BR] 135 Ab
Casalini [PG] 93 Ea
Casalino [AL] 37 Dd
Casalino [AR] 83 DEc
Casalino [AR] 77 Cc
Casalino [GE] 63 CDa
Casalino [GE] 93 Ab
Casalino [NO] 37 Fb
Casalino [RE] 65 Fc
Casalino [VR] 43 Ec
Casalino [VT] 99 Fbc
Casalmaggiore [CR] 53 Fb
Casalmaiocco [LO] 39 Ebc
Casalmorano [CR] 41 Bc
Casalmoro [MN] 41 Ec
Casalnoceto [AL] 51 Cb
Casalnovo [GR] 99 Da
Casalnuovo [RC] 155 Cc
Casalnuovo di Napoli [NA]
127 DEa
Casalnuovo Monterotaro
[FG] 113 Ed
Casaloldo [MN] 41 Ec
Casalone [GR] 91 FGb
Casalone [VT] 101 Cb
Casalone, Poggio– 83 Ac
Casalorzo [CR] 41 Dd
Casalottello [PA] 159 Bd
Casalotti [ROMA] 107 Eb
Casalotto [AT] 49 Fc
Casalotto [RC] 155 Ab
Casal Palocco [ROMA]
107 DEc
Casalpo [RE] 53 Gb
Casalpoglio [MN] 41 Ec
Casalporino [PR] 65 Ga
Casalpusterlengo [LO] 39 Fc
Casalromano [MN] 41 Ec
Casalrosso [VC] 37 Ec
Casalserugo [PD] 45 Bc
Casalsigone [CR] 41 Cc
Casalsottano [SA] 141 Ba
Casal Thaulero [TE] 97 Ed
Casaltondo [PG] 93 Eab
Casaltone [PR] 53 Fc
Casaluce [CE] 119 Ecd
Casalvécchio di Púglia [FG]
113 Ed
Casalvécchio Sículo [ME]
163 Cc
Casal Velino [SA] 141 Bab
Casalvento [AN] 85 Eb
Casalvieri [FR] 111 Bd
Casalvolone [NO] 37 Ec
Casalzuigno [VA] 23 Gb
Casamaggiore [PG] 83 Fd
Casamáina [AQ] 103 Dc
Casamarciano [NA] 121 Ad
Casamassella [LE] 139 Fb
Casamássima [BA] 125 Dc
Casa Matti [PV] 51 Ec
Casamazzagno [BL] 5 Cd
Casamicciola Terme [NA]
127 Bb
Casamona [AR] 83 DEa
Casamontanara [AN] 85 Fb
Casamora [AR] 77 Bd
Casamostra [CE] 119 Db
Casan [BL] 17 Ccd
Casandrino [NA] 119 Ed
Casano [SP] 73 Da
Casanola [RA] 69 Bb
Casanova [CE] 119 Cb
Casanova [FI] 75 Ga
Casanova [GE] 63 Ea
Casanova [PC] 51 Fb
Casanova [PI] 81 DEa
Casanova [PR] 53 Bd
Casanova [SI] 83 BCcd
Casanova [SI] 93 Cb
Casanova [SV] 63 Ab
Casanova [TO] 49 Bb
Casanova–Cavatelle [FR]
109 Ee
Casanova dell'Alpe [FC]
77 CDbc
Casanova del Morbasco
[CR] 41 Bd
Casanova di Destra [PV]
51 Ec
Casanova d'Offredi [CR]
41 Dd
Casanova Elvo [VC] 37 Db

Casanova Lerrone [SV] 71 Fa
Casanova Lonati [PV] 39 Dd
Casanuova [PI] 81 Eb
Casanuova [RI] 103 Aa
Casape [ROMA] 109 Bb
Casapesenna [CE] 119 DEb
Casapinta [BI] 23 Dd
Casa Ponte [PV] 51 DEb
Casaprota [RI] 101 Fc
Casapulla [CE] 119 Ec
Casapuzzano [CE] 119 Ed
Casarano [LE] 139 DEbc
Casarano [SR] 173 Dd
Casarea [NA] 127 Ea
Casareccio, Monte– 117 Fa
Casaregnano [AP] 97 Bc
Casarello [AL] 49 DEa
Casarene, Cima– 103 Acd
Casarenella, Colle– 121 Ba
Casargiu [VS] 191 CDc
Casárgius, Monte– 193 CDc
Casargo [LC] 25 Ea
Casarile [MI] 39 Cc
Casario [CN] 61 Dc
Casarnese [TR] 95 Bd
Casarola [PR] 65 Db
Casarola, Monte– 65 Ec
Casarotta [UD] 19 BCa
Casarsa della Delizia [PN]
31 Fb
Casarza Lígure [GE] 63 Fc
Casa Santa [TP] 157 Cb
Casasco [AL] 51 CDb
Casasco d'Intelvi [CO] 25 Cb
Casaselvática [PR] 65 Da
Casasia, Monte– 177 Cb
Casaso [UD] 19 Bab
Casasola [PN] 17 Fc
Casasola [UD] 19 Cb
Casasola [UD] 19 Bc
Casastrada [FI] 81 Fa
Casate [CO] 25 Db
Casate [MI] 39 Bc
Casateia / Gasteig [BZ] 3 Cb
Casatenovo [LC] 25 Dc
Casático [LU] 65 Ed
Casático [MN] 41 Fd
Casático [PR] 53 Ed
Casático [PV] 39 Cc
Casatisma [PV] 51 Da
Casavatore [NA] 127 Da
Casavecchia [AR] 83 Ea
Casavecchia [GE] 63 Aa
Casavécchia [MC] 95 Fb
Ca' Savio [VE] 45 Eb
Casazza [BG] 27 Ac
Casazza [RG] 177 Bbc
Casazze [AL] 49 Fb
Casazze [MN] 41 Fd
Cascano [CE] 119 Bb
Cascata, Punta della– /
Wasserfall–Spitze 1 Dd
Cáscate / Wasserfalle
[BZ] 3 Fb
Caschino [BS] 27 Dd
Cáscia [FI] 77 Bcd
Cáscia [MC] 87 Dbc
Cáscia [PG] 95 Fc
Casciago [VA] 23 Gb
Casciáio, Monte– 75 Ea
Casciana [LU] 65 Ecd
Casciana Alta [PI] 81 Da
Casciana Terme [PI] 81 Da
Cascianella [LU] 65 Ed
Casciano [SI] 83 Bd
Cascina [PI] 75 Bc
Cascina, Piano di– 103 Cb
Cascina, Torrente– 81 Cc
Cascina Bava, Oasi Faunistica
di– 37 Dc
Cascinagrossa [AL] 51 Bb
Cascina Isola, Garzaia
della– 37 Fc
Cascina Notizia, Garzaia
della– 39 Ad
Cascinare [FM] 87 Cc
Cascinasse [CN] 47 FGc
Cascina Villarasca, Garzaia
di– 39 Cc
Cascinazza [PV] 51 Cb
Cascine [PI] 75 Bc
Cascine [TO] 37 Bb
Cascine Nuove [PV] 51 BCa
Cascine San Pietro [MI]
39 Fab
Cascine Strà [VC] 37 Eb

Cascinette d'Ivrea [TO] 37 Bb
Cascine Vecchie [PI] 73 Ec
Cascinino [PV] 39 Cd
Cascinotto Mensa [PV] 39 Bd
Cáscio [LU] 73 Fa
Casco [BG] 27 Ac
Case Basse [PG] 95 Db
Casebianche [AP] 97 Bc
Case Bruciate [MO] 55 Cc
Case Bruciate [PU] 79 Cb
Case Bruni [CN] 61 Cb
Case Cerreto [SA] 141 Dab
Case Cocconi [RE] 53 FGc
Case del Bosco [CN] 49 Bc
Case del Conte [SA] 141 Aa
Case del Molino [PV] 51 Db
Case di Sotto [PO] 75 Eb
Casei [PV] 51 Cab
Casei Gerola [PV] 51 Cab
Caselette [TO] 35 Fd
Casella [GE] 63 Ca
Casella [PC] 51 Fd
Casella [PV] 51 Eab
Casella [SP] 73 Ba
Casella [TV] 31 Ac
Caselle [BO] 55 DEc
Caselle [CE] 119 Fb
Caselle [CT] 173 Da
Caselle [MI] 39 Bb
Caselle [PR] 53 Dc
Caselle [TV] 31 Ac
Caselle [VE] 45 Cb
Caselle [VI] 43 Fc
Caselle [VR] 43 Cc
Caselle [VR] 43 Ccd
Caselle [VR] 43 Cc
Caselle [VR] 43 Bb
Caselle, le– [PG] 95 Ac
Caselle in Pittari [SA]
141 Eab
Caselle Landi [LO] 41 Ad
Caselle Lurani [LO] 39 DEc
Caselle Torinese [TO] 35 Gcd
Caselli [PC] 51 Gb
Caselli, Riserva Naturale–
81 Ec
Caselline [FI] 75 Fb
Casello [CS] 145 Dbc
Casello [PR] 53 Fc
Casello Vecchio [PR] 53 Eb
Cá Selva, Lago di– 17 Fc
Caselvatico [CB] 121 Ba
Casemascie [TR] 91 Fc
Casemurate [RA] 69 Ec
Casenda [SO] 11 Ec
Casenove [CZ] 149 DEc
Casenove [RE] 65 Ec
Casenove [SI] 83 BCc
Casenove Serrone [PG]
95 DEb
Casenóvole [GR] 91 Fa
Casentile 101 Ac
Casentino [AQ] 103 Dc
Casentino [AR] 77 Cc
Casenuove [AN] 87 Db
Casenuove [FI] 75 Dc
Case Nuove [PR] 53 Fcd
Casenuove [VA] 23 Gd
Case Nuove Russo [ME]
163 Eab
Caseo [PV] 51 Eb
Case Ocaro [RO] 57 Fb
Caseratte, Monte– 17 Ed
Casere [BL] 29 Fb
Casere [VA] 23 Fb
Casere / Kasern [BZ] 5 Aa
Caserine, Monte– 17 Ec
Caserta [CE] 119 Ec
Caserta [LC] 25 Eb
Caserta Vecchia [CE] 119 Fc
Casèt, Cima– 27 EFb
Casetta [VR] 43 Dbc
Casetta di Triara [FI] 77 Aa
Casette [FM] 87 Fcd
Casette [PI] 81 Fb
Casette [RI] 103 Ab
Casette [UD] 33 Bc
Casette d'Ete [FM] 87 Fc
Casetti [TO] 35 Fb
Casevecchie [PG] 95 Db
Casevecchie [VT] 47 Fb
Casez [TN] 15 Bb
Casi [CE] 119 Db
Casi [FI] 77 Bc

Casier [TV] 31 Cd
Casigliano [TR] 95 Cc
Casíglio, Monte– 145 Ed
Casignana [RC] 155 Dc
Casignano / Gschnon [BZ]
15 Cc
Casigno [BO] 67 Dc
Casigno [BO] 67 Dc
Casilli [NA] 127 Fb
Casina [GR] 81 Fc
Casina [RE] 65 Fab
Casina, Cima la– 1 Bd
Casinalbo [MO] 67 Ca
Casine [AN] 87 Ba
Casine di Paterno [AN] 87 Da
Casinette [BS] 27 CDd
Casini [PT] 75 Dbc
Casinina [PU] 79 Bc
Casino [RE] 65 Fb
Casino [SI] 83 Acd
Casino, Monte del– 69 Ac
Casino, Villa– [PA] 171 Cab
Casino del Comandante [BA]
125 Cb
Casino di Terra [PI] 81 DEc
Casino Imbasciani [BA]
125 Cc
Casino Vezzani [CH] 105 DEc
Casirate d'Adda [BG] 39 Fb
Casirate Olona [MI] 39 CDc
Caslino d'Erba [CO] 25 Db
Casnate [CO] 25 Cc
Casnate con Bernate [CO]
25 Cc
Casnigo [BG] 27 Ac
Caso [PG] 95 DEc
Caso [SV] 71 Fa
Cásola [AV] 129 Aa
Cásola [BO] 67 Ccd
Cásola [BS] 13 CDc
Cásola [CE] 119 Fc
Cásola [NA] 127 Ec
Cásola [PR] 65 DEab
Cásola, Monte– 87 Ca
Cásola Canina [BO] 69 ABb
Cásola Canossa [RE] 65 Fa
Cásola di Napoli [NA] 127 Fb
Cásola in Lunigiana [MS]
65 DEc
Cásola Quérciola [RE] 65 Ga
Casolari [NA] 127 Da
Casolate [LO] 39 Eb
Cásola Valsénio [RA] 69 Ac
Cásole [FI] 77 Ab
Cásole [FI] 83 Ca
Cásole Brúzio [CS] 149 Db
Cásole d'Elsa [SI] 83 Ac
Cásoli [CH] 105 Dd
Cásoli [LU] 73 Eb
Cásoli [LU] 75 BCa
Cásoli [TE] 97 Ed
Casolla [CE] 119 Ec
Casolla [NA] 119 Ed
Casone [FG] 115 Acd
Casone [FI] 75 Fb
Casone [GR] 93 Cd
Casone [LI] 81 Dd
Casone [MI] 39 Bb
Casone [PG] 85 Ec
Casone [SI] 83 Ac
Casone [SO] 11 Eb
Casone [SV] 61 Fb
Casone Antonucci [AQ]
111 Cc
Casone di Profecchia [LU]
65 Fc
Casoni [BL] 17 Cc
Casoni [BO] 55 Fd
Casoni [GE] 63 Fab
Casoni [GE] 63 Ea
Casoni [MO] 55 Cc
Casoni [PV] 39 Ed
Casoni [RE] 65 Fb
Casoni [TV] 31 Ad
Casoni [VI] 29 Fc
Casoni [VR] 43 Dcd
Casoni Borroni [PV] 39 Bd
Casorate Primo [PV] 39 Cc
Casorate Sempione [VA]
23 Gcd
Cásore del Monte [PT] 75 Cb
Casorezzo [MI] 39 Bb
Casória [NA] 127 Da
Casorzo [AT] 49 Eab
Casotti [PT] 75 Ca
Casotti [VR] 43 Dc
Casotti [VR] 43 Db

Casotto [VI] 29 CDb
Casotto, Torrente– 61 Cc
Caspano [SO] 11 Fcd
Caspéria [RI] 101 Fbc
Caspessa [PU] 85 Ea
Caspóggio [SO] 13 Ac
Cáspoli [CE] 119 Ca
Caspri [AR] 83 Da
Cassacco [UD] 19 BCcd
Cassa del Ferro, Monte– 1 Bd
Cassa d'Espansione del
Fiume Secchia 67 Ba
Cassago Brianza [LC] 25 Dc
Cassana [FE] 55 Gbc
Cassana [SP] 65 ABc
Cassana [TN] 15 Ab
Cassana, Pizzo– 1 Ad
Cassandra, Pizzo– 11 Gc
Cassánego [TV] 29 Fc
Cassanigo [RA] 69 Cb
Cassano [AV] 121 Bc
Cassano [NO] 23 Ec
Cassano [PC] 53 Ab
Cassano [PV] 51 Eb
Cassano allo Iónio [CS]
145 Eb
Cassano d'Adda [MI] 39 Fa
Cassano delle Murge [BA]
125 Cc
Cassano Irpino [AV]
129 CDab
Cassano Magnago [VA]
23 Gc
Cassano Spinola [AL] 51 Cc
Cassano Valcúvia [VA] 23 Gb
Cassari [VV] 153 Dd
Cássaro [SR] 177 Bc
Cassegliano [GO] 33 Dc
Cassego [SP] 63 FGb
Cassella [RO] 57 Fb
Cássero [AN] 87 Da
Cassiano [AN] 87 Ca
Cassíbile [SR] 177 Fc
Cassíbile, Fiume– 177 Ec
Cassíglio [BG] 25 Fb
Cassignanica [MI] 39 DEb
Cassignano [PG] 95 Da
Cassina de' Pecchi [MI]
39 Eab
Cassina Nuova [MI] 25 Cd
Cassina Rizzardi [CO] 25 Cc
Cassinasco [AT] 49 Ec
Cassinassa [PV] 51 Eab
Cassina Valsássina [LC]
25 Eb
Cassine [AL] 49 FGc
Cassinelle [AL] 49 Gd
Cassinelle, Monte– 77 Fc
Cassinello [PV] 39 Dc
Cassinetta di Lugagnano
[MI] 39 Bb
Cassingheno [GE] 63 Ea
Cassino [FR] 111 Bde
Cassino [RI] 97 Acd
Cassino d'Alberi [LO] 39 Eb
Cassino di sotto [PC] 53 Bab
Cássio [PR] 65 Da
Cássio, Monte– 65 Da
Cassisi [SV] 61 Gb
Casso [PN] 17 CDc
Cassola [VI] 29 Fc
Cassolnovo [PV] 39 Ab
Cássolo [PC] 51 Fc
Cassone [VR] 27 Fc
Cassorso, Monte– 59 Db
Castagna [AN] 85 Fab
Castagna [CZ] 149 Ec
Castagna [TR] 95 Dd
Castagna, Colle– 151 Be
Castagna, Monte della–
65 Gb
Castagna, Serra– 147 Bcd
Castagna, Serra della–
161 Ed
Castagna, Torrente– 131 Db
Castagnaro [VR] 43 Ed
Castagnè [VR] 43 Cc
Castagnea [BI] 23 CDc
Castagneia [VC] 23 Dc
Castagnelo [GE] 63 Eb
Castagneto [BO] 67 Fc
Castagneto [MO] 67 Cb
Castagneto [PC] 51 Sc
Castagneto [PR] 65 Ba
Castagneto [RE] 65 Eb
Castagneto [RE] 67 Ab

Castagneto [SA] 129 Dbc
Castagneto [TE] 97 Ccd
Castagneto Carducci [LI] 81 Dcd
Castagnétoli [MS] 65 Cb
Castagneto Po [TO] 37 Bcd
Castagnito [CN] 49 Dc
Castagno [FI] 69 Ad
Castagno [FI] 81 Fb
Castagnola [AL] 51 Dc
Castagnola [AL] 51 Cd
Castagnola [LU] 65 Ecd
Castagnola [MS] 73 Da
Castagnola [PC] 51 Fd
Castágnola [PG] 95 Cc
Castagnola [SP] 65 Ac
Castagnola [VC] 23 Ec
Castagnole [TV] 31 BCc
Castagnole delle Lanze [AT] 49 Dc
Castagnole Monferrato [AT] 49 Eb
Castagnole Piemonte [TO] 47 Gb
Castagnoli [SI] 83 Cb
Castagnolo [BO] 55 Dd
Castagnolo Minore [BO] 55 Fd
Castagnone [AL] 37 Dd
Castagnori [LU] 73 Fb
Castana [PV] 51 Ea
Castana [VI] 29 Cc
Castanea delle Fúrie [ME] 155 Ab
Castángia, Monte- 197 Db
Cástani, Rocche dei- 171 Ebc
Castano [PC] 51 Fb
Cástano Primo [MI] 23 Gd
Castasegna [Svizz.] 11 Fb
Casteddacciu, Punta lu- 185 Eb
Casteddu, Nodu- 185 DEc
Casteddu, Nuraghe su- 189 Eb
Casteddu, Punta- 185 DEd
Casteddu → Pozzo San Nicola [SS] 181 Bd
Castedduzzu, Monte su- 181 Fd
Castéggio [PV] 51 Dab
Castegnato [BS] 41 Ca
Castegnero [VI] 43 Fb
Castel [AO] 23 Bc
Cástel, Lago- 9 Eb
Castel Anselmo [LI] 81 Ca
Castelbaldo [PD] 43 Ed
Castel Baronia [AV] 121 DEc
Castèl Basini [PC] 51 Gb
Castelbasso [TE] 97 Dd
Castelbelforte [MN] 43 Bc
Castelbellino [AN] 87 Bb
Castelbello / Kastelbell [BZ] 1 Fd
Castelbello-Ciárdes / Kastelbell Tschars [BZ] 1 Fd
Castelberto, Monte- 29 Bc
Castelbianco [SV] 71 Fa
Castel Boglione [AT] 49 Fc
Castel Bolognese [RA] 69 Bc
Castelbottáccio [CB] 113 Cc
Castelbuono [PA] 161 Bc
Castelbuono [PG] 95 Cb
Castel Campagnano [CE] 119 Fb
Castelcanafurone [PC] 51 Fcd
Castelcaro [PD] 45 Cc
Castel Castagna [TE] 103 Fa
Castel Castagnaio [AR] 77 Bc
Castelcavallino [PU] 79 Bc
Castel Cellesi [VT] 93 Ed
Castelcerino [VR] 43 Db
Castelceriolo [AL] 51 Bb
Castel Cerreto [BG] 39 Fa
Castelchiodato [ROMA] 101 Fd
Castelcivita [SA] 129 Ed
Castelcívita, Grotta di- 129 Ec
Castel Colonna [AN] 79 Ec
Castel Condino [TN] 27 Eb
Castelcovati [BS] 41 Bab
Castelcucco [TV] 31 Ac
Casteldaccia [PA] 159 Db
Castel d'Aiano [BO] 67 Cc
Casteldaldo [RE] 67 Ab
Castel d'Alfiolo [PG] 85 Dc
Castel Dante (Ossario) 29 Bb
Castel d'Ário [MN] 43 Bc
Casteldarne / Ehrenburg [BZ] 3 Ec
Castel d'Azzano [VR] 43 Bbc
Castel dei Britti [BO] 67 Fb
Castel del Bosco [TO] 47 Dab
Casteldelci [RN] 77 Ec
Casteldelfino [CN] 59 Da
Castel del Giúdice [IS] 111 Eb
Castel dell'Alpe [FC] 77 Cb
Castel dell'Alpi [BO] 67 Ec
Castel dell'Aquila [TR] 95 Bd
Castel del Monte [AQ] 103 Fb
Casteldelmonte [TR] 95 Cc
Castel del Piano [GR] 93 Bb
Castel del Piano [PG] 95 Aa
Castel del Rio [BO] 67 Fc
Castel d'Emilio [AN] 87 Da
Castel de' Ratti [AL] 51 Cc
Castel di Cásio [BO] 67 Dd
Castel di Croce [AP] 97 Cb
Castel di Décima [ROMA] 107 Ec
Casteldidone [CR] 53 Fa
Castel di Fiori [TR] 93 Eb
Castel di Guido [ROMA] 107 Db
Castel di Ieri [AQ] 103 Fd
Castel di Iúdica [CT] 173 Abc
Casteldilago [TR] 95 Dd
Castel di Lama [AP] 97 CDb
Castel di Leva [ROMA] 107 Fc
Castel di Lucio [ME] 161 Cc
Castel di Mezzo [PU] 79 Cb
Castel di Rocca 113 Ccd
Castel di Sangro [AQ] 111 Dc
Castel di Sasso [CE] 119 Eb
Castel di Tora [RI] 103 Ac
Castel di Tusa [ME] 161 Cbc
Castel Dória, Lago di- 181 Fc
Casteldoria, Terme di- 181 Fc
Castelfalfi [FI] 81 EFa
Castelferrato [CH] 105 Db
Castelferretti [AN] 87 Da
Castelferro [AL] 51 Ac
Castelferro, Monte- 65 Ac
Castelfidardo [AN] 87 Eb
Castelfiore [MC] 95 Fa
Castelfiorentino [FI] 81 Fa
Castel Focognano [AR] 83 Ea
Castel Folignano [AP] 97 Cc
Castelfondo [TN] 15 Bb
Castelforte [LE] 139 Dc
Castelforte [LT] 119 Bb
Castel Fraiano 111 Fb
Castelfranci [AV] 121 Dd
Castelfranco [RI] 103 Ab
Castelfranco di Sopra [AR] 83 Da
Castelfranco di Sotto [PI] 75 Cc
Castelfranco d'Óglio [CR] 41 DEd
Castelfranco Emilia [MO] 55 Dd
Castelfranco in Miscano [BN] 121 Db
Castelfranco Véneto [TV] 31 Acd
Castel Frentano [CH] 105 Ec
Castel Fusano [ROMA] 107 Dc
Castel Gabbiano [CR] 41 Ab
Castel Gandolfo [ROMA] 107 Fc
Castel Ghezzo [VT] 99 Fb
Castel Gilardi [AR] 85 Ac
Castel Ginnetti [LT] 109 Ad
Castel Giorgio [TR] 93 Dc
Castel Giubileo [ROMA] 107 Fb
Castel Giudeo, Monte- 85 Ac
Castel Giuliano [ROMA] 101 Bd
Castel Goffredo [MN] 41 Ec
Castelgomberto [VI] 29 Dd
Castelgonnelle [BS] 41 Cb
Castelgrande [PZ] 129 Fb
Castel Grande, Toppo di- 129 Fb
Castelgrimaldo [MN] 41 Fc
Castel Guelfo di Bologna [BO] 69 Bb
Castel Guerrino, Monte- 75 FGa
Castelguglielmo [RO] 55 Gab
Castelguidone [CH] 113 Bc
Castelir 15 Fc
Castellabate [RN] 79 Aa
Castellabate [SA] 141 Aa
Castellaccio [FR] 109 Cc
Castellaccio [SR] 173 Cd
Castellaccio, Monte- [PA] 159 Bab
Castellaccio, Monte- [PG] 85 Cb
Castellaccio, Monte- [Umbr.] 95 Ac
Castellace [RC] 155 Cb
Castellafiume [AQ] 109 Db
Castel Lagopésole [PZ] 131 Bb
Castellaicardi [PR] 53 Eb
Castell'Alfero [AT] 49 Eb
Castellalto [TE] 97 Dcd
Castellamare di Velia [SA] 141 Bab
Castellamato, Monte- 109 Cb
Castel Lamberti [CN] 49 Bd
Castel Lambro [PV] 39 Dc
Castellammare del Golfo [TP] 157 Eb
Castellammare di Stabia [NA] 127 Eb
Castellamonte [TO] 37 Ab
Castellana [PC] 53 Bc
Castellana [SR] 173 Cd
Castellana, Grotte di- 125 Ec
Castellana Grotte [BA] 125 EFc
Castellana Park 177 Bd
Castellana Sícula [PA] 161 Bd
Castellaneta [TA] 133 Dc
Castellaneta Marina [TA] 133 Dd
Castellania [AL] 51 Cc
Castellano [AP] 97 Cb
Castellano [TN] 29 Bb
Castellano, il- 103 Dab
Castellano, Monte- 111 Eb
Castellano, Torrente- 97 Cc
Castellanza [VA] 25 Bd
Castell'Apértole [VC] 37 Dc
Castellar [CN] 61 Ac
Castellar [CN] 47 Fd
Castellarano [RE] 67 Bab
Castellare [PT] 75 Cb
Castellar Guidobono [AL] 51 Cb
Castellari, Monte- 95 Bd
Castellaro [AN] 87 Bb
Castellaro [CN] 59 Eb
Castellaro [IM] 71 Eb
Castellaro [MO] 67 ABb
Castellaro [MO] 67 Bc
Castellaro [PR] 53 Cc
Castellaro [PR] 65 BCa
Castellaro [PV] 51 Db
Castellaro [SV] 71 Fa
Castellaro, Castello del- 61 Dc
Castellaro, Monte- 159 Fc
Castellaro de' Giorgi [PV] 39 Ad
Castellaro Lagusello [MN] 41 Fb
Castellaro Lagusello, Riserva Naturale di- 41 Fb
Castellar Ponzano [AL] 51 Cb
Castell'Arquato [PC] 53 Cb
Castellavazzo [BL] 17 Cc
Castell'Azzara [GR] 93 Cc
Castellazzo [AL] 37 Dd
Castellazzo [BI] 37 Ba
Castellazzo [CL] 171 Dd
Castellazzo [PC] 53 Cab
Castellazzo [RE] 55 Bcd
Castellazzo [TO] 37 Bb
Castellazzo [TO] 47 Fc
Castellazzo, Monte- [ME] 163 Ac
Castellazzo, Monte- [SV] 61 Fb
Castellazzo, Timpone- 167 Ea
Castellazzo Bórmida [AL] 49 Gb
Castellazzo dei Barzi [MI] 39 Bb
Castellazzo dé Stampi [MI] 39 Bb
Castellazzo di Sotto [PC] 39 Fd
Castellazzo Novarese [NO] 37 Eab
Castelle, Monte- 27 Fd
Castellengo [BI] 37 Da
Castelleone [CR] 41 Ac
Castelleone [PG] 95 Bb
Castelleone di Suasa [AN] 87 Aa
Castell'Ermo 71 Fa
Castellero [AT] 49 Db
Castelletta [AN] 87 Bb
Castelletto [BO] 67 Db
Castelletto [BS] 41 Dc
Castelletto [CN] 59 Fb
Castelletto [CN] 61 Ca
Castelletto [MI] 39 Ab
Castelletto [MN] 43 Ac
Castelletto [NO] 23 Fd
Castelletto [PC] 53 Bc
Castelletto [PD] 45 Ac
Castelletto [PT] 75 Cc
Castelletto [SI] 83 Ac
Castelletto [VI] 29 Db
Castelletto [VR] 43 Db
Castelletto [VR] 43 Bc
Castelletto, Monte- 15 Ed
Castelletto Busca [CN] 59 Fb
Castelletto Cervo [BI] 37 Dab
Castelletto d'Erro [AL] 49 Fd
Castelletto di Branduzzo [PV] 39 Cd
Castelletto di Brenzone [VR] 27 Fc
Castelletto d'Orba [AL] 51 Bc
Castelletto-Mendosio [MI] 39 Bb
Castelletto Merli [AL] 37 Dd
Castelletto Molina [AT] 49 Fc
Castelletto Monferrato [AL] 49 Gb
Castelletto Po [PV] 39 Cd
Castelletto sopra Ticino [NO] 23 Fc
Castelletto Stura [CN] 61 Ab
Castelletto Uzzone [CN] 61 Eb
Castelletto Villa [VC] 23 Dd
Castelli [TE] 103 Fb
Castelli, Monte- 161 Dc
Castelli Calépio [BG] 27 Ad
Castelliere Ombría 65 Ba
Castellina [FI] 75 Dc
Castellina [PR] 53 Db
Castellina [PT] 75 Cb
Castellina [PU] 79 Ac
Castellina [RA] 69 Bc
Castellina in Chianti [SI] 83 Bb
Castellinaldo [CN] 49 Dc
Castellina Maríttima [PI] 81 Db
Castellina Scalo [SI] 83 Bb
Castellino [AT] 49 Ea
Castellino [MO] 67 Cb
Castellino del Biferno [CB] 113 Cc
Castellino Nuovo [CB] 113 Ccd
Castellino Tánaro [CN] 61 Cb
Castelliri [FR] 109 Fc
Castelli Romani 107 Gc
Castelli Romani, Parco Regionale dei- 109 Ac
Castel Liteggio [BG] 25 Gd
Castello [AO] 21 Dc
Castello [AQ] 103 Ec
Castello [AV] 129 Bab
Castello [BN] 119 Fc
Castello [BS] 41 Fa
Castello [BS] 41 Da
Castello [CN] 47 Dd
Castello [CN] 61 Cc
Castello [CN] 61 Cb
Castello [FC] 77 Eb
Castello [FI] 75 Fc
Castello [FR] 111 Bc
Castello [FR] 111 ABd
Castello [IS] 111 Dd
Castello [MC] 87 Ac
Castello [ME] 165 ins.a
Castello [MN] 43 Cd
Castello [MS] 65 Cc
Castello [MS] 65 Bb
Castello [NA] 127 Fab
Castello [PG] 95 Cb
Castello [PG] 85 Bd
Castello [PR] 65 Db
Castello [PR] 65 Ca
Castello [PT] 75 Da
Castello [PU] 79 Ab
Castello [PU] 85 Eab
Castello [PV] 51 Ea
Castello [RE] 55 ABc
Castello [RI] 103 Cc
Castello [SO] 11 Fd
Castello [SP] 65 Ac
Castello [TO] 35 Fd
Castello [TO] 47 Ba
Castello [UD] 33 Cbc
Castello [UD] 19 Bd
Castello [VI] 43 DEab
Castello [VR] 43 Db
Castello, Canale- 123 Cb
Castello, Cima- (Bergkastel Spitze) 1 Dbc
Castello, Cima di- 11 Gc
Castello, Cimata di- 103 Bb
Castello, Il- 119 Cc
Castello, Lago di- 47 Dd
Castello, Marana- 123 Cb
Castello, Monte- [AV] 121 Eb
Castello, Monte- [BL] 17 Bc
Castello, Monte- [FG] 115 Bc
Castello, Monte- [GE] 63 Fc
Castello, Monte- [SV] 61 Eb
Castello, Monte il- 83 Fa
Castello, Piano del- 129 Fb
Castello, Pizzo- 23 Da
Castello, Serra- 145 Ec
Castello Cabiáglio [VA] 23 Gb
Castello Canali [RE] 55 Ad
Castello d'Agogna [PV] 39 Ac
Castello d'Argile [BO] 55 Ecd
Castello dei Camosci 15 Ad
Castello del Bosco [PI] 75 Ccd
Castello dell'Acqua [SO] 13 Bd
Castello del Lago [AV] 121 Cc
Castello della Madonnina [RE] 55 Ac
Castello delle Forme [PG] 95 Bb
Castello del Matese [CE] 119 Fa
Castello del Principe [NA] 127 Eab
Castello di Annone [AT] 49 Eb
Castello di Báida [TP] 157 Db
Castello di Brenzone [VR] 27 Fc
Castello di Brianza [LC] 25 Ec
Castello di Brussa [VE] 33 Ac
Castello di Campeggi [BO] 55 Ed
Castello di Cásola [PR] 65 Da
Castello di Cisterna [NA] 119 Fd
Castello di Comano [MS] 65 Dc
Castello di Conturbia [NO] 23 Fcd
Castello di Corno [RI] 103 Bb
Castello di Fiemme [TN] 15 Dc
Castello di Gavala 23 Dc
Castello di Gódego [TV] 31 Ac
Castello d'Illasi [VR] 43 Db
Castello di Marescotto [ME] 161 Ec
Castello di Póggio [PU] 79 Dc
Castello di Quarzina, Monte- 61 BCd
Castello di Ravarano [PR] 65 Da
Castello di Roganzuolo [TV] 31 CDb
Castello di San Valentino [RE] 67 Ba
Castello di Serravalle [BO] 67 Db
Castello di Sette [CH] 105 Ec
Castello Marchione [BA] 125 Ec
Castello-Molina di Fiemme [TN] 15 Dc
Castellonalto [TR] 95 Dd
Castellónchio [PR] 65 Ca
Castellone [CB] 111 Fde
Castellone, Colle- 111 Cd
Castellone, Monte- 53 Ac
Castellonorato [LT] 119 Bb
Castello Pagánica [AQ] 103 Cab
Castello Poli [RE] 55 Bc
Castello Quérciola [RE] 67 Aa
Castello Regina 25 Fb
Castello San Salvà [TO] 49 Bb
Castello Santa Cristina [TO] 37 Ad
Castello Tesino [TN] 29 Ea
Castell'Ottieri [GR] 93 Cc
Castellúcchio [MN] 41 Fd
Castellúccio [BO] 75 Da
Castelluccio [GR] 93 Ad
Castellúccio [MO] 67 Cc
Castellúccio [MT] 133 Bd
Castellúccio [PG] 97 Ac
Castellúccio [RI] 103 Bc
Castellúccio [SA] 141 Cb
Castellúccio [SI] 93 Ca
Castellúccio [SR] 177 Dc
Castellúccio, Il- 175 Eb
Castellúccio, Monte- [AG] 169 Ec
Castellúccio, Monte- [FC] 77 Dc
Castellúccio, Timpa- 131 Ab
Castellúccio Cosentino [SA] 129 EFc
Castellúccio dei Sauri [FG] 123 Ab
Castellúccio Inferiore [PZ] 143 Bbc
Castellúccio Santa Sofía, Toppa- 131 Ab
Castellúccio Superiore [PZ] 143 Bbc
Castellúccio Valmaggiore [FG] 121 Eb
Castell'Umberto [ME] 161 Fb
Castell'Umberto Vecchio [ME] 161 Fb
Castellunchio [TR] 93 Fc
Castelluzzo [AG] 169 Cb
Castelluzzo [TP] 157 Db
Castelluzzo, Monte- 149 DEc
Castelluzzo, Punta di- 163 Bc
Castél Madama [ROMA] 109 Bb
Castel Maggiore [BO] 67 Fa
Castelmaggiore [PI] 75 Bc
Castelmagno [CN] 59 Eb
Castel Malnome [ROMA] 107 Dc
Castel Manardo, Monte- 97 Ab
Castelmarte [CO] 25 Db
Castel Martini [PT] 75 Cc
Castelmassa [RO] 55 Eab
Castelmássimo [FR] 109 Ecd
Castelmáuro [CB] 113 Cb
Castel Mella [BS] 41 Cb
Castelmenardo [RI] 103 Cc
Castelmerlino [VC] 37 Dc
Castelmezzano [PZ] 131 Dc
Castelmínio [TV] 31 Bd
Castelmola [ME] 163 Ccd
Castelmonte [UD] 19 DEd
Castel Morrone [CE] 119 Fc
Castelmozzano [PR] 65 Ea
Castelmúzio [SI] 83 DEd
Castelnovate [VA] 23 FGd
Castelnovetto [PV] 37 Fc
Castelnovo [VI] 29 Dd
Castelnovo Bariano [RO] 55 Ea
Castelnovo del Friuli [PN] 19 Ac
Castelnovo di Sotto [RE] 53 Gc
Castelnovo ne' Monti [RE] 65 Fb
Castelnuovo [AQ] 103 Ec
Castelnuovo [AQ] 103 Dd
Castelnuovo [AR] 83 Ea
Castelnuovo [AR] 83 EFa
Castelnuovo [AR] 85 Aa
Castelnuovo [AT] 49 Db
Castelnuovo [BO] 67 Dc
Castelnuovo [CR] 41 Cc
Castelnuovo [FC] 77 Ea
Castelnuovo [FI] 77 Bc
Castelnuovo [MC] 87 Eb
Castelnuovo [MN] 41 Ec
Castelnuovo [PC] 51 Fb
Castelnuovo [PD] 43 Gc
Castelnuovo [PG] 95 Ca

Castelnuovo [PO] 75 Ec
Castelnuovo [PU] 79 Bb
Castelnuovo [RA] 69 Bb
Castelnuovo [TN] 29 Da
Castelnuovo a Volturno [IS] 111 Dd
Castelnuovo Belbo [AT] 49 Fc
Castelnuovo Berardenga [SI] 83 Cbc
Castelnuovo Bocca d'Adda [LO] 41 Bd
Castelnuovo Bórmida [AL] 49 Gc
Castelnuovo Bozzente [CO] 25 Bc
Castelnuovo Calcea [AT] 49 Ec
Castelnuovo Cilento [SA] 141 BCa
Castelnuovo dei Sabbioni [AR] 83 Ca
Castelnuovo del Garda [VR] 43 Ab
Castelnuovo dell'Abate [SI] 93 Bab
Castelnuovo della Dáunia [FG] 113 Ed
Castelnuovo della Misericórdia [LI] 81 Cb
Castelnuovo d'Elsa [FI] 81 Fa
Castelnuovo del Zappa [CR] 41 Bc
Castelnuovo di Ceva [CN] 61 Db
Castelnuovo di Conza [SA] 129 Eb
Castelnuovo di Farfa [RI] 101 Fc
Castelnuovo di Garfagnana [LU] 73 Fa
Castelnuovo di Porto [ROMA] 101 Dd
Castelnuovo di Val di Cécina [PI] 81 Fc
Castelnuovo Don Bosco [AT] 49 Ca
Castelnuovo Fogliani [PC] 53 Cb
Castelnuovo Grilli [SI] 83 Bc
Castelnuovo Magra [SP] 73 CDa
Castelnuovo Nigra [TO] 37 Ab
Castelnuovo Parano [FR] 119 Ba
Castelnuovo Rangone [MO] 67 Ca
Castelnuovo Scrivia [AL] 51 Cb
Castelnuovo Tancredi [SI] 83 Cd
Castelnuovo Vomano [TE] 97 DEd
Castelpagano [BN] 121 Ba
Castelpagano [FG] 115 Bc
Castelpetroso [IS] 111 EFd
Castelpizzuto [IS] 111 Ed
Castelplánio [AN] 87 Bb
Castelpóggio [MS] 73 Da
Castelponzone [CR] 53 Ea
Castel Porziano [ROMA] 107 Ec
Castel Porziano, Riserva Naturale Statale– 107 Ec
Castelpoto [BN] 121 Bc
Castelpriore [FC] 77 Ec
Castelraimondo [MC] 87 Bc
Castel Rigone [PG] 85 Bc
Castel Rinaldi [PG] 95 Cc
Castel Ritaldi [PG] 95 CDc
Castel Rocchero [AT] 49 Fc
Castelromano [IS] 111 Ed
Castél Romano [ROMA] 107 Ec
Castelrosso [TO] 37 Bc
Castelrotto [CN] 49 CDc
Castelrotto / Kastelruth [BZ] 15 Ea
Castel Rozzone [BG] 25 Fd
Castel Rubello [TR] 93 Ec
Castelruggero [SA] 141 Db
Castel San Benedetto [RI] 101 FEb
Castel San Felice [PG] 95 DEc
Castel San Gimignano [SI] 81 FGb

Castel San Giorgio [SA] 129 Bb
Castel San Giovanni [PC] 39 Ed
Castel San Giovanni [PG] 95 Dc
Castel San Giovanni [PG] 95 Fc
Castel San Lorenzo [SA] 129 Ed
Castel San Niccoló [AR] 77 Cc
Castel San Pietro [AP] 97 Bb
Castel San Pietro [MC] 87 Bc
Castel San Pietro [RI] 101 Fc
Castel San Pietro Romano [ROMA] 109 Bbc
Castel San Pietro Terme [BO] 69 Ab
Castel Santa Maria [MC] 87 Bc
Castel Santa Maria [PG] 95 Fc
Castel Sant'Ángelo [MC] 87 Cc
Castel Sant'Ángelo [RI] 103 Bb
Castelsantángelo sul Nera [MC] 95 Fb
Castel Sant'Elia [VT] 101 Dc
Castel San Venanzo [MC] 87 Bcd
Castel San Vincenzo [IS] 111 Dd
Castel San Vincenzo, Lago di– 111 Dd
Castelsaraceno [PZ] 143 Bab
Castelsardo [SS] 181 Ec
Castelsavino, Monte– 77 Dc
Castelsecco, Fosso di– 107 Ba
Castelséprio [VA] 25 Bc
Castelsilano [KR] 151 Cb
Castelspina [AL] 51 Ac
Casteltermini [AG] 169 Db
Casteltodino [TR] 95 Ce
Castel Trosino [AP] 97 Cc
Castelveccana [VA] 23 FGb
Castelvecchi [SI] 83 Cab
Castelvecchio [AQ] 103 Cd
Castelvecchio [FC] 77 Ga
Castelvecchio [MO] 67 ABb
Castelvecchio [PT] 75 Cb
Castelvecchio [PU] 79 Ec
Castelvecchio [RE] 67 Ab
Castelvecchio [SI] 93 Cab
Castelvecchio [TO] 49 Ba
Castelvecchio [TR] 101 Eb
Castelvecchio [VI] 29 Cd
Castelvecchio [VT] 101 Cab
Castelvecchio, Riserva Naturale– 81 Fb
Castelvecchio, Rovine– 81 Fb
Castelvecchio / Altenburg [BZ] 15 Cb
Castelvecchio Calvísio [AQ] 103 Fc
Castelvecchio di Compito [LU] 75 Bc
Castelvecchio di Rocca Barbena [SV] 61 Dd
Castelvecchio Pascoli [LU] 73 Fa
Castelvécchio Subéquo [AQ] 103 Fd
Castelvénere [BN] 121 Ab
Castel Venzago [BS] 41 Fb
Castelverde [AL] 41 Bc
Castelvero [VR] 43 Da
Castelverrino [IS] 111 Fc
Castelvétere in Val Fortore [BN] 121 Ca
Castelvétere sul Calore [AV] 121 Cd
Castelvetrano [TP] 167 Dab
Castelvetro di Modena [MO] 67 Cab
Castelvetro Piacentino [PC] 41 Bd
Castelvieto [PG] 85 Bd
Castel Viscardo [TR] 93 Dc
Castelvisconti [CR] 41 Bc
Castel Vittorio [IM] 71 Db
Castel Volturno [CE] 119 Cc
Castenaso [BO] 67 Fab
Castendallo [VA] 23 Gb
Castenédolo [BS] 41 Db

Casteons [UD] 19 Ba
Casterno [MI] 39 Bb
Castiádas [CA] 197 Db
Castiglioncello [LI] 81 Cb
Castiglioncello [LI] 81 Dc
Castiglioncello [LU] 73 Fc
Castiglioncello Bandini [GR] 93 Ab
Castiglioncello del Trinoro [SI] 93 Cb
Castiglione [AN] 85 Fc
Castiglione [AQ] 111 Bab
Castiglione [AQ] 103 Cc
Castiglione [AT] 49 Eb
Castiglione [CN] 49 ABc
Castiglione [IS] 111 Ec
Castiglione [IS] 111 Dc
Castiglione [LE] 139 EFc
Castiglione [MS] 65 Cc
Castiglione [PG] 85 Cc
Castiglione [ROMA] 101 Fd
Castiglione [TO] 35 Fc
Castiglione [VB] 23 Da
Castiglione, Monte– [AR] 83 Fab
Castiglione, Monte– [PG] 85 Ac
Castiglione, Monte di– 85 Cb
Castiglione, Torrente– 65 Fc
Castiglione a Casáuria [PE] 105 Bc
Castiglione Chiavarese [GE] 63 FGc
Castiglione Cosentino [CS] 145 Ed
Castiglione d'Adda [LO] 41 Ac
Castiglione dei Pépoli [BO] 75 Ea
Castiglione del Bosco [SI] 93 Aa
Castiglione del Genovesi [SA] 129 BCb
Castiglione del Lago [PG] 85 Ad
Castiglione della Pescáia [GR] 91 Dc
Castiglione della Valle [PG] 93 Fab
Castiglione della Valle [TE] 103 Fa
Castiglione delle Stiviere [MN] 41 Eb
Castiglione di Cérvia [RA] 69 Ec
Castiglione di Garfagnana [LU] 65 Fd
Castiglione d'Intelvi [CO] 25 Cb
Castiglione di Ravenna [RA] 69 Ec
Castiglione di Sicilia [CT] 163 Bc
Castiglione d'Orcia [SI] 93 Bab
Castiglione Falletto [CN] 49 Cd
Castiglione in Teverina [VT] 93 Fd
Castiglione Mantovano [MN] 43 Ac
Castiglione Maríttimo [CZ] 149 CDd
Castiglione Messer Marino [CH] 111 Fb
Castiglione Messer Raimondo [TE] 105 Ba
Castiglione Olona [VA] 25 Bc
Castiglione Tinella [CN] 49 DEc
Castiglione Torinese [TO] 37 Ad
Castiglione Ubertini [AR] 83 Dab
Castiglione Vara [SP] 65 Bc
Castiglione Vérrico [AQ] 103 Ca
Castiglion Fibocchi [AR] 83 Ea
Castiglion Fiorentino [AR] 83 Fc
Castiglion Fosco [PG] 93 EFb
Castiglioni [AN] 87 Bab
Castiglioni [AN] 85 Eb
Castiglioni [FI] 77 Bc
Castiglioni [SI] 83 Ab

Castiglioni [TR] 95 Dd
Castiglioni, Villa– [MC] 87 Cb
Castignano [AP] 97 Cb
Castilenti [TE] 105 Ba
Castino [CN] 49 DEd
Castion [TN] 15 Cc
Castion [TN] 35 Fc
Castion, Col di– 29 Ba
Castione [PC] 53 ABb
Castione [TN] 29 Ab
Castione [TV] 31 Ac
Castione, Fiume– 99 Da
Castione Andevenno [SO] 11 Gcd
Castione de' Baratti [PR] 65 Fa
Castione della Presolana [BG] 27 Bb
Castione Marchesi [PR] 53 Db
Castionetto [SO] 13 Bcd
Castions [PN] 31 Fb
Castions delle Mura [UD] 33 Cc
Castions di Strada [UD] 33 Cb
Castion Veronese [VR] 27 Fd
Castiraga Vidardo [LO] 39 Ec
Casto [BS] 27 Cc
Castoi [BL] 17 Cd
Castorano [AP] 97 Db
Cástore, Punta– 23 Ab
Castreccioni [MC] 87 Bb
Castrezzato [BS] 41 Bab
Castrezzone [BS] 41 Ea
Castri di Lecce [LE] 139 Ea
Castrignano de' Greci [LE] 139 Eab
Castrignano del Capo [LE] 139 EFd
Castro [AP] 97 Abc
Castro [BG] 27 Bc
Castro [LE] 139 Fbc
Castro [VT] 99 Ea
Castro, Sasso di– 75 Fa
Castrocaro Terme [FC] 69 Ccd
Castrocaro Terme e Terra del Sole [FC] 69 Ccd
Castrocicurio → Pomárico Vecchio 133 Bd
Castrocielo [FR] 111 Bd
Castrocucco [PZ] 143 Ac
Castrocucco, Fiumara di– 143 Ac
Castro dei Volsci [FR] 109 Cde
Castrofilippo [AG] 169 Ecd
Castrolibero [CS] 149 Db
Castro Marina [LE] 139 Fbc
Castroncello [AR] 83 Fc
Castronno [VA] 25 Bc
Castronovo [AQ] 109 Dec
Castronuovo di Sant'Andrea [PZ] 143 Dab
Castronuovo di Sicilia [PA] 169 Dab
Castropignano [CB] 113 Bd
Castroreale [ME] 163 Cb
Castrorégio [CS] 143 Ec
Castro San Martino [FI] 75 Fa
Castrovalva [AQ] 111 Bb
Castrovillari [CS] 145 Eb
Casturzano [PC] 53 Bb
Casulie [MO] 67 Bcd
Casulle [CT] 173 Bd
Casumaro [FE] 55 Fc
Casura, Monte– 3 Fc
Casuzze [RG] 177 Bd
Casuzze [TP] 157 Ed
Catábbio [GR] 93 Bc
Catabio, Monte– 103 Aa
Cataeggio [SO] 11 Fc
Cataforio [RC] 155 Bc
Catagnana [LU] 75 Ba
Catailli [CE] 119 Cab
Catala, Rio su– 183 Cc
Cataldo, Torrente– 157 Fb
Catalfaro, Monte– 173 Bd
Catalímita [ME] 163 Cb
Catanesa [SR] 173 Dd
Catánia [CT] 173 Dbc
Catánia, Piana di– 173 Bc
Catánia–Fontanarossa, Aeroporto Internazionale di– 173 Dc

Catanzaro [CZ] 151 Bd
Catanzaro Lido [CZ] 153 Fb
Catarineci, Pizzo– 161 Bd
Catarozzo, Monte– 143 Db
Catarratti [ME] 155 Ab
Catasco [CO] 11 Dc
Catelani [PI] 81 Da
Catelli [TO] 35 Fc
Catena [CT] 163 Bcd
Catena [PI] 75 Cc
Catena [TV] 31 Cc
Catenáccio, Fosso di– 101 Ab
Catenáia, Alpe di– 83 Fa
Catenanuova [EN] 173 Bb
Catera, Pizzo– 169 Cc
Catese [FI] 75 Fbc
Ca' Tiepolo [RO] 57 Eb
Catigliano [AR] 85 Aab
Catignano [FI] 81 Fa
Catignano [PE] 105 Bbc
Catignano [SI] 83 Cb
Catináccio / Rosengarten 15 Eb
Catináccio d'Antermóia / Kessel Kogel 15 Eb
Catino, Monte– / Großer Mittager 3 Bc
Catirina, Punta– 185 Cd
Catola, Torrente la– 113 Dd
Catona [RC] 155 Ab
Catona [SA] 141 Cb
Catona, Fiumara– 155 Ab
Cátria, Monte– 85 Eb
Ca' Tron [RO] 45 Bd
Ca' Tron [TV] 31 Dd
Cattabiano [PR] 65 Ea
Cattabrighe [PU] 79 Db
Cattafi [ME] 163 Cab
Cattánea [PV] 39 Ac
Cattaragna [PC] 51 Fd
Cattarelle, Poggio– 75 Ea
Cattignano [VR] 43 Da
Cattiva, Poggio della– 161 EFc
Cattólica [RN] 79 Cb
Cattólica Eraclea [AG] 169 Cc
Catullo, Grotte di– 41 Fb
Caturano [CE] 119 Ec
Catuso, Monte– 171 Ba
Cáucaso, Monte– 63 Fb
Caudano, Grotta de– 61 Bc
Caudino [AN] 85 Fab
Caulónia [RC] 153 Ed
Caulónia [RC] 153 Fd
Caulonia Marina [RC] 153 Ed
Cáupo [BL] 31 Ab
Cauri [CN] 59 Eb
Cauría / Gfrill [BZ] 15 Cc
Cauriol 15 Ec
Cautano [BN] 121 Ac
Cava, Monte– 103 Cc
Cavaceppo [AP] 97 Bc
Cavacurta [LO] 41 Ac
Cavaglià [BI] 37 Cb
Cavaglia, Monte– 13 Ac
Cavaglia di Mezzo [VC] 23 Dc
Cavagliano [NO] 37 Fa
Cavaglietto [NO] 23 Fd
Cavaglio [VB] 9 Fd
Cavaglio–Spóccia [VB] 9 Fd
Cavagnano [AQ] 103 Ca
Cavagnano [VA] 25 Bb
Cavagnera [PV] 39 Dc
Cavagnolo [TO] 37 Cd
Cavagrande del Cassibile, Riserva Naturale– 177 Ec
Cavaione [MI] 39 Eb
Cavajon Veronese [VR] 43 Aa
Cavalbianco, Monte– 65 Ec
Cavalcante, Villa– [CS] 145 EFd
Cavalcaselle [VR] 43 Ab
Cavalcorto, Cima del– 11 Fc
Cavalera [CT] 171 Fbc
Cavalès, Punta– 35 Dc
Cavalese [TN] 15 Cc
Cavalicco [UD] 19 Cd
Cavalier [TV] 31 Ec
Cavaliere [CS] 149 Eb
Cavaliere [CT] 173 Cab

Cavaliere, Fiume– 111 Ed
Cavaliere, Fosso– 169 Cc
Cavaliggi [CN] 59 Fb
Cavalláccio, Monte– / Chavalatsch, Piz– 1 Cd
Cavallana [MS] 65 Cb
Cavallano [SI] 81 Gb
Cavallara [MN] 55 Aab
Cavallara, Pallone della– 15 EFd
Cavallari [AQ] 103 Cb
Cavallari [ME] 163 Da
Cavallaro [CT] 173 Bbc
Cavallaro [SO] 13 Bd
Cavallaro [VI] 29 Cc
Cavalleri [AL] 49 Fc
Cavalleri–Fumeri [TO] 49 Bb
Cavallerizze Nuove [CE] 119 Dc
Cavallerizzo [CS] 145 Dc
Cavallerleone [CN] 49 ABc
Cavallermaggiore [CN] 49 ABc
Cavalletto, Monte– 29 Cc
Cavalli, Cima– 1 Ad
Cavalli, Monte dei– 169 Ca
Cavallina [FI] 75 Fb
Cavallino [LE] 139 Ea
Cavallino [VE] 45 Fb
Cavallino, Litorale del– 45 Fb
Cavallino, Monte– (Kinigat, Großer–) 5 Dcd
Cavallino Matto 81 Dc
Cavallino–Treporti [VE] 45 Fb
Cavallírio [NO] 23 Ecd
Cavallo [TO] 49 Cb
Cavallo, Monte– [FC] 77 Ea
Cavallo, Monte– [FR] 111 Cd
Cavallo, Monte– [FR] 111 Cd
Cavallo, Monte– [GE] 63 Eb
Cavallo, Monte– [It.] 17 Dd
Cavallo, Monte– [It.] 17 Ba
Cavallo, Monte– [MC] 95 Eb
Cavallo, Monte– [ME] 163 Cb
Cavallo, Monte– RC 155 Cc
Cavallo, Monte– [RI] 103 Bab
Cavallo, Monte– [SA] 131 ABd
Cavallo, Monte– [TO] 47 DEc
Cavallo, Monte– [UD] 19 Cb
Cavallo, Monte– / Roßkogel 5 Bc
Cavallo, Monte– / Roßkopf 3 Cb
Cavallo, Pizzo– 163 Db
Cavallo, Serra– 143 Ca
Cavallone [AQ] 103 EFc
Cavallone, Grotta del– 111 Da
Cavallotta [CN] 47 Gd
Cavallotto, Monte– 17 Efc
Cavalmagra, Poggio– 77 Ba
Cavalmurone, Monte– 51 Ead
Cavalo [VR] 43 Ba
Cava Manara [PV] 39 Cd
Cavamento, Canale– 55 Ec
Cavandone [VB] 23 Fb
Cavanella [VE] 31 FGc
Cavanella d'Adige [VE] 45 Dd
Cavanella di Vara [SP] 65 Bc
Cavanella Po [RO] 57 Da
Cavareno [TN] 15 Bc
Cavargna [CO] 11 Cd
Cavária con Premezzo [VA] 23 Gc
Cavarzano [PO] 75 Ea
Cavarzerane [PD] 45 Ac
Cavárzere [VE] 45 Cd
Cavasagra [TV] 31 Bd
Cavaso del Tomba [TV] 31 Ab
Cavasso Nuovo [PN] 17 Fc
Cavatassi [TE] 97 Ec
Cavaticchio [PE] 105 Cb
Cava Tigozzi [CR] 41 Bd
Cavatore [AL] 49 Fd
Cavazzale [VI] 29 Ed
Cavazzana [RO] 43 Fc
Cavazzo, Lago di– 19 Bb
Cavazzo Cárnico [UD] 19 Bb
Cavazzola [PR] 65 CDa
Cavazzoli [RE] 55 Ac
Cavazzona [MO] 67 Cd
Cavazzone [RE] 67 Aa
Cave [AQ] 103 Cc
Cave [CE] 119 Cab
Cave [ROMA] 109 Bc

Cave, Le- / Grasstein [BZ] 3 CDc
Cave, Monte delle- (Gruben-K.) 3 Cb
Cavedago [TN] 15 Bc
Cave del Predil [UD] 19 Eb
Cavédine [TN] 29 Ab
Cave di Selz [GO] 33 DEc
Cavedon [RO] 57 Da
Cavelonte [TN] 15 Ec
Cavenago d'Adda [LO] 39 Fc
Cavenago di Brianza [MB] 25 Ec
Ca' Vendramin [RO] 57 Eb
Ca' Venier [RO] 57 Eb
Cavento, Corno di- 13 Ed
Cavenzano [UD] 33 Dbc
Cavernago [BG] 25 Gd
Cávero, Serra- 159 Ed
Caverzago [PC] 51 Fb
Caverzana [RE] 65 Fa
Cavessago [BL] 17 Cd
Cavezzo [MO] 55 Dc
Cavi [GE] 63 Fc
Caviaga [LO] 39 Fc
Cavina San Pietro [RA] 69 ABc
Caviola [BL] 17 Ab
Cavizzana [TN] 15 Ab
Cavizzano [SP] 63 Gb
Cávlera, Cima di- 27 Ab
Cavo [FE] 57 ABc
Cavo [LI] 89 Ebc
Cavo, Cima del- / Oberseilspitze 3 Db
Cavo, Monte- 109 Ac
Cavo di Sopra [VR] 43 Cb
Cavo Diversivo [MN] 55 Eab
Cavogna, Monte- 95 Fc
Cávola [RE] 65 FGb
Cavolano [PN] 31 Db
Cavoleto [PU] 77 Gc
Cávoli [LI] 89 CDc
Cávoli, Isola dei- 197 Ec
Cavona [VA] 23 Gb
Cavone, Fiume- 137 Ac
Cavoretto [TO] 49 Ba
Cavorsi [GE] 63 Eb
Cavour [TO] 47 Fc
Cavour, Canale- 37 Cc
Cavrari [VI] 29 Db
Cavrasto [TN] 27 Fab
Cavregasco, Pizzo- 11 Dc
Cavriago [RE] 53 FGc
Cavriana [MN] 41 Fbc
Cavrie [TV] 31 Dc
Cavriglia [AR] 83 Cab
Ca' Zane, Valle di- 45 Ea
Ca' Zeno [RO] 57 DEab
Cá Zul, Lago di- 17 Fc
Ca' Zuliani [RO] 57 Fb
Cazzago [VE] 45 Cb
Cazzago Brabbia [VA] 23 Gc
Cazzago San Martino [BS] 27 Bd
Cazzano [BO] 67 Fa
Cazzano [TN] 29 Ac
Cazzano di Tramigna [VR] 43 Db
Cazzano Sant'Andrea [BG] 27 Ac
Cazzaso Nuovo [UD] 19 Bb
Cazzola, Monte- 9 Dc
Cazzola, Serra di- 169 Ec
Cazzufri, Scoglio di- 155 Dc
Cea [OG] 189 Fd
Cecanibbi [PG] 95 Bc
Cecanibbio [ROMA] 107 Db
Ceccano [FR] 109 Dd
Ceccazzo [CT] 173 Db
Cecchignola [ROMA] 107 Fc
Cecchina [ROMA] 107 Fc
Cecchini [PN] 31 Eb
Cecco d'Antonio, Monte- 103 Eb
Cece, Cima di- 15 EFc
Cece, Monte- [CB] 113 Cc
Cece, Monte- [RA] 69 Ac
Ceci [PC] 51 Ec
Cécido, Monte- (Reiterkarlspitz) 5 Dcd
Ceciliano [AR] 83 Fab
Cécima [PV] 51 Eb
Cecina [BS] 27 Ed
Cecina [LI] 81 CDc
Cecina [MS] 65 Dd

Cécina [PT] 75 Dbc
Cécina, Fiume- 81 Cb
Cecino [BS] 27 Dcd
Cecita o Mucone, Lago di- 147 Bd
Cedárchis [UD] 19 Bb
Cedas [TS] 33 Fc
Cedégolo [BS] 13 CDd
Cedogno [PR] 65 EFa
Cedri [PI] 81 Eab
Cedrina, Monte- 25 Gc
Cedrino, Fiume- [NU] 185 Fd
Cedrino, Fiume- [NU] 189 Db
Cedrino, Lago del- 189 Eb
Cedro, Serra del- 131 DEc
Cefalà Diana [PA] 159 Cb
Cefalino [SR] 177 Fb
Cefalone, Monte- 103 Dc
Cefalù [PA] 161 Bb
Céggia [VE] 31 Ec
Céggio, Torrente- 15 Dd
Céglie, Monte- 129 Ed
Céglie del Campo [BA] 125 Db
Céglie Messápica [BR] 135 Ec
Cegliolo [AR] 83 Fc
Cegni [PV] 51 Ec
Cei, Lago di- 29 Bb
Ceirole [AT] 49 Ec
Celado [TN] 29 Ea
Celalba [PG] 85 Ba
Celamonti [SI] 93 Ba
Celana [BG] 25 Fc
Celano [AQ] 103 Ed
Celant, Monte- 17 Ec
Celeano [MC] 87 Bc
Celenza sul Trigno [CH] 113 Bb
Celenza Valfortore [FG] 113 Dd
Celesia [GE] 63 EFb
Célico [CS] 149 Db
Celincordia [FC] 77 Fa
Cella [BL] 17 Ca
Cella [FC] 77 EFb
Cella [FC] 69 Fcd
Cella [PR] 53 Ec
Cella [PV] 51 DEc
Cella [RE] 53 Gc
Cella [UD] 17 Eb
Cella Dati [CR] 41 Dd
Cella di Pálmia [PR] 65 Da
Cellai [FI] 75 Gc
Cellamare [BA] 125 Dbc
Cella Monte [AL] 37 Ed
Céllara [CS] 149 Db
Cellarda [BL] 31 Aab
Cellarengo [AT] 49 Db
Cellática [BS] 27 BCd
Celle [CN] 59 CDa
Celle [FC] 69 Fd
Celle [FC] 77 Fb
Celle [FI] 77 Bb
Celle [FI] 83 Ca
Celle [PG] 85 ABb
Celle [PT] 75 Cb
Celle [RA] 69 Bc
Celle [TO] 35 EFd
Celle, Casale- [FG] 115 Eb
Celle di Bulgheria [SA] 141 Db
Celle di Macra [CN] 59 DEb
Celle di San Vito [FG] 121 DEb
Celledizzo [TN] 13 Fb
Celle Enomondo [AT] 49 Db
Celle Lígure [SV] 61 Gb
Cellena [GR] 93 Bc
Celleno [VT] 101 Ba
Cellentino [TN] 13 Fc
Céllere [VT] 99 Fab
Célleri [PC] 53 Bb
Celle sul Rigo [SI] 93 Cb
Celti [PI] 81 Eab
Cellina [VA] 23 Fb
Cellina, Torrente- 17 Ec
Cellino [PN] 17 Dc
Cellino, Colle di- 105 Ba
Cellino Attánasio [TE] 97 Ecd
Cellino San Marco [BR] 135 Dd
Céllio [VC] 23 Dc
Céllole [CE] 119 BCb
Cellore [VR] 43 Db

Celo, Monte- 17 Bc
Celone, Torrente- 115 Cc
Celpénchio [PV] 37 Fc
Celpénchio, Garzaia di- 37 Fc
Celsita [CS] 149 Dc
Celso [SA] 141 Ba
Celzi [AV] 129 Bab
Cembra [TN] 15 Ccd
Cembrano [SP] 65 Ab
Cenácchio [BO] 55 Fc
Cénadi [CZ] 153 Eab
Cenáia [PI] 81 Da
Cenaia Vecchia [PI] 81 Da
Cenate [LE] 139 Cb
Cenate Sopra [BG] 27 Ac
Cenate Sotto [BG] 27 Ac
Cencelle 99 Gc
Cencenighe Agordino [BL] 17 Ab
Cencerate [PV] 51 Ec
Cenci, Villa- [PG] 85 Cc
Cenciara [RI] 103 Abc
Cendon [TV] 31 Cd
Cene [BG] 27 Ac
Cene [TO] 37 Bc
Cenédola, Torrente- 53 Cc
Cenerente [PG] 85 BCd
Ceneselli [RO] 55 Fab
Cénesi [SV] 71 Fa
Cèngalo, Pizzo- 11 Fc
Cengello, Monte- 15 Ed
Céngio [SV] 61 Eb
Céngio, Monte- 29 Dc
Céngio Genepro [SV] 61 DEb
Cengla, Monte- 17 Fc
Cengledino, Monte- 27 EFa
Cengles, Croda di- / Tschenglser Hochwand 1 Dd
Cengles / Tschengls [BZ] 1 Dd
Cengolina [PD] 45 Ac
Cènica, Fosso- 109 Dd
Ceniga [TN] 29 Ab
Cenina [AR] 83 EFa
Cenisia [TO] 35 Gd
Cennina [AR] 83 Db
Ceno, Torrente- 53 Cc
Cenon, Monte- 15 Ed
Cénova [IM] 71 Ea
Centa, Fiume- 71 Ga
Centa, Torrente- 29 Cb
Centallo [CN] 61 Aab
Centare [MC] 95 Eab
Centa San Nicolò [TN] 29 Cb
Centaurino, Monte- 141 Da
Centenaro [BS] 41 Fb
Centenaro [PC] 51 FGcd
Centeno [VT] 93 Cc
Centinarola [PU] 79 Dc
Centineo [ME] 163 Cb
Cento [BO] 67 FGab
Cento [FC] 77 Fa
Cento [FE] 55 Ec
Centobuchi [AP] 97 Eb
Centocelle [ROMA] 107 Fb
Centofinestre [AN] 87 Db
Centóia [AR] 83 Fc
Céntola [SA] 141 Cb
Cento Laghi, Parco dei- 65 Db
Centora [PC] 51 Ga
Centoscudi, Cozzo dei- 103 BCa
Centóvera [PC] 53 Bb
Céntrache [CZ] 153 Eb
Centragallo [PG] 121 EFa
Centrale [VI] 29 Cc
Centro [VR] 43 Ca
Centro di Mezzo [ROMA] 107 Dc
Centro Giano [ROMA] 107 Ec
Centro Velico 179 Db
Centúripe [EN] 173 Bb
Céola [TN] 15 BCd
Ceolini [PN] 31 Eb
Cepagatti [PE] 105 Cb
Ceparana [SP] 65 Ccd
Cepina [SO] 13 CDb
Cepletischis [UD] 19 Ecd
Čepovan [SLO] 33 Fa
Ceppagna [IS] 119 CDa
Ceppaiano [PI] 81 Da
Ceppaloni [BN] 121 Bc
Ceppeda [LO] 39 Fc
Ceppo [TE] 97 Bcd
Ceppo, Monte- 71 Db
Ceppo Morelli [VB] 23 Cb

Ceprano [FR] 109 Fd
Ceraco, Torrente- 145 Fd
Ceradello [LO] 39 Fc
Cerageto [LU] 65 Fcd
Ceraino [VR] 43 Ba
Cerami [EN] 161 DEd
Cerami, Fiume di- 171 Ea
Ceramida [RC] 155 BCb
Ceramile [CS] 145 Cc
Cerano [NO] 39 Ab
Cerano d'Intelvi [CO] 25 Cb
Ceranova [PV] 39 Dc
Cerasa [LU] 65 Fcd
Cerasa [PU] 79 Dc
Cerasa, Monte la- 103 Ba
Cerasella [LT] 117 Dab
Cerasi [RC] 155 Bbc
Cerasia, Monte- 155 Ccd
Cerasito [IS] 111 Dd
Ceraso [CS] 151 Bb
Ceraso [SA] 141 Cab
Ceraso [TE] 103 Da
Ceraso, Monte- 109 Ac
Ceraso, Múrgia del- 125 Bc
Ceraso, Serra- 147 Cd
Cerasola [PG] 95 Fc
Cerasolo [RN] 79 Bb
Cerasomma [LU] 73 Cb
Cerasulo, Monte- 141 Da
Cerasuolo [IS] 111 Dd
Cerasuolo Vecchio 111 Dd
Ceratelli [MS] 65 DEc
Cerati [CN] 59 Gb
Cerati [VI] 29 Db
Cerbáia [FI] 75 Ec
Cerbáia [PT] 75 CDc
Cerbáia [SI] 83 ABc
Cerbáia [SI] 83 Bd
Cerbáie, Le- 75 Cc
Cerbaiola [PI] 81 Fc
Cerbaiolo [AR] 77 Ecd
Cerbara [PG] 85 Bab
Cerbiolo, Monte- 29 Ac
Cérboli, Isola- 91 Bb
Cerboni [PG] 85 Bab
Cercemaggiore [CB] 121 Ba
Cercenasco [TO] 47 Fb
Cercepiccola [CB] 121 ABa
Cercétole [AR] 77 Ec
Cercevesa, Monte- 19 Ba
Cerchiáia [SI] 83 Cc
Cerchiara [RI] 101 Fb
Cerchiara [TE] 103 Eab
Cerchiara, la- 131 Bc
Cerchiara di Calábria [CS] 143 Ec
Cérchio [AQ] 109 Fa
Cerchiola, Torrente- 103 Fa
Cercilo [BA] 125 Cc
Cercina [FI] 75 Fbc
Cercino [SO] 11 Fd
Cercivento [UD] 19 Ba
Cercivento Inferiore [UD] 19 Ba
Cercivento Superiore [UD] 19 Aa
Cércola [NA] 127 DEab
Cercomano [VR] 43 Cc
Cerda [PA] 159 Ec
Cerdomare [RI] 101 Fc
Cerea [VR] 43 Dc
Cerealto [VI] 29 Cd
Cereda [VI] 29 Dd
Ceredello [VR] 27 Fd
Ceredo [VR] 29 Ad
Ceredolo dei Coppi [RE] 65 Fa
Céréglio [BO] 67 Dc
Ceregnano [RO] 57 Ca
Cereie [BI] 23 Dd
Cerella, Monte- 109 Bb
Cerellaz [AO] 21 Cc
Cerello-Battuello [MI] 39 Bb
Cerendero [AL] 51 Dcd
Cerenova [ROMA] 107 Cb
Cerentia (Acerentia) 151 Cab
Cerenzía [KR] 151 Cb
Cérere, Monte- 67 Fb
Cérere, Tempio di- 129 Cd
Ceres [TO] 35 Fc
Ceresa, Monte- 97 Bc
Ceresane-Curanova [BI] 37 Cab
Ceresara [MN] 41 Fc
Cerese [MN] 43 Ad

Cereseto [AL] 37 Dd
Cereseto [PR] 65 ABa
Ceresetto [UD] 19 BCd
Ceresio → Lugano, Lago di- 25 Cb
Ceresito [BI] 37 Ba
Cerésola [AN] 85 Fc
Ceresola [BG] 25 Fc
Ceresola [FM] 97 Bb
Ceresola [MO] 65 Gb
Ceresola, Monte- 25 Gc
Ceresole, Lago di- 35 Gc
Ceresole Alba [CN] 49 Bc
Ceresole Reale [TO] 35 Eb
Ceresolo, Canale- 57 Ca
Ceresone, Fiume- 29 Fd
Cereta [MN] 41 Fc
Cerete [BG] 27 Ab
Cerete Alta [BG] 27 Ab
Cerete Bassa [BG] 27 Ab
Cereto [BS] 27 Dd
Cerétoli [MS] 65 Cb
Cerétolo [BO] 67 Eb
Cerétolo [PR] 65 Eab
Ceretta [TO] 35 Gc
Ceretti [TO] 35 Gc
Ceretto [CN] 59 Fa
Ceretto [TO] 49 ABb
Ceretto Lomellina [PV] 39 Ac
Cerézzola [RE] 65 Fa
Cergnai [BL] 17 Bd
Cergnala, Monte- 19 Db
Cergnéu Inferiore [UD] 19 Cc
Cergnéu Superiore [UD] 19 Cc
Ceri [ROMA] 107 CDab
Ceriale [SV] 71 Ga
Ceriana [IM] 71 Dc
Ceriano [RN] 79 Ab
Ceriano Laghetto [MB] 25 Cd
Cerignale [PC] 51 EFcd
Cerignola [FG] 123 Db
Ceriolo [CN] 61 Bab
Cerisano [CS] 149 Db
Cerisey [AO] 21 Dc
Cerisola [CN] 61 Dcd
Cerisola [GE] 63 Cab
Cerlongo [MN] 41 Fc
Cermenate [CO] 25 Cc
Cérmes / Tscherms [BZ] 3 Ad
Cermignano [TE] 97 Dcd
Cermone [AQ] 103 Cb
Cerna [VY] 29 Ad
Cernadoi [BL] 17 Bb
Cernaglia [PC] 51 EFc
Cernapenc [UD] 19 Db
Cernauda, Rocca- 59 Ecd
Cernera, Monte- 17 Bb
Cernicchio [PZ] 143 Bab
Cernitosa [RN] 77 Fc
Cernobbio [CO] 25 Cb
Cernobbio [CO] 25 Db
Cernusco Lombardone [LC] 25 Ec
Cernusco sul Naviglio [MI] 39 Dab
Ceródolo [BO] 67 Fab
Cerone [TO] 37 Bb
Cerqueta [AN] 87 Bc
Cerqueta [FR] 109 Ed
Cerqueto [PG] 95 Ab
Cerqueto [PG] 85 Ec
Cerqueto [TE] 97 Cc
Cerqueto, Pizzo- 97 Bc
Cerquito, Monte- 103 Bb
Cerratina [FM] 105 Cb
Cerrédolo [RE] 67 Ab
Cerréggio [RE] 65 Eb
Cerelli [SA] 129 Dc
Cerrè Marabino [RE] 65 Fb
Cerrè Sologno [RE] 65 Fb
Cerreta [BN] 121 Ac
Cerreta, Monte della- 103 Bc
Cerretana [FM] 97 Bbc
Cerretano, Lago- 65 Cc
Cerrete [PG] 95 Cb
Cerreto [AP] 97 Bb
Cerreto [AV] 121 Db
Cerreto [FM] 97 Ed
Cerreto [GR] 93 Cc
Cerreto [IS] 111 Ec

Cerreto [IS] 111 Dd
Cerreto [MC] 87 Ad
Cerreto [MC] 95 Fb
Cerreto [PC] 51 Ed
Cerreto [PI] 81 Ec
Cerreto [PU] 85 Dab
Cerreto [RE] 67 Aab
Cerreto [RN] 79 Bb
Cerreto [SI] 83 Bcd
Cerreto [TR] 93 Dd
Cerreto, Colle- 111 ABd
Cerreto, Monte- 127 Fb
Cerreto, Parco Naturale del- 103 Fb
Cerreto, Torrente- 131 Dd
Cerreto Alto [LT] 117 Ca
Cerreto Castello [BI] 23 CDd
Cerreto d'Asti [AT] 49 Da
Cerreto dell'Alpi [RE] 65 Ec
Cerreto d'Esi [AN] 87 Bc
Cerreto di Molo [AL] 51 Cc
Cerreto di Spoleto [PG] 95 Ec
Cerreto Grue [AL] 51 Cb
Cerreto Guidi [FI] 75 Dc
Cerreto Laghi [RE] 65 Ec
Cerreto Landi [PC] 53 Bb
Cerreto Langhe [CN] 61 Da
Cerreto Laziale [ROMA] 109 Bb
Cerreto Rossi [PC] 51 Fd
Cerreto Sannita [BN] 121 ABa
Cerretti [TR] 93 Ec
Cerrina Monferrato [AL] 37 Dd
Cerrione [BI] 37 Cb
Cerrisi [CZ] 149 DEc
Cerrito Piano, Colle- 109 Bab
Cerro [AQ] 103 Dc
Cerro [BG] 25 Fd
Cerro [PG] 95 Bb
Cerro [VA] 23 Fd
Cerro, Monte del- 111 Eb
Cerro al Lambro [MI] 39 DEc
Cerro al Volturno [IS] 111 Dd
Cerro Balestro [GR] 91 Da
Cerro Balestro, Poggio- 91 Da
Cerro Maggiore [MI] 25 Bd
Cerrone [PE] 105 Bc
Cerrone [VC] 37 Cc
Cerrone, Monte- 85 CDb
Cerro Tánaro [AT] 49 Fb
Cerro Veronese [VR] 43 Ca
Cersósimo [PZ] 143 DEb
Cersuta [PZ] 141 EFbc
Certaldo [FI] 81 Ga
Certalto [PU] 79 Ac
Certano, Torrente- 85 Bd
Certárdola [MS] 65 Dc
Certénoli [GE] 63 Eb
Certignano [AR] 83 Da
Certopiano [AN] 85 Fc
Certosa [BO] 55 Ed
Certosa [CZ] 153 Fbc
Certosa [FE] 55 Fb
Certosa [FI] 75 Fc
Certosa / Karthaus [BZ] 1 Fc
Certosa di Pavia [PV] 39 Cc
Certosa di Trisulti [FR] 109 Ec
Certosino [PR] 53 Fb
Cerusa, Torrente- 63 Bb
Cerva [CZ] 151 Cc
Cerva [VC] 23 Cb
Cervandone, Monte- 9 Dc
Cervano, Torrente- 31 Cb
Cervara [AP] 97 Bc
Cervara [MS] 65 Bb
Cervara [PG] 95 Fb
Cervara [PR] 53 Eb
Cervara di Roma [ROMA] 109 Cab
Cervarese Santa Croce [PD] 43 Gb
Cervarezza [RE] 65 Eb
Cervaro [FR] 111 Ce
Cervaro [TE] 97 Bd
Cervaro, Fiume- 121 Ca
Cervaro, Monte- 111 Dd
Cervaro, Torrente- 123 Bb
Cervarola, Monte- 67 Bc
Cervarolo [RE] 65 Fc
Cervarolo [VC] 23 Db
Cervaro Nuovo, Canale- 115 Dd
Cervasca [CN] 59 Fb
Cervati, Monte- 141 Da
Cervato [VC] 23 CDb

Cervelli [TO] 35 Ed
Cervellino, Monte- 65 Da
Cervello, Cozzo- 145 Dd
Cerveno [BS] 27 Cab
Cervere [CN] 49 Bd
Cervesina [PV] 51 CDa
Cerveteri [ROMA] 107 Cab
Cervi [VI] 29 Cc
Cervi, Grotta dei- 139 Fb
Cervi, Monte dei- 159 Fc
Cérvia [RA] 69 Fc
Cérvia, Saline di- 69 Ec
Cervialto, Monte- 129 Db
Cervicati [CS] 145 Dc
Cervidone [MC] 87 Cb
Cervières [Fr.] 47 Bb
Cerviero, Monte- 143 Cc
Cervigliano, Monte- 127 Fbc
Cervignano d'Adda [LO] 39 Eb
Cervignano del Friuli [UD] 33 Cc
Cervignasco [CN] 47 Fc
Cervina, Punta- / Hirzer-Spitze 3 Bc
Cervinara [AV] 121 Ac
Cervinara [FR] 109 Cc
Cervino [CE] 119 Fc
Cervino, Monte- (Matterhorn) 21 Fb
Cervino, Torrente- 49 Fc
Cervio, Torrente- 11 Gd
Cervione [GR] 93 Ab
Cervo [IM] 71 Fb
Cervo, Monte- 67 Eb
Cervo, Pizzo- 159 Cbc
Cervo, Torrente- [IM] 71 Fb
Cervo, Torrente- [Piem.] 37 Db
Cervognano [SI] 83 EFd
Cervoto [TO] 37 Cd
Cerza [CT] 173 Db
Cerzeto [CS] 145 Dcd
Cerzullo, Cozzo- 147 Dd
Cesa [AR] 83 Ec
Cesa [BL] 17 BCd
Cesa [CE] 119 Ed
Cesacástina [TE] 97 Bd
Cesaiavutti, Monte- 111 DEe
Cesana [BL] 31 Aa
Cesana, Monti della- 79 Cc
Cesana Brianza [LC] 25 Dc
Cesana Torinese [TO] 47 Bb
Cesano [AN] 79 EFc
Cesano [ROMA] 101 Dd
Cesano [TE] 97 Cc
Cesano, Fiume- 79 Ec
Cesano Boscone [MI] 39 Cb
Cesano Maderno [MB] 25 Cd
Cesaproba [AQ] 103 Cb
Césara [VB] 23 Eb
Cesaracchio [PZ] 131 Bb
Cesarano [CE] 119 Fbc
Cesarano [SA] 129 Ab
Cesáriis [UD] 19 Cc
Cesaró [ME] 161 Fd
Cesarolo [VE] 33 Bc
Cesate [MI] 25 Cd
Cesa Ventre [RI] 97 Acd
Cescheto [CE] 119 Cb
Cesclans [UD] 19 Bb
Cese [AP] 97 Bb
Cese [AQ] 103 Cb
Cese [AQ] 109 Ea
Cese [CE] 119 Eb
Cese [PG] 95 Dc
Ceselli [PG] 95 Dc
Cesen, Monte- 31 Bb
Cesena [FC] 77 Fa
Cesenático [FC] 69 Fc
Ceserano [MS] 65 Dc
Ceserano, Torrente- 75 Ba
Cesi [MC] 95 Eab
Cesi [TR] 95 Cd
Cesi, Poggio- 109 Aa
Césina, Monte- 119 CDa
Cesinali [AV] 129 Ba
Cesine, Oasi di protezione- 135 Fd
Césio [IM] 71 Eab
Cesiomaggiore [BL] 17 Ad
Cesiominore [BL] 17 Ad
Cesnola [TO] 23 Bd
Césole [MN] 55 Aa
Césoli [AQ] 111 Bab
Césolo [MC] 87 Cc
Cesovo [BS] 27 Cc
Cespedósio [BG] 25 Fb
Cessalto [TV] 31 Ec
Cessaniti [VV] 153 Cbc
Cessapalombo [MC] 97 Aa
Céssole [AT] 49 Ed
Cessuta, Lago- 143 Aa
Cesta [FE] 57 Cb
Cesta, La- 17 Ca
Cesto [NO] 37 Fab
Cesto, Borro- 83 Da
Cestola, Torrente- 93 Fa
Cesuna [VI] 29 Db
Cesure [MC] 95 Fab
Cet [BL] 17 Cd
Cetara [SA] 129 Bc
Cetica [AR] 77 Bc
Cetinale [SI] 83 Bc
Ceto [BS] 27 CDab
Cetona [SI] 93 Db
Cetona, Monte- 93 Db
Cetraro [CS] 145 Cc
Cetraro, Fiumara di- 145 Cc
Cetraro Marina [CS] 145 Ccd
Cetta [IM] 71 Db
Ceva [CN] 61 Db
Cevedale, Monte- / Zufallspitze 13 Eb
Céves / Tschöfs [BZ] 3 Cb
Cevio [Svizz.] 9 Fc
Cevo [BS] 13 Dd
Cevo [SO] 11 Fc
Cévola [PR] 53 Fd
Cevole [SI] 83 BCc
Cévoli [PI] 81 Da
Chabaud [TO] 47 Bb
Chabodey [AO] 21 Cc
Chalais [Svizz.] 7 Fc
Chalamy, Torrente- 21 Gc
Chaligne, Punta- 21 Dc
Challand-Saint-Anselme [AO] 21 Gc
Challand-Saint-Victor [AO] 21 Gc
Chambave [AO] 21 Fc
Chambeyron, Monte- 59 Ca
Chamençon [AO] 21 Ccd
Chamois [AO] 21 Fc
Chamolé, Lago di- 21 Ec
Chamonix-Mont-Blanc [Fr.] 21 Bb
Champagny-en-Vanoise [Fr.] 35 Bb
Champdepraz [AO] 21 FGc
Champex [Svizz.] 7 Cd
Champlan [AO] 21 Gc
Champlas du Col [TO] 47 Cb
Champlas-Seguin [TO] 47 Bb
Champlong [AO] 21 Fc
Champlong [AO] 21 Ed
Champoluc [AO] 21 Gc
Champorcher [AO] 21 Fd
Champsil [AO] 23 Bc
Chanavey [AO] 21 Cd
Chandolin [Svizz.] 7 Fc
Chardonnet, Aiguille du- 21 Cb
Chardonney [AO] 21 Fd
Charvatton, Monte- 21 Gd
Charvensod [AO] 21 Dc
Chasteiran [TO] 47 Db
Chataignère-Viran [AO] 21 Gc
Château [AO] 21 Fd
Château des Dames 21 Fb
Château Queyras [Fr.] 47 Bc
Châtellair [AO] 21 Dc
Châtillon [AO] 21 Fc
Chatrian [AO] 21 Fc
Chavalatsch, Piz- / Cavalláccio, Monte- 1 Cd
Chéglio [VA] 23 Fc
Chelbi maggiore [TP] 157 Cd
Chelbi minore [TP] 157 Cd
Chemonal [AO] 23 Bc
Chenaille, Monte- 21 Dbc
Cheradi, Isole- → Coradi, Isole- 133 Ed
Cherasca, Torrente- 49 Dd
Cherasco [CN] 49 BCd
Cherémule [SS] 183 Ecd
Cherina, Nuraghe sa- 185 Bc
Chério, Fiume- 27 Ac
Chero [PC] 53 Bb
Chero, Torrente- 53 Bc
Chersogno, Monte- 59 CDab
Cherubine [VR] 43 Dcd
Cherz [BL] 17 Aab
Chésio [VB] 23 Eb
Chessa, Rio sa- 185 Dd
Chesta [CN] 59 Fb
Chesta [CN] 59 Ea
Chétif, Mont- 21 Bc
Cheval Blanc, le- 7 Bd
Cheverel [AO] 21 Cc
Chevrère [AO] 21 Dd
Chezal [TO] 47 Cab
Chez-Croiset [AO] 21 Ec
Chia [CA] 195 Fd
Chia [VT] 101 Cb
Chiaberto [TO] 35 Ec
Chiabrano [TO] 47 Db
Chiabreri [CN] 59 Eab
Chiadin, Monte- 5 Ed
Chiáia [NA] 127 Bb
Chiaiamari [FR] 109 Fd
Chiaiano [NA] 127 Da
Chiaicis [UD] 19 Ab
Chiáio [CE] 119 Eb
Chialambertetto [TO] 35 Ec
Chialamberto [TO] 35 Eb
Chialina [UD] 17 Gb
Chialminis [UD] 19 Cc
Chialvetta [CN] 59 Cb
Chiamório [TO] 35 Fc
Chiampernotto [TO] 35 EFc
Chiampetto [TO] 35 Ec
Chiampo [VI] 43 Da
Chiampón, Monte- 19 Cc
Chiana, Canale Maestro della- 83 Eb
Chianacce [AR] 83 EFc
Chianale [CN] 47 Cd
Chianca, Dolmen di- 125 Aa
Chianca, Isola- 115 Eb
Chianca, Torre- 135 Fd
Chiancarelle [LT] 117 Eb
Chianche [AV] 121 Bc
Chianciano [SI] 93 Ca
Chianciano Terme [SI] 93 Ca
Chiandarens [UD] 17 Eb
Chiandusseglio [TO] 35 Ec
Chianello, Monte- 129 Ed
Chiani [AR] 83 Eb
Chiani, Torrente- 93 Ec
Chianni [PI] 81 Db
Chianocco [TO] 35 DEd
Chianocco, Riserva Naturale di- 35 Dd
Chianti 83 Cb
Chianti, Monti del- 83 Cb
Chiapili [TO] 35 Eb
Chiapineto [TO] 35 Gb
Chiappa [GE] 63 Da
Chiappa [IM] 71 Fb
Chiapparolo [AL] 51 Cc
Chiappe, Punta- 165 ins.b
Chiappera [CN] 59 Cb
Chiappi [CN] 59 DEb
Chiappini [BL] 29 Fa
Chiappino [AL] 61 Fa
Chiappino [LI] 81 Cb
Chiappo, Monte- 51 Ec
Chiappozzo, Monte- 63 Fb
Chiapuzza [BL] 17 Cb
Chiara [TO] 37 Aa
Chiara, Fiume- 153 Dd
Chiaramonte Gulfi [RG] 177 Cb
Chiaramonti [SS] 181 Ed
Chiaranda [UD] 19 Cb
Chiarano [TN] 29 Ab
Chiarano [TV] 31 Ec
Chiaravalle [AN] 87 Ca
Chiaravalle Centrale [CZ] 153 Eb
Chiaravalle della Colomba [PC] 53 Cb
Chiaravalle Milanese [MI] 39 Db
Chiarbola [TS] 33 Fd
Chiareggio [SO] 11 Gc
Chiarella Senga [MN] 55 Ba
Chiarentana [SI] 93 Cab
Chiarescons, Monte- 17 Eb
Chiari [BS] 41 Ba
Chiárini [BS] 41 Eb
Chiarino, Pizzo- 163 Dab
Chiarmácis [UD] 33 Bc
Chiaro, Rio- [IS] 111 Dd
Chiaro, Rio- [MC] 87 Dc
Chiaromonte [PZ] 143 Db
Chiarone [PC] 51 Fb
Chiarzò, Torrente- 17 Fc
Chiarzo, Torrente- 19 Bb
Chiascio, Fiume- 95 Ba
Chiaserna [PU] 85 DEb
Chiasiéllis [UD] 33 Cb
Chiasottis [UD] 33 Cb
Chiassa [AR] 83 Fa
Chiassaccia, Torrente- 83 Fa
Chiassáia [AR] 83 DEa
Chiasso [Svizz.] 25 Cb
Chiastre [PR] 65 Da
Chiastronat, Monte- (Kesselkofel) 5 Ed
Chiatona [TA] 133 Ec
Chiatri [LU] 73 Fb
Chiáuci [IS] 111 Fc
Chiáulis [UD] 19 Bb
Chiaulis [UD] 19 Bb
Chiavals, Monte- 19 Cb
Chiavano [PG] 95 Fd
Chiavari [GE] 63 Ec
Chiavazza [BI] 23 Cd
Chiavelli [PA] 159 Cb
Chiavenna [SO] 11 Ec
Chiavenna, Torrente- 53 Ca
Chiavenna Landi [PC] 53 Cab
Chiavenna Rocchetta [PC] 53 Bb
Chiaverano [TO] 37 Bab
Chiaveretto [AR] 83 Fa
Chiáves [TO] 35 Fc
Chiáviche [RO] 55 FGab
Chiavicone [MN] 43 Cd
Chiavicone [PD] 43 Fc
Chiavicone [RO] 55 Gb
Chiavino, Monte- 117 Fa
Chiavolino [BI] 23 Bd
Chiazale [CN] 59 Ca
Chiazzano [PT] 75 Db
Chibbò, Monte- 171 Bb
Chibbò Nuovo [PA] 171 Bb
Chieci [SI] 83 BCb
Chiénes / Kiens [BZ] 3 Ec
Chienti, Fiume- 87 Fc
Chientina [PI] 81 Da
Chieri [TO] 49 Bab
Chiesa [BI] 23 Dc
Chiesa [BL] 17 Bb
Chiesa [CN] 59 Da
Chiesa [ME] 163 Cc
Chiesa [RA] 69 Db
Chiesa [RO] 57 Bb
Chiesa [SP] 65 ABc
Chiesa [SV] 71 Fa
Chiesa [SV] 61 Ec
Chiesa [TN] 29 Cb
Chiesa [VB] 9 Eb
Chiesa [VC] 23 Db
Chiesa, Bec della- 61 Da
Chiesa, Puntone della- 155 Cc
Chiesa, Toppa della- 121 Cb
Chiesabianca [PR] 53 Bcd
Chiesa di Macra [CN] 59 DEb
Chiesa in giù [GR] 93 Ac
Chiesa in Valmalenco [SO] 13 Ac
Chiesa Nuova [BL] 31 Ab
Chiesa Nuova [FE] 55 Fc
Chiesanuova [FI] 75 Fc
Chiesanuova [GE] 63 Fb
Chiesa Nuova [GE] 63 Eb
Chiesanuova [LE] 139 Db
Chiesanuova [MC] 87 Cc
Chiesanuova [PI] 75 Bd
Chiesanuova [RA] 69 Bab
Chiesanuova [RSM] 79 Ab
Chiesanuova [TO] 37 Ab
Chiesa Nuova [TP] 157 CDbc
Chiesanuova [VE] 31 Ed
Chiesazza [PA] 159 Db
Chiesazza [PD] 43 Fcd
Chies d'Alpago [BL] 17 Dd
Chiese, Fiume- 41 Ec
Chiese Rupestri del Materano, Parco delle- 133 Cc
Chiesi [RE] 55 Ab
Chiesina [BO] 67 BCc
Chiesina Uzzanese [PT] 75 Cc
Chiesiola [PR] 63 Gab
Chiesone [VR] 43 Cd
Chiessi [LI] 89 Cc
Chiesuola [BS] 41 Cc
Chiesuola [RA] 69 Db
Chiesuol del Fosso [FE] 55 Gc
Chieti [CH] 105 CDbc
Chiéuti [FG] 113 EFb
Chieve [CR] 39 Fc
Chieve [SA] 129 Cb
Chievo [VR] 43 Bb
Chifente, Torrente- 97 Cb
Chifenti [LU] 75 Bb
Chigiano [MC] 87 Bc
Chignolo d'Isola [BG] 25 Fcd
Chignolo Po [PV] 39 Ed
Chilivani [SS] 183 Fc
Chimento [CS] 147 Ac
Chioano [PG] 95 Bc
Chiócchio [FI] 83 Ba
Chiocciolaio [GR] 91 DEc
Chioda, Monte- 77 Ca
Chiodo, Monte- 63 Fb
Chióggia [VE] 45 Dc
Chióggia, Porto di- 45 Dc
Chiomonte [TO] 35 Cd
Chiona, Torrente- 95 Cb
Chionea [CN] 61 Ccd
Chions [PN] 31 Fb
Chiópris [UD] 33 Db
Chiópris-Viscone [UD] 33 Db
Chioraia [CN] 61 Cd
Chioso [VB] 9 Eb
Chiostra la [PI] 81 Eb
Chiotas, Lago- 59 Ec
Chiotti [CN] 59 EFb
Chiotti [CN] 59 Eb
Chiotti Superiori [TO] 47 Db
Chiout [UD] 19 Db
Chiozza [LU] 65 Fd
Chiozza [RE] 55 Bd
Chiozzola [PR] 53 Fc
Chirchia, Pizzo del- 169 Dbc
Chiríca, Monte- 165 Dab
Chirignago [VE] 45 Db
Chirisconis, Necropoli di- 187 Db
Chirralza, Rio- 181 Fd
Chisola, Torrente- 47 Fb
Chisone, Torrente- 35 Dd
Chitignano [AR] 77 Dcd
Chiuduno [BG] 27 Ad
Chiugiana [PG] 95 Aa
Chiulano [PC] 53 Ab
Chiuppano [VI] 29 Dc
Chiuro [SO] 13 Bcd
Chiusa [CZ] 151 Cd
Chiusa [RC] 155 Eb
Chiusa / Klausen [BZ] 3 Dd
Chiusa di Pésio [CN] 61 ABc
Chiusa di San Michele [TO] 35 Ed
Chiusa Ferranda [PR] 53 Db
Chiusaforte [UD] 19 Cb
Chiusani [PV] 51 Db
Chiusánico [IM] 71 Fb
Chiusano d'Asti [AT] 49 Dab
Chiusano di San Domenico [AV] 121 Cd
Chiusa Scláfani [PA] 169 Bab
Chiusavecchia [IM] 71 Eb
Chiusa Vecchia [SA] 129 Dd
Chiusa Viarola [PR] 53 Db
Chiusdino [SI] 83 Ad
Chiusella, Torrente- 37 Bb
Chiusi [SI] 93 Dab
Chiusi, Lago di- 93 Da
Chiusi della Verna [AR] 77 Dc
Chiusi Scalo [SI] 93 Dab
Chiusita [MC] 95 Eb
Chiuso [LC] 25 Ec
Chiúsola [SP] 65 Bb
Chiusure [SI] 83 Dcd
Chivasso [TO] 37 Bc
Chizzola [TN] 29 Bc
Chizzoline [BS] 41 Fa
Chorio [RC] 155 Cc
Chorío [RC] 155 Bd
Ciabattu [OT] 179 Cc
Ciabaudo [IM] 71 Db
Ciaculli [PA] 159 Cb
Ciagnano [BO] 67 Fb
Ciago [PN] 17 Fc
Ciago [TN] 15 Bd
Ciágola, Monte- 143 Bc
Ciaixe [IM] 71 Cc
Cialancia, Cima- 59 Ec
Cialancia, Punta- 47 Db
Cialla [UD] 33 Da
Cialledde [BA] 133 Bb
Cialma, la- 35 Fb
Ciamarella, Úia di- 35 Dc
Ciambra, Villa- [PA] 159 Bb
Ciampac 15 Fb
Ciampino [ROMA] 107 Fc
Ciampino, Aeroporto Internazionale di- 107 Fc
Ciamprisco [CE] 119 Dc
Cian, Punta- 21 Fb
Cianaluca [CB] 113 Eb
Cianciana [AG] 169 Cbc
Ciane, Fiume- 177 Fb
Ciane, Fonte- 177 Fb
Ciannavera [BN] 121 Cb
Ciano [MO] 67 CDb
Ciano [TV] 31 Bc
Ciano [VV] 153 Dc
Ciano d'Enza [RE] 65 Fa
Ciantiplagna, Cima- 35 Dd
Ciapanico [SO] 13 Ac
Ciapè, Pizzo- 9 CDd
Ciapel, Monte- 59 Ec
Ciapela, Malga- [BL] 17 Ab
Ciappulla [EN] 161 Ed
Ciaramella [AN] 85 Fb
Ciarandella, Bric- 61 CDc
Ciárdes / Tschars [BZ] 1 Fd
Ciarforon 35 Eb
Ciastella, Monte- 59 Dc
Ciastellin, Monte- 17 Dab
Ciaudierona, Monte- 17 Cb
Ciaudon, Testa- 61 Ac
Ciaurlec, Monte- 17 Fc
Ciaval, Monte- 59 Dc
Ciavernasco [PC] 53 Ab
Ciávolo [TP] 157 Cd
Ciavolotto [TP] 157 Cd
Ciazze, Le- 63 Aa
Cibali [CT] 173 Dbc
Cibeno [MO] 55 Cc
Cibiana di Cadore [BL] 17 Cb
Cibóttola [PG] 93 Fb
Cicagna [GE] 63 Eb
Cicala [CZ] 149 Ec
Cicalesi [SA] 129 Ab
Ciccia, Monte- 155 Ab
Cicciano [NA] 121 Ad
Ciccobriglio [AG] 171 Bd
Cicconi [MC] 95 Fa
Cicengo [AL] 37 CDd
Cicerale [SA] 129 Dd
Cicerone, Tomba di- 119 Ab
Cicese [RO] 57 Ca
Cichero [GE] 63 Eb
Ciciano [SI] 83 Ad
Cicignano [RI] 101 Ebc
Ciciliano [ROMA] 109 Bb
Ciciozza, Punta- 23 Bc
Ciciu del Villar, Riserva Naturale dei- 59 Fb
Ciclilandia 81 Ba
Ciclopi, Isole dei- 173 Db
Cicogna [AR] 83 Da
Cicogna [VB] 23 Fab
Cicogna, Colle- 103 Ec
Cicogna, Torrente- 17 Cd
Cicognáia [AR] 77 Fc
Cicognara [MN] 53 Fb
Cicogni [PC] 51 Fb
Cicognola [LC] 25 Ec
Cicognolo [CR] 41 Dcd
Cícola [BG] 27 Ad
Cicolano 103 Cc
Ciconia [TR] 93 Ec
Ciconicco [UD] 19 Bd
Cicónio [TO] 37 Ab
Cicoria [KR] 151 Db
Cicuta Nuova [CL] 171 Cc
Cicuta Vecchia [CL] 171 Cc
Cielolombardo, Poggio- 175 Db
Ciesco, Monte- 121 Ab
Ciesco Alto, Monte- 121 Ad
Cifalco, Monte- 111 BCd
Cifolo, Monte- 143 Ac
Ciggiano [AR] 83 Eb
Cigliano [FI] 75 EFcd
Cigliano [FI] 77 Bc
Cigliano [MC] 87 Ec
Cigliano [VC] 37 Cc
Cigliano, Canale di- 37 Db
Ciglié [CN] 61 Cb
Ciglione [AL] 49 Fd
Cignana, Lago di- 21 Fb
Cignano [AR] 83 Fc
Cignano [BS] 41 Cb
Cignano [FI] 77 Ca
Cignano [PC] 53 Ca
Cignato [FI] 77 Ba
Cigno [FC] 77 Db
Cigno, Torrente- [CB] 113 Dd
Cigno, Torrente- [CB] 113 Db
Cignolo [PV] 51 Ec

Cignone [CR] 41 Bc
Cigognola [PV] 51 Ea
Cigole [BS] 41 Dc
Cigoli [PI] 75 Cc
Cilavegna [PV] 39 Ac
Cilento 129 Ed
Cilento e Vallo di Diano,
Parco Nazionale del– 141 Ca
Ciliano [SI] 83 Ed
Ciliverghe [BS] 41 DEb
Cillarese, Lago di– 135 Ec
Cillis, Toppo di– 131 Ab
Cima [CO] 25 Ca
Cima, la– 9 Ed
Cima, Monte– 15 Ed
Cimabanche [BL] 5 Bd
Cima Canale [BL] 5 Dd
Cima di Campo [BL] 29 Fb
Cima di Coppi, Colle–
103 Ad
Cima di Vorno [LU] 75 Bc
Cimadolmo [TV] 31 Dc
Cimadomo [BT] 125 Aab
Cimafava [PC] 53 Bb
Cimaferle [AL] 61 Fa
Cimaganda [SO] 11 Eb
Cima Gogna [BL] 17 Dab
Cimalmotto [Svizz.] 9 Ec
Cimamonte, Monte– 95 Bd
Cimapiásole [TO] 35 Gbc
Cimarani, Monte– 109 Ea
Cimarella, Villa– [MC]
87 Dc
Cima Sappada [BL] 17 Fa
Cimavalle [SV] 61 Fb
Cimbergo [BS] 27 CDab
Cimbriolo [MN] 41 Fd
Cimbro [VA] 23 Gc
Cimego [TN] 27 Eb
Cimena [TO] 37 Bc
Cimetta [TV] 31 Db
Ciminà [RC] 155 Db
Cimini, Monti– 101 Cb
Cimino, Monte– 101 Cb
Cimino → Vico, Lago di–
101 Cc
Cimitile [NA] 121 Ad
Cimmo [BS] 27 Cc
Cimoláis [PN] 17 Dc
Cimoliana, Torrente– 17 Dc
Cimon 17 Dc
Cimon, Monte– [BL] 17 Cc
Cimon, Monte– [TN] 29 Dc
Cimon, Monte– [TV] 31 Bb
Cimon del Tres 15 Dc
Cimone [TN] 29 Bb
Cimone, il– [VC] 23 Cb
Cimone, il– [VI] 29 Eb
Cimone, Monte– [BG] 27 Ba
Cimone, Monte– [MO]
67 ABc
Cimone, Monte– [UD] 19 Db
Cimone, Monte– [Ven.]
31 Cab
Cimone, Monte– [VI] 29 CDc
Cimone, Monte– [VI] 29 Ec
Cimpello [PN] 31 Fb
Cináglio [AT] 49 Db
Cincelli [AR] 83 Eab
Cinciano [SI] 83 ABab
Cinecittà [ROMA] 107 Fb
Cinelli [VT] 101 Ac
Cineto Romano [ROMA]
109 Ba
Cingia de' Botti [CR] 41 Dd
Cingianello [MO] 67 Bb
Cingino, Lago di– 23 Ca
Cingla, Monte– 27 Ec
Cíngoli [MC] 87 Ab
Cini, Case– [VB] 9 Eb
Cinigiano [GR] 93 Ab
Cinisco, Fiume– 85 Ea
Ciniselo Bálsamo [MI] 25 Dd
Cinisi [PA] 157 Fb
Cinnarello, Fosso– 153 Cc
Cino [SO] 11 Ed
Cino, Torrente– 147 Bc
Cinque (Marina di
Montignoso) [MS] 73 Ba
Cinquanta [BO] 55 Fd
Cinquecerri [RE] 65 Eb
Cinquefrondi [RC] 153 Cd
Cinquegrana [CT] 173 ABc
Cinquemiglia, Piano delle–
111 Cb

Cinque Querce, Monte–
95 Bb
Cinque Terre 73 Ba
Cinque Terre, Area Marina
Protetta delle– 73 Aa
Cinque Terre, Parco Nazionale
delle– 73 Ba
Cinquevie [NA] 127 Fa
Cintano [TO] 37 Ab
Cintello [VE] 33 Ac
Cinte Tesino [TN] 29 Ea
Cinto [VI] 43 Ea
Cinto Caomaggiore [VE]
31 Fc
Cinto Euganeo [PD] 43 FGc
Cintóia [FI] 75 Fc
Cintóia [FI] 83 Ba
Cintóia alta [FI] 83 Ca
Cintolese [PT] 75 Fc
Cinzano [CN] 49 Cc
Cinzano [TO] 37 Bd
Cioca 13 Fc
Cioccafa [CL] 171 Bb
Cioccale [AL] 51 Dc
Cioccaro [AT] 49 Ea
Ciociaria 109 Dc
Ciola [FC] 69 Cc
Ciola [FC] 77 Fa
Ciola Araldi [FC] 77 Fa
Ciola Corniale [RN] 77 Ga
Ciol di Sass, Cima– 17 Cc
Ciolino [CL] 171 Cb
Ciommarino [FG] 121 Fb
Ciorani [SA] 129 Bb
Ciorlano [CE] 119 DEa
Ciorneva, Monte– 35 Ec
Ciotto Mien, Monte– 59 FGc
Cipolláie Sotto [CR] 41 Dc
Cipollaio, Galleria del– 73 Ea
Cipolletto [PG] 85 Dc
Cippano [LE] 139 FGb
Cippata [VB] 9 Ec
Cippei, Monte– 25 Db
Cipressa [IM] 71 Eb
Cipressi [PE] 105 Cab
Cipresso [TO] 49 Ba
Cirami, Monte– 167 Ec
Cirano [BG] 27 Ac
Circe, Picco di– 117 Db
Circeii, Acropoli di– 117 Cc
Circeo, Parco Nazionale
del– 117 Cc
Cireggio [VB] 23 Eb
Cireglio [PT] 75 CDb
Ciregna [PC] 51 Fc
Cirella [CS] 145 Bb
Cirella [RC] 155 Db
Cirella, Isola di– 145 Bb
Cirella Vecchia 145 Bb
Cirello [RC] 153 Bd
Ciriano [PC] 53 Bb
Ciricilla, Fiume– 151 Cb
Ciriè [TO] 35 Gc
Cirigliano [MT] 131 DEd
Cirignano [BN] 121 Ac
Cirignano [FI] 75 Fab
Cirignone [AR] 77 Dc
Cirimarco [CS] 145 Cc
Cirimido [CO] 25 Cc
Cirina, Pizzo– 159 Bb
Cirlano / Tschirland [BZ] 1 Fd
Cirò [KR] 147 Ed
Cirò Marina [KR] 147 Ed
Cirras, Rio– 193 Bd
Cirvoi [BL] 17 Cd
Cis [TN] 15 Bb
Cisano [BS] 27 Ed
Cisano [VR] 43 Aab
Cisano Bergamasco [BG]
25 Ec
Cisano sul Neva [SV] 71 Fa
Ciseran [AO] 21 Gc
Ciserano [BG] 25 Fd
Cisiano di Sotto [PC] 51 Gb
Cisigliana [MS] 65 Cc
Cislago [VA] 25 Bd
Cislano [BS] 27 Bc
Cisliano [MI] 39 Bb
Cismon, Monte– 29 Fb
Cismon, Torrente– 29 Fb
Cismon del Grappa [VI] 29 Fb
Cison di Valmarino [TV]
31 Bb
Cisore [VB] 9 Dd
Cispiri, Rio– 187 Ec
Cissone [CN] 61 Da

Ciste, Monte– 15 Dd
Cistella, Monte– 9 Dc
Cisterna [CE] 119 Eb
Cisterna [FR] 111 Ac
Cisterna, Bec– 49 DEd
Cisterna, Torre della– 123 Bc
Cisterna d'Asti [AT] 49 Cb
Cisterna di Latina [LT] 109 Ad
Cisternino [BR] 133 Gb
Cistio [FI] 77 Ab
Cistri, Col di– 17 Ac
Citara, Spiaggia di– 127 Bb
Citerna [PG] 85 Aab
Citerna, Monte– [FI] 75 Fa
Citerna, Monte– [PG] 85 Ec
Citernella, Monte– 95 Ac
Citerno [TR] 93 Dc
Citta [TO] 35 DEd
Città, Monte– 17 Dc
Cittadella [AL] 51 Ab
Cittadella [BO] 55 Gd
Cittadella [MN] 43 Acd
Cittadella [PD] 29 Fd
Città della Domenica 85 Cd
Città della Pieve [PG] 93 Db
Città del Vaticano [SCV]
107 Eb
Città di Castello [PG] 85 Bb
Città di Castiglio 147 Dc
Città di Fàllera, Monte– 93 Eb
Cittaducale [RI] 103 Ab
Città Giardino [MO] 55 Dc
Città Giardino [RA] 125 Db
Cittanova [MO] 55 BCd
Cittanova [RC] 153 Cd
Cittanova [VE] 31 Ed
Città Povera [TP] 157 Bc
Cittareale [RI] 95 FGd
Città Sant'Ángelo [PE]
105 Cab
Città Sant'Angelo, Parco
di– 105 Cb
Cittiglio [VA] 23 FGb
Ciucchetta, la– 111 Dd
Ciuchen, Bric dei– 49 Fd
Ciuchesu [OT] 179 Dc
Ciucis, Monte– 19 BCb
Ciuffenna, Torrente– 83 Da
Civago [RE] 65 Fc
Civalleri [CN] 61 Ab
Civate [LC] 25 Ec
Civè [PD] 45 Cc
Civello, Cima– 29 Db
Civenna [CO] 25 Db
Civerone, Monte– 29 Da
Civetta, Monte– 17 Bb
Civezza [IM] 71 Eb
Civezzano [TN] 15 BCd
Civiasco [VC] 23 Dc
Cividale [MO] 55 Db
Cividale del Friuli [UD]
19 Dd
Cividale Mantovano [MN]
53 Fa
Cividate al Piano [BG] 41 Ba
Cividate Camuno [BS] 27 Cb
Cividino [BG] 27 Ad
Civiglio [CO] 25 Cc
Civignano [TO] 37 Bd
Civinini, Capanna– [GR]
91 Cb
Cívita [AQ] 103 Bd
Cívita [CS] 143 Dd
Cívita [PG] 95 Fcd
Cívita [VT] 93 Ed
Cívita, Colle della– 105 Cc
Civitacampomarano [CB]
113 BCc
Cívita Castellana [VT] 101 Dc
Cívita d'Ántino [AQ] 109 Eb
Cívita di Bagno [AQ] 103 Dc
Civitaluparella [CH] 111 Eb
Civitanova Alta [MC] 87 Fc
Civitanova del Sánnio [IS]
111 Fcd
Civitanova Marche [MC]
87 Fc
Civitaquana [PE] 105 Bc
Civitaretenga [AQ] 103 Fc
Cívita Superiore [CB] 119 Fa
Civitate, Chiesa di– 113 Fc
Civitatomassa [AQ] 103 Dbc
Civitavécchia [ROMA] 99 Fd
Civitella [RI] 103 Cc
Civitella [ROMA] 103 Ad
Civitella, la– 117 Fa

Civitella, Monte– [AQ]
103 Ca
Civitella, Monte– [FR] 109 Dc
Civitella, Monte– [GR]
93 BCc
Civitella, Monte– [It.] 85 Ab
Civitella, Monte– [MC] 95 Fb
Civitella, Monte di– 95 Ec
Civitella, Poggio– 93 Aa
Civitella Alfedena [AQ]
111 Cc
Civitella Benazzone [PG]
85 Cc
Civitella Casanova [PE]
105 Bb
Civitella Cesi [VT] 101 BCc
Civitella d'Agliano [VT] 93 Fd
Civitella d'Arno [PG] 85 Dc
Civitella de' Conti [TR] 95 Ab
Civitella del Lago [TR] 95 Ac
Civitella del Tronto [TE]
97 CDc
Civitella di Romagna [FC]
77 Dab
Civitella in Val di Chiana
[AR] 83 Eb
Civitella Licinio [BN] 121 Ab
Civitella Marittima [GR] 91 Fb
Civitella Messer Raimondo
[CH] 105 Dd
Civitella Pagánico [GR] 91 Fb
Civitella Ranieri [PG] 85 Cc
Civitella Roveto [AQ] 109 Eb
Civitella San Paolo [ROMA]
101 Ec
Civitelle, Poggio delle– 95 Cb
Civitello, Monte– 85 Cb
Civo [SO] 11 Fd
Civório [FC] 77 Eb
Civrari, Monte– 35 Ec
Cixerri, Rio– 195 Fb
Cizzago [BS] 41 Bb
Cizzolo [MN] 55 ABab
Claino con Osteno [CO]
25 Cab
Clanezzo [BG] 25 Fc
Clapier, Monte– 71 Ba
Classe [RA] 69 Eb
Clauiano [UD] 33 Cb
Claus, Lago del– 59 Ec
Cláut [PN] 17 DEc
Clauzetto [PN] 19 Ac
Clava, La– / Kolben–Spitze
3 Ac
Clavais [UD] 19 Aab
Clavalite, Torrente– 21 Ec
Clavarezza [GE] 63 Da
Clavesana [CN] 61 Cb
Claviere [TO] 47 Bb
Clea [TO] 47 Dab
Clegna, Torrente– 13 Cd
Clementino, Porto– 99 Fc
Cles [TN] 15 Bb
Cles, Monte di– 15 Ab
Cleto [CS] 149 Cc
Cléulis [UD] 19 Ba
Cleva [PN] 17 Fc
Clibbio [BS] 27 Dd
Clímiti, Monti– 177 Bb
Clitunno, Fiume– 95 Db
Clitunno, Fonti del– 95 Dc
Clivio [VA] 25 Bb
Clódig [UD] 19 Ed
Clopai, Piz– 1 Dc
Clotesse, Punta– 47 Bab
Cloz [TN] 15 Bb
Cludinico [UD] 19 Ab
Clusane sul Lago [BS] 27 Bd
Clusella, Torrente– 21 Dc
Clúsio / Schleis [BZ] 1 Dc
Clusone [BG] 27 Ab
Coarezza [VA] 23 Fc
Coassolo Torinese [TO] 35 Fc
Coatti [RO] 55 Fb
Coazzano [MI] 39 Cc
Coazze [MN] 55 Cb
Coazze [MN] 55 Dab
Coazze [TO] 47 Ea
Coazzolo [AT] 49 Dc
Coca, Pizzo di– 13 Bd
Cocasit, Monte– 19 Ab
Coccáglio [BS] 41 Ba
Coccanile [FE] 57 Cb
Coccau di Sopra [UD] 19 Eab
Cóccia, Poggio di– 101 Bc
Coccíglia [LU] 75 Ba
Coccolia [RA] 69 Dc

Cocconato [AT] 37 Cd
Cocconito–Vignaretto [AT]
37 Cd
Coccorano [PG] 85 Dc
Cóccore [AN] 85 Eb
Coccorinello [VV] 153 Bc
Coccorino [VV] 153 Bc
Coccovello, Monte– 141 Fb
Cocetta [AL] 51 Bab
Cocianzi [UD] 19 Dcd
Cocolicchio [BR] 133 Fb
Cocomaro di Cona [FE]
57 Bc
Cocomaro di Focomorto
[FE] 57 Bc
Cocullo [AQ] 111 Bab
Cocúmola [LE] 139 Fb
Cocuzza, Monte– → Montalto
155 Cbc
Cocuzzo, Monte– [CS]
149 Cb
Cocuzzo, Monte– [SA]
141 EFb
Cocuzzo delle Púglie, Monte–
129 Fd
Coda [VV] 43 Ba
Codacchi [CB] 113 Bc
Coda di Volpe, Tempa–
143 Cb
Codaruina [SS] 181 Ec
Coddu Vecchio 179 Dc
Codelago o Dévero, Lago–
9 Db
Codemondo [RE] 53 Gc
Códena [MS] 73 Da
Codera [SO] 11 Ec
Coderno [UD] 33 Aab
Codesino [LC] 25 Ea
Codevigo [PD] 45 Cc
Codevilla [SN] 61 Cc
Codevilla [PV] 51 Db
Codi, Monte– 193 DEb
Codigoro [FE] 57 Dc
Codiponte [MS] 65 Dc
Codisotto [RE] 55 Bb
Codiverno [PD] 45 Bb
Codogna [CO] 25 Da
Codogné [TV] 31 Db
Codogno [LO] 41 Ad
Codogno [PR] 65 ABb
Codolo [MS] 65 Bb
Codorso [PR] 63 Gb
Codrignano [BO] 69 Ac
Codro, Serra– 145 Ec
Codrípio [UD] 33 Ab
Codromaz [UD] 19 Ed
Codrongiános [SS] 183 DEc
Codugnella [UD] 19 Bd
Coduro [PR] 53 Db
Coeliula [FI] 75 Ecd
Coenzo [PR] 53 Fb
Coette [VE] 45 Cd
Cófano, Monte– 157 CDb
Coffali, Monte– 163 Ab
Cóffia [AR] 77 Cc
Coggina, Genna– 189 Ec
Coggiola [BI] 23 Dc
Coghinas [OT] 185 Bb
Coghínas, Fiume– 181 Cc
Coghínas, Lago del– 185 Bb
Coglia, Monte– 95 Fab
Cogliandrino, Torrente–
143 Cb
Cogliáns, Monte– (Hohe
Warte) 5 Fd
Cogliate [MB] 25 Cd
Cogne [AO] 21 DEd
Cognento [MO] 55 BCd
Cogno [BS] 27 Cb
Cogno [PD] 29 Fd
Cognola [TN] 15 Bd
Cogno San Bassano [PC]
51 Gc
Cogolatzu, Nuraghe– 187 Ec
Cogoleto [GE] 63 Ab
Cógoli [NU] 185 Dc
Cogollo [RA] 69 CDb
Cogollo [VR] 43 Ca

Cogollo del Céngio [VI]
29 Dc
Cógolo [TN] 13 EFb
Cogolo, Monte– 29 Cc
Cogolónchio [PR] 53 Dc
Cogorno [GE] 63 Fc
Cogozzo [BS] 41 Eab
Cogozzo [BS] 27 Cd
Cogozzo [MN] 53 Fb
Cogruzzo [RE] 55 Ac
Coi [BL] 17 Bb
Coiano [FI] 81 Fa
Coiano [PO] 75 Eb
Cóimo [VB] 9 Ed
Coiromonte [NO] 23 Eb
Coissone [TO] 47 Fb
Cojanna, Rio– 191 Fb
Col [BL] 17 Cd
Col, Monte– 17 Ea
Cola [RE] 65 Fb
Cola [VR] 43 Ab
Cola, Monte– 15 Dd
Colangeli [LT] 117 Ba
Colarandazzo, Monte–
163 Bd
Colas [UD] 19 BCc
Colasordo, Serra– 111 Cb
Colazza [NO] 23 Fc
Colbassano [PG] 85 Ec
Colbertaldo [TV] 31 Bb
Colbórdolo [PU] 79 Dc
Colbricon 15 Fc
Colbricon, Lago di– 15 Fc
Colbu, Lu– 179 Bd
Colbúccaro [MC] 87 Dc
Colcanino [AN] 85 Eb
Colcavagno [AT] 49 Da
Colcellalto [AR] 77 Fc
Colcello [AN] 85 Fb
Colcerasa [MC] 87 BCc
Colda [SO] 13 Ac
Coldapi [AR] 85 Fb
Coldazzo [PU] 79 Cc
Col dei Boffat [BL] 29 Fb
Coldellanoce [AN] 85 Fb
Colderù [BL] 31 Ba
Coldigioco [MC] 87 Bbc
Col di Pra [BL] 17 Ad
Col di Riso [LT] 117 Eab
Coldirodi [IM] 71 Cc
Col di Villa / Bauernkohlern
[BZ] 15 Db
Coldragone [FR] 111 Ad
Coldrano / Goldrain [BZ] 1 Ed
Coleasca, Torrente– 13 Cc
Coleazzo, Monte– 13 Dc
Colecchio / Gleck 13 Fb
Colelli [RC] 155 Bb
Cólere [BG] 27 Bb
Colerin, Punta del– 35 Dc
Colfano [MC] 87 Cd
Colfelice [FR] 111 Ad
Colferráio [MC] 87 Bc
Colfiorito [PG] 95 Ea
Colfiorito, Area Naturale
Protetta– 95 Ea
Colfosco [TV] 31 Cc
Colfosco / Kollfuschg
[BZ] 3 Fd
Col Francesco [PG] 85 Cc
Colfrancui [TV] 31 Dc
Coli [PC] 51 Fc
Cólico [LC] 11 Ed
Colignola [AR] 83 Fa
Colla [CZ] 149 Ec
Colla [MS] 65 Dc
Colla, Monte– 163 Ac
Colla, Monte sa– 193 Db
Colla, Torrente– 61 Ac
Collabassa [IM] 71 Cb
Collabasso, Monte– 163 Ab
Collácchia [GR] 91 DEb
Colla di Netro [BI] 23 Bd
Collagna [RE] 65 Eb
Collaiello [MC] 87 Bc
Collalbo / Klobenstein [BZ]
15 Da
Collalbrigo [TV] 31 Cb
Collalto [CB] 113 Bd
Collalto [IS] 111 Dd
Collalto [SI] 83 Abc
Collalto [TV] 31 Cb
Collalto [UD] 19 Cc
Collalto, Monte– 31 Ac
Collalto / Hochgall 5 Ab
Collalto Sabino [RI] 103 Bd

Collalunga, Cima di- 59 CDc
Colla Maffone [ME] 163 Ab
Collamato [AN] 87 Ac
Collarmele [AQ] 111 Aa
Collatea [RI] 101 Fab
Collattoni [MC] 95 Eb
Collazzone [PG] 95 Bb
Colle [AN] 85 Ec
Colle [AN] 85 EFc
Colle [AP] 97 Ac
Colle [AP] 97 Cc
Colle [AQ] 103 Cb
Colle [FM] 97 Bb
Colle [LU] 75 Bb
Colle [LU] 73 Fa
Colle [MC] 97 Aa
Colle [PG] 95 Bab
Colle [PG] 85 Ecd
Colle [PI] 81 Da
Colle [PN] 31 Fb
Colle [PN] 17 Fd
Colle [PT] 75 Cb
Colle [SI] 83 Dc
Colle [TR] 101 EFab
Colle [TR] 93 Eb
Colle, Capo di- 103 Fc
Colle, Dosso del- / Halseck 15 Cc
Colle, Monte di- 121 Bab
Colle, Torre del- 105 Dc
Colle / Bichl [BZ] 3 Bb
Colle Alberti [FI] 75 Dc
Colle Alto [FR] 109 Fd
Colle Aprico [AN] 87 Aab
Colle Aprico [PG] 85 EFd
Collebaccaro [RI] 101 Fb
Collebaldo [PG] 93 EFb
Collebarucci [FI] 75 Fb
Collebeato [BS] 27 Cd
Colleberardi [FR] 109 Ec
Colle Bianco [CH] 105 Dcd
Collebianco [MC] 95 Fab
Colle Brianza [LC] 25 Ec
Collebrincioni [AQ] 103 Db
Colle Calvo [AQ] 103 Ca
Colle Calzolaro [PG] 93 Eab
Colle Carino [FR] 111 Acd
Collecarrise [IS] 111 Fd
Collecastagno [AQ] 103 Cc
Collécchia [MS] 65 Dc
Collecchiello [PR] 53 DEc
Collécchio [GR] 91 Ed
Collécchio [PR] 53 Ec
Collecorvino [PE] 105 Cb
Colle Croce [PG] 95 DEa
Colle d'Anchise [CB] 113 Bd
Colledara [TE] 103 Fa
Colle d'Avéndita [PG] 95 Fc
Colle dell'Antico [PG] 85 Cab
Colle della Sponga [RI] 103 Bc
Colle del Marchese [PG] 95 Cc
Colle di Cómpito [LU] 75 Bc
Colle di Corte [AN] 87 Ab
Colle di Dentro / Inner-Pichl [BZ] 5 Bc
Colle di Fuori [ROMA] 109 Ac
Colle di Fuori / Ausser Pichl [BZ] 5 Bc
Colle di Lagnola [RI] 101 Eb
Colle di Lice, Grotte- 111 Bc
Colle di Lúcoli [AQ] 103 Cc
Colledimácine [CH] 111 Eab
Colledimezzo [CH] 111 Fb
Colle di Nava [IM] 71 Ea
Colle di Preturo [AQ] 103 Cb
Colle di Róio [AQ] 103 CDbc
Colle di Tenda, Traforo del- 61 Ac
Colle di Tora [RI] 103 Ac
Colle di Vaccina [ROMA] 107 Cb
Colle di Val d'Elsa [SI] 83 Ab
Colledoro [TE] 103 Fab
Colle Farelli [AQ] 103 Cc
Colleferro [ROMA] 109 Bc
Colle Flórido [PE] 105 Cb
Collefrácido [AQ] 103 Cc
Collegalli [FI] 81 Ea
Collegara [MO] 55 Cd
Collegentilesco [RI] 97 Ad
Collegiglioni [AN] 85 Fb
Collegiove [RI] 103 Bc
Collegno [TO] 35 Gd
Colle Isarco / Gossensaß [BZ] 3 Cb
Colle Licino [TR] 95 Dd
Collelongo [AQ] 109 Fb
Colleluce [MC] 87 Cc
Collelungo [PI] 81 Ea
Collelungo [RI] 101 FGc
Collelungo [TR] 95 Ab
Collelungo [TR] 95 Bc
Collemácchia [IS] 111 Dd
Collemaggiore [RI] 103 Cc
Collemáncio [PG] 95 Cb
Collemare [RI] 103 Ab
Colle Mastroianni [FR] 111 ABc
Colle Mattarello [FR] 109 Ed
Colle Mausoleo [FR] 109 Ed
Collemeluccio, Riserva Naturale- 111 Ec
Collemeto [LE] 139 Da
Colle Mezzano [LI] 81 Dbc
Collemincio [PG] 85 DEc
Colleminúccio [TE] 97 Dc
Collemontanino [PI] 81 Dab
Collemoresco [RI] 97 Ad
Collenasso [RI] 95 Fd
Colléoli [PI] 81 Ea
Colle Paganello [AN] 85 Fc
Colle Pagánica [AQ] 103 Cab
Collepardo [FR] 109 Ec
Collepasso [LE] 139 DEb
Collepepe [PG] 95 Bb
Colle Pian Fienile [PG] 95 Dbc
Collepietra / Steinegg [BZ] 15 Db
Collepietro [AQ] 103 Fc
Collepietro [TE] 97 Ec
Collepino [PG] 95 Dab
Collepizzuto [TR] 95 Cd
Colle Plínio [PG] 85 Ba
Colleponi [AN] 85 Fb
Colleponte [TR] 95 Dd
Colleposta [FR] 111 BCd
Colle Quarticciolo [VT] 99 Fbc
Colleranesca [TE] 97 Ec
Céllere, Monte- 63 Eab
Colleredo [VI] 43 Fc
Colleretto Castelnuovo [TO] 37 Ab
Colleretto Giacosa [TO] 37 Ab
Colleri [PV] 51 Ec
Colle Rinaldo [RI] 103 Bb
Collerose [RI] 103 Cc
Collesalvetti [LI] 81 Ca
Colle San Benedetto [MC] 95 Fa
Colle San Giacomo [AQ] 103 Cd
Colle San Lorenzo [PG] 95 Db
Colle San Magno [FR] 111 Bd
Colle San Marco [AP] 97 Cc
Colle Sannita [BN] 121 Ba
Collesano [PA] 159 Fc
Colle San Paolo [PG] 93 EFa
Colle Santa Lucia [BL] 17 Bb
Collesantángelo [TR] 101 Fa
Collesanto [MC] 95 FGa
Collesanto [PG] 85 Bd
Collescipoli [TR] 101 Ea
Colle Secco [AR] 83 Fbc
Collesecco [CH] 105 Dc
Collesecco [PG] 95 Cb
Collesecco [TR] 95 Bc
Colle Sestriere [TO] 47 Cb
Collésino [MS] 65 Dc
Collestatte Piano [TR] 101 Fa
Collestrada [PG] 95 Ba
Colletara [AQ] 103 Cb
Colle Torre di Buccione, Riserva Naturale- 23 Ec
Colletorto [CB] 113 Dcd
Colle Tronco [FR] 109 Fe
Colletta, Cima della- 51 Ec
Colletta Soprana [CN] 59 Fc
Colletto [CN] 59 Eb
Colletto, Monte- 59 Fb
Colle Umberto [TV] 31 Cb
Colle Umberto I [PG] 85 Bc
Collevalle [MC] 87 Cc
Collevécchio [RI] 101 Ebc
Collevécchio [TE] 97 CDd
Colleverde [RI] 103 Ba
Colle Vérrico [AQ] 103 Ca
Colli [AQ] 103 Cb
Colli [CH] 105 Dc
Colli [CN] 59 Fb
Colli [FR] 109 Fd
Colli [LU] 73 Ea
Colli [MC] 87 Bc
Colli [SP] 63 Gc
Colli, Villa- [LU] 73 Fb
Colli Alti [FI] 75 Ec
Colliano [SA] 129 Eb
Colli a Volturno [IS] 111 Dd
Collicelle [RI] 95 FGd
Collicelli [MC] 87 BCc
Collicello [AQ] 103 Cb
Colli del Tronto [AP] 97 Db
Colli di Bergamo, Parco dei- 25 FGc
Colli di Fontanelle [NA] 127 Ec
Colli di Monte Bove [AQ] 103 Bd
Colli Euganei, Parco Naturale Regionale dei- 43 Gb
Collimento [AQ] 103 CDc
Collina [AN] 87 Cb
Collina [AP] 97 Bc
Collina [BO] 67 Dc
Collina [FC] 77 Db
Collina [LU] 75 Bc
Collina [MC] 87 Bc
Collina [PT] 75 Db
Collina [RI] 103 Abc
Collina [UD] 5 Ed
Collina di Rivoli, Area Attrezzata della- 35 Gd
Collina di Superga, Parco Naturale della- 49 Ba
Collina Nuova [FM] 97 Ca
Collinas [VS] 191 Ec
Colline di Brescia, Parco delle- 41 Da
Collinello [FC] 77 Ea
Collinetta [UD] 5 EFd
Cóllio [BS] 27 Dd
Cóllio [BS] 27 Cc
Colli sul Velino [RI] 101 Fab
Collobiano [VC] 37 Eb
Collodi [PT] 75 Bb
Colloredda, Punta di- 185 Eb
Colloredo [UD] 19 Dd
Colloredo di Monte Albano [UD] 19 Bd
Colloredo di Prato [UD] 33 Ba
Colloro [VB] 23 Eab
Collura, Fosso della- 157 Dc
Colma [AL] 37 Ed
Colma, la- 29 Ac
Colma, Monte- [IM] 71 Db
Colma, Monte- [It.] 63 Ba
Colma / Kollmann [BZ] 3 CDd
Colmaggiore [MC] 85 Fc
Colmano [FC] 77 Da
Colmegna [VA] 23 Ga
Colmello [VE] 31 Cd
Colmet, Monte- 21 Cc
Colmetta, Cima- 23 Cb
Colmirano [BL] 31 Ab
Colmurano [MC] 87 CDcd
Colnago [MB] 25 Ed
Colobraro [MT] 143 Eab
Colóbria [PA] 169 Ca
Cologna [FE] 57 Cb
Cologna [LC] 25 Ec
Cologna [SO] 13 Cc
Cologna [TN] 27 Eb
Cologna [TN] 29 Ab
Cologna, Monte- 95 Db
Cologna Paese [TE] 97 Ec
Cologna Spiaggia [TE] 97 Ec
Colognati, Torrente- 147 Bc
Cologna Véneta [VR] 43 Ec
Cologne [BS] 41 Ba
Cologno al Sério [BG] 25 Gd
Colognola [BG] 27 Ac
Colognola [MC] 87 BCb
Colognola [PG] 85 BCc
Colognola ai Colli [VR] 43 Db
Colognole [FI] 77 Bb
Colognole [LI] 81 Cab
Colognole [PI] 73 Fc
Cologno Monzese [MI] 39 Da
Cológnora [LU] 75 BCb
Cológnora [LU] 73 Fb
Colomba, Monte- [FC] 77 Da
Colomba, Monte- [PA] 169 BCa
Colombai [PI] 75 BCc
Colombáia, Isola- 157 Cb
Colombáia Secchia [RE] 65 Gb
Colombano [RO] 43 Fd
Colombano, Monte- [PC] 51 Fb
Colombano, Monte- [TO] 35 Fc
Colombara [FE] 55 Fc
Colombara [PU] 85 Eab
Colombara [PU] 85 Ca
Colombara [VC] 37 CDc
Colombare [BS] 41 Fb
Colombare [CR] 41 Ac
Colombare [PD] 43 Fd
Colombare [VR] 43 Bc
Colombaro [BS] 27 Ad
Colombaro [MO] 67 Ca
Colombaro [TO] 37 Bcd
Colombarola [PC] 51 Fab
Colombarolo [CR] 41 Dd
Colombarone [MO] 55 Bd
Colombarone [PR] 53 Eb
Colombaro Rossi [CN] 47 FGd
Colombassi [AL] 51 Dc
Colombè, Monte- 27 Da
Colombella Alta [PG] 85 Cd
Colombella Bassa [PG] 85 Cd
Colombetta Piane [PV] 39 DEd
Colombi [CN] 61 Dab
Colombière [TO] 47 Bb
Colombin, Monte- 71 Cb
Colombine, Monte- 27 CDb
Colombo, Lago- 27 Ab
Colombo, Monte- 35 Fb
Colomello [MT] 143 Cb
Colonia [AL] 51 DEc
Colonia [CI] 195 Cc
Colonia Arnaldi [GE] 63 DEb
Colonia di Rovegno [GE] 63 Ea
Colónica [PO] 75 Ec
Colonna [PU] 79 Cc
Colonna [ROMA] 109 Ac
Colonna, Monte- 109 Dbc
Colonna, Monte di- 23 Gb
Colonnata [FI] 75 Fc
Colonnata [MS] 73 DEa
Colonne [AL] 51 Dc
Colonne, Canale delle- 195 Bc
Colonne, Grotta delle- 141 Eb
Colonne di Carloforte 195 Bc
Colonnella [TE] 97 Eb
Colonnetta di Prodo [TR] 93 Fc
Colonno [CO] 25 CDb
Coloreta, Monte- 75 Ga
Coloretta [MS] 65 Bb
Colorina [SO] 11 Gd
Colorno [PR] 53 Fb
Coloru, Grotta su- 181 Ed
Colósimi [CS] 149 Ec
Colostrai, Villaggio- [CA] 193 Ed
Colotto [MC] 87 Cc
Col Palombo [PG] 85 Dc
Colpetrazzo [PG] 95 Cc
Col Piccione [PG] 85 Bc
Colsaino [PG] 85 Ed
Col San Giovanni [TO] 35 Fc
Col San Martino [TV] 31 Bb
Colsano / Galsaun [BZ] 1 Fd
Colsento, Monte- 17 Ad
Coltano, Tenuta di- 81 Ca
Coltaro [PR] 53 Eb
Coltavolino [PG] 85 Cc
Colterenzio / Schreckbichl [BZ] 15 Cb
Colti [OT] 179 Cc
Coltignone, Monte- 25 Eb
Coltodino [RI] 101 Fc
Coltondo 15 Fcd
Coltorondo 15 Ec
Coltura [PN] 31 Da
Coltura [TN] 27 Fa
Colturano [MI] 39 Db
Colugna [UD] 19 Cd
Colunga [BO] 67 Fb
Colvalenza [PG] 95 Bc
Colza [UD] 19 Ab
Colzate [BG] 27 Ac
Colzè [VI] 43 Fb
Comabbio [VA] 23 Gc
Comabbio, Lago di- 23 Gc
Comácchio [FE] 57 DEc
Comácchio, Valli di- 69 DEa
Comacina, Isola- 25 Db
Comagna, Testa di- 21 Gc
Comano [MS] 65 Dc
Comano [TN] 29 Aa
Comano Terme [TN] 29 Aa
Comásine [TN] 13 Fc
Comazzo [LO] 39 Eb
Combai [TV] 31 Bb
Combal, Lago di- 21 Bc
Combamala [CN] 59 Eb
Combe [CN] 61 ABb
Combes [AO] 21 Ccd
Combolo, Monte- 13 Bc
Comeana [PO] 75 Ec
Comeglians [UD] 17 Gab
Comelico Superiore [BL] 5 Cd
Comenduno [BG] 25 Gc
Comérconi [VV] 153 Bc
Comério [VA] 23 Gb
Cómero, Monte- 77 DEc
Comerzo [UD] 19 Bcd
Comezzano [BS] 41 Bb
Comezzano-Cizzago [BS] 41 Bb
Comighello [TN] 29 Aa
Comignago [NO] 23 Fc
Cómino [CH] 105 Dc
Cómiso [RG] 177 Bc
Comitini [AG] 169 Dc
Comiziano [NA] 121 Ad
Commaldo, Torre di- [SR] 177 Dcd
Commenda [VT] 101 Bb
Commessággio [MN] 53 Ga
Commezzadura [TN] 15 Ac
Comnago [NO] 23 Fb
Como [CO] 25 Cc
Como, Lago di- (Lário) 25 Db
Comole, Le- 119 Fc
Comologno [Svizz.] 9 Fc
Comoretta, Punta- 185 Cd
Compaccio / Kompatsch [BZ] 1 Fd
Comparadu, Monte- 27 Ea
Comparni [CZ] 153 Cc
Comparte [BS] 13 CDd
Compassi [AL] 63 Da
Compiano [PR] 65 ABab
Compiano [RE] 65 EFa
Compignano [PG] 95 Ab
Compióbbi [FI] 75 FGc
Compione [MS] 65 Dc
Cómpito [AR] 77 Dc
Complesso Immacolatelle e Micio Conti, Riserva Naturale- 173 Db
Complesso Speleologico Villasmundo-Sant'Alfio, Riserva Naturale- 173 Dd
Compresso [PG] 85 Bc
Comugne [UD] 19 Bc
Comugni [AR] 83 DEa
Comuna [BI] 37 Cb
Comuna Bellis [MN] 55 DEa
Comunanza [AP] 97 Bb
Comune, Pizzo- 171 Ba
Comune, Poggio del- 81 Fb
Comune, Serra- 109 Fc
Comunéglia [SP] 63 FGb
Comunelli, Lago- 175 Db
Comunelli, Monte- 149 Ec
Comune Soprano [PR] 65 Ba
Comuni [VR] 43 Ec
Comunitore, Monte- 97 Bc
Comun Nuovo [BG] 25 FGd
Cona [FE] 57 Bc
Cona [VE] 45 Cc
Cona Faiete [TE] 97 Ccd
Conca, Monte- 169 Ec
Conca, Pizzo- 159 Ed
Conca, Rio sa- 185 Cb
Conca, Torrente- 79 Cb
Conca Casale [IS] 111 CDde
Conca d'Álbero [PD] 45 Cc
Conca dei Marini [SA] 127 Fc
Conca della Campania [CE] 119 Cb
Conca del Prà [TO] 47 Dc
Concadirame [RO] 43 Gd
Conca d'Oro 159 Bb
Conca Margini 191 Eb
Concamarise [VR] 43 Cc
Concarena 13 Cd
Concas [NU] 185 Ec
Conca s'Omu, Monte- 191 Cd
Conca Verde [OT] 179 Cb
Concei [TN] 27 Fb
Concenedo [LC] 25 Eb
Concerviano [RI] 103 Bc
Concésio [BS] 27 Cd
Concessa [RC] 155 Ab
Conche [PD] 45 CDc
Conche, Monte- 27 Cd
Conchedda, Punta- 185 CDb
Concio Longo [CS] 145 Eb
Conco [VI] 29 Ec
Concórdia Sagittária [VE] 31 FGc
Concórdia sulla Sécchia [MO] 55 Cb
Concorezzo [MB] 25 Ed
Concosu, Punta- 189 BCc
Condemine [AO] 21 Dc
Condino [TN] 27 Eb
Condofuri [RC] 155 Cc
Condofuri Marina [RC] 155 Cd
Condojanni [RC] 155 Eb
Condove [TO] 35 Ed
Condrò [ME] 163 Cab
Conegliano [TV] 31 Cb
Cónero, Monte- 87 Ea
Cónero, Parco del- 87 Ea
Conetta [VE] 45 Ccd
Confienza [PV] 37 Fb
Confienzo, Rio- 23 Cc
Configni [RI] 101 Eb
Configni [TR] 95 Cc
Configno [RI] 97 Ad
Confinale, Monte- 13 Db
Confinale, Punta- 13 BCc
Confini [BN] 121 Bc
Conflenti [CZ] 149 Dc
Conflenti Inferiore [CZ] 149 Dc
Conflenti Superiore [CZ] 149 Dc
Confreria [CN] 59 Gb
Congen, Monte- 11 Fc
Coniale [FI] 67 Fd
Conicchio [BS] 41 Da
Conicchio [SI] 93 Db
Conidoni [VV] 153 Cb
Conigli, Isola dei- 167 ins.b
Conio [IM] 71 Eb
Coniolo [AL] 37 Ed
Coniolo [BS] 41 Bb
Coniolo Bricco [AL] 37 Ed
Conna [SV] 71 Fb
Conócchia [IS] 111 Ed
Consalvo [GR] 91 Ca
Consándolo [FE] 57 Bd
Conscente [SV] 71 Fa
Conscenti [GE] 63 Fb
Cónscio [TV] 31 Cd
Consélice [RA] 69 Bab
Conselve [PD] 45 Bc
Consensio [PC] 51 Fc
Consíglio di Rumo [CO] 11 Dd
Consovero [CN] 61 Bb
Consuma [FI] 77 Bc
Contarina [RO] 57 Eab
Contarini [TV] 31 Bc
Conte, Serra del- 131 Dd
Contea [FI] 77 Bb
Contei [SV] 61 Eb
Contemplazione [ME] 155 Ab
Contérico [MI] 39 Eb
Contes [Fr.] 71 Ac
Contessa, Canale della- 115 Dd
Contessa, Monte- [CZ] 153 Eb
Contessa, Monte- [SR] 177 CDb
Contessa Entellina [PA] 169 Ba
Contesse [ME] 155 Ac
Conti [FM] 97 Bb
Conti [PI] 75 Bd
Contigliano [RI] 101 Fb
Contignaco [PR] 53 Cc
Contignano [SI] 93 Cb
Contile [PR] 53 Cd
Contovello [TS] 33 Fc
Contrada [AV] 129 Ba
Contrada [BS] 27 Ed
Contrada [CN] 61 Db

Contrada della Chiesa [PR] 53 CDb
Contrada Ebrei [AL] 51 Bb
Contrada La Sega [LT] 117 Dab
Contrada Scaleri, Riserva Naturale– 171 Cb
Contra de Revorte 185 Cd
Contra d'Òschiri 185 Bd
Contrafforte Pliocenico, Riserva Naturale Regionale– 67 Eb
Contrapò [FE] 57 Bc
Controbianca 185 Eb
Controguerra [TE] 97 Dbc
Contron [PN] 17 Dc
Controne [SA] 129 Ecd
Contu, Cúccuru– 191 Dd
Contúrbia [NO] 23 Fc
Contursi [BA] 133 Cb
Contursi Terme [SA] 129 Ec
Convalle [LU] 73 Fb
Conventazzo, Poggio– 177 Cab
Conventello [RA] 69 Dab
Conventino [ROMA] 107 Fa
Conventu, Nuraghe su– 191 Bb
Conversano [BA] 125 Ec
Converselle [FC] 69 Cc
Conza, Lago di– 129 Ea
Conza, Ruderi di– 129 Ea
Conza della Campania [AV] 129 Ea
Conzano [AL] 49 Fab
Conzattu, Nuraghe– 183 Ec
Copanello [CZ] 153 Fb
Cop di Breguzzo, Cima– 27 Ea
Cop di Casa, Cima– 13 Ed
Coperchia [SA] 129 Bb
Copérnio [PR] 53 Fb
Copersito [SA] 141 Ba
Copertino [LE] 139 Da
Copiano [PV] 39 Dc
Copogna [MC] 95 Ea
Copollazzo [ME] 161 Eb
Coppa, Monte– [Bas.] 143 Ea
Coppa, Monte– [SP] 65 Ab
Coppa, Torrente– 51 Db
Copparo [FE] 57 Bb
Coppe [TR] 101 Eb
Coppere, Colle– 113 CDb
Coppito [AQ] 103 Cb
Coppo [AL] 49 Fa
Coppo dei Fossi, Monte– 115 Eb
Cóppola, Villaggio– [CE] 119 Cd
Coppoli, Serra– 131 Cb
Cóppolo, Monte– 143 Eb
Coppolo, Monte– 15 Fd
Copreno [MB] 25 Cc
Cor, Monte– 31 Cab
Corà [RO] 55 Fb
Cora / Tshoren 3 DEb
Corace, Fiume– 149 Ec
Coradi o Cheradi, Isole– 133 Ed
Corana [PV] 51 Ca
Corano [PC] 51 Fb
Corato [BA] 125 Ab
Corazzo [KR] 151 DEc
Corbanese [TV] 31 Cb
Corbara [SA] 129 Ab
Corbara [TR] 93 Fc
Corbara, Lago di– 93 Fc
Corbella, Isola– 89 Dc
Corbelli, Villa– [RE] 55 Ad
Corbesassi [PV] 51 Ec
Corbesate [PV] 39 Dc
Corbetta [MI] 39 Bb
Corbezzi [PT] 75 Db
Corbiglia [TO] 47 Fa
Corbiolo [VR] 29 Bd
Córbola [RO] 57 Dab
Corbolone [VE] 31 EFc
Corborant, Torrente– 59 Dc
Corbos, Nuraghe– 187 Fc
Corcagnano [PR] 53 Ec
Corcelli, Isola– 179 Db
Córchia [PR] 65 Cab
Corchiano [VT] 101 Dbc

Córcia [PG] 85 Ec
Corciolano [RE] 67 Ab
Corcò, Pizzo di– 161 Bc
Corcolle [ROMA] 109 Ab
Corcrevà [RO] 57 Dab
Corcumello [AQ] 109 DEab
Cordelle [BL] 17 Bb
Cordellon [BL] 31 Bab
Cordenons [PN] 33 Fb
Cordesco [TE] 97 Ec
Cordevole, Torrente– 17 Bc
Cordigliano [PG] 85 Ccd
Cordignano [TV] 31 Db
Cordin, Monte– (Straniger) 19 Ba
Cordivino [MC] 87 Bb
Cordona, Monte– 63 Db
Córdova [TO] 37 Ad
Cordovado [PN] 33 Ac
Córeca [CS] 149 Cc
Córeca, Scogli– 149 Cc
Córedo [TN] 15 Bb
Coréglia [BA] 133 Fb
Coréggio [FE] 57 Bab
Coréglia Antelminelli [LU] 75 Ba
Coréglia Lígure [GE] 63 Eb
Corella [FI] 77 Bb
Coremò [CI] 195 Dc
Corenno Plínio [LC] 11 Dd
Corese Terra [RI] 101 Fcd
Corezzo [AR] 77 Dc
Corfiádi, Oasi di Protezione– 139 Dc
Corfínio [AQ] 105 Bd
Corfínium 105 Bd
Corfino [LU] 65 Fc
Corgeno [VA] 23 Gc
Corgna [PG] 85 Ac
Corgno [CN] 59 Eab
Corgnolaz [AO] 21 Fc
Corgnolo [UD] 33 Cbc
Corgnul, Monte– 19 Bc
Cori [LT] 109 Bd
Coriano [FC] 69 Dc
Coriano [RE] 65 Fc
Coriano [RN] 79 Bb
Coriano [VR] 43 Dc
Coriasco [TO] 37 Ac
Coriconi [FM] 97 Bb
Coriglianeto, Torrente– 147 Bc
Corigliano [CE] 119 Cb
Corigliano Cálabro [CS] 147 Bc
Corigliano d'Otranto [LE] 139 Eb
Corigliano Scalo [CS] 147 Bc
Corinaldo [AN] 79 Ed
Cório [TO] 35 Gc
Corippo [Svizz.] 11 Bc
Coritis [UD] 19 Db
Corlaga [MS] 65 Cb
Corláiti [VR] 29 Bd
Corleone [PA] 159 Bd
Corleone, Fiume di– 159 Cd
Corleto [FG] 123 Bb
Corleto [RA] 69 Cc
Corleto, Fiumarella di– 131 Dd
Corleto Monforte [SA] 129 Fd
Corleto Perticara [PZ] 131 Dd
Corletto [MO] 55 Bd
Corliano [FI] 75 Dc
Corlo [FE] 57 Bb
Corlo [FE] 57 Bb
Corlo [MO] 67 Ba
Corlo [PG] 85 Bbc
Corlo, Lago del– 29 Fb
Cormano [MI] 39 CDa
Cormeláno, Monte– 95 Dc
Cormoney, Bec– 21 Gd
Cormons [GO] 33 Db
Cormor, Canale– 33 Bc
Corna [BS] 27 BCb
Cornácchia, Monte– [AQ] 103 Dc
Cornácchia, Monte– [FG] 121 Da
Cornácchia, Monte– [It.] 111 Ac
Cornacchiaia [FI] 75 Fa
Cornacchiano [TE] 97 Cc
Cornaccina [PR] 53 Dc

Cornacervina [FE] 57 Cc
Cornaget, Monte– 17 Ec
Cornaggia, Monte– 23 Fb
Cornagiera, Pizzo– 25 Ea
Cornaglie [AL] 49 Gb
Corna Grande 25 Fb
Cornaiano / Girlan [BZ] 15 Cb
Corna Imagna [BG] 25 Fc
Cornalba [BG] 25 Gb
Cornale [AL] 37 Dcd
Cornale [BG] 25 Gc
Cornale [CN] 49 Dc
Cornale [PV] 51 Ca
Cornalea [AT] 49 EFb
Cornaleto [CR] 41 Ac
Cornaletto [CR] 59 Db
Cornaloni [AP] 97 Bb
Cornalta [BG] 25 Gc
Cornappo [UD] 19 Dc
Cornarè [TV] 31 Bb
Cornaredo [MI] 39 Cab
Cornareto [AL] 51 Dcd
Cornaro [PC] 51 Fc
Cornate, Le– 81 Fd
Cornate d'Adda [MB] 25 Ed
Cornati [CN] 61 Db
Cornazzai [UD] 33 Bb
Cornè [RO] 57 Bab
Cornè [TN] 29 Ac
Corneda [MS] 65 Cc
Cornedo all'Isarco / Karneid [BZ] 15 Db
Cornedo Vicentino [VI] 29 CDd
Cornegliana [PD] 45 Bc
Cornegliano Laudense [LO] 39 Ec
Cornei [BL] 17 Dd
Corneliano [PC] 53 Bb
Corneliano Bertário [MI] 39 Eb
Corneliano d'Alba [CN] 49 Cc
Cornello, Lago– 27 Ab
Cornet, Monte– 27 Eb
Corneta, Monte– 83 Fb
Corneto [BS] 27 Bd
Corneto [RE] 65 Gb
Cornétole [RE] 53 Gc
Cornetti [TO] 35 Ec
Cornetto [TN] 29 BCb
Cornetto [TN] 29 Bb
Cornetto, il– 29 Dc
Cornetto, Monte– 17 Dc
Córnia [AR] 83 DEb
Cornia, Fiume– 91 Bb
Corniana [PR] 65 Da
Corniano [MN] 43 Ac
Corniano [RE] 53 Fd
Cornice [SP] 65 ABc
Cornícolani, Monti– 109 Aa
Cornícolo, Monte– 15 Bab
Cornigian [BL] 17 Cc
Corníglia [SP] 73 Ba
Cornigliano Lígure [GE] 63 Cb
Corníglio [PR] 53 Cd
Corníglio [PR] 65 Db
Cornillo Vecchio [RI] 97 Ad
Cornin, Dosso– 13 Cc
Cornino [TP] 157 CDb
Cornino [UD] 19 Bc
Cornino, Lago di– 19 Bc
Cornino, Piano– 103 Bb
Cornio, Valle del– 45 Dc
Corniola [FI] 75 Dc
Corniolino [FC] 77 Cb
Córniolo [PT] 75 Da
Cornisello, Laghi di– 13 Fc
Corno [TO] 49 ABc
Corno [VR] 43 Bb
Corno, Fiume– [PG] 95 Ec
Corno, Fiume– [UD] 33 Cc
Corno, Isola del– 195 Bc
Corno, Monte– [BG] 27 Ac
Corno, Monte– [CN] 59 Fc
Corno, Monte– [IS] 111 CDe
Corno, Monte– [RI] 103 Aa
Corno, Monte– [TN] 15 Ac
Corno, Monte– [UD] 17 Fb
Corno, Monte– / Trudner Horn 15 Dc
Corno alle Scale 75 Ca
Corno alle Scale, Parco del– 75 Da
Cornócchia [SI] 83 Ac
Cornocchia, Riserva Naturale– 83 Ac

Cornocchio [PR] 53 Ec
Corno di Caneto 65 DEb
Corno di Rosazzo [UD] 33 Db
Corno Giovine [LO] 41 Ad
Corno Grande 103 Eb
Córnolo [PR] 63 Ga
Córnolo [SO] 11 Fc
Cornone [FG] 113 Fb
Corno Piccolo 103 Eb
Corno Stella, Monte– 25 Ga
Cornour, Punta– 47 Db
Cornovécchio [LO] 41 Ad
Cornoviglio, Monte– 65 BCc
Cornú [AO] 21 Gc
Cornuda [TV] 31 Bb
Córnus 187 Cc
Córnus, Nuraghe– 187 Cc
Coróglio [NA] 127 Db
Coromédus, Monte– 193 Bb
Corona [AQ] 103 Dd
Corona [GO] 33 Db
Corona [MT] 131 Ebc
Corona, Monte– 27 Eb
Corona, Monte– (Kronalpe) 19 Ca
Corona, Nuraghe sá– 193 Bd
Corona, Serra– 161 Fc
Corona / Graun [BZ] 15 Cc
Corona Alta 15 Ec
Corona Niedda, Scoglio– 187 Cc
Corone [BG] 25 Gb
Corone [PG] 95 Fb
Coronella [FE] 55 FGc
Coronella, Torrente– 13 Bd
Coroneo, Nuraghe– 189 Cc
Corones, Plan de– / Kronplatz 3 Fc
Corongiu, Monte– 43 Da
Coróngiu, Fiume– 189 Ed
Coróngiu, Laghi di– 197 Cb
Coròngiu, Punta– 193 Db
Coróngiu Era [OR] 189 Bd
Coróngiu Maria, Nuraghe– 193 Cb
Corpegani, Monte– 43 Da
Corpi Santi [CH] 105 Dd
Corpo di Cava [SA] 129 Bb
Corpolò [RN] 79 Aab
Corpo-Reno [FE] 55 Ec
Corposano [PG] 85 Ba
Corquet, Monte– 21 Ec
Corra Chérbina, Punta– 185 Bd
Corrada [RE] 65 Fa
Corraduccio [PG] 85 Ec
Corrasi, Punta– 189 Db
Corrazzu, Nuraghe– 191 Fb
Corr' e Cerbu, Rio– 193 Ec
Correggi [FE] 57 Bc
Coréggio [RE] 55 Bc
Correggioli [MN] 43 CDd
Correggioverde [MN] 55 Ab
Correnti, Isola delle– 177 Ec
Corr'e Pruna, Rio– 193 Ed
Correzzana [MB] 25 Dcd
Correzzo [VR] 43 Cd
Corrézzola [PD] 45 Cc
Córrido [CO] 25 Ca
Corridónia [MC] 87 Dc
Corridore del Pero [SR] 173 Cd
Corrieri [PT] 75 Da
Corroccioni [AQ] 103 Cb
Corrópoli [TE] 97 Dc
Corrúbbio [VR] 43 Bb
Corrúbbio [VR] 43 Ca
Corrubbioli [VR] 43 Dbc
Corrugunele [OT] 185 Db
Corrulia, Nuraghe– 193 Dc
Córrus de Trubutzu, Nuraghe– 189 Ed
Corságlia [CN] 61 Bc
Corságlia, Torrente– 61 Bc
Corsagna [LU] 75 Bb
Corsalone [AR] 77 Cc
Corsalone, Torrente– 77 Dc
Corsanella [SI] 83 BCc
Corsano [LE] 139 Fc
Corsano [SA] 129 Ab
Corsari [LE] 139 Ca
Corsciano [MC] 87 Bd
Corsi, Pian dei– 61 Fc
Corsicchie, Poggio le– 77 Ec
Córsico [MI] 39 Cab
Corsíglia [GE] 63 Eb
Corsione [AT] 49 Dab

Corsonna, Torrente– 75 Ba
Cortábbio [LC] 25 Eb
Cortaccia sulla Strada del Vino / Kurtatsch an der Weinstrasse [BZ] 15 Cc
Cortafon, Monte– 11 Dd
Cortale [CZ] 153 Eb
Cortale [UD] 19 Cd
Cortalta [TN] 15 Bcd
Cortandone [AT] 49 Db
Cortanieto [AT] 37 Cd
Cortanze [AT] 49 Dab
Cortazzone [AT] 49 Db
Corte [AT] 49 Ec
Corte [BL] 17 Cb
Corte [CR] 53 Ga
Corte [LC] 11 Ed
Corte [PD] 45 Cc
Corte [PD] 29 Fcd
Corte [VI] 29 Dc
Corte, Monte della– 111 Cc
Corte Alta [VR] 43 Bc
Corteano [CR] 41 Bc
Corte Centrale [FE] 57 Dc
Corte Cérbos, Monte– 189 Ed
Corte de' Cortesi [CR] 41 Cc
Corte de' Cortesi con Cignone [CR] 41 Cc
Corte de' Frati [CR] 41 Cc
Corte e Costa [VC] 23 Eb
Corte Franca [BS] 27 Ad
Corte Fusero [BI] 23 Cd
Cortelà [PD] 43 Fc
Corte Madama [CR] 41 Ac
Cortemaggiore [PC] 53 Cb
Cortemilia [CN] 61 Ea
Cortenédolo [BS] 13 Ccd
Córteno Golgi [BS] 13 Cd
Cortenova [LC] 25 Eab
Cortenuova [BG] 41 Aa
Cortenuova [FI] 75 Dc
Corte Nuova [MN] 55 Cb
Corteolona [PV] 39 Ed
Corte Palásio [LO] 39 Fc
Corte Palazzetto [MN] 43 Cd
Corte Pórcus 193 Db
Corteranzo [AL] 37 Cd
Corterégio [TO] 37 Ac
Corte Rusta [MN] 43 Cd
Cortesano [TN] 15 Bd
Corte Sant'Andrea [LO] 39 Fd
Cortese, Monte– 177 Db
Cortesi [PR] 53 Dc
Corte Vecchia [GR] 93 Bc
Corti [BG] 27 Bc
Córti [FI] 83 BCa
Corti [SO] 11 Eb
Cortiana [VI] 29 Cc
Corticella [BO] 67 EFa
Corticella [RE] 55 Bd
Corticelle Pieve [BS] 41 Cb
Corticelli [PR] 53 Eb
Cortiglione [AT] 37 Cd
Cortiglione [AT] 49 Fc
Cortigno [PG] 95 Ec
Cortile [MO] 55 Cc
Cortina [RA] 69 Db
Cortina [TN] 13 EFc
Cortina d'Ampezzo [BL] 17 Ba
Cortina sulla Strada del Vino / Kurtinig an der Weinstrasse [BZ] 15 Cc
Cortina Vecchia [PC] 53 Cb
Cortine [BS] 27 Cd
Córtine [FI] 83 Bab
Cortine [MN] 41 Ec
Cortino [TE] 97 Cd
Cortino, Torrente– 129 Fa
Cortióis [CI] 195 Dc
Corti Rósas [CA] 193 Dc
Cortóghiana [CI] 195 Cb
Cortogno [RE] 65 Fab
Cortona [AR] 83 Fc
Corva [FM] 87 Fc
Corva [PN] 31 EFb
Corváia [LU] 73 Eb
Corvara [PE] 105 Bc
Corvara [SP] 65 Bcd
Corvara / Corvara in Badia [BZ] 17 Aa
Corvara / Rabenstein [BZ] 3 BCc
Corvara in Badia / Corvara [BZ] 17 Aa

Corvara in Passiria / Rabenstein [BZ] 3 Ab
Corvaro [RI] 103 Cc
Corvéglia [AT] 49 Dc
Corvella [BO] 67 Cc
Corvi [CN] 61 Bb
Corvi, Cima dei– / Raben Kogel 1 DEc
Corvi, Monte dei– 87 Ea
Córvia, Colle– 109 Bb
Corviale [ROMA] 107 Ebc
Corvino, Torrente– 145 Cb
Corvino San Quirico [PV] 51 DEab
Corvione [BS] 41 Dc
Corvo, Monte– [Abr.] 103 Db
Corvo, Monte– [PE] 105 Bc
Corvo, Monte di– 161 BCd
Corvo, Piano del– 149 Dc
Corvo, Pizzo– 163 Ab
Corvo, Rocca del– 159 Ecd
Corvo, Scoglio del– 99 ins.a
Corvo Ceresella, Monte– 173 Bd
Corvos, Nuraghe– 183 Dc
Corzago [MO] 67 Ab
Corzano [BS] 41 Cb
Corzes, Monte di– / Kortscher Jöchl 1 Ed
Córzes / Kortsch [BZ] 1 Ed
Corziagno [AT] 37 Cd
Cosa [GR] 99 Cb
Cosa [PN] 33 Aa
Cosa [VB] 9 Dd
Cosa, Fiume– 109 Dd
Cosa, Torrente la– 129 Dc
Cosana [CN] 61 Ea
Cosasca [VB] 9 Ed
Cosce, Monte– 101 Cc
Coscerno, Monte– 95 Ec
Coscile o Síbari, Fiume– 147 Ab
Coscinello, Torrente– 145 Cc
Cosdernóibe [BL] 17 Ca
Coseano [UD] 19 Bc
Cosentini [CT] 173 Dab
Cosenza [CS] 149 Db
Cosérie, Torrente– 149 Db
Cosimo, Pizzo– 161 Ccd
Cósina [RA] 69 Cc
Cósio di Arróscia [IM] 71 Ea
Cosio Valtellino [SO] 11 Fd
Cosizza, Torrente– 19 Ed
Cosniga-Zoppè [TV] 31 Db
Cosoleto [RC] 155 Cb
Cosona [SI] 83 Dd
Cospaia [PG] 85 Ba
Cossano Belbo [CN] 49 Ecd
Cossano Canavese [TO] 37 Cb
Cossarello, Monte– 23 Bc
Cossato [BI] 23 Cd
Cosséria [SV] 61 Eb
Cossignano [AP] 97 Dc
Cossito [RI] 97 Ac
Cossogno [VB] 23 Fb
Cossoíne [SS] 183 Ed
Cossombrato [AT] 49 Dab
Costa [AL] 49 Gd
Costa [AL] 51 Ad
Costa [BL] 5 Dd
Costa [BL] 17 Bb
Costa [BL] 17 Cb
Costa [BS] 27 Ec
Costa [BZ] 3 Fcd
Costa [CN] 61 Dab
Costa [CN] 61 CDb
Costa [GE] 63 Da
Costa [MC] 87 Bc
Costa [MC] 95 Eb
Costa [PC] 51 Gb
Costa [PG] 85 Eb
Costa [PN] 17 Ed
Costa [PR] 65 Ea
Costa [PR] 53 Cc
Costa [RA] 69 ABc
Costa [RG] 177 Bc
Costa [SV] 61 Dd
Costa [SV] 61 Dd
Costa [SV] 61 Dd
Costa [TO] 35 CDcd
Costa [TO] 47 Fb
Costa [UD] 19 DEd
Costa [VC] 23 CDb
Costa [VI] 43 DEab
Costa, Monte– 17 Dd
Costa, Serra sa– 189 Bd

Costa Bacélega [IM] 71 Fa
Costabella [SV] 61 Eb
Costabella [TN] 15 Fb
Costa Bianca [AN] 87 Eb
Costabissara [VI] 29 Dd
Costabona [RE] 65 Fb
Costa Brunella, Lago
di– 15 Ed
Costacalda [CN] 61 Cc
Costa Carnara [IM] 71 Eb
Costacciaro [PG] 85 Ebc
Costa Corallina [OT] 179 Ed
Costa d'Arvello [PG] 95 Da
Costa d'Asino [PR] 65 Ca
Costa degli Infreschi e della
Massetta, Area Marina
Protetta– 141 DEbc
Costa de' Grassi [RE] 65 Fb
Costa dei Gelsomini, Parco
Marino Regionale– 155 Dd
Costa della Mora [PC]
53 ABc
Costa de' Nobili [PV] 39 Ed
Costa di Castrignano [PR]
65 Ea
Costa di Mezzate [BG] 25 Gd
Costa di Otranto, Santa Maria
di Leuca e Bosco Tricase,
Parco Naturale Regionale–
[LE] 139 Gb
Costa di Otranto, Santa Maria
di Leuca e Bosco Tricase,
Parco Naturale Regionale–
[LE] 139 Fc
Costa di Rovigo [RO] 57 Ba
Costa di Serina [BG] 25 Gb
Costa d'Oneglia [IM] 71 Fb
Costa Dorata [OT] 179 Ed
Costafontana [GE] 63 Eab
Costageminiana [PR] 53 Ad
Costalissóio [BL] 17 Ea
Costalovara / Wolfsgruben
[BZ] 15 Dab
Costalpino [SI] 83 Bc
Cost'Alta 29 Eb
Costalta [BL] 5 Dd
Costalta [PC] 51 Fb
Costalunga [TV] 31 Ab
Costalunga [UD] 19 CDd
Costalunga [VR] 43 Db
Costamagna [CN] 61 Ca
Costa Masnaga [LC] 25 Cb
Costa Merlassino [AL] 51 Dc
Costamezzana [PR] 53 Cc
Costa Molini / Mühleck
[BZ] 3 Fb
Costa Montefedele [PV]
51 EFa
Costano [PG] 95 Ca
Costantino, Monte– 153 Ec
Costantino, Torre di– [SA]
129 Ed
Costanzana [VC] 37 Ec
Costa Pavesi [PR] 53 Dc
Costarainera [IM] 71 Eb
Costa Romantica [OT] 179 Ed
Costa Rossa, Bricco– 61 Ac
Costa San Savino [PG]
85 DEb
Costa Sant'Abramo [CR]
41 Bcd
Costa Santo Stefano [AL]
51 Bd
Costasavina [TN] 29 Ca
Costa Smeralda, Aeroporto
Internazionale della– 179 Ed
Costa Stradivari [PC] 53 Cb
Costa Taverna Nuova [BR]
135 Cd
Costa Valle Imagna [BG]
25 Fc
Costa Vescovato [AL] 51 Cc
Costa Volpino [BG] 27 Bb
Costazza 15 Fc
Coste [TV] 31 Ac
Coste [VR] 29 Acd
Coste [VT] 101 Ba
Costeana, Rio– 17 Ba
Coste Belle 15 Cb
Coste Capricchia [LU] 73 Ea
Costeggiola [VR] 43 Db
Costerbosa [PR] 65 BCab
Costermano [VR] 27 Fd
Costey [AO] 23 Bd
Costiera, Catena– 145 Cd
Costigliole d'Asti [AT] 49 DEc

Costigliole Saluzzo [CN]
59 Fa
Costo [VI] 43 Eab
Costoia [BL] 17 Ab
Costola [SP] 65 Ab
Coston, Monte– 29 Fb
Costone, il– 103 Dc
Costozza [VI] 43 Fb
Cot [BL] 17 Ab
Cote de Gargantua, Riserva
Naturale– 21 Dc
Cotento, Monte– 109 Db
Cotignola [RA] 69 Cb
Cotilia, Terme di– 103 Bb
Cotogni [CE] 119 Cb
Cotomino [CT] 171 Ed
Cotone [LI] 91 Bb
Cotone, Castello di– 91 Fc
Cotorniano [SI] 83 Ab
Cotrébbia Nuova [PC] 39 Fd
Cotronei [KR] 151 Cc
Cotschen, Monte– 13 Bab
Cottanello [RI] 101 Fb
Cotti [CH] 105 Ecd
Cottignola [RA] 69 Bc
Cotto [MS] 65 Dc
Cottola, Torrente– 149 Ed
Cottorella, Fonte– 103 Ab
Courchevel [Fr.] 35 Ab
Courmayeur [AO] 21 Bc
Covala [RC] 155 Bb
Covecada, Punta– 185 Cc
Coveccada, sa– 183 Fc
Covelano / Göflan [BZ] 1 Ed
Covello, Monte– 153 Eb
Cóvelo [TN] 15 Bd
Cóvelo [TN] 29 Bb
Coveyrand-Vieux [AO]
21 CDd
Covigliaio [FI] 75 Fa
Coviolo [RE] 55 Ac
Covo [BG] 41 Aab
Cóvolo [TV] 31 Bb
Cóvolo [VI] 43 Eab
Cóvolo, Laghi del– /
Koflraster Seen 1 Ed
Cóvolo, Monte– / Gufelreit
3 Ccd
Cowboy Land 51 Cb
Coxinadroxiu, Bruncu–
193 Dd
Coxinas, Rio– 193 Bd
Cozzana [BA] 125 Fc
Cozzano [AR] 83 Fb
Cozzano [PI] 81 Fb
Cozzano [PR] 65 DEa
Cozze [BA] 125 Eb
Cozzile [PT] 75 Cb
Cozzo [PV] 37 Fc
Cozzo di Naro [CL] 171 Cc
Cozzo Rose [SR] 177 Dc
Cozzuolo [TV] 31 Cb
Craba, Nuraghe– 187 Eb
Crabalza, Rio– 187 Db
Crabarida, Nuraghe– 187 Eb
Crabía, Nuraghe– 187 Ea
Crabiólas, Arcu is– 193 Dd
Crabun, Monte– 23 Acd
Craco [MT] 131 Fd
Crana [VB] 9 Ed
Crana, Pioda di– 9 Ec
Crándola Valsássina [LC]
25 Eab
Crans [Svizz.] 7 Ec
Craoretto [UD] 33 Dab
Crapa, Fruncu sa– 185 Dd
Crapel, Monte– 27 Ab
Crapinu, Punta– 189 Cb
Cras [UD] 19 Ecd
Crasciana [LU] 75 Bab
Crasto, Rocche dei– 161 Fbc
Crastu [OR] 193 Bb
Crastu, Nuraghe su– 193 Fb
Crateri 165 ins.b
Crateri Vulcanici del Meilogu
183 Ec
Crati, Fiume– 147 Bb
Craticello 149 Eb
Cráuglio [UD] 33 Db
Craunel 15 Bc
Crava [CN] 61 Bb
Cravagliana [VC] 23 Db
Cravanzana [CN] 61 Da
Cravasco [GE] 63 Ca
Cravéggia [VB] 9 Fd
Cravegna [VB] 9 Dc

Cravi, Monte– 51 Dd
Craviago, Monte– 53 Bc
Craviano [CN] 49 Dc
Cre [AO] 21 Dc
Crea [VE] 45 Cb
Crealla [VB] 9 Fd
Creazzo [VI] 43 Ea
Crécchio [CH] 105 Dc
Creda [BO] 67 DEc
Creda [VR] 43 Cc
Credaro [BG] 27 Ad
Credarola [PR] 65 Ba
Credera [CR] 39 Fc
Credera Rubbiano [CR] 39 Fc
Crego [VB] 9 Ec
Creino, Monte– 29 Ab
Creja, Monte– 185 Dd
Crel, Alpe– 15 Fc
Crema [BO] 67 Gc
Cremella [LC] 25 Dc
Cremeno [LC] 25 Eb
Cremezzano [BS] 41 Cb
Crémia [CO] 11 Dd
Cremignane [BS] 27 Bd
Cremnago [CO] 25 Dc
Cremolino [AL] 51 Ad
Cremona [CR] 41 Cd
Cremone, Torrente– 87 Dc
Cremosano [CR] 39 Fb
Crenna [VA] 23 Gc
Créola [PD] 45 Ad
Crep, Monte– 31 Bb
Crepacuore, Monte– 109 Ebc
Crépin [AO] 21 Fb
Creppo [IM] 71 Dab
Creppo, Grotta di– 71 Da
Crescentino [VC] 37 Cc
Cresciano [Svizz.] 11 Cc
Crescimanno [CT] 173 Ad
Crésia, Nuraghe– 193 Ec
Crésia, Punta sa– 195 Fc
Crésole [VI] 29 Ed
Crespadoro [VI] 29 Cd
Crespano del Grappa [TV]
31 Ab
Crespeina, Lago di– 15 Fa
Crespellano [BO] 67 Dab
Crespiano [MS] 65 Dc
Crespiática [LO] 39 Fbc
Crespi d'Adda [BG] 25 Fd
Crespignaga [TV] 31 Ac
Créspina [PI] 81 Ba
Crespino [RO] 57 Cb
Crespino del Lamone [FI]
77 Ba
Crespole [PT] 75 Cb
Cressa [NO] 23 Fd
Cressino [TN] 15 Bc
Cressogno [CO] 25 Ca
Cresta [Svizz.] 11 Fb
Cresta, Monte– 153 Dd
Cresti [VB] 9 Dd
Cresto [TO] 35 Ec
Cresto, Monte– 23 Bc
Crestoso, Monte– 27 Cb
Creta [PC] 51 Fab
Creta Forata, Monte– 17 Fa
Cretagna, Coste della–
131 Fd
Crétaz [AO] 21 Dd
Crete, Le– 83 Cc
Creti [AR] 83 Fc
Creto [GE] 63 CDb
Creto [TN] 27 Eb
Creton [AO] 21 Dd
Cretone [ROMA] 101 Fd
Creva [VA] 23 Gab
Crevacuore [BI] 23 Dc
Crevalcore [BO] 55 Dc
Crévari [GE] 63 Bb
Crevatini / Hrvatini [SLO]
33 Fd
Creverina [GE] 51 Cd
Crevola [VC] 23 Dc
Crevoladóssola [VB] 9 Dd
Crichi [CZ] 151 Bd
Cridola, Monte– 17 Db
Criscia [CE] 119 Fb
Crisciuleddu [OT] 179 Cc
Crísimo Monte 163 Bd
Crispano [NA] 119 Dd
Crispi, Monte– 117 Fa
Crispiano [TA] 133 Fc
Crispiero [MC] 87 Bc
Crispo, Serra di– 143 Cc

Crissin, Monte– 17 DEab
Crissolo [CN] 47 Dc
Crista d'Acri, Serra– 145 Fc
Cristallo, Monte– 17 Ca
Cristannes, Piz– 1 Cc
Cristo [AL] 51 Ab
Cristo [VB] 9 Ec
Cristo, Masseria– [LE] 139 Ec
Cristo, Monte– [AQ] 103 Eb
Cristo, Monte– [CS] 149 Eb
Cristo degli Abissi 63 Ec
Cristóforo Colombo,
Aeroporto Internazionale–
63 Cb
Criva, Serra della– 131 Bc
Crivelle [AT] 49 Cab
Crivo, Monte– 141 Fbc
Crobu, Punta su– 193 Cb
Crobus, Monte is– 193 Ec
Crocca, Nuraghe is– 193 Ed
Crócchio, Fiume– 151 Cc
Crocci [TP] 157 Cac
Cróccia, Monte la– 131 Dc
Crocco, Monte– 153 Dc
Croce [CE] 119 DEb
Croce [CO] 25 Dab
Croce [FR] 111 Cd
Croce [MC] 87 Cd
Croce [MC] 95 Fc
Croce [PI] 81 Da
Croce [RE] 65 Fb
Croce [RN] 79 Bb
Croce [VE] 31 DEd
Croce, Col della– [BL] 17 Db
Croce, Col della– [TN] 15 Ecd
Croce, Colle della– 119 Cc
Croce, Colle la– [CE] 119 Da
Croce, Colle la– [IS] 111 Ed
Croce, Costa la– 129 Ed
Croce, Cozzo della– 161 Cd
Croce, Dosso della– 27 DEb
Croce, Giogo della– /
Kreuzjoch 3 Bd
Croce, Lago la– 111 Fb
Croce, Monte– [BL] 17 Cd
Croce, Monte– [CE] 111 Ee
Croce, Monte– [CN] 59 Fc
Croce, Monte– [LC] 25 Eb
Croce, Monte– [LT] 117 Ga
Croce, Monte– [Piem.] 23 Db
Croce, Monte– [PR] 65 Da
Croce, Monte– [ROMA]
103 Ad
Croce, Monte– [TN] 15 Dd
Croce, Monte della– [AL]
51 Dc
Croce, Monte della– [AR]
85 Ac
Croce, Monte della– [VI]
43 Fb
Croce, Monte la– 75 DEa
Croce, Pánia della– 73 Ea
Croce, Picco della– / Wilde
Kreuzspitze 3 Db
Croce, Pizzo della– 163 Cb
Croce, Punta della– 1 Ec
Croce, Serra la– [FG] 123 Bc
Croce, Serra la– [PZ] 123 Cd
Croce al Cardeto [AR] 77 Bc
Croce al Promontorio [ME]
163 Ca
Croce Andreini [PC] 53 Ac
Croce d'Áune [BL] 17 Ad
Croce dei Segni 53 Bc
Croce del Bosco, Monte–
29 Cd
Croce del Calvario, Monte–
141 CDb
Croce del Carmine [NA]
127 Fb
Croce del Cavallo 23 CDa
Croce di Grino [SV] 61 Ga
Croce di Magara [CS] 149 Eb
Croce di Múggio, Monte–
11 Ed
Croce di Prata, Poggio–
91 Da
Croce di Serra, Monte– 95 Bd
Croce di Via [FM] 87 Ed
Croceferro [PG] 95 Dc
Crocefieschi [GE] 63 Da
Crocefisello [TP] 157 Cb
Crocefisso [LE] 139 Ec

Crocefisso [RC] 155 Dc
Croce Grande [TA] 133 Fb
Crocelóbbia [PC] 51 Gc
Croce Mancina, Monte–
163 Bc
Crocemaróggia [PG] 95 Cc
Croce Móschitto [LT] 109 Cd
Crocenito [PC] 51 Gc
Croce Penta [AV] 121 Fd
Crocepietra [VI] 43 Fb
Croce Rossa 35 Dc
Crocetta [AT] 49 Fb
Crocetta [BO] 69 ABb
Crocetta [BO] 55 Dc
Crocetta [BO] 67 Fb
Crocetta [CH] 105 Dc
Crocetta [MO] 67 BCb
Crocetta [PR] 53 Ec
Crocetta [PV] 51 Eb
Crocetta [RO] 55 Fa
Crocetta [TO] 49 ABa
Crocetta [TO] 39 Bc
Crocetta [VI] 43 Fc
Crocetta del Montello [TV]
31 Bb
Crocetta di Tarsogno [PR]
65 Ab
Croce Valanidi [RC] 155 ABc
Croce Verde [PA] 159 Cb
Crocevie [TP] 157 Cb
Croci [CZ] 151 Bd
Croci, Cima delle– 23 Cb
Croci, Monte delle– 85 Dd
Crociarone [RA] 69 Ec
Crociarone [RO] 57 Db
Crociato, Monte– 63 FGb
Croci di Calenzano [FI] 75 Fb
Crocifisso, il– [FM] 97 Da
Crocíglia [PV] 51 Eb
Crocile [RE] 53 Fc
Crociletto [PR] 53 DEb
Crócino [LI] 81 Cab
Crocione [LU] 75 Bb
Crocione [PR] 53 DEb
Crocione, Monte– 25 Cc
Crocodile Aqua Park 83 Ec
Crodarotta / Schröfwand 1 Fc
Crode, le– 15 Ab
Crodo [VB] 9 Dc
Cródolo, Monte– 53 Bd
Croésio [CN] 47 Ecd
Crogana, Nuraghe– 187 Ecd
Crognaleto [TE] 97 Bd
Croix [AO] 21 Gc
Crone [BS] 27 Dc
Crons, Crete dal– 19 Cab
Cropalati [CS] 147 Cc
Crópani [CZ] 151 Cd
Crópani [PZ] 143 Cb
Crópani Marina [CZ] 151 Cd
Cropani-Micone, Riserva
Naturale– 153 Dd
Croppo [VB] 9 Dd
Crosa [BI] 23 Dd
Crosa [VC] 23 Dc
Crosa, Cima di– 47 DEd
Crosano [TN] 29 Ac
Crosara [RO] 57 Ba
Crosara [VI] 29 Ed
Crosara [VI] 29 EFc
Crosara [VR] 43 Dc
Crosara l'Olmo [RO] 57 Bab
Crosare [VR] 43 Ec
Croselli, Pizzo dei– 9 Ec
Croseraz, Monte– 17 Dd
Crosere [UD] 33 Bc
Crosia [CS] 147 Cc
Crósio della Valle [VA] 23 Gc
Crostas [UD] 17 Fab
Crostis, Monte– 19 Aa
Cróstolo, Torrente– 55 Ac
Croston, Monte– 29 Fb
Crostù [UD] 19 Ed
Crot [TO] 35 Ec
Crotone [KR] 151 Cc
Crotta d'Adda [CR] 41 Bd
Crotte [TO] 37 Bb
Crova [VC] 37 Db
Crovara [GE] 63 Db
Crovara [RE] 65 Fab
Cróveo [VB] 9 Dc
Croviana [TN] 15 Ab

Crucifissu Mannu, Necrópoli
di su– 181 Cd
Crùcoli [KR] 147 Dd
Crugnola [VA] 23 Gc
Crúnici, Monte– 171 Fc
Cruppo [VB] 9 Ec
Cruser [RA] 69 Da
Crusicalas, Monte– 17 Eb
Crusinallo [VB] 23 Fb
Cuâr, Monte– 19 Dc
Cuasso al Monte [VA] 25 Bb
Cuasso al Piano [VA] 25 Bb
Cuba, Fiume– 197 Db
Cucal, Monte– 15 Dc
Cuccana [UD] 33 Cb
Cúccaro Monferrato [AL]
49 Fab
Cuccaro Vétere [SA] 141 Cbb
Cuccaro Vétere, Toppa di–
141 Cab
Cuccavello [PC] 51 Fb
Cucchiaio, Pizzo– (Löffel-
Spitze) 5 ABab
Cucchiales [CN] 59 Da
Cucchiato, Torrente– 145 Dc
Cucchinadorza, Lago di–
189 Bc
Cucciago [CO] 25 Cc
Cucciano [BN] 121 BCc
Cúccio, Monte– [Cal.] 153 Dc
Cucco, Monte– [GE] 63 Eb
Cucco, Monte– [PG] 85 Eb
Cucco, Monte– [SI] 93 Bb
Cucco, Monte– [TN] 29 Cb
Cucco, Monte– [Tosc.] 77 Bc
Cucco, Monte– [UD] 19 Bab
Cucco, Monte– [UD] 19 Da
Cucco o Borgallo, Monte–
65 Bb
Cuccumella [SR] 173 Cd
Cuccurano [PU] 79 Dc
Cuccurdoni mannu, Punta–
191 Ed
Cuccuréddus 191 Dd
Cuccurudúdu, Monte– 183 Ecd
Cucéglio [TO] 37 Ab
Cucetto, Monte– 47 Eb
Cucolia, Monte– 153 Ec
Cúcolo, Monte– 153 Cdd
Cucullaro, Cozzo– 171 Ca
Cucullio, Monte– 189 Cb
Cucullo, Monte– [ME]
163 Abc
Cucullo, Monte– [PA] 159 Fc
Cucuzzata, la– 143 Ac
Cucuzzone, Monte– 129 Fb
Cudala, la– 167 CDa
Cúddia, Fiume della– 157 Cc
Cuesta Spioleit 17 Gc
Cufali, Monte– 163 Abc
Cuffia [TO] 37 Ab
Cuffiano [BN] 121 Bb
Cuffiano [RA] 69 Bc
Cuga, Lago di– 183 Cc
Cuggiono [MI] 39 Aab
Cugliate-Fabiasco [VA]
23 Gb
Cúglieri [OR] 187 Db
Cugnago [BL] 17 Bc
Cugnan [BL] 17 Cc
Cugnana [OT] 179 DEc
Cugnana, Punta– 179 DEc
Cugnana Verde [OT] 179 DEc
Cugnatu, Monte– 179 Cd
Cugni, Monte– 177 DEab
Cugno [BG] 25 Fb
Cugno, Cava– 177 Cd
Cugno, Cozzo– 159 Ed
Cugno, Monte lo– 141 Ea
Cugno d'Aquila 159 Ac
Cugnoli [PE] 105 Bc
Cugno Lungo, Punta di–
165 Db
Cugola, La– 15 Dc
Cuile Novo [SS] 181 Bd
Cuirone [VA] 23 Gc
Culáccio [LU] 73 Ea
Cullâr, Monte– 19 BCab
Cultu, Nuraghe– 181 Fc
Culzèi [UD] 17 Fab
Cuma 127 Ca
Cume [NA] 127 Cd
Cumia [ME] 163 Dab
Cumiana [TO] 47 Fb
Cumignano sul Naviglio [CR]
41 Bbc

Cumone, Rio– 183 Dd
Cumulata [RI] 103 Ba
Cumunaglia [PG] 85 Bbc
Cuna [SI] 83 Cc
Cunardo [VA] 23 Gb
Cunazzo [EN] 171 Ebc
Cuncosu [OT] 179 Dc
Cune [LU] 75 Bb
Cune, Le– 15 Fb
Cunegatti [VR] 43 Da
Cuneo [CN] 59 Gb
Cunevo [TN] 15 Bc
Cúnico [AT] 49 Da
Cuoni, Rio di– 179 Bc
Cuorgnè [TO] 35 Gb
Cuori, Canale dei– 57 Da
Cuotto [NA] 127 Bb
Cupa [CE] 119 Cb
Cupa, Poggio la– 93 Dc
Cupello [CH] 105 FGd
Cupello [CH] 113 Bc
Cupetti, Punta– 185 Ec
Cupi [MC] 95 Fb
Cupo [AN] 85 Ec
Cupoli [PE] 105 Bb
Cupolicchio, Monte– 131 Dc
Cupra Marittima [AP] 97 DEab
Cupramontana [AN] 87 Bb
Cuquello [AL] 51 Cc
Cura [VT] 101 Bc
Cura Carpignano [PV] 39 Dc
Cura Nuova [GR] 91 Cb
Curático [PR] 65 Dd
Curatolo, Monte– 143 Bc
Curavecchia [VC] 23 Dd
Curbo, Bec– 21 Fc
Cúrcio [LC] 11 Dd
Cúrcio [PZ] 143 Ba
Cúrcio, Monte– 149 Eb
Curciusa, Pizzo di– 11 Db
Curcuraci [ME] 155 Ab
Cúrcuris [OR] 191 Eb
Curéggio [NO] 23 Ec
Curenna [SV] 71 Fa
Cures 101 Fc
Curetta [FM] 97 Ba
Curgo [VC] 23 Cb
Curi, Monti sa– 179 Ed
Curia [CT] 173 Dbc
Curiano [SI] 83 Cc
Curicchi [RO] 57 Dab
Curiè, Monte– 5 Dd
Curíglia [VA] 23 Ga
Curíglia con Monteviasco [VA] 11 Ad
Curinga [CZ] 153 Db
Curino [BI] 23 Dd
Curio, Monte– 117 Ea
Curletti [PC] 51 Fd
Curnasco [BG] 25 Fc
Curno [BG] 25 Fc
Curogna [TV] 31 Ab
Curogna, Torrente– 31 Ab
Curone, Torrente– 51 Bb
Curon Venosta / Graun im Vinschgau [BZ] 1 Dc
Cúros, Rio– 183 Dd
Curoz, Punta de sos– 189 Dbc
Cursi [LE] 139 Eb
Cúrsolo [VB] 9 Fd
Cúrsolo-Orasso [VB] 9 Fd
Curtarolo [PD] 45 Bab
Curtatone [MN] 43 Ad
Curti [CE] 119 DEb
Curti [CE] 119 Ec
Curti [CE] 119 Fb
Curti [SA] 129 Cb
Curticelle [SA] 129 Cb
Curvale, Monte– 111 Dc
Curzo [PZ] 141 Fbc
Cusa, Rocche di– 167 Db
Cusago [MI] 39 Cb
Cusano [PN] 31 Fb
Cusano Milanino [MI] 25 Dd
Cusano Mutri [BN] 119 Fb
Cusciano [TE] 103 Ea
Cusercoli [FC] 77 Da
Cusighe [BL] 17 Cd
Cusignana [TV] 31 BCc
Cusignano [PI] 75 CDd
Cusinasco [AL] 51 Cb
Cusinati [VI] 29 Fc
Cusino [CO] 11 CDd
Cúsio [BG] 25 Fb

Cusio → Orta, Lago d'– 23 Eb
Cusna, Monte– 65 Fc
Cusona [SI] 83 Ab
Cussignacco [UD] 33 Cab
Cussorgia [CI] 195 Cc
Custonaci [TP] 157 Db
Custoza [VR] 43 Ab
Cute, Monte– 131 Cc
Cute, Pizzo– 163 Cc
Cuti [CS] 149 Db
Cutigliano [PT] 75 Ca
Cuto, Torrente di– 161 Fc
Cutofiano [LE] 139 Eb
Cutro [KR] 151 Dc
Cutrofiano [LE] 139 Eb
Cuturella [CZ] 151 Cd
Cuveglio [VA] 23 Gb
Cuvil, Monte– 17 Ec
Cúvio [VA] 23 Gb
Cuviolo [BO] 67 Fc
Cuzza, la– 129 Gc
Cuzzago [VB] 23 Eab
Cuzzano [VR] 43 Cab
Cúzzego [VB] 23 Da
Cuzzola [OT] 185 Db

D

Da Campo, Croda– 5 Cd
D'Acquisto Salvo, Monumento a– 107 Db
Daffinà [VV] 153 Bbc
Dágala [CT] 173 Da
Dáglio [AL] 51 Dd
Dagnente [NO] 23 Fc
Daiano [TN] 15 Dc
Dailley [AO] 21 Cc
Daino, Cozzo del– 171 Cb
Dairago [MI] 25 Bd
Dalli Sopra [LU] 65 Ec
Dalli Sotto [LU] 65 Ec
Dalmassi [TO] 47 Fa
Dalmazzi [CN] 61 Bb
Dálmine [BG] 25 Fd
Dama [AR] 77 Dc
Dámbel [TN] 15 Bb
Damian [CN] 59 EFb
Damiani [PA] 159 Bb
Damonte [SV] 61 Eb
Dándolo [PN] 17 Fd
Danerba, Cima di– 27 Ea
Daniele, Pizzo– 163 Bc
D'Annunzio Gabriele, Aeroporto– 41 Db
Danta di Cadore [BL] 17 DEa
Danza, Rio– / Tanzbach 15 Da
Danzebell / Dentrovalle, Cima– 1 Dc
Daone [TN] 27 Eb
Dara [TP] 157 Cc
Dardagna, Torrente– 67 Cc
Dardago [PN] 31 DEa
Darè [TN] 13 Fd
Darengo, Lago di– 11 Dc
Darfo [BS] 27 BCb
Darfo Boario Terme [BS] 27 BCb
Dárola [VC] 37 Dc
Darzo [TN] 27 Eb
Dasá [VV] 153 Cc
Dascio [CO] 11 Ec
Dasdana [BS] 27 Db
Dasindo [TN] 29 Aab
Dásio [CO] 25 Ca
Data [TO] 35 Gc
Dáttilo [TP] 157 Cc
Dáunia, Monti della– 121 Da
Davagna [GE] 63 Db
Daváras [UD] 17 Eb
Davena [BS] 13 Dc
Davério [VA] 23 Fc
Davestra [BL] 17 Cc
Davino [AL] 49 Fab
Dávoli [CZ] 153 Ec
Dayllon [AO] 21 Dc
Dázio [SO] 11 Fd
Debat, Monte– 21 Gd
Debba [VI] 43 Fb
Débbia [RE] 67 Ab
Debeli, Monte– 33 Ec
Debéllis [UD] 19 Cc
Debia, Monte– 65 Db
Déccio [VB] 23 Eb
Déccio di Bráncoli [LU] 75 Bb
Decima–Malafede, Riserva Naturale Regionale– 107 Ec

Decimomannu [CA] 195 Fb
Decimoputzu [CA] 191 Fd
Decollatura [CZ] 149 DEc
Decorata [BN] 121 Ca
De Costanzi [CN] 59 Dad
Degano, Torrente– 19 Ab
Dégioz [AO] 21 Dd
Deglio Faraldi [IM] 71 Fb
Degna [SV] 71 Fa
Degnone, Torrente– 27 Dc
Dego [SV] 61 Eb
Dego, Monte– 63 Fa
Degolla [IM] 71 Fa
Déiva Marina [SP] 63 FGc
Dekani [SLO] 33 Fd
Delébio [SO] 11 Ed
De Leo, Villaggio– [RC] 155 BCb
De Leonardis, Villa– [RC] 153 Cd
Delfinario 79 Ba
Delia [CL] 171 Bcd
Delía, Fiume– 167 Da
Delianuova [RC] 155 Cb
Delicata [FR] 111 Bcd
Deliceto [FG] 121 Fb
Delio, Lago– 9 Gd
Delizia 57 Bc
Dello [BS] 41 Cb
Delphinarium Riccione 79 Cb
Delta del Po, Parco del– 57 Ec
Demanio [IS] 111 Dd
Demartini [AL] 49 FGab
Demidoff, Parco– 75 Fb
Demo [BS] 13 Cd
Démone, Val– 161 Ec
Demónio, Timpa del– 143 Cc
Demonte [CN] 59 Ec
Demorta [VR] 43 Bc
Denávolo, Monte– 51 Gb
Déndalo [CH] 105 Dc
Dèneri, Pizzi– 173 CDa
Denervo, Monte– 27 EFc
Dénice [AL] 49 Ed
Denno [TN] 15 Bc
Denore [FE] 57 Bc
Dente, Bric del– 63 ABb
Dentolo, Fiume– 105 Dc
Dentro, Monte– 15 BCb
Dentrovalle, Cima– / Danzebell 1 Dc
Denzano [MO] 67 Cb
De Padente, Nuraghe– 193 Cb
Depòt [TO] 47 Da
Depressa [LE] 139 Fc
Depretis, Canale– 37 Cc
Derby [AO] 21 Cc
Dercogna [GE] 63 Db
Dércolo [TN] 15 Bc
Derivatore, Canale– 55 Ab
Dermulo [TN] 15 Bb
Dernice [AL] 51 Dc
Deróvere [CR] 41 Dd
Deruta [PG] 95 Bb
Dérvio [LC] 11 Dd
Desana [VC] 37 Ec
Dese [VE] 45 Dab
Dese, Fiume– 31 Dd
Desénigo, Cima del– 11 Fc
Desenzano del Garda [BS] 41 Fb
Desertes [TO] 47 Bab
Désio [MB] 25 Dd
Désio, Monte– 53 Dc
Destra, la– 143 Bc
Destra Foce Fiume Reno, Riserva Naturale di Popolamento Animale– 69 Ea
Destro [CS] 147 Ccd
Désulo [NU] 189 Cc
Deta, Pizzo– 109 Cc
Deu, Monte di– 179 Cd
Deutschnofen / Nova Ponente [BZ] 15 Db
Dévero, Lago– → Codelago, Lago– 9 Db
Dévero, Torrente– 9 Cc
Deversi [CN] 61 Cc
Devésio [NO] 37 Eb
Deveys [TO] 35 Cd
Devíglia [CN] 61 Cc
Dezzo, Fiume– 27 Bb
Dezzo di Scalve [BG] 27 Bb

Dho [CN] 61 Bc
Diacceto [FI] 77 Bc
Diaccia Botrona 91 Dc
Diaccialone [GR] 99 Db
Diacedda, Punta– 195 Ec
Dialley [AO] 21 Dc
Diamante [CS] 145 Bb
Diana [CT] 163 Cd
Diano Arentino [IM] 71 Fb
Diano Borello [IM] 71 Fb
Diano Castello [IM] 71 Fb
Diano d'Alba [CN] 49 Dd
Diano Evigno [IM] 71 Fb
Diano Marina [IM] 71 Fb
Diano San Pietro [IM] 71 Fb
Diavolo, Lago del– 27 Aa
Diavolo, Pizzo del– 13 Ad
Dicchiara [RG] 177 Bb
Dicomano [FI] 77 Bb
Didiero [TO] 47 Db
Dieci, Cima– 1 Cc
Dieci, Cima– / Zehner-Spitze 3 Fd
Diecimare, Parco Naturale– 129 Bb
Diecimo [LU] 75 Bb
Diégaro [FC] 69 DEd
Diei, Pizzo– 9 Dc
Diérico [UD] 19 Bab
Dietenheim / Teodone [BZ] 3 Fc
Difensola, Monte la– 103 Dd
Difesa [CZ] 149 Ed
Difesa, la– 121 Db
Difesa, Monte della– 109 Cd
Difesa, Serra la– 131 Ad
Digerbato [TP] 157 Cd
Dignano [MC] 95 Eab
Dignano [UD] 19 Ad
Dignini [PC] 53 Bc
Digny, Monte– 21 Fd
Digon, Torrente– 17 Ea
Digonera [BL] 17 Ab
Di la Tione [VR] 43 Bc
Diligenza [RG] 177 Ac
Dimaro [TN] 15 Ac
Diminniti [RC] 155 Bbc
Dinami [VV] 153 Cc
Dinazzano [RE] 67 Ba
Dino, Isola di– 143 Ac
Dinosauri, Parco dei– 125 Cc
Diolaguardia [FC] 77 Fa
Diolo [PR] 53 Db
Dionigi [AL] 37 Ed
Diosi, Pizzo dei– 9 Ed
Dipignano [CS] 149 Db
Dipilo, Pizzo– 161 Ac
Dirillo, Fiume– → Acate, Fiume– 177 Bb
Dirillo, Lago– 177 Cb
Discónesi [SP] 63 FGb
Disfida di Barletta, Monumento alla– 123 Gb
Disgrazia, Monte– 11 Gc
Diso [LE] 139 Fbc
Dissimo [VB] 9 Fd
Disueri, Fiume di– 171 Dd
Disueri, Lago del– 175 Ea
Disvetro [MO] 55 Cbc
Ditella [ME] 165 Ea
Ditellandia 119 Cc
Dittáino, Fiume– 173 Cc
Diveria, Torrente– 9 Dc
Diversivo, Canale– 91 Dc
Divieto [ME] 163 Da
Divignano [NO] 23 Fd
Divisa [PV] 39 Cc
Dizzasco [CO] 25 Cb
Dobbiaco, Lago di– / Toblacher See 5 Bc
Dobbiaco / Toblach [BZ] 5 Bc
Dobbiaco Nuovo / Neu Toblach [BZ] 5 Bc
Doberdó, Lago di– 33 Ec
Doberdó del Lago [GO] 33 Ebc
Dobravlje [SLO] 33 Gc
Dóccia [FI] 75 Gc
Dóccia [MO] 67 Db
Dóccio [VC] 23 Dc
Dódici, Cima– 29 Db
Dódici Morelli [FE] 55 Ec
Dof, Monte– 17 Eb
Dogaletto [VE] 45 Db
Dogana [FI] 81 Fa
Dogana [GR] 91 Fb
Dogana [RSM] 79 Ab

Dogana [SP] 73 Da
Dogana [VT] 93 Cd
Dogana, Villa– [FI] 75 Fa
Dogana Nuova [MO] 67 Acd
Doganella [GR] 99 Ca
Doganella [LT] 109 Bd
Dogaro [MO] 55 DEc
Dogato [FE] 57 Cc
Dogli [SV] 61 Fab
Dogliani [CN] 61 Ca
Dóglio [PG] 95 Bc
Dogliola [CH] 113 Bb
Dogna [BL] 17 Cc
Dogna [UD] 19 Cc
Dogna, lôf di– 19 Cc
Dogna, Torrente– 19 Db
Doirone [TO] 47 Ga
Dolada, Monte– 17 Cc
Dolca, Torrente– 23 Cc
Dolcè [VR] 29 Ad
Dolce, Monte– 163 Bcd
Dolceácqua [IM] 71 Cb
Dolcecanto [BA] 131 Eab
Dolcedo [IM] 71 Eb
Dolcedorme, Serra– 143 Dc
Dolciano [SI] 93 Da
Dolegna [UD] 19 Ed
Dolegna del Cóllio [GO] 33 Dab
Dolegnano [UD] 33 Db
Dolent, Mont– 21 Cc
Dolfina [VE] 45 Dd
Dolianova [CA] 193 BCd
Dolo [VE] 45 Cb
Dolo, Costone– 27 Db
Dolo, Torrente– 67 Ab
Dolomiti 17 Ab
Dolomiti Bellunesi, Parco Nazionale delle– 17 Bc
Dolomiti d'Ampezzo, Parco Naturale delle– 17 Ba
Dolomiti di Sesto, Parco Naturale– / Sextener Dolomiten, Naturpark– 5 Bd
Dolomiti Friulane, Parco Naturale Regionale delle– 17 Eb
Dolonne [AO] 21 Bc
Dolzago [LC] 25 Ec
Domagnano [RSM] 79 Ab
Dománico [CS] 149 Db
Domanins [PN] 31 Fab
Domaso [CO] 11 Ed
Domazzano [LU] 75 Ab
Domegge di Cadore [BL] 17 Db
Domegliara [VR] 43 Bab
Domenicane, Convento– 169 Ed
Domicella [AV] 127 Fa
Domìnici, Fondo– [PA] 159 Bb
Domiziano, Villa di– 117 Db
Domo [AN] 87 Bb
Domo [MC] 87 Dbc
Domoandesitico di Acquafredda 195 Eb
Domobianca 9 Dd
Domodóssola [LO] 39 Ec
Domodóssola [VB] 9 Dd
Domubéccia, Nuraghe– 191 Eb
Domu de Orgia 193 Cb
Domu 'e s' Orcu, Nuraghe– 197 BC
Domus de Janas de Grugos 187 Ec
Domus de María [CA] 195 Fd
Domusnóvas [CI] 195 Db
Domusnóvas Canáles [OR] 187 EFc

Don [TN] 15 Bb
Donada [RO] 57 Ea
Don Antíoco, Nuraghe– 195 Dd
Donato [BI] 37 Ba
Donato, Colle– 151 Bb
Don Bosco, Colonia– [CS] 151 Babd
Dondenaz [AO] 21 Fd
Don Efísi, Nuraghe– 193 Bc
Dónego [VB] 23 Fgab
Donelasco [PV] 51 Eab
Donetta [GE] 63 DEa
Dongio [Svizz.] 11 Bb
Dongo [CO] 11 Dd
Donicílio [FC] 77 Eb

Donigala [CA] 193 Cc
Donigala Fenugheddu [OR] 187 Dd
Donigalla [OG] 189 Fd
Donja Trebuša [SLO] 19 FGd
Donna [AL] 51 Bb
Donna, Punta sa– 185 Dc
Donnafugata [RG] 177 Bc
Donna Giacoma, Cozzo– 159 Cd
Donnalucata [RG] 177 Bd
Donna Ricca [SS] 183 Bb
Donnini [FI] 77 Bc
Donorático [LI] 81 Dcd
Donorático, Castello di– 81 Dd
Donori [CA] 193 Bd
Dont [BL] 17 Bb
Donzella [RO] 57 Eb
Donzella, Isola della– 57 Fc
Doppi [PC] 53 BCb
Dóppio [VI] 29 Cc
Doppo, Monte– 27 Cd
Dorà [TN] 15 CDc
Dora, Monte– 43 Bb
Dora Báltea, Fiume– 37 Cd
Dora del Nivolet 35 Db
Dora di Bardonecchia, Fiume– 35 Bd
Dora di Ferret 21 Cb
Dora di Rhêmes 21 Cd
Dora di Valgrisenche 21 Cd
Dora di Veny 21 Bc
Dora di Verney 21 Bc
Dora Riparia, Fiume– 35 Gd
Dorbié [NO] 23 Fc
Dorca [VC] 23 Dc
Dordolla [UD] 19 Cb
Dörf / Villetta [BZ] 3 Fc
Dorfer / Villa [BZ] 15 DEb
Dörfl / Monteplair [BZ] 1 Dc
Dörfl / Villa [BZ] 5 Bc
Dorga [BG] 27 Bb
Dorgagnano [FC] 69 Dd
Dorgali [NU] 189 Eb
Dori [VI] 29 EFb
Dória [CS] 145 EFb
Dória [GE] 63 CDb
Doria, Palazzo– 61 Fb
Dorigo [TV] 31 Bb
Dório [LC] 11 Ed
Dormelletto [NO] 23 Fc
Dorna [AR] 83 Dc
Dornbeck [SLO] 33 Fb
Dornere [CN] 49 DEc
Dorno [PV] 39 Bd
Dorsino [TN] 15 Ad
Dorzano [BI] 37 Cb
Dosaip, Monte– 17 Ec
Dosazzo, Lago– 13 Dd
Dosdé, Corno– 13 Dc
Dosdé, Pizzo di– 13 Cb
Dosdega [VR] 43 Bb
Dósimo [CR] 41 Cc
Dósolo [MN] 55 Ab
Dossena [BG] 25 Gb
Dossi [MN] 53 Fab
Dossioli, Monte– 29 Ac
Dossi Pisani [CR] 41 Ac
Dosso [BG] 27 Bb
Dosso [BS] 27 Cc
Dosso [BS] 27 Dd
Dosso [FE] 55 Ec
Dosso [MN] 43 Ac
Dosso [PC] 53 Acd
Dosso [VI] 29 Cc
Dosso, Monte– 53 BCd
Dosso / Egg [BZ] 1 Gd
Dosso / Egg [BZ] 3 BBc
Dosso / Egg [BZ] 3 Cb
Dossobuono [VR] 43 Bb
Dosso de' Frati [CR] 53 Ea
Dosso dell'Inferno [MN] 55 Eb
Dosso del Liro [CO] 11 Dcd
Dosson [TV] 31 Cd
Doubia, Monte– 35 Ebc
Doues [AO] 21 Dc
Dovádola [FC] 77 Da
Dova Inferiore [AL] 51 Dd
Dovaru, Monte su– 189 Cb
Dova Superiore [AL] 51 Dd
Dovena [TN] 15 Bb

Dovera [CR] 39 Fb
Doviziosi [CS] 149 Db
Dozza [BO] 69 Ab
Dozzano [MS] 65 Cb
Drafú, Mole di– 171 Cc
Draghi [VI] 29 Ec
Dragofosso, Monte– 171 Cc
Dragoncello [MN] 55 Eb
Dragoncello, Monte– 41 Da
Dragone, Monte– 117 Dc
Dragone, Torrente– [MO]
   67 Ac
Dragone, Torrente– [SA]
   129 Ab
Dragonea [SA] 129 Bb
Dragonetti [PZ] 131 Bb
Dragoni [CE] 119 Eb
Dragoni [LE] 139 Da
Dragoniere [CN] 47 Ed
Drano [CO] 25 Ca
Drápia [VV] 153 Bbc
Drasso [MN] 43 Ac
Draunsberg / Drone, Monte–
   3 Ab
Drauto [ME] 165 Ea
Drego [IM] 71 Eab
Dreieck–Spitze (Triangolo di
   Riva) 5 Ab
Dreiherrn–Spitze (Tre Signori,
   Picco dei–) 5 Ba
Dreischusterspitze / Tre
   Scarperi, Cima– 5 Bcd
Drei Zinnen / Tre Cime di
   Lavaredo 5 Bd
Drena [TN] 29 Ab
Drénchia [UD] 19 Ecd
Dres, Lago di– 35 Eb
Dresal [AO] 21 Ec
Dresano [MI] 39 Eb
Dresio [VB] 23 Da
Drezzo [CO] 25 Cc
Driolassa [UD] 33 Bc
Dro [TN] 29 Ab
Droe [CN] 47 Ed
Drone, Monte– / Draunsberg
   3 Ab
Droneretto [CN] 59 Ea
Dronero [CN] 59 Fb
Drosi [RC] 153 Bd
Drubiaglio [TO] 35 Fd
Druento [TO] 35 Gd
Druges [AO] 21 Ec
Drugolo [BS] 41 Eb
Druina, Monte– 35 Fc
Druogno [VB] 9 Ed
Drusacco [TO] 37 Aab
Drusco [PR] 63 Ga
Dualchi [NU] 187 Fb
Dubasso, Monte– 61 Cd
Dubbione [TO] 47 Eb
Dubino [SO] 11 Ed
Duc [TO] 47 Cb
Duca, Cima del– 11 Gc
Ducato di Fabriago [RA]
   69 Cb
Ducéntola [BO] 55 Dd
Ducéntola [FE] 57 Bc
Duchessa, Lago della–
   103 Dc
Duchessa, Montagne della–
   103 Cc
Dudda [FI] 83 Ca
Dúddova [AR] 83 Db
Dudurri, Nuraghe– 189 Fb
Due Carrare [PD] 45 Ac
Due Cossani [VA] 23 Ga
Due Maestà [RE] 55 Ad
Due Pizzi 19 Db
Due Ponti [GE] 63 Ea
Duesanti [PG] 95 Bc
Due Sture [AL] 37 Ec
Due Torri [ME] 163 Da
Due Uómini, Lago dei–
   145 Dc
Dueville [VI] 29 Ed
Dufour, Punta– (Dufourspitze)
   23 Bb
Dufourspitze (Dufour, Punta–)
   23 Bb
Dugara [PC] 53 Cb
Dugenta [BN] 119 Fc
Dughera [VC] 23 Cc
Dúglia [CS] 145 Fc
Duglia, Fiumara di– 145 Ec
Dugliolo [BO] 55 Gd
Duidduru, Nuraghe– 191 Fb

Duino [TS] 33 Ec
Duino–Aurisina [TS] 33 Ec
Dumengoni [BG] 27 Ac
Dumenza [VA] 23 Ga
Duna Costiera di Porto
   Corsini, Riserva Naturale–
   69 Eb
Duna Feníglia, Riserva
   Naturale– 99 Cb
Dunarobba [TR] 95 Bcd
Duna Verde [VE] 31 Fd
Dune Torre Canne a Torre San
   Leonardo, Parco Naturale
   Regionale da– 135 Bb
Duno [VA] 23 Gb
Duò [RO] 45 Dd
Duomo [BS] 41 Ca
Duomo [PC] 53 Ab
Dura, Cima– / Durreck 3 FGb
Duranno, Monte– 17 Dc
Durazzanino [FC] 69 Dc
Durazzano [BN] 119 Fc
Durazzo Grimaldi Clelia,
   Giardino Botanico– 63 Bb
Duria, Monte– 11 Dc
Durlo [VI] 29 Cd
Durna in Selva / Durnwald
   [BZ] 5 Bc
Durnholz / Valdurna [BZ]
   3 Cc
Durnholzer See / Valdurna,
   Lago– 3 Cc
Durnwald / Durna in Selva
   [BZ] 5 Bc
Duro, Col– 17 Cb
Duro, Monte– 65 Ga
Durónia [CB] 111 Fcd
Durreck / Dura, Cima– 3 FGb
Dürrensee / Landro, Lago
   di– 5 Bd
Dürrenstein / Vallandro, Picco
   di– 5 Bcd
Dusino [AT] 49 Cb
Dusino San Michele [AT]
   49 Cb
Dussoi [BL] 17 BCd
Dutovlje [SLO] 33 Fc
Duverso, Torrente– 153 Bd

E

Eau Rousse [AO] 21 Dd
Ebbio [PC] 51 Gc
Ebele 29 Cb
Ebene [VI] 29 DEb
Éboli [SA] 129 Dc
Éboli, Monte di– 129 Dc
Ebro, Monte– 51 DEc
Eca [CN] 61 Cc
Eccas, Monte– 197 Db
Eccio, Monte– 3 Cc
Echallod [AO] 21 Gd
Échalp, L'– [Fr.] 47 Cc
Echar, Cima– 29 Eb
Echen, Torbiera di– 29 Cb
Echevennoz [AO] 21 Dc
Eclause [TO] 35 Cd
Edelboden [AO] 23 Ab
Eden Beach [SS] 181 Dd
Edenlandia 127 CDb
Éderas, Piana– 181 Ec
Edifizio [TV] 31 Bc
Édolo [BS] 13 Cc
Effraz [AO] 21 Ec
Égadi, Isole– 157 Ac
Egg / Dosso [BZ] 1 Gd
Egg / Dosso [BZ] 3 BCc
Egg / Dosso [BZ] 3 Cb
Eggi [PG] 95 Dc
Egna / Neumarkt [BZ]
   15 Cc
Egnázia 133 Ga
Egola, Torrente– 81 Fa
Egro [VB] 23 Ec
Égua, Conca s'– 193 CDd
Egua, Torrente– 23 Cb
Ehrenburg / Casteldarne
   [BZ] 3 Ec
Éia [PR] 53 Eb
Eia, Torrente– 153 Cd
Eiánina [CS] 143 Dd
Eisack / Isarco, Fiume– 15 Db
Eisatz / Novale di Fuori,
   Monte– 5 ABc
Eisbrugg See / Ponte di
   Ghiaccio, Lago– 3 Eb

Eisenreich (Ferro, Montagna
   del–) 5 Cc
Eishof / Masogelato [BZ] 1 Fc
Eita [SO] 13 Cb
Elba, Isola d'– 89 Dc
Elbaland 89 Dc
Elce [TE] 97 Cd
Elce, Toppo dell'– 123 Bd
Elce della Vecchia [CZ]
   153 Ec
Elci, Monte– 101 Fc
Elcito [MC] 87 Bc
Elefante, l'– 181 Ec
Elera [RC] 153 Fd
Eleutero, Fiume– 159 Cc
Elévaz [AO] 21 Bc
Elferkofel / Undici, Cima–
   5 Cd
Elgio, Punta– 9 Eb
Elia, Monte– 153 Dd
Élice [PE] 105 Bab
Elicona, Torrente– 163 Bb
Elidone, Monte s'– 183 Fd
Elighe Mannu [SS] 181 Bb
Élini [OG] 189 Ed
Eliseddu, Rio– 193 Db
Éllera [FI] 75 Fa
Ellero [CN] 61 Cb
Éllero, Torrente– 61 Bc
Ello [LC] 25 Ec
Elmas [CA] 197 Bb
Elmici, Rocca d'– 77 Da
Elmo [GR] 93 Cc
Elmo, Monte– 93 Cc
Elmo, Monte– (Helm) 5 Cc
Eloisa, Serra– 151 Cab
Eloro 177 Ed
Elpíghia, Nuraghe– 181 Ec
Elsa, Fiume– 81 Fa
Elsa, Torrente– 99 Da
Elsa, Torrente dell'– 171 Ed
Éltica, Monte la– 179 Cd
Elto, Monte– 27 Ca
Elva [CN] 59 Da
Elvas [BZ] 3 DEc
Elvella, Torrente– 93 Cc
Elvo, Torrente– 37 Cb
Elzenbaum / Pruno [BZ] 3 Cb
Ema, Torrente– 75 Cc
Emarese [AO] 21 Gc
Embrisi, Monte– 155 Bc
Emiliano, Monte– 67 Bc
Emilius, Monte– 21 Ec
Emissario, Canale– 75 Ad
Emissario Romano 117 Db
Emmer, Rio– / Emmerbach
   15 Da
Emmerbach / Emmer,
   Rio– 15 Da
Emoli, Torrente– 149 Da
Empoli [FI] 75 Dc
Ena, Nuraghe s'– 183 Ed
Enas [OT] 179 Dd
Enciastraia, Monte– 59 Cb
Éndine [BG] 27 Ac
Éndine, Lago di– 27 Ac
Éndine Gaiano [BG] 27 Ac
Énego [VI] 29 Fb
Énego 2000 [VI] 29 Eb
Enemonzo [UD] 19 Ab
Enfola, Monte d'– 89 Dc
Engazzà [VR] 43 Cc
Enguiso [TN] 27 Fb
Enichem Fibre 189 Bb
Enna [EN] 171 Db
Enna [VI] 29 Cc
Enna, Gola dell'– 25 Fb
Enna, Nuraghe– 193 Bb
Enna, Torrente– 25 Fb
Enneberg / Marebbe [BZ] 3 Fc
Ennewasser / Transácqua
   [BZ] 1 Ed
Eno [BS] 27 Dc
Ente, Torrente– 93 Bb
Entella, Rocca d'– 159 Ad
Entella, Torrente– 63 Ec
Entesano [UD] 19 Bd
Entosu, Monte– 181 Ed
Entrà [MO] 55 DEc
Entracque [CN] 59 Fc
Entrampo [UD] 17 Gab
Entrático [BG] 27 Ac
Entraunes [Fr.] 59 Bc
Entrèves [AO] 21 Bc
Envie [CN] 47 Fc

Envie, Cappello d'– 47 Db
Enza, Torrente– 53 Fb
Enzola [RE] 53 Fb
Eolie o Lípari, Isole– 165 Ea
Eolo, Grotta di– 165 ins.b
Eppan an der Weinstrasse /
   Appiano sulla Strada del
   Vino [BZ] 15 Cb
Equila, Cozzo di– 161 Bd
Equi Terme [MS] 65 DEcd
Era [SO] 11 Cc
Era, Fiume– 81 Da
Eraclea [MT] 137 Ac
Eraclea [VE] 31 EFd
Eraclea Mare [VE] 31 Fd
Eraclea Minoa 169 Bc
Eranova [RC] 153 Bd
Erasca [CN] 47 Ec
Erba [CO] 25 Dc
Erbacen, Punta de s'– 191 Dd
Erbáia [FI] 75 Fa
Erbanno [BS] 27 BCb
Erbano, Monte– 119 Fb
Erbareti [VC] 23 Db
Erbè [VR] 43 Bc
Erbesso 169 Cc
Erbesso, Monte– 177 Cb
Erbezzo [UD] 19 Dcd
Erbezzo [VR] 29 Bd
Erbognone, Torrente– 51 Ca
Erbusco [BS] 27 Ad
Ercavallo, Punta di– 13 Ec
Érchie [BR] 135 Cd
Érchie [SA] 129 Bc
Ercolano [NA] 127 Eb
Ercolano [NA] 127 DEb
Ercole, Tempio d'– 109 CDd
Erédita [SA] 129 Dd
Erei, Monti– 171 Db
Eremita [PU] 85 Dab
Eremita [SV] 61 Ec
Eremita, Monte dell'–
   169 BCc
Eremita, Pizzo dell'– 173 Ba
Eremiti [SS] 141 Cb
Eremo dei Camaldolesi [CN]
   49 Bd
Érèsaz [AO] 21 Gc
Eretum 101 Ed
Ergadi [CZ] 153 Db
Érice [TP] 157 Cb
Eridania 115 Ad
Eridio → Idro, Lago d'– 27 Cc
Erighíghine, Nuraghe–
   187 Fb
Erio, Monte– 29 Db
Erla, Monte dell'– 77 Fa
Erli [SV] 61 Dd
Erlsbach [A] 5 Bb
Ermada, Monte– 33 Ec
Ermetta, Monte– 61 Gb
Ernen [Svizz.] 9 CDb
Ernici, Monti– 109 Ec
Erno [CO] 25 CDb
Errano [RA] 69 Bc
Erro, Torrente– 61 Fa
Erta, Cima dell'– 51 Dd
Erto [PN] 17 Dc
Erto e Casso [PN] 17 CDc
Érula [SS] 181 Fd
Erve [LC] 25 Ec
Esanatóglia [MC] 87 Ac
Ésaro, Fiume– 145 Ec
Esaro, Fiume– 151 Ec
Ésaro, Lago d'– 145 Dc
Esca, Monte– 129 Ba
Escalaplano [CA] 193 CDc
Escarène, L'– [Fr.] 71 Bb
Eschio / Aschl [BZ] 3 Bd
Escolca [CA] 193 Bb
Escovedu [OR] 191 EFb
Esemon [UD] 19 Ab
Esenta [BS] 41 Eb
Ésigo [VB] 9 Dc
Esinante, Torrente– 87 Bb
Ésine [BS] 27 Bc
Ésino, Fiume– 87 Ca
Ésino Lário [LC] 25 Eb
Esio [VB] 23 Fb

Esmate [BG] 27 Bc
Esperia [FR] 119 Ba
Esporlatu [SS] 185 Bd
Essere [MN] 43 Bc
Este [PD] 43 Fc
Esterzili [CA] 193 Cb
Èstibu, Monte– 183 Fd
Estoul [AO] 21 Gc
Ete Morto, Torrente– 87 Ec
Eternon [AO] 21 Dc
Ete Vivo, Fiume– 97 Ca
Etirol [AO] 21 Fc
Etna, Parco dell'– 173 Cd
Etna (Mongibello) 173 CDa
Etra, Monte– 103 Ed
Etsch / Ádige, Fiume– 57 Ea
Eugánei, Colli– 43 Gc
Eugio, Lago d'– 35 Fb
Eúla [CN] 61 Bb
Eupílio [CO] 25 Dc
E.U.R. [ROMA] 107 Ec
Eurialo, Castello– 177 Fb
Europa, Villaggio– [BO]
   67 Ccd
Europa, Villaggio– [CE]
   119 Cc
Evançon, Torrente– 21 Gc
Evangelista, Poggio– 93 Cd
Evangelisti–Rubíno [ME]
   163 Cc
Evangelo, Monte– 67 ABa
Evigno, Pizzo d'– 71 Fb
Evolène [Svizz.] 7 Fd
Excenex [AO] 21 Dc
Exilles [TO] 35 Cd
Ex Lago di Bientina, Area
   Archeologica– 75 Bc
Extrepieraz [AO] 21 Gc
Eyrs / Oris [BZ] 1 Dd
Eze [Fr.] 71 Bc
Eze [SV] 61 Ec

F

Fabbiano [LU] 73 Eab
Fabbiano [PC] 53 Ab
Fabbiano [PC] 51 Fb
Fabbrecce [PG] 85 Bb
Fabbri [LU] 75 Bc
Fabbri [PG] 95 Db
Fábbrica [BO] 69 Ac
Fábbrica [FI] 83 Ba
Fábbrica [PI] 81 Eab
Fabbricaccia [SI] 83 Bc
Fabbrica Curone [AL] 51 Dc
Fábbriche [AR] 83 Ec
Fábbriche [GE] 63 Bb
Fábbrica Casabasciana [LU]
   75 Bab
Fábbriche di Vállico [LU]
   73 Fab
Fábbrico [RE] 55 Bb
Fabiano [AL] 37 Dd
Fabiasco [VA] 23 Gb
Fábio [PO] 75 Eb
Fábio, Lago– 91 Fa
Fabrezza [BS] 13 Cd
Fabriano [AN] 85 Fc
Fábrica di Roma [VT] 101 Cc
Fabrizia [VV] 153 Dd
Fabrizio [CS] 147 Bc
Fabro [TR] 93 DEb
Facci [VI] 29 Cb
Facciano, Monte di– 77 Eb
Faccio, Monte– 65 ABc
Facen [BL] 31 Aab
Facito, Monte– 131 Bd
Fadalto [TV] 17 CDd
Fadalto Basso [TV] 17 Cd
Fadnler Grande, Cima– /
   Großfadnler 3 Fb
Fado [GE] 63 Bb
Faè [BL] 17 Ab
Faè [BL] 17 Cc
Faè [TV] 31 Dc
Faédis [UD] 19 CDd
Faedo [PD] 43 Gd
Faedo [TN] 15 Bc
Faedo [VI] 29 CDd
Faedo, Monte– 29 CDd
Faedo, Monte– 19 Ab
Faella [AR] 83 Ca
Faena, Torrente– 93 Fc
Faenza [RA] 69 Cc

Faenza, Molino– [PV] 39 Fb
Faeta, Monte– 75 Ac
Faetano [RSM] 79 Ab
Faete, Monte– 93 Ac
Faeto [AR] 83 DEa
Faeto [FG] 121 Bb
Faeto [MO] 67 Bb
Faeto, Monte– [CS] 149 Dc
Faeto, Monte– [PG] 95 Da
Fagagna [UD] 19 Bd
Fagarè della Battaglia [TV]
   31 Dc
Fagaría, Monte– 171 Cb
Fageto, Monte– 65 DEb
Fagge [RI] 103 Cc
Faggeta, Monte la– 77 Ba
Faggeto, Monte– 129 Cb
Faggeto Lário [CO] 25 CDb
Fággia [GR] 93 Bbc
Fággia, Monte della– 77 Db
Faggiano [BN] 121 Ac
Faggiano [RE] 67 Aa
Faggiano [TA] 133 Gd
Fággio [PR] 65 Ea
Faggiola, Monte– [FI] 67 FGd
Faggiola, Monte– [PU] 79 Ab
Fággio Rotondo 109 Fc
Fagiola, Monte– 75 Ca
Fagiolu, Rio– 179 Dc
Fagnano [MI] 39 Gb
Fagnano [SI] 83 Bb
Fagnano [VR] 43 Bc
Fagnano, Monte– 77 Fb
Fagnano Alto [AQ] 103 Ec
Fagnano Castello [CS]
   145 Dc
Fagnano Olona [VA] 25 Bcd
Fagnigola [PN] 31 EFb
Fago del Soldato [CS]
   149 Eab
Fagosa, la– 143 Cbc
Faia [SV] 61 Fc
Faiano [SA] 129 Cbc
Faiano [TE] 103 Ea
Faiatella, Monte– 141 Da
Faibano [NA] 119 Fd
Faicchio [BN] 119 Fb
Fáida [TN] 15 Cd
Fai della Paganella [TN]
   15 Bc
Faidello [MO] 67 Ad
Faido [Svizz.] 11 Ab
Faidona [PN] 17 Fc
Faiete [RE] 65 Fa
Faiete [TE] 97 Cd
Faieto [PR] 53 Cc
Faieto [TE] 97 Cd
Failungo [VC] 23 Cc
Faitaldo, Monte– 129 Bb
Faito, Monte– [AQ] 103 Ed
Faito, Monte– [AQ] 103 Cd
Faito, Monte– [NA] 127 Ebc
Faito, Vedute di– 109 CDd
Falapato, Monte– 143 Bb
Falasca, Punta– 111 Ee
Falascone, Riserva Naturale–
   115 Cc
Falbanairspitze / Val Benair,
   Punta di– 1 Dc
Falcade [BL] 17 Ab
Falchetto [CN] 49 Bc
Falciani [FI] 75 Fcd
Falciano [AR] 83 Fa
Falciano [RSM] 79 Bb
Falciano del Mássico [CE]
   119 Cbc
Falcinello [SP] 65 Cd
Falcioni [AN] 87 Ab
Falco, Monte– 77 Cc
Falco, Serra di– 129 Ec
Falcognana [ROMA] 107 Fc
Falconara [CL] 175 Db
Falconara, la– [IS] 111 Dd
Falconara, La– [PZ] 143 Dc
Falconara Albanese [CS]
   149 Cb
Falconara Alta [AN] 87 Ab
Falconara Marittima [AN]
   87 Da
Falcone [ME] 163 Bb
Falcone, Balza– 171 Cb
Falcone, Monte– 157 ins.a
Falconera, Porto di– 33 Ad
Falden, Cima– 3 FGa
Faldo, Monte– 43 Da
Faleco, Pizzo– 163 CDbc

Fal - Fil 226

Falera [FC] 77 Ec
Faléria [FM] 97 Ca
Faléria [VT] 101 Dc
Falerii Novi 101 Dc
Falerna [CZ] 149 CDcd
Falerna Marina [CZ] 149 Ccd
Falerone [FM] 97 Ba
Falesie di Duino, Riserva Naturale delle- 33 Ec
Falesina [TN] 15 Cd
Faletti [BI] 23 Cd
Falgano [FI] 77 Bc
Falicetto [CN] 47 FGd
Fallarosa [GE] 63 Dab
Fallascoso [CH] 111 Eab
Fallavécchia [MI] 39 Bc
Fallena [FR] 111 Bcd
Faller [BL] 29 Fa
Fallère, Monte- 21 Dc
Fallmetzer / Val di Mezzo, Monte- 3 DEb
Fallo [CH] 111 Eb
Falmenta [VB] 9 Fd
Falò, Monte del- 23 Eb
Faloppio [CO] 25 Bc
Falsettáio [GR] 93 Ab
Falterona, Monte- 77 Cb
Faltona [AR] 83 Ea
Faltona [FI] 75 Fb
Faltona, Torrente- 83 Ea
Falvaterra [FR] 109 Fd
Falzè [TV] 31 Bc
Falzeben [BZ] 3 Bd
Falzè di Piave [TV] 31 BCb
Fálzes / Pfalzen [BZ] 3 Fc
Falzoie [VI] 29 CDc
Falzoni [MN] 43 Ac
Fama, Monte- 153 Dc
Famea [BS] 27 Cc
Fammera, Monte- 119 Bab
Famolasco [TO] 47 Ec
Fana, Corno- (Pfann-Horn) 5 Bb
Fana, Corno- (Pfannhorn) 5 Bc
Fana, Croce di- 21 Ec
Fanaco, Lago- → Plátani, Lago del- 169 Db
Fanano [MO] 67 Bc
Fanciullata [PG] 95 Bb
Fanciullo, Villaggio del- [ROMA] 99 Fd
Fandetta [FG] 123 BCa
Fane [VR] 43 Ba
Fánes-Sénnes-Bráies, Parco Naturale di- / Fanes-Sennes-Prags, Naturpark- 3 Gd
Fanes-Sennes-Prags, Naturpark- / Fánes-Sénnes-Bráies, Parco Naturale di- 3 Gd
Fangaia [RE] 55 Bb
Fanghetto [IM] 71 Cb
Fango [TN] 15 Fb
Fanna [PN] 17 Fc
Fanny, Villa- [PA] 159 Bb
Fano [PU] 79 DEc
Fano, Aeroporto Nazionale di- 79 Ec
Fano a Corno [TE] 103 Eb
Fano Adriano [TE] 103 Ea
Fantasiland [ROMA] 107 Ed
Fantasilandia 73 Ed
Fantasina [BS] 41 Da
Fantasy World Minitalia 25 Fd
Fantécolo [BS] 27 Bd
Fantella [FC] 77 Cab
Fantina, Torrente- 163 Cb
Fantina, Villaggio- [FG] 113 EFb
Fantino [CS] 151 Cb
Fantino [FI] 77 Ba
Fantuzza [BO] 69 Bb
Fanusi, Monte- 159 Fc
Fanuso, Monte- 159 Bc
Fanzaghe [PD] 45 Ac
Fanzarotta [CL] 171 Bbc
Fanzolo [TV] 31 Ac
Fara, Monte- 17 Ecd
Fara Filiorum Petri [CH] 105 Dc
Fara Gera d'Adda [BG] 25 Fd
Faraglione, il- 157 Bc
Faraglioni, I- 127 Dc
Fara in Sabina [RI] 101 Fc
Farano, Canale- 115 Cd
Fara Novarese [NO] 23 Ed
Fara Olivana [BG] 41 Ab
Fara Olivana con Sola [BG] 41 Ab
Faraona [VA] 23 Gc
Faraone Nuovo [TE] 97 Dc
Fara San Martino [CH] 105 Dd
Fara San Martino-Palombaro, Riserva Naturale- 105 Dd
Farascuso [FG] 123 BCc
Fara Vicentino [VI] 29 Ec
Farazzano [FC] 69 Dd
Fardella [PZ] 143 CDb
Farfa [RI] 101 Fc
Farfa, Fiume- 101 Fc
Farfalle, Casa delle- 69 Fc
Farfanaro [PR] 65 ABa
Farfanosa [GE] 63 Fab
Farfare [MS] 65 Bb
Farfengo [BS] 41 Bb
Farfengo [CR] 41 Bc
Farigliano [CN] 61 Cab
Farinate [CR] 39 Fb
Faríndola [PE] 103 Fb
Farinere Olmo [AT] 49 Dc
Farini [PC] 51 Gc
Faris [UD] 19 Ccd
Farla [UD] 19 Bd
Farma, Torrente- 91 Fa
Farnese [VT] 99 Fa
Farneta [AR] 77 Cc
Farneta [AR] 83 Fc
Farneta [CS] 143 Eb
Farneta [MO] 65 Gb
Farnetella [SI] 83 Ec
Farneto [BO] 67 Fb
Farneto [BO] 67 Fb
Farneto [PG] 85 Ccd
Farneto, Monte- 77 Fab
Farnetozzo-Montebello [LT] 109 Ad
Farnetta [TR] 95 Bd
Farnia [CZ] 153 Eb
Farnócchia [LU] 73 Eb
Faro, Lido del- 107 Dc
Faroma, Monte- 21 Ec
Faro Superiore [ME] 155 Ab
Farra [BL] 17 Bd
Farra [TV] 31 Ac
Farra, Cozzo della- 159 Ccd
Farra d'Alpago [BL] 17 CDd
Farra di Soligo [TV] 31 Bb
Farra d'Isonzo [GO] 33 DEb
Farrò [TV] 31 Bb
Fasana [KR] 151 Eb
Fasana [SA] 141 Ba
Fasana Polésine [RO] 45 Cd
Fasane [TO] 35 Gb
Fasanella, Fiume- 129 Ed
Fasani [CE] 119 Cb
Fasani [VR] 29 Ad
Fasano [BR] 133 Gb
Fasano [BS] 27 Ed
Fasanò [PA] 161 Bd
Fasce [CN] 61 Bd
Fáscia [GE] 63 Ea
Fáscia, Monte- 63 Fb
Fasciano [AR] 83 Fcd
Fassane, Le- 15 Fc
Fassini, Villa- [PA] 157 Fb
Fassinoro [RI] 103 Ac
Fastello [VT] 101 Ba
Fastro [BL] 29 Fb
Fate, Caverna delle- 61 Fc
Fate, Lago delle- 23 Cb
Fate, Monte delle- 117 Ea
Fattore [CH] 105 Ec
Faudo, Monte- 71 Eb
Faúglia [PI] 81 CDa
Faúglis [UD] 33 Cb
Faugnacco [UD] 33 Ba
Fáule [CN] 47 Gc
Fauna Europea, Primo Parco-Zoo della- 77 Cc
Fava, Castello della- 185 Fc
Favalanciata [AP] 97 Bc
Favale [TE] 97 Dc
Favale di Málvaro [GE] 63 Eb
Favaletto, Torrente- 131 Dd
Favali [CS] 149 Ec
Favalto, Monte- 85 Ab
Favara [AG] 169 DEd
Favara, Lago- 169 Bb
Favaracchi, Punta- 119 Ea
Favarella [CL] 171 Bc
Favari [TO] 49 Bb
Favariego [PD] 31 Bd
Favaro [BI] 23 Cd
Fávaro Véneto [VE] 45 Dab
Favazzina [RC] 155 Bb
Favazzina, Fiumara- 155 Bb
Favella [TO] 35 Fcd
Favella, Punta- 29 BCc
Favello [VV] 153 Db
Favélloni [VV] 153 Cb
Fáver [TN] 15 Cc
Faverga [BL] 17 Cd
Faverzano [BS] 41 Cb
Favete [MC] 87 Bb
Faviano di Sopra [PR] 65 Ea
Faviano di Sotto [PR] 65 Ea
Favignana [TP] 157 Bc
Favignana, Isola- 157 Ac
Favirano [LC] 25 Ec
Favischio [RI] 103 Ba
Favogna / Fennberg [BZ] 15 BCc
Favogna di Sopra / Oberfennberg [BZ] 15 Cc
Favogna di Sotto / Unterfennberg [BZ] 15 BCc
Favone, Colle- 111 Db
Favoritieri, Monte- 143 Cb
Fávria [TO] 37 Ab
Fávrio [TN] 29 Ab
Fazio [TP] 157 Dc
Fazzagno [RE] 65 Gb
Fazzano [MS] 65 Dc
Fazzano [RE] 55 Bc
Fé [TN] 13 EFd
Fè [TO] 35 Fc
Fébbio [RE] 65 Fc
Fécchio [CO] 25 Cc
Fedáia, Lago di- 17 Ab
Fedele, Monte- 121 Eb
Feder [BL] 17 Ab
Federa [TV] 31 Cb
Federia, Torrente- 1 Ad
Fedi [PT] 75 Db
Fédio [CN] 59 Eb
Fegana, Torrente- 75 Ba
Fegina [SP] 65 Ad
Feglino [SV] 61 Ec
Fegotto, Cozzo- 171 Ed
Feichten [A] 1 Ea
Feisóglio [CN] 61 Da
Feistritz an der Gail [A] 19 Ea
Felascosa, Monte- 129 Cb
Felci, Fossa- 165 Ba
Felcino [PU] 77 Fd
Felcioni [AN] 85 Eb
Feldthurns / Velturno [BZ] 3 Dd
Felegara [PR] 53 Dc
Felettano [UD] 19 BCd
Felettino [SP] 73 BCa
Felettis [UD] 33 Cb
Feletto [TO] 37 Ac
Feletto Umberto [UD] 19 Cd
Feligara [PV] 51 Ec
Felina [RE] 65 Fb
Felino [PR] 53 Ec
Felísio [RA] 69 Cb
Felitto [SA] 129 Ed
Felizzano [AL] 49 Fb
Fella, Fiume- 19 Db
Fellamónica [PA] 159 Ac
Fellaria, Vedretta di- 13 Ab
Fellegara [RE] 55 Bd
Fellette [VI] 29 Fc
Fellicarolo [MO] 67 Bc
Felline [LE] 139 Dc
Fellino [PC] 51 Gb
Fellino, Monte- 119 Fd
Fello [AT] 49 Ec
Felónica [MN] 55 Eb
Feltre [BL] 31 Aab
Feltrino, Torrente- 105 Ec
Feltrone [UD] 17 Fb
Fema, Monte- 95 Fb
Femasino, Monte- 95 Ecd
Fematre [MC] 95 Fb
Femminamorta [PT] 75 Cb
Femminamorta, Fosso di- 109 Ad
Femminamorta, Monte- 151 BCc
Fémmina Morta, Monte- 161 Ed
Fémmine, Isola delle- 159 Ba
Fenegró [CO] 25 Cc
Fenella, Torrente- 87 Aa
Fener [BL] 31 Ab
Fenestrelle [TO] 47 Da
Fengo [CR] 41 Bc
Fenicia Moncata 173 Cb
Fenigli [PU] 85 Ea
Feníglia, Tómbolo di- 99 Cb
Fenile [PU] 79 Dc
Fenile [SO] 25 Fa
Fenile [TO] 47 Ec
Feniletto [CR] 41 Bc
Fenili [MN] 43 Ac
Fenili Belasi [BS] 41 Cb
Fenille [AO] 21 Dd
Fenil Nuovo [FE] 55 EFb
Fenil Nuovo [RE] 55 Bb
Fenilone [CR] 53 Fa
Fenils [TO] 47 Bb
Fénis [AO] 21 Ec
Fennau, Monte- 189 Ec
Fennberg / Favogna [BZ] 15 BCc
Fenogu, Nuraghe- 187 Fd
Fenosu [OR] 187 Dd
Fenugu, Nuraghe- 187 Fd
Féola, Cala di- 117 ins.a
Fer, Rio- 21 Gd
Fércole [GR] 91 Fa
Ferdana [SP] 65 Bc
Ferden [Svizz.] 9 Ab
Ferdinandea [RC] 153 Ecd
Ferentillo [TR] 95 Dd
Ferentino [FR] 109 Dc
Ferento 101 Bb
Férie [CR] 41 Ac
Feriolo [VB] 23 Fb
Ferla [PA] 157 Fb
Ferla [SR] 177 Db
Fermano, Fiume- 153 Cd
Fermata Garagnone [BT] 123 Fd
Fermignano [PU] 79 Bcd
Fermo [FM] 87 Fd
Fernazza, Monte- 17 Bb
Fernetti [TS] 33 Fc
Férnia, Monte- 155 CDc
Ferno [VA] 23 Gd
Feroleto Antico [CZ] 149 Ed
Feroleto della Chiesa [RC] 153 Cd
Feronia 185 Fc
Feronzo [LE] 139 Fc
Ferrá, Monte- 153 Dd
Ferra, Monte- 47 Cd
Ferrada [GE] 63 Eb
Ferramosche [VR] 43 Dc
Ferrandina [MT] 131 Fd
Ferránia [SV] 61 Eb
Ferrano [FI] 77 Bc
Ferrante, Monte- 27 Bb
Ferrara [FE] 55 Gc
Ferrara [PN] 17 Fc
Ferrara, Colle- 149 DEc
Ferrara, Stabilimento- 125 Bc
Ferrara / Schmieden [BZ] 5 Ac
Ferrara / Schmieden [BZ] 5 BCc
Ferrara di Monte Baldo [VR] 29 Acd
Ferrarello [PA] 171 Ca
Ferrarese, Idrovia- 57 Cc
Ferrari [AV] 129 Ba
Ferrari [AV] 121 Ac
Ferrari [PC] 51 Fc
Ferrari [PR] 53 Dc
Ferrari, Buca- 15 Fc
Ferraria [CL] 169 EFb
Ferraria, Pizzo- 169 Cb
Ferrari Enzo e Dino, Autodromo Internazionale- 69 Bb
Ferraro [EN] 173 ABa
Ferraro [RC] 155 Eb
Ferrarola [RE] 55 Bb
Ferrata, Coppa- 115 Cc
Ferrate [VC] 23 Cb
Ferrazza [VI] 29 Cd
Ferrazzano [CB] 113 BCd
Ferrera [TO] 47 Dc
Ferrera [VC] 23 Db
Ferrera di Varese [VA] 23 Gb
Ferrera Erbognone [PV] 39 Bd
Ferrere [AT] 49 Cb
Ferrere [CN] 59 Cb
Ferrere [SV] 61 Eb
Ferret, Tête de- 21 Cb
Ferretto [PG] 83 Fc
Ferretto [PT] 75 Cc
Ferri [MN] 43 Ac
Ferri, Fossone dei- 57 Da
Ferriato, Molino- [TP] 167 Eab
Ferriato, Villa- [AG] 171 Bc
Ferricini, Monte- 157 Fc
Ferriera [TO] 35 Fd
Ferriere [GE] 63 Db
Ferriere [PC] 51 Fd
Ferriere, Colle delle- 59 Eb
Ferro, Cozzo del- 147 Cd
Ferro, Fiume del- 171 Fc
Ferro, Montagna del- (Eisenreich) 5 Cc
Ferro, Monte- [BL] 5 DEd
Ferro, Monte- [PA] 161 Bc
Ferro, Pizzo del- 11 Fc
Ferro, Sasso del- 23 Fb
Ferro, Torrente- 143 Fc
Ferru, Monte- [OG] 193 Eb
Ferru, Monte- [OR] 187 Dc
Ferrucci [PI] 75 Bd
Ferrúccia [PT] 75 Db
Ferruzzano [RC] 155 Dc
Fersina, Torrente- 15 Cd
Fersinone, Torrente- 95 Ab
Fertília [SS] 183 Bc
Feruch, Monte- 17 Bc
Feruci [CS] 149 Db
Ferulárgiu, Punta- 185 Ec
Ferulosu, Monte- 183 DEcd
Fervento [VC] 23 Cb
Festà [MO] 67 Cb
Festiona [CN] 59 EFc
Festi Rasini [BG] 27 Ab
Fetente [ME] 163 Aab
Fetováia [LI] 89 Cc
Feudogrande [CT] 163 Cd
Feudo in Tramonti e Colle di Liccio, Riserva Naturale- 111 Cc
Féudo San Francesco [BT] 123 Fc
Feudotto [CT] 173 Cb
Feudo Ugni, Riserva Naturale- 105 Cd
Feuerstein, Östl.- (Montarso) 3 Bb
Fezzana [FI] 75 Ed
Fezzano [SP] 73 Ba
Fiabe, Parco delle- 53 Bb
Fiabilandia 79 Ba
Fiaiano [NA] 127 Bb
Fiamenga [PG] 95 CDb
Fiamignano [RI] 103 Bc
Fiammoi [BL] 17 Cd
Fianello [RI] 101 Eb
Fianema [BL] 17 Ad
Fiano [FI] 83 Aa
Fiano [LU] 73 Fb
Fiano [TO] 35 FGc
Fiano Romano [ROMA] 101 Ec
Fiara, Monte- 29 Eb
Fiasca [RO] 55 Fb
Fiascherino [SP] 73 Ca
Fiaschetti [PN] 31 Db
Fiascone, Torrente- 93 Ac
Fiastra [MC] 95 Fa
Fiastra, Lago di- 95 Ga
Fiastra, Torrente- 87 Dc
Fiastrella, Torrente- 97 Aa
Fiastrone, Fiume- 87 Cd
Fiattone [LU] 73 Fa
Fiavè [TN] 29 Ab
Fiavè, Torbiera di- 29 Ab
Fibbialla [PT] 75 Cb
Fibbiana [FI] 75 Dc
Fibbiano [LU] 73 Fb
Fibion, Monte- 15 Ac
Fibreno, Fiume- 111 Ac
Fibreno, Lago di- 111 Bc
Ficara [CS] 145 Dbc
Ficarazze, Rocca- 169 DEbc
Ficarazzi [PA] 159 Cb
Ficarella [TP] 157 Db
Ficarola, Monte- 141 DEa
Ficarolo [RO] 55 Fb
Ficarra [ME] 161 Fb
Fichera, Torrente- 159 Fc
Fico [TP] 157 Cb
Fico, Cozzo del- 169 Dc
Ficogrande [ME] 165 ins.b
Ficoncella, Fonti della- 99 Fd
Ficulle [TR] 93 Ec
Ficuzza [PA] 159 Cc
Ficuzza, Fiume- 177 Bb
Ficuzza, Pizzo- 169 Eb
Ficuzza, Rocca- 169 Ab
Fidenae 107 Fb
Fidenza [PR] 53 Db
Fiè, Lago di- 15 Ea
Fiè allo Sciliar / Völs am Schlern [BZ] 15 Dab
Fiegni [MC] 95 FGa
Fiegni, Monte- 95 Ga
Fiélis [UD] 19 Bb
Fienil dei Frati [MN] 55 Eb
Fienile [VT] 93 CDc
Fienili [LT] 117 Ea
Fienili [MN] 55 Dab
Fienili [PC] 53 Ca
Fienili Tarlisse [BL] 17 Da
Fienilone [FE] 57 Db
Fier, Pizzo- 1 Ad
Fiera, Monte della- 159 Abc
Fiera del Levante [BA] 125 DEb
Fiera di Primiero [TN] 17 Acd
Fiernaz [AO] 21 Fc
Fierozzo [TN] 15 Cd
Fiéry [AO] 21 Gb
Fiesch [Svizz.] 9 Cb
Fiesco [CR] 41 Ac
Fiésole [FI] 75 Fc
Fiesse [BS] 41 Dc
Fiesso [BO] 67 Fab
Fiesso [RE] 53 Fc
Fiesso d'Ártico [VE] 45 Cb
Fiesso Umbertiano [RO] 57 Ab
Fietri [SI] 83 Cb
Fietta [TV] 31 Ab
Figarola, Monte- 131 Cd
Figarolo [GE] 63 Eb
Figarolo, Isola di- 179 Ed
Figarúia [OT] 179 Ad
Figascian, Monte- 9 Db
Figazzano [BR] 133 Gb
Figheri, Valle- 45 Dc
Fighille [PG] 85 Aa
Fighine [SI] 93 Db
Figino [AL] 51 Dc
Figino [MI] 39 Cb
Figino [RI] 103 Ba
Figino Serenza [CO] 25 Cc
Figliano [FI] 75 Gb
Figliaro [CO] 25 Bc
Figliere [CN] 59 Eb
Figline [PO] 75 Eb
Figline Valdarno [FI] 83 Ca
Figline Vegliaturo [CS] 149 Db
Figliola [TE] 97 Cd
Figlioli [AV] 129 Bb
Figliolo, il- 129 Fc
Figne, Monte delle- 63 BCa
Fignola [MO] 67 ABc
Figos, Monte- 185 Cb
Figu [OR] 191 EFb
Figu, Rio- 195 Eb
Figubianca, Punta sa- 185 Cd
Figulada, Monte- 183 DEd
Figu Niedda, Nuraghe- [CA] 197 Eb
Figu Niedda, Nuraghe- [CA] 197 Eb
Figurula, Monte sa- 185 Bb
Filacciano [ROMA] 101 Ec
Filadélfia [VV] 153 Db
Filadonna, Becco di- 29 BCb
Filaga [PA] 169 Cab
Filago [BG] 25 Fd
Filandari [VV] 153 Cc
Filare [GR] 91 Db
Filattiera [MS] 65 Cb
Filettino [FR] 109 Db
Filetto [AN] 87 Ca
Filetto [AQ] 103 Db
Filetto [CH] 105 Dc
Filetto [MS] 65 Cc
Filetto [RA] 69 Dc
Filetto, Lago di- 103 Eb
Filéttole [PI] 73 Fc
Filéttole [PO] 75 Eb
Filia [TO] 37 Ab
Filiano [PZ] 131 Bb
Filicáia [LU] 73 Fa
Filicchie, Oasi di protezione- 139 Ba
Filicudi, Isola- 165 Ba
Filicudi Porto [ME] 165 Ba
Filighe, Nuraghe- 187 Fc

Filighera [PV] 39 Dcd
Filignano [IS] 111 Dd
Filigosa, Necropoli di- 187 Eb
Filio, Pizzo- 161 DEbc
Filippa [KR] 151 Cc
Filippi [BI] 37 Cab
Filippona [AL] 51 Bb
Filipponi [AN] 85 Fb
Filipponi [PE] 105 Bb
Fillar, Gran- 23 Bb
Filo [FE] 69 Ca
Filo dell'Arpa 165 ins.a
Filogaso [VV] 153 Db
Filone, Pizzo- 13 BCb
Filorera [SO] 11 Fc
Filórsi [CE] 119 Cb
Filosofo, Oasi del- 129 Bc
Filottrano [AN] 87 CDb
Filuelepere [OT] 185 Db
Fimon [VI] 43 Fb
Fimon, Lago di- 43 Fb
Finalborgo [SV] 61 Ec
Finale [PA] 161 Bb
Finale [VI] 43 Fc
Finale, Punta di- 1 Ec
Finale di Rero [FE] 57 Cc
Finale Emilia [MO] 55 Ec
Finale Ligure [SV] 61 Ecd
Finale Marina [SV] 61 EFcd
Finalpia [SV] 61 Fc
Findenig Kofel (Lodin, Monte-) 19 Ba
Fine, Monte la- 67 Fc
Fineil Spitz 1 Ec
Finello [CN] 59 Db
Fínero [VB] 9 Fd
Finestrelle, Monte- 157 Ed
Finetti [VR] 43 Da
Finiletti [BG] 41 Bb
Finita, Torrente- 145 Ed
Fino, Fiume- 105 Cb
Finocchieto [TR] 101 Eb
Finòcchio [ROMA] 107 Gb
Finócchio, Monte- 77 Eb
Finócchio, Torrente- 157 Fb
Finocchito [SA] 129 Dd
Finocchito, Masseria del- [FG] 113 Ed
Fino del Monte [BG] 27 Ab
Fino Mornasco [CO] 25 Cc
Finónchio, Monte- 29 Bb
Finsterbach / Fosco, Rio- 5 Ac
Fiobbio [BG] 25 Gc
Fiobbo, Torrente- 97 Db
Fiocche [SA] 129 CDc
Fioio, Fosso- 109 Db
Fioli [TE] 97 Bd
Fionchi, Monte- 95 Dcd
Fiondi [AL] 51 Bb
Fiónica, Monte- 191 Ed
Fionnay [Svizz.] 7 Dd
Fior, Monte- 29 Eb
Fiora, Fiume- 99 Eb
Fiorana [TO] 37 Bb
Fiorano al Sério [BG] 27 Ac
Fiorano Canavese [TO] 37 Bb
Fiorano Modenese [MO] 67 Ba
Fiordimonte [MC] 95 Fa
Fiore [PG] 95 Bc
Fiore, Monte- 105 Bb
Fiorentina [BO] 69 Aa
Fiorentina, Torre- 113 Fd
Fiorentine [SI] 83 Cc
Fiorentino [RSM] 79 Ab
Fiorenzuola d'Arda [PC] 53 Cb
Fiorenzuola di Focara [PU] 79 Cb
Fiorera, Pizzo- 9 Eb
Fiori [PR] 53 BCc
Fiori, Montagna dei- 97 Cc
Fiorina, Cime di- 25 Ca
Fiorine [BG] 27 Ab
Fiorino [GE] 63 Bb
Fiorino, Monte- 65 EFb
Fiorito, Monte- 65 Bc
Firenze [FI] 75 Fc
Firenze Peretola, Aeroporto Internazionale di- 75 Fc
Firenzuola [FI] 75 Ga
Firenzuola [TR] 95 Cc
Firmano [UD] 33 Da
Firmo [CS] 145 DEb
Fischietto, Monte- 111 Fb
Fischleinboden / Campo Fiscalino [BZ] 5 BCd
Fisciano [FI] 75 Fb
Fisciano [SA] 129 Bb
Fisrengo [NO] 37 Fb
Fissero, Canale- 55 Da
Fisto [TN] 13 Fd
Fítili [VV] 153 Bbc
Fiúggi [FR] 109 Dc
Fiugni [AQ] 103 Cb
Fiuma, Cavo- 55 Bb
Fiumalbo [MO] 67 Acd
Fiumana [FC] 77 Da
Fiumane [FC] 77 Ca
Fiumara [RC] 155 Bb
Fiumarella [CS] 147 Cc
Fiumarella, la- 131 Db
Fiumarella, Torrente- [CS] 147 Cc
Fiumarella, Torrente- [PZ] 131 Cb
Fiumarello, Torrente- 113 Cd
Fiumaretta [SP] 73 Ca
Fiumata [RI] 103 Bc
Fiumazzo [RA] 69 CDab
Fiume [MC] 95 Fa
Fiume [PG] 85 Db
Fiume [PG] 85 Bab
Fiume [TE] 97 Ccd
Fiume, Torrente- 93 Cc
Fiume Ciane e Saline di Siracusa, Riserva Naturale- 177 Fb
Fiumedinisi [ME] 163 Db
Fiumedinisi, Torrente- 163 Db
Fiumedinisi e Monte Scuderi, Riserva Naturale- 163 Db
Fiume Fiumefreddo, Riserva Naturale- 163 Cd
Fiume Fiumetto, Parco del- 103 Fa
Fiumefreddo Brúzio [CS] 149 Cb
Fiumefreddo di Sicilia [CT] 163 Cd
Fiumenero [BG] 27 Aab
Fiume Sile, Parco Naturale del- 31 Cd
Fiumesino [AN] 87 Da
Fiumesino [PN] 31 Fb
Fiume Strone, Parco del- 41 Cc
Fiume Tormo, Parco del- 39 Fb
Fiumetto [LU] 73 DEb
Fiume Véneto [PN] 31 Fb
Fiumi [BN] 121 Ac
Fiumicello [CL] 169 Eb
Fiumicello [FC] 77 Cb
Fiumicello [PD] 45 Bab
Fiumicello [SA] 141 Ea
Fiumicello [UD] 33 Dc
Fiumicello, Torrente- [It.] 133 Cd
Fiumicello, Torrente- [MC] 87 Cb
Fiumicello-Santa Venere [PZ] 141 Fbc
Fiumicino [FC] 77 Ga
Fiumicino [ROMA] 107 Dc
Fiumicino, Torrente- 97 Dc
Fiuminata [MC] 85 Fd
Fivizzano [MS] 65 Dc
Fixi, Punta su- 195 Ec
Fizzonasco [MI] 39 Db
Flaas / Valas [BZ] 3 Bd
Flacchi [VT] 101 Cc
Flading / Gaude [BZ] 3 Bb
Flagel, Monte- 19 Ac
Flagger-Bach / Vallaga, Rio- 3 Dc
Flagogna [UD] 19 Ac
Flaibano [UD] 33 Aa
Flaipano [UD] 19 Cc
Flambro [UD] 33 Bb
Flambruzzo [UD] 33 Bb
Flamignano [TE] 103 Ea
Fláscio, Fiume- 163 Ac
Flavetto [CS] 149 Db
Flávia, Porto- 195 Cab
Flávia, Torre- 107 Cb
Flavon [TN] 15 Bc
Fléccia [TO] 47 Eb
Fleons, Monte- 5 Ed
Fléres, Rio di- 3 Cb
Fleres di Dentro / Innerpflersch [BZ] 3 Bb
Fleri [CT] 173 Db
Flero [BS] 41 Db
Fles, Monte- 27 Cb
Fleuran [AO] 21 FGcd
Flim, Monte- / Flimberg 1 Ed
Flimberg / Flim, Monte- 1 Ed
Flóres, Genna- 189 Cc
Floresta [ME] 163 Ac
Floriano [TE] 97 Dc
Florìdia [SR] 177 Eb
Florìnas [SS] 183 DEc
Floripótena, Torrente- 163 Cb
Floriz, Monte- 5 Fd
Floronzo / Pflaurenz [BZ] 3 Fc
Flumendosa, Fiume- 193 Ed
Flumendosa, Foce del- 193 Ed
Flumendosa, Lago del- 193 Cb
Flumentépido, Rio- 195 Cb
Flúmeri [AV] 121 Dc
Flumignano [UD] 33 Bb
Flumineddu, Lago del- 193 Db
Flumineddu, Rio- [CA] 193 Bd
Flumineddu, Rio- [NU] 189 Eb
Flumineddu, Rio- [Sard.] 193 Dc
Flúmini [CA] 197 Cb
Flúmini, Rio- 187 Fd
Fluminimaggiore [CI] 191 Cd
Fluno [BO] 69 Bb
Flussío [OR] 187 Db
Fluvione, Torrente- 97 Bb
Fobello [VC] 23 CDb
Focá [RC] 153 Ed
Foce [AP] 97 Ab
Foce [PU] 85 Eab
Foce [TR] 101 Da
Foce, Monte- 85 Db
Foce a Giovo 75 Ba
Foce del Crati, Riserva Naturale- 147 Bb
Foce del Fiume Belice e dune limitrofe, Riserva Naturale- 167 Eb
Foce del Fiume Platani, Riserva Naturale- 169 Bc
Foce dell'Isonzo, Riserva Naturale della- 33 Ec
Foce Fiume Reno, Riserva Naturale- 69 Ea
Foce Isola Varano [FG] 115 Cb
Focene [ROMA] 107 Dc
Foce Sele-Tanagro, Riserva Naturale- [Camp.] 141 Fa
Foce Sele-Tanagro, Riserva Naturale- [Camp.] 129 Dc
Focetto, Monte- 65 Bb
Foce Verde [LT] 117 Ba
Foce Volturno e Costa di Licola, Riserva Naturale- 119 Cd
Foci [IS] 111 Dc
Foci, Torrente- 83 Ab
Foci dello Stella, Riserva Naturale delle- 33 Bc
Focobon, Cima del- 17 Ac
Focognano, Stagni di- 75 Fc
Focomorto [FE] 57 Bc
Fodara Vedla [BZ] 3 Gd
Fódico [RE] 53 Gb
Foen [BL] 31 Aa
Foenna, Torrente- 83 Ec
Fogare [MN] 55 Ab
Fogari, Poggio- 83 Ad
Fogarole [PC] 41 Bd
Fogarolo, Monte- 27 Ab
Foggia [FG] 123 Ba
Foggia, Cima di- 23 Cc
Foggianello [PZ] 123 Bd
Foggiano [PZ] 123 Bd
Foglia [RI] 101 Dc
Fóglia, Fiume- 79 Cb
Foglianise [BN] 121 ABbc
Fogliano [GO] 33 Dbc
Fogliano [LT] 117 Ca
Fogliano [MO] 67 BCab
Fogliano [PG] 95 Fc
Fogliano [PG] 95 Cc
Fogliano [RE] 55 Ad
Fogliano, Lago di- 117 Ca
Fogliano, Monte- 101 Bc
Fogliano Grosso [SI] 83 Bc
Fogliano Inferiore [PV] 39 Bc
Fogliano Marina [RN] 79 Bab
Fogliano Redipuglia [GO] 33 Dbc
Foglizzo [TO] 37 Ac
Fognano [FI] 77 Bc
Fognano [PR] 53 Eb
Fognano [PT] 75 Eb
Fognano [RA] 69 Bc
Foi, Monti li- 131 Bc
Foiana / Völlan [BZ] 3 Ad
Foiano della Chiana [AR] 83 Ec
Foiano di Val Fortore [BN] 121 Cab
Foi di Picerno, Monti li- 131 Bc
Foina [BS] 27 Bd
Folchi [CN] 59 Gc
Folga, Cima- 15 Fc
Folgaria [TN] 29 BCb
Folgarida [TN] 15 Ac
Folgorito, Monte- 73 Eab
Folignano [AP] 97 Cc
Folignano [PC] 53 ABb
Foligno [PG] 95 Db
Follettoso, Monte- 109 Ba
Folli [PC] 51 Fd
Follina [TV] 31 Bb
Follo [SP] 65 BCcd
Follo [TV] 31 Bb
Follo Alto [SP] 65 BCcd
Follone, Fiume- 145 Ec
Follónica [GR] 91 Cb
Folsogno [VB] 9 Fd
Foltrone, Monte- 97 Cc
Folzano [BS] 41 Dab
Fómbio [LO] 41 Ad
Fondachelli [ME] 163 Cc
Fondachelli-Fantina [ME] 163 Cbc
Fondachello [CT] 173 Ea
Fondachello [ME] 163 Ab
Fondachello [ME] 163 CDa
Fóndaco-Margherito [CT] 161 Fcd
Fondaconuovo [ME] 163 Da
Fóndaco Tavolacci [PA] 159 Cc
Fondazza [MO] 55 Dc
Fondi [LT] 117 Fab
Fondi [PG] 95 Da
Fondi, Lago di- 117 Eb
Fondi, Lido di- 117 Fb
Fondiano [RE] 65 Ga
Fondirò [AG] 171 Bd
Fondo [TN] 15 Bb
Fondo Bagnolo [RE] 55 Ac
Fóndola [CE] 119 DEb
Fondo Piccolo 29 Cb
Fondotoce [VB] 23 Fb
Fondo Toce, Riserva Naturale del- 23 Fb
Fondovalle [VB] 9 Eb
Fondra [BG] 25 Gb
Fongara [VI] 29 Cc
Fonni [NU] 189 Cc
Fons Salera [AT] 49 Fab
Fontainemore [AO] 23 Bd
Fontalcinaldo [GR] 81 Fd
Fontana [BL] 17 Fa
Fontana [BO] 67 Eb
Fontana [BS] 27 Cd
Fontana [LO] 39 Fc
Fontana [PG] 85 Bd
Fontana [RE] 55 Bcd
Fontana [TN] 15 Ab
Fontana [TV] 31 Bb
Fontana, Pala- 17 Ed
Fontana Bianca, Lago di- / Weißbrunnsee 13 Fb
Fontanabona [UD] 19 BCd
Fontana d'Éboli [PZ] 143 Bab
Fontana d'Ercole, Colle- 163 Bbc
Fontana di Papa [ROMA] 107 Fc
Fontana Fratta [FR] 109 Fc
Fontanafredda [CE] 119 Cb
Fontana Fredda [PC] 53 BCb
Fontanafredda [PD] 43 Fc
Fontanafredda [PN] 31 Eb
Fontana Gigante, Riserva Naturale- 37 Dc
Fontana Liri [FR] 109 Fd
Fontana Liri Inferiore [FR] 109 Fd
Fontana Liri Superiore [FR] 109 Fd
Fontanalúccia [MO] 65 FGc
Fontanalunga, Monte- 131 Bd
Fontanamare [CI] 195 Cb
Fontana Moneta [RA] 77 Ba
Fontanamurata [PA] 169 Ea
Fontana Murata [VT] 101 Aab
Fontana Pradosa [PC] 39 Ed
Fontanaradina [CE] 119 Cb
Fontanarosa [AV] 121 CDc
Fontanarossa [CT] 173 Dc
Fontanarossa [GE] 51 Ed
Fontana Salsa [TP] 157 Cc
Fontana Secca, Monte- 31 Ab
Fontana Vecchia [BN] 119 Fb
Fontanavento [PC] 53 Ac
Fontanazzo [TN] 15 Fb
Fontanazzo, Riserva Naturale- 29 Ea
Fontane [BS] 41 Da
Fontane [CN] 61 Bc
Fontane [MN] 41 Fb
Fontane [PR] 53 DEb
Fontane [TO] 47 Db
Fontane [TV] 31 Cc
Fontane Bianche [SR] 177 Fc
Fontanedo [TN] 27 Eb
Fontanefredde / Kaltenbrunn [BZ] 15 Dc
Fontanegli [GE] 63 Db
Fontanélice [BO] 67 Gc
Fontanella [BG] 41 Ab
Fontanella [BO] 67 Eb
Fontanella [FI] 75 Dd
Fontanella Grazioli [MN] 41 Dc
Fontanella-Ozino [BI] 23 CDd
Fontanellato [PR] 53 DEb
Fontanelle [AR] 77 Dcd
Fontanelle [BR] 135 BCb
Fontanelle [CE] 119 CDb
Fontanelle [CH] 111 Eb
Fontanelle [CN] 59 Gb
Fontanelle [LT] 119 Bb
Fontanelle [PE] 105 Db
Fontanelle [PR] 53 Eb
Fontanelle [SI] 83 CDc
Fontanelle [TE] 97 Ed
Fontanelle [TV] 31 Db
Fontanelle [VI] 29 Ec
Fontanellette [TV] 31 Dc
Fontanese [RE] 53 Gc
Fontaneto d'Agogna [NO] 23 Fd
Fontanetto Po [VC] 37 Dc
Fontaniale [AL] 49 Gc
Fontanigorda [GE] 63 Ea
Fontanile [AT] 49 Fc
Fontanile Brancaleone, Riserva Naturale- 25 Gd
Fontanile di Selvotta [ROMA] 107 Fc
Fontanili, Parco dei- 39 Fb
Fontanili di Corte Valle Re, Riserva Naturale- 53 Gc
Fontanino di Cellentino [TN] 13 Eb
Fontaniva [PD] 29 Fd
Fontarello [RI] 103 Ba
Fontazzi [SI] 83 Bcd
Fonte [TV] 31 Ac
Fonte al Cárpine [GR] 91 Fc
Fonte al Ronco [AR] 83 Ebc
Fonte Alto [TV] 31 Ac
Fonteavignone [AQ] 103 DEc
Fonteblanda [GR] 99 BCa
Fonte Bracca 25 Gc
Fontebuona [FI] 75 Fb
Fontecchio [AQ] 103 Ec
Fontécchio, Terme di- 85 Bb
Fontecellese, Monte- 103 Bd
Fonte Cerreto [AQ] 103 Eb
Fontechel [TN] 29 Ac
Fontechiari [FR] 111 ABc
Fontecorniale [PU] 79 Cc
Fonte Cupazzi 121 Ca
Fonte d'Amore [AQ] 105 Bd
Fonte del Campo [RI] 97 Ac
Fonte della Róccia / Trinkstein [BZ] 5 Aa
Fonte dell'Oppio [VT] 99 Fab
Fonte di Bréscia [MC] 85 Fd
Fonte di Papa [ROMA] 107 Fa
Fonte d'Ólio [AN] 87 Ea
Fontegreca [CE] 119 DEa
Fonte Irpina [AV] 129 Da
Fonte la Casa [CH] 113 Bb
Fontelunga [AR] 83 Ec
Fonte Murata, Póggio- 77 CDc
Fonteno [BG] 27 Bc
Fonte Nuova [ROMA] 107 Fab
Fonte Paciano [PG] 93 Ea
Fonte Ramata [CB] 113 Bd
Fonte Romana [AQ] 105 Cd
Fonterossi [CH] 105 Dd
Fonterútoli [SI] 83 Bb
Fontesambuco [IS] 111 Fc
Fonte San Moderanno [PR] 65 Cb
Fontespina [MC] 87 Fc
Fonte Vetriana [SI] 93 CDb
Fontevivo [PR] 53 DEb
Fontevivola [VT] 101 Cc
Fonti [VB] 9 Dd
Fonti, Cima- 29 Dc
Fóntia [MS] 73 Da
Fontiano [AR] 83 EFb
Fontignano [PG] 93 Fa
Fontigo [TV] 31 Bb
Fontisterni [FI] 77 Ac
Fonzaso [BL] 29 Fab
Fop, Cima del- 27 Ab
Fopa [TO] 35 Gbc
Fópel, Cima del- 1 Ad
Foppe, Monte- 25 Db
Foppiano [GE] 63 Ea
Foppiano [PR] 65 Ab
Foppiano [VB] 9 Eb
Foppo [SO] 13 Cc
Fóppolo [BG] 25 Ga
Fora, Sasso di- 11 Gb
Foradada, Isola- 183 Ac
Forale, Monte- 31 Bb
Forame [UD] 19 CDc
Forani [CN] 59 Ec
Forani, Scogli- 181 Dc
Forano [RI] 101 Ec
Forca, Bec della- 51 Fc
Forca, Cima- (Gabel-Spitze) 5 Aab
Forca, Monte- / Kleiner Gabler 3 Ec
Forca, Pizzo- 17 Ab
Forca di Valle [TE] 103 Eab
Forcarigoli [RO] 57 Da
Forcatura [PG] 95 Eab
Force [AP] 97 Bb
Forcella [AP] 97 Bc
Forcella [FR] 111 Ac
Forcella [MC] 95 Eb
Forcella [RI] 101 Fb
Forcella [TE] 97 Dd
Forcella, Monte- 141 Ea
Forcella, Monte la- 87 Bc
Forcelle [RI] 97 Ad
Forcelli [BO] 55 Ed
Forcellino, Monte- 13 Db
Forcello [CR] 41 Cd
Forcello [MO] 55 Cb
Forcellone, Monte- 111 Cd
Forche [AV] 121 Ed
Forche, Monte delle- 79 Dc
Forchetta, La- 109 Ec
Fórchia [BN] 121 Ac
Fórchia [CE] 119 Fc
Forchia, Monte- 17 Fb
Forcola [SO] 13 Ac
Forcola [SO] 11 Gd
Forcola, Monte- 1 Cd
Forcola, Pizzo della- [Eur.] 1 Cd
Forcola, Pizzo della- [Eur.] 11 Dc
Fórcoli [PI] 81 Ea
Forcuso, Monte- 121 Ed
Fordongiánus [OR] 187 Ed
Forenza [PZ] 131 BCab
Foresta [CS] 147 Bc
Foresta [IS] 111 Dcd
Foresta [KR] 151 Cc
Foresta, Monte la- 129 Ca
Foresta, Timpone della- 143 Ec
Foresta / Forst [BZ] 3 Acd
Foresta di Búrgos [SS] 183 Fd
Foresta di Monte Arcosu, Riserva Naturale- 195 Fb

Foreste Casentinesi-Monte Falterona-Campigna, Parco Nazionale delle- 77 Cb
Forestella [PZ] 129 FGa
Foresto [BG] 25 Fc
Foresto [CN] 49 Bc
Foresto [MN] 41 Fc
Foresto [TO] 35 Dd
Foresto [VC] 23 Dc
Foresto [VE] 45 Cc
Foresto Sparso [BG] 27 Ac
Forette [VR] 43 Bbc
Forgária nel Friuli [UD] 19 Ac
Fórgia, Torrente- 157 Db
Forgiari, Monte- 147 Bd
Forgia Vecchia 165 Db
Foria [SA] 141 Cb
Forino [AV] 129 Ba
Forio [NA] 127 Bb
Forlano [PC] 53 Bc
Forlenza, Bagni- 129 Eb
Forlì [FC] 69 Dc
Forlì, Aeroporto Internazionale- 69 Dc
Forlì del Sánnio [IS] 111 DEc
Forlimpopoli [FC] 69 Dc
Forloso, Monte- 129 Fc
Forma di Santa Oliva 119 Aa
Formaggio, Monte- 171 Dd
Formanuova, Torrente- 85 Bc
Forma Quesa, Rio- 119 Aa
Formazza [VB] 9 Eb
Forme [AQ] 103 Dd
Formeaso [UD] 19 Bb
Forme d'Aquino, le- 119 Ba
Formegan [BL] 17 Bd
Formellino [RA] 69 Cc
Formello [ROMA] 101 Dd
Formeniga [TV] 31 Cb
Formentara [MS] 65 Bb
Fórmia [LT] 119 Ab
Formica, Isola- 157 Bc
Formica di Burano, Isola- 99 Cb
Formica di Montecristo → Affrica, Scoglio d'- 89 ins.a
Formica Grande 91 Dd
Formiche, Castello delle- [TR] 101 Db
Formiche, Le- [LI] 89 Aa
Formiche, le- [LT] 117 ins.a
Formiche, Monte delle- 67 Fc
Formiche della Zanca 89 Cc
Formico, Pizzo- 27 Ab
Formícola [CE] 119 Eb
Formiga, Nuraghe- 193 Bb
Formigara [CR] 41 Ac
Formìgine [MO] 67 BCa
Formigliana [VC] 37 Db
Formignana [FE] 57 Cc
Formignano [FC] 77 Ea
Formigosa [MN] 43 Bd
Formisia, Monte- 161 Fc
Fórmole [AR] 85 Aa
Formole, Area Protetta- 85 Aa
Formone, Torrente- 93 Cb
Fornaca [CN] 47 Gc
Fornaca [CN] 61 Db
Fornace [BO] 67 DEb
Fornace [FI] 77 Bbc
Fornace [GR] 99 Da
Fornace [SI] 83 Dd
Fornace [SO] 13 Bb
Fornace [TN] 15 Cd
Fornace, Monte- 13 EFd
Fornace Guerrino [BO] 69 Bb
Fornacelle [PO] 75 DEb
Fornacette [FI] 83 Aa
Fornacette [PG] 85 Db
Fornacette [PI] 75 Bcd
Fornaci [BS] 41 CDab
Fornaci [LO] 39 Fc
Fornaci [LO] 41 Ac
Fornaci [MN] 55 Bb
Fornaci [NO] 23 Fd
Fornaci [NO] 23 Fd
Fornaci [PU] 87 Bbc
Fornaci [RO] 57 Ea
Fornaci [SV] 61 Fc
Fornaci [TV] 31 Dd
Fornaci di Barga [LU] 75 Aa
Fornaci-Lazzaro [RC] 155 ABd
Fornacino [TO] 37 Ad
Fornális [UD] 33 Da
Fornase [VE] 45 CDb
Fornazzano [RA] 69 Ad
Fornazzo [CT] 173 Da
Fornelli [IS] 111 Dd
Fornelli [SA] 141 Ba
Fornelli [SS] 181 Bbc
Fornelli [SV] 61 Ec
Fornelli [UD] 33 Cc
Fornello [AR] 77 Bc
Fornello [FI] 77 Bab
Fornello [FI] 75 Gc
Fornello [PC] 51 Fab
Fornello [PT] 75 Dc
Forner [TV] 31 Ac
Fornero [VB] 23 Eb
Fornesighe [BL] 17 Cb
Forni [AT] 49 Eb
Forni [LI] 91 Ca
Forni [VI] 29 CDb
Forni, Cima dei- 13 Eb
Forni Avoltri [UD] 5 Ed
Fornico [BS] 27 Ecd
Forni dell'Accesa [GR] 91 Db
Forni di Sopra [UD] 17 Eb
Forni di Sotto [UD] 17 EFb
Fórnio [PR] 53 Cb
Fornione [BO] 67 Gc
Fornisco [TE] 97 Cc
Fornisono [BA] 125 Ac
Forno [MS] 73 DEa
Forno [TN] 15 Eb
Forno [TO] 35 Ec
Forno [TO] 47 Ea
Forno [VB] 23 Db
Forno, Ghiacciaio del- 13 Eb
Forno, Lago del- / Pfurnsee 3 Bb
Forno, Monte- [Eur.] 19 Fab
Forno, Monte- [VB] 9 Ec
Forno, Monte- [VI] 29 Db
Forno, Monte del- 11 Gb
Forno, Pizzo del- 9 Ec
Forno Allione [BS] 13 Cd
Forno Alpi Graie [TO] 35 Eb
Forno Canavese [TO] 35 Gbc
Forno della Gaiana [BO] 69 Aab
Forno di Val [BL] 17 Ac
Forno di Zoldo [BL] 17 BCb
Forno d'Ono [BS] 27 Dc
Fórnole [TR] 101 Da
Fórnoli [LU] 75 Bab
Fórnoli [MS] 65 Cc
Fornolosa [TO] 35 Fb
Forno Marina [ME] 161 Fb
Fornovo di Taro [PR] 53 Dc
Fornovolasco [LU] 73 Fa
Fornovo San Giovanni [BG] 41 Aab
Foro, Fiume- 105 Db
Foroni [VR] 43 Ac
Forotondo [AL] 51 Ec
Forre Laviche del Simeto Gola Ponte della Cantera a Bolo, Riserva Naturale- 173 Ba
Forrilla [TO] 35 FGd
Forrola 189 Fc
Forsivo [PG] 95 Fc
Forst / Foresta [BZ] 3 Acd
Forte [BI] 23 Dd
Forte, Monte- 119 Bb
Forte Buso, Lago di- 15 Fc
Forte dei Marmi [LU] 73 DEb
Forte di Bibbona [LI] 81 Dc
Forte Village [CA] 195 Fd
Fortezza, Monte della- 89 ins.a
Fortezza / Franzensfeste [BZ] 3 Dc
Fortino [SA] 141 Fb
Fortogna [BL] 17 Cc
Fortore, Fiume- 113 Fc
Fortullino [LI] 81 Cb
Fortunago [PV] 51 DEb
Forza d'Agró [ME] 163 Cc
Forzellina, Cima- 13 Ec
Forzo [TO] 35 Fab
Fos [AO] 35 Da
Foscagno, Monte- 13 Cb
Fósci, Torrente- 81 Fb
Fosciándora [LU] 75 Aa
Fosco, Rio- / Finsterbach 5 Ac
Fosdinovo [MS] 73 CDa
Fosdondo [RE] 55 Bc
Fósini [SI] 81 Fcd
Fósio [PR] 53 Ccd
Fósola, Monte- 65 Fb
Fossa [AQ] 103 Dc
Fossa [BS] 41 Eb
Fossa [CS] 147 Cc
Fossa [MO] 55 Db
Fossa [PR] 53 Eab
Fossa, Torrente la- 179 Dd
Fossabiuba [TV] 31 Ec
Fossa Caprara [CR] 53 Fb
Fossacésia [CH] 105 Ec
Fossacésia Marina [CH] 105 Fc
Fossadálbero [FE] 57 Bb
Fossa dell'Abate [LU] 73 Eb
Fossa della Neve, Monte- 163 Ab
Fossa delle Felci, Monte- 165 CDa
Fossadello [PC] 53 Ba
Fossa di Porto, Valle- 57 Dd
Fossalon di Grado [GO] 33 Dc
Fossalta [FE] 57 Bbc
Fossalta [MO] 55 Cd
Fossalta [PD] 31 Bd
Fossalta di Piave [VE] 31 DEd
Fossalta di Portogruaro [VE] 33 Ac
Fossalta Maggiore [TV] 31 Ec
Fossalto [CB] 113 Bcd
Fossalunga [TV] 31 Bc
Fossamana [MN] 43 Ac
Fossamerlo [TV] 31 Cb
Fossano [CN] 61 Ba
Fossanova [LT] 117 Ea
Fossanova San Marco [FE] 57 Bc
Fossarmato [PV] 39 Dc
Fossatello [TR] 93 Fc
Fossato [MN] 41 Fc
Fossato [PO] 75 Ea
Fossato [PU] 85 Db
Fossato di Vico [PG] 85 Ec
Fossato Iónico [RC] 155 Bc
Fossato Serralta [CZ] 151 Bd
Fossaz [AO] 21 CDc
Fossazza, Monte- 163 Cb
Fossazzo [ME] 163 Ca
Fosse [VI] 29 Ec
Fosse [VR] 29 Ad
Fosse, Monte le- 169 CDc
Fosseno [NO] 23 Fc
Fosseto [AL] 49 Gab
Fossiata [CS] 147 Bd
Fossignano [LT] 107 Fd
Fossó [VE] 45 Cb
Fosso Ghiaia [RA] 69 Eb
Fossola [MS] 73 Da
Fossola [SP] 73 Ba
Fóssoli [MO] 55 Cc
Fossombrone [PU] 79 Cc
Fossona [PD] 43 Gb
Fostaga [BS] 27 Dd
Fosto [PU] 85 Da
Fourà, Punta- 35 Eb
Foxi [CA] 197 Cb
Foxi, Rio de- 195 Dd
Foxi'e Sali [CA] 195 Fd
Foxi Manna [OG] 193 EFb
Foza [VI] 29 Eb
Frà, Monte- 27 Cb
Frabosa Soprana [CN] 61 Bc
Frabosa Sottana [CN] 61 Bc
Fraccano [PG] 85 Bab
Fracce [VA] 23 FGb
Fracchia [CR] 39 Fb
Fracchie [VB] 9 Eb
Frachey [AO] 21 Gb
Fraciata, Bric di- 61 Fb
Fracíscio [SO] 11 Eb
Fraconalto [AL] 63 Ca
Fradusta, Cimon di- 17 Ad
Fraelacco [UD] 19 Ccd
Fraforeano [UD] 33 Bc
Fragagnano [TA] 135 Ad
Fragaiolo [AR] 77 Dd
Fraga Morus, Nuraghe- 191 Fc
Frages [RA] 69 Bb
Fragheto [RN] 77 Ec
Fragneto, Masseria- [TA] 133 Fbc
Fragneto l'Abate [BN] 121 Bb
Fragneto Monforte [BN] 121 Bb
Fragno [PR] 65 Da
Fraigarda, Nuraghe sa- 197 Db
Fraina [SA] 129 Ab
Fraine [BS] 27 Bc
Fraine [CH] 113 Ab
Fraine di Sopra [VR] 29 Ad
Fraioli [FR] 111 Ad
Fráire [CN] 47 Fc
Frais [TO] 35 Cd
Fraisse [TO] 47 Ca
Fraita [TO] 47 Eb
Fraitève, Monte- 47 Cb
Framont, Monte- 17 Bc
Framura [SP] 63 Gc
Franca [PG] 95 Dab
Franca San Rocco [LO] 41 Ad
Francavilla [AN] 79 Ec
Francavilla al Mare [CH] 105 Db
Francavilla Angítola [VV] 153 Db
Francavilla Bisio [AL] 51 Bc
Francavilla d'Ete [FM] 87 Ec
Francavilla di Sicilia [ME] 163 Bc
Francavilla Fontana [BR] 135 Bc
Francavilla in Sinni [PZ] 143 Db
Francavilla Maríttima [CS] 145 Fb
Francenigo [TV] 31 Db
Franche [NA] 127 Fbc
Franchella [SV] 61 DEc
Franchi [PR] 53 Bc
Franchini [AL] 49 Fb
Francia [TO] 47 Eb
Fránchica [VV] 153 Cc
Francocci [PG] 95 Cc
Francofonte [SR] 173 Cd
Francolini [TN] 29 BCb
Francolino [FE] 57 ABb
Francolise [CE] 119 Db
Franscia [SO] 13 Ac
Franzensfeste / Fortezza [BZ] 3 Dc
Frapiero [PD] 45 Cc
Frara [PR] 53 Eb
Frara, Pizzo di- 163 Cb
Frasassi, Grotte di- 87 Ab
Frasca [AQ] 103 Fc
Frasca, Monte- 171 Fd
Frascaro [AL] 49 Gb
Frascaro [PG] 95 Fc
Frascaro [RE] 65 Fb
Frascarolo [PV] 51 ABa
Frascata [AL] 51 Dc
Frascati [ROMA] 107 Gc
Fraschéia, Monte- 23 Dcd
Frascheo [BI] 37 Cab
Fraschette [FR] 109 Dc
Frascineto [CS] 143 Dd
Fráscola, Monte- 17 Fc
Frasnedo [SO] 11 Fc
Frassanéit [PN] 17 Fc
Frassanito [LE] 139 Fa
Frassené [BL] 29 Fab
Frassené [BL] 17 Ac
Frassenedo [PD] 45 Bb
Frassenetto [UD] 5 Ed
Frassi [PC] 51 EFd
Frassi, Colle dei- 103 Bb
Frassignoni [PT] 75 Da
Frassilongo [TN] 15 Cd
Frassinara [PR] 53 Fb
Frassinara [RE] 55 Bc
Frássine [GR] 81 Ed
Frássine [PD] 43 Ec
Frássine, Fiume- 43 Fc
Frassinédolo [RE] 65 EFb
Frassinelle Polésine [RO] 57 Bb
Frassinello [GE] 63 Da
Frassinello Monferrato [AL] 49 Fa
Frassinere [TO] 35 Ed
Frassineta [AN] 85 Eb
Frassineta [AR] 77 Dc
Frassineta [BO] 67 EFc
Frassineti [MO] 67 Bb
Frassineto [AR] 83 Ebc
Frassineto [BO] 67 Fb
Frassineto [PR] 65 Aa
Frassineto / Verschneid [BZ] 15 Ca
Frassineto Po [AL] 37 Fd
Frassinetto [TO] 35 Gb
Frassiney [AO] 21 Cd
Frassini [ME] 163 Bb
Frássini [SI] 83 Acd
Frássino [CN] 59 Ea
Frássino [MN] 43 Ad
Frássino [SV] 61 Dc
Frassino, Laghetto del- 41 Gb
Frassinoro [MO] 65 Gc
Frasso [KR] 151 Eb
Frassoneta [SV] 61 Eb
Frasso Sabino [RI] 101 Fc
Frasso Telesino [BN] 121 Ac
Frate del Méia 23 Bc
Fratelle [AR] 77 Ec
Fratelli Bandiera, Monumento- 151 Cb
Fraterna [RO] 57 Fb
Frati, Monte dei- 77 EFd
Fratta [AR] 83 Fc
Fratta [FC] 77 Fa
Fratta [GO] 33 Db
Fratta [PN] 17 Fc
Fratta [PN] 31 Db
Fratta [TV] 31 Cb
Fratta [TV] 31 Ad
Fratta [VE] 33 Ac
Fratta, Fiume- 55 Fa
Fratta, Monte- 103 Cc
Fratta, Parco Naturale della- 111 Ed
Fratta, Torrente- 113 Bc
Frattaguida [TR] 93 Fb
Frattamaggiore [NA] 119 Ed
Frattaminore [NA] 119 Ed
Fratta Polésine [RO] 57 Aa
Fratta Terme [FC] 77 Ea
Fratta Todina [PG] 95 Bbc
Fratte [PD] 31 Ad
Fratte [PG] 85 Bcd
Fratte Rosa [PU] 85 Fa
Fratticciola [AR] 83 Fc
Fratticiola Selvática [PG] 85 Dc
Frattina [PN] 31 EFc
Frattina, Fiume di- 159 Bd
Frattócchie [ROMA] 107 Fc
Frattúccia [TR] 95 Bd
Frattura [AQ] 111 Cb
Fraveggio [TN] 15 Ad
Fraviano [TN] 13 EFc
Fravort, Monte- 15 Cd
Frazzanò [ME] 161 Fb
Frédane, Torrente- 121 Dd
Freddezza [PC] 51 Fc
Freddo, Fiume- 157 Eb
Freddo, Monte- 121 Ba
Fregabolgia, Lago- 27 Aa
Fregasoga, Monte- 15 Dc
Fregene [ROMA] 107 Dbc
Fregiolo [FC] 77 Ca
Fregnanello [RA] 69 Bc
Fregona [BL] 17 Ab
Fregona [TV] 31 Cab
Freidour, Monte- 47 Eb
Freienfeld / Campo di Trens [BZ] 3 Cb
Fréjus, Galleria del- 35 Bd
Fréjus, Traforo del- 35 Bd
Fremamorta, Cima di- 59 Ed
Frena [BZ] 3 Fc
Frena, Monte- 75 Ga
Frentani, Monti dei- 113 Bb
Frere [CN] 59 CDb
Frerola [BG] 25 Gb
Ferone, Monte- 27 Db
Fresagrandinária [CH] 113 BCb
Fresca [VR] 43 Dc
Frescade [TV] 31 Cd
Frescarolo [PR] 53 Db
Fresciano [AR] 77 Ec
Fresciano [FI] 75 Fa
Frescondino [AL] 51 Aab
Fresine [BS] 13 Dd
Frésis [UD] 17 Gb
Fresonara [AL] 51 ABc
Frida [SS] 183 Fd
Friddani [EN] 171 Dc
Frido, Torrente- 143 Cb
Frigento [AV] 121 Dc
Frigianu, Isola- 181 Ec
Frigintini [RG] 177 Cc
Frignano [CE] 119 DEd
Frignano [Em.Rom.] 67 Ac
Frignone, Monte- 65 EFc
Frígole [LE] 135 Fd
Frinco [AT] 49 DEab
Friola [VI] 29 EFcd
Frioland, Monte- 47 Dc
Frisa [CH] 105 Ec
Frisan, Torrente- 17 Ea
Frisanchi [TN] 29 Cb
Frisanco [PN] 17 Fc
Frise [CN] 59 Eb
Frise, Rio delle- 59 Eb
Frisolino [GE] 63 Fb
Frisoni [VI] 29 EFb
Frisozzo, Monte- 27 Dab
Frodolfo, Torrente- 13 Db
Froid, Bric- → Ramière, Punta- 47 Cb
Frola [BG] 25 FGb
Frommer [BZ] 15 Ea
Frondarola [TE] 97 Cd
Front [TO] 37 Ac
Frontale [BG] 25 Fb
Frontale [MC] 87 Bbc
Frontale [SO] 13 Db
Frontano, Monte- 85 Cb
Fronte, Monte- 71 Da
Fronti [CZ] 149 Dd
Frontignano [BS] 41 Cb
Frontignano [PG] 95 Bbc
Frontignano [SI] 83 Bc
Frontillo [MC] 95 Fa
Frontin [BL] 17 Bd
Frontino [PU] 77 Gc
Frontone [PU] 85 Eab
Frónzola [AR] 77 Cc
Froppa, Cimon del- 17 Cab
Frósini [SI] 83 Ac
Frosinone [FR] 109 Dd
Frosolone [IS] 111 Fd
Frossasco [TO] 47 EFb
Frugarolo [AL] 51 ABb
Frugna, Monte- 17 Dc
Frugna, Torrente- 121 Fc
Fruins [PN] 19 Ac
Fruncu Erente 189 Db
Fruncu Padulas 189 Db
Frusci [PZ] 131 Bb
Frusciu, Monte- 183 Dcd
Frúscus, Nuraghe- 187 Ec
Fuart, Iôf- 19 Db
Fubina [TO] 35 Fc
Fubine [AL] 49 Fb
Fucécchio [FI] 75 Cc
Fuchiade [TN] 15 Fb
Fucignano [TE] 97 Cc
Fucine [TN] 13 Fc
Fucine [TO] 35 Fc
Fucine-Grenni [SV] 61 Ec
Fúcino, Piana del- 109 Fa
Fúcino, Rio- 103 Da
Fucito [FG] 115 Db
Fuga, Monte- 119 BCb
Fugazzolo di Sopra [PR] 65 CDa
Fugazzolo di Sotto [PR] 65 CDab
Fugnano, Botro di- 81 Gb
Fuile Mare [NU] 185 Fd
Fuipiano al Brembo [BG] 25 Fb
Fuipiano Valle Imagna [BG] 25 Fb
Fulcheri [CN] 61 Ab
Fulgatore [TP] 157 Dc
Fully [Svizz.] 7 Cd
Fumaiolo, Monte- 77 Ec
Fumane [VR] 43 Ba
Fumeri [GE] 63 Ca
Fumero [SO] 13 Db
Fumo [PV] 51 Dab
Fumo, Monte- [It.] 85 Bab
Fumo, Monte- [It.] 13 Ed
Fumo, Monte- (Rauchkofel) 5 Aa
Fumone [FR] 109 Dc
Funari [CE] 119 Eb
Fúndres, Rio- / Pfundererbach 3 Ec
Fúndres / Pfunders [BZ] 3 Eb
Funeclo, Torrente- 13 Dc
Funer [TV] 31 Ab
Funes [BL] 17 Dcd
Funes / Villnöss [BZ] 3 Ed
Funesu, Monte- 191 Dbc
Fungaia [SI] 83 Bc
Fungaia, Monte- 85 Aa
Fungaia, Riserva Naturale- 85 Aa
Funo [BO] 55 EFd
Fun Park Palma 17 Bb
Funtana Bona [NU] 189 Dc
Funtana Coberta 193 Dc

Funtana Congiada, Punta– 189 Cd
Funtana Geridu [SS] 181 Dd
Funtana Raminosa [NU] 189 BCd
Funtanéddas, Monte– 189 Cb
Fuori, Monte di– / Außerer Berg 3 Ad
Fuorni [SO] 13 Cc
Furato [MI] 39 Bab
Furau, Bruncu– 189 Cd
Furci [CH] 113 Bab
Furci, Monte– 161 Eb
Furggen, Stazione del– [AO] 23 Ac
Furiano, Torrente il– 161 Eb
Furittu, Rio– 193 Dd
Furlo [PU] 85 Ea
Fúrnari [ME] 163 Bb
Fúrnolo [CE] 119 Db
Furore [SA] 127 Fc
Furtei [VS] 191 Fc
Fusaro [NA] 127 Cb
Fusaro, Lago del– 127 Cb
Fuscaldo [CS] 145 Dd
Fuschi [BN] 121 Bb
Fúscoli [NA] 127 Fb
Fusea [UD] 19 Bb
Fusignano [RA] 69 Cb
Fusina [VE] 45 Db
Fusine [BL] 17 Bb
Fusine [SO] 11 Gd
Fusine [VI] 29 Cc
Fusine–Inferiore, Laghi di– 19 Eb
Fusine in Valromana [UD] 19 Eb
Fusine Laghi [UD] 19 Fb
Fusine–Superiore, Laghi di– 19 Eb
Fusino [SO] 13 Cc
Fusio [Svizz.] 9 Fb
Fuso, Monte– [FC] 77 Cab
Fuso, Monte– [PR] 65 Eab
Futani [SA] 141 Cb

G

Gabbara, Monte– 171 Bbc
Gabberi, Monte– 73 Eb
Gábbia [VR] 43 Cc
Gabbiana [MN] 41 Fd
Gabbiana [MS] 65 CDc
Gabbiani, Costa dei– 89 Ec
Gabbiano [BO] 67 Ec
Gabbiano [FI] 75 Fab
Gabbiano [PG] 85 Fb
Gabbiano Vecchio [AR] 83 Fcd
Gabbione [PV] 51 Eb
Gabbione [PV] 51 Eb
Gabbioneta [CR] 41 Dc
Gabbioneta–Binanuova [CR] 41 CDc
Gabbro [LI] 81 Cb
Gabella [AN] 87 Ca
Gabella [CZ] 149 Dd
Gabella [PI] 75 Ac
Gabella Grande [KR] 151 Ec
Gabella Nuova [MC] 97 Aa
Gabelletta [TR] 95 Cd
Gabelletta [VT] 99 Fab
Gabellino [GR] 91 Ea
Gabel–Spitze (Forca, Cima–) 5 Aab
Gabetti [CN] 49 Cd
Gabiano [AL] 37 Dcd
Gabiano [TE] 97 Cc
Gabicce Mare [PU] 79 Cb
Gabicce Monte [PU] 79 Cb
Gabiet, Lago– 23 Bb
Gabii 109 Ab
Gabiolo [TN] 29 Ba
Gábria [GO] 33 Eb
Gabrielassi [CN] 49 Bc
Gabriella [AN] 79 Fc
Gabrovica pri Črnem Kalu [SLO] 33 Gd
Gabrovizza San Primo [TS] 33 Fc
Gabutele, Monte– 189 Cb
Gabutti [CN] 61 Db
Gaby [AO] 23 Bc
Gad [TO] 47 Ca
Gada, Monte– 143 Bc

Gadana [PU] 79 Bc
Gádera, Torrente– / Gaderbach 3 Fc
Gaderbach / Gádera, Torrente– 3 Fc
Gadesco–Pieve Delmona [CR] 41 Cd
Gadignano [PC] 51 Fb
Gadinica, Pizzo– 169 Db
Gadir [TP] 167 ins.a
Gadoni [NU] 189 Cd
Gaeta [LT] 119 Ab
Gaffe, Torre e– [AG] 175 Bbd
Gaffuro [MN] 41 Fcd
Gaggi [ME] 163 Ccd
Gaggiano [MI] 39 Cb
Gaggina [AL] 51 Ac
Gaggino [CO] 25 Bc
Gággio [BO] 67 Gc
Gággio [MO] 55 CDd
Gággio [SO] 11 FGcd
Gággio [VE] 45 Da
Gaggiolo [VA] 25 Bb
Gággio Montano [BO] 67 Cc
Gaglianico [BI] 37 Ca
Gagliano [CZ] 151 Bd
Gagliano [TE] 97 Dc
Gagliano [UD] 33 Da
Gagliano, Torrente– 171 Fa
Gagliano Aterno [AQ] 103 Fcd
Gagliano Castelferrato [EN] 171 Fa
Gagliano del Capo [LE] 139 Fd
Gaglianvécchio [MC] 87 Cc
Gagliato [CZ] 153 Ebc
Gagliétole [PG] 95 Bb
Gágliole [MC] 87 Bc
Gagnago [NO] 23 Fc
Gagnone [NO] 9 Ed
Gagnone–Orcesco [VB] 9 Ed
Gagnoni, Villa– [SI] 93 Ca
Gaiana [BO] 67 Gb
Gaiana, Torrente– 69 Ab
Gaianello [MO] 67 Bc
Gaianigo [PD] 43 Ga
Gaiano [PR] 53 DEc
Gaiano [RA] 69 Bb
Gaiano [SA] 129 Bb
Gaiarine [TV] 31 Db
Gaiato [MO] 67 BCc
Gáiba [RO] 55 Fb
Gaibana [FE] 57 Ad
Gaibanella [FE] 57 Ac
Gaibola [BO] 67 Eb
Gaico [AP] 97 Bc
Gaida [RE] 53 Fc
Gaido, Monte– 143 Cbc
Gaifana [PG] 85 Ecd
Gaina [BS] 27 Bd
Gaini [AL] 49 Fd
Gainiga [VE] 31 EFc
Gaino [BS] 27 Ed
Gaiola, Isola la– 127 Db
Gaiola, Parco Sommerso di– 127 Db
Gaiole in Chianti [SI] 83 Cb
Gaione [PR] 53 Ec
Gáiro [OG] 189 Dd
Gáiro Sant'Élena [OG] 189 Dd
Gáiro Taquisara [OG] 189 Dd
Gais / Gáis [BZ] 3 Fc
Gáis / Gáis [BZ] 3 Fc
Galade [AL] 51 Bb
Galaino [PZ] 131 Bd
Galanti [AL] 49 Gd
Galantina [RI] 101 EFc
Galate 171 Ea
Galati [ME] 163 Db
Galati [RC] 155 Dd
Galati Mamertino [ME] 161 Fd
Galati Marina [ME] 163 Db
Galatina [LE] 139 DEab
Galátone [LE] 139 Db
Galatrella, Torrente– 145 Ec
Gálatro [RC] 153 Cd
Galatróna [AR] 83 Db
Galavronara e Forcello, Bonifica– 57 Bc
Galbato [ME] 163 Aab
Galbiate [LC] 25 Ec
Galciana [PO] 75 Eb
Galdina [NO] 23 Gd
Galdo [SA] 141 Ba

Galdo [SA] 129 Ec
Galeata [FC] 77 Db
Galeazza [BO] 55 Ec
Galenne, Monte– 95 Dc
Galeotta, Isola– 157 Ac
Galera [PG] 85 Bc
Galera, Isola– 157 Ac
Galera, Puntone– 155 Cc
Galera, Scoglio– 153 Bb
Galéria 107 Da
Galero, Monte– 61 CDcd
Galgagnano [LO] 39 Ebc
Gálgata [PG] 85 Dc
Gáliga [FI] 75 Gbc
Galileo Galilei, Aeroporto Internazionale– 73 Fc
Gallaneto [GE] 63 Ca
Gallano [MC] 95 Fab
Gallano [PG] 95 Da
Gallarate [VA] 23 Gcd
Gallareto Primo [AT] 49 Da
Gallazzano [MC] 95 Fa
Galleana [PC] 53 ABa
Gallena [SI] 83 Ac
Galleno [BS] 13 Ccd
Galleno [FI] 75 Cc
Galleráie [SI] 81 FGc
Galleriano [UD] 33 Bb
Gallese [VT] 101 Db
Galletti [SV] 61 Fb
Galli [CZ] 149 Ed
Galli [UD] 33 Cc
Galli [VC] 37 Cc
Galli, Ii– 127 Ec
Gállia [PV] 39 Bd
Galliana [FI] 77 Ca
Gallianelle [PC] 53 Cb
Galliano [CO] 25 Cc
Galliano [FI] 75 Fab
Gallianta [VE] 45 Cd
Galliate [NO] 39 Ab
Galliate Lombardo [VA] 23 Gc
Galliávola [PV] 39 Ad
Gallicano [LU] 73 Fa
Gallicano nel Lazio [ROMA] 109 Bb
Gallicchio [PZ] 143 Ca
Gallicianó [RC] 155 Cc
Gállico [RC] 155 Bbc
Gállico Marina [RC] 155 Abc
Galliera [BO] 55 Fc
Galliera Véneta [PD] 29 Fd
Gallignano [AN] 87 Da
Gallignano [CR] 41 Bb
Gallina [RC] 155 ABc
Gallina [SI] 93 Cab
Gallina, Cima– / Rollspitze 3 Cb
Gallina, Col della– 31 Da
Gallina, Punta della– (Hennesigl–Spitz) 1 Db
Gallina, Spiz– 17 Cc
Gallinara, Isola– 71 Ga
Gallinara, Monte– 65 Ca
Gallinaro [FR] 111 Bcd
Gallinaro, Bivio– [FR] 111 Bc
Gallinaro, Pizzo di– 169 BCb
Gallinazza [UD] 33 Cc
Gallino, Pizzo– 15 Ac
Gallinola, la– 119 Fa
Gállio [VI] 29 Eb
Gallipoli [LE] 139 CDb
Gallipoli [MT] 131 Dc
Gallipoli Cognato e delle Dolomiti Lucane, Parco Naturale– 131 Dd
Galliporo, Fiumara– 153 Fc
Gallisterna [RA] 69 ABc
Gallivággio [SO] 11 Eb
Gallizzi [PZ] 143 Cbc
Gallo [AQ] 103 Cd
Gallo [BO] 67 Gb
Gallo [CE] 119 Cb
Gallo [FC] 77 EFa
Gallo [FE] 55 Gc
Gallo [ME] 163 Ab
Gallo [PU] 79 Cc
Gallo [RE] 53 Fc
Gallo, Acqua del– 1 Bd
Gallo, Fosso del– 105 Ca
Gallo, Lago di– 119 Ea
Gallo, Monte– [BS] 27 Dc
Gallo, Monte– [CZ] 149 Ed
Gallo, Monte– [PA] 159 Ba

Gallo, Monte– [RC] 153 Ed
Gallo, Pizzo– 171 Da
Gallo, Pizzo di– 157 Fd
Gallo d'Alba [CN] 49 Cd
Gallodoro [ME] 163 Cc
Gallo d'Oro, Fiume– 169 Ec
Gallo Grinzane [CN] 49 Ccd
Gallo Matese [CE] 119 Ea
Galloro, Monte– 95 Cc
Galluccio [CE] 119 Cab
Gallura 179 Cc
Galluffi [ME] 163 Dbc
Galluzzo [FI] 75 Fc
Galsaun / Colsano [BZ] 1 Fd
Galtana [PR] 53 Dc
Galtellì [NU] 185 Ed
Galtür [A] 1 Bb
Galugnano [LE] 139 Ea
Galvagnina [MN] 55 Cb
Galzignano Terme [PD] 45 Ac
Gamagna [RI] 103 Bc
Gamalero [AL] 49 Gc
Gámbara [BS] 41 Dc
Gambarana [PV] 51 Bab
Gambarara [MN] 43 Ac
Gambarare [VE] 45 Db
Gambárie [RC] 155 Bbc
Gámbaro [PC] 51 Fd
Gámbaro [RO] 57 Ab
Gambasca [CN] 47 EFd
Gambassi Terme [FI] 81 Fa
Gambatesa [CB] 113 Dde
Gambellara [RA] 69 Db
Gambellara [VI] 43 Db
Gamberáia [SI] 77 BCc
Gamberaldi [FI] 77 Ba
Gamberale [CH] 111 Eb
Gambéttola [FC] 77 Gc
Gambina [AL] 51 ABd
Gambolò [PV] 39 Bc
Gambugliano [VI] 29 Dd
Gambulaga [FE] 57 Bc
Gameli, Serra di– 145 Dc
Gamellona [CN] 61 Db
Gameragna [SV] 61 Gb
Gaminella [AL] 37 Dd
Gammauta, Lago di– 169 Ca
Gamogna, Monte di– 77 Ba
Gampberg / Campo, Monte– 3 Ccd
Gamser / Camosci, Cima dei– 3 Cd
Ganaceto [MO] 55 Cc
Ganaghello [PC] 51 Fa
Gand / Ganda di Martello [BZ] 1 Ed
Ganda di Martello / Gand [BZ] 1 Ed
Gandazzolo [FE] 57 Ac
Gandellino [BG] 27 Ab
Gandino [BG] 27 Ac
Gándoli [TA] 133 Fd
Gandosso [BG] 27 Ad
Ganfardine [VR] 43 Bb
Gangaglietti [CN] 49 Bc
Gangi [PA] 161 Cd
Gangi, Fiume– 171 Da
Ganna [VA] 25 Bb
Ganna, Lago di– 25 Ab
Gannano, Bacino di– 143 Ea
Gannano del Monte [MT] 143 Ea
Gantkofel / Macaion, Monte– 15 Cb
Ganzanigo [BO] 69 Ab
Ganzirri [ME] 155 Ab
Gaon [VR] 27 Fc
Garabiolo [VA] 9 Gd
Garadassi [AL] 51 Dc
Garagnone, Castello di– 123 Fd
Garaguso [MT] 131 Ec
Garamiti [VV] 153 Bc
Garavagna [CN] 61 Bb
Garavati–Moladi [VV] 153 Cc
Garave, Monte– 51 Ec
Garavicchio [GR] 99 Db
Garavóglie [VC] 37 Cc
Garbagna [AL] 51 Cc
Garbagna Novarese [NO] 39 Ab
Garbagnate Milanese [MI] 25 Cd
Garbagnate Monastero [LC] 25 Dc

Garbana [PV] 39 Ac
Garbaoli [AT] 61 Ea
Garbarini [SV] 65 Bc
Garbarino [GE] 51 Ed
Garbatella [ROMA] 107 Fbc
Garbátola [MI] 25 Dc
Garbella, Monte– 59 Fc
Garbugliaga [SP] 65 Bc
Garcia [CL] 171 Cb
Garcia, Lago di– 157 Fcd
Garcia [CL] 171 Cb
Garda [BS] 13 CDd
Garda [VR] 43 Aa
Garda, Isola di– 27 Ed
Garda, Lago di– (Benaco) 27 Ed
Garda, Monte– 31 Bb
Garda, Torrente– 145 Eb
Gardaland 43 Ab
Gardena, Rio– / Grödnerbach 3 Dd
Gardenáccia, la– / Gardenatscha–H. 3 EFd
Gardenatscha–H. / Gardenáccia, la– 3 EFd
Gardesana Orientale, Riserva Naturale– 29 Ac
Gardigiano [VE] 31 Cd
Gardile, Monte– 163 Cb
Gárdola [BS] 27 Fc
Gárdolo [TN] 15 Bd
Gárdolo di Mezzo [TN] 15 Bd
Gardona, Castello di– 17 Cc
Gardoncino [BS] 41 Fa
Gardone Riviera [BS] 27 Ed
Gardone Val Trómpia [BS] 27 BCc
Gardosu, Rio su– 185 Ed
Gardu, Nuraghe su– 185 Ed
Garedo / Gereuth [BZ] 3 Cc
Garella di Fondo Isola [BI] 37 Dab
Gares [BL] 17 Ac
Garéssio [CN] 61 Dc
Garessio 2000 [CN] 61 Cc
Garfagnana 75 Ba
Garga, Fiume– 145 Eb
Gargagnago [VR] 43 Bab
Gargallo [MO] 55 Cc
Gargallo [NO] 23 Fc
Gargalupo, Monte– 169 Bcb
Gargani [NA] 121 Ad
Gargano, Parco Nazionale del– 115 Cc
Gargano, Promontorio del– 115 Cc
Gargano Blu, Residence– [FG] 115 Bb
Gargaruso, Monte– 131 Ad
Gargazon / Gargazzone [BZ] 3 Bd
Gargazzone / Gargazon [BZ] 3 Bd
Gargioli, Cozzo– 169 Ca
Gargnano [BS] 27 Fc
Gargonza [AR] 83 DEc
Gari, Fiume– 119 Ca
Garibaldi, Monumento a– 155 Cc
Garibaldi, Tomba di– 179 Db
Garibaldi Giuseppe, Case di– 179 Db
Gariga [PC] 53 ABb
Garigliano, Fiume– 119 Bb
Garigliano, Monte– 151 Bc
Garisi [PA] 171 Cb
Garlasco [PV] 39 Bc
Garlate [LC] 25 Ec
Garlate, Lago di– 25 Ec
Garlenda [SV] 71 Fa
Garliano [AR] 77 Cc
Garna [BL] 17 Dd
Garnier [TO] 47 Db
Garniga Terme [TN] 29 Bab
Garófali [CE] 119 Cb
Garófali, Piano– 173 Bd
Garófalo [RO] 57 Bb
Garófano [MO] 67 Cb
Garolda [MN] 43 Bd
Garoppi [AL] 37 Dd
Garrano [TE] 97 Dc
Garriano [AL] 37 Ed
Garrufo [TE] 97 Dc
Garrufo [TE] 97 Db
Garulla Inferiore [FM] 97 Ad
Garza, Torrente– 27 Cd

Garzaia di Carisio, Riserva Naturale della– 37 Db
Garzaia di Villarboit, Riserva Naturale della– 37 Db
Garzano [CE] 119 Db
Garzara [RO] 57 Bb
Garzeno [CO] 11 Dd
Garziere [VI] 29 Dc
Garzigliana [TO] 47 Fbc
Garzirola, Monte– 11 Cd
Garzonè, Lago– 13 Fd
Gasoru, Nuraghe– 193 Cb
Gaspanella [RG] 175 Cbc
Gasperina [CZ] 153 Fb
Gasponi [VV] 153 Bc
Gassano [MS] 65 Dc
Gássino Torinese [TO] 37 Ad
Gassl [BZ] 3 Gc
Gastea, Monte– 189 Cd
Gasteig / Casateia [BZ] 3 Cb
Gastra [AR] 77 Bcd
Gatta [RE] 65 Fb
Gattáia [FI] 77 Ab
Gattano, Torrente– 175 Eb
Gattara [RN] 77 Cc
Gattático [RE] 53 Fc
Gatteo [FC] 77 Gc
Gatteo a Mare [FC] 69 Fcd
Gattera [VC] 23 Dc
Gáttico [NO] 23 Fc
Gattina, Monte la– 143 Aa
Gattinara [VC] 23 Ed
Gatto, Scoglio del– 89 Aa
Gattolino [CF] 39 Fbc
Gattolino [FC] 69 Ecd
Gattorna [GE] 63 DEb
Gattuccio [AN] 87 Ab
Gaude / Flading [BZ] 3 Bb
Gaudello [NA] 119 Fd
Gaudiano [PZ] 123 Dc
Gáuna [TO] 37 Ab
Gauro [SA] 129 Cb
Gavardo [BS] 27 Dd
Gavarno [BG] 25 Gc
Gavasa, Monte– 51 Dc
Gavaseto [BO] 55 Fc
Gavassa [RE] 55 Bc
Gavasseto [RE] 55 ABd
Gavaz [BL] 17 Bb
Gavazzana [AL] 51 Cc
Gavazzo [PR] 65 Fa
Gavelle [VI] 29 Eb
Gavelli [PG] 95 Cc
Gavello [FE] 55 Eb
Gavello [MO] 55 DEb
Gavello [RO] 57 Cab
Gavénola [IM] 71 Ea
Gaverina Terme [BG] 27 Ac
Gavet, Monte– 11 Gd
Gavi [AL] 51 Bc
Gavi [PC] 51 Fc
Gavi, Isola di– 117 ins.a
Gavi, Monte– 51 Fc
Gávia, Monte– 13 Db
Gavignano [AR] 83 Db
Gavignano [RI] 101 Ec
Gavignano [ROMA] 109 Cc
Gavignano [SI] 83 Ab
Gavigno [PO] 75 Ea
Gaville [AN] 85 Eb
Gaville [FI] 83 Ca
Gavin, Bec– 21 Fcd
Gavinana [PT] 75 Ca
Gavirate [VA] 23 Gb
Gaviserri [AR] 77 Cc
Gavoi [NU] 189 Cbc
Gavonata [AL] 49 Gc
Gavorrano [GR] 91 Db
Gavorrano, Parco Minerario Naturalistico– 91 Db
Gazoldo degli Ippoliti [MN] 41 Fc
Gazza, Monte– 29 Aa
Gazzada Schianno [VA] 25 Bc
Gazzane [BS] 27 Dd
Gazzane [BS] 27 Ad
Gazzaniga [BG] 27 Ac
Gazzano [RE] 65 Fc
Gazzaro [RE] 53 Fc
Gazzaro, Monte– 75 Fab
Gazzata [RE] 55 Bc
Gazzelli [IM] 71 Fa
Gazzena [CT] 173 DEb
Gazzi [ME] 155 Abc
Gazzo [GE] 63 ABb
Gazzo [IM] 71 Ea
Gazzo [MN] 43 Bc

Gazzo [MN] 43 Bd
Gazzo [PD] 29 Fd
Gazzo [PR] 53 Bcd
Gazzo [SV] 61 Dd
Gazzo [VR] 43 Cb
Gazzola [PC] 51 Gb
Gazzoli [PC] 51 Fb
Gazzoli [VR] 43 Aa
Gazzolo [AL] 51 BCab
Gazzolo [CR] 41 Dd
Gazzolo [GE] 63 Cab
Gazzolo [RE] 65 Eb
Gazzolo [VR] 43 Db
Gazzo Veronese [VR] 43 Cd
Gazzuoli [MN] 41 Cc
Gazzuolo [MN] 55 Aa
Gebbo [VB] 9 Dc
Geddai, Rio de- 189 Dd
Geisler Gruppe / Le Odle 3 Ed
Gela [CL] 175 Eb
Gela, Piana di- 175 EFbc
Gelagna Alta [MC] 95 Ea
Gelagna Bassa [MC] 95 Fa
Gelas, Cima del- 71 Ba
Gelati, Lago- 13 Dd
Gelato, Lago- [TN] 13 Fc
Gelato, Lago- [TO] 35 Fb
Gelé, Mont- 21 Eb
Gello [AR] 77 Dc
Gello [AR] 83 Fa
Gello [AR] 83 Fab
Gello [PI] 73 Fc
Gello [PI] 81 Ec
Gello [PI] 81 Ea
Gello [PI] 81 Da
Gello [PT] 75 Db
Gello Biscardo [AR] 83 Ea
Gello Mattaccino [PI] 81 Dab
Gelo, Serra del- 153 Ec
Gelsa [PT] 75 Cc
Gelsari, Bonifica- 173 Dd
Gelso [ME] 165 Db
Gelsomini, Costa dei-
155 Dd
Gemella Occidentale, Testa-
(Westlicher Zwillingkopf)
5 Ba
Gemelli, Laghi- 25 Gb
Gemelli, Monte- 77 Cc
Gemerello [TO] 47 Fc
Gémini [LE] 139 DEc
Gemini, Isole- 89 Cc
Gemmano [RN] 79 Bb
Gemonio [VA] 23 Gb
Genazzano [ROMA] 109 Bc
Gene Alta [BL] 17 Bc
Genepreto [PC] 51 Fb
Generale, Pizzo- 169 Ec
Generoso, Monte- 25 Cb
Genestrello [PV] 51 Dab
Genga [AN] 87 Ab
Geni, Rio di- 191 Fc
Génis, Monte- 193 Cd
Genivolta [CR] 41 Bc
Genna Arredelu 189 BCd
Genna Corte, Nuraghe-
189 Bd
Genna Limpia, Monte- 191 Dc
Gennamari [VS] 191 Ccd
Genna Maria, Nuraghe-
191 Fc
Gennargentu, Monti del-
189 Cc
Genn'Argiolas 193 Dd
Genna Rugi, Monte- 189 Dd
Genna Spina 191 Eb
Genna Tres Montis 193 Cc
Genniomus [CA] 195 Ec
Genola [CN] 49 ABd
Genoni [OR] 193 Bb
Gènova [GE] 63 Db
Genova [SO] 11 Fc
Genovese, Grotta del- 157 Ac
Gentersberg / Masi, Monte
dei- 3 Cc
Genuardo, Monte- 169 Bab
Genuri [VS] 191 Fb
Genzana, Monte- 111 Cb
Genzano [AQ] 103 Dbc
Genzano di Lucánia [PZ]
131 Dab
Genzano di Lucánia, Lago
di- 131 Da
Genzano di Roma [ROMA]
107 Gc

Genziana, Monte- 189 Dc
Genzone [PV] 39 DEcd
Geo [GE] 63 Cb
Geo Chavez, Cippo a- 23 Da
Geoworld Park 19 Dd
Gepatschhaus [A] 1 Fb
Geppa [PG] 95 DEc
Gera, Torrente- 27 Bb
Gerace [RC] 155 Eb
Gerace, Fiumara- 155 Eb
Gerace, Monte- 171 Dc
Geracello [EN] 171 Dc
Geraci Sículo [PA] 161 Bcd
Gera Lário [CO] 11 Ecd
Gerano [ROMA] 109 Cb
Gerba [AT] 49 EFb
Gerbi [CN] 61 Ab
Gérbidi [VC] 37 Cc
Gérbido [PC] 53 Ba
Gerbido [TO] 49 Aa
Gérbido di Costagrande
[TO] 47 Eb
Gerbini [CT] 173 Bc
Gerbo [CN] 61 ABa
Gérbola [CN] 61 Aa
Gérbola [CN] 47 FGd
Gerbonte, Monte- 71 Dab
Gérchia [PN] 19 Ac
Geremeás [CA] 197 Db
Gerenzago [PV] 39 Ec
Gerenzano [VA] 25 Cd
Gereuth / Garedo [BZ] 3 Dc
Gerfalco [GR] 81 Fd
Gergei [CA] 193 Bb
Gericómio [ROMA] 109 Bb
Gerione, Ruderi di- 113 Dc
Gerlo, Pizzo- 11 Gd
Gerlotto [AL] 51 Ab
Germagnano [TO] 35 Fc
Germagno [VB] 23 Eb
Germanasca, Torrente- 47 Db
Germanedo [LC] 25 Eb
Germaneto [CZ] 151 Bd
Germano [CS] 151 BCb
Germásino [CO] 11 Dd
Germignaga [VA] 23 Gab
Gerniero, Monte- 141 Ea
Gerocarne [VV] 153 CDc
Gerola Alta [SO] 25 Fa
Gerolanuova [BS] 41 Cb
Geroli [TN] 29 BCb
Gerosa [BG] 25 Fb
Gerosa, Lago di- 97 Bb
Gerre Basse [LO] 41 Ad
Gerre de' Capriolli [CR] 41 Cd
Gerrei 193 Dc
Gerrone [LO] 41 Ad
Gésico [CA] 193 Bc
Gessate [MI] 25 Ed
Gessi [AT] 49 Ea
Gessi Bolognesi e Calanchi
dell'Abbadessa, Parco
Regionale dei- 67 Cb
Gesso [AP] 97 Bb
Gesso [BO] 67 FGc
Gesso [BO] 67 Eb
Gesso [ME] 163 Da
Gesso [PU] 79 Bb
Gesso, Torrente- 61 Ab
Gesso Barra, Torrente- 59 Fc
Gesso della Valletta,
Torrente- 59 Fc
Gessopalena [CH] 105 Dd
Gésturi [VS] 193 Bb
Gésturi, Giara di- 191 Fb
Gesualdo [AV] 121 Dcd
Gesuiti [CS] 149 Cab
Getrumjoch / Ghetruna,
Cima- 3 Cc
Gettina, Bric- 61 Ec
Getzemberg / Monghezzo
[BZ] 3 Ec
Gfrill / Caprile [BZ] 15 Ba
Gfrill / Cauría [BZ] 15 Cc
Ghedi [BS] 41 Db
Ghemme [NO] 23 Ed
Gherardi [FE] 57 Cc
Gherba [AT] 49 Gb
Gherghenzano [BO] 55 Fc
Gherra, Monte- 183 Dc
Ghértele [VI] 29 Db
Ghetruna, Cima- /
Getrumjoch 3 Cc
Ghetto [MO] 55 CDb
Ghetto [SI] 83 Bc
Ghetto [TV] 31 Cd
Giarabassa [PD] 29 Fd
Giardina Gallotti [AG]
169 CDcd

Ghévio [NO] 23 Fc
Ghez, Cima di- 15 Ad
Ghezzano [PI] 73 Fc
Ghezzi [AL] 51 Bb
Ghiáia, Fosso- 69 Eb
Ghiáie [PV] 39 Bd
Ghiandone, Torrente- 47 Fc
Ghiara [PR] 53 Eb
Ghiare [AT] 49 Fc
Ghiare [PR] 65 Ca
Ghiare [PR] 53 Ec
Ghiarole [RE] 53 Fb
Ghiaroni [BO] 57 Ad
Ghibullo [RA] 69 Db
Ghiffa [VB] 23 Fb
Ghiffi, Monte- 63 Fb
Ghigliani [CN] 61 Cb
Ghigo [TO] 47 Db
Ghilarza [OR] 187 Ec
Ghinghetta, Scoglio la-
195 Cb
Ghinivert, Bric- 47 Cb
Ghirano [PN] 31 Eb
Ghirardi, Oasi dei- 65 ABa
Ghirla [VA] 25 Ab
Ghirla, Lago di- 25 Ab
Ghirlanda [GR] 81 Fd
Ghisalba [BG] 25 Gd
Ghisiolo [MN] 43 Bc
Ghisione [MN] 55 Dab
Ghislarengo [VC] 37 Ea
Ghisola [CN] 47 Ec
Ghivizzano [LU] 75 Ba
Ghizzano [PI] 81 Ea
Ghizzole [VI] 43 Fb
Ghorío [RC] 155 Cc
Giacalone [PA] 159 Bb
Giacciano [RO] 55 Fa
Giacciano con Baruchella
[RO] 55 Fa
Giachidolzos, Nodu- 185 Cb
Giacomo, Colle di- 113 Ce
Giacopiane, Lago di- 63 Fb
Giada, Parco Zoo- 143 Ab
Giafaglione, Monte- 169 Cc
Giafante, Scoglio- 165 Ba
Giaggiolo [FC] 77 Ea
Giaglione [TO] 35 CDd
Giagu Cuppone, Punta-
185 Db
Giai [VE] 31 Fc
Giai [VE] 31 EFc
Gíáia [PA] 161 Bd
Giaiette [GE] 63 Fb
Giáis [PN] 17 Ed
Gialin, Punta- 35 Fab
Giallonardo [BN] 121 ABb
Giambói, Monte- 157 CDb
Giammaria, Monte- 159 Bd
Giammartino [TE] 97 Ec
Giammoro [ME] 163 Cca
Giamosa [BL] 17 BCd
Giampereta [AR] 77 Dc
Giampereto [MC] 97 Ab
Giampilieri Marina [ME]
163 Db
Giampilieri Superiore [ME]
163 Db
Giandeto [RE] 65 Gab
Gianforma [RG] 177 Cc
Giangianese, Monte- 169 Ea
Giani, Monte- 129 Fb
Giánico [BS] 27 BCb
Gianicolense [ROMA] 107 Eb
Giannecchia Grande [BR]
133 Gb
Giannella [GR] 99 BCb
Giannella, Tombolo della-
99 Cb
Giannone [PI] 73 Fc
Giannutri, Isola di- 99 Bc
Giano, Monte- [PU] 85 Da
Giano, Monte- [RI] 103 Bb
Giano dell'Úmbria [PG] 95 Cc
Giánola del Monte di Scauri,
Parco Suburbano- 119 Bb
Gianoli [CN] 49 Cb
Gianotti [TO] 35 Gc
Giano Vetusto [CE] 119 Eb
Gian Villanova [BL] 17 Cd
Giara [VR] 43 Db
Giara, sa- 195 Dc

Giardinelli, Isola- 179 Db
Giardinelli, Torre- [RG]
177 Bd
Giardinello [PA] 159 Ab
Giardinello [PA] 159 Cd
Giardinello, Punta- 159 Bb
Giardinetto [FG] 121 FBb
Giardini [SI] 93 Ba
Giardini–Náxos [ME] 163 Cd
Giardino [BO] 69 Bb
Giardino Buonaccorsi [MC]
87 Fbc
Giardonda, Monte- 65 Dc
Giardone, Nuraghe- 197 Dc
Giardoni [BN] 119 Fc
Giare [VC] 23 Dc
Giare [VR] 29 Ad
Giarella [AL] 51 CDb
Giarette [RO] 57 Fb
Giarola [PR] 53 DEc
Giarola [RE] 65 Eb
Giarole [AL] 49 Ga
Giarola [AL] 51 Dc
Giarolo, Monte- 51 Dc
Giaroni [BL] 29 Fc
Giarratana [RG] 177 Cb
Giarre [CT] 173 DEa
Gias d'Ischietto [CN] 59 Fc
Giássico [GO] 33 Db
Gias Vei 59 Ec
Giave [SS] 183 Ed
Giavenale [VI] 29 Dc
Giaveno [TO] 47 EFa
Giávera del Montello [TV]
31 BCc
Giavino, Monte- 35 Gab
Giavone [VR] 43 DEc
Giavons [UD] 19 Bd
Giazza [VR] 29 Bd
Giazzera [TN] 29 Bb
Giba [CI] 195 Dc
Gibas, Castello- 193 Ed
Gibbesi, Torrente- 171 Bc
Gibbesi Nuovo [AG] 171 Bd
Gibbesi Vecchio [AG] 171 Bd
Gibelè, Monte- 167 ins.a
Gibellina [TP] 157 Ed
Gibellina, Fiume di- 169 Ec
Gibellina, Monti di- 157 Dd
Gibellina, Ruderi di- 157 Ed
Gibilforni, Monte- 159 Bb
Gibil Gabel, Monte- 171 Cc
Gibilmesi, Monte- 159 Bb
Gibilrossa [PA] 159 Cb
Gidolo, Rio- 193 Eb
Giezza, Pizzo- 9 Cc
Gifflenga [BI] 37 Dab
Giffone [RC] 153 CDd
Giffoni Sei Casali [SA]
129 Cb
Giffoni Valle Piana [SA]
129 Cb
Gigante, Dente del- 21 Bbc
Giganti, Tomba dei- 189 Dc
Gigliana [MS] 65 Cc
Giglio, Borro del- 83 Da
Giglio, Isola del- 99 ins.a
Giglio Campese [GR]
99 ins.a
Giglio Castello [GR] 99 ins.a
Gigliola [FE] 57 Eb
Gigliola [FI] 83 Aa
Giglio Porto [GR] 99 ins.a
Gignese [VB] 23 Fb
Gignod [AO] 21 Dc
Gilba [CN] 47 Fd
Gilba, Torrente- 47 Fd
Gildone [CB] 113 Cd
Gildone, Monte di- 113 Ce
Gimello [ME] 163 Db
Gimigliano [AP] 97 Cb
Gimigliano [CZ] 151 Bd
Gimillian [AO] 21 DEd
Gimont, Monte- 47 Bb
Ginepreto [RE] 65 Fb
Ginepri [TE] 97 Cd
Ginepro, Monte- 109 Ec
Ginèr, Cima- 13 Fc
Ginestra [PZ] 123 Cd
Ginestra [RI] 101 Fcc
Ginestra, Torrente- 121 Db
Ginestra degli Schiavoni [BN]
121 Db
Ginestra Fiorentina [FI] 75 Ec
Ginestreto [FC] 77 Fb
Ginestreto [PU] 79 Cc

Ginestreto [SI] 83 Bc
Ginestro [SV] 71 Fab
Ginezzo, Monte- 85 Ac
Ginnircu, Punta- 189 Cc
Ginosa [TA] 133 Cc
Ginostra [ME] 165 ins.b
Giocondo, Castel- [SI] 93 Aa
Giogo, Monte del- 65 Dc
Giogo Alto / Hohes Joch 1 Dc
Giogo di Villore, Monte-
77 Bb
Giògoli [FI] 75 Fc
Gioi [SA] 141 Ca
Gioia, Piana di- 153 Bc
Gioia dei Marsi [AQ] 111 Bb
Gioia del Colle [BA] 133 Db
Gióia Sannitica [CE] 119 Fb
Gióia Tauro [RC] 153 Bcd
Gioia Vecchio [AQ] 111 Bb
Gioiella [PG] 83 Fd
Gioiello [PG] 85 Bb
Gioiosa Guardia, Castello
di- 195 Ec
Gioiosa Iónica [RC] 155 Eb
Gioiosa Marea [ME] 163 Aab
Gioiosa Vecchia 163 Ab
Gioiotti [BA] 161 Bd
Giolve, Nuraghe- 183 Ed
Giómici [PG] 85 Dc
Giona [AR] 77 Dc
Giona, Torrente- 9 Gd
Gióncoli [SA] 141 Ea
Gionghi [TN] 29 Cb
Gionzana [NO] 37 Fb
Giordano, Monte- 59 Db
Giorgino [CA] 197 Bb
Giorgio [BT] 123 Ec
Giornico [Svizz.] 11 Bb
Giovecca [RA] 69 Ca
Giovenco, Fiume- 111 Ba
Giovenzano [PV] 39 Cc
Gioveretto, Lago di- /
Zufrittsee 13 Fb
Gioveretto / Zufritt-Spitze
13 Fab
Giovetti, Monti- 61 Dc
Giovi [AR] 83 EFa
Giovi [GE] 63 Ca
Giovi, Monte- 77 Ab
Gioviano [LU] 75 Bab
Giovinazzo [BA] 125 BCab
Giovo [TN] 15 Bcd
Giovo, Monte- 75 Ba
Gioz [BL] 17 BCcd
Giralba [BL] 17 Da
Girard, Punta- 35 DEb
Girardi [ROMA] 101 Ed
Girasole [OG] 189 EFd
Girgenti [RI] 103 Bc
Girifalco [CZ] 153 Eb
Girifalco [TA] 133 Cd
Girini [SV] 61 EFb
Girlan / Cornaiano [BZ] 15 Cb
Girola [AP] 87 Db
Girone, Monte- 77 CDab
Girónico [CO] 25 Cc
Girónico al Monte [CO] 25 Cc
Girónico al Piano [CO] 25 Cc
Gisira Grande [SR] 177 Dcd
Gisira Pagana [RG] 177 Dc
Gisola [TO] 35 Fc
Gissi [CH] 113 Bab
Giuann Anghelu, Punta-
185 Cb
Giubiasco [Svizz.] 11 Ccd
Giúdica, Cozzo- 171 Bc
Giudice Giorgio [LE] 139 Ca

Giuerri Mannu, Nuraghe-
191 Fb
Giuggianello [LE] 139 Fb
Giugliano in Campania [NA]
119 Ed
Giúgnola [FI] 67 Fc
Giulfo, Monte- 171 Fd
Giuliana [PA] 169 Bab
Giuliana [LT] 109 Bc
Giulianello, Lago di- 109 Cc
Giulianello, Masseria- [TA]
133 Cc
Giuliani [AL] 61 Fa
Giuliani [NA] 127 Ca
Giuliano [LE] 139 Ec
Giuliano [PZ] 131 Bb
Giuliano di Roma [FR]
109 Cd
Giuliano Teatino [CH] 105 Dc
Giulianova [TE] 97 Ec
Giulianova Lido [TE] 97 Ec
Giulio, Ponte- 93 Ec
Giuliópoli [CH] 111 EFb
Giulis, Rio- 27 Cc
Giulo, Monte di- 95 Eab
Giumarra [CT] 173 Ac
Giumenta, Serra della-
147 Ad
Giumenta, Serra la- 141 Ea
Giummello, Pizzo- 169 Ed
Giuncana [SS] 181 Fc
Giuncana, Monte- 179 Bc
Giuncano Scalo [TR] 95 Cd
Giuncárico [GR] 91 Db
Giuncugnano [LU] 65 Ec
Giungano [SA] 129 Cb
Giunturas, Rio- 181 Fd
Giurdignano [LE] 139 Fc
Giussago [PV] 39 Cc
Giussago [VE] 33 Ac
Giussano [MB] 25 Dc
Giussin [TV] 31 Bb
Giusténice [SV] 61 Ecd
Giustimana [AP] 97 Bc
Giustino [TN] 13 Fd
Giusto, Monte- 117 Eb
Giusvalla [SV] 61 Fb
Giuvigiana, Monte- 77 Aab
Givigliana [UD] 17 FGa
Givoletto [TO] 35 Fcd
Gizio, Fiume- 105 Dca
Gizzeria [CZ] 149 Dd
Gizzeria Lido [CZ] 149 Dd
Glacier [AO] 21 Db
Glacier, Monte- 21 Fd
Glaciers, Aiguille des- 21 Ac
Glaunicco [UD] 33 Ab
Gleck / Colecchio 13 Fb
Gleises [TO] 35 Ab
Glen / Gleno [BZ] 15 Cc
Gleno, Monte- 27 Ba
Gleno / Glen [BZ] 15 Cc
Glera [PN] 17 Ed
Gleris [PN] 33 Ab
Gliáca [ME] 163 Aab
Glochenkar–Korpf (Vetta
d'Italia) 5 ABa
Glorenza / Glurns [BZ] 1 Dcd
Glori [IM] 71 Eb
Gloriani [CE] 119 Db
Glórie [RA] 69 Db
Glurns / Glorenza [BZ] 1 Dcd
Glüschaint, Piz- 13 Ab
Glüschaint, Punta- 13 Ab
Gnifetti, Punta- 23 Bb
Gnignano [MI] 39 Dc
Gniva [UD] 19 Cb
Gnocca [RO] 57 EFb
Gnocchetta [RO] 57 Fb
Gnocchetto [AL] 63 ABa
Goau, Nuraghe- 187 Dd
Gobbera [TN] 15 Fd
Gocéano 185 Bd
Gocéano, Catena del- 185 Bd
Gódega di Sant'Urbano [TV]
31 Db
Godenella [VI] 29 EFb
Godezza [RE] 53 FGb
Godi [PC] 53 Bb
Godi, Monte- 111 Cb
Gódia [UD] 19 Cd
Godiasco [PV] 51 Db
Godo [RA] 69 Db
Godrano [PA] 159 Cc
Göflan / Covelano [BZ] 1 Ed
Goggianello [BO] 69 Bc
Góglio [VB] 9 Cc

Gogna, Torrente- 105 Ed
Gognano [RO] 57 Bab
Góido [PV] 39 Ad
Goillet, Lago- 21 Gb
Góito [MN] 41 FGc
Gola / Im Loch [BZ] 3 Dd
Gola del Furlo, Riserva Naturale Statale- 79 Cd
Gola della Rossa e di Frasassi, Parco della- 85 Fb
Golasecca [VA] 23 Fc
Golaso [PR] 53 Cc
Goldrain / Coldrano [BZ] 1 Ed
Gole del Raganello, Riserva Naturale- 143 Dc
Gole del Sagittario, Riserva Naturale- 111 Bb
Gole del Salinello, Riserva Naturale- 97 Cc
Gole di San Venanzio, Riserva Naturale- 103 Fd
Golena del Po, Parco della- 53 Da
Golette Sottana [CN] 59 Ec
Golferenzo [PV] 51 Eb
Golfo, Villaggio del- [CZ] 149 Cc
Golfo Aránci [OT] 179 Ed
Golfo di Orosei e del Gennargentu, Parco Nazionale del- 189 Dc
Golgo, Altopiano su- 189 Fc
Golia, Timpone- 147 Bd
Golometto [GO] 33 DEc
Gomagoi [BZ] 1 Dd
Gomarolo [VI] 29 Ec
Gómbio [BS] 27 Bcd
Gómbio [RE] 65 Fab
Gombion [VR] 43 Cb
Gombitelli [LU] 73 Fb
Gómbito [CR] 41 Ac
Gombo [PI] 73 Ec
Gomito, Monte- 75 Ba
Gommalandia 117 Ca
Gona [CT] 163 Cd
Gonars [UD] 33 Cb
Gondo [Svizz.] 9 Cc
Gonella [AT] 49 Db
Gonengo [AT] 37 Bd
Goni [CA] 193 Cc
Goni, Nuraghe- 193 Cc
Gonnesa [CI] 195 Cb
Gonnoscodina [OR] 191 Eb
Gonnosfanádiga [VS] 191 Dd
Gonnosnò [OR] 191 Fb
Gonnostramatza [OR] 191 Eb
Gonte [VB] 23 FGab
Gonzaga [MN] 55 Bb
Gonzagone [MN] 55 Bab
Goppenstein [Svizz.] 9 Ab
Goraiolo [PT] 75 Cb
Gorasco [MS] 65 Dc
Gordana, Torrente- 65 Cb
Gordena [AL] 51 Dd
Gordona [SO] 11 Ec
Gordona, Sasso- 25 Cb
Gorfigliano [LU] 73 Ea
Gorga [ROMA] 109 Ccd
Gorga [SA] 141 Ca
Gorgacce, Monte delle- 85 Bb
Gorghi Tondi 167 Cb
Górgia Cagna, Cima- 59 Ec
Górgiti [AR] 83 Da
Gorgo [FE] 57 Ac
Gorgo [LI] 81 Cb
Gorgo [MN] 55 Ca
Gorgo [PD] 45 Bc
Gorgo [UD] 33 Bc
Gorgo [VE] 33 Ac
Gorgo, Laghetto- 169 Bc
Gorgo al Monticano [TV] 31 Ec
Gorgo Cerbara [PU] 85 Da
Gorgo dei Molini [TV] 31 Ec
Gorgo della Chiesa [TV] 31 Ec
Gorgofreddo [BA] 125 Fc
Gorgoglione [MT] 131 Dd
Gorgoglione, Fiume- 131 Dd
Gorgoglione, Monte- 109 Cd
Gorgognano [BO] 67 Fb
Gorgognola [BR] 135 Bb
Gorgona, Isola di- 81 ins.a
Gorgona Scalo [LI] 81 ins.a
Gorgonzola [MI] 39 Eab
Gorgo Secco, Monte- 163 Ac
Gorgusello [VR] 29 Ad
Goria [CN] 59 Da
Goriano Sicoli [AQ] 103 Fd
Goriano Valli [AQ] 103 Fc
Goricizza [UD] 33 Ab
Gorino Ferrarese [FE] 57 EFc
Gorino Sullam [FE] 57 EFc
Gorino Véneto [RO] 57 EFc
Gorisi [RE] 55 Bb
Gorizia [GO] 33 Eb
Gorizzo [UD] 33 Ab
Gorjansko [SLO] 33 Fc
Gorlago [BG] 27 Acd
Gorla Maggiore [VA] 25 Bd
Gorla Minore [VA] 25 Bd
Gorle [BG] 25 Gc
Gornalunga, Fiume- 173 Cc
Gornalunga, Lago- 173 Dc
Gornate Olona [VA] 25 Bc
Gornide [BZ] 3 Bc
Gorno [BG] 25 Gb
Goro [FE] 57 Ebc
Goro, Sacca di- 57 Ec
Gorolo [FC] 77 Ga
Gorra [CN] 61 Bab
Gorra [SV] 61 Ec
Gorra [TO] 49 Bb
Gorré [CN] 59 Fb
Gorrei, Bec dei- 61 Ga
Gorreto [GE] 51 Ed
Gorrino [CN] 61 Ea
Gorro [PR] 65 Cab
Gorropis, Nuraghe- 185 Fc
Gortomedda, Punta- 185 Ec
Gorzano [AT] 49 Db
Gorzano [MO] 55 Dc
Gorzano [MO] 67 Cab
Gorzano [PR] 53 Dc
Gorzano, Monte- 97 Bd
Gorzegno [CN] 61 Dab
Gorzone [BS] 27 BCb
Gorzone, Canale- 57 Ea
Gosaldo [BL] 17 Ac
Gossensaß / Colle Isarco [BZ] 3 Cb
Gossolengo [PC] 53 Aab
Gotra [PR] 65 Bb
Gotra, Torrente- 65 Bb
Gottano [RE] 65 Eb
Gottasecca [CN] 61 DEb
Gottero, Monte- 65 ABb
Gottolengo [BS] 41 Dc
Gottro [CO] 25 CDa
Goûter, Dôme du- 21 Bbc
Goutier [TO] 35 Bd
Gova [RE] 65 FGb
Govérnolo [MN] 43 Bd
Góvine [BS] 27 Bc
Govone [CN] 49 Dc
Govoni [CN] 61 Cb
Govossai, Lago- 189 Cc
Gozzano [NO] 23 Ec
Gozzi [VB] 23 Dab
Gozzolette [BS] 41 Cc
Gozzolina [MN] 41 Ebc
Grabellu, Punta su- 185 Ed
Grabiasca [BG] 27 Aab
Gracciano [SI] 83 Ed
Gracciano dell'Elsa [SI] 83 Ab
Grächen [Svizz.] 9 Bc
Gradara [PU] 79 Cb
Gradara, Monte- 159 Bb
Gradaro [MN] 43 Bd
Gradec 19 Dc
Gradella [CR] 39 Fb
Gradesella [SO] 11 Ec
Gradisca [PN] 33 Aa
Gradisca [UD] 33 Ab
Gradisca, Monte- 23 Ga
Gradisca d'Isonzo [GO] 33 Db
Gradiscutta [UD] 33 Ab
Gradizza [FE] 57 Bb
Grado [GO] 33 Dcd
Grado-Pineta [GO] 33 Dc
Grado, Laguna di- 33 Cc
Grádoli [VT] 93 Dd
Graffignana [LO] 39 Ec
Graffignano [VT] 101 Ca
Grágia [BI] 23 Bd
Grágia Piana [VB] 23 Fb
Gráglio [VA] 9 Gd
Gragnana [LU] 65 Ec
Gragnana [MS] 73 Da
Gragnanino [PC] 51 Ga
Gragnano [AR] 85 Aa
Gragnano [LU] 75 Bb
Gragnano [NA] 127 Fb
Gragnano, Monte di- 85 Cab
Gragnano Trébbiense [PC] 51 Gab
Gragnola [MS] 65 Dc
Grahovo [SLO] 19 FGd
Grahspitze / Grava, Cima- 3 Db
Grai, Monte- 71 CDab
Graiana [PR] 65 Db
Graines [AO] 21 Gc
Graines, Castello di- 21 Gc
Gramignana [CR] 41 Ac
Gramignazzo [PR] 53 Eb
Gramizza, Torrente- 63 Fa
Gramizzola [PC] 51 Ed
Grammatica [PR] 65 Db
Grammichele [CT] 173 Ad
Grammondo, Monte- 71 Cb
Gramolazzo [LU] 65 Ed
Grampa [VC] 23 Cc
Gramugnana [PI] 81 Da
Grana [AT] 49 Eab
Grana, Torrente- [AL] 49 Fb
Grana, Torrente- [CN] 49 Bc
Grana, Torrente- [CN] 47 Fc
Granaglione [BO] 75 Da
Granaiola [LU] 75 Bab
Granaiolo [FI] 75 Dd
Granaione [GR] 91 Fc
Granali [MC] 87 Cc
Granare [BO] 69 Ab
Granarola [PU] 79 Cb
Granarolo [RA] 69 Cb
Granarolo dell'Emilia [BO] 67 Fa
Granarone [RO] 55 Fa
Granata [CS] 145 Bb
Granate, Corno delle- 13 Dd
Granatello [TP] 157 Cc
Granato, Cozzo- 147 Cd
Granato, Pizzo- 53 Ad
Gran Bosco di Salbertrand, Parco Naturale del- 35 Cd
Gran Brissogne [AO] 21 Ec
Grancare [VI] 43 Fb
Gran Cemetta 21 Gb
Grancetta [AN] 87 Da
Gráncia [GR] 91 Ec
Grancia, Parco Storico- Ambientale della- 131 Cc
Grancona [VI] 43 Eb
Grand Assaly 21 Bd
Grandate [CO] 25 Cc
Grand-Croix [Fr.] 35 Cc
Grande, Bocca- 127 Cc
Grande, Cava- [SR] 177 Dc
Grande, Cava- [SR] 177 Eb
Grande, Cava- [SR] 177 Ec
Grande, Col- 17 Dd
Grande, Croda- 17 Ac
Grande, Fiume- 157 Dd
Grande, Fosso- 87 Cc
Grande, Isola- [LE] 139 Ca
Grande, Isola- [TP] 157 Bc
Grande, Lago- [BL] 5 Ad
Grande, Lago- [TO] 35 Fd
Grande, Lago- / Großer See 3 Db
Grande, Montagna- [AQ] 111 Bb
Grande, Montagna- [ME] 163 Cc
Grande, Montagna- [TP] 167 ins.a
Grande, Montagna- [TP] 157 Dc
Grande, Monte- [EN] 171 Cc
Grande, Monte- [LT] 117 FGb
Grande, Naviglio- 39 Bb
Grande, Piano- 97 Ac
Grande, Piazza- 61 EFb
Grande, Rio- [Marc.] 79 Ec
Grande, Rio- [PG] 85 Dc
Grande, Rivo- 95 Bd
Grande, Salina- 133 Fd
Grande Aiguille Rousse 35 Db
Grande Aiguillette, La- 47 Dc
Grande Bonifica Ferrarese 57 Cb
Grande di Viso, Lago- 47 Dc
Grande-Golette [AO] 21 Bc
Grande Haury [AO] 21 Cc
Grande Nomenon 21 Dd
Grande o Imera Settentrionale, Fiume- 159 Fc
Grande Rochère, la- 21 Cc
Grande Roise 21 Ecd
Grande Rousse 21 Cd
Grande Sassière 35 Cab
Grandes Autannes, les- 7 Cd
Grandes Jorasses 21 Bb
Grande Traversière 35 Dab
Grand Golliaz 21 Cbc
Grándini, Serra delle- 149 Cb
Grándola ed Uniti [CO] 25 Da
Grand Puy [TO] 47 Ca
Grand Tournalin 21 Gb
Grandubbione [TO] 47 Eb
Granduca, Tomba del- 93 Da
Grand'Ula 35 DEc
Grand Villa [AO] 21 Fc
Granella [VI] 29 Fc
Granero, Monte- 47 Dc
Granerolo [VB] 23 Eb
Gran Faetto [TO] 47 Dab
Grange [TO] 37 Ac
Grange [TO] 35 Gc
Grange Buttigliera [TO] 35 Cd
Grange di Brione [TO] 35 Fd
Grange di Nole [TO] 35 Gc
Granges [TO] 47 Da
Granges la Rho [TO] 35 Bd
Grángia [TO] 35 DEd
Grángia [TO] 35 Fd
Grángia Rocciasone [CN] 59 Db
Grángie [CN] 59 Cb
Grángie [TO] 47 Cab
Grangifone, Torrente- 175 Aa
Granieri [CT] 177 Bb
Granieri [PA] 171 Cab
Granieri, Monte- 153 Ed
Graniga [VB] 9 Dd
Granigo [TV] 31 Ab
Granilia [CT] 171 Fbc
Graniti [ME] 163 Cc
Granítola Torretta [TP] 167 Cb
Gran Lago [AO] 21 Fb
Gran Lago [AO] 21 Fd
Gran Monte 19 Dc
Granozzo [NO] 37 Fb
Granozzo con Monticello [NO] 37 Fb
Gran Paradis / Gran Paradiso 35 Ea
Gran Paradiso 35 Ea
Gran Paradiso, Parco Nazionale del- 35 Eb
Gran Paradiso / Gran Paradis 35 Ea
Gran Pilastro / Hochfeiler 3 Eb
Gran Praz [AO] 23 Bc
Gran Queyron 47 Cbc
Gran San Bernardo, Traforo del- 21 Db
Gran San Pietro 35 Fab
Gran Sasso d'Italia 103 Fb
Gran Sasso d'Italia, Traforo del- 103 Eb
Gran Sasso e Monti della Laga, Parco Nazionale del- 103 Eb
Gran Serra 21 Dd
Grantola [VA] 23 Gb
Grantortino [PD] 43 FGa
Grantorto [PD] 29 Fd
Gran Truc 47 Db
Gran Vaudala 35 Db
Gran Vernel 15 Fb
Granvilla [BL] 17 EFa
Granza [PA] 159 EFd
Granze [PD] 43 Gd
Granze [PD] 43 Ed
Granze [PD] 45 Ac
Granze [RO] 57 Ba
Gran Zebrù / Königsspitze 13 Eb
Granze Frassenelle [PD] 43 Gb
Granzetta [PD] 45 Acd
Granzette [RO] 45 Ad
Grappa, Monte- 29 Fb
Grassa, Monte della- 161 Cd
Grassaga [VE] 31 Ecd
Grassano [MT] 131 Ec
Grássina [FI] 75 Fc
Grasso [BG] 25 Fb
Grassóbbio [BG] 25 Gd
Grassona [VB] 23 Eb
Grasstein / Cave, Le- [BZ] 3 CDc
Gratacásolo [BS] 27 Bb
Graticciara [VT] 99 Db
Graticelle [BS] 27 Cc
Gratosóglio [MI] 39 Db
Grattacoppa [RA] 69 Dab
Gratteri [PA] 159 Fc
Gratteria [CN] 61 Bb
Graun / Corona [BZ] 15 Cc
Graun im Vinschgau / Curon Venosta [BZ] 1 Dc
Gráuno [TN] 15 Cc
Grauson, Monte- 21 Ed
Grauzària [UD] 19 BCb
Grauzária, Creta- 19 BCb
Grava [AL] 51 Bb
Grava, Cima- / Grahspitze 3 Db
Gravagna [MS] 65 Cb
Gravago [PR] 65 Ba
Gravanago [PV] 51 DEb
Grave, Le- 15 Cd
Grave di Papadopoli [TV] 31 CDc
Gravedona [CO] 11 Dd
Gravéglia [GE] 63 Fb
Gravéglia [SP] 65 Bd
Gravéglia, Torrente- 63 Fc
Gravellona Lomellina [PV] 39 Ac
Gravellona Toce [VB] 23 Eb
Gravellone [PV] 39 Ccd
Gravere [TO] 35 Dd
Graves [PN] 19 Acd
Gravina, Villa- [CT] 177 Bab
Gravina di Catania [CT] 173 Db
Gravina di Laterza, Torrente- 133 Cc
Gravina di Matera, Torrente- 133 Cd
Gravina di Picciano, Torrente- 133 Bc
Gravina in Púglia [BA] 131 Fb
Gravinella, Torrente- 133 Cd
Gravisca 99 Fc
Grazia, Villa- [RG] 177 Cd
Graziani [AG] 169 Ec
Grazie [MN] 43 Ad
Grazie, Lago delle- 87 Cc
Grazie, Monte le- 101 Acd
Grazioli [MN] 41 Fbc
Grazioli Própito [MN] 41 Fc
Grazzanise [CE] 119 Dc
Grazzano Badoglio [AT] 49 Ea
Grazzano Visconti [PC] 53 ABb
Grazzi [PV] 51 Fc
Grea [BL] 17 Db
Grécchia [BO] 67 Cc
Grecciano [LI] 81 Ca
Gréccio [RI] 101 Fb
Greci [AV] 121 DEb
Greci [CS] 149 Cc
Greco, Monte- 111 Cc
Grecu, Genna- 189 Bc
Gregassi [AL] 51 Dc
Gréggio [VC] 37 Eb
Gregorio, Monte- 37 Aa
Grello [PG] 85 Ec
Gremi, Monte- 153 Dd
Gremiasco [AL] 51 Dc
Greppi, i- 1 Ccd
Greppo, Villa- [SI] 93 Ba
Greppolischieto [PG] 93 Eb
Gresmatten [AO] 23 Bc
Gressa [AR] 77 Cc
Gressan [AO] 21 Dc
Gressoney-la-Trinité [AO] 23 Ab
Gressoney-Saint-Jean [AO] 23 Bc
Gresti, Castello di- 171 Ec
Gretano, Torrente- 91 Fa
Greti [FI] 83 Ba
Gretta [TS] 33 Fcd
Greve, Fiume- 83 Ba
Greve in Chianti [FI] 83 Ba
Grevo [BS] 13 CDd
Grezzago [MI] 25 Fd
Grezzana [VR] 43 Cab
Grezzano [FI] 75 Gab
Grezzano [VR] 43 Bc
Grezzano, Monte- 65 Bb
Grezzo [PR] 53 Bd
Griante [CO] 25 Dab
Gricciano [FI] 81 Fa
Gricigliana [PO] 75 Eab
Gricignano [AR] 85 Aa
Gricignano [FI] 75 Gb
Gricignano di Aversa [CE] 119 Ed
Gridone 9 Fd
Gries [BZ] 15 CDab
Gries [TN] 15 Fb
Gries, Lago di- / Grießbachsee 3 Ga
Gries am Brenner [A] 3 Ca
Grießbachsee / Gries, Lago di- 3 Ga
Griffoglieto [GE] 51 Cd
Grifone, Monte- 159 Cb
Grifone, Punta di- 35 Ec
Grighini, Monte- 187 Ed
Grigia, Croda- 1 Ec
Grigia, Testa- 23 Ab
Grigna, Torrente- 27 Cb
Grignaghe [BS] 27 Bc
Grigna Meridionale 25 Eb
Grignani [TP] 157 Cd
Grignano [AV] 121 Dc
Grignano [BG] 25 Fd
Grignano [SI] 83 Bab
Grignano [TS] 33 Fc
Grignano di Polésine [RO] 57 Ba
Grignasco [NO] 23 Ec
Grigna Settentrionale 25 Eb
Grigne, Parco Regionale delle- 25 Eb
Grigno [TN] 29 Ea
Grigno, Torrente- 29 Ea
Grillano [AL] 51 Ad
Grillara [RO] 57 Eb
Grillo [PG] 95 Da
Grillo, Colonna di- 83 Dc
Grillo, Pizzo- 11 Ec
Grillo, Timpa del- 161 Cc
Grimacco [UD] 19 Ed
Grimaldi [CS] 149 Dc
Grimaldi [CZ] 151 Bd
Grimaldi [IM] 71 Cc
Grimaldi, Villa- [RG] 177 Cd
Grimentz [Svizz.] 7 Fc
Grimoldo [RC] 155 Bb
Grinzane Cavour [CN] 49 Ccd
Grinzano [CN] 49 Bd
Grion, Cima di- 1 Cc
Grione, Monte- 27 Ac
Grions [UD] 19 Cd
Grions [UD] 33 Aa
Grís [UD] 33 Cb
Grisciano [RI] 97 Ac
Grisì [PA] 157 Fc
Grisignano [FC] 69 Dcd
Grisignano di Zocco [VI] 43 Gb
Griso [VI] 29 Cc
Grisoglio [TO] 37 Cd
Grisolia [CS] 145 BCb
Grispa Nuova [FE] 57 Cb
Gritta, Colla di- 65 Ad
Gritta Nuova, Testa di- 47 Ed
Grivola, la- 21 Dd
Grizzana Morandi [BO] 67 Dc
Grizzo [PN] 17 EFd
Groane, Parco delle- 25 Cd
Grödnerbach / Gardena, Rio- 3 Dd
Grognardo [AL] 49 Fd
Grole [MN] 41 Fb
Gromignana [LU] 75 Ba
Gromo [BG] 27 Ab
Grómola [SA] 129 Cd
Gromo San Marino [BG] 27 Aab
Grompa [PD] 43 Gd
Grompo [RO] 43 Gd
Gron [BL] 17 Bd
Grona [CO] 25 Da
Gronda [MS] 73 Ea
Grondo [VC] 23 Db
Grondo, Torrente- 145 Eb
Gróndola [MS] 65 Cb
Grondona [AL] 51 Cc
Grondone [PC] 51 Fcd
Grone [BG] 27 Ac
Gronlait, Monte- 15 Dd
Grontardo [CR] 41 Cc
Grontorto [CR] 41 Bc
Gropà, Monte- 51 DEc
Grópada [TS] 33 FGd
Gropello Cairoli [PV] 39 Bcd
Grópina [AR] 83 Da

Groppa d'Anzi, Monte– 131 Cc
Gropparello [PC] 53 Ac
Gropparello [PC] 53 Bb
Groppello [VA] 23 Gc
Groppello d'Adda [MI] 39 Fa
Groppera [SO] 11 Eb
Groppera, Pizzo– 11 Eb
Groppi, Monte– 63 Gc
Groppizioso [PR] 65 DEb
Groppo [MS] 65 CDc
Groppo [MS] 65 Cc
Groppo [PR] 65 ABb
Groppo [SP] 65 Ac
Groppo, Corona di– 9 Ec
Groppo, Monte– 65 Cb
Groppo Albero 65 Cb
Groppodalosio [MS] 65 Cb
Groppoducale [PC] 53 Ac
Groppo Fosco 65 Db
Gróppoli [MS] 65 Cc
Groppo Rosso, Monte– 63 Fa
Groppovisdomo [PC] 53 ABc
Groscavallo [TO] 35 Eb
Grósio [SO] 13 Cc
Grosotto [SO] 13 Cc
Gros Passet [TO] 47 Db
Grossa [PD] 43 Ga
Grosse Nagler–Spitze / Naso, Punta del– 13 Dab
Großer Mittager / Catino, Monte– 3 Db
Großer See / Grande, Lago– 3 Db
Großes Moosnock / Palù, Picco– 3 FGb
Grosseto [GR] 91 Ec
Große Windschar / Vento Grande, Cima del– 3 Fb
Großfadnler / Fadnler Grande, Cima– 3 Fb
Großglockner 5 Ea
Gross Lenkstein (Sasso Lungo di Collalto) 5 ABb
Gross Löffler–Spitze / Lovello, Monte– 3 Fa
Grosso [TO] 35 Gc
Grosso, Monte– [EN] 171 Da
Grosso, Monte– [FC] 77 Da
Grosso, Monte– [MS] 65 Cc
Grosso, Monte– [PZ] 131 Cc
Grosso, Monte– [SR] 177 Db
Grosso, Monte– → Lestì, Monte– 155 Cc
Grostè, Cima– 15 Ac
Grotta [ME] 155 Ab
Grotta [PR] 53 Cc
Grottacalda [EN] 171 Dc
Grotta Conza, Riserva Naturale– 159 Ba
Grotta del Pianoro [ROMA] 101 Cd
Grotta di Carburangeli, Riserva Naturale– 157 Fb
Grotta di Entella, Riserva Naturale– 159 Ad
Grotta di Santa Ninfa, Riserva Naturale– 157 Ed
Grottaferrata [ROMA] 107 FGc
Grotta Giusti [PT] 75 CDa
Grottáglie [TA] 135 Ac
Grottaminarda [AV] 121 Dc
Grottammare [AP] 97 Eb
Grotta Monello, Riserva Naturale– 177 Eb
Grotta Palombara, Riserva Naturale– 177 Fb
Grotta Parlanti [PT] 75 Cb
Grotta Porcina, Necrópoli di– 101 Bc
Grotta Rossa 27 DEb
Grotta Rossa, Monte– 171 Bc
Grottascura, Monte– 171 Ec
Grottazzolina [FM] 97 Ca
Grotte [AG] 169 Ec
Grotte [ME] 163 Dc
Grotte [ME] 163 Bb
Grotte, Mulino delle– [CT] 173 Bd
Grotte di Castro [VT] 93 Dcd
Grotte di Pietrasecca, Riserva Naturale delle– 103 Bd
Grotteria [RC] 153 Dd
Grotte Santo Stéfano [VT] 101 Cab
Grotti [PG] 95 Dc
Grotti [RI] 103 Ccd
Grotti [RI] 103 Ab

Grotti [SI] 83 Bc
Grotticelle, Monte– 169 Ed
Grotticelle, Riserva Naturale– 123 Bd
Gróttola [CE] 119 Db
Gróttole [BN] 121 Ab
Gróttole [CE] 119 EFc
Gróttole [MT] 131 Fc
Grottolella [AV] 121 Bd
Grottoni, i– 99 Bc
Grovella [VB] 9 Eb
Grovo, Monte– 51 Cc
Grual, Alpe di– 13 Fc
Gruaro [VE] 31 FGb
Gruben–K. (Cave, Monte delle–) 3 Cb
Grue, Torrente– 51 Cb
Gruf, Monte– 11 Fc
Grugliasco [TO] 35 Gd
Grugnaletto [AN] 87 Ca
Grugno [PR] 53 Eb
Grugua [CI] 191 Cc
Grumale [PG] 85 Bab
Grumello [BS] 13 Cd
Grumello Cremonese [CR] 41 Bc
Grumello Cremonese ed Uniti [CR] 41 Bc
Grumello del Monte [BG] 27 Ad
Grumento Nova [PZ] 143 Ba
Grumentum 143 Ba
Grúmes [TN] 15 Cc
Grumo [LC] 25 Db
Grumo Appula [BA] 125 Cbc
Grúmolo [VR] 43 Db
Grúmolo delle Abbadesse [VI] 43 Fab
Grúmolo Pedemonte [VI] 29 Dc
Grumo Nevano [NA] 119 Ed
Grünsee / Verde, Lago– 13 Fb
Grupa [CS] 149 Db
Grupignano [UD] 19 Dd
Gruppa, Rio– 193 Dc
Gruppo, Monte– / Hohe–Grubbach–Spitze 3 Eb
Gruppo di Tessa, Parco Naturale– / Texelgruppe, Naturpark– 3 Ac
Grusinier [TO] 35 EFb
Gruso, Torrente il– 131 Fd
Grúttas, Punta is– 189 DEc
Grutti [PG] 95 Bbc
Grux 'e Marmuri, sa– 197 Bc
Gschnitz [A] 3 Ca
Gschnon / Casignano [BZ] 15 Cc
Gsies / Valle di Casíes [BZ] 5 Bc
Gstaad [Svizz.] 7 Db
Gua, Fiume– 43 Ea
Guadagna [PA] 159 Cb
Guadagnolo [ROMA] 109 Bb
Guadamello [TR] 101 Db
Guadine [MS] 73 DEa
Guadine–Pradaccio, Riserva Naturale– 65 Db
Guagnano [LE] 135 Dd
Guaidone, Monte– 67 Ac
Guaitarola, Monte– 65 Ac
Gualdera [SO] 11 Eb
Gualdo [AR] 77 Bc
Gualdo [FC] 77 DEa
Gualdo [FC] 77 Fab
Gualdo [FE] 57 Bc
Gualdo [LU] 73 EFb
Gualdo [MC] 95 FGb
Gualdo [MC] 97 Ba
Gualdo [TR] 101 Db
Gualdo Cattáneo [PG] 95 Cb
Gualdo Tadino [PG] 85 Ec
Gualdrasco [PV] 39 Dc
Gualina [PV] 39 Ac
Gualtieri [RE] 55 Ab
Gualtieri, Torrente di– 163 Ca
Gualtieri Sicaminò [ME] 163 Cab
Guamaggiore [CA] 193 Bc
Guamo [LU] 75 Bc
Guana, Torrente– 129 Fa
Guantai [NA] 127 Da
Guanzate [CO] 25 Cc
Guarazzano [SA] 141 Ba
Guarcino [FR] 109 Dc
Guarda [BO] 67 Bc

Guarda [BO] 57 Ad
Guarda [FE] 57 Bb
Guarda [Svizz.] 1 Ac
Guarda, Monte– 19 Dc
Guardabosone [VC] 23 Dc
Guardamíglio [LO] 41 Ad
Guardapasso [ROMA] 107 Fcd
Guardasone [PR] 65 Fa
Guardatore, Fosso– 143 Da
Guardavalle [CZ] 153 Fcd
Guardavalle Marina [CZ] 153 Fd
Guarda Véneta [RO] 57 Bb
Guardéa [TR] 95 Ad
Guardéa Vecchia 95 Ad
Guárdia [CT] 173 Dbc
Guárdia [CT] 173 DEab
Guárdia [TN] 29 Bb
Guárdia, la– [AL] 51 Ad
Guárdia, Monte– [ME] 165 Db
Guárdia, Monte– [PR] 65 Cb
Guárdia, Monte– [ROMA] 101 FGd
Guárdia, Serra la– 145 Fd
Guárdia Alta, Monte– / Hochwart–Spitze 3 Eb
Guárdia Alta / Hochwart 1 FGd
Guardiabruna [CH] 113 Bb
Guardia de is Morus [CA] 195 Fd
Guárdia dei Turchi, Monte– 159 ins.a
Guárdia d'Orlando 103 Bd
Guardia Grande [SS] 183 Bc
Guardiagrele [CH] 105 Cba
Guardialfiera [CB] 113 Cc
Guardialfiera, Lago di– 113 Cc
Guárdia Lombardi [AV] 121 Ed
Guardialta / Hohe Warte 3 Bc
Guárdia Perticara [PZ] 131 Dd
Guárdia Piemontese [CS] 145 Cc
Guardia Piemontese Lido [CS] 145 Cd
Guardiarégia [CB] 121 Aa
Guardiarégia–Campochiaro, Oasi Naturale– 121 Ab
Guárdia Sanframondi [BN] 121 Ab
Guárdia Vecchia [OT] 179 Db
Guárdia Vomano [TE] 97 Ed
Guardiola, Coppa– 115 Cc
Guardiola, Cozzo della– 143 CDa
Guardiola, la– 131 Ac
Guardiola, Monte– 163 Ab
Guardiola, Serra– 115 Cc
Guardistallo [PI] 81 Dc
Guarene [CN] 49 Dc
Guarenna Nuova [CH] 105 Dd
Guarero, Monte– 189 Bb
Guarisca, Cozzo– 169 Bb
Guarráia [PA] 171 Ca
Guarrato [TP] 157 Cc
Guasila [CA] 193 Bc
Guastalla [RE] 55 Ab
Guastaméroli [CH] 105 Ec
Guasticce [LI] 81 Ca
Guasto [IS] 111 Ed
Guazzino [SI] 83 Bc
Guazzolo [AL] 49 Ea
Guazzora [AL] 51 BCab
Gúbbio [PG] 85 Dbc
Gübelekopf 1 Cab
Guddetórgiu, Arcu– 189 Ccd
Gudo Gambaredo [MI] 39 Cb
Gudon / Gufidaun [BZ] 3 Dd
Gudo Visconti [MI] 39 Cb
Guello [CO] 25 Db
Guerra di Centenaro [PC] 51 Ecd
Guerro, Torrente– 67 Cb
Gufelreit / Cóvolo, Monte– 3 Ccd
Guffone, Monte– 77 Cb
Gufidaun / Gudon [BZ] 3 Dd
Guglia, Torrente– 129 Fa
Guglielmo, Monte– 27 BCc
Guglionesi [CB] 113 Db
Gugnano [LO] 39 Dc
Gùia [TN] 31 Bb
Guidizzolo [MN] 41 Fc

Guidomandri Marina [ME] 163 Db
Guidomandri Superiore [ME] 163 Db
Guidonia [ROMA] 109 Aab
Guidonia–Montecelio [ROMA] 109 Aab
Guietta [TV] 31 Bb
Guíglia [MO] 67 Cb
Guillestre [Fr.] 47 Bd
Guilmi [CH] 113 Aab
Guinadi [MS] 65 BCb
Guinza [PU] 85 Eb
Guinzano [PV] 39 CDc
Guisa Pépoli [BO] 55 DEc
Guisina, Monte– 159 Bc
Guistrigona [SI] 83 Cc
Guizze [PD] 31 Ad
Gula [VC] 23 Db
Gúlana, Punta– 189 Bc
Gulini [PA] 161 Bd
Gulino, Monte– 159 Cbc
Gulliverlandia–Aquasplash 33 Bc
Gullo [KR] 151 DEc
Gullo, Serra di– 155 Dc
Gummer / San Valentino in Campo [BZ] 15 Db
Gunciná / Guntschna [BZ] 15 Gab
Guntschna / Gunciná [BZ] 15 Gab
Gurfa o dei Saraceni, Grotte della– 169 Ea
Gurgulante, Dolmen– 139 Ea
Gurlamanta [BA] 125 Ac
Gurmara, Monte– 143 Ab
Gurnazza, Lago– 173 Dc
Gurro [VB] 9 Fd
Gurrone [VB] 9 Fd
Gurtúrgius, Punta– [NU] 185 Ec
Gurtúrgius, Punta– [NU] 185 Fc
Gurue, Rio 'e– 189 Ec
Gurzone [RO] 55 Gb
Gurzu, Nuraghe– 185 Ed
Gusana, Lago di– 189 Cc
Gusano [PC] 53 Bb
Gusciola [MO] 67 Ab
Guselli [PC] 53 ABc
Guslon, Monte– 17 Dd
Gúspini [VS] 191 Dc
Gussago [BS] 27 Bd
Gussola [CR] 53 Eab
Gusti [CE] 119 Cb
Guttúrgios, Monte– 189 DEb
Gútturu Mannu, Rio– 195 Fb
Gútturu Sporta [CA] 195 Ecd
Guzzafame [LO] 39 Fd
Guzzano [BO] 67 Dcd
Guzzano [BO] 67 Eb
Guzzano [TE] 97 Dcd
Gúzzini, Monte– 193 Cb
Guzzona [CR] 41 Ac
Guzzurra [NU] 185 DEc

H

Hafling / Avelengo [BZ] 3 Bd
Haidersee / Muta, Lago di– 1 Dc
Halaesa 161 Cc
Halseck / Colle, Dosso del– 15 Cc
Halsnhorn 9 Cc
Hanbury, Giardini Botanici– 71 Cc
Hanbury, Villa– 71 Cc
Härtlaner Spitze / Capra, Cima della– 3 Cc
Hasenöhrl / Orecchia di Lepre, l'– 1 Fd
Haslach [A] 5 Db
Haupenhöhe (Lavizza, Monte–) 3 Eb
Heiligenblut [A] 5 Ea
Helm (Elmo, Monte–) 5 Cc
Helsenhorn 9 Cc
Helvia Recina 87 Dc
Hennesigl–Spitz (Gallina, Punta della–) 1 Db
Hera Argiva, Santuario di– 129 Cd
Heracleum Promontorium → Spartivento, Capo– 155 Dd

Hera Lacinia, Tempio di– 151 Fc
Herbetet 35 Ea
Herdoniae 123 Bb
Hérens, Dent d'– 21 Fb
Hermagor [A] 19 Da
Hers [AO] 21 Fc
Hillenhorn 9 Cc
Hinterbichl [A] 5 Bab
Hintereisspitze 1 Ec
Hint Schwärze / Nere, Cime– 1 Fc
Hint Seelenkogl / Anime, Cima delle– 1 Gc
Hipponion 153 Cb
Hirbemock / Mola, Cima di– 3 Gab
Hirzer–Spitze / Cervina, Punta– 3 Bc
Hitterberg / Capanne, Monte delle– 3 Ac
Hochalt / Alto, Monte– 1 Ec
Hochbrunner Schneid / Popera, Monte– 5 Cd
Hochfeiler / Gran Pilastro 3 Eb
Hochfinstermünz [A] 1 Cb
Hochgall / Collalto 5 Ab
Hochkreuz–Spitze (Altacroce, Monte–) 5 Bb
Hochleiten–Spitze / Alta, Punta– 1 Fd
Hochplatte / Lasta Alta 3 Bc
Hochrast (Pausa Alta) 5 BCc
Hochspitz (Vancomune, Monte–) 5 DEcd
Hochwart / Guárdia Alta 1 FGd
Hochwart / Vedetta Alta 15 Bab
Hochwart–Spitze / Guárdia Alta, Monte– 3 Eb
Hofbiehl / Salomp, Monte– 15 BCab
Hohe Gaisl / Rossa, Croda– 5 Ad
Hohe Ferse / Tallone Grande, Monte– 3 Bb
Hohe–Grubbach–Spitze / Gruppo, Monte– 3 Eb
Hohe–Kreuz–Spitze / Altacroce, Monte– 3 Bb
Hoher Dieb / il Gran Ladro 1 Fd
Hoher First (Principe, Monte–) 1 Gc
Hohes Joch / Giogo Alto 1 Dc
Hohe–Wand–Spitze / Alta, Croda– 3 Dab
Hohe Warte (Cogliáns, Monte–) 5 Fd
Hohe Warte / Guardialta 3 Bc
Hohe Weiße / Bianca Grande, Cima– 1 Gc
Hohe Wilde (Altissima, l'–) 1 Gc
Höhlenstein / Landro [BZ] 5 Bd
Hollbrucker Spitze (La Mutta) 5 Cc
Höllenkragen / Trens, Giogo di– 3 CDb
Hône [AO] 21 Gd
Hrušévica [SLO] 33 Fc
Hrvatini / Crevatini [SLO] 33 Fd
Huben [A] 5 Db
Hudi Vrsič 19 Db
Hydromania 107 Eb

I

Iácono, Torrente– 169 Ec
Iacotenente, Monte– 115 Cc
Iacovizzo, Monte– 115 CDc
Iadanza [BN] 121 Bb
Iáinich [UD] 19 Ed
Ialmicco [UD] 33 CDb
Iamiano [GO] 33 Ec
Iammeddari, Monte– 187 Fb
Iana, Nuraghe– 187 Ec
Ianara, Monte– 19 Eb
Iánnas, Nuraghe– 183 Fc
Iannazzo [PZ] 143 Bb
Iannuzzo, Scóglio– 177 Dd
Iano [FI] 81 Fab
Iano [PT] 75 Db
Iano [RE] 67 Aa

Iano, Monte– 109 Ac
Iáuer, Monte– 19 Dc
Iavrè [TN] 13 Fd
Iazzi, Cima di– 23 Cc
Iazzo del Canónico [SA] 141 Cb
Iazzo Vecchio, Monte– 169 Cc
Iazzo Vécchio, Torrente– 169 Cc
i Bagni [PZ] 143 Bb
Iba Manna, Nuraghe sa– 189 Ed
Iblea, Costa– 177 Dd
Iblei, Monti– 177 Db
i Boschetti [GR] 81 Ed
i Brasi [SV] 61 Gb
i Cameroni, Monte– 17 Ed
i Canali [SO] 13 BCc
i Cappuccini [PG] 93 Db
i Casoni [BO] 57 Ad
i Casoni [CS] 147 Bb
i Casoni [PG] 95 Cc
Icciano [PG] 95 Cc
i Cerri [IS] 111 Ec
i Conti [LT] 117 ins.a
Idda, Monte– 193 Dd
Iddiano [MO] 67 Cb
Idice [BO] 67 Fb
Idice, Torrente– 69 Ba
Idolo, Monte– 189 DEd
i Dossi [AL] 37 Fd
i Dossi [BS] 41 Cc
i Dossi [PC] 53 Ba
i Dossi [VC] 37 Eb
Idro [BS] 27 Dc
Idro, Lago d'– (Erídio) 27 Dc
Idroscalo 39 Db
Ienca, Monte– 103 Db
Ienga, Torrente– 121 Bc
Iermanata [RC] 155 CDd
Ierna [PG] 93 Eb
Iesizza [UD] 19 Ed
Ifinger Spitze / Ivigna, Picco d'– 3 Bc
i Fondi [BG] 27 Cab
i Forni [SO] 13 Bd
i Foroni [MN] 43 Ac
Igea Marina [RN] 69 Fcd
i Gessi [GR] 91 Cc
Iggio [PR] 53 Cc
i Giardini [CS] 143 Fcd
I Giganti della Sila, Riserva Naturale– 149 Eb
Iglésias [CI] 195 Db
Iglesiente 195 CDb
Igliano [CN] 61 CDb
Ignago [VI] 29 Dd
Igne [BL] 17 Cc
Igno, Monte– 95 Ea
i Granari [RI] 101 Fc
i Grazzi [MO] 55 Eb
I Grottini [ROMA] 107 Ba
il Bacino 91 Fd
il Badile 23 Cc
il Bagno [FC] 77 Ca
il Baluton, Monumento Naturale– 27 Cb
il Baraccone [RC] 153 Bd
il Belagaio [GR] 91 Fa
Il Biviere di Gela, Zona Umida– 175 Fb
Ilbono [OG] 189 Ed
il Borgo [PR] 111 Bc
il Borgo [MO] 55 Cc
il Buso [VI] 29 Eb
il Caldese [PU] 85 Ca
il Calvario [AG] 169 Cd
il Cantone [MO] 55 Cc
il Capannone [MO] 67 Ac
il Capitolo [BA] 133 Ga
il Cappellazzo 143 Cc
il Capro / Botzer 3 Bb
il Cardon [LI] 89 Cd
il Cármine [KR] 151 Ec
il Cármine [LE] 139 CDb
il Casale [BT] 125 Ba
il Casalone [VT] 101 Abc
il Casino [BO] 69 Aa
il Casone [CB] 113 Bc
il Casone [FG] 123 Bc
il Castagno d'Andrea [FI] 77 BCb
il Castellano 103 Dab
Il Castello [BO] 67 Gb
Il Castello [CE] 119 Cc

il Castello [FG] 115 Dcd
il Castellone [LT] 109 Bd
Il Castellúccio [CL] 175 Eb
Il Castellúccio [MC] 87 Dd
Il Catalano 187 Bd
il Centro [MT] 133 BCd
il Centro [ROMA] 107 Eb
Il Cerro [FR] 111 Cd
Ilci [PG] 95 Bc
il Cimone [VC] 23 Cb
il Cimone [VI] 29 Eb
il Colle [AN] 87 Cb
il Colle [AQ] 105 Bd
il Conte [BO] 55 Ecd
il Cornetto 29 BCc
il Cristo [MO] 55 Cc
il Fabbro [PO] 75 Eb
il Faraglione 157 Bc
il Ferrone [FI] 75 Fd
il Figliolo 129 Fc
il Fiume [LU] 65 Fc
il Fiume [PN] 31 Eb
il Fondo [RN] 79 Aa
il Forno [MO] 55 Ccd
il Fortino 143 Cc
il Giardinetto [AL] 49 Gb
il Giardino [GR] 99 Cb
il Giovanello [GR] 91 EFb
il Giovo [SV] 61 Fb
il Gran Ladro / Hoher Dieb 1 Fd
Ilìciazzo 177 Dbc
il Lagone 45 Dc
Illasi [VR] 43 CDb
Illasi, Torrente d'- 43 Cb
Illégio [UD] 19 Bb
Illica [PR] 65 Aa
Íllica [RI] 97 Ac
Illice [AP] 97 Bb
Illirio, Colle- 109 Bc
Illorai [SS] 185 Bd
il Luogo [GR] 91 Fc
il Macerone 111 Ed
il Maniero [PG] 95 Ca
il Marchese [LI] 89 Cd
il Martellese 105 Cd
il Marzolo / Vermoi Spitze 1 Fd
Ilmenspitz / Olmi, Monte degli- 15 Ab
Il Mignone 27 Cb
Il Mirácolo [NU] 185 Dd
il Molino [FM] 87 Fc
il Montagnone 129 Db
il Monte [CH] 113 Bb
il Monte [CH] 113 Bc
il Monte [IS] 111 Fc
il Monte [MO] 65 Gc
il Monte [MO] 55 Db
il Monte [RE] 65 EFc
Il Monte, Riserva Naturale- 123 Da
il Montello 31 Bc
il Monticino 77 Ec
Il Morrone 103 Cc
il Mottone 11 Dc
Il Navilotto 37 Cb
Iloi, Nuraghe- 187 Fb
Ilole, Nuraghe- 189 Db
il Pago 103 Cb
il Palazzo [FI] 77 Bb
il Palazzo [PZ] 131 Bc
il Palone [LI] 81 Dc
il Palone [TN] 29 Bab
il Parchetto [FG] 115 Db
il Passo [CO] 11 Ecd
il Pero [FI] 81 Fa
il Piano [AQ] 103 Fc
il Piano [MO] 67 Bc
Il Piano [VT] 101 Db
il Pino [FI] 83 Aa
il Pino [PI] 75 Cd
Il Pino [ROMA] 107 Eab
il Pizzo 159 Dc
il Poderetto [GR] 93 Cc
il Poggiale [GR] 91 Ec
il Póggio [FC] 77 BCb
il Póggio [GR] 81 Ed
il Póggio [GR] 93 Bc
il Poggione [GR] 91 Ec
il Poggione [GR] 91 Fb
Il Ponte [BO] 67 FGb
il Pozzillo [BT] 123 Eb
il Prainito [SR] 177 Dc
Il Pratone 75 Fc
il Progno 29 Ad
il Pulo [BA] 125 Ba
il Pulo [BA] 125 Bc
il Redentore [It.] 71 Da
il Redentore [LT] 119 Ab
il Rio [FM] 97 Ca
il Rio [Laz.] 109 Cd
il Sasso / Peilstein 1 Fd
il Serrone 169 Ec
il Signorino [PT] 75 Dab
il Telegrafo 99 BCb
il Testáccio [TR] 101 Eb
il Torrione [SI] 83 EFcd
il Trívio [AN] 87 Bb
il Vallone [FE] 55 Fb
il Vittoriale 27 Ed
il Voltone [VT] 93 Cd
Ima [AV] 129 Aa
Imagna, Torrente- 25 Fc
I Masi [FR] 109 DEd
Imbèrido [LC] 25 Ec
Imbersago [LC] 25 Ec
Imbertighe, Nuraghe- 187 Eb
Imbessu, Rio- 187 Fd
Imbrecciata [AN] 87 CDb
Imbriaca [PA] 169 Ca
Imele, Fiume- 109 Ea
Imer [TN] 15 Fd
Imera 159 Ec
Imera Meridionale, Fiume- → Salso, Fiume- 171 Bd
Imera Settentrionale, Fiume- → Grande, Fiume- 159 Fc
i Mistris [PN] 17 Fcd
Im Loch / Gola [BZ] 3 Dd
Imola [BO] 69 Bb
i Motti [VI] 43 DEb
Impalata [BA] 125 Fc
Impería [IM] 71 Fb
Império [NO] 23 Fd
Impero, Torrente- 71 Fb
Impiano [AR] 83 Eb
Impiso, Monte dell'- 131 Dd
Imponzo [UD] 19 Bb
Imposte [TE] 97 Cc
Impostino [GR] 91 Fd
Impostino [GR] 91 Fd
Imposto, l'- [GR] 91 Fab
Imposto, l'- [SI] 83 Bd
Impruneta [FI] 75 Fc
Inarzo [VA] 23 Gc
Incaffi [VR] 43 Aa
Incendio, Cima dell'- / Zunderspitze 3 Bb
Incirano [MI] 25 CDd
Incisa in Val d'Arno [FI] 77 Acd
Incisa Scapaccino [AT] 49 Fc
Incisioni Rupestri, Riserva Naturale- 13 Dd
Incliousa, Lago de l'- 21 Db
Incoronata [FG] 123 BCa
Incoronata [IS] 111 Fd
Incrociata [PC] 39 Fd
Incudine [BS] 13 Dc
Incugnate [MI] 39 Eb
Indemini [Svizz.] 11 Ad
Indicatore [AR] 83 Eb
Indiprete [IS] 111 EFd
Indiritto [TO] 35 Ed
Indisi, Monte d'- 169 Cab
Indovero [LC] 25 Ea
Indren, Punta- 23 Bb
Indritto [TO] 47 Dc
Induno Olona [VA] 25 Bb
Inesio [LC] 25 Ea
Inferiore, Lago- [AO] 21 Ec
Inferiore, Lago- [MN] 43 Ad
Infernaccio, Gola dell'- 97 Ab
Infernetto [ROMA] 107 Ec
Inferni, Monte- 27 Cc
Inferno, Lago dell'- 25 Fa
Inferno, Ponte- [SA] 141 DEa
Inferno, Punta d'- 163 Ac
Inganno, Torrente- 161 Eb
Inghiaie 29 Cb
Inghiaie, Riserva Naturale- 29 Cb
Inglagna [PN] 17 Fc
Ingria [TO] 35 Gb
Ingurtosu [VS] 191 CDc
Inici, Monte- 157 Ebc
Innerferrera [Svizz.] 11 Eab
Innerhütt / Osteria Capanne di Dentro [BZ] 3 Ac
Innerpflersch / Fleres di Dentro [BZ] 3 Bb
Inner-Pichl / Colle di Dentro [BZ] 5 Bc
Inner-Villgraten [A] 5 Cc
Innichen / San Candido [BZ] 5 Bc
Inno [FI] 75 Ec
Inserraglio, Torre dell'- [LE] 139 Cab
Insugherata, Riserva Naturale Regionale- 107 Eb
Intavolata [CS] 145 Cd
Intermesole, Monte d'- 103 DEb
Intermésoli [TE] 103 Ea
Interneppo [UD] 19 Bc
Intissans [UD] 19 Bb
Intra [VB] 23 Fb
Intragna [VB] 23 Fab
Intraleo, Grotta di- 173 Ca
Intrilleo, Pizzo d'- 161 EFc
Intróbio [LC] 25 Eb
Introd [AO] 21 Dc
Introdácqua [AQ] 111 Cab
Intro d'Acqua [PE] 105 Bc
Intronata, Cozzo- 169 Da
Introzzo [LC] 11 Ed
Inus, Nuraghe de- 191 Eb
Inveriaghi [PV] 51 Eb
Inverigo [CO] 25 Dc
Inverno [PV] 39 Ec
Inverno, Monte- 53 Dc
Inverno e Monteleone [PV] 39 Ec
Inverso [TO] 37 Aab
Inverso Pinasca [TO] 47 Eb
Inverso Porte [TO] 47 Eb
Inveruno [MI] 39 Bab
Invillino [UD] 19 Ab
Inviolata, Parco Naturale Regionale- 107 Gb
Invório [NO] 23 Ec
Invório Inferiore [NO] 23 Fc
Invório Superiore [NO] 23 Fc
Invózio [VC] 23 Ec
Invrea [SV] 63 Ab
Inzago [MI] 39 Ea
Inzino [BS] 27 BCc
Ioánaz, Monte- 19 Dc
Ioanella [TE] 97 Ccd
Ioánnis [UD] 33 Cb
Ioffredo [AV] 121 Ac
Iofri, Monte- 155 CDc
Ioggi [CS] 145 Dc
Iola [MO] 67 Cc
Iolo [PO] 75 Eb
Iolo-San Pietro [PO] 75 Eb
Iolo-Sant'Andrea [PO] 75 Ebc
Ionadi [VV] 153 Cc
Iotta [CS] 145 DEc
i Padri [VI] 29 Dc
i Palazzi [RO] 57 Bb
i Pazzi [LE] 139 Dc
i Pelati [BN] 121 Ba
i Piani [SS] 183 Bc
i Pieracci [PG] 83 Fd
I Pisconi, Riserva Naturale- 131 Bb
i Ponti [AR] 83 Eb
i Pozzi [FR] 109 Dc
Ippari, Fiume- 177 Bc
Ipplis [UD] 33 Da
i Prati [BS] 41 Eb
i Prati [TR] 101 Fb
i quattro Pini [VT] 99 Eb
Iral [BL] 17 Bb
Irghiddo, Nuraghe- 187 Fb
Irgoli [NU] 185 Ed
Iria [ME] 161 Eb
i Ridotti [AQ] 111 Ac
Irma [BS] 27 Cc
Irmínio, Fiume- 177 Cc
Irola [MS] 65 Cb
i Ronchi [TV] 31 Cc
Irone, Monte- 13 Fd
Irpinia 129 Da
Irsina [MT] 131 Eb
Irveri, Monte- 189 Eb
Isabella [TA] 133 Db
is Aios [CI] 195 Eb
i Salaioli [GR] 93 Ad
Isalle, Rio- 185 Dd
Isallo [SV] 61 Ec
i Salti [FI] 77 Ba
Isarco, Fiume- / Eisack 15 Db
Isarno [NO] 37 Fab
Isasca [CN] 59 Fa
Isca, Fiumara d'- 131 Ab
Isca, Rio- 191 Fb
Isca, Scogli- 149 Cc
Isca, Tenuta- [SA] 129 Dc
Iscala Mala, Rio- 183 Cc
Iscalonga [BN] 121 Cc
Isca Marina [CZ] 153 Fc
Iscaneddu, Rio- 181 Ed
is Cannonéris [CA] 195 EFc
Iscarelli [TE] 97 Cd
is Caríllus [CA] 195 Ec
Isca sullo Iónio [CZ] 153 Fc
Ischia [NA] 127 Bb
Ischia [TN] 29 Ca
Ischia, Fosso- 113 Bd
Ischia, Isola d'- 127 Bb
Ischia di Castro [VT] 99 Fa
Ischia Ponte [NA] 127 Bb
Ischia Porto [NA] 127 Bb
Ischitella [FG] 115 Db
Ischitella e Carpino, Riserva Naturale- 115 Db
Ischitella Lido [CE] 119 CDd
i Scit [NO] 23 Fd
Isclero, Fiume- 119 Fc
Iscoba, Monte- 181 Ed
is Cuccus [CI] 195 Dc
Iscudu, Monte d'- 189 Cc
is Dómus [CI] 195 Dc
Iselle [VB] 9 Dc
Iselle, Nuraghe- 185 Cc
Isengo [CR] 41 Bb
Iseo [BS] 27 Bd
Iseo, Lago d'- (Sebino) 27 Bc
Isera [TN] 29 Bb
Isérnia [IS] 111 Ed
is Fiascus [CI] 195 Dc
is Fonnésus [CI] 195 Dbc
Isiata [VE] 31 Ed
Isili [CA] 193 Bb
Is Janas, Grotta de- 193 Cb
is Lóccis [CI] 195 CDc
is Loddis [CI] 195 Cc
is Méddas [CI] 195 DEc
Is Morus [CA] 195 Fd
Isnello [PA] 161 Bc
Isola [BS] 27 Da
Isola [CN] 61 Bab
Isola [FC] 77 Db
Isola [FI] 75 Dc
Isola [Fr.] 59 Dc
Isola [GE] 63 Ea
Isola [IM] 71 Da
Isola [MC] 87 Bc
Isola [PG] 85 Ed
Isola [PI] 73 Ec
Isola [PR] 65 Ea
Isola [PR] 65 DEb
Isola [PR] 65 Ab
Isola [RA] 69 Bc
Isola [SO] 11 Eb
Isola [SP] 73 Da
Isola [UD] 19 BCc
Isola [VC] 23 Db
Isola, L'- [FG] 115 Cb
Isola, l'- [MC] 87 Dbc
Isola, Tenuta- [CE] 119 DEa
Isola Balba [LO] 39 Eb
Isola Bella [LT] 109 Ad
Isolabella [TO] 49 Cb
Isola Bella, Riserva Naturale- 163 Cc
Isolabona [IM] 71 Cb
Isola Boschina, Riserva Naturale- 55 Da
Isolabuona [GE] 51 Cd
Isolaccia [SO] 13 Cb
Isola d'Árbia [SI] 83 Cc
Isola d'Asti [AT] 49 DEb
Isola dei Morti 31 Bb
Isola del Cantone [GE] 51 Cd
Isola del Gíglio [GR] 99 ins.a
Isola del Gran Sasso d'Italia [TE] 103 EFab
Isola della Scala [VR] 43 Cc
Isola delle Fémmine [PA] 159 Ba
Isola del Liri [FR] 109 Fc
Isola del Piano [PU] 79 Cc
Isola di Capo Passero, Riserva Naturale- 177 Ed
Isola di Capo Rizzuto [KR] 151 Ed
Isola di Caprera, Riserva Naturale- 179 Db
Isola di Carturo [PD] 45 Aa
Isola di Fano [PU] 79 CDd
Isola di Fondra [BG] 25 Gb
Isola di Lampedusa, Riserva Naturale- 167 ins.b
Isola di Linosa e Lampione, Riserva Naturale- 167 ins.b
Isola di Pantelleria, Riserva Naturale- 167 ins.a
Isola di Sant'Andrea e Litorale Punta Pizzo, Parco Naturale Regionale- 139 Db
Isola di Strómboli e Strombolicchio, Riserva Naturale- 165 ins.b
Isola di Ustica, Riserva Naturale- 159 ins.a
Isola di Ustica, Riserva Naturale Marina- 159 ins.a
Isola di Varano, Riserva Naturale- 115 Cb
Isola di Ventoténe e Isola di Santo Stefano, Riserva Naturale- 117 ins.b
Isola di Ventoténe e Santo Stefano, Area Marina Protetta- 117 ins.b
Isola di Vivara, Riserva Naturale Statale- 127 Cb
Isola Dovarese [CR] 41 Dcd
Isola Farnese [ROMA] 107 Ea
Isola Fossara [PG] 85 Eb
Isola Gallinara, Riserva Naturale dell'- 71 Ga
Isolagrande [SV] 61 Dc
Isola Lachea e Faraglioni dei Ciclopi, Riserva Naturale- 173 Eb
Isolalta [VR] 43 Bc
Isola Morosini [GO] 33 Dc
Isola Perosa [CN] 61 Cc
Isola Pescaroli [CR] 53 DEa
Isola Rizza [VR] 43 Dc
Isola Rossa [OT] 181 Fbc
Isola San Biagio [AP] 97 Ab
Isolasanta [LU] 73 Ea
Isola Sant'Antonio [AL] 51 BCa
Isola Uccellanda, Riserva Naturale- 41 Bc
Isola Verde [SA] 129 Cc
Isola Vicentina [VI] 29 Dd
Isole Ciclopi, Riserva Naturale Marina- 173 Db
Isole dello Stagnone di Marsala, Riserva Naturale- 157 Bc
Isole Égadi, Riserva Naturale Marina- 157 Ac
Isolella [RO] 57 Cab
Isolella [VC] 23 Dc
Isolello [CR] 41 Dd
Isolello [VC] 23 Bc
Isole Trémiti [FG] 115 ins.a
Isole Trémiti, Riserva Naturale Marina- 115 ins.a
Isoletta [SV] 61 Dc
Isolona [GE] 63 Eb
Isolone di Oldenico, Riserva Naturale dell'- 37 Eb
Isolotto, l'- 99 Cb
Isonzo, Fiume- (Soča) 33 Ec
Isonzo, Foce dell'- 33 Ec
Isorella [BS] 41 Dc
Isorella, Naviglio- 41 Eb
Isorno, Torrente- 9 Ec
Isoverde [GE] 63 Ca
Ispani [SA] 141 Eb
Is Paras, Nuraghe- 193 Bb
is Paucéris [CA] 195 Fc
Ispica [RG] 177 Dd
is Pillonis [CI] 195 Dc
is Pillonis [CI] 195 Dd
Ispinigoli, Grotta d'- 189 Eb
is Pintus [CI] 195 Dc
is Pireddas [CI] 195 DEc
is Pístis [CI] 195 Dc
is Pittaus [CI] 195 Ec
Ispra [VA] 23 Fc
is Prezzas [CA] 197 Ec
is Scáttas [CI] 195 Ec
Issengo / Issing [BZ] 3 EFc
Issi [SS] 181 Bcd
Issíglio [TO] 37 Ab
Issime [AO] 23 Bc
Issing / Issengo [BZ] 3 EFc
Isso [BG] 41 Ab
Issogne [AO] 21 Gd
is Solinas [CI] 195 Dc
is Spigas [CI] 195 Dd
Istatu, Punta s'- 183 Eb
Istelai, Nuraghe- 185 Cd
Istia d'Ombrone [GR] 91 EFc
Istiddi, Bruncu- 189 Bd
Istiria [CN] 59 Eb
Istrago [PN] 19 Ad
is Traias [CA] 197 Ec
Istrana [TV] 31 Bcd
Istria, Nuraghe- 193 Cb
Isuledda [OT] 179 Dc
Isuledda, l'- [OT] 179 Cb
is Urígus [CI] 195 Cc
Itála [ME] 163 Db
Italba [FE] 57 Db
Italia in Miniatura 79 Ba
Italico, Tempio- 111 Fc
Itieli [TR] 101 Eb
I Tornini [MS] 65 Db
i Tre Perazzi [FG] 123 Cb
Itri [LT] 117 Gb
Ittia, Punta- 185 Db
Ittireddu [SS] 183 Fc
Ittiri [SS] 183 Dc
Iudeca, Monte- 171 Cd
Iúdica, Monte- 171 Fbc
Iúdica, Torre- 177 Db
Iúdrio, Torrente- 33 Db
Iúncolo, Monte- 141 Fab
Iurentino, Monte- 147 Bd
Iutizzo [UD] 33 Ab
Iuvanum 111 Eb
I Vaccari [PC] 53 Bb
i Vancori 165 ins.b
Ivano-Fracena [TN] 29 DEa
I Variglioni, Isole- 197 Ec
Ivica [RO] 57 Fbc
Ivigna, Picco d'- / Ifinger Spitze 3 Bc
Ivózio [TO] 37 Ba
Ivrea [TO] 37 Bb
Ivrea, Naviglio d'- 37 Cc
Ixi, Monte- 193 Cc
Izano [CR] 41 Abc
Izzalini [PG] 95 Bc
Izzana, Nuraghe- 179 Bd

J

Jacurso [CZ] 153 Eb
Jafaut 1 Dc
Jafferau, Monte- 35 Bd
Jakobs-Spitze / San Giacomo, Cima- 3 Cc
Jato, Fiume- 159 Bc
Jato, Monte- 159 Bc
Jausiers [Fr.] 59 Bb
Jelsi [CB] 113 Cde
Jenesien / San Genésio Atesino [BZ] 15 Cab
Jenne [ROMA] 109 Db
Jerago con Orago [VA] 23 Gc
Jerebica (Lago, Cima del-) 19 Eb
Jerener [TO] 35 EFb
Jerzu [OG] 193 DEb
Jesi [AN] 87 Cab
Jésolo [VE] 45 Fa
Jésolo, Porto Turistico di- 45 Fb
Jévoli [CZ] 149 Ed
Joanne Matta, Nuraghe- 195 Ed
Jochköpfl (Passo, Corno del-) 3 Ab
Joderhorn 23 Cab
Jolanda di Savoia [FE] 57 Cb
Jóppolo [VV] 153 Bc
Jóppolo Giancáxio [AG] 169 Dc
Joussaud [TO] 47 Cb
Jouvenceaux [TO] 47 BCa
Jovençan [AO] 21 Cc
Jovençan [AO] 21 Dc
Jovet, Monte- 19 CDb
Juanne Osile, Punta- 185 Cbc
Juf [Svizz.] 11 Fb
Jumeaux, Les- 21 Fb
Junchi [RC] 153 Ed

K

Kaberlaba, Monte- 29 Db
Kalch / Calice [BZ] 3 Cb

Kal' e Moru [CA] 197 Db
Kalkstein [A] 5 Bc
Kals am Großglockner [A] 5 Dab
Kaltenbrunn / Fontanefredde [BZ] 15 Dc
Kalterer See / Caldaro, Lago di– 15 Cb
Kaltern an der Weinstrasse / Caldaro sulla Strada del Vino [BZ] 15 Cb
Kalura [PA] 161 Bb
Kamauz [TN] 15 Cd
Kammerschien / Camporsino [BZ] 3 Bb
Kamno [SLO] 19 Ec
Kampele–Spitze / Campo, Cima di– 3 Bd
Kampidell / Campitello [BZ] 3 Bd
Kanal [SLO] 19 Ed
Kandersteg (Svizz.) 7 Gb
Kanin, Monte– 19 Db
Kapaiern / Capáia [BZ] 5 Bc
Kapinberg (Capin di Ponente) 19 Ea
Kappl [A] 1 Ca
Kapron / Caprone [BZ] 1 Dc
Kardaun / Cardano [BZ] 15 Db
Karersee / Carezza al Lago [BZ] 15 Eb
Karlinbach / Carlino, Rio– 1 Dc
Karneid / Cornedo all'Isarco [BZ] 15 Cc
Karnspitz / Quáire, Cima di– 3 Cc
Karspitze / Quáira, Picco di– 3 Dc
Karspitze / Quáira, Punta di– 15 Ab
Karthaus / Certosa [BZ] 1 Fc
Kasern / Casere [BZ] 5 Aa
Kassian–Spitze / San Cassiano, Cima– 3 Cc
Kastelbell / Castelbello [BZ] 1 Fd
Kastelbell Tschars / Castelbello–Ciárdes [BZ] 1 Fd
Kastelruth / Castelrotto [BZ] 15 Ea
Katharinaberg / Santa Caterina [BZ] 1 Fc
Kematen / Caminata [BZ] 3 Db
Kematen in Taufers / Caminata di Tures [BZ] 3 Fb
Kerlsspitze / Quáira, Pizzo– 5 Bc
Kesselkofel (Chiastronat, Monte–) 5 Ed
Kessel Kogel / Catinaccio d'Antermóia 15 Eb
Khamma [TP] 167 ins.a
Kiens / Chiénes [BZ] 3 Ec
Kinigat, Großer– (Cavallino, Monte–) 5 Dcd
Kinzen / Quinzo [BZ] 3 Db
Klausen / Chiusa [BZ] 3 Dd
Kleiner Gabler / Forca, Monte– 3 Ec
Klobenstein / Collalbo [BZ] 15 Da
Knapphenne / Valperna, Cima– 3 Fb
Kobarid [SLO] 19 Ec
Kobdilj [SLO] 33 Gc
Kobjeglava [SLO] 33 Fc
Koflraster Seen / Cóvolo, Laghi del– 1 Fd
Kolben–Spitze / Clava, La– 3 Ac
Kollfuschg / Colfosco [BZ] 17 Aa
Kollmann / Colma [BZ] 3 CDd
Komen [SLO] 33 Fc
Komen [SLO] 33 Fc
Kompatsch / Compaccio [BZ] 1 Fd
Königsanger–Spitze / Pascolo, Monte del– 3 Dc
Königskogl (Re, Monte–) 1 Gbc
Königsspitze / Gran Zebrù 13 Eb

Koper / Capodistria [SLO] 33 Fd
Köpflplatte / la Lasta 1 Dd
Kopriva [SLO] 33 FGc
Koprski zaliv 33 Fd
Kortsch / Córzes [BZ] 1 Ed
Kortscher Jöchl / Corzes, Monte di– 1 Ed
Kötschach–Mauthen [A] 5 FGc
Krajna vas [SLO] 33 Fc
Kranjska Gora [SLO] 19 Fb
Kras (Carso) 33 Fc
Kratzberger See / San Pancrázio, Lago di– 3 Cc
Kraxentrager (La Gerla) 3 Dab
Kreplje [SLO] 33 FGc
Kreut / Novale [BZ] 15 Ca
Kreuzjoch (Montecroce) 3 Cb
Kreuzjoch / Croce, Giogo della– 3 Bd
Krieger–Ehrenmal 1 Dc
Kronalpe (Corona, Monte–) 19 Ca
Kronplatz / Corones, Plan de– 3 Fc
Kuens / Caines [BZ] 3 ABc
Kumeta 159 Bc
Kuppelwies / Pracúpola [BZ] 15 Aab
Kurtatsch an der Weinstrasse / Cortáccia sulla Strada del Vino [BZ] 15 Cc
Kurtinig an der Weinstrasse / Cortina sulla Strada del Vino [BZ] 15 Cc

L

Laag / Laghetti [BZ] 15 Cc
Laas / Lasa [BZ] 1 Ed
Laatsch / Láudes [BZ] 1 Dc
la Badía [PG] 93 EFa
la Badía [PG] 85 DEbc
la Badía [PO] 75 Ea
la Balma [VB] 9 CDc
la Balme [AO] 21 Bc
la Banca [ROMA] 117 Ba
la Bandita [PI] 81 Dc
la Baracca [AR] 83 Fab
la Baracca [SP] 65 Ac
la Barcáccia [PG] 85 Dc
la Barca del Grazi [GR] 99 Cab
la Barriera [AG] 171 Bd
la Bassa [MN] 43 Ac
L'Abbandonato [GR] 93 Ac
Labbro, Monte– 93 Bc
La Béccia [AR] 77 Dc
la Beta [SI] 83 Ed
la Beloria [PR] 53 Dab
la Berzigala [MO] 67 Bb
la Bethaz [AO] 21 Cd
Labiata [SR] 173 Ccd
Lábico [ROMA] 109 Bc
Labiolu, Nuraghe– 183 Cc
La Bollène–Vésubie [Fr.] 71 Bb
La Borra [FC] 69 Dc
la Borra [PI] 81 Da
la Bosca [FE] 55 Gbc
la Brecciosa 111 ABc
la Bríglia [PO] 75 Eb
La Brigue [Fr.] 71 Ca
Labro [RI] 101 Fa
Labronzo, Punta– 165 ins.b
la Bruciata 23 Bc
la Buca [BO] 55 Ec
la Buca [SI] 83 Ed
la Buse dei Véris [UD] 33 Ca
Lac, Becca du– 21 Cd
Lac, Cima– 15 Ab
la Caletta [CI] 195 Bc
la Caletta [NU] 185 Fc
la California [LI] 81 Dc
la Calle [PG] 85 Ab
la Callura [CT] 173 Bc
la Cámera [FG] 115 Ad
la Campana [BO] 67 Fb
la Campana [ROMA] 109 Ade
la Campigliola [GR] 99 Da
la Canala [AQ] 111 Bc
la Canala [MT] 133 Bd
la Canala [RA] 69 Eb
la Canónica [SI] 83 Dc

la Capannina [LU] 73 DEb
la Cappelletta [GE] 63 Bb
La Casáccia [VT] 101 CDb
la Casazza [MO] 55 DEb
la Casedda [OT] 179 Bd
la Casella [TR] 95 Ac
la Casetta [FI] 75 Fa
La Casina [VT] 93 Cc
La Cassa [TO] 35 Gc
La Castellina [SI] 83 Ec
la Catena [AG] 175 Ca
la Catena [PA] 169 Ea
la Cava [CT] 173 Db
La Cava [PI] 81 Da
Lácchiarella [MI] 39 Cc
Láccio [GE] 63 Dab
Lacco [ME] 163 Ab
Lacco Ameno [NA] 127 Bb
La Cechetta 109 Ec
La Cerchiara 131 Bc
Lacerno, Torrente– 111 Bc
Lacerone, Monte– 101 Fb
la Cérqua [TR] 101 DEa
Laces / Latsch [BZ] 1 Fd
la Cetina [SI] 83 ABc
Lachelle [VC] 37 Dc
la Chiancata [FG] 115 Cd
la Chiesa [FE] 55 Fc
la Chiostra [PI] 81 Eb
La Chiusa [FC] 69 CDcd
la Chiusa [FI] 75 Fb
la Chiusa [RA] 69 DEb
la Ciaccia [SS] 181 Ec
la Cialma 35 Fb
Lacina, Lago di– 153 Ec
Lacinigo / Latschinig [BZ] 1 Fd
La Cinta [OT] 185 EFb
la Città [BO] 67 DEa
la Ciucchetta 111 Dd
la Civitella 117 Fa
la Coetta [VR] 43 Cb
La Colonna [PU] 79 Ec
la Comina [PN] 31 Bd
Lacona [LI] 89 Dc
le Condamine–Chatelard [Fr.] 59 Bb
Lacone [CS] 149 Db
Láconi [OR] 189 Bd
Lacònia [OT] 179 Dc
la Contea [BO] 55 Fcd
la Contea [TV] 31 Bc
la Contessa [BT] 123 Ec
Lacore, Laghi– 111 Db
la Corte [MO] 55 Cc
la Corte [RE] 53 Gc
La Corte [SS] 181 Bd
la Costa [AL] 51 Cd
la Costa [PG] 93 Dab
la Costa [PG] 95 Cc
la Costa [PR] 65 Ba
la Costa [PR] 65 Fa
la Costa [VR] 43 Cb
la Cotarda [LT] 117 Da
l'Acqua [PO] 75 Ea
la Croce [AL] 49 Fc
la Croce [AN] 79 Ec
la Croce [AR] 83 Ec
la Croce [FM] 97 Cab
la Croce [PU] 79 Cc
la Croce [RG] 177 Bd
la Croce [SI] 83 Cb
la Croce [TV] 31 Cd
la Croce, Lago– 111 Fb
la Crocera [CN] 47 Fc
la Crocetta [FC] 77 Ga
La Crocina [AR] 83 Ea
la Crosara [RO] 57 ABb
la Crosetta [PN] 31 Dab
la Crucca [SS] 181 Cc
la Cucuzzata 143 Ac
la Cuzza 129 Gc
Ladas, Nuraghe sas– 181 Fd
la Destra 143 Bc
la Difesa [CS] 145 Cc
la Difesa [FG] 121 Db
Ladino [FC] 69 Cc
Ladíspoli [ROMA] 107 Cb
la Dogana [PG] 85 Bc

la Dogana Rossa [SI] 93 Da
la Dota [AT] 49 Ec
Laerru [SS] 181 Ed
la Fagosa 143 Cbc
la Falconara [IS] 111 Dd
La Falconara [PZ] 143 Dc
la Faraona [RE] 67 Ab
la Farnesiana [ROMA] 99 Gc
la Farneta [PI] 81 Fbc
la Fazenda [CI] 195 Cd
la Ficaccia [OT] 179 Cb
la Fiorana [FE] 57 Cd
la Fittà [VR] 43 Db
La Foce [SP] 73 Ba
la Foce [SI] 93 Cab
la Fontana [PI] 81 CDa
la Forcatella [BR] 135 Aa
la Forchetta 109 Ec
La Forcora [VA] 9 Gd
la Foresta [CS] 147 Cc
La Forma [FR] 109 Cc
la Forna [FE] 55 Fbc
la Fornace [PU] 79 Dcd
la Fossa [RE] 53 Fcd
la Frascata [RA] 69 Ca
la Fratta [SI] 83 Ec
la Fravezza [PC] 53 ABb
la Frizza [MN] 55 Cb
la Frua [VB] 9 Eb
Laga, Monti della– 97 Bd
La Gabelletta [VT] 101 Cc
la Gabellina [RE] 65 Ec
Lagacci [PT] 75 Da
Lagaccioli [GR] 99 Db
Lagadello [PR] 53 Fc
Lagagnolo [PV] 51 Eb
la Gala [ME] 163 Bb
Laganadi [RC] 155 Bbc
Lagaro [BO] 67 DEc
Lagarò Lupinacci [CS] 147 Ad
la Gatta [RP] 53 Dc
Lagazuoi 17 Ba
Lagdei [PR] 65 CDb
La Gerla (Kraxentrager) 3 Dab
Laghestél di Pine 15 Cd
Laghetti / Laag [BZ] 15 Cc
Laghetti di Marinello, Riserva Naturale– 163 Bb
Laghetto [ROMA] 109 Abc
Laghetto, il– 13 Dc
Laghi [VI] 29 Fc
Laghi [VI] 29 Cc
Laghi, Coston dei– 29 Cb
Laghi di Avigliana, Parco Naturale dei– 35 Fd
Laghi di Conversano, Riserva Naturale Regionale Orientata– 125 Dbc
Laghi di Doberdò e Pietrarossa, Riserva Naturale dei– 33 Ec
Laghi di Sibari [CS] 147 Bdc
Laghi Lungo e Ripasottile, Riserva Naturale Regionale– 101 Gb
la Ghinata [RO] 55 Ga
Laghi Suviana e Brasimone, Parco Regionale dei– 75 Ea
la Giorgia [AQ] 109 Eb
la Giorgina [AQ] 103 Cd
la Giudecca [VE] 45 DEb
la Giustiniana [ROMA] 107 Eb
Laglesie San Leopoldo [UD] 19 Cab
Láglio [CO] 25 Cb
Lagna [NO] 23 Ec
Lagnasco [CN] 47 Gd
Lago [CS] 149 Cbc
Lago [GE] 63 Db
Lago [PC] 51 Fc
Lago [PR] 65 Db
l'Ago [SP] 65 DEc
Lago [TN] 15 DEc
Lago [TV] 31 Cb
Lago [VI] 43 Fb
Lago [VI] 29 CDc
Lago, Cima del– (Jerebica) 19 Eb
Lago, Croda da– 17 Bb
Lago, Monte– 11 Fd
Lago, Monte del– 85 Ca
Lago, Pizzo di– 11 Eb
Lago, Rio del– 19 Eb

Lago Bianco, Punta– (Weißsee–Spitze) 1 Ec
Lago Cornino, Riserva Naturale del– 19 Bc
Lago Costa 15 Cd
Lago d'Ampola 27 Fb
Lago dell'Angitola, Oasi del– 153 Db
Lago di Andalo, Alveo del– 15 Bc
Lago di Burano, Riserva Naturale– 99 Db
Lago di Campotosto, Riserva Naturale– 103 Da
Lago di Candia, Parco Naturale del– 37 Bb
Lago di Canterno, Riserva Naturale Regionale– 117 Eb
Lago d'Idro 27 Cc
Lago di Lesina, Riserva Naturale– 115 Bb
Lago di Loppio 29 Ab
Lago di Lóppio, Alveo del– 29 Ab
Lago di Lozon, Riserva Naturale– 21 Fc
Lago di Montepulciano, Riserva Naturale– 93 Da
Lago di Penne, Riserva Naturale– 105 Bb
Lago di Pergusa, Riserva Naturale– 175 Cb
Lago di Posta Fibreno, Riserva Naturale– 111 Bc
Lago di San Giuliano, Oasi del– 133 Dc
Lago di Santa Luce, Riserva Naturale Provinciale– 81 Db
Lago di Sartirana, Riserva Naturale– 25 Ec
Lago di Serranella, Riserva Naturale– 105 Ed
Lago di Toblino 29 Aa
Lago di Vico, Riserva Naturale Regionale– 101 Cc
Lago di Villa, Riserva Naturale– 21 Gc
Lago Falciano, Riserva Naturale del– 119 Cb
la Goga [PG] 85 Bcd
Lago Gelato, Pizzo– 9 Ec
Lago Laudemio, Riserva Naturale– 143 Bb
Lagomar, Villaggio– [CZ] 151 Bc
Lagonegro [PZ] 143 Ab
Lago Nero, Cima– / Schwarzseespitze 3 Bb
Lagoni [GR] 81 Gcd
Lagoni, i– 65 Db
Lagoni, Monte– 67 Bc
Lagoni del Sasso [PI] 81 EFcd
Lagoni di Mercurago, Parco Naturale dei– 23 Fc
Lagoni Rossi [PI] 81 Ed
Lago Pantaniello, Riserva Naturale– 111 Cc
Lago Pantano di Pignola, Riserva Naturale– 131 Bc
Lago Patria, Marina di– [CE] 119 Cd
Lago Patrono [AL] 51 Dd
Lago Pésole, Alveo del– 131 Bb
Lago Piatto [CE] 119 Cc
Lago Piccolo di Monticchio, Riserva Naturale– 123 Bd
Lago Preola e Gorghi Tondi, Riserva Naturale– 167 Cg
Lago Pudro 15 Cd
Lágora [BO] 67 DEd
Lagorai, Catena dei– 15 Dc
Lagorai, Cima di– 15 Ec
Lagorai, Lago– 15 Ec
Lagosanto [FE] 57 Dc
Lago Scuro, Pizzo di– 27 Cd
Lago Sfondato, Riserva Naturale– 171 Bb
Lago Soprano, Riserva Naturale– 171 Bc
Lago Trasimeno, Parco del– 93 Ea
Lago Treárie, Riserva Naturale– 161 Bc
La Gran Becca (Tsaat á l'etsena) 21 Ec

la Grancia [AQ] 109 Eb
La Grande Aiguillette 47 Dc
La Grángia [CN] 47 Gd
Lagrimone [PR] 65 Eb
La Guárdia [AQ] 111 ABb
La Guárdia, Monte– [NO] 67 BCb
La Guárdia, Monte– 171 Ea
Laguna, Parco della– 45 Eb
Laguna Blu 145 Bd
Laguna di Capo Peloro, Riserva Naturale– 155 Ab
Laguna di Orbetello di Ponente, Riserva Naturale– 99 Cb
Lagundo / Algund [BZ] 3 Ac
L'Aia, Lago– 101 Ea
l'Aiale [SI] 93 CDb
Laiano [BN] 121 Ac
Laietto [TO] 35 Ed
Laiguéglia [SV] 71 Fb
Lainate [MI] 25 Cb
Laino [CO] 25 Cb
Laino Borgo [CS] 143 Bc
Laino Castello [CS] 143 Bc
Láio, Fosso– 105 Dd
l'Aiola [PI] 81 Db
Laion / Lajen [BZ] 3 Dd
Laipacco [UD] 33 Ca
Laise [SS] 145 Cc
Laives / Leifers [BZ] 15 Cb
Lajático [PI] 81 Eb
Lajen / Laion [BZ] 3 Dd
la Lama [FC] 77 Cc
la Lama [PI] 81 Fc
la Lama [TA] 133 Fd
la Lama [TA] 133 Dc
La Landrigga [SS] 183 Cb
la Lasta / Köpflplatte 1 Dd
La Lastra [FI] 75 Fc
Lalatta [PR] 65 Eb
l'Albergo [AR] 83 Eb
La Lechère [AO] 21 Eb
La Lima [PT] 75 Ca
Lállio [BG] 25 Fd
La Lóggia [TO] 49 ABb
La Loggia, Villaggio– [AG] 169 Ed
Lalumia, Villa– [PA] 159 Fbc
la Luparella [FG] 123 Da
Lama [AR] 83 Fa
Lama [PG] 85 Bab
Lama [PV] 51 Fc
Lama [SI] 93 Ba
Lama [SP] 73 Da
Lama, la– 133 Dc
Lama, Torrente– 85 Ba
Lama Balice 125 Cb
Lama Balice, Parco Naturale– 125 Cb
Lama Bianca, Riserva Naturale– 105 Cd
La Maciona [OT] 179 Cd
Lamacupa, Monte– 123 Ec
la Maddalena [CN] 47 Bc
La Maddalena [OT] 179 Db
La Maddalena [ROMA] 109 Cb
Lama dei Peligni [CH] 111 DEa
Lama di Castellaneta 133 Dc
Lama di Lenne 133 Ec
Lama di Mónchio [MO] 67 ABb
Lama di Reno [BO] 67 Eb
Lama di Setta [BO] 67 Eb
La Madonnina [RE] 55 Ac
La Magdeleine [AO] 21 Fc
La Magione [FR] 109 Cc
La Maiella 105 Cc
la Maielletta 105 Cd
La Máina [AQ] 17 Fd
Lamalesa [SI] 91 Fa
Lamalunga [BT] 123 Dc
Lama Mocogno [MO] 67 Bc
Lamandia [BA] 125 FGc
La Mandra [FR] 111 Bd
La Mándria [GR] 99 Eb
La Mándria, Parco Regionale– 35 Gd
la Manna [AV] 121 Dc
La Mantovana [VR] 43 DEd
Lampera, Múrgia di– 123 Fd
Lama Pezzoli [RO] 57 Ca
Lama Polésine [RO] 57 Ca
la Marana [FG] 123 Bc
la Marchesa [FR] 113 Fd
la Marchesa [FG] 53 Dc
la Marchesa [VC] 37 Db

La Mármora, Punta- 189 Cd
la Marmorata [OT] 179 Cb
Lamarossa, Riserva Naturale- 65 Fc
la Martella [MT] 133 Bbc
la Martina [BO] 67 Fc
la Martina [CN] 61 Ca
la Masera [BO] 67 Cc
la Mastra [PZ] 131 ABb
l'Amastuola [TA] 133 EFc
la Matina [CS] 145 Dc
Lamato Amato, Fiume- 149 Dd
Lama Torta, Monte- 123 Fd
la Mazzona [FE] 55 EFb
Lámbara [VI] 29 EFb
Lambertúccia [MC] 97 Aa
Lambin, Rio- 29 Aa
Lambrate [MI] 39 Db
Lambrinia [PV] 39 Fd
Lambro, Fiume- [Camp.] 141 Cb
Lambro, Fiume- [Lomb.] 39 Db
l'Ambrogina [GR] 93 Ab
Lambro Meridionale, Fiume- 39 Ec
Lambro Settentrionale, Fiume- 39 Ec
Lambrugo [CO] 25 Dc
Lame [MN] 55 Eb
Lame [TE] 97 Bd
Lame del Sésia, Parco Naturale- 37 Eb
Lamen [BL] 31 Aa
Lamenata, Molino- [AR] 83 Cab
La Mesola 17 Ab
la Meta 111 Cc
Lamézia Terme [CZ] 149 Dd
Lamézia Terme, Aeroporto Internazionale- 149 Dd
Lámia La Noce [BA] 125 Bc
Lámia San Doménico [BA] 125 Bb
la Minara, Monte- 65 Cab
Lámmari [LU] 75 Bb
Lámole [FI] 83 BCa
Lámoli [PU] 85 Ba
la Molla [SI] 93 Db
Lamon [BL] 29 Fa
la Monachina [ROMA] 107 DEb
Lamone, Fiume- 69 Ea
la Monna 109 Ec
la Montagna 93 Cd
la Montagnola [AQ] 111 Cc
la Montagnola [CH] 113 Aa
la Montagnola [IS] 111 Fd
la Montagnola [IS] 111 Dc
la Montagnola [PU] 85 Da
la Montanina [AR] 83 Ea
la Montesca [PG] 85 Bb
la Mora [BO] 55 Ec
la Mórgia 105 Dd
La Morra [CN] 49 Cd
Lamosano [BL] 17 Dcd
la Motta [FE] 55 FGb
la Motta [PR] 53 Dab
la Motticella [FG] 115 Ad
la Mozza [GR] 91 Fc
Lampazzone [VV] 153 Bc
Lampedusa [AG] 167 ins.b
Lampedusa, Isola di- 167 ins.b
Lampedusa e Linosa [AG] 167 ins.b
Lampezia [CS] 145 Cc
Lampiano [SS] 181 Bd
Lampione, Isola di- 167 ins.b
Lampo, Serra- 143 Db
Lampone, Cima- 23 Cb
Lamporecchio [PT] 75 Dc
Lamporo [VC] 37 Cc
Lampu, Serra su- 189 Bc
La Muda [BL] 17 Bc
la Muddizza [SS] 181 Ec
la Mula 145 Cb
La Mutta (Hollbrucker Spitze) 5 Cc
Lan, Cima di- 29 Fab
Lana [BZ] 3 ABd
Lana, Torrente- 85 Bb
Lanari [VI] 29 Fb
Lanaro, Monte- 33 Fc
la Nave [AR] 83 Fc
Lanca [NO] 23 Fd
Lanca di Gerole, Riserva Naturale- 53 Ea
Lancenigo [TV] 31 Cc
Lanche di Azzanello, Riserva Naturale- 41 Bc
Lancia del Muto, Serra- 145 Cc
Lanciáia [PI] 81 Fc
Lanciano [CH] 105 Ec
Lanciatoio [AP] 97 Bb
Láncio, Monte- 67 Bcd
Lanciole [PT] 75 Cb
Lancisa [PT] 75 Ca
Landiona [NO] 37 Eab
Landiragi 193 Cd
Landiri, Bruncu su- 193 Eb
Landò [BS] 13 Cd
Landriana 107 Fd
Landriano [PV] 39 Dc
Landris [BL] 17 Bd
Landro [ME] 163 Ab
Landro [PA] 171 Cab
Landro, Lago di- / Dürrensee 5 Bd
Landro / Höhlenstein [BZ] 5 Bd
Lanessi, Torrente- 193 Bc
Lanfredi [SV] 71 Fab
Langasco [GE] 63 Ca
l'Angelina [MO] 55 Eb
Längenfeld [A] 1 Fa
Langhe 61 Cb
Langhe, Parco Safari delle- 61 Db
Langhirano [PR] 65 Ea
Langkofel / Sasso Lungo 3 Ed
Langlauferer Ferner 1 Ec
Langosco [PV] 37 Fc
Langosco, Canale- 39 Ab
Langsee 13 Fb
Langsee / Lungo, Lago- 3 Ac
L'Anguria [LE] 139 Dbc
l'Annunziata [AQ] 111 Cb
l'Annunziata [CA] 197 DEb
l'Annunziata [CE] 119 Fc
l'Annunziata [KR] 151 DEd
l'Annunziata [RG] 177 Cc
l'Annunziatella [ROMA] 107 Fc
Lano [SI] 83 Ab
La Nova, Fosso- 99 Fa
la Novella [SI] 93 Cbc
Lanslebourg-Mont-Cenis [Fr.] 35 Cc
Lanslevillard [Fr.] 35 Cc
Lantana [BG] 27 Bb
Lantana, Monte- 27 Bb
Lante, Villa- 101 Bb
Lantera, Colle- 111 Bb
Lanteri [SR] 177 Db
Lantosque [Fr.] 71 Ab
la Nuda, Monte- 65 Cc
Lanusei [OG] 189 Ed
Lanúvio [ROMA] 109 Acd
Lanvario [BI] 23 Dd
Lanza [TN] 15 Bb
Lanzada [SO] 13 Ac
Lanzago [TV] 31 Cd
Lanzano [MI] 39 Eb
Lanzara [SA] 129 Bb
Lanzarini [TV] 31 Ac
Lanzarite, Serro- 163 Ac
Lanzè [VI] 43 FGa
Lanzena [RC] 155 Bc
Lanzetta [PD] 43 Fc
Lanzi, Rivo del- 119 Dc
Lanzo, Fosso- 91 Fb
Lanzo d'Intelvi [CO] 25 Cb
Lanzona, Rocca- 53 Dc
Lanzone, Monte- 51 Bd
Lanzone, Pizzo- 169 Da
Lanzoni [VE] 31 Dd
Lanzo Torinese [TO] 35 Fc
Lao, Fiume- 145 Cb
Laorca [LC] 25 Eb
La Pace [FG] 115 Dd
la Pace [MC] 87 Dc
la Pagliara [CE] 119 Dc
la Palascia [LE] 139 FGb
la Palazza [AR] 77 Ed
la Palazza [BO] 69 ABb
la Palazzina [CE] 119 Fa
la Palazzina [GR] 91 Eb
la Palazzina [MN] 43 Cd
la Palazzina [OT] 179 Dd
la Palazzina [PI] 73 Ec
la Palazzina [SI] 93 Cb
la Palud [AO] 21 Bc
la Parrina [GR] 99 Cb
la Pasquina [MO] 55 Db
la Pasta [FE] 55 Fb
La Paura [LT] 109 CDe
La Pavona [VC] 23 Ed
la Pavonara [FE] 57 ABb
la Pedaggera [CN] 61 Db
Lapedona [FM] 97 Da
la Pedráia [SS] 181 Bd
la Pelosa, Monte- 95 Ed
La Penna [CH] 105 Fc
La Penna, Invaso- 83 Eb
la Penna, Monte- 111 Ec
la Pérgola [TP] 157 Cc
la Pesa [VR] 43 Dc
la Pescáia [GR] 91 Eb
la Péscia [FG] 123 Ca
la Pessa [SO] 13 Ad
la Pesta [GR] 91 Db
la Petrizia [CZ] 151 Cd
La Petrizia [CZ] 151 Cd
l'Ápia [AR] 83 Ea
la Piana [CE] 119 Cc
la Piana [LT] 117 ins.a
La Piazza [SO] 11 Ecd
La Piazza di Sabbione [RE] 55 Bd
la Piazzetta [SI] 81 Fab
la Picca [MO] 55 Db
la Picciola [SA] 129 Cc
la Piera [RO] 55 Ga
la Pietra [TO] 37 Cd
La Pietra, Riserva Naturale- [AR] 77 Cc
La Pietra, Riserva Naturale- [GR] 91 Ea
la Pieve [GR] 91 Fd
la Pieve [RN] 77 Fb
la Pieve [SI] 93 Aab
la Pieve [SI] 83 Db
la Pila [FG] 123 Dab
la Pila [LI] 89 Dc
Lápio [AV] 121 Cd
Lápio [VI] 43 Fb
la Pioppa [CR] 53 Da
La Piota 9 Fd
la Pira, Monte- 179 Cd
La Pisana [ROMA] 107 Ebc
La Place [AO] 21 Gd
la Plaggetta [LU] 73 Eb
la Plose / Plosebühel 3 Ec
la Polverosa [GR] 99 Cab
la Posta [FI] 67 Ec
Lappach / Lappago [BZ] 3 Eb
Lappago / Lappach [BZ] 3 Eb
Lappano [CS] 149 Db
Lappato [LU] 75 Bb
La Presa, Isola- 179 Db
la Prospera [FE] 55 EFb
la Provvidenza [BR] 135 Bc
la Pussa [PN] 17 Eb
la Querce [PO] 75 Eb
la Quércia [VT] 101 Bb
la Quiete [MO] 55 Ebc
la Quiete, Parco- 41 Fb
L'Áquila [AQ] 103 Db
la Ráia del Pedale 141 Da
la Rangona [FE] 55 Eb
Laranz / Laranza [BZ] 15 Ea
Laranza / Laranz [BZ] 15 Ea
la Rarete 141 Fa
la Rásega [BS] 13 Dd
l'Aratrice [GR] 91 Fb
Larche [Fr.] 59 BCb
Larciano [FC] 77 Dc
Larciano [PT] 75 Dc
Lardara [LO] 41 Ad
Lardaro [TN] 27 EFb
Larderello [PI] 81 Fc
Larderia Inferiore [ME] 163 Db
Larderia Superiore [ME] 163 Db
Lardina, Fonte- 97 Aa
Lardirago [PV] 39 Dc
la Reale [SS] 181 Bb
Larécchio, Lago di- 9 Ec
la Rena [BA] 125 Dc
Láres, Crozzon di- 13 Ed
Laresi, Doss dei- 15 Dc
Larganza, Torrente- 29 Da
Larghetto [RI] 101 Fb
Largisi [CE] 119 Ec
Largo Zullo [CB] 113 Bd
Lari [PI] 81 Da
Lariano [ROMA] 109 Bc
Lárici [BZ] 5 Ac
Larici, Cima- 29 Db
Lariè, Cima- 9 Dd
Larino [CB] 113 Dc
Lário → Como, Lago di- 25 Db
la Ripa [FI] 75 Ed
la Riva [RE] 67 ABa
Larizzate [VC] 37 Ec
Larniano [AR] 77 Cc
Larniano [SI] 81 Fb
la Rocca [CB] 113 Bde
la Rocca [CB] 113 Bd
la Rocca [GR] 99 Cb
la Rocca [PG] 95 Bb
la Rocca [RE] 55 Ac
la Rocca, Monte- 111 Bc
la Rocca, Torrente- 173 Cd
la Rocchetta [LI] 91 Bb
La Rocchetta [TN] 15 Bc
la Rocchetta di Prendera 17 Bb
la Roiuzza 17 Fd
Laroma [CH] 105 Dd
la Romana 111 Ed
Larone, Monte- 9 Ec
La Rosa [Svizz.] 13 Bb
la Rosamarina [EN] 173 ABb
la Rotonda di Monte Marmo 129 Gc
la Rotondella [CS] 143 Ac
la Rotondella [CT] 173 Cc
la Rotondella [PZ] 143 Ebc
la Rotta [FE] 57 Cc
la Rotta [GR] 93 Cd
la Rotta [MN] 43 Ac
la Rotta [PI] 75 BCd
Laroussa, Monte- 59 CDc
la Ruga [LE] 139 Db
La Rupe 15 Bc
La Rupe, Zoo- 105 Bb
La Rustica [ROMA] 107 Fb
la Ruzza [FI] 75 Fab
l' Arvu [SS] 181 Fc
Larzána [TN] 27 Fa
Larzonei [BL] 17 Ab
Lasa, Punta di- / Orgel-Spitze 1 Ed
Lasa / Laas [BZ] 1 Ed
la Sabatina [GR] 91 Fc
la Sacca [VB] 23 Fb
La Salina dei Monaci, Riserva Naturale Regionale- 139 Ba
La Salle [AO] 21 Cc
la Salute di Livenza [VE] 31 Fd
Lasanca, Rio- / Lasankenbach 3 Ec
Lasankenbach / Lasanca, Rio- 3 Ec
la Santa [MN] 43 Ad
la Santina [PC] 53 Ca
la Santona [MO] 67 ABc
La Saxe [AO] 21 Bc
la Scala [SI] 93 BCab
la Scaletta 63 Fb
la Scalitta [OT] 181 Fc
Láscari [PA] 159 Fbc
Lascocanale [VT] 99 Fc
la Scrófola [FG] 123 Ca
la Sdriscia [LI] 91 Bb
la Sega [TN] 29 Ac
la Selce [ROMA] 107 Db
La Sella, Cima- 9 Ed
la Selva [AR] 83 Db
La Selva [CS] 145 Fb
La Selva [FC] 69 Dc
la Selva [FR] 109 Fc
La Selva [FR] 111 Cd
la Selva [SI] 83 Ad
la Selva [SI] 83 Ac
Lasen [BL] 17 Ad
la Serra [AQ] 103 Ed
la Serra [CS] 143 Ccd
la Serra [MT] 131 Ed
la Serra [PI] 81 Ea
La Serra [Piem.] 37 Bb
la Serra [PO] 75 DEc
la Serra [PZ] 143 Ba
la Serra [PZ] 141 Fb
la Serrata [GR] 91 Fab
Lasès [TN] 15 Cd
la Sesta [SI] 93 Aab
la Sgrilla [GR] 93 Ad
la Sila 149 EFb
La Siligata [PU] 79 Cb
Lasin, Lago- 35 Fb
Lasinetto [TO] 35 FGab
Lasino [TN] 29 Aab
la Sirena [BO] 67 Db
la Siribanda [BR] 135 Dc
Lasnigo [CO] 25 Db
la Spécchia [BR] 135 Cc
La Spera [RI] 101 Fb
La Spézia [SP] 73 Ba
las Plássas [VS] 193 Bb
Lassini, Monte- 171 Dc
Lassolaz [AO] 21 Fc
l'Assunta / Maria Himmelfahrt [BZ] 15 Dab
Lasta Alta / Hochplatte 3 Bc
Lasta di Dentro / Ast [BZ] 3 Ec
La Stanga [BL] 17 Bc
la Stanga [VI] 43 Fa
Laste [BL] 17 Ab
Laste, Cima- 17 Db
Laste, Punta delle- / Plattenspitz 3 Bc
Laste / Asten [BZ] 3 Cc
Lastebasse [VI] 29 Cb
Lastè delle Sute 15 Ec
la Stella [MO] 67 Bb
la Stella [RE] 65 Fa
la Sterza [PI] 81 Eb
Lastoni-Selva Pezzi, Riserva Naturale- 29 Ac
la Storaia [PO] 75 EFa
La Storta [ROMA] 107 Eab
Lastra [BL] 17 Cd
Lastra a Signa [FI] 75 Ec
la Strada [PR] 65 DEa
la Strada [RA] 69 Bc
Lastroni, Monte- 5 Ed
la Suora [MO] 55 Db
la Svolta [RE] 65 Fb
Lat, Piz- 1 Cbc
Latari, Punta- 185 Cc
la Taverna [CS] 143 Cc
la Taverna [LT] 117 FGa
Lateis [UD] 17 Fb
Latemar 15 Eb
Latemar, Monte- 15 Eb
Látera [FI] 75 Fb
Látera [VT] 93 Cd
Laterina [AR] 83 Eab
Laterza [TA] 133 Cc
la Testa [BT] 125 Aa
La Thuile [AO] 21 Bc
Latiano [BR] 135 Cc
Laticastelli [SI] 83 Dc
Latignano [PI] 75 Bd
La Timpa, Riserva Naturale- 173 Db
Latina [CE] 119 Eb
Latina [LT] 117 Ca
Latina, Lido di- 117 Ca
Latina Scalo [LT] 109 Bd
Latisana [UD] 33 Bc
Latisanotta [UD] 33 Bc
Lato, Fiume- 133 Dc
la Tomba, Torre- 79 Aa
Latomie [TP] 167 Db
La Tonnara [CI] 195 Cc
la Toppa 121 Ecd
la Torráccia [LI] 91 Bab
La Torre [FC] 77 Fb
la Torre [FI] 83 Aa
la Torre [MO] 67 Cb
la Torre [PU] 79 Cc
la Torre [PV] 37 Fc
la Torre [SR] 177 Dcd
la Torre [VE] 33 Ad
La Torre, Case- [SR] 173 Cd
la Torre, Lago dietro- 35 Dc
la Torretta [CH] 113 Bb
la Torretta [FG] 113 EFd
la Torretta [RO] 43 Dd
la Torricella [PG] 95 Aa
la Tosca [RA] 69 CDab
la Tozza [OT] 181 Fc
la Traessa [OT] 179 Bc
la Trappa [BI] 23 Bd
la Tráppola [PR] 67 CDc
la Traversa [NU] 185 DEd
la Trinité [Fr.] 71 Ac
Latrónico [PZ] 143 Cb
Latsch / Laces [BZ] 1 Fd
Latschinig / Lacinigo [BZ] 1 Fd
Lattai, Monte- 75 Dab
Lattanzi, Laghi- 109 Dc
Lattari, Monti- 127 Fb
Lattárico [CS] 145 Dd
Latte, Col del- 15 Ec
Latte di Ventimiglia [IM] 71 Cc
la Tufara [BR] 133 Gb
la Turchia [RA] 69 Ca
La Turchia [RN] 79 Ba
Laturigu, Punta su- 185 Cc
Latzfons / Lazfons [BZ] 3 Dcc
Latzones, Nuraghe- 187 Ec
Láuco [UD] 19 Ab
Laudemio, Lago- (Remmo, Lago-) 143 Bb
Láudes / Laatsch [BZ] 1 Dc
Laugenspitze / Luco, Monte- 15 Ba
Laugera, Punta- 23 Cab
Láura [PI] 81 CDa
Laura [SA] 129 Cd
Laura, Monte- 17 DEc
Laura, Villa- [TR] 93 Ec
Laurasca, Cima di- 9 Ed
Laureana Cilento [SA] 141 Ba
Laureana di Borrello [RC] 153 Ccd
Lauregno / Laurein [BZ] 15 Bb
Laurein / Lauregno [BZ] 15 Bb
Laurentino-Acqua Acetosa, Riserva Naturale Regionale- 107 Ec
Laurentum 107 Ec
Laurenzana [PZ] 131 Cd
Laurenzana, Torrente- 147 Cc
Laureto [BR] 133 Fb
Lauria [PZ] 143 Bb
Lauriano [TO] 37 Cd
Laurignano [CS] 149 Db
Laurino [SA] 129 Ed
Laurito [SA] 141 Dab
Láuro [AV] 129 Aa
Láuro [CE] 119 Cb
Láuro [FG] 115 Bb
Lauro [RC] 155 Db
Lauro [TV] 31 Ac
Lauro, Monte- 177 Cb
Lauro, Torre del- [ME] 161 Eb
Lauròpoli [CS] 145 Eb
Laus, Rifugio del- 59 Dc
Lausetto [CN] 59 Cb
Lausetto, Cima del- 59 EFc
Lautoni [CE] 119 Eb
Laux [TO] 47 Da
Lauzacco [UD] 33 Cb
Lauzzana [UD] 19 Bd
La Vaccareccia [FR] 111 Bd
la Vaccaréccia [RE] 65 Eb
Lavacchini [PT] 75 Da
Lavacelli, Monte- 87 Bc
Lavachey [AO] 21 Cbc
Lavaggio, Cima- 23 CDb
Lavaggiorosso [SP] 65 Ac
Lavagna [GE] 63 EFc
Lavagna [LO] 39 Eb
Lavagna, Torrente- 63 Eb
Lavagnina, Laghi- 51 Bd
Lavagno [VR] 43 Cb
Lavaiana, Torrente- 53 Ac
Lavaiano [PI] 81 Da
Laval [TO] 47 Cb
la Valle [PC] 51 Fc
la Valle [PC] 53 Bb
la Valle / Tal [BZ] 1 Ed
La Valle / Wengen [BZ] 3 Fd
La Valle Agordina [BL] 17 Bc
la Valletta [BO] 69 Aa
la Vallona [BO] 69 ABa
la Vallona [FE] 57 Bb
Lavane, Monte- 77 Bab
Lavanech, Monte- 27 Eb
Lavanestra, Torrente- 61 Fc
Lavara, Monte- 19 Cb
Lavarda [VI] 29 Ec
Lavariano [UD] 33 Cb
Lavarone [TN] 29 Cb
la Vasca [TR] 101 Ca
Lavazza, Monte- 13 Bd
la Vecchia [BI] 23 Bd
la Vecchia [RE] 65 Ga
la Vedetta [RE] 67 Aa
la Vella [PR] 53 Db
Lavella, Torrente- 121 Fb
Lavello [PZ] 123 Cc
Lavena Ponte Tresa [VA] 25 Bb
Láveno [BS] 27 Cb

Laveno [VA] 23 Fb
Laveno-Mombello [VA] 23 Fb
Lavenone 65 Ab
Laventarola 65 Ab
Laverda [VI] 29 Ec
Laverde, Fiumara– 155 Dc
La Vergine [PT] 75 CDb
Laveria [CI] 195 Eb
Laverino [MC] 85 Fd
La Verna [AR] 77 Dc
La Verna [MO] 67 Ab
Lavetto, Monte– [PI] 73 EFc
La Vettola [PI] 73 EFc
Lavey-les-Bains [Svizz.] 7 Cc
Lavezzola [RA] 69 Ba
La Via 3 Bb
Laviano [PG] 83 Fd
Laviano [SA] 129 Eb
La Villa [AQ] 103 Fd
La Villa [AR] 83 Ea
La Villa [AR] 85 Ba
La Villa [BO] 67 DEa
La Villa [FI] 83 Ba
La Villa [GE] 63 Fa
La Villa [LI] 89 ins.a
La Villa [MC] 97 Aa
La Villa [PC] 53 Db
La Villa [PR] 65 Fa
La Villa [RE] 55 Bc
La Villa [SI] 93 Aab
La Villa [SP] 65 Bc
La Villa [SR] 177 Eb
La Villa / Stern [BZ] 3 Fd
Lavina [BG] 25 Fb
Lavina [BL] 17 Dd
Lavina [IM] 71 Ea
Lavini di Marco 29 Bb
Lavinio–Lido di Enea [ROMA] 107 Fd
Lavinium 107 Fc
Lavino, Monte– 27 Eab
Lavino, Torrente– [BO] 67 Eb
Lavino, Torrente– [PE] 105 Cc
Lavino di Mezzo [BO] 67 Ea
Lavino di Sopra [BO] 67 Eb
Lavino di Sotto [BO] 67 Ea
Lavis [TN] 15 Bd
la Visaille [AO] 21 Bc
la Vittória [SI] 93 Cb
Lavizza, Monte– (Haupenhöhe) 3 Bb
La Volla [FR] 111 Be
Lavone [BS] 27 Cc
Lavorate [SA] 129 Ab
Lavoria [PI] 81 CDa
la Vota, Lago– 149 Dd
Lazfons / Latzfons [BZ] 3 Dcd
Lazise [VR] 43 Aab
Lazzarello, Monte– 51 Eb
Lazzaretti [VI] 29 Cb
Lazzaretto [BO] 55 Ed
Lazzaretto [BS] 41 DEb
Lazzaretto [SI] 183 Bc
Lazzaretto [TS] 33 Fd
Lazzaretto [VE] 31 Ed
Lazzaro, Monte– 51 Fb
Lazzate [MB] 25 Ccd
Lazzaretto [FI] 75 CDc
Leale, Torrente– 19 Bc
Leano, Monte– 117 Fa
Leano, Poggio– 93 Cb
Leardo, Monte– 159 Bc
Leari, Nuraghe– 187 Dc
le Banditelle [PI] 81 Db
Le Bine, Oasi– 41 Ed
le Boline [MN] 55 Ne
le Bolle [FI] 83 Ba
Leca [SV] 71 Ga
le Cámpore [PC] 51 Fc
le Capannace [AR] 83 Fc
le Capanne [FC] 77 Ec
Le Caravelle 71 Ga
le Case [RI] 101 Fb
Le Caselle [AR] 83 Fc
le Caselle [AN] 87 Db
Le Caselle [CS] 145 Fa
le Caserine [AQ] 109 Fb
le Casette [AP] 97 Cc
Le Casette [RI] 101 Fb
Le Casette [ROMA] 109 Aab
le Casine [BR] 135 Bc
Le Castella [KR] 151 DEd
Le Castella [LT] 109 Ad

Le Cave [BZ] 3 CDc
Lecca, Torrente– 63 Ga
Lecce [LE] 135 Fd
Lecce, Tavoliere di– 135 Cd
Lecce nei Marsi [AQ] 111 ABb
Lecceto [SI] 83 Bc
Lecchi [SI] 83 Bb
Lecchi [SI] 83 Bb
Lecchiore [IM] 71 Eb
Lecci [LU] 75 Bc
Léccia [PI] 81 EFc
Léccia, Palazzo– [FG] 115 Cc
Léccio [FI] 77 Ac
Léccio [GR] 91 Fa
Léccio [PI] 81 EFa
Léccio, Rio– 75 Bc
Lecco [LC] 25 Db
Lecco, Lago di– 25 Db
Le Cento Croci [PU] 79 Ec
Le Cese [LE] 135 Fd
Le Cesine, Riserva Naturale– 135 Fd
Le Cetine [SI] 83 Ac
Léchaud, Punta– 21 Ac
le Chiaviche [MN] 55 Aa
Lecinone, Monte– 109 Ab
le Cocche [VR] 43 Aa
le Colombare [MN] 41 Fc
le Conche [TA] 137 Ec
le Cone [ROMA] 109 Ccd
Le Conie [SI] 93 Cb
le Cóntane [FE] 57 Db
Lécore [FI] 75 Ec
le Core [MN] 43 Cd
Le Cornate Fosini, Riserva Naturale– 81 Fd
le Corti [FI] 75 Cc
le Coste [MO] 67 Cb
Le Croci [FI] 75 Fab
Ledis, Monte– 19 Bc
Ledra, Canale– 33 Ba
Ledra, Fiume– 19 Bc
Ledro [TN] 27 Fb
Ledro, Lago di– 27 Fb
Ledù, Pizzo– 11 Ec
le Faie [SV] 61 Gb
le Farine [VT] 101 Bb
le Ferriere [LT] 109 Ad
Leffe [BG] 27 Ab
le Figarole [SP] 73 Ca
le Focette [LU] 73 Eb
le Forna [LT] 119 ins.a
le Fornacette [GR] 91 Eb
le Fornaci [PO] 75 Db
Le Fornaci [VB] 9 Ed
le Fratte [PN] 31 Fb
le Fratte [VI] 29 Cb
Lega, Monte– 71 Fc
Leggiana [PG] 95 Db
Leggio [PC] 51 Gc
Leggiuno [VA] 23 Fb
Leghe [VI] 29 Ec
le Ghiare [PR] 65 Dab
le Giare [RO] 55 FGa
Legnago [VR] 43 Dc
Legnano [MI] 25 Bd
Legnaro [PD] 45 Bbc
Legnaro [SP] 65 Acd
Legnoncino, Monte– 11 Ed
Legnone, Monte– [Lomb.] 11 Ed
Legnone, Monte– [VA] 23 Gb
Legno Nero, Punta del– 165 Da
Legogne [PG] 95 Fc
Legogne, Monte di– 95 Fc
Légoli [PI] 81 Ea
le Gorghe [AR] 83 DEc
Legos [TN] 27 Fb
Le Grazie [AN] 87 DEa
le Grazie [BL] 17 Bb
Le Grazie [MC] 87 Bc
le Grazie [PT] 75 Dab
Le Grazie [SP] 73 BCa
le Grette [AQ] 111 Bb
Legri [FI] 75 Fb
le Grotte [FG] 115 Bd
le Grotticelle, Parco– 165 Db
Le Guaiane [VE] 31 Ecd
Leguigno [RE] 65 Fab
Leguzzano [VI] 29 CDcd
Lei [NU] 187 Fb
Leia, Fosso– 101 Ab

Leifers / Laives [BZ] 15 Cb
Leini [TO] 37 Ac
Leitisetto [TO] 35 Fc
Léivi [GE] 63 Eb
le Lácque [MC] 87 BCc
Le Laste / Schaldern [BZ] 3 Eb
Lella, Monte– 19 Eab
Lelo, Monte– 147 Dd
Lema, Monte– 25 Ba
le Mainarde 111 Cd
le Martelle [MN] 43 Bc
le Martinelle [VE] 45 Cd
Lembo [ME] 161 Fb
Leméglio [GE] 63 FGc
Lémene, Fiume– 33 Ac
le Mezzane [FG] 121 Ea
le Mezzanelle [FG] 121 Fb
Lémie [TO] 35 Ec
Lemignano [PR] 53 Ec
Lémina, Torrente– 47 Fb
Lemizzone [RE] 55 Bc
Lemma [CN] 59 EFab
Lemme, Torrente– 51 Bc
Lemmi [AL] 51 CDc
Lemna [CO] 25 CDb
le Moline [ME] 53 Ad
le Moline [PV] 51 Eb
le Monacelle [BA] 125 CDc
le Monachelle [CS] 145 Fa
Le Montagne delle Felci e dei Porri, Riserva Naturale– 165 Ca
le Morelle [CE] 119 Cc
le Morgie [CH] 105 Fc
le Mose [PC] 53 Ba
le Mosse [VT] 101 Bab
le Motte [CR] 41 Dc
le Motte [MN] 55 Cab
Lemprato [BS] 27 Dc
Lemura [PR] 93 Cd
Lenano [PG] 95 Dc
Lenardedu, Monte– 189 Cb
Le Navi Acquario 79 Cb
Lendeno, Corno– 13 Dd
Lendinara [RO] 43 Fd
Lengmoos / Longomoso [BZ] 15 Da
Lengstein / Longostagno [BZ] 15 Da
Leni [ME] 165 Ca
Leni, Torrente– 191 Ed
Lenna [BG] 25 FGb
Lenno [CO] 25 Db
Lenno, Monte di– 25 Cab
Leno [BS] 41 Db
Leno, Torrente– 29 Bb
Lénola [LT] 117 Fa
Lenta [VC] 23 Ed
Lenta, Torrente della– 121 Ad
Lentate sul Séveso [MB] 25 Cc
Lentate Verbano [VA] 23 Fc
Lente, Fiume– 99 Ea
Lentella [CH] 113 BCab
Lentiai [BL] 31 Ba
Lentigione [RE] 53 Fb
Lentini [SR] 173 Cd
Lentini [TP] 167 Db
Lentini, Biviere di– 173 Cd
Lentini, Fiume– 173 Cd
Lentiscosa [SA] 141 Dbc
Lentu [RC] 155 Eb
Lenzari [IM] 71 Ea
Lenzi [TN] 15 Cd
Lenzi [TP] 157 Cbc
Lenzima [TN] 29 Ab
Lenzone [UD] 19 Ab
Lenzumo [TN] 27 Fb
Leo, Pizzo– 163 Ac
Leo, Torrente– 67 Cc
Le Odle / Geisler Gruppe 3 Ed
Leofara [TE] 97 Cc
Leofreni [RI] 103 Bc
Leognano [TE] 97 CDd
Léogra, Torrente– 29 Dc
Leonacco [UD] 19 Cd
Leonardo da Vinci, Aeroporto Intercontinentale– 107 Dc
Leone, Canale– 57 Cc
Leone, Monte– [Eur.] 9 Cc
Leone, Monte– [PG] 85 Ab
Leone, Pizzo del– 159 Dc
Leone, Serra del– 169 CDab
Leonessa [PZ] 123 Bc
Leonessa [RI] 103 Aa
Leonforte [EN] 171 Eb

Leoni, Monte– 91 EFb
Leopardi [NA] 127 Eb
le Pantanelle [ROMA] 107 DEb
Le Pastinelle [FR] 111 Ce
Lepena [SLO] 19 Fc
Le Perle [CE] 119 Cc
le Peschiere [BI] 23 CDd
Le Piane [FM] 87 Ed
le Piane [VC] 23 Db
Le Pianore [LU] 73 Eb
le Piastre [PT] 75 Cab
le Piazze [TN] 15 Cd
Lepini, Monti– 109 Cd
le Pitocche [PD] 31 Ad
Leporano [CE] 119 Ebc
Leporano [TA] 133 Fd
Lepore, Fonte– 111 Ad
le Pozze [PT] 75 Db
le Prata [PG] 95 Da
Lepre, Colle– 103 Ac
Lepre, Cozzo di– 157 Fc
Lepre, Serra della– 145 Cb
Lepreno [SO] 13 Cb
le Prese [SO] 13 Cb
Lepri, Cima– 97 Bd
le Pulci [PZ] 85 Ccd
le Quattro Finàite [CL] 175 Dab
le Quattro Masserie [BT] 123 Bd
le Quattro Strade [FI] 83 Ba
le Quattro Strade [GR] 99 Cb
Le Querce [LT] 117 Fa
le Querci [PT] 75 Db
L'équile [LE] 139 Da
Léquio Berria [CN] 49 Dd
Léquio Tánaro [CN] 61 Ca
Lera, Monte– [TO] 35 Fcd
Lera, Monte– [TO] 35 DEc
Lerca [GE] 63 Ab
Lercara Bassa [PA] 169 Da
Lercara Friddi [PA] 169 Da
Lerchi [PG] 85 Bb
le Regine [PT] 75 Ca
Leri [VC] 37 Dc
Lérici [SP] 73 Ca
Lerino [VI] 43 Fab
le Ripe [SI] 93 Db
Lerma [AL] 51 Bd
Lerno, Lago– 185 Cc
Lerno, Monte– 185 BCc
Lernu, Rio su– 185 Cc
Le Rocchette [GR] 91 Cc
le Rote [MC] 95 Eb
le Rotelle [SI] 83 Ed
Lerpa [BL] 17 EFa
Lesa [NO] 23 Fb
Le Saline [OT] 179 Ed
les Arnauds [TO] 35 Bd
L'Escarène [Fr.] 71 Bb
le Schiette [CL] 171 Cd
les Clotes [TO] 47 Ca
Lese, Fiume– 151 Cb
le Seghe [TN] 15 Bc
Lesegno [CN] 61 Cb
les Fleurs [AO] 21 Bc
les Granges [TO] 35 Bd
Les Haudères [Svizz.] 7 Fd
Les Houches [Fr.] 21 Ab
Lesignana [MO] 55 Cc
Lesignano de' Bagni [PR] 53 Ed
Lesignano di Pálmia [PR] 65 Da
Les Iles, Riserva Naturale– 21 Lc
Lesima, Monte– 51 Ec
Lésina [FG] 113 FGb
Lesina [VI] 29 Dc
Lésina, Lago di– 115 Ab
Lésina, Torrente– 11 Ed
Lesis [PN] 17 Lc
Lesmo [MB] 25 Dd
Lessini, Monti– 29 Bc
Lessínia, Parco Naturale Regionale della– 29 Cd
Lessínia, Parco Naturale Regionale della– 29 Bd
Léssolo [TO] 37 Ab
Lessona [BI] 23 Dd
Lestans [PN] 19 Ad
Le Sterpare [FR] 109 Ed

Lesti o Grosso, Monte– 155 Cc
Lestizza [UD] 33 Bb
Lestra della Coscia, Riserva Naturale– 117 Da
le Strette [AR] 85 Aa
Leta, Monte– 77 FGb
le Tagliate [SV] 61 Ec
le Tassere [BS] 41 Fb
le Taverne [FG] 115 Cb
le Tavernole [CE] 119 Da
Lete, Fiume– 119 Ea
Letegge [MC] 87 Bd
Letegge, Monte– 87 Bd
Letimbro, Torrente– 61 Fb
Letino [CE] 119 Ea
Letino, Lago di– 119 Ea
Letizia [CE] 119 Cc
Letojanni [ME] 163 Cc
Lettere [NA] 127 Fb
Lettomanoppello [PE] 105 Cc
Lettopalena [CH] 111 Dab
Leucotea, Santuario di– → Pyrgi 107 Ba
Leunaxi, Rio– 193 Dd
Leuso [SV] 71 Fa
Levà [GE] 63 Db
Levà [VI] 29 Ed
Leva [VR] 43 Cd
Levada [PD] 31 Bd
Levada [TV] 31 Bb
Levada [TV] 31 Bb
Levada [UD] 33 Dc
Levada [VI] 31 Fc
Levade [TV] 31 Bb
Levadio, Torrente– 153 Dd
Levaldigi [CN] 61 Aa
Le Vallere, Area Attrezzata– 49 Bb
Le Valli [CR] 41 Ac
le Valli [FI] 75 FGa
Levanella [AR] 83 Dab
Levanna Centrale 35 DEb
Levanna Occidentale 35 DEb
Levanna Orientale 35 DEb
Levante, Cima– 29 Bc
Levante, Laguna di– 99 Cb
Levante, Punta di– [ME] 165 Ea
Levante, Punta di– [ME] 165 Db
Levante, Riviera di– [Lig.] 63 Fc
Levante, Riviera di– [ME] 163 Ca
Lévanto [SP] 65 Acd
Lévanzo [TP] 157 Bc
Lévanzo, Isola di– 157 Bc
Levata [AL] 51 Bb
Levata [CN] 59 Eb
Levata [CR] 41 Cc
Levata [MN] 43 Ad
Levate [BG] 25 Fd
le Vedute [FI] 75 Cc
Lévego [BL] 17 Cd
le Velle [SS] 181 Bc
Leverano [LE] 139 CDa
Leverogne [AO] 21 CDc
Leverone [IM] 71 Fa
Leverone, Pizzo del– 13 Bc
Lévice [CN] 61 DEa
Lévico, Canneto di– 29 Cb
Lévico, Lago di– 29 Ca
Lévico Terme [TN] 29 Cab
Levigliani [LU] 73 Eb
le Vigne [CS] 145 Eb
le Vigne [GR] 93 Bb
le Vigne [SI] 83 Ac
le Vignole [VE] 45 Eb
le Ville [AR] 85 Ab
le Ville [FC] 77 DEc
le Ville [RE] 67 Bab
Levizzano [RE] 67 Ab
Levizzano Rangone [MO] 67 Cb
Levo [VB] 23 Fb
Le Volte [CN] 61 Dcd
Levone [TO] 35 Gc
Levrange [BS] 27 Dc
Lezza [BS] 13 Cd

Lezze [VE] 45 Cd
Lézzeno [CO] 25 Db
Lézzeno [LC] 25 Db
Liamau, Lago– 35 Ga
Liano [BO] 67 Gb
Liano [BS] 27 Ec
Liarey [AO] 21 Cc
Liáriis [UD] 19 Ab
Libano [BL] 17 BCd
Libarna 51 Cc
Libbiano [PI] 81 Ea
Libbiano [PI] 81 Ea
Libbiano [SI] 81 Fb
Libera, Cima– (Wilder Freiger) 3 ABb
Liberi [CE] 119 Cc
Libero [PN] 17 EFd
Libertinia [CT] 171 Fb
Libiano [RN] 77 Fbc
Libiola [GE] 63 Fc
Libiola [MN] 55 Da
Libolla [FE] 57 Cc
Librari [TA] 137 EFc
Librino [CT] 173 Dc
Librizzi [ME] 163 Ab
Librizzi [PA] 171 Ca
Libro Aperto 67 Bd
li Cármine [LE] 139 CDb
Licata [AG] 175 Cb
Liccia [PA] 161 Bc
Licciana Nardi [MS] 65 Dc
Licciola Spiaggia, la– 179 Cb
Licenza [ROMA] 103 Ad
Liceto [AN] 85 Eb
Lichtenberg / Montechiaro [BZ] 1 Dd
Licignano di Napoli [NA] 127 Ea
Licinella–Torre di Paestum [SA] 129 Cd
Licinici, Monti– 129 Cb
Licódia Eubea [CT] 177 DEc
Licola Borgo [NA] 127 Ca
Liconi [AO] 21 Cc
Liconi, Lago di– 21 Cc
Licosa, Isola– 141 Aa
Li Cossi, Spiaggia– 181 Fb
Licota Grande [CS] 147 Bb
li Cuncheddi [OT] 179 Ed
Licusati [SA] 141 Db
Lidarno [PG] 85 Cd
Lido (Venezia) [VE] 45 Eb
Lido, Litorale di– 45 Eb
Lido, Porto di– 45 Eb
Lido (Venezia) [VE] 45 Eb
Lido Adriano [RA] 69 Eb
Lido Arenella [SR] 177 Fbc
Lido Azzurro [TA] 133 Ec
Lido Bruno [TA] 133 Fd
Lido Campomarino [CB] 113 Db
Lido Conchiglie [LE] 139 Db
Lido degli Estensi [FE] 57 Ecd
Lido degli Scacchi [FE] 57 Ec
Lido dei Gigli [ROMA] 107 Fde
Lido delle Nazioni [FE] 57 Ec
Lido delle Sirene [ROMA] 107 Fe
Lido del Sole [FG] 115 Cb
Lido del Sole [OT] 179 Ed
Lido di Ávola [SR] 177 Ec
Lido di Camaiore [LU] 73 Eb
Lido di Casalbordino [CH] 105 Fc
Lido di Castel Fusano [ROMA] 107 Dc
Lido di Cincinnato [ROMA] 107 Fe
Lido di Classe [RA] 69 EFc
Lido di Colle Romito [ROMA] 107 Fd
Lido di Dante [RA] 69 Eb
Lido di Fermo [FM] 87 Fc
Lido di Follonica [GR] 91 Cb
Lido di Jésolo [VE] 45 Fab
Lido di Licola [NA] 127 Ca
Lido di Lollia [ROMA] 107 Fd
Lido di Lonato [BS] 41 Fb
Lido di Maràusa [TP] 157 Bc
Lido di Marechiaro [ROMA] 107 Fe
Lido di Metaponto [MT] 133 Cd
Lido di Monvalle [VA] 23 Fb

Lido di Napoli [NA] 127 Cb
Lido di Noto [SR] 177 Ecd
Lido di Ostia [ROMA] 107 Dc
Lido di Palmi [RC] 153 Bd
Lido di Plaia [CT] 173 Da
Lido di Policoro [MT] 137 Ac
Lido di Pomposa [FE] 57 Ec
Lido di Portonuovo [FG]
  115 FGa
Lido di Procida [NA] 127 Cb
Lido di Rivoli [FG] 123 Da
Lido di Sávio [RA] 69 EFc
Lido di Scanzano [MT]
  137 Ac
Lido di Siponto [FG] 115 Dd
Lido di Spina [FE] 57 Ed
Lido di Volano [FE] 57 Ec
Lido Incantesimo [NA] 127 Cb
Lido Magnavacca, Valle
  di– 69 Ea
Lido Marchesana [ME]
  163 BCb
Lido Orri [OG] 189 Fd
Lido Ponticello [TP] 167 Ba
Lido Riccio [CH] 105 Eb
Lido Rossello [AG] 169 Cd
Lido San Giovanni [LE]
  139 CDb
Lido San Giovanni [SS]
  183 Bc
Lido Sant'Ángelo [CS] 147 Bd
Lido Signorino [TP] 167 Ba
Lido Silvana [TA] 133 Gd
Lido Spisone [ME] 163 Ccd
Liédolo [TV] 29 Fc
Lieggio, Monte il– 129 Cb
Lienz [A] 5 Ebc
Lierna [AR] 77 Cc
Lierna [LC] 25 Db
Lieto, Monte– [LU] 73 Eb
Lieto, Monte– [MC] 95 FGc
Liéttoli [VE] 45 Cbc
Lievoli, Monte– 153 Dd
li Férroli [OT] 179 Bc
Liffel–Spitze / Livolo,
  Monte– 3 Cc
Ligari [SO] 13 Ac
Lignan [AO] 21 Ec
Lignana [VC] 37 Cc
Lignano, Monte– 83 Fb
Lignano, Porto– 33 Cc
Lignano Pineta [UD] 33 Bc
Lignano Riviera [UD] 33 Bd
Lignano Sabbiadoro [UD]
  33 Bc
Lignera [CN] 61 DEb
Lignod [AO] 21 Gc
Ligo [SV] 71 Fa
Ligónchio [RE] 65 EFc
Ligóncio, Pizzo– 11 Fc
Ligonto, Croda di– 5 Cd
Ligosullo [UD] 19 Ba
Ligugnana [PN] 33 Ab
Ligurno [VA] 23 Gb
Lilla [TO] 35 Fb
Lillaz [AO] 21 Ed
Lillianes [AO] 23 Bd
Lilliano [SI] 83 Bb
Lima, Torrente– 75 Ba
Limana [BL] 17 Bd
Limana, Torrente– 17 Cd
Limano [LU] 75 Ca
Limata [CE] 119 Cc
Limátola [BN] 119 Fc
Limbadi [VV] 153 Bc
Limbara, Monte– 179 BCd
Limbiate [MB] 25 Cd
Limena [PD] 45 Bb
Limentra di Sambuca,
  Torrente– 75 Da
Limentra Inferiore, Torrente–
  75 Ea
Limentrella di Tréppio 75 Ea
Limes [TN] 27 Eb
Limidi [MO] 55 Cc
Límido [PR] 53 DEd
Limido Comasco [CO] 25 Bc
Limigiano [PG] 95 Cb
Limina [ME] 163 Cc
Limina, Monte– 153 Dd
Límina, Piano della– 153 Dd
Limisano [FC] 77 Ca
Limisano [RA] 69 Dc
Límite sull'Arno [FI] 75 Dc
Límiti di Gréccio [RI] 101 Fb
Límito [MI] 39 Db
Limoncino [LI] 81 Ca

Limone [BS] 41 Ea
Limone Piemonte [CN] 59 Gc
Limone sul Garda [BS] 27 Fc
Limonetto [CN] 59 Gcd
Limonta [LC] 25 Db
Limosano [CB] 113 Bc
Limpa, Cozzo la– 145 Cc
Limpas, Monte– 179 Bd
Limpida, Serra la– 143 Bcd
Límpiddu [OT] 185 Fb
Límpidi [VV] 153 Dc
l'Imposto [GR] 91 Fab
l'Imposto [SI] 93 Bd
l'Imposto [SI] 93 Bd
Li Muri, Necrópoli di– 179 Dc
Linari [FI] 75 Fd
Linari [FI] 83 Aab
Linari [SI] 83 Cb
Linaro [BO] 69 ABb
Linaro [FC] 77 Eb
Linarolo [PV] 39 Dd
Linas, Monte– 191 Dd
Linate, Aeroporto
  Internazionale di– 39 Db
Lindinuso [BR] 135 Cc
Linduno [NO] 23 Fd
Linea Pio Sesto 117 Da
Linera [CT] 173 Dab
Lingua [ME] 165 Da
Lingua, Punta– 165 Da
Linguadá [PR] 53 Acd
Linguaglossa [CT] 163 Bd
Linguaglossa, Rifugio–
  163 Bd
Linguaro, Monte– 85 Fd
Linguéglietta [IM] 71 Eb
li Nibani, Isole di– 179 Ec
Linnamine, Monte su–
  185 Cb
Línnas [OR] 191 Db
Linosa [AG] 167 ins.b
Linosa, Isola di– 167 ins.b
Linu, Nuraghe su– 193 Bc
Linziti [CT] 173 Bd
Liocca, Torrente– 65 Eb
Lion [PD] 45 Bc
Lioni [AV] 129 DEa
Lio Piccolo [VE] 45 Eb
Liotta [TP] 167 Eab
Lipa [SLO] 33 Fbc
Lipari [ME] 165 Db
Lipari, Isola– 165 Db
Lipari, Isole– → Eolie, Isole–
  165 Ca
Lipica [SLO] 33 Gd
Lipomo [CO] 25 Cc
Lippiano [PG] 85 Ab
Liprando, Monte– 93 Da
Lipuda, Torrente– 147 Ed
li Punti [SS] 181 CDd
Liri, Fiume– 119 Ca
Lirio [PV] 51 Eb
Liro, Torrente– [SO] 11 Eb
Liro, Torrente– [SO] 11 Dd
Lirone [SO] 11 Eb
Lisandro, Punta– 157 ins.a
Lisanza [VA] 23 Fc
Lisca Bianca, Isola– 165 Ea
Lisca Nera 165 Ea
Liscate [MI] 39 Db
Lischiazze [UD] 19 Cb
Liscia [CH] 113 Bb
Liscia, Fiume– 179 Cc
Liscia, Lago di– 179 Cc
Liscia di Vacca [OT] 179 DEc
Lisciano [AP] 97 Cc
Lisciano [RI] 103 Ab
Lisciano di Colloto [AP]
  97 Bc
Lisciano Niccone [PG] 85 Ac
Líscio, Punta– 165 Db
Liscoi, Rio– 189 Bd
Lisiera [VI] 29 Ed
Lisignago [TN] 15 BCd
Lisio [CN] 61 Cc
l'Isola [MC] 87 Dbc
l'Isoledda, Spiaggia– 185 Fb
Lison [VE] 31 Fc
Lisone, Monte– 191 Dd
Lisorno [SP] 65 Ac
Lissago [VA] 23 Gc
Lissano [BO] 67 Dc
Lissaro [PD] 45 Ab
Lisser, Monte– 29 Eb
Lissone [MB] 25 Dd
Lista [VC] 37 Db
Lista San Giorgio, Monte–
  159 Dcd

Listino, Monte– 27 Db
Listolade [BL] 17 Bc
l'Isuledda [OT] 179 Cb
Liternum 119 Dd
Lities [TO] 35 Fbc
Litorale di Ugento, Parco
  Naturale Regionale– 139 Dc
Litorale Romano, Riserva
  Naturale Statale del– 107 Cc
Litorale Tarantino Orientale,
  Riserve Naturali Regionali
  del– 139 Ba
Litta Parodi [AL] 51 Bb
Littichedda [OT] 179 Cc
Litticheddu [SS] 181 Ec
Littigheddu, Monte– 181 Fc
Litto, Monte– 163 Bb
Littu Petrosu, Punta– 179 Dd
Litzner–Spitze / Alliz, Punta
  d'– 1 DEcd
Livata, Monte– 109 Cb
Livelli [RO] 57 Ea
Livello [RO] 57 Ca
Livemmo [BS] 27 Cc
Livenza, Fiume– 31 Fd
Livera [BI] 23 Cd
Livergnano [BO] 67 Ec
Liveri [NA] 127 Fa
Liviera [VI] 29 Cc
Livignano [LU] 65 Ec
Livigno [SO] 13 Ba
Livigno, Lago di– 1 Bd
Livinallongo del Col di Lana
  [BL] 17 Ab
Livio [CO] 11 Dcd
Livo [TN] 15 Bb
Livolo, Monte– / Liffel–Spitze
  3 Cc
Livone, Torrente– 25 Ca
Livorno [LI] 81 Ba
Livorno Ferráris [VC] 37 Cc
Livraga [LO] 39 Fc
Livrasco [CR] 41 Cc
Livrio, Torrente– 13 Ad
Lizzana [TN] 29 Ba
Lizzanello [LE] 139 Ea
Lizzano [FC] 77 EFa
Lizzano [PT] 75 Ca
Lizzano [TA] 135 Ad
Lizzano in Belvedere [BO]
  67 Cd
Lizzo [BO] 67 CDd
Lizzola [BG] 27 Bab
Loano [SV] 61 Ed
Loazzolo [AT] 49 Ecd
Lobbi [AL] 51 Bb
Lóbbia, Cima di– 29 Bd
Lóbbia Alta 13 Ec
Lóbbie, Cima delle– 47 Dd
Lóbia [PD] 29 Fd
Lóbia [VR] 43 Db
l'Oca [RO] 57 Eb
Lócadi [ME] 163 Cc
Locana [TO] 35 Fb
Locanda [TN] 27 Eb
Locara [VR] 43 Db
Locarno [Svizz.] 11 Acd
Locarno [VC] 23 Dc
Locasca [VB] 9 Cd
Locate Bergamasco [BG]
  25 Fc
Locate di Triulzi [MI] 39 Dbc
Locatello [BG] 25 Eb
Locate Varesino [CO] 25 Bc
Locati [PA] 171 Ca
Locca [TN] 27 Fb
Lóccia di Peve, Monte– 9 Ec
Loceri [OG] 189 Ed
Lochirio, Nuraghe– 189 Cc
Loco [GE] 63 Ea
Locogrande [TP] 157 Cc
Locone, Diga– 123 Ec
Locone, Torrente– 123 Dc
Locónia [BT] 123 Dc
Locorotondo [BA] 133 Fb
Locri [RC] 155 Eb
Locri Epizefiri 155 Eb
Lóculi [NU] 185 Ed
Lod, Lago di– 21 Fb
Lòdano, Torrente– 91 Ca
Lodè [NU] 185 Ec
Lodesana [PR] 53 Db
Lodetto [BS] 41 Ca
Lodi [LO] 39 Fc
Lodi [MO] 57 Cbc
Lodi, Monte– [PA] 161 Bd
lo Dico [PA] 161 Bd

Lodin, Monte– (Findenig
  Kofel) 19 Ba
Lodina, Monte– 17 Dc
Lodine [NU] 189 Cc
Lodisio [SV] 61 Eb
Lodi Vecchio [LO] 39 Ec
Lódolo [MN] 41 Fc
Lodonero [RI] 103 Bb
Lodra [AL] 51 Bb
Lodrignano [PR] 65 Ca
Lodrino [BS] 27 Cc
Lodrone [TN] 27 Ec
Loelle, Nuraghe– 185 Cc
Löffel–Spitze (Cucchiaio,
  Pizzo– 5 ABab
Loggio [AR] 83 Fc
Lóggio, Monte– 77 EFc
Logna [PG] 95 Fc
Lograto [BS] 41 Cb
Logudoro 183 Dc
Lógula, Altare de– 189 Bb
Loiano [BO] 67 Ec
Lóiri [OT] 179 Dd
Lóiri–Porto San Paolo [OT]
  179 Dd
Lóita [VB] 23 Fb
Lokve [SLO] 33 Fab
Lolair, Riserva Naturale–
  21 Cc
Lolghi, Li– 179 Dc
Lollove [NU] 185 Cd
Lollove, Monte– 185 Cd
l'Olmo [NA] 127 Cb
l'Olmo [PG] 85 ABc
l'Olmo [PI] 81 Ea
Lomagna [LC] 25 Ecd
Lomaso [TN] 29 Aa
Lomasona 29 Ab
Lomazzo [CO] 25 Cc
Lombai [UD] 19 Ed
Lombardi [RN] 77 Fb
Lombardi [VT] 99 Fc
Lombardore [TO] 37 Ac
Lombriasco [TO] 49 Ab
Lómbrici [LU] 73 Eb
Lombro [BS] 13 Ccd
Lomellina 39 Ad
Lomello [PV] 39 Ad
Lomnago [VA] 23 Gc
Lon [TN] 15 Ad
Lona [TN] 15 Cd
Lona–Lases [TN] 15 Cd
Lona Lasès, Riserva
  Speciale– 15 Cd
Lonaro [AQ] 103 Cab
Lonas, Punta– 19 CDa
Lonate Ceppino [VA] 25 Bc
Lonate Pozzolo [VA] 23 Gd
Lonato [BS] 41 Eb
Lonca [UD] 33 Bb
Loncon [VE] 31 Fc
Loncon, Bonifica– 31 Fc
Loncon, Fiume– 31 Fc
Londa [FI] 77 Bbc
Londa [VR] 29 EFb
Londro, Cozzo– 149 Cb
Lon [SA] 127 Fc
Loneriacco [UD] 19 Cc
Longa [VI] 29 Ecd
Longa, Montagna– 159 Ab
Longa, Palù– 15 Dc
Longa, Serra– 141 Fa
Longagne [BI] 23 Cd
Longano [BL] 17 Bd
Longano [IS] 111 Ed
Longara [BO] 67 Ea
Lóngara [VI] 43 Fab
Longardore [CR] 41 Cd
Longare [VI] 43 Fb
Longarone [BL] 17 Cc
Longastrino [RA] 69 CDa
Longega / Zwischenwasser
  [BZ] 3 Fc
Longerin, Crode del– 5 Dd
Longhena [BS] 41 Cb
Longhere [TV] 31 Cab
Longhi [VI] 29 Cb
Longi [ME] 161 Fb
Longiano [FC] 77 Fa
Longiarù / Campill [BZ] 3 EFd
Longobardi [CS] 149 Cb
Longobardi [VV] 153 Cb
Longobardi Marina [CS]
  149 Cb

Longobucco [CS] 147 Bd
Longomoso / Lengmoos
  [BZ] 15 Da
Longone al Segrino [CO]
  25 Dc
Longone Sabino [RI] 103 Ac
Longostagno / Lengstein
  [BZ] 15 Da
Longu, Nuraghe– [CA]
  197 Cb
Longu, Nuraghe– [SS]
  183 Dd
Longu, Rio– 197 Db
Lonigo [VI] 43 Eb
Lonnano [AR] 77 Cc
Lonza, Monte– 19 Cc
Lonzano [GO] 33 Dab
l'Opaco [FI] 75 Gbc
Lopi [PG] 93 Da
Loppéglia [LU] 73 Fb
Loppelie, Nuraghe– 189 Ec
Lóppia [LU] 75 Aa
Lóppio [TN] 29 Ab
Lora [RE] 53 Gc
Lora [VC] 23 CDc
Loranzè [TO] 37 Ab
Loranzè Piano [TO] 37 Ab
Lorazza [BI] 37 Cab
Lorchen, Cima– /
  Lorchen–Spitze 13 Fb
Lorchen–Spitze / Lorchen,
  Cima– 13 Fb
Lorda, Torrente– 111 Ed
Lordichella, Monte– 169 Cd
Loréggia [PD] 31 Ad
Loréggiola [PD] 31 Ad
Loreglia [VB] 23 Eb
Lorengo [BS] 13 Cd
Lorentino [LC] 25 Ec
Lorenzaga [TV] 31 Ec
Lorenzago di Cadore [BL]
  17 Db
Lorenzana [PI] 81 Da
Lorenzático [BO] 55 Ed
Lorenzo, Torrente– 121 Fa
Lorenz–Spitze / Traversa,
  Croda– 3 Bb
Loreo [RO] 57 DEa
Loretello [AN] 87 Aa
Loreto [AN] 87 Eb
Loreto [AT] 49 Ec
Loreto [IM] 71 Db
Loreto [NO] 23 Fd
Loreto [PG] 95 Bc
Loreto [PG] 85 Cb
Loreto, Isola– 27 Bc
Loreto Aprutino [PE] 105 Bb
Lori, Monte– 83 DEa
Lória [TV] 31 Ac
Lorica [CS] 149 Fb
Lorie [CN] 61 Cc
Loritto [BS] 13 Cd
Lornano [SI] 83 Bb
Loro [VB] 23 Dab
Loro Ciuffenna [AR] 83 Da
Loro Piceno [MC] 87 Dcd
Lórsica [GE] 63 Eb
Losa, Nuraghe– 187 Ec
Losanche [AO] 21 Fb
Losca [VB] 23 Dab
lo Sbaranzo [CN] 61 Cb
lo Sbarcatello [GR] 99 Cb
Losciale–Garrappa [BA]
  125 FGc
Lo Scoglione 89 Aa
Lóscove [AR] 77 Cc
Lose, Cima delle– 59 Cb
Lósego [BL] 17 Cd
lo Serro 161 Dd
Loseto [BA] 125 CDb
lo Sgarrone [BA] 133 Bb
Lósine [BS] 27 Cb
l'Ospedale [AR] 83 Db
Losso [PC] 51 Ed
Losson della Battaglia [VE]
  31 Dd
Lostallo [Svizz.] 11 Cc
l'Osteria [CI] 195 Ec
l'Osteriaccia [TR] 93 Db
Loto [GE] 63 Ec
Lottano [CN] 59 Eab
Lotte [IS] 111 Ecd
Lóttulo [CN] 59 Fab
Lotzi, Monte– 187 Fc
Lotzorai [OG] 189 Ed
Lova [VE] 45 Cc
Lovadina [TV] 31 Cc
Lovara [VI] 43 DEa

Lovári [PD] 31 Ad
Lovaria [UD] 33 Cab
Lovea [UD] 19 Bb
Lovegno [IM] 71 Ea
Lovello, Monte– / Gross
  Löffler–Spitze 3 Fa
Loveno [BS] 27 Ba
Loveno [CO] 25 Da
Lover [TN] 15 Bc
Loverdina 15 Ac
Lóvere [BG] 27 Bc
Lovero [SO] 13 Cc
Lovertino [VI] 43 Fbc
Lovi, Canale dei– 33 Ad
Lovoleto [BO] 67 Fa
Lóvolo Vicentino [VI] 43 Fb
Lozen, Rio– 15 Fd
Lozio [BS] 27 Cb
Lozza [VA] 25 Bc
Lozze, Monte– 29 DEb
Lozzo [VA] 11 Ad
Lozzo, Monte– 43 Ec
Lozzo Atestino [PD] 43 Fc
Lozzo di Cadore [BL] 17 Db
Lozzola [PR] 65 Ca
Lozzolo [VC] 23 Ed
Lu [AL] 49 Fab
Lúas, Nuraghe– 187 Fd
lu Bagnu [SS] 181 DEc
Lubiana, Torrente– 65 Bb
Lubiara [VR] 29 Ad
Lubriano [VT] 93 Ed
Lubrichi [RC] 155 Cb
Luca, Nuraghe– 189 Bb
Lucagnano [RI] 81 Fa
Lucardo [FI] 83 Aa
Lucarelli [SI] 83 Bab
Lucca [LU] 75 Ca
Lucca [VI] 29 Db
Lucca Sícula [AG] 169 Bb
Lucchi [CN] 61 BCa
Lucchina [ROMA] 107 DEc
Lúcchio [LU] 75 Ca
Lucciana [SI] 83 Ab
Lucciano [MC] 95 Fa
Lucciola Bella, Riserva
  Naturale– 93 Ca
Lucédio [VC] 37 Cc
Lucenta, Torrente– 67 Ab
Lucenteforte [IS] 111 Dde
Lucera [FG] 113 Cde
Lucéram [Fr.] 71 Bb
Lucerena [SI] 83 Abc
Lucerto, Monte– 169 Bb
Lucia, Punta– 173 Ca
Luciana [PI] 81 Ca
Lucigliano [FI] 75 Fb
Lucignana [LU] 75 Ba
Lucignano [AR] 83 Ec
Lucignano [FI] 83 Aa
Lucignano [TE] 97 Cc
Lucignano [VT] 101 Cb
Lucignano d'Árbia [SI] 83 Cc
Lucignano d'Asso [SI] 83 Dd
Lucinasco [IM] 71 Eb
Lucinico [GO] 33 Eb
Lucino [CO] 25 Cc
Lucino [MI] 39 Eb
Lucito [CB] 113 BCc
Luco [SI] 83 Bb
Luco, Monte– 103 Dc
Luco, Monte– / Laugenspitze
  15 Ba
Luco dei Marsi [AQ] 109 Cb
Luco di Mugello [FI] 75 Gab
Lucolena [FI] 83 Ca
Lucolena di sotto [FI] 83 Ca
Lúcoli [AQ] 103 Cc
Lúcoli Alto [AQ] 103 Cc
Lucrezia [PU] 79 Dc
Lucrino, Lago– 127 Cb
Lucugnano [LE] 139 Ec
Lucullo, Fonte di– 117 Db
Lucus Feroniae 101 Ed
Luda, Rio su– 193 Db
Ludária [UD] 17 FGa
Luddui [OT] 185 Fb
Ludriano [BS] 41 Bb
Ludriano, Nuraghe– 189 Bb
Ludurru [OT] 185 Db
Ludurru, Nuraghe– 185 Cc
Ludurúiu, Nuraghe– 189 Bb
Lugagnana [RE] 67 Ab
Lugagnano [VR] 43 Bb

ugagnano Val d'Arda [PC]
53 Bc
ugano [Svizz.] 25 Bab
ugano, Lago di– (Ceresio)
25 Cb
uggerras, Cúccuru– 193 Ec
ughérras, Nuraghe– 187 Ec
ughignano [TV] 31 Cd
glnacco [TO] 37 Ab
ugnano [PG] 85 Bb
ugnano [LU] 75 Bb
ugnacco [TO] 37 Ab
ugnano in Teverina [TR]
101 Ca
ugnola [RI] 101 Eb
ugo [RA] 69 Cb
ugo [RE] 67 Ab
ugo [VE] 45 Cb
ugo [VR] 43 Ba
ugo di Vicenza [VI] 29 DEc
ugugnana [VE] 33 Ac
uiano [FI] 81 Fa
uicciana [PO] 75 Ea
uigiane, Terme– 145 Cd
uignano [CR] 41 Bc
uincis [UD] 17 Gab
uino [VA] 23 Gab
uint [UD] 17 FGb
uisago [CO] 25 Cc
uisetti [UD] 17 Fb
ula [NU] 185 Dd
J Lioni [OT] 185 Eb
umarzo [GE] 63 Db
umbaldu [SS] 179 Ad
umburau, Monte– 193 DEb
ume [RC] 155 Ac
umellogno [NO] 37 Fb
umezzane [BS] 27 Cd
umiago [VR] 43 Ca
umiei, Torrente– 17 Fb
umiere [LI] 91 Ba
umignacco [UD] 33 Cb
umignano [VI] 43 Fb
uminaria, Pizzo– 161 Dc
uminario, Cozzo– 161 Dc
uminásio [BO] 67 Eb
umini [VR] 27 Fd
una, Alpe della– 77 Ec
una, Col della– 17 Fc
unamatrona [VS] 191 Fc
unano [PU] 79 Ac
unassi [AL] 51 DEc
unata [LU] 75 Bbc
undo [TN] 29 Aab
unecco [VB] 9 Fd
unella, Punta– 35 Ec
unes / Luns [BZ] 3 Fc
uneur 107 Ec
unga, Serra– 109 Fb
ungafame [AL] 51 ABb
ungagnana [FI] 81 Ga
ungavilla [PV] 51 Da
unghezza [ROMA] 107 Gb
unghezzano [VR] 29 Bd
úngis [UD] 17 Fb
ungo, Lago– [AO] 21 Ec
ungo, Lago– [BS] 13 Dd
ungo, Lago– [FC] 77 DEb
ungo, Lago– [GE] 63 Ba
ungo, Lago– [LT] 117 Fb
ungo, Lago– [RI] 101 Gb
ungo, Lago– [TN] 13 Fb
ungo, Lago– / Langsee 3 Ac
ungo, Monte– 113 Bc
ungo, Poggio– 175 Db
ungro [CS] 145 Db
uni 73 Da
unigiana 65 Cc
uns / Lunes [BZ] 3 Fc
uogo Grande [CT] 173 Cb
uogomano [PO] 75 Eab
uogosano [AV] 121 Cd
uogosanto [OT] 179 Cc
upara [BO] 69 Aa
upara [CB] 113 Cc
upara [FG] 123 Da
upara, Ca– [PG] 85 Db
upara, Monte– 119 CDb
uparo, Monte– 111 Ba
upazzano [PR] 65 Ea
upazzo [RE] 67 Ab
upia [CS] 149 Dc
Lúpia [VI] 29 Ec
upicino / Wölfl [BZ] 15 Db
upináia [LU] 75 Aa
Lupo, Monte– 17 Ec
Lupo, Pizzo– 169 Db

Lupocaruso, Masseria– [BR]
135 Cc
Lupompesi [SI] 83 Ccd
Lupone, Monte– [IS] 111 EFc
Lupone, Monte– [Laz.]
109 Bd
Luppa, Grotta di– 103 Bd
Luppino [TP] 157 Db
Lura [CO] 25 Cb
Lura, Torrente– 25 Cc
Lurago d'Erba [CO] 25 Dc
Lurago Marinone [CO] 25 Bc
Lurano [BG] 25 Fd
Lurate Caccívio [CO] 25 Cc
Lúras [OT] 179 BCd
Lurate Caccívio [CO] 25 Cc
Lúras [OT] 179 BCd
Luri [OR] 191 Db
Luri [OR] 191 Db
Lurisia [CN] 61 Bc
Lurisia, Torrente– 61 Bc
Lusciano [CE] 119 Ed
Lusei, Monte– 193 Cb
Luscignano [MS] 65 Dc
Lusei, Monte– 193 Cb
Lüsen / Lusón [BZ] 3 Ec
Luserna [TN] 29 Cb
Luserna [TO] 47 Ec
Luserna, Torrente– 47 Ec
Luserna San Giovanni [TO]
47 Ec
Lusernetta [TO] 47 Ec
Lusévera [UD] 19 Cc
Lúsia [RO] 43 Fd
Lusia, Alpe di– 15 Fb
Lusiana [VI] 29 Ec
Lusiglie [TO] 37 Ac
Lusignana [MS] 65 Dc
Lusignano [SV] 71 Ga
Lusino, Monte– 67 Aab
Lusón / Lüsen [BZ] 3 Ec
Lusello [AL] 49 DEa
Lussito [CH] 105 Dd
Lustignano [PI] 81 Ec
Lustra [SA] 141 Ba
Lusuolo [MS] 65 Cc
Lusurasco [PC] 53 Cc
Luta, Monte– [BZ] 5 Ac
Luta, Monte– [CS] 149 Cab
Lutago / Luttach [BZ] 3 Fb
Lutago di sopra [BZ] 3 Fb
Lutago di Sopra / Oberluttach
[BZ] 3 Fb
Lutiano Nuovo [FI] 75 Gb
Lutiano Vecchio [FI] 75 Gb
Lutirano [FI] 77 Ca
Lutrano [TV] 31 Dc
Luttach / Lutago [BZ] 3 Fb
Luvigliano [PD] 43 Gbc
Luvinate [VA] 23 Gb
Luzzana [BG] 27 Ac
Luzzani, Nuraghe li– 183 Db
Luzzano [BN] 121 Ac
Luzzara [RE] 55 Bb
Luzzena [FC] 77 Ea
Luzzi [CS] 145 Ed
Luzzogno [VB] 23 Eb
Lys, Ghiacciaio del– 23 Bb
Lys, Torrente– 23 Ad
Lyskamm Occidentale 23 Ab
Lyskamm Orientale 23 Ab

M

Macaion, Monte– / Gantkofel
15 Cb
Macalube, Vulcanelli di–
169 Dc
Macalube di Aragona, Riserva
Naturale– 169 Dc
Macari [TP] 157 Db
Maccabei [BN] 121 Bc
Maccácari [VR] 43 Cd
Maccaddadu, su– 185 Ccd
Maccagno [VA] 23 Ga
Maccantone [PG] 85 Ecd
Maccarese [ROMA] 107 Db
Maccarese, Bonifica di–
107 Dc
Maccarétolo [BO] 55 Fc
Maccastorna [LO] 41 Bd
Mácchia [CS] 145 Fcd
Mácchia [CT] 173 DEa
Mácchia [RI] 97 Acd
Mácchia [TO] 35 Gc

Mácchia, Colle della– 111 Fd
Mácchia, Coppa della–
115 Cc
Mácchia Albanese [CS]
145 Fc
Mácchia da Sole [TE] 97 Cc
Macchia della Giumenta-
San Salvatore,
Riserva Naturale– 147 Cd
Macchia di Gattaceca-
Macchia di Barco, Riserva
Naturale Regionale– 101 Fd
Mácchia di Mezzo 101 Fb
Mácchia di Monte [BA]
125 Cc
Mácchia di Rossano, Monte–
131 Cb
Mácchia d'Isérnia [IS]
111 DEd
Macchia Foresta sul Fiume
Irminio, Riserva Naturale
Speciale Biologica– 177 Bd
Macchiagódena [IS] 111 Fd
Macchialunga, Monte–
101 Fb
Macchia Nuova [MT] 133 Cd
Macchiapanetta 111 Eb
Mácchia Piana, Lago– 133 Cc
Macchiareddu [CA] 147 Bb
Macchiarielo [AV] 121 CDc
Macchiaroli [SA] 131 Ad
Mácchia Rotonda [FG]
123 Ca
Macchia Santa Cecilia [TE]
97 Cc
Macchiascandona [GR] 91 Dc
Macchiatonda, Riserva
Naturale Regionale di–
107 Cb
Macchiatornella [TE] 97 Bd
Mácchia Valfortore [CB]
113 Dd
Mácchie [BA] 125 Cb
Mácchie [CH] 105 Dd
Mácchie [MC] 87 Dd
Mácchie [MC] 95 Gb
Mácchie [PG] 93 Ea
Mácchie [TR] 95 Bd
Mácchie, Fosso– 95 Bd
Macchietto [BL] 17 Bd
Macchina–Laganá [RC]
153 Cd
Macchioni [FR] 109 Ede
Macciadosa, Nuraghe–
181 Cd
Macciano [PG] 95 Cbc
Macciano [SI] 93 Da
Macconi, i– 175 Fc
Macellara [CS] 145 Dbc
Macello [TO] 47 Fbc
Macenano [TR] 95 Dd
Macera della Morte 97 Bc
Macerata [MC] 87 Dc
Macerata Campania [CE]
119 Ec
Macerata Féltria [PU] 79 Ac
Macerátola [PG] 95 CDb
Mácere [ROMA] 109 Bc
Macerino [TR] 95 Ccd
Macerone [FC] 69 Ed
Macerone, il– 111 Ed
Macesina [BS] 41 Eab
Machaby [AO] 21 Gd
Machério [MB] 25 Dd
Macía Morta 83 Bb
Maciano [RN] 77 Fc
Mácina [RN] 45 Db
Mácina [MC] 87 DEc
Macinare, Monte– 85 Cb
Macine [AN] 87 Bb
Maciolla [PU] 79 Bc
Maclino [BS] 27 Ed
Maclódio [BS] 41 Cb
Macomér [NU] 187 Eb
Macôt–la–Plagne [Fr.] 35 Ba
Macra [CN] 59 DEab
Macugnaga [VB] 23 Bb
Madama [CZ] 149 Dd
Madaro, Monte– 9 Ec
Madau, Nuraghe– 187 Ec
Madau, Rio– 189 Cc
Madau, Tenuta– [SS] 183 Bd
Maddalena [AT] 49 EFb
Maddalena [CN] 47 Dd
Maddalena [CN] 59 Db
Maddalena [SV] 61 Fab
Maddalena [TO] 47 Ea

Maddalena [VA] 23 Gd
Maddalena, Arcipelago della–
179 Db
Maddalena, Isola– 179 Db
Maddalena, Isola della–
183 Bc
Maddalena, Monte– 41 Da
Maddalena, Monti della–
131 Bd
Maddalena, Penisola della–
177 Fb
Maddalene [CN] 61 Aab
Maddalene [TO] 35 Fc
Maddalene [VI] 43 Fa
Maddaloni [CE] 119 Fc
Madésimo [SO] 11 Eb
Madignano [CR] 41 Abc
Madona Pererro [TO]
35 Gc
Madone [BG] 25 Fd
Madonie, Le– 161 Bd
Madonie, Parco delle–
161 Bc
Madonna [AT] 49 Db
Madonna [AT] 49 Fc
Madonna [PE] 105 Db
Madonna [PV] 39 Cd
Madonna [SO] 13 Db
Madonna [UD] 19 Bc
Madonna, Fosso della–
131 Fd
Madonna, Puntale– 171 Bc
Madonna / Unser Frau in
Schnals [BZ] 1 Fc
Madonna Bruna [AT] 49 Fb
Madonna dei Boschi [BO]
67 Ec
Madonna dei Boschi [CN]
61 Ac
Madonna dei Boschi [FE]
55 Fc
Madonna dei Fiori [CN]
49 BCc
Madonna dei Fornelli [BO]
67 Ec
Madonna del Bosco [CN]
59 Fb
Madonna del Campo [PV]
39 Ac
Madonna dell'Acero [BO]
67 Bd
Madonna dell'Acqua [PI]
73 Fc
Madonna dell'Albero [RA]
69 Eb
Madonna della Neve sul
Monte Lera, Riserva
Naturale– 35 Fc
Madonna dell'Arco [TA]
133 FGb
Madonna della Scala [TO]
49 Bab
Madonna della Stella [PG]
95 Dbc
Madonna della Villa [AL]
51 Ac
Madonna delle Bózzole
[PV] 39 Bc
Madonna delle Grazie [CN]
59 Fa
Madonna delle Grazie [PG]
95 Cb
Madonna delle Grazie [TP]
167 ins.a
Madonna delle Grazie,
Villaggio– [TP] 157 Cd
Madonna dell'Olio [AG]
169 Cb
Madonna dell'Olmo [CN]
59 Gb
Madonna del Pasco [CN]
61 Bb
Madonna del Passo [RI]
103 Ab
Madonna del Piano [PU]
85 Fa
Madonna del Pilone [CN]
49 Bc
Madonna del Poggio [BO]
55 Ed
Madonna del Ponte [PU]
79 Ec
Madonna del Pozzo [TA]
133 Fbc
Madonna del Sass [TN] 17 Ad
Madonna del Sasso [VB]
23 Ec

Madonna di Baiano [PG]
95 CDc
Madonna di Campiglio
[TN] 13 Fc
Madonna di Corona [VR]
29 Ad
Madonna di Montegridolfo
[RN] 79 Cb
Madonna di Moretta [CN]
49 Dc
Madonna di Petritoli [FM]
97 Da
Madonna di Pietracupa
[FI] 83 Ba
Madonna di Pietravolta [MO]
65 Gc
Madonna di Stra [VR] 43 Db
Madonna di Tirano [SO] 13 Bc
Madonna d'Itria 193 Bc
Madonna Ete [FM] 87 Fd
Madonna San Zeno [AL]
51 ABb
Madonnella [CB] 111 Fd
Madonnetta [TV] 31 Cd
Madonnetta [VI] 29 Dd
Madonnezza [VI] 29 Ec
Madonnina [AL] 37 Dd
Madonnina [TO] 37 Cc
Madonnina di Renon /
Gißmann [BZ] 3 Cc
Madonnina Valverde [MN]
55 Cab
Madrano [TN] 15 Cd
Madrasco, Torrente– 11 Gd
Madregolo [PR] 53 Ec
Madrignano [SP] 65 BCc
Madrísio [UD] 19 Bd
Madrísio [UD] 33 Abc
Maè [AO] 21 Gc
Maè, Torrente– 17 Cc
Maeggio [SR] 177 Fbc
Maenza [LT] 109 Cd
Maerne [VE] 45 Cab
Maestá [AN] 87 Ab
Maestá [MC] 87 Dc
Maestra, Fossa– 43 Dd
Maestrazza [RO] 57 Fb
Maestrello [PG] 85 Eb
Mafalda [CB] 113 Cb
Maffiotto [TO] 35 Ed
Maga, Portu– [VS] 191 Cc
Maga Circe, Grotta della–
117 Db
Maganoce, Monte– 159 Bc
Magara, Timpone della–
145 Db
Magari, Monte– 171 Fa
Magasa [BS] 27 Ec
Magazzeno [SA] 129 BCc
Magazzinazzo [CL] 169 Ea
Magazzini–Schiopparello
[LI] 89 Ec
Magazzino [MO] 67 Dab
Magazzolo, Fiume– 169 Cb
Magenta [MI] 39 Bb
Mággia [Svizz.] 9 Gc
Maggiana [CO] 11 Dd
Maggiánico [LC] 25 Eb
Maggiano [AV] 121 Ec
Maggiano [FI] 83 Aa
Maggiano [LU] 73 Fb
Maggiano [SI] 83 Ac
Maggiate Inferiore [NO] 23 Fc
Maggiate Superiore [NO]
23 Fc
Mággio [BO] 67 Fb
Mággio [LC] 25 Eb
Mággio, Monte– [AN] 85 Ec
Mággio, Monte– [FC] 77 Ea
Mággio, Monte– [It.] 29 Cb
Mággio, Monte– [PG] 95 Ec
Mággio, Monte– [SI] 83 Bbc
Mággio, Rio– 77 Bc
Maggiora [NO] 23 Ec
Maggiorasca, Monte– 63 Fa
Maggiore, Isola– 85 Ac
Maggiore, Lago– (Verbano)
23 Gb
Maggiore, Monte– [AR]
77 EFd
Maggiore, Monte– [CE]
119 Ca
Maggiore, Monte– [CE]
119 Eb
Maggiore, Monte– [FG]
121 Eb

Maggiore, Monte– [MS]
73 Da
Maggiore, Monte– [PG] 95 Ec
Maggiore, Monte– [Tosc.]
75 EFb
Maggiore, Monte– [VR] 29 Ac
Maggiore, Punta– 185 Eb
Maggiore, Rio– 107 Db
Maggiore, Serra– 143 Eb
Magherno [PV] 39 Cc
Magic World 127 Ca
Magioncalda [AL] 51 DEd
Magione [BO] 67 Gb
Magione [PG] 85 Bd
Magirè Cavallíno Matto 81 Dc
Magisano [CZ] 151 Bc
Magli [CS] 149 Db
Magli [MC] 97 Ba
Máglia, Fiume– 143 Ba
Magliana [ROMA] 107 Cc
Maglianello Alto [RI] 101 Fbc
Maglianello Basso [RI]
101 FGbc
Magliano [FC] 77 Ea
Magliano [LE] 135 Ed
Magliano [LU] 65 Ec
Magliano [MS] 65 Dc
Magliano [PU] 79 Dc
Magliano [TE] 97 Cca
Magliano, Torre– 113 Dc
Magliano Alfieri [CN] 49 Dc
Magliano Alpi [CN] 61 Bb
Magliano de' Marsi [AQ]
103 Dd
Magliano di Tenna [FM]
87 Ed
Magliano in Toscana [GR]
91 Fd
Magliano Nuovo [SA] 129 Ed
Magliano Romano [ROMA]
101 Dcd
Magliano Sabina [RI] 101 Db
Magliano Vétere [SA] 129 Ed
Máglie [LE] 139 Eb
Máglio [BO] 69 Bb
Máglio [MN] 43 Ac
Máglio [PD] 31 Acd
Máglio [VI] 29 Ccd
Máglio [VI] 29 Ec
Maglióggio [VB] 9 Ec
Magliolo [SV] 61 Eb
Maglione [TO] 37 Cb
Maglione–Crosa [BI] 23 CDd
Magna, Villa– 109 Cd
Magnacavallo [MN] 55 DEab
Magnadorsa [AN] 87 Aab
Magnago [MI] 23 Gd
Magnalardo [RI] 103 Ac
Magnanella Inferiore [TE]
97 Cc
Magnanins [UD] 17 Ga
Magnano [BI] 37 Dd
Magnano [CE] 119 Db
Magnano [LU] 65 Fcd
Magnano [PC] 53 Bb
Magnano [PZ] 143 Cb
Magnano [VR] 43 Cb
Magnano in Riviera [UD]
19 BCc
Magnasco [GE] 63 Fab
Magnavacca [PU] 85 Cab
Magnisi, Penisola– 177 Fb
Magno [BS] 27 Cc
Magno, Monte– [BS] 27 Ec
Magno, Monte– [Svizz.]
11 Bd
Magnola, Monte della–
103 Dd
Magnolina [RO] 57 Ca
Magnone [SV] 61 Fc
Magnonévolo [BI] 37 Cb
Mago [TO] 47 Fab
Magognino [VB] 23 Fb
Magomádas [OR] 187 CDb
Magone, Piano di– 169 Bc
Magonfia [RE] 65 Fb
Magra, Fiume– 73 Ca
Magrano [VR] 43 Ca
Magrás [TN] 15 Ab
Magrè [VI] 29 CDc
Magréglio [CO] 25 Db
Magrè sulla Strada del Vino /
Margreid an der Weinstrasse
[BZ] 15 Cc
Magreta [MO] 67 Ba
Magri [AG] 169 Db
Magrignana [MO] 67 ABc

Magugnano [VT] 101 BCab
Magugnano–Marniga [VR]
27 Fc
Magusu, Monte– 191 DEd
Mai, Monte– 129 Cb
Maia Bassa / Untermais
[BZ] 3 ABd
Maiano [PG] 95 Dc
Maiano [RN] 77 Fb
Maiano, Torrente– 91 Fc
Maiano Monti [RA] 69 Cba
Maiaso [UD] 19 Ab
Maiático [PR] 53 Ec
Máida [CZ] 149 Ed
Máida, Torrente di– 149 Ed
Máida Marina [CZ] 149 Ed
Máie [CN] 61 Cb
Maiella, Montagna della–
111 Da
Maiella, Parco Nazionale
della– 111 Db
Maiella Orientale, Riserva
Naturale della– 111 Ea
Maielletta, la– 105 Cd
Maierà [CS] 145 BCb
Maierato [VV] 153 Db
Maiern [BZ] 3 Bb
Maiero [FE] 57 Bc
Maima, Monte– 27 EFb
Máio [NA] 127 Bb
Máio, Monte– [CE] 119 Fa
Máio, Monte– [FR] 119 Bab
Máio, Monte– [VI] 29 Cc
Maiocca [LO] 41 Acd
Maiola [RE] 65 Fb
Maiolati Spontini [AN] 87 Bb
Maiolino [CZ] 149 CDd
Maiolo [PC] 53 Ac
Maiolo [RN] 77 Fb
Maione [CS] 149 Dc
Maior, Col– 31 Dab
Maiorani [ME] 163 Da
Maiorano di Monte [CE]
119 Eb
Maiori [SA] 129 Ac
Maiori, Nuraghe– 179 Bd
Maira, Torrente– 47 Gc
Maira (Mera, Fiume–) 11 Ec
Mairago [LO] 39 Fc
Mairano [BS] 41 Cb
Mairano [MI] 39 Cb
Mairano [MI] 39 Ec
Mairano [PV] 51 Dab
Máiru, Punta– 191 Dd
Maisano [CO] 25 Db
Maison [TO] 35 Eb
Maisonasse [AO] 21 Ecd
Maissana [SP] 63 Gb
Maiu, Monte– 43 Da
Majano [UD] 19 Bc
Majori, Monte– 191 Dc
Mala [TN] 15 Cd
Mala, Monte– 13 Db
Mala Baba 19 Db
Malacalzetta [CI] 191 Dd
Malacappa [BO] 55 Ed
Malacosta [MS] 65 Cc
Maladécia, Punta– 59 Dc
Maladroxia [CI] 195 Cc
Malafesta [VE] 33 Ac
Malafrasca [SI] 83 Bb
Malagnino [CR] 41 Cd
Malagrotta [ROMA] 107 Db
Malaguárdia [SO] 11 Ec
Malaina, Monte– 109 Cd
Malalbergo [BO] 55 Gc
Malamocco [VE] 33 Bc
Malamocco [VE] 45 Db
Malamocco, Porto di– 45 Dc
Malanággio [TO] 47 Fc
Malandriano [PR] 53 Fc
Malandroni [AT] 49 Db
Malanghero [TO] 37 Ac
Malanotte, Monte– 61 Ec
Malapesa 93 CDab
Malaspina 73 Da
Malaspina, Monte– 161 Dcd
Malaspina–Rovere, Castello–
51 Cd
Malatret, Monte– 35 DEc
Malavicina [MN] 43 Ac
Malávidos, Fontana sos–
189 Cb
Malavista, Colle– 151 Cc
Malbe, Monte– 85 Bd
Malborghetto [FE] 57 Bb
Malborghetto [UD] 19 Dab

Malborghetto di Boara [FE]
57 Abc
Malborghetto–Valbruna [UD]
19 Dab
Malcangi [BA] 123 Gc
Malcantone [FE] 55 Fb
Malcantone [MN] 55 Eb
Malcantone [MN] 55 Eb
Malcantone [PR] 53 Db
Malcantone [RA] 69 Cb
Malcésine [VR] 27 Fc
Málchina [TS] 33 Ec
Malchittu, Nuraghe– 179 Dc
Malchittu, Tempietto di–
179 Dc
Malciaussià [TO] 35 Dc
Malciaussià, Lago di– 35 Dc
Malcontenta [VE] 45 Db
Mal di Ventre, Isola di–
187 Bd
Malé [TN] 15 Ab
Malegno [BS] 27 Cb
Malene [TN] 15 Ed
Maleo [LO] 41 Ad
Malerba, Monte– 131 Dc
Malesco [VB] 9 Fd
Malesina, Torrente– 37 Ab
Maletto [CT] 163 Ad
Maletto, Monte– 163 Ad
Malfa [ME] 165 Ca
Malfidano [CI] 191 Cd
Malfrancato, Torrente–
147 Bb
Malga, Rio della– 15 Bb
Malga Boazzo, Lago di–
27 Db
Malgasot [BZ] 15 Bab
Malgesso [VA] 23 FGb
Malghette, Lago delle– 13 Fc
Malgina, Lago di– 13 Bd
Malgina, Torrente– 13 Bd
Malgola 15 Fc
Málgolo [TN] 15 Bb
Malgrate [LC] 25 Eb
Malgrate [MS] 65 Cc
Malia [PA] 161 Cc
Malignano [SI] 83 Bc
Malina, Torrente– 33 Da
Malintrada [TV] 31 Ec
Malinvern, Mont– 59 Ec
Malisana [UD] 33 Da
Maliscia [AP] 97 CDab
Maliseti [PO] 75 Eb
Malito [CS] 149 Dc
Mállare [SV] 61 Ec
Mállero, Torrente– 13 Ac
Malles Venosta / Mals im
Vinschgau [BZ] 1 Dc
Mallevona, Monte– 103 Dd
Malmantile [FI] 75 Ec
Malmissole [FC] 69 Dc
Malnago [LC] 25 Eb
Malnate [VA] 25 Bc
Malnísio [PN] 17 Ed
Maló [ME] 161 Fb
Malo [VI] 29 Dd
Malocco Sotto [BS] 41 Eb
Maloja [Svizz.] 11 Gb
Malomo [RC] 153 Ed
Malomo, Monte– 131 Cd
Malone, Torrente– 37 Ac
Malonno [BS] 13 Cd
Malopasso [CT] 173 Dab
Malopertuso, Cozzo– 171 Bb
Malopirtusillo [CL] 169 EFb
Malosco [TN] 15 Bb
Malpaga [BG] 25 Gd
Malpaga [BS] 41 Db
Malpasso [MN] 55 Dab
Malpasso [PA] 159 Bb
Malpasso [SV] 61 Fc
Malpasso, Monte– 65 Dc
Malpensa, Aeroporto
Intercontinentale della–
23 Gd
Malpertus [TO] 47 Dc
Malpertuso, Monte– 65 Bd
Mals in Vinschgau / Malles
Venosta [BZ] 1 Dc
Malta, Rio– 195 Fb
Malti [OT] 179 Bc
Maltignano [AP] 97 Cc
Maltignano [PG] 95 Fc
Malu, Rio– [CA] 191 Fd
Malu, Rio– [VS] 191 Ec
Malva [AR] 83 Da

Malva, Isola della– 139 Ca
Malváglio [MI] 39 Aab
Malvagna [ME] 163 Bc
Malvarano, Colle– 105 Cca
Malvezza [BO] 57 Ad
Malviano [AN] 87 Ca
Malvicino [AL] 61 Fa
Malvicino–Piscittína [ME]
161 Fb
Malvino [AL] 51 Cc
Malvizza [AV] 121 Db
Malvizzo [AG] 169 Ed
Malvizzo, Monte– 169 Ed
Mama [TN] 29 Ac
Mámago [PC] 53 Aa
Mamaor, Monte– 43 Ab
Mambrotta [VR] 43 Cb
Mamerto 155 Cc
Mamiano [PR] 53 Ec
Mammi [AR] 83 Fbc
Mammiano [PT] 75 Ca
Mammiano Basso [PT] 75 Ca
Mammicómito, Monte–
153 Ed
Mámmola [RC] 153 Dd
Mamoiada [NU] 189 Cb
Mamone [NU] 185 Dc
Mamusi [OT] 185 Db
Manacore [FG] 115 Eb
Manarola [SP] 73 Ba
Manazzons [PN] 19 Ac
Manca, Serra– 143 Cb
Manca, Serra la– 129 FGd
Manca di Basso [PZ] 143 Cb
Manca di Sopra [PZ] 143 Cb
Mancanello, Coste– 119 Ea
Manca Verracina [MT]
131 DEb
Manchi [CL] 171 Bb
Manciano [AR] 83 Fc
Manciano [GR] 93 Bd
Mancine [PZ] 143 Dbc
Mancinello, Monte– 67 Bcd
Mancini [CH] 105 Ec
Manco [CS] 147 Cd
Mancuso, Monte– 149 Dc
Mandanici [ME] 163 Cbc
Mándara, sa– 193 Cc
Mandaradoni [VV] 153 Bd
Mandarádoni [VV] 153 Bb
Mándas [CA] 193 Bc
Mandatoríccio [CS] 147 Cd
Mandela [ROMA] 109 Ba
Mandello del Lário [LC]
25 Db
Mandello Vitta [NO] 37 Eab
Manderiolo, Cima– 29 Db
Mandía [SA] 141 Cab
Mandoleto [TR] 95 Ac
Mandolossa [BS] 41 Ca
Mándorli [FI] 75 DEd
Mandra de Cáia, Punta–
189 Dc
Mandra e sa Giua, Nuraghe
di– 183 Db
Mandra Murata 103 Fd
Mandre [TV] 31 Cc
Mandre, Torrente– 171 Da
Mándria [PD] 45 Bb
Mándria [TO] 37 Bc
Mándria Luci [CS] 145 Eb
Mándrie, le– 15 Ab
Mandrino [PV] 39 Dc
Mándrio [RE] 55 Bc
Mandriola [PD] 45 Bb
Mandriola [ROMA] 107 Fc
Mandriole [RA] 69 Ea
Mandriolo [RE] 55 Bc
Mandrione, Nuraghe su–
185 Dc
Mandrione, Segheria il– [FG]
115 Eb
Mandrogne [AL] 51 Bb
Mandrolisai 189 Bc
Mandrone, Monte– 13 Ec
Mandronisca, Punta– 187 Dc
Manduria [TA] 135 Bd
Manegotto [BS] 27 BCc
Manegra [VB] 23 Fab
Maneia [PR] 53 Cc
Manerba del Garda [BS]
41 Fa
Manerbio [BS] 41 Cbc
Manesseno [GE] 63 Cb
Manfredonia [FG] 115 Db
Mánfria [CL] 175 Db

Manfriana, Monte– 143 Dc
Manfrino, Castel– 97 Cc
Manganello, Monte– 171 Dc
Manganile, Serra– 143 Dcc
Mángano [CT] 173 DEab
Mangart 19 Bb
Mangia, Torrente– 65 Bb
Mangiatoriello, Pizzo–
159 Cc
Mango [CN] 49 Dc
Mangona [FI] 75 Fa
Mangone [CS] 149 Db
Mangone, Monte– 171 DEc
Maniace [CT] 161 Fcd
Maniace, Castello– (Santa
Maria di Maniace, ex
Abbazia di–) 161 Fc
Maniáglia [UD] 19 Bc
Maniago [PN] 17 Ecd
Manicalunga, Necrópoli
di– 167 Dd
Manicor [BZ] 15 Cb
Mánie [SV] 61 Fc
Mániga [CN] 49 Bc
Manigi [PG] 95 Fc
Maniglia, Monte– 59 Ca
Manin, Villa– 33 Bb
Maniva, Monte– 27 Dc
Manna, Punta– 185 Ec
Mannau, Grotta de su–
191 Cd
Manno [RE] 65 Gb
Mánnoi, Monte– 155 Bb
Mannu, Fiume– [CA] 197 Bb
Mannu, Fiume– [Sard.]
191 Ec
Mannu, Fruncu– 189 Eb
Mannu, Monte– [CA] 195 EFc
Mannu, Monte– [OR] 183 Cd
Mannu, Nuraghe– [OT]
185 Bb
Mannu, Nuraghe– [SS]
183 Dd
Mannu, Pianu– 183 Fd
Mannu, Pizzu– 193 Bb
Mannu, Rio– [CA] 191 Fd
Mannu, Rio– [CA] 195 Cc
Mannu, Rio– [CI] 195 Ec
Mannu, Rio– [CI] 191 Cd
Mannu, Rio– [NU] 185 Cc
Mannu, Rio– [OG] 189 Ec
Mannu, Rio– [OR] 187 Cb
Mannu, Rio– [OR] 187 Fd
Mannu, Rio– [OT] 185 Cc
Mannu, Rio– [OT] 185 Bb
Mannu, Rio– [Sard.] 185 Bd
Mannu, Rio– [Sard.] 193 Bb
Mannu, Rio– [Sard.] 187 Db
Mannu, Rio– [SS] 183 Cb
Mannu, Rio– [SS] 181 Cd
Mannu de Pattada, Rio–
185 Bc
Mannu o d'Ozieri, Rio–
183 Fc
Mannu o Isola del Meli,
Scoglio– 195 Cb
Mannuri, Rio– 179 Ed
Manocalzati [AV] 121 BCd
Manolfo, Pizzo– 159 Bab
Manona [MN] 55 Ba
Manoppello [PE] 105 Cc
Manoppello Scalo [PE]
105 Cc
Manos, Monte– 27 DEc
Mansuè [TV] 31 Ec
Manta [CN] 47 Fd
Mante [MT] 143 Eb
Mantegazza [MI] 39 Bab
Mantello [SO] 11 Fd
Mantello, Bonifica del– 57 Cd
Mantena / Welschmontal
[BZ] 3 Fc
Mántie [VC] 37 Fc
Mantignana [PG] 85 Bcd
Mantignano [FI] 75 EFc
Mantigno [FI] 77 Ba
Mantíneo [VV] 153 Cb
Mantova [MN] 43 Ad
Mantovana [AL] 51 Ac
Manune [VR] 29 Ad
Manza, Scoglio della– 89 Aa
Manzana [TV] 31 Cb
Manzano [AR] 83 Fc
Manzano [PR] 65 Ea
Manzano [UD] 33 Db
Manzanu, Monte– 187 Eb
Manzella, Torrente– 151 Eb

Manzi [AR] 83 Fa
Manziana [ROMA] 101 Bd
Manzinello [UD] 33 Cb
Manzo [PV] 51 Ea
Manzolino [MO] 55 Dd
Manzoni [CN] 61 Ca
Maona, Grotta– 75 Cb
Maòr, Sass– 17 Ac
Mapello [BG] 25 Fb
Mappa [CL] 169 Eb
Mappano [TO] 37 Ad
Mappetta [VC] 37 Dab
Mara [SS] 183 Dd
Mara, Corno– 13 Ac
Maracalagónis [CA] 197 Cb
Maragnole [VI] 29 Ecd
Marais, Riserva Naturale–
21 Cc
Maraldi [PN] 17 Fc
Marana [AQ] 103 Cab
Marana [OT] 179 Ecd
Marana [VI] 29 Cd
Marana, Cima di– 29 Cd
Marane [OT] 179 Ed
Marane [AQ] 105 Bd
Maranello [MO] 67 Ca
Maranfusa, Castello di–
159 Ac
Maranfusa, Monte– 159 Ac
Marangana [NO] 37 Fb
Maranise [CZ] 151 Bc
Marano [BO] 67 Dc
Marano [BO] 67 Fab
Marano [PR] 53 Fc
Marano [PR] 53 Ec
Marano [TN] 29 Bb
Marano [VE] 45 Cb
Marano, Laguna di– 33 Cc
Marano, Poggio– 121 Da
Marano, Rio– / Marauenbach
3 Ad
Marano, Torrente– 79 Bb
Marano dei Marsi [AQ]
103 Cd
Marano di Napoli [NA]
127 Da
Marano di Valpolicella [VR]
43 Ba
Marano Equo [ROMA]
109 Cab
Maranola [LT] 119 Ab
Marano Lagunare [UD] 33 Bc
Marano Marchesato [CS]
149 CDb
Marano Principato [CS]
149 CDb
Marano sul Panaro [MO]
67 Cc
Marano Ticino [NO] 23 Fd
Marano Vicentino [VI] 29 Dc
Maranza / Meransen [BZ]
3 Dc
Maranzana [AT] 49 Fc
Maraone, Isola– 157 Dc
Maras [BL] 17 Bd
Marasca, Colle– 113 Dc
Marasino [BS] 27 Bc
Maratea [PZ] 141 Cc
Maratea, Grotta di– 141 Cc
Maratello [FC] 69 Dd
Maràusa [TP] 157 Cc
Marazzino [OT] 179 Cb
Marcador [BL] 17 Bd
Marcallo [MI] 39 Bb
Marcallo con Casone [MI]
39 Bab
Marcanzotta, Fiume di–
157 Cc
Marcaria [MN] 41 Fd
Márcato Bianco [EN] 171 Dc
Márcato Bianco [PA] 169 Ea
Marcato d'Arrigo [CL] 171 Cc
Marceddì [OR] 191 CDb
Marcedusa [CZ] 151 Cc
Marcellano [PG] 95 Cb
Marcelli [AN] 87 Bc
Marcellina [CS] 145 Bb
Marcellina [ROMA] 109 Aa
Marcellinara [CZ] 149 Fd
Marcellina Vecchia 109 Aa
Marcellino, Fiume– 173 Dd
Marcellise [VR] 43 Cb
Marcello, Punta di– 165 Ca
Marcemigo [VR] 43 Cab
Marcena [AR] 83 EFa
Marcena [TN] 15 Bb

Marcetelli [RI] 103 Bc
Marcheno [BS] 27 Cb
Marchesa [RO] 55 Ea
Marchesale, Riserva Naturale
di– 153 Dc
Marchesana Marina [ME]
163 Bbc
Marchesato 151 Dc
Marchese, Villa del– [SR]
177 EFc
Marchesino [VR] 43 Bb
Marchiazza, Torrente– 37 Eb
Marchirolo [VA] 25 Bb
Marcia, Corna– 25 Fc
Marciaga [VR] 27 Fc
Marcialla [FI] 83 Aa
Marciana [LI] 89 CDc
Marciana [LI] 89 Dc
Marciana Marina [LI] 89 Cc
Marcianise [CE] 119 Ec
Marciano [AR] 77 Cc
Marciano [NA] 127 Dac
Marciano [SI] 83 Bc
Marciano della Chiana [AR]
83 Ec
Marciano Freddo [CE]
119 Eb
Marciaso [MS] 73 Da
Marcigliana, Riserva Naturale
Regionale della– 107 Fa
Marcignago [PV] 39 Cc
Marcignana [FI] 75 Dc
Marcignano [PG] 85 Ab
Marcio, Lago– 25 Gb
Marciola [FI] 75 Ec
Marco [TN] 29 Bb
Marcoiano [FI] 75 Fa
Marcolano, Monte– 111 Bb
Marcon [VE] 31 Cd
Marconaga [LC] 25 Eb
Marconi, Mausoleo di– 67 Eb
Marco Polo, Aeroporto
Internazionale– 45 Db
Marcorengo [TO] 37 Cd
Marcottini [GO] 33 Ebc
Marcova, Torrente– 37 Ec
Marcusa, Punta– 189 Cd
Mardimago [RO] 45 Bd
Mare [VI] 29 Ec
Mare, Monte– 111 CDd
Marebbe / Enneberg [BZ] 3 Fc
Marebello [RN] 79 Ba
Marécchia, Fiume– 79 Ba
Marechiaro [NA] 127 Db
Mare Foghe, Riu di– 187 Dcd
Marega [VR] 43 Ec
Maregge [VR] 29 Bd
Mareit / Mareta [BZ] 3 Bb
Maremma 99 Db
Maremma, Parco Naturale
della– 99 Ba
Marena [PR] 53 Ccd
Maréndole [PD] 45 Ac
Marene [CN] 49 Bcd
Mareneve [CT] 163 Bd
Marengo [CN] 49 CDd
Marengo [MN] 43 Ac
Marengo, Villa– 51 Ab
Mereno di Piave [TV] 31 CDb
Marentino [TO] 49 Ca
Marepotamo, Fiume– 153 Cc
Maresca [PT] 75 CDa
Mareson [BL] 17 Bb
Maresse, Cima– 27 Bc
Maresso [LC] 25 Ec
Mareta / Mareit [BZ] 3 Bb
Mareto [PC] 51 Fc
Maréttimo [TP] 157 ins.a
Maréttimo, Isola– 157 ins.a
Maretto [AT] 49 Db
Marezzane [VR] 43 Db
Marga / Margen [BZ] 3 Eb
Margana, Liste della– 159 Dd
Margarita [CN] 61 ABb
Margen / Marga [BZ] 3 Eb
Marghera [VE] 45 Db
Margherita [PC] 51 FGc
Margherita, Villa– [LI] 81 Dd
Margherita di Savóia [BT]
123 La
Margherito Soprano [CT]
171 Fc
Margherito Sottano [CT]
171 Fc
Márghine 187 Fb

árghine, Catena del–
187 Eb
largi, Fiume dei– →
Caltagirone, Fiume– 173 Ad
largi, Torrente– 173 Cd
largiani, Monte– 191 Ed
largiani Pobusa, Punta–
89 Dd
largine di Momigno [PT]
75 Cb
largine Rosso [CA] 197 Cb
larginone [LU] 75 Cc
largione [RG] 177 Dc
largno [LC] 25 Ea
largno, Cimone di– 25 Eab
largone [TO] 35 DEc
largone, Nuraghe– 181 Bd
largreid an der Weinstrasse /
Magrè sulla Strada del Vino
[BZ] 15 Cc
laria, Monte– 197 Dc
lariae [PN] 17 DEc
laria Himmelfahrt / l'Assunta
[BZ] 15 Dab
laria Incantata, Nuraghe–
189 Bd
laria Luggau [A] 5 Ec
lariana Mantovana [MN]
41 Ec
larianella [NA] 127 Da
larianitto [RI] 95 FGd
lariano [PR] 65 Ba
lariano [PR] 53 Cc
lariano al Brembo [BG]
25 Fd
lariano Comense [CO]
25 Dc
lariano del Friuli [GO] 33 Db
larianópoli [CL] 171 Bb
larianópoli, Galleria di–
171 Bb
lari Ermi [OR] 187 Cd
lariglianella [NA] 119 Fd
lariglianо [NA] 119 Fd
larignana [PN] 31 Fb
larignana Marcello [TV]
45 Da
larilleva [TN] 13 Fc
larina [PE] 105 Ca
larina [PZ] 141 Fc
larina [SA] 129 Bbc
larina [VE] 33 Ac
larina, Villaggio sa– [OG]
193 Fb
larina d'Andrano [LE]
139 Fc
larina dei Ronchi [MS]
73 Db
larina del Cantone [NA]
127 DEc
larina delle Nereidi [CA]
197 CDb
larina di Acquappesa [CS]
145 Cd
larina di Alberese [GR]
91 Ecd
larina di Amendolara [CS]
143 Fc
larina di Andora [SV] 71 Fb
Marina di Aquiléia [UD]
33 CDc
Marina di Àrbus [VS] 191 Cc
Marina di Ardea [ROMA]
107 Fd
Marina di Ascéa [SA]
141 BCb
Marina di Àvola [SR] 177 Ec
Marina di Belmonte [CS]
149 Cbc
Marina di Belvedere [CS]
145 Cc
Marina di Bibbona [LI]
81 CDc
Marina di Camerota [SA]
141 Dbc
Marina di Campo [LI] 89 Dc
Marina di Càorle [VE] 33 Ad
Marina di Caronía [ME]
161 Db
Marina di Carrara [MS] 73 Dab
Marina di Casal Velino [SA]
141 Bab
Marina di Castagneto
Carducci [LI] 81 Dcd
Marina di Cavallino [VE]
45 Fb

Marina di Cécina [LI] 81 Cc
Marina di Chiaiolella [NA]
127 Cb
Marina di Chiéuti [FG]
113 EFb
Marina di Cottone [CT]
163 Cd
Marina di Dávoli [CZ]
153 Fbc
Marina di Equa [NA] 127 Ec
Marina di Fuscaldo [CS]
145 CDd
Marina di Gáiro [OG] 193 EFb
Marina di Ginosa [TA] 133 Dd
Marina di Gioia Tauro [RC]
153 Bd
Marina di Gioiosa Iónica
[RC] 153 Ee
Marina di Grosseto [GR]
91 Cc
Marina di Jóppolo [VV]
153 Bc
Marina di Leporano [TA]
133 Fd
Marina di Lesina [FG] 113 Fb
Marina di Léuca [LE] 139 EFd
Marina di Lio Grando [VE]
45 Eb
Marina di lu Impostu [OT]
185 Fb
Marina di Mancaversa [LE]
139 CDc
Marina di Massa [MS]
73 Dab
Marina di Massignano [AP]
97 Ea
Marina di Melilli [SR] 177 Fb
Marina di Minturno [LT]
119 Bb
Marina di Módica [RG]
177 Cd
Marina di Montemarciano
[AN] 87 CDa
Marina di Montenero [CB]
113 Ca
Marina di Montignoso →
Cinquale [MS] 73 Db
Marina di Nocera Terinese
[CZ] 149 Ccd
Marina di Nováglie [LE]
139 Fd
Marina di Orosei [NU] 185 Fd
Marina di Palma [AG]
175 Bab
Marina di Palmi [RC] 153 Bd
Marina di Páola [CS] 145 Dd
Marina di Patti [ME] 163 Ab
Marina di Péscia Romana
[VT] 99 Db
Marina di Pietrapáola [CS]
147 Dc
Marina di Pietrasanta [LU]
73 Eb
Marina di Pisa [PI] 73 Ecd
Marina di Pisticci [PZ] 137 Ac
Marina di Pulsano [TA]
133 Gd
Marina di Puolo [NA] 127 Dc
Marina di Ragusa [RG]
177 Bd
Marina di Ravenna [RA] 69 Eb
Marina di Salívoli [LI] 91 Bb
Marina di San Lorenzo [RC]
155 BCd
Marina di Sant'Antonio [CZ]
153 Fc
Marina di Sant'Ilario dello
Ionio [RC] 155 Eb
Marina di San Vito [CH]
105 Ec
Marina di Schiavonea [CS]
147 Bc
Marina di Sibari [CS] 147 Bb
Marina di Sorso [SS] 181 Dd
Marina di Stróngoli [KR]
151 Eb
Marina d'Itála [ME] 163 Db
Marina di Zambrone [VV]
153 Bb
Marina Faleriense [FM] 87 Fc
Marina Grande [NA] 127 Dc
Marina Iulia [GO] 33 Ec
Marina Lido [SA] 141 Cb
Marina Palmense [FM] 87 Fd
Marina Piccola [NA] 127 Dc
Marina Piccola [TA] 133 Gd
Marina Porto [LE] 139 Fc

Marina Romea [RA] 69 Eab
Marina San Gemiliano [OG]
189 Fd
Marinasco [SP] 73 Ba
Marina Serra [LE] 139 Fc
Marina Velca [VT] 99 Fc
Marine [AO] 23 Ad
Marinella [PU] 79 Db
Marinella [TP] 167 Db
Marinella [VE] 33 Bc
Marinella di Sarzana [SP]
73 CDa
Marinello [BR] 133 Gb
Marineo [PA] 159 Cc
Marini [LE] 139 Ecd
Marini [VI] 29 Fc
Marino [ROMA] 107 Fc
Marino [TP] 157 Cc
Marino, Monte– [FC] 77 Db
Marino, Monte– [PR] 65 Ca
Marino del Tronto [AP]
97 Cbc
Marinoni [BG] 27 Ab
Marins [PN] 19 Ac
Mariotto [BA] 125 Bb
Marischio [AN] 85 Fc
Maristella [SS] 183 Bc
Maritani [SV] 61 Dc
Maríttima [LE] 139 Fbc
Maritza [SS] 181 Dcd
Marlengo / Marling [BZ] 3 Ad
Márlia [LU] 75 Bb
Marliana [PT] 75 Cb
Marliano [FI] 75 Cc
Marling / Marlengo [BZ] 3 Ad
Marmagna, Monte– 65 Cb
Marmarole, Gruppo delle–
17 Cc
Marmentino [BS] 27 Cc
Marmi, Grotta dei– 115 Fc
Marmigliaio [LI] 81 Cab
Marmilla 191 Fb
Marmilla, Castello di– 191 Fb
Marmirolo [MN] 43 Ac
Marmirolo [RE] 55 Bd
Marmolada 17 Ab
Marmontana, Monte–
11 CDcd
Mármora [CN] 59 Db
Marmoráia [SI] 83 ABc
Marmorassi [SV] 61 Fb
Marmorata, Isole– 179 Cb
Mármore [TR] 101 Fa
Mármore, Cascata delle–
95 Dd
Marmore, Torrente– 21 Fb
Marmórea, Porto– 177 Fb
Marmóreo [SV] 71 Fa
Marmoreto [RE] 65 Eb
Marmorito [AT] 37 Cd
Marmorta [BO] 57 Bd
Mármuri, Grotta su– 193 Db
Marnate [VA] 25 Bd
Marniga [VR] 27 Fc
Maro [RE] 65 Fb
Marocche di Dro 29 Ab
Marocchi [TO] 49 Bb
Marocco [TV] 45 Da
Maroglio, Fiume– 171 Ed
Marola [RE] 65 Fb
Marola [RO] 55 EFa
Marola [SP] 73 Ba
Marola [VI] 43 Fa
Maron [PN] 31 Eb
Marona, Pizzo– 23 Fa
Marone [BS] 27 Bc
Marone [VB] 9 Ed
Marongiu [CA] 197 Db
Maronti, Lido dei– 127 Bb
Marópati [RC] 153 Ccd
Marore [PR] 53 EFc
Marotta [PU] 79 Ec
Marotta, Cozzo– 175 BCab
Marozza, Grotta– 101 Ed
Marozzo [FE] 57 Cc
Marrada, Rio– 193 Cd
Mártone [RC] 153 Dd
Martorano [FC] 69 Ecd
Martorano [PR] 53 Fc
Marturanum, Parco
Suburbano– 101 Dc
Marucolo, Colma di– 27 Cc
Marudo [LO] 39 Ec
Maruggio [GR] 93 Bc
Marrúbiu [OR] 191 Db
Marrucheto [GR] 91 Ec

Marruchetone [GR] 99 Db
Mars, Monte– 23 Bd
Marságlia [CN] 61 Cb
Marságlia [PC] 51 Fc
Marságlia [TO] 35 Gc
Marsaglia [TO] 35 Fc
Marsala [TP] 157 Bd
Marsala o Sóssio, Fiumara
di– 157 Bd
Marsan [VI] 29 EFc
Marsango [PD] 31 Ad
Marsciano [PG] 95 Bb
Marser, Monte– 13 Dd
Marsia [AP] 97 Bbc
Marsia 109 Fb
Marsicano, Monte– 111 BCc
Marsico Nuovo [PZ] 131 Bd
Marsico Nuovo, Lago di–
131 Bd
Marsicovétere [PZ] 131 Bd
Marsiglia [GE] 63 Db
Marsignano [FC] 77 Da
Marsiletti [MN] 43 Ac
Marsiliana [GR] 99 CDa
Marsiliana, Castello della–
[GR] 91 Ca
Marsiliana, Riserva Naturale–
91 Cb
Marsure [PN] 17 Ed
Marsure di Sopra [UD] 19 Cd
Marsure di Sotto [UD] 19 Cd
Marta [SV] 71 Fa
Marta [VT] 101 Aa
Marta, Fiume– 101 Ab
Marta, Monte Ia– 129 Fcd
Martana, Isola– 101 Aa
Martano [LE] 139 Ea
Martano, Monte– 95 Cc
Martassina [TO] 35 Ec
Martell / Martello [BZ] 1 Ed
Martellago [VE] 31 Bd
Martellese, il– 105 Cd
Martelletto [CZ] 151 Bd
Martelli [FR] 109 Dc
Martello, Pizzo– 11 Dc
Martello, Torrente– 161 Fc
Martello / Martell [BZ] 1 Ed
Marter [TN] 29 Dab
Marti [PI] 75 Cd
Mártica, Monte– 25 Ab
Martigliano [AR] 77 Fc
Martignacco [UD] 19 Bd
Martignana di Po [CR] 53 Fab
Martignano [FI] 75 Dc
Martignano [LE] 139 Ea
Martignano [TN] 15 Bd
Martignano, Lago di– 101 Cd
Martignone [BO] 67 Da
Martigny [Svizz.] 7 Cd
Martín, Punta– 63 Bb
Martina / Martinsbruck
[Svizz.] 1 Cb
Martina Franca [TA] 133 Fb
Martina Olba [SV] 63 Aab
Martinat, Parco Ornitologico–
47 Eb
Martinazzo [UD] 19 BCcd
Martincelli [TN] 29 EFb
Mártine, Nuraghe– 183 Fc
Martinella, Dosso della–
29 Cb
Martinella, Monte– 149 Cb
Martinenghe [BS] 41 Bb
Martinengo [BG] 25 Gd
Martinetto [SV] 71 Fa
Martinez [CL] 171 Cc
Martini [ME] 163 Ab
Martini [TO] 47 Fd
Martiniana Po [CN] 47 Fd
Martinsbruck / Martina
[Svizz.] 1 Cb
Martinsicuro [TE] 97 Eb
Martirano [CZ] 149 Dc
Martirano Lombardo [CZ]
149 Dc

Marza [PV] 39 Ac
Marza [RG] 177 Dd
Marzabotto [BO] 67 Eb
Marzaglia [MO] 55 Bd
Marzalengo [CR] 41 Cc
Marzalesco [NO] 23 Ecd
Marzamemi [SR] 177 Ed
Marzana [ME] 163 Ab
Marzana [VR] 43 Cab
Marzanata [RO] 55 Fab
Marzancello, Monte– 77 Ca
Marzanello [CE] 119 Db
Marzano [AV] 121 Bd
Marzano [GE] 63 Dab
Marzano [LO] 39 Eb
Marzano [PR] 53 Db
Marzano [PV] 39 Dc
Marzano, Monte– 129 Eb
Marzano Appio [CE] 119 Db
Marzano di Nola [AV] 127 Bd
Marzénego, Rio– 31 Bc
Marzeno [RA] 69 Cc
Marzeno, Torrente– 69 Bc
Marzette [MN] 55 Cb
Marzettelle [MN] 55 Cb
Marzi [CS] 149 Dbc
Marziai [BL] 31 Ab
Marziano [BT] 123 EFc
Marzinis [PN] 31 Fc
Marzio [VA] 25 Bb
Marzo, Col di– 85 CDc
Marzo, Montagna di– 171 Dc
Marzo, Monte– 21 Fd
Marzocca [AN] 79 Fcd
Marzola, Ia– 29 BCa
Marzolana, Monte– 93 EFa
Marzolara [PR] 65 DEa
Marzotto [VE] 33 Ac
Mas [BL] 17 Ab
Mas [BL] 17 Bd
Masainas [CI] 195 Dc
Masana, Monte– 131 Cd
Masaniello, Villaggio– [CL]
169 Ec
Masano [BG] 39 FGab
Masanti [PR] 65 Aa
Masarè [BL] 17 Bb
Masariè [BL] 17 Cb
Masarólis [UD] 19 Dcd
Masate [MI] 25 Ed
Masca, Cima di– 63 Aab
Máscali [CT] 173 Ea
Mascalucia [CT] 173 Db
Mascanari, Monte– 189 Cb
Mascanico [NA] 127 Ca
Maschio delle Faete 109 Ac
Maschio di Lariano 109 Ac
Maschito [PZ] 131 Ba
Masciaga [BS] 41 Eab
Masciago Primo [VA] 23 Gb
Mascioni [AQ] 103 Ca
Mascioni, Monte– 103 Ca
Masella [IS] 111 DEd
Masella [RC] 155 Bc
Masenzias, Punta– 193 Dd
Maser [TV] 31 Ac
Masera [VB] 9 Ed
Maserà di Padova [PD] 45 Bc
Maseralino [PD] 45 Bc
Masereto [PR] 53 Cd
Maséris [UD] 19 Ad
Maserno [MO] 67 Cc
Masi [MN] 55 Ea
Masi [PD] 43 Ed
Masi [PZ] 131 Bb
Masi, Monte dei–
(Gentersberg) 3 Cc
Masi Carretta 29 Ea
Masi d'Ávio [TN] 29 Ac
Masi di Cavalese [TN] 15 Dc
Masiera [RA] 69 Cb
Másino [SO] 11 Fd
Másino, Torrente– 11 Fc
Másio [AL] 49 Fb
Másio [TO] 49 BCb
Masi San Giacomo [FE] 57 Bc
Masi Torello [FE] 57 Bc
Masliánico [CO] 25 Cb
Masnago [VA] 23 Gb
Maso [VE] 45 Cb
Maso, Rio– 15 Dd
Masogelato / Eishof [BZ] 1 Cc

Masone [GE] 63 Bab
Masone [RE] 55 Bcd
Masone, Monte– 27 Aa
Masone Pardu [CA] 197 DEb
Masoni, Monte– 27 Aa
Mason Vicentino [VI] 29 Ec
Massa [BN] 119 Fb
Massa [FC] 69 Ccd
Massa [FC] 77 Eb
Massa [FC] 77 Fa
Massa [FI] 83 Ca
Massa [LU] 65 Fcd
Massa [MC] 87 Ac
Massa [MS] 73 Dab
Massa [PT] 75 Cb
Massa [PU] 85 Dab
Massa [PZ] 141 Fc
Massa [RA] 69 Dc
Massa [RE] 67 Ab
Massa [SA] 141 Cd
Massa Annunziata [CT]
173 Db
Massa Budrio [FC] 77 FGa
Massaciúccoli [LU] 73 Fb
Massaciúccoli, Lago
di– 73 Eb
Massa d'Albe [AQ] 103 Db
Massa di Somma [NA]
127 Eab
Massa e Cozzile [PT] 75 Cb
Massa Fermana [FM] 87 Dd
Massa Finalese [MO] 55 EBc
Massa Fiscaglia [FE] 57 CDc
Massafra [TA] 133 Ec
Massalengo [LO] 39 Fc
Massa Lombarda [RA] 69 Bb
Massa Lubrense [NA] 127 Dc
Mássama [OR] 187 Dd
Massa Macinaia [LU] 75 Bc
Massa Maríttima [GR] 91 Da
Massa Martana [PG] 95 Cb
Massanzago [PD] 31 Ad
Massaprofóglio [MC] 95 Fa
Massaquano [NA] 127 Dbc
Massarella [FI] 75 Cc
Massari [BN] 119 Fb
Massari [CB] 113 Ade
Massaro, Punta di– /
Moarer–Spitze 3 Bb
Massarosa [LU] 73 Fb
Massa San Giorgio [ME]
155 Ab
Massa San Giovanni [ME]
155 Ab
Massa San Nicola [ME]
155 Ab
Massa Santa Lucia [ME]
155 Ab
Massasco [GE] 63 Fc
Massascusa [SA] 141 Ca
Massazza [BI] 37 CDb
Masselli [VR] 29 Ad
Masselli [VR] 29 Ad
Massello [TO] 47 Db
Massenzática [FE] 57 DEb
Massenzatico [RE] 55 Bc
Massera, Torrente– 91 Ca
Masseranga [BI] 23 Dd
Masserano [BI] 23 Dd
Masserecci, Poggio– 83 DEa
Masseria [BI] 37 Cb
Masseria, Passo– [RC]
155 Cd
Masseria Canalotto [CL]
171 Ccd
Masseria Combattenti,
Riserva Naturale– 123 Da
Masseto [FI] 77 Bc
Massicaia, Monte– 77 Bb
Massicelle [SA] 141 Cb
Mássico, Monte– 119 Cbc
Massignani [VI] 29 Cd
Massignano [AN] 87 Ea
Massignano [AP] 97 Da
Massimbona [MN] 43 Ac
Massimeno [TN] 13 Fd
Massimina [ROMA] 107 Eb
Massimino [SV] 61 Dc
Massino Visconti [NO] 23 Fc
Massiola [VB] 23 Eb
Masso di Arenaria Rossa
del Pérmico, Monumento
Naturale– 27 Ec
Massone [TN] 29 Ab
Massone, Monte– 23 Eb
Massumático [BO] 55 Fc
Mastallone, Torrente– 23 Cb

Mastánico [BS] 27 Dcd
Mastari [PE] 105 Bb
Mastáun 1 Ecd
Mastino, Baita– [OR] 191 Db
Mastrangelo, Monte– 163 Ab
Mastrati [CE] 119 Da
Mastri [TO] 37 Ac
Mastromarco [PT] 75 Dc
Masua [CI] 191 Cd
Masua, Forte– [VR] 29 Ad
Masuccio, Monte– 13 Cc
Masueria [CN] 47 Ed
Masugna [ME] 161 Fbc
Masul, Rio– / Masul–Bach
   3 Bc
Masul–Bach / Masul,
   Rio– 3 Bc
Masúllas [OR] 191 Eb
Matajúr, Monte– 19 Ec
Matalla, Monte– 65 DEb
Matanna, Monte– 73 Eb
Matarazzo, Monte– 171 Cb
Matarocco [TP] 157 Cd
Matassaro Renna, Monte–
   159 Bbc
Matassone [TN] 29 Bc
Mataun, Cima– 1 Dbc
Matélica [MC] 87 Bc
Matellica [RA] 69 Ec
Mater, Monte– 11 Eb
Matera [AP] 97 Bc
Matera [MT] 133 Bbc
Materdómini [AV] 129 Dcd
· Materdómini [LE] 135 Ed
· Materdómini [SA] 129 Bb
Maternigo [VR] 43 Dd
Matese, Lago del– 119 Fa
Matese, Monti del– 119 Fa
Matese, Parco del– 119 Fa
Mathi [TO] 35 Gc
Matigge [PG] 95 Db
Matinella [SA] 129 Dcd
Matini [ME] 161 Fb
Matino [LE] 139 Db
Matlas, Bec– 59 FGc
Matonti [SA] 141 Ba
Matoschi [PC] 51 Fc
Matraia [LU] 75 Bb
Matrei in Osttirol [A] 5 Dab
Matrice [CB] 113 Cd
Matsch / Mázia [BZ] 1 Dc
Matscher Winkel Kogel /
   Cantone, Monte– 1 Db
Mattaciul, Cima– 13 Dc
Mattaleto [PR] 65 Ea
Mattarana [SP] 65 Ac
Mattarello [TN] 29 Bab
Matt'e Abramu, sa– 193 Dd
Matterello, Cozzo– 171 Bb
Matterhorn (Cervino,
   Monte–) 21 Fb
Máttie [TO] 35 Dd
Mattina, Monte– 121 Fd
Mattinata [FG] 115 Ec
Mattine [SA] 129 Dd
Mattine, Monte– 121 Ed
Mattinella [AV] 121 Ed
Matto, Monte– [BS] 27 Db
Matto, Monte– [CN] 59 Ec
Mattone, Monte– [AQ]
   111 Cc
Mattone, Monte– [AQ]
   111 Cc
Mattone, Rio su– 183 Cc
Mattoni, Monte– 27 Db
Matzaccara [CI] 195 Cc
Maucini [SR] 177 Ed
Maudit, Mont– 21 Bbc
Mauerspitze (Muro, Monte–)
   3 Bb
Maugeri [CT] 173 Db
Mauletta [NO] 23 Ed
Mauls / Mùles [BZ] 3 Bb
Maurerberg / Muro, Monte–
   3 Ec
Maurer Kopf / Muro,
   Monte– 3 Gc
Maurin [Fr.] 47 Bd
Máuro, Monte– 121 ABc
Mauro, Monte– [CB] 113 Cb
Mauro, Monte– [RA] 69 Bc
Mauro, Serra– 143 Cc
Mauthen, Kötschach– [A]
   5 Fcd
Mauvoisin [Svizz.] 21 Db
Maviglia [TA] 139 Aa

Mavigliano, Torrente– 145 Ed
Mavone, Fiume– 103 Fa
Maxia, Punta– 195 EFc
Mayen [AO] 21 Fb
Mayen, Lago di– 21 Fb
Mazara [AL] 51 Bd
Mazara del Vallo [TP] 167 Cd
Mázaro, Fiume– 167 Ca
Mázia / Matsch [BZ] 1 Dc
Mazonzo [PR] 53 Fb
Mazzaglia [CT] 173 Cb
Mazzagullo, Monte– 151 Dab
Mazzano [BS] 41 Db
Mazzano Romano [ROMA]
   101 Dc
Mazzantica [VR] 43 Cc
Mazzarelli [AL] 51 Bd
Mazzaríno [CL] 171 Dd
Mazzarino, Monte– 177 Cb
Mazzaró [ME] 163 Ccd
Mazzarone, Monte– 23 Eb
Mazzarrà, Torrente– 163 Bb
Mazzarrà Sant'Andrea [ME]
   163 Bb
Mazzarrone [CT] 177 Bb
Mazzè [TO] 37 Bc
Mazze, Monte– 29 DEc
Mazzeo [ME] 163 Cc
Mazzi [FC] 77 Ebc
Mazzi [VR] 43 Ac
Mazzin [TN] 15 Fb
Mazzocchio [LT] 117 Da
Mazzocco, Torrente– 79 Ab
Mazzocone, Monte– 23 Eb
Mazzo di Valtellina [SO]
   13 Cc
Mazzolada [VE] 31 Fc
Mazzolano [RA] 69 Bc
Mazzoleni [BG] 25 Fc
Mazzoli [MO] 67 Cc
Mazzolla [PI] 81 Fb
Mazzorno [RO] 57 Dab
Mazzorno Sinistro [RO]
   57 Dab
Mazzucolo, Monte– 153 Dc
Mazzurega [VR] 43 Ba
Mea [RO] 57 Eab
Meana di Susa [TO] 35 Dd
Meana Sardo [NU] 189 Bd
Meano [BL] 17 Bd
Meano [BS] 41 Cb
Meano [TN] 15 Bd
Meano [TO] 47 DEb
Meati [LU] 73 Fc
Meatta, Monte– 29 Db
Mecca [TO] 35 Fc
Méchel [TN] 15 Bb
Meda [MB] 25 CDd
Meda [VI] 29 Dc
Medadu, Monte– 189 Cb
Medai Desogus [CI] 195 Cb
Medáris, Punta– 185 Cd
Medassino [PV] 51 Cab
Medau Lirimilis, Lago
   di– 195 Eb
Meddaris, Punta– 185 Bc
Mede [PV] 39 Ad
Mede, Piz di– 19 Aa
Medea [GO] 33 Db
Medea, Monte di– 33 Db
Medeazza [TS] 33 Ec
Medelana [BO] 67 Deb
Medelana [FE] 57 Cc
Medeuzza [UD] 33 Db
Mediano [PR] 65 Ea
Mediatore, Monte– 129 EFb
Medica, Funtana– 187 Cd
Medichetta [PZ] 141 Fb
Medicina [BO] 69 Ab
Médico, Scoglio del–
   159 ins.a
Mediglia [MI] 39 Db
Medíís [UD] 17 Fb
Medil [TN] 15 Eb
Medolago [BG] 25 Fcd
Médole [MN] 41 Fc
Medolla [MO] 55 Dbc
Meduna, Fiume– 31 Eb
Meduna, Torrente– 17 Fc
Meduna di Livenza [TV] 31 Ec
Meduno [PN] 17 Fc
Megara Hyblaea 173 Ed
Megarese, Porto– 173 Ed
Meggiano [PG] 95 Ec

Meggiano [VR] 43 Db
Meghe, Cima– 27 Dc
Megli [GE] 63 Bb
Megliadino San Fidénzio
   [PD] 43 Fc
Megliadino San Vitale [PD]
   43 Fc
Megna, Monte– [BL] 17 Cc
Megna, Monte– [PC] 51 Gd
Megno [BS] 13 Ccd
Mégolo [VB] 23 Dab
Mégolo di Cima [VB] 23 Dab
Mégolo di Fondo [VB] 23 Dab
Meguardo [BS] 41 Db
Méia, Rocca la– 59 Db
Méida [TN] 15 EFb
Meilogu 183 DEd
Méina [NO] 23 Fc
Meina, Rio– 37 Cd
Mejaniga [PD] 45 Bb
Mel [BL] 17 Bd
Mela, Monte– 193 Db
Mela, Monte sa– 185 Bc
Mela, sa– [SS] 181 Fd
Mela, Torrente– 163 Ccb
Melacce, Torrente– 93 Ab
Melag / Melago [BZ] 1 Dc
Melago / Melag [BZ] 1 Dc
Melandro [FG] 113 Fd
Melano [AN] 85 Ec
Melara [RO] 55 Ea
Melarolo [UD] 33 Cb
Melas, Nuraghe– 191 Dc
Mélas, Rio– 183 Dd
Melazza, Punta della– 109 Bc
Melazzo [AL] 49 Fd
Méldola [FC] 77 Ea
Mele [GE] 63 Bb
Meledo [VI] 43 Bb
Melegnanello [LO] 39 Fc
Melegnano [MI] 39 Dbc
Melello [AR] 85 Aa
Melendugno [LE] 139 Ea
Meleta [GR] 91 Ea
Meleti [LO] 41 Bd
Meleto [AR] 83 Ca
Meleto [RN] 79 Cb
Meleto [SI] 83 Cb
Melétole [RE] 55 Abc
Meletta di Gállio, Monte–
   29 Eb
Mélezet [TO] 47 Ba
Melezzo, Torrente– 9 Gc
Melézzole [TR] 95 Bcd
Melezzo Occidentale,
   Torrente– 9 Dd
Melezzo Orientale 9 Fd
Melfa [FR] 111 Ad
Melfa, Fiume– 111 Ad
Melfi [PZ] 123 Bd
Meli, Isola del– → Mannu,
   Scoglio– 195 Cb
Melía [ME] 163 Ccc
Melía [RC] 155 Bb
Melicelli [CZ] 151 Cd
Meliciano [AR] 83 Eab
Melicuccà [RC] 155 Cb
Melicuccà [VV] 153 Cc
Melicucco [RC] 153 Cd
Melignon [AO] 21 Cd
Melilli [SR] 177 Eab
Melillo, Monte– 149 Eb
Melio [AV] 121 Ed
Meliscio, Villa– [CS] 143 Cc
Melisenda [OG] 193 EFbc
Melissano [LE] 139 Dc
Melitello [CZ] 151 Bc
Melito, Fiumara di– 155 Bd
Mèlito, Fiume– 155 Bd
Melito di Napoli [NA] 119 Ed
Mélito di Porto Salvo [RC]
   155 Bd
Melito Irpino [AV] 121 CDc
Melito Irpino, Rovine di–
   121 Dc
Melizzano [BN] 119 Fc
Mella, Fiume– 41 Dc
Mella, Monte di– 131 Ed
Mellame [BL] 29 Fb
Mellana [CN] 59 Gb
Mellaredo [VE] 45 Cb
Mellarolo [SO] 11 Fd
Mellasc, Pizzo– 25 Fa
Melle [CN] 59 Ea
Mellea, Torrente– 61 Aa

Mellicciano [FI] 81 Fa
Mellier [AO] 21 Fd
Mello [SO] 11 Fd
Melo [PT] 75 Ca
Melogno [SV] 61 Ec
Meloncello [MN] 41 Ec
Melonta, Monte di– 93 Ec
Meloria, Torre della– 81 Ba
Melotta [CR] 41 Ab
Melpignano [LE] 139 Eb
Mels [UD] 19 Bcd
Méltina, Monte di– / Möltner
   Joch 3 Bd
Méltina / Mölten [BZ] 3 Bd
Meluzzo, Lago di– 17 Db
Melzo [MI] 39 Eab
Memmenano [AR] 77 Cc
Memmo [BS] 27 Cc
Mena [UD] 19 Bb
Menà [VR] 43 Ed
Menabò [AT] 49 Cb
Menággio [CO] 25 Dab
Menago 43 Cc
Menai [CN] 49 Bd
Menarola [SO] 11 Ec
Menas [TN] 13 Fc
Menate [FE] 57 Cd
Mencónico [PV] 51 Ec
Mendática [IM] 71 Da
Mendicino [CS] 149 Db
Mendola [PC] 53 Bc
Mendola [TP] 157 CDc
Mendola, Fiume della–
   159 Dd
Méndola, Torrente– 171 Bd
Mendrisio [Svizz.] 25 Bb
Meneghini, Colle dei– 29 Eb
Menegosa, Monte– 53 ABc
Menezzo [SV] 71 Fa
Menfi [AG] 167 Eb
Mengaccini [AR] 85 Ac
Mengara [PG] 85 Dc
Menin [BL] 17 Ad
Menna, Cima di– 25 Gb
Mennella [IS] 111 Dd
Menniti [CZ] 153 Db
Menócchia, Torrente– 97 Da
Menogno [VB] 9 Ed
Menólzio [TO] 35 Dd
Menosio [SV] 71 Fa
Menotre, Fiume– 95 Eb
Menotto, Pale di– 17 Ca
Mensanello [SI] 83 Ab
Mensano [SI] 83 Ac
Menta [AL] 63 Ba
Menta [PR] 63 Fb
Menta, Pizzo della– 161 DEc
Mentana [ROMA] 107 Fa
Menton [Fr.] 71 Cc
Mentoulles [TO] 47 Da
Menulla [TO] 35 Fc
Menzago [VA] 23 Gc
Menzano [AQ] 103 Cb
Menzano [AR] 77 Bd
Menzino [BS] 27 Bc
Méolo [VE] 31 Dd
Mera, Fiume– (Maira) 11 Cc
Mera, Monte– 71 Db
Meran / Merano [BZ] 3 ABcd
Merana [AL] 61 Eab
Merangeli [CE] 119 Eb
Merano / Meran [BZ] 3 ABcd
Merano 2000 [BZ] 3 Bcd
Meransen / Maranza [BZ]
   3 Bc
Merate [LC] 25 Ec
Meravíglia, Monte– 95 Fc
Meraviglie, Grotta delle–
   25 Fc
Merca [MN] 55 Cb
Mercallo [VA] 23 FGc
Mercante, Grotta del– 123 Fb
Mercantelli, Pizzo– 11 FGcc
Mercanti, Timpa dei– 143 Db
Mercantour 59 Dc
Mercantour, Cima di– 59 Ed
Mercatale [AR] 85 Ac
Mercatale [BO] 67 Fb
Mercatale [FC] 77 Db
Mercatale [FI] 83 Ba
Mercatale [PO] 75 Ea
Mercatale [RA] 79 Ac
Mercatale [RA] 69 Acd
Mercatale, Lago di– 79 Ac
Mercatale Valdarno [AR]
   83 Db
Mercatello [PG] 95 CDc

Mercatello [PG] 93 Fb
Mercatello [SA] 129 Bc
Mercatello sul Metáuro
   [PU] 77 Fd
Mercatino Conca [PU] 79 Ab
Mercato [PR] 65 Eab
Mercato [PU] 79 Cb
Mercato [RI] 103 Bc
Mercato [SA] 129 Cb
Mercato Cilento [SA] 141 Ba
Mercato San Severino [SA]
   129 Bb
Mercato Saraceno [FC] 77 Fb
Mercato Vecchio [PU] 77 Gc
Mercato Vecchio [TV] 31 Bc
Mercenasco [TO] 37 Bb
Mérchis, Rio– 187 Eb
Mercogliano [AV] 121 Bd
Mércore [PC] 53 Cb
Mercuago [NO] 23 Fc
Mercuri [CI] 195 Cc
Mercurio, Monte– 77 Eb
Merd' ede Coni, Rio– 187 Ed
Merella [AL] 51 Bc
Mereta [GE] 51 Ccd
Mereta [SV] 61 Dc
Mereto di Capitolo [UD]
   33 Cb
Mereto di Tomba [UD] 33 Ba
Meretto [PO] 75 Eb
Mereu, Nuraghe– 197 Bcc
Mergnano San Pietro [MC]
   87 Bcd
Mergnano San Savino [MC]
   87 Bd
Mergo [AN] 87 Bb
Mergozzo [VB] 23 Eb
Mergozzo, Lago di– 23 Eb
Merì [ME] 163 Cab
Meria, Monte– 109 Fb
Meriano, Bric– 61 Dc
Merici [RC] 155 Eb
Meridiana [AT] 49 Db
Merine [LE] 135 Fd
Merinum 115 Eb
Merizzo [MS] 65 Cc
Merlana [UD] 33 Cb
Merlano [BO] 67 Db
Merlara [PD] 43 Ecd
Merlazza [AT] 49 Db
Merlengo [TV] 31 Cc
Merli [VR] 29 Bd
Merlini [AT] 49 Ec
Merlino [LO] 39 Eb
Merlo [CN] 61 BFb
Merlo [VI] 29 EFb
Merlo, Becca del– 21 Cd
Merlo, Monte– 71 Db
Mernico [GO] 33 Da
Merone [CO] 25 Dc
Merqua, Monte– 59 Ec
Merse, Fiume– 91 Fa
Mersino [UD] 19 Bc
Merso di Sopra [UD] 19 Ed
Meruzzano [CN] 49 Dc
Mesa [LT] 117 Db
Mesa, Punta sa– 185 Cc
Mesagne [BR] 135 Cc
Meschia [AP] 97 Bbc
Mescolino [TV] 31 Cb
Mescolino, Monte– 77 DEb
Mese [SO] 11 Ec
Mesenzana [VA] 23 Gb
Mésero [MI] 39 Bab
Mesiano [VV] 153 Cc
Mesima, Fiume– 153 Bd
Mesma, Monte– 51 Bc
Mésola [FE] 57 Eb
Mesonette [TO] 35 Fb
Mesoraca [KR] 151 Cc
Messer, Monte– 17 Ccd
Messercola [CE] 119 Fc
Messignadi [RC] 155 Cb
Messina [ME] 155 Ab
Messina, Monte– 143 Abc
Messina, Stretto di– 155 Ab
Mestre [VE] 45 Db
Mestriago [TN] 15 Ac
Mestrino [PD] 45 Ab
Mesu 'e Róccas, Monte–
   187 Cc
Mesule (Möseler, Grosser–)
   3 Bb
Mesumundu 183 Ec
Meta [AQ] 109 Eb

Meta [NA] 127 Ec
Meta, Monti della– 111 Cc
Meta, Pizzo di– 97 Aab
Meta, Serra– 177 Cc
Meta, Torrente– 85 Ba
Metallífere, Colline– 81 Ec
Metanopoli [MI] 39 Db
Metaponto [MT] 133 Cc
Metaponto, Piana di– 133 Cd
Metaponto–Marinella, Riserva
   Naturale di– 133 Dcd
Metapontum 133 Cd
Metato [PI] 73 Fc
Metaurília [PU] 79 Ec
Metáuro, Fiume– 79 Ec
Metra [LU] 65 Ec
Métramo, Fiume– 153 Cd
Metrano [NA] 127 Cc
Mettéglia [PC] 51 Fc
Metti [MS] 65 Cc
Metti [PR] 53 Bc
Mettien [AO] 23 Bc
Meugliano [TO] 37 Aab
Meula [NO] 23 Cdb
Meureddu, Bruncu– 197 Dc
Mevale [MC] 95 Eb
Mezzadri [PR] 53 CDc
Mezzago [MB] 25 Ed
Mezzaluna, Pizzo– 159 Cd
Mezzana [MS] 65 DEcd
Mezzana [PI] 75 Ac
Mezzana [RO] 57 Ca
Mezzana [TN] 13 Fc
Mezzana [TO] 37 Cd
Mezzana, Cima– [TN] 29 Bc
Mezzana, Cima– [TN] 13 Fb
Mezzana, Monte– 111 Bb
Mezzana, Serra– 131 Bb
Mezzana Bigli [PV] 51 Ba
Mezzana Casati [LO] 41 Ad
Mezzana Frido [PZ] 143 Dc
Mezzana Loria [MN] 53 Fab
Mezzana Mortigliengo [BI]
   23 Dd
Mezzana Rabattone [PV]
   39 Cd
Mezzana Salice [PZ] 143 Cc
Mezzana Torre [PZ] 143 CDc
Mezzane [BS] 41 Ec
Mezzane di Sopra [VR] 43 Cb
Mezzane di Sotto [VR] 43 Cb
Mezzánego [GE] 63 Fbc
Mezzani [PR] 53 Fb
Mezzanino [AL] 51 Bab
Mezzanino [LO] 41 Ad
Mezzanino [PV] 39 Dd
Mezzano [AL] 49 Gb
Mezzano [PC] 41 BCd
Mezzano [PV] 39 Bd
Mezzano [PV] 39 Bd
Mezzano [RA] 69 Db
Mezzano [VC] 39 CDd
Mezzano [RA] 69 Db
Mezzano [TN] 15 Fd
Mezzano [VT] 93 Cd
Mezzano, Lago di– 93 Cd
Mezzano, Monte– [BO] 67 Fb
Mezzano, Monte– [PR] 53 Bc
Mezzano, Monte– [VA] 23 Db
Mezzano Inferiore [PR] 53 Fb
Mezzano Passone di Sopra
   [LO] 41 Ad
Mezzano Passone di Sotto
   [LO] 41 Ad
Mezzano Rondani [PR] 53 Fb
Mezzano Scotti [PC] 51 Fc
Mezzano Superiore [PR]
   53 Fb
Mezzanotte [PU] 85 Fa
Mezzano Vigoleno [PC] 39 Fd
Mezzara, Poggio– 75 EFa
Mezzaroma [VT] 101 Cc
Mezzaselva [VI] 29 Db
Mezzaselva / Mittewald
   [BZ] 3 Dc
Mezzate [MI] 39 Db
Mezzavalle [GE] 63 EFb
Mezzavalle [TN] 15 Eb
Mezzavia [AR] 83 Cb
Mezzavilla [TO] 35 Gb
Mezzavilla [TV] 31 Cab
Mezzavilla [VR] 43 Cb
Mezzégra [CO] 25 Db
Mézzema [SP] 63 Gc
Mezzenile [TO] 35 Fc
Mezzeno [RA] 69 Cc
Mezzo, Colle di– 111 EFd

Mezzo, Coppa di– 115 Cc
Mezzo, Lago di– 43 Ac
Mezzo, Montagna di– 171 Dab
Mezzo, Monte di– 103 Da
Mezzo, Punta di– 1 Dc
Mezzocampo [KR] 151 Cab
Mezzocanale [BL] 17 Cc
Mezzocorona [TN] 15 Bc
Mezzodì, Beccas del– 59 Eb
Mezzodì, Costone di– 21 Cc
Mezzodì, Gúglia del– 47 Ba
Mezzodì, Picco del– 19 Db
Mezzodì, Picco di– [UD] 17 Eb
Mezzodì, Picco di– [UD] 19 Eb
Mezzodì, Piz di– 17 Bc
Mezzodì, Punta del– 17 EFb
Mezzodì, Spiz di– 17 Cc
Mezzogiorno, Faraglioni di– 117 ins.a
Mezzogiorno, Pizzo– 161 Ec
Mezzogoro [FE] 57 Db
Mezzojuso [PA] 159 Cc
Mezzola, Lago di– 11 Ec
Mezzolago [TN] 27 Fb
Mezzolara [BO] 67 Ga
Mezzoldo [BG] 25 Gab
Mezzolombardo [TN] 15 Bc
Mezzomerico [NO] 23 Fd
Mezzomonreale [PA] 159 Bb
Mezzomonte [LT] 117 Db
Mezzomonte [PN] 31 Da
Mezzovico [Svizz.] 11 Bd
Mezzullo, Monte– 27 Db
Mia, Monte– 19 Dc
Miage, Ghiacciaio del– 21 ABc
Miage, Lago del– 21 Bc
Miagliano [BI] 23 Cd
Mialanghelu, Monte– 189 Bc
Miane [TV] 31 Bb
Miano [FC] 77 Ca
Miano [NA] 127 Da
Miano [PR] 53 Dc
Miano [PR] 65 Db
Miano [TE] 97 Dd
Miano, Monte– 113 Dd
Miaron, Monte– 17 Db
Miasino [NO] 23 Ec
Miazzina [VB] 23 Fb
Micarone [PE] 105 Bb
Micciano [AR] 85 Aa
Micciano [PI] 81 Ec
Miccio, Monte– 161 Bc
Micheletta, Monte– 155 Bc
Michellórie [VR] 43 Dc
Micigliano [RI] 103 Bb
Micóttis [UD] 19 Cc
Midia, Monte– 109 Da
Midi o Muret, Punta– 47 Db
Miega [VR] 43 Dc
Mieli [UD] 19 Aab
Miemo [PI] 81 DEb
Miezegnot, lôf di– 19 Db
Miggiano [LE] 139 Ec
Miggiano, Torre di– 139 Fb
Migiana [PG] 85 Bd
Migiana di Monte Tézio [PG] 85 Bd
Migiandone [VB] 23 Eb
Migianella, Monte– 85 Bc
Migianella dei Marchesi [PG] 85 Bc
Migiondo [SO] 13 Cc
Migliana [PO] 75 Eb
Migliandolo [AT] 49 Eb
Migliánico [CH] 105 Db
Migliano [AV] 129 Aa
Migliano [PG] 93 Fb
Migliara [BN] 119 Fc
Migliara [RE] 65 Fb
Migliardo [ME] 163 Cb
Migliarina [AR] 83 Db
Migliarina [GE] 63 Ca
Migliarina [MO] 55 Bc
Migliarino [FE] 57 Cc
Migliarino [PI] 73 Ec
Migliarino–San Rossore–Massacciuccoli, Parco Naturale– 73 Cc
Migliaro [CR] 41 Ccd
Migliaro [FE] 57 Cc
Migliere [TO] 35 Eb
Miglierina [CZ] 149 Ed
Míglio, Monte– [AQ] 111 Bb

Míglio, Monte– [IS] 111 Ec
Migliónico [MT] 133 Bc
Migliorini [PT] 75 Ca
Migliuso [CZ] 149 Ed
Mignágola [TV] 31 Cc
Mignanego [GE] 63 Ca
Mignano [AR] 77 Bc
Mignano, Lago di– 53 Bc
Mignano, Monte– 63 Eb
Mignano Monte Lungo [CE] 119 Ca
Mignegno [MS] 65 Cb
Mignete [LO] 39 Eb
Mignone [BS] 27 Ec
Mignone [VT] 99 Fc
Mignone, Fiume– 99 Gc
Mignone, Il– 27 Cb
Milanere [TO] 35 Fd
Milanesi [RC] 155 Bb
Milani [AT] 49 Ec
Milano [MI] 39 Db
Milano–Cremona, Canale navigabile– 41 Ac
Milano Maríttima [RA] 69 EFc
Milano San Felice [MI] 39 Db
Milazzo [ME] 163 Ca
Milena [CL] 169 Ec
Mileo [PZ] 143 Cb
Mileto [VV] 153 Cc
Miletto, Monte– 119 Fa
Milia, Torrente– 91 Ca
Milianni [ME] 161 Cbc
Mílici [ME] 163 BCb
Milicia, Fiume– 159 Db
Milies [TV] 31 Ab
Mili Marina [ME] 155 Ac
Milis [OR] 187 Dc
Mili San Marco [ME] 163 Db
Mili San Pietro [ME] 163 Db
Miliscola, Spiaggia di– 127 Cb
Militello in Val di Catania [CT] 173 Bd
Militello Rosmarino [ME] 161 Fb
Millan / Milland [BZ] 3 Dc
Milland / Millan [BZ] 3 Dc
Millecampi, Valle di– 45 Dc
Miller, Corno– 13 Dd
Millésimo [SV] 61 Eb
Millicucco [CT] 163 Bd
Millifret, Monte– 17 Dd
Millones, Monte– 185 Bc
Milo [CT] 173 Da
Milo [TP] 157 Cbc
Milocco, Monte– 161 Bc
Milordo [PZ] 143 Bbc
Milzanello [BS] 41 Dc
Milzano [BS] 41 Dc
Mimiani, Monte– 171 Bb
Mimose, Villaggio delle– [CA] 197 Cb
Mincengo [AL] 37 Dd
Minciaredda, Nuraghe– 181 Bc
Mincio, Fiume– 55 Ca
Mincio, Parco Regionale del– 43 Bd
Mindino [CN] 61 Cc
Mindino, Bric– 61 Cc
Mine, Monte delle– 13 Bb
Mineo [CT] 173 Bd
Minerbe [VR] 43 Fd
Minérbio [BO] 55 Fd
Minerva, Monte– 183 Dd
Minerva, Palazzo– [SS] 183 Dd
Minervino di Lecce [LE] 139 Fb
Minervino Murge [BT] 123 Ec
Minestrone, Torrente– 93 Cb
Mingardo, Fiume– 141 Db
Minimella, Torrente– 85 Ab
Minnimínni, Monte– 197 Db
Minniti [EN] 171 Cc
Minore, Isola– 85 Ac
Minore, Rio– [NU] 185 Ec
Minore, Rio– [Sard.] 185 Bd
Minore, Rio– [SS] 183 Dc
Minori [SA] 129 Ac
Minozzo [RE] 65 Fb
Minschuns, Piz– 1 Cd
Minturnae 119 Bb
Minturno [LT] 119 Bb
Minucciano [LU] 65 Ecd
Mioglia [SV] 61 Fb
Miogliola [AL] 61 Fab

Miola [TN] 15 Cd
Mione [TN] 15 Bb
Mione [UD] 17 FGb
Miosa [TO] 35 Fd
Mira [VE] 45 Cb
Mirabella [VI] 29 Ec
Mirabella, Passo di– [AV] 121 CDc
Mirabella, Pizzo– 159 Bbc
Mirabella Eclano [AV] 121 Cc
Mirabella Imbáccari [CT] 171 Ed
Mirabello [FE] 55 Fc
Mirabello [LO] 39 Fd
Mirabello [PV] 39 CDc
Mirabello Ciria [CR] 41 Bc
Mirabello Monferrato [AL] 49 Ga
Mirabello Sannitico [CB] 113 BCd
Mirabilandia 69 Eb
Miracoli [CH] 105 Fcd
Miradolo [TO] 47 Eb
Miradolo, Terme di– 39 Ec
Miradolo Terme [PV] 39 Ecd
Miraldella [AR] 77 Fc
Miralduolo [PG] 95 Bca
Miramare [RN] 79 Ba
Miramare, Giardino di– 33 Ec
Miramare, Riserva Naturale Marina di– 33 Ec
Miranda [IS] 111 Ed
Miranda [TR] 101 Fa
Mirándola [BS] 27 Ad
Mirándola [MO] 55 Db
Mirano [VE] 45 Cab
Mirasole [MN] 55 Ca
Mirasole, Cascina– [NO] 23 Fd
Mira Taglio [VE] 45 Cb
Miratoio [RN] 77 Fc
Mirauda, Punta– 61 Ac
Miravalle [BO] 69 Aa
Miravalle [TN] 29 Bc
Miravidi, Mont– 21 Bc
Miren [SLO] 33 Eb
Mirenu, Rio– 189 Ec
Mirió, Cozzo– 171 Db
Miróglio [CN] 61 Bc
Mirra, Monte sa– 195 Cc
Mirteto [MS] 73 Da
Mirto [CS] 147 Cc
Mirto [ME] 161 Fb
Mirto, Monte– 159 ABbc
Mirto Castello [CS] 147 Cc
Mirto di Siderno [RC] 155 Eb
Mis [BL] 17 Bd
Mis [TN] 17 Ac
Mis, Lago di– 17 Bc
Mis, Torrente– 17 Bc
Misa, Fiume– 79 Fc
Misa, Monte– 27 Db
Misano [PC] 51 Fb
Misano Adriático [RN] 79 Cb
Misano di Gera d'Adda [BG] 39 Fb
Misano Monte [RN] 79 Bb
Miscano, Fiume– 121 Cb
Misciano [AR] 83 Fb
Misciano [AV] 85 Aa
Misciano [AV] 129 Bb
Misciotto, Monte– 159 Dc
Miscoso [RE] 65 DEb
Misegna, Torrente– 131 Fcd
Miseno [NA] 127 Cb
Miseno, Lago– 127 Cb
Miseregne [AO] 21 Fc
Miserin, Lago– 21 Fd
Misiliurme, Piana Grande di– 167 Fb
Misiliurme, Piana Piccola di– 167 Fb
Misilmeri [PA] 159 Cb
Misinto [MB] 25 Ccd
Misma, Monte– 25 Gc
Misone, Monte– 29 Ab
Misságlia [LC] 25 Cc
Missanello [PZ] 143 CDa
Missano [GE] 63 Cc
Missano [MO] 67 Cb
Missano [PC] 53 Ac
Missano [PC] 51 Fb
Misségno [ME] 163 Cc
Missian / Missiano [BZ] 15 Cb
Missiano [PG] 93 Eab

Missiano / Missian [BZ] 15 Cb
Miste, Lago– 23 Cc
Misterbianco [CT] 173 CDbc
Misurina [ME] 5 Bd
Misurina, Lago di– 5 Bd
Mita [PG] 85 Bc
Mita [TA] 133 Fb
Mitogio [ME] 163 Cc
Mitra, Colle– 111 Cab
Mitta [ME] 163 Cc
Mittelberg [A] 1 Fb
Mitterbad / Bagni di Mezzo [BZ] 1 Gd
Mitterolang / Valdáora di Mezzo [BZ] 3 Gc
Mitterthal / Val di Mezzo [BZ] 3 Cb
Mittewald / Mezzaselva [BZ] 3 Dc
Mizofato, Torrente– 147 Ac
Mizzana [FE] 55 Gbc
Mizzole [VR] 43 Cb
Moano [IM] 71 Ea
Moarda, Punta della– 159 Bb
Moarer–Spitze / Massaro, Punta di– 3 Bb
Moasca [AT] 49 Ec
Mocasina [BS] 41 Ea
Moccaiana [PG] 85 Cb
Mócchie [TO] 35 Ed
Moccone [CS] 149 Eb
Mocenigo [TN] 15 Bb
Mocogno [MO] 67 Bc
Mocogno, Monte– 67 ABc
Mocónesi [GE] 63 Eb
Mocónesi Alto [GE] 63 Eb
Mocrone [MS] 65 Cc
Moda, Pizzo della– 163 Db
Modane [Fr.] 35 ABc
Modanella [SI] 83 DEc
Modditonalza [SS] 181 Fd
Modeano [UD] 33 Bc
Modena [MO] 55 Ccd
Módica [RG] 177 Ccd
Módica, Balata di– [RG] 177 Cc
Módica, Casale– [SR] 177 Dd
Módica, Fiumara di– 177 Cd
Módica, Villa– [RG] 177 Dd
Modighina, Punta– 187 Fd
Modigliana [FC] 69 Bd
Modignano [LO] 39 Ec
Módine [AR] 83 Da
Modino, Monte– 65 Gc
Modione, Fiume– 167 Ea
Módolo [OR] 187 CDb
Modugno [BA] 125 Cb
Moè [BL] 17 Ab
Moena [TN] 15 Eb
Moerna [BS] 27 Ec
Mogessa di Lá [UD] 19 Bb
Mogessa di Qua [UD] 19 Bb
Mogginano [AR] 77 Ec
Móggio [LC] 25 Cb
Móggio, Torrente– 15 Dd
Moggiona [AR] 77 Cc
Móggio Udinese [UD] 19 BCb
Móglia [BS] 27 Dd
Móglia [GE] 63 Ea
Móglia [MN] 55 Cb
Móglia [MN] 55 Eab
Mogliano [MC] 87 Dc
Mogliano Véneto [TV] 31 Cd
Móglie [PV] 51 Db
Móglio [SV] 71 FGab
Mognata [VB] 9 Dc
Mogne [BO] 67 Bd
Mogorella [OR] 187 EFd
Mógoro [OR] 191 Eb
Mógoro, Rio– 191 Bb
Moi, Col de– 31 Bab
Moia [SO] 13 Ad
Moia [UD] 19 Ab
Moiano [BN] 121 Ac
Moiano [NA] 127 Ec
Moiano [PG] 93 DEab
Moiazza, Monte– 17 Bb
Moiazzetta, Monte– 17 Cb
Móie [AN] 87 Bab
Móie [BL] 5 Cd
Moietto [TN] 29 Bb
Moimacco [UD] 19 CDd
Móio, Monte– 129 Db
Móio Alcántara [ME] 163 Bc
Móio de' Calvi [BG] 25 Gb

Móio della Civitella [SA] 141 Ca
Moiola [CN] 59 Fb
Moirano [AL] 49 Fc
Moïse, Tête de– 59 Cb
Mola [BG] 27 Aa
Mola, Cima di– (Hirbemock) 3 Gb
Mola di Bari [BA] 125 Eb
Mola di Geracello, Cozzo– 171 Dc
Molara [PA] 159 Bb
Molara, Isola– 179 Fd
Molara, Monte– 121 Ec
Molare [AL] 51 Ad
Molaretto [TO] 35 Ccd
Molaro [RC] 155 Bd
Molarotto, Isola– 179 Fd
Molassa [PN] 17 Ec
Molassana [GE] 63 Cb
Molazzana [LU] 73 Fa
Molella [LT] 117 Cb
Molentina, Rio– 189 Cc
Molère [AO] 21 Dd
Moleti [ME] 155 Ac
Moleto [AL] 49 Fa
Moletta, Fosso della– 107 Fd
Molette [TO] 35 Ec
Molevana [PN] 19 Ac
Molezzano [FI] 77 Ab
Molfetta [BA] 125 Ba
Molgora, Parco– 25 Ed
Moliciara [SP] 73 CDa
Molina [CO] 25 Cb
Molina [SA] 129 Bb
Molina [TN] 15 Dc
Molina [VI] 29 Dcd
Molina [VR] 29 Ad
Molina Aterno [AQ] 103 Fd
Molina Cadino [TN] 15 Dc
Molinaccio [RA] 69 DEb
Molináccio Umbro [PG] 85 Fc
Molina di Ledro [TN] 27 Fb
Molina di Quosa [PI] 73 Fc
Molinara [BN] 121 Cb
Molinari [MO] 55 Db
Molinát [PN] 17 Fd
Molinático, Monte– 65 Cb
Molinazzo, Torre– [PA] 157 Fab
Molinazzo di Sotto [PC] 53 Ab
Moline [BL] 29 Fa
Moline [CN] 61 Cb
Molinella [BO] 57 ABd
Molinella [RO] 55 Ga
Molinelli [AR] 83 Fb
Molinello Piani [RA] 69 BCb
Molines–en–Queyras [Fr.] 47 BCc
Molinetto [BS] 41 DEab
Molinetto [BS] 41 Eb
Molinetto [FM] 87 Fd
Molinetto Superiore [VB] 9 Dc
Molini [AL] 63 Ca
Molini [IM] 71 Eb
Molini [PG] 95 Bb
Molini [PV] 39 Bc
Molini [PV] 51 Eab
Molini [VI] 29 Cc
Molini [VR] 43 Cb
Molini, Cava di– 173 Ed
Molini d'Isola [AT] 49 DEb
Molini di Triora [IM] 71 Db
Molini di Túres / Mühlen [BZ] 3 Fb
Molinis [UD] 19 Cc
Molino [ME] 163 Db
Molino [SV] 61 Eb
Molino [TO] 35 Fd
Molino [UD] 19 Bc
Molino [VC] 23 Cb
Molino [VC] 23 Cc
Molino Caporilli [FR] 109 Ec
Molino Cassano [PV] 51 Eb
Molino dei Torti [AL] 51 Ca
Molino del Calcione [SI] 83 DEc
Molino del Conte [PV] 39 Abc
Molino del Conte [PV] 51 Db
Molino del Pallone [BO] 75 Da
Molino del Piano [FI] 75 Gc
Molino di Rizzolo [SR] 173 Cd
Molino Nuovo [GE] 63 DEb

Molino Nuovo [PT] 75 Cbc
Molino Paderi [VS] 191 Fbc
Molino Savio [VS] 191 Dc
Molino Vecchio [GE] 63 Da
Molino Vecchio [NA] 119 Fc
Molin Rotto [VE] 45 Cb
Molise [CB] 113 Ad
Molise [Mol.] 113 Ba
Moliterno [PZ] 143 Ba
Molla, Canale– 91 Dc
Mollare [TO] 35 CDd
Mollaro [TN] 15 Bc
Molleone [PU] 85 Ea
Mollere [CN] 61 Db
Mollette [TO] 35 Ed
Mollette [VI] 29 Dc
Móllia [VC] 23 Cc
Móllie [VC] 23 Cc
Mollières [TO] 47 Bb
Mollo, Rio– 111 Bd
Molo, Rio de- 185 Cc
Molóchio [RC] 155 Db
Mologno [LU] 73 Fa
Moltedo [IM] 71 Eb
Moltedo [IM] 71 Fb
Mölten / Méltina [BZ] 3 Bd
Molteno [LC] 25 Cc
Möltner Joch / Méltina, Monte di– 3 Bd
Moltone, Monte– 131 Cb
Moltrásio [CO] 25 Cb
Molvena [VI] 29 Ec
Molveno [TN] 15 Ad
Molveno, Lago di– 15 Ad
Molviano [TE] 97 Dc
Molzano [CO] 25 Ca
Mombaldone [AT] 61 Ea
Mombarcaro [CN] 61 Cc
Mombaróccio [PU] 79 CDc
Mombarone [AT] 49 Db
Mombarone, Colma di– 23 Bd
Mombaruzzo [AT] 49 Fc
Mombasiglio [CN] 61 Cb
Mombelli [PV] 51 Eb
Mombello [BI] 23 Dd
Mombello [MB] 25 Cd
Mombello [VA] 23 Fb
Mombello di Torino [TO] 49 Ca
Mombello Monferrato [AL] 37 Dd
Mombercelli [AT] 49 Ec
Mombianco [TO] 35 Gb
Mombisággio–Torre Calderai [AL] 51 Ca
Momeliano Borgo [PC] 51 Gb
Momena [CS] 147 Bc
Momigno [PT] 75 Cb
Mómmio [MS] 65 Cc
Mómmio–Castello [LU] 73 Eb
Mómmio–Piano [LU] 73 Eb
Momo [NO] 23 Fd
Mompantero [TO] 35 Dd
Mompellato [TO] 35 Fc
Mompeo [RI] 101 Fc
Momperone [AL] 51 Db
Mompiano [BS] 41 Da
Mompiano [CN] 49 Dcd
Monaca, Timpone della– 151 Bb
Monacella [CT] 173 Ca
Monacelle [LE] 139 Dc
Monache [CS] 149 Db
Mónache, Serra delle– 143 Ca
Monachino [PT] 75 Ea
Mónaci, Cozzo dei– 169 Ca
Mónaci, Fiume dei– 173 Bc
Mónaci, Isole– 179 Eb
Mónaci, Lago dei– 117 Ca
Mónaci, Pozzi dei– 115 Ac
Mónaci, Serra dei– 145 Cc
Monaciano [SI] 83 BCbc
Monacilioni [CB] 113 Cd
Monacizzo [TA] 135 ABd
Monaco [PMC] 71 Bc
Mónaco, Colle del– 153 Dc
Mónaco, Monte– [SA] 141 Ca
Mónaco, Monte– [TP] 157 Dab
Mónaco, Pizzo– 159 Dcd
Mónaco, Punta di– 165 Cbc
Mónaco, Serra del– 131 Bd

Mónaco di Gióia, Monte- 119 Fb
Mónaco di Modugno 125 Cb
Monaldi, Rocca- [PG] 85 Bd
Monale [AT] 49 Db
Monasterace [RC] 153 Fd
Monasterace Marina [RC] 153 Fd
Monasterello, Cava- 177 Eb
Monasteri di Sopra [SR] 177 Eb
Monasteri di Sotto [SR] 177 Eb
Monastero [AR] 83 Cab
Monastero [CN] 59 Fb
Monastero [CN] 61 Bb
Monastero [MC] 97 Aa
Monastero [PD] 43 Ec
Monastero [PU] 77 Gc
Monastero [SO] 11 Gc
Monastero [SO] 11 Ec
Monastero [UD] 33 Dc
Monastero Bórmida [AT] 49 Ed
Monastero di Lanzo [TO] 35 Fc
Monastero di Vasco [CN] 61 Bb
Monasterolo [CR] 41 Cc
Monasterolo [TO] 35 FGc
Monasterolo Casotto [CN] 61 Cb
Monasterolo del Castello [BG] 27 Ac
Monasterolo di Savigliano [CN] 49 Ac
Monastier di Treviso [TV] 31 Dd
Monastiero [PD] 31 Ad
Monastir [CA] 193 Bd
Monate, Lago di- 23 Gc
Moncader, Monte- 31 Bb
Moncalieri [TO] 49 ABab
Moncalvo [AT] 49 Ea
Moncenisio [TO] 35 Cc
Moncerrato [MO] 67 Bb
Moncestino [AL] 37 CDcd
Monchiero [CN] 61 Ca
Mónchio [MO] 67 Ab
Mónchio delle Corti [PR] 65 Db
Mónchio delle Olle e Trinità [RE] 65 Fa
Monchio di Villaberza [RE] 65 Fb
Moncìgoli [MS] 65 Dc
Moncimour 35 Fab
Moncioni [AR] 83 CDb
Monclassico [TN] 15 Ab
Moncolombone [TO] 35 Fc
Moncrivello [VC] 37 Cb
Moncucco [MI] 39 Cc
Moncucco [VB] 9 Dd
Moncucco Torinese [AT] 49 Ca
Mondadizza [SO] 13 CDc
Mondagnola [CN] 61 Bc
Mondaino [RN] 79 BCbc
Mondaniga [RA] 69 Cb
Mondarello [CN] 47 Ec
Mondávio [PU] 79 Dcd
Mondelli [NO] 23 Cb
Mondello [PA] 159 Ba
Mondello, Pizzo- 169 Cb
Mondini [CN] 49 Bd
Mondolé, Monte- 61 Bc
Mondolfo [PU] 79 Ec
Mondondone [PV] 51 Db
Mondoni [CN] 61 Db
Mondónico [PV] 51 Fa
Mondónico [VA] 23 Gb
Mondonio San Domenico Savio [AT] 49 Ca
Mondonovo [RO] 55 Fa
Mondonuovo [BO] 57 Acd
Mondonuovo [LE] 139 CDb
Mondovì [CN] 61 Bb
Mondovì Breo [CN] 61 Bb
Mondovì Carassone [CN] 61 BCb
Mond'Ovile 51 Bd
Mondovì Piazza [CN] 61 BCb
Mondragon 31 Cb
Mondragone [CE] 119 Cc
Mondrone [TO] 35 Ec
Mondrone, Úia di- 35 Ec
Mónega, Monte- 71 Da
Monéglia [GE] 63 Fc
Moneglia, Monte- 63 Fc
Monesi [IM] 71 Da
Monesiglio [CN] 61 Db
Monestirolo [FE] 57 Bc
Moneta [OT] 179 Db
Moneta, Passo della- 179 Db
Moneta, Serra della- 169 Cb
Money, Punta- 21 Dd
Monfalcon di Montanáia, Cima- 17 Db
Monfalcone [GO] 33 Ec
Monfallito [AT] 49 Eb
Monfandi 35 Gab
Monferrato 49 Db
Monfestino [MO] 67 BCb
Monfol [TO] 47 Ca
Monforte d'Alba [CN] 61 Ca
Monforte Marina [ME] 163 Ca
Monforte San Giorgio [ME] 163 Db
Monfret, Cima- 35 DEb
Monfumo [TV] 31 Ac
Mongardino [AT] 49 Eb
Mongardino [BO] 67 Eb
Mongerbino, Torre- [PA] 159 CDb
Monghezzo / Getzemberg [BZ] 3 Ec
Monghidoro [BO] 67 Ec
Móngia, Torrente- 61 Cc
Mongiana [VV] 153 Dc
Mongiardino [AL] 51 ABd
Mongiardino Ligure [AL] 51 Dd
Mongibello → Etna 173 CDa
Mongiòia o Bric de Rubren 47 Cd
Mongióie, Monte- 61 Bcd
Mongiove [ME] 163 Bb
Mongiuffi [ME] 163 Cc
Mongiuffi Melia [ME] 163 Cc
Mongivacche, Monte- 163 Cc
Monglove, Monte- 155 Bd
Mongnod [AO] 21 Fc
Mongrando [BI] 37 Cab
Mongrassano [CS] 145 Dc
Mongreno [TO] 49 Ba
Monguelfo-Tesido / Welsberg -Taisten [BZ] 5 Ac
Monguzzo [CO] 25 Dc
Mónica, Isola- 179 Cb
Moniego [VE] 31 Bd
Moniga del Bosco [BS] 41 Ea
Moniga del Garda [BS] 41 Fab
Monigo [TV] 31 Cc
Monistero [AR] 83 Fb
Monleale [AL] 51 Cb
Monleone [GE] 63 Eb
Monna, Colle della- 111 Dc
Monna, la- 109 Ec
Monna, Monte- 129 BCb
Monna Casale, Monte- 111 Cd
Monna Rapanella 111 Ab
Monna Rosa 109 Db
Monno [BS] 13 Cc
Monnola, Torrente- 113 Bb
Monocchia, Torrente- 87 Db
Monópoli [BA] 125 Fc
Monreale [PA] 159 Bb
Monrupino / Repentabor [TS] 33 Fc
Monsampietro [AP] 97 Cb
Monsampietro Mórico [FM] 97 Ca
Monsampolo del Tronto [AP] 97 Db
Monsano [AN] 87 Ca
Monsanto [FI] 83 Bb
Monsélice [PD] 45 Ac
Monserrato [CA] 197 Bb
Monsigliolo [AR] 83 Fc
Monsola [CN] 59 Ga
Monsole [VE] 45 Cc
Monsoreto [VV] 153 Cc
Monsummano Terme [PT] 75 Cb
Montà [CN] 49 Cc
Montà [PD] 45 Bb
Montabone [AT] 49 Fc
Montacchita [PI] 81 DEa
Montaccio di Pénnes / Tatsch Spitz 3 Cc
Montacuto [AL] 51 Dc
Montacuto [AN] 87 Ea
Montacuto [PG] 85 Bc
Montacuto [PV] 51 Eb
Montacuto [SI] 83 Cc
Montacuto [SS] 185 Bc
Montafia [AT] 49 Db
Montágano [CB] 113 BCd
Montagliato [CN] 61 Ca
Montagna [AR] 85 ABa
Montagna [CS] 143 Bc
Montagna [EN] 171 Ec
Montagna [SV] 61 Fc
Montagna, Cozzo- 171 Bd
Montagna, la- [CT] 173 ABc
Montagna, la- [It.] 121 Eb
Montagna, la- [PA] 159 Dd
Montagna, la- [PA] 159 Ed
Montagna, La- [PZ] 143 Cb
Montagna, la- [VT] 93 Cd
Montagna, Poggio- 171 Fd
Montagna, Punta- 161 Cc
Montagna / Montan [BZ] 15 Cc
Montagna di Basso [PZ] 143 Cc
Montagnaga [TN] 15 Cd
Montagna Grande 159 Cb
Montagna in Valtellina [SO] 13 Ac
Montagnana [FI] 75 Ecd
Montagnana [MO] 67 Bb
Montagnana [PD] 43 Ec
Montagnana [PT] 75 Cb
Montagnana, Monte- 65 Da
Montagnano [AR] 83 Ebc
Montagnareale [ME] 163 Ab
Montagna Spaccata, Lago- 111 Dc
Montagne [TN] 27 Fa
Montagne della Duchessa, Riserva Naturale Regionale delle- 103 Cc
Montagne Seu [TO] 35 Cd
Montagnia, Pizzo di- 11 Db
Montagnola [AG] 169 Eb
Montagnola [AG] 169 Eb
Montagnola [AQ] 111 Cc
Montagnola [AQ] 111 Cc
Montagnola [CL] 169 Eb
Montagnola [CS] 147 Ad
Montagnola [PZ] 143 Bb
Montagnola [RA] 69 Db
Montagnola [SI] 83 Ac
Montagnola [TN] 29 Ac
Montagnola, la- [AQ] 111 Cc
Montagnola, la- [CH] 113 Aa
Montagnola, la- [CT] 173 Ca
Montagnola, la- [IS] 111 Dc
Montagnola, la- [IS] 111 Fd
Montagnola, la- [PA] 159 Bc
Montagnola, la- [PA] 159 Dd
Montagnola, la- [PG] 95 Fd
Montagnola, la- [PU] 85 Da
Montagnola, la- [RI] 101 Fb
Montagnola, Rifugio- 173 Ca
Montagnola, Villa- [PG] 95 Bab
Montagnone, il- 129 Db
Montagnone-Sonico [BS] 27 Cd
Montaguto [AV] 121 Eb
Montaiate [PU] 85 Eab
Montáio [AR] 83 Cab
Montáione [FI] 81 Fa
Montalbano [BR] 135 Ab
Montalbano [FE] 55 Gc
Montalbano [MO] 67 Cb
Montalbano [PG] 85 Bbc
Montalbano [RN] 77 Ga
Montalbano [RN] 79 BCb
Montalbano Elicona [ME] 163 Bbc
Montalbano Jónico [MT] 143 Fa
Montalbo [PC] 51 Fb
Montalceto, Villa- [SI] 83 Dc
Montalcinello [SI] 83 Ac
Montalcino [SI] 93 Aa
Montaldeo [AL] 51 Bcd
Montaldo [AL] 37 Dd
Montaldo [AL] 61 EFa
Montaldo [BI] 23 Dd
Montaldo [GE] 63 DEab
Montaldo [VR] 43 Ac
Montaldo Bórmida [AL] 51 Ac
Montaldo di Cósola [AL] 51 DEcd
Montaldo di Mondovì [CN] 61 Cc
Montaldo Roero [CN] 49 Cc
Montaldo Scarampi [AT] 49 Eb
Montaldo Torinese [TO] 49 Ca
Montale [AN] 87 Aa
Montale [MO] 67 Ca
Montale [MS] 65 Dc
Montale [MS] 65 Cc
Montale [PC] 53 Ba
Montale [PT] 75 Eb
Montale [RE] 65 Fa
Montale [SP] 65 Ac
Montale [SP] 65 Ac
Montale Celli [AL] 51 Cb
Montalenghe [TO] 37 Bb
Montalera, Castello di- 93 Ea
Montalero [AL] 37 Dd
Montaletto [FC] 69 Fc
Montalfano [CH] 113 Cab
Montalfina [TR] 93 Dc
Montalfóglio [PU] 85 Fa
Montalfoni [AR] 83 Eb
Montali [PG] 93 EFa
Montalla [AR] 83 Fc
Montallegro [AG] 169 BCc
Montallegro, Oasi- 167 Cb
Montallese [SI] 93 Da
Montalone [AR] 77 Dc
Montaltino [BT] 123 Fb
Montaltino [FG] 123 Da
Montalto [CO] 11 Ec
Montalto [CS] 145 Cb
Montalto [FC] 77 Eb
Montalto [MC] 97 Aa
Montalto [MO] 67 Cc
Montalto [PG] 85 Bc
Montalto [RE] 65 Ga
Montalto, Chiesa di- [CT] 173 Cab
Montalto, Pizzo- 9 Cd
Montalto (Cocuzza, Monte-) 155 Cbc
Montalto delle Marche [AP] 97 Cb
Montalto di Castro [VT] 99 Ebc
Montalto di Nova / Taltbühel 15 DEb
Montalto Dora [TO] 37 Bb
Montalto Ligure [IM] 71 Eb
Montalto Marina [VT] 99 Ec
Montalto Pavese [PV] 51 Eb
Montalto Tarugo [PU] 85 Ea
Montalto Uffugo [CS] 145 Dd
Montalvu 185 Cb
Montan / Montagna [BZ] 15 Cc
Montana / Monthal [BZ] 3 EFc
Montanara [CR] 41 Cd
Montanara [MN] 41 FGd
Montanare [AR] 85 Ac
Montanari [RA] 69 Dc
Montanaro [CE] 119 Db
Montanaro [PC] 53 Bb
Montanaro [TO] 37 Bc
Montanaro, Monumento al- 143 Bb
Montanaso Lombardo [LO] 39 Ec
Montanello [MC] 87 Dc
Montanello, Pizzo- 159 Ab
Montaner [TV] 31 Db
Montanera [CN] 61 ABb
Montanino [FI] 77 Acd
Montano Antília [SA] 141 Dab
Montano Lucino [CO] 25 Cc
Montaperti [PI] 81 EFb
Montaperti [SI] 83 Cc
Montaperto [AG] 169 Dd
Montaperto [AV] 121 Ccd
Montappone [FM] 87 Dd
Montàquila [IS] 111 Dd
Montarale 93 Eb
Mont Arbu, Bruncu- 197 Db
Montardone [MO] 67 Bb
Montaretto [SP] 65 Ac
Montarice [MC] 87 Eb
Montariolo [AL] 51 Bab
Montariolo [PV] 39 Ad
Montarlone, Monte- 63 Fa
Montarolo [VC] 37 Dc
Montarone [PG] 95 Da
Montarossa [CN] 49 Bd
Montarsiccio [PR] 65 Aab
Montarso (Feuerstein, Östl.-) 3 Bb
Montásico [BO] 67 Db
Montasio, Jôf di- 19 Db
Montásola [RI] 101 Fb
Montaspro, Torre- [PA] 161 Ac
Montata [RE] 65 Fab
Montattico [FR] 111 Bd
Montáuro [CZ] 153 Fb
Montáuro [FG] 121 Da
Montautello [AR] 85 Ab
Montaúto [SI] 83 ABb
Montaúto [SI] 81 Gb
Montauto, Riserva Naturale- 99 Eb
Montavuto, Serra- 131 Eb
Montázzoli [CH] 111 Fb
Monte [AL] 51 Aa
Monte [BS] 13 CDd
Monte [RN] 77 Gb
Monte [SO] 13 CDb
Monte [TN] 15 Bc
Monte [VC] 37 Cc
Monte [VI] 29 Dc
Monte [VR] 43 Ba
Monte, il- [CH] 113 Bb
Monte, il- [CH] 113 Bc
Monte, il- [IS] 111 Fc
Monte, il- [PG] 95 Db
Monte, il- [PG] 85 Cc
Monte, Nuraghe su- 183 Ed
Monte / Berg [BZ] 15 Cb
Montea 145 Cbc
Monteacuto, Fosso di- 109 Dd
Monteacuto delle Alpi [BO] 75 Da
Monteacuto Ragazza [BO] 67 Dc
Monteacuto Vallese [BO] 67 Ec
Monte Adone, Galleria di- 67 Eb
Monteaguzzo [FC] 77 Fa
Monte Alpe, Riserva Naturale- 51 Ec
Monte Altavéllio [PU] 79 Bbc
Montealtesina, Riserva Naturale- 171 Da
Monte Amiata [SI] 93 Bb
Monte Amiata, Oasi- 93 Bb
Monte Amiata, Parco Faunistico del- 93 Bc
Monte Antico [GR] 93 Ab
Monteaperta [UD] 19 Cc
Monte Arci, Parco- 191 Eb
Monte Argentário [GR] 99 Bb
Monte Armato [BO] 67 Fb
Monte Avic, Parco Naturale del- 21 Fc
Montebámboli [GR] 91 Ca
Montebaranzone [MO] 67 Bb
Monte Barco 15 Cd
Monte Barone, Riserva Naturale- 115 Ec
Monte Barro, Parco del- 25 Eb
Monte Bastione, Forte- 73 Da
Montebello [AL] 51 Cb
Montebello [FI] 81 FGa
Montebello [PG] 95 Ba
Montebello [PU] 79 Dc
Montebello [RN] 77 FGb
Montebello [VT] 99 Fc
Montebello (Schönberg) 3 Fb
Montebello della Battaglia [PV] 51 Db
Montebello di Bertona [PE] 105 Bb
Montebello di Mezzo [SP] 65 Cc
Montebello Iónico [RC] 155 Bd
Montebello sul Sangro [CH] 111 Eb
Montebello Vicentino [VI] 43 Eb
Montebelluna [TV] 31 Bc
Monte Benedetto [RN] 77 Fbc
Montebenichi [AR] 83 Db
Monte Bianco, Traforo del- 21 Bc
Montebíbico [PG] 95 Dd
Montebollo [PG] 85 Eb
Montebonello [MO] 67 Bb
Montebore [AL] 51 CDc
Monte Borghetto [VR] 43 Ab
Montebotolino [AR] 77 EFc
Montebradoni [PI] 81 Eb
Monte Brione 29 Ab
Montebruno [GE] 63 Ea
Montebudello [BO] 67 Db
Montebufo [PG] 95 Fc
Montebuglio [VB] 23 Eb
Montebuoni [FI] 75 Fc
Montebuono [GR] 93 Bc
Monte Buono [PG] 93 Fa
Montebuono [RI] 101 Eb
Monte Buriano e Penna, Riserva Naturale Regionale- 83 Eb
Montecagnano [SI] 83 Bc
Montecagno [RE] 65 Fb
Monte Calderaro [BO] 67 Fb
Montecalende [PU] 79 Bc
Montecalvello [VT] 101 Ca
Monte Calvo [BO] 67 Fb
Montecalvo [GE] 63 Aa
Montecalvo [IM] 71 Ea
Montecalvo in Fóglia [PU] 79 Bc
Montecalvo Irpino [AV] 121 Db
Montecálvoli [PI] 75 Bc
Montecalvoli [SI] 83 Dc
Montecalvo Versiggia [PV] 51 Eb
Monte Cammarata, Riserva Naturale- 169 Db
Montecampano [TR] 101 Dab
Montecampione [BS] 27 BCc
Montecanepino [MC] 87 Ebc
Montecani [CI] 191 Cd
Montecanino [PC] 51 Fb
Montecanne [GE] 51 Ccd
Monte Capodarso e Valle dell'Imera Meridionale, Riserva Naturale- 171 Cc
Monte Capra, Costa- 51 Fc
Montecapraro [AL] 51 DEc
Monte Carcaci, Riserva Naturale Orientata di- 169 Ca
Montecarelli [FI] 75 Fa
Montecarlo [LU] 75 Cb
Monte-Carlo [PMC] 71 Bc
Montecarotto [AN] 87 Bab
Montecarulli [SI] 81 Fab
Monte Casoli di Bomarzo, Riserva Naturale Regionale- 101 Cb
Montecassiano [MC] 87 Db
Montecastelli [PG] 85 Bbc
Montecastelli Pisano [PI] 81 Fc
Montecastello [AL] 51 Bb
Monte Castello [FC] 77 EFb
Montecastello [PI] 81 DEa
Monte Castello di Vibio [PG] 95 Bc
Montecastrilli [TR] 95 Bd
Monte Catillo, Riserva Naturale Regionale di- 109 Ab
Montecatini Alto [PT] 75 Cb
Montecatini Terme [PT] 75 Cb
Montecatini Val di Cécina [PI] 81 Eb
Monte Catone [BO] 69 Ab
Monte Cavallo [MC] 95 Eb
Montecávolo [RE] 55 Ad
Montecchia [PD] 45 Ab
Montécchia di Crosara [VR] 43 Db
Montécchio [AP] 97 Cb
Montécchio [AR] 83 Fc
Montécchio [AR] 83 Fc
Montécchio [BS] 27 BCb
Montécchio [FC] 77 Fab
Montécchio [NO] 23 Fd
Montécchio [PG] 95 Cbc
Montécchio [PG] 85 Ed
Montécchio [PI] 81 Eab
Montécchio [PU] 79 Cbc
Montécchio [RA] 69 Bc
Montécchio [SI] 83 Bc
Montécchio [TR] 95 Acd
Montécchio [VR] 43 Bab
Montecchio [VT] 99 Ga
Montécchio Emilia [RE] 53 Fc
Montécchio Maggiore [VI] 43 Eab

Montécchio Precalcino [VI] 29 Ecd
Montecelio [ROMA] 109 Aa
Montecenere [MO] 67 Bc
Montecérboli [PI] 81 Fc
Monte Cerignone [PU] 79 Ac
Montecerreto [MO] 67 Bb
Montechiane [VR] 43 Ca
Montechiaro [SI] 83 Cc
Montechiaro / Lichtenberg [BZ] 1 Dd
Montechiaro Alto [AL] 61 Fa
Montechiaro d'Acqui [AL] 49 Fd
Montechiaro d'Asti [AT] 49 Dab
Montechiaro Piana [AL] 49 Fd
Montechiarúgolo [PR] 53 Fc
Montechino [PC] 53 ABc
Monteciccardo [PU] 79 Cc
Monte Cicerale [SA] 129 Dd
Monte Cidró [CI] 191 Cd
Montecilfone [CB] 113 Cb
Monteclana [BS] 27 Cd
Montecóccioli 111 Ad
Montecódes, Nuraghe- 187 Eb
Montecodruzzo [FC] 77 Fa
Monte Cófano, Riserva Naturale- 157 Db
Montecológnola [PG] 85 Bd
Monte Colombo [RN] 79 Bb
Montecompatri [ROMA] 109 Ac
Montecomposto [TO] 35 Fd
Monte Conca, Riserva Naturale- 169 Ec
Montecopiolo [PU] 77 Gc
Montecórice [SA] 141 Aa
Monte Corno, Parco Naturale- / Trudner Horn, Naturpark- 15 Cc
Montecoronaro [FC] 77 Ec
Montecorone [MO] 67 Cb
Montecorvino, Torre di- 113 Ed
Montecorvino Pugliano [SA] 129 Cbc
Montecorvino Rovella [SA] 129 Cb
Montecósaro [MC] 87 Ec
Montecósaro Borgo, Stazione di- [MC] 87 Ec
Monte Cotugno, Lago di- 143 Eb
Monte Cremasco [CR] 39 Fb
Montecrestese [VB] 9 Ecd
Monte Creta [AV] 121 Dc
Montecreto [MO] 67 Bc
Montecristo, Isola di- 89 ins.a
Monte Croccia, Riserva Antropologica- 131 Dc
Monte Croce [TN] 15 Fd
Montecroce (Kreuzjoch) 3 Cb
Monte Cucco [GR] 91 Fb
Monte Cucco, Grotta di- 85 Eb
Monte Cucco, Parco del- 85 Eb
Montecúccoli [FI] 75 EFab
Montecúccolo [MO] 67 Bc
Montecurto [MS] 65 Dc
Monte d'Accoddi 181 Cd
Montedale [PU] 85 Ba
Monte de' Bianchi [MS] 65 Dc
Montedecoro [CE] 119 Fc
Monte del Lago [PG] 85 ABd
Monte di Leva [ROMA] 107 Ec
Monte di Malo [VI] 29 CDd
Montedimezzo, Riserva Naturale di- 111 Ec
Monte di Nese [BG] 25 Gc
Montedinove [AP] 97 Cb
Monte di Prócida [NA] 127 Cb
Monte di Terlago [TN] 15 Bd
Montedivalli [MS] 65 Cc
Montedoglio, Lago di- 85 Aa
Monte Domenico [GE] 63 Fc
Monte Donato [BO] 67 EFb
Montedoro [CL] 169 Ec
Monteduro [RE] 65 Fb
Monte Faito, Villaggio- [NA] 127 Ebc
Montefalcione [AV] 121 Cd
Montefalco [PG] 95 Cb
Montefalco [ROMA] 101 Fd
Montefalcone [PI] 75 Cc
Montefalcone Appennino [FM] 97 Bb
Montefalcone di Val Fortore [BN] 121 Cb
Montefalcone nel Sánnio [CB] 113 Bb
Montefalcone-Poggio Adorno, Riserva Naturale di- 75 Cc
Montefallónio [CN] 61 Ab
Montefano [MC] 87 Db
Montefano Vecchio [MC] 87 Db
Montefatúcchio [AR] 77 Dc
Montefegatesi [LU] 75 Ba
Montefelcino [PU] 79 Cc
Montefeltro 77 Fb
Monte Fenera, Parco Naturale del- 23 Ec
Monte Fenugu, Nuraghe de- 197 Dc
Monteferrante [CH] 111 Fb
Montefiascone [VT] 101 Ba
Montefiesole [FI] 77 Ac
Monte Figu [CI] 195 Db
Monte Figu, Nuraghe- 191 Fb
Montefino [TE] 105 Ba
Montefioralle [FI] 83 Ba
Montefiore [MC] 87 Db
Montefiore [MS] 65 Ec
Montefiore Conca [RN] 79 Bb
Montefiore dell'Aso [AP] 97 Da
Montefiorino [MO] 67 Ab
Montefiridolfi [FI] 83 Ba
Monteflávio [ROMA] 101 Fd
Montefollónico [SI] 83 Ed
Monteforno [PU] 85 Ca
Monteforte [PZ] 131 Bc
Monteforte [SS] 181 Bd
Monteforte [SS] 183 Bb
Monteforte Cilento [SA] 129 DEd
Monteforte d'Alpone [VR] 43 Db
Monteforte Irpino [AV] 129 Ba
Montefortino [AN] 87 Aab
Montefortino [FM] 97 Bb
Montefosca [UD] 19 Dc
Montefoscoli [PI] 81 Ea
Montefotogno [RN] 77 FGb
Montefranco [TR] 95 Dd
Montefrédane [AV] 121 Bd
Montefreddo [SV] 61 Ec
Montefreddo, Villa- [PG] 95 Aa
Monte Fredente [BO] 67 Ec
Montefresco [SI] 83 Dc
Montefusco [AV] 121 BCc
Montegabbione [TR] 93 Eb
Montegalda [VI] 43 FGb
Montegaldella [VI] 43 FGb
Montegaldo [PZ] 143 Bbc
Montegallo [AN] 87 Dab
Montegallo [AP] 97 Bbc
Montegáudio [PU] 79 Cc
Montegelli [FC] 77 Fb
Montegémoli [PI] 81 Ec
Monte Genuardo e Santa Maria del Bosco, Riserva Naturale- 169 Ba
Monte Genzana Alto Gizio, Riserva Naturale- 111 Cb
Montéggiori [LU] 73 Eb
Monte Gherardo [PU] 85 Ea
Monteghirfo [GE] 63 Eb
Montegiardino [RSM] 79 Ab
Montegìbbio [MO] 67 Bab
Monte Giberto [FM] 97 Ca
Montegioco [AL] 51 Cb
Montegiordano [CS] 143 Fb
Montegiordano Marina [CS] 143 Fb
Montegiórgio [FM] 87 Ed
Montegiove [TO] 37 Bc
Montegiove [TR] 93 Eb
Montegiovi [AR] 83 Fa
Montegiovi [GR] 93 Bb
Montegonzi [AR] 83 Cab
Montegranaro [FM] 87 Ec
Montegrande [FC] 77 Ea
Montegranelli [FC] 77 Db
Montegrazie [IM] 71 Fb
Montegridolfo [RN] 79 Cbc
Montegrimano [PU] 79 Ab
Montegrino Valtraváglia [VA] 23 Gb
Montegroppo [PR] 65 ABb
Montegrosso [AT] 49 Db
Montegrosso [BT] 123 Ebc
Montegrosso [GE] 63 Fab
Montegrosso [TO] 47 Fb
Montegrosso d'Asti [AT] 49 Ec
Montegrosso Pian Latte [IM] 71 Ea
Montegrotto Terme [PD] 45 Ac
Montegualtieri [TE] 97 Dd
Monteguidi [FC] 77 Db
Monteguidi [SI] 81 Fc
Monteguidúccio [PU] 79 Cc
Monteiasi [TA] 133 Gcd
Monte Iottone [FC] 77 Eb
Monte Isola [BS] 27 Bc
Montelabate [PG] 85 Cc
Montelabbate [PU] 79 Cbc
Montelabreve [AR] 77 Fc
Montelago [AN] 85 Eb
Montelago [RE] 67 Ab
Montelaguárdia [CT] 163 Bc
Monte Lanaro, Riserva Naturale del- 33 Fc
Montelánico [ROMA] 109 Cd
Montelapiano [CH] 111 Eb
Monte la Pieve [BO] 67 Gc
Monte la Spina, Riserva Naturale di- 143 Bb
Montelaterone [GR] 93 Bb
Monte Lattaia [GR] 91 Eb
Monteleone [FC] 77 Fa
Monteleone [PV] 39 Ec
Monteleone di Fermo [FM] 97 Ca
Monteleone di Púglia [FG] 121 Ebc
Monteleone di Spoleto [PG] 95 Ed
Monteleone d'Orvieto [TR] 93 Eb
Monteleone Rocca Dória [SS] 183 Dd
Monteleone Sabino [RI] 103 Ac
Montelepre [PA] 159 Bb
Montelera [TO] 35 Fcd
Monteleto [PG] 85 Cb
Montelibretti [ROMA] 101 Fd
Montelicciano [PU] 79 Ab
Montelifrè [SI] 83 DEcd
Monte li Rossi [PG] 95 Dc
Montella [AV] 129 CDab
Montello [BG] 25 Gcd
Montello, il- 31 Bc
Montelongo [CB] 113 Dc
Montelopio [PI] 81 Eab
Monteloro [FI] 75 Gc
Montelovesco [PG] 85 Cc
Montélparo [FM] 97 Cab
Monteluco [PG] 95 Dc
Montelungo, Mura di- 109 Cc
Monte Lungo, Sacrario Militare- 119 Ca
Montelungo Inferiore [MS] 65 Cb
Montelungo Superiore [MS] 65 Cb
Montelupo [SI] 83 Bb
Montelupo Albese [CN] 49 Dd
Montelupo Fiorentino [FI] 75 DEc
Montelupone [MC] 87 Ebc
Monteluro [PU] 79 Cb
Monteluscio [MS] 65 Cb
Montemággio [GE] 63 Ca
Montemággio [RN] 77 Gb
Monte Maggio [TR] 101 Eab
Montemaggiore [BO] 67 Db
Montemaggiore [FC] 77 Da
Montemaggiore [ROMA] 101 Fd
Montemaggiore [UD] 19 Ec
Montemaggiore [UD] 19 Dc
Montemaggiore, Punta di- 19 Dc
Montemaggiore al Metáuro [PU] 79 Dc
Montemaggiore Belsito [PA] 159 Ecd
Montemagno [AT] 49 Eb
Montemagno [PI] 75 Bc
Montemagno [PT] 75 Dbc
Monte Magrè [VI] 29 CDc
Montemaio, Torre- 85 Ca
Monte Maiore, Grotta- 183 Dc
Montemale di Cuneo [CN] 59 Fb
Montemanno [AL] 51 Dcd
Montemarano [AV] 121 Cd
Montemarcello [SP] 73 Ca
Montemarcello-Magra, Parco Naturale- 73 Ca
Montemarciano [AN] 87 Ca
Montemarciano [AR] 83 Da
Monte Marcone [CH] 105 Ec
Montemarcone Alto [PZ] 131 Bb
Montemarcone Basso [PZ] 131 Bb
Monte Marenzo [LC] 25 Ec
Monte Marino [FM] 87 Fc
Monte Mario, Riserva Naturale Regionale- 107 Eb
Monte Marmo, la Rotonda di- 129 Gc
Montemartano [PG] 95 Cc
Monte Martello [PU] 85 Ea
Montemartino [PC] 51 EFb
Montemartino [PV] 51 Ec
Montemarzino [AL] 51 Cb
Montemarzo [AT] 49 Eb
Montemassi [GR] 91 Eb
Monte Melino [PG] 93 Fa
Montemerano [GR] 93 Ad
Montemerlo [PD] 43 Gb
Monte Mesma, Riserva Naturale del- 23 Fc
Montemésola [TA] 133 FGc
Monte Mezza [TN] 29 Eab
Montemezzano [MO] 67 Bc
Montemezzo [CO] 11 Ec
Montemignaio [AR] 77 Bc
Montemiletto [AV] 121 Cc
Montemilone [PZ] 123 Dc
Montemiscoso [RE] 65 Eb
Montemitro [CB] 113 Bb
Montemoggio [GE] 63 Fb
Montemolino [MO] 67 ABc
Montemolino [PG] 95 Bc
Montemónaco [AP] 97 Ab
Montemontanaro [PU] 79 Cc
Monte Moro [SV] 61 Fb
Monte Mottác, Riserva Naturale Orientata- 9 Ed
Monte Muradu, Nuraghe- 187 Eb
Montemurlo [GR] 81 FGd
Montemurlo [PO] 75 Eb
Montemurro [PZ] 143 Ba
Montemurro, Serra di- 131 Cd
Monte Musi, Cime del- 19 Cc
Monte Nai [CA] 197 Eb
Montenars [UD] 19 BCc
Monte Navegna-Monte Cervia, Riserva Naturale Regionale- 103 Bc
Montenero [CS] 151 Bb
Montenero [FG] 115 Cc
Montenero [GR] 93 Ab
Montenero [LI] 81 BCb
Montenero [PG] 95 Bc
Montenero [SA] 129 DEb
Montenero, Grotta di- 115 Cc
Montenero di Bisáccia [CB] 113 Cb
Montenerodomo [CH] 111 Eb
Montenero Sabino [RI] 101 Fc
Montenero Val Cocchiara [IS] 111 Dc
Monte Nieddu, Rio de- 195 Fc
Montenotte Inferiore [SV] 61 Fb
Montenotte Superiore [SV] 61 Fb
Montenovo [FC] 77 Fa
Monte Nuovo [MC] 87 Ec
Monteodorisio [CH] 105 Fd
Monte Oliveto [SI] 81 Gb
Monteombraro [MO] 67 CDb
Monte Orlando, Parco- 119 Ab
Monte Orsario, Riserva Naturale del- 33 Fc
Monte Orsaro [RE] 65 Fc
Monteorsello [MO] 67 Cb
Monteortone [PD] 45 Abc
Monte Ossolano [VB] 9 Dd
Montepagano [TE] 97 Fc
Monte Paganúccio [PU] 85 Ea
Monte Pana [BZ] 15 Fa
Montepaone [CZ] 153 Fb
Montepaone Lido [CZ] 153 Fb
Monteparano [TA] 133 Gd
Montepastore [BO] 67 Db
Monte Pavione, Riserva Naturale- 17 Ad
Monte Paza, Isola- 187 Fc
Monte Pellegrino, Riserva Naturale- 159 Ca
Monte Pelmo-Mondeval-Passo Giau, Riserva Naturale- 17 Bb
Monte Penna, Riserva Naturale- 93 Bc
Montepennino [PG] 95 Cb
Montepertuso [SA] 127 Ec
Montepescali [GR] 91 Eb
Montepescini [SI] 83 Bd
Montepetra [FC] 77 Fb
Monte Petriolo [PG] 93 Fab
Monte Petrosu [OT] 179 EFd
Montepiano [PO] 75 EFa
Montepiatto [CO] 25 Cb
Monte Pietra Pertusa [ROMA] 107 Ea
Monteplair / Dörfl [BZ] 1 Dc
Montepò 91 FGc
Montepolesco [AN] 87 Db
Monteponi [CI] 195 CDb
Monteponi, Lago- 191 Cd
Monte Pórzio [PU] 79 Ec
Monte Porzio Catone [ROMA] 109 Ac
Monteprandone [AP] 97 Db
Monte Pranu, Lago di- 195 Dc
Monteprato [UD] 19 Cc
Monte Prinzera, Riserva Naturale di- 65 Da
Monte Pulchiana di Aggius 179 Bc
Montepulciano [SI] 93 Ca
Montepulciano, Lago di- 93 Da
Montepulciano Stazione [SI] 83 EFd
Monterado [AN] 79 Ec
Monterado [VT] 93 Ed
Monterano 101 Bd
Monterano, Poggio- 77 Fc
Monterano, Riserva Naturale Regionale- 101 Bd
Monterάppoli [FI] 75 Dcd
Monte Ráschio [PC] 51 Gb
Monterchi [AR] 85 Ab
Montereale [AQ] 103 Cab
Montereale [FC] 77 Fa
Montereale Valcellina [PN] 17 Ecd
Montereggi [FI] 75 Fbc
Monteréggio [MS] 65 BCc
Monteréggio [PC] 53 Ad
Monterénzio [BO] 67 Fc
Monterénzio [BO] 67 Fc
Montericco [RE] 55 Ad
Monteriggioni [SI] 83 Bb
Monte Rinaldi [SI] 83 Bab
Monte Rinaldo [FM] 97 Cab
Monterivoso [TR] 95 Dd
Monte Roberto [AN] 87 Bb
Monterocchetta [BN] 121 Bc
Monterodes 1 Cc
Monteroduni [IS] 111 DEd
Monterolo [PU] 85 EFa
Monte Romano [VT] 101 Ac
Monterone [AR] 77 FGc
Monterone [BN] 121 BCc
Monterone [NA] 127 Bb
Monterongriffoli [SI] 83 Dd
Monteroni d'Árbia [SI] 83 Cc
Monteroni di Lecce [LE] 139 Da
Monterosi [VT] 101 Cc
Monterosi, Lago- 101 Cc
Monterosso [AL] 51 Cc
Monterosso [AN] 85 Eb
Monterosso [BZ] 1 Fc
Monterosso al Mare [SP] 65 Ad
Monterosso Almo [RG] 177 Cb
Monterosso Cálabro [VV] 153 Db
Monterosso Etneo [CT] 173 Db
Monterosso Grana [CN] 59 Eb
Monterota / Randsberg [BZ] 5 Bc
Monterotondo [AL] 51 Bc
Monterotondo [BS] 27 Bd
Monte Rotondo [LU] 73 Fa
Monterotondo [ROMA] 107 Fa
Monterotondo, Monte di- 77 EFc
Monte Rotondo, Riserva Naturale- 105 Bc
Monterotondo Maríttimo [GR] 81 EFd
Monterotto [PU] 77 Gc
Monte Rovere [TN] 29 Cb
Monterubbiano [FM] 97 Da
Monte Rubiáglio [TR] 93 DEc
Monte Rufeno, Riserva Naturale Regionale- 93 Dc
Monterumici 67 Ec
Montes [SS] 183 DEb
Montes [TN] 15 Ab
Montesabinese [AQ] 103 Bd
Monte Sacro [ROMA] 107 Fb
Montesacro Alto [ROMA] 107 Fb
Montesalso [PR] 53 Cc
Monte Salviano, Riserva Naturale- 109 Ea
Monte San Bartolo, Parco- 79 Db
Monte San Biágio [LT] 117 EFa
Monte San Calogero, Riserva Naturale- [AG] 167 Fb
Monte San Calogero, Riserva Naturale- [PA] 159 Ec
Monte San Giacomo [SA] 129 Gd
Monte San Giovanni [BO] 67 DEb
Monte San Giovanni Campano [FR] 109 Fd
Monte San Giovanni in Sabina [RI] 101 Fc
Monte San Giusto [MC] 87 Ec
Monte San Lorenzo [VI] 43 Ea
Monte San Martino [MC] 97 Ba
Montesano [PV] 39 Dc
Montesano Salentino [LE] 139 Ec
Montesano sulla Marcellana [SA] 141 Fa
Monte San Pietrangeli [FM] 87 Ec
Monte San Pietro [BO] 67 DEb
Monte San Pietro / Petersberg [BZ] 15 Db
Monte San Savino [AR] 83 Ec
Monte Santa Maria [PU] 79 Cc
Monte Santa Maria in Sabina [RI] 101 Fc
Monte Santa Maria Tiberina [PG] 85 ABb
Monte Sant'Ángelo [FG] 115 Dc
Monte Sant'Angelo, Marina di- [FG] 115 Dc
Monte Sante Marie [SI] 83 Dc
Montesanto [FE] 57 Bc
Montesanto [PG] 95 Eb
Monte San Vito [AN] 87 Ca
Monte San Vito [PG] 95 DEcd
Montesárchio [BN] 121 Ac
Montesardo [LE] 139 Ec
Monte Sasso [FC] 77 EFb
Montescaglioso [MT] 133 BCc
Montescano [PV] 51 Ea
Montescheno [VB] 9 Dd
Monte Scorra [CI] 195 Cb
Montescudáio [PI] 81 Dc

Montescudo [RN] 79 Bb
Montese [MO] 67 Cc
Montesecco [PT] 75 Db
Montesecco [PU] 85 Fa
Monteségale [PV] 51 Db
Montesicuro [AN] 87 Da
Montesilvano [PE] 105 CDb
Montesilvano Colle [PE]
105 Cab
Montesilvano Marina [PE]
105 Cab
Montesinaro [BI] 23 Bc
Monte Sirai, Scavi del–
195 Cd
Monte Sirente, Catena del–
103 Ec
Montesirico [PZ] 131 Aab
Montesiro [MB] 25 Dc
Montesoffio [PU] 79 Bc
Montesolaro [CO] 25 Dc
Monte Sole, Parco Storico
di– 67 Eb
Monte sopra Rondine [AR]
83 Eab
Monte Soratte, Riserva
Naturale Regionale– 101 Dc
Montesoro [VV] 153 Db
Montesover [TN] 15 Cc
Monte Spaccato [ROMA]
107 Eb
Montespérchio [MO] 67 Cc
Monte Sperello [PG] 85 Bd
Montespértoli [FI] 83 Aa
Montespluga [SO] 11 Fd
Montespluga, Lago di– 11 Eb
Montessoro [GE] 51 CDd
Montessu, Necrópoli del–
195 Cd
Montestrutto [TO] 23 Bd
Monte Subásio, Parco
del– 85 Dd
Monte Suello, Ossario
di– 27 Dc
Monte Tauro [RN] 79 Bb
Monte Tauro, Castello– 79 Bb
Montetiffi [FC] 77 Fb
Montetórtore [MO] 67 Dc
Monteu da Po [TO] 37 Ccd
Monte Urano [FM] 87 Fc
Monteu Roero [CN] 49 Cc
Montevago [AG] 167 Ea
Montevarchi [AR] 83 Dab
Montevecchia [LC] 25 Ec
Montevecchia e della Valle
del Curone, Parco di– 25 Ec
Montevécchio [CB] 121 Aa
Montevécchio [FC] 77 Eb
Montevécchio [FC] 77 Fa
Montevecchio [PU] 85 Fa
Montevécchio [PU] 85 Eab
Montevécchio [VS] 191 Dc
Montevecchio, Pizzo– 23 Cb
Montevecchio, Rio– 191 Dc
Montevecchio Marina [VS]
191 Cc
Montevéglio [BO] 67 Db
Monte Velino, Riserva
Naturale– 103 Dd
Monteveneroso [PV] 51 Ea
Monteventano [PC] 51 Fb
Monteverde [AV] 123 Bcd
Monteverde [CB] 113 Ade
Monteverde [FM] 97 Ca
Monteverde [PG] 85 Dcd
Monteverdi Maríttimo [PI]
81 Ecd
Montevergine [NA] 127 Bb
Montevescovo [FC] 77 Ea
Montevettolini [PT] 75 Cbc
Monteviale [AR] 77 Fc
Monteviale [VI] 43 Ea
Monteviasco [VA] 11 Bd
Monte Vibiano Nuovo [PG]
93 Fb
Monte Vibiano Vecchio
[PG] 93 Fb
Monte Vidon Combatte [FM]
97 Ca
Monte Vidon Corrado [FM]
87 Dd
Montevila / Wielenberg
[BZ] 3 Fc
Montevirginio [ROMA]
101 Bd
Montevitozzo [GR] 93 Cc
Montezémolo [CN] 61 Db
Montgenèvre [Fr.] 47 Bb

Monthal / Montana [BZ]
3 EFc
Monthey [Svizz.] 7 Bc
Monti [AN] 87 CDab
Monti [BG] 27 Bb
Monti [MS] 65 Bb
Monti [MS] 65 CDc
Monti [OT] 185 Cb
Monti [SI] 83 Ab
Monti [SV] 61 Eb
Monti [TO] 35 Fc
Monti, Senna su– 189 Cd
Montialvu, Punta– 185 Bb
Montiano [FC] 77 Fa
Montiano [GR] 91 Fd
Monti Aurunci, Parco
Naturale dei– 119 Ab
Monticano, Fiume– 31 Db
Monticchie, Riserva Naturale–
39 Fd
Monticchiello [SI] 93 Ca
Monticchio [AQ] 103 Dc
Monticchio, Laghi di– 123 Bd
Monticchio Bagni [PZ]
123 Bd
Monticelle [BS] 41 Bb
Monticelli [AL] 51 Db
Monticelli [BR] 135 Bb
Monticelli [FE] 57 DEb
Monticelli [FR] 119 Aa
Monticelli [LO] 39 Fc
Monticelli [PG] 93 Fab
Monticelli [PG] 93 Fa
Monticelli [PG] 85 Cd
Monticelli [SA] 129 CDc
Monticelli Brusati [BS] 27 Bd
Monticelli d'Ongina [PC]
41 Bd
Monticelli Pavese [PV] 39 Fd
Monticelli Ripa d'Óglio [CR]
41 Dc
Monticelli Sillaro [LO] 39 Ec
Monticelli Terme [PR] 53 Ec
Monticelle [AR] 83 Dab
Monticello [BI] 37 Ca
Monticello [NO] 37 Fb
Monticello [PC] 51 FGb
Monticello [PZ] 143 Aa
Monticello [TN] 15 Bc
Monticello [UD] 19 BCb
Monticello [VI] 43 Eb
Monticello [VI] 43 Fb
Monticello Amiata [GR]
93 Ab
Monticello Brianza [LC]
25 Dc
Monticello Conte Otto [VI]
29 Ed
Monticello d'Alba [CN] 49 Cc
Monticello di Fara [VI] 43 Eb
Montichiari [BS] 41 Eb
Montichiaro, Castello
di– 53 Ab
Monticiano [SI] 83 Bd
Monticino, il– 77 Ec
Monticolo, Laghi di– /
Montiggler See 15 Cb
Monticolo / Montiggl [BZ]
15 Cb
Monti d'Arena [TA] 133 Gd
Monti del Sole, Riserva
Naturale– 17 Bc
Monti di Cadiróggio [RE]
67 Ba
Monti di Palazzo Adriano
e Valli del Sósio, Riserva
Naturale– 169 Ca
Monti di Villa [LU] 75 Ba
Montiego, Monte di– 85 CDa
Monti Eremita-Marzano,
Riserva Naturale dei– 129 Eb
Montieri [GR] 81 FGd
Montieri, Poggio di– 81 Fd
Montiggl / Monticolo [BZ]
15 Cb
Montiggler See / Monticolo,
Laghi di– 15 Cb
Montiglio Monferrato [AT]
49 Da
Montignano [AN] 79 Fcd
Montignano [PG] 95 Cc
Montignoso [FI] 81 Fb
Montignoso [MS] 73 DEab
Monti Lattari, Parco
Regionale dei– 127 Fb
Montilgallo [FC] 77 FGa

Monti Livornesi, Parco
Naturale Provinciale
dei– 81 Ca
Monti Lucrétili, Parco
Naturale Regionale dei–
109 Ba
Montimannu, Lago di–
191 Ed
Montinelle [BS] 41 Fa
Montingégnoli [SI] 81 Gc
Monti Nou [CA] 193 Cd
Montione, Poggio– 93 Cd
Montioni [LI] 91 Cab
Montioni, Parco di– 91 Cb
Monti Pelati e Torre Cives,
Riserva Naturale dei– 37 Ab
Monti Picentini, Parco
Regionale dei– 129 Cc
Monti Rognosi, Riserva
Naturale Regionale– 85 Aa
Montirone [BS] 41 Db
Montisi [SI] 83 Dd
Monti Sibillini, Parco
Nazionale dei– 97 Bc
Montisola 101 Ba
Montixi, Punta– 195 Fc
Montjovet [AO] 21 FGc
Mont Mars, Riserva Naturale–
23 Bd
Montocchio [PZ] 131 Bbc
Montódine [CR] 41 Ac
Montóggio [GE] 63 Dab
Montonate [VA] 23 Gc
Montone [PG] 85 Bb
Montone [TE] 97 Ec
Montone, Fiume– 69 Db
Montone / Rammelstein 3 Gc
Montonero [VC] 37 Ec
Montópoli di Sabina [RI]
101 Fc
Montópoli in Val d'Arno [PI]
75 Ccd
Montorfano [CO] 25 Cc
Montorfano, Lago di– 25 Cc
Montorgiali [GR] 91 Fc
Montório [BO] 67 Ec
Montório [GR] 93 Cc
Montório [PT] 75 Dc
Montório [VR] 43 Cb
Montório al Vomano [TE]
97 Cd
Montório in Valle [RI] 103 Ad
Montório nei Frentani [CB]
113 Dc
Montório Romano [ROMA]
101 Fd
Montoro [AN] 87 Db
Montoro [TR] 101 Dab
Montoro Inferiore [AV]
129 Bb
Montoro Superiore [AV]
129 Bb
Montorsáio [GR] 91 Fb
Montorso [MO] 67 Bc
Mont'Orso, Galleria di–
117 Ea
Montórsoli [FI] 75 Fc
Montorso Vicentino [VI] 43 Eb
Montoso [CN] 47 Ec
Montosoli [SI] 93 Aa
Montotto [FM] 97 Da
Montotto [FM] 87 Fd
Montottone [FM] 97 Ca
Montozzi [AR] 83 Db
Montresta [OR] 183 Cd
Montreux [Svizz.] 7 Bb
Montrigone [VC] 23 Dc
Montriolo [FC] 77 Eb
Montù Beccaria [PV] 51 Ea
Montúccio 121 Ec
Monvalle [VA] 23 Fb
Monveso di Forzo 21 Ed
Monviso 47 Dc
Monza [MB] 25 Dd
Monza, Autódromo di– 25 Dd
Monzambano [MN] 43 Ab
Monzon [TN] 15 EFb
Monzone [CS] 143 CDcd
Monzone [MO] 67 Bc
Monzone [MS] 65 Dcd
Monzoro [MI] 39 Cb
Monzuno [BO] 67 Eb
Moos / Palu [BZ] 3 Fc
Moos / San Giuseppe
[BZ] 5 Cc
Moos in Passeier / Moso in
Passiria [BZ] 3 ABb

Mopolino [AQ] 103 Cab
Mora [PG] 85 Dd
Morachi [CS] 149 Ec
Moradúccio [BO] 67 Fcd
Moranda [TO] 47 Fa
Moranda [VR] 43 Ec
Moranego [GE] 63 Db
Morano [MO] 67 ABb
Morano, Osteria di– [PG]
85 Ec
Morano, Torrente– 153 Dc
Morano Cálabro [CS] 143 Cd
Morano sul Po [AL] 37 Ecd
Moransengo [AT] 37 Cd
Moranzani [VE] 45 Db
Moraro [GO] 33 Db
Moraro, Valle del– 57 Eb
Morasco, Lago di– 9 Eb
Morazzano, Monte– 93 Ac
Morazzone [VA] 25 Bc
Morbegno [SO] 11 Fd
Morbello [AL] 49 FGd
Morca [VC] 23 Db
Morcella [PG] 95 Ab
Morciano di Léuca [LE]
139 Ecd
Morciano di Romagna [RN]
79 Bb
Morcicchia [PG] 95 Cc
Morcone [BN] 121 ABb
Mordano [BO] 69 Bb
Morea, La– 15 Fc
Moregallo, Monte– 25 Eb
Moregnano [FM] 97 Ca
Mörel [Svizz.] 9 Cb
Morelle [GR] 91 Fd
Morelli [FI] 75 Cc
Morelli [MC] 97 Aa
Morello [AN] 85 Eb
Morello [FI] 75 Fb
Morello, Fiume– 171 Db
Morello, Monte– 75 Fb
Morello, Timpone– 151 Bc
Morena [CN] 47 Ec
Morena [ROMA] 107 Fc
Morengo [BG] 41 Aab
Moreri [ME] 163 Bb
Moreri Soprani [ME] 163 Bb
Moreri Sottani [ME] 163 Bb
Móres [SS] 183 Ec
Moresco [FM] 97 Da
Moretta [CN] 47 Gc
Moretta [PC] 51 Fab
Moretta, Castello della–
25 Gc
Moretta, Pizzo– 175 Cab
Moretti [AL] 61 Ga
Morfasso [PC] 53 Bc
Morfreid, Monte– 59 Da
Morgano [TV] 31 Bd
Morgantina 171 Ec
Morge [AO] 21 Cc
Morgex [AO] 21 Cc
Morghengo [NO] 37 Fa
Morgi, Monte– 71 Cb
Mórgia, la– 105 Cc
Morgicchio [BR] 135 Cb
Morgins [Svizz.] 7 Bc
Morgnaga [BS] 27 Ed
Morgnano, Castello di– [PG]
95 Dc
Morgo, Isola– 33 Cc
Morgonaz [AO] 21 Ec
Morgongiori [OR] 191 Eb
Mori [AR] 77 Bc
Mori [TN] 29 Ab
Mória [PU] 85 Dab
Moriago della Battáglia [TV]
31 Bb
Morialdo [AT] 49 Ca
Moriano [FI] 75 Gc
Moriano [PG] 95 Cc
Moriccia [AR] 77 Bc
Morichella [MC] 97 Aa
Morico [MC] 97 Aa
Moricone [ROMA] 101 Fcd
Moricone, Monte– 95 Cc
Morigerati [SA] 141 Eb
Morigino [LE] 139 Eb
Moriglione [CN] 61 Ca
Morignano [AP] 97 Cb
Morignone [SO] 13 CDb
Morimondo [MI] 39 Bbc
Morini [TN] 29 Ab
Morino [AQ] 109 Eb
Morino Vecchio 109 Eb
Morion, Monte– [AO] 21 EFc

Morion, Monte– [AO] 21 Eb
Moriondo [TO] 37 Bcd
Moriondo Torinese [TO]
49 Ca
Mori Vecchio [TN] 29 Ab
Morléschio [PG] 85 Cc
Morliere [TO] 35 Cd
Morlupo [ROMA] 101 DEd
Mormanno [CS] 143 Bc
Mormorola [PR] 65 Ca
Mornaga [BS] 27 Ecd
Mornago [VA] 23 Gc
Mornese [AL] 51 Bd
Mornico [PV] 51 Eab
Mornico al Sério [BG] 25 Gd
Mornico Losana [PV] 51 Eab
Moro, Capo di– 103 Ed
Moro, Lago– [BG] 25 Ga
Moro, Lago– [BS] 27 Bb
Moro, Monte– [CN] 61 Bc
Moro, Monte– [RI] 103 Bc
Moro, Monte– [TR] 95 Dd
Moro, Monte del– 161 Ec
Moro, Pizzo– 9 Cc
Moro, Pizzo del– 23 Cb
Moro, Sasso– 13 Ac
Moro, Torrente– 105 Cc
Morolo [FR] 109 Dd
Moron [AO] 21 FGc
Morónico [RA] 69 Cc
Morósolo [VA] 23 Gc
Morozzo [CN] 61 Bb
Morra [PG] 85 Ab
Morra [RE] 65 Gb
Morra, Monte– 109 Ba
Morra, Monte la– 97 Bc
Morra del Villar [CN] 59 Fb
Morra De Sanctis [AV] 121 Ed
Morrano Nuovo [TR] 93 Bc
Morrano Vecchio [TR] 93 Ec
Morra San Bernardo [CN]
59 Fab
Morra San Giovanni [CN]
59 Fab
Morre [TR] 95 Bc
Morrea [AQ] 109 Fb
Morrice [TE] 97 Bc
Morro [MC] 87 Bd
Morro [PG] 95 DEb
Morrocco [FI] 83 Ba
Morro d'Alba [AN] 87 Ca
Morro d'Oro [TE] 97 Ed
Morrona [PI] 81 Da
Morrone, Colle– 153 Dc
Morrone, Il– 103 Cc
Morrone, Montagne del–
105 Bc
Morrone, Monte– [Abr.]
105 Bd
Morrone, Monte– [FR]
111 Bd
Morrone, Monte– [PE]
105 Bb
Morrone del Sánnio [CB]
113 Cc
Morro Reatino [RI] 101 Fa
Morrovalle [MC] 87 Ec
Morruzze [TR] 95 Bc
Morsano al Tagliamento [PN]
33 Abc
Morsano di Strada [UD]
33 Cb
Morsasco [AL] 49 Gcd
Morsella [PV] 39 Ac
Morsiano [RE] 65 FGc
Morsone [BS] 41 Ea
Mort, Lago– 21 Eb
Mortaiolo [LI] 81 Ca
Mortale [FR] 111 Bd
Mortano [FC] 77 Db
Mortara [PV] 39 Ac
Mortaso [TN] 13 Fd
Mortegliano [UD] 33 BCb
Mortelle [ME] 155 Ab
Morter [BZ] 1 Ed
Mortorone [LC] 25 Ec
Morti, Dosso dei– 27 Eb
Morti, Serra dei– 169 Ec
Mortigliano [LI] 89 Cc
Mortília [CZ] 149 Dd
Mortillaro [PA] 159 Bb
Mortisa [VI] 29 Ec
Mortizza [PC] 53 Ba
Mortizzuolo [MO] 55 Db
Morto, Cozzo del– 159 Fd
Morto, Lago– 17 Cd

Mórtola Superiore [IM] 71 Cc
Mortório, Isola– 179 Ec
Moru, Nuraghe– 189 Fd
Moruri [VR] 43 Cab
Moruzzo [UD] 19 Bd
Morzano [BI] 37 Bb
Mórzola [PR] 53 Fc
Morzone, Monte– 119 Ea
Morzulli [ME] 163 Cc
Mosca [VI] 29 Db
Mosca [VI] 29 Eb
Mosca, Monte– 75 Ba
Moscano [AN] 87 Ab
Moscardo [UD] 19 Ba
Moscarello [CT] 173 Da
Moscarello, Canale di–
117 Ba
Moscazzano [CR] 41 Ac
Mosche [TO] 37 Bc
Moschereto, Monte– 143 Dcd
Moscheri [TN] 29 Bb
Moschetta [RC] 155 Eb
Moschetta [TO] 23 Bd
Moschiano [AV] 129 Bb
Moschiatura, Monte– 121 Dba
Moschin, Col– 29 EFb
Moschini [AL] 51 Bb
Moschitta, Monte– 175 Fa
Moscia, Torrente– 77 Bb
Mosciano [FI] 75 Ec
Mosciano [PG] 95 Da
Mosciano Sant'Ángelo [TE]
97 Ec
Moscio, Rio– 101 Fd
Moscona [CR] 41 Ac
Moscosi [MC] 87 Bbc
Moscufo [PE] 105 Cb
Mosè, Villaggio– [AG]
169 Dd
Möseler, Grosser– (Mesule)
3 Eb
Moser [BZ] 3 Dc
Mosezzo [NO] 37 Fb
Mósio [MN] 41 Fd
Mosnigo [TV] 31 Bb
Moso in Passiria / Moos in
Passeier [BZ] 3 ABb
Mosórrofa [RC] 155 Cc
Mossa [GO] 33 Eb
Mossale [PR] 65 Db
Mossano [VI] 43 Fb
Mosso [BI] 23 Cd
Mosso, Monte– 51 Fb
Mosson [VI] 29 Dc
Mosso Santa Maria [BI]
23 Cd
Mostarico, Monte– 143 Fc
Motegu, Fontana– 193 Bc
Motella [BS] 41 Cbc
Motette, Monte– 85 Eb
Mótola, Monte– [AQ] 103 Fc
Mótola, Monte– [PG] 95 Ed
Mótola, Monte– [SA] 129 Fd
Motolano [AR] 77 Fc
Motrone [LU] 75 Aab
Motrone di Versilia [LU]
73 Eb
Motta [AT] 49 Dc
Motta [CN] 49 Bc
Motta [CS] 149 Dc
Motta [MN] 41 Fc
Motta [MO] 55 Cc
Motta [PD] 43 Gc
Motta [RO] 45 Dd
Motta [SO] 11 Eb
Motta [SO] 13 Bcd
Motta [TO] 49 ABb
Motta [VI] 29 Dd
Motta, Monte– 13 Ac
Motta, Pizzo– 11 Eab
Motta, Punta di– 35 Fab
Motta Baluffi [CR] 53 Ea
Mottác, Pizzo– 9 Ed
Motta Camastra [ME]
163 BCc
Motta d'Affermo [ME] 161 Cc
Motta de' Conti [VC] 37 Fc
Motta del Cornio 45 Dc
Motta di Livenza [TV] 31 Ec
Motta Filicastro [VV] 153 Bc
Mottafollone [CS] 145 Dc
Motta Gastaldi [CN] 49 ABc
Mottaiola [CR] 41 Dd
Mottalciata [BI] 37 Dab
Motta Masonis 193 Cd
Motta Montecorvino [FG]
113 Ede

Motta Montecorvino, Fiumara di– 113 Ed
Mottarelle [PD] 43 Gc
Mottarone [VB] 23 Eb
Mottarone [VB] 23 Eb
Motta San Damiano [PV] 39 Dcd
Motta San Fermo [CR] 53 Fb
Motta San Giovanni [RC] 155 Bc
Motta Santa Lucia [CZ] 149 Dc
Motta Sant'Anastásia [CT] 173 Cbc
Motta Vigana [LO] 39 Fc
Motta Visconti [MI] 39 Bc
Mottaziana [PC] 51 Fab
Motteggiana [MN] 55 Bab
Mottella [MN] 43 Eb
Mottera [TO] 35 Eb
Motticella [RC] 155 Dc
Mottinello [PD] 29 Fc
Mottinello Nuovo [PD] 31 Ac
Mottinello Vecchio [PD] 31 Acd
Móttola [TA] 133 Ec
Mottone, il– 11 Dc
Mottura [TO] 47 Gc
Moulin [AO] 21 Fb
Moulinet, Roc du– 35 DEb
Moulinet [Fr.] 71 Bb
Mozia 157 Bc
Mozza [RI] 103 Bb
Mozza, Torre– 113 Fb
Mozzacatena [MC] 87 BCc
Mozzagrogna [CH] 105 Ec
Mozzánica [BG] 41 Ab
Mozzano [AP] 97 Cc
Mozzano, Monte– 103 Cb
Mozzapiedi, Fosso– 93 Ac
Mozzate [CO] 25 Bcd
Mozzecane [VR] 43 Ac
Mózzio [VB] 9 Dc
Mozzo [BG] 25 Fc
Mozzola, Torrente– 65 Ca
Mu [BS] 13 Cc
Múcchia [AR] 83 Fc
Mucchia, Torrente– 83 Fc
Múccia [MC] 95 Fa
Mucciafora [PG] 95 Ec
Mucciano [FI] 75 Gb
Mucciatella [RE] 55 Ad
Muceno [VA] 23 Gb
Mucigliani [SI] 83 Cc
Mucinasso [PC] 53 Bab
Mucone, Fiume– 145 Ed
Mucone, Lago– → Cecita, Lago di– 147 Bd
Mucrone, Monte– 23 Bd
Muddizzi, Pala– 192 Cc
Múfara, Monte– 161 Bc
Muffa [BO] 67 Dab
Muffetto, Monte– 27 Cc
Mufloni, Cúccuru 'e– 189 Dd
Mugarone [AL] 51 Bab
Mugello 77 Ab
Mugello, Autodromo del– 75 Gb
Múggia [TS] 33 Fd
Muggiano [SP] 73 Ca
Muggió [MB] 25 Dd
Mughera, Cima di– 27 EFc
Múglia [EN] 173 Bb
Mugliano [AR] 83 Eb
Mugnai [BL] 31 Aab
Mugnanesi [PG] 83 Fd
Mugnano [PG] 93 Fa
Mugnano [SI] 83 Bc
Mugnano [VT] 101 Cab
Mugnano del Cardinale [AV] 121 Ad
Mugnano di Napoli [NA] 119 Ed
Mugnone, Torrente– 75 Fc
Mugoni [SS] 183 Bc
Mühlbach / Rio di Pusteria [BZ] 3 DEc
Mühlbach / Riomolino [BZ] 3 Ac
Mühlbach / Riomolino [BZ] 3 Fb
Mühleck / Costa Molini [BZ] 3 Fb
Mühlen / Molini di Túres [BZ] 3 Eb
Mühlwald / Selva dei Molini [BZ] 3 EFb
Muina [UD] 17 Gb

Mula, la– 145 Cb
Mulárgia [NU] 187 Eb
Mulárgia, Lago– 193 Gc
Mulárgia, Rio– 193 Gc
Mulat, Monte– 15 Ec
Mulazzana [LO] 41 Ac
Mulazzano [LO] 39 Eb
Mulazzano [PR] 65 Ea
Mulazzano [RN] 79 Db
Mulazzi [PC] 51 FGb
Mulazzo [MS] 65 Cc
Mulegns [Svizz.] 11 Fab
Mùles / Mauls [BZ] 3 Db
Muli, Serra dei– 145 Dc
Mulinello, Torrente– 171 Eb
Mulinet, Roc du– 35 DEb
Mulini [CE] 119 Fc
Mulino di Arzachena [OT] 179 Dc
Mulinu, Rio– 183 Dd
Muliparte [TV] 31 Ac
Multeddu [SS] 181 Ec
Multedo [GE] 63 BCb
Mummuiola [MC] 87 Cb
Mummuzzola, Nuraghe– 191 Fb
Muncinale, Bruncu– 189 Cc
Mundúgia, Monte– 189 Ec
Mungianeddu, Punta– 189 Cc
Münster [Svizz.] 9 Db
Muntiggioni [OT] 181 Fc
Mura [BS] 41 Fa
Mura [BS] 27 CDc
Mura [FI] 81 Fa
Mura [TV] 31 BCb
Mura, Sass de– 17 Ad
Mura Cariásas 183 Ed
Muradella [CR] 41 Cc
Muradello [PC] 53 Ba
Muradolo [PC] 53 BCa
Muraglia [PU] 79 Db
Muráglia [SV] 61 Dc
Muraguada, Nuraghe– 187 Cc
Murana, Lago di– 167 Cb
Murano [VE] 45 Eb
Murasse [TO] 35 Fc
Murata [FR] 109 Fd
Muratella [BG] 25 Gd
Muratello [BS] 27 Cd
Muravera [CA] 193 Gc
Murazzano [AN] 85 Fb
Murazzano [CN] 61 GCb
Murazzo [CN] 61 ABb
Murazzo Rotto [CT] 163 Ac
Murci [GR] 93 Ac
Mure [PN] 31 Fb
Mure [TV] 31 Ec
Murelle [PD] 45 Cb
Murello [CN] 49 Ac
Murello, Monte– 87 Ba
Murenz [CN] 59 CDb
Murera, Rio– 193 Bb
Muret, Punta– → Midi, Punta– 47 Db
Muretto, Pizzo– 11 Gb
Murfi [TP] 157 Dc
Murge 131 Dc
Murge, Le– 125 Cd
Murge Orientali, Riserva Naturale delle– 133 Fb
Murgetta [BA] 125 Acd
Muriáglio [TO] 37 Ab
Murialdo [SV] 61 DEc
Muriè, Nuraghe– 185 Fd
Múris [UD] 19 Ac
Murisasco [PV] 51 Db
Murisenghi [TO] 47 Fb
Murisengo [AL] 37 Cd
Muristene, Nuraghe– 189 Eb
Murittu, Punta– 185 Dd
Murle [BL] 31 Aa
Murlis [PN] 31 Fb
Murlo [SI] 83 Cd
Murlo, Miniera di– [SI] 83 Cd
Murlo, Monte– [PG] 85 Bc
Murlo, Monte– [SP] 73 Ca
Muro [VC] 23 Cc
Muro, Monte– 75 Gc
Muro, Monte– (Mauerspitze) 3 Bb
Muro, Monte– / Maurerberg 3 Ec
Muro, Monte– / Maurer Kopf 3 Gc
Muro Leccese [LE] 139 Eb
Muro Lucano [PZ] 129 Fb

Muro Lucano, Lago di– 129 Fb
Muro Pizzo 103 Ac
Muros [SS] 183 Db
Muros, Monte– 185 Bb
Mursecco-Careffi [CN] 61 Dc
Mursia 167 ins.a
Murta [GE] 63 Cb
Murta, Rio de sa– 191 Cc
Múrtas, Scoglio di– → Quirra, Isola di– 193 Ec
Murtazzolu, Rio– 187 Fb
Muru Traessu [SS] 181 Fd
Musadino [VA] 23 Gb
Musano [TV] 31 Bc
Musa Soprana [EN] 161 Dd
Musa Sottana [EN] 161 Dd
Muschiada, Cima di– 25 Cb
Muschiaturo [FG] 115 Cb
Muschieto [SV] 61 Dc
Musciu, Nuraghe– 193 Eb
Muscletto [UD] 33 Bb
Múscoli [UD] 33 Cc
Muscoli, Monte– 75 Fc
Muscoline [BS] 41 Ea
Muse [UD] 5 FGd
Museddu [OG] 193 EFb
Musei [CI] 195 DEb
Musella [FC] 77 Eb
Musellaro [PE] 105 Bc
Muserale [PG] 93 Ea
Musestre [TV] 31 Dd
Musi [UD] 19 Cc
Musiara Inferiore [PR] 65 DEab
Musiara Superiore [PR] 65 DEb
Musigliano [AL] 51 Dc
Musigliano [PI] 73 Fc
Musignano [VA] 9 Gd
Musignano [VT] 99 Fb
Musile di Piave [VE] 31 Ed
Musinè, Monte– 35 Fd
Muslone [BS] 27 EFc
Musone [AN] 87 Eb
Musone, Fiume– 87 Db
Musone, Torrente– 31 Ac
Mussático [PR] 65 Ea
Mussi [CN] 61 Bb
Mussingiua [NU] 189 Bb
Mussini [RE] 53 FGb
Mussini [SO] 13 Ac
Mussino, Torrente– 85 Cc
Musso [CO] 11 Dd
Mussolente [VI] 29 Fc
Mussolino [VI] 29 Cd
Mussomeli [CL] 169 Cd
Mussons [PN] 33 Ac
Mussotto [CN] 49 Cc
Müstair [Svizz.] 1 Cd
Mustazzori, Nuraghe– 191 Eb
Musupuniti [SS] 155 Bd
Muta, Lago di– / Haidersee 1 Dc
Muta, Monte– 1 Fd
Mutenock / Mutta, Monte– 3 Eb
Mutigliano [LU] 75 Ab
Mutignano [TE] 97 Fd
Mútria, Monte– 121 Aa
Mutta, Monte– / Mutenock 3 Eb
Mutti, Poggio– [AT] 61 Ec
Mutucrone, Punta su– 185 Cc
Muzio [IM] 71 Ea
Muzza, Canale– 39 Fc
Muzzana del Turgnano [UD] 33 Bc
Muzzaniga [BO] 69 ABb
Muzzano [BI] 23 Cd
Muzzano [LO] 39 Eb
Muzza Sant'Angelo [LO] 39 Ec
Muzzere, Monte sa– 185 Bc
Muzzolito, Torrente– 145 Fb
Muzzolon 29 Cd

N

Nacciarello [SI] 93 Aa
Nadore, Rocca– 167 Fb
Nadro [BS] 27 CDab
Nago [TN] 29 Ab
Nago, Monte Altissimo di– 29 Ac
Nago-Tórbole [TN] 29 Ab

Náia, Torrente– 95 Bc
Naiarda, Monte– 17 Fb
Nalles / Nals [BZ] 15 Ca
Na-Logu [SLO] 19 Fb
Nals / Nalles [BZ] 15 Ca
Nambino, Monte– 13 Fc
Nani [AL] 49 Fb
Nani Tagliaferri, Rifugio– 27 Ba
Nanno [TN] 15 Bc
Nansignano [BN] 121 Ac
Nanto [VI] 43 Fb
Nao [VV] 153 Cc
Náole, Punta di– 27 Fd
Napfspitz (Cadini, Cima–) 3 Ga
Nápola [TP] 157 Cc
Napola-Mockarta [TP] 157 Cc
Napoleone, Fonte– 89 Dc
Napoleonica, Villa– 89 Dc
Napoli [NA] 127 Db
Napoli, Monte– 151 Bd
Naquane, Parco Nazionale di– 13 Cd
Naracáuli [VS] 191 Cc
Narano / Naraun [BZ] 43 CDa
Naraun / Narano [BZ] 43 CDa
Narba, Monte– 193 DEd
Narbolia [OR] 187 Dc
Narbona [CN] 59 Eb
Narbone, Monte– 175 Ba
Narcao [CI] 195 DEbc
Nardi [PI] 75 Cc
Nardis, Cascata di– 13 Fc
Nardò [LE] 139 Dab
Nardodipace [VV] 153 Dd
Nardodipace Vecchio [VV] 153 Dd
Naregno [LI] 73 Fc
Nárgius, Nuraghe– 187 Dc
Narnali [PO] 75 Eb
Narni [TR] 101 DEab
Narni Scalo [TR] 101 DEa
Naro [AG] 169 Ed
Naro, Fiume– 175 Ba
Narro [LC] 25 Ea
Narzole [CN] 49 Cd
Nasagò-Isola Lunga [CN] 61 Ccd
Nasari [CN] 59 Fb
Nasca [VA] 23 Gb
Nascio [GE] 63 Fb
Nasidi [ME] 163 Ab
Nasino [SV] 71 Fa
Naso [ME] 161 Fb
Naso, Fiumara di– 161 Fb
Naso, Punta del– / Grosse Nagler–Spitze 13 Dab
Nasolino [BG] 27 Ab
Nasuti [CH] 105 Ec
Natile Nuovo [RC] 155 Db
Natile Vecchio [RC] 155 Db
Natisone, Fiume– 33 Da
Natissa, Fiume– 33 Cc
N.A.T.O., Villaggio– [CT] 173 Cc
Natura Viva, Parco– 43 Ab
Naturno / Naturns [BZ] 1 Fd
Naturns / Naturno [BZ] 1 Fd
Natz / Naz [BZ] 3 DEc
Natz-Schabs / Naz-Sciaves [BZ] 3 DEc
Nauders [A] 1 CDb
Nauders / San Benedetto [BZ] 3 DEc
Naunina [UD] 19 Ba
Nautica Dal Vi [VE] 45 Fb
Nava [IM] 71 Ea
Nava [LC] 25 Ec
Navácchio [PI] 75 Bc
Navarons [PN] 17 Fc
Navate [BS] 41 Cb
Navazzo [BS] 27 Ec
Nave [BL] 31 Ba
Nave [BS] 27 Cd
Nave [LU] 73 Fb
Nave [PN] 31 DEb
Nave, Monte la– 163 Ad
Navedano [CO] 25 Cc
Navegna, Monte– 103 Bc
Navelli [AQ] 103 Fc
Navene [VR] 29 Ac
Navert, Monte– 65 Db
Nave San Felice [TN] 15 Bcd
Nave San Rocco [TN] 15 Bcd
Navetta [TO] 35 Gb
Nero, Lago– [BG] 27 Ab

Navezze [BS] 27 Bd
Naviante [CN] 61 Cab
Navicelli, Canale di– 81 Ba
Navicello [MO] 55 Ccd
Naviglio, Canale– 69 Db
Naviglio, il– 55 Bc
Naviglio di Melotta, Riserva Naturale– 41 Ab
Navilotto, Il– 37 Bc
Navola [MS] 65 Bb
Navolè [TV] 31 Ec
Navone, Monte– 171 Dcd
Navono [BS] 27 Bc
Navrino, Monte– 183 Cd
Náxos 163 Cc
Naz / Natz [BZ] 3 DEc
Naz–Sciaves / Natz–Schabs [BZ] 3 DEc
Nazzano [MS] 73 Da
Nazzano [PV] 51 Db
Nazzano [ROMA] 101 Ec
Nazzano–Tevere–Farfa, Riserva Naturale Regionale di– 101 Ec
Ne [GE] 63 Fb
Nebbia, Monte della– 103 Cd
Nebbiano [AN] 85 Fb
Nebbiano [FI] 83 Aa
Nebbiano [FI] 81 Fa
Nebbione [VC] 37 Db
Nebbiù [BL] 17 Db
Nebbiuno [NO] 23 Fc
Nébida [CI] 191 Cd
Nebin, Monte– 59 Da
Nebius, Monte– 59 Da
Nebla, Fiume– 153 Dd
Nebrodi, Parco dei– 161 Fc
Nébrodi o Caronie, Monti– 161 Ec
Negarine [VR] 43 Bb
Negi [MN] 71 Db
Negra, Torre– [SS] 183 Bb
Negrar [VR] 43 Ba
Negrisia [TV] 31 Dc
Negrisiola [TV] 31 Ca
Negrisoli [MN] 41 Fc
Negro, Col– 17 CDb
Negro, Lago– [BS] 13 Db
Negro, Lago– [CH] 111 Fb
Negro, Lago– [SO] 13 Cb
Negrone, Torrente– 71 Da
Negruzzo [PV] 51 Ec
Neirassa [CN] 59 Dc
Neirone [GE] 63 Eb
Néive [CN] 49 Dc
Nelo, Nuraghe su– 185 Bc
Nembia [TN] 15 Ad
Nembro [BG] 25 Gc
Neméggio [BL] 31 Aab
Nemi [MN] 95 Fab
Nemi [ROMA] 109 Ac
Nemi, Lago di– 109 Ac
Némoli [PZ] 143 Ab
Nenno [GE] 63 Da
Neoneli [OR] 187 Fc
Nepezzano [TE] 97 Dc
Nepi [VT] 101 CDc
Nera, Cima– / Schwarzkopf 3 Ac
Nera, Croda– / Schwarze Wand 3 Gb
Nera, Croda– / Schwarzwand-Spitz 3 ABb
Nera, Fiume– 101 Ea
Nera, Parco Fluviale del– 101 Fa
Nera, Punta– 21 Ed
Nera, Punta– / Schwarzerspitz 3 Gb
Neraissa Inferiore [CN] 59 Dc
Neraissa Superiore [CN] 59 Dc
Nera Montoro [TR] 101 Dab
Nerano [NA] 127 DEc
Nérbisci [PG] 85 Cb
Nercone, Monte su– 189 DEc
Nere, Cime– / Hint Schwärze 1 Fc
Nereto [TE] 97 Cc
Nerito [TE] 103 Da
Nero [PA] 161 Bd
Nero, Colle– 111 BCc
Nero, Corno– / Schwarzhorn 15 Dc
Nero, Lago– [BG] 27 Ab

Nero, Lago– [CN] 47 Cd
Nero, Lago– [SO] 11 Eb
Nero, Lago– [TN] 27 Db
Nero, Lago– [TO] 35 Dc
Nero, Lago– [VC] 23 Bc
Nero, Monte– [AG] 167 ins.b
Nero, Monte– [CT] 163 Bd
Nero, Monte– [Em.Rom.] 63 FGa
Nero, Monte– [It.] 63 Fb
Nero, Monte– [MC] 87 Cb
Nero, Sasso– 13 Ac
Nérola [ROMA] 101 Fcd
Nerone, Monte– 85 CDa
Nervesa della Battáglia [TV] 31 Cc
Nervi [GE] 63 Db
Nérvia, Torrente– 71 Cb
Nerviano [MI] 25 Bd
Nery, Monte– 23 Fc
Nesce [RI] 103 Cc
Nese [BG] 25 Gc
Nese, Torrente– 85 Bc
Nésima [CT] 173 Dbc
Nespoledo [UD] 33 Bb
Néspoli [FC] 77 Dab
Néspolo [PT] 75 Eb
Néspolo [RI] 103 Bcd
Nesso [CO] 25 CDb
Nestore [PG] 85 Bb
Nestore, Fiume– 93 Eb
Nestore, Torrente– 85 Ab
Neto, Fiume– 151 Eb
Neto Valente [CS] 149 Fb
Netro [BI] 37 Ba
Nettuno [ROMA] 117 Aa
Nettuno, Grotta di– 183 Ac
Nettuno, Tempio di– 129 Cd
Neuhaus / Canova [BZ] 5 Aa
Neumarkt / Egna [BZ] 15 Cc
Neurateis / Rattisio Nuovo [BZ] 1 Fc
Neustift / Novacella [BZ] 3 Dc
Neu Toblach / Dobbiaco Nuovo [BZ] 5 Bc
Neva, Torrente– 71 Fa
Nevegál 17 Cd
Neveis, Monte– 71 Db
Nevelandia 17 Fa
Néves, Lago di– / Nevesstausee 3 Eb
Néves, Torrente– / Nevesbach 3 Fb
Nevesbach / Néves, Torrente– 3 Fb
Nevesstausee / Néves, Lago di– 3 Eb
Neviano [LE] 139 Db
Neviano degli Arduini [PR] 65 Ea
Neviano de' Rossi [PR] 53 Dcd
Neviera, Pizzo– 159 Cb
Neviera, Serra la– 131 Cc
Neviera, Timpone della– 143 DEc
Neviglie [CN] 49 Dc
Nevola, Fiume– 87 Ba
Nevoso, Monte– / Ruthner Horn 5 Ab
Niada, Bruncu– 193 Db
Niana [AO] 23 Bd
Niardo [BS] 27 Cb
Nibani, Isole di li– 179 Cc
Nibbia [NO] 37 Db
Nibbiáia [LI] 81 Cb
Nibbiano [PC] 51 Eb
Nibbio [VB] 23 Eab
Nibbio, Cima del– 117 Fa
Nibbio, Corni di– 23 Eab
Nibbio, Poggio– 101 BCbc
Nibbiola [NO] 39 Ab
Nibionno [LC] 25 Dc
Niblè, Monte– 35 Cd
Nicá, Fiume– 147 Dd
Nicastrello [VV] 153 Db
Nicastro [CZ] 149 Dd
Nicchiara [CT] 173 Bd
Nicciano [LU] 65 Cc
Niccioleta [GR] 91 Da
Niccone [PG] 85 Bc
Niccone, Torrente– 85 Cc
Niceto, Fiumara di– 163 Db
Nicetta [ME] 161 Ebc
Nichelino [TO] 49 Aab
Nichesola [VR] 43 Ed
Nicola [SP] 73 Da

Nicola, Serra– 129 Fd
Nicola Bove, Monte– 197 Db
Nicoletti, Lago– 171 Db
Nicolino, Serra– 145 Dd
Nicolosi [CT] 173 CDb
Nicolosi, Pizzo– 159 Bc
Nicorvo [PV] 39 Ac
Nicosia [EN] 171 Ea
Nicótera [VV] 153 Bc
Nicótera Marina [VV] 153 Bc
Nidastore [AN] 87 Aa
Nido, Pizzo– 161 Ec
Nídos, Punta sos– 189 Db
Nieddio, Nuraghe– 189 Cc
Nieddu, Monte– [CA] 197 Db
Nieddu, Monte– [CA] 193 Cb
Nieddu, Monte– [CI] 195 Ec
Nieddu, Monte– [Sard.] 185 Eb
Nieddu, Monte– [SS] 181 Fd
Nieddu, Nuraghe– 183 Eb
Nieddu, Pizzo– 193 Dc
Nieddu di Ottana, Monte– 189 Bb
Niederdorf / Villabassa [BZ] 5 ABc
Niederolang / Valdáora di Sotto [BZ] 3 FGc
Niederrasen / Rasun di Sotto [BZ] 3 Gc
Niedervintl / Vandóies di Sotto [BZ] 3 Ec
Niel [AO] 23 Bc
Niella Belbo [CN] 61 Dab
Niella Tánaro [CN] 61 Cb
Niévole, Torrente– 75 Cb
Nigolaeddu [OT] 181 Fc
Nigoline Bonomelli [BS] 27 Ad
Nikolsdorf [A] 5 Fc
Nimis [UD] 19 Cc
Ninfa 109 Bd
Ninfa, Giardino di– 109 Bd
Ninfa, Lago della– 67 Bc
Ninfa, Oasi di– 109 Bd
Niosa [SV] 61 Eb
Niquidetto [TO] 35 Fc
Nirone [PR] 65 Eb
Nisca, Monte– 19 CDb
Niscemi [CL] 175 Fb
Nisida, Isola di– 127 Cb
Nismozza [RE] 65 Eb
Nisportino [LI] 89 Ec
Nissoria [EN] 171 Eb
Nivera [CZ] 153 Ec
Niviano [MO] 67 Cc
Niviano [PC] 53 Ab
Niviere, Pizzo delle– 157 DEbc
Nivione [PV] 51 DEc
Nizza, Torrente– 49 Ec
Nizza di Sicilia [ME] 163 Bc
Nizza Monferrato [AT] 49 EFc
Nizza Superiore [PV] 51 Db
Nizzolina [VA] 25 Bd
Noale [VE] 45 Ca
Noasca [TO] 35 Eb
Nobiallo [CO] 25 Da
Nobile [CO] 25 Dc
Nóboli [BS] 27 BCd
Nocara [CS] 143 Eb
Nocchi [LU] 73 Eb
Nocciano [PE] 105 Bc
Nocciola [AT] 49 Dab
Nocco, Castel di– [PI] 75 Bc
Noce [FI] 83 Aa
Noce [MS] 65 Bb
Noce, Fiume– 143 Ab
Noce, Monte della– 145 Ed
Noce, Torrente– 15 Bc
Nocegrossa [MN] 53 Ga
Nocella [TE] 97 Dc
Nocella, Fonte– 131 Da
Nocelleto [CE] 119 CDbc
Noceno [LC] 25 Ea
Nocera Inferiore [SA] 129 Ab
Nocera Scalo [PG] 95 Da
Nocera Superiore [SA] 129 ABb
Nocera Terinese [CZ] 149 Cc
Nocera Umbra [PG] 95 Da
Noceto [GE] 51 Dd
Noceto [PR] 53 DEc
Nocétolo [RE] 53 FGc
Noche [AT] 49 Ec
Noci [BA] 133 Eb
Noci [GE] 63 Db

Nociara, Torrente– 171 Dd
Nociazzi [PA] 161 Bd
Nociforo [CT] 173 Bd
Noci Garioni [CR] 41 Cc
Nociglia [LE] 139 Eb
Nocivéglia [PR] 65 Aa
Nock, Monte– 15 Cb
Nocolino [PI] 81 Db
Nócria [MC] 95 Fb
Nodica [PI] 73 Fc
Nodigheddu [SS] 181 Bc
Noduladu, su– [OT] 185 Cb
Nodu Pianu [OT] 179 Ed
Noeddale, Necropoli de– 183 Db
Noépoli [PZ] 143 Db
Nogara [VR] 43 Cc
Nogarè [TN] 15 Cd
Nogaredo [TN] 29 Bb
Nogaredo al Torre [UD] 33 Db
Nogaredo di Corno [UD] 33 Ba
Nogaredo di Prato [UD] 33 Ba
Nogarole Rocca [VR] 43 Bc
Nogarole Vicentino [VI] 43 Da
Nogarolo [TV] 31 Cb
Nogheredo [PN] 31 EFab
Nogna [PG] 85 Cb
Noha [LE] 139 DEb
Noiáris [UD] 19 Aab
Noicáttaro [BA] 125 Db
Noire de Peuterey, Aiguille– 21 Bc
Nola [NA] 121 Ad
Nole [TO] 35 Gc
Noli [SV] 61 Fc
Nolza, Nuraghe– 189 Bd
Nomáglio [TO] 37 Ba
Nomentum 107 Fa
Nomentum, Riserva Naturale Regionale di– 107 Fa
Nomesino [TN] 31 Ab
Nomi [TN] 29 Bb
Nommisci [RI] 97 Ad
Nona [BG] 27 Bab
Nona, Pizzo– 23 Cb
Nonántola [MO] 55 Dc
None [TO] 47 Gb
Nongruella [UD] 19 CDc
Nónio [VB] 23 Eb
Nora 197 Bc
Nora, Fiume– 105 Cb
Noragúgume [NU] 187 Db
Norastra [CN] 59 Ea
Norba 109 Bd
Norbello [OR] 187 Ec
Norcen [BL] 31 Aa
Norchia 101 Ac
Nórchia, Necrópoli di– 101 Ad
Nórcia [PG] 95 Fc
Nordheim / Villa [BZ] 3 BCd
Nórea [CN] 61 Bb
Norge Polesine, Villaggio– [RO] 57 Ea
Norghio [NU] 185 EFd
Noriglio [TN] 29 Eb
Norma [LT] 109 Bd
Noroni, Monte– 43 Ba
Nortiddi [NU] 185 Dc
Nortosce [PG] 95 Fc
Nosadello [CR] 39 Fb
Nosate [MI] 23 Gd
Nosédole [MN] 43 Bd
Nosellari [TN] 29 Cb
Nota, Monte– 27 Fb
Notaresco [CT] 163 Cd
Notargiacomo [MT] 131 Eb
Noto [SR] 177 Ec
Noto, Val di– 175 Fc
Noto Antica 177 Ec
Nóttola [SI] 83 EFd
Nova, Fonte– 111 Ea
Novacella / Neustift [BZ] 3 Dc
Novaféltria [RN] 77 Fb
Nováglie [VR] 43 Cb
Novagli Mattina [BS] 41 Eb
Novaglio [VB] 23 Fb
Novagli Sera [BS] 41 Eb
Nova Gorica (SLO) 33 Eb
Novalba di Cardinale [CZ] 153 Ec
Novale [VI] 29 Cd

Novale, Lago di– / Ried Stausee 3 Db
Novale / Kreut [BZ] 15 Ca
Novale / Rauth [BZ] 15 Db
Novale / Ried [BZ] 5 Ac
Novale / Ried [BZ] 3 Cb
Novale / Ried [BZ] 3 CDb
Novale di Fuori, Monte– / Eisatz 5 ABc
Novaledo [TN] 29 CDab
Novalesa [TO] 35 CDc
Nova Levante / Welschnofen [BZ] 15 Eb
Nova Milanese [MB] 25 Dd
Nova Ponente / Deutschnofen [BZ] 15 Db
Novara [AO] 37 Fb
Novara, Rocca– 163 Bbc
Novara, Torrente– 163 Bc
Novara di Sicilia [ME] 163 Bbc
Novaretto [TO] 35 Fd
Nova Siri [MT] 143 Fb
Novate Mezzola [SO] 11 Cb
Novate Milanese [MI] 39 Ca
Novate Rogliani– [PC] 53 Ba
Novazza [BG] 27 Ab
Nove [TV] 31 Ca
Nove [VI] 29 EFc
Nove, Cima– 5 Bc
Novedrate [CO] 25 Cc
Novegiola [MS] 65 Cc
Novegina [SP] 65 BCc
Novéglia [PR] 65 Ba
Novéglia, Torrente– 65 Ba
Novegno, Monte– 29 Cc
Novéis, Alpe di– 23 Dc
Novella, Rio– 15 Bb
Novellano [RE] 65 Fc
Novellara [RE] 55 Bbc
Novelle [BS] 27 Ca
Novello [CN] 49 Cd
Noventa di Piave [VE] 31 Ecd
Noventa Padovana [PD] 45 Bb
Noventa Vicentina [VI] 43 Fc
Novi di Modena [MO] 55 Cb
Noviglio [MI] 39 Cbc
Novilara [PU] 79 Db
Novi Lígure [AL] 51 Bc
Novito, Fiumara– 155 Eb
Novoledo [VI] 29 DEd
Nóvoli [FI] 83 Ba
Nóvoli [FI] 75 Fb
Nóvoli [LE] 135 Ed
Novo San Giovanni, Monte– 189 Dc
Nozarego [GE] 63 Ec
Nozza [BS] 27 Dc
Nozza, Torrente– 27 Dc
Nozzano [LU] 73 Fb
Núbia [TP] 157 Cc
Núbia, Torre– [TP] 157 Cc
Nuccio [TP] 157 Cd
Nucetto [CN] 61 Db
Núchis [OT] 179 Bd
Nuda, Monte– 67 Ad
Nuda, Monte della– 129 Ec
Nuda, Monte la– 65 Ec
Nuda, Serra– 129 Fd
Nudo, Col– 17 Dc
Nudo, Crep– 17 Dc
Nudo, Monte– 23 Gb
Nughedu San Nicolò [SS] 185 Bc
Nughedu Santa Vittória [OR] 187 Fc
Núgola [LI] 81 Ca
Nule [SS] 185 Cd
Nulvi [SS] 181 Ed
Numana [AN] 87 Eab
Numana, Punta– 185 Cc
Nunnale, Nuraghe– 185 Dd
Nunziata [CT] 173 DEa
Nunziatella [GR] 99 Cb
Nuoro [NU] 189 Cb
Nuova, Montagna– 29 Eb
Nuova, Scala– [CL] 171 Bb
Nuova, Valle– 33 Ad
Nuova Clitérnia [CB] 113 Eb
Nuova Conza della Campania [AV] 129 Eab
Nuova Fiera di Roma 107 Dc
Nuova Giuliat [BL] 29 Fb
Nuova Olónio [SO] 11 Ecd
Nuovo, Monte– 141 Ea

Nuracale, Nuraghe– 187 Db
Nurachi [OR] 187 Dd
Nuraciana, Nuraghe– 187 Dd
Nuradeo, Nuraghe– 187 Db
Nuragheddu [OT] 185 Db
Nuraghi, Valle dei– 183 Ed
Nurágus [CA] 193 Bb
Nurallao [CA] 193 Bb
Nurâminis [CA] 193 Bd
Nuraxi, Nuraghe su– 191 Fb
Nuraxi Figus [CI] 195 Cb
Nuraxinieddu [OR] 187 Dd
Nurchidda, Nuraghe– 185 Bd
Nure, Torrente– 53 Bb
Nureci [OR] 191 Fb
Núria, Monte– 103 Cb
Nurietta, Monte– 103 Bbc
Nurra 183 Bb
Nurri [CA] 193 Cb
Nurta, Nuraghe– 189 Ed
Nus [AO] 21 Ec
Núschele, Monte– 185 Cd
Nusco [AV] 129 Da
Nusenna [SI] 83 Db
Nuvolato [MN] 55 CDa
Nuvolau, Monte– 17 Bb
Nuvolento [BS] 41 Ea
Nuvolera [BS] 41 Eab
Núxis [CI] 195 Ec

O

Oasi del Simeto, Riserva Naturale– 173 Dc
Oasi di Crava-Morozzo, Riserva Naturale dell'– 61 Bb
Oasi di San Vincenzo [CA] 197 CDbc
Oasi Faunística di Vendicari, Riserva Naturale– 177 Ed
Obachelle, Monte– 111 Bd
Ober Alach / Alago di Sopra [BZ] 15 Bab
Oberau / Prà di Sopra [BZ] 3 Dc
Oberbozen / Soprabolzano [BZ] 15 Dab
Oberdrauburg [A] 5 Fc
Obereggen / San Floriano [BZ] 15 DEb
Oberfennberg / Favogna di Sopra [BZ] 15 Cc
Obergurgl [A] 1 FGb
Oberinn / Auna di Sopra [BZ] 15 Da
Oberluttach / Lutago di Sopra [BZ] 3 Fb
Obernberg am Brenner [A] 3 Cab
Oberolang / Valdáora di Sopra [BZ] 3 Gc
Ober-Planitzing / Pianizza di Sopra [BZ] 15 Cb
Oberplanken / Planca di Sopra [BZ] 5 Bc
Oberrasen / Rasun di Sopra [BZ] 3 Gc
Oberseilspitze (Cavo, Cima del–) 3 Db
Obertall / Talle di Sopra [BZ] 3 Bc
Oberthal / Valle di sopra [BZ] 3 BCb
Obertilliach [A] 5 Dc
Ober Vierschach / Versciaco di Sopra [BZ] 5 Bc
Obervintl / Vandóies di Sopra [BZ] 3 Ec
Oberwielenbach / Vila di Sopra [BZ] 3 Fc
Obolo [PC] 53 ABc
Óbolo, Monte– 53 Ac
Oca [VR] 43 Ec
Oca, Bric dell'– 61 Gb
Oca, l'– [RO] 57 Eb
Occagno [CO] 25 Cb
Occhelli [CN] 49 Cc
Occhetta [SS] 183 Fc
Occhieppo Inferiore [BI] 23 Cd
Occhieppo Superiore [BI] 23 Cd
Occhio [RC] 155 Ac
Occhio, Monte– 111 Bd

Occhiobello [RO] 55 Gb
Occhito, Lago di– 113 Dd
Occiano [SA] 129 Cb
Óccido, Fiume– 145 Dc
Occimiano [AL] 49 Fa
Oche, Grotta sa– 189 Cb
Oche, Rio de sa– 189 Db
Ococse [PG] 95 Ec
Ocre [AQ] 103 Dc
Ocre [RI] 95 Ed
Ocre, Monte– 103 Dc
Ocriculum 101 Db
Odalengo Grande [AL] 37 Db
Odalengo Piccolo [AL] 37 Dd
Oddastru, Rio– 179 Cc
Oddeu, Monte– 189 DEb
Ode, Monte– 101 Fc
Odeda [BS] 13 Cd
Odeno [BS] 27 Cc
Oderzo [TV] 31 Dc
Odíago [LC] 25 Ec
Odissea 2000, Parco d'acqua– 147 Cc
Ódolo [BS] 27 Dd
Oes, Nuraghe– 183 Ed
Ófanto, Fiume– 123 Eb
Ófanto, Foce dell'– 123 Fa
Ofena [AQ] 103 Fc
Offagna [AN] 87 Dab
Offanengo [CR] 41 Ab
Offeio [RI] 103 Bc
Offerno, Monte– 103 Fc
Offida [AP] 97 Db
Offlaga [BS] 41 Cb
Oga [SO] 13 CDb
Oggébbio [VB] 23 Fab
Oggiogno [VB] 23 Ga
Oggioli, Monte– 67 Ccd
Oggiona con Santo Stéfano [VA] 25 Ac
Oggiono [LC] 25 Ec
Oglánico [TO] 37 Ab
Ogliara [SA] 129 Bb
Ogliastra 189 Ed
Ogliastra, Isola dell'– 189 Fd
Ogliastra [CT] 173 Ad
Ogliastra [PZ] 141 Fbc
Ogliastro, Lago di– 171 Ec
Ogliastro, Villa– [CT] 173 Cd
Ogliastro Cilento [SA] 129 Dd
Ogliastro Marina [SA] 141 Aa
Ogliera, Scóglio– 89 Cc
Óglio, Fiume– 41 Dc
Óglio Nord, Parco dell'– 41 Bb
Óglio Sud, Parco dell'– 55 Aa
Ogna [BG] 27 Ab
Ogna, Fontana d'– 123 Fd
Ogna, Monte– 129 Eb
Ogna, Torrente– 27 Bb
Ognato [BS] 41 Cb
Ógnina [CT] 173 Db
Ógnina [SR] 177 Fc
Ognio [GE] 63 DEb
Ognissanti [CR] 41 Dd
Oia [CN] 49 Bc
Óira [VB] 9 Ec
Oitana [TO] 49 Ab
Ola [BG] 25 Gb
Ola, Nuraghe– 189 Db
Olaca [MT] 143 Eab
Olai, Rio– 189 Cc
Olang / Valdáora [BZ] 3 FGc
Olano [SV] 61 Ec
Olántreghe [BI] 17 Cc
Ólbia [OT] 179 DEd
Olbia–Costa Smeralda, Aeroporto Internazionale di– 179 Ed
Olbicella [AL] 63 Aa
Olcella [MI] 25 Bd
Olcenengo [VC] 37 Db
Ólcio [LC] 25 Db
Olda [BG] 25 Fb
Oldenico [VC] 37 Eb
Oldésio [BS] 27 Fc
Oleggio [NO] 23 Fc
Oleggio Castello [NO] 23 Fc
Óleis [UD] 33 Dab
Olena [FI] 83 Bab
Olengo [NO] 39 Ab
Olera [BG] 25 Gc
Olesa, Fiume– 185 Bc
Olesi [PV] 51 Db
Oleta [RE] 55 Ab
Oletto, Rio– 185 Bc

Olévano di Lomellína [PV] 39 Ac
Olévano Romano [ROMA] 109 Cb
Olévano sul Tusciano [SA] 129 CDbc
Olévole [TR] 93 Eb
Olfino [MN] 43 Ab
Ólgia [VB] 9 Fd
Olgiasca [LC] 11 Dd
Olgiata [ROMA] 107 DEa
Olgiate Comasco [CO] 25 Bc
Olgiate Molgora [LC] 25 Ec
Olgiate Olona [VA] 25 Bd
Olginasio [VA] 23 Gc
Olginate [LC] 25 Ec
Olginate, Lago di– 25 Ec
Olgisio, Rocca d'– 51 Fb
Ólia, Monte– 185 Cc
Olía Speciosa [CA] 197 Eb
Olíena [NU] 189 Db
Olíena, Rio d'– 189 Db
Oliero [VI] 29 EFb
Olina [MO] 67 Bc
Olinie, Monte– 189 Dcd
Oliosi [VR] 43 Ab
Oliva [AL] 51 Cc
Oliva, Villa– [SR] 177 Dc
Olivadi [CZ] 153 Eb
Oliva Gessi [PV] 51 DEab
Olivara [MO] 67 Cb
Olivarella–Corriolo [ME] 163 Cab
Olivastri di Santa Maria Navarrese 189 Fc
Olivè [VR] 43 Cc
Olivella [FR] 111 Bd
Olivella, Monte– 141 EFb
Olivello [SI] 83 Cd
Olivento, Torrente– 123 Cc
Oliveri [ME] 163 Bb
Oliveto [AR] 83 Eb
Oliveto [BO] 67 Db
Oliveto [PA] 169 Bb
Oliveto [RC] 155 Bc
Oliveto [RI] 103 Ac
Oliveto, Torrente– 155 Ad
Oliveto Citra [SA] 129 Db
Oliveto Lário [LC] 25 Db
Oliveto Lucano [MT] 131 DCc
Olivetta [IM] 71 Cb
Olivetta San Michele [IM] 71 Cb
Oliviera [SI] 83 Dc
Olivo, Isola dell'– 27 Fc
Olivo, Torrente– 171 Dc
Olivola [AL] 49 Fa
Olivola [MS] 65 Dc
Ollastra [OR] 187 Ed
Ollastu, Rio– 193 Dd
Olle [TN] 29 Ca
Ollolai [NU] 189 Cb
Ollomont [AO] 21 Dbc
Olme [TV] 31 Cd
Olmedo [SS] 183 Cc
Olmeneta [CR] 41 Cc
Olmeto [PG] 95 Ab
Olmi [CH] 113 Ab
Olmi [PT] 75 Db
Olmi [TV] 31 Ccd
Olmi, Bric degli– 49 Ed
Olmi, Monte degli– / Ilmenspitz 15 Ab
Olmo [AR] 83 Eb
Olmo [BS] 41 Dc
Olmo [FI] 75 Fb
Olmo [GE] 63 Db
Olmo [LO] 39 Fc
Olmo [PC] 53 Ac
Olmo [PD] 45 Bb
Olmo [PD] 45 Bb
Olmo [RE] 53 Fc
Olmo [SO] 11 Eb
Olmo [TV] 29 Fc
Olmo [VI] 43 Eab
Olmo, l'– [NA] 127 Cb
Olmo, l'– [PG] 85 ABc
Olmo, l'– [PI] 81 Ea
Olmo al Brembo [BG] 25 Gb
Olmo Gentile [AT] 49 Ed
Olóbbia, Torrente– 37 Cb
Olocchia, Torrente– 9 Fd
Oloitti [SS] 181 Fd
Olólvica, Punta– 185 Cc
Olona [VA] 25 Bc
Olona, Fiume– 39 Dc
Olpeta, Fosso– 99 Fa

Oltoari, Punta– 185 Dc
Oltrefiume [VB] 23 Fb
Oltre il Colle [BG] 25 Gb
Oltrepò Pavese 51 Db
Oltresoana [TO] 35 Gb
Oltressenda Alta [BG] 27 Ab
Oltrevara [SP] 65 Bc
Oltris [UD] 17 Fb
Oltro, Cima d'– 17 Ac
Oltrona di San Mamette
 [CO] 25 Bc
Olza [PC] 41 Bd
Olzai [NU] 189 Bb
Olzai, Rio di– 189 Bc
Olzano [CR] 41 Ac
Omate [MB] 25 Ed
Ombladet, Cima– 5 Ed
Ombriano [BS] 27 Cc
Ombriano [CR] 39 Fbc
Ombrone, Fiume– 91 Ec
Ombrone, Torrente– 75 Ec
Ome [BS] 27 Bd
Omegna [VB] 23 Eb
Ómero [IS] 111 Dcd
Ómero, Rio dell'– 111 Dd
Omignano [SA] 141 Ba
Omignano Scalo [SA] 141 Ba
Omo, Cima dell'– 75 Ba
Omo, Monte– 59 Db
Omo, Pizzo dell'– 13 Ad
Omo, Punta dell'– 165 ins.b
Omodeo, Lago– 187 Fc
Onach / Onies [BZ] 3 Fc
Onamarra, Punta– 189 Eb
Onani [NU] 185 Dcd
Onano [VT] 93 Cc
Onara [PD] 31 Ad
Oncédis [UD] 19 Bc
Oncino [CN] 47 DEc
Onda Blu, Acquapark– 97 Ec
Ondazzurra, Parco– 105 Da
Ondini, Gli– [BI] 23 Cc
Onè [TV] 31 Ac
Oneda [VA] 23 FGc
Oneglia [IM] 71 Fb
Onelli [PG] 95 Fc
Oneta [BG] 27 Ab
Oneto [GE] 63 Eb
Onferno [RN] 79 Bb
Onferno, Riserva Naturale
 di– 79 Bb
Onfiano [RE] 65 Gb
Ongarie [TV] 31 Bd
Ongaro Inferiore, Bonifica–
 31 Fd
Ongina [PC] 53 Dab
Ongina, Torrente– 53 Db
Oni [VR] 43 Ec
Onifai [NU] 185 Ed
Oniferi [NU] 189 BCb
Onies / Onach [BZ] 3 Fc
Onna [AQ] 103 Dc
Onno [LC] 25 Db
Ono Degno [BS] 27 Dc
Onoranza [FG] 123 Ca
Onore [BG] 27 Bb
Ono San Pietro [BS] 27 Cab
Onsernone, Torrente– 9 Fc
Ontagnano [UD] 33 Cb
Ontaneta [FC] 77 Cb
Ontani, Piano degli– [PT]
 75 Ca
Ontignano [FI] 75 Fc
Onzato [BS] 41 CDb
Onzo [SV] 71 Fa
Opaco, l'– [FI] 75 Gbc
Ópera [MI] 39 Db
Opi [AQ] 111 Bc
Opi [AQ] 103 Ec
Oppeano [VR] 43 Dc
Oppi [VR] 43 Dd
Oppi [VR] 43 Ec
Oppiano [PR] 53 DEc
Óppia Nuova [SS] 183 Fc
Oppidi [SA] 129 Cc
Oppido, Monte– 129 DEb
Óppido Lucano [PZ] 131 Cb
Óppido Mamertina [RC]
 155 Cb
Oppioli [VR] 43 Dd
Opreno [BG] 25 Fc
Ora / Auer [BZ] 15 Cb
Oramala [PV] 51 Eb
Oramara, Monte– 63 Fa
Orani [NU] 189 Cb
Orasso [NO] 9 Fd

Orata, Torrente– 129 Fa
Oratiddo, Nuraghe– 187 Cc
Oratino [CB] 113 Bd
Oratorio [FE] 55 EFbc
Orazio, Villa d'– 103 Ad
Orba, Torrente– 49 Gb
Orbai [CI] 195 Eb
Orbai, Punta– 195 Eb
Orbassano [TO] 47 Ga
Orbetello [GR] 99 Cb
Orbetello, Laguna di– 99 Cb
Orbetello, Oasi di Protezione
 di– 99 Cb
Orbicciano [LU] 73 Fb
Orcáiola [PU] 85 Da
Orcenico Inferiore [PN] 31 Fb
Orcenico Superiore [PN]
 31 Fb
Orceto [PI] 81 Da
Orchi [CE] 119 Cb
Orchidee del Mediterraneo,
 Giardino delle– 107 Cb
Orcia, Fiume– 93 Ab
Orciano di Pésaro [PU] 79 Dc
Orciano Pisano [PI] 81 CDb
Orciático [PI] 81 Eb
Orco [SV] 61 EFc
Orco, Toppa dell'– 141 Cb
Orco, Torrente– 37 Ac
Orco Feglino [SV] 61 Ec
Ordignai, Nuraghe d'– 185 Fd
Orditano, Monte– 63 Bab
Ordona [FG] 123 Bb
Orecchia di Lepre, l'– /
 Hasenöhrl 1 Fd
Orecchiella, Riserva
 Naturale– 65 Fc
Oregne [BL] 17 Bd
Oreno [MB] 25 Ed
Orentano [PI] 75 BCc
Orero [GE] 63 Eb
Orero [GE] 63 Cab
Oreto, Fiume– 159 Bb
Orezzo [BG] 25 Gd
Orezzoli [PC] 51 Fd
Orfano, Mont'– 23 Eb
Orfengo [NO] 37 Fe
Orfento, Fiume– 105 Bd
Orgel-Spitze / Lasa, Punta
 di– 1 Ed
Orgia [SI] 83 Bc
Orgiano [VI] 43 Ebc
Orgiere [TO] 47 Db
Órgiu Trudu, Punta– 195 Ec
Orgnano [UD] 33 Bab
Orgnano [VE] 45 Cb
Orgnano [VR] 43 Db
Orgnese [PN] 17 Fcd
Orgolasi, Monte– 189 Db
Orgorui, Nuraghe– 189 Cb
Orguda, Monte– 189 Bd
Ori, Monte– 15 Bb
Ori, Monte– / Sam 15 Bb
Ória [BR] 135 Bcd
Oria [CO] 25 Cab
Oriago [VE] 45 Db
Oriano [PR] 53 Dd
Oriano Ticino [VA] 23 Fc
Oria Nova [FG] 123 Cb
Oricola [AQ] 109 Ca
Origgio [VA] 25 Ca
Origlio, Monte– 121 Fc
Orino [VA] 23 Gb
Orino, Punta di– 23 Gb
Orte, Fiume– 105 Cd
Ortelle [FR] 109 Dd
Ortelle [LE] 139 Fbc
Ortezzano [FM] 97 Ca
Orti [AL] 51 Ab
Ortì [RC] 155 Bc
Orti [VR] 43 Dc
Ortiano, Torrente– 147 Cd
Orticelli [RO] 45 Cd
Ortigara, Monte– 29 Dab
Ortigia [SR] 177 Fb
Ortiglieto, Lago di– 63 Aa
Ortignano [AR] 77 Ccd
Ortignano Raggiolo [AR]
 77 Cc
Ortimino [FI] 81 Ga
Ortisei / Sankt Ulrich in
 Gröden [BZ] 15 EFa
Orti su Loi [CA] 197 Bc
Ortler / Órtles 13 Eab
Ortlergruppe / Órtles 13 Fb
Órtles / Ortler 13 Eab

Órtles / Ortlergruppe 13 Fb
Orto, Rio su– 189 Bb
Ortobene, Monte– 189 Db
Ortodónico [SA] 141 Ba
Ortolano [AQ] 103 Dab
Orto Liuzzo [ME] 163 Cab
Ortolu, Nuraghe– 183 Ec
Orton [PN] 19 Ac
Ortona [CH] 105 Ebc
Ortona dei Marsi [AQ]
 111 Bab
Ortonovo [SP] 73 Da
Ortovero [SV] 71 Fa
Ortu [VS] 191 Dc
Ortúcchio [AQ] 111 Ab
Ortueri [NU] 187 Fc
Ortueri, Rio d'– 189 Bc
Orturano [MS] 65 Cab
Orune [NU] 185 Dd
Oruni, Canale– 183 Bc
Orvieto [TR] 93 Ec
Orvieto Scalo [TR] 93 Ec
Orvinio [RI] 103 Ad
Orzaglia [LU] 65 Ec
Orzale [AR] 83 Fc
Orzano [UD] 33 Ca
Orzes [BL] 17 Bd
Orzinuovi [BS] 41 Bb
Orzivecchi [BS] 41 Bb
Osa [TR] 93 Fc
Osa, Fosso dell'– 109 Ab
Osa, Terme dell'– 99 Ca
Osa, Torrente– 99 Ca
Osacca [PR] 65 Ba
Osáis [UD] 17 Fab
Osarella [TR] 93 EFc
Osasco [TO] 47 EFb
Osásio [TO] 49 Ab
Oscano [PG] 85 BCd
Oscasale [CR] 41 Ac
Oscata [AV] 121 Ec
Oscata Inferiore [AV]
 121 Ec
Oschiena [VC] 37 Dc
Óschina, Nuraghe– 187 Ec
Óschiri [OT] 185 Bb
Óschiri, Rio di– 185 Bb
Ose, Torrente– 95 Ca
Oseacco [UD] 19 Cb
Oseli, Monte– 189 Ec
Oselin, Canale dell'– 45 Db
Oselle [TO] 49 Bb
Osellin [RO] 57 Ea
Osento, Fiume– 105 Fc
Osento, Torrente– 123 Bd
Osero, Monte– 51 Gc
Oserot, Monte– 59 Cb
Osesa, Monte– 51 Dc
Osidda [NU] 185 Cc
Osiglia [SV] 61 Ec
Osiglia, Lago di– 61 Ec
Osigo [CO] 25 Db
Osigo [TV] 31 CDab
Ósilo [SS] 181 DEd
Ósimo [AN] 87 Db
Ósimo Stazione [AN] 87 Eb
Osini [OG] 193 Db
Osini Nuovo [OG] 193 Db
Osini Vecchio [OG] 193 Db
Ósio Sopra [BG] 25 Fd
Ósio Sotto [BG] 25 Fd
Oslávia [GO] 33 Eb
Osmate [VA] 23 FGc
Osnago [LC] 25 Ecd
Osogna [Svizz.] 11 Bc
Ósoli [AP] 97 Bbc
Osoppo [UD] 19 Bc
Osp [SLO] 33 Gd
Ospedale, l'– [AR] 83 Db
Ospedale Lercaro [AL]
 51 ABcd
Ospedaletti [IM] 71 Dc
Ospedaletto [FC] 77 Db
Ospedaletto [FC] 69 Dc
Ospedaletto [LT] 109 Bd
Ospedaletto [PI] 73 Ec
Ospedaletto [RE] 55 Bd
Ospedaletto [RN] 79 Bb
Ospedaletto [TN] 29 Ea
Ospedaletto [TR] 93 Ec
Ospedaletto [TV] 31 Bd
Ospedaletto [UD] 19 Bc
Ospedaletto [VI] 29 Ed
Ospedale d'Alpinolo [AV]
 121 Bd
Ospedale Eugáneo [PD]
 43 Fc

Ospedaletto Lodigiano [LO]
 39 Fcd
Ospedalicchio [PG] 95 Ca
Ospiate [MI] 39 Ca
Ospiedolo [PR] 65 Ca
Ospitale [FE] 55 Fb
Ospitale [MO] 67 Bd
Ospitale di Brenta [PD] 29 Fd
Ospitale di Cadore [BL] 17 Cc
Ospitale di Zoldo [BL] 17 Cc
Ospitaletto [BS] 41 Ca
Ospitaletto [MN] 41 Fd
Ospitaletto [MO] 67 Cb
Ospitaletto [RE] 65 Ec
Ospitaletto [RO] 55 Gb
Ospital Monacale [FE] 57 Bcd
Osposídda, Monte– 189 Db
Ossa, Grotta delle– 141 Cb
Ossago Lodigiano [LO] 39 Fc
Ossáia [AR] 83 Fc
Ossalengo [CR] 41 Cc
Ossana [TN] 13 Cc
Ossanesga [BG] 25 Fc
Ossano [RA] 69 Bc
Ossegna [SP] 63 Gb
Ossena, Torrente– 173 Cc
Ossenigo [VR] 29 Acd
Osservatorio Vesuviano
 127 Eb
Ossi [SS] 183 Dbc
Óssimo [BS] 27 Cb
Óssimo Inferiore [BS] 27 Cb
Óssimo Superiore [BS] 27 Cb
Osso [VB] 9 Dc
Ossolaro [CR] 41 Bc
Ossona [MI] 39 Bab
Ossuccio [CO] 25 Db
Osta [AL] 37 Dd
Ostana [CN] 47 Ec
Ostanetta, Punta d'– 47 Ec
Ostano, Monte– 23 Db
Ósteno [CO] 25 Cab
Osteria [CN] 49 Dc
Osteria [CN] 61 Da
Osteria [RA] 69 Bc
Osteria, l'– [CI] 195 Cc
Osteria Ansidónia [Tosc.]
 93 Bb
Osteria Capanne di Dentro /
 Innerhütt [BZ] 3 Ac
Osteriaccia, l'– [TR] 93 Db
Osteria del Gatto [PG] 85 Ec
Osteria dell'Osa [ROMA]
 109 Ab
Osteria Grande [BO] 67 FGb
Osterianova [MC] 87 Db
Osteria Nuova [FI] 75 Fc
Osteria Nuova [PU] 85 Ca
Osteria Nuova [PU] 79 Cb
Osteria Nuova [ROMA]
 107 Da
Osternig, Monte– 19 Da
Óstia [CO] 25 Db
Óstia Antica [ROMA] 107 Dc
Ostiano [CR] 41 Dc
Ostia Parmense [PR] 65 BCab
Ostíglia [MN] 55 Da
Ostigliano [SA] 141 Ba
Óstina [FI] 77 Bd
Ostola, Torrente– 37 Db
Ostra [AN] 87 Ba
Ostra Antica 87 Ba
Ostra Vétere [AN] 87 Ba
Ostuni [BR] 135 Bb
Ostuni, Marina di– 135 Bb
Óten, Monte d'– 17 Cb
Otra [VB] 23 Db
Otra [VC] 23 Cc
Otranto [LE] 139 FGb
Otranto, Canale d'– 139 Ga
Otranto, Terra d'– 135 Fc
Otrícoli [TR] 101 Db
Ottaggi [PG] 95 Eb
Ottana [NU] 189 Bb
Ottano [IM] 71 Ea
Ottati [SA] 129 Ed
Ottava [SS] 181 Cd
Ottava, Rio d'– 181 Cd
Ottava Presa [VE] 31 FGd
Ottavello [PC] 53 Ad
Ottávia [ROMA] 107 Eb
Ottaviano [NA] 127 Eab
Ottaviano, Villa– [RG]
 177 Bcd
Ottavio, Monte– 169 Cc
Óttavo [FI] 83 Ca

Ottíglio [AL] 49 Ea
Ottignana [FC] 77 Ca
Ottiolu [OT] 185 Fb
Ottobiano [PV] 39 Bd
Ottone [LI] 89 Ec
Ottone [PC] 51 Ed
Ouille, Monte– 21 Bc
Oulme [TO] 35 Cd
Oulx [TO] 47 Ba
Ova [AL] 51 BCb
Ovada [AL] 51 Ad
Ovanengo [BS] 41 Bb
Ovara, Serra– 189 Ec
Ovarda, Torre d'– 35 Cc
Ovaro [UD] 17 Gb
Ovasta [UD] 17 FGab
Ovedasso [UD] 19 Cb
Ovesca, Torrente– 9 Dd
Ovette Malu 189 Dc
Ovidio, Villa d'– 105 Bd
Oviglia [TO] 49 Cab
Oviglio [AL] 49 Fb
Ovile Nazionale [FG] 123 Bb
Ovindoli [AQ] 103 DEd
Ovodda [NU] 189 Bc
Ovoledo [PN] 31 Fb
Ovrano [AL] 49 Fd
Oxentina, Torrente– 71 Db
Oyace [AO] 21 Ebc
Ozegna [TO] 37 Ab
Ozein [AO] 21 Dcd
Ozieri [SS] 185 Bc
Ozieri, Rio d'– → Mannu,
 Rio– 183 Fc
Ozol, Monte– 15 Bb
Ozzano dell'Emilia [BO] 67 Fb
Ozzano Monferrato [AL] 37 Ed
Ozzano Taro [PR] 53 Dc
Ozzastru, Nuraghe– 183 Ec
Ózzero [MI] 39 Bbc
Ozzola [PC] 51 Fc

P

Pabillónis [VS] 191 Ec
Pace [ME] 155 Ab
Pace [RI] 103 Bc
Pace, Monte– 155 Ab
Paceco [TP] 157 Cc
Pace del Mela [ME] 163 Cab
Pacengo [VR] 43 Ab
Pacentro [AQ] 105 Da
Pachino [SR] 177 Ed
Paciano [PG] 93 Eab
Paciglieno [MC] 87 Ec
Pácina [SI] 83 Cc
Padano Polesano, Collettore–
 57 Ea
Padaro [TN] 29 Ab
Pade, Punta sa– 185 Cd
Padenghe sul Garda [BS]
 41 Fab
Padergnone [TN] 29 Aa
Paderna [AL] 51 Cb
Paderna [PC] 53 Bb
Paderna [RE] 65 Fab
Paderna [RE] 67 Aa
Padernello [BS] 41 Bbc
Padernello [TV] 31 Bcd
Paderno [BG] 25 Gc
Paderno [BL] 17 Bd
Paderno [BO] 67 Fb
Paderno [FC] 77 Fb
Paderno [FC] 77 EFa
Paderno [TV] 31 Cc
Paderno [UD] 33 Da
Paderno d'Adda [LC] 25 Ec
Paderno del Grappa [TV]
 31 Ac
Paderno Dugnano [MI] 25 Dd
Paderno Franciacorta [BS]
 27 Bd
Paderno Ponchielli [CR]
 41 Bc
Padiglione [AN] 87 Db
Padiglione, Monte– 109 Dab
Padivarma [SP] 65 Bc
Pado [ME] 161 Fbc
Pádola [BL] 5 Cd
Padonchia [AR] 85 Ab
Padova [PD] 43 Fb
Padri [PC] 53 ABc
Pádria [SS] 183 Dd
Padriciano [TS] 33 FGd
Pádrio, Monte– 13 Cc

Padrogiano [OT] 179 Ed
Padrogiano, Fiume– 179 Ed
Padru [OT] 185 DEb
Padru, Monte– 179 Cc
Padru Maggiore, Nuraghe–
187 Db
Padru Mannu [NU] 183 Ed
Padula [SA] 131 Ad
Padula [TE] 97 Bd
Padule [FI] 77 Ab
Padule [PG] 85 Dc
Paduledda [OT] 181 Fc
Paduli [BN] 121 Cbc
Paduli, Lago– 65 Db
Padulle [BO] 55 Ed
Paesana [CN] 47 Cc
Paese [TV] 31 BCcd
Paese dei Bimbi–Parco
Zoo 87 Da
Paestum [SA] 129 CDd
Paestum (Tempio di Cerere–
Tempio di Nettuno) 129 CDd
Pafagai, Monte– 17 Ad
Paganella 15 Bd
Paganella, Monte– 149 Eb
Pagani [SA] 129 Ab
Paganía Vallonecupo [CS]
145 Fc
Pagánica [AQ] 103 Dbc
Paganico [FC] 77 Dbc
Paganico [GR] 91 Fb
Paganico [PU] 79 Ac
Paganina [PI] 81 Fc
Pagano, Dosso– 29 Bc
Pagano, Monte– [AQ]
111 DEc
Pagano, Monte– [BS] 13 Cc
Pagano, Monte– [ME] 161 Dc
Paganúccio, Monte– 85 Ea
Pagazzano [BG] 41 Aab
Pagazzano [PR] 65 Ca
Paggese [AP] 97 Bc
Paggi [GE] 63 Fb
Paghera [BS] 27 Db
Pagino [PU] 79 Ccd
Paglia [BG] 25 Gc
Páglia, Fiume– 93 Ec
Pagliai [TP] 157 Ec
Pagliaia [FI] 75 Fa
Paglian Casale [ROMA]
107 Fc
Pagliano [MC] 87 Ac
Pagliara [AQ] 109 Dab
Pagliara [AV] 121 Dd
Pagliara [ME] 163 Cc
Pagliara, Torrente– 143 Fc
Pagliare [AP] 97 Cbc
Pagliare [AQ] 103 Fc
Pagliare [AQ] 103 Cbc
Pagliarella, Trivio– [KR]
151 Eb
Pagliarelle [KR] 151 Cc
Pagliarelle, Monte– 121 Ab
Pagliarelli [CH] 105 Gcd
Pagliaro, Monte– [GE] 63 Eb
Pagliaro, Monte– [ROMA]
109 Bb
Pagliaro di Tono [PE] 105 Bc
Pagliaro Inferiore [AL] 51 Dc
Pagliaroli [TE] 97 Cd
Pagliarone [IS] 111 Ec
Pagliarone, Monte– 121 Da
Pagliaro Superiore [AL] 51 Dc
Pagliate [NO] 37 Fb
Paglicci, Grotta– 115 Bd
Pagliéres [CN] 59 Eb
Pagliericcio [AR] 77 BCc
Paglieta [CH] 105 Fcd
Pagliete, Bonifica delle–
107 Fb
Paglino [VB] 9 CDc
Paglio [MB] 25 Db
Paglione, Monte– 11 Ad
Pagliosa, Isola– 183 Cd
Pagnacco [UD] 19 BCd
Pagnána [FI] 75 Dc
Pagnano [TV] 31 Ac
Pagno [CN] 47 Fd
Pagno [FC] 77 Eb
Pagnona [LC] 11 Ed
Pago, il– 103 Cb
Pago, Monte Io– 103 Dd
Pago del Vallo di Lauro [AV]
129 Aa
Pago Veiano [BN] 121 Cb

Pai [VR] 27 Fd
Paiano, Monte– 163 Cc
Paidorzu, Monte– 185 Bc
Paiere [TO] 47 Fa
Paiesco [VB] 9 Ed
Páina [MB] 25 Dcd
Painale, Pizzo– 13 Ac
Paiom del Cermis 15 Dc
Pairana [PV] 39 Cc
Pairola [IM] 71 Fb
Paisco [BS] 13 Cd
Paisco Loveno [BS] 13 Cd
Paitone [BS] 41 Ea
Pala [VB] 23 Fb
Pala, Cima– 19 Bc
Pala, Cimon della– 17 Ac
Pala, Monte– [PN] 19 Ac
Pala, Monte– [TV] 29 Fb
Pala Alta 17 Bc
Palabione, Monte– 13 BCd
Paladina [BG] 25 Fc
Paladini [LE] 135 Fd
Paladini [TE] 103 Da
Paladino, Monte– 153 Eb
Pala 'e Rúghes, Nuraghe–
185 Bd
Palágano [MO] 67 Ac
Palagianello [TA] 133 Dc
Palagiano [TA] 133 Ec
Palágio [FI] 81 Fb
Palágio [PI] 75 Ccd
Palagonía [CT] 173 Bd
Palai, Punta– 187 Fb
Paláia [PI] 81 Ea
Palamarola Nuova [ROMA]
107 Eb
Palanfrè [CN] 59 Fc
Palanfrè, Bosco e Laghi
di– 59 Fc
Palanuda, Monte– 145 CDb
Palanzano [LE] 139 Fb
Palanzano [PR] 65 Eb
Palanzo Lário [CO] 25 CDb
Palanzone, Monte– 25 Db
Palar, Torrente– 19 Bc
Palata [CB] 113 Cb
Palata Pepoli [BO] 55 Ec
Palatimone, Monte–
157 Db
Palau [OT] 179 Db
Palazza [SA] 141 BCa
Palazzago [BG] 25 Fc
Palazzata [MC] 87 BCc
Palazzelli [SR] 173 Ccd
Palazzello [CS] 145 Dd
Palazzetta [SI] 83 Cc
Palazzetto [SI] 83 Ad
Palazzetto [VE] 31 Ed
Palazzi [AR] 77 Fc
Palazzi [PI] 73 Fd
Palazzi [PU] 77 Gd
Palazzi [TV] 31 Ec
Palazzi di Diamantina [FE]
55 FGb
Palazzina [SI] 83 Bc
Palazzina [SI] 83 BCc
Palazzina [VR] 43 Cb
Palazzina d'Ete [FM] 87 Fd
Palazzo [AL] 51 Cb
Palazzo [AN] 85 Fa
Palazzo [LI] 89 Ec
Palazzo [MC] 87 Bb
Palazzo [MC] 87 Ac
Palazzo [PG] 95 Ca
Palazzo [PV] 39 Dd
Palazzo, Punta– 159 Bc
Palazzo, Riserva Naturale–
83 Ac
Palazzo, Serra– 147 Ac
Palazzo Adriano [PA] 169 Cab
Palazzo al Piano [SI] 83 Ac
Palazzo Bovarino [TR] 93 Fc
Palazzo Canavese [TO] 37 Bb
Palazzo d'Ascoli [FG] 123 Bb
Palazzo della Piana 143 Ed
Palazzo del Pero [AR] 83 Fb
Palazzo del Piano [PU] 79 Cc
Palazzo Giglioli [FE] 57 Db
Palazzo Lanzi [LI] 91 Ba
Palazzolo [FI] 77 Ac
Palazzolo [MI] 25 CDd
Palazzolo [PG] 85 Ec
Palazzolo [VR] 43 Ab
Palazzolo Acréide [SR]
177 Db
Palazzolo dello Stella [UD]
33 Bc

Palazzolo sull'Óglio [BS]
27 Ad
Palazzolo Vercellese [VC]
37 Dc
Palazzo Magrano [PG] 85 Dc
Palazzo Mancinelli [PG] 85 Ec
Palazzo Massaini [SI] 83 DEd
Palazzo Moneta [VR] 43 Db
Palazzo Mucci [PU] 77 Fd
Palazzone [PG] 85 Bb
Palazzone [SI] 83 Dd
Palazzone [SI] 93 Bb
Palazzo Piantelli [SV] 61 Ec
Palazzo Pignano [CR] 39 Fb
Palazzo Pio [FE] 57 Cc
Palazzo Rossi [BO] 67 Fb
Palazzo San Gervásio [PZ]
123 Dd
Palazzo Tamba [RA] 69 Ca
Palazzo Torlonia [PG] 85 Dc
Palazzuolo [AR] 83 Dbc
Palazzuolo Alto [AR] 83 Dbc
Palazzuolo sul Sénio [FI]
77 Ba
Palcano [PU] 85 Db
Palchisce [GO] 33 Ebc
Palco, Monte– 171 Bc
Pale [PG] 95 Db
Pale, Grotta di– 95 Db
Pale dei Balconi 17 Ac
Palena [CH] 111 Db
Palentúccio [MC] 87 Bd
Pal'e Nuraghi 193 Cb
Paléparto, Monte– 147 Bd
Palera [TO] 49 Bb
Palermiti [CZ] 153 Eb
Palermo [PA] 159 Cb
Palermo [TP] 167 Ca
Palermo–Boccadifalco,
Aeroporto– 159 Bb
Palermo–Punta Raisi,
Aeroporto Internazionale
di– 157 Fa
Palesella [VR] 43 Dc
Palese–Mácchie [BA] 125 Cb
Palestrina [ROMA] 109 Bc
Palestro [PV] 37 Fc
Palestron [BZ] 3 Fd
Palevierte, Monte– 19 Bb
Paliano [FR] 109 Cc
Paliano, Selva di– 109 Cc
Palidano [MN] 55 Bb
Palidoro [ROMA] 107 Db
Palidoro, Marina di– [ROMA]
107 Cb
Palino, Monte– 13 Ac
Palinudo [CS] 149 Ec
Palinuro [SA] 141 Cb
Palisi, Punta– 165 Ea
Palístro, Fiume– 141 Ca
Palizzi [RC] 155 Cd
Palizzi, Torrente– 155 Cd
Palizzi Marina [RC] 155 Cd
Palla Bianca / Weißkugel 1 Ec
Pallagorio [KR] 151 Db
Pallano, Monte– 111 Fa
Pallanza [VB] 23 Fb
Pallanzeno [VB] 23 Da
Palla Palla [CS] 151 Cb
Pállare [SV] 61 Eb
Pallarea, Monte– 71 Db
Pallareta, Monte– 143 Cb
Pallavicino [AL] 51 Dc
Pallavicino [PA] 159 Bab
Pallerone [MS] 65 Cc
Palleroso [LU] 73 Fa
Palleusieux [AO] 21 Cc
Palline [BS] 27 Bb
Pallon, Monte– 31 Ab
Palma [TP] 157 Cc
Palma, Castello di– 175 Bb
Palma, Fiume– 175 Ba
Palma Campania [NA] 127 Fa
Palma di Montechiaro [AG]
175 Bab
Palmadula [SS] 181 Bd
Palmaiola, Isola– 89 Eb
Palmanova [UD] 33 Cb
Palmaria, Isola– 73 Ca
Palmariggi [LE] 139 Fb
Palmarini [BR] 135 Dc
Palmaro [GE] 63 Bb
Palmarola, Isola– 117 ins.a
Pálmas, Rio– 195 Dc
Pálmas Arbórea [OR] 187 Dd
Palmático [CZ] 149 DEd
Palmavera, Nuraghe– 183 Bc

Palmeto, Monte– 157 Fb
Palmeto, Punta– 165 Db
Palmi [RC] 153 Bd
Palmiano [AP] 97 Bb
Palmina, Monte– 17 Ab
Palmirano [FE] 57 Bc
Pálmoli [CH] 113 Bb
Palmori [FG] 115 Ad
Palmschoß / Pláncios
[BZ] 3 Ec
Palo [ROMA] 107 Cb
Palo [SV] 61 Gb
Palò [TN] 27 Fb
Palo, Monte– 27 Cc
Palóbbia, Torrente– 27 Db
Palo del Colle [BA] 125 Cb
Palodina, Monte– 73 Fab
Palomba, Fosso– 109 Cc
Palombaio [BA] 125 Bb
Palombara [TE] 103 Fb
Palombara [TR] 101 Ea
Palombara [TR] 93 DEc
Palombara Sabina [ROMA]
101 Fd
Palombare [TR] 95 Dd
Palombaro [CH] 105 Dd
Palombe, Grotta delle–
163 Bd
Palombi [MC] 97 Bab
Palombina Nuova [AN] 87 Da
Palombina Vecchia [AN]
87 Da
Palombino, Cima– (Porze)
5 Dd
Palombo, Monte– 111 Bb
Palomonte [SA] 129 Ebc
Palon 29 Ab
Palon, Cima– 29 BCc
Palon, Monte– 35 Dc
Palone, Cima– 27 EFb
Palone, Cima del– 25 Eb
Palone, il– 29 Bab
Paloni, Cima– 29 Ac
Palosco [BG] 27 Ad
Paltana, Fossa– 45 Eb
Paltrático [LI] 81 Cb
Palù [PD] 45 Bc
Palù, Cima– 13 Fc
Palù, Lago– 13 Ac
Palù, Picco– / Großes
Moosnock 3 FGb
Palù, Pizzo– 13 Ab
Palu / Moos [BZ] 3 Fc
Paluaccio di Oga, Riserva
Naturale– 13 Db
Paluda 45 Fa
Palude [BS] 41 Fa
Paludea [PN] 19 Ac
Palude degli Orti–Bottagone,
Oasi della– 91 Bb
Palude del Conte e Duna
Costiera–Porto Cesareo,
Riserva Naturale Regionale–
139 Ba
Palude di Casalbeltrame,
Riserva Naturale della–
37 Fb
Palude di Frattavolo, Riserva
Naturale– 115 Dd
Palude La Vela, Riserva
Naturale Regionale– 133 Fd
Palú del Férsina [TN] 15 CDd
Paludi [CS] 147 Cc
Paludo di Latisana [UD]
33 Bc
Palue [BL] 17 Ab
Paluello [VE] 45 Cb
Palugana [PD] 43 Fc
Palù Longia, Riserva
Naturale– 15 Bb
Palumbo [FR] 119 Bca
Palumbo [TA] 133 Fd
Palumbo, Villaggio– [KR]
151 Eb
Palus San Marco [BL] 17 Ca
Paluzza [UD] 19 Ba
Pampaluna [UD] 33 Cc
Pamparato [CN] 61 Cc
Pampeago [TN] 15 Eb
Pampuro [VR] 43 Ccd
Panaccioni [FR] 119 Ba
Panaia [VV] 153 Bc
Panarea [ME] 165 Ea

Panarea, Isola– 165 Ea
Panarella [RO] 57 Db
Panaro, Fiume– 55 Cb
Panaro, Monte– 93 Da
Panarotti [VR] 43 Da
Páncali, Monte– 173 Cd
Pancalieri [TO] 47 Gc
Pancallo [EN] 161 Dd
Pancarana [PV] 39 Cd
Panchià [TN] 15 Ec
Panco, Cima– 95 Cc
Páncole [GR] 91 Fc
Páncole [SI] 81 Fab
Pandelice [RE] 55 Bb
Pandino [CR] 39 Fb
Pan di Zucchero, Scoglio–
191 Cd
Pan di Zucchero (Zuckerhütl)
3 Ad
Pan di Zucchero e Faraglioni
di Masua 191 Cd
Pándola [SA] 129 Ab
Pandolina [SI] 83 Ec
Panebianco, Fosso– 173 Cc
Pane e Vino, Monte– 109 Ad
Panesi [GE] 63 Fb
Panetti [CZ] 149 Eb
Panettieri [CS] 149 Ec
Panevéggio [TN] 15 Fc
Panevéggio–Pale di San
Martino, Parco Naturale–
15 Fc
Pánia di Corfino 65 Fc
Pánia di Corfino, Riserva
Naturale– 65 Fc
Panicaglia [FI] 75 Gb
Panicale [PG] 85 Ea
Panicale [PG] 85 Bab
Panicali [MC] 87 Cb
Panicarola [PG] 93 Ea
Panico [BO] 67 Eb
Panigada [LO] 39 Fc
Panigai [PN] 31 EFc
Panigheto, Monte– 69 Bd
Panighina [FC] 69 DEcd
Panna [FI] 75 Fa
Pannáconi [VV] 153 Cb
Pannarano [BN] 121 Bcd
Pannello, Monte– 141 Eb
Pannesi [GE] 63 Db
Panni [FG] 121 Eb
Panni [PZ] 131 Cb
Pannocchia [PR] 53 Ec
Pannone [TN] 29 Ab
Pano, Monte– 131 Bc
Pantaleo [CI] 195 Cc
Pantálica, Necrópoli di–
177 Db
Pantalla [PG] 95 Bb
Pantana [AN] 85 Eb
Pantana [PZ] 85 Fab
Pantana [RI] 103 Ac
Pantanella di Polino [BA]
131 Ea
Pantanelli [CS] 145 Da
Pantaneto [MC] 95 Fb
Pantaniello [IS] 111 Ed
Pantani Longarini, Cuba,
Auruca e Marghella, Oasi
di– 177 Ed
Pantano [CE] 119 Eb
Pantano [FR] 109 Db
Pantano [IS] 111 Dd
Pantano [MT] 143 Da
Pantano [PG] 85 Bc
Pantano [RE] 65 FGb
Pantano, Lago del– 131 Bc
Pantano, Monte– 111 Dd
Pantano Borghese [ROMA]
109 Ab
Pantano di Lentini, Bonifiche
del– 173 Cc
Pantano Grande [SA] 131 Ad
Pantanolata, Serra– 145 Dd
Pantanolungo [CS] 149 Db
Pantano Martuci [CS] 147 Cc
Pantasina [IM] 71 Eb
Pante [TN] 29 Cab
Pantelleria [TP] 167 ins.a
Pantelleria, Aeroporto
Nazionale di– 167 ins.a
Pantelleria, Isola di–
167 ins.a
Pantianicco [UD] 33 Bab
Pantiara [LO] 39 Fc
Pantiere [AN] 87 Cab
Pantigliate [MI] 39 Fcd

Pantigliate [MI] 39 DEb
Pantogia [OT] 179 Ec
Panza [BR] 135 Ab
Panza [NA] 127 Bb
Panzano [SO] 33 Ec
Panzano [MO] 55 Bc
Panzano [MO] 55 Dd
Panzano Bagni [GO] 33 Ec
Panzano in Chianti [FI] 83 Ba
Páola [CS] 149 Cab
Páola, Cóppola di– 143 Cc
Paolantónio [TE] 97 Bd
Paolécchio [FE] 55 Fb
Paolelli [VT] 101 Dc
Paolini [TP] 157 Cd
Paolino [RO] 57 Ec
Paolisi [BN] 121 Ac
Paolório [CN] 49 Bc
Paolo VI, Quartiere– [TA]
133 Fc
Papa, Monte del– 143 Bb
Papaglionti [VV] 153 Cc
Papallo, Monte– 153 Dd
Papanice [KR] 151 DEc
Paparella [TP] 157 Cb
Papariano [UD] 33 Cc
Paparotti [UD] 33 Cab
Papasidero [CS] 143 Bc
Pape, Cima di– 17 Ab
Paperi, Colle dei– 121 Ac
Paperino [PO] 75 Ec
Papiago [PV] 39 Cc
Papiano [AR] 77 Cc
Papiano [PG] 95 Bb
Papigno [TR] 101 Fa
Papozze [RO] 57 Db
Paquier [AO] 21 Fb
Para [FC] 77 Ea
Para, Torrente– 77 Eb
Parabiago [MI] 25 Bd
Parábita [LE] 139 Ea
Paradigna [PR] 53 Eb
Paradisi, Cima dei– 15 EFc
Paradisia, Giardino Alpino–
21 Ed
Paradiso [ME] 163 Ca
Paradiso [ME] 155 Ab
Paradiso [RC] 153 Dd
Paradiso [UD] 33 Bb
Paradiso [VI] 43 Fc
Paradiso, Cima– 1 Bd
Paradiso, Costa– 181 Fb
Paradiso, Monte– 29 BCb
Paradiso, Oasi– 63 Fb
Paradiso, Parco Ittico– 39 Eb
Paradiso, Piz– 93 Dd
Paradiso degli Aranci [CT]
173 Dc
Paradisoni [VV] 153 Cb
Paraggi [GE] 63 Ec
Paramont, Monte– 21 Ccd
Parana [MS] 65 Cc
Paranesi [TE] 97 Cc
Parantoro [CS] 145 Dd
Parasacco [FE] 57 Cc
Parasacco [PV] 39 Bc
Parasano, Monte– 111 Bab
Parático [BS] 27 Ad
Paratiello, Monte– 129 Fb
Paratore, Torrente– 163 Bb
Paravati [VV] 153 Cc
Paravento [PU] 85 DEab
Parazzuolo [GE] 63 Eb
Parchiule [PU] 77 Fd
Parcines / Partschins [BZ]
1 Gc
Parco Azzurro [NA] 127 Ca
Parco Burcina–Felice
Piacenza, Riserva Naturale
del– 23 Cd
Parco dei Mónaci [MT]
133 DCc
Parco di Racconigi, Bosco–
49 Bc
Pardella [BO] 67 Fc
Pardesca [RC] 155 Dc
Pardu, Rio– 193 Ed
Pardu Atzei [VS] 191 Dc
Parè [CO] 25 Cc
Parè [LC] 25 Db
Parè [TV] 31 Cb
Paré, Monte– 27 Ab
Parella [TO] 37 Ab
Parella [TO] 35 Gd
Parenti [CS] 149 Ebc
Páres, Monte– / Páres–Berg
3 Fd

Páres–Berg / Páres, Monte– 3 Fd
Parete [CE] 119 DEd
Parete Bianca (Weißwand–Spitze) 3 Bb
Pareti [LI] 89 Ec
Pareto [AL] 61 Fab
Pareto [GE] 63 Da
Paretone, Monte– 133 Gb
Parghelía [VV] 153 Bb
Pari [GR] 91 Fa
Pariana [LU] 75 Bb
Parina, Torrente– 25 Gb
Paringianu [CI] 195 Cb
Paris, Monte– 189 Cb
Paris, Monte sos– 181 Ed
Parisata [PD] 43 Ed
Parlapiani [BN] 121 Ba
Parlàscio [PI] 81 Dab
Parlasco [LC] 25 Eab
Parlati [VI] 29 BCc
Parlesca [PG] 85 Cc
Parma [PR] 53 Ec
Parma, Torrente– 53 Ec
Parma Morta, Riserva Naturale– 53 Fb
Parmetta [PR] 53 Fb
Parmoletone [GR] 93 Ab
Parnacciano [PG] 85 Ba
Parodi Lígure [AL] 51 Bcd
Parola [PR] 53 Db
Parola, Torrente– 53 Dc
Parolare [MN] 55 Dab
Paroldo [CN] 61 Db
Paroletta [PR] 53 Db
Parolise [AV] 121 Cd
Parolito [MC] 87 Cc
Parona [PV] 39 Ac
Parona di Valpolicella [VR] 43 Bb
Parone [VC] 23 Dc
Parpanese [PV] 39 Ed
Parpari, Conca dei– 29 Bcd
Parrana San Giusto [LI] 81 Cab
Parrana San Martino [LI] 81 Ca
Parrano [PG] 95 Db
Parrano [TR] 93 Eb
Parravicino [CO] 25 Dc
Parre [BG] 27 Ab
Parredis, Monte– 193 Dc
Parrinello [TP] 157 Ccd
Parrini [PA] 159 Ab
Parrini [TP] 167 Ba
Parrino, Pizzo– 159 Cc
Parrocchia [TN] 29 Bc
Parruta [PZ] 143 Abc
Partanna [TP] 167 Ea
Partanna–Mondello [PA] 159 Ba
Partenio, Parco Regionale del– 121 Ac
Partesina, Cozzo– 171 Db
Partidór [PN] 17 Fd
Partigliano [LU] 75 Ab
Pártina [AR] 77 Cc
Partino [PI] 81 Ea
Partitore [RE] 53 Fc
Partschins / Parcines [BZ] 1 Gc
Paruzzaro [NO] 23 Fc
Parzánica [BG] 27 Bc
Parzano [CO] 25 Dc
Parzano [PV] 39 Ad
Pasa [BL] 17 Bd
Pascaretto [TO] 47 Fb
Pascarola [NA] 119 Ed
Pascarosa [BR] 135 Ab
Pascellata [TE] 97 Cc
Pascelupo [PG] 85 Eb
Paschera San Carlo [CN] 59 Fb
Paschera San Defendente [CN] 59 Fb
Paschero [CN] 59 Dab
Paschero [TO] 47 Fb
Pascolet, Monte– 17 Cd
Páscoli [BL] 17 BCcd
Páscoli, i– 55 Db
Pascolo, Monte del– / Königsanger–Spitze 3 Bc
Pascomonti [CN] 61 Cb
Pascoso [LU] 73 Fb
Pasian di Prato [UD] 33 Ca

Pasiano di Pordenone [PN] 31 Eb
Pasna [RA] 69 DEc
Paspardo [BS] 27 Dab
Pasquale [BN] 121 Bc
Pasquarielli [BN] 121 Bc
Pasquaro [TO] 37 Ab
Pasquasia, Monte– 171 Dbc
Pasquero [CN] 61 Bb
Passaggio [PG] 95 Cab
Passággio d'Assisi [PG] 95 Ca
Passalacqua [AL] 51 Bb
Passanetello, Torrente– 173 Bd
Passano [RN] 79 Bb
Passante, Serbatoio del– 151 Bc
Passanti [NA] 127 Fb
Passarella [VE] 31 Ed
Passarella di Sotto [VE] 31 Ed
Passarello [AG] 175 Cab
Passarello [BA] 125 Fc
Passarello [MT] 143 Ea
Passarera [CR] 39 Fc
Passarera Corte [CR] 39 Fc
Passariano [UD] 33 Ab
Passata, Monte– 25 Fc
Passatempo [AN] 87 Db
Passatore [CN] 59 FGb
Passé [AO] 23 Ad
Passeggio, Monte del– 109 Ec
Passer / Passírio, Fiume– 3 Bc
Passerano [AT] 49 Da
Passerano [ROMA] 109 Ad
Passerano Marmorito [AT] 49 Da
Passetto [RO] 45 Cd
Passetto [RO] 57 Cb
Passetto, il– 15 Ed
Passiano [SA] 129 Bb
Passignano sul Trasimeno [PG] 85 Ac
Passionata [GE] 63 Bab
Passionisti, Convento dei– 87 Ca
Passirana [MI] 25 Cd
Passirano [BS] 27 Bd
Passírio, Fiume– / Passer 3 Bc
Passo [PU] 79 CDc
Passo [VB] 9 Ec
Passo, Corno del– (Jochköpfl) 3 Ab
Passobreve [BI] 23 Cd
Passo Cannelli [CT] 173 Dab
Passo Corese [RI] 101 Ecd
Passo dei Giovi [GE] 63 Ca
Passo dei Pecorai [FI] 83 Ba
Passo del Ladro, Cugno– 177 DEb
Passo della Fogolana [PD] 45 Cc
Passo della Morte, Galleria del– 17 Fb
Passo del Lupo, Monte– 157 Db
Passo di Corvo, Parco Archeologico– 115 Bd
Passo di Rigano [PA] 159 Bb
Passo di Ripe [AN] 79 Ed
Passo di Riva [VI] 29 Ed
Passo di Tréja [MC] 87 Cc
Passo d'Orta [FG] 123 Cb
Passogatto [RA] 69 Ca
Passons [UD] 33 Ca
Passo Oscuro [ROMA] 107 CDb
Passopisciaro [CT] 163 Bc
Passo Sant'Ángelo [MC] 97 Ba
Passo Segni [BO] 55 Gc
Passo Zíngaro [CT] 173 Ba
Pastegae, Monte– 17 DEb
Pastelletto, Monte– 29 Ad
Pastello, Monte– 29 Ad
Pástena [FR] 117 Fa
Pástena [IS] 111 Ed
Pástena [SA] 129 Bbc
Pástena, Grotte di– 109 Fd
Pástene [BN] 121 Bc
Pastèria Lapide [CT] 163 Cd
Pástina [PG] 85 Ec
Pástina [PI] 81 Db
Pástine [FI] 83 Aab

Pastonico, Monte– 119 Fa
Pastorano [BN] 121 Ac
Pastorano [CE] 119 DEb
Pastorello [PR] 65 Ea
Pastrengo [VR] 43 Ab
Pasturago [MI] 39 Cc
Pasturana [AL] 51 Bc
Pasturèl [CN] 47 Ed
Pasturo [LC] 25 Eb
Pasubio 29 Cc
Pasubio, Ossario del– 29 Cc
Patalécchia, Monte– 111 Ed
Paternale, Fosso della– 93 Cd
Paterno [AN] 87 Da
Paterno [AN] 85 Fc
Paterno [AQ] 109 Ea
Paterno [AQ] 103 Ca
Paternó [CT] 173 Cb
Paterno [FI] 75 Fb
Paterno [FI] 75 Dd
Paterno [FI] 77 Bc
Paterno [MC] 87 Cc
Paterno [MC] 87 BCc
Paterno [PZ] 131 Bd
Paterno [RI] 103 Bb
Paterno [TE] 97 Dc
Paterno, Monte– 103 Ab
Paterno Cálabro [CS] 149 Db
Paternópoli [AV] 121 Dd
Paterno Sant'Arcangelo [SA] 129 Ab
Patigno [MS] 65 Bb
Patino, Monte– 95 Fc
Patqueso [VB] 9 Ed
Patri, Torrente– 163 Cb
Patría, Lago di– 119 Dd
Pátrica [FR] 109 Dd
Pátrico [PG] 95 Dc
Pátrico, Monte di– 95 Dc
Patrignolo [MC] 87 Bc
Patrignone [AP] 97 Cb
Patrignone [AR] 83 EFab
Patrignone, Fosso– 91 Fd
Patro [AT] 49 Ea
Pattada [SS] 185 Bc
Pattada, Nuraghe– 187 Fb
Pattada, Nuraghe sa– 185 Cc
Pattano [SA] 141 Ca
Patti [ME] 163 Ab
Patti [PA] 159 Bab
Patù [LE] 139 Ed
Pau [OR] 191 Eb
Pau, Nuraghe– 193 Bc
Pau, Rio– 191 Ed
Pauceris Mannu, Monte is– 195 Fc
Pauciuro [CS] 145 Dc
Paularo [UD] 19 Ba
Paularo, Monte– 19 Ba
Paúle, Monte– 185 Cc
Paulera, Monte– 163 Bc
Paúli Arbarei [VS] 191 Fbc
Paulilátino [OR] 187 Ec
Paulinu, Punta– 189 Ccd
Paúlis, Monte– 193 Eb
Paulli [PR] 53 Fc
Paullo [MI] 39 Eb
Paullo [RE] 65 Fa
Paupisi [BN] 121 ABb
Paur, Rocca la– 59 Ec
Paurano [SI] 83 Abc
Pausa Alta (Hochrast) 5 BCc
Pausabella, Monte– / Schönrast 15 Db
Pautasso [TO] 49 Ab
Pavaglione [TO] 35 Ecd
Pavaglione, Monte– 63 ABa
Pávana [PT] 75 Da
Pavarano [VI] 43 Fc
Pavareto [SP] 65 Ac
Pavarolo [TO] 49 Ba
Pavelli [FI] 83 Ca
Pavia [PV] 39 CDcd
Pavia, Naviglio di– 39 Cc
Pavia di Údine [UD] 33 Cb
Pavicolo / Pawigl [BZ] 3 Ad
Paviglianiti Trunca [RC] 155 Bc
Pavignane [MO] 55 DEbc
Pavignano [BI] 23 Cd
Paviola [PD] 29 Fd
Paviole [RO] 57 Ab
Pavione, Monte– 15 Ed
Pavo [AL] 49 Da
Pavona [ROMA] 107 Fc
Pavone [BS] 27 Dd

Pavone, Torrente– 81 Fc
Pavone Canavese [TO] 37 Bb
Pavone d'Alessandria [AL] 51 ABb
Pavone del Mella [BS] 41 Cd
Pavullo nel Frignano [MO] 67 Bb
Pedrami, Isola dei– 185 Fb
Paza, Cúccuru 'e– 189 Dbc
Pazzano [RC] 153 Ed
Pazzano di Sopra [MO] 67 Bb
Pazze, Isole– 139 Dc
Pazzon [VR] 29 Ad
Peagna [SV] 71 Ga
Peàio [BL] 17 Cb
Pecchini [RE] 55 Ac
Pecchione [RE] 55 Bd
Péccora, Fiume– 119 Ca
Pécora, Isola– 179 Db
Pecora, la– 91 Fc
Pecorara [PC] 51 Fb
Pecorari [SA] 129 Bb
Pecorari, Colle dei– 153 Ec
Pecoraro, Monte– [Cal.] 153 Dc
Pecoraro, Monte– [CE] 119 Cb
Pecoraro, Monte– [PA] 159 Ab
Pecoraro, Monte– [SO] 11 Fd
Pecorile [RE] 65 Fa
Pecorini a Mare [ME] 165 Ba
Pecorone [PZ] 143 Bb
Pecorone [TR] 93 Dc
Pedace [CS] 149 Db
Pedaggi [SR] 177 Dab
Pedaggera [CN] 61 Da
Pedagne, Isole– 135 Cc
Pedalino [RG] 177 Bbc
Pedalta, Dosso– 27 Bc
Pedana [AP] 97 Bc
Pedara [AP] 97 Bb
Pedara [CT] 173 Db
Pedaso [FM] 97 Da
Pedavena [BL] 31 Aa
Peddi de Cani, Fontana– 193 Db
Peddiu [OT] 185 Cb
Pedeguarda [TV] 31 Bb
Pedemonte [GE] 63 Cab
Pedemonte [PN] 17 Ed
Pedemonte [SO] 11 Gcd
Pedemonte [VB] 23 Eb
Pedemonte [VC] 23 Bb
Pedemonte [VI] 29 Cb
Pedemonte [VR] 43 Bab
Péden [BL] 17 Bc
Pedenosso [SO] 13 Cb
Pederguarda [TV] 31 Bb
Pedergnaga–Orlano [BS] 41 Cbc
Pedergnano [BS] 27 Bd
Pederiva [VI] 43 Eb
Pederiva di Biádene [TV] 31 Bc
Pederoa [BZ] 3 Fd
Pederobba [TV] 31 Ab
Pederzano [TN] 29 Ab
Pedescala [VI] 29 Db
Pedesina [SO] 11 Fd
Pediano [BO] 69 Bc
Pedicino, Monte– 109 Fc
Pédina [PC] 53 Bc
Pedivigliano [CS] 149 Dc
Pedocchio [VI] 43 Eb
Pedogna [LU] 75 Ab
Pedogna, Torrente– 73 Fb
Pedona [LU] 73 Eb
Pedone, Monte– 73 EFb
Pedrabiánca [OT] 185 DEbc
Pedráces / Pedratsches [BZ] 3 Fd
Pedra e s' Abba, sa– 185 Bc
Pedra 'e sa Rucche, sa– 185 Cd

Pedra Ettóri 183 Cd
Pedra Lada, Monte– 183 Ed
Pedra Longa 189 Fc
Pedralonga, Monte– 185 Bc
Pedralonga, Punta sa– 185 Db
Pedra Sciolta [SS] 181 Ec
Pedras Fittas 189 Cc
Pédras Nieddas, Cúccuru sas– 185 Ec
Pedratsches / Pedráces [BZ] 3 Fd
Pedrazzola [RE] 55 Bb
Pedrengo [BG] 25 Gc
Pedrignano [PR] 53 Fb
Pedrocca [BS] 41 Ca
Pedrolara [RN] 79 Bb
Pedros [BZ] 1 Dc
Pedrósola [RA] 77 Ca
Pedrosu, Monte– 183 DEb
Pedrumalu [SS] 181 EFc
Pedum, Riserva Naturale Integrata del– 9 Ed
Pedun, Cima– 23 Ea
Peghera [BG] 25 Fb
Pegherolo, Monte– 25 Gab
Pegli [GE] 63 Bb
Péglia, Monte– 93 Fc
Péglio [CO] 11 Dcd
Péglio [PU] 79 Ac
Péglio [PU] 79 Ac
Péglio, Torrente– 141 Ea
Pegognaga [MN] 55 BCb
Pégola [BO] 55 Fc
Pegolotte [VE] 45 Cc
Péia [BG] 27 Ab
Peilstein / il Sasso 1 Fd
Péio [TN] 13 EFb
Péio, Antica Fonte di– 13 Eb
Péio 3000 13 Eb
Péio Fonti [TN] 13 EFb
Pej [PC] 51 Ec
Pelagia, Cima– 25 Eb
Pélago [FI] 77 Bc
Pelao, Monte– 183 Ec
Pelato, Colle– 103 Eab
Pelato, Monte– [LI] 81 Cb
Pelato, Monte– [PG] 85 Ec
Pelato, Monte– [PZ] 143 Cb
Pelato, Monte– [PZ] 143 Dc
Pelato, Monte– [TR] 101 Da
Pelau, Fiume– 193 Dc
Peledo [CO] 11 Ec
Pelette [AV] 121 Cc
Pelf, Monte– 17 Cc
Pelingo [PU] 85 DEa
Pelizzare [RO] 55 Gb
Pella [NO] 23 Ec
Pellaloco [MN] 43 Ac
Péllare [SA] 141 Ca
Péllaro [RC] 155 Ac
Pellecchia, Monte– 103 Ad
Pellegai [BL] 31 Ba
Pellegra [CR] 41 Ac
Pellegrina [RC] 155 Bb
Pellegrina [VR] 43 Cc
Pellegrina, Punta– 183 Fd
Pellegrini [CS] 145 Eb
Pellegrino [ME] 163 Cb
Pellegrino, Cozzo del– 145 Cb
Pellegrino, Monte– [CS] 149 Cc
Pellegrino, Monte– [IM] 71 Da
Pellegrino, Monte– [PA] 159 BCab
Pellegrino Parmense [PR] 53 Cc
Pellenchi [TO] 47 DEb
Péller, Monte– 15 Ac
Pellescritta [AQ] 103 Cab
Pellestrina [VE] 45 Dc
Pellestrina, Litorale di– 45 Cc
Pellezzano [SA] 129 Bb
Péllice, Torrente– 47 Gc
Péllio Intelvi [CO] 25 Cb
Pellizzano [TN] 13 Fc
Pellizzari [AL] 51 ABab
Pellizzari [VI] 29 EFc

Pellizzaro [ME] 163 Bb
Pelmo, Monte– 17 Bb
Pelone, Monte– 97 Bcd
Peloritani, Monti– 163 Cb
Pelosa [PR] 63 Gb
Pelosa, Spiaggia della– 181 Bc
Pélos di Cadore [BL] 17 Db
Pelosi [VR] 29 Bd
Peloso, Monte– [CB] 113 Cc
Peloso, Monte– [LI] 91 Ca
Peloso, Pizzo– 11 Eb
Pelpi, Monte– 65 Aa
Peltuinum 103 Ec
Pelugo [TN] 13 Fd
Pelvo d'Elva 59 Da
Penango [AT] 49 Ea
Penaudbach / Pinalto, Rio di– 1 Fc
Penavara [FE] 55 Gc
Penazza [FE] 55 Fb
Pendenza [RI] 103 Bb
Pendola, Monte– 27 Bc
Penegal 15 Cb
Peneggi [PG] 95 Eb
Peneto [AR] 83 Fb
Penia [TN] 15 Fb
Pénice, Monte– 51 Ec
Penisola del Sínis–Isola di Mal di Ventre, Area Marina Protetta– 187 Bd
Penna [AR] 83 Da
Penna [AR] 83 Eab
Penna, Monte– [AR] 77 Dc
Penna, Monte– [BL] 17 Bb
Penna, Monte– [It.] 63 Fb
Penna, Monte– [PG] 85 Ec
Penna, Monte– [PG] 85 Bc
Penna, Monte– [RE] 65 Fc
Penna, Monte della– 67 Bc
Penna, Serra la– 145 Cc
Penna, Torrente– 63 Fb
Pennabilli [RN] 77 Fc
Pennacchiera [FE] 57 Cb
Penna di Lúcchio 75 Cab
Pennadomo [CH] 111 Eab
Penna in Teverina [TR] 101 CDb
Pennapiedimonte [CH] 105 Dd
Pennapizzuto, Colle– 111 Eb
Pénnar [VI] 29 Eb
Pennarrone, Monte– 141 Fab
Penna San Giovanni [MC] 97 Ba
Penna Sant'Andrea [TE] 97 Dd
Pennati, Pizzo– 163 Cb
Pennaváira, Rio– 71 Fa
Penne [PE] 105 Bb
Penne, Lago di– 105 Bb
Penne, Pizzo di– 61 Dd
Penne Blanche 21 Ed
Pénnes / Pens [BZ] 3 Cc
Pennino, Monte– 95 Ea
Pennisi [CT] 173 Db
Pennone, Monte– 129 Cb
Penon / Penone [BZ] 15 Cc
Penone / Penon [BZ] 15 Cc
Pens / Pénnes [BZ] 3 Cc
Penta [SA] 129 Bb
Pentecchia, Torrente– 131 Fb
Péntema [GE] 63 Da
Pentidáttilo [RC] 155 Bd
Péntima [PC] 51 Fb
Péntime, Monte– 121 Ab
Pentolina [SI] 83 ABc
Pentone [CZ] 151 Bc
Peonia Rosa [CI] 195 Cb
Peónis [UD] 19 Bc
Peppolella [TA] 133 Cb
Pequerel [TO] 47 Da
Pera [AP] 97 Bb
Pera [BO] 69 Fb
Pera [TN] 15 EFb
Pera, Monte– 17 Db
Pera, Torrente– 77 Eb
Perabruna [CN] 61 Cc
Peracchia [AP] 97 Bc
Peraga [PD] 45 Bb
Peraiola, La– 89 Aa
Peralba, Monte– 5 Ed
Perano [CH] 105 Ed
Perarolo [PD] 45 Bb
Perarolo [VI] 43 Fb
Perarolo di Cadore [BL] 17 CDb

Perazzete, Poggio le- 93 Bc
Perca / Percha [BZ] 3 Fc
Percha / Perca [BZ] 3 Fc
Perciato [ME] 165 ins.a
Percile [ROMA] 103 Ad
Percoto [UD] 33 Cb
Percozzone [PU] 85 Eab
Perdaddossu, Nuraghe- 187 Fd
Perda de sa Mesa, Punta- 191 Dd
Perda 'e Liana 189 Dd
Perda is Furonis 193 Dc
Perda Liana, Monte- 189 Dd
Perdasdefogu [OG] 193 Db
Perdas Marmuradas de Tamuli, sas- 187 Eb
Perdas Urias 191 Eb
Perdáxius [CI] 195 Dbc
Perdedu, Monte- 189 Cd
Perdifumo [SA] 141 Ba
Perdioni [CN] 59 Ec
Perdonig / Predonico [BZ] 15 Cb
Perdosu, Nuraghe- 195 Ec
Perdosu, Rio de su- 197 Db
Perdu Cannas, Monte- 193 Dc
Perdu Carta [CI] 191 Dd
Perdu Loci, Rio- 195 Eb
Perdu Loi, Nuraghe- 193 Ec
Peregallo [MB] 25 Dd
Perego [LC] 25 Ec
Père Laurent, Monte- 21 Ec
Perentile, Monte- 109 Cd
Perer [BL] 29 Fab
Perer [TV] 31 Ab
Péres, Piz da- 3 Fc
Peressine [PN] 31 Eb
Pereta [GR] 91 Fd
Pereto [AQ] 109 Ca
Pereto [RN] 77 Fc
Peretola [FI] 75 EFc
Peretti [TO] 49 Ab
Pérfugas [SS] 181 Fd
Pergatti [AT] 49 Fb
Pérgine Valdarno [AR] 83 DEb
Pérgine Valsugana [TN] 15 Cd
Pergo [AR] 85 Ac
Pérgola [PU] 85 Ea
Pérgola [PZ] 131 Bd
Pérgola [RA] 69 Bc
Pergola, Torrente- 131 Bd
Pergola Bella [PG] 93 Fa
Pergusa [EN] 171 Db
Pergusa, Lago di- 171 Db
Peri [VR] 29 Ad
Periasc [AO] 21 Gc
Perignano [PI] 81 Da
Perilli, i Colli- 151 Bb
Perinaldo [IM] 71 CDb
Perinera [TO] 35 Ec
Perino [PC] 51 Fc
Perino [TP] 157 Cd
Perito [SA] 141 Ba
Perlà [TO] 47 Dc
Perla Marina [CA] 195 Fd
Perlasca [CO] 25 Cb
Perledo [LC] 25 Dab
Perletoa [AO] 23 Ac
Perletta [CN] 61 Db
Perletto [CN] 49 Ed
Perletto, Ponte di- [CN] 49 Ed
Perlo [CN] 61 Db
Perlo, Torrente- 25 Db
Perloz [AO] 23 Ad
Permoglia [SO] 13 Cb
Pernasca [NO] 37 Fb
Pernasiti [RC] 155 Bc
Pernate [NO] 39 Ab
Perni, Monte- 171 Cd
Pernice, Monte- [AG] 169 Ec
Pernice, Monte- [AG] 169 Ed
Perno [AT] 49 Eb
Perno [CN] 49 Cd
Pernocari [VV] 153 Cc
Perno Inferiore [AL] 37 Dd
Pernosano [AV] 129 Aa
Pernúmia [PD] 45 Ac
Pero [MI] 39 Cab
Pero [MN] 43 Ac
Pero [SV] 61 Gb
Pero [TV] 31 CDc
Pero dei Santi [AQ] 109 Eb
Peroggio [RE] 55 Bb
Perolla [GR] 91 Dab
Peron [BL] 17 Db
Peron [BL] 17 Bd
Perosa Argentina [TO] 47 DEb
Perosa Canavese [TO] 37 Bb
Perosso [MN] 41 Ec
Perotta [PG] 85 Cd
Perotti [PC] 51 Gd
Peroulaz [AO] 21 Dc
Perral [AO] 21 Gc
Perraze [SA] 129 Eb
Perrero [TO] 47 Db
Perrero [TO] 35 Gc
Perrillo [BN] 121 Bc
Perrona [AT] 49 Eab
Perrone, Case- [TA] 133 Dcd
Perrone, Monte- 123 Bc
Pers [UD] 19 Bcd
Persano [SA] 129 Dc
Persano, Oasi di- 129 Dc
Persereano [UD] 33 Cb
Persi [AL] 51 Cc
Persichello [CR] 41 Ccd
Pérsico [CR] 41 Cc
Pèrsico Dósimo [CR] 41 Ccd
Persignano [AR] 83 Da
Persone [BS] 27 Ec
Pert [PN] 19 Ac
Pertegada [UD] 33 Bc
Pertengo [VC] 37 Ec
Pertéole [UD] 33 Dbc
Perti [SV] 61 Ec
Pértica, Monte- 29 Fb
Pertica Alta [BS] 27 Dc
Pertica Bassa [BS] 27 CDc
Perticano [AN] 85 Eb
Perticara [RN] 77 Fb
Perticara, Monte della- 77 Fb
Perticaro [KR] 151 Db
Pertosa [SA] 129 Fc
Pertosa, Grotta di- 129 Fc
Pertusella [VA] 25 Cd
Pertusio [TO] 35 Gbc
Pertuso [AL] 51 Dc
Pertuso [PC] 51 FGd
Perucca [CN] 61 Bb
Perugia [PG] 85 Cd
Perugia-Sant'Egidio, Aeroporto Nazionale di- 95 Ca
Peruledda [SS] 181 Dc
Peruzzo, Villaggio- [AG] 169 Dd
Perzacco [VR] 43 Db
Pesa, Fiume- 83 Ba
Pesa, Torrente- 75 Ec
Pesáriis [UD] 17 Fab
Pesarina, Torrente- 17 Fa
Pesaro [PU] 79 Db
Pesatero, Monte- 103 Fc
Pescaglia [LU] 73 Fb
Pescallo [CO] 25 Db
Pescantina [VR] 43 Bb
Pescara [AP] 97 Ac
Pescara [FE] 57 Bb
Pescara [FR] 109 Dd
Pescara [PE] 105 Db
Pescara, Aeroporto Internazionale di- 105 Db
Pescara, Fiume- 105 Cc
Pescara, Lago- 121 Da
Pescarola [MO] 67 Bb
Pescarola [UD] 33 Bc
Pescarolo [CR] 41 Dc
Pescarolo ed Uniti [CR] 41 Dc
Pescasséroli [AQ] 111 Bc
Pescate [LC] 25 Eb
Pescaú [CO] 25 Db
Pescegallo [SO] 25 Fa
Pescegallo, Lago di- 25 Fa
Pesche [IS] 111 Ed
Pesche, Riserva Naturale di- 111 Ed
Péschici [FG] 115 DEb
Peschiena, Monte- 77 Bb
Peschiera [MT] 133 Bd
Peschiera, Torrente- 143 Cb
Peschiera Borromeo [MI] 39 Db
Peschiera del Garda [VR] 43 Ab
Peschiera di Corru s'Ittiri-Stagno di San Giovanni e Merceddi, Zona Umida- 191 Db
Peschiera Maraglio [BS] 27 Bc
Peschiera Póntis [OR] 187 Cd
Péschio, Monte- [LT] 117 Ea
Péschio, Monte- [ROMA] 109 Ac
Peschiola [CH] 105 Fd
Peschiolo [AQ] 103 Cc
Péscia [PG] 95 Fc
Péscia [PT] 75 Cb
Péscia, Torrente- 75 Cc
Péscia Fiorentina [GR] 99 Db
Pesciano [PG] 95 Bc
Péscia Romana [VT] 99 Db
Pescina [AQ] 111 Aa
Pescina [FI] 75 Fb
Pescina [FI] 83 Ca
Pescina [GR] 93 Bb
Pescina [PC] 51 Fc
Pescincanna [PN] 31 Fb
Pescione, Toppo- 129 Ga
Pesco [CS] 145 CDd
Pesco, Cozzo del- 147 Bc
Pescocanale [AQ] 109 Eb
Pescocostanzo [AQ] 111 Db
Pescocupo [IS] 111 Ed
Pesco della Carta 121 BCa
Pesco del Tesoro 113 Dde
Pescogrosso, Canale- 143 Fa
Pesco la Messa, Monte- 111 Fd
Pescolanciano [IS] 111 Ec
Pescoluse [LE] 139 Ed
Pescomaggiore [AQ] 103 DEbc
Pescone [VB] 23 Eb
Pescopagano [CE] 119 Cc
Pescopagano [PZ] 129 Fb
Pescopagano, Torre di- 119 Cc
Pescopennataro [IS] 111 Eb
Pescorocchiano [RI] 103 Bc
Pesco Sannita [BN] 121 Bb
Pescosansonesco [PE] 105 Bc
Pescosansonesco Vecchio [PE] 105 Bc
Pescosolido [FR] 111 ABc
Pescul [BL] 17 Bb
Peséggia [VE] 31 BCd
Pésina [VR] 27 Fd
Pésio, Torrente- 61 Bb
Pésipe, Torrente- 149 Ed
Pessano [MI] 39 Ea
Pessano con Bornago [MI] 39 Ea
Pessina [VA] 23 FGb
Pessina Cremonese [CR] 41 Dc
Pessinea [TO] 35 Ec
Pessinetto [TO] 35 Fc
Pessione [TO] 49 BCb
Pesso, Monte- 27 Cd
Péssola [PR] 65 Ca
Péssola, Torrente- 65 Ca
Pestarena [VB] 23 Cb
Pestrino [PU] 79 Bd
Pésus [CI] 195 Dbc
Petacciato [CB] 113 CDab
Petacciato Marina [CB] 113 CDa
Petano, Monte- 95 Dd
Petazzano [PG] 85 Db
Petelia 151 Eb
Petersberg / Monte San Pietro [BZ] 15 Db
Petigliolo [FI] 75 Fcd
Petília Policastro [KR] 151 Cc
Petina [SA] 129 Fc
Petrace, Fiume- 153 Bd
Petralia Soprana [PA] 161 Bd
Petralia Sottana [PA] 161 Bd
Petra Maina, Serra di- 179 Bd
Petrana [RI] 97 Ad
Petrano, Monte- 85 Dab
Petrara [IS] 111 Dd
Petrara [PU] 85 Eab
Petrara, Cozzo- 143 Ac
Petrarvella, Monte- 93 Eab
Petrazzi [FI] 81 Fa
Petreddu, Monte- 179 Cd
Petrella, Monte- [It.] 129 EFb
Petrella, Monte- [LT] 119 ABb
Petrella Guidi [RN] 77 Fc
Petrella Liri [AQ] 109 Dab
Petrella Massana [AR] 77 Fc
Petrella Salto [RI] 103 Bc
Petrella Tifernina [CB] 113 Cc
Petrelle [PG] 85 Abc
Petriano [PU] 79 Cc
Petriano, Torrente- 153 Dc
Petricci [GR] 93 Bc
Petrignácola [PR] 65 Dab
Petrignano [PG] 95 Ca
Petrignano [PG] 83 Fd
Petrignone [FC] 69 Cc
Petrina [CS] 147 Ac
Petriolo [FI] 77 Ac
Petriolo [MC] 87 Dc
Petrisi, Pizzo- 163 Ad
Petrítoli [FM] 97 Ca
Petrizia, la- [CZ] 151 Cd
Petrizzi [CZ] 153 Eb
Petrognano [FI] 83 Aa
Petrognano [FI] 77 Bb
Petrognano [LU] 75 Bb
Petróia [PG] 85 Dc
Petróia [PG] 85 Ec
Petróio [SI] 83 DEd
Petróio [SI] 83 Bb
Petronà [CZ] 151 Cc
Petrona [FI] 75 Fb
Petrone [BT] 123 Fb
Petrónico, Torrente- 97 Ed
Petronio, Torrente- 65 Ac
Petroro [PG] 95 Bc
Petrosa [CS] 145 Cc
Petrosa [SA] 141 Cab
Petrosino [CT] 161 Fc
Petrosino [TP] 167 Ca
Petroso [CB] 113 Ad
Petroso, Monte- 111 Cc
Petroso, Torrente- 111 Fd
Petrotondo, Monte- 155 Db
Petrucci [PT] 75 Db
Petrulo [CE] 119 Db
Petruro [AV] 129 Ba
Petruro Irpino [AV] 121 Bc
Petruscio, Villaggio ipogeo di- 133 Ec
Pettenasco [NO] 23 Ec
Pettinara [RA] 69 BCc
Pettinascura, Monte- 147 Bd
Pettinengo [BI] 23 Cd
Pettineo [ME] 161 Cc
Pettino [PG] 95 Dbc
Petto di Mandra 151 Cc
Pettogallico [RC] 155 Bb
Pettoranello del Molise [IS] 111 Ed
Pettorano sul Gìzio [AQ] 111 Cb
Pettorazza Grimani [RO] 45 Bd
Peuma, Monte- 31 Ab
Peveragno [CN] 61 Ab
Peveranza [VA] 25 Bc
Pevero [OT] 179 Ec
Peyronel, Giardino Botanico- 47 Dc
Pez [BL] 31 Aa
Pezza, Monte- 17 Ab
Pezza, Piana di- 103 Dc
Pezzalunga, Balza di- 161 Cd
Pezzan [TV] 31 Cc
Pezzan [TV] 31 Bc
Pezzana [VC] 37 Ec
Pezzano [SA] 129 Cb
Pezzano-Filetta [SA] 129 Cb
Pezzatti [TN] 29 Bc
Pezzaze [BS] 27 Cc
Pezzea [CN] 61 Da
Pezzeda [BS] 27 Cc
Pezze di Greco [BR] 133 Gb
Pezze di Monsignore [BR] 133 Gb
Pezzeit [UD] 19 CDb
Pezzo [BS] 13 DEc
Pezzo, Pizzo del- 161 Fc
Pezzo la Corte [PZ] 143 Cc
Pezzolla [BA] 133 FGb
Pézzolo [ME] 163 Db
Pezzolo [RA] 69 Db
Pezzolo Valle Uzzone [CN] 61 Ea
Pezzoro [BS] 27 Cc
Pfalzen / Fálzes [BZ] 3 Fc
Pfann-Horn (Fana, Corno-) 5 Bb
Pfannhorn (Fana, Corno-) 5 Bc
Pfarre Enneberg / Pieve di Marebbe [BZ] 3 Fc
Pfatten / Vadena [BZ] 15 Cb
Pfelders / Plan [BZ] 3 Ac
Pfitsch / Val di Vizze [BZ] 3 CDb
Pflaurenz / Floronzo [BZ] 3 Fc
Pflerscher Tribulaun 3 Bb
Pflung / Vallone [BZ] 5 Ac
Pfundererbach / Fúndres, Rio- 3 Ec
Pfunders / Fúndres [BZ] 3 Eb
Pfunds [A] 1 Db
Pfurnsee / Forno, Lago del- 3 Bb
Piacentina [RO] 57 Ab
Piacenza [PC] 53 ABa
Piacenza d'Ádige [PD] 43 Fd
Piacenziano, Riserva Naturale Geologica del- 53 Bb
Piada, Punta della- 13 Ad
Piádena [CR] 41 Ed
Piagge [AN] 87 Bab
Piagge [AP] 97 Cc
Piagge [PG] 85 Ec
Piagge [PU] 79 Dc
Piaggia [AQ] 103 Cc
Piággia [CN] 71 Da
Piaggia [PG] 95 Eb
Piággia [VB] 23 Fa
Piaggine [SA] 129 Fd
Piággio di Valmara [VB] 9 Gd
Piaggiogna [VC] 23 Cb
Piaggione [LU] 75 Bb
Piággori [LU] 75 Bb
Piaghedo [CO] 11 Dcd
Piagna [MS] 65 Bb
Piagnolo [RE] 65 EFab
Piai [TO] 37 Cd
Piai [TV] 31 Cab
Piáia [BL] 17 Ab
Piaie Longhe-Millifret 17 Dd
Piallassa della Baiona 69 Eb
Pialpetta [TO] 35 Eb
Piamággio [BO] 67 Ec
Piamborno [BS] 27 Cb
Piammartino [MC] 87 Cb
Piampaludo [SV] 63 Ab
Piamprato [TO] 21 Fd
Pian [BL] 17 Bb
Piana [AL] 49 Fd
Piana [CB] 113 Bd
Piana [CN] 47 Fd
Piana [PG] 83 Fd
Piana [PV] 51 Db
Piana [TO] 35 Gc
Piana [VC] 23 Cb
Piana [VI] 29 Cd
Piana, Cima- 21 Fd
Piana, Isola- [CI] 195 Bb
Piana, Isola- [OT] 179 Db
Piana, Isola- [OT] 179 Ed
Piana, Isola- [SS] 183 Ac
Piana, Isola- [SS] 181 Bc
Piana Battolla [SP] 65 BCc
Pianacci [GR] 93 Aa
Pianaccino, Monte- 69 Ad
Pianaccio [BO] 75 CDa
Piana Crixia [SV] 61 Eb
Piana Crixia, Parco Naturale di- 61 Eb
Piana degli Albanesi [PA] 159 Bbc
Piana degli Albanesi, Lago di- 159 Bc
Pianadelle [PC] 51 Fc
Piana del Sole [ROMA] 107 Dc
Pianadetto [PR] 65 Db
Piana di Forno [VB] 23 Db
Piana di Monte Verna [CE] 119 Ebc
Piana di Vigezzo 9 Fd
Pianagrande della Maielletta, Riserva Naturale- 105 Cd
Piana La Fara [CH] 105 Ed
Pianalto di Romanengo e dei Navigli Cremonesi, Parco del- 41 Ab
Pianaronda [VC] 23 Db
Piana San Raffaele [TO] 37 Bd
Pianavia [IM] 71 Eb
Pianaz [BL] 17 Bb
Pianazzi 63 Aab
Pianazzo [PR] 63 Fb
Pianazzo [SO] 11 Eb
Pian Bausano [TO] 35 Fc
Pianbello, Monte- 25 Bb
Pian Bernardo [CN] 61 Cc
Piancada [UD] 33 Bc
Piancáldoli [FI] 67 Fc
Pian Camuno [BS] 27 Bb
Piancarani [TE] 97 Dc
Piancasale [PC] 51 Fc
Pian Castagna [AL] 61 Ga
Piancastagnáio [SI] 93 Cbc
Piancavallo [PN] 17 DEd
Piancavallo [PN] 17 Ed
Pian Cavallo [VB] 23 Fab
Pian Cavallo, Cima- 61 Bd
Pian Cavallone 23 Fab
Pianceri Alto [BI] 23 Dc
Piancerreto [AL] 37 Dd
Pianche [CN] 59 Dc
Pianchiosso [CN] 61 Dc
Pianciano, Monte- 95 DEc
Piancogno [BS] 27 Cb
Piancone [BI] 23 Cc
Pian d'Alma [GR] 91 Cb
Pian d'Assino [PG] 85 Cc
Pian d'Audi [TO] 35 FGbc
Pian dei Bighi [GR] 91 Eb
Pian dei Cavalli [SO] 13 Bc
Pian dei Manzi [GE] 63 Eb
Piandeipreti [GE] 63 DEb
Pian dei Ratti [GE] 63 Eb
Pian dei Sette, Poggio- 93 Eb
Piandelagotti [MO] 65 FGc
Pian del Colle [TO] 47 Ba
Pian della Chiesa [GE] 63 Eab
Pian del Lago, Cima- 1 Cc
Pian della Mussa [TO] 35 DEc
Pian della Regina 13 Dd
Pian della Serra [PG] 85 Ca
Pian dell'Elmo [MC] 87 Bc
Pian delle Mérie [PN] 17 Fc
Pian del Leone, Lago- 169 Cb
Piandelloro [AP] 97 Bc
Pian dell'Osteria [BL] 17 Dd
Pian del Moro [IM] 71 Db
Pian del Noce [MC] 95 Fb
Pian de Lóbbia [BL] 17 Ab
Pian del Poggio [PV] 51 Ec
Pian del Re [CN] 47 Dc
Pian del Re, Riserva Naturale- 47 Dc
Piandema [TO] 35 Fb
Pian de Sórres [SS] 181 Cd
Pian de' Valli [RI] 103 Ab
Pian di Balestra [BO] 67 Ecd
Pian di Barca [SP] 65 Bcd
Pian di Casale [BO] 67 CDc
Piandicastello [PU] 79 Bbc
Pian di Cerreto [LU] 73 Fa
Pian di Landro-Baldassarre 17 Dd
Pian di Láris [UD] 19 Bab
Pian di Lúcchio [PU] 85 DEb
Pian di Mácina [BO] 67 EFb
Pian di Mággio, Monte- 83 Fb
Pian di Marte [PG] 85 Bc
Piandimeleto [PU] 79 Ac
Pian di Molino [PU] 85 Ca
Pian di Morrano [GR] 99 Ea
Pian di Nappa, Monte- 95 Bd
Pian di Novello [PT] 75 Ca
Pian di Palma, Necrópoli di- 93 Bc
Pian di Ponte [AR] 77 Cc
Pian di Rocca [GR] 91 Cc
Pian di Rocchetta [AN] 87 Ab
Pian di Rosce [RI] 103 Ab
Pian di Rote, Monte- 77 Ec
Pian di San Martino [PG] 95 Bc
Pian di Scò [AR] 83 Da
Piandisetta [BO] 67 DEc
Pian di Spille [VT] 99 EFc
Pian di Vedóia [BL] 17 Cc
Pian di Vénola [BO] 67 DEb
Pian di Ventena [RN] 79 Cb
Pian di Vico, Fosso- 99 Fb
Piandoli [PG] 95 Ec
Piane [AP] 97 Bb
Piane [MC] 87 Bc
Piane [PV] 39 Dd
Piane [TO] 37 Cb
Piane [TO] 35 Fb
Piane Crati [CS] 149 Db
Pianedda, Monte sa- 185 Db
Pianedda, Punta- 185 Dc
Piane di Falerone [FM] 97 Ba
Piane di Mocogno [MO] 67 ABc
Pianella [PE] 105 Cb

Pianella [SI] 83 Cbc
Pianelleto [PR] 65 Ba
Pianello [AN] 87 Bb
Pianello [AN] 87 Ba
Pianello [PA] 161 Bd
Pianello [PG] 85 Dd
Pianello [PU] 85 Dab
Pianello del Lario [CO] 11 Dd
Pianello Val Tidone [PC] 51 Fb
Pianengo [CR] 41 Ab
Piane Sésia [VC] 23 Dcd
Pianeta [VI] 43 Ea
Pianette [CS] 145 Dc
Pianetti [AT] 49 Db
Pianetti [GR] 91 Fb
Pianetto [CN] 59 Fc
Pianetto [FC] 77 Db
Pianetto [TO] 21 Fd
Pianetto [TO] 35 Ec
Pianettole [AR] 85 Aab
Pianezza [GE] 63 Eb
Pianezza [RI] 95 Fd
Pianezza [TO] 35 Gd
Pianezze [TV] 31 Bb
Pianezze [VI] 29 Ec
Pianezzo [MO] 67 Ab
Pianézzoli [FI] 75 Dc
Pianfei [CN] 61 Bb
Pian Gelassa [TO] 35 Dd
Pian Gembro, Riserva Naturale- 13 Cc
Piangipane [RA] 69 Db
Piani [AL] 49 EFd
Piani [CN] 61 Cb
Piani [IM] 71 Eb
Piani [TO] 35 Gb
Piani [UD] 19 Bb
Piani, Pizzi dei- 11 Db
Pianiano [VT] 99 Fab
Piánico [BG] 27 Bc
Piani dell'Avaro [BG] 25 Fab
Piani d'Erna [CO] 25 Eb
Piani di Bobbio [LC] 25 Eb
Piani di Là [UD] 19 Db
Piani di Luzza [UD] 17 Fa
Piani di Póggio Fidoni [RI] 101 Fb
Piani di Praglia [GE] 63 Bab
Piani Eterni-Errera-Val Falcina, Riserva Naturale- 17 Bd
Pianiga [VE] 45 Cb
Pianillo [NA] 127 Fc
Piani Resinelli [LC] 25 Eb
Pianissolo [SV] 61 DEb
Pianizza di Sopra / Ober-Planitzing [BZ] 15 Cb
Pianizza di Sotto / Unter-Planitzing [BZ] 15 Cb
Pianlago [AL] 61 Fa
Pianlargo / Breiteben [BZ] 3 Bc
Pian Muné [CN] 47 Ed
Piano [AN] 85 Eb
Piano [AP] 97 Bbc
Piano [AT] 49 DEb
Piano [BG] 27 Ac
Piano [CN] 61 Cb
Piano [CN] 61 Cb
Piano [CT] 173 Db
Piano [PU] 85 Ca
Piano [RO] 57 Eb
Piano [SA] 141 Ca
Piano [SI] 83 Ecd
Piano [SV] 61 DEc
Piano [TO] 47 Eb
Piano, il- 103 Fc
Piano, Lago di- 25 Da
Piano, Monte- [CB] 113 Bc
Piano, Monte- [FC] 77 Db
Piano, Monte- [ME] 161 Dc
Piano, Monte- [OT] 185 Db
Piano, Monte- [TE] 103 Da
Piano, Pizzo del- 121 Abc
Piano Alastre [TP] 157 Db
Piano Campo, Lago di- 159 Bc
Piano Cardone [MT] 131 Eb
Piano Caruso [CS] 147 Bc
Pianoconte [ME] 165 Db
Piano d'Api [CT] 173 Db
Piano d'Arta [UD] 19 Bb
Piano degli Ontani, Riserva Naturale- 75 Ca
Piano dei Peri [PZ] 143 Abc
Piano del Cansiglio [BL] 17 Dd
Piano del Conte [PZ] 131 Bb
Piano del Gatto [CZ] 153 Ec
Piano della Fiera [CL] 175 Eab
Piano della Pieve [PG] 95 CDa
Piano della Regina [CN] 47 Dc
Piano della Rocca [LU] 75 Bab
Piano delle Noci [CO] 25 Cb
Piano dell'Ospedale [CH] 105 Fd
Piano del Tivano [CO] 25 Db
Piano del Vóglio [BO] 67 Ed
Piano di Coréglia [LU] 75 Ba
Piano di Fieravécchia 169 Dab
Piano di Follo [SP] 65 Cd
Piano di Guerra [CS] 147 Cd
Piano di Nese [PG] 85 Bc
Piano di Pratorsi [PT] 75 Ca
Piano di Sorrento [NA] 127 Ec
Piano Fiumata [TE] 97 Bd
Piano Grande [TE] 97 Cd
Piánola [AQ] 103 Dc
Piano Maggiore [TE] 97 Cc
Pianomarotta [AV] 121 Dd
Piano Mezzapelle [TP] 167 Ca
Pianone 27 Ab
Pianopantano [AV] 121 Cc
Piano-Parrelle [AV] 129 Bb
Pianópoli [CZ] 149 Ed
Pianora [AR] 77 Dd
Pianore [PI] 75 BCc
Piano Ristéccio [TE] 97 Cc
Pianoro [BO] 67 Eb
Piano Rosso [LT] 109 Ade
Pianoro Vecchio 67 Eb
Pianorso [MO] 67 Bb
Pianosa [LI] 89 Cd
Pianosa, Isola- [FG] 115 ins.b
Pianosa, Isola- [LI] 89 Cd
Piano San Felice [BA] 131 Eb
Piano San Nicola, Galleria di- 131 Bb
Piano San Pietro [TE] 97 Cc
Pianosinático [PT] 75 Ca
Piano Soprano [SV] 61 Ec
Piano Sottano [SV] 61 Ec
Piano Tavola [CT] 173 Cb
Pian Palù, Lago di- 13 Eb
Pianrocchetta [SV] 61 Eb
Piansano [VT] 99 Fa
Pianta [BO] 69 Ab
Piante [PN] 31 Ea
Piantedo [SO] 11 Ed
Piantivello [AT] 61 Ea
Piántoli [CE] 119 Cb
Piantoni [VE] 45 Cb
Piantónia [PR] 53 Dcd
Piantorre [CN] 61 Cb
Piantravigne [AR] 83 Da
Pian Trevisan [TN] 17 Ab
Pianura [NA] 127 Da
Pian Zaeta, Monte- 97 Ac
Pianzano [RE] 65 Gb
Pianzano [TV] 31 Db
Piario [BG] 27 Ab
Piasco [CN] 59 Fa
Piastra [MS] 73 Da
Piastra, Lago della- 59 Fc
Piateda [SO] 13 Ad
Piateda Alta [SO] 13 Ad
Piatou [TO] 35 Fb
Piatta [CN] 59 EFb
Piatta [SO] 13 Db
Piatta [SO] 13 Ad
Piatta, Cima- / Plattspitz 3 Db
Piatto [BI] 23 Cd
Piatto, Lago- 75 Ba
Piatto, Monte- 93 Fc
Piattoni-Villa Sant'Antonio [AP] 97 Db
Piatu, Rio- 179 Cd
Piave, Fiume- 31 Fd
Piave di Visdende, Fiume- 17 Fa
Piavenna / Plawenn [BZ] 1 Dc
Piave Nuovo [VE] 31 Ed
Piave Vécchia [VE] 45 Fa
Piave Vécchia, Porto di- 45 Fb
Piavola [FC] 77 Ea
Piavon [TV] 31 Ec
Piazza [AL] 49 FGd
Piazza [BG] 27 Bb
Piazza [BS] 27 Bd
Piazza [BS] 41 Eab
Piazza [CE] 119 Eb
Piazza [NA] 121 Ad
Piazza [PI] 81 Da
Piazza [PR] 53 Fc
Piazza [PT] 75 CDb
Piazza [RO] 57 CDb
Piazza [SI] 83 Ba
Piazza [SO] 13 Db
Piazza [SP] 65 Bc
Piazza [SP] 63 Gc
Piazza [TN] 29 Bb
Piazza [TO] 47 Fab
Piazza [VI] 29 Ec
Piazza al Sérchio [LU] 65 Ec
Piazza Armerina [EN] 171 Ec
Piazza Brembana [BG] 25 Gb
Piazza Caduti [BG] 25 Fc
Piazza del Diavolo, Riserva Naturale- 121 Aa
Piazza del Gobo [BL] 17 Da
Piazza di Bráncoli [LU] 75 Bb
Piazza di Pandola [AV] 129 Bb
Piazza di Siena 83 DEcd
Piazzana [LU] 75 Ba
Piazzanello [LU] 73 Fb
Piazzano [AL] 37 Dd
Piazzano [CH] 105 Ed
Piazzano [FI] 75 Gb
Piazzano [LU] 73 Fb
Piazzanuova [RE] 55 Ab
Piazza Roma [NA] 127 Fb
Piazzatorre [BG] 25 Gb
Piazza-Tralia [NA] 127 Fbc
Piazza Vécchia [VE] 45 Cb
Piazze [SI] 93 Db
Piazze, Lago delle- 15 Cd
Piazzeda [SO] 13 Bc
Piazzette [TO] 35 Ec
Piazzi, Cima de'- 13 Cb
Piazzo [GE] 51 CDd
Piazzo [TN] 15 Ccd
Piazzo [TO] 37 Cd
Piazzola sul Brenta [PD] 45 Aa
Piazzolla [NA] 127 Fa
Piazzolla [PZ] 131 Bd
Piazzolo [BG] 25 FGb
Picca, Monte- 105 Bc
Piccalinna [VS] 191 Dc
Piccarello [GE] 63 Cb
Piccarolu, Rio- 183 Dd
Picchetta [NO] 39 Aab
Picchiara, Monte- 65 Bc
Piccia, Nuraghe- 197 Dc
Piccianello [PE] 105 Cb
Picciano [PE] 105 Bb
Picciche [PG] 95 Dbc
Piccilli [CE] 119 Db
Piccione [PG] 85 CDc
Piccola, Cala- 99 Bb
Piccolein / Piccolino [BZ] 3 Fc
Piccoli [PC] 51 Fc
Piccolini [PV] 39 Bc
Piccolino / Piccolein [BZ] 3 Fc
Piccolo, Lago- 35 Fd
Piccolo, Lago di- 13 Cd
Piccolo Paradiso 35 Eab
Piccolo Pevero [OT] 179 Ec
Piccolo Romazzino [OT] 179 Ec
Picedo [BS] 41 Fa
Picenengo [CR] 41 Bd
Picentini, Monti- 129 Db
Picentino, Fiume- 129 Ca
Picenze [AQ] 103 Ec
Picerno [PZ] 131 Ac
Piciât, Monte- 19 Bb
Picinisco [FR] 111 Cd
Pico [FR] 119 Aa
Picocca, Torrente sa- 193 Ed
Picógnola, Monte- 85 Db
Pidéura [RA] 69 Bc
Pidócchio, Monte- 111 Eb
Pidocchiosa, Marana- 123 Cb
Pidone, Villa- [EN] 161 Dd
Piéa [AT] 49 Da
Piecorto [SI] 83 ABab
Piede [MC] 87 Bc
Piè del Colle [MC] 95 Gab
Piè del Colle [PG] 95 Fbc
Piedelpóggio [RI] 103 Ba
Pièdelsasso [MC] 95 Fab
Piedicavallo [BI] 23 Bc
Piedicolle [AQ] 103 Ca
Piedicolle [PG] 95 Bb
Piedicolle [RI] 103 Aab
Piedilago [VB] 9 Ec
Piedilama [AP] 97 Ac
Piediluco [TR] 101 Fa
Piediluco, Lago di- 101 Fa
Piedim [UD] 19 Bb
Piedimeggiana [VC] 23 Cc
Pié di Móggio [RI] 101 Fab
Piedimonte [FI] 77 Ba
Piedimonte [NA] 127 Bb
Piedimonte [SA] 129 Ab
Piedimonte [TR] 95 Cd
Piedimonte Alta [FR] 111 Bd
Piedimonte Etnéo [CT] 163 Cd
Piedimonte Massicano [CE] 119 Cb
Piedimonte Matese [CE] 119 Fab
Piedimonte San Germano [FR] 111 Bde
Piedimulera [VB] 23 Dab
Piedipaterno [PG] 95 Ec
Piediripa [MC] 87 Dc
Piediripa [PG] 95 Fc
Piedivalle [FM] 97 Ab
Piedivalle [PG] 95 Fb
Pié di Via [PR] 53 Cc
Piedo, Monte- 17 DEa
Piega [RN] 77 FGb
Piegáio [AR] 85 Ac
Piegáio [LU] 73 Fb
Piegaro [PG] 93 Eb
Pieggio [VB] 23 Fb
Piegolelle [SA] 129 Bb
Pieia [PU] 85 Da
Pié la Costa [AQ] 103 Cc
Pié la Terra [CS] 149 Db
Pié la Villa [AQ] 103 Cc
Pieltinis, Monte- 17 Fb
Pielungo [PN] 19 Ac
Pienasca, Cima di- 47 Cd
Pienza [SI] 93 Ca
Piepasso [AL] 49 Fb
Pierabec [UD] 5 Ed
Pieránica [CR] 39 Fb
Pierantonio [PG] 85 Cc
Piercy, Villa- [NU] 183 Fd
Piéria [UD] 17 Fab
Piéris [GO] 33 Dc
Pierle [AR] 85 Ac
Pierno [PZ] 131 Ab
Pierno, Monte- 131 Ab
Piero [VA] 11 Ad
Pierosà [BL] 17 Ba
Pierosara [AN] 87 Ab
Pierre, Punta de la- 21 Dcd
Pierremenaud [TO] 47 Ba
Piesco, Fiume- 131 Cd
Pietá [SA] 141 Aa
Piétole [MN] 43 Ad
Pietra [PD] 45 Bcd
Pietra [RC] 153 Ed
Pietra, Monte- 77 Eb
Pietra Appesa 115 Ec
Pietra Aspra, Monte- 103 Fb
Pietrabbondante [IS] 111 Fc
Pietra Beretta 67 Bc
Pietrabianca [CS] 145 BCc
Pietrabianca, Colle- 151 Bc
Pietrabissara [GE] 51 Cd
Pietrabruna [IM] 71 Eb
Pietrabuona [PT] 75 Cb
Pietracamela [TE] 103 Eab
Pietracatella [CB] 113 Dd
Pietra Cavallera, Monte- 153 Ec
Pietracolora [BO] 67 Cc
Pietracupa [CB] 113 Bc
Pietracupa [FR] 109 Ede
Pietra Cupa, Monte- 141 Ca
Pietracuta [RN] 77 Gb
Pietradefusi [AV] 121 Cc
Pietra de' Giorgi [PV] 51 Eab
Pietra dell'Uso [FC] 77 Fb
Pietra del Pertusillo, Lago- 143 Ba
Pietra di Corvo 51 Fc
Pietra di Febo, Monte- 155 Dc
Pietraferrazzana [CH] 111 Fb
Pietraferruggia 149 Cb
Pietrafitta [CS] 149 Db
Pietrafitta [FR] 111 Bcd
Pietrafitta [PG] 93 Fb
Pietrafitta [SI] 83 Bb
Pietraforte [RI] 103 Bd
Pietrafráccia [GE] 51 Cd
Pietragalla [PZ] 131 Cb
Pietragavina [PV] 51 Eb
Pietra Gentile, Monte- 111 Bb
Pietra Grande 15 Ac
Pietragrossa, Monte- 103 Ec
Pietraguisa [MO] 67 Ac
Pietráia [AR] 83 Fc
Pietráia [PG] 93 Fa
Pietralacroce [AN] 87 Ea
Pietralata, Monte- 85 Ea
Pietra Lavezzara [GE] 63 Ca
Pietralba / Weißenstein [BZ] 15 Db
Pietra Lígure [SV] 61 Ed
Pietraliscia, Serra- 171 Fd
Pietralonga 149 Cb
Pietralta [TE] 97 Bc
Pietralunga [CT] 173 BCb
Pietralunga [PG] 85 Cb
Pietralunga, Fiume- 159 Bc
Pietralunga, Villa- [EN] 171 Ea
Pietramaggiore, Cresta di- 111 Db
Pietramala [FI] 67 Ecd
Pietra Marazzi [AL] 51 ABb
Pietramarina [CT] 163 Bc
Pietramáura [RN] 77 Gb
Pietramelara [CE] 119 DEb
Pietramelina [PG] 85 Cc
Pietramogolana [PR] 65 Ca
Pietramonte [BN] 121 Ca
Pietramontecorvino [FG] 113 Ed
Pietramora [RA] 69 Cc
Pietramurata [TN] 29 Aab
Pietranera [GE] 51 Ed
Pietranico [PE] 105 Bc
Pietransieri [AQ] 111 Db
Pietra Palomba, Monte- 121 Fd
Pietrapáola [CS] 147 Cd
Pietra Parcellara 51 Fb
Pietra Patella, Scogli di- 175 Ba
Pietrapazza [FC] 77 Dc
Pietrapennata [RC] 155 CDd
Pietrapertosa [PZ] 131 Dc
Pietra Pertusa, Monte- 75 Bb
Pietraperzia [EN] 171 Cc
Pietrapiana [FI] 77 Bc
Pietra Pizzuta 171 Fbc
Pietra Porci [LT] 117 Eab
Pietraporciana, Poggio- 93 Cab
Pietraporciana, Riserva Naturale- 93 Ca
Pietraporzio [CN] 59 Db
Pietra Posta, Monte- 151 Bc
Pietrarada [PR] 65 Ba
Pietraróia [BN] 121 Aab
Pietra Rossa, Cozzo- 169 Cc
Pietrarossa, Fiume- 171 Fc
Pietra Rossa, Lago di- 21 Cc
Pietra Rossa, Punta di- 13 Dc
Pietrarotta [CZ] 153 Fd
Pietrarubbia [PU] 77 Gc
Pietrarva, Colle- 151 Bbc
Pietrasanta [LU] 73 Eb
Pietrascritta, Monte- 111 Ab
Pietrasecca [AQ] 103 Bd
Pietrastornina [AV] 121 Bd
Pietratagliata [UD] 19 Cb
Pietrauta [PG] 95 Cb
Pietravairano [CE] 119 DEb
Pietravecchia, Monte- 71 CDb
Pietraviva [AR] 83 Db
Pietre [SA] 129 Ab
Pietrebianche [CZ] 149 Dc
Pietre Bianche, Pizzo- 163 Db
Pietre Cadute 169 DEab
Pietrelcina [BN] 121 BCb
Pietrenere [RC] 153 Bd
Pietreréie, Colle- 111 Ed
Pietretagliate [TP] 157 Cc
Pietri [AV] 121 Ed
Pietrolungo, Monte- 95 Da
Pietroso, Monte- [AN] 87 Bb
Pietroso, Monte- [PA] 157 Fc
Pievasciata [SI] 83 Cb
Pieve [AL] 51 ABcd
Pieve [BL] 17 Cb
Pieve [BS] 27 Ccd
Pieve [BS] 41 Cb
Pieve [BS] 27 Cd
Pieve [BS] 27 Fc
Pieve [GE] 51 Cd
Pieve [LU] 73 Eb
Pieve [MC] 87 Dc
Pieve [MC] 95 Fb
Pieve [MS] 65 CDc
Pieve [PC] 51 Ec
Pieve [PD] 45 Aa
Pieve [PI] 75 Cc
Pieve [PN] 31 Eb
Pieve [PR] 65 Ba
Pieve [PV] 39 Ad
Pieve [RE] 55 ABb
Pieve [SI] 83 Ec
Pieve [SP] 65 Bc
Pieve [TO] 47 Fb
Pieve [TV] 31 Ab
Pieve [VR] 43 Db
Pieve a Élici [LU] 73 Eb
Pieve Albignola [PV] 39 Bd
Pieve Alta [GE] 63 Db
Pieve al Toppo [AR] 83 Eb
Pieve a Maiano [AR] 83 Eb
Pieve a Niévole [PT] 75 Cb
Pieve a Pitiana [FI] 77 Bc
Pieve a Pitti, Villa- [PI] 81 Eab
Pieve a Presciano [AR] 83 DEb
Pieve a Salti [SI] 83 Dd
Pievebelvicino [VI] 29 Cc
Pievebovigliana [MC] 95 Fa
Pieve Caina [PG] 93 Fab
Pievécchia [FI] 77 Ac
Pieve d'Alpago [BL] 17 CDcd
Pieve del Cáiro [PV] 51 Ba
Pieve Delmona [CR] 41 Ccd
Pieve del Tho [RA] 69 Bc
Pieve del Véscovo [PG] 85 Bd
Pieve di Bono [TN] 27 Eb
Pieve di Bráncoli [LU] 75 Bb
Pieve di Búdrio [BO] 67 FGa
Pieve di Cadore [BL] 17 Db
Pieve di Cadore, Lago di- 17 Db
Pieve di Cagna [PU] 79 Bc
Pieve di Campi [PR] 65 ABb
Pieve di Carpegna [PU] 77 FGc
Pieve di Cásio [BO] 67 Dcd
Pieve di Castévoli [MS] 65 Cc
Pieve di Cento [BO] 55 Ec
Pieve di Cesato [RA] 69 Cb
Pieve di Chio [AR] 83 Fbc
Pieve di Cómpito [LU] 75 Bc
Pieve di Compresseto [PG] 85 DEc
Pieve di Concésio [BS] 27 Cd
Pieve di Controne [LU] 75 Bab
Pieve di Coriano [MN] 55 Da
Pieve di Cusignano [PR] 53 Dc
Pieve di Gusaliggio [PR] 65 Ca
Pieve di Ledro [TN] 27 Fb
Pieve di Livinallongo [BL] 17 Ab
Pieve di Marebbe / Pfarre Enneberg [BZ] 3 Fc
Pieve di Panzano [FI] 83 Ba
Pieve di Rigutino [AR] 83 Fb
Pieve di Rivóschio [FC] 77 Eab
Pieve di Romena [AR] 77 Cc
Pieve di Sant'Andrea [BO] 69 Ab
Pieve di Scalenghe [TO] 47 Fb
Pieve di Soligo [TV] 31 BCb
Pieve di Stadera [PC] 51 Eb
Pieve di Teco [IM] 71 Ea
Pievedizio [BS] 41 Cb
Pieve d'Olmi [CR] 41 Cd
Pieve Dugliara [PC] 53 Ab
Pieve Emanuele [MI] 39 Dbc

Pievefávera [MC] 87 Cd
Pievefávera, Lago di- 87 Cd
Pieve Fissiraga [LO] 39 Ec
Pieve Fosciana [LU] 73 Fa
Pieve Grumone [CR] 41 Cc
Pieve Lígure [GE] 63 Db
Pievelunga [TR] 93 Ebc
Pieve Modolena [RE] 55 Ac
Pieve Ottoville [PR] 53 Dab
Pieve Pagliaccia [PG] 85 Cd
Pievepélago [MO] 67 Ac
Pieve Petróia [PG] 85 Bc
Pieve Pontenano [AR] 83 Ea
Pieve Porto Morone [PV] 39 Ed
Pievequinta [FC] 69 Dc
Pieve Rossa [RE] 55 ABc
Pieve Saliceto [RE] 55 Ab
Pieve Salutare [FC] 69 Cd
Pieve San Giacomo [CR] 41 Dd
Pieve San Giovanni [AR] 83 Ea
Pieve San Lorenzo [LU] 65 Ec
Pieve San Nicoló [PG] 85 Dd
Pieve San Páolo [LU] 75 Bc
Pieve Santa Luce [PI] 81 Db
Pieve Santo Stéfano [AR] 77 Ecd
Pieve San Vincenzo [RE] 65 Eb
Pievescola [SI] 83 Ac
Pievesestina [FC] 69 Ecd
Pieve Socana [AR] 77 Cd
Pieve Terzagni [CR] 41 Dc
Pieve Tesino [TN] 15 Ed
Pieve Torina [MC] 95 Fa
Pieve Trébbio [MO] 67 Cb
Pievetta [CN] 61 Dc
Pievetta [GE] 63 Fa
Pievetta-Dogana Po [PC] 39 Ed
Pieve Vecchia [AR] 83 Ec
Pieve Vecchia [BS] 41 Fa
Pieve Vecchia [BS] 27 Dc
Pieve Vecchia [GR] 91 Fb
Pieve Vecchia [PI] 81 Cb
Pieve Vergonte [VB] 23 Dab
Pievina [SI] 83 CDc
Pigazzano [PC] 51 Gb
Pigelleto, Riserva Naturale- 93 Bc
Pigge [PG] 95 Dbc
Piglimó, Corno- 23 Bb
Piglio [FR] 109 Cc
Píglio, Monte- 95 Bd
Piglione, Monte- 73 Fb
Pigna [IM] 71 CDb
Pigna [SV] 71 Fb
Pigna, Cima della- 61 ABc
Pignan [PD] 31 Bd
Pignano [AN] 85 Fb
Pignano [AV] 129 Aa
Pignano [FR] 109 Ec
Pignano [PI] 81 Fb
Pignano [UD] 19 Acd
Pignataro Interamna [FR] 119 Ba
Pignataro Maggiore [CE] 119 DEb
Pigno [CT] 173 Dc
Pigno [PU] 85 DEa
Pignola [PZ] 131 Bc
Pignona [SP] 65 Bc
Pignone [PR] 65 Eb
Pignone [SP] 65 Bc
Pigozzo [VR] 43 Cb
Pigra [CO] 25 Cb
Pila [AO] 21 Dc
Pila [AO] 21 Dc
Pila [BL] 31 Ab
Pila [PG] 95 Ba
Pila [RO] 57 Fb
Pila [VC] 23 Cc
Pila, Monte della- 123 Bc
Pilarciano [FI] 77 Ab
Pila Rocca, Monte- 109 CDc
Pilastrello [FE] 55 Ec
Pilastrello [PD] 43 FGc
Pilastri [FE] 55 Eb
Pilastrino [BO] 67 Db
Pilastro [MN] 41 Fd
Pilastro [PR] 53 Ec
Pilastro [RA] 69 Db
Pilastro [RO] 57 Ea
Pilastro [VI] 43 Fc
Pilastro [VR] 43 Dc
Pilati [RC] 155 Bd
Pilato, Grotte di- 117 ins.a
Pilato, Lago di- 97 Ac
Pilato, Pizzo- 161 Ec
Pilcante [TN] 29 Ac
Piletta [BI] 37 Cb
Pili [CH] 105 Fd
Pilieri [PA] 159 Bab
Pilla, Torrente- 143 Ec
Pillaz [AO] 23 Bd
Pille [MN] 43 Abc
Pillo [FI] 81 Fa
Pilone [BR] 135 Bb
Pilone [CB] 121 Aa
Pilone [Eur.] 9 Fc
Pilone [MN] 41 Fcd
Pilone [PU] 79 Dc
Pilone di Piovale [CN] 47 Ec
Piloni [GR] 91 Ea
Piloni [TR] 101 Eb
Pilónico Materno [PG] 93 Fa
Pilónico Paterno [PG] 85 CDd
Pilota [RE] 53 FGb
Pilotti [MC] 97 Ba
Piludu, Rio- 187 Eb
Pilzone [BS] 27 Bcd
Pimentel [CA] 193 Bd
Piminoro [RC] 155 CDb
Pimonte [NA] 127 Fbc
Pimpisu [VS] 191 EFd
Pin, Monte- 15 Ab
Pinacce [TE] 105 Ca
Pinalto, Rio di- / Penaudbach 1 Fc
Pinarella [RA] 69 Fc
Pinarolo Po [PV] 51 DEa
Pinasca [TO] 47 Eb
Pincaldo, Monte- 15 Cc
Pincara [RO] 57 Ab
Pinceto [GE] 63 Ca
Pineda [UD] 33 Bc
Pinedo [PN] 17 Dc
Pinei [BL] 17 Bc
Pinerolo [TO] 47 EFb
Pinet [CN] 59 Ec
Pineta [PE] 105 Db
Pineta di Appiano Gentile e Tradate, Parco Regionale della- 25 Bc
Pineta di Castel Fusano, Parco- 107 Ec
Pineta di Santa Filomena, Riserva Naturale- 105 Db
Pineta Grande [CE] 119 Ccd
Pineta Riviera [CE] 119 Cc
Pinete [FI] 75 Cc
Pineto [TE] 97 Fd
Pineto, Parco- 107 Eb
Pineto a Mare [CE] 119 Cd
Pineto Mare [NA] 119 Cd
Pinetti [RE] 53 Gb
Pini, Monte dei- 33 FGcd
Pinidello [TV] 31 Db
Pini di Santoro [MT] 133 Bb
Piniè [BL] 17 Dab
Pinna, Monte- 179 Bd
Pino [ROMA] 107 Eab
Pino [SI] 83 Ec
Pino, Monte- 179 Dd
Pinocchio [AN] 87 Da
Pinocchio, Parco di- 75 Bb
Pino Collito [CS] 149 Fb
Pino d'Aleppo, Riserva Naturale- 177 Bc
Pino d'Asti [AT] 49 Ca
Pino Grande, Villaggio- [KR] 151 Cb
Pino Soprano [GE] 63 Cb
Pino sulla Sponda del Lago Maggiore [VA] 9 Gd
Pino Torinese [TO] 49 Ba
Pin-Pen [BA] 133 Eb
Pinta, Timpa la- 143 Bb
Pinto [MC] 87 Dc
Pinto, Fiume- 97 Ac
Pintorna [PA] 161 Bc
Pintura di Bolognola [MC] 97 Ab
Pinus Village [CA] 195 Fd
Pinzagen / Pinzago [BZ] 3 Dc
Pinzago / Pinzagen [BZ] 3 Dc
Pinzano [MB] 25 Cd
Pinzano al Tagliamento [PN] 19 Ac
Pinzat, Monte- 17 Ec
Pinzo, Poggio- 93 Bc
Pinzolo [TN] 13 Fcd
Pio [RO] 55 Ea
Piòbbico [MC] 97 Aab
Piòbbico [PU] 85 CDa
Piòbesi d'Alba [CN] 49 Cc
Piòbesi Torinese [TO] 49 Ab
Pioda [VB] 9 Ec
Piode [VC] 23 Cc
Piodella, Pizzo- 11 Dc
Piogera, Monte- 23 Eb
Piolánas [CI] 195 Db
Piolo [RE] 65 Fc
Pioltello [MI] 39 Dab
Pioltone, Pizzo- 9 CDc
Piomba, Fiume- 105 Ca
Piombada, Monte- 19 Ab
Piombino [LI] 91 Bb
Piombino, Canale di- 91 Bb
Piombino, Monte- 159 Fd
Piombino Dese [PD] 31 Bd
Piombo, Torre di- [RG] 177 Bc
Pionca [PD] 45 Bb
Pione [PR] 65 Aa
Pione, Monte di- 53 Ad
Pioppa [MO] 55 Cbc
Pioppi [SA] 141 Bab
Pioppino [MN] 41 Fd
Pioppo [PA] 159 Bb
Pióraco [MC] 87 Ac
Piósina [PG] 85 Bb
Piossasco [TO] 47 Fb
Piota, La- 9 Fd
Piota, Torrente- 63 Ba
Piotta [Svizz.] 9 Gab
Piova, Torrente- 17 Eb
Piovà Massáia [AT] 49 Da
Piovani [CN] 61 Aab
Piove di Sacco [PD] 45 Cc
Pióvega [PD] 45 Cc
Piovene Rocchette [VI] 29 Dc
Pióvera [AL] 51 Bb
Pióvere [BS] 27 Fc
Pioverna, Torrente- 25 Eb
Pioverno [UD] 19 Bb
Piovezzano [VR] 43 Aab
Piozzano [PC] 51 Fb
Piozze [VR] 27 Fd
Piozzo [CN] 61 Cab
Pipinari, Monte- 189 Dc
Pipitone, Pizzo- 159 Dc
Pippiete [FM] 97 Bb
Pira, Nuraghe- 185 Cc
Pirago [BL] 17 Cc
Piràino [ME] 163 Aab
Piramidi di Postalesio, Riserva Naturale- 11 Gc
Piramidi di Zone, Riserva Naturale- 27 Bc
Pirarba, Nuraghe- 187 Fd
Piras [OT] 185 Dc
Pirastreddu [SS] 181 Dd
Pirastru, Cúccuru su- 185 Cd
Pirastru, Monte- 185 Bc
Pirastru, Rio- 181 Fb
Pirastru de Canes, Monte- 185 Bc
Piratello [BO] 69 ABb
Pirato [EN] 171 Eb
Pirazzolu [OT] 179 CDc
Pires, Rio- 191 Dd
Piretto [CS] 145 Dd
Piriferta, Nuraghe- 187 Ec
Pirillo [CZ] 149 Ec
Pirivoglia [CZ] 153 Eb
Pirocco [PV] 39 Dd
Piroi, Monte su- 193 Dd
Pirola, Lago- 11 Gc
Pirrera, Collo- 165 Db
Pirri [CA] 197 Bb
Pirtusiddu, Cozzo- 169 EFb
Pisa [PI] 73 Fc
Pisana [PD] 45 Acd
Pisaneddu, Monte- 189 Dc
Pisanino, Monte- 73 Ea
Pisano [CT] 173 Dab
Pisano [NO] 23 Fc
Pisano, Monte- 75 Bc
Pisanu Mele, Monte- 189 Cb
Pisavini [CH] 105 Dd
Piscerbu, Bruncu 'e- 189 Dc
Pischennéro, Nuraghe- 183 Ec
Pischiello [PG] 85 Ac
Pischinaccia [OT] 179 Bd
Pischinales, Monte- 187 Db
Pischina Salidda [SS] 181 Bc
Pisciacane, Monte- 171 Cc
Pisciarelli [ROMA] 101 Bd
Pisciarello [VT] 101 Ca
Pisciatello, Torrente- 69 Fc
Piscina [TO] 47 Fb
Piscina della Gattuccia, Riserva Naturale- 117 Db
Piscina delle Bagnature, Riserva Naturale- 117 Db
Piscina Rúbia, Nuraghe- 187 Cd
Piscínas [CI] 195 DEc
Piscinas [VS] 191 Cc
Piscínas, Rio- 191 Dc
Piscinas, Rio di- 195 Dc
Piscino, Monte- 11 Fd
Pisciotta [SA] 141 Cb
Piscità [ME] 165 ins.b
Pisconti, Nuraghe- 193 Bb
Piscopío [VV] 153 Cc
Piseddu, Rio- 197 Eb
Pisenti [PG] 95 Dab
Pisignano [FI] 75 Ec
Pisignano [LE] 139 Ea
Pisignano [RA] 69 Ec
Pisimoni, Monte- 19 Cb
Pisnengo [NO] 37 Fb
Pisogne [BS] 27 Bc
Pisogneto [BS] 13 Ccd
Pisogno [NO] 23 Ec
Pisone, Cozzo- 143 Ea
Pisonet, Monte- 21 Ec
Pisoniano [ROMA] 109 Bb
Pispisa, Rio de sa- 197 Cb
Pissacqua, Monte- 63 Eb
Pissátola [RO] 55 Fa
Pissignano [PG] 95 Dc
Pisterzo [LT] 109 Dde
Pistia [PG] 95 Ea
Pisticci [MT] 133 Bd
Pistillo, Timpa- 141 Db
Pistis [VS] 191 Cb
Pistoia [PT] 75 Db
Pistolesa [BI] 23 Cd
Pistone, Monte- 65 Ac
Pistoni [MN] 41 Fc
Pistrino [PG] 85 Aab
Pistunina [ME] 155 Ac
Pistuolo, Monte- 145 CDc
Pisu, Bruncu 'e- 189 Fc
Pitagora New, Parco- 73 Eb
Pitéccio [PT] 75 Dab
Pitéglio [PT] 75 Ca
Pitelli [SP] 73 Ca
Pitícchio [AN] 87 Aa
Pitigliano [GR] 93 BCd
Pitigliano [PG] 85 Ba
Pitino [MC] 87 Cc
Pito [AP] 97 Bc
Pito, Monte- 163 Bb
Pitrebianche [RE] 65 Fb
Pitrizza [OT] 179 DEc
Pittada, Monte- 183 Cd
Pitte, Col delle- 17 DEc
Pittolo [PC] 53 Aab
Pittulongu [OT] 179 Ed
Pitzach / Pizzago [BZ] 3 DEd
Pitziu, Rio- 187 Ec
Piúbega [MN] 41 Fc
Piuma [GO] 33 Eb
Piumazzo [MO] 67 Da
Piumesana [PV] 51 Db
Piuro [SO] 11 Ec
Piuzzo [AL] 51 Dc
Piverone [TO] 37 Cb
Piz, Cimon del- 17 Ad
Piz, Monte il- 17 DEd
Pizza [LU] 75 Ba
Pizza, la- 73 Da
Pizza, Monte- 27 Fab
Pizzago / Pitzach [BZ] 3 DEd
Pizzale [PV] 51 Da
Pizzalto, Monte- 111 Db
Pizzanca 15 Ec
Pizzano [BO] 67 Fb
Pizzano [TN] 13 EFc
Pizzarosto [PV] 37 Fc
Pizzautolo, Punta di- 129 Cb
Pizzetto 23 Cb
Pizzi, i- 103 Cb
Pizzi, Monte- 111 Ec
Pizzi, Monti- 111 Eb
Pizziche 133 Cd
Pizzighettone [CR] 41 Ac
Pizzillo, Monte- 163 Bd
Pizzinni [VV] 153 Cc
Pizzinni, Monte- 153 Db
Pizzinnu, Rio- 183 Ec
Pizzino [BG] 25 Fb
Pizziogu, Monte- 193 Cb
Pizzo [VV] 153 CDb
Pizzo, il- [FM] 97 Ab
Pizzo, Il- [LC] 39 Ecd
Pizzo, Il- [LC] 25 Eb
Pizzo, il- [PA] 159 Dc
Pizzo, Monte- [CS] 145 Dc
Pizzo, Monte- [PG] 95 Fcd
Pizzo Bello, Monte- 11 Gc
Pizzo Billi [PG] 85 Ec
Pizzoc, Monte- 31 Da
Pizzocalvo [BO] 67 Fb
Pizzo Cane, Pizzo Trigna e Grotta Mazzamuto, Riserva Naturale- 159 Dc
Pizzocco, Monte- 17 Bd
Pizzócolo, Monte- 27 Ecd
Pizzocorno [PV] 51 Db
Pizzoferrato [CH] 111 Eb
Pizzoferro Argentieni [TA] 133 DEb
Pizzoferro Monsignore [TA] 133 DEb
Pizzofreddo [PR] 65 Ca
Pizzofreddo [PV] 51 Eb
Pizzo Guglielmi [PG] 85 Cc
Pizzolato [TP] 167 Ba
Pizzoletta [VR] 43 Bc
Pizzoli [AQ] 103 Cb
Pizzolo, Monte- 65 ABc
Pizzolungo [TP] 157 Cb
Pizzomunno [FG] 115 Fb
Pizzone [IS] 111 Dcd
Pizzone [VR] 27 Fd
Pizzone, Monte- 129 Ba
Pizzoni [PD] 45 Bd
Pizzoni [VV] 153 Dc
Pizzorne, Le- 75 Bb
Pizzuri, Monte- 189 Bc
Pizzuta, la- 159 Bbc
Pizzuta, Toppa- 131 Cc
Pizzuto, Colle- 103 Da
Pizzuto, Monte- [CH] 113 Ac
Pizzuto, Monte- [CS] 149 Eb
Pizzuto, Monte- [EN] 171 Dc
Pizzuto, Monte- [FR] 117 Fa
Pizzuto, Monte- [MC] 95 Eb
Pizzuto, Monte- [RI] 101 Fc
Pizzuto, Monte- [SA] 129 Ec
Placa, Dolmen- 139 Ea
Placánica [RC] 153 Ed
Place Moulin, Lago di- 21 Fb
Plaesano [RC] 153 Cd
Plaganella, Monte- 1 CDd
Plagna (Planja) 19 Da
Plaia Grande [RG] 177 Bd
Plaìno [UD] 19 BCd
Plan [BZ] 15 Fa
Plan [TO] 47 Cab
Plan / Pfelders [BZ] 3 Ac
Planárgia 187 Db
Planárgia, Nuraghe- 189 Fc
Planaval [AO] 21 Cc
Planaval [AO] 21 Ccd
Planaz [AO] 23 Bcd
Planca di Sopra / Oberplanken [BZ] 5 Bc
Planca di Sotto / Unterplanken [BZ] 5 Bc
Pláncios / Palmschoß [BZ] 3 Ec
Plan de Gralba [BZ] 15 Fab
Plan di Montecampione [BS] 27 Cb
Plan d'Introd [AO] 21 Dc
Planeil / Planol [BZ] 1 Dc
Planja (Plagna) 19 Da
Plan Maison 21 Gb
Planol / Planeil [BZ] 1 Dc
Plan Pessey [AO] 35 Ea
Planpincieux [AO] 21 Bc
Plantè [AO] 21 Cd
Planu Ollisa, Nuraghe- 187 Fd
Plaséncis [UD] 33 Ba
Plassa [BG] 25 Gb
Plat, Monte- / Auf der Platten 3 Fb
Plata / Platt [BZ] 3 ABc
Plátaci [CS] 143 Ec
Platamona Lido [SS] 181 Cd
Plátani, Fiume- 169 Cc
Platania [CZ] 149 Dcd
Platania, Villino- [CT] 173 Cab
Plátani o Fanaco, Lago del- 169 Db
Plátano, Torrente- 131 Ab
Platasse, Monte- 47 Cb
Platì [RC] 155 Db
Platì, Fiumara di- 155 Db
Platischis [UD] 19 Dc
Plator, Cime di- 1 Bd
Platt / Plata [BZ] 3 ABc
Plattenspitz / Laste, Punta delle- 3 Bc
Plattspitz / Piatta, Cima- 3 Db
Platzers / Plazzoles [BZ] 15 Ba
Plätzwiesen / Prato Piazza [BZ] 5 Bd
Pláuris, Monte- 19 Bb
Plaus / Pláus [BZ] 1 Gd
Pláus / Plaus [BZ] 1 Gd
Plave [SLO] 33 Ea
Plavje [SLO] 33 Fd
Plawenn / Piavenna [BZ] 1 Dc
Play Park 3000 69 Eb
Plazzoles / Platzers [BZ] 15 Ba
Plebi, Monti- 179 Dc
Plegu, Monte- 59 Db
Plello [VC] 23 Dc
Plemmirio, Area Marina Protetta del- 177 Fb
Plemo [BS] 27 Cb
Pléros, Monte- 17 Fa
Plésio [CO] 25 Da
Plessiva [GO] 33 Db
Pleyné [CN] 59 CDa
Plezzut [UD] 19 Eb
Plima, Rio- / Plimabach 1 Ed
Plimabach / Plima, Rio- 1 Ed
Plinio, Villa di- 107 Dc
Pliskovica [SLO] 33 Fc
Ploaghe [SS] 183 Ebc
Plodio [SV] 61 Eb
Ploneta, Monte- 77 Ca
Plose [BZ] 3 Ec
Plosebühel / la Plose 3 Ec
Plout [AO] 21 Ec
Plout [AO] 21 Gc
Pluda [BS] 41 Db
Plugna [UD] 19 Ab
Po, Delta del- 57 EFab
Po, Fascia Fluviale del- 37 Dc
Po, Fiume- 43 Dd
Po, Foci del- 57 FGb
Po, Parco Naturale del- 49 Ab
Po, Sorgente del- 47 Dc
Poasco [MI] 39 Db
Po Bandino [PG] 93 Dab
Pobbia [MI] 39 Bb
Pobbia [TO] 37 Bb
Póbbio [AL] 51 Dc
Pobietto [AL] 37 Dc
Pocáia [AR] 85 Ab
Pocapáglia [CN] 49 Cc
Pocenia [UD] 33 Bc
Pochettino [TO] 49 Bb
Pochi / Bucholz [BZ] 15 Cc
Pocol [BL] 17 Bab
Po Croda 17 Db
Podalla [MC] 95 Ga
Podárgoni [RC] 155 Bbc
Poddighe, Nuraghe- 183 Fc
Po della Donzella o di Gnocca 57 Fc
Po della Pila 57 Fb
Po della Pila, Bocche del- 57 Gb
Po delle Tolle 57 Fb
Po delle Tolle, Bocca del- 57 Fc
Podenzana [MS] 65 Cc
Podenzano [PC] 53 ABb
Podenzoi [BL] 17 Cc
Podere [PU] 85 Eab
Poderetto, il- [GR] 99 Fb
Poderia [SA] 141 Db
Podernovo [SI] 83 Ac
Podigliano [AL] 51 Cc
Po di Gnocca, Bocche del- 57 Fc
Po di Gnocca → Po della Donzella 57 Fc
Po di Goro 57 Eb
Po di Goro, Bocca del- 57 Fc

Po di Levante 57 Ea
Po di Levante, Foce del- 57 Fa
Po di Maistra 57 Fa
Po di Maistra, Foce del- 57 Fa
Podio [CN] 61 BCa
Po di Venézia 57 Fb
Po di Volano 57 Ec
Podkoren [SLO] 19 Fab
Podona, Monte- 25 Gc
Podresca [UD] 19 Ed
Po e del Morbasco, Parco del- 41 Bd
Poetto [CA] 197 BCb
Poffabro [PN] 17 Fc
Pofi [FR] 109 Ed
Pogallo, Rio- 9 Ed
Pogerola [SA] 129 Ac
Poggetello [AQ] 103 Cd
Poggeto [MC] 87 Bc
Poggetto [BO] 55 EFc
Poggetto [PO] 75 Ec
Poggetto [PU] 85 Eb
Poggetto [VT] 101 Ba
Poggi [CN] 61 Db
Poggi [IM] 71 Eb
Poggiale [RA] 69 Bc
Poggialto [IM] 71 Eb
Poggiana [TV] 31 Ac
Poggiardo [LE] 139 Fb
Poggibano [GR] 91 Db
Poggibonsi [SI] 83 Ab
Poggi del Sasso [GR] 91 Fb
Póggio [AL] 49 Fd
Póggio [AN] 87 Ea
Póggio [AP] 97 Bc
Póggio [BO] 75 Da
Póggio [BO] 69 Ab
Póggio [CN] 71 Ea
Póggio [FC] 69 Dc
Póggio [FM] 97 Bb
Póggio [IM] 71 Db
Póggio [LI] 89 Dc
Póggio [PI] 75 CDc
Póggio [PR] 53 Ecd
Póggio [TR] 101 Eb
Póggio a Caiano [PO] 75 Ec
Póggio alla Croce [FI] 75 Gd
Póggio all'Agnello [LI] 91 Bab
Póggio alla Lastra [FC] 77 Db
Póggio alla Malva [PO] 75 Ec
Póggio alle Mura [SI] 93 Ab
Póggio Aquilone [TR] 95 Ab
Póggio Berni [RN] 77 Gab
Póggio Bianco [CT] 173 Bb
Póggio Brucoli [SI] 83 Bd
Poggio Buco, Necrópoli di- 93 Bd
Póggio Bustone [RI] 103 Aab
Póggio Cancelli [AQ] 103 Ca
Póggio Canoso [AP] 97 Cb
Póggio Catino [RI] 101 Fc
Póggio Cavallo [GR] 91 EFc
Póggio Cinolfo [AQ] 103 Bd
Póggio Cono [TE] 97 Dcd
Póggio Cupro [AN] 87 Bb
Póggio d'Acona [AR] 83 Fa
Póggio dei Pini [CA] 197 Bc
Póggio delle Corti [PG] 93 Fa
Póggio delle Rose [TE] 103 Fa
Póggio di Bretta [AP] 97 Cbc
Póggio di Croce [PG] 95 Fc
Póggio di Fuoco [GR] 99 Da
Póggio di Loro [AR] 83 Da
Póggio di Róio [AQ] 103 Dc
Poggiodomo [PG] 95 Ec
Póggio Ferrato [PV] 51 DEb
Poggioferro [GR] 93 Ac
Poggioferro [GR] 93 Bb
Póggio Fidoni [RI] 101 Fb
Póggio Filippo [AQ] 103 Cd
Poggiofiorito [CH] 105 Dc
Póggio Imperiale [FG] 115 Ac
Pòggiola [AR] 83 Eb
Póggio Lavarino [TR] 95 Cd
Poggiolforato [BO] 67 Bcd
Poggioli [PC] 51 Gc
Poggiolino [FI] 75 Fa
Poggiolo [AR] 83 Cb
Poggiolo [BO] 67 EFc
Poggiolo [CN] 61 Eab
Poggiolo [FI] 75 Gb
Poggiolo [PV] 51 Eab
Poggiolo [SI] 83 Bb
Poggiolo [SI] 83 Ec
Poggiolo [TR] 101 Eb
Poggiolungo [GR] 93 Bb
Poggiomarino [NA] 127 Fb
Póggio Mirteto [RI] 101 Fc
Póggio Moiano [RI] 103 Ac
Póggio Montone [TR] 93 Ec
Póggio Morello [TE] 97 Ec
Póggio Morico [PG] 85 Dcd
Póggio Murella [GR] 93 Bcd
Póggio Nativo [RI] 101 Fc
Poggioni [AR] 85 Abc
Póggio Nuovo [TR] 95 Ad
Póggio Parrano [PG] 85 Ed
Póggio Pertuso [GR] 99 Cb
Póggio Perugino [RI] 101 Fbc
Póggio Piccolo [BO] 69 Ab
Póggio Picenze [AQ] 103 Ec
Póggio Pinci [SI] 83 Dc
Póggio Primocaso [PG] 95 Ec
Póggio Rattieri [TE] 97 Cd
Poggioreale [NA] 127 Da
Poggioreale [TP] 167 Fa
Poggioreale, Ruderi di- 157 Fd
Póggio Renatico [FE] 55 Fc
Póggio Rondino [PC] 51 Ec
Poggio Rosso, Riserva Naturale- 85 Aa
Poggiorsini [BA] 131 Ea
Póggio Rusco [MN] 55 Db
Póggio Salvi [SI] 93 Aa
Poggio San Giovanni [RI] 103 BCc
Póggio San Lorenzo [RI] 101 FGc
Póggio San Marcello [AN] 87 Bab
Póggio Sannita [IS] 111 Fc
Póggio San Pellegrino [GR] 93 Ac
Póggio San Polo [SI] 83 Cb
Póggio San Romualdo [AN] 87 Bbc
Póggio Santa Maria [AQ] 103 Cc
Póggio Sant'Ercolano [PG] 85 Ec
Póggio San Vicino [MC] 87 Bb
Póggio Sommavilla [RI] 101 Ec
Póggio Sorifa [MC] 85 Fd
Poggio Spedaletto, Riserva Biogenetica di- 91 Cb
Poggio Tempesti [FI] 75 CDc
Póggio Terzarmata [GO] 33 DEb
Póggio Tre Cancelli, Riserva Naturale- 91 Cb
Poggio Ugolino [FI] 75 Fc
Póggio Valle [PG] 93 Db
Poggiovalle [RI] 103 Cc
Póggio Vittiano [RI] 103 Bc
Poggiridenti [SO] 13 Ac
Poggi San Siro [CN] 61 CDb
Poggi Santo Spirito [CN] 61 Db
Poggitazzi [AR] 83 Da
Pogi [AR] 83 Db
Pogli [SV] 71 Fa
Pogliana [VA] 25 Bb
Pogliani [TO] 37 Bc
Pogliano Milanese [MI] 39 Ca
Pogliasca [SP] 65 Bc
Pogliola [CN] 61 Bb
Pognana [MS] 65 Dc
Pognana Lário [CO] 25 Cb
Pognano [BG] 25 Fd
Pogno [NO] 23 Ec
Poia [TN] 29 Aa
Póia, Cresta di- 3 Fb
Póia, Torrente- 13 Dd
Poiana di Granfion [VI] 45 Ab
Poiana Maggiore [VI] 43 Fc
Poiane [BS] 41 Db
Poianella [VI] 29 Ed
Poiano [MN] 41 Ec
Poiano [RE] 65 Fb
Poiano [VR] 43 Cb
Poincicco [PN] 31 Fb
Poio Pontelu 93 Cc
Poira [SO] 11 Fcd
Poirino [TO] 49 BCb
Poitu Codinu, Necropoli di- 183 Dd
Pola, Monte- 119 Aa
Polaggia [SO] 11 Gcd
Polanesi [GE] 63 Db
Polava [UD] 19 Ecd
Poláveno [BS] 27 Bd
Polazzo [GO] 33 Dbc
Polcanto [FI] 75 FGb
Polcenigo [PN] 31 Dab
Polegge [VI] 29 Ed
Polenaco [TR] 95 Cd
Polengo [CR] 41 Bc
Polenta [FC] 77 Ea
Polentes [BL] 17 Cd
Poleo [VI] 29 Cc
Polesella [RO] 57 Bb
Polésine [It.] 57 BCa
Polésine [MN] 55 Bb
Polésine, Isola di- 57 Fb
Polésine Camerini [RO] 57 Fb
Polesinello [RO] 57 Eb
Polésine Parmense [PR] 53 Dab
Polésio [AP] 97 Cb
Poletto [MN] 43 Cd
Polgéto [PG] 85 Bc
Poli [ROMA] 109 Bb
Polia [VV] 153 Db
Policaretto, Serra di- 145 Fd
Policastrello [CS] 145 Db
Policastro Bussentino [SA] 141 DEb
Policavecchia [AP] 97 Bb
Policoro [MT] 137 Ac
Policorvo [CH] 113 Aab
Polignano [PC] 53 Ca
Polignano [PC] 53 Bc
Polignano a Mare [BA] 125 Fc
Polinago [MO] 67 Bb
Polino [TR] 95 DEd
Polino, Monte- 171 Dc
Polístena [RC] 153 Cd
Polita [PR] 65 Db
Polizzello [CL] 169 Eb
Polizzi Generosa [PA] 161 Bd
Polizzo, Monte- 157 Dc
Polla [SA] 129 Fc
Polla, Grotta di- 129 Fc
Pollaio, Monte- 77 Bab
Pollano, Monte- 63 Fb
Pollara [ME] 165 Ca
Pollaro, Monte- 129 DEb
Pollastra [AL] 51 Bb
Pólleca, Rio- 119 Aa
Pollein [AO] 21 Dc
Pollella [CS] 149 Cb
Póllena Trócchia [NA] 127 Eab
Pollenza [MC] 87 CDc
Pollenzo [CN] 49 Cc
Póllica [SA] 141 Bab
Polligrone [KR] 151 Db
Póllina [PA] 161 Bc
Póllina, Fiume- 161 Bc
Pollino [PZ] 143 Dc
Pollino [VB] 23 Fb
Pollino, Monte- 143 CDc
Pollino, Parco Nazionale del- 143 Dc
Pollone [BI] 23 Cd
Polluce, Punta- 23 Ab
Pollutri [CH] 105 Fd
Polo, Monte- 65 CDb
Polonghera [CN] 49 Ac
Polosa [PZ] 131 Cb
Polpenazze del Garda [BS] 41 Fa
Polpet [BL] 17 Cc
Polpresa [TO] 35 Fc
Polsa [TN] 29 Ac
Póltolu, Nuraghe- 183 Ed
Poltu Quatu [OT] 179 Dc
Poludnig, Monte- 19 Da
Polvano [AR] 85 Ab
Polverácchio, Monte- 129 Db
Polveráia [GR] 91 Fc
Polverara [PD] 45 Bc
Polverara [SP] 65 Bd
Polverello [ME] 163 Ac
Polverigi [AN] 87 Dab
Polverina [AP] 97 Bb
Polverina [MC] 95 Fa
Polverina, Lago di- 95 Fa
Polverina, Oasi di- 95 Fa
Polverini [CZ] 149 Ed
Polvese, Isola- 85 Ad
Pólvica [CE] 119 Fd
Pólvica [SA] 129 Ab
Poma, Lago- 157 Fc
Pomagagnon 17 Ba
Pomáia [PI] 81 Db
Pomara [MN] 53 Ga
Pomarance [PI] 81 Fc
Pomaretto [TO] 37 Cd
Pomaretto [TO] 47 Eb
Pomárico [MT] 133 Bc
Pomárico Vecchio (Castrocicurio) 133 Bd
Pomaro [AP] 97 Bc
Pomaro, Monte- [ME] 163 BCc
Pomaro, Monte- [ME] 163 Cb
Pomarolo [TN] 29 Bb
Pomaro Monferrato [AL] 51 Aa
Pombi, Pizzo- 11 Db
Pómbia [NO] 23 Fd
Pomeano [TO] 47 DEb
Pomerolo [CN] 47 Gd
Pometo [PV] 51 Eb
Pomézia [ROMA] 107 Fcd
Pomezzana [LU] 73 Eb
Pomiere, Monte- 161 Dc
Pomieri, Serra- 147 BCd
Pomigliano d'Arco [NA] 127 Ea
Pomino [FI] 77 Bc
Pomonte [LI] 89 Cc
Pomonte [PG] 95 Cb
Po Morto di Primaro 57 Bc
Pompagnano [PG] 95 Dc
Pompeano [MO] 67 Bb
Pompei [NA] 127 Fb
Pompei [NA] 127 Fb
Pompeiana [IM] 71 Eb
Pompeo, Terme- 109 Dc
Pompiano [BS] 41 Cb
Pomponesco [MN] 55 Ab
Pompóngias [OR] 191 Db
Pomponi, Monte- 77 Bc
Pomposa [FE] 57 DEc
Pompu [OR] 191 Eb
Poncarale [BS] 41 CDb
Ponchiera [SO] 13 Ac
Ponciach [TN] 15 Cc
Pondásio [TN] 15 Ab
Pondel [AO] 21 Dcd
Ponderano [BI] 23 Cd
Ponente, Laguna di- 99 Cb
Ponente, Porto di- 165 Db
Ponente, Riviera di- [Lig.] 61 Ec
Ponente, Riviera di- [ME] 163 Ca
Pongelli [AN] 87 Ba
Pongennaro [PR] 53 Db
Ponikve [SLO] 33 Gc
Ponina [AR] 83 EFa
Ponna [CO] 25 Cb
Ponsacco [PI] 81 Da
Ponsano [PI] 81 Fb
Ponso [PD] 43 Fc
Pont [AO] 35 Ea
Pont [BL] 31 Aa
Pontarso [TN] 15 Dd
Pontásio [BS] 27 Bc
Pontasserchio [PI] 73 Fc
Pontassieve [FI] 77 Ac
Pontássio [PT] 75 Db
Pontboset [AO] 21 Gd
Pont-Canavese [TO] 35 Gb
Ponte [BN] 121 Bb
Ponte [BS] 13 Dd
Ponte [CE] 119 Cb
Ponte [PG] 95 Ec
Ponte [RO] 57 Cab
Ponte [SV] 61 Dc
Ponte [TP] 157 Bd
Ponte [VB] 9 Eb
Ponte [VI] 29 Ec
Ponte, Nuraghe- 187 Fb
Ponte Abbadesse [FC] 77 Fa
Ponte a Buriano [AR] 83 Eab
Ponte a Cappiano [FI] 75 Cc
Ponteacco [UD] 19 Dd
Ponte a Égola [PI] 75 Cc
Ponte a Elsa [PI] 75 Dc
Ponte agli Stolli [FI] 83 Ca
Ponte a Greve [FI] 75 Fc
Ponte Albersano [FE] 57 CDb
Ponte alla Chiassa [AR] 83 Fab
Ponte alla Piera [AR] 83 Fa
Ponte Alto [BL] 17 Bc
Ponte Alto [MO] 55 Ccd
Ponte a Moriano [LU] 75 Bb
Ponte Arche [TN] 29 Aa
Ponte a Rigo [SI] 93 Cc
Ponte a Signa [FI] 75 Ec
Ponte a Tressa [SI] 83 Cc
Ponte Azzana [FE] 57 BCc
Ponte Bari [PG] 95 Dc
Ponte Barizzo [SA] 129 CDd
Pontebba [UD] 19 Cab
Pontebbana, Torrente- 19 Ca
Pontebernardo [CN] 59 Db
Ponte Binuara [TP] 157 Dc
Ponte Buggianese [PT] 75 Cc
Ponte Cáffaro [BS] 27 Ec
Pontecagnano [SA] 129 Cc
Pontecagnano Faiano [SA] 129 Cc
Ponte Calcara [PG] 85 DEb
Ponte Caliano [AR] 83 Fa
Ponte Camastra [PZ] 131 Cd
Pontecasale [PD] 45 Bc
Pontecasali [VE] 31 Fc
Pontécchio [BO] 67 Eb
Pontécchio Polésine [RO] 57 Bab
Ponteccio [LU] 65 Ec
Ponteceno [PR] 65 Aa
Ponteceno di Sopra [PR] 65 Aa
Ponteceno di Sotto [PR] 65 Aa
Ponte Centésimo [PG] 95 Dab
Pontechianale [CN] 47 Dd
Pontechiusita [MC] 95 Eb
Pontecorvo [FR] 119 ABa
Ponte Crenna [PV] 51 DEb
Ponte Crepaldo [VE] 31 Fd
Pontecurone [AL] 51 Cb
Pontecuti [PG] 95 Bc
Ponte d'Árbia [SI] 83 Ccd
Ponte d'Assi [PG] 85 Dc
Pontedassio [IM] 71 Fb
Pontedazzo [PU] 85 Db
Pontedecimo [GE] 63 Cab
Ponte degli Alberi [PU] 79 Dc
Ponte del Diavolo, Area Attrezzata del- 35 Fc
Ponte della Delizia [PN] 33 Ab
Ponte della Forca [RE] 55 Ac
Ponte della Maddalena [LU] 75 Bb
Ponte della Pietra [FC] 77 Fa
Ponte della Valle [FI] 77 BCa
Ponte della Venturina [PT] 75 Da
Ponte dell'Olio [PC] 53 Ab
Pontedera [PI] 75 Bcd
Ponte di Barbarano [VI] 43 Fb
Ponte di Brenta [PD] 45 Bb
Ponte di Castegnero [VI] 43 Fb
Ponte di Ferro [PG] 95 Cb
Ponte di Ghiaccio, Lago- / Eisbrugg See 3 Eb
Ponte di Gómbola [MO] 67 Bb
Ponte di Legno [BS] 13 Dc
Ponte di Liso [BT] 123 Fb
Ponte di Masino [FI] 75 Cc
Ponte di Mossano [VI] 43 Fb
Ponte di Nanto [VI] 43 Fb
Ponte di Nava [CN] 71 Ea
Ponte di Piave [TV] 31 Dc
Ponte di Verzuno [BO] 67 Dc
Ponte Dolo [RE] 67 Ab
Ponte Ete [FM] 87 Fd
Ponte Felcino [PG] 85 Cd
Ponte Fontanelle, Lago di- 131 Cc
Ponte Galéria [ROMA] 107 DEc
Ponte Gardena / Waidbruck [BZ] 3 Dd
Pontegatello [BS] 41 Cb
Ponte Ghiereto [FI] 75 Fb
Pontegínori [PI] 81 Ec
Ponte Gorzone [PD] 45 Ad
Ponte Gradella [FE] 57 Ac
Pontegrande [CZ] 151 Bd
Pontegrande [VB] 23 Cab
Pontegrosso [PR] 53 Cc
Ponte Impiso [BT] 123 EFd
Ponte Incoronata [FG] 123 Ba
Ponte in Valtellina [SO] 13 Acd
Ponte la Casa [CH] 113 Bb
Pontelagoscuro [FE] 57 Ab
Ponte Lamberti [PR] 53 Bd
Ponte Lambro [CO] 25 Db
Pontelandolfo [BN] 121 Bb
Pontelangorino [FE] 57 Db
Pontelatone [CE] 119 Eb
Pontelatrave [MC] 95 Fa
Ponte Locatello [BO] 67 DEc
Pontelongo [FG] 123 Ba
Pontelongo [PD] 45 Cc
Ponte Losco [MO] 55 Dcd
Pontelungo [PT] 75 Db
Pontelungo [PV] 39 Dc
Ponte Lungo [SO] 13 Bab
Ponte Máglio [FM] 97 Cb
Pontemáglio [VB] 9 Ec
Ponte Máira [CN] 59 Cb
Pontemanco [PD] 45 Bc
Pontemaodino [FE] 57 Dc
Ponte Mármora [CN] 59 Db
Pontemazzori [LU] 73 Eb
Ponte Menócchia [AP] 97 DEa
Ponte Merlano [MN] 43 Bd
Ponte Messa [RN] 77 Fc
Ponte Murello [PU] 79 Dc
Pontenano [AR] 83 Ea
Ponte nelle Alpi [BL] 17 Ccd
Ponte Nizza [PV] 51 Db
Ponte Nossa [BG] 27 Ab
Ponte Nova / Birchabruck [BZ] 15 Db
Pontenovo [IS] 111 Ed
Pontenuovo [CO] 25 Dc
Ponte Nuovo [MC] 95 Fb
Ponte Nuovo [MI] 39 Bb
Ponte Nuovo [MO] 67 Bab
Ponte Nuovo [PG] 95 Bab
Pontenuovo [PT] 75 Db
Ponte Nuovo [RA] 69 Eb
Pontenure [PC] 53 Bab
Ponte Olivo [CL] 175 Eb
Ponte Organasco [PC] 51 Ec
Ponte Parrano [PG] 85 Ed
Ponte Páttoli [PG] 85 Ccd
Pontepetri [PT] 75 Da
Ponte Pia, Lago- 27 Fa
Ponte Pietra [TO] 47 EFa
Pontepóssero [VR] 43 Bc
Ponteprimario [SA] 129 Abc
Ponte Punzetti [FE] 57 Cb
Ponte Racli [PN] 17 Fc
Ponteránica [BG] 25 FGc
Ponteranica, Monte- 25 Fab
Ponte Ribellasca [NO] 9 Fd
Ponte ricciolі [PU] 85 Db
Ponte Rio [PG] 95 Da
Ponte Rodoni [FE] 55 Fb
Ponteromito [AV] 129 Da
Ponte Ronca [BO] 67 DEab
Ponte Rosso [BS] 41 Db
Ponterosso [FI] 83 Ca
Ponterotto [PD] 45 Bb
Ponterotto [VT] 101 Cc
Póntes, Castello- 185 Ed
Ponte Saetta [VE] 33 Ad
Ponte Samóggia [BO] 67 Da
Ponte San Giovanni [PG] 95 Ba
Ponte San Lorenzo [VI] 29 Fb
Ponte San Ludovico [IM] 71 Cc
Ponte San Marco [BS] 41 Eb
Ponte San Nicolò [PD] 45 Bb
Pontesano, Canale- 115 Ad
Ponte San Pellegrino [MO] 55 Db
Ponte San Pietro [BG] 25 Fc
Ponte San Pietro [FE] 57 Bb
Ponte San Quirino [UD] 19 Dd
Ponte Santa Margherita [SP] 65 Ac
Ponte Sant'Antonio [CE] 119 Ec
Ponte Santo [BO] 69 Bb
Ponte Santo Stéfano [ME] 163 Db
Pontesei, Lago di- 17 Cb
Ponte Sestaione [PT] 75 Ca
Pontestazzemese [LU] 73 Eb
Ponte Stoppino [BO] 57 Bd
Pontestura [AL] 37 Ed
Ponte Taro [PR] 53 Ec
Ponteterra [MN] 53 Fab
Pontetetto [LU] 75 Ac

Ponte Tidone [PC] 51 FGa
Ponte Travagli [FE] 57 Abc
Ponte Tre Denari [ROMA] 107 Db
Ponte Tresa [VA] 25 Bb
Pontetto Roldo [VB] 9 Ed
Ponte Ulica [ROMA] 109 Ad
Ponte Vecchio [MI] 39 Bb
Ponte Vecchio [SV] 61 Eab
Ponte Vecchio, Cima– 13 Fb
Ponteventuno [MN] 43 Ad
Pontevico [BS] 41 Cc
Pontevilla [BZ] 1 Cd
Pontey [AO] 21 Fc
Ponte Zanano [BS] 27 BCcd
Ponti [AL] 49 Fd
Ponti [CI] 195 Cc
Ponti [IM] 71 Ea
Ponticelli [BO] 55 Fc
Ponticelli [BO] 69 Ac
Ponticelli [NA] 127 Da
Ponticelli [RI] 101 Fc
Ponticello, Canale– 123 Ca
Ponticino [AR] 83 Eb
Ponticino / Bundschen [BZ] 3 BCd
Pontida [BG] 25 Fc
Pontificio, Palazzo– 107 Gc
Pontifogno [FI] 77 Bc
Pontile [MC] 87 Ac
Pontinia [LT] 117 Da
Pontinvrea [SV] 61 Fb
Pontirolo [CR] 41 Dd
Pontirolo Nuovo [BG] 25 Fd
Ponti Spagna [FE] 55 Fb
Ponti sul Mincio [MN] 43 Ab
Pontito [PT] 75 Cb
Pontóglio [BS] 41 Ba
Pontolo [PR] 65 Bab
Ponton [VR] 43 Aab
Pontoncello [VR] 43 Cb
Pontone [RE] 65 Fb
Pontorme [FI] 75 Dc
Pontoro [LU] 75 Bb
Pontrémoli [MS] 65 Cb
Pontresina [Svizz.] 13 Aa
Pont-Saint-Martin [AO] 23 Ad
Pont Trenta [AO] 23 Bc
Pontuglia [PG] 95 Dc
Ponza [LT] 117 ins.a
Ponza, Isola di– 117 ins.a
Ponza Grande (Visoka Ponca) 19 Fb
Ponzalla [FI] 75 FGab
Ponzana [NO] 37 Fb
Ponzanello [MS] 65 Ccd
Ponzano [BO] 67 Db
Ponzano [PO] 75 Eb
Ponzano [PT] 75 Db
Ponzano [TE] 97 Dc
Ponzano [VT] 93 Ed
Ponzano di Fermo [FM] 97 Ca
Ponzano Magra [SP] 73 Ca
Ponzano Monferrato [AL] 37 Dd
Ponzano Romano [ROMA] 101 Ec
Ponzano Superiore [SP] 65 Cd
Ponzano Véneto [TV] 31 Cc
Ponzate [CO] 25 Cc
Ponze [PG] 95 Db
Ponzema, Torrente– 63 Ba
Ponzolotti [TN] 29 Bc
Ponzone [AL] 61 Fa
Ponzone [BI] 23 Dcd
Popaga [AP] 97 Bb
Popelli [RC] 153 Dd
Popena, Piz– 17 Ca
Popera, Monte– / Hochbrunner Schneid 5 Cd
Popera di Valgrande, Monte– 17 Eab
Popíglio [PT] 75 Ca
Popini, Monte– 151 Bb
Pópola [PG] 95 Eb
Popolano [FI] 77 Ba
Pópoli [PE] 105 Bcd
Pópoli [PG] 95 Fc
Popolo [AL] 37 Ecd
Poponi, Monte– 103 Bab
Poppi [AR] 77 Cc
Poppiano [FI] 75 Ed
Poppino [VA] 23 Gab
Popponi [AV] 123 Bd
Populónia [LI] 91 Ab
Por [TN] 27 Eb
Pora, Monte– 27 Bb
Pora, Torrente– 61 Ec
Porale, Monte– 51 Cd
Porana [PV] 51 Da
Porano [TR] 93 Ec
Porassey [AO] 21 Bc
Porcara [MN] 55 Eb
Porcara [VR] 43 Ca
Porcari [LU] 75 Bc
Porcaria, Serro– 161 EFd
Porcaria, Torrente– 173 Ed
Porcella [VR] 43 Bb
Porcellengo [TV] 31 Bc
Porcellino [FI] 83 Ca
Porcen [BL] 31 Ab
Porcentico [FC] 77 Da
Porcetti [VR] 43 Ec
Porche, Monte– 97 Ab
Pórchia [AP] 97 Cb
Porchiano [AP] 97 Cb
Porchiano [PG] 95 Bc
Porchiano del Monte [TR] 101 CDa
Porchíles, Nuraghe– 189 Bb
Pórcia [PN] 31 Eb
Porciano [AR] 77 Cc
Porciano [FR] 109 Dc
Porciano [PT] 75 Dc
Porciano, Monte– 109 Dc
Porcigatone [PR] 65 Ba
Porcile, Monte– 63 FGb
Porcina, Montagne della– 151 Bb
Porcino [VR] 29 Ad
Porciorasco [SP] 65 Ab
Porco, Isola– 179 Db
Porco, Monte– 119 Fa
Porco Morto, Monte– 101 Fb
Pórcos, Nuraghe– 187 Db
Porcospino, Monte– 163 Cbc
Pordenone [PN] 31 Eb
Poreta [PG] 95 Dc
Porettina [SO] 11 Ec
Porle [BS] 27 Dd
Porlezza [CO] 25 Ca
Pornassino [CN] 61 Bd
Pornássio [IM] 71 Ea
Pornello [TR] 93 Fb
Poro, Monte– [TR] 101 Fa
Poro, Monte– [VV] 153 Bc
Porossan [AO] 21 Dc
Porotto [FE] 55 FGbc
Porpetto [UD] 33 Cbc
Porponi [FI] 75 Dc
Porporana [FE] 55 Fb
Porporano [PR] 53 EFc
Porrara, Monte– [Abr.] 111 Db
Porrara, Monte– [AV] 121 Dd
Porrazzito [SR] 173 Dd
Porrena [AR] 77 Cc
Porreta [LU] 73 Ea
Porretta Terme [BO] 67 Cd
Porri [SV] 61 Fb
Porri, Isola dei– [RG] 177 Dd
Porri, Isola dei– [SS] 181 Bc
Porri, Monte dei– 165 Ca
Porrino [FR] 109 Fcd
Porrona [AL] 51 Bb
Porrona [GR] 93 Ab
Porta [BG] 25 Gab
Porta [LU] 73 DEb
Porta, Croda della– (Torwand) 3 Db
Porta, La– 15 Ec
Porta Chiossa, Garzaia– 39 Dc
Portacomaro [AT] 49 Eb
Portálbera [PV] 39 Dd
Portanuova [AL] 51 Ac
Portaria [TR] 95 Ccd
Portatore, Fiume– 117 Eb
Porte [TO] 47 Eb
Porte [VE] 45 Cb
Portedda, sa– [CA] 195 Ed
Porte del Cavallino [VE] 45 Fb
Portegrandi [VE] 31 Dd
Portella [FR] 111 Cd
Portella, Monte– [Abr.] 103 Eb
Portella, Monte– [CZ] 149 Ed
Portella di Mare [PA] 159 Cb
Portese [BS] 27 Ed
Portesine [RO] 45 Dd
Portette, Lago delle– 59 Ec
Porticciolo, Torre del– [SS] 183 ABc
Porticelle Soprana [CT] 161 Fc
Porticelle Sottana [CT] 161 Fc
Porticello [ME] 165 Dab
Porticello [PA] 159 Db
Porticello [RC] 155 ABb
Pórtici [BG] 41 Bb
Pórtici [NA] 127 Db
Pórtico [CR] 41 Ab
Portico [FC] 77 Ca
Portico di Caserta [CE] 119 Ec
Pórtico di Romagna [FC] 77 Cab
Pórtico e San Benedetto [FC] 77 Cab
Portigliola [RC] 155 Eb
Portigliola, Fiumara– 155 Eb
Portiglione [GR] 91 Cb
Portile [MO] 67 Ca
Pórtio [SV] 61 Fc
Portiolo [MN] 55 Ca
Portirone [BG] 27 Bc
Portisco [OT] 179 DEc
Pórtis Nuovo [UD] 19 Bb
Portis Vecchio [UD] 19 Bb
Portixeddu [CI] 191 Cd
Porto [GE] 63 Ea
Porto [PD] 45 Ac
Porto [PG] 93 Da
Porto [PZ] 141 Fc
Porto [RA] 69 Eb
Porto [SA] 141 Cb
Porto [SI] 83 Ecd
Porto, Bonifica di– 107 Dc
Porto, il– 117 ins.a
Porto Alabé [OR] 187 Cb
Porto Azzurro [LI] 89 Ec
Porto Badino [LT] 117 Eb
Porto Badisco [LE] 139 Fb
Porto Banda [CI] 195 Cb
Portobello di Gallura [OT] 179 Bc
Porto Botte [CI] 195 Dc
Portobuffolé [TV] 31 Eb
Porto Caleri, Giardino Botanico Litoraneo di– 45 Dd
Portocannone [CB] 113 Db
Porto Cerésio [VA] 25 Bb
Porto Cervo [OT] 179 Ec
Porto Cesareo [LE] 139 Ca
Porto Cesareo, Area Naturale Marina– 139 Ca
Porto Columbu–Perd'è Sali [CA] 197 Bc
Porto Conte, Parco Regionale di– 183 Bc
Porto Corallo [CA] 193 Ed
Porto Corsini [RA] 69 Eab
Porto d'Adda [MB] 25 Ecd
Porto d'Áscoli [AP] 97 Eb
Porto di Brenzone [VR] 27 Fc
Porto di Levante [ME] 165 Db
Porto di Mattinata 115 Ec
Porto Empédocle [AG] 169 Dd
Porto Ercole [GR] 99 Cb
Portoferraio [LI] 89 Dc
Portofino [GE] 63 Ec
Portofino, Area Marina di– 63 Ec
Portofino, Monte di– 63 DEb
Portofino, Parco Naturale di– 63 Dc
Portofino Vetta [GE] 63 DEb
Porto Foxi [CA] 197 Bc
Porto Fuori [RA] 69 Eb
Porto Garibaldi [FE] 57 Ec
Portogreco [FG] 115 Fc
Portogruaro [VE] 31 Fc
Pórtole [AR] 85 Ac
Porto Levante [RO] 57 Fa
Portolo [TN] 15 Bc
Portomaggiore [FE] 57 Bc
Porto Mandriola [OR] 187 Cc
Porto Mantovano [MN] 43 Ac
Porto Marghera [VE] 45 Db
Porto Maurizio [IM] 71 Fb
Porto Nébida [CI] 195 Cb
Portone del Pizzo [PR] 53 Eb
Porto Nogaro [UD] 33 Cc
Portonovo [AN] 87 Ea
Portonovo [BO] 69 Ba
Porto Páglia [OT] 179 Ec
Portopaleddu [CI] 195 Cb
Porto Palma [VS] 191 Cb
Porto Palo [AG] 167 Eb
Portopalo di Capo Pássero [SR] 177 Ed
Portopinetto [CI] 195 Dd
Porto Pino [CI] 195 Dd
Porto Portese [BS] 27 Ed
Porto Potenza Picena [MC] 87 Fbc
Porto Pozzo [OT] 179 Cb
Porto Rafael [OT] 179 Db
Porto Recanati [MC] 87 Fb
Porto Rotondo [OT] 179 Ec
Portorotta [FE] 57 Bc
Porto Salvo [LT] 119 Ab
Portosalvo [ME] 163 Cb
Porto Salvo [VV] 153 Cb
Porto San Giorgio [FM] 87 Fc
Porto San Páolo [OT] 179 Ed
Porto Santa Margherita [VE] 33 Ad
Porto Sant'Elpídio [FM] 87 Fc
Porto Santo Stéfano [GR] 99 Bb
Portoscuso [CI] 195 Cb
Porto Secco [VE] 45 Dc
Porto Selvaggio-Torre Uluzzo / Palude del Capitano, Parco Naturale Regionale– 139 Cb
Porto Tolle [RO] 57 Fb
Porto Tórres [SS] 181 Cd
Porto Valtraváglia [VA] 23 Gb
Portovécchio [MO] 55 Eb
Portovécchio [VE] 31 FGc
Portovénere [SP] 73 BCa
Porto Venere, Parco Naturale Regionale di– 73 Ca
Porto Verde [RN] 79 Cb
Portoverrara [FE] 57 Bc
Portovesme [CI] 195 Cb
Porto Viro [RO] 57 Ea
Pórtula [BI] 23 Dc
Portule, Cima– 29 Db
Porzano [BS] 41 Db
Porze (Palombino, Cima–) 5 Dd
Porziano [PG] 85 DEd
Posa [TV] 31 Ac
Posada [NU] 185 Fc
Posada, Fiume di– 185 Fc
Posada, Lago di– 185 Ec
Posasso, Monte– 63 Eab
Posatora [AN] 87 Da
Poscante [BG] 25 Gc
Poschiavo [Svizz.] 13 Bb
Posico [BS] 27 Cc
Posillesi [TP] 157 Dd
Posíllipo [NA] 127 Db
Pósina [VI] 29 Cc
Pòsina, Torrente– 29 Cc
Positano [SA] 127 Ec
Pòsola [PT] 75 Da
Possagno [TV] 31 Ab
Possâl [UD] 17 Fab
Posta [RI] 103 Bab
Posta [VI] 29 Cb
Posta Berardi [FG] 123 Da
Posta Cisternola [FG] 123 Ab
Posta del Bosco Spirito [BT] 123 Fc
Posta del Greco [FG] 115 BCd
Posta della Via [FG] 115 Cd
Posta delle Camerelle [FG] 123 Cc
Posta di Gaudiano [PZ] 123 Dc
Posta di Scarpetta [FG] 115 Dd
Posta Fibreno [FR] 111 Bc
Posta Fissa [FG] 123 Bc
Posta Incorvera [FG] 123 Cb
Postal / Burgstall [BZ] 3 Bd
Postalésio [SO] 11 Gcd
Posta Locone [BT] 123 Dbc
Posta Monte Granata [FG] 115 Bd
Posta Nova [FG] 115 Ac
Posta Nuova [FG] 121 Fa
Posta Nuova delle Pécore [MT] 137 Ac
Posta Padovano [FG] 115 Cc
Posta Palomba [BT] 123 Eb
Posta Piana [BT] 123 Dc
Posta Piana [FG] 115 Cd
Posta Rosa [FG] 115 Cd
Posta Santa Cecilia [FG] 123 Aa
Posta Santa Lucia [FG] 121 Fa
Posta Torrebianca [FG] 121 Fa
Posta Uccello [FG] 123 Da
Posterle [CN] 59 Da
Posticciola [RI] 103 Ac
Posticeddu [BR] 135 Cb
Postiglione [SA] 129 Ec
Postignano [PG] 95 Eb
Postino [CR] 39 Fbc
Postioma [TV] 31 Bc
Posto li Sorci [LE] 139 CDc
Postoncicco [PN] 33 Aab
Postoncicco, Monte– 19 Cc
Posto Rácale [LE] 139 CDc
Póstua [VC] 23 Dc
Potaldo, Torrente– 51 Aa
Potame [CS] 149 Db
Potenza [PZ] 131 Bc
Potenza, Fiume– 87 Eb
Potenza Picena [MC] 87 Eb
Poténzoni [VV] 153 Cb
Poti, Alpe di– 83 Fb
Pourachet [TO] 47 Bab
Pourrières [TO] 47 Ca
Pove del Grappa [VI] 29 Fc
Povéglia 45 Db
Povegliano [TV] 31 Cc
Povegliano Veronese [VR] 43 Bbc
Poverella [CS] 149 Ebc
Poverello, Monte– 163 Db
Povici [UD] 19 Cb
Povíglio [RE] 53 Gb
Povo [TN] 15 BCd
Povolaro [VI] 29 Ed
Povoletto [UD] 19 Cd
Poza [CE] 119 Db
Pozio, Monte– 85 Bb
Pozza [AP] 97 Bc
Pozza [AQ] 103 Cb
Pozza [MO] 67 Ca
Pozza [TN] 29 Ac
Pozza [VI] 29 Cc
Pozzacchio [TN] 29 Bc
Pozza di Fassa [TN] 15 EFb
Pozzáglia Sabina [RI] 103 Acd
Pozzáglio [CR] 41 Cc
Pozzáglio ed Uniti [CR] 41 Cc
Pozzale [BL] 17 Db
Pozzale [FI] 75 Dc
Pozzális [UD] 19 Bd
Pozzallo [RG] 177 CDd
Pozzarolo [SA] 129 Cb
Pozzatina, Dolina– 115 Bc
Pozze [PD] 45 Cb
Pozzecco [UD] 33 Bb
Pozzelle, Serra delle– 119 Ea
Pozzello, Colle– 103 Eb
Pozzengo [AL] 37 Dd
Pozzette, Cima delle– 29 Ac
Pozzetto [AN] 87 Bb
Pozzetto [PD] 45 Ac
Pozzi [LU] 73 Eb
Pozzi [VE] 33 Ac
Pozzi, Villa– [RG] 177 Cc
Pozzilli [IS] 111 Dd
Pozzillo [CE] 119 Eb
Pozzillo [CT] 173 Eab
Pozzillo [TP] 157 Ccd
Pozzillo, Lago di– 171 Fb
Pozzi Mónaci [SA] 141 Ea
Pózzis [UD] 19 Ab
Pozzo [MC] 87 Cb
Pozzo [MS] 65 Cc
Pozzo [PG] 95 Cb
Pozzo [PN] 31 Eb
Pozzo [PN] 33 Aa
Pozzo [RA] 69 ABc
Pozzo [RC] 155 DEbc
Pozzo [UD] 33 Ab
Pozzo [VR] 43 Dc
Pozzo [VR] 43 Cb
Pozzo, Monte– 71 Cb
Pozzo, Piano del– 177 Cb
Pozzo Alto [PU] 79 Cb
Pozzo Bangiuludo [VS] 191 EFd
Pozzo Baronzio [CR] 41 Dd
Pozzobon [TV] 31 Bc
Pozzo Catena [MN] 41 Fb
Pozzo d'Adda [MI] 25 Fd
Pozzo del Bagno, Monte– 75 Db
Pozzo della Chiana [AR] 83 Ec
Pozzolengo [BS] 41 Fb
Pozzoleone [VI] 29 EFd
Pozzol Groppo [AL] 51 Db
Pozzolino [GR] 81 Gcd
Pozzolo [MN] 43 Ac
Pózzolo [PR] 53 Bc
Pozzolo [PV] 51 Eab
Pozzolo [VI] 43 Fb
Pozzolo, Punta– 9 Ed
Pozzolo Formigaro [AL] 51 Bc
Pozzomaggiore [SS] 183 Dd
Pozzo Maiore, Nuraghe– 187 Eb
Pozzoni, Monte– 95 FGd
Pozzonovo [PD] 45 Ac
Pozzo Nuovo [AR] 83 Fc
Pozzo Sacro di Santa Anastasia 191 Ec
Pozzo Sacro di sa Testa 179 Ed
Pozzo Salerno [TA] 133 Gbc
Pozzo San Nicola (Casteddu) [SS] 181 Bd
Pozzotello, Monte– 109 Ec
Pozzo Terraneo [FG] 123 Cb
Pozzo Venturi [SI] 83 Dc
Pozzovétere [CE] 119 Fc
Pozzuoli [NA] 127 Cb
Pozzuolo [LU] 75 Ac
Pozzuolo [MC] 87 Bd
Pozzuolo [PG] 83 Fd
Pozzuolo [PU] 79 Cc
Pozzuolo [SI] 83 Dc
Pozzuolo del Friuli [UD] 33 Cb
Pozzuolo Martesana [MI] 39 Eab
Pra [CN] 61 Cc
Pra [GE] 63 Bb
Pra [PD] 43 Fc
Pra [VI] 29 Cc
Prabello, Monte– 17 Bcd
Prabernardo [VB] 23 Ca
Prabione [BS] 27 Fc
Praboccone, Croce– 59 Eb
Pracaban, Monte– 63 Ba
Prà Campo [SO] 13 BCc
Prà Catinat [TO] 47 Da
Pracchi [LU] 75 Ba
Prácchia [PT] 75 Da
Prácchia [TR] 95 Cd
Prácchiola [MS] 65 Cb
Praciadelan [BL] 17 Cb
Pracúpola / Kuppelwies [BZ] 15 Aab
Prada [BO] 67 Dc
Prada [LO] 39 Fc
Prada [PR] 65 Eab
Prada [RA] 69 CDb
Prada [TN] 29 Ac
Prada [VR] 27 Fd
Pradalunga [BG] 25 Gc
Pradamano [UD] 33 Cab
Prad am Stilfser Joch / Prato allo Stélvio [BZ] 1 Dd
Prà da Stua, Lago– 29 Ac
Pradazzo [CR] 41 Ac
Pradazzo, Monte– 15 Fb
Prade [TN] 15 Fd
Pradeboni [CN] 61 Ac
Pradel [BZ] 3 Dd
Pradel [TN] 15 Ad
Pradella [BG] 27 Bab
Pradella, Monte– 27 Ab
Prá dell'Albi-Cei 29 Bb
Pradellano [TN] 15 Ed
Pradelle [VR] 43 Bc
Pradelle [VR] 43 Cd
Prá delle Nasse 15 Fc
Pradello [MN] 43 Bd
Pradello [PC] 51 Gc
Pradeltorno [TO] 47 DEb
Pra di Botte [PD] 43 Fc
Pradiélis [UD] 19 Cc
Pra di Levada [VE] 31 EFc
Pradipaldo [VI] 29 EFc
Pradipozzo [VE] 31 Fc
Pradis [PN] 17 Fc
Prádis [UD] 19 Cb
Pradis di Sotto [PN] 19 Ac
Prà di Sopra / Oberau [BZ] 3 Dc
Pradléves [CN] 59 Eb

Prado [PV] 39 Dc
Pradone [MO] 67 Bb
Pradónego [VR] 27 Fd
Pradovera [PC] 51 Fc
Pradumbli [UD] 17 Fab
Pragate [PV] 51 Eb
Pragatto [BO] 67 Dab
Pragelato [TO] 47 Cab
Pragraten [A] 5 Cab
Prags / Bráies [BZ] 5 Ac
Prägraten / Bráies, Lago di– 5 Ac
Práia a Mare [CS] 143 Ac
Práia a Mare [TA] 133 Fd
Praialonga [KR] 151 Dd
Praiano [SA] 127 Fc
Práie [TO] 35 Fb
Praie [TO] 37 Cd
Prailles [AO] 21 Dc
Prainito, Cava del– 177 Dc
Pralboino [BS] 41 Dc
Prali [CN] 61 Cd
Pralognan [Fr.] 35 Bb
Pralongià 17 Aa
Pralongo [BL] 17 BCb
Pralongo [TV] 31 Dd
Pralungo [BI] 23 Cd
Pramaera, Rio– 189 Fc
Pramaggiore [VE] 31 Fc
Pramaggiore, Monte– 17 Eb
Pramallè [CN] 59 Fab
Prammas, Punta– 185 Dc
Pramollo [TO] 47 Eb
Pramónico [TO] 37 Ab
Prampa, Monte– 65 Fc
Pramper, Cima di– 17 BCc
Pranárgia, Monte sa– 193 Db
Prandáglio [BS] 27 Bd
Praneddas, Rio sas– 185 Ec
Pranello [PR] 65 DEa
Prano, Monte– 73 EFb
Pranolz [BL] 31 Ca
Prantalladas, Nuraghe– 189 Bb
Pranu de Fóllas, Nuraghe– 193 Bb
Pranu Mutteddu 193 Cc
Pranu Sartu [CI] 191 Cd
Pranzalito [TO] 37 Ab
Pranzaturo, Monte– 119 Ea
Pranzo [TN] 27 Fb
Práole [VR] 43 Ca
Pra Piano [TO] 35 Cd
Pra Pince [SO] 11 Ec
Prapotnizza [UD] 19 Ecd
Prarayer [AO] 21 Cd
Prariond [AO] 21 Cd
Pra Rodont 13 Fc
Prarolo [AL] 49 Gd
Prarolo [VC] 37 Ec
Prarostino [TO] 47 Eb
Prasco [AL] 49 Gd
Prascorsano [TO] 35 Gb
Prà Sec [AO] 21 Cc
Praso [TN] 27 Eb
Prasomaso [SO] 13 Acd
Prasottano [SV] 61 EFb
Prassolan, Monte– 29 Fb
Prastio [PZ] 143 Cc
Prastmann / Pratomagno [BZ] 5 Aa
Prata [AQ] 103 Cc
Prata [CN] 61 Cc
Prata [GR] 91 Da
Prata [LI] 91 Ba
Prata [VB] 23 Da
Prata, Pizzo di– 11 Ec
Prata Camportáccio [SO] 11 Ec
Pratáccio [PT] 75 Cab
Prata d'Ansidónia [AQ] 103 Ec
Prata di Pordenone [PN] 31 Eb
Prata di Príncipato Ultra [AV] 121 Bd
Prata di Sopra [PN] 31 Eb
Prata di Sotto [PN] 31 Eb
Pratalborato [AL] 51 Bc
Pratale [AR] 77 Cc
Pratalútoli [AR] 77 Bc
Pratantico [AR] 83 Eb
Prata Sannita [CE] 119 Ea
Prata Sannita Inferiore [CE] 119 Ea

Prata Sannita Superiore [CE] 119 Ea
Pratavecchia [CN] 59 Fb
Pratella [CE] 119 DEa
Pratello [AQ] 111 Db
Pratello [BS] 41 Eab
Pratello [PI] 81 Ea
Pratello, Monte– [AQ] 111 Cb
Pratello, Monte– [FC] 77 Ca
Prateria [RC] 153 Dd
Prateria / Preindl [BZ] 5 Bc
Prati [RA] 69 Cb
Prati [VR] 29 Bd
Prati / Wiesen [BZ] 3 Cb
Prati Alti, Monte– 85 Aa
Prati Brusáda [SO] 11 Fcd
Prática di Mare [ROMA] 107 Ecd
Praticello [RE] 53 Fc
Prati di Mezzanego [GE] 63 Fb
Prati di Monti Lagabrun 15 Cc
Prati di Tesido [BZ] 5 Ac
Prati di Tivo [TE] 103 Eab
Pratieghi [AR] 77 Ec
Prati Gággio [SO] 11 Gc
Pratiglio, Monte– 109 Dc
Pratiglione [TO] 35 Gb
Prati Nuovi [VE] 33 Acd
Pratíssolo [RE] 55 ABd
Prato [GE] 63 Fcb
Prato [GE] 63 Db
Prato [GE] 63 Bb
Prato [PG] 85 Ab
Prato [PO] 75 Eb
Prato [PR] 65 Bb
Prato [PR] 65 Aa
Prato [RE] 55 Bc
Prato [Svizz.] 9 Gb
Prato [TR] 93 Fc
Prato [VB] 23 Da
Prato, Cozzo– 171 Ec
Prato, Monte– [FR] 109 Ec
Prato, Monte– [It.] 65 Fc
Prato, Monte– [RI] 95 FGd
Prato, Tempa del– 129 Ed
Prato alla Drava / Winnebach [BZ] 5 BCc
Prato all'Isarco / Blumau [BZ] 15 Db
Prato allo Stélvio / Prad am Stilfser Joch [BZ] 1 Dd
Prato Barbieri [PC] 53 ABc
Protobello [NU] 189 Cc
Prato Cagliara [VR] 55 Fa
Prato Cárnico [UD] 17 Fab
Prato Caselle, Pizzo del– 111 Bd
Prato Ciorliera [CN] 59 Cb
Prato Comune [SA] 141 Fa
Prato delle Femmine [PR] 65 Ba
Prato delle Macinaie [GR] 93 Bb
Prato di Résia [UD] 19 Cb
Prato di Strada [AR] 77 Cc
Pratoferro [TO] 37 Bb
Pratofontana [RE] 55 Ac
Prato Gentile [IS] 111 Eb
Pratogiardino [PC] 53 Acd
Pratoianni [RI] 103 Bc
Prátola Peligna [AQ] 105 Bd
Pratola Serra [AV] 121 BCd
Pratole [SA] 129 Cc
Pratolino [FI] 75 Fb
Pratolungo [AL] 51 Cc
Pratolungo [CN] 59 DEc
Pratolungo [CN] 59 Ea
Pratolungo [GR] 93 Cc
Pratolungo [NO] 23 Eb
Pratolungo [PR] 65 Eb
Pratolungo [PV] 51 Ec
Pratomagno 77 Cc
Pratomagno / Prastmann [BZ] 5 Aa
Prato Maiuri, Monte– 111 ABb
Pratomedici [MS] 65 Dc
Pratomorone [AT] 49 Db
Pratone, Il– 75 Fc
Pratone, Monte– 77 Aa
Prato Nevoso [CN] 61 Bd
Prato Perillo [SA] 129 FGd
Pratopiano [PR] 65 Db
Prato Piazza / Plätzwiesen [BZ] 5 Bd

Pratora [CZ] 151 Bd
Prato Ranieri [GR] 91 Cb
Pratorotondo [CN] 59 Cb
Prato San Pietro [LC] 25 Eb
Prato Selva [TE] 103 Dab
Prato Sésia [NO] 23 Ed
Prato Spilla [PR] 65 Db
Pratostaffa [TR] 93 Dc
Pratotondo, Monte– 27 Cb
Prato Valentino [SO] 13 Bc
Pratovallarino [SV] 61 FGb
Pratovalle [AR] 83 Ea
Pratovécchio [AR] 77 Cc
Pratrivero [BI] 23 Dcd
Pratrivero Ponzone [BI] 23 Dcd
Praturlone [PN] 31 Fb
Pravisdómini [PN] 31 Fc
Pray [BI] 23 Dc
Pray Basso [BI] 23 Dc
Praz [AO] 21 Fc
Praz [AO] 23 Bc
Praz de Fort [Svizz.] 21 Cb
Prazzo [CN] 59 Db
Prazzo Inferiore [CN] 59 Db
Prazzo Superiore [CN] 59 Db
Pre [TN] 27 Fb
Prea [CE] 119 Eb
Prea [CN] 61 Bc
Prealba, Monte– 27 Ccd
Prealpi Giulie, Parco Naturale Regionale delle– 19 Cb
Preaola, Monte– 25 Dc
Preara [VI] 29 Ecd
Prearba, Monte– 71 Ea
Preare [PD] 43 Gc
Preazzano [NA] 127 Ec
Precariti, Fiumara– 153 Ed
Precaságlio [BS] 13 Dc
Precenicco [UD] 33 Bc
Precenico [TS] 33 EFc
Preci [PG] 95 Fb
Precicchie [AN] 87 Bb
Precona [RO] 55 Gb
Pred, Nuraghe de su– 193 Eb
Predáia, Altopiano della– 15 Bb
Predálbora [PC] 53 Ac
Predáppio [FC] 77 Da
Predáppio Alta [FC] 77 Da
Preda Rossa 13 Gc
Predazzo [TN] 15 Ec
Pré de Bar [AO] 21 Cb
Predella [PR] 53 Cb
Predella-Ferma [RE] 65 EFb
Prediera [RE] 65 Gab
Predil, Lago del– 19 Eb
Predoi / Prettau [BZ] 5 Aa
Predonico / Perdonig [BZ] 15 Cb
Predore [BG] 27 Bc
Predosa [AL] 51 Ac
Predosu, Nuraghe– 189 Cb
Prefetti, Fosso dei– 109 Ad
Preganti, Nuraghe– 193 Bb
Preganziol [TV] 31 Cd
Pregasina [TN] 27 Eb
Pregásio [BS] 27 Fc
Préggio [PG] 85 Bc
Preghena [TN] 15 Bb
Préglia [VB] 9 Dd
Pregnana Milanese [MI] 39 Cab
Pregno [BS] 27 Cd
Pregola [PV] 51 Ec
Préia [VB] 23 Db
Preindl / Prateria [BZ] 5 Bc
Preisi, Monte– 121 Bb
Preistoria, Parco della– 39 Fd
Preistorico, Parco– 81 Ea
Preit [CN] 59 Db
Preitoni [VV] 153 Ecc
Prejon [PD] 45 Bd
Prelà [IM] 71 Eb
Prélaz [AO] 21 Fc
Prélaz [AO] 21 Ec
Prelerna [PR] 65 Ca
Prelle [BI] 37 Cb
Prelo [SV] 61 Fc
Premadio [SO] 13 Db
Premana [LC] 25 Ea
Premaor [TV] 31 Bb
Premaore [VE] 45 Cb
Premariacco [UD] 33 Da
Premeno [VB] 23 Fb
Premenugo [MI] 39 Eb

Prémia [VB] 9 Ec
Premiano [BS] 27 Cd
Premilcuore [FC] 77 Cb
Prémolo [BG] 27 Ab
Premosello–Chiovenda [VB] 23 Eab
Pren [BL] 31 Aa
Prena, Monte– 103 Fb
Prendomino [PV] 51 Db
Prene / Prenn [BZ] 3 Bc
Prenestini, Monti– 109 Bb
Prenn / Prene [BZ] 3 Bc
Prennaro [CO] 11 Dcd
Preola, Lago– 167 Cb
Preone [UD] 17 Gb
Prepezzano [SA] 129 Cb
Prepo [PG] 95 Ba
Prepotto [UD] 33 Da
Prerro [NO] 23 Ec
Presa [CT] 163 Bd
Presa, Cima la– 15 Ed
Pré–Saint–Didier [AO] 21 Bc
Presanella, Cima– 13 EFc
Presanella, La– 13 Ec
Presciane [SO] 55 Ga
Presciano [AR] 77 Cc
Presciano [SI] 83 Cc
Preséglie [BS] 27 Dd
Presegno [BS] 27 Dc
Preselle [GR] 91 Fc
Prese–Montone [TO] 35 Eb
Presena 13 Ec
Presena, Alveo del– 13 Ec
Presena, Cima– 13 Ec
Presenzano [CE] 119 Da
Presezzo [BG] 25 Fc
Presicce [LE] 139 Ec
Présina [PD] 45 Aa
Présina [VR] 43 Dc
Presinaci [VV] 153 Cc
Presinsainu [OT] 185 Db
Presolana, Pizzo della– 27 Bb
Pressana [VR] 43 Ec
Pressano [TN] 15 Bd
Pressocito [RC] 155 Dd
Presson [TN] 15 Ac
Prestento [UD] 19 Dd
Prestianni [CL] 171 Cc
Prestieri [PZ] 143 Bbc
Prestinari [MN] 43 Ac
Prestine [BS] 27 Cb
Prestone [SO] 11 Eb
Preta [CE] 119 CBb
Preta [RI] 97 Bd
Pretara [TE] 103 Eb
Pretare [AP] 97 Ac
Pretaro [CH] 105 Db
Preti [PZ] 143 Cb
Preti, Cima dei– 17 Db
Preti, Colle dei– 149 Ec
Prétola [PG] 85 Cd
Pretoro [CH] 105 Db
Prettau / Predoi [BZ] 5 Aa
Pretuno [AQ] 103 Cb
Preturo [AV] 129 Bb
Prevalle [BS] 41 Ea
Prezza [AQ] 105 Ad
Prezza, Monte– 111 Ba
Prezzo [TN] 27 Eb
Priabona [VI] 29 Dd
Priacco [TO] 37 Ab
Priaforà, Monte– 29 Cc
Priatu [OT] 179 Cd
Príccio, Cozzo– 177 Cbc
Priero [CN] 61 Db
Prignano Cilento [SA] 129 Dd
Prignano sulla Sècchia [MO] 67 Bb
Primaluna [LC] 25 Eb
Prima Porta [ROMA] 107 Eab
Primavalle [ROMA] 107 Eb
Primaz [AO] 21 Ec
Primecase [RI] 101 Fc
Priméglio [AT] 49 CDa
Primero, Bocca di– 33 Dc
Primicello [FE] 57 Bb
Primolano [VI] 29 Fb
Prímolo [SO] 13 Ac
Primosole [CT] 173 Dc
Primosole 1 [CT] 173 Dc
Primosole 2 [CT] 173 Dc
Prinardo [CN] 59 Cb
Principe, Cozzo del– 147 Bd
Principe, Monte– (Hoher First) 1 Gc

Principina a Mare [GR] 91 Dc
Prine [PG] 85 Ab
Prinzera, Monte– 53 Dd
Priò [TN] 15 Bc
Priocca [CN] 49 Dc
Priola [CN] 61 Dc
Priola [UD] 19 Aab
Prioli [CS] 145 DEd
Priolo [CL] 175 Bb
Príolo Gargallo [SR] 177 Fb
Priora [NA] 127 DEc
Priora, Monte– 97 Ab
Priorato [PR] 53 DEb
Priosa [GE] 63 Eb
Prisdarello [RC] 153 Dd
Prisnig, Monte– 19 Eb
Prissian / Prissiano [BZ] 15 BCa
Prissiano, Rio– 3 Bd
Prissiano, Rio– / Prissianerbach 3 Bd
Prissiano / Prissian [BZ] 15 BCa
Priuso [UD] 17 Fb
Privano [UD] 33 Cb
Priverno [LT] 117 Ea
Privernum 109 Dd
Prizzi [PA] 169 Ca
Prizzi, Lago di– 169 Ca
Procária [TO] 35 Fc
Procarzos, Nuraghe– 187 Ec
Prócchio [LI] 89 Dc
Proceno [VT] 93 Cc
Prócida [NA] 127 Cb
Prócida, Canale di– 127 Cb
Prócida, Isola di– 127 Cb
Procoio [PZ] 143 Cb
Prodo [TR] 93 Fc
Prodolone [PN] 31 Fb
Proferi [FI] 81 Fa
Prófluo, Canale– 111 Cc
Profóglio, Monte– 95 Ea
Progresso [BO] 67 Fa
Promano [PG] 85 Bb
Promiod [AO] 21 Fc
Promo [BS] 27 Dc
Promontorio [BS] 27 Ed
Propata [GE] 63 DEa
Properzio, Canale– 123 Ca
Proratado, Monte– 63 Bab
Prosecco [TS] 33 Eb
Prosérpio [CO] 25 Dc
Prossedi [LT] 109 Dd
Prossenicco [UD] 19 Dc
Prosto [SO] 11 Ec
Protonotaro [ME] 163 Cb
Protte [PG] 95 Dc
Prova [MN] 55 EFb
Prova [VR] 43 Db
Prováglio d'Iseo [BS] 27 Bd
Prováglio Val Sábbia [BS] 27 Dc
Provagna [BL] 17 Cc
Provazzano [PR] 65 EFa
Proveis / Proves [BZ] 15 Bb
Proves / Proveis [BZ] 15 Bb
Provesano [PN] 33 Aa
Provezza [FC] 69 DEc
Provonda [TO] 47 Eab
Provvidenti [CB] 113 Cc
Provvidenza, Lago di– 103 Db
Prózzolo [VE] 45 Cb
Prugnano [PI] 81 EFc
Prugno [RA] 69 Ac
Prun [VR] 29 Ad
Pruna, Punta sa– [NU] 189 Dcc
Pruna, Punta sa– [OT] 185 Db
Pruna, Rio sa– 189 Cb
Prunaro [BO] 67 FGb
Prunarolo [BO] 67 Dc
Prunella Superiore [RC] 155 Bd
Prunetta [PT] 75 Cab
Prunetto [CN] 61 Db
Pruno [LU] 73 Eab
Pruno [SA] 141 Da
Pruno, Fosso di– 141 Da
Pruno, Monte– 129 Fd
Pruno, Poggio al– 81 DEc
Pruno / Elzenbaum [BZ] 3 Cb

Pruppa [CZ] 153 Fd
Publino, Lago– 27 Aa
Pucci, Villa– [PG] 95 Ba
Puccia, Serra di– 171 Ba
Pucciarelli [PG] 85 Ab
Pudiano [BS] 41 Cb
Puechem [TN] 29 Bb
Puegnago sul Garda [BS] 41 Fa
Puèz, Punte del– / Puez–Spitzen 3 Ed
Puez–Geisler, Naturpark– / Puez–Odle, Parco Naturale– 3 Ed
Puez–Odle, Parco Naturale– / Puez–Geisler, Naturpark– 3 Ed
Puez–Spitzen / Puèz, Punte del– 3 Ed
Pufels / Bulla [BZ] 15 Ea
Puflatsch / Bulláccia, Monte– 15 Ea
Puginate [CO] 25 Cc
Puglia [AR] 83 Fab
Puglia [PC] 39 Fd
Puglia, Torrente– 95 Cb
Puglianella [LU] 73 Ea
Puglianello [BN] 119 Fb
Pugliano [CE] 119 Db
Pugliano [PU] 77 Gbc
Pugliano [SA] 129 Cb
Pugliese [BA] 131 Fb
Puglietta [SA] 129 Cc
Pugliola [SP] 73 Ca
Pugnello [VI] 43 Da
Pugnenta, Becca– 21 Cc
Pugnetto [TO] 35 Fc
Pugnochiuso [FG] 115 Fc
Pugnolo [CR] 41 Dd
Púia [PN] 31 Fb
Puianello [MO] 67 Cb
Puianello [RE] 55 Ad
Pula [CA] 197 Bc
Pula, Rio di– 197 Bc
Pulcherini [LT] 119 Bb
Pulchiana, Monte– 179 Bd
Púlfero [UD] 19 Dc
Pulicciano [AR] 83 Da
Pulicciano [FI] 75 Gab
Puliciano [AR] 83 EFb
Púliga, Nuraghe sa– 193 Eb
Pulignano [FI] 75 Dc
Pulledrari [PT] 75 CDa
Pullir [BL] 31 Aa
Pullo [ME] 161 Fb
Pulo, il– [BA] 125 Bc
Pulo, il– [BA] 125 Bc
Pulpazu [SS] 181 Ecd
Pulpíano [RE] 65 Gab
Pulsano [TA] 133 FGd
Pumenengo [BG] 41 Bb
Puncichitti [CH] 105 Ec
Puni, Rio– / Punibach 1 Dc
Punibach / Puni, Rio– 1 Dc
Punta, Molino di– [TO] 35 Fcd
Punta, Monte– 17 BCb
Punta Aderici, Riserva Naturale di– 105 Gc
Punta Ala [GR] 91 Cc
Punta Aldia [OT] 185 Fb
Punta Campanella, Area Marina Protetta– 127 Cc
Puntáccia, Monte– 179 Bc
Punta Chiappa [GE] 63 Dc
Punta del Lago [VT] 101 Cc
Punta del Lago [VT] 101 Bc
Puntadura [CS] 147 Ca
Punta Gennarta, Lago– 191 Dd
Punta Goloritzè 189 Fc
Puntalazzo [CT] 173 Da
Punta Marina Terme [RA] 69 Eb
Punta Penna Grossa [BR] 135 Cb
Punta Sabbioni [VE] 45 Eb
Punta Secca [RG] 177 Bd
Punta Verde, Parco Zoo– 33 Bd
Punte Alberete, Oasi di Protezione di– 69 Ea
Puntígia, Rio sa– 183 Cd
Puntoni [PT] 75 Cc
Puos d'Alpago [BL] 17 Dd
Pupaggi [PG] 95 Eb

Puranno, Monte– 95 Db
Purano [VR] 43 Ba
Purello [PG] 85 Ec
Purga, Monte– 29 Bd
Purga di Bolca 29 Cd
Purgatório [FR] 111 Bd
Purgatório [TP] 157 Db
Purgéssimo [UD] 19 Dd
Puria [CO] 25 Ca
Púria, Monte– 27 EFc
Puro, Monte– [PG] 95 Eb
Puro, Monte– [PG] 95 Fbc
Purtud [AO] 21 Bc
Pusiano [CO] 25 Dc
Pusiano, Lago di– 25 Dc
Pusterno [BL] 29 Fb
Pútia, Sass de– / Peitler
  Kofel 3 Ecd
Putifigari [SS] 183 Cc
Putignano [BA] 125 Ecd
Putignano [PI] 73 Fc
Putignano [TE] 97 CDc
Putignano, Grotta di– 125 Ec
Putzu, Nuraghe su– 193 Bb
Putzu Idu [OR] 187 Cc
Puys [TO] 47 Ba
Puzzillo, Monte– 103 Dc
Puzzittu, Nuraghe– 185 Dd
Puzzu, Monte– 179 Cd
Pyrgi (Leucotea, Santuario
  di–) 107 Ba

Q

Quaderna [BO] 67 FGb
Quaderna, Torrente– 69 Ab
Quaderni [VR] 43 Ac
Quadra, Monte– 3 Gb
Quadrada, Contra– 185 CDb
Quadraro [ROMA] 107 Fb
Quadrato, Monumento
  del– 43 Bb
Quadreggiana [MC] 85 Fc
Quadrelle [AV] 121 Ad
Quadrelli [PC] 51 Gb
Quadrelli [TR] 95 Cd
Quadri [CH] 111 Eb
Quadro, Monte– 65 Db
Quadro, Pizzo– 11 Db
Quadroni [ROMA] 101 Bd
Quaglieri [FR] 109 Fc
Quaglietta [AV] 129 Eb
Quaglio [RG] 177 Bb
Quagliuzzo [TO] 37 Ab
Quáira, Lago di– / Arzkersee
  1 Fd
Quáira, Picco di– / Karspitze
  3 Dc
Quáira, Pizzo– / Kerlsspitze
  5 Bc
Quáira, Punta di– / Karspitze
  15 Ab
Quáire, Cima di– / Karnspitz
  3 Cc
Qualiano [NA] 119 Dd
Qualso [UD] 19 Ccd
Qualtu, Porto– [OT] 179 DEd
Quantin [BL] 17 Cd
Quara [RE] 65 FGb
Quaranta [FI] 75 Fb
Quaranta [SI] 93 Bbc
Quarantano Inferiore [RC]
  153 Bd
Quaranti [AT] 49 Fc
Quarántoli [MO] 55 Db
Quarata [AR] 83 Eab
Quarazzana [MS] 65 Dc
Quare [VC] 23 Cc
Quaregna [BI] 23 CDd
Quarena [BS] 27 Dd
Quargnenta [VI] 29 Cd
Quargnento [AL] 49 Fb
Quarna Sopra [VB] 23 Eb
Quarna Sotto [VB] 23 Eb
Quarona [VC] 23 Dc
Quarrata [PT] 75 Dbc
Quart [AO] 21 Ec
Quartáccio [VT] 101 Dc
Quartáia [SI] 83 Ab
Quartazzola [PC] 53 Aa
Quartesana [FE] 57 Bc
Quarti [AL] 37 Ed
Quarti [RO] 57 Bb
Quartiano [LO] 39 Ebc
Quartiere [FE] 57 Bc
Quartiere Zingone [MI] 39 Cb

Quartino [AT] 49 EFc
Quartirolo [MO] 55 Cc
Quarto [AT] 49 Eb
Quarto [FC] 77 Eb
Quarto [NA] 127 Ca
Quarto [PC] 53 ABab
Quarto, Canale di– 127 Ca
Quarto, Lago di– 77 Eb
Quarto, Tenuta il– [FG]
  123 Db
Quarto d'Altino [VE] 31 Dd
Quarto dei Mille [GE] 63 Cb
Quarto di Santa Chiara,
  Riserva Naturale– 111 Db
Quarto Inferiore [BO] 67 Fa
Quartolo [RA] 69 Bc
Quártora, le– 103 Dc
Quartúcciu [CA] 197 Cb
Quartu Sant'Élena [CA]
  197 Cb
Quarzano [CO] 25 CDb
Quarzina [CN] 61 Cd
Quasani [BA] 125 Dc
Quasanna, Torrente– 157 Cc
Quassa [VA] 23 Fc
Quassolo [TO] 37 Bab
Quata, Masso alla– 89 CDc
Quattórdio [AL] 49 Fb
Quattro Cascine [AL] 51 Bb
Quattro Cascine [PC] 53 Bb
Quattrocase [CR] 53 Fb
Quattrocase [MN] 55 Db
Quattro Castella [RE] 53 Fd
Quattrocchio [PC] 51 FGc
Quattrofináite, Monte–
  163 Bb
Quattro Finàite, Monte–
  171 Da
Quattromani [CS] 145 Cc
Quattromiglia [CS] 149 Dab
Quattropani [ME] 165 Dab
Quattro Strade [AG] 169 Eb
Quattro Strade [FR] 109 Dd
Quattro Strade [MN] 41 Ec
Quattro Strade [PI] 75 Bc
Querce al Pino [SI] 93 Da
Querce d'Orlando [VT] 101 Bc
Quercegrossa [SI] 83 Bb
Querceta [LU] 73 Eb
Querceto [AR] 77 CDc
Querceto [PI] 81 Ec
Querceto [SI] 83 Ac
Quercia [MS] 65 CDc
Querciabella, Monte– 83 Ca
Quercianella [LI] 81 Cb
Quercioli [RE] 53 FGc
Quero [BL] 31 Ab
Quezzi [GE] 63 Cb
Quiesa [LU] 73 EFb
Quiliano [SV] 61 Fc
Quinciano [SI] 83 Cc
Quincinetto [TO] 23 Ad
Quincod [AO] 21 Gc
Quindici [AV] 129 Aa
Quingéntole [MN] 55 Da
Quinís [UD] 19 Ab
Quinseina, Punta di– 35 Gb
Quintanello [TO] 47 Gc
Quintano [BG] 27 Ad
Quintano [CR] 39 Fb
Quintílio Varo, Villa– 109 Ab
Quinto [FI] 75 Fc
Quinto al Mare [GE] 63 CDb
Quintodécimo [AP] 97 Bc
Quinto di Treviso [TV] 31 Bd
Quinto di Valpantena [VR]
  43 Cb
Quinto Romano [MI] 39 Cb
Quinto Vercellese [VC] 37 Eb
Quinto Vicentino [VI] 29 Ed
Quinzanello [BS] 41 Cb
Quinzano [AP] 97 Bb
Quinzano [BO] 67 Fc
Quinzano [PR] 65 Ea
Quinzano d'Óglio [BS] 41 Cc
Quinzano San Pietro [VA]
  23 Gc
Quinzano Veronese [VR]
  43 Bb
Quinzo / Kinzen [BZ] 3 Db
Quirino, Torrente– 121 Aa
Quirra [CA] 193 Ec
Quirra, Isola di– o Múrtas,
  Scoglio di– 193 Ec
Quirra, Rio di– 193 Ec
Quirra, Salto di– 193 Ec

Quisisana, Villa– [AG]
  167 Fbc
Quistello [MN] 55 Cab
Quistello [VR] 43 Ac
Quistro [CR] 41 Cc
Quittengo [BI] 23 Ccd
Quoio, Monte– 83 Bd
Quorle [AR] 77 Cc
Quota [AR] 77 Cc

R

Rabatana [MT] 143 Ea
Rabatta [FI] 75 Gb
Rabbi [TN] 13 Fb
Rabbi, Fiume– 77 Cc
Rabbiés, Torrente– 15 Ab
Rabbiosi [PR] 53 Cc
Rabbioso, Monte– 63 Eb
Rabenstein / Corvara [BZ]
  3 BCc
Rabenstein / Corvara in
  Passíria [BZ] 3 Ab
Rabioux [CN] 47 Dd
Rablá / Rabland [BZ] 1 Gcd
Rabland / Rablá [BZ] 1 Gcd
Rácale [LE] 139 Cc
Racalmuto [AG] 169 Ec
Racanello, Torrente– 143 Ca
Raccano [RO] 57 Bb
Racchio, Grotta– 157 Db
Racchiuso [UD] 19 Cd
Racciano [SI] 81 FGb
Raccolana [UD] 19 Cb
Raccolana, Torrente– 19 Db
Racconigi [CN] 49 ABc
Raccuja [ME] 163 Ab
Racale, Lago di– 103 Fb
Radda in Chianti [SI] 83 Cb
Raddusa [CT] 171 Fc
Radein / Redagno [BZ]
  15 Db
Radel Spitze / Rodella,
  Cima– 3 Cc
Radi [SI] 83 Cc
Radicata, Torrente– 99 Cb
Radicófani [SI] 93 Cb
Radicóndoli [SI] 81 Gc
Radicosa [AN] 85 EFb
Radicosa [FR] 111 Ce
Radicosa, Torrente– 115 Ac
Radogna [FG] 121 Fb
Rafenstein / Sarentino,
  Castel– 15 Da
Raffa [BS] 41 Fa
Raffadali [AG] 169 Dc
Raffaei [TN] 15 EFc
Raffi [PC] 65 Aa
Raffo [PA] 161 Bd
Ragada [TN] 13 Ecd
Ragalna [CT] 173 Cb
Raganello, Torrente– 147 Ab
Ragazzola [PR] 53 DEab
Raggiano [MC] 87 Bd
Ràggio [FC] 77 Db
Ràggio [PG] 95 Cc
Ràggio [PG] 85 Cb
Raggiolo [AR] 77 Ccd
Ragione [AL] 51 Dd
Ragiura, Monte– 159 Ed
Ragnáie [SI] 93 Aa
Ragno, Pizzo– 9 Ed
Ragnola [AP] 97 Eb
Ragnola, Torrente– 97 Eb
Ragogna [UD] 19 Acd
Ragogna, Monte di– 19 Bc
Rágola, Monte– 63 Ca
Ragoléo, Pizzo– 157 Dc
Rágoli [TN] 27 Fa
Ragonà [VV] 153 Dd
Ragone, Canale– 143 Eb
Ragusa [RG] 177 Cc
Rai [TV] 31 Dc
Ráia dei Carboni [PZ] 131 Bd
Raia della Licina, Monte–
  129 Db
Ráia della Pétina 129 Fd
Raiale, Torrente– 103 Db
Raialunga, Monte– 141 Db
Raiamagra, Monte– 129 Db
Raiano [AQ] 103 Fd

Raignina, Nuraghe sa–
  185 Cc
Raimondi [PC] 53 Ac
Raina, Roggia– 37 Fc
Raineri [AL] 51 Bcd
Rain in Taufers / Riva di Túres
  [BZ] 3 Gb
Rainò, Torrente– 161 Cc
Rainuzzi [RE] 53 Fc
Ráio, Torrente– 103 Cc
Raiù [ME] 163 Cbc
Raldon [VR] 43 Cbc
Rállio [PC] 51 Gb
Rallo [TN] 15 Bb
Ralzu, Monte– 181 DEd
Ram, Rio– / Rambach 1 Dc
Rama, Monte– 63 Ab
Ramacca [CT] 173 Bc
Ramaceto, Monte– 63 Eb
Ramat [TO] 35 Cd
Ramate [VB] 23 Eb
Ramaticó, Monte– 129 Da
Ramazzano [PG] 85 Cc
Rambach / Ram, Rio– 1 Dc
Ramedello [RO] 57 Aa
Ramen [BL] 29 Fab
Ramera [TV] 31 Cb
Ramezza, Monte– 17 Ad
Ramezzana [VC] 37 Dc
Rami [MO] 55 Dc
Ramiano [PR] 65 DEa
Ramiceto, Monte– 65 Eb
Ramière o Bric Froid, Punta–
  47 Cb
Ramília 171 Bc
Ramini [PT] 75 Db
Ramiola [PR] 53 Dc
Ramione, Molino– [CT]
  177 Bab
Ramiseto [RE] 65 Eb
Rammelstein / Montone 3 Gc
Ramodipalo [RO] 55 Ga
Ramon [TV] 31 Ac
Ramoscello [PR] 53 Fb
Ramosch [Svizz.] 1 Cb
Rampazzo [VI] 43 Ga
Rampazzo, Cozzo– 171 Cab
Rampingallotto [TP] 157 Dd
Rampinzeri [TP] 157 Ed
Ramponio [CO] 25 Cb
Ramponio Verna [CO] 25 Cb
Ramsberg / Monterota
  [BZ] 5 Bc
Ramuscello [PN] 33 Ab
Ramuscello Vecchio [PN]
  33 Abc
Ranalt [A] 3 Ba
Rànas, Nuraghe– 183 Ec
Rancale [PG] 85 Cc
Rancate [MI] 39 Db
Ránchio [FC] 77 Eb
Rancio Valcúvia [VA] 23 Gb
Rancitella [PU] 79 Bc
Ranco [AR] 85 Ab
Ranco [CH] 105 Ed
Ranco [VA] 23 Fc
Rancolfo [PG] 85 Cc
Rancolin, Monte– 17 Eb
Ranco Spinoso, Parco
  di– 77 Cc
Randazzo [CT] 163 Ac
Randeci, Saia– 177 Ed
Randelino, Monte– 17 Ec
Randsberg / Monterota
  [BZ] 5 Bc
Ranè [TV] 31 Db
Rango [TN] 27 Fab
Ránica [BG] 25 Gc
Ranno [CT] 173 Cb
Ranuzzi, Villa– [BO] 67 Ed
Ranzánico [BG] 27 Ac
Ranzano [PN] 31 Eb
Ranzano [PR] 65 Eb
Ranzi [SV] 61 Ed
Ranzo [IM] 71 Fa
Ranzo [TN] 15 Ad
Rao, Rocche di– 159 Bc
Raossi [TN] 29 Bc
Rapagnano [FM] 87 Ed
Rápale [AR] 83 Db
Rapallo [GE] 63 Eb
Rapano [ME] 163 Dab
Raparello, Monte– 143 Ca
Raparo, Monte– 143 Ba
Rapattoni [PE] 105 Cc
Rapegna [MC] 95 Fb
Ráido, Fiume– 111 Cd

Rapina, Monte– 105 Cd
Rapino [CH] 105 Dc
Rapino [TE] 97 Cd
Rapiti, Rocca– 161 Fcd
Rapolano Terme [SI] 83 Dc
Rapolla [PZ] 123 Cd
Rapone [PZ] 129 Fab
Rappareddi [TP] 167 Ca
Rarete, la– 141 Fa
Rasa [RO] 43 Fd
Rasa [VA] 23 Gb
Rasai [BL] 31 Ab
Rasalgone, Monte– 171 Ecd
Raschera, Rio– 61 Bc
Raschiaocco [UD] 19 Dd
Raschione, Canale– 139 Db
Raschötz / Rasciesa 3 Dd
Rasciesa / Raschötz 3 Dd
Rascino, Lago– 103 Bb
Rascino, Piano di– 103 Bc
Rasen Antholz / Rasun
  Anterselva [BZ] 3 Gc
Rasenna [MC] 95 Eb
Raseri [SO] 11 Db
Rásiga, Rio– 9 Dd
Rasíglia [PG] 95 Eb
Rasíglio [BO] 67 DEb
Rasignano [CE] 119 Eb
Rasina, Torrente– 85 Cc
Rasora [BO] 75 Ea
Raspano [UD] 19 Bc
Rassa [VC] 23 Cc
Rássina [AR] 77 Ccd
Rastcias, Monte– 59 Ea
Rastellino [MO] 55 Dd
Rastello [CN] 61 Bc
Rastía [MC] 87 Bc
Rastignano [BO] 67 Eb
Rasu, Monte– [OG] 193 DEc
Rasu, Monte– [SS] 185 Bd
Rasun Anterselva / Rasen
  Antholz [BZ] 3 Gc
Rasun di Sopra / Oberrasen
  [BZ] 3 Gc
Rasun di Sotto / Niederrasen
  [BZ] 3 Gc
Rasura [SO] 11 Fd
Rata [FI] 77 Bbc
Rata [VR] 43 Cd
Rateis / Rattísio [BZ] 1 Fc
Ratschings / Racínes [BZ]
  3 Bb
Ratti, Isola dei– 195 Bb
Ratti, Monte– 29 Dd
Rattísio / Rateis [BZ] 1 Fc
Rattisio Nuovo / Neurateis
  [BZ] 1 Fc
Ratto, Monte del– 63 Aa
Rauchkofel (Fumo, Monte–)
  5 Aa
Raudenspitze 5 Ed
Rauhe Bühel / Scabro,
  Colle– 1 Gd
Rauscedo [PN] 31 Fa
Raut, Monte– 17 Ec
Rauth / Novale [BZ] 15 Db
Rautkofel / Rudo, Monti–
  5 Bd
Rava [BG] 25 Fb
Rava, Cimon– 15 Ed
Rava, la– 111 Dd
Rava, Torrente– 111 Dd
Ravadese [PR] 53 Fb
Ravagnese [RC] 155 Ac
Ravaldino in Monte [FC]
  77 Fa
Ravalle [FE] 55 FGb
Ravanusa [AG] 171 Bd
Ravarano [PR] 65 Da
Ravarino [MO] 55 Dc
Ravascletto [UD] 19 Aab
Ravellino [LC] 25 Ec
Ravello [MI] 25 Bd
Ravello [SA] 129 Abc
Ravenna [RA] 69 Eb
Ravenna, Aeroporto Nazionale
  di– 69 Eb
Ravenole, Laghi di– 27 Db
Raveo [UD] 17 Gb
Ravera [TO] 47 Eb
Ravere [BS] 41 Cc
Ravezza [PR] 65 Ab
Ravi [GR] 91 Cc
Ravigliano [PG] 93 Eab
Ravignano [PG] 95 Dab
Ravina [TN] 29 Ba
Ravinet, Monte– 61 Ed

Ravinis [UD] 19 Ba
Ravino, Monte– 65 Fc
Raviscanina [CE] 119 Ea
Ravoledo [SO] 13 Cb
Ravosa–Magrédis [UD] 19 Cd
Ray, Monte– 59 Fc
Raymond [TO] 47 Dc
Razzá [RC] 155 Dd
Razza, Torrente– 153 Cd
Razzano, Monte– 101 Db
Rázzoli, Isola– 179 Db
Razzuolo [FI] 77 Aa
Re [VB] 9 Cd
Re, Colle del– 163 Cb
Re, Cozzo– 161 Bd
Re, Monte– (Königskogl)
  1 Gbc
Re, Serra dei– 161 Fc
Rea [PV] 39 Cd
Rea, Torrente– 61 Ca
Reáglie [TO] 49 Ba
Reala [CN] 49 Cc
Realbate, Torrente di– 159 Ed
Realdo [IM] 71 Da
Reale [MN] 43 Ac
Reale, Canale– 135 Cc
Reale, Fosso– 81 Ca
Reale, Monte– 63 Ca
Reale, Palazzo– 159 Cd
Realizio [TO] 37 Bb
Reana del Roiale [UD] 19 Cd
Reane [BL] 17 Da
Reano [TO] 35 Fd
Reatini, Monti– 103 Ab
Rebecco [MN] 41 Fc
Rebecu [SS] 183 Ed
Rebuttone, Montagna di–
  159 Bbc
Recale [CE] 119 Ec
Recanati [MC] 87 Fb
Recastello, Pizzo– 27 Db
Recattivo [PA] 171 Cb
Recchio, Torrente– 53 Dc
Recco [GE] 63 Db
Recenza [SI] 83 Bcd
Recésio [PC] 53 Ac
Recetto [NO] 37 Eb
Recoaro Terme [VI] 29 Cc
Recoleta [MT] 143 Fa
Recórfano [CR] 41 DEd
Recovato [MO] 55 Dd
Recuorvo, Cima– 121 Acd
Reda [RA] 69 Cc
Redagno / Radein [BZ] 15 Db
Redasco, Cime– 13 Cb
Redavalle [PV] 51 Ea
Redena [FE] 55 Eb
Redentore, il– 71 Da
Redentore, Statua del–
  189 Db
Redenzicco [UD] 33 Aab
Re di Castello, Monte–
  27 Dab
Redicesi [MS] 73 Ea
Redinoce [LI] 89 Dc
Redipiano [CS] 149 Dab
Redipuglia [GO] 33 Dc
Redona [PN] 17 Fc
Redondesco [CR] 41 Cd
Redondesco [MN] 41 Fcd
Redondo, Monte– 27 Ab
Redónis [PN] 19 Ac
Redorta, Pizzo di– 27 Aa
Redù [MO] 55 Dd
Reforzate [PU] 79 Bd
Refrancore [AT] 49 Eb
Refróntolo [TV] 31 Cb
Regalbuto [EN] 173 Ab
Regaleali Nuova [PA] 169 EFa
Regalgioffoli [PA] 159 Dd
Regastilli [SS] 149 Cbc
Regátola [CO] 25 Db
Reggello [FI] 77 Bc
Reggente [FG] 121 EFa
Reggio di Calabria [RC]
  155 Ac
Reggio di Calabria, Aeroporto
  Internazionale– 155 Ac
Reggiolo [RE] 55 Bb
Reggio nell'Emilia [RE] 55 Ac
Reghinera [LO] 41 Acd
Regia Mandria [TO] 35 Gd
Regi Lagni 119 Dc
Regina [CS] 145 DEd
Regina, Scoglio della–
  145 Ed

Regina delle Alpi, Giardino Botanico– 59 Cc
Regina Elena, Canale– 23 Gd
Reginaldo [CH] 105 Cc
Regio [SR] 173 Dd
Regnana [TN] 15 Cd
Regnano [MC] 87 Ccd
Regnano [MS] 65 Cc
Regnano [RE] 67 Aa
Regnano, Torrente– 85 Ba
Regno di Nettuno, Parco Marino– 127 Bb
Regnola [RE] 65 Fb
Regola Brusada / Brunstriedel 5 Ac
Regoledo [LC] 25 Dab
Regoledo [SO] 11 Fd
Regoledo [SO] 11 Gd
Régona [BS] 41 Dc
Rei, Costa– 197 Eb
Reinello, Torrente– 121 Bb
Reinero [CN] 59 Db
Reino [BN] 121 Bb
Reinswald / San Martino [BZ] 3 Ccd
Réisa, Monte– 63 ABb
Reisassetto, Colla– 59 Ca
Reisasso, Monte– 47 Dd
Reischach / Riscone [BZ] 3 Fc
Reisoni [GE] 63 Ea
Réit, Cresta di– 13 Db
Reitana [CT] 173 Db
Reitano [ME] 161 CDc
Reiterkarlspitz (Cécido, Monte–) 5 Dcd
Reka 33 Gd
Remacinelli, Colle– 105 Cc
Remanzacco [UD] 19 Cd
Remedello [BS] 41 Ec
Remedello [VR] 43 Dc
Remedello Sopra [BS] 41 Ec
Remedello Sotto [BS] 41 Ec
Remelli [VR] 43 Ac
Remes, Punta di– (Remsspitze) 1 DEc
Remit, Dos– 29 Ab
Remmo, Lago– → Laudemio, Lago– 143 Bb
Remoncio [VR] 43 Dbc
Remondato [TO] 35 Gc
Remondò [PV] 39 Ac
Remsspitze (Remes, Punta di–) 1 DEc
Remule, Monti– 185 Fc
Remulo, Torrente– 13 Dd
Ren [BL] 17 Ac
Renacchi [PI] 81 Ea
Renacci [AR] 83 CDa
Renaio [LU] 75 Ba
Rena Maiore, Spiaggia di– 179 Bb
Renate [MB] 25 Dc
Renazzo [FE] 55 Ec
Réncine [SI] 83 Bb
Renda, Villa– [PA] 159 Bb
Rende [CS] 149 Dc
Rendesi, Canale– 143 Fg
Rèndina, Lago del– (Abate Alonia, Lago di–) 123 Bc
Rendina, Masseria– [PZ] 131 Ca
Rendinara [AQ] 109 Ec
Réndola [AR] 83 Db
Rendole [VI] 29 Eb
Renga, Catena del– 109 Db
Renna, Monte– 177 Cc
Renno [MO] 67 Bc
Reno [PR] 65 DEa
Reno [VA] 23 Fb
Reno, Fiume– 69 Ca
Reno Centese [FE] 55 Ec
Reno Finalese [MO] 55 Ec
Renon, Corno di– / Rittner Horn 3 Cd
Renon / Ritten [BZ] 15 Da
Renzana [BS] 27 Cd
Renzetti [PG] 85 Ba
Reoso [PD] 45 Bc
Repasto [RI] 101 Fb
Repen [TS] 33 Fc
Repentabor / Monrupino [TS] 33 Fc
Repergo [AT] 49 Ec
Réppia [GE] 63 Fb

Rero [FE] 57 Cc
Resana [TV] 31 Ad
Rescalda [MI] 25 Bd
Rescaldina [MI] 25 Bd
Resceto [MS] 73 Ea
Reschen / Résia [BZ] 1 CDc
Reschensee / Résia, Lago di– 1 Dc
Reschia, Fiumara– 153 Db
Reschigliano [PD] 45 Bb
Réschio [PG] 85 Bc
Réscia [PG] 95 Cd
Réscia, Grotte di– 25 Cb
Resco, Torrente– 83 Ca
Resegone 25 Eb
Resera [TV] 31 Cb
Resettùm, Monte– 17 Cc
Résia [UD] 19 Cb
Résia, Lago di– / Reschensee 1 Dc
Résia, Torrente– 19 Cb
Résia / Reschen [BZ] 1 CDc
Resina, Torrente– 85 Cc
Resinego [BL] 17 Cb
Resiutta [UD] 19 Bb
Respiccio [PR] 53 Dcd
Rest, Monte– 17 Fb
Restegassi [AL] 51 Dc
Restone [FI] 83 Ca
Resultana [PA] 159 Bb
Resuttano [CL] 171 Cab
Retafani, Monte– 109 Dc
Retegno [LO] 41 Ad
Retignano [LU] 73 Eab
Retinella [RO] 57 DEa
Retórbido [PV] 51 Db
Retorto [AL] 51 ABc
Retorto [PC] 63 Fa
Retrosi [RI] 97 Ad
Rettorgole [VI] 43 Ba
Réusa [MS] 65 DEc
Revécena, Monte– 103 Ed
Revédoli [VE] 31 Fd
Revello [CN] 47 Fd
Reventino, Monte– 149 Dc
Révere [MN] 55 Bb
Revigliasco [TO] 49 Bab
Revigliasco d'Asti [AT] 49 DEb
Revignano [AT] 49 Db
Revine Lago [TV] 31 Cab
Revislate [NO] 23 Fc
Revò [TN] 15 Bb
Révole, Monte– 119 Ab
Rey [AO] 21 Dbc
Rezia, Giardino Botanico Alpino– 13 Db
Rezzago [CO] 25 Db
Rezzalasco, Torrente– 13 Db
Rezzanello [PC] 51 FGb
Rezzano [PC] 53 Bb
Rezzato [BS] 41 Dab
Rezzo [IM] 71 Eab
Rezzo [RO] 57 Ab
Rezzoáglio [GE] 63 Fa
Rezzónico [CO] 11 Dd
Rhêmes-Notre-Dame [AO] 21 Cd
Rhêmes-Saint-Georges [AO] 21 CDd
Rho [MI] 39 Ca
Rhuilles [TO] 47 BCb
Riabella [BI] 23 Cd
Riace [RC] 153 Ed
Riace Marina [RC] 153 Fd
Riale [VB] 9 Eb
Rialmosso [BI] 23 Cd
Rialto [PD] 43 Ecd
Rialto [PD] 43 FGd
Rialto [PD] 45 BCc
Rialto [SV] 61 Ec
Rialto [VE] 45 CDa
Rialto, Torrente– 129 Cc
Riana [LU] 73 Fa
Riana [PR] 65 Db
Riana [PR] 65 Ea
Riano [ROMA] 101 Ed
Riardo [CE] 119 Cc
Riassolo, Rio– 49 Cb
Riazzolo [MI] 39 Bb
Ribba [TO] 47 Bb
Ribera [AG] 169 Bbc
Ribolla [GR] 91 Ec
Ribone, Monte– 65 Bb
Ribor, Torrente– 27 Eb
Ribordone [TO] 35 Fb
Ribotti, Serra– 131 Bab

Ribottoli [AV] 129 Cb
Ribusieri, Torrente– 93 Ab
Ricadi [VV] 153 Bc
Ricalcone [AL] 49 Fc
Ricami, Grotta dei– 183 Ac
Ricásoli [AR] 83 Da
Ricavo [SI] 83 Bb
Ricca [CN] 49 Dcd
Riccardina [BO] 67 FGa
Ricchiardi [TO] 35 Eb
Ricchiardo [CN] 49 Bc
Ricci [GR] 93 Cc
Riccia [CB] 113 Cc
Ricciardo [RC] 155 Eb
Riccia Vecchia [CE] 119 Dc
Riccio [AR] 85 Ac
Riccione [RN] 79 Bb
Riccò [MS] 65 Cc
Riccò [PR] 53 Dc
Ricco, Monte– 111 ABd
Riccò del Golfo di Spézia [SP] 65 Bd
Riccomássimo [TN] 27 DEb
Riccovolto [MO] 65 Gc
Ricéci [PU] 79 Cc
Ricengo [CR] 41 Ab
Riceno [VB] 9 Dc
Ricetto [RI] 103 Bc
Richiáglio [TO] 35 Fc
Ricigliano [SA] 129 Fbc
Riclaretto [TO] 47 Db
Ricò [FC] 77 Ea
Ricordone, Monte– 59 Ea
Rid, Monte di– / Ridberg 3 Fcd
Ridanna, Rio– 3 Cb
Ridanna / Ridnaun [BZ] 3 Bb
Ridberg / Rid, Monte di– 3 Fcd
Riddes [Svizz.] 7 Dc
Ridello di Sotto [MN] 41 Fbc
Ridnaun / Ridanna [BZ] 3 Bb
Ridrácoli [FC] 77 Cb
Ridrácoli, Lago di– 77 Cb
Ried / Novale [BZ] 5 Ac
Ried / Novale [BZ] 3 Ab
Ried / Novale [BZ] 3 CDb
Ried Stausee / Novale, Lago di– 3 Db
Riello [VI] 43 Fab
Rienz / Rienza, Fiume– 3 Ec
Rienza, Fiume– / Rienz 3 Ec
Riepenspitze (Ripa, Monte–) 5 Bbc
Riera, Monte– 59 Fc
Ríes, Vedrette di– (Rieserfernergruppe) 5 Ab
Riesci [FG] 135 Ed
Riese Pio X [TV] 31 Ac
Rieserferner-Ahrn, Naturpark– / Vedrette di Ries-Aurina, Parco Naturale– 5 Ab
Rieserfernergruppe (Ríes, Vedrette di–) 5 Ab
Riesi [CL] 171 Cd
Rieti [RI] 101 FGb
Riétine [SI] 83 Bc
Riffian / Rifiano [BZ] 3 ABc
Rifiano / Riffian [BZ] 3 ABc
Rifiglio [AR] 77 Cc
Rifiglio, Torrente– 77 Cc
Riforano [CN] 61 ABb
Riforno [CN] 49 DEc
Rifredo [GE] 63 Fa
Rifreddo [PZ] 131 Bc
Rifredo [FI] 75 Ga
Rigáini [IS] 111 Ec
Rigali [PG] 85 Cc
Rigatti [RI] 103 Bc
Righi [VI] 29 Ccd
Righi, Villaggio– [VS] 191 Dc
Ríglio [PC] 53 Bb
Ríglio, Torrente– 53 Bb
Riglione Oratoio [PI] 73 Fc
Rignana [FI] 83 Ba
Rignano [RA] 69 Cc
Rignano Flaminio [ROMA] 101 Dc
Rignano Gargánico [FG] 115 Bcd
Rignano sull'Arno [FI] 77 Ac
Rigo [AP] 97 Bc
Rigo, Torrente– [GR] 91 Db
Rigo, Torrente– [SI] 93 Cb
Rigo, Torrente– [SI] 93 Ca
Rigolato [UD] 17 Fa

Rígole [TV] 31 Eb
Rigoli [PI] 73 Fc
Rigolizia [SR] 177 Dbc
Rigolo [PC] 51 Ac
Rigomagno [SI] 83 Ec
Rigomero, Fosso– 101 Ab
Rigopiano [PE] 103 Fb
Rigoroso [AL] 51 Cc
Rigosa [BG] 25 Gc
Rigosa [BO] 67 Eab
Rigosa [PR] 53 Eb
Rigoso [PR] 65 Db
Rigrasso [CN] 49 Acd
Rigutino [AR] 83 Fb
Rilevo [SR] 177 Eab
Rilievo [TP] 157 Cc
Rima [VC] 23 Cb
Rimaggio [FI] 77 Bc
Rimagna [PR] 65 Db
Rimale [PR] 53 CDb
Rima San Giuseppe [VC] 23 Cb
Rimasco [VC] 23 Cb
Rimbocchi [AR] 77 Dc
Rimella [VC] 23 Db
Rimigliano [LI] 91 Ba
Rimini [RN] 79 Ba
Rimini-Miramare, Aeroporto Internazionale– 79 Ba
Riminino [VT] 99 EFb
Rimiti [ME] 163 Cc
Rimonta, Torrente– 31 Bb
Rina / Welschellen [BZ] 3 Fc
Rinagghiu, Fonti di– 179 Bd
Rinalda, Garzaia della– 37 Fd
Rinaldi [AT] 49 Ec
Rinaldo, Monte– 5 DEd
Rina–San Francesco di Paola [ME] 163 Cd
Rinazzo [CT] 173 Da
Ríncine [FI] 77 Bb
Rincione, Torrente– 169 Ab
Rinco [AT] 49 Da
Rinella [ME] 165 Ca
Ringel–Stein / Sasso Tondo 3 Eb
Rinna, Monte– / Rinnerspitze 3 Bb
Rinnerspitze / Rinna, Monte– 3 Bb
Rino [BS] 13 CDd
Rio [PD] 45 Bb
Rio [PG] 95 Dab
Rio [SP] 65 ABc
Rio, Cala del– 127 Dc
Rio, Fiume il– 111 Fd
Rio, Fosso– 95 Bc
Rio, il– [FM] 97 Ca
Rio, il– [Laz.] 109 Cc
Rio, il– [PG] 85 Cd
Rio, Ponte– [PG] 95 Bc
Rio, Ponte del– [PU] 79 Ec
Rio, Torrente– 113 Cc
Riobianco / Weißenbach [BZ] 3 Cc
Riobianco / Weissenbach [BZ] 3 Fb
Riobono, Torrente– 85 Fb
Rio dei Campi [FC] 77 Cb
Rio di Pusteria / Mühlbach [BZ] 3 DEc
Rio Fiume, Fosso– 107 Ba
Riofreddo [FC] 77 Ec
Rio Freddo [GE] 63 Fa
Riofreddo [ROMA] 103 Bd
Riofreddo [SV] 61 Dc
Riofreddo [UD] 19 Eb
Riola [BO] 67 Dc
Riola di Vergato [BO] 67 Dc
Riola Sardo [OR] 187 Dd
Riolo [BO] 67 EFb
Riolo [LO] 39 Fc
Riolo [MO] 55 Dd
Riolo Terme [RA] 69 Bc
Riolunato [MO] 67 Ac
Riomaggiore [SP] 73 Ba
Rio Marina [LI] 89 Ec
Riomolino / Mühlbach [BZ] 3 Ac
Riomolino / Mühlbach [BZ] 3 Fb
Riomurtas [CI] 195 Eb
Rio nell'Elba [LI] 89 Ec
Rionero / Schwarzenbach [BZ] 15 Db

Rionero in Vúlture [PZ] 123 BCd
Rionero Sannitico [IS] 111 Dc
Rio Salicèto [RE] 55 Bc
Rio Salso [FC] 77 Dbc
Rio San Martino [VE] 31 Bd
Riosecco [AR] 77 Cc
Rio Secco [FC] 77 BCb
Riosecco [PG] 85 Bb
Riosecco, Torrente– 47 Bc
Riosto [BO] 67 Fb
Rio Torsero, Riserva Naturale di– 71 Ga
Riotorto [LI] 91 Cb
Rio Torto, Spiaggia di– [ROMA] 107 Ed
Riovalle [PC] 53 Ac
Riovéggio [BO] 67 Ec
Rioverde, Torrente– 49 Cb
Riozzo [MI] 39 Dc
Ripa [AQ] 103 Ec
Ripa [LU] 73 Eb
Ripa [PG] 85 Cd
Ripa, Monte– (Riepenspitze) 5 Bbc
Ripa, Torrente– 47 Cb
Ripaberarda [AP] 97 Cb
Ripabianca [PG] 95 Bb
Ripa Bianca, Oasi– 87 Cc
Ripabottoni [CB] 113 Cc
Ripacándida [PZ] 123 Cd
Ripacorbária [PE] 105 Cc
Ripa dell'Alto 85 Ba
Ripafratta [PI] 73 Fc
Ripaioli [PG] 95 Bb
Ripaldina [PV] 39 Ed
Ripalimosani [CB] 113 BCd
Ripalta [AN] 87 Aa
Ripalta [BT] 125 Ba
Ripalta [FG] 113 Fb
Ripalta [PU] 79 Dc
Ripalta, Monte– 129 Dc
Ripalta Arpina [CR] 41 Ac
Ripalta Cremasca [CR] 39 FGc
Ripalta Guerina [CR] 41 Ac
Ripalta Nuova [CR] 41 Ac
Ripalta Vecchia [CR] 41 Ac
Ripalvella [TR] 95 Abc
Ripamassana [PU] 79 Bbc
Ripapérsico [FE] 57 Bc
Riparbella [PI] 81 Db
Riparotonda [RE] 65 Fc
Ripa Sottile, Lago di– 101 Fb
Ripa Teatina [CH] 105 Dbc
Ripatransone [AP] 97 Dab
Ripe [AN] 79 Ecd
Ripe [PU] 79 Cc
Ripe [TE] 97 Cc
Ripe San Ginésio [MC] 87 Dd
Ripettoni [TE] 97 Dc
Ripi [FR] 109 Fcd
Ripiani [FR] 109 Fcd
Ripiti, Torrente– 129 Ed
Ripoira [CN] 47 Ec
Ripoli [AR] 85 Ab
Ripoli [BO] 67 Ec
Ripoli [FI] 75 Cc
Ripoli [PI] 73 Fc
Ripoli [PI] 81 Da
Ripollata, Serra– 147 Bd
Riposo, Canale– 143 Fb
Riposo [CT] 173 Ea
Risano [UD] 33 Cb
Riscone / Reischach [BZ] 3 Fc
Risicone, Torrente– 173 Cd
Risigliano [NA] 121 Ad
Riso [BG] 27 Ab
Rissordo [CN] 61 Cab
Ristonchi [AR] 77 BCc
Ristonchi [FI] 77 Bc
Ristónchia [AR] 83 Fc
Rite, Monte– 17 Cb
Ritóio, Monte– 77 Cb
Ritornato [TO] 35 FGbc
Ritorto, Fosso– 91 Ca
Ritorto, Lago– 13 Fc
Ritorto, Monte– 13 Fc
Ritorto, Torrente– 93 Db
Ritórtolo [RA] 69 Bc
Ritrovoli, Poggio– 81 Fcd
Rittana [CN] 59 Fb
Ritten / Renon [BZ] 15 Da
Rittner Horn / Renon, Corno di– 3 Cd
Ritzeil / Rizzolo [BZ] 3 Db
Riu Murtas, Nuraghe– 193 Bc

Riva [BZ] 3 Db
Riva [CN] 49 Bc
Riva [MN] 55 Bb
Riva [PC] 53 Ad
Rivà [RO] 57 Eb
Riva [SO] 11 Ec
Riva [TN] 29 Bb
Riva [TO] 47 Fb
Riva [VC] 23 Dc
Rivabella [BO] 55 Fd
Rivabella [BO] 67 Eb
Rivabella [LE] 139 Db
Rivabella [RN] 79 Ba
Riva degli Etruschi [LI] 91 Ba
Riva dei Pini [CA] 195 Fd
Riva dei Tarquini [VT] 99 Ec
Riva dei Téssali [TA] 133 Dd
Riva del Garda [TN] 29 Ab
Riva del Sole [GR] 91 Cc
Riva di Faggeto [CO] 25 Cb
Riva di Solto [BG] 27 Bc
Riva di Sotto / Unterrain [BZ] 15 Cb
Riva di Túres / Rain in Taufers [BZ] 3 Gb
Riva Faraldi [IM] 71 Fb
Rivago [VE] 33 Ac
Rivalazzo [PR] 53 Dc
Rivalba [AL] 37 Fd
Rivalba [TO] 37 Bd
Rivale [VE] 45 Cb
Rivalgo [BL] 17 Cb
Rivalta [BI] 37 Cab
Rivalta [CN] 49 Ccd
Rivalta [PC] 53 Ab
Rivalta [PR] 53 Ed
Rivalta [RA] 69 Cc
Rivalta [RE] 55 Ad
Rivalta [VI] 29 EFb
Rivalta [VR] 29 Ab
Rivalta Bórmida [AL] 49 Gc
Rivalta di Torino [TO] 47 FGa
Rivalta Scrívia [AL] 51 Bb
Rivalta sul Mincio [MN] 41 FGc
Rivalto [PI] 81 Db
Rivalunga [VR] 43 Cbc
Rivamonte Agordino [BL] 17 Bc
Rivanazzano [PV] 51 CDb
Riva presso Chieri [TO] 49 Cb
Rivara [MO] 55 DEc
Rivara [TO] 35 Gc
Rivarolo [PR] 53 Eb
Rivarolo Canavese [TO] 37 Ac
Rivarolo del Re [CR] 53 Fa
Rivarolo del Re ed Uniti [CR] 53 Fa
Rivarolo Ligure [GE] 63 Cb
Rivarolo Mantovano [MN] 53 Fa
Rivarone [AL] 51 Bb
Rivarossa [TO] 37 Ac
Rivarotta [PN] 31 Fb
Rivarotta [UD] 33 Bc
Rivarotta [VI] 29 EFc
Rivasacco [TO] 35 Fcd
Riva San Vitale [Svizz.] 25 Bb
Rivasco [VB] 9 Eb
Rivasecca [TO] 47 Fb
Rivasso [PC] 51 FGb
Riva Trigoso [GE] 63 Fc
Riva Valdobbia [VC] 23 Bb
Rivaverde [RA] 69 Cb
Rivazzurra [RN] 79 Ba
Rive [VC] 37 Fc
Rive [VI] 29 Fc
Rive, Canale di– 37 Dc
Rive d'Arcano [UD] 19 Bd
Rivella [PD] 45 Ac
Rivello [PZ] 141 Fb
Rivera [TO] 37 Bc
Rivera [TO] 35 Fd
Rivera [VB] 9 Dd
Rivere [AL] 49 Fd
Rivergaro [PC] 53 Ab
Riviano [PR] 53 CDc
Riviera [BI] 37 Cab
Riviera [BO] 69 Ac
Riviera d'Adda [BG] 25 Ecd
Riviera dei Cedri, Parco Marino Regionale– 143 Ac
Riviera dei Pini [OT] 185 Fbc
Riviera di Ulisse, Parco Naturale Regionale– 117 Fb

Rivignano [UD] 33 Bb
Rivioni [BG] 25 Gb
Rivis [UD] 33 Aab
Rivisóndoli [AQ] 111 Db
Rivò [BI] 23 CDc
Rivo [TR] 101 Ea
Rivo [UD] 19 Bab
Rivo, Torrente– 113 Bc
Rivodora [TO] 37 Ad
Rivoglia, Pizzo– 163 Ad
Rivóira [CN] 61 Ab
Rivóira [TO] 35 Gb
Rivoira [TO] 47 Eb
Rivoli [TO] 35 FGd
Rívoli [UD] 19 Bc
Rívoli Veronese [VR] 43 Aa
Rivolta d'Adda [CR] 39 Fb
Rivoltella [BS] 41 Fb
Rivoltella [PV] 37 Fc
Rivolto [UD] 33 Bb
Rivotorto [PG] 95 Ca
Rivotta [UD] 19 Bd
Rizió [BL] 17 Da
Rizo, Monte– 9 Ec
Rizza [VR] 43 Bb
Rizzacorno [CH] 105 Ecd
Rizzardina [TV] 31 Bc
Rizzi [UD] 33 Ca
Rizzíconi [RC] 153 Bd
Rizzios [BL] 17 Db
Rizzolaga [TN] 15 Cd
Rizzolo [PC] 53 Bb
Rizzolo [UD] 19 Cd
Rizzolo / Ritzeil [BZ] 3 Db
Rizzolu, Rio– 185 Cb
Rizzolu de sa Costa, Rio–
185 Ab
Rizzotti [ME] 155 Ab
Rizzuti [CS] 149 Ec
Rizzuto [CS] 149 CDb
Rizzuto, Torrente– 175 Db
Ro [FE] 57 Bb
Roa [TN] 29 EFa
Ròa Marenca [CN] 61 Cb
Roana [VI] 29 Db
Roapiana [CN] 61 Bb
Roaro [PD] 43 Fc
Roaschia [CN] 59 Fc
Roascio [CN] 61 Db
Roasco, Torrente– 13 Cc
Roásio [VC] 23 Dd
Roata Chiusani [CN] 61 Ab
Roata Rossi [CN] 59 Gb
Roatta [CN] 61 Cb
Roatta Soprana [CN] 61 Cb
Roatta Sottana [CN] 61 Cb
Roatto [AT] 49 Db
Robarello [VC] 37 Db
Robassomero [TO] 35 Gc
Robbiate [LC] 25 Ec
Róbbio [PV] 37 Fc
Robecchetto con Induno [MI]
39 Aab
Robecco [LO] 39 Fc
Robecco d'Óglio [CR] 41 Cc
Robecco Pavese [PV] 51 DEa
Robecco sul Naviglio [MI]
39 Bb
Robegano [VE] 45 Ca
Robella [AT] 37 Cd
Robella [CN] 47 Ed
Robella [VC] 37 Bc
Roberso [TO] 47 Db
Robert, Cima– 61 Cc
Robilante [CN] 59 FGc
Robini [CN] 49 Ec
Roboaro [AL] 61 Fa
Roburent [CN] 61 Cc
Roca Nuova [LE] 139 Fa
Roca Vécchia [LE] 139 Fa
Rocca [AL] 49 Gb
Rocca [AT] 49 Da
Rocca [BL] 29 Fb
Rocca [CT] 173 Cb
Rocca [IM] 71 Fb
Rocca [PC] 51 Gd
Rocca [PR] 53 Bd
Rocca [TO] 37 Bc
Rocca [TO] 35 Ed
Rocca, la– [CB] 113 Bd
Rocca, la– [CB] 113 Bde
Rocca, La– [TN] 15 Bc
Rocca, Monte– 13 Cab
Rocca, Monte della– 77 FGc
Rocca, Monte la– 111 Fb

Rocca, Villa la– [RG] 177 Cc
Roccabascerana [AV] 121 Bc
Roccabernarda [KR] 151 Dc
Rocca Bernarda [UD] 33 Dab
Rocca Bianca 47 Db
Roccabianca [PR] 53 Eab
Roccabruna [CN] 59 Eab
Rocca Canavese [TO] 35 Gc
Rocca Canterano [ROMA]
109 Cb
Roccacaramánico [PE]
105 Cd
Roccacasale [AQ] 105 Bd
Rocca Cerbaia [PO] 75 Eab
Roccacerro [AQ] 103 Cd
Rocca Ciglié [CN] 61 Cb
Rocca Cilento [SA] 141 Ba
Roccacinquemiglia [AQ]
111 Dc
Rocca Corneta [BO] 67 Cc
Rocca d'Anfo [BS] 27 Dc
Rocca d'Arazzo [AT] 49 Eb
Rocca d'Arce [FR] 111 Ad
Roccadáspide [SA] 129 DEd
Rocca de' Baldi [CN] 61 Bb
Rocca de' Giorgi [PV] 51 Eb
Rocca delle Caminate [FC]
77 Da
Rocca d'Evandro [CE] 119 Ca
Rocca di Botte [AQ] 109 Cab
Rocca di Cámbio [AQ] 103 Dc
Rocca di Capri Leone [ME]
161 Fb
Rocca di Cave [ROMA]
109 Bbc
Rocca di Cavour, Parco
Naturale della– 47 Fc
Rocca di Corno [RI] 103 BCb
Rocca di Fondi [RI] 103 Bb
Rocca di Mezzo [AQ] 103 DEc
Rocca di Monte Vármine [AP]
97 Cab
Rocca di Neto [KR] 151 DEb
Rocca di Papa [ROMA]
109 Ac
Rocca di Roffeno [BO] 67 Cc
Rocca d'Órcia [SI] 93 Bab
Roccaferrara [PR] 65 Db
Roccafinadamo [PE] 103 Fb
Roccafiorita [ME] 163 Cc
Roccafluvione [AP] 97 Bbc
Roccaforte, Planu– 183 Ed
Roccaforte Lígure [AL] 51 Dc
Roccaforte del Greco [RC]
155 Cc
Roccaforte Mondovì [CN]
61 Bc
Roccaforzata [TA] 133 Gd
Roccafranca [BS] 41 Bb
Roccagióvine [ROMA] 109 Ba
Roccagloriosa [SA] 141 Db
Roccagnano [PG] 85 Ab
Roccagrande, Monte– 63 Fc
Rocca Grimalda [AL] 51 Acd
Roccaguglielma 119 Ba
Rocca Imperiale [CS] 143 Fb
Rocca Imperiale Marina [CS]
143 Fb
Roccalanzona [PR] 53 Dc
Roccalbegna [GR] 93 Bc
Roccalberti [LU] 73 Ea
Rocca Leonella [PU] 85 Da
Roccalta [AQ] 111 Db
Roccalumera [ME] 163 Cc
Roccalvecce [VT] 101 Ba
Rocca Malatina [MO] 67 Cb
Roccamandolfi [IS] 111 Fe
Roccamare [GR] 91 Cc
Rocca Massima [LT] 109 Bc
Roccamena [PA] 159 Ad
Roccamonfina [CE] 119 Cb
Roccamonfina–Foce del
Garigliano, Parco del–
119 Cb
Roccamontepiano [CH]
105 Cc
Roccamorice [PE] 105 Cc
Rocca Moross 35 Ec
Roccamurata [PR] 65 Ca
Rocca Nera 47 Dc
Roccanolfi [PG] 95 Fbc
Roccanova [PZ] 143 Da
Roccantica [RI] 101 Fc
Roccapalumba [PA] 159 Dd
Roccapélago [MO] 67 Ac

Rocca Pia [AQ] 111 Cb
Roccapiatta [TO] 47 Eb
Roccapiemonte [SA] 129 Bb
Rocca Piétore [BL] 17 Ab
Roccapietra [VC] 23 Dc
Roccapipirozzi [IS] 119 Da
Roccapipirozzi Alta [IS]
119 Da
Rocca Pitigliana [BO] 67 Cc
Roccaporena [PG] 95 Ec
Rocca Pratiffi [RN] 77 Fc
Roccaprebalza [PR] 65 Cab
Roccapreturo [AQ] 103 Fc
Rocca Priora [AN] 87 Da
Rocca Priora [ROMA] 109 Ac
Rocca Pulzana [PC] 51 Fb
Roccarainola [NA] 121 Ad
Roccaranieri [RI] 103 Ac
Roccaraso [AQ] 111 Db
Roccaravindola [IS] 111 Dd
Roccareonile [AP] 97 Bc
Rocca Ricciarda [AR] 83 Da
Rocca Ripesena [TR] 93 Ec
Roccaromana [CE] 119 Eb
Rocca Romana, Monte–
101 Cc
Roccarossa, Tempa di–
143 Bab
Roccasalli [RI] 97 Ad
Rocca San Casciano [FC]
77 Ca
Rocca San Felice [AV] 121 Dd
Rocca San Giovanni [CH]
105 Ec
Rocca San Giovanni–Saben,
Riserva Naturale di– 59 Fc
Rocca Santa Maria [MO]
67 Bb
Rocca Santa Maria [TE]
97 Ccd
Rocca Sant'Ángelo [PG]
85 Dd
Rocca Santo Stefano [ROMA]
109 Cb
Rocca San Zenone [TR]
95 CDd
Rocca sa Pattada 187 Dbc
Roccascalegna [CH] 105 Dd
Roccasecca [FR] 111 ABd
Roccasecca dei Volsci [LT]
109 De
Roccasicura [IS] 111 Ec
Rocca Sigillina [MS] 65 Cb
Rocca Sinibalda [RI] 103 Ac
Roccasparvera [CN] 59 Fb
Roccaspinalveti [CH] 111 Fb
Roccaspromonte [CB] 113 Bd
Roccassa, Bric– 61 Fab
Rocca Steria, Punta– 195 Ec
Rocca Susella [PV] 51 Db
Roccatagliata [GE] 63 Eb
Roccatagliata, Monte– 105 Bc
Roccatamburo [PG] 95 Ec
Roccatederighi [GR] 91 Ea
Roccati [TO] 37 Bd
Roccavaldina [ME] 163 Dab
Roccaverano [AT] 49 Ed
Roccavignale [SV] 61 DEb
Roccavione [CN] 59 Fc
Roccavivara [CB] 113 Bb
Roccavivi [AQ] 109 Fc
Roccelito, Monte– 159 Cd
Roccella [CL] 171 Bc
Roccella [PA] 159 Cb
Roccella, Castello di– 159 Fc
Roccella, Fiume di– 163 Ac
Roccella Iónica [RC] 153 Ee
Roccella Valdémone [ME]
163 Bc
Roccelletta [CZ] 153 Fb
Roccelletta del Vescovo di
Squillace 153 Fb
Rocche, Bric delle– 61 Fb
Rocche, Cozzi delle– 171 Dd
Rocche, Monte delle– 171 Cb
Rocche, Poggio delle– 83 Ea
Rocche dei Cástani 171 Ebc
Rocche di Civitella [TE]
97 CDc
Rocchenere [ME] 163 Ccc
Rocchetta [AL] 37 Dd
Rocchetta [AN] 87 Ab
Rocchetta [AN] 87 Db
Rocchetta [AP] 97 Db
Rocchetta [CE] 119 Db
Rocchetta [CN] 47 Ecd

Rocchetta [FC] 77 Eb
Rocchetta [MO] 67 Cb
Rocchetta [PC] 53 ABc
Rocchetta [PG] 95 Ec
Rocchetta [PR] 53 Ec
Rocchetta [TN] 15 Bc
Rocchetta [TP] 167 Db
Rocchetta, la– 77 Ec
Rocchetta, Monte– [BN]
121 Cc
Rocchetta, Monte– [PC]
51 FGc
Rocchetta, Monte la–
113 BCb
Rocchetta a Volturno [IS]
111 Dd
Rocchetta Belbo [CN] 49 DEd
Rocchetta Cairo [SV] 61 Eb
Rocchetta di Vara [SP] 65 Bc
Rocchetta e Croce [CE]
119 Db
Rocchetta Lígure [AL] 51 Dc
Rocchetta Mattei [BO] 67 Cc
Rocchetta Nervina [IM] 71 Cb
Rocchetta Nuova [IS] 111 Dd
Rocchetta Palafea [AT]
49 EFc
Rocchetta Sandri [MO] 67 Bc
Rocchetta Sant'Antonio [FG]
123 Ac
Rocchetta Tánaro [AT] 49 EFb
Rocchetta Tánaro, Parco
Naturale di– 49 Eb
Rocchette [GR] 93 Bc
Rocchette [RI] 101 Eb
Rocchette [TR] 101 Db
Rocchicciola [MO] 67 Ac
Rocciamelone 35 Dc
Rocciano [TE] 97 CDd
Roccia Viva 35 Ea
Rocciavrè, Monte– 47 DEa
Roccile, Monte del– 43 Eb
Róccolo Cattagno [VI] 29 Eb
Roccone, Poggio– 93 BCc
Roces, Bec de– 17 Aab
Rochemolles [TO] 35 Bd
Rochemolles, Lago di– 35 Bd
Rochette, Corne delle–
13 EFc
Roco di Sotto [FI] 67 Fc
Roda [TN] 15 Ec
Roda, La– 13 Fd
Roda, Picco di– 17 Db
Roda di Vael / Rotwand 15 Eb
Rodallo [TO] 37 Bc
Rodano [MI] 39 Eb
Roddi [CN] 49 Cc
Roddino [CN] 61 Da
Rodeano [UD] 19 Ad
Rodella, Cima– / Radel
Spitze 3 Cc
Rodella, Col– 15 Fb
Rodello [CN] 49 Dd
Rodeneck / Rodengo [BZ]
3 DEc
Rodengo / Rodeneck [BZ]
3 DEc
Rodengo–Saiano [BS] 27 Bd
Rodero [CO] 25 Bb
Rodes, Pizzo di– 13 Ad
Rodi [BG] 25 Fd
Rodi [ME] 163 BCb
Rodiano [BO] 67 Dc
Rodiano [MO] 67 Cb
Rodi–Fiesso [Svizz.] 9 Gb
Rodi Gargánico [FG] 115 Db
Rodighieri [VI] 29 Db
Ródigo [MN] 41 Fc
Rodi Mílici [ME] 163 BCb
Ródio [SA] 141 Cb
Rofrano [SA] 141 Da
Rogadeo, Villa– [BA] 125 Bc
Rógeno [LC] 25 Cc
Róggia [BL] 17 Cc
Róggia [TO] 37 Ac

Roggiano Gravina [CS]
145 Cc
Roggiano Valtraváglia [VA]
23 Gb
Róggio [LU] 73 Ea
Roggione [CR] 41 Ac
Roggione, Pizzo– 11 Dc
Roghudi [RC] 155 Cc
Roghudi [RC] 155 Bd
Rógio, Canale– 75 Bc
Rógio [CS] 149 Dbc
Rogliano [CS] 149 Dbc
Róglio, Torrente– 81 Ea
Rognano [PV] 39 Cc
Rogno [BG] 27 Bb
Rognosa di Sestriere, Punta–
47 Cb
Rognosi, Monte– 85 Aa
Rógolo [SO] 11 Fd
Rogoredo [LC] 25 Dc
Roia, Fiume– (Roya) 71 Cb
Roia / Rojen [BZ] 1 Cc
Roiano [TE] 97 Cc
Roiate [ROMA] 109 Cc
Róio del Sangro [CH] 111 Fb
Róio Piano [AQ] 103 CDc
Roisan [AO] 21 Dc
Roite 29 BCc
Rojen / Roia [BZ] 1 Cc
Rola [MO] 67 Cab
Roncaglia di Sopra [PC]
51 Eb
Rolandi [CN] 49 Cc
Rolasco [AL] 37 Ed
Rolate [VC] 23 Db
Roletto [TO] 47 Eb
Roletto [VB] 23 Cab
Rolino [BI] 23 Dd
Rolle [TV] 31 BCb
Rollieres [TO] 47 BCb
Rollin, Gobba di– 21 Gb
Rollini [AL] 37 Ed
Rollspitze / Gallina, Cima–
3 Cb
Rolo [RE] 55 Cb
Roma [MO] 55 Bc
Roma [PR] 53 Ec
Roma [ROMA] 107 Eb
Roma Campagnola [MO]
55 Bc
Romagna 69 Eb
Romagnano [TN] 29 Bab
Romagnano [VR] 43 Cab
Romagnano al Monte [SA]
129 Fc
Romagnano Sésia [NO] 23 Ed
Romagnese [PV] 51 Eb
Romagnolo [PA] 159 Cb
Romallo [TN] 15 Bb
Romana [SS] 183 Dd
Romana, la– 111 Ed
Romanella, Monte– 109 Eb
Romanelli, Grotta– 139 Fb
Romanengo [CR] 41 Ab
Romani [MC] 97 Aa
Romani [NA] 127 Ea
Romanina [BI] 23 Cd
Romano [LE] 139 Ed
Romano, Monte– 117 Ea
Romano Alto [VI] 29 Fc
Romano Banco [MI] 39 Cb
Romano Brianza [LC] 25 Dc
Romano Canavese [TO] 37 Bb
Romano d'Ezzelino [VI] 29 Fc
Romano di Lombardia [BG]
41 Aab
Romanore [MN] 55 Ba
Romanoro [MO] 65 Cb
Romans [UD] 33 Bb
Románs d'Isonzo [GO] 33 Db
Romanziol [VE] 31 Dcd
Romatisi [CZ] 153 Db
Roma Urbe, Aeroporto
Nazionale di– 107 Fb
Romazzano [PG] 95 Bc
Romazzino [OT] 179 Ec
Rombiolo [VV] 153 Cc
Romecchio, Monte– 65 Gd
Romeggio [PG] 85 Bc
Romeno [TN] 15 Bb
Romentino [NO] 39 Ab
Rometta [ME] 163 Dab
Rometta [MS] 65 Cc
Rometta Marea [ME] 163 Dab
Romezzano [PR] 63 Gab
Romita [FI] 83 Bab
Romito, Grotta del– 143 Bc
Romito, Toppa– 131 Bbc
Romito Magra [SP] 73 Ca

Romitório [LU] 75 Bb
Romitório [ROMA] 107 Fa
Rommatico [CS] 145 Cc
Rómola [FI] 75 EFc
Rompeggio [PC] 51 Fd
Romprezzagno [CR] 41 Ed
Ron, Vetta di– 13 Ac
Ronaco, Ponte– 119 Cb
Ronago [CO] 25 Bb
Roncà [VR] 43 Db
Roncáccio, Poggio– 77 Aa
Roncade [TV] 31 Dd
Roncadella [RE] 55 Bd
Roncadelle [BS] 41 Cab
Roncadelle [TV] 31 Cb
Roncadello [CR] 53 Fb
Roncadello [CR] 39 Fb
Roncadello [FC] 69 Dc
Roncagli [IM] 71 Fb
Roncáglia [AL] 49 Fa
Roncáglia [AT] 49 Fb
Roncáglia [CN] 47 Gc
Roncáglia [CN] 61 Ca
Roncáglia [PC] 53 Ba
Roncáglia [PD] 45 Bb
Roncáglia [PU] 79 Cb
Roncáglia [SO] 11 Fcd
Roncáglia [TO] 47 Fa
Roncaglio [RE] 65 Fa
Roncaiette [PD] 45 Bbc
Roncaiola [SO] 13 BCc
Roncaiolo [PC] 51 Fc
Roncala [RO] 57 Ab
Roncalceci [RA] 69 Db
Roncan [BL] 17 Cd
Roncanova [VR] 43 Cd
Roncari–Tebaldi [VR] 29 BCd
Roncaro [PV] 39 Dc
Roncarolo [PC] 53 BCa
Roncastaldo [BO] 67 Ec
Roncegno [TN] 29 Da
Roncegno, Palude di– 29 Da
Roncello [MB] 25 Ed
Ronche [PN] 31 Db
Ronche [PN] 31 Ea
Ronche [VE] 31 DEd
Ronchelli [MN] 41 Fd
Rónchena [BL] 31 Ba
Ronchetrino [VR] 43 Cd
Ronchi [AT] 49 Eb
Ronchi [BO] 55 Dc
Ronchi [CN] 61 Ab
Ronchi [CS] 149 Ec
Ronchi [MN] 43 Ad
Ronchi [MN] 55 Bb
Ronchi [MN] 53 FGab
Ronchi [PD] 31 Bd
Ronchi [PD] 45 Cab
Ronchi [PD] 45 Bc
Ronchi [PG] 85 Bb
Ronchi [SV] 61 Ec
Ronchi [TN] 15 Fb
Ronchi [TN] 29 Bc
Ronchi [UD] 33 Cb
Ronchi [VC] 23 Db
Ronchi [VC] 37 Cc
Ronchi [VI] 29 Eb
Ronchi [VI] 29 Cc
Ronchi [VR] 43 Ab
Ronchi / Rungg [BZ] 15 Cc
Ronchi dei Legionari [GO]
33 Dc
Ronchi di Campanile [PD]
45 Ab
Ronchiettis [UD] 33 Cb
Ronchi Inferiore [TO] 35 Gb
Rónchis [UD] 19 Cd
Rónchis [UD] 33 Bc
Ronchi Valsugana [TN] 15 Dd
Ronciglione [VT] 101 Cc
Roncino, Monte– 85 Cb
Roncitelli [AN] 79 Ec
Ronco [AL] 51 Dc
Ronco [BG] 27 Bab
Ronco [BI] 23 Dd
Ronco [BO] 69 Ac
Ronco [BS] 27 Bd
Ronco [BS] 13 Ccd
Ronco [BS] 41 DEa
Ronco [FC] 69 Dc
Ronco [NO] 23 Eb
Ronco [PC] 53 Bb
Ronco [RA] 69 Cc
Ronco [TN] 15 Fd
Ronco [VB] 23 Fb

Ronco, Fiume– 69 Dc
Ronco all'Ádige [VR] 43 Dc
Roncobello [BG] 25 Gb
Ronco Biellese [BI] 23 Cd
Roncobilaccio [BO] 75 Fa
Ronco Briantino [MB] 25 Ecd
Ronco Campo Canneto [PR] 53 Eb
Ronco Canavese [TO] 35 Gab
Roncocesi [RE] 53 Gc
Roncodigà [FE] 57 Cc
Ronco di Maglio 61 Ec
Roncoferraro [MN] 43 Bd
Roncofreddo [FC] 77 Fa
Roncogennaro [AL] 49 Fc
Roncoi [BL] 17 Bd
Roncola [BG] 25 Fc
Róncole [VC] 23 Dc
Roncolevá [VR] 43 Bc
Róncole Verdi [PR] 53 Db
Roncolla [PI] 81 Fb
Róncolo [RE] 53 Fd
Roncolongo [PR] 53 Dd
Roncone [TN] 27 EFb
Roncone, Monte– 29 Fb
Ronconi [VR] 29 Ad
Roncopáscolo [PR] 53 Eb
Roncosambaccio [PU] 79 Db
Roncoscáglia [MO] 67 Bc
Ronco Scrívia [GE] 51 Cd
Roncotasco [PR] 65 BCa
Roncrio [BO] 67 Eb
Rondanina [GE] 63 Ea
Rondelli [GR] 91 Cb
Rondello [PU] 79 Dbc
Rondinaia [FC] 77 Db
Rondinaio, Monte– 75 Ba
Rondinara [RE] 67 ABa
Róndine [AR] 83 Eab
Rondine, Pizzo della– 169 Db
Rondinelle [MT] 133 Bb
Rondissone [TO] 37 Bc
Rondo [VC] 23 Dc
Róndole [VI] 43 Eb
Rondover [PN] 31 Eb
Rongolise [CE] 119 Cb
Ronsecco [VC] 37 Dc
Ronta [FC] 69 Ec
Ronta [FI] 77 Aab
Rontagnano [FC] 77 Fb
Rontano [LU] 73 Fa
Ronti [PG] 85 ABb
Ronzano [AR] 83 Fc
Ronzano [PR] 65 Da
Ronzano [TE] 103 Fa
Ronzo [TN] 29 Ab
Ronzo–Chienis [TN] 29 Ab
Ronzone [TN] 15 Bab
Ropezzano [CO] 11 Dd
Roppa [UD] 17 Eb
Roppa Buffón, Monte– 17 Fc
Ròppolo [BI] 37 Gb
Roquebillière [Fr.] 71 Aab
Roquebrune-Cap-Martin [Fr.] 71 Bc
Rorà [TO] 47 Ec
Roracco [CN] 61 Bb
Rorai Piccolo [PN] 31 Eb
Rore [CN] 59 Ea
Roreto [CN] 49 BCcd
Rosa [PN] 33 Ab
Rosa [TO] 35 Ed
Rosà [VI] 29 Fc
Rosà, Col– 5 Ad
Rosa, Fiume– 145 Dc
Rosa, Monte– [Eur.] 23 Bb
Rosa, Monte– [RI] 103 Ccd
Rosa, Monte la– 153 Eb
Rosa, Plateau– 21 Cd
Rosa, Punta– / Rötel-Spitze 1 Gc
Rosa dei Banchi 21 Fd
Rosaguta [GE] 63 DEb
Rosaine [SA] 141 Aa
Rosali [RC] 155 Bb
Rosa Marina [BR] 135 Bb
Rosamarina, Lago– 159 Dc
Rosanisco [FR] 111 Bd
Rosano [AL] 51 Dcd
Rosano [AL] 51 Cb
Rosano [FI] 75 Gc
Rosano [RE] 65 Fb
Rosano, Monte– 99 Ga
Rosapineta [RO] 45 Dd
Rosa Pinnola 111 Bb
Rosara [AP] 97 Cc
Rosara [PD] 45 Cc

Rosário [SS] 181 Cd
Rosario Villa [RC] 155 Cd
Rosarno [RC] 153 Bd
Rosaro [TR] 95 Bc
Rosarolo [VB] 23 Db
Rosas, Monte– 195 Eb
Rosasco [PV] 37 Fc
Rosate [MI] 39 Cbc
Rosazza [BI] 23 Bcd
Rosazzo [UD] 33 Dab
Rosceto [PG] 95 Bc
Rosciano [BG] 25 FGc
Rosciano [PE] 105 Cc
Rosciano [PU] 79 Dc
Rosciano [TR] 95 Dd
Roscigno [SA] 129 Ed
Roscigno Nuovo [SA] 129 EFd
Roscigno Vecchio [SA] 129 Ed
Rosciolo dei Marsi [AQ] 103 Cc
Rose [CS] 145 Ed
Rose, Colle delle– 147 Dd
Rose, Monte– 169 Cb
Roseal 15 Fb
Roseg, Pizzo– 13 Ab
Roselle, Rovine di– 91 Ec
Roselle Módica [RG] 177 Dd
Roselli [FR] 111 Bd
Roselli [PG] 95 Cc
Rosello [CH] 111 EFb
Rosengarten / Catinaccio 15 Eb
Rosennano [SI] 83 CDb
Roseto Capo Spúlico [CS] 143 Fc
Roseto degli Abruzzi [TE] 97 Fc
Roseto Valfortore [FG] 121 Da
Rosetta, Cima della– 15 Fc
Rosetta, Monte– 11 Fd
Rosia [SI] 83 Bc
Rosignano Maríttimo [LI] 81 Cb
Rosignano Monferrato [AL] 37 Ed
Rosignano Solvay [LI] 81 Cb
Rosingo [AL] 37 Dd
Rósio [MI] 39 Bb
Rosito [KR] 151 DEcd
Rosmarino, Fiume– 161 Fb
Rósola [MO] 67 Cc
Rósola, Rio– 67 Cc
Rosolina [RO] 57 Ea
Rosolina Mare [RO] 45 Dd
Rosolini [SR] 177 Dd
Rosone [TO] 35 Fb
Rosora [AN] 87 Bb
Rossa [BS] 41 Bb
Rossa [RE] 53 Fb
Rossa [Svizz.] 11 Cb
Rossa [VC] 23 Cb
Rossa, Cresta– 23 Bc
Rossa, Croda– / Hohe Gaisl 5 Ad
Rossa, Croda– / Rote Wand 5 Bb
Rossa, Isola– [CA] 195 Ed
Rossa, Isola– [GR] 99 Bb
Rossa, Isola– [OT] 187 Cb
Rossa, Isola– [OT] 181 Fb
Rossa, Lago della– 35 Dc
Rossa, Punta– / Rotes Beil 3 Db
Rossa, Punta della– 9 Db
Rossa, Rocca– 143 Aa
Rossana [CN] 59 Fa
Rossano [CS] 147 Bc
Rossano [MS] 65 Bc
Rossano Véneto [VI] 29 Fc
Rosse, Rocche– 165 Da
Rossellina [RC] 155 Dbc
Rossena [RE] 65 Fa
Rossett, Lago– 35 Db
Rossetta [RA] 69 CDb
Rossetti [BI] 37 Cab
Rossi [SV] 71 Fab
Rossi [SV] 61 Ec
Rossi, Col dei– 15 Fb
Rossi, Villa– [MC] 193 Bd
Rossiglione [GE] 63 ABa
Rossignago [VE] 45 Cab
Rossignoli [TO] 35 Gc
Rossignolo [PD] 29 Fd

Rossimanno, Monte– 163 CDb
Rossino, Monte– 143 Bc
Rossi Nuovi, Cima dei– 11 Eb
Roßkofl / Campo Cavallo 5 Ac
Roßkogel / Cavallo, Monte– 5 Bc
Roßkopf / Cavallo, Monte– 3 Cb
Rosso [GE] 63 Db
Rosso, Bric– 47 Dab
Rosso, Cima del– 9 Cd
Rosso, Cima di– 11 Gc
Rosso, Corno– [It.] 23 Bc
Rosso, Corno– [NO] 23 Bab
Rosso, Monte– [AO] 21 Cc
Rosso, Monte– [BI] 23 Bc
Rosso, Monte– [BZ] 3 Cc
Rosso, Monte– [CT] 173 Ca
Rosso, Monte– [ME] 163 Bc
Rosso, Monte– [PG] 85 Cb
Rosso, Monte– [SO] 11 Gc
Rosso, Sasso– 15 Ac
Rosso, Scoglio– 117 ins.a
Rosso, Torrente– 131 Cb
Rosso d'Ala, Monte– 35 Ec
Rosso di Predoi, Pizzo– (Rötspitze) 5 Bab
Rossola, Pizzo della– 23 Ea
Rossomanno, Monte– 171 Ec
Rossomanno-Grottascura-Bellia, Riserva Naturale– 171 Ec
Rosson, Col– 5 Cd
Rossone [PV] 51 Eb
Rosta [TO] 35 Fd
Rosta [VR] 43 Dd
Rosta, la– 29 Bab
Rostolena [FI] 77 Bb
Rota [FI] 77 Ac
Rota [ROMA] 101 Bd
Rotacesta [PE] 105 Bb
Rota Dentro [BG] 25 Fb
Rota d'Imagna [BG] 25 Fb
Rotafuori [BG] 25 Fc
Rota Greca [CS] 145 Dd
Rotaldo, Torrente– 37 Fd
Rotale [PZ] 141 Fb
Rotari [MO] 67 Acd
Rotecastello [TR] 95 Ab
Rotéglia [RE] 67 ABb
Rotella [AP] 97 Cb
Rotella, Monte– 111 CDb
Rotello [CB] 113 Dc
Rötel-Spitze / Rosa, Punta– 1 Gc
Roterd–Spitze / Terrarossa, Cima di– 15 Eb
Rote Riffl / Scoglio Rosso 3 Eb
Rotes Beil / Rossa, Punta– 3 Db
Rote Wand / Rossa, Croda– 5 Bb
Roti [MC] 95 Fa
Rotonda [PZ] 143 Cc
Rotonda, Lago della– 143 Bb
Rotonda, Monte– 143 Ac
Rotonda, Serra– 143 Ac
Rotondella [MT] 143 Fab
Rotondella [PZ] 141 EFb
Rotondella, la– [CS] 143 Ac
Rotondella, la– [PZ] 143 Ebc
Rotondella, Monte– 143 Fb
Rotondi [AV] 121 Ac
Rotondo [AN] 85 Eb
Rotondo, Lago– [BG] 27 Aa
Rotondo, Lago– [TN] 13 Fb
Rotondo, Monte– [Abr.] 105 Bcd
Rotondo, Monte– [AQ] 103 Dc
Rotondo, Monte– [FR] 109 Ec
Rotondo, Monte– [FR] 109 Ede
Rotondo, Monte– [MC] 97 Ab
Rotondo, Monte– [PU] 79 Bc
Rotondo, Monte– [PZ] 141 Fb
Rotondo, Monte– [SA] 141 Eab
Rotondo, Monte– [TR] 101 Fab
Rotondo, Monte– [VT] 101 Ba
Rotondo, Pizzo– 11 Fd
Rotondo di Sanza, Monte– 141 Ea

Rötspitze (Rosso di Predoi, Pizzo–) 5 Bab
Rotta [FC] 69 Dc
Rotta [VE] 31 Fcd
Rottanova [VE] 45 Cd
Rottenga [TO] 37 Bd
Rottofreno [PC] 51 Ga
Rotundella, Grotta– 139 Fc
Rotwand / Roda di Vael 15 Ed
Rotzo [VI] 29 Db
Roure [TO] 47 Dab
Rouss, Monte del– 59 CDb
Rousses, Bec des– 21 Bc
Rovagnate [LC] 25 Ec
Rovale [CS] 151 Bb
Rovarè [TV] 31 Dcd
Rovasenda [VC] 37 Da
Rovasenda, Torrente– 37 Db
Rovate [VA] 25 Cc
Rovato [BS] 41 Ca
Roveda [TN] 15 Cd
Rovedaro [LO] 41 Ac
Rovegliana [VI] 29 Cc
Rovegno [GE] 63 Ea
Rovegro [VB] 23 Db
Roveleto [PC] 53 BCb
Roveleto Landi [PC] 53 Ab
Rovella [CS] 149 Db
Rovellasca [CO] 25 Cd
Rovello, Torrente– 113 Fc
Rovello Porro [CO] 25 Cd
Rovenaud [AO] 21 Dd
Rovenna [CO] 25 Cb
Rover [TV] 31 Ab
Roverazza [GE] 63 Bb
Roverbasso [TV] 31 Db
Roverbella [MN] 43 Ac
Roverchiara [VR] 43 Dc
Roverchiaretta [VR] 43 Dc
Roverdicrè [RO] 57 Ba
Róvere [AQ] 103 DEcd
Róvere [FC] 69 Cc
Róvere, Monte di– 111 BCb
Roverè della Luna [TN] 15 BCc
Roveredo [Svizz.] 11 Cc
Roveredo [UD] 33 Bbc
Roveredo di Guà [VR] 43 Ec
Roveredo in Piano [PN] 31 Eab
Rovereti [FC] 77 Db
Rovereto [CR] 39 FGc
Rovereto [FE] 57 Cc
Rovereto [PC] 51 Fd
Rovereto [TN] 29 Bb
Rovereto sul Secchia [MO] 55 Cc
Roverè Veronese [VR] 29 Bd
Roverino [IM] 71 Cc
Roversano [FC] 77 Fa
Roversella [MN] 55 Eb
Rovesca [VB] 9 Cd
Rovescala [PV] 51 Eab
Roveta [FI] 75 Ec
Rovetino [AP] 97 Cb
Rovetta [BG] 27 Bb
Rovezzano [FI] 75 Ec
Roviano [ROMA] 109 Ca
Roviasca [SV] 61 Fc
Rovicciano, Fosso– 95 Db
Roviera [CN] 59 Dc
Rovigliano [PG] 85 Ab
Rovigliano, Scoglio– 127 Eb
Roviglieto [PG] 95 Db
Rovigo [RO] 57 Ba
Rovina [PR] 53 Bc
Rovina, Lago della– 59 Fc
Rovinaglia [PR] 65 Bb
Rovine di Circe, Riserva Naturale– 117 Db
Rovitello, Monte– 121 DEb
Rovito [CS] 149 Db
Rovittello [CT] 163 Bcd
Rovizza [BS] 41 Fb
Rovo [RE] 57 Bc
Róvolo [MO] 65 FGc
Rovolon [PD] 43 FGb
Roy [VC] 23 CDb
Roya (Roia, Fiume–) 71 Cb
Royères [TO] 35 Bd
Rozzámpia [VI] 29 Ecd
Rozzano [MI] 39 Cb
Ru [TO] 35 Fb
Ruà [TO] 47 Cab
Rua [TV] 31 Cb
Rua, Monte– 103 Cb

Ruà del Prato [CN] 59 Eb
Rualis [UD] 19 Dd
Ruan, Grand Mount– 7 Bd
Ruata [CN] 47 DEd
Ruata [TO] 47 Eb
Ruata Eandi [CN] 47 Gd
Ruazzo, Monte– 119 Ab
Rubano [PD] 45 Ab
Rubbianello [FM] 97 Da
Rubbiano [CR] 39 Fc
Rubbiano [PR] 53 Db
Rubbiara [MO] 55 Dd
Rúbbio [VI] 29 Ec
Rubbio, Riserva Naturale– 143 Dc
Rúbbio, Torrente– 143 Db
Rubero [PV] 51 Eb
Rubiana [TO] 35 Fd
Rubiano [FM] 97 Ab
Rubicone, Fiume– 77 Fa
Rubiera [RE] 55 Bd
Rubije [SLO] 33 Fbc
Rubino, Lago– 157 Dc
Rubizzano [BO] 55 Fcd
Rubren, Bric de– → Mongióia 47 Cd
Rucas [CN] 47 Ec
Rucce [AN] 85 Eb
Rúccolo, Cerro del– 113 Dc
Rucorvo [BL] 17 CDb
Ruda [UD] 33 Dc
Rudiae 135 Ed
Rudiano [BS] 41 Bb
Rudo, Monti– / Rautkofel 5 Bd
Rue [TO] 47 Eb
Ruéglio [TO] 37 Ab
Ruera [CN] 47 Ec
Rufeno, Monte– 93 Dc
Ruffano [LE] 139 Ec
Ruffi, Monti– 109 Bb
Ruffia [CN] 49 Ac
Ruffignano [AR] 85 Ac
Rúffio [FC] 69 Ed
Ruffrè [TN] 15 BCb
Rúfina [FI] 77 Bc
Rufione, Molino di– [PI] 81 Ec
Rufreddo [BL] 5 Ad
Rugarlo [PR] 53 Bd
Ruggero [CZ] 151 Cd
Ruggiano [FG] 115 Dc
Ruggiano [LE] 139 Ec
Ruggiero, Castello– 77 Da
Ruggiero, Monte– 151 Bab
Rughe, Monte– 187 Db
Ruginello [MB] 25 Ed
Rugliana [FI] 83 Ca
Rúgolo [TV] 31 Db
Rúia, Isola– 185 Ec
Ruina [FE] 57 Bb
Ruínas [OR] 187 Fd
Ruinas [TO] 35 Cd
Ruineri, Nuraghe– 193 Bb
Ruino [PV] 51 Eb
Ruioch, Monte– 15 Dd
Rúiu, Monte– [SS] 155 BCb
Rúiu, Monte– [SS] 183 Cd
Rúiu, Monte– [SS] 183 Ec
Rúiu, Nuraghe– [NU] 187 Fb
Rúiu, Nuraghe– [NU] 189 Cb
Rúiu, Nuraghe– [OR] 189 Bb
Rúiu, Nuraghe– [OT] 185 Cc
Rúiu, Nuraghe– [SS] 181 Fd
Rullato [FC] 77 Eb
Rumia [RC] 155 BCb
Rumianca [VB] 23 Dab
Rumiod [AO] 21 Cc
Rumo [TN] 15 Bb
Runara, Nuraghe– 183 Dc
Runaz [AO] 21 Cc
Rúnchia [UD] 17 Gab
Runci [RC] 155 Bb
Runco [FC] 57 Bc
Rungg / Ronchi [BZ] 15 Cc
Runo [VA] 23 Db
Runzi [RO] 55 FGb
Ruoni [OT] 179 Cb
Ruora [CN] 71 Ea
Ruósina [LU] 73 Eb
Ruota [LU] 75 Bc
Ruoti [PZ] 131 Bb
Rupa [GO] 33 Eb
Rupecanina [FI] 77 Ab
Rupinpiccolo [TS] 33 Fc

Rupo [TE] 97 CDc
Rupoli [PU] 79 Dc
Ruscada, Pizzo di– 9 Fcd
Ruscello [AR] 83 Eb
Ruscello [FC] 77 Fa
Rúscio [PG] 95 Ed
Ruscletto [UD] 19 Cb
Rusiana, Monte– 17 CDa
Rusino [PR] 65 Eab
Russa, Monte la– 111 Fc
Russa, Pizzo– 163 Cc
Russenna, Piz– 1 Cc
Russi [RA] 69 Db
Russo [Svizz.] 9 Fc
Rust, Monte– 29 Cd
Rustano [MC] 87 Bc
Rustega [PD] 31 Ad
Rusteghini [PC] 53 Bc
Rustica, Pizzo della– 91 Fc
Rústici [FM] 97 Bb
Rustigazzo [PC] 53 Bc
Rustigne [TV] 31 Dc
Ruta [BI] 37 Ba
Ruta [GE] 63 DEb
Ruta, Cala della– 89 Cd
Ruthner Horn / Nevoso, Monte– 5 Ab
Rutigliano [BA] 125 DEbc
Rutino [SA] 141 Ba
Rutor, Cascate del– 21 Bc
Rutor, Lago del– 21 Bc
Rutor, Testa del– 21 Bc
Rutte [CN] 49 Ad
Rutte [UD] 19 Eab
Ruviano [CE] 119 Fb
Ruvo del Monte [PZ] 129 Gab
Ruvo di Puglia [BA] 125 Ab
Rúvolo, Monte– 173 Ca
Ruxi, Porto sa– [CA] 197 Dc
Ruzza, Monte– 103 Eb
Ruzzano [PR] 65 Eb
Ruzzolino [ME] 163 BCb
Ruzzolino, Torrente– 163 Cb
Ruzzunis, Monte– 183 Dc

S

Saalen / Sáres [BZ] 3 Fc
Saas, Punta di– 23 Ca
Saas-Almagell [Svizz.] 9 Bd
Saas-Balen [Svizz.] 9 Bd
Saas Fee [Svizz.] 9 Bd
Saas-Grund [Svizz.] 9 Bd
Sabadi [CA] 197 Dd
Sabatini, Monti– 101 Cd
Sabatino → Bracciano, Lago di– 101 Cd
Sabato, Fiume– 121 Bc
Sabáudia [LT] 117 CDb
Sabáudia, Lago di– 117 Db
Sabáudia, Lido di– 117 Db
Sabbia [VC] 23 Db
Sabbieta [MC] 87 Bcd
Sabbion [VR] 43 Ec
Sabbionara [TN] 29 Ac
Sabbioncello [MN] 55 CDa
Sabbioncello San Pietro [FE] 57 Bc
Sabbioncello San Vittore [FE] 57 Bc
Sabbione [PV] 39 Ccd
Sabbione [RE] 55 Bd
Sabbione, Ghiacciaio del– 9 Db
Sabbione, Lago del– 9 Eb
Sabbione, Punta del– 9 Db
Sabbioneta [MN] 53 Fab
Sabbioni [BO] 67 Ec
Sabbioni [CR] 41 Ab
Sabbioni [FE] 57 Bb
Sabbioni [MN] 55 Aab
Sabbioni [RO] 55 Ea
Sabbioni [VI] 43 Fc
Sabbioni [VI] 43 Ec
Sábbio Sopra [BS] 27 Dd
Sabbiuno [BO] 67 Fa
Sabbiuno di Montagna [BO] 67 Eb
Sabbucina, Zona Archeologica di– 171 Cc
Sabetta, Lago– 141 Ea
Sabina 101 Fc
Sabine, Villa le– [LI] 81 Dc

Sabini, Monti- 101 Gc
Sabion, Doss del- 13 Fcd
Sabiossola, Fossa- 57 Bd
Sabotino, Monte- 33 Eb
Sa Castanza [OT] 185 Db
Sacca [BS] 27 Cb
Sacca [MN] 41 FGc
Sacca [MN] 55 BCab
Sacca [PR] 53 Fb
Sacca Barbieri [MN] 55 Ba
Sacca di Bellocchio II, Riserva Naturale- 69 Ea
Sacca di Bellocchio III, Riserva Naturale- 69 Ea
Saccarello, Monte- 71 Da
Sacca Séssola 45 Db
Sacchello [PC] 51 Fa
Sacchetta [MN] 55 Ca
Saccione [AR] 83 Fb
Saccione, Torrente- 113 Dc
Sacco [BL] 17 Db
Sacco [SA] 129 Fd
Sacco [SO] 11 Fd
Sacco [TN] 29 Bb
Sacco, Fiume- 111 Ad
Sacco, Monte- 77 Ca
Sacco / Sack [BZ] 3 Dc
Saccol [TV] 31 Bb
Saccolongo [PD] 45 Ab
Saccona [TO] 35 Fc
Sacconago [VA] 25 Bd
Saccone [TN] 29 Ac
Saccovéscio [PG] 95 Fb
Saccuti [RC] 155 Dc
Sacerno [BO] 67 Ea
Sachet [BL] 17 Ab
Sacile [PN] 31 Db
Saciletto [UD] 33 Dc
Sack / Sacco [BZ] 3 Dc
Sacra, Isola- 107 Dc
Sacro, Monte- [FG] 115 Ec
Sacro, Monte- [SA] 141 Ca
Sacro Cuore [RG] 177 Ccd
Sacrofano [ROMA] 101 Dd
Sacro Monte Calvario di Domodossola, Riserva Naturale del- 9 Dd
Sacro Monte della Santissima Trinità di Ghiffa, Riserva Naturale del- 23 Fb
Sacro Monte di Belmonte, Riserva Naturale del- 35 Gb
Sacro Monte di Crea 37 Dd
Sacro Monte di Varallo, Riserva Naturale del- 23 Dc
Sacro Monte d'Orta, Riserva Naturale- 23 Ec
Sacudello [PN] 33 Abc
Sádali [CA] 193 Cb
Sádali, Rio de- 193 Cb
sa Domu de su Para [CI] 195 Cb
sa Duchessa [CI] 191 Dd
Sadurano [FC] 69 Cd
Saepinum 121 Aa
Saetta, Colle- 151 Cc
Saetta, Lago di- 129 Fb
Saette, Dosso delle- 15 Ad
Saetti [MO] 55 Cc
Safari Park 23 Fd
Safforze [BL] 17 Ccd
Ságama [OR] 187 Db
Ságana [PA] 159 Bb
Sagginale [FI] 75 Gb
Saginara 129 Ec
Sagittario [PZ] 143 CDb
Sagittário, Fiume- 111 Bb
Sagliano [PV] 51 DEb
Sagliano Micca [BI] 23 Cd
Saglieta [BN] 121 Cc
Sagneres, Colle delle- 59 Ca
Sagrado [GO] 33 Db
Sagran, Monte- (Sagranberg) 19 Da
Sagranberg (Sagran, Monte-) 19 Da
Sagro, Monte- 73 Da
Sagron [TN] 17 Ac
Sagròn, Piz di- 17 Ad
Sagron Mis [TN] 17 Ac
Saguedo [RO] 43 Fd
Sáia, Monte- 51 Dd
Saiáccio [FC] 77 Eb
Sáia Faliciotto 163 Bb
Saiano [BS] 27 Bd
Saiano [FC] 77 Fa
Sailetto [MN] 55 Bab
Saillon [Svizz.] 7 Dc
Saint Anselme [AO] 21 Gc
Saint-Barthélemy [AO] 21 Ec
Saint-Barthélemy, Torrente- 21 Fc
Saint-Christophe [AO] 21 Ec
Saint Dalmas-le-Selvage [Fr.] 59 Cc
Saint-Denis [AO] 21 Fc
Sainte-Agnès [Fr.] 71 Bc
Sainte-Foy-Tarentaise [Fr.] 21 Bd
Saint-Étienne-de-Tinée [Fr.] 59 Cc
Saint-Grée [CN] 61 Cc
Saint-Jacques [AO] 21 Gb
Saint Jean-Cap-Ferrat [Fr.] 71 Bc
Saint-Léonard [AO] 21 Dc
Saint-Marcel [AO] 21 Ec
Saint-Maurice [AO] 21 Dc
Saint-Maurice [Svizz.] 7 Bc
Saint-Nicolas [AO] 21 CDc
Saint-Oyen [AO] 21 Dc
Saint Paul [Fr.] 59 Bab
Saint-Pierre [AO] 21 Dc
Saint-Rhémy [AO] 21 Dc
Saint-Rhémy-en-Bosses [AO] 21 Dc
Saint-Véran [Fr.] 47 Cc
Saint-Vincent [AO] 21 Fc
Saipins 121 Aa
Sairano [PV] 39 Cd
Sajonchè, Cima- 23 Cb
Sala [AR] 77 Cc
Sala [AV] 129 Cab
Sala [BL] 17 Cd
Sala [CZ] 151 Bd
Sala [FC] 69 Fd
Sala [FI] 83 BCa
Sala [FI] 81 Fa
Sala [PR] 53 Eb
Sala [PV] 51 Db
Sala [PV] 51 Ec
Sala [RI] 103 Abc
Sala [RI] 95 Fd
Sala [TO] 35 Fd
Sala [TR] 93 Ec
Sala [TV] 31 Bc
Sala al Barro [LC] 25 Eb
Sala Baganza [PR] 53 Ec
Sala Biellese [BI] 37 Bab
Sala Bolognese [BO] 55 Ed
Salabue [AL] 37 Dd
Sala Comacina [CO] 25 CDb
Sala Consilina [SA] 131 Ad
Salaiola [GR] 93 Bb
Salaiolo [GR] 91 FGd
Sala Mandelli [PC] 51 Fb
Salamida, Rio- 195 Fb
Salamina [BR] 133 Gb
Sala Monferrato [AL] 49 Fa
Sálamu, Bruncu- 193 Cd
Saláncia, Monte- 35 Ed
Salandra [MT] 131 Ec
Salandrella, Torrente- 131 Fd
Salaparuta [TP] 167 Fa
Salaparuta, Ruderi di- 157 Ed
Salapia 123 Da
Salara [AP] 97 Cbc
Salara [RO] 55 Fb
Salarno, Lago di- 13 Dd
Salaro [VC] 23 Db
Salasco [VC] 37 Db
Salassa [TO] 37 Ab
Salbertrand [TO] 35 Cd
Sálboro [PD] 45 Bb
Salce [BL] 17 BCd
Salce [CH] 111 Fc
Salce, Castello di- 101 Bb
Salce, Monte- 85 Dc
Salcedo [VI] 29 Ec
Salcheto [SI] 83 Fd
Salci [PG] 93 Db
Salcido [AL] 49 Gab
Salcito [CB] 113 Bc
Salcra [NU] 185 Dc
Saldano, Monte- 171 Ecd
Saldur / Saldura, Rio- 1 Dd
Saldura, Punta- / Salurn-Spitze 1 Ec
Saldura, Rio- / Saldur 1 Dd
Sale [AL] 51 Bb
Sale [BS] 41 Ca
Sálea [SV] 71 Ga
Salécchia, Monte- 121 Fb
Salécchio [FI] 77 Ba
Salécchio [VB] 9 Ec
Sale delle Langhe [CN] 61 Db
Sale Marasino [BS] 27 Bc
Salemi [TP] 157 Dd
Salena, Monte- 41 Da
Salentina, Penisola- 135 Dd
Salentine, Murge- 139 Eb
Salento [SA] 141 Ca
Salera [LU] 65 Fc
Salerano Canavese [TO] 37 Bb
Salerano sul Lambro [LO] 39 Ec
Salere [AT] 49 Ec
Salerio, Monte- 109 Dd
Salerno [SA] 129 Bb
Sáles [TS] 33 Fc
Sale San Giovanni [CN] 61 Db
Saletta [FE] 57 Bb
Saletta [RI] 97 Acd
Saletta [TO] 35 Ec
Saletta [VC] 37 Ec
Salette [FM] 87 Fcd
Saletto [BO] 55 Fd
Saletto [PD] 43 Fc
Saletto [PD] 45 Bb
Saletto [PN] 33 Ab
Saletto [TV] 31 Dc
Saletto [UD] 19 Cb
Saletto [UD] 19 Db
Saletto / Wieden [BZ] 3 CDb
Salettuol [TV] 31 Cc
Salgareda [TV] 31 Dc
Saliano [CS] 149 Eb
Sali Bianchi [LE] 135 Ed
Sálica [KR] 151 Ec
Salice [CS] 149 Cbc
Sálice [FG] 123 Cb
Sálice [ME] 163 Da
Salice [SA] 141 Cab
Sálice, Fonte Minerale di- 27 Cb
Sálice, Monte- 131 Ba
Sálice Cálabro [RC] 155 Ab
Sálice Salentino [LE] 135 Dd
Sálice Terme [PV] 51 CDb
Saliceto [CN] 61 DEb
Saliceto [ME] 163 Aab
Saliceto [PC] 53 Cb
Saliceto Buzzalino [MO] 55 Cc
Saliceto Panaro [MO] 55 Cd
Salicetti [CS] 147 Ab
Sálici, Monte- 171 Fa
Sálici, Pizzo- 163 CDb
Sálici, Punta- 179 Ad
Salignano [LE] 139 Fd
Salimbeni, Villa- [SI] 83 Ed
Salina [CS] 145 Db
Salinà [ME] 163 Ab
Salina [MN] 53 Gb
Salina, Canale della- 165 Da
Salina, Isola- 165 Ca
Salina di Cervia, Riserva Naturale- 69 Fc
Salina di Margherita di Savoia, Riserva Naturale- 123 Ea
Salina Grande [TP] 157 Cc
Salinchiet, Monte- 19 BCa
Saline [MC] 97 Ba
Saline [RO] 45 Bd
Saline [SO] 11 Ec
Saline [VI] 43 Fc
Saline [VT] 99 Fc
Saline, Fiume- 105 Ca
Saline, Spiaggia delle- 181 Bc
Saline di Prióło, Riserva Naturale- 177 Fb
Saline di Tarquinia, Riserva Naturale Statale- 99 Fc
Saline di Trapani e Paceco, Riserva Naturale- 157 Cc
Saline di Volterra [PI] 81 Eb
Saline Ióniche [RC] 155 Bd
Salinella [KR] 151 CDb
Salinella, Lago- 133 Dd
Salinello, Fiume- 97 Ec
Salino [SP] 65 Ac
Salino [UD] 19 Bab
Salino, Torrente- 97 Ba
Salionze [VR] 43 Ab
Salirod [AO] 21 FGc
Salisano [RI] 101 Fc
Salito, Fiume- [CL] 169 Eb
Salito, Fiume- [PA] 159 Ed
Salitto [SA] 129 Cb
Sali Vercellese [VC] 37 Ec
Salívoli [LI] 91 Bb
Salizzole [VR] 43 Cc
Salle [PE] 105 Bcd
Salleret [AO] 21 FGd
Salle Vecchia [PE] 105 Bcd
Salmaregia [PG] 85 Fc
Salménega [BL] 17 Bd
Salmour [CN] 61 Ba
Salò [BS] 27 DEd
Salogni [AL] 51 DEc
Salomino [VC] 37 Cb
Salomp, Monte- / Hofbiehl 15 BCab
Salonetto / Schlaneid [BZ] 15 Ca
Salorno / Salurn [BZ] 15 Cc
Salsásio [TO] 49 Bb
Salse [IM] 71 Da
Salse di Nirano [MO] 67 Bab
Salse di Nirano, Riserva delle- 67 Ba
Salso [EN] 173 Bb
Salso [PR] 53 Db
Salso, Fiume- 173 Ba
Salso, Monte- 53 Cc
Sálsola, Torrente- 115 Cc
Salsomaggiore Terme [PR] 53 Cc
Salsominore [PC] 51 Fd
Salso o Imera Meridionale, Fiume- 171 Bd
Salt [UD] 19 Cd
Saltalfabbro [SI] 83 Dc
Saltara [PU] 79 Dc
Saltaria [TN] 29 Bb
Saltaus / Saltúsio [BZ] 3 Bc
Sálter [TN] 15 Bb
Salterana [SP] 63 Gb
Salterana [VC] 23 Cc
Saltino [FI] 77 Bc
Saltino [MO] 67 Ab
Salto [GE] 63 DEb
Salto [MO] 67 Cc
Salto [TO] 35 Gb
Salto, Fiume- 103 Ab
Salto, Giogo del- / Tschaufernock 15 Ca
Salto, Lago del- 103 Bc
Saltore [TV] 31 Cc
Sáltrio [VA] 25 Bb
Saltúsio / Saltaus [BZ] 3 Bc
Salúbio, Monte- 15 Dd
Saluci [CT] 173 Cb
Saludécio [RN] 79 BCb
Salúggia [VC] 37 Cc
Salurn / Salorno [BZ] 15 Cc
Salurn-Spitze / Saldura, Punta- 1 Ec
Salussola [BI] 37 Cb
Salutio [AR] 77 Dd
Salutio [AR] 83 Ea
Salutio, Torrente- 83 Ea
Saluzzo [CN] 47 Fd
Salvanori, Monte di- 185 Db
Salvarano [RE] 65 FGa
Salvaro, Monte- 67 DEc
Salvarola, Terme di- 67 Ba
Salvarolo [VE] 31 Fc
Salvarosa [TV] 31 Acd
Salvaterra [RE] 55 Bd
Salvaterra [RO] 55 Ga
Salvatico [PC] 53 Cb
Salvatónica [FE] 55 Fb
Salvatore dei Greci [ME] 155 Ab
Salvatorello, Poggio- 171 Ed
Salvatronda [TV] 31 Acd
Salve [LE] 139 Ecd
Salvéria, Monte- 171 Dd
Salvi [FM] 97 Bb
Salvi [RC] 155 Eb
Salviano [LI] 81 Ba
Salvirola [CR] 41 Abc
Salvitelle [SA] 129 Fc
Salza di Pinerolo [TO] 47 Db
Salza Irpina [AV] 121 Cd
Salzano [VE] 45 Cab
Salzano [VR] 29 Ad
Sálzen [BL] 29 Fa
Salzetto [TO] 35 Ga
Sam / Ori, Monte- 15 Bb
Samarate [VA] 23 Gd
sa Marigosa [OR] 187 Cc
Samassi [VS] 191 Fd
Samatzai [CA] 193 Bd
Sambatello [RC] 155 Bb
Sambiase [CZ] 149 Dd
Sambo [UD] 19 Cc
Sambock / Sommo, Monte- 3 Fc
Samboseto [PR] 53 Db
Sambro, Torrente- 67 Ec
Sambruson [VE] 45 Cb
Sambuca [FI] 83 Ba
Sambuca di Sicilia [AG] 167 Fb
Sambuca Pistoiese [PT] 75 Da
Sambucaro, Monte- 119 Ca
Sambuceto [CH] 105 Db
Sambuceto [PR] 65 ABa
Sambucètole [TR] 95 Bd
Sambucheto [MC] 87 Dbc
Sambucheto [TR] 95 Dd
Sambucheto, Monte- 77 Db
Sambuchi [PA] 159 Dc
Sambuci [ROMA] 109 Bb
Sambuco [CN] 59 Db
Sambuco, Monte- [EN] 171 Ec
Sambuco, Monte- [FG] 113 Ed
Sambughè [TV] 31 Cd
Sambughetti, Monte- 161 Dd
Sambughetti-Campanito, Riserva Naturale- 161 Dd
Sambughetto [VB] 23 Db
Sambuy [TO] 37 Ad
Samedan [Svizz.] 13 Aa
Sa Mela [SS] 181 Fd
Samele [BT] 123 DEc
sa Mitza de s' Orcu [CA] 195 Fd
Sammardénchia [UD] 19 Cc
Sammardénchia [UD] 33 Cb
Sammartini [BO] 55 DEc
Sammichele di Bari [BA] 125 Dc
Samminiatello [FI] 75 DEc
Sammommè [PT] 75 Da
Samnaun [Svizz.] 1 BCb
Samo [RC] 155 Dc
Samoclevo [TN] 15 Ab
Samóggia [BO] 67 Db
Samóggia, Torrente- 55 Ec
Samólaco [SO] 11 Ec
Samone [MO] 67 Cb
Samone [TN] 15 DEd
Samone [TO] 37 Bb
Samperone [PV] 39 Cc
Sampéyre [CN] 59 Ea
Sampierdarena [GE] 63 Cb
Sampieri [RG] 177 Cd
Sampieri, Pizzo- 169 EFa
Samprogno [BL] 31 Ba
Sampulla, Monte- 185 Bb
Samugheo [OR] 187 Fd
Sanárica [LE] 139 Eb
Sanbarbaro Fughetto, Fiume- 161 Ec
San Barbato [CH] 105 Fd
San Bárnaba [AP] 97 Db
San Bárnaba [CN] 59 FGab
San Barnaba [RA] 69 Cc
San Baronto [PT] 75 Dc
San Bártolo [PU] 79 Dc
San Bártolo, Monte- 79 Cc
San Bartolomeo [AT] 49 Cab
San Bartolomeo [AT] 49 DEc
San Bartolomeo [BG] 25 Gb
San Bartolomeo [CN] 49 Cd
San Bartolomeo [CN] 61 Cb
San Bartolomeo [CN] 61 ABc
San Bartolomeo [CO] 25 Bc
San Bartolomeo [GE] 63 Ca
San Bartolomeo [IM] 71 Db
San Bartolomeo [ME] 161 Fb
San Bartolomeo [PG] 85 Cb
San Bartolomeo [RA] 69 DEb
San Bartolomeo [RE] 53 Gcd
San Bartolomeo [SI] 93 Ca
San Bartolomeo [SO] 13 Ad
San Bartolomeo [SV] 71 Fab
San Bartolomeo [TO] 47 Eb
San Bartolomeo [TV] 31 Dc
San Bartolomeo [VB] 9 FGd
San Bartolomeo, Monte- 109 Cab
San Bartolomeo, Torre- 125 Cb
San Bartolomeo al Mare [IM] 71 Fb
San Bartolomeo in Bosco [FE] 57 Ac
San Bartolomeo in Galdo [BN] 121 CDa
San Bartolomeo Val Cavargna [CO] 11 Cd
San Basile [CH] 119 Eb
San Basile [CS] 145 DEb
San Basile [MT] 143 Fab
San Basilio [CA] 197 Cb
San Basilio [CA] 193 Cc
San Basilio [ME] 163 Bbc
San Basilio [MT] 137 Ac
San Basilio [RO] 57 DEb
San Basilio [ROMA] 107 Fb
San Basilio [TA] 133 Db
San Bassano [CR] 41 Ac
San Bavello [FI] 77 Bb
San Bellino [RO] 57 Aa
San Benedetto [AQ] 103 Dc
San Benedetto [BO] 55 Dd
San Benedetto [BO] 55 Fc
San Benedetto [CI] 191 Dd
San Benedetto [RI] 101 Fc
San Benedetto [SI] 83 Aa
San Benedetto [SP] 73 Ba
San Benedetto [VR] 41 FGb
San Benedetto, Alpe di- 77 Cb
San Benedetto, Grotta di- 103 Dd
San Benedetto / Nauders [BZ] 3 DEc
San Benedetto Belbo [CN] 61 Dab
San Benedetto dei Marsi [AQ] 111 Aab
San Benedetto del Tronto [AP] 97 Eb
San Benedetto in Alpe [FC] 77 Cb
San Benedetto in Guarano [CS] 149 Db
San Benedetto in Períllis [AQ] 103 Fc
San Benedetto Po [MN] 55 Ca
San Benedetto Querceto [BO] 67 Fc
San Benedetto Ullano [CS] 145 Dd
San Benedetto Val di Sambro [BO] 67 Ec
San Benigno [CN] 59 Gb
San Benigno Canavese [TO] 37 Ac
San Bernardino [AN] 87 Da
San Bernardino [CR] 41 Ab
San Bernardino [NO] 37 Fa
San Bernardino [PC] 53 Ac
San Bernardino [RA] 69 Cab
San Bernardino [RE] 55 ABbc
San Bernardino [Svizz.] 11 Db
San Bernardino [TO] 47 Fa
San Bernardino [VR] 43 Bc
San Bernardino, Torrente- 23 Fb
San Bernardino Verbano [VB] 23 Fb
San Bernardo [CN] 49 Bcd
San Bernardo [CN] 61 Ba
San Bernardo [CN] 59 Fb
San Bernardo [CZ] 149 Dc
San Bernardo [GE] 63 Fc
San Bernardo [GE] 63 Cb
San Bernardo [LO] 39 Fc
San Bernardo [SO] 11 Gd
San Bernardo [SO] 13 Ac
San Bernardo [SV] 61 Fb
San Bernardo [SV] 61 Fb
San Bernardo [TN] 15 Ab
San Bernardo [TO] 37 Cd
San Bernardo [TO] 49 Bb
San Bernardo [UD] 19 Cd
San Bernardo, Monte- 59 Fab
San Bernardo, Timpone- 151 Bb
San Bernardo di Conio [IM] 71 Eab
San Bernolfo [CN] 59 Dc
San Biágio [AG] 169 Dd
San Biágio [AN] 87 Db
San Biágio [AN] 87 Dab
San Biágio [AV] 129 Cab
San Biágio [BL] 5 Ad
San Biagio [BS] 27 Dd

San Biágio [CN] 61 Ab
San Biágio [CN] 61 Bb
San Biagio [FE] 57 Ac
San Biágio [FE] 55 Fb
San Biágio [FE] 69 Ca
San Biágio [ME] 163 Bb
San Biágio [MN] 43 Bd
San Biágio [MO] 55 Dbc
San Biágio [PA] 169 ABb
San Biágio [PD] 45 Ab
San Biágio [PV] 39 Bc
San Biágio [PV] 51 Db
San Biágio [RA] 69 Cc
San Biágio [RE] 55 Bc
San Biagio [SA] 129 Dd
San Biágio [SI] 93 Ca
San Biagio [TE] 97 Cc
San Biágio [VE] 31 Fc
San Biágio, Cozzo- 169 Ab
San Biágio, Grotta di- 135 Cc
San Biágio, Isola- 41 Fa
San Biágio, Serre- 169 Db
San Biágio della Cima [IM] 71 Cb
San Biágio della Valle [PG] 95 Aab
San Biágio di Callalta [TV] 31 Dc
San Biágio Plátani [AG] 169 Dbc
San Biágio Saracinisco [FR] 111 Cd
San Biágiu [OT] 179 Bc
San Biase [CB] 113 Bc
San Biase [CS] 149 Cb
San Biase [SA] 141 Ca
San Bonico [PC] 53 ABab
San Bonifácio [VR] 43 Db
San Bononio [BI] 23 Dd
San Bórtolo [PD] 45 Ac
San Bórtolo delle Montagne [VR] 29 BCd
San Bovio [MI] 39 Db
San Brancato [PZ] 143 Da
San Bríccio [VR] 43 Cb
San Brízio [MN] 43 Ac
San Brízio [PG] 95 Dc
San Bruzio 91 Fd
San Buono [CH] 113 Bb
San Calogero [VV] 153 Cc
San Calogero, Monte- 159 Ec
San Calogero, Terme di- 165 Db
San Candido / Innichen [BZ] 5 Bc
San Canzian d'Isonzo [GO] 33 Dc
San Cardino [CS] 145 Cc
San Carlo [AL] 51 Cb
San Carlo [AT] 49 Ec
San Carlo [AT] 49 Fb
San Carlo [CE] 119 Cb
San Carlo [FC] 77 Fa
San Carlo [FE] 55 Fc
San Carlo [GE] 63 Bb
San Carlo [LI] 91 Ba
San Carlo [MB] 25 Dd
San Carlo [ME] 163 Cc
San Carlo [PA] 169 Bb
San Carlo [RC] 155 Cd
San Carlo [SO] 13 Cb
San Carlo [TR] 101 Eb
San Carlo [VB] 23 Cab
San Carlo Canavese [TO] 35 Gc
San Carlo d'Áscoli [FG] 123 Cc
San Carlone 23 Fc
San Carlo Terme [MS] 73 Da
San Casciano [MC] 97 Aa
San Casciano, Lago di- 93 Dc
San Casciano dei Bagni [SI] 93 Db
San Casciano in Val di Pesa [FI] 75 Fd
San Cassiano [AN] 85 Ec
San Cassiano [AR] 83 Fb
San Cassiano [AR] 77 Dd
San Cassiano [LE] 139 Eb
San Cassiano [LU] 75 Ba
San Cassiano [MC] 87 Acd
San Cassiano [MN] 41 Fbc
San Cassiano [MN] 41 Fc
San Cassiano [RA] 77 Ca
San Cassiano [RO] 57 Cab
San Cassiano, Cima- / Kassian-Spitze 3 Cc
San Cassiano, Rio- / Gaderbach 3 Fd
San Cassiano / Sankt Kassian [BZ] 17 Aa
San Cassiano di Livenza [PN] 31 Eb
San Cassiano Valchiavenna [SO] 11 Ec
San Castrese [CE] 119 Cb
San Cataldo [CE] 119 Ca
San Cataldo [CL] 171 Cc
San Cataldo [LE] 135 Fd
San Cataldo [MN] 55 Ba
San Cataldo [PA] 157 Fb
San Cataldo, Faro di- 125 Db
San Cataldo, Riserva Naturale Biogenetica- 135 Fd
San Cesáreo [ROMA] 109 Ac
San Cesario di Lecce [LE] 139 DEa
San Cesario sul Panaro [MO] 67 Da
San Chiaffredo [CN] 59 Fb
San Chierlo [BO] 67 Db
San Chírico Nuovo [PZ] 131 Db
San Chírico Raparo [PZ] 143 Cab
San Cipirello [PA] 159 ABc
San Cipriano [BL] 17 Bc
San Cipriano [GE] 63 Cab
San Cipriano [PU] 79 Bc
San Cipriano [SP] 65 Bc
San Cipriano [TV] 31 Dd
San Cipriano d'Aversa [CE] 119 Dd
San Cipriano Picentino [SA] 129 Cb
San Cipriano Po [PV] 39 Dd
San Ciro-Ulmi-Filci [TP] 157 Dd
San Clemente [BO] 67 Fc
San Clemente [CE] 119 Cb
San Clemente [CE] 119 Fc
San Clemente [RI] 103 Ba
San Clemente [RN] 79 Bb
San Clemente [VE] 45 Db
San Clemente in Valle [AR] 83 Da
San Colombano [BS] 27 Dc
San Colombano [FC] 77 Ea
San Colombano [FI] 75 Ec
San Colombano [GE] 63 Eb
San Colombano [LU] 75 Bb
San Colombano [TO] 35 Cd
San Colombano, Corno di- 13 Cb
San Colombano al Lambro [MI] 39 Ec
San Colombano Belmonte [TO] 35 Gb
San Colombano Certénoli [GE] 63 EFb
San Cono [CT] 171 Ed
San Cono [ME] 163 Dab
San Cono [ME] 163 Bb
San Cono [VV] 153 Cb
San Corrado di Fuori [SR] 177 Ec
San Cósimo, Monte- 105 Bd
San Cosma [PD] 45 Ac
San Cosmo [CT] 173 DEb
San Cosmo Albanese [CS] 145 Fc
San Costantino [ME] 163 Ab
San Costantino [PZ] 141 Fb
San Costantino [VV] 153 Cb
San Costantino / Sankt Kostantin [BZ] 15 DEa
San Costantino Albanese [PZ] 143 Db
San Costantino Cálabro [VV] 153 Cc
San Costanzo [PU] 79 Ec
San Crescenzio [GR] 91 Fd
San Cresci [FI] 75 Gb
San Cresci [FI] 83 Ba
San Crispieri [TA] 133 Gd
San Cristóforo [AL] 51 Bc
San Cristóforo [AR] 83 Fa
San Cristóforo [CH] 113 Bb
San Cristoforo [PG] 95 Eb
San Cristóforo [SA] 141 Eb
San Cristóforo [TR] 93 Ebc
San Cristoforo [TR] 95 Bd
San Cristoforo, Canneti di- 15 Cd
San Cristóforo al Lago [TN] 29 Ca
San Cristóforo de' Valli [PU] 79 Cc
San Cuono, Monte- 161 Cc
San Cusumano [SR] 173 DEd
San Cusumano, Tonnara- [TP] 157 Cb
Sanda [SV] 61 Gb
San Dalmazio [MO] 67 BCb
San Dalmazio [PI] 81 Fc
San Dalmazio [SI] 83 Bbc
San Dámaso [MO] 55 Cd
San Damiano [FC] 77 Fb
San Damiano [PC] 53 Bb
San Damiano [PG] 95 Ca
San Damiano [PG] 95 Bc
San Damiano [SV] 71 Fab
San Damiano [VC] 37 Db
San Damiano al Colle [PV] 51 Eab
San Damiano d'Asti [AT] 49 Db
San Damiano Macra [CN] 59 Eb
San Dana [LE] 139 Fc
San Daniele [VI] 43 Eab
San Daniele del Friuli [UD] 19 Bd
San Daniele Po [CR] 53 DEa
San Defendente [CN] 59 FGab
San Defendente [CN] 59 Fb
San Defendente [CN] 49 Dc
San Demétrio, Monte- 155 Bc
San Demétrio Corone [CS] 145 Fc
San Demétrio ne' Vestini [AQ] 103 Ec
San Desiderio [AT] 49 Eab
San Desiderio [GE] 63 CDb
San Desiderio [PV] 51 Db
Sandétole [FI] 77 Bb
San Didero [TO] 35 Ed
Sandigliano [BI] 37 Cab
Sand in Taufers / Campo Túres [BZ] 3 Fb
Sándolo [FE] 57 Bc
San Domenico [AN] 87 Db
San Doménico [BT] 123 Eb
San Domenico [FC] 77 Ea
San Domenico [FR] 109 Fc
San Doménico [VB] 9 Dc
San Doménico, Colle- 149 Ec
San Dómino, Isola- 115 ins.a
San Dómino, Villaggio- [FG] 115 ins.a
Sandon [VE] 45 Cb
San Dónaci [BR] 135 Dd
San Donà di Piave [VE] 31 Ed
San Donatino [SI] 83 Bb
San Donato [AN] 85 EFb
San Donato [AQ] 103 Cd
San Donato [AR] 77 Fc
San Donato [AR] 77 Cc
San Donato [BL] 29 Fa
San Donato [BN] 121 Cc
San Donato [CE] 119 Cb
San Donato [CN] 49 DEcd
San Donato [FI] 77 Bc
San Donato [FI] 83 Ba
San Donato [FI] 75 EFb
San Donato [IM] 71 Db
San Donato [PD] 29 Fd
San Donato [PU] 79 Bc
San Donato [RN] 77 Fb
San Donato [PZ] 131 Bd
San Donato [PZ] 131 Cc
San Donato [SA] 141 Ea
San Donato [SI] 81 FGb
San Donato [TA] 133 Fd
San Donato a Livizzano [FI] 75 Ec
San Donato Centro [GR] 99 Ca
San Donato di Lecce [LE] 139 DEa
San Donato di Ninea [CS] 145 Db
San Donato in Ávane [FI] 83 Ca
San Donato in Collina [FI] 75 Gc
San Donato in Taviglione [PU] 79 Bc
San Donato Milanese [MI] 39 Db
San Donato Val di Comino [FR] 111 Bc
San Donato Vecchio [GR] 99 Ca
San Donino [BO] 55 Ecd
San Donino [BO] 67 Fab
San Donnino [AN] 85 Fb
San Donnino [FI] 75 Ec
San Donnino [FI] 83 Aa
San Donnino [LU] 65 Ec
San Donnino [MO] 67 Ca
San Donnino di Líguria [RE] 55 Bd
San Dono [PD] 31 Bd
San Dorligo della Valle [TS] 33 FGd
Sandrà [VR] 43 Ab
Sandrigo [VI] 29 Ed
Sandulli [RC] 153 Bd
San Fabiano [AR] 83 Fb
San Fabrizio, Monte- 109 Ca
San Fantino [KR] 151 Ed
Sanfatucchio [PG] 93 Ea
San Faustino [BS] 27 EFc
San Faustino [BS] 27 Cd
San Faustino [PG] 85 Cb
San Faustino [RE] 55 Bcd
San Faustino [TR] 101 Eab
San Faustino [TR] 93 EFc
San Faustino, Monte- 85 Cbc
San Faustino, Stabilimento- 95 Cc
San Fede [PV] 39 Cd
San Fedele [SO] 11 Ec
San Fedele [SV] 71 Ga
San Fedele Intelvi [CO] 25 Cb
San Fele [PZ] 129 Gb
San Felice [AN] 85 Eb
San Felice [AV] 121 Bd
San Felice [CR] 41 Cd
San Felice [PG] 93 Ea
San Felice [PT] 75 Db
San Felice [SI] 83 Cb
San Felice [TN] 15 Cd
San Felice [TO] 49 Bab
San Felice, Cala di- 115 Fc
San Felice / Sankt Felix [BZ] 15 Bb
San Felice a Cancello [CE] 119 Fc
San Felice al Lago [BG] 27 Ac
San Felice Circeo [LT] 117 Db
San Felice del Benaco [BS] 27 Ed
San Felice del Molise [CB] 113 Cb
San Felice d'Ocre [AQ] 103 Dc
San Felice sul Panaro [MO] 55 Dc
San Feliciano [PG] 85 ABd
San Feliciano [VI] 43 Ebc
San Ferdinando [CE] 119 Eb
San Ferdinando [RC] 153 Bd
San Ferdinando di Púglia [BT] 123 Eb
San Fermo [BG] 27 Bb
San Fermo [BG] 27 Ac
San Fermo [MN] 41 Fc
San Fermo [VA] 25 Bb
San Fermo, Corna di- 27 BCb
San Fermo della Battáglia [CO] 25 Cc
San Filastro [BG] 27 Acd
San Fili [CS] 149 Cb
San Filippo [FI] 83 Bab
San Filippo [FR] 109 Cc
San Filippo [FR] 109 Ed
San Filippo [OT] 179 Bd
San Filippo [PU] 79 DEcd
San Filippo [RC] 155 ABc
San Filippo [RI] 101 Fb
San Filippo [SV] 61 EFc
San Filippo [VE] 33 Bc
San Filippo, Calvario- [RG] 177 Cd
San Filippo, Cozzo- 159 Dd
San Filippo Battendieri [CS] 145 Ccd
San Filippo del Mela [ME] 163 Cab
San Filippo Inferiore [ME] 163 Dab
San Filippo Superiore [ME] 163 Dab
San Filo [CZ] 151 Cd
San Fiór [TV] 31 Db
San Fiorano [LO] 41 Ad
San Fiór di Sopra [TV] 31 CDb
San Fiór di Sotto [TV] 31 Db
San Firenze [AR] 83 Fb
San Firmano [MC] 87 Eb
San Firmino [CN] 47 Fc
San Floreano [UD] 19 Bc
San Floriano [PN] 31 FGb
San Floriano [TV] 31 Cc
San Floriano [TV] 31 Ac
San Floriano [TV] 31 Ca
San Floriano [VI] 43 Fc
San Floriano [VR] 43 Bab
San Floriano, Lago- 99 Db
San Floriano / Obereggen [BZ] 15 DEb
San Floriano / Sankt Florian [BZ] 15 Cc
San Floriano del Cóllio [GO] 33 Eb
San Floro [CZ] 153 Fb
San Foca [LE] 139 Fa
San Foca [PN] 17 Fd
San Fortunato [AN] 85 Fb
San Fortunato [PG] 95 Ba
San Fortunato [PG] 93 Fb
San Fortunato [RN] 79 Ba
San Fortunato [VI] 29 Ec
San Forzório [CA] 197 Cb
San Francesco [BI] 23 Cd
San Francesco [FI] 77 Ac
San Francesco [PN] 19 Ac
San Francesco [SI] 83 Ed
San Francesco [TA] 133 DEbc
San Francesco [TN] 15 Cd
San Francesco [VR] 29 Bd
San Francesco, Villaggio- [CT] 173 Cb
San Francesco, Villaggio- [ROMA] 107 Dc
San Francesco al Campo [TO] 35 Gc
San Franco, Acqua di- 103 Db
San Franco, Monte- 103 Db
San Fratello [ME] 161 Ebc
San Fratello, Monte- 161 Eb
San Fratello, Torrente- 161 Eb
Sanfrè [CN] 49 Bc
San Frediano [PI] 81 Da
Sanfront [CN] 47 Ed
San Fruttuoso [GE] 63 DEc
San Fruttuoso [MB] 25 Dd
San Gabriele [BO] 55 Gd
San Gabriele [PC] 51 Fb
San Gabriele [VR] 43 Cc
San Gaetano [TV] 31 Bc
San Gaetano [VE] 33 Ad
San Gaetano [VI] 29 EFb
San Gallo [BG] 25 FGb
San Gallo, Monte- 27 Db
Sangano [TO] 47 Fa
San Gaudénzio [PV] 51 Ca
San Gaudénzio [VI] 43 Eb
San Gaudénzio a Cámpoli [FI] 83 Ba
San Gavino [OT] 185 Fb
San Gavino Monreale [VS] 191 Ec
San Gemignano [LU] 75 Ba
San Gemiliano [CA] 193 Bd
San Gémini [TR] 95 Cd
San Gémini Fonte [TR] 95 Cd
San Genesio [PC] 53 Bc
San Genésio [PV] 39 CDc
San Genesio [RE] 55 Bb
San Genésio [TO] 37 Bc
San Genésio Atesino / Jenesien [BZ] 15 Cab
San Genésio ed Uniti [PV] 39 Dc
San Gennaro [FR] 111 Cd
San Gennaro [LU] 75 Bb
San Gennaro Vesuviano [NA] 127 Fa
San Genuário [VC] 37 Cc
San Germano [AL] 37 Ed
San Germano Chisone [TO] 47 Eb
San Germano dei Bérici [VI] 43 Eb
San Germano Vercellese [VC] 37 Db
San Gerólamo [AT] 49 Ed
San Gerólamo, Rio- 195 Fc
San Gersolè [FI] 75 Fc
San Gervásio [CR] 41 Bc
San Gervásio [PI] 81 Ea
San Gervásio [UD] 33 BCc
San Gervásio Bresciano [BS] 41 Cc
San Giacomo [AL] 51 ABc
San Giacomo [BI] 37 Ca
San Giacomo [BS] 27 Dd
San Giacomo [CH] 105 Fd
San Giacomo [CN] 49 ABcd
San Giacomo [CN] 47 Ec
San Giacomo [CN] 59 Eb
San Giacomo [CN] 59 Fcd
San Giacomo [CN] 61 Ac
San Giacomo [CN] 61 Bb
San Giacomo [CN] 61 Cc
San Giacomo [CS] 145 Dcd
San Giacomo [FC] 77 Db
San Giacomo [FI] 75 Fa
San Giacomo [LO] 39 Fc
San Giacomo [MI] 39 Cb
San Giacomo [MN] 41 Fc
San Giacomo [PE] 105 Cd
San Giacomo [PG] 95 Dc
San Giacomo [PV] 39 Dd
San Giacomo [RE] 55 Ad
San Giacomo [RG] 177 Cc
San Giacomo [SO] 13 Bd
San Giacomo [TE] 97 Ed
San Giacomo [TN] 29 Ac
San Giacomo [TN] 15 Ab
San Giacomo [TO] 35 Fb
San Giacomo [TO] 35 Gc
San Giacomo [TV] 31 Dd
San Giacomo [UD] 19 Acd
San Giacomo [VC] 37 Cc
San Giacomo [VI] 29 Fc
San Giacomo, Cima- / Jakobs-Spitze 3 Cc
San Giacomo, Lago di- 1 Bd
San Giacomo, Monte- 109 Ec
San Giacomo / Sankt Jakob [BZ] 3 Db
San Giacomo / Sankt Jakob [BZ] 3 Fab
San Giacomo / Sankt Jakob [BZ] 15 Cb
San Giacomo d'Acri [CS] 147 Ac
San Giacomo degli Schiavoni [CB] 113 Db
San Giacomo delle Segnate [MN] 55 Db
San Giacomo del Martignone [BO] 55 Ed
San Giacomo di Musestrelle [TV] 31 Cc
San Giacomo di Véglia [TV] 31 Cb
San Giacomo Filippo [SO] 11 Eb
San Giacomo Lovara [CR] 41 Cd
San Giacomo Maggiore [MO] 67 Cc
San Giacomo Maggiore [RE] 55 Ab
San Giacomo Marinella [CS] 147 Cc
San Giacomo Minore [RE] 55 Ab
San Giacomo Po [MN] 55 Ca
San Giacomo Róncole [MO] 55 Db
San Giacomo Vercellese [VC] 37 Eab
San Gianni [AR] 77 Fc
Sangiano [VA] 23 Fb
Sangiatto, Monte del- 9 Dc
San Gilio, Parco Archeologico di- 131 Db
San Gíllio [TO] 35 Gd
San Gimignanello [SI] 83 Dc
San Gimignano [SI] 81 Gb
San Ginese [LU] 75 Bc
San Ginésio [MC] 97 Aa
Sangineto [CS] 145 Cc
Sangineto, Torrente- 145 Cc
Sangineto Lido [CS] 145 BCc
San Giobbe [BO] 67 Fa

San Giorgio [AL] 51 Db
San Giorgio [AT] 37 Cd
San Giorgio [BA] 125 Db
San Giorgio [BA] 125 Bb
San Giorgio [BS] 41 Eb
San Giorgio [BZ] 3 ABc
San Giórgio [CA] 197 Bc
San Giorgio [CA] 193 Cd
San Giorgio [CE] 119 Eb
San Giorgio [CN] 59 Fb
San Giorgio [CT] 173 Dc
San Giorgio [FC] 69 Dc
San Giorgio [FC] 69 Ec
San Giorgio [LC] 25 Db
San Giorgio [ME] 163 Aab
San Giorgio [PG] 95 Fc
San Giorgio [PT] 75 Db
San Giorgio [PU] 79 BCc
San Giorgio [PZ] 131 Bb
San Giorgio [RA] 69 Cc
San Giorgio [RE] 55 ABb
San Giorgio [RI] 97 Ad
San Giorgio [SV] 61 EFc
San Giorgio [TE] 105 Bab
San Giorgio [TE] 97 Cd
San Giorgio [TP] 167 CCDa
San Giorgio [TR] 93 Ec
San Giorgio [UD] 19 Cb
San Giorgio [UD] 19 BCc
San Giorgio [VA] 25 Bc
San Giorgio [VC] 23 Dd
San Giorgio [VI] 29 Fc
San Giorgio [VI] 29 Dc
San Giorgio [VR] 29 Bc
San Giorgio [VR] 43 Ba
San Giorgio, Bruncu– 189 Bc
San Giorgio, Montagna
di– 121 Cb
San Giorgio, Monte– [EN]
173 ABb
San Giorgio, Monte– [PA]
171 Ca
San Giorgio, Monte– [SV]
61 Fb
San Giorgio, Monte– [TO]
47 Fab
San Giorgio, Rio– 193 Ec
San Giorgio / Sankt Georgen
[BZ] 3 Fc
San Giorgio a Colónica
[PO] 75 Ec
San Giorgio a Cremano [NA]
127 Db
San Giorgio Albanese [CS]
147 Ac
San Giorgio a Liri [FR]
119 Ba
San Giorgio all'Isola [AP]
97 Bb
San Giorgio al Tagliamento
[VE] 33 Ac
San Giorgio Canavese [TO]
37 Ab
San Giorgio della Richinvelda
[PN] 33 Aa
San Giorgio delle Pertiche
[PD] 31 Ad
San Giorgio del Sánnio [BN]
121 BCc
San Giorgio di Ceparano [RA]
69 BCc
San Giorgio di Livenza [VE]
31 Fd
San Giorgio di Lomellina
[PV] 39 Acd
San Giorgio di Mantova
[MN] 43 Bc
San Giorgio di Nogaro [UD]
33 Cc
San Giorgio di Pésaro [PU]
79 Dc
San Giorgio di Piano [BO]
55 Fd
San Giorgio in Bosco [PD]
29 Fd
San Giorgio in Brenta [PD]
29 Fd
San Giorgio in Salici [VR]
43 Ab
San Giórgio Iónico [TA]
133 Gd
San Giorgio la Molara [BN]
121 Cb
San Giorgio Lucano [MT]
143 Eb
San Giorgio Monferrato
[AL] 37 Ed

San Giorgio Morgeto [RC]
153 Cd
San Giorgio Piacentino [PC]
53 Bb
San Giorgio Scarampi [AT]
49 Ed
San Giorgio su Legnano
[MI] 25 Bd
San Giorgio di Susa [TO]
35 DEd
San Giovanello, Torrente–
171 Db
San Giovanello [EN] 171 Db
San Giovanni [AN] 87 Bb
San Giovanni [AN] 85 Fb
San Giovanni [AP] 97 Bc
San Giovanni [AP] 97 Cb
San Giovanni [AQ] 103 Ca
San Giovanni [AQ] 103 Cb
San Giovanni [AR] 83 Ec
San Giovanni [BA] 125 Ac
San Giovanni [BG] 25 FGab
San Giovanni [BN] 121 Bc
San Giovanni [BN] 121 Bc
San Giovanni [BS] 27 Bd
San Giovanni [CA] 195 Fb
San Giovanni [CH]
111 Fab
San Giovanni [CI] 195 Cb
San Giovanni [CN] 61 BCb
San Giovanni [CN] 61 Bb
San Giovanni [CN] 49 Bd
San Giovanni [CZ] 151 Bc
San Giovanni [FE] 57 Dc
San Giovanni [FR] 109 Ed
San Giovanni [FR] 109 Dc
San Giovanni [IS]
111 Dcd
San Giovanni [LI] 89 Dc
San Giovanni [ME] 163 Ca
San Giovanni [MN] 43 Bd
San Giovanni [NO] 23 FGd
San Giovanni [OR] 187 EFc
San Giovanni [PA] 161 Bd
San Giovanni [PA] 159 Ec
San Giovanni [PC] 53 Ac
San Giovanni [PE] 105 CDb
San Giovanni [PG] 95 Cb
San Giovanni [PG] 95 Da
San Giovanni [PN] 31 FGb
San Giovanni [PN]
31 DEab
San Giovanni [PN] 31 Fa
San Giovanni [PU] 79 Bc
San Giovanni [PV] 51 Db
San Giovanni [RC] 155 Bbc
San Giovanni [RE] 65 Fb
San Giovanni [RI] 97 Ac
San Giovanni [SA] 141 Ba
San Giovanni [SA] 129 Cb
San Giovanni [SI] 83 Cbc
San Giovanni [SR] 177 Ec
San Giovanni [SS]
181 CDd
San Giovanni [SV] 61 Fb
San Giovanni [TN] 29 Ab
San Giovanni [TO] 37 Ab
San Giovanni [TO] 49 Bb
San Giovanni [TO] 49 Cab
San Giovanni [TO] 47 Ec
San Giovanni [TO] 47 Fa
San Giovanni [TO] 47 Fc
San Giovanni [TV] 31 Ec
San Giovanni [TV] 31 Bb
San Giovanni [VV] 153 Cc
San Giovanni [VV] 153 Bbc
San Giovanni, Cala– 89 Cd
San Giovanni, Colle–
113 Bb
San Giovanni, Fiumara
di– 155 Bc
San Giovanni, Grotta– [BR]
135 Cc
San Giovanni, Grotta– [PE]
105 Cd
San Giovanni, Grotta di–
191 Dd
San Giovanni, Lago– 169 Ed
San Giovanni, Monte–
113 Dd
San Giovanni, Rio– [OT]
179 Dc
San Giovanni, Rio– [TO]
37 Ac
San Giovanni, Riu di– 197 Cb
San Giovanni, Serra– 143 Db

San Giovanni, Torrente– 23 Fb
San Giovanni / Sankt Johann
[BZ] 3 Fb
San Giovanni a Corazzano
[PI] 81 EFa
San Giovanni alla Vena
[PI] 75 Bc
San Giovanni al Natisone
[UD] 33 Db
San Giovanni al Timavo
[TS] 33 Ec
San Giovanni a Piro [SA]
141 Db
San Giovanni Battista [MO]
55 Cb
San Giovanni Battista,
Terme– 83 Dc
San Giovanni Bianco [BG]
25 Gb
San Giovanni Bosco [CT]
173 DEb
San Giovanni d'Asso [SI]
83 Dd
San Giovanni del Dosso
[MN] 55 Db
San Giovanni della Fossa
[RE] 55 Bc
San Giovanni delle Contee
[GR] 93 Cc
San Giovanni del Témpio
[PN] 31 Eb
San Giovanni di Baiano
[PG] 95 Dc
San Giovanni di Galermo
[CT] 173 Db
San Giovanni di Gerace [RC]
153 Dd
San Giovanni di Livenza [PN]
31 DEb
San Giovanni di Sarrale [OG]
193 EFbc
San Giovanni di Sínis [OR]
187 Cd
San Giovanni e Paolo [CE]
119 Fb
San Giovanni Gémini [AG]
169 Db
San Giovanni Govoni [CN]
61 Bb
San Giovanni Ilarione [VR]
43 Da
San Giovanni Incárico [FR]
109 Fd
San Giovanni Incárico, Lago
di– 109 Fd
San Giovanni in Croce [CR]
41 Ed
San Giovanni in Fiore [CS]
151 Cb
San Giovanni in Fonte [FG]
123 Cb
San Giovanni in Galdo [CB]
113 Cd
San Giovanni in Galilea [FC]
77 FGb
San Giovanni in Marignano
[RN] 79 Cb
San Giovanni in Persiceto
[BO] 55 DEd
San Giovanni in Pozzuolo
[PU] 79 Bc
San Giovanni in Triario [BO]
55 Fd
San Giovanni la Punta [CT]
173 Db
San Giovanni Lipioni [CH]
113 Bb
San Giovanni Lupatoto [VR]
43 Cb
San Giovanni Maggiore
[FI] 75 Gb
San Giovanni Montebello
[CT] 173 DEa
San Giovanni Pagánica [AQ]
103 Cab
San Giovanni Paliatico [CS]
147 Bd
San Giovanni Querciola
[RE] 65 Ga
San Giovanni Reatino [RI]
103 Abc
San Giovanni Rotondo [FG]
115 Cc
San Giovanni Suérgiu [CI]
195 CDc
San Giovanni Teatino [CH]
105 Db

San Giovanni Valdarno [AR]
83 Da
San Giovanni Valle Roveto
Inferiore [AQ] 109 Fc
San Giovenale [CN] 61 Ab
San Giovenale [RI] 95 Fd
San Giovenale, Zona
Archeologica di– 101 Bc
San Girio [MC] 87 Eb
San Girolamo [RE] 55 Bb
San Girólamo, Rio– 193 Db
San Giuliano [PC] 53 Ca
San Giuliano [SA] 129 Dd
San Giuliano [SR] 173 Dd
San Giuliano [TP] 157 Cb
San Giuliano [VE] 45 Db
San Giuliano [VT] 99 Fb
San Giuliano, Lago di–
133 Bc
San Giuliano, Zona
Archeologica di– 101 Bc
San Giuliano a Mare [RN]
79 Ba
San Giuliano del Sánnio [CB]
121 Aa
San Giuliano di Púglia [CB]
113 Dc
San Giuliano Milanese [MI]
39 Db
San Giuliano Nuovo [AL]
51 Bb
San Giuliano Terme [PI] 73 Fc
San Giuliano Vecchio [AL]
51 Bb
San Giúlio [AT] 49 Db
San Giulio, Isola– 23 Ec
San Giuseppe [BS] 41 Ba
San Giuseppe [CN] 59 Fab
San Giuseppe [CN] 61 Bb
San Giuseppe [FE] 57 Ec
San Giuseppe [FR] 111 Cd
San Giuseppe [LI] 81 Cbc
San Giuseppe [PI] 81 Cc
San Giuseppe [PO] 75 Ea
San Giuseppe [SA] 129 Dd
San Giuseppe [SI] 93 Da
San Giuseppe [SV] 61 Eb
San Giuseppe [TO] 35 CDd
San Giuseppe [TV] 31 Cd
San Giuseppe [VC] 23 Cb
San Giuseppe, Punta–
165 Db
San Giuseppe / Moos
[BZ] 5 Cc
San Giuseppe al Lago /
Sankt Josef am See [BZ]
15 Cb
San Giuseppe della Chiusa
[TS] 33 Gd
San Giuseppe Jato [PA] 159 Bc
San Giuseppe Vesuviano
[NA] 127 Fb
San Giustino [PG] 85 ABa
San Giustino Valdarno [AR]
83 Ea
San Giusto [MC] 95 Fa
San Giusto [PI] 73 Fc
San Giusto [PO] 75 Eb
San Giusto [SI] 83 Cd
San Giusto [VE] 31 Fc
San Giusto [VT] 93 Cc
San Giusto, Abbazia di–
99 Gb
San Giusto alle Monache
[SI] 83 Cb
San Giusto Canavese [TO]
37 Ac
San Godenzo [FI] 77 Bb
San Godenzo, Fosso– 77 Bb
Sangone, Torrente– 35 Ed
San Gottardo [GE] 63 Cb
San Gottardo [LC] 25 Cc
San Gottardo [SO] 13 Db
San Gottardo [UD] 33 Ca
San Gottardo [VC] 23 Db
San Gratignano [PG] 85 Bc
San Grato [AT] 49 Db
San Grato [LO] 39 Ec
San Grato [TO] 37 Ab
San Grato, Lago di– 21 Cd
San Grato dei Garelli [CN]
61 Bb
San Gregório [AP] 97 Bc
San Gregório [AQ] 103 Dc
San Gregório [CA] 197 Db
San Gregório [IM] 71 Db

San Gregório [ME] 161 Fb
San Gregório [PC] 51 Gd
San Gregório [PG] 85 Dd
San Gregório [RC] 155 Ac
San Gregório [VR] 43 Dc
San Gregório da Sássola
[ROMA] 109 Dd
San Gregório di Catania [CT]
173 Db
San Gregório d'Ippona [VV]
153 Cc
San Gregório Magno [SA]
129 Fc
San Gregório Matese [CE]
119 Fa
San Gregório nelle Alpi
[BL] 17 Bd
San Grisante [VC] 37 Cc
Sangro, Fiume– 105 Ed
Sangro, Parco del– 111 Dc
Sangro, Sorgente del–
111 Bb
Sanguarzo [UD] 19 Dd
San Guglielmo [PA] 161 Bc
Sanguigna [PR] 53 Fb
Sanguignano [PV] 51 Bc
Sanguinaro [PR] 53 Db
Sanguineto [GE] 63 Eb
Sanguineto [PG] 85 Ac
Sanguinetto [VR] 43 Cc
San Gusmé [SI] 83 Cb
San Iacopo [PI] 75 Bc
San Iacopo [PI] 75 Ac
San Ianni [CB] 111 Fd
Sanico [AL] 49 Ea
Sánilo, Nuraghe– 187 Fb
San Isidoro [LE] 139 Ca
San Iunio, Monte– 155 Eb
Sankt Andrä / Sant'Andrea in
Monte [BZ] 3 DEc
Sankt Anton / Sant'Antonio
[BZ] 15 Cb
Sankt Christina in Gröden /
Santa Cristina Valgardena
[BZ] 15 Fa
Sankt Felix / San Felice
[BZ] 15 Bb
Sankt Florian / San Floriano
[BZ] 15 Cc
Sankt Georgen / San Giorgio
[BZ] 3 Fc
Sankt Gertraud /
Santa Geltrude [BZ] 1 Dd
Sankt Gertraud /
Santa Gertrude [BZ] 15 Ab
Sankt Jakob / San Giacomo
[BZ] 15 Cb
Sankt Jakob / San Giacomo
[BZ] 3 Db
Sankt Jakob / San Giacomo
[BZ] 3 Fab
Sankt Jakob in Defereggen
[A] 5 Bb
Sankt Johann / San Giovanni
[BZ] 3 Fb
Sankt Johann im Walde
[A] 5 Db
Sankt Josef am See /
San Giuseppe al Lago [BZ]
15 Cb
Sankt Kassian / San Cassiano
[BZ] 17 Aa
Sankt Kathrein /
Santa Caterina [BZ] 3 Bd
Sankt Kostantin /
San Costantino [BZ] 15 DEa
Sankt Leonhard /
San Leonardo [BZ] 3 Fd
Sankt Leonhard /
San Leonardo [BZ] 3 DEc
Sankt Leonhard im Pitztal
[A] 1 EFa
Sankt Leonhard in Passeier /
San Leonardo in Passiria
[BZ] 3 Bc
Sankt Lorenzen / San Lorenzo
di Sebato [BZ] 3 Fc
Sankt Lugan / San Lugano
[BZ] 15 Dc
Sankt Magdalena /
Santa Maddalena [BZ] 3 Ed
Sankt Magdalena /
Santa Maddalena Vallalta
[BZ] 5 Bb
Sankt Maria in der Schmelz /
Santa Maria alla Fonderia
[BZ] 13 Fab

Sankt Martin / San Martino
[BZ] 3 Fb
Sankt Martin / San Martino
[BZ] 5 Bc
Sankt Martin am Schneeberg /
San Martino Monteneve
[BZ] 3 ABb
Sankt Martin am Vorberg /
San Martino al Monte [BZ]
1 EFd
Sankt Martin in Passeier /
San Martino in Passiria
[BZ] 3 Bc
Sankt Martin in Thurn /
San Martino in Badía
[BZ] 3 Fc
Sankt Martius / San Marzio
[BZ] 3 Ad
Sankt Michael / San Michele
[BZ] 15 Cb
Sankt Moritz [Svizz.] 13 Aab
Sankt-Niklaus [Svizz.] 9 Acd
Sankt Nikolaus / San Nicola
[BZ] 3 Ac
Sankt Nikolaus / San Nicolò
[BZ] 15 Cb
Sankt Nikolaus / San Nicolò
[BZ] 15 Aab
Sankt Nikolaus Eggen /
San Nicolò d'Ega [BZ] 15 Db
Sankt Pankraz in Ulten /
San Pancrázio [BZ] 3 Ad
Sankt Pauls / San Páolo
[BZ] 15 Cb
Sankt Peter / San Pietro
[BZ] 3 Ga
Sankt Peter / San Pietro
[BZ] 3 DEd
Sankt Peter / San Pietro
[BZ] 3 Dd
Sankt Sigmund /
San Sigismondo [BZ] 3 Fc
Sankt Stefan an der Gail [A]
19 DEa
Sankt Ulrich in Gröden /
Ortisei [BZ] 15 EFa
Sankt Valentin auf der Haide /
San Valentino alla Muta
[BZ] 1 Dc
Sankt Veit / San Vito [BZ]
5 Ac
Sankt Veit in Defereggen
[A] 5 Cb
Sankt Vigil / San Vigílio
[BZ] 3 Fc
Sankt Walburg /
Santa Valburga [BZ] 1 Fd
San Lanfranco [PV] 39 Fc
San Latino [CR] 41 Ac
San Lauro [CS] 145 Dc
San Lázzaro [CN] 47 Fd
San Lázzaro [FI] 83 Aa
San Lázzaro [IS] 111 Ed
San Lázzaro [LO] 39 Fc
San Lázzaro [MC] 87 Cc
San Lázzaro [MN] 41 Fc
San Lázzaro [NA] 127 Fc
San Lázzaro [PR] 53 Fc
San Lázzaro [PR] 53 Dc
San Lázzaro [PU] 79 Cc
San Lázzaro [TN] 15 Bd
San Lázzaro [VE] 45 Eb
San Lázzaro [VI] 43 Fab
San Lázzaro, Lago– 111 Ed
San Lázzaro Alberoni [PC]
53 Ba
San Lázzaro di Savena [BO]
67 Fb
San Lázzaro Reale [IM] 71 Eb
San Leo [AR] 83 Fb
San Leo [AR] 85 Aa
San Leo [RN] 77 FGb
San Leo [RC] 155 Ac
San Leo [VV] 153 Cb
San Leo, Monte– [PU] 79 Ac
San Leo, Monte– [SA] 129 Dd
San Leo Bastia [PG] 85 Ac
San Leolino [AR] 83 Dd
San Leolino [FI] 77 Bbc
San Leonardello [CT] 173 DEab
San Leonardo [CB] 113 Dc
San Leonardo [FG] 123 Cc
San Leonardo [GR] 93 Cc
San Leonardo [LU] 75 Bc
San Leonardo [ME] 163 Aab
San Leonardo [PN] 17 EFd
San Leonardo [PR] 53 Ec

San Leonardo [PV] 39 Dd
San Leonardo [RC] 155 Bd
San Leonardo [SA] 129 Bc
San Leonardo [TP] 157 Cc
San Leonardo [UD] 19 Ed
San Leonardo, Canale– 123 Bb
San Leonardo, Cozzo–
171 Cbc
San Leonardo, Fiume– 159 Dc
San Leonardo, Monte– [CE]
119 Da
San Leonardo, Monte– [TS]
33 Fc
San Leonardo, Rio di– 187 Ec
San Leonardo /
Sankt Leonhard [BZ] 3 Fd
San Leonardo /
Sankt Leonhard [BZ] 3 DEc
San Leonardo de Siete
Fuéntes [OR] 187 DEb
San Leonardo di Cutro [KR]
151 Dd
San Leonardo di Siponto [FG]
115 Cd
San Leonardo in Passiria /
Sankt Leonhard in Passeier
[BZ] 3 Bc
San Leonardo in Schiova
[FC] 69 Dc
San Leone [AG] 169 Dd
San Leonino [SI] 83 Bb
San Leonte [RC] 153 Fd
San Leopardo [MC] 87 DEb
San Leo Vecchio [VV] 153 Cb
San Léucio [CB] 113 Cb
San Léucio [CE] 119 Ec
San Léucio del Sánnio [BN]
121 Bc
San Liberale [VE] 45 DEa
San Liberato [RI] 103 Ab
San Liberato [TR] 101 Db
San Liberato, Lago di–
101 Db
San Libório [AQ] 111 Cb
San Ligório [LE] 135 Fd
San Lorenzello [BN] 121 Ab
San Lorenzo [AL] 51 Db
San Lorenzo [AL] 51 Ad
San Lorenzo [AL] 35 Fb
San Lorenzo [AN] 87 Eab
San Lorenzo [AQ] 103 Cb
San Lorenzo [AR] 85 Aab
San Lorenzo [BG] 27 Ab
San Lorenzo [BO] 67 Eb
San Lorenzo [BO] 67 Gb
San Lorenzo [CH] 105 FGd
San Lorenzo [CN] 49 Bd
San Lorenzo [CN] 49 Cb
San Lorenzo [CN] 47 Ecd
San Lorenzo [CN] 59 Fc
San Lorenzo [CN] 59 Fb
San Lorenzo [CN] 59 Fb
San Lorenzo [CN] 61 Ab
San Lorenzo [GR] 93 Bb
San Lorenzo [IM] 71 Cc
San Lorenzo [LI] 91 Ca
San Lorenzo [LT] 119 Bb
San Lorenzo [MC] 87 Cc
San Lorenzo [MC] 87 Dd
San Lorenzo [MI] 25 Bd
San Lorenzo [MN] 55 Cb
San Lorenzo [MN] 43 Ad
San Lorenzo [MO] 67 Ca
San Lorenzo [MS] 65 BCb
San Lorenzo [OT] 185 Fb
San Lorenzo [PA] 159 Bab
San Lorenzo [PC] 53 Cb
San Lorenzo [PG] 95 Db
San Lorenzo [PG] 95 Ca
San Lorenzo [PN] 31 Fb
San Lorenzo [RA] 69 Cb
San Lorenzo [RC] 155 Bc
San Lorenzo [RI] 103 Bcd
San Lorenzo [SO] 13 Bc
San Lorenzo [SS] 181 DEd
San Lorenzo [SV] 61 Ec
San Lorenzo [SV] 61 Eb
San Lorenzo [TR] 101 Eb
San Lorenzo [TR] 93 Eb
San Lorenzo [TV] 31 Cb
San Lorenzo [UD] 33 Bb
San Lorenzo [UD] 33 CDb
San Lorenzo [UD] 33 Dc
San Lorenzo [VB] 9 Dd
San Lorenzo, Monte– 181 Ed
San Lorenzo, Timpa di–
143 Dc

San Lorenzo al Lago [MC]
95 FGa
San Lorenzo alle Corti [PI]
75 Ac
San Lorenzo al Mare [IM]
71 Eb
San Lorenzo a Merse [SI]
83 Bd
San Lorenzo a Pagnático
[PI] 75 Acd
San Lorenzo a Pinaco [RI]
97 Ad
San Lorenzo Aroldo [CR]
53 EFa
San Lorenzo a Váccoli [LU]
75 Ac
San Lorenzo Bellizzi [CS]
143 Dc
San Lorenzo Bossaneto [SV]
71 Fab
San Lorenzo della Costa [GE]
63 DEb
San Lorenzo della Pioppa
[MO] 55 Cc
San Lorenzo del Vallo [CS]
145 Ebc
San Lorenzo de' Picenardi
[CR] 41 Dd
San Lorenzo di Rabatta [PG]
85 Ccd
San Lorenzo di Sebato /
Sankt Lorenzen [BZ] 3 Fc
San Lorenzo Guazzone [CR]
41 Ed
San Lorenzo in Banale [TN]
15 Ad
San Lorenzo in Campo [PU]
87 Aa
San Lorenzo in Collina [BO]
67 DEb
San Lorenzo in Colpolina
[MC] 95 Fa
San Lorenzo in Correggiana
[RN] 79 Bab
San Lorenzo in Noceto [FC]
69 Cd
San Lorenzo Isontino [GO]
33 DEb
San Lorenzo Maggiore [BN]
121 Ab
San Lorenzo Nuovo [CS]
143 Dcd
San Lorenzo Nuovo [VT]
93 Dc
San Lorenzo Vecchio [PG]
95 Dab
San Luca [CH] 105 Ed
San Luca [MC] 95 Fa
San Luca [MS] 73 Da
San Luca [PD] 45 Bcd
San Luca [PG] 95 Db
San Luca [RC] 155 Dc
San Luca [TO] 47 Fc
San Luca [TV] 31 Bc
San Luca [VI] 29 Ec
San Luca, Rio di– 95 Fa
San Luca, Serra– 143 Ca
San Lucano, Monte– 17 Ac
San Lucchese [SI] 83 Ab
San Luciano [AR] 83 Ebc
San Lúcido [CS] 149 Cb
San Lugano / Sankt Lugan
[BZ] 15 Bb
San Luigi [IM] 71 Ea
San Lupo [BN] 121 Ab
Sanluri [VS] 191 Fc
San Macario [VA] 23 Gd
San Macario, Isola– 197 Bc
San Macario in Monte [LU]
73 Fb
San Macario in Piano [LU]
73 Fb
San Magno [CN] 61 Ab
San Magno, Abbazia di–
117 Fa
San Mamante [RA] 69 Cc
San Mamete [CO] 25 Ca
San Mamiliano [TR] 95 Cd
San Mango [SA] 141 Ba
San Mango d'Aquino [CZ]
149 Dc
San Mango Piemonte [SA]
129 Bb
San Mango sul Calore [AV]
121 Cd
San Marcellino [CE] 119 DEd
San Marcello [AN] 87 Ca

San Marcello [MC] 95 Fa
San Marcello [VR] 43 DEc
San Marcello Pistoiese [PT]
75 Ca
San Marco [AQ] 103 Cb
San Marco [AR] 83 CDb
San Marco [BA] 133 Fb
San Marco [BG] 25 Gc
San Marco [BO] 55 Fd
San Marco [CE] 119 Fc
San Marco [CE] 119 Db
San Marco [CE] 119 Eb
San Marco [CH] 105 Ed
San Marco [CI] 195 Cb
San Marco [CT] 163 Cd
San Marco [MC] 95 Fa
San Marco [ME] 163 Bb
San Marco [PD] 45 Ab
San Marco [PG] 85 Cd
San Marco [RA] 69 Db
San Marco [SA] 141 Aa
San Marco [SS] 183 Bc
San Marco [TP] 157 Cb
San Marco [UD] 33 Ba
San Marco [VB] 9 Dd
San Marco [VC] 37 Eb
San Marco [VI] 43 Ea
San Marco [VV] 153 Cbc
San Marco, Castelloni
di– 29 Eab
San Marco, Monte– 121 Cab
San Marco Argentano [CS]
145 Dc
San Marco d'Alúnzio [ME]
161 Fb
San Marco dei Cavoti [BN]
121 Cb
San Marco Evangelista [CE]
119 Ec
San Marco in Lámis [FG]
115 Bc
San Marco la Cátola [FG]
113 Dd
San Mariano [PG] 95 Aa
San Marino [BO] 55 Fd
San Marino [MO] 55 Cc
San Marino [RSM] 79 Ab
San Marino [RSM] 79 Ab
San Marino [TR] 93 EFc
San Marino [VI] 29 Fb
San Marino, Monte– 109 Cd
San Marino d'Urbino [PU]
79 BCc
San Martino [AL] 49 Fa
San Martino [AL] 51 Ccd
San Martino [AL] 51 Cc
San Martino [AN] 87 Bb
San Martino [AP] 97 Bc
San Martino [AQ] 103 Ec
San Martino [AR] 83 Ca
San Martino [AR] 83 Ea
San Martino [AR] 83 Db
San Martino [BI] 23 Dd
San Martino [BN] 121 Cc
San Martino [BO] 69 ABb
San Martino [BS] 27 Dc
San Martino [CE] 119 Cb
San Martino [CH] 113 Bc
San Martino [CL] 175 Db
San Martino [CN] 49 Ec
San Martino [CN] 47 EFc
San Martino [CO] 25 Bd
San Martino [FC] 77 Eb
San Martino [FE] 55 Gc
San Martino [FG] 123 Cb
San Martino [GE] 63 Db
San Martino [GR] 91 Fb
San Martino [LI] 89 Dc
San Martino [LT] 117 Fa
San Martino [MC] 87 Dd
San Martino [MC] 95 Bb
San Martino [ME] 163 Da
San Martino [MO] 55 Cc
San Martino [MO] 67 Bb
San Martino [MO] 67 Cc
San Martino [NO] 39 Ab
San Martino [PG] 93 Eab
San Martino [PI] 81 Dc
San Martino [PN] 17 Dc
San Martino [PR] 65 Ca
San Martino [PV] 51 Ec
San Martino [PV] 51 Ba
San Martino [RC] 153 Bd
San Martino [RE] 55 Bb
San Martino [RE] 55 Bc

San Martino [RI] 97 Bd
San Martino [RI] 103 Bc
San Martino [SA] 129 Cb
San Martino [SO] 11 Fc
San Martino [SV] 61 FGb
San Martino [TN] 29 Ab
San Martino [TO] 37 Ad
San Martino [TO] 47 Db
San Martino [TO] 47 Fbc
San Martino [TR] 95 Bd
San Martino [UD] 33 Bb
San Martino [VT] 93 Cd
San Martino, Colle– 121 Ba
San Martino, Fosso di–
101 Ec
San Martino, Monte– [FR]
119 Aa
San Martino, Monte– [LI]
89 Dc
San Martino, Monte– [MO]
67 Bb
San Martino, Pala di– 17 Ac
San Martino, Pale di– 17 Ac
San Martino, Pizzo–
23 Cab
San Martino / Reinswald
[BZ] 3 Ccd
San Martino / Sankt Martin
[BZ] 3 Fb
San Martino / Sankt Martin
[BZ] 5 Bc
San Martino al Cimino [VT]
101 Bb
San Martino al Fággio [FM]
97 Bb
San Martino Alfieri [AT] 49 Dc
San Martino alla Palma
[FI] 75 Ec
San Martino al Monte /
Sankt Martin am Vorberg
[BZ] 1 EFd
San Martino al Tagliamento
[PN] 33 Aab
San Martino al Vento [SI]
83 Cb
San Martino a Maiano [FI]
83 Aa
San Martino a Ulmiano
[PI] 73 Fc
San Martino Buon Albergo
[VR] 43 Cb
San Martino Canavese [TO]
37 Bb
San Martino Carano [MO]
55 Cb
San Martino d'Agri [PZ]
143 Ca
San Martino dall'Argine
[MN] 41 Fd
San Martino d'Alpago [BL]
17 Dcd
San Martino dei Colli [PG]
93 Fa
San Martino dei Molini
[RN] 79 Aa
San Martino del Carso [GO]
33 Eb
San Martino Délfico [PG]
95 Ba
San Martino della Battaglia
[BS] 41 Fb
San Martino del Lago [CR]
53 Ea
San Martino delle Scale [PA]
159 Bb
San Martino del Piano [PU]
85 Ca
San Martino del Piano [PU]
79 Cc
San Martino di Campagna
[PN] 17 EFd
San Martino di Castrozza
[TN] 15 Cc
San Martino di Finita [CS]
145 Dd
San Martino di Lúpari [PD]
31 Ad
San Martino di Mugnano
[MO] 67 Ca
San Martino di Terzo [UD]
33 Cc
San Martino di Venezze
[RO] 45 Bd
San Martino d'Ocre [AQ]
103 Dc
San Martino Gusnago [MN]
41 Fc

San Martino in Árgine [BO]
69 Aa
San Martino in Badía /
Sankt Martin in Thurn
[BZ] 3 Fc
San Martino in Beliseto
[CR] 41 Bc
San Martino in Campo [PG]
95 Ba
San Martino in Campo [PO]
75 DEc
San Martino in Casola [BO]
67 Db
San Martino in Colle [LU]
75 Bb
San Martino in Colle [PG]
95 Ba
San Martino in Colle [PG]
85 CDbc
San Martino in Converseto
[FC] 77 Fab
San Martino in Fiume [FC]
69 Ec
San Martino in Freddana
[LU] 73 Fb
San Martino in Gattara [RA]
77 Ba
San Martino in Olza [PC]
53 Cb
San Martino in Passiria /
Sankt Martin in Passeier
[BZ] 3 Bc
San Martino in Pedríolo
[BO] 67 Gb
San Martino in Pénsilis [CB]
113 DEb
San Martino in Rio [RE] 55 Bc
San Martino in Selvanera
[PU] 79 Ac
San Martino in Soverzano
[BO] 55 FGd
San Martino in Strada [FC]
69 Dc
San Martino in Strada [LO]
39 Fc
San Martino in Tremoleto
[AR] 77 Cc
San Martino in Trignano [PG]
95 CDc
San Martino Monte l'Abate
[RN] 79 Bab
San Martino Monteneve /
Sankt Martin am Schneeberg
[BZ] 3 ABb
San Martino Olearo [MI]
39 DEb
San Martino Pizzolano [LO]
39 Fcd
San Martino Sannita [BN]
121 Bc
San Martino Siccomário
[PV] 39 Cd
San Martino Sinzano [PR]
53 Ec
San Martino Sopr'Arno
[AR] 83 Ea
San Martino Spino [MO]
55 Eb
San Martino sul Fiora [GR]
93 Bcd
San Martino sulla Marrucína
[CH] 105 Dc
San Martino Superiore [CN]
59 Dab
San Martino Valle Caudina
[AV] 121 Ac
San Marzano [PC] 51 Fa
San Marzano di San Giuseppe
[TA] 135 ABd
San Marzano Oliveto [AT]
49 Ec
San Marzano sul Sarno [SA]
127 Fb
San Marzanotto [AT] 49 Eb
San Marzio / Sankt Martius
[BZ] 3 Ad
San Massimiliano [LI] 89 Dc
San Mássimo [CB] 111 Fde
San Mássimo [GE] 63 Eb
San Mássimo [SV] 61 Eab
San Mássimo [TE] 103 Fab
San Mássimo all'Adige [VR]
43 Bb
San Matteo [CN] 59 Fb
San Matteo [CN] 49 BCc
San Matteo [FG] 115 Ac
San Matteo [SO] 13 Bd

San Matteo, Punta– 13 Eb
San Matteo della Décima
[BO] 55 Ec
San Matteo delle Chiáviche
[MN] 55 Aab
San Mattia [SA] 129 Cc
San Maurizio [AL] 49 Fa
San Maurizio [CN] 59 Fb
San Maurizio [CN] 59 Ea
San Maurizio [GE] 63 Eb
San Maurizio [RE] 55 Ac
San Maurizio [VB] 23 Fb
San Maurizio [VC] 23 Dd
San Maurizio / Sauders [BZ]
3 CDd
San Maurizio Canavese
[TO] 35 Gc
San Maurizio d'Opaglio
[NO] 23 Ec
San Mauro [CE] 119 Eb
San Mauro [CN] 59 Fb
San Mauro [CN] 61 Ab
San Mauro [LE] 139 CDb
San Mauro [MC] 87 BCc
San Mauro [NU] 189 Bcd
San Mauro [RC] 153 Cd
San Mauro [SA] 129 Ab
San Mauro [TE] 97 Dc
San Mauro [TN] 15 Cd
San Mauro [VE] 33 Ac
San Mauro, Monte– [AV]
121 Fc
San Mauro, Monte– [BL]
17 Ad
San Mauro, Torrente– 147 Bc
San Mauro a Signa [FI]
75 Ec
San Mauro Castelverde [PA]
161 Cc
San Mauro Cilento [SA]
141 Ba
San Mauro di Saline [VR]
43 Ca
San Máuro Forte [MT] 131 Ed
San Máuro la Bruca [SA]
141 Cb
San Mauro Marchesato [KR]
151 Dc
San Mauro Mare [FC] 69 Fcd
San Mauro Pascoli [FC]
79 Aa
San Mauro Torinese [TO]
37 Ad
San Mazzeo, Cona di–
149 Dc
San Mazzeo Coscaro [CZ]
149 Dc
San Menáio [FG] 115 Db
San Menale [SA] 141 Da
Sanmezzano [FI] 77 Ac
San Miai, Monte– 195 Db
San Miali, Punta di– 191 DEd
San Miceli [CS] 145 Dd
San Michele [AG] 169 Dcd
San Michele [AL] 51 Ab
San Michele [AN] 87 Ac
San Michele [AT] 49 Fb
San Michele [BA] 125 Fc
San Michele [BA] 133 Eb
San Michele [BS] 27 EFc
San Michele [CA] 193 Ec
San Michele [CE] 119 Eab
San Michele [CN] 59 Fb
San Michele [CN] 61 DEb
San Michele [CZ] 149 Ed
San Michele [FR] 111 Cde
San Michele [IM] 71 Cb
San Michele [OR] 187 Fc
San Michele [PC] 53 Bc
San Michele [PU] 79 Dd
San Michele [RA] 69 Db
San Michele [RE] 55 Bc
San Michele [SR] 177 Fbc
San Michele [SS] 181 CDd
San Michele [SV] 61 Ecd
San Michele [TO] 47 Ec
San Michele [VA] 23 Gb
San Michele [VA] 23 Gc
San Michele [VB] 9 Eb
San Michele [VE] 45 Eb
San Michele [VI] 29 Fc
San Michele [VS] 191 Ecd
San Michele, Grotta di– [AV]
121 Ad
San Michele, Grotta di– [BT]
123 Ec

San Michele, Grotta di– [SS] 185 Bc
San Michele, Monte– [BA] 125 Ebc
San Michele, Monte– [FI] 83 Ca
San Michele, Monte– [GO] 33 Eb
San Michele, Monte– [PA] 159 Dc
San Michele, Monte– [SA] 141 Eb
San Michele, Pizzo– 129 Bb
San Michele, Punta– 191 Dd
San Michele, Serra– 109 Db
San Michele, Terme di– 81 Fc
San Michele, Torrente– 159 Db
San Michele / Sankt Michael [BZ] 15 Cb
San Michele all'Ádige [TN] 15 Bc
San Michele al Tagliamento [VE] 33 Ac
San Michele a Torri [FI] 75 Ec
San Michele Cavana [PR] 65 Ea
San Michele de' Gatti [PR] 53 Ec
San Michele dei Mucchietti [MO] 67 Bab
San Michele delle Badesse [PD] 45 Ba
San Michele delle Vigne [FG] 123 CDb
San Michele di Ganzaria [CT] 171 Ed
San Michele di Moriano [LU] 75 Bb
San Michele di Pagana [GE] 63 Eb
San Michele di Piave [TV] 31 Cc
San Michele di Pratola [AV] 121 Cd
San Michele di Serino [AV] 129 BCa
San Michele di Tiorre [PR] 53 Ec
San Michele e Grato [TO] 49 Bb
San Michele Extra [VR] 43 Cb
San Michele in Bosco [MN] 41 Fd
San Michele in Quarneto [RA] 69 Bc
San Michele in Teverina [VT] 93 EFd
San Michele Mondovì [CN] 61 Cb
San Michele Prazzo [CN] 59 Dab
San Michele Salentino [BR] 135 Ac
San Milano, Rio– 195 Dc
San Milanu, Nuraghe– 193 Bb
San Miniato [PI] 75 CDc
San Miniato Basso [PI] 75 Cc
San Miniato in Alpe [FI] 77 Bc
San Mommé [PT] 75 Da
San Morello [CS] 147 Dd
Sannaco [MS] 65 CDc
San Nazário [CN] 61 Ca
San Nazário [SA] 141 Cb
San Nazário [SA] 129 Bb
San Nazário [VI] 29 EFb
San Nazzaro [AL] 51 Cc
San Nazzaro [BN] 121 BCc
San Nazzaro [BS] 41 Dc
San Nazzaro [PC] 51 Fb
San Nazzaro [PC] 53 Ca
San Nazzaro [PR] 53 Eb
Sannazzaro de' Burgondi [PV] 39 Bd
San Nazzaro Sésia [NO] 37 Eb
San Nazzaro Val Cavargna [CO] 11 Cb
San Nicandro [AQ] 103 Ec
Sannicandro di Bari [BA] 125 Cbc
San Nicandro Garganico [FG] 115 Bc
San Niccolò [BO] 67 Ec
San Niccolò di Celle [PG] 95 Bab

San Nicola [AG] 171 Bd
San Nicola [AQ] 103 Cc
San Nicola [CB] 121 Aa
San Nicola [CL] 171 Cb
San Nicola [CS] 145 Dd
Sannicola [LE] 139 Db
San Nicola [LT] 117 FGab
San Nicola [PZ] 131 Bb
San Nicola [RC] 155 Db
San Nicola [RC] 153 Ed
San Nicola [RC] 155 Bb
San Nicola [RE] 55 Bcd
San Nicola [SA] 141 Cb
San Nicola [SS] 185 Bc
San Nicola, Grotte– 115 Eb
San Nicola, Isola– 115 ins.a
San Nicola, Monte– [AQ] 103 Ed
San Nicola, Monte– [Cal.] 153 Ec
San Nicola, Monte– [EN] 171 Ec
San Nicola, Monte– [It.] 111 Cc
San Nicola, Monte– [PA] 169 Cb
San Nicola, Monte– [PZ] 131 Bd
San Nicola, Rocca– 175 Cb
San Nicola, Ruderi di– 107 Cb
San Nicola, Tempa– 143 Db
San Nicola, Torrente– 143 Fb
San Nicola / Sankt Nikolaus [BZ] 3 Ec
San Nicola Arcella [CS] 143 Acd
San Nicola Baronia [AV] 121 Ec
San Nicola da Crissa [VV] 153 Dbc
San Nicola de Legistis [VV] 153 Bc
San Nicola dell'Alto [KR] 151 Db
San Nicola di Casole 139 Fb
San Nicola di Tremiti [FG] 115 ins.a
San Nicola l'Arena [PA] 159 Dbc
San Nicola la Strada [CE] 119 Ec
San Nicola Manfredi [BN] 121 Bc
San Nicolao [CI] 191 Cd
San Nicolao [PE] 105 Cd
San Nicola Varano [FG] 115 BCb
San Nicolò [BO] 67 Gb
San Nicolò [ME] 163 Da
San Nicolò [SO] 13 Db
San Nicolò [TV] 31 DEc
San Nicolò [UD] 33 Bb
San Nicolò / Sankt Nikolaus [BZ] 15 Cb
San Nicolò / Sankt Nikolaus [BZ] 15 Aab
San Nicolò a Tordino [TE] 97 Cc
San Nicolò a Trebbia [PC] 53 Aa
San Nicolò d'Arcidano [OR] 191 Db
San Nicolò d'Ega / Sankt Nikolaus Eggen [BZ] 15 Db
San Nicolò di Comélico [BL] 17 Ea
San Nicolò Ferrarese [FE] 57 Ec
San Nicolò Gerrei [CA] 193 Ccd
San Nicolò Po [MN] 55 Ba
San Nilo, Grotta di– 145 Ec
Sánnio 121 Aa
Sánnio, Monti del– 121 Ba
Sannoro, Torrente– 121 Eb
San Novo [MI] 39 Cb
San Pancrázio [AR] 83 Db
San Pancrázio [BS] 27 Ad
San Pancrázio [IM] 71 Cb
San Pancrázio [PR] 53 Ec
San Pancrázio [RA] 69 Db
San Pancrázio [TO] 35 Gd
San Pancrázio [VA] 23 Cc
San Pancrázio, Lago– / Kratzberger See 3 Bc

San Pancrázio, Monte– 101 Ec
San Pancrázio / Sankt Pankraz in Ulten [BZ] 3 Ad
San Pancrázio Salentino [BR] 135 Cd
San Pánfilo d'Ocre [AQ] 103 Dc
San Pantaleo [CA] 193 BCd
San Pantaleo [FI] 75 Dc
San Pantaleo [OT] 179 Dc
San Pantaleo, Isola– 157 Bc
San Pantaleone [RC] 155 Bcd
San Paolino, Monte– 169 Eb
San Páolo [AT] 49 Cb
San Páolo [BA] 125 Cb
San Páolo [BS] 41 Cb
San Páolo [CN] 61 Cb
San Páolo [ME] 163 Cb
San Páolo [ME] 163 Db
San Páolo [OT] 185 Db
San Páolo [PG] 85 Bc
San Páolo [PN] 33 Ab
San Páolo [PV] 37 Fc
San Páolo [RI] 95 Fd
San Páolo [RN] 79 Aab
San Páolo [RI] 95 Fd
San Páolo [SR] 177 Ed
San Páolo [TA] 133 Fc
San Páolo, Fosso di– 99 Fa
San Páolo, Isola– 133 Fd
San Páolo, Monte– [CZ] 153 Fcd
San Páolo, Monte– [PU] 79 Ab
San Paolo, Rio– 179 Bd
San Páolo / Sankt Pauls [BZ] 15 Cb
San Páolo Albanese [PZ] 143 Db
San Páolo Bel Sito [NA] 121 Ad
San Páolo Cervo [BI] 23 Cd
San Páolo d'Argon [BG] 25 Gc
San Páolo di Civitate [FG] 81 DEa
San Páolo di Jesi [AN] 87 BCb
San Páolo Solbrito [AT] 49 Cb
San Pasquale [FG] 115 Dc
San Pasquale [OT] 179 Cbc
San Pasquale [RC] 155 Cd
San Paterniano [AN] 87 Dab
San Patrizio [RA] 69 Bb
San Pedrino [MI] 39 Eb
San Pelágio [PD] 45 Ac
San Pelágio [TS] 33 Fc
San Pelágio [TV] 31 Cc
San Pelino [AQ] 109 Ea
San Pelino [AQ] 103 Cb
San Pellegrinetto [LU] 73 Fab
San Pellegrinetto [MO] 67 Bb
San Pellegrino [FI] 77 Aa
San Pellegrino [MO] 67 CDab
San Pellegrino [PG] 95 Fc
San Pellegrino [PG] 85 Ec
San Pellegrino [PT] 75 Da
San Pellegrino [RE] 55 Acd
San Pellegrino, Alpe– 65 Fc
San Pellegrino in Alpe [LU] 65 Fc
San Pellegrino Terme [BG] 25 FGb
San Peretto [VR] 43 Bab
San Peri [RC] 155 Bb
San Pier d'Isonzo [GO] 33 Dc
San Pierfedele [RC] 153 Cc
San Pierino [FI] 75 Cc
San Pier Niceto [ME] 163 CDb
San Piero a Ema [FI] 75 Fc
San Piero a Grado [PI] 73 EFc
San Piero a Ponti [FI] 75 Ec
San Piero a Sieve [FI] 75 Fb
San Piero in Bagno [FC] 77 Dbc
San Piero in Campo [LI] 89 Dc
San Piero in Frassino [AR] 77 Cc
San Piero Patti [ME] 163 Ab
San Pietro [AN] 87 CDb
San Pietro [AN] 85 Fc
San Pietro [AT] 49 Db
San Pietro [AV] 129 Bb
San Pietro [BN] 121 Ab

San Pietro [BN] 119 Fc
San Pietro [BO] 67 Fb
San Pietro [BS] 41 Ba
San Pietro [CH] 105 Dc
San Pietro [CN] 49 Dc
San Pietro [CO] 25 Ca
San Pietro [CR] 41 Ccd
San Pietro [CS] 145 Cc
San Pietro [CS] 145 Dd
San Pietro [CZ] 151 Bc
San Pietro [FR] 111 BCd
San Pietro [FR] 119 Ba
San Pietro [IM] 71 Db
San Pietro [KR] 151 Ed
San Pietro [ME] 163 Ca
San Pietro [ME] 163 Dab
San Pietro [ME] 165 Ea
San Pietro [MN] 41 Ec
San Pietro [MO] 55 Dc
San Pietro [MT] 143 Fab
San Pietro [NA] 127 Ec
San Pietro [OT] 185 Eb
San Pietro [PR] 65 Ba
San Pietro [PV] 39 Dc
San Pietro [RI] 103 Ac
San Pietro [SA] 127 Fb
San Pietro [SO] 11 Ec
San Pietro [SV] 71 Fb
San Pietro [TA] 139 Ba
San Pietro [TE] 103 EFb
San Pietro [TO] 49 Bab
San Pietro [TO] 35 Fc
San Pietro [TV] 31 Bb
San Pietro [UD] 19 Ac
San Pietro [UD] 33 Ab
San Pietro [VA] 23 FGb
San Pietro [VB] 23 CDa
San Pietro [VE] 45 Dd
San Pietro [VE] 45 Db
San Pietro [VI] 29 Fc
San Pietro [VR] 43 Cc
San Pietro [VR] 43 Cb
San Pietro [VR] 43 Dc
San Pietro, Belvedere– [PI] 81 DEa
San Pietro, Cima– 131 Dd
San Pietro, Coppa– 113 Ede
San Pietro, Cozzo di– 161 Cd
San Pietro, Crode– 17 Cb
San Pietro, Culmine– 25 Eb
San Pietro, Isola– 133 Ed
San Pietro, Isola di– 195 Bb
San Pietro, Lago di– 123 Bc
San Pietro, Monte– [AN] 87 Db
San Pietro, Monte– [CI] 191 Cd
San Pietro, Monte– [EN] 171 Fa
San Pietro, Monte– [ME] 163 Ab
San Pietro, Monte– [OT] 179 BCd
San Pietro, Tempa– 143 Ca
San Pietro / Sankt Peter [BZ] 3 Ga
San Pietro / Sankt Peter [BZ] 3 Dd
San Pietro / Sankt Peter [BZ] 3 DEd
San Pietro Acquaeortus [TR] 93 DCc
San Pietro ad Lacum [TE] 97 Dc
San Pietro all'Olmo [MI] 39 Cb
San Pietro al Natisone [UD] 19 Dd
San Pietro al Tánagro [SA] 129 Fd
San Pietro a Máida [CZ] 153 Db
San Pietro a Máida Scalo [CZ] 149 Dd
San Pietro a Monte [PG] 85 Bc
San Pietro a Piano [PI] 81 Da
San Pietro Apostolo [CZ] 149 Ec
San Pietro Aprica [SO] 13 Bd
San Pietro a Strada [FI] 77 Ac
San Pietro Avellana [IS] 111 DEc
San Pietro a Vico [LU] 75 Bb
San Pietro Capofiume [BO] 57 Ad

San Pietro Casasco [PV] 51 Ec
San Pietro Chiazzacco [UD] 33 Da
San Pietro Clarenza [CT] 173 CDb
San Pietro Cúsico [MI] 39 Cb
San Pietro d'Assarti [CN] 47 EFc
San Pietro del Gallo [CN] 59 Fb
San Pietro di Cadore [BL] 17 Ea
San Pietro di Caridá [RC] 153 Cc
San Pietro di Feletto [TV] 31 Cb
San Pietro di Morúbio [VR] 43 Dc
San Pietro di Novella [GE] 63 Eb
San Pietro di Recanati [MC] 87 Eb
San Pietro d'Olba [SV] 63 Ab
San Pietro d'Orzio [BG] 25 Gb
San Pietro Frascati [GE] 63 FGc
San Pietro in Amantea [CS] 149 Cc
San Pietro in Campiano [RA] 69 DEc
San Pietro in Cariano [VR] 43 Bab
San Pietro in Caságlia [FI] 75 Fb
San Pietro in Casale [BO] 55 Fc
San Pietro in Cerro [PC] 53 Cab
San Pietro in Corte [PC] 53 Ca
San Pietro in Cúrolis [FR] 119 Ba
San Pietro Infine [CE] 119 Ca
San Pietro in Gu [PD] 29 EFd
San Pietro in Guarano [CS] 149 Db
San Pietro in Guardiano [FC] 69 Ec
San Pietro in Laguna [RA] 69 Cc
San Pietro in Lama [LE] 139 Da
San Pietro in Mavino [BS] 41 Fb
San Pietro in Mercato [FI] 83 Aa
San Pietro in Palazzi [LI] 81 Cc
San Pietro in Trento [RA] 69 Dc
San Pietro Intrigogna [VI] 43 Fb
San Pietro in Valle [IS] 113 Ad
San Pietro in Valle [VR] 43 Cd
San Pietro in Villa [AR] 85 Aa
San Pietro in Vincoli [RA] 69 Dc
San Pietro in Volta [VE] 45 Dc
San Pietro Irpino [AV] 121 Bc
San Pietro Marcigliano [LU] 75 Bb
San Pietro Mosezzo [NO] 37 Fb
San Pietro Mussolino [VI] 29 Cc
San Pietro Novello [TV] 31 Dcd
San Pietro Polésine [RO] 55 Ea
San Pietro Valdástico [VI] 29 CDb
San Pietro Val Lémina [TO] 47 Eb
San Pietro Vara [SP] 65 Ab
San Pietro Vecchio [VI] 29 Cd
San Pietro Vernótico [BR] 135 DEd
San Pietro Viminário [PD] 45 Ac
San Pio delle Cámere [AQ] 103 Ec
San Polo [AR] 83 Fb

San Polo [BS] 41 Dab
San Polo [PC] 53 Bb
San Polo [PR] 53 Eb
San Polo [RI] 101 Ec
San Polo [SI] 93 Da
San Polo dei Cavalieri [ROMA] 109 Bab
San Polo d'Enza [RE] 53 Fd
San Polo di Piave [TV] 31 Cb
San Polo in Chianti [FI] 75 FGcd
San Polo Matese [CB] 119 Fa
San Ponso [TO] 37 Ab
San Ponzo Semola [PV] 51 Db
San Possidónio [MO] 55 Cb
San Potito [AQ] 103 DEd
San Potito [RA] 69 Cb
San Potito [SA] 129 ABb
San Potito Sannitico [CE] 119 Fb
San Potito Ultra [AV] 121 Cd
San Presto [PG] 85 DEd
San Príamo [CA] 193 Ecd
San Primo [CO] 25 Db
San Primo, Monte– 25 Db
San Prisco [CE] 119 Ec
San Prócolo [FM] 97 Ca
San Procópio [RC] 155 Cb
San Próspero [BO] 55 Fc
San Próspero [BO] 69 Bb
San Próspero [BO] 67 Bb
San Próspero [MN] 55 Bbc
San Próspero [MO] 55 Dc
San Próspero [PR] 53 Ec
San Próspero [PR] 53 Fc
San Próspero [RE] 55 Bc
San Protaso [PC] 53 BCb
San Puoto, Lago– 117 Fc
San Quintino [CN] 61 Cb
San Quintino [PI] 75 Dd
San Quírico [AL] 49 Gc
San Quírico [AL] 51 Bb
San Quírico [CN] 61 Aab
San Quírico [GR] 93 Ccd
San Quírico [LU] 75 Bc
San Quírico [OR] 187 Fc
San Quírico [PR] 53 Eb
San Quírico [PR] 65 ABb
San Quírico [PR] 53 Eb
San Quírico [PT] 75 Cb
San Quírico [RI] 103 Bb
San Quírico [SI] 81 Gb
San Quírico [TR] 93 Ec
San Quírico [VI] 29 Ccd
San Quírico di Moriano [LU] 75 Bb
San Quírico d'Orcia [SI] 93 Ba
San Quírico in Collina [FI] 75 Ed
San Quírico in Val Polcévera [GE] 63 Cb
San Quirino [PN] 31 EFa
San Rabano Ruderi 91 Ed
San Raffaele [TO] 37 Bcd
San Raffaele Cimena [TO] 37 Bcd
San Régolo [PI] 81 Ca
San Régolo [SI] 83 Ed
San Régolo [SI] 83 Ed
Sanremo [IM] 71 Dc
San Roberto [RC] 155 Bb
San Rocchetto [AN] 87 Eb
San Rocchino [PC] 53 Cb
San Rocco [AT] 49 FGc
San Rocco [AT] 49 Cc
San Rocco [AT] 49 Cc
San Rocco [BS] 41 Eb
San Rocco [CH] 105 Cc
San Rocco [CH] 105 Cc
San Rocco [CH] 105 Ec
San Rocco [CN] 59 Fab
San Rocco [CN] 59 Fb
San Rocco [CN] 49 Cb
San Rocco [CN] 49 Cc
San Rocco [CN] 59 Db
San Rocco [GE] 63 Db
San Rocco [LU] 73 Fb
San Rocco [MN] 55 Db
San Rocco [PR] 53 Cb
San Rocco [PT] 75 Dc
San Rocco [PV] 51 DEab
San Rocco [RA] 69 Cc
San Rocco [RE] 53 Gb
San Rocco [RE] 55 Ab

San Rocco [SO] 13 Bab
San Rocco [SO] 13 BCc
San Rocco [TO] 47 Fb
San Rocco [TS] 33 Fd
San Rocco [UD] 19 Bc
San Rocco [VB] 9 Ec
San Rocco [VI] 29 Dc
San Rocco [VR] 43 Ca
San Rocco [VR] 43 Ba
San Rocco [VV] 153 Dc
San Rocco, Monte- 103 Cc
San Rocco al Porto [LO] 53 Ba
San Rocco a Pilli [SI] 83 Bc
San Rocco Castagnaretta [CN] 59 Gb
San Romano [FC] 77 Eab
San Romano [LU] 75 Bab
San Romano [PI] 75 Cc
San Romano [RE] 67 Aab
San Romano in Garfagnana [LU] 65 Fcd
San Romolo [IM] 71 Db
San Rossore, Tenuta di- 73 Ec
San Ruffillo [BO] 67 Eb
San Ruffillo [RA] 69 Bc
San Ruffillo [RA] 69 Ac
San Ruffino [AL] 51 Cb
San Ruffino [FM] 97 Bab
San Ruffino [PI] 81 Da
San Ruffino [PR] 53 Ec
San Ruffino [RE] 67 Ba
San Rufino di Léivi [GE] 63 Eb
San Rufo [SA] 129 Fd
San Rústico [FM] 87 Ec
San Saba [ME] 163 Da
San Sabino Basanello [AQ] 103 Cb
San Salvaro [PD] 43 Ec
San Salvatore [CH] 105 Db
San Salvatore [CN] 49 Ad
San Salvatore [CR] 41 Dd
San Salvatore [LU] 75 Cbc
San Salvatore [OR] 187 Cd
San Salvatore [PC] 51 Fc
San Salvatore [RN] 79 Bb
San Salvatore, Monte- 161 Bd
San Salvatore, Sorgente- 191 Cd
San Salvatore a Pilli [SI] 83 Bc
San Salvatore dei Fieschi [GE] 63 Fc
San Salvatore di Fitália [ME] 161 Fb
San Salvatore di Nulvara [OT] 179 Cd
San Salvatore Monferrato [AL] 49 Gb
San Salvatore Telesino [BN] 119 Fb
San Salvo [CH] 105 Gd
San Salvo Marina [CH] 113 Ca
San Samuele di Cafiero [BT] 123 Eb
San Sano [SI] 83 Cb
San Saturnino [GE] 63 FGc
San Savino [CR] 41 Cd
San Savino [PC] 51 Gc
San Savino [PG] 93 Fa
San Savino [PG] 95 Cbc
San Savino [PU] 85 Ea
San Savino [RA] 69 Cb
San Savino [RE] 55 Ac
San Savino [RN] 79 Bb
San Savino [SI] 93 Da
San Sebastiano [AQ] 111 Bb
San Sebastiano [BS] 27 Cd
San Sebastiano [CN] 61 Bab
San Sebastiano [CN] 61 Db
San Sebastiano [PI] 81 Ec
San Sebastiano [PU] 79 Ec
San Sebastiano [RI] 101 Fc
San Sebastiano [SO] 13 Bd
San Sebastiano [TN] 29 Cb
San Sebastiano, Cime di- 17 Bc
San Sebastiano, Monte- 189 BCb
San Sebastiano al Vesuvio [NA] 127 Eab
San Sebastiano Curone [AL] 51 Dc
San Sebastiano da Po [TO] 37 Bcd
San Secondo [BI] 37 Cb
San Secondo [PG] 85 Bb
San Secondo di Pinerolo [TO] 47 Eb
San Secondo Parmense [PR] 53 Eb
Sansepolcro [AR] 85 Aa
San Serafino [OR] 187 Fc
San Sérvolo 45 Eb
San Severino [SA] 141 CDb
San Severino Lucano [PZ] 143 Cbc
San Severino Marche [MC] 87 BCc
San Severo [AR] 83 Fb
San Severo [FG] 115 Ac
San Severo [RA] 69 Cb
San Sicário [TO] 47 Bb
San Sigismondo / Sankt Sigmund [BZ] 3 Ec
San Silvestro [AN] 79 Fd
San Silvestro [BI] 37 Dab
San Silvestro [BN] 119 Fc
San Silvestro [BO] 67 Eb
San Silvestro [FC] 77 Db
San Silvestro [ME] 163 Ab
San Silvestro [MN] 43 Ad
San Silvestro [PE] 105 Db
San Silvestro [PG] 95 Dc
San Silvestro [RI] 103 Ac
San Silvestro [TE] 105 Ca
San Silvestro [VC] 37 Cc
San Silvestro, Colle- 113 Bb
San Silvestro, Parco Archeologico Minerario di- 91 Ba
San Silvestro, Rocca di- 91 Ba
San Silviano [LT] 117 Eb
San Simeone, Monte- 19 Bb
San Simeone, Nuraghe- 183 Eb
San Simone [BG] 25 Ga
San Simone [CA] 193 Bc
San Simone [LE] 139 Db
San Simone [TA] 133 Fc
San Siro [CO] 11 Dd
San Siro [MI] 39 Cb
San Siro [MN] 55 Ca
San Siro [PD] 45 Bc
San Siro [PR] 65 Ca
San Siro Foce [GE] 63 Fb
San Sisto [IS] 111 Fd
San Sisto [PG] 95 Ba
San Sisto [PU] 77 FGc
San Sisto [RE] 53 Fb
San Sisto, Nuraghe- 183 Ed
San Sisto dei Valdesi [CS] 145 Dd
Sansóbbia, Torrente- 61 Gb
San Sóssio [AV] 129 Ca
San Sossio [CE] 119 Dd
San Sóssio Baronia [AV] 121 DEc
San Sóstene [CZ] 153 Ec
San Sosti [CS] 145 Dbc
San Sperate [CA] 193 Bd
Santa, Pala di- 15 Db
Santa, Serra- 85 Ec
Santa Andria Priu, Grotta di- 183 Fd
Santa Bárbara [AR] 83 Ca
Santa Bárbara [CA] 197 Db
Santa Bárbara [CS] 149 Cbc
Santa Bárbara [LE] 139 Da
Santa Bárbara [ME] 163 Bb
Santa Bárbara [SA] 141 Cab
Santa Bárbara [TS] 33 Fd
Santa Bárbara, Monte- 195 Fc
Santa Bárbara, Nuraghe- [NU] 187 Eb
Santa Bárbara, Nuraghe- [NU] 187 Db
Santa Barbara, Parco- 81 Ea
Santa Bárbara, Villaggio- 115 Db
Santa Bárbara in Campitelli [PU] 79 Bc
Sant'Abbondio [CO] 25 Da
Santa Bianca [FE] 55 Fbc
Santa Brígida [BG] 25 Fb
Santa Brígida [BO] 67 Fa
Santa Brígida [FI] 75 Gbc
Santa Brígida [TV] 31 Bd
Santa Brígida, Colle- 47 Eb
Santa Catarinella, Pizzo- 161 CDc
Santa Caterina [AR] 83 Fc
Santa Caterina [AT] 49 Eb
Santa Caterina [BL] 17 Da
Santa Caterina [GR] 93 Ac
Santa Caterina [LE] 139 Cb
Santa Caterina [MO] 55 Cb
Santa Caterina [PR] 53 Db
Santa Caterina [RC] 155 Ac
Santa Caterina [UD] 19 Dab
Santa Caterina [VI] 29 Cc
Santa Caterina [VT] 101 Bb
Santa Caterina, Lago di- 17 Da
Santa Caterina, Múrgie- 143 Fb
Santa Caterina / Katharinaberg [BZ] 1 Fc
Santa Caterina / Sankt Kathrein [BZ] 3 Bd
Santa Caterina Albanese [CS] 145 Dc
Santa Caterina dello Iónio [CZ] 153 Fc
Santa Caterina dello Iónio Marina [CZ] 153 Fc
Santa Caterina di Pittinuri [OR] 187 Cc
Santa Caterina Valfurva [SO] 13 Db
Santa Caterina Villarmosa [CL] 171 Cb
Santa Cecilia, Poggio- [SI] 83 Dc
Santa Cesárea Terme [LE] 139 Fb
Santa Chiara [LE] 139 Ca
Santa Chiara [TP] 167 ins.a
Santa Chiara del Tirso [OR] 187 Fc
Santa Colomba [SI] 83 Bc
Santa Corona, Villaggio- [SV] 61 Ed
Santa Crescénzia 157 Db
Santa Cristina [AR] 83 Fbc
Santa Cristina [NO] 23 Fc
Santa Cristina [OR] 187 Ec
Santa Cristina [PG] 95 Da
Santa Cristina [PG] 85 Dc
Santa Cristina [PV] 39 Ed
Santa Cristina [PV] 51 Ec
Santa Cristina [SO] 13 Bcd
Santa Cristina [TV] 31 Bd
Santa Cristina, Monte- [CL] 171 Cb
Santa Cristina, Monte- [PR] 53 Cc
Santa Cristina, Nuraghe- 187 Ec
Santa Cristina a Mezzana [PO] 75 Dc
Santa Cristina d'Aspromonte [RC] 155 Cb
Santa Cristina e Bissone [PV] 39 Ed
Santa Cristina Gela [PA] 159 Bc
Santa Cristina Valgardena / Sankt Christina in Gröden [BZ] 15 Fa
Santa Croce [AN] 85 Fb
Santa Croce [AQ] 103 Cc
Santa Croce [AR] 85 Aa
Santa Croce [BG] 25 Gb
Santa Croce [BL] 17 Cd
Santa Croce [BN] 119 Fc
Santa Croce [BN] 121 Bc
Santa Croce [CE] 119 Eb
Santa Croce [CE] 119 Cb
Santa Croce [CN] 59 Fb
Santa Croce [CN] 61 Ca
Santa Croce [LT] 119 ABb
Santa Croce [MN] 55 Eb
Santa Croce [MO] 55 Cc
Santa Croce [NO] 23 Ec
Santa Croce [PA] 159 Db
Santa Croce [PD] 43 Fc
Santa Croce [PE] 105 Ccd
Santa Croce [PG] 95 Dc
Santa Croce [RE] 53 Gb
Santa Croce [RI] 103 Ba
Santa Croce [SO] 11 Ec
Santa Croce [TN] 29 Aab
Santa Croce [TS] 33 Fc
Santa Croce [TV] 31 BCb
Santa Croce, Lago di- 17 Cd
Santa Croce, Monte- [CE] 119 Cb
Santa Croce, Monte- [EN] 171 Ed
Santa Croce, Monte- [GR] 81 Fd
Santa Croce, Monte- [PU] 85 Fa
Santa Croce, Monte- [PZ] 131 Ab
Santa Croce, Monte- [SP] 73 Ba
Santa Croce Bigolina [PD] 29 Fd
Santa Croce Camerina [RG] 177 Bd
Santa Croce del Sánnio [BN] 121 Ba
Santa Croce di Magliano [CB] 113 Dc
Santa Croce di Marmorta [BO] 57 Bd
Santa Croce sull'Arno [PI] 75 Cc
Sant'Adele [SI] 83 Fd
Santadi [CI] 195 Ec
Santadi, Piano di- 191 Cb
Santadi, Rio di- 195 Ec
Santadi Basso [CI] 195 Ec
Santa Domenica [RC] 153 Ed
Santa Doménica [VV] 153 Bbc
Santa Doménica Talao [CS] 145 BCb
Santa Doménica Vittória [ME] 163 Ac
Santa Donna, Monte- 65 Ba
Sant'Adriano [FI] 77 BCa
Santa Elena [PG] 95 Ab
Santa Elisabetta [AG] 169 Dc
Santa Eufémia 149 Dd
Santa Eufémia, Piana di- 149 Dd
Santa Eufémia Lamézia [CZ] 149 Dd
Santa Eufémia Vétere [CZ] 149 Dd
Santa Felicita [AV] 121 Dd
Santa Filomena [PE] 105 Dab
Santa Filomena [PZ] 131 Ab
Santa Fiora [AR] 83 Fb
Santa Fiora [AR] 85 Aa
Santa Fiora [GR] 93 Bc
Santa Firmina [AR] 83 Fb
Santa Fista [PG] 85 Aa
Santa Flávia [PA] 159 Db
Santa Fosca [BL] 17 Bb
Santa Fosca [TV] 31 Dd
Santa Franca [PR] 53 Dab
Santa Franca, Monte- 53 Ac
Santa Francesca [FR] 109 Ec
Sant'Agápito [IS] 111 Ed
Sant'Ágata [AR] 83 Fc
Sant'Ágata [FI] 77 Bc
Sant'Ágata [FI] 75 Fab
Sant'Ágata [ME] 155 Ab
Sant'Ágata [PA] 159 Fc
Sant'Agata [PC] 53 Bb
Sant'Agata [PC] 53 Cb
Sant'Ágata [RE] 55 Bc
Sant'Ágata [VB] 9 Gd
Sant'Ágata [VR] 43 Cc
Sant'Ágata, Campi di- 155 Bc
Sant'Ágata, Fiumara- 155 Bc
Sant'Ágata, Monte- 171 Fb
Sant'Ágata Bolognese [BO] 55 Dcd
Sant'Ágata de' Goti [BN] 119 Fc
Sant'Ágata del Bianco [RC] 155 Dc
Sant'Ágata delle Terrine [AR] 83 Fb
Sant'Ágata di Èsaro [CS] 145 Cc
Sant'Ágata di Militello [ME] 161 Eb
Sant'Agata di Púglia [FG] 121 Fc
Sant'Ágata Féltria [RN] 77 Fb
Sant'Ágata Fossili [AL] 51 Cc
Sant'Ágata in Montalto [FC] 77 Cb
Sant'Ágata Irpina [AV] 129 Bb
Sant'Ágata li Battiati [CT] 173 Db
Sant'Ágata sui due Golfi [NA] 127 Ec
Sant'Ágata sul Santerno [RA] 69 Cb
Santa Geltrude / Sankt Gertraud [BZ] 1 Dd
Santa Gertrude / Sankt Gertraud [BZ] 15 Ab
Santa Giorgia [RC] 155 Cb
Santa Giuletta [PV] 51 Eab
Santa Giulia [RE] 55 Bc
Santa Giúlia [RO] 57 Fc
Santa Giúlia [SV] 61 Eb
Santa Giúlia, Monte- [MO] 67 Ab
Santa Giúlia, Monte- [SS] 183 Eb
Santa Giusta [CH] 105 Ec
Santa Giusta [OR] 187 Dd
Santa Giusta [RI] 97 Ad
Santa Giusta [RI] 95 Fd
Santa Giustina [BL] 17 Bd
Santa Giustina [PR] 65 Aa
Santa Giustina [RN] 79 Aa
Santa Giustina [SV] 61 Fb
Santa Giustina [VI] 43 Eb
Santa Giustina, Lago di- 15 Bb
Santa Giustina in Colle [PD] 31 Ad
Santa Giustina Vigona [MO] 55 Db
Sant'Agnello [NA] 127 Ec
Sant'Agnese [TN] 15 BCd
Sant'Agostino [CS] 149 Db
Sant'Agostino [FE] 55 Fc
Sant'Agostino [OR] 187 Ec
Sant'Agostino [TE] 97 Dd
Sant'Agostino [VT] 99 Fcd
Sant'Agostino, Torre- 117 Fb
Sant'Albano [PV] 51 Eb
Sant'Albano Stura [CN] 61 Bab
Sant'Alberto [BO] 55 Fc
Sant'Alberto [RA] 69 Da
Sant'Alberto [TV] 31 Bd
Santalena, Cozzo- 171 Bb
Sant'Alessandro [BG] 27 Acd
Sant'Alessandro [PV] 39 Acd
Sant'Alessandro, Catacombe- 107 Fb
Sant'Alessandro, Garzaia di- 39 Ad
Sant'Aléssio [PV] 39 Dc
Sant'Alessio, Oasi di- 39 Dc
Sant'Alèssio con Vialone [PV] 39 Dc
Sant'Aléssio in Aspromonte [RC] 155 Bb
Sant'Aléssio Sículo [ME] 163 CDc
Sant'Álfio [CT] 173 Da
Santa Liberata [GR] 99 Bb
Santa Liberata [MC] 87 DEc
Sant'Alò [VE] 31 Fcd
Sant'Alósio [AL] 51 Cc
Santa Luce [AR] 83 Ec
Santa Luce [PI] 81 Db
Santa Luce, Lago di- 81 Db
Santa Lucerna, Monte- 149 Dc
Santa Lucia [AN] 87 Ca
Santa Lucia [AQ] 103 Ca
Santa Lucia [AV] 129 Ea
Santa Lucia [AV] 121 BCc
Santa Lucia [CE] 119 Db
Santa Lucia [CI] 191 Cd
Santa Lucia [CN] 59 Eb
Santa Lucia [CN] 59 Fb
Santa Lucia [CS] 143 Bc
Santa Lucia [CS] 149 Db
Santa Lucia [FC] 77 Fa
Santa Lucia [FI] 75 Fa
Santa Lucia [MC] 87 Ec
Santa Lucia [ME] 155 Ac
Santa Lucia [MN] 55 Ca
Santa Lucia [MN] 43 Ac
Santa Lucia [MT] 133 Bc
Santa Lucia [NA] 127 Db
Santa Lucia [NU] 185 Fc
Santa Lucia [PC] 53 Ca
Santa Lucia [PE] 105 Cb
Santa Lucia [PG] 85 Bb
Santa Lucia [PI] 81 Da
Santa Lucia [PO] 75 Eb
Santa Lucia [PR] 53 Dc
Santa Lucia [RI] 103 BCc
Santa Lucia [RI] 103 Bc
Santa Lucia [RN] 77 Gb
Santa Lucia [SA] 141 Ba
Santa Lucia [SA] 129 Cc
Santa Lucia [SA] 129 Bb
Santa Lucia [SI] 83 Dc
Santa Lucia [SI] 83 Ab
Santa Lucia [SI] 83 Bb
Santa Lucia [SO] 13 CDb
Santa Lucia [SR] 177 Fb
Santa Lucia [VR] 43 Ab
Santa Lucia, Monte- [FM] 97 Cab
Santa Lucia, Monte- [Tosc.] 81 Fc
Santa Lucia, Rio- 197 Bc
Santa Lucia, Stabilimento Termale- 183 Fd
Santa Lucia, Terme di- 65 Eb
Santa Lucia, Ville- [PG] 85 EFc
Santa Lucia delle Spianate [RA] 69 Cc
Santa Lucia del Mela [ME] 163 Cb
Santa Lucia di Budóia [PN] 31 DEab
Santa Lucia di Piave [TV] 31 Cb
Santa Lucia di Serino [AV] 129 Ca
Santa Lucia Marina [ME] 161 Fb
Santa Maddalena / Sankt Magdalena [BZ] 3 Ed
Santa Maddalena Vallalta / Sankt Magdalena [BZ] 5 Bc
Santa Margherita [AT] 49 DEc
Santa Margherita [CA] 195 Fd
Santa Margherita [CN] 59 Eb
Santa Margherita [CN] 61 Ab
Santa Margherita [CO] 25 Cab
Santa Margherita [CR] 53 Da
Santa Margherita [FE] 57 Cc
Santa Margherita [FI] 75 Fa
Santa Margherita [FM] 97 Ba
Santa Margherita [ME] 163 Db
Santa Margherita [ME] 165 Db
Santa Margherita [PD] 45 Cc
Santa Margherita [PR] 53 Dc
Santa Margherita [PV] 39 Dd
Santa Margherita [PV] 51 Ec
Santa Margherita [TE] 97 Ed
Santa Margherita [TN] 29 Bc
Santa Margherita [TO] 49 Ba
Santa Margherita [VE] 33 Ac
Santa Margherita, Villaggio- [EN] 171 Fa
Santa Margherita d'Ádige [PD] 43 Fc
Santa Margherita di Bélice [AG] 167 Fa
Santa Margherita di Stáffora [PV] 51 Ec
Santa Margherita Lígure [GE] 63 Eb
Santa Maria [AN] 87 Ca
Santa Maria [AN] 87 Abc
Santa Maria [AP] 97 Bc
Santa Maria [AT] 49 Ea
Santa Maria [BI] 23 Dd
Santa Maria [BL] 31 Ab
Santa Maria [CI] 195 Dc
Santa Maria [CN] 61 BCa
Santa Maria [CN] 49 Cd
Santa Maria [CO] 11 Dd
Santa Maria [CZ] 151 Bd
Santa Maria [LT] 117 ins.a
Santa Maria [NU] 187 Fc
Santa Maria [PC] 51 Ec
Santa Maria [PD] 29 Fd
Santa Maria [PG] 85 Cc
Santa Maria [PU] 77 Gbc
Santa Maria [RC] 155 BCc
Santa Maria [RI] 101 Fbc
Santa Maria [SA] 141 Aa
Santa Maria [SI] 83 Bc
Santa Maria [SO] 1 Ad
Santa Maria [SP] 65 Bc
Santa Maria [SP] 65 BCc
Santa Maria [SP] 63 Gb
Santa Maria [SS] 183 Ec
Santa Maria [SS] 181 Bbc
Santa Maria [TE] 97 Dd

Santa Maria [TO] 37 Ab
Santa Maria [TR] 101 Eb
Santa Maria [TR] 91 Fc
Santa Maria [TR] 93 Eb
Santa Maria [TV] 31 Cb
Santa Maria [TV] 31 Cb
Santa Maria [UD] 33 BCb
Santa Maria [VC] 23 Cb
Santa Maria [VC] 23 Dd
Santa Maria [VC] 37 CDc
Santa Maria [VI] 29 Dc
Santa Maria [VI] 45 Aab
Santa Maria [VR] 43 Cb
Santa Maria [VV] 153 Dc
Santa Maria, Canale– 113 Dd
Santa Maria, Colle– 149 Dc
Santa Maria, Isola– [OT]
179 Db
Santa Maria, Isola– [TP]
157 Bc
Santa Maria, Lago di– 67 Dd
Santa Maria, Monte– [CT]
163 Ad
Santa Maria, Monte– [CZ]
149 Ed
Santa Maria, Monte– [SS]
183 Cd
Santa Maria, Nuraghe–
187 Ed
Santa Maria, Rio– 185 Ed
Santa Maria a Bagnano
[FI] 83 Aa
Santa Maria a Dófana [SI]
83 Cc
Santa Maria a Fiume [FR]
109 Dd
Santa Maria al Bagno [LE]
139 Cc
Santa Maria alla Fonderia /
Sankt Maria in der Schmelz
[BZ] 13 Fab
Santa Maria alla Rassinata
[AR] 85 Ab
Santa Maria a Mare [FM]
87 Fd
Santa Maria Ammalati [CT]
173 DEb
Santa Maria a Monte [PI]
75 Cc
Santa Maria Apparente [MC]
87 Fc
Santa Maria a Valogno [CE]
119 Cb
Santa Maria a Vezzano [FI]
77 Ab
Santa Maria a Vico [CE]
119 Fc
Santa Maria Calvera [MT]
131 Ed
Santa Maria Capua Vetere
[CE] 119 Ec
Santa Maria Codifiume [FE]
57 Ad
Santa Maria Coghínas [SS]
181 Fc
Santa Maria d'Ádige [PD]
45 Ad
Santa Maria d'Alto Cielo
[MC] 87 Cd
Santa Maria d'Arzilla [PU]
79 Dc
Santa Maria degli Ángeli
[PG] 95 Ca
Santa Maria dei Manzi [FG]
123 Db
Santa Maria dei Sabbioni
[CR] 41 Bc
Santa Maria de is Ácquas
[VS] 191 Ec
Santa Maria del Campo [CR]
41 Cd
Santa Maria del Campo [FR]
111 Bc
Santa Maria del Campo [GE]
63 DEb
Santa Maria del Castello [NA]
127 Ec
Santa Maria del Cedro [CS]
145 BCb
Santa Maria del Colle [AN]
87 Cb
Santa Maria del Fiume [ME]
163 Ab
Santa Maria del Gisolo [PR]
53 Dc
Santa Maria del Giudice
[LU] 73 Fc

Santa Maria della Croce
[CR] 41 Ab
Santa Maria della Fossa
[RE] 55 Bc
Santa Maria della Mole
[ROMA] 107 Fc
Santa Maria della Piana
119 Cb
Santa Maria della Stella [CT]
173 Db
Santa Maria della Versa
[PV] 51 Eb
Santa Maria della Vittoria
103 Dd
Santa Maria delle Grazie [AR]
77 BCc
Santa Maria delle Grazie [ME]
163 Cab
Santa Maria del Mare [VE]
45 Dc
Santa Maria del Molise [IS]
111 Fd
Santa Maria del Monte [RN]
79 BCb
Santa Maria del Monte [VA]
23 Gb
Santa Maria del Piano [PR]
53 Ed
Santa Maria del Piano [RN]
79 Bb
Santa Maria del Ponte [AQ]
103 Ec
Santa Maria del Soccorso
[ROMA] 107 Fb
Santa Maria del Taro [PR]
63 Fb
Santa Maria del Tempio
[AL] 37 Fd
Santa Maria de Sauccu [NU]
183 Fd
Santa Maria di Campagna
[TV] 31 Ec
Santa Maria di Cavamonte
[ROMA] 109 Ab
Santa Maria di Fogliano
[CN] 49 Ec
Santa Maria di Galeria
[ROMA] 107 Da
Santa Maria di Licodia [CT]
173 Cb
Santa Maria di Mórtola [CE]
119 Cab
Santa Maria di Non [PD]
45 Bab
Santa Maria di Paterno [MC]
87 Cc
Santa Maria di Piave [TV]
31 Cc
Santa Maria di Ricadi [VV]
153 Bc
Santa Maria di Rispéscia
[GR] 91 Ec
Santa Maria d'Irsi [MT]
131 Fb
Santa Maria di Sala [VE]
45 Cab
Santa Maria di Scórpano [CS]
143 Bcd
Santa Maria di Sette [PG]
85 Bc
Santa Maria di Sturla [GE]
63 Fb
Santa Maria di Veggiano
[PD] 43 Gb
Santa Maria Fabbrecce [PU]
79 Db
Santa Maria Hoè [LC] 25 Ec
Santa Maria Imbaro [CH]
105 Ec
Santa Maria im Münstertal
[Svizz.] 1 Cd
Santa Maria in Duno [BO]
55 Fd
Santa Maria in Fabriago
[RA] 69 Cb
Santa Maria Infante [LT]
119 Bb
Santa Maria in Neve [TR]
101 Eb
Santa Maria in Potenza [MC]
87 Fb
Santa Maria in Punta [RO]
57 Db
Santa Maria in Stelle [VR]
43 Cab
Santa Maria in Valle [AR]
83 DEb

Santa Maria in Valle [PG]
95 Db
Santa Maria in Vescovio [RI]
101 Ec.
Santa Maria la Bruna [NA]
127 Eb
Santa Maria la Carità [NA]
127 Fb
Santa Maria la Castagna [CS]
145 Dd
Santa Maria la Fossa [CE]
119 Dc
Santa Maria la Longa [UD]
33 Cb
Santa Maria la Palma [SS]
183 Bbc
Santa Maria la Scala [CT]
173 DEb
Santa Maria la Scala [NA]
127 Eb
Santa Maria la Strada [CT]
173 Ea
Santa Maria le Grotte [CS]
145 Dd
Santa Maria Macerata [FI]
83 Ba
Santa Maria Maddalena
[RO] 57 Ab
Santa Maria Maddalena
[SO] 13 Cc
Santa Maria Maddalena
[SO] 13 Cb
Santa Maria Maddalena [SS]
181 Fc
Santa Maria Maddalena [TR]
101 Eb
Santa Maria Maggiore
[VB] 9 Ed
Santa Maria Navarrese [OG]
189 Fd
Santa Maria Nuova [AN]
87 Cb
Santa Maria Nuova [FC]
69 DEc
Santa Maria Nuova [ROMA]
107 Eb
Santa Maria Oliveto [IS]
111 Dd
Santa Maria Pietrafitta [RN]
79 Cb
Santa Maria Riopetra [FC]
77 Fb
Santa Maria Rocca [CN]
61 ABb
Santa Maria Rossa [PG]
95 Ba
Santa Maria Val di Loto
[PU] 79 Ac
Santa Maria Versano [CE]
119 Eb
Santa Maria Villiana [BO]
67 Cc
Santa Marina [FC] 77 Da
Santa Marina [ME] 163 Cab
Santa Marina [PU] 79 Db
Santa Marina [SA] 141 Eb
Santa Marina Salina [ME]
165 Da
Santa Marinella [ROMA]
107 Ba
Santa Marizza [UD] 33 Ab
Santa Marta [GE] 63 Cab
Santa Massenza [TN] 15 Ad
Santa Massenza, Lago
di– 29 Aa
Sant'Amato [CH] 105 Ec
Sant'Ambrógio [MO] 55 Cd
Sant'Ambrógio [PA] 161 Bbc
Sant'Ambrógio [PD] 31 Bd
Sant'Ambrógio [VA] 25 Ab
Sant'Ambrógio di Torino
[TO] 35 Fd
Sant'Ambrógio di Valpolicella
[VR] 43 Bab
Sant'Ambrógio sul Garigliano
[FR] 119 Ca
Santa Miale, Monte– 189 Cd
Sant'Amico [AN] 87 Ca
Sant'Amico [CH] 105 Ec
San Támmaro [CE] 119 Ec
Santamonica 149 Cb
Santa Monica [RN] 79 Cb
Santa Monica, Autodromo–
79 Cb
Sant'Anastásia [NA] 127 Ea
Sant'Anastásio [LU] 65 Ec
Sant'Anastásio [MC] 87 Cb

Sant'Anastásio [PI] 81 Fb
Sant'Anastásio [TV] 31 EFc
Sant'Anatólia [PG] 95 Cc
Sant'Anatólia [RI] 103 Cd
Sant'Anatólia di Narco [PG]
95 Dc
Santandrà [TV] 31 Cc
Sant'Andrat [UD] 33 Db
Sant'Andrát [UD] 33 Bb
Sant'Andria Priu, Necrópoli–
183 Fd
Sant'Andrea [AL] 49 FGc
Sant'Andrea [AQ] 103 Cc
Sant'Andrea [AR] 77 Fc
Sant'Andrea [BG] 27 Bb
Sant'Andrea [BO] 67 Fb
Sant'Andrea [BS] 41 Ba
Sant'Andrea [BS] 27 Cd
Sant'Andrea [BT] 125 Aa
Sant'Andrea [CA] 197 Cd
Sant'Andrea [CT] 161 Fc
Sant'Andrea [FC] 69 Dc
Sant'Andrea [FI] 75 Dd
Sant'Andrea [FR] 111 Bd
Sant'Andrea [GO] 33 Eb
Sant'Andrea [LE] 139 Fa
Sant'Andrea [MC] 87 Cd
Sant'Andrea [ME] 163 Da
Sant'Andrea [MT] 143 Fa
Sant'Andrea [PD] 45 Bb
Sant'Andrea [PN] 31 Eb
Sant'Andrea [PR] 53 CDb
Sant'Andrea [PR] 53 Eb
Sant'Andrea [PU] 79 Dbc
Sant'Andrea [PZ] 131 Aa
Sant'Andrea [RA] 69 Cb
Sant'Andrea [RA] 69 Ec
Sant'Andrea [RI] 101 Eb
Sant'Andrea [SI] 83 Ab
Sant'Andrea [SI] 81 Gb
Sant'Andrea [TE] 97 Ec
Sant'Andrea [TV] 31 Ad
Sant'Andrea [VE] 45 Eb
Sant'Andrea [VR] 43 Ec
Sant'Andrea [VR] 29 Bd
Sant'Andrea, Faro– 139 Cb
Sant'Andrea, Isola– [BR]
135 Db
Sant'Andrea, Isola– [LE]
139 Cb
Sant'Andrea, Isola di– 33 Cc
Sant'Andrea, Monte– [MO]
67 Bb
Sant'Andrea, Monte– [RC]
153 Dd
Sant'Andrea, Monte– [SA]
129 Dd
Sant'Andrea, Porto di– 33 Cc
Sant'Andrea a Gavignalla
[FI] 81 Fa
Sant'Andrea a Morgiano
[FI] 75 Fc
Sant'Andrea Apostolo [AV]
129 Bab
Sant'Andrea Apostolo dello
Iónio [CZ] 153 Fc
Sant'Andrea Apostolo dello
Iónio Marina [CZ] 153 Fc
Sant'Andrea Bagni [PR] 53 Dc
Sant'Andrea Bonagía [TP]
157 Cb
Sant'Andrea d'Agliano [PG]
95 Ba
Sant'Andrea de' Lagni [CE]
119 Ec
Sant'Andrea del Garigliano
[FR] 119 BCa
Sant'Andrea delle Fratte
[PG] 95 Ba
Sant'Andrea del Pizzone [CE]
119 Dc
Sant'Andrea di Barbarana
[TV] 31 Dc
Sant'Andrea di Cómpito
[LU] 75 Bc
Sant'Andrea di Conza [AV]
129 Fab
Sant'Andrea di Foggia [GE]
63 Eb
Sant'Andrea di Lutano [FI]
75 Fd
Sant'Andrea di Sorbello
[AR] 85 Bc
Sant'Andrea di Suasa [PU]
87 Aa
Sant'Andrea Fríus [CA]
193 BCd
Sant'Andrea in Bagnolo
[FC] 69 Ec

Sant'Andrea in Monte /
Sankt Andrä [BZ] 3 DEc
Sant'Andrea in Percussina
[FI] 75 EFcd
Sant'Andrea in Pescaiola
[PI] 73 Fc
Sant'Andrea Pélago [MO]
67 Ac
Sant'Ángelo [AN] 79 Fcd
Sant'Ángelo [CH] 105 DEd
Sant'Ángelo [CS] 145 Cc
Sant'Ángelo [FC] 77 Ga
Sant'Ángelo [GR] 93 Cc
Sant'Ángelo [MC] 87 Cc
Sant'Ángelo [MC] 87 Ac
Sant'Ángelo [MC] 85 Ec
Sant'Ángelo [NA] 127 Bb
Sant'Ángelo [PG] 95 Fc
Sant'Ángelo [PU] 79 DEc
Sant'Ángelo [RI] 95 Fd
Sant'Ángelo [RI] 97 Ad
Sant'Ángelo [SA] 129 Bb
Sant'Ángelo [VT] 101 BCa
Sant'Ángelo [VV] 153 CDc
Sant'Ángelo, Cozzo–
145 EFc
Sant'Ángelo, Grotta– 97 Cc
Sant' Ángelo, Grotta di–
145 Eb
Sant'Ángelo, Lago di– 105 Dd
Sant' Ángelo, Monte– 155 Bc
Sant'Ángelo, Monte– [CE]
119 Eb
Sant'Ángelo, Monte– [CS]
149 CDc
Sant'Ángelo, Monte– [LT]
119 Ab
Sant'Ángelo, Monte– [ME]
165 Db
Sant'Ángelo, Monte– [PA]
159 Dd
Sant'Ángelo, Monte– [RI]
103 Bc
Sant'Ángelo, Pizzo– [PA]
161 Bc
Sant'Ángelo, Pizzo– [PA]
159 Fcd
Sant'Ángelo a Cancelli [AV]
121 Cc
Sant'Ángelo a Cúpolo [BN]
121 Bc
Sant'Ángelo a Fasanella [SA]
129 Ed
Sant'Ángelo all'Esca [AV]
121 Ccd
Sant'Ángelo a Marano [TE]
97 Cc
Sant'Ángelo a Scala [AV]
121 Bd
Sant'Ángelo a tre Pizzi,
Monte– 127 Cc
Sant'Ángelo d'Alife [CE]
119 Ea
Sant'Ángelo dei Lombardi
[AV] 121 DEd
Sant'Ángelo del Pesco [IS]
111 Eb
Sant'Ángelo di Brolo [ME]
163 Ab
Sant'Ángelo di Celle [PG]
95 Bab
Sant'Ángelo di Chieti [PG]
85 Cc
Sant'Ángelo di Piove di Sacco
[PD] 45 Cbc
Sant'Ángelo in Colle [SI]
93 Aab
Sant'Ángelo in Formis [CE]
119 Ec
Sant'Ángelo in Grotte [IS]
111 Fd
Sant'Ángelo in Lizzola [PU]
79 Cc
Sant'Ángelo in Mercole
[PG] 95 Dc
Sant'Ángelo in Pontano
[MC] 97 Ba
Sant'Ángelo in Theodice [FR]
119 Ba
Sant'Ángelo in Vado [PU]
79 Acd
Sant'Ángelo in Villa [FR]
109 Ecd

Sant'Ángelo le Fratte [PZ]
131 Ac
Sant'Ángelo Limosano [CB]
113 Bc
Sant'Ángelo Lodigiano [LO]
39 Ec
Sant'Ángelo Lomellina [PV]
37 Fc
Sant'Ángelo Muxaro [AG]
169 Dc
Sant'Ángelo Muxaro, Riserva
Naturale– 169 Dc
Sant'Ángelo Romano [ROMA]
109 Aa
Sant'Ángelo Vecchio 119 Ea
Santa Nicolella [ME] 163 Bcd
Santa Ninfa [TP] 157 Cd
Sant'Anna [AG] 169 Dc
Sant'Anna [AT] 49 DEc
Sant'Anna [BN] 119 Fc
Sant'Anna [BO] 55 Gd
Sant'Anna [BS] 41 Ca
Sant'Anna [BZ] 5 Bbc
Sant'Anna [CN] 59 Fb
Sant'Anna [CN] 59 Ca
Sant'Anna [CN] 59 Ga
Sant'Anna [CN] 59 Gc
Sant'Anna [CN] 59 Fb
Sant'Anna [CN] 61 Cd
Sant'Anna [CN] 61 Bc
Sant'Anna [EN] 171 Cb
Sant'Anna [EN] 171 Db
Sant'Anna [KR] 151 Ec
Sant'Anna [MN] 41 Fc
Sant'Anna [OR] 191 DEb
Sant'Anna [RC] 155 Cb
Sant'Anna [RC] 155 Dc
Sant'Anna [RE] 53 Cc
Sant'Anna [SP] 73 Ba
Sant'Anna [TO] 49 Ac
Sant'Anna [TO] 35 Gc
Sant'Anna [VA] 23 Fc
Sant'Anna [VB] 9 Gd
Sant'Anna [VE] 45 Dd
Sant'Anna [VI] 29 Fc
Sant'Anna, Aeroporto
Nazionale di– 151 Ed
Sant'Anna, Orrido di– 9 Gd
Sant'Anna Arresi [CI]
195 Dcd
Sant'Anna d'Alfaedo [VR]
29 Ad
Sant'Anna di Boccafossa
[VE] 31 Fd
Sant'Anna di Piossasco
[CN] 59 Eb
Sant'Anna di Valdieri [CN]
59 Ec
Sant'Anna Morosina [PD]
31 Ad
Sant'Anna Pélago [MO] 65 Gc
Santanni [TO] 37 Ac
Sant'Ansano [FI] 75 Gb
Sant'Ansano [FI] 75 Dc
Sant'Ansovino [RN] 79 Bb
Sant'Ántimo [NA] 119 Ed
Sant'Ántimo [OR] 187 Fbc
Sant'Antíne, Monte– 191 Fb
Sant'Antíne, Nuraghe– 183 Ed
Sant'Antíoco [CI] 195 Cc
Sant'Antíoco, Isola di–
195 Cc
Sant'Antonino [AL] 37 Cd
Sant'Antonino [CN] 49 Bd
Sant'Antonino [PV] 51 Db
Sant'Antonino [RE] 67 Ba
Sant'Antonino [TV] 31 Cb
Sant'Antonino [VC] 37 Cc
Sant'Antonino di Susa [TO]
35 Ed
Sant'Antonino Ticino [VA]
23 Gd
Sant'Antonio [AR] 83 Ec
Sant'Antonio [AT] 49 Db
Sant'Antonio [AT] 49 Ec
Sant'Antonio [AT] 49 Dc
Sant'Antonio [BG] 27 Ac
Sant'Antonio [BO] 69 Ba
Sant'Antonio [CH] 105 Gd
Sant'Antonio [CN] 49 Cc
Sant'Antonio [CN] 47 FGc
Sant'Antonio [FR] 109 Ed
Sant'Antonio [GR] 91 Fc
Sant'Antonio [IM] 71 Cc
Sant'Antonio [LE] 139 Cd
Sant'Antonio [MC] 87 Db

Sant'Antonio [MN] 43 Ac
Sant'Antonio [MO] 67 Cb
Sant'Antonio [MT] 143 Ea
Sant'Antonio [NO] 23 Ed
Sant'Antonio [OT] 179 Cc
Sant'Antonio [PN] 31 FGb
Sant'Antonio [PR] 53 Cc
Sant'Antonio [RO] 55 Ga
Sant'Antonio [SA] 141 Aa
Sant'Antonio [SO] 1 Ad
Sant'Antonio [SO] 13 Db
Sant'Antonio [TO] 47 Fc
Sant'Antonio [UD] 33 Dc
Sant'Antonio [VA] 23 Gb
Sant'Antonio [VC] 23 Bb
Sant'Antonio [VE] 45 Dc
Sant'Antonio [VI] 29 Cc
Sant'Antonio [VI] 43 Eb
Sant'Antonio [VR] 43 Ec
Sant'Antonio [VR] 43 Dcd
Sant'Antonio [VT] 93 Dd
Sant'Antonio, Baite– [SO]
  13 Bc
Sant'Antonio, Fiume– 151 Dc
Sant'Antonio, Lago di–
  117 Ba
Sant'Antonio, Monte– [NU]
  187 DEb
Sant'Antonio, Monte– [PR]
  53 CDd
Sant'Antonio / Sankt Anton
  [BZ] 15 Cb
Sant'Antonio Abate [NA]
  127 Fb
Sant'Antonio al Bosco [SI]
  83 ABb
Sant'Antonio a Picenzia [SA]
  129 Cc
Sant'Antonio a Trebbia [PC]
  53 Aa
Sant'Antonio Baligio [CN]
  61 ABa
Sant'Antonio d'Adda [BG]
  25 Ec
Sant'Antonio d'Anniata [CR]
  41 Dcd
Sant'Antonio dei Casalini
  [PZ] 131 Ab
Sant'Antonio di Gallura [OT]
  179 Cd
Sant'Antonio di Mavignola
  [TN] 13 Fc
Sant'António di Santadi [VS]
  191 Cb
Sant'Antonio in Mercadello
  [MO] 55 Cbc
Sant'Antonio Morignone [SO]
  13 CDb
Sant'Antonio Tortal [BL]
  31 BCa
Sant'Antuono [NA] 127 Bb
Santa Palomba [ROMA]
  107 Fc
Santa Panáglia [SR] 177 Fb
Santa Paola [FC] 77 Fa
Santa Paolina [AN] 87 Db
Santa Paolina [AV] 121 BCc
Santa Petronilla [SI] 83 Bc
Sant'Apollinare [BO] 67 Fc
Sant'Apollinare [BO] 67 Db
Sant'Apollinare [CH] 105 Ec
Sant'Apollinare [FR] 119 Ba
Sant'Apollinare [RO] 57 Ba
Sant'Apollinare [TV] 31 Ac
Sant'Apollinare in Girfalco
  [PU] 79 Bc
Sant'Apollonia [BS] 13 Dc
Sant'Appiano [FI] 83 Aab
Santa Prócula Maggiore
  [ROMA] 107 Fd
Santa Ranía [KR] 151 Cbc
Sant'Arcángelo [PG] 93 Ea
Sant'Arcángelo [PZ] 143 Da
Sant'Arcángelo [SA] 129 Bb
Sant'Arcángelo, Monte–
  143 Ea
Santarcángelo di Romagna
  [RN] 79 Aa
Sant'Arcángelo Trimonte [BN]
  121 Cbc
Santa Reparata [OT] 179 BCb
Santa Restituta [TR] 95 Bd
Santa Rita [CL] 171 Cc
Santa Rosa [TV] 31 Cb
Santa Rosalia [CN] 49 ABcd
Santa Rosalia [RG] 177 Cc
Santa Rosalia, Lago– 177 Cc

Santa Rosalia, Monte–
  163 Ab
Sant'Arpino [CE] 119 Ed
Sant'Arsénio [SA] 129 Fd
Santa Rufina [RI] 103 Ab
Santa Sabina, Nuraghe–
  187 Fb
Santa Severa [ROMA] 107 Ba
Santa Severina [KR] 151 Dc
Santa Sofia [AR] 77 EFc
Santa Sofia [CA] 193 Bc
Santa Sofía [FC] 77 Db
Santa Sofía d'Epiro [CS]
  145 Ec
Santa Tecla [CT] 173 DEb
Santa Tecla [SA] 129 Cb
Santa Teresa [PE] 105 Cb
Santa Teresa di Riva [ME]
  163 Dc
Santa Teresa Gallura [OT]
  179 Cb
Santa Teresa in Valle [VR]
  43 Dd
Santa Trinità [PG] 95 Fc
Sant'Atto [TE] 97 Dc
Santa Valburga /
  Sankt Walburg [BZ] 1 Fd
Sant'Avendrace [CA] 197 Bb
Santa Vénera [CT] 163 BCd
Santa Vénera [TP] 157 Cb
Santa Vénera, Fiumara
  di– 163 Cb
Santa Venerand [AN] 87 Ca
Santa Veneranda [PU]
  79 Db
Santa Vénere, Bosco di–
  143 Dc
Santa Vénere, Monte– 177 Db
Santa Venerina [CT] 173 Dab
Santa Vittória [AQ] 103 Ca
Santa Vittória [CA] 193 Bb
Santa Vittória [RE] 55 Abc
Santa Vittória [SS] 181 DEd
Santa Vittória, Lago di–
  191 Eb
Santa Vittória, Monte– [CA]
  193 Cb
Santa Vittória, Monte– [OR]
  189 Bc
Santa Vittória d'Alba [CN]
  49 Cc
Santa Vittória di Libiola
  [GE] 63 Fc
Santa Vittória in Matenano
  [FM] 97 Bab
Sant'Efísio 185 Cd
Sant'Egídio [CH] 105 Fc
Sant'Egídio [FE] 57 Ac
Sant'Egídio [MC] 87 Dbc
Sant'Egídio [PG] 95 Ba
Sant'Egídio [PG] 93 Eab
Sant'Egídio [TR] 93 Fcd
Sant'Egídio, Alveo del Lago–
  115 Cc
Sant'Egídio, Torrente– 97 Da
Sant'Egídio alla Vibrata
  [TE] 97 Dc
Sant'Egídio del Monte Albino
  [SA] 129 Ab
Sant'Egídio-Villa Chiaviche
  [FC] 69 Ed
Santel [TN] 15 Bcd
Sant'Élena [AQ] 111 Eb
Sant'Élena [MC] 87 Bc
Sant'Élena [PD] 45 Ac
Sant'Élena [TV] 31 Cd
Sant'Élena [VE] 31 Fd
Sant'Élena, Punta– 197 Db
Sant'Élena Sannita [IS]
  111 Fb
Sant'Eléuterio, Serra– 139 Db
Sant'Elia [AN] 87 Bb
Sant'Elia [BR] 135 Dc
Sant'Elia [CA] 197 Bb
Sant'Elia [CZ] 151 Bd
Sant'Elia [PA] 159 Db
Sant'Elia [RC] 155 Bd
Sant'Elia [RI] 101 Fb
Sant'Elia, Borgata– [MT]
  131 Fc
Sant'Elia, Casotti– [CT]
  163 Ac
Sant'Elia, Grotta di– 129 Ec
Sant'Elia, Monte– [ME]
  163 Cc
Sant'Elia, Monte– [RC]
  153 Dd

Sant'Elia, Monte– [RC]
  153 Ad
Sant'Elia, Monte– [ROMA]
  109 Ca
Sant'Elia a Pianisi [CB]
  113 Dd
Sant'Elia Fiumerápido [FR]
  111 Cd
Sant'Eliano [SA] 141 Ea
Sant'Elías, Bruncu– 189 Bd
Sant'Eliseo [UD] 19 Bcd
Sant'Ellero [FI] 77 Ac
Sant'Elpídio [RI] 103 Bc
Sant'Elpídio a Mare [FM]
  87 Fc
Sant'Elpídio Mórico [FM]
  97 Ca
Sante Marie [AQ] 103 Cd
Sant'Emiliano, Torre–
  139 Fb
Sántena [TO] 49 Bb
Sántena, Parco Castello
  di– 49 Bb
Sant'Enea [PG] 95 Bab
Sant'Énoc, Monte– 131 Cd
San Teodoro [CT] 163 Bc
San Teodoro [ME] 161 Fcd
San Teodoro [OT] 185 EFb
San Teodoro, Grotta di–
  161 Eb
San Teodoro, Terme di–
  121 Dd
San Teodoro, Torre– [TP]
  157 Bc
San Teodoro Nuovo [MT]
  133 Cd
San Teodoro Vecchio [MT]
  133 Cd
Sant'Eráclio [PG] 95 Db
Santéramo in Colle [BA]
  133 Cb
Sant'Erasmo [MC] 87 Bd
Sant'Erasmo [PA] 159 Cb
Sant'Erasmo [SA] 129 Abc
Sant'Erasmo [VE] 45 Eb
Sant'Erasmo, Litorale– 45 Eb
San Terenziano [PG] 95 Bb
San Terenzo [MS] 65 Dcd
Sant'Ermete [RN] 79 Aab
Sant'Ermete [SV] 61 Fc
Sant'Ermo [PI] 81 Da
Santerno [RA] 69 Db
Santerno, Fiume– 69 Ca
Sant'Eufémia [FC] 77 Cb
Sant'Eufémia [LE] 139 Fc
Sant'Eufémia [PD] 45 BCa
Sant'Eufémia [RA] 69 ABcd
Sant'Eufémia, Faro di–
  115 Fb
Sant'Eufémia a Maiella [PE]
  105 Cd
Sant'Eufémia d'Aspromonte
  [RC] 155 Cb
Sant'Eufémia della Fonte [BS]
  41 Dab
Sant'Eulalia [TV] 29 Fc
Sant'Eurosia [BI] 23 Cd
Sant'Eusanio [IS] 111 Dd
Sant'Eusánio del Sangro [CH]
  105 Dcd
Sant'Eusánio Forconese [AQ]
  103 Ec
Sant'Eusebio [BS] 27 Dd
Sant'Eusebio [GE] 63 Cb
Sant'Eusebio [MO] 67 Ca
Sant'Eusebio [PU] 79 Acd
Sant'Eusebio [PV] 51 DEb
Sant'Eustáchio, Grotta
  di– 87 Bc
Sant'Eutizio [VT] 101 Cb
Santhià [VC] 37 CDb
Santi [AQ] 103 Cb
Santicolo [BS] 13 Cd
Santi Cosma e Damiano [LT]
  119 Bb
Santi Filippo e Giacomo [TP]
  157 Ccd
Sant'Ignázio [MC] 87 Ec
Sant'Ignázio [OR] 187 Eb
Sant'Ilário [FI] 75 Ec
Sant'Ilario [FI] 77 Ba
Sant'Ilario [LI] 89 Dc
Sant'Ilario [MC] 95 Fa
Sant'Ilario [MI] 25 Bd
Sant'Ilário [PZ] 131 ABb
Sant'Ilario, Convento– 153 Ed

Sant'Ilario dello Iónio [RC]
  155 Eb
Sant'Ilario d'Enza [RE] 53 Fc
Sant'Ilario di Baganza [PR]
  53 Ed
Sant'Ilario Lígure [GE] 63 Db
Santi Lorenzo e Flaviano [RI]
  97 Acd
Sant'Imento [PC] 39 Fd
Santino [VB] 23 Fb
Santins, Zuc di– 17 FGc
Sant'Iorio [CE] 119 Ec
Sant'Ippólito [CS] 149 Db
Sant'Ippólito [PI] 81 EFc
Sant'Ippolito [PO] 75 Ea
Sant'Ippólito [PU] 79 Dc
Sant'Ippolito [RI] 103 Bc
Sant'Irene [CS] 147 Bc
Sant'Isidoro [CA] 197 Cb
Sant'Isidoro [LE] 139 Ca
Santíssima Annunziata [LU]
  75 Bbc
Santíssima Annunziata [ME]
  155 Ab
Santíssima Trinità, Monte–
  133 Dc
Santo [ME] 155 Abc
Santo, Coàl– 27 Fc
Santo, Col– 29 Bc
Santo, Fiume– 181 Bd
Santo, Fossa del– 117 Fa
Santo, Lago– [MO] 75 Ba
Santo, Lago– [PR] 65 Cb
Santo, Lago– [TN] 15 Cc
Santo, Lago– [TN] 15 Bd
Santo, Monte– [BL] 31 Ab
Santo, Monte– [PC] 53 Ab
Santo, Monte– [PG] 95 DEc
Santo, Monte– [SS] 183 Ec
Santo, Rio– 179 Dd
Santo Barbato [AV] 121 Cd
San Todaro [RC] 155 Eb
Sant'Odorico [UD] 33 Aa
Santo Ianni [CE] 119 Db
Santo Ianni [PZ] 143 Cc
Santo Ianni, Isola– 141 Fc
Santo Iona [AQ] 103 DEd
Sant'Olcese [GE] 63 Cb
Sant'Oliva [FR] 119 Aa
San Tomà [VI] 43 Ebc
San Tomaso [BS] 41 Eb
San Tomaso [FC] 77 Fa
San Tomaso [LO] 39 Fc
San Tomaso [UD] 19 Bcd
San Tomaso Agordino [BL]
  17 Ab
Santomato [PT] 75 Db
Santomenna [SA] 129 Eb
Sant'Omero [TE] 97 Dc
San Tómio [VI] 29 Dd
San Tómio [VR] 43 Dc
San Tommaso [CZ] 149 Ec
San Tommaso [RE] 55 Bc
San Tommé [AR] 83 Dab
Sant'Omobono Terme [BG]
  25 Fc
Santo Monte 167 Db
Santomoro [PT] 75 Db
Santona, La– [MO] 67 ABc
Santónio [RE] 65 Fb
Sant'Onófrio [CH] 105 Ecd
Sant'Onofrio [CH] 105 Gd
Sant'Onófrio [IS] 111 EFd
Sant'Onófrio [PZ] 159 Dbc
Sant'Onófrio [ROMA] 107 Eb
Sant'Onófrio [TE] 97 Dc
Sant'Onófrio [VV] 153 Cb
Sant'Onófrio, Monte– [IS]
  111 Fb
Sant'Onófrio, Monte– [PA]
  159 Dc
Santopadre [FR] 111 Ad
Santo Padre, Monte– 187 EFb
Santo Padre delle Perriere
  [TP] 167 Ca
Santo Pietro [CT] 177 Bb
Sant'Oreste [ROMA] 101 Ec
Sant'Oronzo, Monte– 143 Eab
Sant'Oronzo, Monti di–
  125 Fc
Santorso [VI] 29 Cc
Sant'Órsola Terme [TN] 15 Cd
Santo Simone, Rio– 179 Dd
Santo Spirito [BA] 125 Cab
Santo Stéfano [AN] 87 Dab
Santo Stéfano [AN] 85 Fb

Santo Stéfano [AQ] 103 Cd
Santo Stéfano [AR] 85 Aa
Santo Stéfano [AT] 49 EFb
Santo Stéfano [BA] 125 Fc
Santo Stéfano [BG] 27 Acd
Santo Stéfano [BN] 121 Ab
Santo Stéfano [CA] 197 DEc
Santo Stéfano [CB] 113 Bd
Santo Stéfano [CN] 59 Fb
Santo Stéfano [CN] 61 BCa
Santo Stéfano [CS] 149 Dab
Santo Stéfano [FG] 123 Db
Santo Stéfano [FI] 81 Fa
Santo Stéfano [LU] 73 Fb
Santo Stéfano [MC] 87 BCc
Santo Stéfano [PU] 79 Cb
Santo Stéfano [RA] 69 DEc
Santo Stéfano [RE] 65 Fb
Santo Stéfano [RI] 103 Cc
Santo Stéfano [RI] 103 BCc
Santo Stéfano [RO] 43 Dd
Santo Stéfano [SI] 83 Bd
Santo Stéfano [SI] 93 Db
Santo Stéfano [TE] 97 Cd
Santo Stéfano [TN] 13 Fcd
Santo Stéfano [TN] 31 Bb
Santo Stéfano [UD] 19 Bc
Santo Stéfano [VR] 43 Db
Santo Stéfano [VR] 43 Dc
Santo Stéfano, Fiume di–
  161 Dc
Santo Stéfano, Isola– [LT]
  117 ins.b
Santo Stéfano, Isola– [OT]
  179 Db
Santo Stéfano, Monte–
  117 Db
Santo Stéfano, Palazzo–
  143 Cd
Santo Stéfano, Punta– 13 Ad
Santo Stéfano, Torre– 139 Fa
Santo Stéfano / Stefandorf
  [BZ] 3 Fc
Santo Stéfano al Mare [IM]
  71 Eb
Santo Stéfano a Tizzano
  [FI] 75 Fc
Santo Stéfano Belbo [CN]
  49 Ec
Santo Stéfano d'Aveto [GE]
  63 Fa
Santo Stéfano del Sole [AV]
  129 Ca
Santo Stéfano di Briga [ME]
  163 Db
Santo Stéfano di Cadore
  [BL] 17 Ea
Santo Stéfano di Camastra
  [ME] 161 CDbc
Santo Stéfano di Magra [SP]
  65 Ccd
Santo Stéfano di Rogliano
  [CS] 149 Db
Santo Stéfano di Sessanio
  [AQ] 103 Ebc
Santo Stéfano in Aspromonte
  [RC] 155 Bbc
Santo Stéfano Lodigiano
  [LO] 41 Ad
Santo Stéfano Medio [ME]
  163 Db
Santo Stéfano Quisquina [AG]
  169 Cb
Santo Stéfano Roéro [CN]
  49 Cc
Santo Stéfano Ticino [MI]
  39 Bb
Santo Stéfano Udinese [UD]
  33 Cb
Santo Stefano Vecchio [ME]
  161 Dc
Santo Stino di Livenza [VE]
  31 EFc
Sant'Osvaldo [UD] 33 Ca
Santo Tódaro [VV] 153 Ed
San Trovaso [TV] 31 Cd
Santuário [SV] 61 Fb
Santuario Ronchi [CN]
  61 Bab
Sant'Ubaldo [AN] 87 Ca
Sant'Uberto, Castello– 5 Ad
Sant'Ulderico [VI] 29 Cc
Santu Lussúrgiu [OR] 187 Dc
Santu Pedru, Necropoli
  di– 183 Cc
Sant'Urbano [PD] 43 Fd
Sant'Urbano [TR] 101 Eb

Sant'Urbano [VI] 43 Ea
Santuzza [AG] 171 Bcd
San Valentino [GR] 93 Cc
San Valentino [PG] 95 Bb
San Valentino [RE] 67 Bab
San Valentino [TR] 101 EFa
San Valentino alla Muta /
  Sankt Valentin auf der Haide
  [BZ] 1 Dc
San Valentino di Fiumicello
  [UD] 33 Dc
San Valentino in Abruzzo
  Citeriore [PE] 105 Bc
San Valentino in Campo /
  Gummer [BZ] 15 Db
San Valentino Tório [SA]
  129 Ab
San Valeriano [TO] 35 Ed
San Varano [FC] 69 CDc
San Varese [PV] 39 Cc
Sanvarezzo [SV] 61 Eb
San Venanzio [BO] 55 Fc
San Venanzio [FE] 57 Bb
San Venanzio [MO] 67 BCb
San Venanzio [AP] 97 Cb
San Venanzo [MC] 87 Ac
San Venanzo [TR] 93 Fb
San Vendemiano [TV] 31 Cb
San Vero Congius [OR]
  187 Ed
San Vérolo [VR] 27 Fc
San Vero Mílis [OR] 187 Dc
San Vettore [VI] 43 Eb
San Vicino [RN] 77 Gb
San Vicino, Monte– 87 Bc
San Vidotto [UD] 33 Ab
San Vigílio [BS] 27 BCd
San Vigílio [BS] 27 Ad
San Vigílio [MN] 41 Fbc
San Vigílio [TN] 13 Fd
San Vigílio [VR] 27 Fc
San Vigílio, Monte– /
  Vigiljoch 3 Ad
San Vigílio, Rio– / Vigilbach
  17 Ba
San Vigílio / Sankt Vigil
  [BZ] 3 Fc
San Vincenti [SI] 83 Db
San Vincenzo [BO] 55 Fc
San Vincenzo [CH] 105 Dc
San Vincenzo [LI] 91 Ba
San Vincenzo [ME] 165 ins.b
San Vincenzo [PE] 105 Bbc
San Vincenzo [PG] 85 Bc
San Vincenzo [PR] 65 Bb
San Vincenzo a Torri [FI]
  75 Ec
San Vincenzo Ferreri [FR]
  111 Ac
San Vincenzo la Costa [CS]
  145 Cd
San Vincenzo Nuovo [AQ]
  109 Fc
San Vincenzo Valle Roveto
  [AQ] 109 Fc
San Vincenzo Valle Roveto
  Superiore [AQ] 109 Fbc
San Vitale [CN] 59 Ga
San Vitale [CR] 41 Ac
San Vitale [PG] 95 Ca
San Vitale [VR] 29 Bd
San Vitale, Monte– 65 Gb
San Vitale, Pineta– 69 Eb
San Vitale di Baganza [PR]
  53 DEcd
San Vitale Grande [BO] 67 Ea
San Vitaliano [NA] 119 Fd
San Vito [AV] 121 Bcd
San Vito [BA] 125 Fbc
San Vito [BN] 121 Bc
San Vito [BN] 121 Ab
San Vito [BS] 41 Eb
San Vito [CA] 193 Ed
San Vito [CN] 49 Cb
San Vito [CT] 163 Ac
San Vito [FI] 75 Ec
San Vito [FI] 83 Aa
San Vito [LT] 117 EFa
San Vito [MI] 39 Cb
San Vito [MN] 41 Ec
San Vito [MO] 67 Ca
San Vito [MS] 73 DEab
San Vito [PG] 95 Cc
San Vito [PZ] 123 Bd
San Vito [RI] 95 Fd
San Vito [SI] 83 Cb
San Vito [TE] 97 Cc

San Vito [TN] 29 Cab
San Vito [TP] 167 ins.a
San Vito [TR] 101 Db
San Vito [TV] 31 Ab
San Vito [TV] 31 Ac
San Vito [VR] 43 Dc
San Vito [VR] 43 Bab
San Vito [VR] 43 Dc
San Vito, Lago di– 17 Cb
San Vito, Monte– [Abr.]
103 Fb
San Vito, Monte– [CL]
169 Eb
San Vito, Serralta– 153 Ceb
San Vito / Sankt Veit [BZ]
5 Ac
San Vito al Tagliamento
[PN] 33 Ab
San Vito al Torre [UD] 33 Db
San Vito Arcofiato, Oasi
di– 95 Fc
San Vito Chietino [CH]
105 Fc
San Vito dei Normanni [BR]
135 Cc
San Vito di Cadore [BL]
17 Cb
San Vito di Fagagna [UD]
19 Bd
San Vito di Leguzzano [VI]
29 Dcd
San Vito di Rimini [RN] 79 Aa
San Vito e Modesto [CR]
41 Bc
San Vito in Monte [TR] 93 Fb
San Vito lo Capo [TP]
157 Dab
San Vito Romano [ROMA]
109 Bb
San Vito sul Cesano [PU]
85 Fa
San Vito sullo Iónio [CZ]
153 Eb
San Vittore [CN] 61 Aa
San Vittore [CN] 49 Dc
San Vittore [FC] 77 Fa
San Vittore [MC] 87 Cb
San Vittore [PR] 53 Cc
San Vittore [PV] 39 Bc
San Vittore [SO] 11 Ec
San Vittore [VR] 43 Db
San Vittore del Lázio [FR]
119 Ca
San Vittore Olona [MI] 25 Bd
San Vittorino [AQ] 103 Cb
San Vittorino [IS] 111 Dcd
San Vittorino [PE] 105 Cd
San Vittorino [ROMA] 109 Ba
San Vittorio, Torre– [CI]
195 Bc
San Vivaldo [FI] 81 Fab
Sanza [SA] 141 Ea
San Zaccaria [PZ] 131 Cb
San Zaccaria [RA] 69 Ec
Sanzan [BL] 31 Ab
Sanzanello [PZ] 123 Cd
San Zeno [AR] 83 Eb
San Zeno [BS] 41 Fb
San Zeno [FC] 77 Dab
Sanzeno [TN] 15 Bb
San Zeno [VI] 29 Fc
San Zeno [VR] 43 Db
San Zeno [VR] 43 Bc
San Zeno [VR] 43 Dc
San Zeno di Montagna [VR]
27 Fd
San Zenon [BL] 17 Bd
San Zeno Naviglio [BS] 41 Db
San Zenone [BS] 27 Bd
San Zenone [VR] 43 Ec
San Zenone al Lambro [MI]
39 DEc
San Zenone al Po [PV] 39 Ed
San Zenone degli Ezzelini
[TV] 31 Ac
Saonara [PD] 45 Bb
Saonda, Torrente– 85 Dc
Saone [TN] 27 Fa
Saoseo, Cima– 13 Bb
Sa Patada, Nuraghe de–
181 Dd
Sapè [CN] 59 Fb
Sapé, Monte– 59 Fc
sa Perda Longa [CA] 195 Fd
sa Perda Pera [OG] 193 Fb
Sapestra, Torrente– 113 Eb
sa Petra Ruia [NU] 185 Fc

Sapigno [RN] 77 EFb
Saponara [ME] 163 Dab
Saponara, Fiume– 163 Da
Sappada [BL] 17 EFa
Sappade [BL] 17 Ab
Sappanico [AN] 87 Da
Sapri [SA] 141 Eb
Sa Pruna, Nuraghe– 187 Ec
Saps [UD] 19 Cb
Saputelli [TE] 103 Fa
Saquana [AL] 61 Fa
Saracchi [AT] 49 Db
Saracena [CS] 145 Db
Saracena, Torrente della–
163 Ac
Saraceni, Grotte dei– →
Gurfa, Grotte della– 169 Ea
Saraceni, Monte dei– 163 Ab
Saraceno, Fiume– 143 Ec
Saraceno, Monte– [CB]
121 Ba
Saraceno, Monte– [FG]
115 Ec
Saraceno, Monte– [PA]
159 Bb
Saracinesco [ROMA] 109 Bab
Saragano [PG] 95 Bb
Saragiolo [SI] 93 Bc
Saragozza [CR] 41 Ac
Saraloi, Monte– 185 Dd
Sarano [TV] 31 Cb
Sárbia [SP] 73 Ba
Sarca, Fiume– 29 Ab
Sarca di Campiglio, Torrente–
13 Fc
Sarca di Val di Genova,
Fiume– 13 Fc
Sarcedo [VI] 29 DEc
Sarche [TN] 29 Aa
s'Archittu [OR] 187 Cc
Sarcidano 193 Cb
Sarconi [PZ] 143 Ba
Sardagna [TN] 29 Ba
Sárdara [VS] 191 Ec
Sardegna 189 Bc
Sardegna, Parco
Geominerario Storico ed
Ambientale della– [Sard.]
191 Dc
Sardegna, Parco
Geominerario Storico ed
Ambientale della– [Sard.]
193 Dc
Sardegnana, Lago di– 25 Ga
Sardigliano [AL] 51 Cc
Sarea [TO] 47 Eb
Sareggio, Pizzo– 13 Bc
Sarego [VI] 43 Eb
Sarentino, Castel– /
Rafenstein 15 Da
Sarentino / Sarnthein [BZ]
3 BCd
Sáres / Saalen [BZ] 3 Fc
Saretto [CN] 59 Eb
Saretto [CN] 59 Cb
Sarezzano [AL] 51 Cb
Sarezzo [BS] 27 Cd
Sarginesco [MN] 41 Fcd
Sariano [PC] 53 Bb
Sariano [RO] 55 Fab
Sarissola [GE] 63 Ca
Sarizzola [AL] 51 Cc
Sármata [PC] 53 ABb
Sármato [PC] 51 Fa
Sarmazza [VR] 43 Db
Sármede [TV] 31 Db
Sarmego [VI] 43 FGb
Sarmento, Fiume– 143 Eb
Sarméola [PD] 45 Ab
Sarmo, Monte– 171 Cab
Sarna [AR] 77 Dc
Sarna [RA] 69 Bc
Sarnano [MC] 97 Aa
Sarnelli [PZ] 131 Bb
Sarnes / Sarns [BZ] 3 Eb
Sárnico [BG] 27 Acd
Sarno [SA] 129 Ab
Sarno, Fiume– 129 Ab
Sarnónico [TN] 15 Bb
Sarns / Sarnes [BZ] 3 Eb
Sarntaler Weißhorn / Bianco,
Corno– 3 Cd
Sarnthein / Sarentino [BZ]
3 BCd
Sa Rocca Tunda [OR] 187 Cc

Saródoli, Monte di– 13 Fc
Sarola [IM] 71 Fb
Sarone [PN] 31 Db
Saronno [VA] 25 Cd
Sárrabus 193 Dd
Sarra Tamburu 179 Bc
Sarre [AO] 21 Dc
Sarripoli [PT] 75 CDb
Sarro [CT] 173 Dd
Sarrottino [CZ] 151 Bd
Sársina [FC] 77 Eb
Sart, Monte– 19 Db
Sartano [CS] 145 DEcd
Sarteano [SI] 93 Db
Sartiana [RN] 77 Fb
Sartirana [LC] 25 Ec
Sartirana Lomellina [PV]
37 Fd
Sartorona [PV] 39 Ed
Sarturano [PC] 51 FGb
Sarúle [NU] 189 Bb
Sarzana [SP] 73 Ca
Sarzano [RO] 57 Ba
sa Segada [SS] 183 Bc
Sas Linnas Siccas [NU]
185 Fd
Sassa [AQ] 103 Cbc
Sassa [PI] 81 DEc
Sassalbo [MS] 65 Ec
Sassalbo, Pizzo– 13 Bc
Sassano [SA] 131 Ad
Sassa Putzu 193 Cb
Sassara, Cima– 15 Ac
Sássari [SS] 183 Db
Sassatella [MO] 67 Ac
Sassatelli [BO] 69 Bab
Sass di Roi 17 Ab
Sassello [SV] 61 Fb
Sassello, Dosso– 27 Dc
Sasseta [PO] 75 Ea
Sasseta [SP] 65 Bc
Sassetta [LI] 81 Eb
Sassi [LU] 73 Fa
Sassi / Saxner 3 Bb
Sassi Bianchi, Monte
dei– 85 Ab
Sassi di Rocca Malatina,
Parco Regionale dei– 67 Cb
Sassinoro [BN] 121 ABa
Sassinoro, Torrente– 121 Aa
Sasso [AL] 51 Cc
Sasso [AN] 87 Bb
Sasso [CE] 119 Eb
Sasso [FC] 77 Cb
Sasso [MC] 95 Fb
Sasso [NA] 121 Ad
Sasso [PG] 95 Da
Sasso [PR] 65 Eab
Sasso [ROMA] 101 Bd
Sasso [VB] 9 Dd
Sasso [VI] 29 Eb
Sasso / Stein [BZ] 3 Db
Sasso Bianco 17 Ab
Sasso Canale, Pizzo– 11 Ec
Sassocorvaro [PU] 79 Bc
Sasso delle Dódici 15 EFb
Sasso di Bordighera [IM]
71 Dc
Sasso di Bosconero 17 Cc
Sasso di Castalda [PZ]
131 ABcd
Sasso di Mezzodì 17 Db
Sasso di San Zanobi [FI]
67 Fc
Sasso di Stria 17 Aab
Sasso d'Italia [MC] 87 Dc
Sasso di Valfredda 17 Ab
Sasso d'Ombrone [GR] 91 Fb
Sassoféltrio [PU] 79 Bb
Sassoferrato [AN] 85 EFb
Sassoforte, Monte– 91 Ea
Sassofortino [GR] 91 Ea
Sasso Fratino, Riserva
Naturale Integrale di– 77 Cb
Sasso Grande 25 Ca
Sassoguidano, Riserva
Naturale di– 67 Cc
Sassoleone [BO] 67 Fc
Sasso Lungo / Langkofel 3 Ed
Sassolungo di Cibiana,
Monte– 17 Cb
Sasso Lungo di Collalto
(Gross Lenkstein) 5 ABb
Sasso Malascarpa, Riserva
Naturale– 25 Db

Sasso Marconi [BO] 67 Eb
Sasso Menicante 101 Cb
Sassomolare [BO] 67 Cc
Sasso Morelli [BO] 69 Bb
Sassone, Cima dei– 9 Cc
Sassonero [BO] 67 Fb
Sasso Nero / Schwarzenstein
3 Fab
Sassóngher 17 Aa
Sasso Pisano [PI] 81 Fcd
Sasso Rosso 29 Ea
Sassorosso [LU] 65 Fc
Sasso Simone e Simoncello,
Parco Regionale del– 77 Fc
Sasso Stéfani [VI] 29 EFb
Sassostorno [MO] 67 Bc
Sasso Tetto, Monte– 97 Aab
Sasso Tondo / Ringel–Stein
3 Eb
Sassovivo, Fontanelle
di– 95 Db
Sassu [OR] 191 Db
Sassu, Bonifica di– 191 Db
Sassu, Monte– 183 Fb
Sassuolo [MO] 67 Ba
Satanasso, Torrente– 143 Ec
sa Tellura [VS] 191 Dc
Satriano [CZ] 153 Ebc
Satriano [PZ] 131 Ac
Satriano di Lucánia [PZ]
131 Ac
Satúrnia [GR] 93 Bcd
Satúrnia, Terme di– 93 Bd
Sáturo [TA] 133 Fd
Sáucolo, Monte– 121 Ac
Sauders / San Maurízio [BZ]
3 CDd
Sáuris [UD] 17 Fb
Sáuris, Lago di– 17 Fb
Sáuris di sopra [UD] 17 EFb
Sáuris di sotto [UD] 17 Fb
Sáuris Field [UD] 17 Fb
Sáuro [ME] 161 Fb
Sáuro, Torrente– 131 Ed
Saurru, Monte– 179 Cb
Sautron, Monte– 59 Cb
Sauze di Cesana [TO] 47 Cb
Sauze d'Oulx [TO] 47 Ca
Sava [TA] 135 Bd
Sava, Fiume– 119 Da
Savagnasco [BI] 23 Cd
Savalóns [UD] 33 Ba
Savara, Torrente– 21 Cc
Savarna [RA] 69 Dab
Savassa [TV] 31 Cab
Savazza [BO] 67 Fc
Savelletri [BR] 133 Ga
Savelli [KR] 151 Cb
Savelli [PG] 95 Fc
Savellon [PD] 45 Acd
Savena, Navile– 55 Gc
Sávena, Torrente– 67 Cb
Savenca, Torrente– 37 Ab
Savi [AT] 49 Cb
Savi, Monte– 59 Db
Saviano [NA] 127 Fa
Savigliano [CN] 49 ABd
Savignano [PU] 79 Abc
Savignano [TN] 29 Bb
Savignano di Rigo [FC] 77 Fb
Savignano Irpino [AV]
121 DEb
Savignano sul Panaro [MO]
67 Db
Savignano sul Rubicone
[FC] 77 Ga
Savigno [BO] 67 Db
Savignone [GE] 63 Ca
Savinaro [VR] 43 Dc
Saviner [BL] 17 Bb
Savini [CH] 105 Db
Sávio [AR] 69 Cc
Sávio, Fiume– 69 Ec
Savio, Foce del– 69 Ec
Saviore dell'Adamello [BS]
13 Dd
Sávoca [ME] 163 Cc
Sávoca, Torrente– 163 Cc
Savogna [UD] 19 Ed
Savogna d'Isonzo [GO] 33 Eb
Savognática [RE] 65 Gb
Savóia di Lucánia [PZ]
131 Ac
Savona [SV] 61 Fc
Savonarolo [RO] 57 Ab
Savone, Fiume– 119 Dc
Savonera [TO] 35 Gd

Savoniero [MO] 67 ABb
Savorgnano [AR] 77 Dc
Savorgnano [PN] 31 FGb
Savorgnano del Torre [UD]
19 Cd
Savoulx [TO] 47 Ba
Savuci [CZ] 151 Bcd
Savuto [CS] 149 CDc
Savuto, Fiume– 149 Cc
Savuto, Lago del– 149 Eb
Savuto, Sorgente del– 151 Bb
Saxner / Sassi 3 Bb
sa Zéppara [VS] 191 Dc
Sazzo [SO] 13 Ad
Sbanduto, Cozzo dello–
159 Bbc
Sbanduto, Pizzo– 159 Cbc
Sbornina, Rio– 61 Bc
Scabbiabella [GE] 63 Da
Scabro, Colle– / Rauhe
Bühel 1 Gd
Scacchieri [CT] 173 Db
Scacciano [RN] 79 Bb
Scafa [ME] 161 Fb
Scafa [PE] 105 Bc
Scafali [PG] 95 Db
Scafati [SA] 127 Fb
Scaffaiolo, Lago– 75 Ca
Scafi, Monte– 155 Cc
Scáglia [ROMA] 99 Fd
Scagnello [CN] 61 Cb
Scagni [PV] 51 Eb
Scai [RI] 97 Ad
Scais, Pizzo di– 13 Ad
Scala [AP] 97 Bc
Scala [ME] 163 CDa
Scala [ME] 163 Bb
Scala [PI] 75 CDc
Scala [SA] 129 Ac
Scala, Monte della– 171 Ed
Scala, Nuraghe– 187 Ec
Scala Coeli [CS] 147 Dd
Scala di Giocca [SS] 183 Db
Scala di San Giorgio di Osini
193 Db
Scala Erre [SS] 181 Bd
Scala Greca [SR] 177 Cb
Scala Manna, Punta– 189 Cd
Scalambra, Monte– 109 Cbc
Scaldaferro [VI] 29 EFcd
Scaldasole [PV] 39 Bd
Scaldasole, Boschetto
di– 51 Ca
Scalea [CS] 145 Bb
Scalelle [AP] 97 Bc
Scalenghe [TO] 47 Fb
Scalera [PZ] 131 Bab
Scaléres / Schalders [BZ]
3 Dc
Scaletta, Monte– 59 Cb
Scaletta Marina [ME] 163 Da
Scaletta Superiore [ME]
163 Db
Scaletta Uzzone [CN] 61 Eb
Scaletta Zanclea [ME] 163 Db
Scalette, Cima delle– 51 Ec
Scali, Poggio– 77 Cb
Scalino, Pizzo– 13 Ac
Scaliti [VV] 153 Cc
Scalittas [CI] 191 Cd
Scalon [BL] 31 Ab
Scaltenigo [VE] 45 Cb
Scalvaia [SI] 91 Ea
Scálzeri [VI] 29 Cb
Scampitella [AV] 121 Ec
Scanaiòl, Cima– 15 Fc
Scanarello [RO] 57 Fab
Scandale [KR] 151 Dc
Scandarella, Lago di– 97 Ad
Scandeluzza [AT] 49 Da
Scandiano [RE] 66 Ea
Scandicci [FI] 75 Fc
Scandola, Roda di– 5 Ac
Scandolara [TV] 31 Bd
Scandolara Ravara [CR] 53 Ea
Scandolara Ripa d'Óglio
[CR] 41 Cc
Scandolaro [PG] 95 Db
Scandole [VR] 29 Bd
Scandósio [TO] 35 Gab
Scandríglia [RI] 101 FGcd
Scanello [BO] 67 EFc
Scannabue [CR] 39 Fb
Scanno [AQ] 111 Cb
Scanno [SA] 129 Dc
Scanno, Lago di– 111 Cb

Scanno del Tesoro, Monte–
141 CDa
Scannole, Serra di– 147 Ccb
Scannuppia, Riserva della–
29 Cb
Scano al Brembo [BG] 25 Cd
Scano di Montiferro [OR]
187 Db
Scansano [GR] 91 Fc
Scanza [PR] 65 CDa
Scanzano [AQ] 103 Cd
Scanzano [PG] 95 Db
Scanzano, Lago dello–
159 Cc
Scanzano Jónico [MT] 137 Ac
Scanzorosciate [BG] 25 Gc
Scaparone [CN] 49 Cc
Scapezzano [AN] 79 Ec
Scapparone, Monte–
155 CDc
Scarabello, Monte– 65 Da
Scarafano [AQ] 103 Fc
Scarampi [PR] 53 Cc
Scarborato, Monte–
147 BCcd
Scarcelli [CS] 145 CDd
Scardevara [VR] 43 Dbc
Scardina, Monte– 157 Db
Scardovari [RO] 57 Fb
Scardovari, Sacca degli–
57 Fb
Scarenna [CO] 25 Db
Scareno [VB] 23 Fab
Scaria [CO] 25 Cb
Scário [SA] 141 Db
Scario di Malfa 165 Ca
Scarlino [GR] 91 CDb
Scarlino, Riserva Biogenetica
di– 91 Cb
Scarmagno [TO] 37 Bb
Scarna [SI] 83 Ab
Scarnafigi [CN] 47 Gc
Scarpa, La– 89 Cd
Scarpaleggia [PZ] 143 Cc
Scarpello [LU] 75 Ba
Scarperia [FI] 75 FGab
Scarpignano, Corno di–
23 Db
Scarpizzolo [BS] 41 Cb
Scárria, Monte– 65 Cha
Scarrone, Monte– 155 Bd
Scarzana [FC] 77 Ca
Scarzara [PR] 53 Ec
Scassella, Monte– 65 Ab
Scatozza [CE] 119 Cc
Scáuri [LT] 119 Bb
Scáuri [TP] 167 ins.a
Scavignano [RA] 69 Bc
Scavioli, Torrente– 161 Fc
Scavolino [RN] 77 Fb
Scazzolino [PV] 51 Eab
Scena / Schenna [BZ] 3 ABc
Scerne [TE] 97 Fd
Scerni [CH] 105 Fd
Scezze / Tschötsch [BZ] 3 Dc
Schabs / Sciaves [BZ] 3 Dc
Schaldern / Le Laste [BZ]
3 Eb
Schalders / Scaléres [BZ]
3 Dc
Schéggia [PG] 85 DEb
Schéggia, Pizzo la– 9 Cc
Schéggia e Pascelupo [PG]
85 DEb
Scheggiánico [FI] 77 Aa
Scheggino [PG] 95 Dc
Schegli [SV] 61 Fb
Schenna / Scena [BZ] 3 ABc
Schenone, Monte– 19 CDb
Schgumshof / Bagni di
Sgúmes [BZ] 1 Dd
Schia [PR] 65 DEb
Schiagni [PG] 85 Ed
Schiahorn 11 Eb
Schianno [VA] 25 Bc
Schiapparo, Foce– 115 Bb
Schiara [SP] 73 Ba
Schiara, Monte– 17 BCc
Schiara Occidentale, Riserva
Naturale– 17 Bc
Schiava [NA] 121 Ad
Schiavello, Serra– 153 Ccd
Schiavi [TV] 31 Cc
Schiavi [VI] 43 Ea
Schiavi di Abruzzo [CH]
113 Ac

Schiavo [RC] 155 DEb
Schiavo, Ponte- [ME] 163 Db
Schiavoi [PN] 31 Db
Schiavon [VI] 29 Cc
Schiavónia [PD] 45 Ac
Schiazza, Canale della–
117 Da
Schiazzano [FC] 77 Eb
Schiena Cavallo 111 Bb
Schieranco [VB] 9 Cd
Schierano [AT] 49 Ca
Schierano, Monte– 117 Fa
Schieti [PU] 79 Bc
Schietti [RE] 55 Bc
Schievenin [BL] 31 Ab
Schifanóia [AG] 85 DEc
Schifanóia [TR] 101 EEa
Schignano [CO] 25 Cb
Schignano [PO] 75 Fb
Schigno [RN] 77 Ec
Schilla, Scolo– 45 Cc
Schilpário [BG] 27 BCab
Schino della Croce 171 Ea
Schinoso, Monte– 171 Dd
Schio [VI] 29 Cc
Schivenóglia [MN] 55 Dab
Schizzola [PV] 51 Eb
Schlanders / Silandro
[BZ] 1 Ed
Schlaneid / Salonetto [BZ]
15 Ca
Schleis / Clúsio [BZ] 1 Dc
Schlern, Naturpark– / Sciliar,
Parco Naturale dello– 15 Eb
Schlern / Sciliar 15 Eb
Schlern / Sciliar, Monte–
15 Eab
Schling / Slingia [BZ] 1 Cc
Schluderbach / Carbonin
[BZ] 5 Bd
Schluderns / Sluderno [BZ]
1 Dcd
Schluder–Spitze / Sluder,
Punta– 1 DEd
Schmieden / Ferrara [BZ]
5 Ac
Schmieden / Ferrara [BZ]
5 BCc
Schnals / Senáles [BZ] 1 Fc
Schönau / Belprato [BZ] 3 Ab
Schönberg (Montebello) 3 Fb
Schönbichl / Bel Colle 3 Gb
Schöneben / Belpiano
[BZ] 1 Cc
Schönrast / Pausabella,
Monte– 15 Db
Schreckbichl / Colterenzio
[BZ] 15 Cb
Schröfwand / Crodarotta 1 Fc
Schrummspitze 15 Ab
Schuls (Scuol) [Svizz.] 1 Bc
Schwarzenbach / Rionero
[BZ] 15 Db
Schwarzenstein / Sasso
Nero 3 Fab
Schwarzerspitz / Nera,
Punta– 3 Gb
Schwarze Wand / Nera,
Croda– 3 Gb
Schwarzhorn / Nero, Corno–
15 Dc
Schwarzkopf / Nera, Cima–
3 Ac
Schwarzseehorn 11 Eb
Schwarzseespitze (Lago Nero,
Cima–) 3 Bb
Schwarzwand–Spitz / Nera,
Croda– 3 ABb
Sciabani [AG] 171 Bd
Sciacca [AG] 167 Fbc
Sciacca [TP] 157 Cd
Scialandro, Scóglio– 157 Db
Sciale Bórgia [FG] 115 Dd
Sciale d'Apolito [FG] 115 Dd
Sciale Fiore [FG] 115 Dd
Sciale Frattarolo [FG] 115 Dd
Scianica [BS] 27 CDa
Sciano [FI] 83 Aa
Sciara [PA] 159 Ec
Sciara, Rocca di– 159 Fd
Sciara del Fuoco 165 ins.b
Sciarborasca [GE] 63 Ab
Sciaves / Schabs [BZ] 3 Dc
Scicli [RG] 177 Cd
Scíconi [VV] 153 Cb
Scido [RC] 155 Cb
Sciedi [PG] 95 Fc

Sciesa, Monte– 11 Fc
Scifa, Monte– 155 Eb
Scifelli [FR] 109 Ec
Scifi [ME] 163 Cc
Scifo [KR] 151 EFc
Scigliano [CS] 149 Dc
Sciglio [ME] 163 Dc
Sciliar, Monte– / Schlern
15 Eab
Sciliar, Parco Naturale dello– /
Schlern, Naturpark– 15 Eb
Sciliar / Schlern 15 Eb
Scilla [RC] 155 Bb
Scillato [PA] 159 Fcd
Scille [AR] 83 Fa
Scillichenti [CT] 173 DEb
Scimmia, Tomba della– 93 Da
Scimone, Pizzo– 161 DEc
Scindarella, Monte della–
103 Eb
Scintilia [AG] 169 DEc
Sciolze [TO] 37 Bd
Scipione [PR] 53 Cc
Scirocco, Cala– 89 ins.a
Scisciano [AN] 87 Bb
Scisciano [NA] 119 Fd
Sciudri, Monte– 95 Cc
Sclafáni Bagni [PA] 159 EFd
Sclape, Cima di– 27 Fc
Sclaunicco [UD] 33 Cb
Sclavons [PN] 31 Fb
Scoffera [GE] 63 Db
Scógli di Ápani 135 Cb
Scogli di Isca, Oasi blu
degli– 149 Cc
Scoglietto 89 Dc
Scoglione, Lo– 89 Aa
Scóglio Rosso / Rote Riffl
3 Eb
Scoglitti [RG] 175 Fc
Scóiano [AR] 85 Aab
Scoine, Monte– 189 Fcd
Scola, La– 89 Cd
Scolaticci [ME] 165 Db
Scolca, Nuraghe– 183 Ed
Scole, Le– 99 ins.a
Scolette, Aiguille de– 35 Bcd
Scolmatore, Canale– 81 Da
Scoltenna, Torrente– 67 Bc
Scombro, Isola– 181 Bb
Scomigo [TV] 31 Cb
Scontrone [AQ] 111 Dc
Scopa [VC] 23 Cc
Scopaggiu [OT] 181 Fc
Scopelle [VC] 23 Db
Scopello [TP] 157 Db
Scopello [VC] 23 Cc
Scopeti [FI] 77 Bbc
Scopetta [VC] 23 Cc
Scópoli [PG] 95 Db
Scópolo [PR] 65 Aa
Scoppieto [TR] 95 Ac
Scóppio [TR] 95 Cc
Scoppito [AQ] 103 Cb
Scopriminiera 47 Db
Scorace, Monte– 157 Dc
Scorano [ROMA] 101 Ed
Scorcétoli [MS] 65 Cb
Scorciaro, Cava– 177 Fb
Scorciavuoi, Monte– 151 Bbc
Scorciosa [CH] 105 Cc
Scorda, Monte– 155 Cb
Scordia [CT] 173 BCd
Scorgiano [SI] 83 Abc
Scornari, Fiume– 153 Dc
Scorrano [LE] 139 Eb
Scorrano [TE] 97 Dd
Scorsonara [BR] 135 Dc
Scortichino [FE] 55 Eb
Scorzarolo [MN] 55 Ba
Scorzati [VI] 29 Cc
Scorzè [VE] 31 Bd
Scorzo [SA] 129 Ec
Scorzone, Monte– 123 Ec
Scosito, Fiume– 95 Ea
Scossicci [MC] 87 Eb
Scotano, Monte– 135 Ac
Scottini [TN] 29 Bb
Scova, Monte sa– 189 BCd
Scovetta [RO] 57 Eb
Scovola [BS] 41 Db
Scrimignano [AL] 25 Ccd
Scrisá [RC] 155 Cb
Scritto [PG] 85 Dc

Scrívia, Torrente– 51 Cb
Scrocca, Monte– 191 Cd
Scrofiano [SI] 83 Ec
Scroforio [RC] 155 CDb
Scrutto [UD] 19 DEd
Scuderi, Monte– 163 Db
Scudiero, Monte– 149 Dbc
Scuol (Schuls) [Svizz.] 1 Bc
Scuola Agraria Gigante [BA]
133 Fb
Scuola Campanaro [BN]
121 Ca
Scuole Barisano [FC] 69 Dc
Scura, Monte della– 77 Fc
Scurano [PR] 65 Eab
Scurati [TP] 157 CDb
Scurcola Marsicana [AQ]
109 Da
Scurelle [TN] 29 Ca
Scuro, Lago– 65 Db
Scuro, Monte– [CS] 149 Eab
Scuro, Monte– [SA] 141 Da
Scurtabò [SP] 63 Gb
Scurzolengo [AT] 49 Eb
Sealza [IM] 71 Cc
Seano [PO] 75 DEc
Searno, Torrente– 85 Bc
Sébera, Punta– 195 Ec
Sebino → Iseo, Lago
d'– 27 Bc
Seborga [IM] 71 Dc
Secca Grande [AG] 169 Bc
Seccata [CN] 61 Bc
Seccata, Torrente– 151 Eb
Secche di Tor Paterno, Area
Marittima Protetta– 107 Ed
Seccheto [LI] 89 Cbc
Secchetta, Giogo– 77 Cc
Sécchia [RE] 55 Bd
Sécchia, Fiume– 55 Cb
Secchiano [PU] 85 Da
Secchiano [RN] 77 Fb
Secchio [RE] 65 Fb
Secciano [FI] 75 EFb
Secco, Monte– 27 Ab
Secco, Rio– 105 Dd
Secinaro [AQ] 103 EFd
Sécine, Monte– 111 Db
Secli [LE] 139 Db
Seconda [RO] 55 Ea
Secondigliano [NA] 127 Da
Secugnago [LO] 39 Fc
Sécula [VI] 43 Fb
Seddanus, Torrente– 191 Ed
Séddas Moddízzis [CI]
195 CCa
Seddusai, Monte– 189 Cc
Sedegliano [UD] 33 Aab
Sedena [BS] 41 Eb
Sedia di Napoleone 89 Cc
Sédico [BL] 17 Bd
Sedílis [UD] 19 Cc
Sédilo [OR] 187 Fbc
Sédime [TO] 35 Gc
Sédini [SS] 181 Ecd
Sedone [PV] 39 Cc
Sedrano [PN] 31 Ea
Sedriano [MI] 39 Bb
Sedrina [BG] 25 Fc
Sédrio [RE] 55 Ad
Seduto, Monte– 153 Fd
Seekofel / Becco, Croda
del– 3 Gcd
Séeze [Fr.] 21 Ad
Sefiár Spitze / Tavolino,
Monte– 3 Ac
Sefro [MC] 87 Ad
Sega [VR] 31 Fc
Sega [VR] 43 Aab
Segà, Valle– 45 Dd
Segabiello [BS] 41 Ca
Sega Digon [BL] 5 CDd
Segagliate [AL] 51 Cb
Segalare [FE] 57 Eb
Segalari, Torre– [LI] 81 Dcd
Segarino, Monte– 63 Gab
Segariu [VS] 191 Fc
Segesta 157 Dc
Segestane, Terme– 157 Cc
Seggi [CS] 147 Cc
Seggiano [GR] 93 Bb
Seggiano [PG] 95 Cc
Seggio [FC] 77 Dab
Seghe [VI] 29 Dc
Seghébbia [CO] 11 Cd
Séglia [IM] 71 Cc

Segnacco [UD] 19 Cc
Segni [ROMA] 109 Cc
Segno [SV] 61 Fc
Segno [TN] 15 Bc
Segonda [MN] 55 Db
Segonzano [TN] 15 Cc
Segonzano, Piramidi
di– 15 Cc
Segrate [MI] 39 Db
Segrino, Lago di– 25 Db
Segromigno in Monte [LU]
75 Bb
Seguno [FC] 77 Eb
Séguret, Monte– 35 Cd
Seguro [MI] 39 Cb
Segusino [TV] 31 Ab
Seiano [NA] 127 Ec
Seilita, Cozzo– 159 Fc
Seio [TN] 15 Bc
Seirasso, Cima– 61 Bc
Seis / Siusi [BZ] 15 Ea
Seiser Alm / Alpe di Siusi
[BZ] 15 EFa
Seissogne [AO] 21 Cc
Sélargius [CA] 197 BCb
Selasca [VB] 23 Fb
Selbagnone [FC] 69 Dcd
Selcella, Canale del– 117 Da
Selcetta [ROMA] 107 Ec
Selci [PG] 85 Bab
Selci [RI] 101 Ec
Sele, Fiume– 129 Dc
Sele, Foce del– 129 Cd
Sele, Piana del– 129 Cc
Sélegas [CA] 193 Bc
s'Elema, Riu de– 185 Cb
Selinunte 167 Db
Selinuntine, Terme– 167 Fc
Sella [TN] 29 Dab
Sella [UD] 33 Bbc
Sella, Cima– 17 Db
Sella, Gruppo di– /
Sellagruppe 15 Fb
Sella, Laghi della– 59 Ec
Sella, Pizzo di– 157 Db
Sella / Sóll [BZ] 15 Cb
Sella Boera, Punta di–
23 DCc
Sella di Corno [AQ] 103 Cb
Sella di Sénnes, Monte–
3 Gcd
Sellagruppe / Sella, Gruppo
di– 15 Fb
Sellano [PG] 95 Eb
Sella Quintino, Canale–
39 Ab
Sella Quintino–Subdiramatore
Destro, Canale– 39 Ac
Sella Quintino–Subdiramatore
Sinistro, Canale– 39 Ac
Sellaro, Monte– 143 DEcd
Sellate, Torrente– 81 Fc
Sellécchia [RI] 101 Fb
Sellere [BG] 27 Bc
Sellero [BS] 27 Ca
Séllero, Monte– 13 BCd
Sellía [CZ] 151 Bd
Sellía Marina [CZ] 151 Cd
Sellustra, Torrente– 69 Ac
Selva [BG] 27 Ac
Selva [BO] 69 Aa
Selva [BR] 133 Fb
Selva [BZ] 29 Eab
Selva [CH] 105 DEd
Selva [FI] 75 Fa
Selvino [MO] 67 Bb
Selva [PC] 53 Ac
Selva [PC] 63 Fa
Selva [PC] 51 Fd
Selva [PN] 17 Ed
Selva [RO] 57 BCab
Selva [VI] 43 Eb
Selva, Lago della– / Waldner
See 5 Aa
Selva, Monte della– [AQ]
103 Ebc
Selva, Monte della– [AQ]
103 Fd
Selva / Walder [BZ] 3 DEc
Selva a Mare, Pizzo– 159 Dbc
Selva Candida [ROMA]
107 Ec
Selvacava [FR] 119 Ba
Selva dei Molini / Mühlwald
[BZ] 3 EFb

Selva dei Muli [FR] 109 Dd
Selva del Bocchetto [PR]
65 Ca
Selva del Lamone, Riserva
Naturale Regionale– 93 Cd
Selva del Montello [TV] 31 Bc
Selva di Cadore [BL] 17 Bb
Selva di Progno [VR] 29 Bd
Selva di Tríssino [VI] 29 Cd
Selva di Val Gardena /
Wolkenstein in Gröden
[BZ] 15 Fa
Selvaggio [TO] 35 Ed
Selvaggio, Lago– / Wilder
See 3 Db
Selva Grossa [PR] 65 CDa
Selva Maggiore [FR] 109 Dd
Selva Malvezzi [BO] 69 Aa
Selvanizza [PR] 65 Eb
Selvapiana [AL] 51 DEc
Selvapiana [FC] 77 Eb
Selvapiana [MC] 95 Eb
Selvapiana [RE] 65 Ca
Selvarizzo [MN] 41 Fc
Selvatelle [PI] 81 DEa
Selvatorta [AN] 87 Ca
Selvavécchia [VR] 29 Ad
Selvazzano [MC] 87 Bd
Selvazzano Dentro [PD] 45 Ab
Selve [VC] 37 Db
Selve Marcone [BI] 23 Cd
Selvena [GR] 93 Bc
Selvetta [SO] 11 Gd
Selvino [BG] 25 Gc
Sélvis [UD] 33 Ca
Sélvole [MN] 41 Ec
Sélvole [SI] 83 Cab
Selvone [IS] 111 Dd
Selvotta [CE] 119 Ca
Semaforo [KR] 151 Ec
Sembrancher [Svizz.] 7 Cd
Seméstene [SS] 183 Ed
Semiago [RE] 65 Gab
Semiana [PV] 39 Ad
Seminara [RC] 155 Cb
Seminenga [AL] 37 Cb
Seminiato, Canale– 57 Db
Semino [GE] 51 Cd
Seminò [PC] 51 Fab
Semivicoli [CH] 105 Dc
Semogo [SO] 13 Cb
Semoigo, Monte– 71 Db
Semonte [PG] 85 Db
Semonzetto [TV] 31 Ab
Semonzo [TV] 29 Fc
Semorile [GE] 63 Db
Semoriva [PR] 53 Db
Sémpio, Monte– 185 Eb
Sempione, Galleria del– 9 Cc
Semprevisa, Monte– 109 Cd
Semprevisa [GR] 93 Bc
Semproniáno, Poggio
di– 93 Bc
Semurano [CO] 11 Dd
s'Ena Arrubia, Zona Umida–
191 Db
s' Ena 'e sa Chitta [NU]
185 Fc
s'Ena 'e Thòmes, Nuraghe–
185 Ed
Senaglio, Colle– 113 Bc
Senago [MI] 25 Cd
Senaia [AR] 83 Fbc
Senáiga, Lago del– 29 Fa
Senáiga, Torrente– 15 Fd
Senale / Unsere Liebe Frau
im Walde [BZ] 15 Bab
Senáles / Schnals [BZ] 1 Fc
Senale–San Felice / Unsere
Liebe Frau im Walde–Sankt
Felix [BZ] 15 Bab
Senalonga, Punta di– 185 Cc
Senárega [GE] 63 Da
Senarica [TE] 103 DEa
Senatello [RN] 77 Ec
Séneghe [OR] 187 Dc
Séneghe, Nuraghe– 187 Db
Senérchia [AV] 129 Eb
Senes, Monte– 185 EFd
Séngie, Punta di– 35 Fa
Seniga [BS] 41 Dc
Senigállia [AN] 79 Fc
Senio, Torrente– 69 Da
Sénis [OR] 191 Fb
Senise [PZ] 143 Db
Senna, Torrente– 93 Cc
Senna Comasco [CO] 25 Cc

Senna Lodigiana [LO] 39 Fd
Sennaríolo [OR] 187 Db
Senni [FI] 75 FGb
Sénnori [SS] 181 Dd
Senorbì [CA] 193 Bc
Sénore, Torrente– 167 Fca
Sente, Torrente– [FG] 113 Ed
Sente, Torrente– [It.] 111 Fc
Senter [TN] 29 Bb
Sentinella [CS] 143 Fb
Sentinella, Monte– 109 Dd
Sentino [MC] 95 Fa
Sentino, Torrente– 85 Fc
Sentinum 85 Eb
Séo [TN] 29 Aa
Sepino [CB] 121 Aa
Sepino, Parco Archeologico
di– 121 Aa
Seppado [GE] 63 Ea
Seppiana [VB] 9 Dd
Séppio [MC] 87 Bcd
Septumian [AO] 21 Fc
Sequals [PN] 17 Fd
Sera, Cima– 27 Fab
Serafini [TN] 29 EFab
Serano, Monte– 95 Dc
Sérapo [LT] 119 Ab
Seráuta, Pizzo– 17 Ab
Seravezza [LU] 73 Eab
Serbariu [CI] 195 BCb
Sérchio, Fiume– 75 Bb
Sercone, Su– 189 Db
Sérdes [BL] 17 BCb
Serdiana [CA] 193 Bd
Seré, Bric del– 61 EFb
Seregnano [TN] 15 BCd
Seregno [MB] 25 Dd
Seréna, Testa di– 21 Cc
Seren del Grappa [BL] 31 Ab
Serfaus [A] 1 Da
Sergnano [CR] 41 Ab
Seriate [BG] 25 Gc
Seridondo, Monte– 27 Cc
Serignana [FI] 77 BCb
Serina [BG] 25 Gb
Serino [AV] 129 Ca
Serino, Monte– 147 Cd
Serio, Cascate del– 13 Bd
Serio, Fiume– 41 Ac
Serio, Parco del– 41 Ab
Seriola [SI] 41 DEc
Sério Morto 41 Ac
Serlate, Torrente– 93 Ba
Serle [BS] 41 DEa
Serluca–Calabraia [CS]
145 BCc
Sermenza, Torrente– 23 Cc
Sermério [BS] 27 Cc
Sermezzana [LU] 65 Ec
Sérmide [MN] 55 Eab
Sermoneta [LT] 109 Dd
Sermória [AL] 51 Bcd
Sermugnano [VT] 93 EFcd
Sernáglia della Battáglia
[TV] 31 Bb
Sérnio [SO] 13 Cc
Sérnio, Monte– 19 Bb
Serò [SP] 65 Bc
Serodine 13 Cc
Serole [AT] 61 Ea
Serone [SO] 11 Fd
Serottini, Monte– 13 Cc
Serpe, Torre del– 139 Gb
Serpeddi, Punta– 193 Cd
Serpentara, Isola– 197 Cc
Serpiano [MO] 67 Ac
Serra [AL] 37 Dd
Serra [AL] 51 Bd
Serra [AR] 77 Dc
Serra [AT] 49 Fb
Serra [AT] 49 Cab
Serra [AV] 121 DEca
Serra [CN] 61 Cc
Serra [FC] 77 Fb
Serra [GE] 63 Eb
Serra [GE] 63 Cb
Serra [GE] 63 Eab
Serra [GE] 63 Ca
Serra [MO] 67 Cb
Serra [PR] 81 Ec
Serra [RA] 69 Bc
Serra [SA] 129 DEd
Serra [SP] 73 Ca
Serra, Alpe di– 77 Dc
Serra, la– [AQ] 103 Ed
Serra, la– [CS] 143 Cca
Serra, La– [It.] 37 Bb

Serra, la- [MT] 131 Ed
Serra, La- [PI] 81 Ea
Serra, la- [PZ] 143 Ba
Serra, la- [PZ] 141 Fb
Serra, la- [Sic.] 171 DEd
Serra, Monte- [Eur.] 1 Ad
Serra, Monte- [PG] 95 Gc
Serra, Monte- [PG] 85 Dc
Serra, Monte- [PZ] 143 Cc
Serra, Monte- [Tosc.] 75 Bc
Serra, Monte della- 77 Cab
Serra, Monte la- [AQ] 103 Fc
Serra, Monte la- [AV] 129 Ea
Serra, Monte la- [FG] 121 Eb
Serra, Monte la- [FG] 115 Bc
Serra, Nuraghe sa- 193 Cb
Serra, Pian della- 85 Db
Serra, Rio- 183 Cc
Serra, sa- 185 Cc
Serra, Torrente- 101 Fa
Serra Alta 109 Fc
Serra Amendola [MT] 131 DEb
Serrabassa [PT] 67 ABd
Serra Brunamonti [PG] 85 Dc
Serracapriola [FG] 113 Ec
Serrada [TN] 29 Bb
Serra d'Aiello [CS] 149 Cc
Serra D'Annunzio [AV] 121 Ec
Serradarce [SA] 129 DEc
Serra de' Conti [AN] 87 Ba
Serra del Corvo, Lago di- 131 Ea
Serra della Guardia, Riserva Naturale Iona- 145 Fd
Serra della Stella [BA] 131 Fb
Serra dell'Edera [SA] 141 EFab
Serra del Monte [PV] 51 Dc
Serrádica [AN] 85 EFc
Serra di Croce [MT] 131 EFd
Serradifalco [CL] 171 Bc
Serra di Genga [PU] 79 Cc
Serra di Maiolo [RN] 77 Fb
Serradimigni [MO] 67 Ac
Serra di Piastra [PU] 77 Gc
Serradipiro [CS] 149 Ec
Serra di Sopra [RN] 79 Bb
Serra di Sotto [RN] 79 Bb
Serra e s' Era, sa- 185 Dd
Serráglio [BO] 75 Fa
Serráglio [MN] 43 Ad
Serraglio, Cima del- 1 Bd
Serraia [TN] 15 Cd
Serraia, Lago di- 15 Cd
Serralonga [TP] 167 Eb
Serralta [MC] 87 Cc
Serralta, Cozzo- 149 Cb
Serralunga 141 Fb
Serralunga d'Alba [CN] 49 Cd
Serralunga di Crea [AL] 37 Dd
Serramale, Monte- 143 Bc
Serramanna [VS] 191 Fd
Serramanno, Masseria- [CB] 113 CDb
Serramazzoni [MO] 67 Bb
Serramezzana [SA] 141 Ba
Serramonacesca [PE] 105 Cc
Serranetta 131 Bc
Serra Nicolino-Piano d'Albero, Riserva Naturale- 145 Dc
Serrano [LE] 139 EFab
Serranova [BR] 135 Cb
Serraoro, Fruncu- 185 DEc
Serra Pedace [CS] 149 Db
Serrapetrona [MC] 87 Cc
Serra Pistoiese [PT] 75 Cb
Serrapótamo, Torrente- 143 Db
Serrapullo, Monte- 129 Ca
Serrara Fontana [NA] 127 Bb
Serra Riccò [GE] 63 Ca
Serra San Bruno [VV] 153 Dc
Serra San Marcello [AN] 87 Ca
Serra San Quírico [AN] 87 Bb
Serra Sant'Abbondio [PU] 85 Eb
Serraspinosa [PU] 85 Ea
Serrastretta [CZ] 149 Ec
Serrata [RC] 153 Cc
Serratore, Monte- 149 Db
Serrau, Monte- 191 Dd
Serravalle [AR] 77 Cc
Serravalle [AT] 49 Db
Serravalle [FE] 57 Db
Serravalle [PG] 95 Fc
Serravalle [PR] 53 Cc
Serravalle [RSM] 79 Ab
Serravalle [SI] 83 Cd
Serravalle [SR] 173 Bcd
Serravalle, Rocca di- 13 Db
Serravalle all'Ádige [TN] 29 Bc
Serravalle a Po [MN] 55 Da
Serravalle di Carda [PU] 85 Ca
Serravalle di Chienti [MC] 95 Ea
Serravalle Langhe [CN] 61 Da
Serravalle Pistoiese [PT] 75 Cb
Serravalle Scrívia [AL] 51 BCc
Serravalle Sésia [VC] 23 Ec
Serrazasilla, Monte- 113 Cd
Serrazzano [PI] 81 Ec
Serrazzone [MO] 67 Bc
Serre [CH] 113 Ab
Serre [CN] 59 Fb
Serre [CN] 59 Da
Serre [CN] 47 Ec
Serre [FR] 111 Cd
Serre [PA] 159 Dc
Serre [SA] 129 DEc
Serre [TO] 47 Ebc
Serre, Cimata delle- 109 Ba
Serre, le- [Bas.] 143 Da
Serre, Le- [Cal.] 153 Dc
Serre, le- [LT] 117 Ea
Serre, Monte tra le- 103 Cc
Serre della Pizzuta, Riserva Naturale- 159 Bc
Serre di Ciminna, Riserva Naturale- 159 Dc
Serre di Rapolano [SI] 83 Dc
Serrenti [VS] 191 Fd
Sérres / Zerzer-B. 1 Dc
Serrese, Nuraghe- 187 Db
Serreta [IM] 71 Fb
Serri [CA] 193 Bb
Serricella [CS] 145 Fd
Serrintesta, Monte- 85 Da
Serrípola [MC] 87 Bc
Serrisi [CS] 151 BCb
Serro [CN] 47 Ed
Serro [CN] 61 Bc
Serro [ME] 163 Da
Serro, lo- 161 Dd
Serrónchia [MC] 87 Bb
Serrone [CS] 149 Cb
Serrone [FR] 109 Cbc
Serrone [MC] 87 Bc
Serrone [MC] 87 Cd
Serrone, il- 169 Ec
Serrone, Monte- 121 Ed
Serrù, Lago- 35 Db
Serrungarina [PU] 79 Dc
Sersale [CZ] 151 Cc
Serso [TN] 15 Cd
Seruci [CI] 195 Cb
Seruci, Nuraghe- 195 Cb
Serva, Monte- 17 Cc
Servigliano [FM] 97 Ba
Servillo [TE] 97 Cd
Servin, Monte- 35 Ec
Servino [CN] 59 Db
Servo [BL] 29 Fa
Sesi 167 ins.a
Sésia, Fiume- 37 Fc
Sesílis, Monte- 17 Fb
Sesona [VA] 23 Gc
Sessa Aurunca [CE] 119 Cb
Sessa Cilento [SA] 141 Ba
Sessame [AT] 49 Ecd
Sessana [AL] 37 Dd
Sessano del Molise [IS] 111 Ed
Sessant [AT] 49 DEb
Sessarego [GE] 63 Db
Séssera, Torrente- 23 Cc
Sesso [RE] 55 Ac
Sesta [SP] 65 ABc
Sesta Godano [SP] 65 ABc
Sesta Inferiore [PR] 65 Db
Sestaione, Fiume- 75 Ca
Sestano [SI] 83 CDc
Sestantarile, Punta- 185 Dc
Sestino [AR] 77 Fc
Sesto [LO] 39 Fc
Sesto / Sexten [BZ] 5 BCc
Sesto al Réghena [PN] 31 Fb
Sesto Calende [VA] 23 Fc
Sesto Campano [IS] 119 Da
Sesto Cremonese [CR] 41 Bcd
Sesto ed Uniti [CR] 41 Bc
Sesto Fiorentino [FI] 75 Fc
Sesto Imolese [BO] 69 Bb
Séstola [MO] 67 Bc
Sesto San Giovanni [MI] 39 Da
Sesto Ulteriano [MI] 39 Db
Sestriere [TO] 47 Cb
Sestri Levante [GE] 63 Fc
Sestri Ponente [GE] 63 BCb
Sestu [CA] 197 Bb
Sesvenna, Piz- 1 Cc
Seta [RE] 55 Ac
Setta [SP] 63 Gc
Setta, Torrente- 67 Eb
Settala [MI] 39 Eb
Sette Bagni [ROMA] 107 Fab
Settecamini [ROMA] 107 Fb
Sette Casoni [VE] 31 Fd
Sette Comuni, Altopiano dei- 29 DEbc
Sette Fèudi [CT] 171 Fd
Sette Fontane [TN] 15 Cc
Settefonti [BO] 67 Fb
Sette Fratelli, Monte- 197 Db
Settefrati [FR] 111 Cc
Settefrati [PA] 159 Fb
Sette Galli [FC] 77 Db
Sette Morti, Valle dei- 45 Dc
Settepani, Monte- 61 Ec
Settepolesini [FE] 55 Fb
Setteporte [KR] 151 Dbc
Sette Poste [FG] 123 Da
Settequerce / Siebeneich [BZ] 15 Cab
Sette Selle, Cima di- 15 Dd
Sette Soldi, Monte- 157 Dcd
Sette Sorelle, Bonifica delle- 31 Fc
Sette Termini, Monte- 23 Gb
Sette Torri [BA] 125 Bb
Sette Vene [VT] 101 Ccd
Setti, Rio- 191 Ec
Settignano [FI] 75 Fc
Settignano [FR] 111 Bd
Séttima [PC] 53 Ab
Settimana, Torrente- 17 Ec
Séttime [AT] 49 Db
Settimello [FI] 75 Fbc
Séttimo [PV] 39 Dc
Séttimo [TV] 31 Bd
Séttimo [TV] 31 Eb
Séttimo [VE] 31 Fbc
Séttimo [VR] 43 Bb
Séttimo di Gallese [VR] 43 Bc
Séttimo Milanese [MI] 39 Cb
Séttimo Rottaro [TO] 37 Cb
Séttimo San Pietro [CA] 197 Cb
Séttimo Torinese [TO] 37 Ad
Séttimo Vittone [TO] 23 Bd
Settingiano [CZ] 151 Bd
Settsass 17 Aab
Setzu [VS] 191 Fb
Seu, Oasi di- 187 Cd
Seui [OG] 193 Cb
Seúlo [CA] 189 Cd
Seuni [CA] 193 Bc
Sevegliano [UD] 33 Cb
Séveso [MB] 25 Cd
Séveso, Torrente- 25 Cc
Sévice, Monte di- 103 Dd
Sevignano [TN] 15 Ccd
Sevina, Torrente- 155 Cb
Sevizzano [PC] 51 Fb
Sevo, Pizzo di- 97 Bcd
Sexten / Sesto [BZ] 5 BCc
Sextener Dolomiten, Naturpark- / Dolomiti di Sesto, Parco Naturale- 5 Bd
Sežana [SLO] 33 Gc
Sezza [UD] 19 Bb
Sezzádio [AL] 49 Gc
Sezze [LT] 109 Cde
Sfercia [MC] 95 Fa
Sferracavallo [AV] 121 Ec
Sferracavallo [PA] 159 Ba
Sferro [CT] 173 Bbc
Sfilzi, Riserva Naturale- 115 Eb
Sfondo, Lago- 103 Fb
Sfornioi, Monte- 17 Cb
Sforzacosta [MC] 87 Dc
Sforzatica [BG] 25 Fd
Sforzesca [GR] 93 Cc
Sforzesca [PV] 39 Bc
Sfrizzo, Monte lo- 115 Bbc
Sfruz [TN] 15 Bb
Sgarbina [PV] 51 Dab
Sgónico [TS] 33 Fc
Sgoreà, Rio- 71 Cb
Sgrillozzo [GR] 99 Da
Sgúrgola [FR] 109 Cc
Sia, Monte sa- 185 Bb
Siacco [UD] 19 Cd
Siamaggiore [OR] 187 Dd
Siamanna [OR] 187 Ed
Siano [CZ] 151 Bd
Siano [SA] 129 Bb
Siapiccia [OR] 187 Ed
Sibano [BO] 67 DEc
Síbari [CS] 147 Ab
Síbari, Fiume- → Coscile, Fiume- 147 Ab
Síbari, Piana di- 145 Fb
Siberia [PI] 81 Da
Sibilla, Monte- 97 Ab
Sibilla, Ruderi di- 117 Ea
Sibillini, Monti- 97 Ab
Sibolla, Lago- 75 Cc
Sicaminò [ME] 163 Cb
Sicani, Monti- 169 Bb
Sicci San Biágio [CA] 193 BCd
Siccomario 51 Ea
Sicelle [FI] 83 Ba
Sicignano degli Alburni [SA] 129 Ec
Sicili [SA] 141 Eb
Sicilia [It.] 171 Cc
Sicilia [PZ] 131 Bbc
Sicilia, Parco Zoo di- 173 Cb
Sicille [SI] 83 Ed
Sicina [TN] 15 CDc
Siculiana [AG] 169 Cd
Siculiana Marina [AG] 169 Cd
Siddi [VS] 191 Fbc
Siddu, Monte- 193 Ebc
Siderno [RC] 155 Eb
Siderno Marina [RC] 155 Eb
Siderno Superiore [RC] 155 Eb
Sídolo [PR] 65 Ba
Siebeneich / Settequerce [BZ] 15 Cab
Sieci [FI] 75 Gc
Siedi, Canale il- 135 Ec
Siele, Torrente- 93 Cc
Siena [SI] 83 BCc
Siena-Ampugnano, Aeroporto Nazionale- 83 Bc
Sierre [BR] 135 Ab
Sieti [SA] 129 Cb
Sieve, Fiume- 77 Ab
Sighignola 25 Cb
Sigilletto [UD] 17 Fa
Sigillo [PG] 85 Ec
Sigillo [RI] 103 Bab
Sigliano [AR] 85 Aa
Siglioli [IM] 71 Ea
Signa [FI] 75 Ec
Signático [PR] 65 Da
Signayes [AO] 21 Dc
Signols [TO] 47 Ba
Signora, Monte- 159 ABbc
Signora, Monte della- 59 Cb
Signora de Paulis, Nuraghe- 183 Dc
Signoressa [TV] 31 Bc
Sigona Grande [SR] 173 Cc
Sigurta, Parco Giardino- 43 Ab
Sila, Parco Nazionale della- [Cal.] 151 BCab
Sila, Parco Nazionale della- [Cal.] 151 BCbc
Sila Grande 149 Fb
Sila Greca 147 Bc
Silandro, Rio- 1 Ed
Silandro / Schlanders [BZ] 1 Ed
Silánus [NU] 187 Fb
Sila Piccola 151 Bc
Silbanis, Nuraghe- 187 Dc
Sile [PN] 31 Fb
Sile, Fiume- [It.] 31 Fb
Sile, Fiume- [Ven.] 31 Dd
Silea [TV] 31 Cd
Sili [OR] 187 Dd
Slígo [SS] 183 Ec
Silíqua [CA] 195 Eb
Silis, Fiume- 181 Ed
Silisia, Torrente- 17 Fc
Silius [CA] 193 Cc
Silla [BO] 67 Cc
Silla [SA] 131 Ad
Silla, Torrente- 67 Cc
Sillano [LU] 65 Ec
Sillano, Monte- 65 EFc
Sillara, Monte- 65 Db
Sillaro, Torrente- 69 Ba
Sillavengo [NO] 37 Ea
Sillian [A] 5 Cc
Sillicagnana [LU] 65 Fd
Sillicano [LU] 73 Fa
Síllico, Torrente- 65 Fd
Silva [TO] 37 Ab
Silvana Mánsio [CS] 151 Bb
Silvano d'Orba [AL] 51 ABc
Silvano Pietra [PV] 51 Ca
Silvaplana [Svizz.] 11 Gb
Silvella [TV] 31 Db
Silvella [UD] 33 Ba
Silvelle [PD] 31 Bd
Silvi [TE] 105 Ca
Silviane [BS] 27 BCd
Silvignano [PG] 95 Dc
Silvi Marina [TE] 105 Ca
Silvi Paese [TE] 105 Ca
Silvo Piano, Monte- 109 Ec
Silvretta 1 Bc
Símala [OR] 191 Eb
Simáxis [OR] 187 DEd
Simbarío [VV] 153 Dc
Simbruini, Monti- 109 Db
Símeri [CZ] 151 BCd
Símeri, Fiume- 151 Cd
Símeri Crichi [CZ] 151 Bd
Simeri Mare [CZ] 151 Cd
Simeto, Fiume- 173 Cc
Simeto, Foce del- 173 Dc
Simignano [SI] 83 ABc
Similáun 1 Fc
Simíus, Spiaggia del- 197 Ec
Simoncello 77 Fc
Simonelli [LT] 119 Bb
Simplon [Svizz.] 9 Cc
Sinablana / Tanna [BZ] 15 Bb
Sinagra [ME] 163 Ab
Sinalunga [SI] 83 Ec
Sinarca, Torrente- 113 Db
Sinauz, Monte- 19 Da
Sindacale [VE] 33 Ac
Síndaro Marina [ME] 163 Da
Sindía [NU] 187 Db
Sinello, Fiume- 105 Fd
Singa, Monte- 153 Ed
Sini [OR] 191 Fb
Sinich / Sinigo [BZ] 3 ABd
Sinichbach / Sinigo, Rio- 3 Bd
Sinigo, Rio- / Sinichbach 3 Bd
Sinigo / Sinich [BZ] 3 ABd
Sinio [CN] 49 Dd
Sínis 187 Cd
Siniscóla [NU] 185 Fc
Siniscóla, Rio di- 185 Fc
Sínnai [CA] 197 Cb
Sinne [BZ] 5 ABc
Sinni, Fiume- 143 Fa
Sinópoli [RC] 155 Cb
Sinópoli Vecchio [RC] 155 Cb
Sintigliano [AR] 77 Ec
Sintria, Torrente- 69 Bc
Sinuessa 119 Cc
Sion (Sitten) [Svizz.] 7 Dc
Sipicciano [CE] 119 Cb
Sipicciano [VT] 101 Ca
Sipiu, Torrente- 193 Bc
Siponto 115 Dd
Siracusa [SR] 177 Fb
Siracusa, Autodromo di- 177 Fb
Sirai [CI] 195 Cb
Sirente, Monte- 103 Ed
Sirente-Velino, Parco Naturale- 103 Ec
Sirgole [LE] 139 DEb
Siria, Monte- 59 Eb
Siriculi, Nuraghe- 185 Ed
Siriddi, Rio- 195 Ec
Sirignano [AV] 121 Ad
Sirignano [PA] 157 Ec
Sirignano, Fiume- 157 Ec
Sirilo, Nuraghe- 189 Db
Sirino, Lago- 143 Ab
Sirino, Monte- 143 Bb
Síris [OR] 191 Eb
Sirleto [CZ] 153 Fc
Sirmione [BS] 41 Fb
Sirolo [AN] 87 Ea
Sirone [LC] 25 Ec
Siror [TN] 17 Ac
Sirri [CI] 195 Db
Sirta [SO] 11 FGd
Sirtori [LC] 25 Ec
Siserno, Monte- 109 Dd
Sises, Monte- 47 Cb
Sísini [CA] 193 BCc
Sismano [TR] 95 Bc
Siso [PR] 53 Dcd
Sisola [AL] 51 Dc
Sissa [PR] 53 Eb
Sissone, Monte- 11 Gc
Sista [VE] 45 Cc
Sistiana [TS] 33 Ec
Sisto [TA] 133 Gb
Sisto, Fiume- 117 Db
Sitacciano, Monte- 111 Dc
Sitizano [RC] 155 Cb
Sitran [BL] 17 CDd
Sitten (Sion) [Svizz.] 7 Dc
Sitzerri, Fiume- 191 Db
Sitziddiri, Nuraghe- 193 Bc
Siúrgus Donigala [CA] 193 Cc
Siusi / Seis [BZ] 15 Ea
Siviano [BS] 27 Bc
Sivigliano [UD] 33 Bb
Sivignano [AQ] 103 Ca
Sivizzano [PR] 53 Dd
Sivizzo [PR] 65 Db
Sixt-Fer-à-Cheval [Fr.] 7 Ad
Siziano [PV] 39 Dc
Sizzano [NO] 23 Ed
Škocjanski zatok 33 Fd
Škofi [SLO] 33 Fc
Škofije [SLO] 33 Fd
Skopo [SLO] 33 Fc
Škrbina [SLO] 33 Fbc
Slingia / Schlinig [BZ] 1 Cc
Slivia [TS] 33 EFc
Sluder, Punta- / Schluder-Spitze 1 DEd
Sluderno / Schluderns [BZ] 1 Dcd
Smarano [TN] 15 Bb
Šmarje [SLO] 33 FGc
Šmarje [SLO] 33 FGbc
Šmarje pri Sežani [SLO] 33 Gc
Smarlacca [RA] 69 Ea
Šmartno [SLO] 33 Eab
Sméglio [VB] 9 Dc
Smeralda, Costa- 179 Ec
Smeralda, Grotta- 115 Ec
Smeraldo, Grotta di- 127 Fc
Smergoncino [RO] 57 Da
Smerillo [FM] 97 Bab
Smile Park 139 Fb
Smirra [PU] 85 DEa
Snive [CN] 59 Fc
Soana, Torrente- 35 Gb
Soanne [RN] 77 Fbc
Soara, Torrente- 85 Bb
Soarza [PC] 53 CDa
Soave [MN] 43 Ac
Soave [VR] 43 Db
Soazza [Svizz.] 11 Db
Sobretta, Costa- 13 Db
Sobretta, Monte- 13 Db
Soča [SLO] 19 Eb
Soča (Isonzo, Fiume-) 33 Ec
Soccavo [NA] 127 Dab
Soccher [BL] 17 Cc
Socchieve [UD] 17 FGb
Socco Madernassa [CN] 49 CDc
Soccorso [ME] 163 Cab
Soccorso [MN] 43 Cd
Soci [AR] 77 Cc
Socol [BL] 17 Bab
Socrággio [VB] 9 Fd
Sodano, Monte- 143 Eb
Soddì [OR] 187 Fc
Sodo [AR] 83 Fc
Sodolungo, Monte- 85 BCb
Sofferetti [CS] 145 Fc
Soffi, Isola- 179 Ec
Soffiano [FI] 75 Fc
Soffranco [BL] 17 Cc
Soffratta [TV] 31 Db

Sogliano al Rubicone [FC] 77 Fab
Sogliano Cavour [LE] 139 Eb
Soglio [AT] 49 Dab
Soglio [CN] 59 Eb
Soglio [Svizz.] 11 Fb
Soglio, Monte– [CE] 119 EFa
Soglio, Monte– [TO] 35 Gb
Sogno [LC] 25 Ec
Sogno, Isola– 27 Fc
Soiana [PI] 81 Da
Soianella [PI] 81 Da
Soiano del Lago [BS] 41 Fa
Sóis [BL] 17 BCd
Sola [BG] 41 Ab
Solacciano [LT] 119 Bb
Solagna [VI] 29 Fc
Sóla [SI] 91 Fa
Soláio [SI] 81 Fc
Solánas [CA] 197 Dc
Solánas [OR] 187 Dd
Solánas, Río di– 197 Dc
Solano Inferiore [RC] 155 Bb
Solano Superiore [RC]
  155 Bb
Sólanto [PA] 159 Db
Solara [MO] 55 Dc
Solara, Torrente– 77 Cc
Solare, Monte– 93 Ea
Solarino [SR] 177 Eb
Solaro [BS] 41 Dc
Solaro [GE] 63 Eb
Solaro [MI] 25 Cd
Solaro [PC] 51 Fcd
Solarolo [BS] 41 Fa
Solarolo [CE] 41 Dc
Solarolo [MN] 41 Fc
Solarolo [NO] 23 Fd
Solarolo [RA] 69 BCb
Solarolo, Monte– 31 Ab
Solarolo Monasterolo [CR]
  53 Ea
Solarolo Rainério [CR] 41 Ed
Solärs [UD] 19 Aa
Solarussa [OR] 187 DEd
Solato [BS] 27 Bc
Solbiate [CO] 25 Bc
Solbiate Arno [VA] 25 Ac
Solbiate Olona [VA] 25 Bd
Solbrito [AT] 49 Cb
Solcio [NO] 23 Fc
Solda, Rio– 1 Dd
Solda / Sulden [BZ] 13 Eab
Solda di Fuori / Außersulden
  [BZ] 1 Dd
Soldano [IM] 71 CDb
Soldano, Monte– 81 Fc
Sölden [A] 1 Fb
Sole [RE] 65 Eb
Sole, Monte– [BO] 67 Ec
Sole, Monte– [RI] 103 Ac
Sole, Monte– [TN] 13 Fb
Solémini [CA] 193 Cd
Sóleo, Fiume– 151 Cc
Solere [CN] 49 Ad
Solero [AL] 49 Fb
Soleschiano [UD] 33 Cb
Soleto [LE] 139 Eab
Solfagnano [PG] 85 Cc
Solfara [CS] 147 Cc
Solfarello, Poggio– 175 Cb
Solfatara 127 Cc
Solferino [MN] 41 Fb
Solferino [VE] 45 Ccd
Sólgia [VB] 9 Fd
Soli, Bruncu de su– 197 Db
Soliana, su– 185 Cb
Soliano, su– 187 Ec
Solicchiata [CT] 163 Bc
Soliera [MO] 55 Cc
Soliera [MS] 65 Dc
Solighetto [TV] 31 BCb
Solignano [PR] 65 Ca
Solignano Nuovo [MO] 67 Ca
Soligo [TV] 31 BCb
Soligo, Fiume– 31 Cb
Solimbergo [PN] 17 Fcd
Solita [OT] 185 Fb
Solitta, Punta– 189 Db
Soliva [VC] 23 Ec
Soliva, Cima– 13 Ad
Solivo, Monte– 23 Dcd
Solkan [SLO] 33 Fb
Söll / Sella [BZ] 15 Cb

Sollai, Monte– 195 Fc
Sollazzetto [VE] 33 Bc
Soller [TV] 31 Cb
Soloai, Nuraghe– 189 Cb
Solofra [AV] 129 BCb
Solofrone, Fiume– 129 Dd
Sologno [NO] 23 Fd
Sologno [RE] 65 Fb
Sólogo, Torrente– 185 Ed
Solomeo [PG] 95 Aa
Solomiac [TO] 47 Bb
Solonghello [AL] 37 Dd
Solopaca [BN] 121 Ab
Solote, Monte– 185 Cc
Soltárico [LO] 39 Fc
Solunto 159 Db
Soluri [CZ] 151 Bd
Solva [SV] 71 Ga
Solvia, Monte– 47 Fab
Solza [BG] 25 Fcd
Somadida, Riserva Naturale–
  5 Bd
Somadino [LC] 11 Ed
Somággia [SO] 11 Ec
Somáglia [LO] 39 Fd
Somana [LC] 25 Eb
Somano [CN] 61 CDa
Sombreno [BG] 25 Fc
Someda [TN] 15 EFb
Someo [Svizz.] 9 FGc
Someraro [VB] 23 Fc
Somma, Monte– 127 Eb
Sommacampagna [VR] 43 Bb
Somma Lombardo [VA] 23 Gc
Sommana [CE] 119 Fc
Sommaprada [BS] 27 Cb
Sommarese [AO] 21 Gc
Sommariva [BL] 17 Cb
Sommariva del Bosco [CN]
  49 Bc
Sommariva Perno [CN] 49 Cc
Sommarovina [SO] 11 Ec
Sommati [RI] 97 Ad
Sommatino [CL] 171 Bd
Somma Vesuviana [NA]
  127 Ea
Sommeiller, Punta– 35 Cd
Sommo [PV] 39 Cd
Sommo, Monte– / Sambock
  3 Fc
Sommocolónia [LU] 75 Ba
Sommo con Porto [CR]
  53 DEa
Somole [PU] 85 Ca
Sompiano [PU] 85 Ba
Somplago [UD] 19 Bb
Somprade [BL] 17 Cd
Somprado–Villotta [PN]
  31 Ea
Sompunt [BZ] 3 Fd
Somrabbi [TN] 13 Fb
Somtíolo [SO] 13 Cc
S'Omu, Nuraghe– 193 Eb
Sona [VR] 43 Bb
Sonareto [RE] 65 Fb
Soncino [CR] 41 Bb
Soncino [PV] 39 Cc
Sonclivo, Corno di– 27 Cc
Sóndalo [SO] 13 Cb
Sondrio [SO] 13 Acd
Sónego [TV] 31 Cab
Songavazzo [BG] 27 Ab
Sónico [BS] 13 CDd
Sonnino [LT] 117 Ea
Sonogno [Svizz.] 11 Ab
Sonvigo / Aberstückl [BZ]
  3 Bc
Soprabolzano / Oberbozen
  [BZ] 15 Dab
Sopracastello [TV] 31 Ac
Sopra Conella 15 Dd
Sopracornola [LC] 25 Fc
Sopramonte [NU] 189 Db
Sopramonte [TN] 15 Bd
Soprana [BI] 23 Dd
Soprana [CN] 61 Eb
Sopranes, Rio– /
  Spronser-Bach 3 Ac
Sopranico [BS] 27 Dd
Soprano, Lago– 171 Bc
Soprano, Monte– [CS]
  143 Fb
Soprano, Monte– [SA]
  129 Dd
Soprapiana [TV] 31 Bb
Soraponte [BS] 27 Dd

Sopravia [AV] 129 Aa
Sora [CO] 11 Cd
Sora [FR] 111 Ac
Soraga [TN] 15 EFb
Soragna [PR] 53 Db
Sorana [PT] 75 Cb
Sorano [CN] 49 Cd
Sorano [GR] 93 Cc
Soranzen [BL] 17 Ad
Sorapis, Lago di– 17 Ca
Sorapiss, Punta– 17 Cab
Soras [BL] 29 Fb
Soratte, Monte– 101 Dc
Sorba, Torrente– 23 Cc
Sorbano [FC] 77 Eb
Sorbara [MN] 41 Ec
Sorbara [MO] 55 Cc
Sorbello [CE] 119 Cb
Sorbello, Monte– 149 Eb
Sorbétolo [PU] 79 Ac
Sorbo [AQ] 103 Cd
Sorbo [AV] 129 Cb
Sorbo [MC] 95 Fb
Sorbo [PI] 81 Ca
Sorbo, Monte– 113 Bb
Sórbolo [PR] 53 Fb
Sórbolo [SP] 65 Bd
Sorbolongo [PU] 79 Dcd
Sorbo San Basile [CZ] 151 Bb
Sorbo Serpico [AV] 121 Cd
Sorciaro, Cava– 177 Fb
Sorcio, Monte– 169 Cc
Sordanu, Punta– 183 Fcd
Sordevolo [BI] 23 Dd
Sordíglio [RE] 65 Fa
Sordillo, Monte– 147 Bd
Sordina [SA] 129 Eb
Sórdio [LO] 39 Ec
Sordo, Fiume– 95 Fc
Sorella, Rocca– 111 Ac
Soresina [CR] 41 Bc
Sorgà [VR] 43 Bc
Sorgente Funtani, Riserva
  Naturale– 27 Dc
Sorgente Resenzuola,
  Biotopo– 29 Eb
Sorgenti del Belbo, Riserva
  Naturale delle– 61 Db
Sorgenti del Fiume Vera,
  Parco– 103 Db
Sorgenti del Pescara, Riserva
  Naturale– 103 Dc
Sorgenti Sulfuree sul Fiume
  Lavino, Parco delle– 105 Cc
Sorgnano [MS] 73 Da
Sórgono [NU] 189 Bc
Sori [GE] 63 Db
Sorianello [VV] 153 Dc
Soriano [MI] 39 Bb
Soriano Calabro [VV] 153 Dc
Soriano nel Cimino [VT]
  101 Cc
Soriasco [PV] 51 Eb
Sórico [CO] 11 Ecd
Sorifa [PG] 95 Da
Sorina [AL] 49 Da
Sorio [VI] 43 DEb
Soriso [NO] 23 Ec
Sorísole [BG] 25 FGc
Sormano [CO] 25 Db
Sormazzana [CO] 25 CDb
Sorna, Torrente– 29 Ac
Sornadello, Monte– 25 Fb
Soro, Monte– 161 Fc
Sorra, Torrente– 83 Cc
Sorradile [OR] 187 Fc
Sorreley [AO] 21 Ic
Sorrentina, Penisola– 127 Cc
Sorrentini [ME] 163 Ab
Sorrento [NA] 127 Ec
Sorrezzana [PI] 75 Cd
Sorriva [BL] 29 Fa
Sorrivi [GE] 63 CDa
Sorrícchio [PE] 105 Ca
Sorrívoli [FC] 77 Fa
Sorso [SS] 181 Dd
Sorti [MC] 95 Fb
Sorti [MC] 87 Ad
Sortino [SR] 177 Eb
Sorvito [KR] 147 Bd
Sorzana [BS] 41 DEa
Sorzento [UD] 19 Bd
sos Alinos [NU] 185 Fc
sos Onorcolos [OT] 185 Dc

Sospel [Fr.] 71 Bb
Sospesso [FM] 97 Ab
Sospiri, Monte dei– 85 Ca
Sospiro [CR] 41 Cd
Sospirolo [BL] 17 Bd
Sossai [BL] 17 Cd
Sossano [VI] 43 Fb
Sossio, Fiumara– → Marsala,
  Fiumara di– 157 Bd
Sostasio [UD] 17 Fab
Sostegno [BI] 23 Dd
Sostegno [PV] 39 Dd
Sostino [PG] 95 Db
Sotta, Monte– 61 Dc
Sottana [CN] 61 Deb
Sottano, Monte– 129 Dc
Sóttili [PI] 75 BCc
Sottocastello [BL] 17 Db
Sotto Castello [BS] 27 Dd
Sottochiesa [BG] 25 Fb
Sotto di Troina, Fiume
  di– 173 ABd
Sottoguda [BL] 17 Ab
Sotto il Monte Giovanni XXIII
  [BG] 25 Fc
Sottomarina [VE] 45 Dc
Sottomonte [PN] 17 Fc
Sottoripa [AL] 37 Dd
Sottoselva [UD] 33 Cb
Sottovalle [AL] 51 Cd
Sóttrù [BZ] 3 Fd
Sovana [GR] 93 Bd
Sovara [AR] 85 Aa
Sovara, Torrente– 85 Aa
Sovata, Torrente– 91 Eb
Sovazza [NO] 23 Eb
Sover [TN] 15 Cc
Soverato [CZ] 153 Fb
Soverato Marina [CZ] 153 Fb
Soverato Superiore [CZ]
  153 Fb
Sóvere [BG] 27 Bc
Sovereto [BA] 125 Bb
Soveria Mannelli [CZ] 149 Cc
Soveria Símeri [CZ] 151 Cd
Sovernigo [TV] 31 BCc
Sovérzene [BL] 17 Cc
Sovicille [SI] 83 Bc
Sóvico [MB] 25 Dd
Sovilla [TV] 31 Cc
Sovizzo [VI] 43 Ea
Sovramonte [BL] 29 Fa
Sovvieco [SA] 129 Cb
Sozza [OT] 185 Db
Sozza, Monte– 179 Bd
Sozzago [NO] 39 Ab
Sozzigalli [MO] 55 Cc
Spaccarelli [CH] 105 DEc
Spaccato, Poggio– 93 Fbc
Spacco della Regina 99 Cb
Spada [PG] 85 Dc
Spada, Monte– 189 Cc
Spadacenta [VE] 31 EFc
Spadafora [ME] 163 Da
Spadarolo [RN] 79 Ba
Spádola [VV] 153 Dc
Spadolazzo, Pizzo– 11 Eb
Spagna, Piano di– 11 Ed
Spagnolo, Monte– 163 Ad
Spagnolo, Timpone– 143 Ec
Spagnuola [TP] 157 Bd
Spalavera, Monte– 23 Fa
Spanò [TP] 167 Ca
Spante [TR] 93 Fc
Sparacollo [EN] 173 ABab
Spáragio, Monte– 157 Bd
Sparago, Monte– 117 Ea
Sparanise [CE] 119 Db
Sparavero, Cima– 27 Fd
Sparavieri, Monte– 29 Bc
Spargi, Isola– 179 Cb
Spargiotto, Isola– 179 Cb
Sparone [TO] 35 Gb
Spartà [ME] 155 Ab
Spartimento [NA] 127 Ea
Sparvasile [CS] 145 BCc
Sparvera, Serra– 111 Cb
Sparviere, Monte– 143 Dc
Sparviero, Scoglio dello–
  91 Cc
Sparvo [BO] 67 DEc

Spazzate [BO] 69 Ba
Spazzavento [PT] 75 CDb
Spazzona [AL] 49 FGc
Spécccheri, Lago di– 29 Bc
Spécchia [BR] 135 Ab
Spécchia [LE] 139 Ec
Specchiagallone [LE] 139 Fb
Specchia Miano 135 Bc
Specchiarica [TA] 139 Ba
Spécchio [PR] 53 Ccd
Specchiolla [BR] 135 Cb
Spedaletto [PI] 81 Eb
Spedaletto [PT] 75 Da
Spedaletto [SI] 93 BCa
Spedino [RI] 103 Cc
Speikboden / Spico, Monte–
  3 EFb
Spello [PG] 95 CDb
Spelonga [AP] 97 Ac
Spendula, Cascata– 191 Ed
Spera [TN] 29 Da
Speranza [RE] 67 Aa
Speranza, Nuraghe– 181 Cd
Sperella, Vetta– 13 Bb
Spercenigo [TV] 31 Dd
Spergoláia [GR] 91 Cc
Sperlinga [EN] 161 CDd
Sperlinga, Fiumetto di–
  161 Cc
Sperlonga [LT] 117 Fb
Sperone [AQ] 111 Bb
Sperone [AV] 121 Ad
Sperone [TP] 157 Db
Speróngia [PC] 53 Bc
Spert [BL] 17 Dd
Sperticaro [BO] 67 DEc
Spervara [MO] 67 Ac
Spéscia [FC] 77 CDb
Spessa [PD] 29 EFd
Spessa [PV] 39 DEd
Spessa [UD] 33 Da
Spessa, Cima– 27 Ec
Spettine [PC] 53 Ac
Spettoleria [BO] 55 Fd
Speziale [BR] 135 Ab
Speziale, Monte– 157 Db
Spezzano [MO] 67 BCab
Spezzano Albanese [CS]
  145 Ebc
Spezzano Albanese Terme
  [CS] 145 Eb
Spezzano della Sila [CS]
  149 Db
Spezzano Piccolo [CS]
  149 Db
Spiaggi, Monte– 65 Bb
Spiaggio [PR] 53 Ccd
Spianate [LU] 75 Cc
Spiano [SA] 129 Bb
Spiano [TE] 97 CDd
Spiazzi [BG] 27 Ab
Spiazzi [VR] 29 Ad
Spiazzo [TN] 13 Fd
Spicchiaiola [PI] 81 Fb
Spícchio [PT] 75 Dc
Spícchio, Monte– 85 Ba
Spícchio–Sovigliana [FI]
  75 Dc
Spicciano [CE] 119 Cb
Spicciano [FI] 83 ABa
Spicciano [MS] 65 Dc
Spico, Monte– / Speikboden
  3 EFb
Spiel, Dosso– 15 Ab
Spigarolo [PR] 53 Db
Spignana [PT] 75 Ca
Spigno, Monte– 115 Dc
Spigno Monferrato [AL] 61 Ea
Spignon [UD] 19 Dd
Spigno Saturnia [LT] 119 Bb
Spigno Saturnia–Inferiore
  [LT] 119 Bb
Spigno Saturnia–Superiore
  [LT] 119 Bb
Spigone [RE] 65 Fb
Spilamberto [MO] 67 Dab
Spilimbergo [PN] 19 Ad
Spilinga [VV] 153 Bc
Spillo, Poggio allo– 77 CDc
Spina [BS] 27 Ad
Spina [PG] 95 Ab
Spina, Bruncu– 189 Cc
Spina, Lago di– 49 Cb
Spina, Monte– [BL] 5 CDd

Spina, Monte– [CS] 151 Bab
Spina, Monte– [PZ] 141 EFb
Spina, Monte la– 143 Bb
Spina, Necrópoli di– 57 Dc
Spina, Torrente– 95 Dc
Spinaceto [RI] 101 Fb
Spinaceto [ROMA] 107 Ec
Spina dell'Ausino, Monte–
  129 Fd
Spina del Lupo (Wolfendorn)
  3 Db
Spinadesco [CR] 41 Bd
Spinale, Monte– 15 Ac
Spina Nuova [PG] 95 DEb
Spinarda, Monte– 61 Gc
Spina Santa 109 Bb
Spina Santa, Monte– 145 Cc
Spina Vecchia [PG] 95 DEb
Spina Verde, Parco
  Regionale– 25 Cc
Spinazzino [FE] 57 Ac
Spinazzo [SA] 129 CDd
Spinazzola [BT] 123 Ed
Spíndoli [MC] 85 Fc
Spinea [VE] 45 CDb
Spineda [CR] 53 FGa
Spineda [PR] 53 Db
Spineda [TV] 31 Ac
Spinelli [BG] 27 Ab
Spinelli [CT] 173 Cb
Spinelli [PI] 81 Da
Spinello [FC] 77 Db
Spinello [KR] 151 Db
Spinello [PC] 51 Gc
Spineta [SI] 93 CDb
Spineta Nuova [SA] 129 Cc
Spinete [CB] 113 Ad
Spineto [MT] 133 Cd
Spineto [TO] 37 Ab
Spinétoli [AP] 97 Db
Spineto Scrivia [AL] 51 Cb
Spinetta [CN] 61 Ab
Spinetta Marengo [AL]
  51 ABb
Spinga / Spinges [BZ] 3 Dc
Spinges / Spinga [BZ] 3 Dc
Spinimbecco [VR] 43 Ed
Spino [MO] 67 Cb
Spino, Monte– 27 Ec
Spino d'Adda [CR] 39 Fb
Spínola, Castello– 63 Ca
Spinone al Lago [BG] 27 Ac
Spinosa, Punta– 195 Fcd
Spinoso [PZ] 143 Ba
Spinti, Torrente– 51 Cd
Spirago [PV] 39 Dc
Spirano [BG] 25 Gd
Spirito Santo [BA] 125 Cab
Spitz, Monte– [VI] 29 Da
Spitz, Monte– [VI] 29 EFb
Spizom, Monte– 29 Bb
Splash! 139 CDb
Splaza, Monte– 27 Cc
Spluga, Monte– 11 Fc
Spóccia [VB] 9 Fa
Spodnja Branica [SLO]
  33 Fbc
Spodnje Škofije [SLO] 33 Fd
Spöl, Torrente– 1 Ad
Spoleto [PG] 95 Dc
Spoltore [PE] 105 Db
Spondigna / Spondinig
  [BZ] 1 Dd
Spondinig / Spondigna
  [BZ] 1 Dd
Spongano [LE] 139 Fbc
Spora [PR] 63 Gab
Spormaggiore [TN] 15 Bc
Sporminore [TN] 15 Bc
Sporno, Monte– 65 DEa
Sportinia [TO] 47 Cc
Spotorno [SV] 61 Fc
Sprè [TN] 15 Bd
Sprea [VR] 29 BCd
Spresiano [TV] 31 Cc
Spriana [SO] 13 Ac
Sprina [CN] 49 Bc
Spronser-Bach / Sopranes,
  Rio– 3 Ac
Spróporli [RC] 155 Dd
Sprugnano [AR] 77 Cc
Squadretto [BS] 41 Dc
Squadro, Costa– 131 Ab
Squaneto [AL] 61 Fab
Squarci [PR] 65 ABb
Squaranella [MN] 55 Aab
Squillace [CZ] 153 Fb
Squillace Lido [CZ] 153 Fb

Squillani [AV] 121 Bc
Squille [CE] 119 Fc
Squinzano [LE] 135 Ed
Sruer, Lago– 9 Eb
Stabbia [FI] 75 Cc
Staben / Stava [BZ] 1 Fd
Stabiata, Monte– 103 Db
Stabiazoni [PT] 75 Da
Stábie [BL] 17 Eb
Stábie [BL] 31 Bab
Stábile [TA] 133 Fb
Stabina, Torrente– 25 Fb
Stabiuzzo [TV] 31 Dc
Stabiziane [BL] 17 Ca
Staccata, Cocuzzo– 131 BCb
Stacciola [PU] 79 Ec
Stadera [PC] 51 Eb
Stadirano [PR] 53 Ed
Stadolina [BS] 13 Dc
Staffa [VB] 23 Bb
Staffarda [CN] 47 Fc
Stáffola [RE] 55 Bb
Stáffoli [PI] 75 Cc
Stáffoli [RI] 103 Bc
Stáffolo [AN] 87 Cb
Stáffolo [CR] 53 Fb
Stáffolo [MN] 41 Fb
Stáffolo [VE] 31 Fd
Staffora, Torrente– 51 Db
Stággia [MO] 55 Dc
Stággia [SI] 83 Bb
Stággia, Fiume– 77 Cc
Staggiano [AR] 83 Fb
Staghiglione [PV] 51 DEb
Staglieno [GE] 63 Cb
Stagliozzo [PZ] 131 Bb
Stagnali [OT] 179 Db
Stagnataro, Pizzo– 169 CDb
Stagnedo [SP] 65 Bc
Stagnetto [VS] 191 Fd
Stagno [PI] 81 BCa
Stagno [PR] 53 Eab
Stagno di Cabras, Zona Umida– 187 Cd
Stagno di Holay, Riserva Naturale– 25 Bd
Stagno di Mistras, Zona Umida– 187 Cd
Stagno di Molentargius, Zona Umida– 197 Bb
Stagno di Pauli Maiori, Zona Umida– 187 Bd
Stagno di Sale e' Porcus, Zona Umida– 187 Cd
Stagno di Santa Gilla, Zona Umida– 197 Bb
Stagno Lombardo [CR] 53 Da
Stagnone, Isole dello– 157 Bc
Stagno Urbani, Oasi– 79 Ec
Staina, Torrente– 113 Fc
Staìti [RC] 155 Dcd
Stalden [Svizz.] 9 Bc
Staletti [CZ] 153 Fb
Stális [UD] 17 Ga
Stallavena [VR] 43 Ca
Stallone 27 Ea
Stampare, Torre– 177 Ed
Stanco, Monte– 67 Dc
Stanga [PD] 45 Bb
Stanga, Colle della– 29 Dab
Stanga, Monte– 15 Bd
Stanghella [PD] 45 Ad
Stangone, Monte– 123 Cd
Štanjel [SLO] 33 Gc
Štanjel [SLO] 33 Fc
Staranzano [GO] 33 Dc
Starda [SI] 83 CDb
Starléggia [SO] 11 Eb
Starlex, Piz– 1 Ccd
Staro [VI] 29 Cc
Staro Selo [SLO] 19 Dc
Starza [AV] 121 Bcd
Statale [GE] 63 Fb
Statigliano [CE] 119 Eb
Statte [MC] 87 Bd
Statte [TA] 133 Fc
Statto [PC] 53 Ab
Statua [ROMA] 107 Cb
Stauli Gnivizza [UD] 19 Cc
Stava [TN] 15 Dc
Stava / Staben [BZ] 1 Fd
Stavei, Cima di– 13 Fc
Stavèl [TN] 13 Ec

Stazzano [AL] 51 Cc
Stazzano [ROMA] 101 Fd
Stazzema [LU] 73 Eb
Stazzo [CT] 173 Eb
Stazzona [CO] 11 Dd
Stazzona [SO] 13 Bc
Stazzoni, Monte– 179 Ad
Stazzu Pulcheddu [OT] 179 CDc
Steccato [KR] 151 Dd
Stecori, Nuraghe– 189 Bc
Stedro–Sabion [TN] 15 Cc
Stefanáconi [VV] 153 Cb
Stefanago [PV] 51 DEb
Stefandorf / Santo Stéfano [BZ] 3 Fc
Stein / Sasso [BZ] 3 Db
Steinegg / Collepietra [BZ] 15 Db
Steinhaus / Cadipietra [BZ] 3 Fb
Steinwand (Verde, Creta–) 5 Ed
Steliere, Monte le– 59 Dc
Stella [AP] 97 Db
Stella [RO] 57 Ca
Stella [SV] 61 Fb
Stella [TO] 47 Fb
Stella [UD] 19 Cc
Stella, Fiume– 33 Bc
Stella, Monte– [EN] 171 Eb
Stella, Monte– [SA] 129 Bb
Stella, Monte della– 141 Ba
Stella, Pizzo– 11 Eb
Stella, Serra– 149 Eb
Stella, Torrente– 75 Db
Stella Cilento [SA] 141 Ba
Stellanello [SV] 71 Fab
Stellata [FE] 55 Fb
Stelletanone [RC] 153 Cd
Stellina [BO] 67 Fab
Stellone, Rio– 49 Bb
Stellune, Lago delle– 15 Dc
Stélvio, Parco Nazionale dello– / Stilfserjoch Nationalpark 13 Fb
Stélvio / Stilfs [BZ] 1 Dd
Stemigliano [AL] 51 Dc
Stenico [TN] 29 Aa
Stern / La Villa [BZ] 3 Fd
Sternai, Cime– / Hinter Eggen–Spitze 13 Fb
Sternatia [LE] 139 Ea
Sternigo, Paludi di– 15 Cd
Sterpaia [PI] 73 Ec
Sterpaia, Parco della– 91 Cb
Sterpete [PG] 95 Db
Sterpeti [VT] 93 Ed
Sterpeto [PG] 95 Ca
Sterpeto [PG] 95 Ccd
Sterpito di Sopra [PZ] 131 Bb
Sterpo [UD] 33 Bb
Sterpone [SA] 131 Ad
Sterro, su– 189 EFc
Sterza, La– [PI] 81 Eb
Sterza, Torrente– [PI] 81 Eb
Sterza, Torrente– [Tosc.] 81 Ec
Sterzing / Vipiteno [BZ] 3 Cb
Stevani [AL] 49 Fa
Stevenà [PN] 31 Db
Stezzano [BG] 25 FGd
Stia [AR] 77 Cc
Stia, Cimon della– 17 Ac
Stiago [VE] 33 Ac
Stiappa [PT] 75 Cb
Statico [BO] 55 Fd
Stiava [LU] 73 Eb
Stiavola [AR] 77 Fc
Stibbio [PI] 75 Ccd
Sticciano [GR] 91 Eb
Stien, Torrente– 31 Aa
Stienta [RO] 55 Gb
Stiffe [AQ] 103 Ec
Stiffe, Grotta di– 103 Ec
Stifone [TR] 101 Dab
Stigliano [MC] 87 Bc
Stigliano [MT] 131 Ed
Stigliano [SI] 83 Bc
Stigliano [VE] 45 Cab
Stignano [RC] 153 Ed
Stigolo, Monte– 27 Eb
Stilaro, Torrente– 153 Ed
Stilfes / Stilves [BZ] 3 Cb
Stilfs / Stélvio [BZ] 1 Dd

Stilfserjoch Nationalpark / Stélvio, Parco Nazionale dello– 13 Fb
Stillo, Monte– 121 Da
Stilo [RC] 153 Ed
Stilo de' Mariani [CR] 41 Dcd
Stilves, Cima di– / Zinseler 3 Cb
Stilves / Stilfes [BZ] 3 Cb
Stimigliano [RI] 101 Ec
Stimigliano Scalo [Laz.] 101 Ec
Stinco [MC] 97 Aab
Stine [SI] 83 Bc
Stino, Monte– 27 Ec
Stintino [SS] 181 Bc
Stio [CS] 145 Ed
Stio [SA] 141 Ca
Stiolo [BO] 67 Ec
Stiolo [RE] 55 Ec
Stipes [RI] 103 Ac
Stirone, Parco Fluviale dello– 53 Cb
Stirone, Torrente– 53 Db
Stivo, Monte– 29 Ab
Stizzon, Torrente– 29 Fb
Stoccaredo [VI] 29 Eb
Stolvizza [UD] 19 CDb
Stóner [VI] 29 EFb
Stoppiaro [MN] 55 DEb
Stóraco [AN] 87 Cb
Storile, Monte– 13 Cc
Storlo [RE] 65 Eb
Stornade, Cima di– 17 Bc
Stornara [FG] 123 Cb
Stornara, Riserva Naturale Biogenetica– 133 Dc
Stornarella [FG] 123 Cb
Storo [TN] 27 Eb
Storti [VI] 29 Cc
Storto, Grotta dello– 167 ins.a
Stoveno [SO] 11 Ec
Stra [PC] 51 Fb
Stra [VE] 45 Cb
Strà [VR] 43 DEc
Strabatenza [FC] 77 Db
Straboria [TP] 157 Bc
Stracciola, Creper di– 13 Ed
Stráccis [UD] 33 Ab
Straciugo, Pizzo– 9 Cd
Stracóncolo [CR] 53 Da
Strada [AR] 77 Cc
Strada [MC] 87 Bd
Strada [MC] 87 Bd
Strada [PI] 81 DEa
Strada [SI] 81 FGb
Strada [SV] 61 Dc
Strada [SV] 61 DEb
Strada [TN] 27 Eb
Strada–Fábbrica [RE] 65 Gab
Strada in Chianti [FI] 75 Fd
Strada San Zeno [FC] 77 Dab
Stradella [MN] 43 Bcd
Stradella [PR] 53 Ec
Stradella [PV] 39 Dd
Stradella [PV] 39 Bc
Stradelle [PD] 45 Bab
Strádola [AV] 121 Dc
Stradone [VE] 45 Cb
Stradone [VR] 43 Ec
Straface, Torrente– 143 Fcc
Stráling, Punta– 23 Bb
Stramare [TV] 31 Ab
Strambinello [TO] 37 Ab
Strambino [TO] 37 Bb
Stramentizzo [TN] 15 Dc
Stramentizzo, Lago di– 15 Dc
Stránges [RC] 155 Dc
Strangolagalli [CE] 119 Eb
Strangolagalli [FR] 109 Fd
Strangolera [CS] 149 Dc
Straniger (Cordin, Monte–) 19 Ba
Strano [RC] 153 Ed
Straorini [RC] 155 Bc
Straorino [RC] 155 Bc
Strasatti [TP] 167 Ca
Strassera [GE] 51 Dd
Strassoldo [UD] 33 Cbc
Stráulas [OT] 185 Db
Stravignino [BS] 27 Bc
Stravino [TN] 29 Aab
Strazzavertole, Monte– 171 Dbc
Strega, Monte della– 85 Eb
Stregna [UD] 19 Ed
Strela [PR] 65 ABab

Strella [VC] 37 Db
Strembo [TN] 13 Fd
Strémiz [UD] 19 Dcd
Strepeto [PR] 63 Gb
Stresa [VB] 23 Fb
Stretta, Pizzo La– 13 Bb
Stretti [UD] 19 Db
Stretti [VE] 31 Fd
Stréttoia [LU] 73 Eb
Strettura [PG] 95 Dd
Strevi [AL] 49 FGc
Striano [FI] 75 Gab
Striano [NA] 127 Fb
Stribugliano [GR] 93 Abc
Stridone, Torrente– 93 Cc
Strigara [FC] 77 Fb
Strigno [TN] 15 Ded
Strognano [PR] 53 Ed
Strómboli [ME] 165 ins.b
Strómboli, Isola– 165 ins.b
Strombolícchio 165 ins.b
Strona [BI] 23 CDd
Strona [VB] 23 Eb
Strona, Fiume– 23 Eb
Strona, Torrente– [Piem.] 23 Dc
Strona, Torrente– [Piem.] 23 Db
Stroncone [TR] 101 EFab
Stróngoli [KR] 151 Eb
Stroppare [PD] 45 Ad
Stroppari [VI] 29 Fc
Stroppiana [VC] 37 Ec
Stroppo [CN] 59 Dab
Stróve [SI] 83 ABb
Strovina [VS] 191 EFc
Strozza [BG] 25 Fc
Strozzavolpe, Fosso– 99 Fa
Strudà [LE] 139 Ea
Strugas [OT] 185 Eb
Struppa [GE] 63 CDb
Stua, Lago della– 17 Ad
Stubèle 15 Ab
Stúdena Alta [UD] 19 Cab
Stúdena Bassa [UD] 19 Cab
Stuerda [TO] 49 BCb
Stuetta [SO] 11 Eb
Stuffione [MO] 55 Dc
Stúlles / Stuls [BZ] 3 Bc
Stuls / Stúlles [BZ] 3 Bc
Stumiaga [TN] 29 Aab
Stumio [KR] 151 Ed
Stupari, Monte– 171 Fb
Stupinigi [TO] 49 Ab
Stupinigi, Palazzina di Caccia di– 49 Ab
Stupinigi, Parco Naturale di– 49 Ab
Stupizza [UD] 19 Dc
Stura, Torrente– [FI] 75 Fa
Stura, Torrente– [It.] 63 Ba
Stura, Torrente– [Piem.] 37 Cd
Stura di Ala, Fiume– 35 Ec
Stura di Demonte, Fiume– 61 Ba
Stura di Lanzo, Fiume– 35 Gd
Stura di Lanzo, Zona di Salvaguardia della– 35 Gc
Stura di Viù, Fiume– 35 Fb
Sturla [GE] 63 Cb
Sturla, Torrente– 63 Fb
Sturno [AV] 121 Dc
Sualdin [PN] 17 Gc
Suardi [PV] 51 Bab
Suaredda–Traversa [OT] 185 EFb
Suasa 87 Aa
Subásio, Monte– 95 CDa
Subbiano [AR] 83 Fa
su Benatzu [CI] 195 Ec
Subiaco [ROMA] 109 Cb
Subìt [UD] 19 CDc
Succhi [CN] 61 Bb
Succiano [AQ] 103 EFc
Succinto [TO] 37 Aa
Succisa [MS] 65 Cb
Succiso [RE] 65 Eb
Succiso, Alpe di– 65 DEb
Succivo [CE] 119 Ed
Suchello, Monte– 25 Cc
Sucinva [BS] 27 Cb
su Cirifoddi [CA] 195 Fb

su Cologne [NU] 189 Db
su Cologone, Sorgente di– 189 Db
Sud, Costa del– 195 Ed
Sude Scarráus, Rio– 195 Ec
Sud Milano, Parco Agricolo– 39 Cb
Suéglio [LC] 11 Ed
Suelli [CA] 193 Bc
Suello [LC] 25 Dc
Suergiu Mannu, Rio– 197 Db
Suessa, Becca di– 35 Ca
su Forti [CA] 197 Cb
Sugano [TR] 93 Bc
Súghera [FI] 81 EFa
Sughereta di Niscemi, Riserva Naturale– 175 Fb
Súghero, Pizzo di– 163 Cb
Sugherotorto [RG] 175 Fc
Súio [LT] 119 BCb
Suísio [BG] 25 Fc
Sulau [OR] 193 Bb
Sulbiate [MB] 25 Ec
Sulbiate Inferiore [MB] 25 Ed
Sulbiate Superiore [MB] 25 Ed
Sulcis, Rovine di– 195 Cc
Súlcis 195 Ec
Sulden / Solda [BZ] 13 Eab
Sulè [VR] 43 Ec
Sulmona [AQ] 105 Bd
Sulpiano [TO] 37 Ccd
Sulzano [BS] 27 Bc
Sumbra, Monte– 73 Ea
Sumbráida, Monte– 1 Bd
Sumirago [VA] 23 Gc
Summaga [VE] 31 Fc
Summano, Monte– 29 Dc
Summonte [AV] 121 Bd
Suna [VB] 23 Fb
su'Ungroni [OR] 191 Db
Suni [OR] 187 Db
Suniglia [CN] 49 Ad
Suno [NO] 23 Fd
Su Noduladu [OT] 185 Cb
Suozzi [AV] 121 Bc
su Pallosu [OR] 187 Cc
Superduseddu, Nuraghe– 193 Db
Superga [TO] 37 Ad
Superiore, Lago– [AO] 21 Ec
Superiore, Lago– [MN] 43 Ad
Superiore, Lago– [VB] 9 Eb
Supersano [LE] 139 Ebc
Supiani [SO] 13 Cc
Supino [FR] 109 Dd
su Pirastru [SS] 183 Bb
su Rai [CA] 195 DEc
Surano [LE] 139 Esc
Surbo [LE] 135 Ed
Surier [AO] 21 Cd
Surigheddu [SS] 183 Cc
Surrau, Rio– 179 Dc
Susa [TN] 29 Ca
Susa [TO] 35 Dd
Susanna [CT] 173 Dbc
Susano [BO] 67 Dc
Susano [MN] 43 Bc
Susano [MO] 67 ABb
Susans [UD] 19 Bc
Susegana [TV] 31 Cb
Susella [PV] 51 Db
Suseneo [IM] 71 Db
Susin [BL] 17 Bd
Susinelli, Monte– 77 Cab
Susinna [PA] 159 Bb
Susino [CO] 25 Db
Suso [LT] 109 Cd
Sussisa [GE] 63 Db
su Sterru [OG] 189 Fc
su Sterru [OG] 189 Fc
Sustinente [MN] 55 CDa
Sustinenza [VR] 43 Dd
Susugias, Nuraghe– 187 Eb
Sutera [CL] 169 Eb
su Tilió [NU] 185 Fc
Sutri [VT] 101 Cc
Sútrio [UD] 19 Aab
Súvaro, Monte– 151 Db
Suvereto [LI] 91 Ca
Suvergiu, Monte su– 189 Cb
Súvero [SP] 65 Bc
Suviana [BO] 75 Ea
Suviana, Lago di– 75 Ea
Suvignano [SI] 83 Cc
Suzzano [PC] 53 Ab

Suzzara [MN] 55 Bab
Suzzi [PC] 51 Ed
Suzzolins [PN] 33 Ac
Svarchi [AN] 87 Bc
Sveto [SLO] 33 Fc
Sybaris–Copia 147 Ab
Symaethus 173 Dc

T

Tabaccaia [GR] 91 FGa
Tabaccaro [TP] 157 Cd
Tabano [AN] 87 Cab
Tabarano [LE] 139 Dc
Tabbiano [PR] 65 Ea
Tabellano [MN] 55 Bab
Tabiano [PR] 53 Dc
Tabiano Bagni [PR] 53 CDc
Tablà / Tabland [BZ] 1 Fd
Tabland / Tablà [BZ] 1 Fd
Tabor, Monte– 11 Dd
Taborba, Torrente– 61 Ea
Taburno, Monte– 121 Ac
Taburno–Camposauro, Parco del– 121 Ac
Tacca Rossa [CI] 195 Bb
Tacco, Monte– 63 Bab
Taccone [MT] 131 DEb
Taccu, Nuraghe– 187 Fc
Taceno [LC] 25 Ea
Tâche [AO] 21 CDcd
Tácina, Fiume– 151 Ec
Tacquara, Nuraghe– 193 Cc
Tadasuni [OR] 187 Fc
Taena [AR] 77 Dd
Taf, Monte– 23 Bc
Taffuri, Monte– 163 Abc
Tafone, Fosso– 93 Bcd
Tagewaldhorn / Tramin, Corno di– 3 Cc
Tággia [IM] 71 Eb
Taggi di Sopra [PD] 45 Ab
Taggi di Sotto [PD] 45 Ab
Tagli [RC] 155 Bb
Tagliacozzo [AQ] 103 Cd
Tagliaferro [FI] 75 Fb
Tagliaferro, Monte– 23 Bb
Tagliamento, Fiume– 33 Bc
Tagliamento, Foce del– 33 Bd
Taglianaso, Monte– 121 Da
Tagliaretto [TO] 47 Eb
Tagliata [CN] 49 Bd
Tagliata [CN] 49 Bd
Tagliata [MO] 67 Cb
Tagliata [RE] 55 Fab
Tagliata, Monte la– 65 Ba
Taglieto [SP] 65 Ab
Táglio [PD] 45 Bd
Taglio [RO] 57 Eab
Taglio, Fiume– 33 Bb
Táglio Corelli [RA] 69 Ea
Táglio della Falce [FE] 57 Ec
Táglio di Po [RO] 57 Eab
Tagliola [BN] 119 Fa
Tagliole [MO] 67 Ad
Tagliole, le– [MO] 67 Ad
Tagliolo Monferrato [AL] 51 ABd
Tagliuno [BG] 27 Ad
Táibo [FC] 77 Fb
Taibon Agordino [BL] 17 Bc
Tai di Cadore [BL] 17 Db
Taiedo [PN] 31 Db
Taièt, Monte– 19 Ac
Tainate [MI] 39 Cb
Taino [VA] 23 Fc
Táio [TN] 15 Bc
Taio di Nomi 29 Bb
Taioli [VR] 29 Bd
Taion [RO] 45 Bd
Taipana [UD] 19 Cc
Tairano, Monte– 121 Ac
Tairano di qua [VC] 23 Dc
Taisten / Tesido [BZ] 5 Ac
Taizzano [TR] 101 Db
Tal / la Valle [BZ] 1 Fd
Talácchio [PU] 79 Cc
Talamello [RN] 77 Fb
Talamona [SO] 11 Fd
Talamone [GR] 99 Ba
Talána [OG] 189 Dc
Talánico [CE] 119 Fc
Talasai, Nuraghe– 187 Fc
Talavà [OG] 189 Dc
Talavorno [MS] 65 Cc
Talbignano [MO] 67 Bb

Iciona [SI] 83 Bb
lêfre, Aiguille de– 21 Cc
leggio [BG] 25 Fb
lente [FI] 75 Ecd
lere, Rio di– 183 Fc
lfer / Talvera, Torrente–
~ Cc
lla [AR] 83 Ea
llacano [AP] 97 Bc
lle di Sopra / Obertall
BZ] 3 Bc
llone Grande, Monte– /
Johe Ferse 3 Bb
llorno [TO] 21 Fd
lmassons [PN] 31 Eb
lmassons [UD] 33 Bb
locci [RI] 101 Fc
lonno [NO] 23 Fc
loro, Fiume– 189 Bc
lósio [TO] 35 Fb
lponada [TV] 31 Dc
lponedo [PN] 31 Eb
lsano [TA] 133 Fd
ltbühel / Montalto di Nova
5 DEb
lucco [TO] 47 Ea
lvacchia [AP] 97 Cc
lvena, Monte– 17 Bc
lvera, Torrente– / Talfer
3 Cc
lmai [PN] 31 Eb
lmara [FE] 57 Bb
lmarispa [NU] 185 EFb
lmaroz [UD] 19 Db
lmbre [BL] 17 Dd
lmbruz [BL] 17 Bd
lmbulano, Pizzo– 161 EFc
lmbura, Monte– 73 Ea
lmburino [FI] 77 Ab
lmer, Monte– 17 Bc
lmers / Tamóres [BZ] 3 Fd
lmmarécchia, Torrente–
121 Bb
lmmaro, Fiume– 121 Cc
lmone, Monte– 59 Fb
lmóres / Tamers [BZ] 3 Fd
lana [AT] 49 Ec
lanagro, Fiume– 129 Cc
lanai / Thanai [BZ] 1 DEc
lanarello, Torrente– 71 Da
lánaro, Fiume– 51 Bb
lana, Fosso– 91 Dc
lanas / Tannas [BZ] 1 DEd
lanaunella [OT] 185 Fc
lanca Manna [OT] 179 Cc
lanca Marchese [OR] 191 Db
lanca Noa, Nuraghe– 185 Bd
lanca Régia [OR] 187 Ec
lanca su Cordolino [CA]
197 Dc
lancatura, Punta– 185 Dc
lancau sul Mare [OG] 189 Fd
láncia, Monte– 101 Fc
lane, Monte delle– 51 Fd
laneto [RE] 53 Fc
lángia, Monte– 131 Cd
lanna / Sinablana [BZ] 15 Bb
lannaghe, Rio– 187 Ec
lannara, Nuraghe– 193 Cb
lannoia [FG] 123 Db
Janone Grande della
Gacciolina 65 Fb
lantanè, Monte– 21 Fc
lantariles, Punta– 185 Db
lantighi [VV] 153 Cc
lanzbach / Danza, Rio– 15 Da
lanze-Vallone [TO] 35 Dd
lanzlhof [BZ] 3 Ec
lanzonia, Punta di– 9 Eb
lapa, Motto della– 11 Cd
lapigliano [NO] 23 Fc
lapogliano [UD] 33 Db
laponecco [MS] 65 Dc
láppia [VB] 9 Dd
lappino, Torrente– 113 Cd
lappi Rosa [BI] 23 Cd
larabina [RA] 69 Ba
larano [RI] 101 Eb
laranta Peligna [CH]
111 DEab
larcento [UD] 19 Cc

Tárces / Tartsch [BZ] 1 Dc
Tarcetta [UD] 19 Dd
Tardara, Monte– 161 Cc
Tardaria [CT] 173 Db
Tarè, Monte– 189 Ed
Tarifi Croce [CS] 149 Cb
Tarignano [AQ] 103 Cb
Tarino, Monte– 109 Db
Tarlapini [CN] 49 Bc
Tarmassia [VR] 43 Cc
Taro [MC] 95 Fab
Taro, Fiume– 53 Eb
Taro, Parco Fluviale del–
53 Ec
Tarocchi, Giardino dei– 99 Db
Taródine, Torrente– 65 Bb
Taroni, Rio– 179 Cd
Tarquínia [VT] 99 Fc
Tarquínia Lido [VT] 99 Fc
Tarquínia Vecchia 99 Fc
Tárres / Tarsch [BZ] 1 Fd
Tarsch / Tárres [BZ] 1 Fd
Társia, Lago di– 145 Ec
Tarsia, Riserva Naturale–
145 Ec
Tarsignano [AR] 85 Ab
Tarsogno [PR] 65 Ab
Tartago [PC] 51 Ed
Tártano [SO] 11 Gd
Tártaro, Fiume– 43 Dc
Tartaro, Scolo– 57 Da
Tartavalle Terme [LC] 25 Eab
Tartíglia [AR] 77 Cc
Tartogni [AR] 85 Eab
Tartsch / Tárces [BZ] 1 Dc
Tarugo [PU] 85 Ea
Tarugo, Torrente– 85 Ea
Tarvisio [UD] 19 Eab
Tarzo [TV] 31 Cb
Täsch [Svizz.] 9 Ad
Tascione, Timpone di–
143 Eb
Tásola [PR] 65 Aa
Tassani [GE] 63 Fc
Tassara [PC] 51 Eb
Tassarolo [AL] 51 Bc
Tassè [TN] 15 Ab
Tassei [BL] 17 Cd
Tassi di sos Niberos 185 Bd
Tassina [RO] 57 Ba
Tasso [AR] 83 Da
Tasso [GE] 63 Db
Tasso, Fiume– 111 Cb
Tasso–Camigliatello Silano,
Riserva Naturale– 149 Eb
Tassu, Serra di lu– 179 Bc
Tassullo [TN] 15 Bb
Tatinnu, Rio di– 195 Ec
Tatsch Spitz / Montaccio di
Pénnes 3 Cc
Tattarena, Fosso– 95 Dc
Tatti [GR] 91 Eab
Tatti, Dispensa di– [PI]
81 Ebc
Taufers / Túres [BZ] 3 Fb
Taufers im Münstertal / Tubre
[BZ] 1 Cd
Taugine, Monte– 27 Bb
Taurano [AV] 129 Aa
Tarasi [AV] 121 Cc
Tauriano [PN] 33 Aa
Taurianova [RC] 153 Cd
Taurine, Terme– 99 Gd
Taurisano [LE] 139 Ec
Táuro, Monte– [PZ] 131 Bb
Táuro, Monte– [SR] 173 Ed
Táusia [UD] 19 Ba
Tavagnacco [UD] 19 Cd
Tavagnasco [TO] 23 Bd
Tavaiano, Torrente– 79 Ec
Tavarnelle Val di Pesa [FI]
83 ABa
Tavarnuzze [FI] 75 Fc
Tavarone [SP] 63 Gc
Tavazzano [LO] 39 Ec
Tavazzano con Villavesco
[LO] 39 Ec
Tavenna [CB] 113 Cd
Taverna [BN] 119 Fbc
Taverna [CH] 111 Fc
Taverna [CZ] 151 Bc
Taverna [FC] 77 Fa
Taverna [FC] 77 Fa
Taverna [FR] 119 Ca
Taverna [IS] 111 Ed

Taverna [IS] 111 Fd
Taverna [RN] 79 Bb
Taverna [SR] 177 Eb
Taverna, Pizzo– 161 Cc
Taverna di Mezzo [AP] 97 Cc
Taverna Foi [PZ] 131 Bb
Tavernago [PC] 51 Fb
Taverna Magnano [PZ]
143 Cb
Tavernanova [NA] 127 DEa
Taverna Piccinini [AP] 97 Cc
Taverna Ravíndola [IS]
111 Dd
Tavernazza [FG] 121 Fa
Taverne [AT] 49 Db
Taverne [AV] 121 Cc
Taverne [MC] 95 Ea
Taverne [PC] 53 Bc
Taverne d'Árbia [SI] 83 Cc
Tavernelle [AN] 87 DEa
Tavernelle [AR] 85 Aa
Tavernelle [MO] 67 Cb
Tavernelle [MS] 65 Bc
Tavernelle [PG] 93 Eab
Tavernelle [PU] 79 Dc
Tavernelle [VI] 43 Eab
Tavernelle d'Emilia [BO]
67 Ea
Tavernerio [CO] 25 Cc
Tavernette [TO] 47 Fb
Tavérnola [CO] 25 Cb
Tavérnola [FR] 109 Ed
Tavérnola Bergamasca [BG]
27 Bc
Tavérnole [AV] 129 Ca
Tavérnole [VR] 43 Ca
Tavérnole sul Mella [BS]
27 Cc
Tavernuzze [FI] 75 FGc
Taverone, Torrente– 65 Dc
Taviano [LE] 139 Dc
Taviano [PT] 75 Da
Tavigliano [BI] 23 Cd
Tavignano [AN] 87 Cb
Tavo [PD] 45 Bab
Tavo, Fiume– 105 Cb
Tavodo [TN] 15 Ad
Távola [PO] 75 Ec
Távola Rotonda 111 Da
Tavole [IM] 71 Eb
Tavole dei Paladini 135 Bb
Tavole Palatine 133 Cd
Tavoleto [PU] 79 Bc
Tavolicci [FC] 77 Ec
Tavoliere 115 Ad
Tavolin, Bric– 63 Ba
Tavolino, Monte– / Sefiár
Spitze 3 Ac
Tavon [TN] 15 Bb
Tavu de Mari, Grotta– 183 Dd
Tavúllia [PU] 79 Cb
Tazza [MC] 95 Fb
Tazzo [PG] 95 Fc
Tea Fondada, Bric– 1 Bd
Téala, Bau sa– 189 Ed
Teana [PZ] 143 Cc
Teano [CE] 119 Fb
Tebano [RA] 69 Bc
Tecchio, Torrente– 113 Cb
Teggiano [SA] 129 Gd
Téggiolo, Monte– 9 Dc
Tegli [AL] 51 Cd
Téglia [FM] 97 Bb
Téglia [MS] 65 Cb
Teglia [SA] 129 Fbc
Teglia, Lago di– 65 Cc
Téglia, Monte– 97 Bc
Téglie [BS] 27 Dd
Téglio [SO] 13 Bcd
Téglio Véneto [VE] 33 Ac
Tegna [Svizz.] 9 Gc
Tegnas, Torrente– 17 Ac
Tegóia [SI] 83 Bc
Tegoleto [AR] 83 Eb
Tegorzo, Torrente– 31 Ab
Tei, Becca di– 21 Cd
Teiolo, Bric– 63 Cb
Téiro, Torrente– 61 Gb

Teis / Tiso [BZ] 3 Dd
Tel / Tölf [BZ] 3 Acd
Teleccio, Lago di– 35 Fb
Telegrafo, Colle del– 151 Bc
Telegrafo, il– 99 BCb
Telegrafo, Monte– 129 Cb
Telegrafo, Monte– / Telegraph
3 Ec
Telegrafo, Pizzo– 169 ABb
Telegrafo, Torre del– 141 Cb
Telegraph / Telegrafo,
Monte– 3 Ec
Telenek, Monte– 13 BCd
Telese, Lago di– 121 Ab
Telese Terme [BN] 121 Ab
Telesia 119 Fb
Telfer Weißen / Bianche di
Telves, Cime– 3 Bb
Telfes / Télves [BZ] 3 Cb
Telgate [BG] 27 Ad
Telis, Villaggio– [OG] 189 Fd
Teliseri [NU] 189 Cc
Tella, Cima di– 1 Cc
Tella, Rivo– 119 Cc
Tellaro [SP] 73 Ca
Tellaro, Fiume– 177 Ec
Tellenæ 107 Fc
Telles, Rio di– / Zielbach 3 Ac
Tellesimo, Torrente– 177 Dc
Telti [OT] 179 CDd
Telugno [FR] 111 Bc
Telve [TN] 15 Dd
Telve di sopra [TN] 15 Dd
Télves / Telfes [BZ] 3 Cb
Temete, Fiume– 129 Dc
Temi [NU] 185 Dc
Temnica [SLO] 33 Ebc
Temo, Fiume– 187 Dab
Temo, Lago del– 183 Dd
Temo, Rio– 183 Ed
Temossi [GE] 63 Fb
Tempa Aquara 129 Ed
Tempa di Cristo 131 Ed
Tempera [AQ] 103 Db
Tempiesu, Fonte Sacra
su– 185 Dd
Témpio [TV] 31 Dc
Témpio, Fosso del– 171 Ed
Témpio Pausánia [OT] 179 Bd
Temù [BS] 13 Dc
Tenáglie [TR] 95 Ad
Tenarda, Lago di– 71 Db
Tencarola [PD] 45 Ab
Tenchia, Monte– 19 Aa
Tencione, Bric– 61 Fc
Tenda, Colle– 103 Dc
Tende [Fr.] 71 Ca
Tenerano [MS] 65 Dd
Téneri, Lago di– 45 Db
Ténibre, Mont– 59 Cc
Tenna [TN] 29 Cab
Tenna, Fiume– 87 Bc
Tennácola, Fiume– 97 Ba
Tenneverge, Pic de– 7 Bd
Tenno [TN] 29 Ab
Tenno, Lago di– 27 Fb
Tenuta dei Massimi, Riserva
Naturale Regionale della–
107 Ec
Tenuta di Acquafredda,
Riserva Naturale Regionale
della– 107 Eb
Tenuta Franzona [VE] 31 FGc
Teodone / Dietenheim
[BZ] 3 Fc
Teodorano [FC] 77 Ea
Teódulo, Corno del– 21 Gb
Teolo [PD] 43 FGbc
Teonghio [VI] 43 Ec
Teor [UD] 33 Bbc
Téora [AQ] 103 Cb
Teora [AV] 129 Eab
Téppia, Fosso– 109 Bd
Tera di Casso [CR] 41 Ac
Teramo [TE] 97 Dd
Tercesi [GE] 63 Db
Terdobbiate [NO] 39 Ab
Terdóppio, Torrente– 51 Ca
Teréglio [LU] 75 Ba
Terelle [FR] 111 Bd
Terelle, Colle– 111 Bc
Terenten / Terento [BZ] 3 Ec
Terento / Terenten [BZ] 3 Ec
Terenza [PC] 53 BCc
Terenzano [MS] 65 Cc
Terenzo [PR] 65 Da
Terenzone, Torrente– 63 Ea

Tergu [SS] 181 Ec
Teria, Nuraghe de Sa– 193 Eb
Teriasca [GE] 63 Db
Terlago [TN] 15 Bd
Terlago, Lago di– 15 Bd
Terlan / Terlano [BZ] 15 Ca
Terlano / Terlan [BZ] 15 Ca
Terlizzi [BA] 125 Bb
Terma, Bric del– 63 Bab
Terme dei Gracchi [VT]
101 CDc
Terme di Brénnero [BZ] 3 Db
Terme di Firenze [FI] 75 Fc
Terme di Lurisia [CN] 61 Bc
Terme di Panighina [FC]
69 DEd
Terme di Súio [LT] 119 Cb
Terme di Valdieri [CN] 59 Ec
Termenago [TN] 13 Fc
Terme Neroniane 45 Ac
Termeno sulla Strada del Vino /
Tramin an der Weinstrasse
[BZ] 15 Cb
Terme Santa Lucia [MC]
87 Cc
Terme Vigliatore [ME]
163 BCb
Termignon [Fr.] 35 Bc
Términe [AQ] 103 Cb
Termine [BL] 17 Cc
Términe [SP] 65 Ac
Términe [VE] 31 Fd
Término Grosso [KR] 151 Dc
Termini [NA] 127 Dc
Términi Imerese [PA] 159 Cc
Terminillo [RI] 103 Ab
Terminillo, Monte– 103 Ab
Termínio, Monte– 129 Cb
Termo [SP] 73 Ca
Térmoli [CB] 113 Dab
Termon [TN] 15 Bc
Ternano [GE] 63 Da
Ternate [VA] 23 Gc
Ternavasso [TO] 49 BCb
Ternavasso, Lago di– 49 Cb
Ternengo [BI] 23 Cd
Terni [TR] 101 Ea
Terno d'Isola [BG] 25 Fc
Térnova Piccola [TS] 33 Fc
Teróntola [AR] 85 Ac
Terra [RI] 103 Bab
Terra, Fiumara la– 131 Cc
Terra, Monte sopra– 17 Bb
Terra Amata [CR] 41 Ccd
Terracina [LT] 117 Eb
Terracino [RI] 97 Acd
Terracorpo [CE] 119 Db
Terra delle Gravine, Parco
Naturale Regionale– [TA]
133 CDc
Terra delle Gravine, Parco
Naturale Regionale– [TA]
133 EFc
Terra di Lavoro 119 Db
Terra di Sole [FC] 69 Cc
Terradura [PD] 45 Ac
Terradura [SA] 141 Cb
Terragnolo [TN] 29 Bb
Terráia [PG] 95 Dc
Terralba [GE] 63 ABb
Terralba [OR] 191 Db
Terralba, Monte– 189 Cd
Terra Mala [CA] 197 CDb
Terramala, Canale– 185 Cc
Terranegra [VR] 43 Dc
Terranera [AQ] 103 Ec
Terranova [AL] 37 Fd
Terranova [BN] 121 Bc
Terranova [CH] 111 Ea
Terranova [CM] 105 Cc
Terranova [LE] 139 Db
Terranova [PD] 45 Cc
Terranova [SA] 129 Ec
Terranova da Sibari [CS]
145 Ec
Terranova dei Passerini
[LO] 39 Fc
Terranova di Pollino [PZ]
143 Dc
Terranova Sappo Minúlio
[RC] 155 CDb
Terranuova Bracciolini [AR]
83 Da
Terrapadedda [OT] 185 Eb
Terrarossa [GE] 63 Fb
Terrarossa [GR] 99 Cb
Terrarossa [MS] 65 Cc

Terrarossa, Cima di– /
Roterd–Spitze 15 Eb
Terrasa [PV] 37 Fc
Terraseo [CI] 195 CDd
Terrasini [PA] 157 Fb
Terrassa Padovana [PD]
45 Bc
Terrati [CS] 149 Cc
Terratta, Serra di– 111 Eb
Terrauzza [SR] 177 Fbc
Terravécchia [CS] 147 Dd
Terravécchia [SA] 129 Cb
Terraverde [LO] 39 Fc
Terrazze [AT] 49 Cb
Terrazzo [VR] 43 Ecd
Terre Dónniche [CS] 149 Cb
Terrenove [TP] 167 Ca
Térres [TN] 15 Bc
Terresoli [CI] 195 Ec
Terreti [RC] 155 Bc
Térria [RI] 101 Fb
Térria [TR] 95 Dd
Térriccio [PI] 81 Db
Terricciola [PI] 81 DEab
Terrícoli [MC] 87 Ac
Terrile [GE] 63 Db
Terrinca [LU] 73 Eab
Terro [MC] 97 Aa
Terrossa [VR] 43 Dc
Terróssola [AR] 77 Ccd
Terrúbia [CI] 195 Eb
Terrúggia [AL] 37 Ed
Terrusso [GE] 63 Eb
Tersádia, Monte– 19 Bab
Tersiva, Punta– 21 Ed
Tertenía [OG] 193 Eb
Tertílo, Nuraghe– 189 Cb
Tertiveri [FG] 121 Ea
Terza, Piz– 1 Cd
Terza grande, Monte– 17 Eab
Terzano [FI] 75 Gc
Terza piccola, Monte– 17 Ea
Terzigno [NA] 127 Eb
Terzo [AL] 49 Fcd
Terzo [GR] 91 EFb
Terzo [PZ] 143 Bab
Terzo [UD] 19 Bb
Terzo [VE] 45 Dab
Terzo, Monte– 9 Aa
Terzo d'Aquileia [UD] 33 CDc
Terzóglio [BI] 37 Da
Terzo la Pieve [PG] 95 Cc
Terzolás [TN] 15 Ab
Terzone San Pietro [RI] 95 Fd
Terzorio [IM] 71 Eb
Terzo San Severo [PG] 95 Cc
Tesa, Monte– 65 Fa
Tescino, Torrente– 101 Fa
Téscio, Fiume– 95 Da
Tese [TO] 35 Fc
Tesero [TN] 15 Dc
Tesido / Taisten [BZ] 5 Ac
Tésima, Fiume– 29 Ed
Tesino, Fiume– 97 Bc
Tesis [PN] 17 Fd
Tesoro, Bric– 61 Fb
Tesoro, Poggio– 77 Bc
Tesoru, Nuraghe su– 181 Ec
Tessa, Cima– 1 Cc
Tessa, Giogáia di– /
Texelgruppe 3 Ac
Tessano [CS] 149 Db
Tessello [FC] 77 Ea
Tessennano [VT] 99 Fb
Tessera [VE] 45 DEb
Testa [RE] 55 Bb
Testa, Serra della– 161 Dc
Testáccio [NA] 127 Bb
Testa del Ban 35 Bd
Testa dell'Acqua [SR] 177 Dc
Testa Grigia 21 Gd
Téstico [SV] 71 Eab
Testo, Monte– 29 Bc
Testona [TO] 49 Bab
Teti [NU] 189 Bc
Teti, Monte– 183 Cd
Tetti [CN] 59 Eb
Tetti [CN] 61 Cab
Tetti [CN] 61 Bd
Tetti [TO] 35 Gb
Tetti [VC] 23 Cc
Tetti Bagnolo [TO] 49 ABb
Tetti Cavalloni [TO] 47 Gb
Tetti Falchi [CN] 61 Aa
Tetti Fasano [TO] 49 Bb
Tetti Giro [TO] 49 Bb

Tetti Grandi [TO] 49 Bb
Tetti Grella [TO] 49 Ab
Téttile [SS] 181 Fd
Tetti Maigre [CN] 59 Fc
Tetti Mauriti [TO] 49 Bb
Tetti Merlet [CN] 61 Ac
Tetti Milanesi [CN] 49 Bc
Tetti Neirotti [TO] 35 Gd
Tetti Pésio [CN] 61 Ab
Tetti Roccia [CN] 61 Aa
Tetti Rolle [TO] 49 Ab
Tetti Sacchero [TO] 37 Bd
Tetti Sapini [TO] 49 Bb
Tetto Chiappello [CN] 59 FGc
Tetto Chiotti [CN] 59 Fc
Tetto Grosso [CN] 61 Ac
Tetto Piano [CN] 59 Fc
Tettorosso [CN] 59 EFb
Tetto San Bernardo [CN] 59 Fc
Téula, Lago sa- 189 Ed
Teulada [CA] 195 Ed
Teveno [BG] 27 Bb
Tevere, Fiume- 107 Ec
Tevere, le Vene del- 77 Ec
Tevere, Parco Fluviale del- 93 Fd
Teverina [AR] 85 Ac
Teverola [CE] 119 Ed
Teverone, Fiume- 95 Db
Teviggio [SP] 65 Ab
Texelgruppe, Naturpark- / Gruppo di Tessa, Parco Naturale- 3 Ac
Texelgruppe / Tessa, Giogáia di- 3 Ac
Texili 189 Cd
Texili di Aritzo 189 Cd
Tézio, Monte- 85 BCc
Tezze [BS] 41 Eb
Tezze [BS] 41 Bb
Tezze [BS] 41 Ebc
Tezze [MN] 41 Fc
Tezze [TN] 29 Eb
Tezze [TV] 31 CDc
Tezze [VE] 31 Fc
Tezze [VI] 43 Ea
Tezze sul Brenta [VI] 29 Fc
Tezzo [FC] 77 Eb
Tezzoli [MN] 43 Ac
Tezzon [VE] 31 Fd
Thanai / Tanai [BZ] 1 DEc
Thápsos 177 Fb
Thárros 187 Cd
Thiene [VI] 29 Dc
Thiesi [SS] 183 Ec
Thoules di Sopra [AO] 21 DEc
Thovex [AO] 21 Bc
Thuins / Túnes [BZ] 3 Cb
Thumel [AO] 35 Da
Thuras [TO] 47 BCb
Thuras, Torrente- 47 Cb
Thures [TO] 47 Bb
Thures Gorlier [TO] 47 Bb
Thurio [CS] 147 Ab
Tiago [BL] 31 Ba
Tiana [NU] 189 Bc
Tiarfin, Monte- 17 Eb
Tiarno di Sopra [TN] 27 EFb
Tiarno di Sotto [TN] 27 EFb
Tiberio, Grotta di- 117 Fb
Tibert, Monte- 59 DEb
Tiburtini, Monti- 109 Bb
Ticciano [NA] 127 Ec
Ticengo [CR] 41 Bb
Ticineto [AL] 37 Fd
Ticino, Fiume- 39 Ab
Tídolo [CR] 41 CDd
Tidoncello, Torrente- 51 Fb
Tidone, Torrente- 51 Fb
Tiédoli [PR] 65 Ba
Tieni [FE] 57 Dc
Tiepido, Torrente- 67 Cb
Tierno [TN] 29 Ab
Tiers / Tíres [BZ] 15 DEb
Tiezzo [PN] 31 EFb
Tifata, Monte- 119 Ec
Tiggiano [LE] 139 Fc
Tighet, Torre del- 21 Cc
Tigliano [FI] 75 Dc
Tigliano [FI] 75 Gc
Tiglieto [GE] 63 Aab
Tiglio [LU] 75 Ba
Tiglio [PR] 65 Aa
Tiglio [UD] 19 Dd
Tigliole [AT] 49 Db
Tigliolo [GE] 63 EFb
Tiglione [AT] 49 Eb
Tiglione, Torrente- 49 Fc
Tignaga, Pizzo- 23 Cb
Tignai [TO] 35 Dd
Tignale [BS] 27 Fc
Tignamica [PO] 75 Eb
Tignana, Torrente- 85 Aa
Tignano [BO] 67 Eb
Tignano [FI] 83 Ba
Tignes [BL] 17 CDd
Tignes [Fr.] 35 Cb
Tignes les Boisses [Fr.] 35 Cb
Tignet [AO] 21 Dd
Tignino, Serra- 169 Ea
Tignolino, Pizzo- 9 Ed
Tignoso, Monte- 97 Cc
Tignoso, Sasso- 65 Gc
Tilia, Monte- 103 Aa
Timau [UD] 5 Fd
Timavo, Fiume- 33 Ec
Timeto, Torrente- 163 Ab
Timogno, Cima di- 27 Bb
Timoline [BS] 27 Bd
Timónchio [VI] 29 Dc
Timone, Fosso- 99 Fb
Timparello [CS] 145 Ed
Timpone [CS] 145 Cc
Timpone [SA] 141 Eb
Timpone [TP] 157 Db
Timponello [CZ] 153 Fb
Timun, Pizzo- 11 Eb
Tina [TO] 37 Bb
Tinchi [MT] 133 Bd
Tindari 163 Bb
Tinella, Torrente- 49 Ec
Tinetto, Isola del- 73 Ca
Tinisa, Monte- 17 Fb
Tinjan [SLO] 33 FGd
Tinna, Torrente- / Tinnebach 15 Da
Tinnebach / Tinna, Torrente- 15 Da
Tinnura [OR] 187 Db
Tino [RI] 97 Ac
Tino, Isola del- 73 Ca
Tino, Torrente- 189 Bc
Tinterosse, Monte- 109 Dab
Tinti dei Mori [FI] 81 Fa
Tintillónis, Punta- 191 Dc
Tintinali, Rio- 193 Dc
Tintioni, Rio su- 195 Fc
Tintoría [BO] 55 FGd
Tiola [BO] 67 Db
Tiolo [SO] 13 Cc
Tione, Fiume- 55 Da
Tione degli Abruzzi [AQ] 103 Ec
Tione di Trento [TN] 27 Fa
Tiorre [PR] 53 Ecd
Tipoldo [ME] 163 Db
Tiranni [ME] 161 Eb
Tirano [SO] 13 BCc
Tíres / Tiers [BZ] 15 DEb
Tiría [OR] 187 Ed
Tíria, Monte- 185 Cd
Tiriccu, Monte- 195 Ec
Tiriedda, Nodu sa- 185 BCc
Tirino, Fiume- 103 Fc
Tiriolo [CZ] 149 Fd
Tirivolo [CZ] 151 Bc
Tirli [FI] 67 Fd
Tirli [GR] 91 Db
Tiro, Torrente- 145 Db
Tirol 3 Bb
Tirol / Tirolo [BZ] 3 Ac
Tirolle, Rio- 93 Dc
Tirolo [MN] 41 Fc
Tirolo / Tirol [BZ] 3 Ac
Tirone-Alto Vesuvio, Riserva Naturale- 127 Eb
Tirrénia [PI] 81 Ba
Tirso, Fiume- 187 Dd
Tirso, Foce del- 187 Dd
Tirso, Sorgenti del- 185 Dc
Tisana / Tisens [BZ] 15 Ea
Tisdel, Punta- 27 Bc
Tisens / Tésimo [BZ] 15 BCa
Tisens / Tisana [BZ] 15 Ea
Tiser [BL] 17 Bc
Tiso / Teis [BZ] 3 Dd
Tisoi [BL] 17 BCd
Tissano [UD] 33 Cb
Tissi [SS] 183 Db
Tissino, Fosso- 95 Ec
Titano, Monte- 79 Ab
Titele [BL] 17 Ac
Titerno, Torrente- 119 Fb
Titi [RC] 153 Ed
Titiano [UD] 33 Bc
Titignano [TR] 95 Ac
Tito [PZ] 131 ABc
Tito, Fiumara di- 131 Ac
Tito, Monte- 95 Eb
Tivegna [SP] 65 Bc
Tivo [FC] 77 Eb
Tívoli [BO] 55 Dd
Tívoli [ROMA] 109 Ab
Tizzana [PT] 75 Dc
Tizzano [AR] 85 Aa
Tizzano Val Parma [PR] 65 Eab
Tizzola [RE] 65 Fb
Toano [RE] 65 Gb
Toara [VI] 43 Fb
Tobbiana [PO] 75 Eb
Tobbiana [PT] 75 Eb
Tóbbio, Monte- 63 Ba
Tobia [VT] 101 Bbc
Toblach / Dobbiaco [BZ] 5 Bc
Toblacher See / Dobbiaco, Lago di- 5 Bc
Toblino, Lago di- 29 Aa
Toc, Monte- 17 Cc
Toccalmatto [PR] 53 Db
Tocchere, Punta- 185 Cc
Tocchi [SI] 83 Bd
Tocchi, Castello di- [SI] 83 Bd
Tocchi, Riserva Naturale- 91 Fa
Tocco [AT] 49 Eb
Tocco, Monte- 111 Db
Tocco Cáudio [BN] 121 Ac
Tocco da Casáuria [PE] 105 Bc
Tóccol [BL] 17 Bc
Toce, Cascata del- 9 Eb
Toce, Fiume- 23 Eb
Toceno [VB] 9 Ed
Todaro, Serra- 145 Fd
Todi [PG] 95 Bc
Todiano [PG] 95 Fc
Todocco [CN] 61 Eab
Tofana di Mezzo 17 Ba
Tofana di Rozes 17 Ba
Tofane, Le- 17 Ba
Tofe [AP] 97 Ab
Toff, Monte- 13 Fd
Tóffia [RI] 101 Fc
Toffol [BL] 17 Ab
Toffol [BL] 17 Bb
Toffoz [AO] 21 Gc
Tofino 27 Fb
Tógano, Monte- 9 Ed
Toggia, Lago del- 9 Eb
Togliano [UD] 19 Dd
Tóglie [TO] 35 Fc
Tognana [PD] 45 Cc
Tognola 15 Fc
Tognola, Alpe- 15 Fc
Tognola, Cima- 15 Fc
Tognola, Malga- 15 Fc
Tognoni [PR] 53 Bcd
Toiano [FI] 75 Dc
Toiano [NA] 127 Cb
Toiano [PI] 81 Ea
Toiano [SI] 83 Bc
Toillies, Tête des- 47 Cc
Toirano [SV] 61 Ed
Toirano, Grotte di- 61 Ed
Tolagna, Monte- 95 Eb
Tolcinasco [MI] 39 Cb
Tolè [BO] 67 Dc
Tole [MO] 67 Bc
Tolentino [MC] 87 Cc
Tolentino, Monte- 95 Fd
Toleto [AL] 61 FGa
Tölf / Tel [BZ] 3 Acd
Tolfa [ROMA] 101 Ad
Tolfa, Monti della- 101 Ac
Toline [BS] 27 Bc
Tolinu, Nuraghe- 187 Fb
Tollara [PC] 53 Bb
Tolle [RO] 57 Fb
Tollegno [BI] 23 Cd
Tolli, Villa a- [SI] 93 Bab
Tollo [CH] 105 Dc
Tolmezzo [UD] 19 Bb
Tolmin [SLO] 19 Fc
Tolosano [CN] 59 Db
Toltu, Rio- 181 Ec
Tolu, Rio- 193 Dc
Tolva, Monte- 15 Ed
Tolve [PZ] 131 CDb
Tolve, Fiumara di- 131 Eb
Tomacella [FR] 109 Dd
Tomačevica [SLO] 33 Fc
Tomaini [CZ] 149 Dc
Tomaiolo [FG] 115 Dc
Tomaj [SLO] 33 FGc
Tomarlo, Monte- 63 FGa
Tomassucci [MC] 97 Ba
Tomatico, Monte- 31 Ab
Tomba [UD] 19 Bc
Tomba [UD] 33 Ba
Tomba, Monte- 31 Ab
Tombáccia [RN] 79 Cb
Tomba della Regina, Necrópoli- 99 Gb
Tomba di Giganti di Lassia 187 Eb
Tomba di Nerone 107 Eb
Tomba di Sotto [VR] 43 Dc
Tombazosana [VR] 43 Dc
Tombe [BO] 69 ABb
Tombe, Punta le- 89 Cc
Tombea, Cima- 27 Ec
Tombe di Giganti di Madau 189 Cc
Tombelle [VE] 45 Bb
Tómboli di Follónica, Riserva Biogenetica- 91 Cb
Tombolino [VE] 31 Ed
Tómbolo [PD] 31 Ad
Tómbolo, Tenuta di- 81 Ba
Tómbolo di Cécina, Riserva Naturale- 81 Cc
Tommaselle [RO] 55 Fb
Tommaso Natale [PA] 159 Bab
Tomo [BL] 31 Ab
Ton [TN] 15 Bc
Ton, Pizzo del- 23 Ca
Tona, Torrente- 113 Ec
Tonadico [TN] 17 Acd
Tonale, Cima- 11 Gd
Tonale, Monte- 13 Ec
Tonara [NU] 189 BCc
Toncina, Torrente- 65 Ba
Tonco [AT] 49 Eab
Tonda [FI] 81 EFa
Tondo, Monte- [LU] 65 Ec
Tondo, Monte- [VR] 43 Ba
Tondo, Poggio- 83 Ca
Tonengo [AT] 37 Cd
Tonengo [TO] 37 Bc
Toneri [NU] 189 Cc
Tonezza del Cimone [VI] 29 Cb
Tónfano [LU] 73 Eb
Toni, Croda dei- / Zwölferkofel 5 BCd
Tonini [BL] 29 Fb
Tonini [VI] 43 Dab
Tonnara del Secco [TP] 157 Dab
Tonnara di Bonagía [TP] 157 Cb
Tonnara Saline [SS] 181 Bc
Tonnarella [ME] 163 Bb
Tonnarella dell'Uzzo [TP] 157 Db
Tónneri, Monte- 189 Dd
Tonni [SI] 83 Bc
Tonnicoda [RI] 103 Bc
Tonno [GE] 63 Da
Tono [ME] 163 Ca
Tóntola [FC] 77 Da
Topaligo [PN] 31 Db
Topi, Isola dei- 89 Eb
Topino, Fiume- 95 Cb
Toppa, la- 121 Ecd
Toppale, Serra- 151 Cab
Toppo [PN] 17 Fc
Tóppole [AR] 85 Ab
Tora [CE] 119 CDb
Tora e Piccilli [CE] 119 Dab
Toraggio, Monte- 71 CDb
Toranello [RA] 69 ABc
Torano [CE] 119 Cb
Torano [MS] 73 Da
Torano [RI] 103 Ccd
Torano Castello [CS] 145 Dcd
Torano Nuovo [TE] 97 Dc
Toraro, Monte- 29 Cb
Torassi [TO] 37 Bc
Torbiato [BS] 27 Ad
Tórbido, Fiume- 155 Eb
Torbido, Rio- 101 Ba
Torbiere di Marcaria, Riserva Naturale- 53 Ga
Torbiere d'Iseo, Riserva Naturale- 27 Bd
Torbo, Lago- / Trüber See 3 Bb
Tórbole [BS] 41 Cab
Tórbole [TN] 29 Ab
Tórbole Caságlia [BS] 41 Cab
Torca [NA] 127 Ec
Tor Caldara, Riserva Naturale- 117 Aa
Torcegno [TN] 15 Dd
Torcello [VE] 45 Eb
Torch [BL] 17 CDd
Torchiagina [PG] 85 Dd
Torchiara [SA] 141 Ba
Torchiaro [FM] 97 CDa
Torchiarolo [BR] 135 Ed
Torchiati [AV] 129 Bb
Torchiera [BS] 41 Cc
Torchio [TN] 15 Cd
Torchio-Sagliasco [NO] 23 Ec
Torcigliano [LU] 73 Fb
Torcigliano [LU] 73 EFb
Torcino [CE] 119 Da
Torda [NA] 127 Ec
Tor d'Andrea [PG] 95 Ca
Tor de' Cenci [ROMA] 107 Ec
Tordello [PV] 39 Cc
Tordenaso [PR] 53 Ed
Tordibetto [PG] 95 Ca
Tordimonte [TR] 93 EFc
Tordinia [TE] 97 CDd
Tordino, Fiume- [Abr.] 97 Ec
Tordino, Fiume- [TE] 97 Cd
Tor di Valle, Ippódromo- 107 Ec
Torella dei Lombardi [AV] 121 Dd
Torella del Sánnio [CB] 113 Bd
Torelli [CN] 61 Db
Torello [SA] 129 Cb
Torello [SA] 129 Bb
Torena, Monte- 13 Bd
Torgiano [PG] 95 Bab
Torgnon [AO] 21 Fc
Torino [TO] 49 ABa
Torino-Caselle, Aeroporto Internazionale di- 37 Ac
Torino di Sangro [CH] 105 Fc
Torino di Sangro Marina [CH] 105 Fc
Toritto [BA] 125 Cbc
Torlano di Sopra [UD] 19 Cc
Torlino Vimercati [CR] 39 Fb
Tórmeno [VI] 43 Fab
Tórmeno, Monte- 29 Cb
Tórmine [VR] 43 Ac
Tórnaco [NO] 39 Abc
Tornadri-Vetto [SO] 13 Ac
Tornano [FC] 77 Fb
Tornaréccio [CH] 111 Fa
Tornarezza [PC] 51 Fd
Tornata [CR] 41 Ed
Tornavento [VA] 23 Gd
Tornazzano [AN] 87 Db
Tornello [PV] 39 Dd
Tornello, Pizzo- 27 Ba
Tornetti [TO] 35 EFc
Tórnia [AR] 85 Ac
Torniella [GR] 91 Ea
Tornimparte [AQ] 103 Cc
Tornitore, Poggio- 161 Ec
Torno [CO] 25 Cb
Torno [PZ] 143 Cc
Torno, Fiumara- 155 Dc
Torno, Pizzo- 163 Cbc
Tórnolo [PR] 65 Ab
Tornova [RO] 45 Dd
Toro [CB] 113 Cd
Toro, Isola il- 195 Cd
Torone [AV] 121 Dc
Torone [CE] 119 Fc
Tor Paterno [ROMA] 107 Ec
Torpè [NU] 185 EFc
Torpiana [SP] 65 Bc
Torraca [SA] 141 Eb
Torraccia, Monte della- 67 Cc
Torralba [SS] 183 Ec
Torrano [MS] 65 BCb
Torrate [PN] 31 Fb
Torrazza [CN] 47 FGc
Torrazza [PV] 39 Bc
Torrazza Clavi [IM] 71 Eb
Torrazza Coste [PV] 51 Db
Torrazza Piemonte [TO] 37 Bc
Torrazzo [AT] 49 Db
Torrazzo [BI] 37 Bab
Torrazzo [TP] 157 Dab
Torre [AN] 87 Aa
Torre [AQ] 103 Cb
Torre [AR] 83 Db
Torre [BG] 27 Ba
Torre [FI] 75 Cc
Torre [GE] 51 Dd
Torre [LU] 75 Ab
Torre [MC] 87 Cb
Torre [MN] 43 Ac
Torre [PD] 43 Fc
Torre [PR] 65 EFa
Torre [VR] 43 Cc
Torre, Cima la- 109 Dd
Torre, Monte- 171 Dc
Torre, Rio- 77 Ea
Torre, Torrente- 33 Da
Torre, Villa- [SI] 83 Cd
Torre a Castello [SI] 83 CDc
Torre Acceglio Sottano [CN] 61 Ab
Torre Accio [MT] 133 Bd
Torre a Cona [FI] 75 Gc
Torre Alfina [VT] 93 Dc
Torre a Mare [BA] 125 DEb
Torre Annunziata [NA] 127 Eb
Torreano [UD] 19 Bd
Torreano [UD] 19 Dd
Torre Antonaccia [FG] 115 C
Torre Autrara [FG] 115 Ec
Torre Balfredo [TO] 37 Bb
Torre Béccati Questo [PG] 93 Dab
Torrebelvicino [VI] 29 Cc
Torre Beretti [PV] 51 ABa
Torre Beretti e Castellaro [PV] 51 ABa
Torre Boldone [BG] 25 Gc
Torre Boraco [TA] 139 Aa
Torre Bormida [CN] 61 DEa
Torrebruna [CH] 113 Bb
Torre Busala [TP] 167 Ca
Torre Cajetani [FR] 109 Dc
Torre Calzolari [PG] 85 DEc
Torre Canavese [TO] 37 Ab
Torrecandele [ME] 161 Eb
Torrecane, Monte- 103 Bb
Torre Cannai [CI] 195 Cd
Torre Canne [BR] 135 Ab
Torre Castellúccia [TA] 133 Gd
Torre Cavallo [BR] 135 DEc
Torrececcona [PG] 95 Bc
Torre Cerchiara [CS] 147 Ab
Torre Cervara [ROMA] 107 Fb
Torre Cervia, Faro di- 117 Db
Torrechiara [PR] 53 Ed
Torre Colimena [TA] 139 Ba
Torre Corsi [BT] 123 Ec
Torrecuso [BN] 121 Bb
Torre d'Aiala [TA] 133 Fd
Torre d'Andrano [LE] 139 Fc
Torredaniele [TO] 23 Bd
Torre Dardani [PR] 53 Dc
Torre d'Arese [PV] 39 Dc
Torre de' Busi [LC] 25 Ec
Torre degli Alberi [PV] 51 Eb
Torre degli Schiavi [CE] 119 Ec
Torre dei Fiori [PA] 159 Bc
Torre dei Frati [CN] 61 Ab
Torre dei Gesuiti [TP] 167 Cb
Torre dei Guardiani [BA] 123 Gc
Torre dei Nolfi [AQ] 105 Bd
Torre del Colle [PG] 95 Cb
Torre del Diavolo [CA] 197 Bc
Torre del Filosofo, Rifugio- 173 Ca
Torre del Greco [NA] 127 Eb
Torre della Chiesa [CS] 145 Eb
Torre della Fossa [FE] 57 Ac
Torre del Lago, Marina di- [LU] 73 Ec
Torre del Lago Puccini [LU] 73 Eb
Torre dell'Impiso [TP] 157 Db
Torre delle Stelle [CA] 197 Dc
Torre del Lauro [ME] 161 DEb
Torre dell'Orsa [PA] 159 Aa
Torre dell'Orso [LE] 139 Fa
Torre dell'Ovo [TA] 137 EFc
Torre del Mangano [PV] 39 Cc

orre del Marchese [CZ] 151 Bc
orre del Mónaco [CE] 19 Dc
orre del Monte [BA] 125 Ab
orre del Moro [FC] 77 Fa
orre del Padiglione [LT] 109 Ad
orre del Pizzo [LE] 139 CDbc
orre del Rótolo [PA] 159 Cab
orre de' Negri [PV] 39 Dd
orre de' Passèri [PE] 105 Bc
orre de' Picenardi [CR] 41 Dd
orre de' Róveri [BG] 25 Gc
orre de Torti [PV] 39 Cd
orre di Barì [OG] 193 Fb
orre di Cela [BA] 125 Bb
orre di Fine [VE] 31 Fd
orre di Flumentórgiu [VS] 191 Cb
orre di Fogliano [LT] 117 Ca
orre di Gerace [RC] 155 Eb
orre di Jóppolo [VV] 153 Bc
orre di Lama, Azienda– [FG] 115 Bd
orre di Masino [VR] 43 Bc
orre di Mezzo [TP] 157 Bc
orre di Mondello [PA] 159 Ba
orre di Monte Pucci [FG] 115 Db
orre di Monterosso [AG] 169 Cd
orre di Mosto [VE] 31 Fc
orre di Néglia [BA] 123 Fc
orre di Palme [FM] 87 Fd
orre di Pettiné [BA] 125 Bab
Torre di Ponte Zurlo [CS] 151 Bb
Torre di Riace [RC] 153 Fd
Torre di Ruggiero [CZ] 153 Ec
Torre di Sagro [FG] 115 Ec
Torre di Santa Maria [SO] 13 Ac
Torre d'Isola [BT] 123 DEc
Torre d'Isola [PV] 39 Cc
Torre Disperata [BT] 123 Fcd
Torre di Táglio [RI] 103 Cc
Torre d'Ófanto [BT] 123 Fb
Torre Egnázia [BR] 133 Ga
Torre Éllera [RC] 153 Fd
Torre Faro [ME] 155 Ab
Torre Fortore [FG] 113 Fb
Torre Frasca [BA] 125 Bbc
Torre Gáia [ROMA] 107 Fb
Torre Garofoli [AL] 51 Bb
Torregáveta [NA] 127 Cb
Torre Gentile [PG] 95 Bc
Torre Giuffrida [CS] 149 Db
Torre Giúlia [FG] 123 Cb
Torréglia [PD] 45 Ac
Torre Grande [OR] 187 CDd
Torre Grimesi [TP] 167 Da
Torregrotta [ME] 163 CDab
Torre Guaceto [BR] 135 Cb
Torre Guaceto, Riserva Naturale Marina– 135 Cb
Torre Guevara [FG] 121 EFb
Torrei, Lago– 189 Cc
Torrei, Rio– 189 Cc
Torre Iano [BO] 67 Eb
Torre Incine [BA] 125 Fc
Torre Lapillo [LE] 139 BCa
Torre Lazzarelli [BT] 123 Fb
Torre le Nocelle [AV] 121 Cc
Torre Licosa [SA] 141 Aa
Torre Lupara [CE] 119 Dc
Torre Lupara [ROMA] 107 Fab
Torre Maccarese [ROMA] 107 Db
Torremaggiore [FG] 113 Fc
Torre Maggiore, Monte– 95 Cd
Torre Máina [MO] 67 Cab
Torre Mancina [ROMA] 101 Ed
Torre Mandelli [NO] 39 Ab
Torre Mattarelle [BR] 135 Ec
Torre Melissa [KR] 151 Eb
Torremenapace [PV] 51 Cab
Torre Metola [PU] 85 Ca
Torremezzo di Falconara [CS] 149 Cb
Torre Migáido [ME] 161 Cc
Torre Mileto [FG] 115 Bb
Torre Mondovì [CN] 61 Cb
Torremontanara [CH] 105 Db
Torre Mozza [LE] 139 DEc
Torre Mozza [LI] 91 Cb
Torremuzza [ME] 161 Cbc
Torre Muzza [PA] 159 ABab
Torrenieri [SI] 93 Ba
Torre Nócciola 65 Dc
Torrenova [ME] 161 Fb
Torrenova [ROMA] 107 Fb
Torrent [AO] 21 Bc
Torrente Farma, Riserva Naturale– 91 Fa
Torrente Orba, Riserva Naturale del– 51 Bc
Torrente Sangone, Area Attrezzata– 35 Gd
Torrenuova [AG] 167 Eb
Torre Nuova [CL] 175 Fb
Torrenuova [KR] 147 Ed
Torre Nuova [LI] 81 ins.a
Torre Nuova [SS] 183 Bc
Torre Nuova [VS] 191 Cb
Torre Olévola [LT] 117 Db
Torreone [AR] 83 Fc
Torre Orsáia [SA] 141 Db
Torreorsina [TR] 101 Fa
Torrepaduli [LE] 139 Ebc
Torre Palermo [FG] 115 Ec
Torre Pali [LE] 139 Ed
Torre Pallavicina [BG] 41 Bb
Torre Palu [FE] 57 Eb
Torre Pandolfina [AG] 167 Fab
Torre Papone [IM] 71 Eb
Torre Pedrera [RN] 79 Ba
Torre Péllice [TO] 47 Ec
Torre Pietra [BT] 123 Ea
Torrepozzella [BR] 135 BCb
Torre Ratti [AL] 51 Cc
Torre Rinalda [LE] 135 Ed
Torre Ripagnola [BA] 125 EFb
Torre Ritani [KR] 151 Ed
Torrerossa [GE] 63 ABb
Torre Ruffa [VV] 153 Bc
Tórres [BL] 17 Dd
Torre Salsa, Riserva Naturale– 169 Cd
Torre San Gennaro [BR] 135 Ec
Torre San Giorgio [CN] 47 Gc
Torre San Giovanni [LE] 139 Dc
Torre San Gregório [LE] 139 Ed
Torre San Leonardo [BR] 135 Bb
Torre San Marco [PU] 85 Fa
Torre San Patrizio [FM] 87 Ecd
Torre San Severo [TR] 93 Ecd
Torre Santa Lucia [AP] 97 Bc
Torre Santa Sabina [BR] 135 Cb
Torre Santa Susanna [BR] 135 Cd
Torre Saracena [CB] 113 Dab
Torre Scampamorte [FG] 115 Ab
Torresella [VE] 33 Ac
Torresella, Monte– 11 Dcd
Torreselle [PD] 31 Bd
Torreselle [VI] 29 Dd
Torresina [CN] 61 Db
Torre Spaccata [BR] 135 Ab
Torre Spada [FE] 55 Ec
Torre Specchia Ruggeri [LE] 139 Fa
Torre Specchiolla [LE] 135 Ec
Torre Suda [LE] 139 Dc
Torre Testa [BR] 135 Db
Torretta [AT] 49 Eb
Torretta [CT] 177 Cb
Torretta [KR] 147 Ed
Torretta [LI] 81 Ca
Torretta [LO] 39 Ec
Torretta [MO] 55 Dc
Torretta [PA] 159 Bb
Torretta [SA] 141 Aa
Torretta, Monte– 131 Bb
Torretta, Pizzo– 161 Bc
Torrette [AN] 87 Da
Torrette [CN] 59 Da
Torrette di Fano [PU] 79 Ec
Torrettina [GR] 99 Cab
Torre Vado [LE] 139 Ed
Torre Valgorrera [TO] 49 Cb
Torre Varano [FG] 115 Cb
Torrevécchia [CS] 145 Cc
Torrevécchia [OR] 191 Db
Torrevécchia [ROMA] 107 Eb
Torrevécchia Pia [PV] 39 Dc
Torrevécchia Teatina [CH] 105 Db
Torre Vittória [LT] 117 Db
Torre Zavorra [CA] 197 Bc
Torri [IM] 71 Cb
Torri [PG] 95 Cbc
Torri [PT] 75 Ea
Torri [RA] 69 Db
Torri [SI] 83 Bc
Torri [VI] 43 Fb
Torri, Grotta di– 101 Fc
Torri, Le– [FG] 123 Db
Torria [IM] 71 Eb
Torriana [MN] 55 Da
Torriana [RN] 77 Gb
Torriano [PV] 39 Cc
Torrícchio [CH] 105 Ed
Torricchio [MC] 95 Fb
Torricchio, Riserva Naturale di– 95 Fb
Tórrice [FR] 109 Ed
Torricella [BN] 119 Fc
Torricella [CS] 147 Bc
Torricella [ME] 165 Da
Torricella [MN] 55 Ba
Torricella [PG] 85 Bcd
Torricella [PN] 33 Ab
Torricella [PR] 53 Eb
Torricella [PU] 85 Ea
Torricella [PU] 85 Eab
Torricella [RN] 77 Fb
Torricella [RO] 55 Ea
Torricella [SI] 93 Cc
Torricella [TA] 135 Ad
Torricella, Monte– 95 Cd
Torricella del Pizzo [CR] 53 Eab
Torricella in Sabina [RI] 103 Ac
Torricella Peligna [CH] 111 Eab
Torricella Sicura [TE] 97 Cd
Torricella Verzate [PV] 51 DEab
Torricello [PC] 51 Fb
Torri del Benaco [VR] 27 EFd
Torri di Confine [VI] 43 DEb
Torri di Quartesolo [VI] 43 Fab
Torriggia [CO] 25 Cb
Torriggia, Monte– 9 Fd
Torriglia [GE] 63 DEab
Torri in Sabina [RI] 101 Eb
Torrile [PR] 53 Eb
Torrimpietra [ROMA] 107 Db
Torrinara, Monte– 101 FGa
Torrini, Monte dei– 85 Ca
Torrino [PV] 39 Cc
Torriola [PU] 77 FGc
Torrione [FG] 113 Fc
Torrione [NO] 37 Ec
Torrione [VC] 37 Ec
Torrione, Monte– 9 Fd
Torrioni [AV] 121 Bc
Torrioni Portella [LT] 117 Eab
Torrion Quartara [NO] 37 Fb
Torrita [RI] 97 Ad
Torrita di Siena [SI] 83 Ecd
Torrita Tiberina [ROMA] 101 Ec
Torrite [LU] 73 Fa
Torrone [IS] 111 Dd
Torrone [MC] 87 Bd
Torrone, Monte– 97 Abc
Torrone, Poggio del– 93 Dcd
Torsa [UD] 33 Bb
Torsana [MS] 65 DEc
Tor San Lorenzo [ROMA] 107 Fd
Tor Sapienza [ROMA] 107 Fb
Torsolazzo, Palone del– 13 Cd
Torsoleto, Monte– 13 Cd
Tórsoli [FI] 83 Ca
Torta, Dosso della– 27 Fb
Tortiano [PR] 53 Fc
Tortigliano [AR] 85 Ab
Tórtima [VI] 29 Ec
Torto, Fiume– 159 Ec
Torto, Rio– [FR] 119 Aa
Torto, Rio– [ROMA] 107 Fd
Torto, Rio– [TO] 47 Fb
Tortolì [OG] 189 Ed
Tortolì, Aeroporto Nazionale di– 189 Fd
Tortona [AL] 51 Cb
Tórtora [CS] 143 Ac
Tórtora Marina [CS] 143 Ac
Tortorella [SA] 141 Eb
Tortorelle [TP] 167 Ca
Tortoreto [TE] 97 Ec
Tortoreto Lido [TE] 97 Ec
Tortorici [ME] 161 Fb
Tortorici [PA] 169 Ba
Tortorolo [PV] 39 Ad
Tor Tre Ponti [LT] 109 Bd
Tortu, Monte– 193 Eb
Torvaianica [ROMA] 107 Ed
Torviscosa [UD] 33 Cc
Torwand (Porta, Croda della–) 3 Db
Torza [SP] 63 Gc
Tos, Becca di– 21 Cd
Tosa, Cima– 15 Ad
Tosca [PR] 65 Ba
Toscanella [BO] 69 Ab
Toscano [SI] 83 Dd
Toscano, Arcipelago– 89 Dc
Toschian [BL] 17 Ad
Toscolano-Maderno [BS] 27 Ed
Tosens [A] 1 Dab
Tosi [FI] 77 Bc
Toss di Ton [TN] 15 Bc
Tosse [SV] 61 Fc
Tossicía [TE] 103 Ea
Tossignano [BO] 69 Ac
Tossilo [NU] 187 Eb
Tossino [FC] 69 Bc
Tótila, Monte– 111 Ed
Totoga, Cimon di– 13 Fd
Totoga, Monte– 13 Fd
Tottéa [TE] 103 Da
Tottubella [SS] 183 Bb
Tour, Aiguille du– 21 Cb
Tour, Mont– 35 Dc
Tour d'Héréraz [AO] 23 Bd
Tout Blanc, Mont– 35 Dab
Tovale, Croda del– 1 Fc
Tovazza [PV] 51 Eb
Tóvel, Lago di– 15 Ac
Tovena [TV] 31 BCb
Tovio [BL] 29 Fab
Tovo, Monte– [BI] 23 Dc
Tovo, Monte– [TO] 23 Bd
Tovo di Sant'Ágata [SO] 13 Cc
Tovo Faraldi [IM] 71 Fb
Tovo San Giacomo [SV] 61 Ecd
Tozzo, Colle del– 149 Dc
Trabacche, Grotta delle– 177 Bc
Trabía [PA] 159 Dc
Trabia Miniere [CL] 171 Cd
Trabocchi, Costa dei– 105 Fc
Trabona, Monte– 171 Bb
Trabuccato [SS] 181 Bb
Trabucco, Monte– 27 Db
Trabuchello [BG] 25 Gb
Tracasci [LE] 135 EFd
Tracchi [VR] 29 Bcd
Tracciora di Cervatto, Pizzo di– 23 Cb
Trácino [TP] 167 ins.a
Tracòccia [ME] 163 Da
Tradate [VA] 25 Bc
Tradori, Nuraghe– 187 Dc
Traessu, Monte– 183 DEd
Trafficanti [BG] 25 Gc
Traffiume [VB] 9 Gd
Trafoi [BZ] 1 Cd
Trafoi, Cima di– / Trafoier Eiswand 13 Eb
Trafoier Eiswand / Trafoi, Cima di– 13 Eb
Traghetto [FE] 57 Bd
Tragiaia [AR] 83 Da
Tragliata [ROMA] 107 Db
Tragliatella [ROMA] 107 Dab
Trai [PR] 53 Fb
Traiana [AR] 83 DEa
Traiano, Lago– 107 Dc
Traino, Torrente– 67 Cb
Trainu Moltu [OT] 185 Db
Tralia [NA] 127 Fbc
Tramariglio [SS] 183 ABc
Tramatza [OR] 187 Dcd
Tramazzo, Torrente– 77 Ca
Trambacche [PD] 45 Ab
Trambesère [AO] 21 Gd
Trambileno [TN] 29 Bb
Tramin, Corno di– / Tagewaldhorn 3 Cc
Tramin an der Weinstrasse / Termeno sulla Strada del Vino [BZ] 15 Cb
Tramoggiano [AR] 77 Dc
Tramontana [AL] 51 Bcd
Tramonte [PD] 45 Abc
Tramonti [CS] 147 Dd
Tramonti [SA] 129 Ab
Tramonti, Lago dei– 17 Fc
Tramonti di Mezzo [PN] 17 Fc
Tramonti di Sopra [PN] 17 Fc
Tramonti di Sotto [PN] 17 Fc
Tramúschio [MO] 55 Db
Tramutola [PZ] 143 Aa
Trana [TO] 47 Fa
Tranego, Monte– 17 Cb
Trani [BT] 125 Aa
Tranquillo, Monte– 111 Bc
Transácqua [TN] 17 Acd
Transácqua / Ennewasser [BZ] 1 Ed
Tranzi [CE] 119 Db
Traona [SO] 11 Fd
Traora, Rocca– 161 Fb
Trapani [TP] 157 Bbc
Trapani-Birgi, Aeroporto Internazionale di– 157 Bc
Trappa [CN] 61 Cc
Trappeto [CT] 173 Dbc
Trappeto [PA] 157 Fb
Trappeto Bambino [RC] 153 Cd
Trappeto del Principe [BA] 125 Cb
Trappitello [ME] 163 Cd
Tráppola [AR] 83 Da
Tráppola [GR] 91 Ec
Trappola, Torre della– 91 Ec
Trárego Viggiona [VB] 23 FGa
Trarivi [RN] 79 Bb
Trasacco [AQ] 109 Fb
Trasághis [UD] 19 Bc
Trasanni [PU] 79 Bc
Trasasso [BO] 67 Ec
Tráschio [PC] 51 Ed
Trasimeno, Lago– 85 Ac
Traso [GE] 63 Db
Trasquera [VB] 9 Dc
Trasserra [BO] 67 Dcd
Trassílico [LU] 73 Fa
Trastulli [CH] 105 DEc
Trasúbbie, Torrente– 91 Fc
Tratalias [CI] 195 Dc
Trattasu, Monte– 189 Fc
Tratzalis 193 Cd
Trausella [TO] 37 Aab
Trauzzolo, Poggio– 93 Bb
Trava [UD] 19 Ab
Travacò Siccomário [PV] 39 CDd
Travagliato [BS] 41 Cab
Travale [GR] 81 FGcd
Travalle [FI] 75 Eb
Travazzano [PC] 53 Bb
Trave, Scoglio del– 87 Ea
Travedona Monate [VA] 23 FGc
Travenánzes, Rio– 17 Ba
Traverde [MS] 65 Cb
Traversa [FI] 75 Fa
Traversa, Croda– / Lorenz-Spitze 3 Bb
Traversara [RA] 69 Db
Traversella [TO] 37 Aab
Traverses [TO] 47 Cab
Traversétolo [PR] 53 Fd
Traversole, Monte– 27 Fc
Tráves [TO] 35 Fc
Travésio [PN] 17 Gc
Travetto, Serra– 161 Ec
Travettore [VI] 29 Fc
Travignolo, Torrente– 15 Fc
Travo [PC] 51 Gb
Trazzonara, Monte– 133 Gc
Tre Abati, Monte– 51 Fc
Tre Archi [FM] 87 Fc
Treárie [CS] 149 Ec
Treárie [CT] 163 Ac
Treárie, Monte– 151 Bd
Treárie, Monte di– 163 Ac
Trebaséleghe [PD] 31 Bd
Trebbia, Fiume– 39 Fd
Trebbiantico [PU] 79 Db
Trébbio [AR] 85 Aa
Trebbio [BS] 27 Cd
Trébbio [BS] 27 Dc
Trébbio [FC] 77 Ca
Trébbio [FI] 75 Fb
Trébbio [MC] 87 Dc
Trébbio [MC] 95 Fa
Trébbio [PV] 51 Db
Trebbiola [PC] 53 Ab
Trebbo [BO] 67 Ea
Trebecco [PC] 51 Eb
Trebecco, Lago di– 51 Eb
Trebiano [SP] 73 Ca
Trebiano [VT] 93 Ed
Trebiciano [TS] 33 Fcd
Trébina Longa, Punta– 191 Eb
Trebisacce [CS] 143 Fc
Trebisina [CZ] 151 Cd
Trebucchi, Piano di– 127 Fa
Tre Cancelli [ROMA] 109 Ae
Tre Canne [PD] 43 Fd
Trecasali [PR] 53 Eb
Trecase [NA] 127 Eb
Tre Case [SI] 93 Bc
Trecastagni [CT] 173 Db
Trecate [NO] 39 Ab
Trecchia [MS] 65 Bbc
Trécchina [PZ] 143 Ab
Treccione [CO] 11 Dd
Trecella [MI] 39 Eab
Trecenta [RO] 55 Fa
Tre Cerri [GR] 99 Ca
Tre Chiese / Bad Dreikirchen [BZ] 3 CDd
Tre Cime del Monte Bondone, Riserva Naturale– 29 Bb
Tre Cime di Lavaredo / Drei Zinnen 5 Bd
Tre Colli [PI] 75 Bc
Tre Confini 111 Ac
Tre Confini, Monte– [FR] 109 Ec
Tre Confini, Monte– [It.] 121 Aa
Tre Croci [BO] 75 Da
Tre Croci [VT] 101 Bc
Tre Croci [VV] 153 Db
Tre Croci, Monte delle– 97 Cc
Tre Denti-Freidour, Parco Montano dei– 47 Eb
Trédenus, Torrente– 13 Cd
Tredici Laghi [TO] 47 Db
Tredózio [FC] 77 Ca
Trefinaidi, Monte– 161 Dc
Trefiumi [PR] 65 Db
Tre Fontane [GE] 63 Dab
Tre Fontane [TP] 167 Db
Tre Fontane, Pizzo– 169 Eb
Tregasio [MB] 25 Dcd
Treggiaia [PI] 81 DEa
Tregiovo [TN] 15 Bb
Treglia [CE] 119 Eb
Tréglio [CH] 105 Ec
Tregnago [VR] 43 CDab
Trégole [SI] 83 Bb
Tregozzano [AR] 83 Fab
Treia, Monte– 13 Cab
Tréia, Torrente– 101 Dc
Tréiso [CN] 49 Dc
Tréja [MC] 87 Cc
Tre Laghetti, i– 23 Cc
Tré-la Tête 21 Ac
Trelli [UD] 19 Bab
Tremalzo, Monte– 27 Fb
Trematerra, Monte– 153 Ec
Tremea [BL] 31 Ba
Tremenesca, Cima– 13 Fb
Tremenico [LC] 11 Ed
Tremensuoli [LT] 119 Bb
Tremestieri [ME] 155 Ac
Tremestieri Etnéo [CT] 173 Db
Tremezzo [CO] 25 Db
Tremezzo, Monte di– 25 CDab
Tremignon [PD] 45 Aab
Trémiti, Isole– 115 ins.a
Tremole, Palù– 15 Bb
Tremoleto [PI] 81 CDa
Trémoli [CS] 143 Bd
Tre Mónaci, Cozzo– 169 Db
Tremonti [AQ] 103 Cd
Tremósine [BS] 27 Fc
Trempu, Punta– 193 Bb
Trenno [MI] 39 Cb
Trens [BZ] 3 Cb
Trens, Giogo di– / Höllenkragen 3 CDb

Trenta [CS] 149 Db
Trenta, Cima- 15 Ab
Trenta Coste, Riserva Naturale- 147 Bd
Trenta Miglia [VT] 101 Cc
Trentapassi, Corna- 27 Bc
Trentinara [SA] 129 Dd
Trentino [MO] 67 Bc
Trento [RO] 55 Fb
Trento [TN] 15 Bd
Tréntola [BO] 69 ABb
Tréntola-Ducenta [CE] 119 DEd
Trenzanésio [MI] 39 DEb
Trenzano [BS] 41 Cb
Trepalade [VE] 31 Dd
Trepalle [SO] 1 Bd
Trepéllice [TO] 47 FGc
Trepidó Soprano [KR] 151 BCb
Trepidó Sottano [KR] 151 Cb
Tre Piere [TV] 31 Dc
Tre Pietre, Monte- 17 Ad
Tre Piscine [GR] 99 Ca
Tre Pizzi 87 Ac
Tre Pizzi, I- 25 Gb
Treponti [PD] 45 Cc
Tre Ponti [PD] 45 Ad
Treponti [PD] 43 Gb
Tre Ponti [RO] 55 Ga
Treporte, Grotta- 139 Ed
Treporti [VE] 45 Eb
Tre Potenze, Alpe- 75 Ba
Tréppio [PT] 75 Ea
Treppo Cárnico [UD] 19 Bab
Treppo Grande [UD] 19 Bc
Trepunti [CT] 173 DEa
Trepuzzi [LE] 135 Ed
Trequanda [SI] 83 DEc
Tre Re, Valle dei- 61 Dc
Tre Re-Mezzana Corti [PV] 39 Cd
Tre Rii [PR] 65 DEa
Trerio [RA] 67 Gc
Tres [TN] 15 Bc
Tres, Corno di- 15 BCc
Tresa, Fiume- 23 Gb
Tresa, Torrente- [PG] 93 Ea
Tresa, Torrente- [SI] 93 Ca
Tresana [MS] 65 Cc
Tresanti [FI] 83 Aa
Tre Santi [SA] 141 Da
Tresauro [RG] 177 Bc
Tresca, La- 15 Eb
Tresca, Monte- 75 Da
Tre Scarperi, Cima- / Dreischusterspitze 5 Bcd
Treschè Conca [VI] 29 Db
Treschietto [MS] 65 CDb
Trescine [AV] 121 Ac
Trescore Balneario [BG] 27 Ac
Trescore Cremasco [CR] 39 Fb
Tresenda [SO] 13 Bb
Tresenda [SO] 13 Bd
Tresenda, Torrente- 13 Bb
Tresenta, la- 35 Eab
Tresero, Pizzo- 13 Eb
Tresigallo [FE] 57 Cc
Tre Signori, Corno dei- 13 DEb
Tre Signori, Picco dei- (Dreiherrn-Spitze) 5 Ba
Tre Signori, Pizzo dei- 11 Fd
Tresilico [RC] 155 Cb
Tresinaro, Torrente- 67 Ab
Tresívio [SO] 13 Acd
Tresnurághes [OR] 187 CDb
Tres Nurághes [SS] 183 Fc
Tres Nurághes [SS] 183 Ed
Trespiano [FI] 75 Fc
Tressano [RE] 67 Ba
Tressanti [FG] 123 Da
Tressarti [AV] 121 Dbc
Tressi [TO] 35 Fab
Tressi, Punta- 35 Fa
Treste, Fiume- 105 Fd
Tréstina [PG] 85 Bb
Tresto [PD] 43 Fc
Tret [TN] 15 Bb
Tre Titoli, Monte- 121 Fb
Trévane [AR] 83 Da
Trevenzuolo [VR] 43 Bc
Tre Vescovi, Pizzo- 97 Ab
Tre Vescovi, Poggio- 77 Dc
Tre Véscovi, Poggio dei- 77 Ec
Tre Vescovi, Punta- 23 Bc
Trevesina, Pizzo- 13 Bc
Trevi [PG] 95 Db
Trevi [TR] 95 Dd
Trevico [AV] 121 Ec
Tre Vie [BZ] 15 Da
Trevíglio [BG] 39 Fab
Trevignano [PR] 65 DEb
Trevignano [TV] 31 Bc
Trevignano Romano [ROMA] 101 Ccd
Treville [AL] 37 Ed
Treville [TV] 31 Ad
Trevinano [VT] 93 Dc
Trevine [PG] 85 Bb
Trevi nel Lazio [FR] 109 Db
Treviolo [BG] 25 Fcd
Treviso [TV] 31 Ccd
Treviso Bresciano [BS] 27 Dc
Treviso-Sant'Angelo, Aeroporto Internazionale di- 31 Cd
Trevozzo [PC] 51 Fb
Trexenta 193 Bc
Trezzano Rosa [MI] 25 Ed
Trezzano sul Naviglio [MI] 39 Cb
Trezzolano [VR] 43 Cab
Trezzone [CO] 11 Ecd
Trezzo sull'Adda [MI] 25 Fd
Trezzo Tinella [CN] 49 Dc
Tri, Piz- 13 Cd
Triana [GR] 93 Bc
Triangia [SO] 13 Acd
Triangolo, Corno- 13 DEd
Triangolo di Riva (Dreieck-Spitze) 5 Ab
Triatel [AO] 21 Fc
Tribano [PD] 45 Bc
Tribbio [AN] 87 Ab
Tribiano [MI] 39 Eb
Tríbil Inferiore [UD] 19 Ed
Tríbil Superiore [UD] 19 Ed
Tribogna [GE] 63 Eb
Tribola [FC] 77 Ga
Tribolina [BG] 25 Gc
Tribuláun 3 Bb
Tricárico [MT] 131 Dc
Tricase [LE] 139 Fc
Tricase Porto [LE] 139 Fc
Tricella, Monte- 111 Bb
Tricerro [VC] 37 Ec
Tricésimo [UD] 19 Ccd
Triches [BL] 17 BCd
Trichiana [BL] 17 Bd
Tricoli, Punta- 189 DEd
Triei [OG] 189 Ec
Trient [Svizz.] 7 Bd
Trieste [TS] 33 Fcd
Trieste, Rione- [NA] 127 Ea
Trieste-Ronchi dei Legionari, Aeroporto Internazionale di- 33 Dc
Triflisco [CE] 119 Ec
Trigella, Torrente- 143 Ca
Trigento, Torrente- 129 Db
Triggianello [BA] 125 EFc
Triggiano [BA] 125 Db
Triginto [MI] 39 Db
Triglav 19 Fb
Triglavski Narodni Park 19 Fb
Triglia, Scoglio della- 89 Dc
Triglio [SA] 141 Da
Trigna, Pizzo della- 159 Dc
Trignano [MO] 67 BCc
Trignano [TE] 103 Fa
Trignete [IS] 111 Ed
Trigno, Fiume- 113 Ca
Trígolo [CR] 41 Ac
Trigona, Fiume- 173 Cd
Trigória Alta [ROMA] 107 Ec
Trígus, Serra- 191 Cd
Trimelone, Isola- 27 Fc
Trimezzo [RI] 95 Fd
Trincello, Monte- 145 Cb
Trincinaro 133 Bd
Trinità [BO] 67 Db
Trinità [CN] 59 Eb
Trinità [CN] 59 Fc
Trinità [CN] 61 Bab
Trinità [PC] 53 Cc
Trinità [RE] 65 Fab
Trinità [SA] 131 Ad
Trinitá, Lago della- 167 Da
Trinità d'Agúltu e Vignola [OT] 181 Fc
Trinitápoli [BT] 123 Eab
Trinkstein / Fonte della Róccia [BZ] 5 Aa
Trino [VC] 37 Dc
Triolet, Aiguille de- 21 Cb
Triolo, Torrente- 115 Ad
Triona, Monte- 169 Ba
Trionto, Fiume- 147 Cc
Triora [IM] 71 Db
Tripalle [PI] 81 Da
Triparni [VV] 153 Cb
Tripi [ME] 163 Bb
Tripoda, Timpa della- 151 Db
Triponzio, Fosso- 87 Ca
Triponzo [PG] 95 Ec
Trippaturi, Monte- 161 Dc
Trischiamps [UD] 19 Ab
Triscina [TP] 167 Db
Trisóbbio [AL] 51 Acd
Trisolla, Torrente- 93 Ab
Tríssino [VI] 43 Ea
Trisungo [AP] 97 Ac
Tritanti [RC] 153 Cd
Triúggio [MB] 25 Dcd
Triulza [LO] 39 FGd
Triulza [PC] 53 BCb
Triulzo [MI] 39 Db
Trivellano [MN] 55 Cb
Trivento [CB] 113 Bc
Trivero [BI] 23 Cd
Trivero [BI] 23 CDcd
Triversa, Torrente- 49 Db
Trivigliano [FR] 109 Dc
Trivignano [VE] 45 Dab
Trivignano Udinese [UD] 33 Cb
Trivigno [PZ] 131 Cc
Trivigno [SO] 13 BCc
Trívio [LT] 119 Ab
Trívio [ME] 155 Ab
Trívio [PG] 95 Ed
Trívio di Cancello [CE] 119 Cc
Trivolischi [CE] 119 Eb
Trivólzio [PV] 39 Cc
Trizzino [RC] 155 Bc
Trnovo [SLO] 33 Fb
Trobaso [VB] 23 Fb
Trócchia [NA] 127 Ea
Tródena / Truden [BZ] 15 CDc
Tródica [MC] 87 Ec
Trodica, Fosso- 87 Ec
Tródio [RC] 153 Bd
Trofarello [TO] 49 Bb
Troghi [FI] 75 Gc
Trogkofel (Aip, Creta di-) 19 Ca
Trognano [PG] 95 Fd
Trognano [PV] 39 Dc
Tróia [FG] 121 Ea
Troiano [TE] 103 Fa
Tróili [MT] 143 Fa
Troina [EN] 161 Ed
Troína, Fiume- 161 Fd
Trois-Villes [AO] 21 Ec
Trolu, Rio- 191 Ec
Tromello [PV] 39 Bc
Trona, Lago di- 25 Fa
Trona di Sopra [RO] 45 Bd
Trona di Sotto [RO] 45 Bd
Troncone, Torrente- 9 Cd
Trontano [VB] 9 Ed
Tronto, Fiume- 97 Db
Tronu, Monte- 193 Cd
Tronzano Lago Maggiore [VA] 9 Gd
Tronzano Vercellese [VC] 37 CDb
Tropea [VV] 153 Bb
Tröpolach [A] 19 Ca
Troppola [PG] 85 Db
Troscia [PG] 95 Bab
Trossa, Torrente- 81 Fc
Trossieri [TO] 47 Db
Trovasta [IM] 71 Ea
Troviggiano [MC] 87 Cb
Trovo [PV] 39 Cc
Trüber See / Torbo, Lago- 3 Bb
Truccazzano [MI] 39 Eb
Trucchi [CN] 61 Ab
Trucco [IM] 71 Cb
Trucco [TO] 35 Fb
Truc di Miola [TO] 35 FGc
Trudda, Case- [OT] 179 Ed
Truden / Tródena [BZ] 15 CDc
Trudner Horn, Naturpark- / Monte Corno, Parco Naturale- 15 Cc
Trudner Horn / Corno, Monte- 15 Cc
Truglione [TA] 137 Ec
Trúia [UD] 17 Fab
Trulli, Zona dei- 133 Fb
Trulli di sotto [BA] 123 Fd
Trullo di Mezzo [BA] 123 Fd
Trullo di sopra [BA] 123 Fd
Trúmes, Punta di- / Trumser-Spitze 1 Fcd
Trumser-Spitze / Trúmes, Punta di- 1 Fcd
Truncu Reale [SS] 181 Cd
Trupejevo poldne 19 Ga
Trutturis, Nuraghe- 193 Db
Truzzo, Lago di- 11 Db
Truzzo, Pizzo- 11 Db
Tsaat á l'etsena (La Gran Becca) 21 Ec
Tschars / Ciárdes [BZ] 1 Fd
Tschaufernock / Salto, Giogo del- 15 Ca
Tschengls / Cengles [BZ] 1 Dd
Tschenglser Hochwand / Cengles, Croda di- 1 Dd
Tscherms / Cérmes [BZ] 3 Ad
Tschierv [Svizz.] 1 Bd
Tschirland / Cirlano [BZ] 1 Fd
Tschöfs / Céves [BZ] 3 Cb
Tschötsch / Scezze [BZ] 3 Dc
Tshoren (Cora) 3 DEb
Tuális [UD] 19 Aab
Tuaredda, Isola- 195 Ed
Tublje pri Komnu [SLO] 33 Fc
Tubre / Taufers im Münstertal [BZ] 1 Cd
Tucci [PT] 75 Db
Tudaio di Razzo, Monte- 17 Eb
Túdia [PA] 171 Bab
Tudiotta, Cozzo- 171 Ba
Tuenno [TN] 15 Bc
Tuenno, Palù di- 15 Bc
Tufano [FR] 109 Dc
Tufara [AV] 121 Bc
Tufara [CB] 113 De
Tufaro, Monte- 121 Db
Tufello [ROMA] 107 Fb
Tuffarella [RC] 153 Ed
Tuffo [AT] 37 Cd
Tufillo [CH] 113 Bb
Tufino [NA] 121 Ad
Tufo [AP] 97 Ac
Tufo [AV] 121 Bc
Tufo [LT] 119 Bb
Tufo Alto [AQ] 103 Bd
Tufo Basso [AQ] 103 Bd
Tufolo-Farina [KR] 151 Ec
Tufone, Monte- 77 Cc
Túglie [LE] 139 Db
Tuili [VS] 191 Fb
Tula [SS] 185 Ab
Tulfer / Tulve [BZ] 3 CDb
Tulinu, Nuraghe- 187 Eb
Tullen / Tullo, Monte- 3 Ed
Tulliano [AR] 83 Ea
Tullo, Monte- / Tullen 3 Ed
Tului, Monte- 189 Eb
Tulve / Tulfer [BZ] 3 CDb
Tumbarino [SS] 181 Bb
Tumboi, Rio- 187 Ed
Tuna [PC] 51 Gb
Tundu, Monte- 185 Ec
Túnes / Thuins [BZ] 3 Cb
Tungoni [SS] 181 Fc
Tuninetti [TO] 49 Bb
Tuoma, Torrente- 93 Ba
Tuómaz [UD] 19 DEcd
Tuono, Serra- 141 Fb
Tuóri [AR] 83 Eb
Tuorlo [SI] 83 Cc
Tuoro [AV] 121 Bc
Tuoro [CE] 119 Db
Tuoro [CE] 119 Fc
Tuoro [CE] 119 Cb
Tuoro [CE] 119 CDb
Tuorofunaro [CE] 119 Db
Tuoro sul Trasímeno [PG] 85 Ac
Tupei, Rio- 195 Cc
Turago Bordone [PV] 39 CDc
Turánia [RI] 103 Bd
Turano [BS] 27 Ec
Turano [MS] 73 Dab
Turano [VR] 43 Cb
Turano, Fiume- 103 Ac
Turano, Lago del- 103 Ac
Turano Lodigiano [LO] 39 Fc
Túras [OR] 187 Cb
Turate [CO] 25 Cd
Turbigo [MI] 39 Aa
Turbolo, Torrente- 145 Dc
Turbone [FI] 75 DEc
Turchetto [LU] 75 Bc
Túrchio, Monte- [AQ] 111 Bb
Túrchio, Monte- [Sic.] 173 Ca
Túrcio [VI] 29 Eb
Túres / Taufers [BZ] 3 Fb
Turi [BA] 125 DEc
Turiggia, Punta- 9 Cd
Turlo, Massa del- 23 Db
Turlon, Monte- 17 Dc
Turnerkamp (Campo, Cima di-) 3 Eb
Turpino [AL] 61 Fa
Turrali, Rio- 179 Bd
Turri [PD] 45 Ac
Turri [VS] 191 Fb
Turri, Cúccuru- 193 Cc
Turri, Monte- 193 Cc
Turriaco [GO] 33 Dc
Turrida [UD] 33 Aab
Turrina, Torrente- 149 Dd
Turripiano [SO] 13 Cb
Turrita [PG] 95 Cb
Turritano 183 Db
Turrite Cava, Torrente- 73 Fa
Túrrite di Garfagnana, Torrente- 73 Fa
Túrrite Secca, Torrente- 73 Fa
Turrito [FC] 77 Eb
Turritta [OT] 179 Ed
Turrivalignani [PE] 105 Cc
Turro [PC] 53 Bb
Tursi [MT] 143 Ea
Turuddò, Monte- 185 Ed
Turusele 189 Ec
Turvoli, Fiume- 169 Db
Tusa [ME] 161 Cc
Tusa, Torrente di- 161 Cc
Tuscánia [VT] 99 Gb
Tuscania, Riserva Naturale Regionale di- 99 Gb
Tusciano, Fiume- 129 Db
Tusculum 109 Ac
Tussillo [AQ] 103 DEc
Tússio [AQ] 103 Ec
Tussui [BL] 17 Ad
Tutino [LE] 139 EFc
Tuttavista, Monte- 185 Ed
Tuttusoni, Nuraghe- 179 Bc
Tuturano [BR] 135 Dc
Tutusino, Cozzo- 171 Cab
Tuvonari, Monte- 187 Dbc
Tuzzi di Monte Piano 141 CDa
Tzatelet, Riserva Naturale- 21 Dc

U

Uana, Nuraghe- 187 Fb
Uatzu, Rio- 189 Bd
Ubaga [IM] 71 Fa
Ubaghetta [IM] 71 Fa
Ubiale [BG] 25 Fc
Ubiale Clanezzo [BG] 25 Fc
Uboldo [VA] 25 Cd
Ubriacone, Timpa- 143 Cb
Uccea [UD] 19 Dc
Uccellastra, Coppa l'- 115 Dc
Uccelliera, l'- 75 Ba
Uccellina, Monti dell'- 99 Ba
Uccello, Pizzo d'- 73 DEa
Uccello, Poggio- 93 Bb
Ucerano [AR] 83 Cb
Úcia, Monte- 27 Cd
Úcina, Pizzo di- 161 Fbc
Učja 19 Dc
Ucria [ME] 163 Ab
Uddè, Monte- 189 Db
Udine [UD] 33 Ca
Uditore [PA] 159 Bb
Uffente, Fiume- 117 Da
Uffogliano [RN] 77 Fb
Úfita, Fiume- 121 Cb
Ugento [LE] 139 DEc
Uggia [PT] 75 Cc
Uggiano, Castello di- 131 Fc
Uggiano la Chiesa [LE] 139 Fb
Uggiano Montefusco [TA] 135 Bd
Uggiate-Trévano [CO] 25 Bc
Ugliano [MC] 87 Bc
Ugnano [FI] 75 Ec
Ugovizza [UD] 19 Dab
Ugozzolo [PR] 53 EFc
Ugrigno [RN] 77 Fb
Ulássai [OG] 193 Db
Ulássai, Rio di- 193 Db
Ulà Tirso [OR] 187 Fc
Úlfas / Ulfaß [BZ] 3 ABc
Ulfaß / Úlfas [BZ] 3 ABc
Ulia, Nuraghe s'- 183 Dd
Ulignano [PI] 81 Fb
Ulignano [SI] 83 Aab
Uliveto Terme [PI] 75 Bc
Ultana, Monti- 179 Cd
Ulten / Ultimo [BZ] 1 Fd
Ultimo / Ulten [BZ] 1 Fd
Umbértide [PG] 85 Bc
Umbrail, Piz- 1 Cd
Umbriana, Monte- 73 Ea
Umbriático [KR] 151 Dab
Umes / Ums [BZ] 15 DEab
Umin [BL] 31 Aa
Umito [AP] 97 Bc
Ums / Umes [BZ] 15 DEab
Únchio [VB] 23 Fb
Uncinano [PG] 95 CDc
Undici, Cima- 29 Dab
Undici, Cima- / Elferkofel 5 Cd
Undici, Cima- / Elfer-Spitze 1 Cc
Unghiasse, Gran Lago di- 35 Eb
Unghiasse, Monte- 35 Eb
Ungiasca [VB] 23 Fb
Ungroni, s'- [OR] 191 Db
Uniti, Fiumi- 69 Eb
Únnoro, Monte- 189 Dc
Unsere Liebe Frau im Walde / Senale [BZ] 15 Bab
Unsere Liebe Frau im Walde-Sankt Felix / Senale-San Felice [BZ] 15 Bab
Unser Frau in Schnals / Madonna [BZ] 1 Fc
Unterbäch [Svizz.] 9 Ac
Unterfennberg / Favogna di Sotto [BZ] 15 BCc
Unterinn / Áuna di Sotto [BZ] 15 Dab
Untermais / Maia Bassa [BZ] 3 ABd
Untermoi / Antermóia [BZ] 3 Ec
Unter-Planitzing / Pianizza di Sotto [BZ] 15 Cb
Unterplanken / Planca di Sotto [BZ] 5 Bc
Unterrain / Riva di Sotto [BZ] 15 Cb
Unter Reinswald / Boscoriva di Sotto [BZ] 3 Cc
Unter Vierschach / Versciaco di Sotto [BZ] 5 Bc
Unter Wielenbach / Villa di Sotto [BZ] 3 Fc
Untulzu, Punta de s'- 185 Cb
Unturzu, Monte- 183 Dc
Uomo 15 Fb
Uomo, Cima- 15 Ac
Uomo di Sasso, Poggio- 77 Bc
Uópini [SI] 83 Bbc
Upachi [AR] 83 Fab
Úpega [CN] 61 Bd
Uppiano [PG] 85 Bb
Urachi, Nuraghe s'- 187 Dc
Urago [BS] 41 Da
Urago d'Óglio [BS] 41 Bab
Urano, Monte- 103 Fd
Úras [OR] 191 Eb
Úras, Nuraghe- 187 Fc
Urbana [PD] 43 Ec
Urbani [VI] 29 Cd
Urbánia [PU] 79 Bcd
Urbano, Parco- 107 Dc
Urbe [SV] 63 Aab
Urbiano [RA] 69 Cc
Urbignacco [UD] 19 Bc
Urbino [PU] 79 Bc
Urbino, Monte- 85 CDc

Urbiságlia [MC] 87 Dc
Urbs Salvia 87 Dc
Urda, Monte- 155 BCd
Urgnano [BG] 25 Gd
Uri [SS] 183 Cc
Uri, Flúmini- 193 Ed
Úria [CZ] 151 Cd
Uriezzo, Orridi di- 9 Ec
Urio Quattrocchi, Lago- 161 Dc
Urni [ME] 155 Ab
Ursini [RC] 153 Ed
Ursinis [UD] 19 Bc
Urtigu, Monte- 187 Dc
Ururi [CB] 113 DEc
Urvinum Hortense 95 Cb
Urzano [PR] 65 Ea
Urzulei [OG] 189 Dc
Usago [PN] 17 Gc
Usánis, Nuraghe- 185 Cc
Uscerno [AP] 97 Bbc
Uschione [SO] 11 Ec
Uscio [GE] 63 DEb
Usciolo, Punta dell'- 23 Db
Usella [PO] 75 Eb
Uselle [PG] 85 Ba
Uséllus [OR] 191 EFb
Userna [PG] 85 Bab
Usi [GR] 93 Ac
Usigliano [PI] 81 Da
Usigliano [PI] 81 Ea
Usigni [PG] 95 Ec
Úsini [SS] 183 Dbc
Usito, Fiume- 151 Bd
Usmate [MB] 25 Ed
Usmate Velate [MB] 25 Ed
Uso, Fiume- 79 Aa
Ússana [CA] 193 Bd
Ussaramanna [VS] 191 Fb
Ussássai [OG] 193 Db
Usseaux [TO] 47 Da
Usséglio [TO] 35 Ec
Ussin [AO] 21 Fb
Ussita [MC] 95 Fb
Ussolo [CN] 59 Db
Ústica [PA] 159 ins.a
Ústica, Isola di- 159 ins.a
Usurana [SP] 65 Bc
Uta [CA] 195 Fb
Útero, Monte- 95 Gc
Útile [BN] 121 Bbc
Uttenheim / Villa Ottone [BZ] 3 Fc
Uzza [SO] 13 Db
Uzza, la- 27 Eab
Uzzano [FI] 83 Ba
Uzzano [PT] 75 Cb

V

Vacale, Torrente- 153 Cd
Vacalizza, Monte- 17 Dc
Vacca, Isola la- 195 Cd
Vacca, Lago della- 27 Db
Vaccaggi [OT] 179 Ac
Vaccara [PG] 85 Ec
Vaccareccia [MS] 65 CDc
Vaccareccia [RI] 103 Ac
Vaccaregio, Monte- 25 Gb
Vaccarezza [PC] 51 Fc
Vaccari della Contessa [BA] 133 Fb
Vaccarile [AN] 87 Ba
Vaccarino [PD] 45 Bab
Vaccarizza [PV] 39 Dd
Vaccarizzo [CS] 145 Dd
Vaccarizzo [CT] 173 Dc
Vaccarizzo Albanese [CS] 147 Ac
Vaccaro, Timpone del- 143 Cd
Vaccarolo [BS] 41 Fb
Vaccarra, Monte- 161 Cd
Vacchelli, Canale- 41 Bc
Vaccheria [CE] 119 Ec
Vacci [TO] 47 Fc
Vaccia, Monte- 59 Dc
Vacciago [NO] 23 Ec
Vaccileddi [OT] 179 Ed
Vaccolino [FE] 57 DEc
Vacheres [AO] 21 Gd
Vacíglio [MO] 55 Cd
Vacil [TV] 31 Cc
Vacile [PN] 19 Ad
Vacone [RI] 101 Eb
Vacri [CH] 105 Dc
Vada [LI] 81 Cbc
Vadá, Monte- 23 Fa
Vada, Secche di- 81 Cc
Vadarengo [AL] 49 DEa
Vaddelonna, Serra- 143 Bbc
Vaddi del Fico, Pizzo- 159 Bb
Vadena / Pfatten [BZ] 15 Cb
Vadiglione, Monte- 77 Bbc
Vaditera [CS] 145 Dc
Vado [AN] 87 Ab
Vado [BO] 67 Ec
Vado [LU] 73 Eb
Vado [VE] 33 Ac
Vado Lígure [SV] 61 Fc
Vado Lúcoli [AQ] 103 CDc
Vadossi [SI] 83 Cd
Vaestano [PR] 65 Eb
Vaggimal [VR] 29 Ad
Vággio [FI] 83 CDa
Vagli [TR] 95 Bc
Vagli, Lago di- 73 Ea
Váglia [FI] 75 Fb
Vagliagli [SI] 83 BCb
Vagliano [FI] 77 Ab
Váglie [AR] 85 Ac
Váglie [CE] 119 Cab
Váglie [RE] 65 Ec
Vaglierano [AT] 49 Db
Váglio [MO] 67 Bc
Váglio Basilicata [PZ] 131 Cbc
Váglio Serra [AT] 49 EFc
Vagli Sopra [LU] 73 Ea
Vagli Sotto [LU] 73 Ea
Vagliumina [BI] 23 Bd
Vagna [VB] 9 Dd
Vago [VR] 43 Cb
Vago, Monte- 13 Bb
Vahrn / Varna [BZ] 3 Dc
Vaia, Torrente- 27 Db
Vaiale [BS] 27 Dc
Vaiana, Monte- 143 Aa
Vaiano [LO] 39 Eb
Vaiano [PG] 93 Da
Vaiano [PO] 75 Eb
Vaiano [VT] 93 EFd
Vaiano Cremasco [CR] 39 Fb
Váie [TO] 35 Ed
Vailate [CR] 39 Fb
Vaiont, Lago del- 17 Dc
Vairano [PV] 39 Dc
Vairano, Lago del- 119 Da
Vairano, Monte- 113 Bd
Vairano Patenora [CE] 119 Db
Vairano Scalo [CE] 119 Db
Váiro [PR] 65 Eb
Vajont [PN] 17 Fd
Val [BL] 17 Ab
Val [UD] 19 Ab
Valagnesi [AR] 77 Cc
Valaisan, Monte- 21 Bd
Valanidi, Fiumara di- 155 Bc
Valas / Flaas [BZ] 3 Bd
Valazzo [FG] 115 Db
Valbella, Cima- / Valvel-Spitze 1 DEc
Valbella Inferiore [VC] 23 Db
Val Benair, Punta di- / Falbanairspitze 1 Dc
Valbiano [FC] 77 Eb
Valbione [BS] 13 Dc
Valbiore [SO] 11 FGc
Valbona [PD] 43 Fc
Valbona [PR] 65 Cab
Valbona [RE] 65 Eb
Valbona [SO] 13 Ad
Valbona [TN] 15 Fb
Valbona, Cima di- 27 Eab
Valbona, Monte- 25 Gb
Valbondione [BG] 27 Ba
Valbrembo [BG] 25 Fc
Valbrevenna [GE] 63 Da
Valbrona [CO] 25 Db
Valbruna [UD] 19 Db
Valbrutta [SO] 13 Ac
Valbuóna [PU] 85 Ba
Valcadara [MC] 95 Eab
Valcalda, Bric- 63 Ba
Valcalda, Monte- 17 Gb
Valcaldara [PG] 95 Fc
Valcanale [BG] 27 Ab
Valcarecce [MC] 87 BCb
Valcasotto [CN] 61 Cc
Valcava [LC] 25 Fc
Valcava [TN] 15 Cc
Valcérere [VE] 45 Dd
Valcesura [FE] 57 Cc
Valchiusella [TO] 37 Aa
Valcieca [PR] 65 DEb
Valcigolera, Malga- 15 Fc
Valcimarra [MC] 87 BCd
Valconasso [PC] 53 Bb
Valda [TN] 15 Cc
Valdagno [VI] 29 Cd
Valdamonte [PV] 51 Eb
Valdáora / Olang [BZ] 3 FGc
Valdáora di Mezzo / Mitterolang [BZ] 3 Gc
Valdáora di Sopra / Oberolang [BZ] 3 Gc
Valdáora di Sotto / Niederolang [BZ] 3 FGc
Valdarena [PG] 95 Dcd
Valdarmella [CN] 61 Ccd
Valdaro [VR] 43 Bd
Val d'Asso [SI] 83 Dc
Valdástico [VI] 29 Db
Val dei Frati, Lago- 27 Aa
Val della Meda [FI] 77 Ba
Val della Torre [TO] 35 Fd
Valdena [PR] 65 Bb
Valdengo [BI] 23 Cd
Valdenogher [BL] 17 Dd
Valderia, Giardino Botanico Alpino di- 59 Ec
Valdérice [TP] 157 Cb
Valdeserta, Cima di- 9 Db
Valdibella [PA] 157 Fc
Valdibrana [PT] 75 Db
Valdicastello Carducci [LU] 73 Eb
Val di Cava [SI] 93 Ba
Valdichiesa [AT] 49 Cb
Val di Chiesa [ME] 165 Ba
Valdichiesa [ME] 165 Ca
Valdidentro [SO] 13 Cab
Valdiea [MC] 95 Fa
Valdieri [CN] 59 Fc
Val di Fibbia, Monte- 95 Fab
Val di Lei, Lago di- 11 Eb
Val di Mela [OT] 179 Cb
Val di Mezzo, Monte- / Fallmetzer 3 DEb
Val di Mezzo / Mitterthal [BZ] 3 Cb
Valdimolino [VI] 43 Ea
Valdimonte [PG] 85 Ba
Val di Mora [FI] 77 Ba
Valdina [ME] 163 Dab
Valdinferno [CN] 61 Cc
Val di Nizza [PV] 51 DEb
Valdinoce [FC] 77 Ea
Valdiperga [PI] 81 CDb
Valdipino [SP] 65 Bd
Valdiporro [VR] 29 Bd
Val di Rosa [PG] 85 Bc
Val di Rua [VR] 43 Dd
Val di Sasso [MO] 67 Bc
Val d'Isère [Fr.] 35 Cb
Val di Sogno [VR] 27 Fc
Valdisotto [SO] 13 CDb
Valditacca [PR] 65 Db
Val di Vesta 27 Ec
Val di Villa [CN] 49 Ec
Val di Vizze / Pfitsch [BZ] 3 CDb
Valdo [VB] 9 Eb
Valdóbbia [AO] 23 Bc
Valdobbiádene [TV] 31 Bb
Valdolmo [AN] 85 Eb
Valdomino [VA] 23 Gb
Valdórbia [PG] 85 Eb
Valdottavo [LU] 75 Ab
Valdragone [RSM] 79 Ab
Valdritta, Cima- 29 Ac
Valduga [TN] 29 Bb
Valdúggia [VC] 23 Ec
Valdurna, Lago- / Durnholzer See 3 Cc
Valdurna, Rio- 3 Cd
Valdurna / Durnholz [BZ] 3 Cc
Valéggio [PV] 39 Bd
Valéggio sul Mincio [VR] 43 Abc
Valentano [VT] 99 Fa
Valente [BA] 125 Bb
Valentino [TO] 37 Cd
Valenza [AL] 51 Aab
Valenzani [AT] 49 Eb
Valenzano [AR] 77 Fc
Valenzano [AR] 83 Fa
Valenzano [BA] 125 Db
Valenzatico [PT] 75 Db
Valera [MI] 25 Cd
Valera Fratta [LO] 39 Dc
Valeriano [PN] 19 Ad
Valeriano [SP] 73 BCa
Valésio 135 Ec
Valesso [PC] 53 ABc
Valestra [RE] 67 Ab
Valfábbrica [PG] 85 Dcd
Valfabbrica, Lago di- 85 Dc
Valfenera [AT] 49 Cb
Valfloriana [TN] 15 CDc
Valfredda, Punta- 35 Bd
Val Fredda, Rio di- 35 Bd
Valfurva [SO] 13 Db
Val Gallina, Lago di- 17 Cc
Valganna [VA] 25 Ab
Valgardabach / Valgarola, Rio- 1 Cd
Valgarola, Rio- / Valgardabach 1 Cd
Valgatara [VR] 43 Ba
Valgella [SO] 13 Bd
Valgiano [LU] 75 Bb
Valgióie [TO] 35 EFd
Valgóglio [BG] 27 Ab
Valgrana [CN] 59 Fb
Val Grande, Parco Nazionale della- 9 Ed
Valgrande, Punta- 9 Cc
Valgrande, Rio di- 9 Ed
Valgreghentino [LC] 25 Ec
Valgreit [BZ] 3 Fd
Valgrisenche [AO] 21 Cd
Valguarnera [PA] 157 Fbc
Valguarnera Caropepe [EN] 171 Ebc
Valiano [SI] 83 Fd
Valinis, Monte- 17 Fc
Vallà [TV] 31 Ac
Valla, Bric- 49 Ed
Valla, Torrente- 61 Fb
Valláccia 15 Fb
Vallaccia, Torrente- 85 Bc
Vallada Agordina [BL] 17 Ab
Vallaga, Rio- / Flagger-Bach 3 Dc
Vall'Alta [BG] 27 Ac
Vallalta [BL] 17 Ac
Vallalta [MO] 55 Cb
Vallancon [PD] 43 Fc
Vallandro, Picco di- / Dürrenstein 5 Bcd
Vallanzengo [BI] 23 CDd
Vallare [AL] 37 Fd
Vallarella [CB] 113 Cd
Vallarga / Weitental [BZ] 3 Eb
Vallarsa [TN] 29 Bc
Vallascia [SO] 13 Ac
Vallata [AV] 121 Ec
Vallato [MC] 97 Aa
Vallatrone, Monte- 121 Bd
Vallazza [MC] 95 Fb
Vallazza, Monte- 15 Fd
Valle [AV] 129 Ba
Valle [AV] 121 Ac
Valle [BL] 5 Dd
Valle [BO] 67 Ec
Valle [BS] 27 Bd
Valle [BS] 13 Dd
Valle [CN] 61 Ea
Valle [CN] 61 Ca
Valle [CN] 61 Eb
Valle [FI] 75 Dc
Valle [FI] 75 Gc
Valle [FR] 119 Ba
Valle [IS] 111 Dd
Valle [LU] 75 Bc
Valle [MS] 65 Cb
Valle [MS] 65 Db
Valle [PN] 31 Eb
Valle [PV] 51 Cb
Valle [SA] 141 Ba
Valle [SA] 129 CDbc
Valle [SO] 11 Gd
Valle [SO] 11 Fd
Valle [SO] 11 Gd
Valle [SV] 61 Dc
Valle [TN] 15 CDc
Valle [UD] 19 Dd
Valle [UD] 19 Cd
Valle [UD] 19 Bb
Valle [VI] 29 Cb
Valle [VI] 43 Eb
Valle, Fosso di- 109 Cc
Valle, Fosso la- 91 Dc
Valle, La- [BZ] 3 Fd
Valle, Pizzo della- 13 BCb
Valle, Punta di- / Wollbach-Spitz 3 Fa
Valle, Torrente della- 77 Ca
Valle Agricola [CE] 119 Ea
Valleandona [AT] 49 Db
Valleandona e Val Botto, Riserva Naturale della- 49 Db
Valle Aurina / Ahrntal [BZ] 3 Fab
Valle Avellana [PU] 79 Bc
Valle Averto, Oasi di- 45 Db
Valle Baroni [PE] 105 Bc
Valle Benedetta [LI] 81 Cab
Vallebona [IM] 71 CDc
Vallebona [VT] 101 Cab
Vallebuono [RI] 103 Ad
Vallecalda [AR] 85 Aa
Valle Canal Novo, Riserva Naturale della- 79 Ec
Valle Canzano [TE] 97 Dcd
Valle Castellana [TE] 97 Bc
Valle Castellone [VT] 101 Bb
Valle Cavanata, Riserva Naturale della- 33 Dc
Vallécchia [LU] 73 Eb
Vallécchio [FI] 81 Fa
Vallécchio [PG] 85 Cb
Vallécchio [RN] 79 Bb
Valleceppi, Ponte- [PG] 85 Cd
Valle Cerrina [AL] 37 Dd
Vallecetta, Monte- 13 Db
Valle Cornuta di Mezzo [PZ] 123 Dc
Vallecorsa [FR] 117 Fa
Vallecrósia [IM] 71 Cc
Vallecrósia Alta [IM] 71 CDc
Vallecupa [AQ] 103 Ec
Vallecupa [CH] 105 DEd
Vallecupa [IS] 119 CDa
Vallecupola [RI] 103 Bc
Valle Dame [AR] 85 Ac
Valle dei Casali, Riserva Naturale Regionale- 107 Eb
Valle dei Ronchi [VI] 29 Eb
Valle dei Templi 169 Dd
Valle del Fiume Argentino, Riserva Naturale- 145 Cb
Valle del Fiume Lao, Riserva Naturale Orientata- 143 Bc
Valle del Foro, Riserva Naturale- 105 Cc
Valle del Freddo, Riserva Naturale- 27 Bc
Valle del Lambro, Parco Naturale della- 25 Dd
Valle dell'Ánapo, Area di Interesse Naturalistico- 177 Eb
Valle dell'Ángelo [SA] 141 Da
Valle dell'Aniene, Riserva Naturale- 107 Eb
Valle dell'Erica [OT] 179 Cb
Valle dell'Orfento, Riserva Naturale- 105 Cd
Valle dell'Orso 127 Eb
Valle dell'Orte, Riserva Naturale della- 105 Bc
Valle del Mezzano, Bonifica- 57 Cc
Valle del Sério Morto, Parco- 41 Bc
Valle del Ticino, Parco Naturale della- 39 Cc
Valle del Treja, Parco Suburbano- 101 Dc
Valle di Bondo, Riserva Naturale- 27 Fc
Valle di Cadore [BL] 17 Cb
Valle di Cadore, Lago di- 17 Cb
Valle di Casíes / Gsies [BZ] 5 Bc
Valle di Ginestreto [PU] 79 Cc
Valle di Maddaloni [CE] 119 Fc
Valle di Nizza [AT] 49 Ec
Valle di Sopra [CN] 49 Bc
Valle di sopra / Oberthal [BZ] 3 BCb
Valle di Teva [PU] 79 Bc
Valle di Vícari, Cantoniera- [PA] 159 Cd
Valle d'Ocre [AQ] 103 Dc
Valledolmo [PA] 169 Ea
Valledória [SS] 181 Ec
Valle Dorizzo [BS] 27 Db
Valle e Castello [MC] 95 Fa
Vallefiorita [CZ] 153 Eb
Vallefondi, Cozzo- 159 Ed
Vallefredda [FR] 111 Acd
Valle Gallare, Bonifica- 57 Dc
Valléggia [SV] 61 Fc
Vallegioliti [AL] 37 Cd
Vallegrande [FR] 111 BCd
Vallegráscia [AP] 97 Ab
Valle Imperina, Riserva Naturale- 17 Bc
Valle Inferno e Bandella, Riserva Naturale Regionale- 83 Da
Valle Isola, Bonifica- 57 Ec
Valle Lomellina [PV] 39 Ad
Vallelonga [VV] 153 Dc
Valleluce [FR] 111 Cd
Valleluna [BT] 125 Aa
Vallelunga [CE] 111 DEde
Vallelunga, Autódromo di- 101 Dc
Vallelunga, Cima- 97 Ab
Vallelunga Pratameno [CL] 169 Eab
Valle Maggiore [GR] 91 Ec
Vallemáio [FR] 119 Ba
Vallemara [GE] 51 Dd
Vallemare [PE] 105 Cb
Vallemare [RI] 103 Bb
Vallemontagna [AN] 87 Ab
Vallemontana [UD] 19 Cc
Vallemora [AQ] 111 ABb
Valle Mosso [BI] 23 Cd
Vallene [VR] 29 Ad
Vallenoncello [PN] 31 Eb
Vallenzona [GE] 51 Dd
Valle Orsara [AP] 97 Ac
Vallepietra [ROMA] 109 Db
Vallera [PC] 53 Aa
Vallerana [PD] 43 Fcd
Valleranello [ROMA] 107 Ec
Vallerano [PR] 65 DEa
Vallerano [SI] 83 Bd
Vallerano [VT] 101 Cb
Valleremita [AN] 85 Fc
Vallerenzo [PC] 51 Fb
Vallermosa [CA] 191 Ed
Vallerona [GR] 93 Ac
Vallerotonda [FR] 111 Cd
Vàlles / Vals [BZ] 3 Db
Vallesaccarda [AV] 121 Ec
Valle Salimbene [PV] 39 Dcd
Vallesana [VR] 43 Aab
Valle San Bartolomeo [AL] 51 Ab
Valle San Felice [TN] 29 Ab
Valle San Floriano [VI] 29 EFc
Valle San Giorgio [PD] 43 Gc
Valle San Giovanni [AT] 49 Ec
Valle San Giovanni [TE] 97 Cd
Valle San Martino [MC] 87 Bd
Valle San Martino [MN] 55 Cb
Valle San Martino [PG] 95 Dd
Valle San Nicolao [BI] 23 Cd
Valle San Silvestro / Wahlen [BZ] 5 Bc
Valle Santa [ROMA] 107 Db
Vallesanta, Rifugio Faunistico di- 69 Ca
Valle Sauglio [TO] 49 Bab
Vallescura [GE] 63 Ea
Valle Scura, Cima di- 51 Ec
Valle Scura, Riserva Naturale- 17 Bd
Valle Scuropasso [PV] 51 Ea
Vallese [VR] 43 Cc
Vallesella [BL] 17 Db
Vallesella [BL] 17 Cb
Valle Senzana [AP] 97 Cb
Vallesina [BL] 17 Cb
Vallestretta [MC] 95 Fb
Vallestura [AL] 37 Dd
Valle Trebbia, Bonifica- 57 Dc
Valletta, Punta- 21 Dd
Valletta, Punta della- 21 Dd
Valletti [SP] 63 Gb
Valleve [BG] 25 Ga
Valle Vegenana [MC] 87 Bcd
Valleversa [AT] 49 Eab
Valle Volta, Bonifica- 57 Dc
Vallevona, Cima di- 109 Dab
Valli [AP] 97 Cc

Valli [CS] 149 CDb
Valli [MN] 41 Ed
Valli [SI] 83 Cc
Valli [VE] 45 Ca
Valli [VE] 45 Dc
Vallíbbia [MC] 85 Fc
Vallicchio [MC] 95 Fa
Valliciola [OT] 179 Bd
Vallicella Alta [RO] 55 Fb
Vallicella Bassa [RO] 55 Fb
Vallicello, Torrente- 95 Fb
Vallico Sopra [LU] 73 Fab
Vallico Sotto [LU] 73 Fab
Valli del Cedra e del Parma, Parco Regionale- [PR] 65 Db
Valli del Cedra e del Parma, Parco Regionale- [PR] 65 Db
Valli del Mincio, Riserva Naturale- 41 Gc
Valli del Pasúbio [VI] 29 Cc
Valli di Sant'Antonio, Riserva Naturale- 13 Cd
Valliera [RO] 57 Da
Valli Grandi Veronesi 43 Dd
Valli Mocenighe [PD] 43 Fd
Vallina [AN] 85 Ec
Vallina [FI] 75 Gc
Vallinfante [MC] 95 FGb
Vallinfreda [ROMA] 103 Bd
Vállio [TV] 31 Dd
Vállio Terme [BS] 27 Dd
Vallisnera [RE] 65 Eb
Vallming / Valmigna [BZ] 3 Cb
Vallo [TO] 37 Bc
Vallócchia [PG] 95 Dc
Vallocci, Cima- 11 Gd
Vallo della Lucánia [SA] 141 Ca
Vallo di Nera [PG] 95 Ec
Val Loga, Cima de- 11 Db
Vallombrosa [FI] 77 Bc
Vallombrosa, Riserva Naturale- 77 Bc
Vallon, Cima di- 15 Ad
Vallona [RO] 45 Bd
Vallona, la- [FE] 57 Bb
Vallona, la- [RO] 57 Fa
Vallonara [VI] 29 Ec
Vallone [AN] 79 Fc
Vallone [CN] 59 Db
Vallone, Torrente il- 143 Cb
Vallone / Pflung [BZ] 5 Ac
Vallone Calagna sopra Tortorici, Riserva Naturale- 161 Fb
Vallonetto, Cima- 35 Cd
Vallonga [PD] 45 Cc
Vallonga [TN] 15 Eb
Vallongo [TO] 49 Bb
Valloni [CB] 113 Ad
Valloni [CH] 113 Ab
Valloni [IS] 111 Dd
Valloni [LO] 41 Ad
Vallonto [TV] 31 Db
Vallorch [TV] 31 Da
Vallorcine [Fr.] 7 Bd
Valloria [IM] 71 Eb
Valloria [LO] 39 Fd
Valloriate [CN] 59 Fb
Vallosio [AL] 49 Gd
Vallo Torinese [TO] 35 Fc
Vallúcciole [AR] 77 Bc
Vallugana [VI] 29 Dd
Vallumida [AT] 49 Ec
Vallunga [RI] 95 Fd
Vallurbana [PG] 85 Ba
Valmacca [AL] 37 Fd
Valmadonna [AL] 51 Ab
Valmadrera [LC] 25 Eb
Valmaggia [VC] 23 Db
Valmaggiore [BG] 27 Ac
Valmairone [AT] 49 DEb
Valmala [CN] 59 EFa
Valmala, Cima- / Würmaulspitze 3 Db
Valmarana [VE] 45 Cb
Valmarana [VI] 43 Eab
Valmareno [TV] 31 Bb
Val Másino [SO] 11 Fc
Valmazzone [BS] 13 Dc
Val Melaina [ROMA] 107 Fb
Valmeronte, Monte- 85 Ba
Valmesta [TN] 15 Fc
Valmiana [AO] 21 Dd
Valmiana, Punta di- 21 DEd
Valmigna / Vallming [BZ] 3 Cb
Val Moena, Cimon di- 15 Dc
Valmontone [ROMA] 109 Bc
Valmorbia [TN] 29 Bc
Valmorea [CO] 25 Bc
Valmorel [BL] 31 Ca
Valmoresca [BG] 25 Fab
Valmosca [BI] 23 Bcd
Valmózzola [PR] 65 BCa
Valnegra [BG] 25 Gb
Val Nera, Monte- 13 Bb
Val Noana, Lago di- 17 Ad
Val Noci, Lago di- 63 Db
Valnogaredo [PD] 43 Fc
Valnontey [AO] 21 Dd
Valnuvola [BL] 15 EFd
Valogno [CE] 119 Cb
Valpegara [VI] 29 CDb
Valpelina [VE] 33 Bd
Valpelline [AO] 21 Dc
Valpelline, Tête de- 21 Fb
Valperga [TO] 35 Gb
Valperna, Cima- (Knapphenne) 3 Fb
Valperosa [AT] 49 Db
Valpiana [BG] 25 Gb
Valpiana [GR] 91 CDab
Valpiana [VB] 23 Cb
Valpiana [VC] 23 Ec
Val Piana, Monte- 15 Dd
Valpicetto [UD] 17 Ga
Valpolicella 29 Ad
Valpone [CN] 49 CDc
Valprato Soana [TO] 35 Gab
Valpredina, Riserva Naturale- 25 Gc
Valpromaro [LU] 73 Fb
Valproto [VI] 43 Fa
Val Rezzo [CO] 11 Cd
Val Rossara [AL] 51 Bc
Valrovina [VI] 29 Fc
Vals [PN] 17 Fc
Vals / Välles [BZ] 3 Db
Valsalva [BO] 67 Fc
Valsanzíbio [PD] 45 Ac
Val Sarmassa, Riserva Naturale della- 49 Fc
Valsavarenche [AO] 21 Dd
Valsavignone [AR] 77 DEc
Valschauerbach / Valsura 3 Ad
Val Scura, Cima di- 15 Ac
Valscura, Lago di- 59 Ec
Valsecca [BG] 25 Fc
Valsecca, Monte- 19 Aa
Valsénio [RA] 69 Ac
Valseresino [CR] 41 Ac
Valsésia 23 Dc
Valsigiara [PC] 51 Ed
Valsinni [MT] 143 Eab
Valsoera, Lago di- 35 Fb
Valsolda [CO] 25 Cab
Valsorda [TN] 29 Bab
Valsorda, Cima di- 15 Eb
Valsorda, Rio- 15 Fc
Valstagna [VI] 29 Eb
Valstrona [VB] 23 Eb
Valsura, Rio- 1 Fd
Valsura / Valschauerbach 3 Ad
Váltero, Monte- 27 Bb
Valtina / Walten [BZ] 3 Bc
Valtopina [PG] 95 Da
Valtorta [BG] 25 Fb
Valtournenche [AO] 21 Fb
Val Tovanella, Riserva Naturale- 17 Cc
Valtreara [AN] 87 Ab
Valtriano [PI] 81 CDa
Val Troncea, Parco Naturale della- 47 Cb
Valva [SA] 129 Eb
Valvasone [PN] 33 Ab
Valvel-Spitze / Valbella, Cima- 1 DEc
Valverde [CT] 173 Db
Valverde [FC] 69 Fc
Valverde [PV] 51 Eb
Valvestino [BS] 27 Ec
Valvestino, Lago di- 27 Ec
Valvinera [AT] 49 Eb
Val Viola, Lago di- 13 Cb
Válvori [FR] 111 Cd
Valzanca, Rio di- 15 Fc
Valzangona [PU] 79 Cc
Valzemola [SV] 61 Eb
Valzúrio [BG] 27 Ab
Vancimúglio [VI] 43 Fab
Vancomune, Monte- (Hochspitz) 5 DEd
Vandalino, Monte- 47 DEc
Vandóies / Vintl [BZ] 3 Ec
Vandóies di Sopra / Obervintl [BZ] 3 Ec
Vandóies di Sotto / Niedervintl [BZ] 3 Ec
Vandra [IS] 111 Ecd
Vandra, Torrente- 111 Ed
Vanelle, Grotte delle- 163 Ad
Vanette, Grotta delle- 163 Ad
Vaneze [TN] 29 Ba
Vanga / Wangen [BZ] 15 Da
Vangadizza [VR] 43 Dcd
Vannino, Lago- 9 Eb
Vanoi, Torrente- 15 Fd
Vanoise 35 Cb
Vanoni [VR] 43 Ac
Vantaggio [TR] 93 Ec
Vantone [BS] 27 Dc
Vanza [TN] 29 Bb
Vanzaghello [MI] 23 Gd
Vanzago [MI] 39 Ca
Vanzago, Bosco di- 25 Bd
Vanze [LE] 139 Ea
Vanzo [PD] 45 Ac
Vanzone [VB] 23 Cb
Vanzone [VC] 23 Dc
Vanzone con San Carlo [VB] 23 Cb
Vaprio d'Adda [MI] 25 Fd
Vaprio d'Agogna [NO] 23 Fd
Vara, Fiume- 65 Ac
Varago [TV] 31 Cc
Vara Inferiore [SV] 63 Ab
Varáita [CN] 59 Ea
Varaita, Torrente- 49 Ac
Varallo [VC] 23 Dc
Varallo Pómbia [NO] 23 Fcd
Varano [AN] 87 Ea
Varano [AN] 85 EFc
Varano [MS] 65 Dc
Varano [TE] 97 Dc
Varano [TN] 29 Ab
Varano, Foce di- 115 Cb
Varano, Lago di- 115 Cb
Varano, Rocca di- 87 Bd
Varano Borghi [VA] 23 Gc
Varano de' Marchesi [PR] 53 Dc
Varano de' Melegari [PR] 53 CDc
Varapódio [RC] 155 Cb
Vararo [VA] 23 FGb
Vara Superiore [SV] 63 Ab
Varavo Superiore [SV] 71 Fa
Varazze [SV] 61 Gb
Varco [MC] 87 Dc
Varco [PZ] 143 Cc
Varco di Castelfranco, Poggio- 77 Bcd
Varco Sabino [RI] 103 Bc
Varda [BL] 17 Aab
Varda [BZ] 17 Aa
Varda [PN] 31 Eb
Varda, Col de- 17 Ca
Varedo [MB] 25 Dd
Varella, la- 3 Fd
Varena [TN] 15 Dc
Varengo [AL] 37 Dd
Varenna [LC] 25 Dab
Varese [VA] 25 Bc
Varese, Lago di- 23 Gb
Varese Lígure [SP] 65 Ab
Vargo [AL] 51 Cc
Vari [MC] 95 Fb
Variala [AT] 49 Eb
Variana [AL] 51 Cc
Variano [AL] 51 Cc
Variano [UD] 33 Bab
Variglie [AT] 49 DEb
Varignana [BO] 67 FGb
Varignano [TN] 29 Ab
Varigotti [SV] 61 Fc
Varinella [AL] 51 Cc
Variney [AO] 21 Dc
Varise, Monte la- 21 Cc
Varisella [TO] 35 Fc
Varivértola [SA] 141 Ea
Varliano [LU] 65 Ec
Varmo [UD] 33 Ab
Varmost, Monte- 17 Eb
Varna [FI] 81 Fa
Varna / Vahrn [BZ] 3 Dc
Varni [GE] 51 Ed
Varone [PR] 53 Cc
Varone [TN] 29 Ab
Varone, Cascata del- 27 Fb
Varoni [BN] 121 Ac
Varoni [RI] 97 Ad
Varrone [TA] 133 Gc
Varrone, Serra- 145 Ccd
Varrone, Torrente- 11 Ed
Vars [Fr.] 47 Bd
Varsi [PR] 53 BCd
Varzi [PV] 51 Ec
Varzo [VB] 9 Dc
Vas [BL] 31 Ab
Vas, Monte- 19 Ab
Vasanello [VT] 101 CDb
Vasari [AN] 79 Fd
Vascagliana [AT] 49 Db
Vascello, Poggio- 177 Cb
Vasche [RI] 103 Bb
Vasciano [PG] 95 Bc
Vasciano [TR] 101 Eb
Vasco [CN] 61 Bb
Vascon [TV] 31 Cc
Vasconi [MC] 87 Ac
Vásia [IM] 71 Eb
Vaso [BS] 41 Dbc
Vaso, Monte- 81 Db
Vassallaggi, Monte- 171 Bc
Vassena [LC] 25 Db
Vassi [SA] 129 Cb
Vastalla [TO] 35 Gc
Vaste [LE] 139 Fb
Vasto [CH] 105 Gd
Vasto [MN] 41 Fc
Vastogirardi [IS] 111 Ec
Vasto Marina [CH] 105 Gd
Vátles, Monte- / Watles 1 Cc
Vatolla [SA] 141 Ba
Vattaro [TN] 29 Cb
Vaud [AO] 21 Db
Vauda [TO] 35 Gc
Vauda, Riserva Naturale della- 35 Gc
Váuda Canavese [TO] 35 Gc
Váuda Canavese Inferiore [TO] 35 Gc
Váuda Canavese Superiore [TO] 35 Gc
Vázia [RI] 103 Ab
Vazzano [VV] 153 Dc
Vazzola [TV] 31 Db
Vè, Monte- 65 Ad
Veano [PC] 53 Ab
Vecchia, Caserma- 197 Db
Vecchia, Lago della- 23 Bc
Vecchia, Montagna- 159 Bd
Vecchia, Monte della- 69 Ac
Vecchia, Taverna- [BN] 121 Bab
Vecchiano [PI] 73 Fc
Vecchiarelli [AN] 87 Cb
Vecchiazzano [FC] 69 CDc
Vecchietto [MS] 65 Cc
Vecchio, Monte- [CH] 111 Eb
Vecchio, Monte- [CN] 59 Gc
Vecchio, Monte- [It.] 65 Fc
Vecchio, Porto- 91 Bb
Vecchio, Timpone- 151 BCc
Vecchiuzzo, Grotta del- 161 Bd
Vecciano [RN] 79 Bb
Vecciática [PR] 65 DEb
Vecciola [MC] 97 Aa
Vecersio [SV] 61 Dd
Vedano al Lambro [MB] 25 Dd
Vedano Olona [VA] 25 Bc
Veddasca [VA] 11 Ad
Vedegheto [BO] 67 Db
Vedelago [TV] 31 Bc
Vederna, Monte- 15 Fd
Vedeseta [BG] 25 Fb
Vedetta Alta / Hochwart 15 Bab
Védole [PR] 53 EFb
Vedrana [BO] 69 Aa
Vedretta, Lago- 13 Fc
Vedretta, Punta della- (Am hintern Eis) 1 Ec
Vedrette di Ries-Aurina, Parco Naturale- / Rieserferner-Ahrn, Naturpark- 5 Ab
Vedriano [BO] 67 FGb
Vedriano [MS] 65 DEc
Vedriano [RE] 65 Fab
Vedronza [UD] 19 Cc
Vedúggio con Colzano [MB] 25 Dc
Veduro [BO] 67 Fa
Vegaia, Cima- 13 Fb
Véggia [RE] 67 Ba
Veggiano [PD] 43 Gb
Veggio [BO] 67 DEc
Veggiola [PC] 53 Bb
Vegli [UD] 19 Bc
Véglia [CN] 49 Bc
Vegliasco [SV] 71 FGa
Véglie [LE] 135 Dd
Véglio [BI] 23 Cd
Véglio [CO] 25 Cb
Vegna [CO] 11 Cd
Vegni [AL] 51 Dd
Vegno [LC] 25 Eab
Vegno [VB] 9 CDc
Vegri [RO] 55 Fb
Vegri [VI] 29 Cd
Veio 107 Ea
Veio, Parco Naturale di- 107 Ea
Veirera [SV] 61 Gb
Vejano [VT] 101 Bc
Vélan, Monte- 21 Db
Velate [VA] 23 Gb
Vélatro, Monte- 143 Bc
Véleso [CO] 25 Db
Velez, Villa- [PA] 157 Fbc
Velezzo Lomellina [PV] 39 Ad
Vélia 141 Bb
Veliki Dol [SLO] 33 Fc
Velino, Fiume- 101 Fb
Velino, Gole del- 103 Bb
Velino, Monte- 103 Dd
Vella, Fiume- 105 Bd
Vella, Torrente- 131 Fd
Vellai [BL] 31 Aab
Vellano [PT] 75 Cb
Vellau / Velloi [BZ] 3 Ac
Vellego [SV] 71 Fa
Velleia 53 Bc
Velletri [ROMA] 109 Ac
Vellezzo Bellini [PV] 39 Cc
Vello [BS] 27 Bc
Velloi / Vellau [BZ] 3 Ac
Véllora, Torrente- 93 Cb
Velmaio [VA] 25 Bb
Velo d'Ástico [VI] 29 CDc
Velosa 141 Ca
Velo Veronese [VR] 29 Bd
Velturno / Feldthurns [BZ] 3 Dd
Velucciana [RE] 65 Fb
Velva [GE] 63 Gc
Vena [CT] 163 Bd
Vena [TO] 35 Gb
Vena, Canale di- 127 Ca
Vena, Rio- / Winnebach 3 Eb
Vena del Gesso Romagnola, Parco Regionale- 69 Ac
Vena di Màida [CZ] 149 Ed
Venafro [IS] 111 De
Venagrande [AP] 97 Cb
Vena Inferiore [VV] 153 Cbc
Venale, Monte- 17 Dc
Vena Media [VV] 153 Cbc
Venaria Reale [TO] 35 Gd
Venarotta [AP] 97 Bb
Venasca [CN] 59 Fa
Venas di Cadore [BL] 17 Cb
Vena Superiore [VV] 153 Cbc
Venatura [AN] 85 Eb
Venáus [TO] 35 CDd
Vencò [GO] 33 Dab
Venda, Monte- 43 Gc
Vendaso [MS] 65 DEc
Vendaso, Giogo di- 65 Ec
Vendersi [AL] 51 Dc
Vendícari, Isola- 177 Ed
Vendícari, Torre- [SR] 177 Ed
Vendicio [LT] 119 Ab
Vendóglio [UD] 19 Bcd
Vendone [SV] 71 Fa
Vendri [VR] 43 Cb
Vendrogno [LC] 25 Ea
Vene [PG] 95 DEb
Vene [SV] 61 Ec
Venegazzù [TV] 31 Bc
Venegono Inferiore [VA] 25 Bc
Venegono Superiore [VA] 25 Bc
Venenta [BO] 55 Ed
Vénere [AQ] 111 Ab
Vénere, Monte- [BO] 67 Ec
Vénere, Monte- [VT] 101 Cbc
Veneretta, Monte- 163 Cc
Veneria [VC] 37 Dc
Venerócolo, Lago del- 13 Dc
Venerócolo, Monte- 27 BCa
Venerócolo, Punta del- 13 DEc
Véneta, Laguna- 45 Db
Venético [ME] 163 Dab
Venético Marina [ME] 163 CDa
Véneto, Scolo- 57 Db
Venezia [VE] 45 DEb
Venezia, Cima- / Venezia-Spitze 13 EFb
Venezia, Dosso di- 13 EFb
Venezia-Spitze / Venezia, Cima- 13 EFb
Venezzano [BO] 55 Ec
Vengore [AT] 49 Ed
Veniano [CO] 25 Bc
Venina, Lago di- 13 Ad
Venina, Torrente di- 13 Ad
Venna, Torrente- 105 Dc
Vennariello [CS] 149 Db
Venolo, Canale- 115 Bd
Venosa [PZ] 123 Cd
Venosa, Fiumara di- 123 Cc
Venosa, Parco Archeologico di- 123 Cd
Vens [AO] 21 Cc
Vent [A] 1 Fb
Ventarola [GE] 63 Eb
Ventarola, la- 65 Ab
Ventaroli [CE] 119 Cb
Ventasso, Monte- 65 Eb
Ventena [AR] 83 CDb
Ventia, Torrente- 85 Cc
Venticano [AV] 121 Cc
Ventimíglia [IM] 71 Cc
Ventimíglia di Sicilia [PA] 159 Dc
Vento, Grotta del- 73 Fa
Vento, Grotta Grande del- 87 Ab
Vento Grande, Cima del- / Große Windschar 3 Fb
Ventosa [LT] 119 Bb
Ventoso [RE] 67 ABa
Ventósola, Monte- 95 FGc
Ventoténe [LT] 117 ins.b
Ventoténe, Isola di- 117 ins.b
Ventrino, Monte- 103 Fd
Venturelli [VR] 43 Ab
Venturi, Casa- [SS] 183 Cb
Venturina [LI] 91 Ba
Venturosa, Monte- 25 Fb
Venzonassa, Torrente- 19 Cc
Venzone [UD] 19 Bb
Veppo [SP] 65 Bc
Verampio [VB] 9 Ec
Veran [BL] 17 Bc
Verano [PC] 53 ABb
Verano, Monte di- / Vöraner Joch 3 Bd
Verano / Vöran [BZ] 3 Bd
Verano Brianza [MB] 25 Dc
Veratica [RO] 55 Fb
Veratto [PC] 39 Fd
Veravo [SV] 71 Fa
Verazzano [AR] 83 Fb
Verbánia [VB] 23 Fb
Verbano → Maggiore, Lago- 23 Gb
Verbicaro [CS] 145 Cb
Verbier [Svizz.] 7 Dd
Vercana [CO] 11 Ecd
Vercéia [SO] 11 Ec
Vercelli [VC] 37 Ec
Verchiano [PG] 95 Eb
Verciano [LU] 75 Bc
Vercoche, Lago- 21 Fd
Vercorin [Svizz.] 7 Fc
Vercurago [LC] 25 Ec
Verde, Costa- 191 Cc
Verde, Creta- (Steinwand) 5 Ed
Verde, Grotta- [LE] 139 Fc
Verde, Grotta- [NA] 127 Dc
Verde, Grotta- [SS] 183 Ac
Verde, Lago- 65 Db
Verde, Lago- / Grünsee 13 Fb
Verdeggia [IM] 71 Da
Verdellino [BG] 25 Fd

Verdello [BG] 25 Fd
Verderio Inferiore [LC] 25 Ed
Verderio Superiore [LC] 25 Ecd
Verdesina [TN] 27 Fa
Verdeto [PC] 51 Fb
Verdi Giuseppe, Aeroporto Nazionale– 53 Eb
Verdignana, Cima– 13 Fb
Verdignes / Verdings [BZ] 3 Dd
Verdings / Verdignes [BZ] 3 Dd
Verdins [BZ] 3 Bc
Verdonda [MN] 55 Db
Verdone, Monte– 113 Cd
Verduno [CN] 49 Cc
Verdura, Fiume– 169 Bb
Verdura, Torre– [AG] 169 Bc
Verécchie [AQ] 109 Da
Verena, Monte– 29 Db
Verezzi [SV] 61 Ecd
Verezzo [IM] 71 Db
Vergagni [AL] 51 Dcd
Vergano [LC] 25 Ec
Vergano, Lago– 23 Bd
Vergano Novarese [NO] 23 Ec
Vergante 23 Fc
Vergari [MN] 55 Bb
Vergatello, Torrente– 67 Dc
Vergato [BO] 67 Dc
Vergelle [SI] 83 Dd
Vergémoli [LU] 73 Fa
Verghera [VA] 23 Gd
Verghereto [FC] 77 Dc
Verghereto [PO] 75 Dc
Vergheria Biazzi [GR] 99 Ca
Vergia, Punta– 47 Dbc
Vergiano [BO] 67 Ec
Vergiano [RN] 79 Ba
Vergiate [VA] 23 Gc
Vergine, Monte– 121 Bd
Vergine Maria [PA] 159 Cab
Vergineto [PU] 79 Dc
Vergnacco [UD] 19 Ccd
Vergnano, Monte– 93 Fb
Vergnasco [BI] 37 Cab
Vergne [CN] 49 Cd
Vergobbio [VA] 23 Gb
Veri, Monte– 51 Fd
Verica [MO] 67 Cc
Verigo [VB] 9 Ed
Verla [TN] 15 Bd
Verlucca [TO] 35 FGb
Vermegliano [GO] 33 Cc
Vermenagna, Torrente– 61 Ac
Vermenone, Monte– 85 Fd
Vermezzo [MI] 39 Bb
Vérmica [KR] 151 Ed
Vermiglio [TN] 13 EFc
Verminesca, Garzaia della– 37 Fc
Vermogno [BI] 37 Cb
Vermoi Spitze / il Marzolo 1 Fd
Vermongoi [TN] 27 Eb
Verna [CO] 25 Cab
Verna [TO] 47 Eab
Verna [TO] 35 Fd
Vernà, Pizzo di– 163 Cbc
Vernagli [CN] 61 BCc
Vernago, Lago di– / Vernagt Stausee 1 Ec
Vernagt / Vernago [BZ] 1 Ec
Vernagt / Vernago [BZ] 1 Ec
Vernagt Stausee / Vernago, Lago di– 1 Ec
Vernante [CN] 59 Gc
Vernasca [PC] 53 Bc
Vernasso [UD] 19 Dd
Vernate [MI] 39 Cc
Vernayaz [Svizz.] 7 Cd
Vernazza [SP] 73 Ba
Vernazzano [PG] 85 Ac
Vernetti [CN] 59 Db
Vernetto [CN] 47 Gc
Verney, Lago– 21 Ec
Verni [LU] 73 Fa
Verniana [AR] 83 DEb
Vernili [AV] 121 Bc
Vernine [SI] 83 Dd
Vérnio [PO] 75 Ea
Vernita, Monte– 143 Cc
Vérnole [LE] 139 Ea
Vernone [TO] 37 Bd
Vernuga [SO] 13 Cc

Verola, Monte– 65 Ea
Verolanuova [BS] 41 Cc
Verolavécchia [BS] 41 Cc
Verolengo [TO] 37 Bc
Véroli [FR] 109 Ec
Verona [AR] 83 Cd
Verona, Pizzo– 13 Bb
Verona-Villafranca, Aeroporto Internazionale– 43 Bb
Veronella [VR] 43 Cc
Verosso, Cima– 9 CDd
Verra, Rocca di– 21 Gb
Verrand [AO] 21 Bc
Verratti [CH] 105 DEd
Verrayes [AO] 21 Gcd
Verretto [PV] 51 Da
Vérrico [AQ] 103 Ca
Verrino, Torrente– 111 Fc
Verrone [BI] 37 Cab
Verroni [BN] 121 Ac
Verrua Po [PV] 39 Dd
Verrua Savóia [TO] 37 Cd
Verrucchiella, Monte– 65 Fd
Verrucola [MS] 65 Eb
Verrucolette [LU] 65 Ed
Verrútoli, Monte– 131 BCc
Versa [GO] 33 Cb
Versa, Rio– 33 Ab
Versa, Torrente– 37 Dd
Versa, Torrente– (Birsa) 33 Eb
Versano [CE] 119 Db
Verschneid / Frassineto [BZ] 15 Ca
Versciaco di Sopra / Ober Vierschach [BZ] 5 Cb
Versciaco di Sotto / Unter Vierschach [BZ] 5 Bc
Versilia 73 Eb
Versino-Fucine [TO] 35 Fc
Versola [MS] 65 Cb
Versutta [PN] 33 Ab
Vertainspitze / Vertana, Cima– 1 Dd
Vertana, Cima– / Vertainspitze 1 Dd
Vertéglia, Piano di– 129 Cb
Vertemate con Minóprio [CO] 25 Cc
Vertine [SI] 83 Cb
Vertova [BG] 27 Ac
Verúcchio [RN] 79 Ab
Veruno [NO] 23 Fc
Vérvio [SO] 13 Cc
Vervò [TN] 15 Bc
Verza [PC] 53 ABab
Verzáglia [FC] 77 Cd
Verzago [CO] 25 CDc
Verzale, Monte– 121 Dc
Verzedo [SO] 13 GDb
Verzégnis [UD] 19 Ab
Verzégnis, Lago di– 19 Ab
Verzégnis, Monte– 19 Ab
Verzel, Punta– 35 Gb
Verzi [GE] 63 Eb
Verzi [SV] 61 Ed
Verzi [SV] 61 Fc
Verzi, Monte– 149 Cbc
Verziano [BS] 41 Dab
Verzino [KR] 151 CDb
Verzuno [BO] 67 Dc
Verzuolo [CN] 47 Fd
Vesale [MO] 67 Bc
Vesallo [RE] 65 Gb
Vesallo [SV] 71 Fa
Véscia [PG] 95 Db
Vescigli, Serra– 121 Cb
Vescona [SI] 83 Cc
Vescovado [PR] 53 Eb
Vescovado [SI] 83 Ccd
Vescovana [PD] 43 Gd
Vescovato [CR] 41 CDc
Vescovo [CZ] 151 Cd
Vescovo, Laghi del– 117 Da
Vesetto [CO] 25 Ca
Vesignano [TO] 37 Ab
Vésima [GE] 63 Bb
Vésime [AT] 49 Ed
Vesio [BS] 27 Fc
Vésole, Monte– 129 DEd
Vespolate [NO] 39 Abc
Vessa [FC] 77 DEb
Vessálico [IM] 71 Ea
Vesta [BS] 27 DEc
Vestea [PE] 105 Bb

Vestenanova [VR] 29 Cd
Vestenavécchia [VR] 43 Da
Vestignano [MC] 87 Cd
Vestignè [TO] 37 Bb
Véstola [PR] 65 Da
Vestone [BS] 27 Dc
Vestreno [LC] 11 Dd
Vesuvio 127 Eb
Vesuvio, Parco Nazionale del– 127 Eb
Vetan [AO] 21 Dc
Vétere, Fontana– 131 Ea
Veternigo [VE] 45 Cab
Vetrale [SA] 141 Ca
Vetralla [VT] 101 Bc
Vetralla, Rocca– 95 Ed
Vetrana, Serra– 177 Db
Vetrego [VE] 45 Cb
Vétria [SV] 61 Fc
Vetrici, Timpone– 143 Fc
Vetriolo [VT] 93 Ed
Vetriolo Terme [TN] 29 Ca
Vetta [PD] 45 Ac
Vetta d'Italia (Glochkenkar-Korpf) 5 ABa
Vette, Le– 17 Ad
Vette Feltrine, Riserva Naturale– 31 Aa
Véttica [SA] 127 Fc
Véttica Maggiore [SA] 127 Fc
Vettignè [VC] 37 Db
Vetto [RE] 65 Fb
Vetto [SO] 13 Ac
Vettore, Monte– 97 Ac
Vetulónia [GR] 91 Bb
Vetzan / Vezzano [BZ] 1 Ed
Véveri [NO] 37 Fb
Vevey [Svizz.] 7 Bb
Vex [Svizz.] 7 Cc
Veysonnaz [Svizz.] 7 Dc
Vézimo [PC] 51 Fcd
Vezza [AR] 83 Ea
Vezza, Col di– 17 Ca
Vezza, Torrente– 101 Cb
Vezza d'Alba [CN] 49 Cc
Vezza d'Óglio [BS] 13 Dc
Vezzana, Cima della– 17 Ac
Vezzanello [MS] 65 Cd
Vezzano [AP] 97 Ac
Vezzano [BL] 17 Cd
Vezzano [PR] 65 Eab
Vezzano [RI] 95 Fd
Vezzano [TN] 15 Bc
Vezzano / Vetzan [BZ] 1 Ed
Vezzano Lígure [SP] 73 Ca
Vezzano sul Crostolo [RE] 55 Ad
Vezzara [CE] 119 Cb
Vézzena, Cima di– 29 Cb
Vezzi Pórtio [SV] 61 Fc
Vezzo [VB] 23 Fb
Vezzola [SO] 13 Db
Vezzola, Fiume– 97 Cc
Vezzolacca [PC] 53 Bc
Vho [AL] 51 Cb
Vho [CR] 41 Ed
Viacce [AN] 85 Eb
Via Curtatone [CZ] 151 Bd
Viadágola [BO] 67 Fa
Viadana [MN] 53 FGb
Viadana Bresciana [BS] 41 Db
Viadánica [BG] 27 Ac
Via dei Romani [CN] 47 Fc
Viagrande [CT] 173 Db
Viaiano [CN] 61 Ca
Viáio [AR] 85 Aa
Vialarda [AL] 37 Ed
Via Larga [MO] 55 Dcd
Viale [AT] 49 Dab
Vialfrè [TO] 37 Bb
Vialone [PV] 39 Dc
Viamággio [AR] 77 Ec
Viana, Torrente– 35 Gc
Viancino [VC] 37 Db
Vianino [PR] 53 Cc
Viano [CH] 105 Cc
Viano [RE] 67 Aa
Vianoce [AT] 49 Ec
Vianova [LU] 73 Ea
Vianova [PC] 53 Ca
Via Piana [PU] 79 Cc
Viarago [TN] 15 Cd
Viareggio [LU] 73 Eb
Viarigi [AT] 49 Fb
Viarolo [PR] 53 Eab
Viaróvere [MO] 55 Eb
Viaso [UD] 17 FGb

Via Tagliata [RA] 69 Db
Via Vecchia [TO] 47 Gbc
Viazza [FE] 57 Bb
Viazzano [PR] 53 Dc
Vibo Marina [VV] 153 Cb
Vibo Valéntia [VV] 153 Cbc
Vibrata, Torrente– 97 Ec
Vicalvi [FR] 111 Bc
Vicanino [PC] 53 Bc
Vicano, Rio– 101 Dc
Vicano, Torrente– 77 Bc
Vicarello [LI] 81 Ca
Vicarello [PI] 81 Eb
Vicarello [ROMA] 101 Cd
Vícari [PA] 159 Dd
Vícchio [FI] 77 Ab
Vicchiomaggio [FI] 83 Ba
Vicenna [CB] 113 Bd
Viceno [NO] 9 Dc
Viceno [TR] 93 DEc
Vicenza [VI] 43 Fa
Vich [BL] 17 Cd
Vicino, Monte– 85 Ca
Viciomággio [AR] 83 Eb
Vico [BS] 27 Ec
Vico [BS] 27 Dc
Vico [CS] 149 Db
Vico [PT] 75 Cb
Vico [RE] 65 Fa
Vico [UD] 17 Bb
Vico [UD] 17 EFb
Vico [VC] 23 Dc
Vico, Lago di– (Cimino) 101 Cc
Vicobarone [PC] 51 Fb
Vicobellignano [CR] 53 Fab
Vicobonghísio [CR] 53 Fab
Vico Canavese [TO] 37 Ab
Vico d'Árbia [SI] 83 Cc
Vico del Gargano [FG] 115 Db
Vico d'Elsa [FI] 83 Aab
Vico Equense [NA] 127 Ebc
Vicoferaldi [FI] 77 Ab
Vicofértile [PR] 53 Ec
Vicoforte [CN] 61 Cc
Vicoli [PE] 105 Bc
Vícoli, Parco di– 105 Bb
Vicoli Vecchio [PE] 105 Bc
Vicolungo [NO] 37 Eb
Vicomarino [PC] 51 Fb
Vicomero [PR] 53 Eb
Vicomoscano [CR] 53 Fb
Vicomune [PV] 51 Ea
Viconago [VA] 25 Bb
Vico nel Lazio [FR] 109 DEc
Viconovo [FE] 57 Bc
Vico Pancellorum [LU] 75 Ca
Vicopisano [PI] 75 Bc
Vicosoprano [GE] 63 Fa
Vicosoprano [Svizz.] 11 Fb
Vicovaro [ROMA] 109 Bab
Vidal, Col– 17 Da
Vidalengo [BG] 39 Fab
Vidalenzo [PR] 53 Dab
Vidali [UD] 19 Cb
Vidardo [LO] 39 Ec
Viddalba [SS] 181 Fc
Vidiana [PR] 53 Ed
Vidiano [PC] 51 Fb
Vidiceto [CR] 41 Dd
Vidiciático [BO] 67 Ccd
Vidigulfo [PV] 39 Dc
Vidiuno [BO] 69 Bb
Vidolasco [CR] 41 Ab
Vidoni [FM] 97 Ac
Vidòr [TV] 31 Bb
Vidracco [TO] 37 Ab
Vidulis [UD] 19 Ad
Viè [BS] 27 DEc
Vielle, Monte di– 83 Cb
Viepri [PG] 95 Cc
Viering [AO] 21 FGc
Vierle [FI] 77 Bc
Viesca [FI] 83 Ca
Viesci [BN] 95 Dd
Vieste [FG] 115 EFb
Vietri di Potenza [PZ] 129 Fc
Vietri sul Mare [SA] 129 Bbc
Vietti [TO] 35 Fc
Vieux [AO] 21 CDd
Vieyes [AO] 21 Dd
Viezze [RO] 57 Bb
Viézzena 15 EFb
Vigalfo [PV] 39 Dc

Vigalzano [TN] 15 Cd
Viganego [GE] 63 Db
Viganella [VB] 9 Dd
Viganó [LC] 25 Ec
Vigano [MI] 39 Cb
Vigano San Martino [BG] 27 Ac
Vigarano Mainarda [FE] 55 Fbc
Vigarano Pieve [FE] 55 Fb
Vigarolo [LO] 39 Ec
Vigásio [VR] 43 Bc
Vigatto [PR] 53 Ec
Vigéllio [BI] 37 Cb
Vigentina [FE] 57 Cb
Vigese, Monte– 67 Dc
Vigevano [PV] 39 Bc
Viggianello [PZ] 143 Cc
Viggiano [PZ] 131 Cd
Viggiú [VA] 25 Bb
Vigheffio [PR] 53 Ec
Vighignolo [MI] 39 Cab
Vighizzolo [BS] 41 DEb
Vighizzolo [CO] 25 Cc
Vighizzolo [CR] 41 Dd
Vighizzolo d'Este [PD] 43 Fcd
Vigilbach / San Vigilio, Rio– 17 Ba
Vigiljoch / San Vigilio, Monte– 3 Ad
Vigliano [AQ] 103 Ca
Vigliano Biellese [BI] 23 Cd
Vigliano d'Asti [AT] 49 Eb
Vigliatore [ME] 163 Bb
Viglierchi [CN] 61 Cb
Viglio, Colle– 109 Db
Viglio, Monte– 109 Eb
Vigna [CN] 61 ABc
Vigna, Nuraghe– 183 Dd
Vigna Bálsamo [FG] 115 Dd
Vignacastrisi [LE] 139 Fbc
Vigna di Valle [ROMA] 101 Cd
Vignaglia [PG] 93 Fa
Vignago [IM] 71 Dab
Vigna Grande [ROMA] 101 BCd
Vignai [IM] 71 Db
Vignale [LI] 91 Cb
Vignale [NO] 37 Fb
Vignale [PR] 53 Fd
Vignale [SA] 129 Cb
Vignale [TP] 167 Dab
Vignale Monferrato [AL] 49 Fab
Vignale-Santa Margherita [PZ] 143 Ab
Vignana [SP] 65 Ac
Vignanello [VT] 101 Cb
Vignano [SI] 83 Bc
Vigna Nocelli [FG] 121 Fa
Vignarello [NO] 39 Abc
Vigna Soliva, Monte– 27 Bab
Vignate [MI] 39 Eab
Vigne [AN] 87 Bb
Vigne [CT] 161 Fcd
Vigne [IS] 111 DEc
Vigne [KR] 151 CDb
Vigne [TN] 29 Ab
Vigne [TN] 101 Db
Vigne Nuove [GR] 93 Ab
Vigneta [MS] 65 DEc
Vignola [MO] 67 Cb
Vígnola [MS] 65 BCb
Vignola [PC] 53 Cb
Vignola [TN] 29 Ca
Vignola, Monte– [BO] 67 Db
Vignola, Monte– [RE] 65 Fb
Vignola, Monte– [TN] 29 Ac
Vignola, Rio– 179 Dc
Vignola, Torre– [OT] 179 Bc
Vignola-Falesina [TN] 29 Ca
Vignola Mare [OT] 179 Bc
Vignole [BL] 17 Bd
Vignole [PT] 75 Db
Vignole [TN] 29 Ab
Vignole Borbera [AL] 51 Cc
Vignolo [CN] 59 Fb
Vignolo [SV] 71 Fa
Vignone [VB] 23 Fb
Vignui [BL] 31 Aa
Vigo [BO] 67 Dc
Vigo [TN] 29 Ab
Vigo [VR] 43 Dcd
Vigo [VR] 43 Ba
Vigo, Monte– 13 Fc
Vigo Anáunia [TN] 15 Bc

Vigodárzere [PD] 45 Bb
Vigo di Cadore [BL] 17 Dab
Vigo di Fassa [TN] 15 EFb
Vigogna [GE] 51 Dd
Vigolante [PR] 53 Ec
Vigoleno [PC] 53 Cc
Vigolo [BG] 27 Bc
Vigolo [PC] 53 Ac
Vigolo Baselga [TN] 15 Bd
Vigolo Marchese [PC] 53 BCb
Vigo Lomaso [TN] 29 Aa
Vigolone [PR] 65 Da
Vigolo Vattaro [TN] 29 BCab
Vigolzone [PC] 53 ABb
Vigo Meano [TN] 15 Bd
Vigone [TO] 47 Fbc
Vigonovo [PN] 31 Eb
Vigonovo [VE] 45 Cb
Vigonza [PD] 45 Bb
Vigonzone [PV] 39 Dc
Vigoponzo [AL] 51 Dc
Vigo Rendena [TN] 13 Fd
Vigoreto [MN] 53 Fb
Vigorovea [PD] 45 Cc
Vigorso [BO] 67 Fa
Vigostano [PC] 53 BCb
Viguzzolo [AL] 51 Cb
Vila di Sopra / Oberwielenbach [BZ] 3 Fc
Vill / Villa [BZ] 3 DEc
Vill / Villa [BZ] 15 Cc
Villa [AN] 87 Db
Villa [AR] 77 Bc
Villa [AT] 49 Fc
Villa [BL] 17 Bb
Villa [BL] 17 Bd
Villa [BS] 27 Cc
Villa [BS] 27 Cc
Villa [BS] 27 Cd
Villa [BS] 41 DEa
Villa [BS] 27 Dd
Villa [BS] 27 BCd
Villa [BS] 27 Ecd
Villa [CE] 119 Eb
Villa [CN] 61 Cb
Villa [CN] 61 Db
Villa [CN] 61 Db
Villa [CN] 49 Cc
Villa [CN] 49 Cc
Villa [CN] 47 DEc
Villa [CN] 47 Db
Villa [LC] 25 Ec
Villa [LU] 65 Ec
Villa [MN] 41 Ec
Villa [MO] 55 Cc
Villa [PC] 53 Bc
Villa [PD] 43 Gbc
Villa [PG] 95 Ba
Villa [PG] 95 Cc
Villa [PG] 85 Ad
Villa [PG] 85 Bd
Villa [RE] 65 Fb
Villa [SA] 129 Bb
Villa [SI] 83 Cb
Villa [SV] 61 Eb
Villa [TN] 29 Da
Villa [TO] 35 Ec
Villa [TO] 35 Fb
Villa [TO] 35 Eb
Villa [TO] 49 Eb
Villa [TO] 47 Db
Villa [TO] 47 Db
Villa [UD] 19 Ab
Villa [VC] 23 Cc
Villa [VE] 33 Ac
Villa [VE] 31 Fc
Villa [VI] 43 Fab
Villa [VR] 43 Ba
Villa [VI] 29 Fc
Villa, La– [BZ] 3 Fd
Villa / Dorfer [BZ] 15 DEb
Villa / Dörfl [BZ] 5 Bc
Villa / Nordheim [BZ] 3 BCd
Villa / Vill [BZ] 3 DEc
Villa / Vill [BZ] 15 Cc
Villa Agnedo [TN] 29 DEa
Villa al Poggio [LI] 81 Dc
Villa Andreoli [CH] 105 Cc
Villa Antonelli [BA] 125 Cc
Villa a Sesta [SI] 83 Cb
Villa Aspreta [TN] 101 Da
Villa Azzone [BA] 125 Cc
Villa Badessa [PE] 105 Cb
Villa Baldassarri [LE] 135 Dd

281 Vil - Vil

Villabalzana [VI] 43 Fb
Villa Banale [TN] 29 Aa
Villa Barbaro [TV] 31 Ac
Villa Bardoscia [LE] 139 Eb
Villa Barone [PO] 75 Eb
Villa Bartolomea [VR] 43 DEd
Villa Basilica [LU] 75 Bb
Villabassa / Niederdorf [BZ] 5 ABc
Villa Bastogi [SI] 57 Bd
Villabate [PA] 159 Cb
Villabella [AL] 51 Aa
Villabella [VR] 43 Db
Villa Belvedere [TP] 157 Cc
Villa Bentivóglio [MC] 97 Ab
Villa Berarde [FM] 87 Dd
Villabianca [MO] 67 Cb
Villa Bibone [MO] 67 Cb
Villa Bigioni [RI] 95 Ed
Villa Biscossi [PV] 39 Ad
Villa Biscossi, Garzaia di- 39 Ad
Villabona [MN] 43 Ac
Villa Borghese, Riserva Naturale di- 117 Ba
Villa-Borgo [CN] 49 Cc
Villa Bótteri [AL] 51 Ad
Villa Bozza [TE] 105 Ba
Villabruna [BL] 31 Aa
Villa Bruna [UD] 33 Cc
Villabuona [BS] 41 Bbc
Villabuona [LU] 73 Fb
Villacáccia [UD] 33 Bb
Villa Caldari [CH] 105 Ec
Villacampagna [CR] 41 Bb
Villa Canale [IS] 111 Fc
Villa Cappella [MN] 41 Fc
Villa Caraccio [TA] 135 Bd
Villa Carcina [BS] 27 Cd
Villa Carlótta [CA] 193 Bb
Villa Caruso [CT] 173 Db
Villa Castelli [BR] 135 Ac
Villa Catena [ROMA] 109 Bb
Villa Catenacci [TE] 97 Ebc
Villa Cattanietta [AL] 51 Bc
Villa Cavallerizza [BA] 131 Fb
Villa Celiera [PE] 105 Bb
Villa Centocelle [CB] 113 Cd
Villa Ceppi [TO] 49 Ba
Villa Cesareo [CT] 173 Ba
Villach [A] 19 Fa
Villa Cheloni [LI] 81 Ca
Villachiara [BS] 41 Bbc
Villa Chiarelli [PA] 157 Eb
Villa Chiarini [AP] 97 Db
Villa Chimienti [LE] 135 DEd
Villa Ciáccia [FG] 113 Fc
Villa Ciariscelli [TE] 103 Fab
Villacidro [VS] 191 Ed
Villa Col de' Canali [PG] 85 Eb
Villa Collemandina [LU] 65 Fd
Villa Conforti [SA] 129 CDc
Villa Convento [LE] 135 Ed
Villa Cordopatri [RC] 153 Bd
Villa Cortese [MI] 25 Bd
Villacríccola [PN] 31 EFb
Villa Curta [RE] 55 Bc
Villa d'Adda [BG] 25 Ec
Villa d'Ádige [RO] 43 Ed
Villa d'Agri [PZ] 131 Bd
Villa d'Aiano [BO] 67 Cc
Villa Dalegno [BS] 13 Dc
Villa d'Almè [BG] 25 Fc
Villa d'Arceno [SI] 83 CDb
Villa d'Arco [PN] 31 Eb
Villa d'arte [RC] 153 Ec
Villadeati [AL] 49 DEa
Villa De Crescenzio [BA] 125 Bb
Villa dei Boschi [SI] 83 Dc
Villa dei Cavalieri [PV] 51 Eb
Villa del Bosco [BI] 23 Dd
Villa del Bosco [PD] 45 Cc
Villa del Cerreto [PG] 85 Bb
Villa del Conte [PD] 31 Ad
Villa del Ferro [VI] 43 Eb
Villa del Foro [AL] 49 Gb
Villa delle Fontane [VT] 99 Fa
Villa del Monte [PU] 79 Dc
Villa del Monte [SI] 81 Fab
Villa del Romito [LI] 81 BCb
Villa del Seminario [AR] 85 Ac
Villa di Bággio [PT] 75 Db
Villa di Briano [CE] 119 DEcd
Villa di Chiavenna [SO] 11 Ec
Villa di Piazzano [PG] 85 Ac
Villa di Postignano [PG] 95 Da
Villa di Sant' Alessio [FC] 77 Ebc
Villa di Sério [BG] 25 Gc
Villa di Sotto / Unter Wielenbach [BZ] 3 Fc
Villa di Su [RE] 55 Bb
Villa di Tirano [SO] 13 Bc
Villa di Villa [TV] 31 Db
Villa d'Ogna [BG] 27 Ab
Villadolt [PN] 31 Eb
Villadoro [EN] 171 Dab
Villa d'Orri [CA] 197 Bc
Villadose [RO] 57 Ca
Villadósia [VA] 23 Gc
Villadossola [VB] 9 Dd
Villa Elce [CH] 105 Ec
Villa Estense [PD] 43 FGcd
Villa Eucheria [FR] 111 Bd
Villa Faggeto [PG] 85 Bc
Villafalletto [CN] 59 Ga
Villa Faraldi [IM] 71 Fb
Villa Fastiggi [PU] 79 Db
Villa Felice [FR] 111 Ad
Villa Fenícia [BA] 125 Ab
Villa Ferrano [SI] 83 Dd
Villa Fiorentini [ROMA] 109 Bbc
Villa Fontana [BO] 69 Ab
Villafontana [VR] 43 Cc
Villafora [RO] 43 Fd
Villa Fornace [PV] 51 Eb
Villa Fornaci [MI] 25 Ed
Villaforuna [NO] 39 Ab
Villafranca [MO] 55 Dc
Villa Franca [PZ] 143 Bbc
Villafranca [SV] 71 Fa
Villafranca d'Asti [AT] 49 CDb
Villafranca di Forlì [FC] 69 CDc
Villafranca di Verona [VR] 43 Bbc
Villafranca in Lunigiana [MS] 65 Cc
Villafranca Padovana [PD] 45 Ab
Villafranca Piemonte [TO] 47 Gc
Villafranca Sícula [AG] 169 Bb
Villafranca Tirrena [ME] 163 Da
Villafrati [PA] 159 Cc
Villaga [VI] 43 Fb
Villa Gabrieli [BA] 133 Eb
Villa Galeasi [TA] 135 Acd
Villagana [BS] 41 Bc
Villa Gangitano [AG] 169 Ec
Villaganzerla [VI] 43 Fb
Villa Gardé [MO] 55 Dbc
Villa Garibaldi [MN] 43 Bd
Villa Garzoni [PT] 75 Bb
Villa Gatti [AL] 49 Fd
Villaggio Améndola [FG] 115 Cd
Villaggio Aniene [LI] 81 Cb
Villaggio Belvedere [BS] 41 Db
Villaggio Boncore [LE] 139 BCa
Villaggio Busonera [VE] 45 Cd
Villaggio Capparrini [PA] 159 Ad
Villaggio Frasso [CS] 147 Ac
Villaggio Gaudiano [PZ] 123 Dc
Villaggio Laceno [AV] 129 Db
Villaggio Mancuso [CZ] 151 Bc
Villaggio Mare Pineta [RA] 57 Ed
Villaggio Moschella [FG] 123 CDc
Villaggio Pálmas [CI] 195 Dc
Villaggio Piras [OT] 179 Db
Villaggio Racise [CZ] 151 Bc
Villaggio Resta [LE] 139 Ca
Villaggio Roma [UD] 33 Cc
Villaggio Saraceno [OG] 189 Fd
Villaggio SAT [TN] 29 Ea
Villaggio Sisma [VB] 9 Dd
Villaggio Snia [MB] 25 Cd
Villaggio Timmari [MT] 131 Fc
Villa Giovannina [BO] 55 Ec
Villa Girgenti [CT] 173 Cb
Villa Giuliani [BA] 125 EFc
Villa Gizzi [RI] 95 Ed
Villagrande [AQ] 103 Cc
Villa Grande [AQ] 103 Fc
Villagrande [BL] 17 Bc
Villa Grande [CH] 105 Ec
Villagrande [PU] 77 FGc
Villagrande [PU] 79 Dc
Villagrande Strisáili [OG] 189 Dd
Villagrappa [FC] 69 Cc
Villagrazia [PA] 159 Bb
Villa Grazia di Carini [PA] 159 ABb
Villagreca [CA] 193 Bd
Villa Grimalda [AL] 51 Bc
Villagrossa [MN] 43 Bd
Villagrossa [SP] 65 BCc
Villa Guardia [CO] 25 Cc
Villa Inferiore [MN] 55 Bb
Villa Inferno [RA] 69 Ec
Villair [AO] 21 Cc
Villa Jovis 127 Dc
Villa Lagarina [TN] 29 Bb
Villalago [AQ] 111 Bb
Villa Latina [FR] 111 BCd
Villalba [AR] 85 Aa
Villalba [CL] 169 Eb
Villalba [ROMA] 109 Ab
Vill'Albese [CO] 25 Dc
Villa Lempa [TE] 97 Cc
Villa le Torri [BA] 125 EFc
Villalfonsina [CH] 105 Fcd
Villa Literno [CE] 119 Dc
Villa Littório [SA] 129 Ed
Villa Longo [MT] 133 Bb
Villalta [FC] 69 Fcd
Villalta [PD] 43 Ga
Villalta [PN] 31 Fb
Villalta [UD] 19 Bd
Villa Luisa [GO] 33 Dc
Villalunga [PV] 39 Cc
Villalunga [SV] 71 Fab
Villalvernia [AL] 51 Cc
Villa Maggiore [TE] 97 Dd
Villamágina [PG] 95 Eb
Villamagna [CH] 105 Dc
Villamagna [PG] 85 Db
Villamagna [PI] 81 Eb
Villamagno [FI] 75 Gc
Villamáina [AV] 121 Dd
Villa Malvezzi [MC] 97 Ab
Villa Mansi [PT] 75 Bb
Villa Manzari [FG] 123 Cb
Villamar [VS] 191 Fc
Villa Marescalchi [BO] 67 Eb
Villa Margi [ME] 161 Cbc
Villa Mariani [VT] 101 CDb
Villa Mariannina [PZ] 123 Cc
Villamarina [FC] 69 Fc
Villa Martelli [CH] 105 Ec
Villamarzana [RO] 57 Bab
Villamassárgia [CI] 195 Db
Villa Mesa [RC] 155 Bb
Villamezzo [UD] 19 Ba
Villa Minozzo [RE] 65 Fb
Villamiróglio [AL] 37 CDd
Villammare [SA] 141 Eb
Villa Molvena [VI] 29 Ec
Villa Montagna [TN] 15 BCd
Villa Montaltuzzo [AR] 83 Db
Villa-Nabian [AO] 21 Gc
Villa Napolitano [FG] 115 Ad
Villanderberg / Villandro, Monte- 3 Cd
Villanders / Villandro [BZ] 3 Dd
Villandersalm / Villanders Alpe [BZ] 3 Cd
Villanders Alpe / Villandersalm [BZ] 3 Cd
Villandro, Monte- / Villanderberg 3 Cd
Villandro / Villanders [BZ] 3 Dd
Villaneto [PZ] 143 Db
Villa Ninci [AR] 83 Eb
Villa Nitti [BA] 125 Bb
Villanoce [GE] 63 Fa
Villanova [BL] 17 Cb
Villanova [BO] 67 Fb
Villanova [BR] 135 Bb
Villanova [CR] 53 Fa
Villanova [FE] 57 Bc
Villanova [FI] 75 Dc
Villanova [MB] 25 Ed
Villanova [MC] 87 Bc
Villanova [MO] 55 Cc
Villanova [PC] 51 Fc
Villanova [PE] 105 Cb
Villanova [PG] 95 Aab
Villanova [PN] 31 EFb
Villanova [PN] 31 Fb
Villanova [PN] 31 Eb
Villanova [PU] 79 Dc
Villanova [PV] 39 Ab
Villanova [RA] 69 Db
Villanova [RA] 69 Db
Villanova [RE] 55 Cb
Villanova [RI] 97 Ac
Villanova [RN] 77 Gb
Villanova [ROMA] 109 Ab
Villanova [TO] 47 Dc
Villanova [TV] 31 Ec
Villanova [TV] 31 Bd
Villanova [TV] 31 Bb
Villanova [TV] 31 Bb
Villanova [UD] 19 Ad
Villanova [UD] 19 Cb
Villanova [UD] 19 Cc
Villanova [UD] 33 Cc
Villanova [VE] 33 Ac
Villanova [VE] 33 Ac
Villanova [VR] 27 Fd
Villanova Biellese [BI] 37 Db
Villanova Canavese [TO] 35 Gc
Villanova d'Albenga [SV] 71 Fa
Villanova d'Ardenghi [PV] 39 Ccd
Villanova d'Asti [AT] 49 Cb
Villanova de Bellis [MN] 43 Bd
Villanova del Battista [AV] 121 Dc
Villanova del Ghebbo [RO] 57 Aa
Villanova dello Iúdrio [UD] 33 Db
Villanova del Sillaro [LO] 39 Ec
Villanova di Camposampiero [PD] 45 Bb
Villanovaforru [VS] 191 Fc
Villanovafranca [VS] 193 Bc
Villanova Maiardina [MN] 43 Bc
Villanova Marchesana [RO] 57 Cb
Villanova Mondovì [CN] 61 Bb
Villanova Monferrato [AL] 37 Ec
Villanova Monteleone [SS] 183 Ccd
Villanova Solaro [CN] 47 Gc
Villanova Strisáili [OG] 189 Dd
Villanova sull'Arda [PC] 53 Cab
Villanova Truschedu [OR] 187 Ed
Villanova Tulo [CA] 193 Cb
Villanovetta [CN] 47 Fd
Villantério [PV] 39 Ec
Villanuova [BG] 41 Bb
Villanuova [BS] 41 Cc
Villanuova [BS] 41 Bb
Villanuova [TO] 35 Gb
Villanuova sul Clisi [BS] 27 Dd
Villa Oliveti [PE] 105 Cbc
Villa Opicina [TS] 33 Fc
Villaorba [UD] 33 Bab
Villa Ottone / Uttenheim [BZ] 3 Fc
Villapaiera [BL] 31 Aab
Villa Pasquali [MN] 53 FGab
Villa Passo [TE] 97 Cc
Villa Pellegrini [CS] 143 Cc
Villa Penna [TE] 97 Dc
Villa Pépoli [MC] 97 Ab
Villaperuccio [CI] 195 DEc
Villa Pesce [BT] 123 Eb
Villapetrosa [TP] 157 Cd
Villa Petto [TE] 103 Fa
Villapia [MI] 39 Ba
Villapiana [BL] 31 Ba
Villapiana [CS] 143 Ecd
Villapiana Lido [CS] 147 Ab
Villa Piano [SI] 83 Ab
Villapiccola [BL] 17 Da
Villa Pieri [VT] 99 Gb
Villa Pietrafitta [SI] 83 Ab
Villapinta [SO] 11 Gcd
Villa Pitignano [PG] 85 Cd
Villa Pizzorusso [BR] 135 Cc
Villa Poma [MN] 55 Db
Villa Pompeiana [LO] 39 Eb
Villa Pópolo [TE] 97 Ccd
Villa Potenza [MC] 87 Dc
Villaprara [RE] 65 Fb
Villa Prima [BL] 17 BCd
Villapriolo [EN] 171 Db
Villa Puccini [LU] 73 Eb
Villa Pulcini [RI] 95 Ed
Villaputzu [CA] 193 Ed
Villar [AO] 21 Bc
Villar [CN] 59 Da
Villar [TO] 35 Ec
Villa Rangoni [FE] 55 EFb
Villarasca [PV] 39 Cc
Villaraspa [VI] 29 Ec
Villaraspa [VR] 43 Dc
Villa Raverio [MB] 25 Dc
Villarazzo [TV] 31 Acd
Villarbasse [TO] 47 Fa
Villarboit [VC] 37 Eb
Villarchiosso [CN] 61 Cc
Villar Dora [TO] 35 Fd
Villareale [PV] 39 Bb
Villareggia [TO] 37 Bc
Villaréggio [PV] 39 Dc
Villarégia [RO] 57 Eb
Villareia [PE] 105 Cbc
Villarelli [SV] 71 Fab
Villa Rendena [TN] 27 Fa
Villaret [AO] 21 Cc
Villaretto [CN] 47 Ec
Villaretto [CN] 47 Dd
Villaretto [TO] 47 Dab
Villaretto [TO] 37 Ad
Villaretto [TO] 35 Ec
Villaretto [TO] 35 Ccd
Villaretto Superiore [TO] 47 Dab
Villar Focchiardo [TO] 35 Ed
Villaricca [NA] 119 DEd
Villaríos [CI] 195 Dc
Villaríos Vecchio [CI] 195 Dc
Villa Ripa [TE] 97 Cd
Villaro [CN] 47 Ec
Villaro [CN] 59 Cb
Villaro [CN] 61 CDb
Villarocca [CR] 41 Dc
Villa Rogatti [CH] 105 Ec
Villaromagnano [AL] 51 Cb
Villa Romagnoli [CH] 105 Ec
Villaromana [AQ] 103 Bd
Villa Romana del Tellaro 177 Ed
Villarosa [EN] 171 CDb
Villa Rosa [TE] 97 Ebc
Villarosa, Lago- 171 Db
Villa Rosavita [PI] 81 Db
Villa Rossi [TE] 103 Fab
Villarotta [RE] 55 Bb
Villar Péllice [TO] 47 Dc
Villar Perosa [TO] 47 Eb
Villar San Costanzo [CN] 59 Fb
Villa Saletta [PI] 81 Ea
Villasalto [CA] 193 Dd
Villa San Benedetto [PG] 93 Da
Villa San Faustino [PG] 95 Cc
Villa San Filippo [MC] 87 Ec
Villa San Giorgio in Vezzano [RA] 69 Bc
Villa San Giovanni [CH] 105 Dc
Villa San Giovanni [PE] 105 Cbc
Villa San Giovanni [RC] 155 Ab
Villa San Giovanni in Tuscia [VT] 101 Bc
Villa San Leonardo [CH] 105 Ec
Villa San Martino [RA] 69 Cb
Villa San Nicola [CH] 105 Ebc
Villa San Pietro [CA] 197 Bc
Villa San Pietro [CN] 59 Eb
Villa San Romualdo [TE] 105 Ba
Villa San Sebastiano [AQ] 109 Dab
Villa San Secondo [AT] 49 Dab
Villa San Silvestro [PG] 95 Fd
Villasanta [MB] 25 Dd
Villasanta [VS] 191 Fc
Villa Santa Caterina / Aufhofen [BZ] 3 Fc
Villa Santa Chimento [SI] 83 Abc
Villa Santa Croce [CE] 119 Eb
Villa Santa Lucia [FR] 111 Bd
Villa Santa Lucia degli Abruzzi [AQ] 103 Fc
Villa Santa Maria [AQ] 111 Bab
Villa Santa Maria [CH] 111 EFb
Villa Santa Maria [PE] 105 Cb
Villa Sant'Andrea [BL] 17 Ac
Villa Sant'Ángelo [AQ] 103 Ec
Villa Sant'Antonio [OR] 187 Fd
Villa Sant'Apollinare [PG] 85 CDc
Villa Sant'Elia [LE] 135 Ed
Villa Santi [AP] 97 Dab
Villa Santina [UD] 19 Ab
Villa San Tommaso [CH] 105 Eb
Villa Santo Stéfano [FR] 109 Dd
Villa Saviola [MN] 55 Ba
Villa Scapoli [TE] 97 Ed
Villasco [CR] 41 Cc
Villa Scontrone [AQ] 111 Dc
Villa Scozia [BA] 133 Eb
Villa Serraglio [RA] 69 Bb
Villaseta [AG] 169 Dd
Villasimíus [CA] 197 DEc
Villasmundo [SR] 173 Dd
Villasor [CA] 191 Fd
Villa Spada [MC] 87 CDc
Villaspeciosa [CA] 195 Fb
Villassio [BG] 27 Ab
Villa Stanazzo [CH] 105 Ec
Villastanza [MI] 25 Bd
Villastellone [TO] 49 Bb
Villastrada [MN] 55 Ab
Villastrada [PG] 93 Da
Villa Superiore [MN] 55 Bb
Villata [AT] 49 Cb
Villata [CN] 59 Fb
Villata [VC] 37 Eb
Villatalla [IM] 71 Eb
Villate [TO] 37 Bb
Villatella [IM] 71 Cb
Villatico [LC] 11 Ed
Villatora [PD] 45 Bb
Villa Torre [CH] 105 Ec
Villa Torrigiani [PT] 75 Bb
Villa Tucci [CH] 105 Dc
Villaurbana [OR] 187 Ed
Villáurea [PA] 159 Ec
Villavallelonga [AQ] 111 Ab
Villa Vallucci [TE] 97 Cd
Villa Vecchia [MS] 65 Cb
Villa Vela [SR] 177 Ec
Villa Verde [OR] 191 Eb
Villa Verdi [PC] 53 Dab
Villaverla [VI] 29 Dd
Villa Verúcchio [RN] 79 Aab
Villavesco [LO] 39 Ec
Villa Viani [IM] 71 Fb
Villa Vicentina [UD] 33 Dc
Villaviera [VE] 33 Bc
Villa Vomano [TE] 97 Dd
Villa Zaccheo [TE] 97 DEc
Villazzano [TN] 29 Ba
Ville [AL] 51 Cb
Ville [BS] 27 Cc
Ville [PU] 79 Dc
Ville [SV] 61 Eb
Ville [TN] 15 Bcd
Villécchia [MS] 65 Cc
Ville del Monte [TN] 27 Fb
Ville di Corsano [SI] 83 Bc
Ville di Fano [AQ] 103 Ca
Ville di Roti [AR] 77 Ec
Ville di Sasso [AN] 87 Bb
Villefranche [AO] 21 Ec
Villefranche [Fr.] 71 Ac
Villeneuve [AO] 21 Dc
Villerose [RI] 103 Cc
Ville San Pietro [IM] 71 Eb

Ville San Sebastiano [IM] 71 Eb
Villes Dessous [AO] 21 CDc
Villesse [GO] 33 Dbc
Ville-sur-Sarre [AO] 21 Ec
Villetta [CN] 59 Db
Villetta / Dörf [BZ] 3 Ec
Villetta Barrea [AQ] 111 Cc
Villette [VB] 9 Fd
Villimpenta [MN] 43 Cd
Villnöss / Funes [BZ] 3 Ed
Villò [PC] 53 Ab
Villongo [BG] 27 Acd
Villora [PR] 53 Bcd
Villorba [TV] 31 Cc
Villore [FI] 77 Bb
Villoresi, Canale– 25 Fd
Villotta [PN] 31 Ea
Villotta [PN] 31 Eb
Villotta di Chions [PN] 31 Fb
Villula [PR] 65 Db
Villula [PN] 31 Fb
Villuzza [UD] 19 Acd
Vilmaggiore [BG] 27 Bab
Vilmezzano [VR] 27 Fd
Vilminore di Scalve [BG] 27 Bb
Vilpian / Vilpiano [BZ] 15 Ca
Vilpiano / Vilpian [BZ] 15 Ca
Vimanone [PV] 39 Dc
Vimercate [MB] 25 Ed
Vimodrone [MI] 39 Dab
Vimogno [LC] 25 Eb
Vinacciano [PT] 75 Db
Vinádio [CN] 59 DEc
Vinago [VA] 23 Gc
Vinaio [UD] 19 Ab
Vinca [MS] 73 DEa
Vincent, Piramide– 23 Bb
Vinchiana [LU] 75 Bb
Vinchiaturo [CB] 113 Be
Vinchio [AT] 49 Ec
Vinci [FI] 75 Dc
Vinciarello [CZ] 153 Fd
Vincio, Torrente– 75 Db
Vinco [RC] 155 Bc
Vincolise [CZ] 151 Bc
Vindola [AP] 97 Bb
Vindoli [RI] 95 Fd
Vinigo [BL] 17 Cb
Vinovo [TO] 49 Ab
Vintebbio [VC] 23 Ecd
Vintl / Vandóies [BZ] 3 Ec
Vinzáglio [NO] 37 Fc
Vio [PG] 95 Eb
Viola [CN] 61 Cc
Viola [MN] 55 Bab
Viola [PR] 65 Da
Viola [RA] 69 Cb
Viola, Cima– 13 Cb
Viola, Costa– 155 Bb
Viola, Torrente– 37 Ba
Violette [CN] 61 DEa
Violla [FI] 75 Ga
Viona, Torrente– 37 Ba
Vione [BS] 13 Dc
Vione [SO] 13 Cc
Viotto [TO] 47 Fb
Viou, Becca di– 21 DEc
Vioz, Monte– 13 Eb
Viozene [CN] 61 Bd
Vipava 33 Fb
Viperella, Monte– 109 DEb
Vipiteno / Sterzing [BZ] 3 Cb
Virago [TV] 31 Ab
Virani [CN] 49 Cb
Virano [FC] 69 Cd
Virco [UD] 33 Bb
Virgen [A] 5 Cab
Virgiliana [MN] 43 Bd
Virgilio [AG] 171 Bd
Virgílio [MN] 43 Ad
Virgini, Torrente– 83 Aa
Virginia, Isolino– 23 Gc
Virgl / Virgolo [BZ] 15 Cb
Virgolo / Virgl [BZ] 15 Cb
Virgonello [SR] 173 Cd
Viridio, Monte– 59 Db
Virle [BS] 41 Dab
Virle Piemonte [TO] 47 Gb
Virle-Treponti [BS] 41 Dab
Virti [TN] 29 Cc
Visano [BS] 41 Ec
Visano [FI] 77 Ba
Visanti [BN] 119 Fb
Viscarda [AL] 51 Bb
Vische [TO] 37 Bb

Vischeto [PR] 65 Ba
Visciano [NA] 121 Ad
Visciano [TR] 101 Db
Visciano–Zuni [CE] 119 Db
Visco [UD] 33 CDb
Viscone [UD] 33 Bb
Visentin, Col– 17 Cd
Viserano, Monte– 51 Gc
Viserba [RN] 79 Ba
Viserbella [RN] 79 Ba
Visgnola [CO] 25 Db
Visiano [PR] 53 CDc
Visicari [TP] 157 Bc
Visignano [FI] 67 Fc
Visignano [PI] 75 Ac
Visigno, Monte– 27 Cc
Visinale [PN] 31 Eb
Visinale [UD] 33 Bb
Visinale di Sopra [PN] 31 Eb
Visino [CO] 25 Db
Visintini [GO] 33 Db
Visnà [TV] 31 Dc
Visnadello [TV] 31 Cc
Visoka Ponca (Ponza Grande) 19 Fb
Visome [BL] 17 Cd
Visone [AL] 49 Fcd
Visp [Svizz.] 9 Bc
Vissandone [UD] 33 Bab
Vissani [MC] 87 Db
Vissignano [PN] 31 FGb
Visso [MC] 95 Fb
Vissoie [Svizz.] 7 Fc
Vistarino [PV] 39 Dc
Vistorta [PN] 31 Db
Vistrório [TO] 37 Ab
Vit [UD] 19 Bb
Vita [TP] 157 Dc
Vitalba, Poggio– 81 Db
Vitale, Grotte di– 151 Dc
Vitale, Villino– [CT] 173 Bab
Vitarolo [VI] 29 Ec
Vite, Bric della– 61 Fa
Vitello, Corno– 23 Ac
Vitello, Monte– 65 Da
Viterbo [VT] 101 ABc
Vitereta [AR] 83 DEab
Vitiano [AR] 83 Fb
Vitiano Vecchio [AR] 83 Fb
Viticcio [LI] 89 Dc
Viticuso [FR] 111 Cd
Vitigliano [BJ] 83 Ba
Vitigliano [LE] 139 Fb
Vitigliano, Alpe di– 77 Bab
Vitignano [FC] 77 DEa
Vitinia [ROMA] 107 Ec
Vito [RC] 155 ABc
Vito d'Ásio [PN] 19 Ac
Vitolini [FI] 75 Dc
Vito o di Caginia, Serra di– 161 Fd
Vitorchiano [VT] 101 Cb
Vitravo, Fiume– 151 Eb
Vitriola [MO] 67 Ab
Vittadone [LO] 39 Cc
Vittória [GE] 63 Ca
Vittória [RG] 177 Bc
Vittoria, Bonifica della– 33 Dc
Vittoria, Faro della– [TO] 49 Ba
Vittoria, Faro della– [TS] 33 Fc
Vittória Apuana [LU] 73 DEb
Vittori Ottavio, Osservatorio Meteorologico– 67 Bc
Vittório Véneto [TV] 31 Cb
Vittorito [AQ] 103 Fd
Vittuone [MI] 39 Bb
Vitulano [BN] 121 Abc
Vitulazio [CE] 119 Ebc
Vituro, Cozzo– 159 Fc
Viù [TO] 35 Fc
Viustino [PC] 53 Bb
Viváio [AR] 83 Db
Vivaio, Fiume– 99 Da
Vivara, Isola– 127 Cb
Vivário, Case– [TO] 37 Ab
Vivaro [BI] 23 Dd
Vivaro [PN] 17 Fd
Vivaro [VI] 29 Ed
Vivaro Romano [ROMA] 103 Bd
Vivente [PV] 39 Dc
Viverone [BI] 37 Cb
Viverone, Lago di– 37 Cb
Viviere [CN] 59 Cb
Vivo, Lago– 111 Cc

Vivo, Torrente– 93 Bb
Vivo d'Órcia [SI] 93 Bb
Vizzaneta [PT] 75 Ca
Vizzano [BO] 67 Eb
Vizzero [PT] 75 Da
Vizzini [CT] 177 Cab
Vizzola Ticino [VA] 23 Gd
Vizzolo Predabissi [MI] 39 DEbc
Vlou, Becca di– 23 Ac
Vó [PD] 43 Fc
Vo [VI] 43 Eb
Vo [VR] 43 Bc
Vobarno [BS] 27 Dd
Vóbbia [GE] 51 Dd
Vóbbia, Torrente– 63 Da
Vobbietta [GE] 51 Cd
Vocca [VC] 23 Db
Vocémola [AL] 51 Cc
Vocogno [VB] 9 Fd
Vodo, Lago di– 17 Cb
Vodo Cadore [BL] 17 Cb
Voga [SO] 11 Ec
Voghenza [FE] 57 Bc
Voghera [PV] 51 CDb
Voghiera [FE] 57 Bc
Vóglia, Villa– [MC] 87 Cc
Voglie [SLO] 33 Fc
Vogna, Torrente– 23 Bc
Vogno [RE] 65 Fb
Vogogna [VB] 23 Dab
Vogognano [AR] 83 Fa
Vogorno [Svizz.] 11 Bc
Vogu, Monte– 19 Dc
Vojščica [SLO] 33 Fc
Volacra, Monte– 65 Bb
Volánia [FE] 57 Bc
Volano [FE] 57 Dc
Volano [TN] 29 Bb
Volano, Lago di– 57 Ec
Volargne [VR] 43 Aa
Volastra [SP] 73 Ba
Volče [SLO] 19 Fc
Volciano [BS] 27 Dd
Volčji Grad [SLO] 33 Fc
Volegno [LU] 73 Eab
Volla [NA] 127 Da
Völlan / Foiana [BZ] 3 Ad
Vollon [AO] 21 Gc
Volmiano [FI] 75 Fb
Volnik 33 Fc
Volognano [FI] 77 Ac
Vologno [RE] 65 Fb
Volon [VR] 43 Cbc
Volongo [CR] 41 Cc
Volongo [MN] 41 Ec
Volpago del Montello [TV] 31 Bc
Volpaia [SI] 83 Cab
Volpara [AL] 51 Dc
Volpara [PV] 51 Db
Volparo [PD] 45 Bc
Volparo [SA] 129 Dd
Volpedo [AL] 51 Cb
Volpeglino [AL] 51 Cb
Volperino [PG] 95 Eb
Volpetta [TO] 35 Fb
Volpiano [TO] 37 Ac
Volpino [VR] 43 Db
Volpintesta, Monte– 151 Bb
Volpreto [AL] 51 Bcd
Völs am Schlern / Fiè allo Sciliar [BZ] 15 Dab
Volsci, Monte– 73 EFa
Volsini, Monti– 93 Dd
Volta [BS] 41 Dab
Volta [VI] 43 Ec
Volta Barozzo [PD] 45 Bb
Volta Brusegana [PD] 45 Bb
Voltaggio [AL] 51 Bd
Voltago Agordino [BL] 17 Bc
Volta Mantovana [MN] 41 Fc
Voltana [RA] 69 Ca
Volta Reno [BO] 55 Ed
Volte, Ie– [CN] 61 Bcd
Volterra [PI] 81 EFb
Volterraio 89 Ec
Volterrano [PG] 85 Ab
Voltido [CR] 41 Dd
Voltigiano [FI] 81 FGa
Voltigno o della Valle d'Angri, Riserva Naturale del– 103 Fc
Voltino [BS] 27 Fc
Volto [RO] 45 Dd
Voltóis [UD] 17 Fd
Vóltole [PG] 85 Ec

Voltre [FC] 77 Ea
Voltre, Torrente– 77 Ea
Voltri [GE] 63 Bb
Volturara Áppula [FG] 113 Ede
Volturara Irpina [AV] 129 Ca
Volturino [FG] 121 Da
Volturino, Monte– 131 Bd
Volturno, Bonifica del– 119 Cc
Volturno, Fiume– 119 Ec
Volturno, Foce del– 119 Cc
Volumni, Ipogeo dei– 95 Ba
Volvera [TO] 47 FGb
Vomano, Fiume– 97 Fd
Vomero [NA] 127 Dab
Voragno [TO] 35 Fc
Vöran / Verano [BZ] 3 Bd
Vöraner Joch / Verano, Monte di– 3 Bd
Vorderkaser [BZ] 1 Fc
Vórno [LU] 75 Bc
Voscari [PZ] 143 Cc
Vò Sinistro [TN] 29 Ac
Vottero [CN] 47 Cc
Vottignasco [CN] 61 Aa
Votturino, Lago– 151 Bb
Voturo, Pizzo– 161 Cc
Vò Vecchio [PD] 43 Fc
Voze [SV] 61 Fc
Vrhovlje [SLO] 33 Fc
Vrù [TO] 35 Fbc
Vúccolo di Maiorano [SA] 129 Dd
Vulcano, Bocche di– 165 Db
Vulcano, Isola– 165 Db
Vulci 99 Eb
Vulga, Serra la– 147 Ad
Vulgano, Torrente– 121 Ca
Vulsino Bolsena, Lago di– 93 Dd
Vulture, Monte– 123 Bd
Vunemo, Monte– 155 Cd
Vurránia, Cozzo– 159 Fd

W

Wahlen / Valle San Silvestro [BZ] 5 Bc
Waidbruck / Ponte Gardena [BZ] 3 Dd
Walder / Selva [BZ] 3 DEc
Waldner See / Selva, Lago della– 5 Aa
Walten / Valtina [BZ] 3 Bc
Wandspitze 3 BCb
Wangen / Vanga [BZ] 15 Da
Wasserfalle / Cascate [BZ] 3 Fb
Wasserfall–Spitze / Cascata, Punta della– 1 Dd
Wasserkopf Spitz / Acqua, Cima dell'– 3 Gb
Water Splash 139 Cb
Watles / Vátles, Monte– 1 Cc
Weißbrunnsee / Fontana Bianca, Lago di– 13 Fb
Weißenbach / Riobianco [BZ] 3 Cc
Weissenbach / Riobianco [BZ] 3 Fb
Weißenstein / Pietralba [BZ] 15 Db
Weiße R. (Bianca, Costa–) 1 Ec
Weißhorn / Bianco, Corno– 15 Db
Weißkugel / Palla Bianca 1 Ec
Weißlahnbad / Bagni di Lavinia Bianca [BZ] 15 Da
Weißsee–Spitze (Lago Bianco, Punta–) 1 Ec
Weisssthor 23 Bab
Weißwand–Spitze (Parete Bianca) 3 Bb
Weitental / Vallarga [BZ] 3 Eb
Welsberg-Taisten / Monguelfo-Tesido [BZ] 5 Ac
Welschellen / Rina [BZ] 3 Fc
Welschmontal / Mantena [BZ] 3 Fc
Welschnofen / Nova Levante [BZ] 15 Eb
Wengen / La Valle [BZ] 3 Fd

Westlicher Zwillingkopf (Gemella Occidentale, Testa–) 5 Ba
Wieden / Saletto [BZ] 3 CDb
Wielenberg / Montevila [BZ] 3 Fc
Wiesen / Prati [BZ] 3 Cb
Wiesjagglskops 1 Ebc
Wilde Kreuzspitze / Croce, Picco della– 3 Db
Wilder Freiger (Libera, Cima–) 3 ABb
Wilder See / Selvaggio, Lago– 3 Db
Wildspitze 1 Fb
Winkelbad / Bagni di Cantúccio [BZ] 3 Fb
Winnebach / Prato alla Drava [BZ] 5 BCc
Winnebach / Vena, Rio– 3 Eb
Wolfendorn (Spina del Lupo) 3 Db
Wölfl / Lupicino [BZ] 15 Db
Wolfsgruben / Costalovara [BZ] 15 Dab
Wolkenstein in Gröden / Selva di Val Gardena [BZ] 15 Fa
Wollbach–Spitz / Valle, Punta di– 3 Fa
Würmaulspitze / Valmala, Cima– 3 Db

X

Xifónio, Porto– 173 Ed
Xirbi [CL] 171 Cb
Xitta [TP] 157 Cbc

Z

Zabaino, Monte– 171 Ed
Zábus, Monte– 19 Db
Zaccana, Monte– 143 Bb
Zaccanesca [BO] 67 Ec
Zaccanópoli [VV] 153 Bbc
Zaccaria [NA] 119 Dd
Zaccaria [SI] 93 BCb
Zadina [RA] 69 Fc
Zafferana Etnéa [CT] 173 Dab
Zafferia [ME] 163 Db
Zaffignano [PC] 53 ABb
Žaga [SLO] 19 Dc
Zagarise [CZ] 151 Bcd
Zagarolo [ROMA] 109 Bc
Zagonara [RA] 69 Cb
Zagrajec [SLO] 33 EFc
Zaiama [UD] 19 Cc
Zaiaur, Monte– 19 Cc
Zambana [TN] 15 Bd
Zambana Vecchia [TN] 15 Bd
Zamberlini [VR] 29 Bd
Zambla [BG] 25 Gb
Zambone [MN] 55 Cb
Zambrone [VV] 153 Bb
Zambrone, Aquapark di– 153 Bb
Zammarò [VV] 153 Cc
Zampin, Monte– 17 Fb
Zampine [RO] 55 Gb
Zampis [UD] 19 Cd
Zanano [BS] 27 Ccd
Zanca [LI] 89 Cc
Zancan [PN] 17 Gc
Zanco [AL] 49 DEa
Zancona [GR] 93 Bb
Zandóbbio [BG] 27 Ac
Zanè [VI] 29 Dc
Zanengo [CR] 41 Bc
Zanetta [MN] 55 Bab
Zanga, Cascinali– [BI] 37 Cab
Zangarona [CZ] 149 Ed
Zánica [BG] 25 Gd
Zannone, Isola– 117 ins.a
Zanon [TN] 15 Ec
Zanon [VR] 43 Cc
Zanotti [VI] 43 Ea
Zapalli [OT] 179 Dd
Zappardino [ME] 163 Aab
Zapparola [PC] 53 Cb
Zappello [CR] 39 FGc
Zappellone [MN] 55 Eb
Zappi, Monte– 109 Aa
Zappinello [FG] 115 Db
Zappolino [BO] 67 Db

Zapponeta [FG] 123 Da
Zappulla, Fiume di– 161 Fb
Zara [MN] 55 Ca
Zarapotamo, Fiumara– 155 Eb
Zatta, Monte– 63 Fb
Zattáglia [RA] 69 Bc
Zavanasco [PV] 39 Dc
Zavattarello [PV] 51 Eb
Zavianni, Torrente– 163 Bc
Zebedassi [AL] 51 Dc
Zebedo [PV] 51 DEb
Zebio, Monte– 29 Db
Zebrù, Baite del– [SO] 13 Db
Zecca [CR] 39 Fb
Zecchini [MN] 41 Ec
Zeccone [PV] 39 Cc
Zeda, Monte– 23 Fa
Zeddiani [OR] 187 Dd
Zedebassi [AL] 51 Cb
Zeglianutto [UD] 19 BCc
Zegna, Oasi– 23 Cc
Zehner-Spitze / Dieci, Cima– 3 Fd
Zelarino [VE] 45 Dab
Zelata [PV] 39 Cc
Zelbio [CO] 25 Db
Zella [BA] 125 Dc
Zellina [UD] 33 BCc
Zellina, Fiume– 33 Cc
Zello [BO] 69 Bb
Zello [MN] 55 Dab
Zelo [RO] 55 Fa
Zelo Buon Pérsico [LO] 39 Eb
Zelo Surrigone [MI] 39 Bb
Zeme [PV] 39 Ac
Zeminiana [PD] 45 Ca
Zena [BO] 67 Fb
Zena [PC] 53 Bb
Zena, Torrente– 67 Fb
Zendri [TN] 29 BCc
Zeneríglolo [BO] 55 Ed
Zenevredo [PV] 51 Ea
Zenevreto [AL] 37 Dd
Zenich [BL] 17 Bc
Zenna [AR] 83 Ca
Zenna [VA] 9 Gd
Zeno, Corna– 27 Dc
Zenódiis [UD] 19 Ba
Zenone, Monte– [BS] 27 Fc
Zenone, Monte– [Lig.] 63 FGc
Zenson di Piave [TV] 31 Dcd
Zenzalino [FE] 57 Cb
Zeppa [RA] 69 Bb
Zeppa Nuova [RA] 69 BCb
Zéppara [OR] 191 Fb
Zéppara Manna 191 Fb
Zepparedda, Monte– 191 Fb
Zepponami [VT] 101 Bab
Zerba [MN] 53 Ge
Zerba [PC] 51 Fd
Zerbé [AL] 51 Bc
Zerbinate [FE] 55 Fb
Zérbio [PC] 53 Ca
Zerbion, Monte– 21 FGc
Zerbo [PV] 39 Ed
Zerbolò [PV] 39 Cc
Zerfalíu [OR] 187 Ed
Zeri [MS] 65 Bb
Zerli [GE] 63 Fb
Zerman [TV] 31 Cd
Zermatt [Svizz.] 7 Gd
Zermeghedo [VI] 43 Eb
Zermen [BL] 31 Aab
Zerminger Spitz / Cernigna, Monte– 1 Ecd
Zermula, Monte– 19 Ba
Zernez [Svizz.] 1 Ac
Zero, Fiume– 31 Cd
Zero Branco [TV] 31 BCd
Zervò [RC] 155 Cb
Zervò, Piani di– 155 Cb
Zerzer–B. / Sérres 1 Dc
Zévio [VR] 43 Cb
Zévola, Monte– 29 Bc
Zgornje Škofije [SLO] 33 Fd
Zianigo [VE] 45 Cab
Ziano di Fiemme [TN] 15 Ec
Ziano Piacentino [PC] 51 Fab
Zibana [PR] 65 DEb
Zibello [PR] 53 Da
Zibido al Lambro [PV] 39 Dc
Zibido San Giacomo [MI] 39 Cb
Zielbach / Telles, Rio di– 3 Ac
Zielkofel 19 CDa

Zignago [SP] 65 Bc
Zignago, Valle– 33 Ac
Ziia [RC] 153 Ed
Zillertaler Alpen 3 Fb
Zillio, Lago– 161 Dc
Zimardo Inferiore [RG] 177 Cd
Zimardo Superiore [RG] 177 Cd
Zimbalío, Monte– 171 Eb
Zimella [VR] 43 Ec
Zimmara, Monte– 171 Da
Zimone [BI] 37 Cb
Zinal [Svizz.] 7 Fd
Zinasco [PV] 39 Cd
Zinasco Nuovo [PV] 39 Cd
Zinasco Vecchio [PV] 39 Cd
Zinga [KR] 151 Db
Zingarello [LE] 135 EFd
Zingarini [ROMA] 107 Ed
Zingaro, Riserva Naturale dello– 157 Db
Zinghera [GR] 91 Db
Zingla, Monte– 27 Ec
Zingomarro, Monte– 151 Cb
Zingonia [BG] 25 Fd

Zinnigas [CA] 195 Eb
Zinola [SV] 61 Fc
Zinseler / Stilves, Cima di– 3 Cb
Zinzulusa, Grotta– 139 Fc
Ziolera, Monte– 15 Dcd
Ziona [SP] 65 Ac
Zippariello [PZ] 131 Ab
Ziracco [UD] 19 Cd
Ziu Gárolu, Punta– 185 Cc
Zívido [MI] 39 Db
Zoagli [GE] 63 Eb
Zoanno [BS] 13 DEc
Zocca [FE] 57 Bb
Zocca [MN] 55 Cb
Zocca [MO] 67 Cb
Zocca, Cima della– 11 Gd
Zoccada [SO] 11 Gd
Zoccadello [RE] 65 Gab
Zoccalia [CS] 145 DEb
Zocchetta [MO] 67 Cb
Zocco [BS] 27 Ad
Zocco [PG] 85 ABd
Zocco [SR] 177 Db
Zoccolaro, Monte– 173 Da
Zoccolino, Poggio– 93 BCb

Zóccolo, Cima– 15 Ab
Zóccolo, Lago dello– / Zoggler Stausee 1 Fd
Zoccorino [MB] 25 Dc
Zofi [AV] 121 Bc
Zoggler Stausee / Zóccolo, Lago dello– 1 Fd
Zogno [BG] 25 FGc
Zogo, Monte– 31 Bb
Zola Predosa [BO] 67 Eb
Zoldo Alto [BL] 17 Bb
Zolforata [ROMA] 107 Fc
Zollino [LE] 139 Ea
Zómaro [RC] 155 Db
Zomeais [UD] 19 Cc
Zompícchia [UD] 33 Bb
Zompitta [UD] 19 Ccd
Zompo Lo Schioppo, Riserva Naturale– 97 Bb
Zona IV Casale [ROMA] 107 Ea
Zoncolan, Monte– 19 Aab
Zone [BS] 27 Bc
Zone [LU] 75 Bbc
Zoomarine, Parco– 107 Ed
Zoosafari e Fantasylandia 125 Gc

Zoppè di Cadore [BL] 17 BCb
Zoppi [SA] 141 Ba
Zóppola [PN] 31 Fb
Zorba [AG] 169 Dc
Zóreri [TN] 29 BCb
Zorlesco [LO] 39 Fc
Zornasco [VB] 9 Fd
Zortea [TN] 15 Fd
Zorzoi [BL] 15 Fd
Zorzone [BG] 25 Gb
Zottier [BL] 17 Bd
Zouf Plan 19 Aa
Zovello [UD] 19 Aa
Zovencedo [VI] 43 Fb
Zovo [MN] 55 Cab
Zovo [VI] 29 Cc
Zovo [VR] 29 Cd
Zovo, Monte– 5 Dd
Zovon [PD] 43 Fc
Zuane [VR] 43 Aa
Zuanes [PN] 19 Ac
Zubiena [BI] 37 Cb
Zucca, Monte della– 77 Ec
Zuccaia, Riserva Naturale– 83 Fa
Zuccala [RC] 155 Bd

Zuccarello [SV] 71 Fa
Zuccaro [VC] 23 Ec
Zuccaro, Monte– [It.] 51 Cd
Zuccaro, Monte– [VB] 9 Fd
Zuccarone, Cozzo– 159 BCd
Zucchea [TO] 47 Fc
Zucco [PA] 159 Ab
Zucco, Monte– 25 Fc
Zucco, Punta dello– 61 Bc
Zuccola, Monte– 77 Fbc
Zuccone [MN] 55 DEab
Zuccone, Corno– 25 Fb
Zuccone, Monte– 65 Ab
Zuccone Campelli 25 Fb
Zuchello, Monte– 51 Ed
Zúchero, Monte– 23 Eb
Zuckerhütl (Pan di Zucchero) 3 Ab
Zuclo [TN] 27 Fa
Zuddas Pirosu, is– 195 Ec
Zuet [BL] 17 Bab
Zufallspitze / Cevedale, Monte– 13 Eb
Zufrittsee / Gioveretto, Lago di– 13 Fb
Zufritt–Spitze / Gioveretto 13 Fab

Zugliano [VI] 29 DEc
Zugliano–Terenzano [UD] 33 Cab
Zúglio [UD] 19 Bb
Zugna, Monte– 29 Bc
Zugna Torta 29 Bc
Zuighe, Monte– 185 Bc
Zuino [BS] 27 Ecd
Zula [BO] 67 EFb
Zumaglia [BI] 23 Cd
Zumié [BS] 27 Ec
Zumpano [CS] 149 Db
Zum Zeri [MS] 65 Bb
Zunderspitze (Incendio, Cima dell'–) 3 Bb
Zúngoli [AV] 121 Ec
Zungri [VV] 153 Bc
Zungri, Cresta di– 153 Bc
Zupò, Pizzo– 13 Ab
Zuppino [SA] 129 Ec
Zurco [RE] 55 Ac
Zuri [OR] 187 Fc
Zurlengo [BS] 41 Bb
Zwischenwasser / Longega [BZ] 3 Fc
Zwölferkofel / Toni, Croda dei– 5 BCd

ISBN: 978-0-7495-7104-7

The contents of this book are believed to be correct at the time of printing. Nevertheless the Publisher can accept no responsibility for errors or omissions, or for changes in the details given. This does not affect your statutory rights.

A04620

Pubblicazione a diffusione periodica
Direttore responsabile: Pietro Boroli
Registrazione Tribunale di Novara n. 31/2002 del 4 giugno 2002

© ISTITUTO GEOGRAFICO DE AGOSTINI S.p.A., Novara 2011
Elaborazione dati cartografici: Geo4Map S.r.l - Novara 2011

Stampa e legatura: ROTO 2000 - Casarile (MI)